梅新林　俞樟华　钟晨音　王　锐　潘德宝　撰

中国现代学术编年

第十二卷　（1948—1949）

华东师范大学出版社·上海

华东师范大学出版社六点分社　策划

浙江省哲学社会科学重点研究基地"浙江工业大学浙江学术文化研究中心"重大项目

华东师范大学出版社六点分社　策划

目　录

凡　例

一、《中国现代学术编年》（以下简称《编年》）是一部以编年体著录中国现代学术发展历程与成果的集成性之作，同时兼具工具书的检索功能。

二、《编年》起于1911年，迄于1949年，在时间上与《中国学术编年》相衔接和贯通。

三、《编年》共分12卷，约1800万字，收录10万余位学者，8万余部学术著作，5万余篇学术论文。

四、《编年》具有自己独特而鲜明的学术追求，重点关注本时段学术主流特色与学术发展趋势两个方面，重在揭示以下四大规律：

1. 注重中国学术史的宏观发展演变历程，以见各代学术盛衰规律；

2. 注重学术流派的源起、形成、鼎盛及至解体历程，以见学术流派的兴替规律；

3. 注重学术群体的区域流向、移位、承变历程，以见学术中心的迁移规律；

4. 注重中外学术的冲突、交流与融合历程，以见跨文化的学术传通规律。

五、《编年》综合吸取历代史书与各种学术编年之长而加以融通之，率先采用一种新的编撰体例，由学术背景、学术活动、学术论文、学术著作、学者生卒、学术评述六大栏目构成，同时在各栏目适当处加按语，合之为七大板块。若遇跨类，则以"互见法"于相应栏目分录之。

六、《编年》中的"学术背景"栏目以事件进程为序著录，着重反映深刻影响中国学术史发展进程的重大文化政策以及政治、经济、军事、外交诸方面的重大事件，重点突显中西交融与新旧转型的时空特征，以考察学术演变的特定时代背景及其对学术思潮、治学风尚的影响。

七、《编年》中的"学术活动"栏目以人物兴替为序著录，着重记述学者治学经历、师承关系和学术交流活动，以明学术渊源之所自、学术创见之所成、学术流派之脉络以及不同流派之间的争鸣、兴替轨迹。其中学者仕历与学术思想和学术活动之演变关系密切，故多予著录。人物兴替以空间流向为板块，以学坛领袖为中心，以学术大师为主角，以代际交替为序列，有时遇相关或相近活动则一并著录之。

八、《编年》中的"学术论文"栏目以论文刊载时间为序著录，着重记述具有代表性的学术论文，兼录奏疏、序跋、书信以及译文等等。鉴于5万余篇学术论文的海量文献，故而按照学术论文发表的刊物为序编排。

九、《编年》中的"学术著作"栏目以著述类型为序著录，着重记述具有代表性的学术著作，包括纂辑、校勘、评点、注释、考证、译著等等。鉴于8万余部学术著作的海量文献，故而分为往代著述、时人自著、译著以及编译四种类型，其中往代著述以时代为序，时人自著以类别为序，译著以国别为序，编译以未署名的著作列于最后。

十、《编年》中的"学者生卒"栏目以卒年生年为序著录，又分卒年、生年两小栏。其中卒年栏著录学者姓名、生年、字号、籍贯以及代表性的重要著述，凡特别重要人物，略述其一生主要成就、贡献与地位、传记资料及后人的简单评价。

十一、《编年》中的"学术评述"栏目，以上述文献著录为基础，再就每年的学术活动与成果以及发展趋势加以简要归纳和揭示，犹如揭示各代学术发展的"纲目"，以此与以上各栏目的"按语"组合起来，即相当于一部简明学术史。

十二、《编年》采用正文加按语的形式著录。按语的主要内容是：

1. 价值评判。即对学术价值以及对学术之影响进行评价，直接评价或引用前人成说皆可。

2. 原委概述。对其缘起、过程、流变、结果、影响诸方面作一概要论述。

3. 补充说明。即对其具体内容以及相关背景材料再作扼要说明。

4. 史料存真。即录下比较珍贵的史料或略为可取的异说，裨人参考。

5. 考辨论断。对于异说或有争论者，略加考辨并尽量作出断论，或择取其中一说。

"按语"犹如揭示各代学术发展的"纲目"，更具学术史评述的容量与特点。

十三、《编年》采用公元纪年，配之以民国与干支年号。凡因农历与公历差异产生年份出入问题，以公历为准。鉴于公元纪年始于1912年，此前的1911年以两者兼录作为过渡。无法确切考定月、日者，用"是年""是月"标之。凡在系年上有分歧而难以断定者，取一通行说法著录之，另以按语录以他说。

十四、《编年》所涉及的地名，以民国行政区划为据，一般不注今地名。

十五、《编年》以文集、目录（图书与报刊目录）、年谱、年鉴、传记、日记、笔记、回忆录等为主要材料依据，同时也重点参考了相关学案、编年以及学术史论著。所录文献，引文标注所出，以示征信；其他材料，限于体例，未能一一注明所出。

十六、《编年》充分借鉴和吸取了学界前辈同仁的诸多学术成果，包括文集、目录、索引、年谱、年鉴、传记、日记、笔记、回忆录、评述、学案、编年以及相关学术史论著等，除了部分见于《前言》以及有关条目"按语"之外，主要载于最后所列"征引与参考文献"，包括著作与论文两个方面。征引与参考文献的著录顺序：先著作，后论文，按拼音先后排序。

十七、《编年》根据一以贯之的统一要求与体例格式进行编写，但根据学术发展演变的实际情况或有变通处理，力求达到规范与变通的有机结合。

1948 年　民国三十七年　戊子

一、学术背景

1月1日，三民主义统治联合会、中国国民党民主促进会、民主革命同盟及其他国民党爱国民主人士在香港召开大会，决定成立中国国民党革命委员会，简称"民革"。会议主张"推翻蒋介石卖国独裁政权，实现中国独立、民主与和平"。大会选举李济深为主席，宋庆龄为名誉主席，何香凝、冯玉祥、谭平山、蔡廷锴为中央常务委员。

是日，中国国民党中央党史陈列馆改称开国文献馆。

1月3日，中国教育学会第九届年会在金陵大学举行，大会建议政府切实增加教育经费，提高小教待遇，矫正学风。

1月5日，国民政府教育部奉行政院令，暂行停止公费、自费留学考试及公费生出国进修和研究人员之派遣。

1月5—19日，中国民主同盟在香港召开第一届中央委员会第三次全体会议，出席会议的有沈钧儒、章伯钧、柳亚子、邓初民、周新民等28人，另有12人列席。会议宣布恢复民主同盟的领导机构，建立临时总部，通过《三中全会紧急声明》《三中全会政治报告》《三中全会宣言》和《今后的组织工作计划》等重要文件和决议案，郑重声明否认南京国民党政府宣布本盟为非法团体的无理措施，宣布恢复盟的领导机构。

1月11日，周恩来在西北高干扩大会议上作《关于全国战争形势》的报告。

1月12日，国民政府公布《大学法》《专科学校法》，同时明令废止《大学校组织法》和《专科学校组织法》。

按：国民政府公布《大学法》33条。其中规定：大学以研究高深学术养成专门人才为宗旨。国立大学由教育部设立，由省设立者为省立大学，由市设立者为市立大学，由私人设立者为私立大学。《专科学校法》规定：专科学校以教授应用科学，养成技术人才为宗旨。（参见中央教育科学研究所编《中国现代教育大事记 1919—1949》，教育科学出版社 1988 年版）

是日，国民政府教育部训令安徽省教育厅改进中等学校教学工作。

按：训令提出：一、中等学校之教学方法偏于刻板注入，各校应自行研究相互切磋，予以改善。视导人员应随时予以指导示范，以资改进。二、初高中以每周作文一次为原则，一学期作文不得少于16次。三、私立学校高初中一年级学额大都过多，80人以上一班者常见，教学效率受影响，应随时限制取缔。（参见中央教育科学研究所编《中国现代教育大事记 1919—1949》，教育科学出版社 1988 年版）

1月14日，国民政府明令北平为陪都。

1月15日,中共中央东北局正式作出《关于知识分子的决定》,全面阐述中国共产党的知识分子政策。

按:《决定》指出:"中国共产党对待知识分子的政策,一贯是采取争取、教育、改造的方针,引导他们前进,引导他们与工农兵结合,为工农兵服务,重视他们在革命中及在各种工作中的作用。"《决定》提出:在部队机关内继续进行整党整思想和土地改革教育。在干部学校和一般普通中学内继续采取思想改造的方针。对城市、农村的小学教员均应争取教育,吸收其工作,鼓励其前进,使之继续为人民服务。对技术专家(工程师、技师、医生等)应争取其继续工作,并根据其技术能力给予适当的优待。必须注意培养新知识分子。(参见中央教育科学研究所编《中国现代教育大事记1919—1949》,教育科学出版社1988年版)

1月18日,中共中央发出毛泽东起草的《关于目前党的政策中的几个重要问题》的指示,重在纠正革命高潮中出现的种种"左"的错误。

按:《关于目前党的政策中的几个重要问题》指出:"对于学生、教员、教授、科学工作者、艺术工作者和一般知识分子,必须避免采取任何冒险政策。中国学生运动和革命斗争的经验证明,学生、教员、教授、科学工作者、艺术工作者和一般知识分子的绝大多数,是可以参加革命或者保持中立的,坚决的反革命分子只占极少数。因此,我党对于学生、教员、教授、科学工作者、艺术工作者和一般知识分子,必须采取慎重态度。必须分别情况,加以团结、教育和任用,只对其中极少数坚决的反革命分子,才经过群众路线予以适当的处置。"(参见中央教育科学研究所编《中国现代教育大事记1919—1949》,教育科学出版社1988年版)

1月23日,国民政府第一届立法委员选举开始,共选出立法委员773人。

1月29日,同济大学决定全体赴南京举行反压迫请愿,全市27所大学的5000多名学生前往声援,遭到国民党军警3000余人的镇压。受伤、被捕和失踪学生达数百人。

2月2日,民盟与各民主党派发表联合声明,不承认蒋介石政府签订的卖国条约,反对美国援华借款支持蒋介石进行内战的阴谋。

2月4日,国民政府教育部法律教育委员会在南京开会。重要决议案有:中小学教科书应有刑法资料;调整大学法律系课程;国家普通法律应列入国民义务教育基本课程;扩充大学法律系招生名额,并奖励设立法律学校等。(参见中央教育科学研究所编《中国现代教育大事记1919—1949》,教育科学出版社1988年版)

2月7日,中美双方签订《积石山探测约文》,决定将原定的"积石山探险队"改名为"中美积石山1948年探测团",由中美双方科学家共同组建。雷诺担任团长,中央研究院总干事萨本栋担任名誉团长,美国波士顿自然科学博物馆馆长华锡朋担任科学指导长。此次考察的主要目标是测量积石山的高度,并考察附近冰川情况,预计探测时间为3个月。但探险并未真正成行。

2月9—13日,东北行政委员会召开第二次教育会议。会议集中检讨第一次教育会议以来各地中学教育工作。

2月15日,中华戏剧电影协会在南京成立,张道藩、梅兰芳、洪深、田汉等31人为理事。

2月19日,朱家骅、翁文灏在中央研究院内召集在京评议员座谈会,主要讨论《院士会议规程草案》。

按:修订后的《院士会议规程草案》内容有:第一条,本规程依《国立中央研究院组织法》第九条订定之。第二条,院士会议每年举行一次,中央研究院院长召集之。第三条,院士会议开会时,由中央研究院院长任主席,评议会秘书及研究院总干事任秘书。第四条,院士会议时,根据中央研究院组织法第九条之规定,执行下列任务:一、选举院士及名誉院士。二、选举评议员。三、议订国家学术之方针。四、讨论政府委托事项。第五条,院士会议开会时得宣读重要学术论文。第六条,院士会议开会时以院士全体三分之一出席为法定人数。第七条,评议会为院士会议之常设评议机关。第八条,本规程得由评议员五人以上之提议或院士十人以上之建议,经评议会三分之二以上之可决修正之。第九条,本规程得由评议会议决后施行(资料源于《中央研究院在京评议员拟订院士会议规程草案谈话会纪录》,中国第二历史档案馆,全宗号 393,案卷一号 547)。

是日,国民政府教育部颁布《推进中等职业学校计划》20 条。

按:该计划规定:中等职业教育分农业、工业、商业、海事、医事、家事 6 大类,每类中再按需要分科办理。中等职业学校以专科设置为原则。学校之设置应依照各省市职业、物产、交通、文化情形划分职业学校区。每年小学毕业生达 200 人以上的县,应单独或联合邻县筹设初级实用职业学校。(参见中央教育科学研究所编《中国现代教育大事记 1919—1949》,教育科学出版社 1988 年版)

2 月 25 日,国民政府教育部召开大学文、理、法、师范四学院课程会议。会议决定减少各学院系必修科目及学分。各学院共同必修科目,除保留最基本的科目外,删去补习性质的科目。各学系必修课程亦应保留最基本的主要科目。学校得根据各校的师资设备和学生学习兴趣,自行开设选习课程。(参见中央教育科学研究所编《中国现代教育大事记 1919—1949》,教育科学出版社 1988 年版)

3 月 16 日,国民政府教育部通令调整各级国民教育研究会。其要点有:一、乡镇国民教育研究会,各乡镇内的中心国民学校、国民学校和其他县市主管的公私立小学教员都应为会员,指定每半年开会一次。二、县市国民教育研究会,主持规划辅导本县(市)各乡(镇)国民教育研究会研究工作的推进。全体会议改为每年或半年举行一次。三、省国民教育研究会,主持规划辅导本省各师范区及各县市国民教育研究会研究工作的推进。全体会议每年举行一次。四、各级国民教育研究会的经费,应分别列入省县市教育经费预算,并充分宽筹辅导研究费和奖励金等。(参见中央教育科学研究所编《中国现代教育大事记 1919—1949》,教育科学出版社 1988 年版)

3 月 21 日,中国技术协会在南京成立。

3 月 23 日,毛泽东、周恩来、任弼时率党中央领导机关在陕北吴堡县川口东渡黄河,经晋绥解放区前往晋察冀解放区。

3 月 25 日,中央研究院评议会于第五次年会正式通过《院士会议规程》。

3 月 26 日上午 10 时,中央研究院评议会依照《院士选举规程》第 14 条规定,即评议会"选举院士时,应将院士候选人名单及选举筹备委员会所提交文件,分组对每一候选人加以讨论",开始进行分组审查。数理、生物、人文三组通过分组审查,向评议会提出共计 94 位院士候选人的推荐名单,并成为与会评议员全体即席投票的主要参考依据。

3 月 27 日上午,中央研究院评议会举行第五次年会第二次大会,共 25 名评议员出席会议,开始以无记名的方式,分别对数理、生物、人文三组推荐的院士候选人进行全体即席投票,首轮投票选举产生 67 名院士。由于中央研究院《组织法》第 6 条及《院士选举规程》第 2 条均规定首届院士名额为 80 至 100 人,与会评议员全体即席投票选举的数额尚不足 80 名的最低限额,会议决定再以无记名的方式,即席投票补选院士,经过五次投票补选,最终选出 81 名院士。

是日,国民政府教育部公布《修正专科以上学校学生学籍规则》,《规则》对专科以上学校处理学生学籍和学生休学、复学、退学、留级、转院、转系等事宜,以及呈报学生成绩、毕业手续等作了规定。删除了适应抗战时期的各项规定。(参见中央教育科学研究所编《中国现代教

育大事记 1919—1949》,教育科学出版社 1988 年版)

3 月 28 日,"行宪国民大会"召开前夕,国民参政会宣告结束。

3 月 29 日,第一届"行宪国民大会"在南京召开。会议选举蒋介石为中华民国行宪总统。

4 月 1 日,中央研究院正式公布首届 81 名院士名单,包括数理组 28 人,生物组 25 人,人文组 28 人。

按:中央研究院首届 81 名院士具体名单是:1. 数理组 28 人:数学姜立夫、许宝騄、陈省身、华罗庚、苏步青;物理学吴大猷、吴有训、李书华、叶企孙、赵忠尧、严济慈、饶毓泰;化学吴宪、吴学周、庄长恭、曾昭抡;地质学朱家骅、李四光、翁文灏、黄汲清、杨钟健、谢家荣;天文气象学竺可桢;工程学周仁、侯德榜、茅以升、凌鸿勋、萨本栋;2. 生物组 25 人:动物学王家楫、伍献文、贝时璋、秉志、陈桢、童第周;植物学胡先骕、殷宏章、张景钺、钱崇澍、戴芳澜、罗宗洛;医学李宗恩、袁贻瑾、张孝骞;药物学陈克恢;体质人类学吴定良;心理学汪敬熙;生理学林可胜、汤佩松、冯德培、蔡翘;农学李先闻、俞大绂、邓叔群;3. 人文组 28 人:哲学吴稚晖、金岳霖、汤用彤、冯友兰;古文字余嘉锡、胡适、张元济、杨树达;历史学柳诒徵、陈垣、陈寅恪、傅斯年、顾颉刚;语言学李方桂、赵元任;考古学李济、梁思永、郭沫若、董作宾;建筑学梁思成;法律学王世杰、王宠惠;政治学周鲠生、钱端升、萧公权;经济学马寅初;社会学陈达、陶孟和。

按:李来容说:"1948 年首届院士选举实开中国院士制度的先河,在中国学术发展史上具有重要的里程碑意义。第一,标志着中国现代学术体制化建设趋于成熟,及以院士为主体的国家学院体制在中央研究院'成立二十年之今日,乃告完成',即'主持者为院长,构成之主体则为院士,学术评议之责属于评议会,而从事学术研究者为各研究所'。第二,中央研究院通过授予院士的至高名衔与荣誉,汇聚了国内各学术领域中的大批知识精英,并基于院士会议及评议会的体制保障,及精英群体们的学术权威性与代表性,切实地履行其议订国家学术方针,指导、联络、奖励国内外学术研究等多项职能,从而建构了中国的一大学术重心。第三,树立起民主、公正、理性的知识评价体系和运作程序,及学术独立的双重理念与知识人格,由此成为学术共同体内自主选举的一个成功典范。"(李来容《院士制度与民国学术——1948 年院士制度的确立与运作》,南开大学博士论文,2010 年)

4 月 2 日,国际戏剧学会中国分会在南京成立。

4 月 3 日,清华大学、北京大学、燕京大学、中法大学、北平师范学院、北洋大学、南开大学 7 所大学学生举行反饥饿反压迫罢课。

4 月 6 日,国民大会召开第一次正式会议。

4 月 10 日,国民政府教育部公布《学校教职员退休条例》。

按:《条例》规定:教职员服务 15 年以上,年龄已满 60 岁和服务 30 年以上者,得申请退休,给予年退休金及一次退休金。服务 5 年以上,15 年未满,年龄已满 60 岁者,得申请退休,给予一次退休金。年龄已满 65 岁,或心神丧失、身体残废、不能胜职者,应即退休,服务 15 年以上者给予年退休金及一次退休金,在 15 年以下者给予一次退休金。《条例》还规定,年退休金之数额,按该教职员退休时之月薪额合成年薪,依下列百分比发给:服务 15 年以上,20 年未满申请退休者 45%,应即退休者 50%;服务 20 年以上,25 年未满,申请退休者 50%,应即退休者 55%;服务 25 年以上,30 年未满,申请退休者 60%,应即退休者 65%。一次退休金,按教职员最后在职的月薪,依下列规定发给:服务 15 年以上,年龄已满 60 岁和服务 30 年以上者,服务 15 年以上,年龄已满 65 岁,或心神丧失、身体残废、不胜职务者除给予年退休金外,另发给一次退休金 4 个月薪。服务 5 年以上,15 年未满,年龄已满 60 岁者,给予一次退休金 6 个月薪,每增加一年,增加一个月薪。服务 5 年以上,15 年以下,年龄已满 65 岁或心神丧失,身体残废、不胜职务者,给予 8 个月薪,每增加一年,增加一个月薪。(参见中央教育科学研究所编《中国现代教育大事记 1919—1949》,教育科学出版社 1988 年版)

是日,国民政府教育部公布《学校教职员抚恤条例》24 条。

按：《条例》规定：教职员服务15年以上病故者、因公死亡者给予遗族年抚恤金及一次抚恤金。教职员依法领受年退休金，未满10年而死亡者，给予遗族年抚恤金，逾10年者给予遗族一次抚恤金。教职员服务3年以上，15年未满，在职病故者，给予遗族一次抚恤金。《条例》还规定，遗族年抚恤金，按教职员死亡时或退休时之月薪额合成年薪，依下列百分比率发给：服务15年以上，20年未满者35％，服务20年以上，25年未满者40％；服务25年以上，30年未满者45％；服务30年以上者50％；服务15年以上，因公死亡者，依前项规定再加10％。遗族一次抚恤金，按教职员最后在职的月薪，依下列规定发给：服务15年以上病故或因公死亡者除给予遗族抚恤金外，另给予一次抚恤金4个月薪。依法领取年退休金，逾10年死亡者给予一次抚恤金10个月薪。服务8年以上，6年未满死亡者给予一次抚恤金6个月薪，6年以上，（15年未满死亡者）每满8年加给2个月薪。（参见中央教育科学研究所编《中国现代教育大事记1919—1949》，教育科学出版社1988年版）

4月11日，北平当局在天安门主持召开"北平市学生民众清共大会"，会后举行反共示威游行，并冲进北京大学、北平师范大学，殴打师生数人。

4月13日，国讯书店和《国讯》杂志被查封，并禁止《国讯》香港版在国民党统治区发行。

4月19日，蒋介石在国民政府"行宪国大"第十三次大会上当选为第一任总统。

4月22日，西北解放军在中共中央撤出一年又一个月零三天后收复延安。

4月23日，周恩来、任弼时率领中共中央机关部分工作人员到达西柏坡，和中央工委的朱德、刘少奇、董必武及先期到达的中央后委叶剑英、杨尚昆等会合。

4月29日，李宗仁在南京"行宪国大"选举中击败孙科而当选为国民政府副总统。

4月30日，中共中央发布纪念"五一"劳动节口号，号召"全国劳动人民团结起来，联系全国知识分子、自由资产阶级、各民主党派、社会贤达和其他爱国分子，巩固和扩大反对帝国主义、封建主义、反对官僚资本主义的统一战线，为着打倒蒋介石建立新中国而共同奋斗"，提出"各民主党派、各人民团体及社会贤达，迅速召开政治协商会议，讨论并实现召集人民代表大会，成立民主联合政府"。

4月30日至5月7日，中共中央书记处在河北阜平县城南庄举行会议，会议研究如何发展战略进攻，采纳了粟裕提出的暂不渡江的意见，决定先集中兵力在中原打大仗，尽可能多地把敌军主力消灭在长江以北。

5月1日，中共中央主席毛泽东致函李济深、沈钧儒，就召集政治协商会议、成立民主联合政府等征求意见。中国共产党的号召，当即得到民革、民盟和其他民主党派、各人民团体、海外华侨团体、无党派民主人士的热烈响应。

5月2日，中共中央就关于邀请各民主党派代表来解放区协商召开新政协会议问题电示中共上海局，指明拟请李济深、冯玉祥、何香凝、李章达及其他民主人士前来解放区参加协商。

5月3日，国民政府教育部在南京举行边疆教育座谈会。会议对今后边疆教育设施、边疆学生到内地升学及推进国民教育等问题提出了建议。

是日，民盟发表《关于否认伪国大伪宪法伪总统的紧急声明》，对南京独裁政府召开伪国大，实施伪宪法，选举伪总统等丑行，予以坚决否认。

5月4日，上海各大中学学生15000多人在交通大学集会，反对美国扶植日本。从上海、北平的学生大示威开始，许多大中城市的学生也举行了罢课和游行，许多教授学者、社会名流、工商业者以至属于国民党的有些机构和人物也加入了斗争行列。

按：上海大中学生15000余人在交通大学集会，反对美国扶植日本侵略势力复活，宣布成立"上海市学生反对美国扶植日本抢救民族危机联合会"。南京大中学生联合召开纪念"五四"29 周年大会,发表"纪念'五四',保障人权、保障教育、抢救民族危亡宣言"。北京、天津、广州、昆明等十几个城市大中学生纷纷举行罢课,同文化界、新闻界和其他各界人士一起,开展反对美国扶植日本侵略势力复活的爱国运动。同月,京沪苏杭区 16 所专科以上学校学生发表挽救教育危机联合宣言。（参见中央教育科学研究所编《中国现代教育大事记 1919—1949》,教育科学出版社 1988 年版）

5 月 5 日,李济深、何香凝（中国国民党革命委员会）,沈钧儒、章伯钧（中国民主同盟）,马叙伦、王绍鏊（中国民主促进会）,陈其尤（致公党）,彭泽民（中国农工民主党）,李章达（中国人民救国会）,蔡廷锴（中国国民党民主促进会）,谭平山（三民主义同志联合会）,郭沫若（无党派）为响应中共"五一"号召,联名致电中共中央主席毛泽东,表示拥护中共"五一"号召,并谴责国民党专制统治。

5 月 6 日,沈钧儒、章伯钧、柳亚子等在香港的各民主党派民主人士和无党派人士 125 人通电全国,响应中共"五一"号召,吁请海内外同胞团结起来,促成新政协会议早日召开,讨论并实现召集人民代表大会,成立民主联合政府。同时,他们还号召国内各界及海外同胞"共同策进,完成大业。"

5 月 8 日,在香港的中国国民党革命委员会、中国民主同盟、中国国民党民主促进会、三民主义同志联合会、中国人民救国会、中国农工民主党等组织的负责人和无党派人士,以《目前新形势与新政协》为题,就中共中央之"五一"口号,是日起连续召开座谈会。

5 月 9 日,国民政府明令公布《动员戡乱时期临时条款》。

是日,中共中央决定将晋察冀中央局和晋冀鲁豫中央局合并为华北局,并建立华北军区。刘少奇兼任华北局第一书记。同时决定加强中原局,成立中原军区,邓小平任中原局第一书记。

5 月 17 日,中华民国第一届立法院在南京召开。选举孙科、陈立夫为立法院正、副院长。

5 月 20 日,蒋介石、李宗仁在南京正式就任中华民国总统、副总统。

5 月 27 日,毛泽东到达西柏坡,与此前到达的中央其他领导会合,西柏坡成为中国共产党解放全中国的最后一个农村指挥所。

5 月 31 日,国民政府教育部指令国立女子师范学院:凡师范学院毕业生应一律授予教育学学士学位。

是月,中国学术工作者协会总会分会留港理事郭沫若、马叙伦、马鉴、陈君葆、陈其瑗、沈志远、翦伯赞、邓初民、叶启芳、宋云彬、狄超白、林焕平、胡绳、千家驹、邵荃麟、刘思慕、曾昭抡、曾昭森、侯外庐等,为反对美帝扶日侵华,响应中共"五一"口号,发表声明。

6 月 3 日,上海各大学 3 万余学生举行抗议美国扶植日本威胁中国的示威大会。其后,全国各地高校掀起反美抗日的爱国运动。

是日,上海市政府以《时代日报》"扰乱金融,煽动工潮学潮,歪曲军事报道,破坏治安秩序"的罪名,勒令该报停刊。

6 月 4 日,美国驻华大使馆司徒雷登发表声明,对中国学生反美扶日的爱国运动横加干涉。

6 月 6 日,北平、天津 10 所大学学生自治会,为抗议美国扶植日本侵略势力及美国大使司徒雷登干涉中国内政发表声明,并举行爱国示威游行。

6 月 11 日,中央大学、金陵大学学生自治会发表联合声明,广州中山大学等校 2800 余名学生发表联合声明,驳司徒雷登的声明。

6月12日,北平各大学教授费孝通、许德珩、吴晗、袁翰青等437人联合发表《为反对美国扶植日致司徒雷登书》。

6月15日,国民政府教育部电各省市教育厅局、职业学校、专科以上学校:师范学校或职业学校毕业生须服务4年始可升学之规定暂缓施行。各师范学校毕业生服务8年期满即可报考各专科以上学校,职业学校毕业生如拟升学仍以报考与原毕业学校性质相近之科系为限。(参见中央教育科学研究所编《中国现代教育大事记1919—1949》,教育科学出版社1988年版)

6月18日,北平市各大学教授吴晗、朱自清等100多人发表宣言,抗议美国扶植日本,表示宁愿饿死,拒绝领取"美援"面粉。

6月20日,中共中央发出《关于保护和改革新收复区学校教育的方针给中原局宣传部的指示》。

按:《指示》要求:"对于当地学校教育,应采取严格的保护政策。我军所到之处,不许侵犯学校的财产、图书、仪器及各种设备。""在敌我往来的不巩固地区,对于原有的学校,一切维持原状。在较巩固的地区,应帮助一切原有的学校使之开学,在原有学校的基础上,加以必要的与可能的改良。""在课程方面,开始时可取消其'公民课'。其余课程照旧,然后供给新的政治、国语、历史课本。""在教职员方面,除个别极反动的分子及破坏分子以外,其余全部争取,继续教书,因误会而逃走的,亦应争取回来。"(参见中央教育科学研究所编《中国现代教育大事记1919—1949》,教育科学出版社1988年版)

是日,国民政府教育部公布《教育部国语推行委员会闽台区办事处组织规程》5条。

按:《规程》规定办事处之任务为:一、宣传本部有关语文教育之政策及标准;二、辅导并督察本区推行国语之机构;三、设计指导调查本区内之方音方言;四、推动注音识字运动;五、协助本会编刊国语小报及注音读物;六、视导各级国语教育;七、主持或协助国语师资训练等。(参见中央教育科学研究所编《中国现代教育大事记1919—1949》,教育科学出版社1988年版)

6月28日,上海市小学教师千余人为"反饥饿,求生存"请愿。

是日,《大公报》发表杨卫玉、叶圣陶、江问渔、周予同等7人的署名文章《为教师生活呼吁!》。

7月1日,国民政府教育部法律教育委员会在南京举行第六次全体会议。会议议决:法律学系与政治经济学系应分别成立学院,逐渐普遍推行。法律系分组制仍予维持,师资、设备之充足与否,应为分组之严格标准。会议讨论了法律系课程调整问题。

7月3日,中共中央宣传部发布《关于处理新收复区大中学校的方针给东北局宣传部的指示》。该《指示》指出,收复城市后,"对原有大学、中学的方针,就是维持原校,加以改良"。同时指出,"改良的办法很多,但必须是必要的与可能的"。(参见中央教育科学研究所编《中国现代教育大事记1919—1949》,教育科学出版社1988年版)

是日,《中美关于经济援助之协定》在南京签订。

7月5日,陕甘宁边区政府向各分区专员、各县(市)发出《关于恢复老区国民教育工作的指示》。

按:《指示》指出:由于解放战争已移至蒋管区进行,老区绝大多数县分已不受战争的直接影响,各县必须在暑期以后根据需要和可能条件,有计划地逐渐恢复学校及必要的社会教育组织。《指示》要求:在巩固区域尚未疏散之学校,应继续坚持上课;已解散之学校,先恢复完小,再根据具体情况逐渐恢复普通小学、民办小学。在游击区域应积极开展社会教育工作。教学内容应根据战时需要加以伸缩,政治课以报纸上战时各种生动事例为教材,文化课以国语为主,配合战时常识。教育干部应设法保存,不能任其自由离散。各级领导要克服取消教育工作的观点,把教育工作和战争动员工作适当地配合起来。(参见中央教育科学研究所编《中国现代教育大事记 1919—1949》,教育科学出版社 1988 年版)

是日,流亡北平的东北大中学生数千人,抗议北平市参议会通过"征招全部东北(流亡)学生当兵"议案。国民党当局派军警开枪伤害学生百余人,逮捕 37 人,制造了"七五惨案"。

是日,中国学生联合会为此发表抗议宣言,向当局提出严惩凶手,抚恤死难学生,收容流亡学生入学给予公费待遇等要求。(《燕京新闻》1948 年 8 月 2 日)

7 月 8 日,南京当局以"泄露机密"罪勒令南京《新民报》永久停刊。

7 月 10 日,中共中央西北局发出《关于黄龙新区学校教育的指示》。该《指示》指出:办好新区学校教育,争取教育改造广大青年学生,有计划地培养大量新知识分子参加新民主主义建设事业是新区建设中一项重要任务。

按:文件要求黄龙新区根据可能条件尽快恢复和办好中小学校。文件对学校保护政策、新区教职员的团结改造、学校教育方针和教学方式等问题均有原则性指示。(参见中央教育科学研究所编《中国现代教育大事记 1919—1949》,教育科学出版社 1988 年版)

7 月 19 日,国民政府教育部电各省市教育厅局:今后中等学校教育经费,仍应依照 1933 年部颁《各省市中等学校设置及经费支配办法标准》办理。职业学校经费不得低于总额的 35%,扩充职业教育之专款,不得变相移用。

是日,国民政府教育部在南京召开盲哑教育谈话会,研究盲哑学校的学制、课程、师资等问题。会上推盲哑教育专家 13 人筹备组织盲哑教育学会,英千里为召集人。(参见中央教育科学研究所编《中国现代教育大事记 1919—1949》,教育科学出版社 1988 年版)

7 月 29 日,中国哲学会、人生哲学研究会、完人哲学研究会、中国力行学会、大同学会、孔学会、中国四维学社、万国道德学会、道德学社、新人文研究社、博爱社等团体在南京组建中国哲学团体联谊会,以"团结中国哲学团体,发扬哲学思想,倡导学术风气,促进世界和平"为宗旨。其主要任务是研究并介绍各国哲学思潮,联络各国哲学团体及哲学家,刊行哲学杂志及哲学丛书等事项。

按:《中国哲学团体联谊会成立大会联合声明初稿》(7 月 29 日)说:"现代自然科学之高度发展,已使世界之距离愈形缩小,殆已达于天下一家之境,惟是社会科学之演变,仍多囿于成见,或以肤色,语音,宗派,国界,自分畛域,如秦人视越人之肥瘠,揆与世界大同之理想,则犹远甚,驯致人类之精神生活反为物质生活所困,而无法控制,考其症结所在,盖以科学之突飞猛进,未能与哲学之沉思远虑,互相协调,有以致之。夫'水能载舟,亦能覆舟'。苟科学之昌明,承受哲学之辅导,则其影响人类,为祸为福,犹难逆料,甚至人类万代缔造之历史,将因此而毁于一旦,原子能科学发明,即一显例,非徒危言警世已也。中国哲学团体同人,今相聚于首都,蒿目时艰,困心衡虑力谋挽救当前世界之危机,爰本仁民爱物之旨,一致主张以哲学辅导科学,俾求合理之发展,进而使物质文明接受精神之指导。中国哲学之特有精神,亟应发扬光大,违反道德之邪说诐辞,则当力行清除,庶几各国人民,均得和平相处,天下一家,亦有实现可能。至同人等所以自期而勉人者,曰:不左倾,不右倚,惟愿向上向前,以求人类之进步;不骛新,不厌旧,惟愿实事求是,以纳万物于规范。谨此声明。一九四八,七,二九。南京。"(中国第二历史档案馆编《中华民国史档案资料汇编》第五辑第三编·文化,档案出版社 1999 年版)

按:中国哲学团体联谊会组织简章草案:第一条　本会定名为"中国哲学团体联谊会"。第二条　本会以团结中国哲学团体,发扬哲学思想,倡导学术风气,促进世界和平为宗旨。第三条　本会会址设于首都所在地。第四条　本会之任务如左:一、关于研究并介绍各国哲学思潮事项;二、关于联络各国哲学团体及哲学家事项;三、关于刊行哲学杂志及哲学丛书事项;四、关于举办哲学座谈、广播及演讲事项;五、关于促进研究哲学之风气事项,六、关于出席有关哲学之国际会议人选之建议事项;七、关于办理政府委托事项;八、其他有关哲学研究事项。第五条　本会会员计分两种:一、团体会员:凡全国性之哲学团体均得加入为本会之团体会员。二、个人会员:凡对哲学有专门研究或著作,并赞同本会之宗旨,经哲学团体之推荐,得加入为本会之个人会员。第六条　本会设理事二十五人至三十一人,由会员大会就团体会员及个人会员比例选举之,组织理事会。第七条　本会设常务理事五人,由理事会互选之,负责处理本会日常事务。第八条　本会设秘书长一人,总务、研究、宣传三处各设处长一人。由常务理事会就理事中选任之,每处各设科长、干事若干人,由理事会聘用之。第九条　本会设监事九人至十一人,由会员大会就团体会员及个人会员中选举之,组织监事会。第十条　本会设常务监事三人,由监事会互选之,组织常务监事会。第十一条　本会会员大会每年举行一次,由理事会召集之,必要时得举行临时会。第十二条　本会理事会每三个月举行一次,由常务理事会召集之。第十三条　本会常务理事会每月举行一次,由常务理事轮流召集之。第十四条　本会经费由会员负担之,必要时得请有关机关补助之。第十五条　本会办事细则另定之。第十六条　本简章经会员大会决议通过,呈报主管机关备案后施行,修改时亦同。(中国第二历史档案馆编《中华民国史档案资料汇编》第五辑第三编文化,档案出版社 1999 年版)

7月下旬至 8月 31日,东北局召开首次城市工作会议。当时东北全境接近解放,土地改革基本完成,党的工作重心开始由乡村转向城市。

7月,中共中央决定在华北创办高级党校,仍沿用延安马列学院的名称,刘少奇兼任院长。

按:延安马列学院 11月 8日在河北平山县李家沟开学。

是月,中共东北财政经济委员会成立,陈云兼任主任,李富春、张闻天为副主任。

8月 1日,中国第六次全国劳动大会在哈尔滨举行,决定恢复中华全国总工会,选举陈云、朱学范、刘宁一、李立三、李颉伯等 53人为中华全国总工会正式执委。

8月 2日,国际大学会议在荷兰举行,32个国家的代表及观察员百余人出席。中国派陈源、程秋、谈家桢等为代表参加会议。会议决定:成立大学国际组织或协会,设立大学国际交换局。

8月 3日,国民政府教育部通令各省市教育厅局:遵照宪法第 164条之规定,即教育、科学、文化经费,中央不得少于总预算之 15%,省级不得少于 25%,县市级不得少于 35%,编制教育、科学、文化预算。(参见中央教育科学研究所编《中国现代教育大事记 1919—1949》,教育科学出版社 1988 年版)

8月 5日,中美两国在南京签订《设立中国农村复兴联合委员会中美双方换文》(简称《中美农业协定》)。

8月 12—30日,东北行政委员会召开第三次教育会议,确定建立新型正规教育制度。

8月 19日,南京政府颁布《财政经济紧急处分令》,宣布实施金圆券方案,以取代业已完全破产的法币。

9月 2日,国民政府教育部公布《教育部部务会议规则》9条。《规则》规定,部务会议每两周开会一次。部务会议讨论工作方针及工作计划、预算、重要法规、部长交议事项、各单位提议事项等。(参见中央教育科学研究所编《中国现代教育大事记 1919—1949》,教育科学出版社 1988 年版)

9月 7日,中央革命军事委员会给东北人民解放军领导人林彪、罗荣桓发出《关于辽沈战役的作战方针》电报,指示东北人民解放军将主力用于锦州至唐山一线,打大歼灭战。

9月 8—13日,中共中央在西柏坡召开政治局扩大会议即"九月会议"。会议根据战争形势的发展,提出了建军 500万,用 5年左右的时间(从 1946年 7月算起)从根本上打倒国民党的反动统治的伟大战略任务。

9月12日至11月2日,林彪、罗荣桓领导的东北野战军进行了辽沈战役。最后解放沈阳和东北全境。这一战役共歼敌(内1个军起义)47万人。

9月16—24日,华东野战军攻克济南,全歼守敌(内1个军起义)11万人,揭开了战略决战的序幕。

9月23—25日,中央研究院第一次院士会议及第20周年纪念在南京鸡鸣寺1号院内礼堂举行,院士胡适、翁文灏、王宠惠、萨本栋、傅斯年、周生、李书华、张元济等50余人出席。蒋介石出席开幕式。会上选出该院第三届评议员32人。

按:院士会议经过两次大会及三轮投票,共选出32位聘任评议员,包括数理组的陈省身、苏步青、吴有训、李书华、叶企孙、庄长恭、翁文灏、竺可桢、茅以升、凌鸿勋10人,生物组的秉志、伍献文、陈桢、胡先骕、钱崇澍、李宗恩、林可胜、冯德培、汤佩松、俞大绂10人,人文组的汤用彤、冯友兰、胡适、陈垣、赵元任、李济、梁思成、王宠惠、王世杰、周鲠生、钱端升、陈达12人。第三届聘任评议员均为院士。

9月24日,中国人民解放军攻克济南。

9月26日,联合国教科文组织中国委员会举行第二届大会。

是日,华北人民政府正式成立,董必武任主席。

9月28日,国民政府教育部在南京召开部分大学校长座谈会。顾毓琇、陈裕光、章益、胡适、熊庆来等到会。会议讨论了国立大学经费、教授资格审查、学生学籍、专科以上学校训导、学制等问题。(参见中央教育科学研究所编《中国现代教育大事记1919—1949》,教育科学出版社1988年版)

是月,国民政府教育部通令各省市教育厅及国立省立各师范院校,改进师范生管训工作。

按:令云:对于所有师范生,务须严加训教,养成终身从教之精神。如有不守纪律行动,即应严予惩处。对专业训练及人格陶冶,尤应缜密计划,加强实施。(参见中央教育科学研究所编《中国现代教育大事记1919—1949》,教育科学出版社1988年版)

10月8日,中共中央委托中共中央东北局,就有关召开新政协的问题,约请首批到达哈尔滨的民革、民联、民促领导人谭平山、蔡廷锴、朱学范等会谈。

10月9日,中华自然科学社、中国遗传学会、中国科学社中国天文学会、新中国数学会、中国物理学会、中国地球物理学会、中国地理学会、中国气象学会、中国动物学会10个科学团体联合年会在南京举行,到会会员300余人。会议向国民政府提出4点建议案。

按:四点建议案为:一、按照《提资兴学奖励办法》,奖励民间捐资兴办科学研究及发展等事业。二、确定总预算千分之五为科学研究经费。三、设立科学基金会,奖励科学研究,提选青年科学人才。四、向美国交涉,准许放射同位素输入中国。(参见中央教育科学研究所编《中国现代教育大事记1919—1949》,教育科学出版社1988年版)

10月10日,东北行政委员会发布《关于教育工作的指示》,指出:教育工作的首要任务,是培养大批有文化知识、科学技术和革命思想的各种知识分子,以适应建设事业的需要。

按:《指示》指出:要拿出一定的力量来办大学、中学和师范、工业、农业、铁路、邮电、卫生、行政等专门学校,培养各种知识分子与干部。其次是加强国民教育的领导,注意恢复和发展国民教育。再其次必有重点地进行社会教育,提高人民大众的觉悟和文化。《指导》对建立正规教育后的学制、课程、教学管理、行政领导等方面的问题作了规定。(参见中央教育科学研究所编《中国现代教育大事记1919—1949》,教育科学出版社1988年版)

10月11日，中国教育学术团体联合会在南京举行全体理监事会。议决事项有：荣誉教师之推选，时限延至民国39年举行；下届年会以讲学为主要活动；尽先编印《社会教育》《国民教育》专刊等。（参见中央教育科学研究所编《中国现代教育大事记1919—1949》，教育科学出版社1988年版）

10月12日，中央革命军事委员会制定《关于淮海战役的作战方针》，开始部署淮海战役。

10月14日，蒋介石以总统名义颁发聘书，聘陈省身、苏步青、吴有训、李书华、叶企孙、庄长恭、翁文灏、竺可桢、茅以升、凌鸿勋、秉志、伍献文、陈桢、胡先骕、钱崇澍、李宗恩、林可胜、冯德培、汤佩松、俞大绂、汤用彤、冯友兰、胡适、陈垣、赵元任、李济、梁思成、王宠惠、王世杰、周鲠生、钱端升、陈达等32人为中央研究院评议会第三届评议员。

10月15日，中国人民解放军攻克锦州。

10月19日，长春和平解放。

10月22日，中国国民党革命委员会、中国民主同盟、中国民主促进会等民主党派在香港联名致函联合国大会，就美国侵华提出控诉，要求转发各会员国予以讨论。

10月23日，中国人民解放军攻克郑州。

10月24日，中国人民解放军攻克开封。

10月25日，中共中央致电刘伯承、邓小平及中原野战军全体指战员，庆贺郑州、开封、洛阳三大名城解放。

10月26日，中国工程师学会第十五届年会在台北开幕，选举沈怡为会长，赵祖康、钱昌照为副会长，茅以升、朱其清等9人为董事。

10月28日，东北野战军取得辽西大捷，国民党廖耀湘兵团全军覆没。

10月30日，中共中央将哈尔滨会谈的初步意见转告在香港的李章达、李济深、何香凝及其他民主党派领导人和无党派人士，征求意见。经过多次协商，就新政协的筹备达成了协议。

10月31日，南京政府行政院临时会议议决，从11月1日起，取消限价政策，规定粮食作市价交易，自由运销。

是日，华北野战军发起的绥西攻势胜利结束。

是月，上海发生抢购风潮，很快遍及国统区各大城市，金圆券随即急剧贬值。

是月，上海利群书报发行所被查封；储安平主编的上海《观察》杂志被迫停刊。

是月，东北解放区旅顺中学教师开始学习苏联学校考试、记分方法。该校教师将原来每月与每学期定期考试制度改为经常考试与定期考试相结合，并将重点放在平时成绩。记分方法开始采用五级分制。（参见中央教育科学研究所编《中国现代教育大事记1919—1949》，教育科学出版社1988年版）

11月1日，中共中央军委发布《关于统一解放军全军组织和部队番号的规定》，决定统一全军组织序列。

按：中共中央军委对全军的组织编制、番号作了统一规定：人民解放军分为野战部队、地方部队和游击部队；野战军共四个，即西北、中原、华东、东北野战军；一级军区共五个，即中原、华北、东北、华东军区及由陕甘宁晋绥联防军区改称的西北军区；兵团及军、师、团均按统一的序号排列；游击部队仍保留纵队、支队等名称。人民解放军的统一整编，对部队的正规化建设具有重要意义。

是日，中国人民解放军攻克沈阳。

是日,中国人民解放军总部发布《惩处战争罪犯命令》。

按:《惩处战争罪犯命令》说:"我人民解放军自转入进攻以来,所向无敌,全国胜利,屈指可期。国民党反动派懔于覆没的命运,近更灭绝人性,施放毒气,屠杀人民,破坏建筑,毁灭物资,作垂死的兽性的破坏。我全军上下,除应更加努力,采取一切有效办法,保护国家与人民之生命财产,使之免遭国民党军队溃败被歼时之破坏与损毁外,应对此种战争罪犯彻底追究,严予惩处。为此,特根据我军一九四七年双十节宣言之精神,宣布如下命令:一、凡国民党军官及其党部政府各级官吏,命令其部属,实行下列各项罪恶行为之一,而证据确凿者,均应加以逮捕,并以战犯论罪:1.屠杀人民,抢掠人民财物或拆毁焚烧人民房屋者;2.施放毒气者;3.杀害俘虏者;4.破坏武器弹药者;5.破坏通讯器材,烧毁一切文电案卷者;6.毁坏粮食、被服仓库及其他军用器材者;7.毁坏市政水电设备、工厂建筑及各种机器者;8.毁坏海陆空交通工具及其设备者;9.毁坏银行金库者;10.毁坏文化古迹者;11.毁坏一切公共资材及建筑物者;12.空袭轰炸已解放之人民城市者。二、凡带头执行以上各项罪恶行为之一者,亦应依法惩办。三、凡采取有效办法,因而使人民的生命财产,及一切属于本军的战利品及城市建设获得安全或免于破坏者,均给予应得之奖励。我各地人民解放军应切实执行此项命令。我军对待国民党反动派党政军人员的政策是:'首恶者必办,胁从者不问,立功者受奖。'上述战争罪犯应属于首恶者一类,必须追寻他们至天涯海角,务使归案法办,不容漏网,切切此令。中国人民解放军总司令朱德、副总司令彭德怀。"(中共中央文献研究室中央档案馆编《建党以来重要文献选编(一九二一——一九四九)》第二十五册,中央文献出版社2011年版)

11月2日,辽沈战役结束,为解放平津和全华北准备了条件,加速了解放战争的胜利进程。

按:辽沈战役的胜利,使中国的军事形势进入了一个新的转折点。敌我力量的对比发生了根本的变化,敌人总兵力下降到290万人左右,人民解放军则增至300余万人,即我军不但在质量上,而且在数量上也占了优势。这一胜利,为解放平津和全华北准备了条件。(广东省高等院校《中国共产党简史讲义》编写组《中国共产党简史讲义》上册修订本,广东人民出版社1983年版)

11月6日至次年1月10日,华东、中原野战军协同进行淮海战役。中共中央决定由刘伯承、邓小平、陈毅、粟裕、谭振林组成总前委,邓小平为书记,统一领导淮海前线我军的一切行动。这一战役共歼敌(内4个半师起义)55万人。

按:淮海战役是中国人民解放军华东、中原野战军和地方部队共同进行的,以江苏徐州为中心,东起海州,西至商丘,北起临城(今薛城),南达淮河的一场巨大的战役。

11月7日,中共中央华北局制定《关于在职干部教育的决定》。该《决定》指出:为了帮助党员和干部的学习,各级党委必须加强与改进党的教育,首先是对在职干部的教育。这是华北党的各级领导机关当前最重要的任务之一。

按:《决定》规定:一切有阅读能力的党员和干部均必须学习理论知识。文化水平低的干部必须学习文化。必须学习时事与政策。必须建立学习制度。在各重要机关、部队和工厂、学校建立由首长亲自负责的学习委员会。(参见中央教育科学研究所编《中国现代教育大事记1919—1949》,教育科学出版社1988年版)

11月10日,国民政府行政院院长翁文灏以故宫博物院理事长身份,召集朱家骅、王世杰、杭立武、傅斯年、李济、徐森玉等故宫和中博两院理事在官邸举行谈话会,决定先把当年运往伦敦展览的500箱精品文物运往台湾,同时将中央研究院史语所、中央博物院筹备处、中央图书馆等机构的主要文物、图书一并运往台湾,并由朱家骅向蒋介石呈报,争取海军派军舰押运。

按:海军运输舰分三批将五家机构共4286箱古物、资料、珍贵图书、档案等全部运完,无一损坏。

11月15日,中共中央发出《关于军事管制问题》的指示,明确规定对城市实行军事管制的 9 项任务,并指出:"必须在上述各项工作以及其他若干工作做好以后,才能依靠城市中的党和人民政府及群众团体进行统治,取消军事管制委员会。"

按:九项任务是:肃清反革命的一切残余势力;接收一切公共机关、产业和物资;恢复并维护社会秩序;收缴一切隐藏在民间的反动分子的武器及其他违禁品;解散一切反动党团组织;逮捕战争罪犯和罪大恶极的反革命分子;建立革命政权;建立可靠的群众组织;整理、建立党的组织。

11 月 17 日,联合国教育科学文化组织在黎巴嫩举行第三届大会。朱经农、瞿菊农、陈源等出席。

按:次年 9 月,在巴黎举行第四届大会,梅贻琦、李书华、熊庆来、陈源、袁同礼等出席。(参见中央教育科学研究所编《中国现代教育大事记 1919—1949》,教育科学出版社 1988 年版)

11 月 22 日,淮海战役第一阶段结束,共歼敌 55 万余人,南京国民党集团从此陷入土崩瓦解的状态。

是日,国民政府教育部在南京举行独立学院及专科学校校长会议。教育部长朱家骅要求教育界同仁"协力以赴,拥护国策,坚守岗位"。(参见中央教育科学研究所编《中国现代教育大事记 1919—1949》,教育科学出版社 1988 年版)

11 月 29 日至次年 1 月 31 日,林彪、罗荣桓、聂荣臻领导的东北、华北野战军联合进行平津战役。这一战役共歼敌和改编敌军 52 万人,基本上解放了华北地区。至此,蒋介石赖以维护反动统治的主要军事力量被消灭殆尽,全国已处于革命胜利的前夜。

按:平津战役是东北野战军和华北野战军在东至滦县,西至归绥的广阔的战场上进行的一次战役。整个战役历时 64 天,共歼敌和改编国民党军 52 万人,基本上解放了华北全境。辽沈、淮海、平津三大战役的胜利,基本上消灭了国民党军队的主力,中国革命的胜利已成定局。

12 月 1 日,中国人民银行在华北银行、西北农民银行的基础上合并组成,并开始发行中国人民银行新币。

12 月 4 日,中国民主同盟与其他各民主党派在香港联合发表《为保护产业、保障人权告国内同胞及各国侨民书》。

12 月 6 日,中共中央西北局发出《关于争取团结蒋管区广大知识分子的指示》。

按:《指示》指出:"我们必须把争取团结蒋管区知识分子的工作放在目前党的工作的重要位置上。""西北蒋管区现有中学以上学校学生八九万人,教职员数千,加上小学教师及失学失业青年,共十万余人。""我们的任务,是争取团结蒋管区大多数学生、大多数教职员和广大失学失业青年。""必须制定有关的具体政策,使进步的、中间的状态的、以至尚表现落后的一切知识分子,在革命道路上都有他们求学或就业的机会。""必须有充分准备,在一切新解放区,迅速恢复各种正规化的学校教育,而以恢复中学为主。"(参见中央教育科学研究所编《中国现代教育大事记 1919—1949》,教育科学出版社 1988 年版)

12 月 23 日,中国人民解放军平津前线司令部公布布告 8 条。其中第四条规定:"保护学校、医院、文化教育机关、体育场所及其他一切公共建筑,任何人不得破坏。学校教职员、文化教育卫生机关及其他社会公益机关供职的人员,均望照常供职,本军一律保护,不受侵犯。"

按:次年 2 月 3 日,《人民日报》全文书登这个布告。(参见中央教育科学研究所编《中国现代教育大事记 1919—1949》,教育科学出版社 1988 年版)

12 月 25 日,中共宣布蒋介石、李宗仁、陈诚、白崇禧、何应钦、顾祝同、陈果夫、陈立夫、孔祥熙、宋子文、张群、翁文灏、孙科、吴铁城、王云五、戴季陶、吴鼎昌、熊式辉、张厉生、朱家骅、王世杰、顾维钧、宋美龄、吴国桢、刘峙、程潜、薛岳、卫立煌、余汉谋、胡宗南、傅作义、阎锡山、周至柔、王叔铭、桂永清、杜聿明、汤恩伯、孙立人、马鸿逵、马步芳、陶希圣、曾琦、张君劢等43人为战犯名单。

是日，蒋介石亲自下令国民党政府查封上海《观察》杂志，并逮捕《观察》工作人员。

是日，国民政府教育部颁布《师范学院规程》。此文件系将原《师范学院规程》和《改进师范学院办法》归并修订而成。

按：《规程》规定，师范学院以养成中等学校健全师资为目的。师范学院单独设立或于大学中设置之。师范学院应该由所在区内教育行政机关指定成绩优良之中小学为其实习实验之场所，必要时得附设中小学。师范学院学生修业年限一律5年(学科4年，实习1年)，入学资格为高级中学或同等学校毕业或具有同等学力者。师范学院第二部招收大学及专科学校毕业生，予以教育专门科目及专业训练，修业2年(学科1年，实习1年)。师范学院专修科招收高级中学或同等学校毕业或具有同等学力者，修业年限3年(学科2年，实习1年)，其毕业成绩在80分以上并服务2年期满成绩优良者得报考师范学院3年级。教育研究所招收教育学系毕业之非师范生及师范学院毕业服务2年，或大学其他院系毕业而有2年以上之教学经验者，研究期限2年。(参见中央教育科学研究所编《中国现代教育大事记1919—1949》，教育科学出版社1988年版)

12月29日，蒋介石任命陈诚为"台湾省政府主席"，蒋经国为"台湾省党部主任"。

12月30日，新华社1949年新年献词《将革命进行到底》中指出：在全国范围内推翻国民党的反动统治，在全国范围内建立人民共和国，这是中国人民、中国共产党、中国一切民主党派和人民团体1949年的主要任务。该献词庄严宣告："1949年中国人民解放军将向长江以南进军，将要获得比1948年更加伟大的胜利。"

是月，国民政府任命梅贻琦为教育部长。梅未就职，政务次长陈雪屏代理部务。

是月，国民政府教育部颁发大学文、理、法、医、农、工、商、师范八学院共同必修科目表及分系必修科目表，并定于1949年度第一学期起施行。

按：与前订科目表不同处有：一、注重基本训练，减少必修学分，集中科目，使各校得因人才及设备情形酌量伸缩。二、各院系共同必修科目国文及第一外国语，均列为8分，修习1年，各校对一年级新生进行国文及第一外国语考试，其成绩优异确属超过大学一年级程度者，得分别予以免修。惟需选读其他科目，补足毕业时应修满学分。三、所有学系未经呈准，不得分组，但两学系合并办理者，得参照各该系之必修科目表分组教学。四、各院系共同必修科目，应开设大教室，合班讲授，以求全校互相沟通，语文科目每班人数不得超过40人。

是月，《中华教育界》复刊第3卷第1期报道：国民政府教育部派员至北平，讨论学校南迁问题。决定将长白师院迁衡阳，东北大学迁福建，长春大学迁赣州，沈阳医学院迁重庆。东北大学教授反对南迁，全体教授120人投票，赞成南迁者仅5人。

是年，《教育通讯》复刊第6卷第2期报道中国教育学会所属22个研究委员会及其主持人名单。

按：教育哲学吴俊升、教育史学陈东原、教育政策常道直、教育制度罗廷光、教育经费程时煃、生产教育钟道赞、课程教材曹刍、幼稚教育陈鹤琴、国民教育吴研因、大学教育袁伯樵、中学教育顾毓琇、社会教育刘季洪、乡村教育瞿菊农、青年指导邵鹤亭、女子教育熊芷、艺术教育宗上沆、体育教育吴蕴瑞、卫生教育胡定安、电化教育孙明经、国际教育程其保、校会建筑与设备胡颜立、教育心理艾伟。

是年，据《第三次中国教育年鉴》记载：全国共有公私立大学、独立学院、专科学校218所。

按：全国218所名单如下：国立大学32所：国立中央大学、国立政治大学、国立北京大学、国立清华大学、国立中山大学、国立西北大学、国立交通大学、国立同济大学、国立暨南大学、国立复旦大学、国立浙江大学、国立英士大学、国立安徽大学、国立中正大学、国立湖南大学、国立武汉大学、国立重庆大学、国立四川大学、国立南开大学、国立北洋大学、国立山东大学、国立河南大学、国立山西大学、国立兰州大学、国立厦门大学、国立广西大学、国立广州大学、国立云南大学、国立北平师范大学、国立东北大学、国立台湾大学、国立长春大学。

私立大学27所：私立金陵大学、私立燕京大学、私立北平辅仁大学、私立中法大学、私立广州大学、私立岭南大学、私立广东国民大学、私立东吴大学、私立沪江大学、私立光华大学、私立大夏大学、私立大同大学、私立震旦大学、私立圣约翰大学、私立武昌中华大学、私立民国大学、私立华西协和大学、私立成华大学、私立齐鲁大学、私立福建协和大学、私立江南大学、私立珠海大学、私立海南大学、私立中国大学、私立之江大学、私立津沽大学、私立武昌华中大学。

国立独立学院22所：国立师范学院、国立湖北师范学院、国立南宁师范学院、国立贵阳师范学院、国立昆明师范学院、国立西北师范学院、国立女子师范学院、国立长白师范学院、国立社会教育学院、国立上海医学院、国立江苏医学院、国立中正医学院、国立湘雅医学院、国立贵阳医学院、国立沈阳医学院、国立兽医学院、国立成都理学院、国立唐山工学院、国立西北工学院、国立北平铁道管理学院、国立上海商学院、国立西北农学院。

省独立学院26所：江苏省立江苏学院、江苏省立教育学院、安徽省立安徽学院、湖北省立医学院、湖北省立农学院、四川省立教育学院、湖南省立克强学院、河北省立农学院、河北省立工学院、河北省立医学院、河北女子师范学院、福建省立医学院、福建省立农学院、广东省立法商学院、广东省立文理学院、广西省立医学院、广西省立西江文理学院、新疆省立新疆学院、台湾省立农学院、台湾省立师范学院、山东省立农学院、山东省立师范学院、山东省立医学院、河北省立商学院、浙江省立医学院、台湾省立工学院。

私立独立学院31所：私立金陵女子文理学院、私立建国法商学院、私立朝阳学院、私立华北文法学院、私立北平协和医学院、私立广东光华医学院、私立广州法学院、私立上海法政学院、私立诚明文学院、私立同德医学院、私立东南医学院、私立新中国法商学院、私立南通学院、私立华南女子文理学院、私立福建学院、私立乡农建设学院、私立正阳法学院、私立铭贤学院、私立达仁商学院、私立焦作工学院、私立南华学院、私立辽宁医学院、私立华侨工商学院、私立相辉文法学院、私立中国纺织工学院、私立中华文法学院、私立求精商学院、私立亚洲学院、私立重华法商学院、私立勉仁文学院、私立上海法政学院。

国立专科学校22所：国立音乐院专科学校、国立戏剧专科学校、国立乐学专科学校、国立东方语文专科学校、国立北平艺术学校、国立艺术专科学校、国立吴淞商船专科学校、国立上海音乐专科学校、国立福建音乐专科学校、国立海疆学校、国立中央工业专科职业学校、国立中央技艺专科学校、国立自贡工业专科学校、国立西北农业专科学校、国立西康技艺专科学校、国立康定师范专科学校、国立体育师范专科学校、国立辽海商船专科学校、国立北平蒙藏学校、国立幼稚师范专科学校、国立边疆学校、国立国术体育师范专科学校。

省立专科学校36所：江苏省立江苏工业专科学校、江苏省立蚕丝专科学校、江西省立工业专科学校、江西省立医学专科学校、江西省立兽医专科学校、江西省立体育师范专科学校、江西省立农业专科学校、湖南省立音乐专科学校、四川省立艺术专科学校、四川省立体育师范专科学校、四川省立会计专科学校、河北省立水产专科学校、山西省立川至医学专科学校、山西省立农业专科学校、陕西省立商业专科学校、陕西省立师范专科学校、陕西省立医学专科学校、福建省立师范专科学校、广西省立艺术专科学校、广东省立体育专科学校、广东省立工业专科学校，广东省立海事专科学校、云南省立英语专科学校、上海市立师范专科学校、上海市立体育专科学校、上海市立工业专科学校、北京市立体育专科学校、河南省立商业专科学校、广州市立艺术专科学校、安徽省立工业专科学校、辽宁省立师范专科学校、上海市立吴淞水产专科学校、台湾省立台北工业学校、广东省立艺术专科学校、江西省立陶瓷专科学校、宁夏省立师范专科学校。

私立专科学校22所：私立重辉商业专科学校、私立上海美术专科学校、私立立信会计专科学校、私立中国新闻专科学校、私立上海牙医专科学校、私立中华工商专科学校、私立诚孚纺织专科学校、私立上海纺织专科学校、私立南方商业专科学校、私立无锡国学专科学校、私立苏州美术专科学校、私立江苏正则艺术专科学校、私立武昌艺术专科学校、私立武昌文华图书馆学专科学校、私立知行农业专科学校、私立信江农业专科学校、私立汉华农业专科学校、私立西南商业专科学校、私立西北药学专科学校、私立东亚体育专科学校、私立光复商业专科学校、私立新华艺术专科学校。

是年,据《教育通讯》复刊第5卷第2期报道:全国独立设置的国立职业学校共16所。

按:国立高级印刷科职业学校、国立高级窑业职业学校、国立中央高级护士职业学校、国立中央高级助产学校(以上四校设南京)。国立高级商业职业学校、国立上海高级机械职业学校(以上二校设上海)。国立北平高级工业职业学校、国立北平高级助产职业学校(以上二校设北平)。国立中央工业职业学校(设重庆)。国立西南中山高级工业职业学校(设昆明)。国立高级造纸科职业学校(设江西)。国立海事职业学校(设武昌)。国立湖州高级蚕丝科职业学校、乍浦国立高级水产职业学校(以上二校设浙江)。国立南通高级农业职业学校(设江苏)。国立琼山高级农业职业学校(设广东)。

是年,国民政府任命一批大学和专门学院校院长。其中有:易价生(国立西北师范学院)、裴鸿光(国立中央技艺专科学校)、萧文灿(国立贵阳师范学院)、雷沛鸿(广西省立西江文强学院)、汤吉禾(国立英士大学)、辛树帜(国立兰州大学)、马师儒(国立西北大学)、长含英(国立北洋大学)、康辛元(国立师范学院)、刘树勋(国立东北大学)、符志逮(福建省立农学院)、杨亮功(国立中山大学)、罗云平(长春大学)、陈东原(湖南国立师范学院)、黄华表(国立南宁师范学院)、傅新年(台湾大学)、张冀军(长春大学)、袁敦礼(国立北平师范大学)、张云(国立中山大学)。(以上参见中央教育科学研究所编《中国现代教育大事记1919—1949》,教育科学出版社1988年版)

是年,《群众日报》《牧农报(汉文)》《牧农报(蒙文)》《冀中群众报》《晋中日报》《江汉报》《襄南报》《内蒙古日报(汉文)》《鲁中南报》《前锋报》《农民报》《延属报》《新洛阳报》《民主日报(朝文)》《延边日报》《前卫报》《生活报》《鄂豫报》《新潍坊报》《战号报》《粤赣报》《火线画报》《人民日报(华北)》《新华日报(华中版)》《豫陕鄂日报》《大众报(江北)》《大众报(冀察热辽)》《大众报(陕甘宁)》《大众报(闽粤)》《大众报(粤桂)》《鄂陕报》《人民报(北岳)》《人民报(吉林)》《人民报(粤北)》《人民报(粤桂)》《江淮日报》《襄西报》《北岳日报》《江汉日报》《新民主报》《前卫报》《战勤报》《阜新矿工报》《新保定日报》《新黑龙江报》《开封日报》《新徐日报》《胶东日报》《工人报(沈阳)》《工人报(本溪)》《新唐山日报》《张家口日报》《桐柏日报》《盘江报》《前哨报》《战卫报》《胜利报》《进军报》《建军报》《战线报》《北江报》《临汾人民报》《每日快报》《战场报》《新徐州报》《松江行政导报》《经济情报》《群众报》《财经月报》《庄稼报》《行政导报》《工农报》《经济日报》《战胜报》《左江报》《黑龙江行政导报》《热河政报》《淮南报》《学习报》《民主周报》《行政导报》《经济旬报》《人民报》《商情旬报》《生产快报》《五日简报》《建军报》《新华周报》《工商通报》《红星报》《辽宁行政导报》《文艺月报》《华北画报》《大众报》《人民报》《光明报》《台州报》《工农画报》《行政月报》《华北政报》《工作快报》《新闻战线》《陕南新闻》《拂晓新闻》《四明简讯》《黑河工作通讯》《文教通讯》《工作通讯》《妇女工作通讯》《东北电讯》《农讯》《简讯》《华中学习通讯》《工作简讯》《盐阜通讯》《合作通讯》《广州文献通讯》《广东田粮通讯》《税联通讯》《海天通讯》《粤参通讯》《会银通讯》《军政通讯》《部队通讯》《中原通讯》《东北前线》《人民前线》《华东前线》《江淮前线》《前线生活》《战线新闻》《军政建设》《军政往来》《军政研究》《华北军大》《军事译丛》《军事学术》《人民战士》《人民军》《人民军队》《军事思潮》《现代兵学》《建军》《进军》《军事》《战士文化》《战士文艺》《战斗生活》《解放军》《前哨》《铁道兵》《特种兵》《人民子弟兵》《火线》《反攻》《大反攻》《反攻杂志》《斗争》《战斗》《文化战线》《大众文化》《群众文化》《回族文化》《青年文化》《天津文化》《文化春秋》《国际文化》《新文化丛刊》《文史集刊》《文会丛刊》《史地季刊》《史政季刊》《中国论坛》《中国舆论》《大学评论》《新文艺丛刊》《尚武月刊》《文津月刊》《经世月刊》《正风月刊》《文学战线》《学习生活》《新文艺丛刊》《文艺杂志》《同代人文艺丛刊》《中暹问题研究》《群众文艺》《文艺丛刊》《文艺工作》《五四谈文艺》《大江文丛》《生活教育丛刊》《动力文丛》《生活杂志》《察南生活》《江海大众》《新大众》《青年作者》《青年生活》《中国青年》《青年通讯（朝文）》《小说》《中国新诗》《电影周报》《电影小说》《电影风》《电影话剧》《世界电影》《西影》《电业月刊》《剧影春秋》《影迷俱乐部》《影星画史》《影剧》《影剧丛刊》《联合电影》《影剧画报》《菊影春秋周刊》《醒狮剧团特刊》《笑画》《中原画刊》《华北画报》《冀南画报》《华北画刊》《新生画报》《画刊》《国大画刊》《音乐杂志》《音乐评论》《经济战线》《经济旬报》《经济观察》《经济日报》《察省经济》《经济周刊》《南大经济》《经济一周》《每周经济要闻索引》《经济通讯》《经济简讯》《经济战线》《经济战讯》《政治经济动向统计》《东北经济》《哈市经济》《经济一旬》《时代经济》《复华经济》《经济》《财经通讯》《胶东商情》《后勤》《建设后勤工作》《工运情况》《庄河农民》《棉纺会讯》《东北解放区物价》《民食配售通讯》《粮食增产简报》《各重要城市物价指数旬报》《南京市工人生活费指数》《南京市每周物价与金融》《五日商情》《商情介绍》《工业管理通讯》《工商法规三日刊》《工商管理》《社会行政统计季刊》《中华实业周刊》《皮革化学工业》《汀潮》《新路》《修养家庭》《学习》《盐阜文娱》《妇女工作》《文摘》《工作往来》《翻身乐》《朝霞》《教育手册》《铁路建设》《群众》《奋勇》《冀中教育》《宣传者》《建设》《鸡西工人》《平原》《新闻电讯》《学习参考》《盐阜教育》《展望》《工程》《人言旬刊》《万象》《大众农业》《子曰丛刊》《上海月刊》《上海之窗》《上海风》《女青》《中华》《五月》《中国人物》《中国无线电》《中国内幕》《中国造船》《中流》《创进》《风云》《申论》《四明周报》《动与静》《地理之友》《华东邮电》《会文季刊》《进出口贸易月刊》《材料专刊》《见证》《兵工月刊》《油漆工业》《实业金融》《学生天地》《学僧天地》《育才通讯》《儿童与社会》《复旦数理通讯》《保险知识》《热工专刊》《秘闻丛刊》《航务通讯》《现代公路》《现代教育丛刊》《棉花产销月刊》《围棋通讯》《新人旬刊》《新文丛》《新艺术》《新书月刊》《新法学》《新知识》《新诗潮》《新闻报》《诚信月刊》《资本市场》《舆论半月刊》《人物新丛》《法政公报》《人民世纪》《广播评论》《土地改革》《大同杂志》《大众新闻》《卫生工程导报》《天下一家》《文教通讯》《中大新闻通讯稿》《中大化讯》《中央农业实验所简报》《中西新闻》《中央大学社会科学研究所丛刊》《中华民国全国总工会会务通讯》《中国土壤学会会志》《中建周报》《中国文摘》《中国古生物学会讯》《中国矿工》《中国棉业》《中国工业管理协会会刊》《中国教育学会会务通讯》《化工通讯》《今日画报》《世界华侨月刊》《民生半月刊》《自由与进步》《辛亥月刊》《社会新闻》《社政通讯》《农贷简讯》《合作季刊》《求是》《报学杂志》《时代文学》《时势月刊》《体育月报》《法商论坛》《学潮》《京电会刊》《青光新闻》《青年天地》《青年导报》《青年杂志》《雨量月刊》《建中周报》《园艺通讯》《国民教育》《国税半月刊》《制图月刊》《金陵大学农业教育协会会讯》《前进》《总统府公报》《科学工作者》《裕民月刊》《联勤学术研究季刊》《棉检月刊》《联合国劝募儿童救济全中国委员会劝募工作通讯》《新风向》《新民半月刊》《新时代双周刊》《新时代》《新政治家》《新街口》《话务进修》《工商部公报》《土壤学报》《国防科学参考资料》《明德月刊炮兵杂志合刊》《民众画报》《新凤月刊》《生活通讯》《花岗岩》《五四潮》《再创造》《教师生活》《民工通讯》《国防部测量学校校刊》《社教新闻》《生活与学习》《新青年报》《大众周报》《中国县政月刊》《青

苗文丛》《东海农村》《浙江民意》《浙江财粮通讯》《国立浙江大学日刊》《民众新闻》《正言通讯》《嘉兴评论》《师训通讯》《民主周报》《微言周刊》《苔声报》《中国邮政》《四明简讯》《青联报》《山东气象月报》《新鉴半月刊》《鲁保半月刊》《安徽新闻》《海校校刊》《江西学生报》《江西政治》《淮上日报》《日日新闻》《霍山日报》《基督教青年团契报》《工商部重庆工业试验所研究专报》《卫理通讯》《乡村月报》《文艺之家》《川大文摘》《川大学生》《川康国税通讯》《川康货物税通讯》《国立女子师范学院院刊》《中国新闻》《化工通讯》《今日科学月讯》《民权月刊》《民讯》《四川气象年报简编》《四川会计通讯》《四川经济汇报》《农业论坛》《华西经济》《国立自贡工专校刊》《花果山》《时论通讯》《青年文艺》《知行杂志》《净宗月刊》《渝行通讯》《诗思诗刊》《微言月刊》《黔渝会刊》《川仁月刊》《川北农工学院校刊》《华西儿童》《学生园地》《星期时报》《造纸通讯》《南强日报》《大观晚报》《川滇滇越两路旬刊》《云大农田学》《云南统计通讯》《云南国税月刊》《云南论坛》《昆明市物价统计简报》《民声报》《交通部公路总局第四区公路工程管理局公报》《昆铁旬刊》《金声周刊》《战斗报》《新闻世界》《怒江文艺》《附中报》《民报》《新滇导报》《盘江报》《用户通讯》《统计通讯》《贵大通讯》《贵阳药讯》《教育学术》《西康会计通讯》《省立赤水中学校刊》《小天地》《高原导报》《贵阳实单学院特刊》《大夏月刊》《甘肃统计统计》《西北文艺》《西北画报》《帕米尔》《教与学》《兰州和平日报周刊》《西北月刊》《陇东报》《前线生活报》《新路周刊》《军政通讯》《力行周刊》《中国大学半月刊》《中国边疆》《市政论坛》《平津铁路杂志》《世界展望》《北方半月刊》《东北大学月刊》《北大工程》《北大讲助通讯》《北平市三日刊》《北平学生周报》《北平科协月刊》《北辰》《北大半月刊》《北京市民食调配委员会工作总报告》《北京市房地价指数》《北平研究院史学研究所陕西考古发掘报告》《地球物理学报》《防涝通讯》《华北文艺》《华北画报》《华北政报》《自由批判》《时代青年》《矿冶通讯》《复仇的路》《海内外》《清华旬刊》《识字班》《新大陆》《新艺苑》《新西北》《新音乐》《新路周刊》《诗号角》《诗学习》《诗联丛刊》《蓬勃》《燕京周报》《燕京社会科学》《燕冀评论》《工商部北平工业试验所年刊》《北平水工试验所研究丛刊》《战友》《天津合作》《天津教育月刊》《天津民意》《中华画刊》《化工年刊》《世界新闻》《北洋校刊》《成本会计季刊》《华北工商》《会计知识》《河北省银行月刊》《学风》《津纺统计月报》《星期六画报—内幕新闻》《星期日画报》《黄河》《经济通讯》《新生命半月刊》《新游艺画报》《汇文月刊》《垦荒与洗碰》《黎明周报》《平津铁路杂志》《市商校刊》《文艺风》《文摘》《辅导通讯》《军政通讯》《三日商情》《工农通讯》《工作往来》《五区新风》《五日情报》《五日商情》《民众资料》《民教资料》《石家庄贸易公司旬报》《河北省农学院研究专刊》《河汾月刊》《学习参考》《前锋报》《战斗文摘》《晋察冀邮工》《热河政报》《通讯往来》《财经简报》《商情旬报》《张垣市半月刊》《张垣市政府公报》《新河北》《新轮月刊》《妇女工作》《群众文艺》《察省统计》《察省公路》《新闻通讯》《冀中教育》《大家办》《冀东日报增刊》《一旬简讯》《城联通讯》《铁路建设》《华北文艺》《北岳行讯》《唐钢》《涿县民众周刊》《热潮杂志》《新闻战线》《辽源市报》《双鸭山周报》《阜新日报》《鸡西工人》《本溪日报》《民主日报》《儿童报》《东北春秋》《正大杂志》《辽南铁路公报》《蒙古风》《民主青年》《学习生活》《经济》《贸易》《农讯》《翻身乐》《东北微生物学杂志》《汉口市政府公报》《汉口民教》《民主风》《生命线》《华大生活》《征信新闻周刊》《宣道季刊》《海事学生》《新女性》《军政往来》《河南地政》《学习与生活》《黄讯区复兴局河南省业务管理处旬报》《实践晚报》《乡工通讯》《生活与时代》《北农通讯》《尚美邮刊》《野风通讯》《湖南杂志社联谊会会刊》《湖南会计》《湖南学生》《湖南新闻》《新世纪》《新生周刊》《新时代》《绿洲半月刊》《影

剧艺术《锑业半月刊》《澧县教育》《衡阳市》《舆论导报》《南方音乐》《诗与木刻》《新闻世界》《大汉华侨月刊》《广东社政》《广州基督教会月刊》《广州统计通讯》《三乡导报》《工商会计月报》《工程季刊》《工管之声》《小广州人杂志》《文风月报》《人民与文艺》《大众文艺丛刊》《人文艺刊》《文艺生活》《小说》《中山大学图书馆图书导报》《末世警报月刊》《正风月刊》《民报》《汕头教育月报》《光裕月刊》《华侨学报》《自然科学》《会计学报》《社会科学论丛季刊》《时事新闻》《谷镇月刊》《南大学生》《科学世纪》《珠海大学院刊》《珠海学报》《真善美》《商业导报》《教育论坛》《经济研究》《新闻世界》《新建设》《群力报》《银会学报》《新市民》《建党》《西大学报》《政治学刊》《柳农校刊》《教育月刊》《教育辅导》《黎明歌丛》《南宁师范学院院刊》《广西通志馆馆刊》《广西文献》《人道周刊》《中华论坛丛刊》《中国学生丛刊》《工协社刊》《南大工程》《中国农业机械化的萌芽》《机械通讯》《机械世界》《机械农垦》《交大机械》《汽车世界》《交大轮机》《华侨工商导报》《华侨工商学院校刊》《广西保安》《化工通讯》《中国医报》《新中医世界》《新中国医刊》《同济医声》《大众医学》《广州医报》《医药新知》《血底蒸馏》《华北医刊》《医药世界》《镜湖医药》《医疗通讯》《华北医刊》《中山医报》《药物杂志》《卫生月刊》《卫生建设》《中国农业机械化的萌芽》《机械通讯》《机械世界》《机械农垦》《交大机械》《汽车世界》《交大轮机》《助产学报》《纺声》《工声》《海建》《盼望》《真路》《侠风》《青铎》《磨励》《江山》《细流》《道路》《鞭》《华声》《纵横》《钮司》《灯塔》《木铎》《新渔》《新闻》《怒涛》《铁联》《秦声》《新论》《黄莺》《啸报》《人道》《回澜》《渝工》《拓荒》《万象》《谷声》《青声》《漾波》《春风》《瀚潮》《立民》《海鸥》《呐喊》《狮吼》《播风》《弦音》《新生》《摹仿》《北辰》《周论》《陇衡》《蓓蕾》《综艺》《大流》《新羽》《新原》《朝霞》《廓清》《星火》《大江》《牧野》《贡献》《海曙》《新心》《实践》《辰报》《骆驼》《学原》《建设》《励进》《新星》《南风》《实践》《侨声》《客观》《蜜月》《海燕》等报刊创刊。

二、学术活动

朱家骅继续任教育部长、代理中央研究院院长。1月12日,国民政府公布《大学法》33条。其中规定:大学以研究高深学术养成专门人才为宗旨。国立大学由教育部设立,由省设立者为省立大学,由市设立者为市立大学,由私人设立者为私立大学。大学分文、理、法、医、农、工、商等学院,师范学院应由国家单独设立,但国立大学得附设之,本法施行前已设立之教育学院,得继续办理。还规定:大学设校务会议,校长为主席,负责审议预算,学院学系研究所及附设机构之设立变更与废止、教务训导及总务上之重要事项、大学内部各种重要章则、校长交议及其他重要事项。另设行政会议、教务会议、各学院的院务会议以及训育委员会等,分管有关事宜。同月,朱家骅赴台湾视察教育,深感台湾光复不久,一般同胞对于祖国文化认识较浅,于是回到南京后,指派由中央图书馆馆长蒋复璁负责到台湾举办历史文物展览会,欲使台省同胞对祖国文化有更深刻的认识。同时拨款补助"台湾省国语推广委员会",该会以此经费创办《国语日报》,在推广国语方面收到积极成效。更为重要的是朱家骅借"视察台湾教育"之际,确定了应变策略:以台湾大学为基地,安排由内地迁台的研究院所和专家、教授等,并初步考虑傅斯年为台湾大学校长人选。

朱家骅、翁文灏2月19日在中央研究院内召集在京评议员座谈会,朱家骅、翁文灏、萨本栋、吕炯、吴定良、李济、凌鸿勋、谢家荣8人出席,主要讨论《院士会议规程草案》。3月

26日上午10时,中央研究院评议会依照《院士选举规程》第14条规定,即评议会"选举院士时,应将院士候选人名单及选举筹备委员会所提交文件,分组对每一候选人加以讨论",开始进行分组审查。数理组在11名缺席评议员通信投票的基础上,由与会的赵九章、萨本栋、茅以升、吴学周、庄长恭、朱家骅、张钰哲、凌鸿勋、周仁、李书华、吕炯11名评议员即席投票,李书华任小组召集人。生物、人文两组由于评议员人数偏少,加上多人缺席,故没有采取即席投票的方式,而是在参考通信投票的基础上展开讨论,由秉志、胡适分任生物、人文两组的小组召集人。数理、生物、人文三组通过分组审查,向评议会提出共计94位院士候选人的推荐名单,并成为与会评议员全体即席投票的主要参考依据。27日上午,中央研究院评议会举行第五次年会第二次大会,共25名评议员出席会议,开始以无记名的方式,分别对数理、生物、人文三组推荐的院士候选人进行全体即席投票,首轮投票选举产生67名院士,包括数理组24名,生物组21名,人文组22名,其中姜立夫、吴有训、李四光、陈桢、胡先骕、李宗恩、林可胜、胡适、陈寅恪、赵元任10人获全票通过。由于中央研究院《组织法》第6条及《院士选举规程》第2条均规定首届院士名额为80至100人,与会评议员全体即席投票选举的数额尚不足80名的最低限额,故而会议决定再次以无记名的方式,即席投票补选院士。是日下午,中央研究院评议会召开第三次大会,讨论首届院士当选后,应如何公告,并发给当选证书及其证章式样。会议决定推选翁文灏、萨本栋、李济、周仁、梁思成共同负责设计事宜。4月1日,中央研究院正式公布首届院士名单。

按:3月27日上午,评议员第一次即席补选产生11名院士,包括数理组4名,分别为许宝騄、苏步青、赵忠尧、曾昭抡;生物组4名,分别为贝时璋、童第周、李先闻、俞大绂;人文组3人,分别为柳诒徵、郭沫若、萧公权。由于当选的院士人数累计78名,仍不足80名的最低限额,评议员继续进行第二次即席投票补选。但评议员第二次即席补选仅选出人文组顾颉刚1人,院士人数累计79人,仍不足80名的最低限额,遂进行第三次即席投票补选。评议员第三次即席投票补选中,未有达20票以上者。经讨论,会议决定采行折中办法,选取71名院士候选人中得票最高者,即人文组余嘉锡以19票当选院士。院士人数累计80人,正好达到最低限额。可能考虑到当选的院士人数与法令规定的100名最高数额相比,仍有相当差额,评议员又进行了第四次即席投票补选。评议员第四次即席投票补选中,未有达20票以上者。经讨论,会议决定仿行第三次投票补选的办法,选取71名院士候选人中得票最高者,即人文组吴敬恒以19票当选院士。

按:中央研究院首届81名院士,包括数理组28人,生物组25人,人文组28人,具体名单是:1.数理组:数学姜立夫、许宝騄、陈省身、华罗庚、苏步青;物理学吴大猷、吴有训、李书华、叶企孙、赵忠尧、严济慈、饶毓泰;化学吴宪、吴学周、庄长恭、曾昭抡;地质学朱家骅、李四光、翁文灏、黄汲清、杨钟健、谢家荣;天文气象学竺可桢;工程学周仁、侯德榜、茅以升、凌鸿勋、萨本栋;2.生物组:动物学王家楫、伍献文、贝时璋、秉志、陈桢、童第周;植物学胡先骕、殷宏章、张景钺、钱崇澍、戴芳澜、罗宗洛;医学李宗恩、袁贻瑾、张孝骞;药物学陈克恢;体质人类学吴定良;心理学汪敬熙;生理学林可胜、汤佩松、冯德培、蔡翘;农学李先闻、俞大绂、邓叔群;3.人文组:哲学吴稚晖、金岳霖、汤用彤、冯友兰;古文字余嘉锡、胡适、张元济、杨树达;历史学柳诒徵、陈垣、陈寅恪、傅斯年、顾颉刚;语言学李方桂、赵元任;考古学李济、梁思永、郭沫若、董作宾;建筑学梁思成;法律学王世杰、王宠惠;政治学周鲠生、钱端升、萧公权;经济学马寅初;社会学陈达、陶孟和。

朱家骅3月29日出席在南京举行的第一届国民大会,被推为主席团成员。4月27日下午4时,中央研究院在院内礼堂举行的京、沪、杭院士第一次茶话会,朱家骅、王宠惠、王家楫、伍献文、李书华、李济、李先闻、吴定良、吴学周、周鲠生、周仁、胡适、翁文灏、马寅初、袁贻瑾、凌鸿勋、庄长恭、陈省身、黄汲清、冯德培、杨钟健、蔡翘、邓叔群、钱崇澍、萧公权、萨本栋、罗宗洛 27 人出席。4 月,中央大学校长吴有训辞职,由教育部教育司司长周鸿经继任。5 月 8 日,出席第一届立法委员会集会。24 日,行政院改组,翁文灏任行政院长,仍任朱家骅为教育部长。6 月 30 日,国民政府教育部长朱家骅在立法院教育委员会作"教育施政意见"报告。朱家骅说:今后教育方针应在积极改进中求安定,力谋教育机会之均等,注重普遍发展,勿过求形式之划一。应依照宪法规定,宽列经费,以充实各级教育之内容。积极普及基本教育,提高人民知识技能,以奠定民主政治基础。推进边疆教育,重视民族意识,以谋国基之巩固。提倡学术研究,奖励科学发明,以增进民族文化之水准。8 月 4 日,教育部长朱家骅训令云大校长熊庆来,严厉指责对此次学潮"初未查明为首学生,从严惩处""迄未据实详陈意见""实有因循疏忽之处""今后应随时注意检讨""切实改造"。要求"查明共匪及其外围分子,不论员生均分别予以解聘或开除学籍""励行整肃"。并令"附中停办"。9 日,又令云大查明此次"罢课真相""滋事学生从严惩处""为首者一律开除学籍"。15 日,中央政治委员会讨论改革币制发行金圆券,朱家骅指出其中 6 个错误,但当时没有从容讨论的余地。9 月初,朱家骅赴广州视察教育,应中山大学校长陈可忠邀请,在中大石牌新校址向全校师生发表讲话。返回南京途中视察厦门大学。中旬,回到南京。28 日,国民政府教育部在南京召开部分大学校长座谈会。顾毓琇、陈裕光、章益、胡适、熊庆来等到会。会议讨论了国立大学经费、教授资格审查、学生学籍、专科以上学校训导、学制等问题。

朱家骅、翁文灏、萨本栋、吕炯、吴学周、吴定良、李济、李书华、秉志、周鲠生、周仁、林可胜、胡适、茅以升、姜立夫、陈垣、陶孟和、庄长恭、张云、张钰哲、凌鸿勋、傅斯年、赵九章、钱崇澍、谢家荣、戴芳澜 26 人 9 月 22 日下午 4 时出席评议会遵照提名委员会第一次会议决议召开的临时会议,王世杰、唐钺、陈桢、陈寅恪、侯德榜、罗宗洛、何廉、胡先骕、王宠佑、王家楫、汪敬熙、李四光、吴有训、曾昭抡、赵元任请假或缺席。会议就评议会选举规程、第一次院士会议及中央研究院第 20 周年纪念仪式、评议员候选人名单等问题,展开积极讨论。23 日上午 10 时,中央研究院第一次院士会议及第 20 周年纪念在南京鸡鸣寺 1 号院内礼堂正式召开。朱家骅、翁文灏、萨本栋、王宠惠、伍献文、余嘉锡、贝时璋、李济、李书华、李宗恩、李先闻、吴定良、吴学周、林可胜、周仁、周鲠生、秉志、竺可桢、茅以升、柳诒徵、胡适、胡先骕、俞大绂、姜立夫、袁贻瑾、殷宏章、庄长恭、陈垣、陈达、陈省身、凌鸿勋、陶孟和、张元济、梁思成、傅斯年、冯友兰、冯德培、汤用彤、汤佩松、杨钟健、杨树达、叶企孙、邓叔群、蔡翘、钱崇澍、萧公权、谢家荣、戴芳澜、苏步青、严济慈、饶毓泰 51 人出席,吴稚晖、金岳霖、马寅初、陈桢、陈寅恪、梁思永、许宝騄、张孝骞、张景钺、罗宗洛、顾颉刚、王世杰、王家楫、吴宪、吴有训、吴大猷、汪敬熙、李四光、李方桂、侯德榜、陈克恢、郭沫若、曾昭抡、华罗庚、黄汲清、童第周、董作宾、赵元任、赵忠尧、钱端升 30 人请假。蒋介石、何应钦、吴鼎昌、顾毓琇等政府要员,及张伯苓、吴贻芳等教育界名流,共 11 位来宾参加开幕礼。下午 3 时,中央研究院在院内大礼堂举行第一次院士会议预备会,朱家骅、翁文灏、萨本栋、伍献文、贝时璋、李济、胡适、陈垣、傅斯年、饶毓泰、冯友兰、杨树达、顾颉刚、梁思成、周鲠生、萧公权、陈达、汤用彤、余嘉锡、张元济、柳诒徵、王宠惠、钱端升、马寅初、陶孟和、胡先骕、钱崇澍、李宗恩、张孝骞、林可胜、冯德培、李先闻、邓叔群、伍献文、秉志、殷宏章、戴芳澜、袁贻瑾、吴定良、汤佩松、蔡翘、俞大绂、许宝騄、苏步青、叶企孙、庄长恭、谢家荣、周仁、凌鸿勋、姜立夫、陈省身、李书华、严济慈、吴学周、杨钟健、竺可桢、茅以升等人出席。朱家骅担任主席,翁文灏、萨本栋担任秘书,罗孝荣、辜孝宽负责记录。

朱家骅9月24日上午9时主持在中央研究院礼堂内正式举行的第一次院士会议第一次大会,51人报到,实际出席48人,已足法定人数。会议先听取议事小组委员会召集人胡适关于拟订议程经过和建议事项的报告,及总干事萨本栋关于中央研究院院务工作的报告,再推定数理组陈省身、茅以升,生物组殷宏章、袁贻瑾,人文组萧公权、冯友兰,分别负责各组的开票与监票。随后,由萨本栋向与会的48名院士分别发放选举票,开始对数理、生物、人文三组评议员候选人分别进行无记名投票。下午3时,院士会议第二次大会在院内礼堂召开,报到人数51人,出席人数49人,已足法定人数。冯友兰首先报告第二次选举的开票结果,各组候选人得票均未达到过半数。因各组候选人得票均未达到过半数,主席朱家骅宣布依法进行第三次选举,并请秘书翁文灏报告第二次选举得票较多的候选人姓名。院士会议经过两次大会及三轮投票,共选出32位聘任评议员,包括数理组的陈省身、苏步青、吴有训、李书华、叶企孙、庄长恭、翁文灏、竺可桢、茅以升、凌鸿勋10人,生物组的秉志、伍献文、陈桢、胡先骕、钱崇澍、李宗恩、林可胜、冯德培、汤佩松、俞大绂10人,人文组的汤用彤、冯友兰、胡适、陈垣、赵元任、李济、梁思成、王宠惠、王世杰、周鲠生、钱端升、陈达12人。第三届聘任评议员均为院士。9月25日,院士会议召开第三次大会,开始讨论各项提案,会议通过的提案共计9件。

　　按:主要有:胡适、冯友兰、周鲠生等6人提出的"博士学位应由大学考试授予案";冯友兰、杨树达、汤用彤等5人提出的"请照本院《组织法》尽先设立关于人文科学之研究所案";饶毓泰、严济慈、苏步青、吴学周等14人提出的"请政府拨给专款设置国家学术补助金以奖励研究工作案";汤佩松、严济慈、冯友兰、梁思成、李济等9人提出的"为维持学术独立请由本会发布宣言表示主张案";李书华、饶毓泰、殷宏章、陈达、周仁等12人提出的"拟请政府确定'百万'为'兆'以简化大数纪数法而便计算案"等。

朱家骅、翁文灏、王世杰、傅斯年、李济、杭立武等11月10日在翁文灏家中密商故宫古物的搬迁问题。同月,鉴于平津局势的遽变,朱家骅呈请蒋介石派专机接运教育文化界的重要人士,蒋介石指示蒋经国、南京国民政府教育部长朱家骅、南京国民政府立法委员傅斯年等,制定了"抢救大陆学人计划"。同在11月10日,朱家骅找傅斯年、翁文灏等人商量,还要设法接出北平的学者。当时运输工具十分紧缺,傅斯年直接面见蒋介石,得到蒋的批准,并指定傅斯年、陈雪屏、蒋经国3人负责此事。要接的学者分四类:各院校馆所的行政负责人;因政治关系必须离开者;中央研究院士;在学术上有贡献者。其中被蒋介石拟定的"抢救"名单中的第一人是胡适。12月14日,蒋介石两次亲自打电报催促胡适飞往南京,说时间紧迫,不容再拖延。同日,朱家骅从南京给胡适发来了电报,说明日派飞机来接他。15日,北京大学校长胡适率第一批被"抢救"的学人飞离北平,抵达南京。17日,蒋介石又致电傅作义,要求他将62位学界重要人物分别疏导南移。据黄克武《蒋介石与贺麟》一文引用台北"国史馆"中的"蒋中正总统文物"所示:"北平傅总司令宜生兄,口密。(一)在平教育行政负责人为:(梅贻琦)、(李书华)、(袁同礼)、(袁敦礼)、李麟玉、陈垣、(胡先骕)、汤用彤、(冯友兰)、叶企荪、饶毓泰、陈岱孙、(郑天挺)、(贺麟)、郑华炽、沈履、霍秉权、褚士荃、黎锦熙、温广汉、黄金鳌、徐悲鸿。(二)因政治关系必须离平者为:(朱光潜)、(毛子水)、(邱椿)、(张颐)、(陈友松)、刘思职、(梅贻宝)、齐思和、雷宗海(应为雷海宗)、刘崇鋐、戴世光、邵循恪、吴泽霖、赵凤喈、敦福堂、张恒、金澍荣、(英千里)、张汉民、徐侍峰。(三)在平之中央研究院士为:(许宝騄)、张景钺、陈达、戴芳澜、(俞大绂)、李宗恩。(四)学术上有地位,自愿南来者,如(杨振声)、罗常培、钱思亮、马祖圣、赵酒抟、钱三强、严济慈、张政烺、沈从文、邵循正、邓广铭、李辑祥、孙毓棠、蒯淑平。请兄分别疏导,即日南移,如获彼等全意□□□,可派机或备船接运。其搭机人员并请兄代排订次序电告,尤以有括号者,务须来京,如何? 请速电覆中。"20 日,行政院长孙科宣布新内阁组织完成,朱家骅任行政院政务委员,卸任教育部长。梅贻琦继任教育部长。21 日,清华大学校长梅贻琦率第二批被"抢救"的学人飞离北平,抵达南京。

按:总体而论这次"抢救学人计划"最后以失败告终,以本年刚产生的中央研究院第一届 81 名院士为例,其中迁至台湾的仅有凌鸿勋、林可胜、傅斯年、董作宾、李济、王世杰、吴稚晖 7 人,在国外的有陈省身、李书华、赵元任、汪敬熙、胡适、吴大猷等 12 人,其余的都留在了大陆。留在大陆的院士,后来大部分都转为中华人民共和国科学院院士(学部委员),为新中国科学事业的发展和国家的经济建设发挥了巨大作用。(参见胡颂平《朱家骅先生年谱》,台北传记文学社 1969 年版;岱峻《发现李庄》,四川文艺出版社 2009 年版;耿云志编《胡适年谱》,福建教育出版社 2012 年版;张剑《中国学术评议空间的开创——以中央研究会评议会为中心》,《史林》2005 年第 6 期;李来容《院士制度与民国学术——1948 年院士制度的确立与运作》,南开大学博士论文,2010 年;黄克武《蒋介石与贺麟》,《中央研究院近代史研究所集刊》第 67期(2010 年 3 月);中央教育科学研究所编《中国现代教育大事记 1919—1949》,教育科学出版社 1988 年版;沈卫威《胡适弃校南下与平津学人去留》,《新文学史料》2017 年第 1 期;马嘶《往事堪回首:百年文化旧案新解》,文化艺术出版社 2007 年版;郭胜强《董作宾传》,江苏文艺出版社 2010 年版;《云南大学志》编审委员会《云南大学志》第 2 卷《大事记(1915 年—1993 年)》,云南大学出版社 1993 年版)

翁文灏继续任资源委员会委员长,兼中央研究院评议会秘书。1 月 27 日,以资源委员会委员长名义,就资委会与广东地方工业合作事宜,与广东省主席宋子文发表联合声明。双方在联合声明中确认,资委会与广东合办广州电厂;增加设备扩大岭南煤矿的产量;由资委会提供设备,双方在广东合办一糖厂;增加海南铁矿砂的产量,用其出口所得外汇,合办一钢铁厂。同月,翁文灏应宋子文之邀赴粤考察工业建设情况。2 月 20 日,与来访的竺可桢谈对时局的看法,及出席科联国际委员会的科学与社会关系委员会会议问题(翁文灏与竺可桢均为科联国际委员会的中国委员)。翁文灏对于南京政府的局势非常不乐观,认为陈诚去东北已太晚。武官贪污已养成习惯,陈欲更张,均不听命。陈诚失败以后更无办法。卫立煌虽是能人,但已回天乏术。放弃东北只是迟早的问题。4 月 1 日,被选举为中央研究院首届院士。首届院士由中央研究院第 2 届评议会第 5 次会议选出,共 81 人。其中地学方面有翁文灏、李四光、黄汲清、杨钟健、谢家荣及朱家骅。29 日,以国民大会工矿界代表身份,出席行宪国大开幕式。4 月为《中国分省新图》第五版作序。翁文灏在序中说明,该地图系在以往十年间各种测量资料颇有增益,制图技术进步的基础上,成此新册,并表示"当此胜利之后,台湾、东北还我河山,以此图籍之刷新,纪念金瓯之完固,任重道远,良足念矣"。

翁文灏 5 月 24 日被蒋介石提名并经国民党中央执行委员会常务委员会及国民政府立法院通过,出任国民政府行政院长。同日凌晨 2 时传出消息,院长人选"可能为在学术上负有声望,对于经济建设极有贡献者"。上午,蒋介石向国民党中常会提议,由翁文灏出任行政院院长,获得通过。下午,蒋介石又约见国民党籍"立法委员",说明提议翁文灏为行政院长的理由,希望能在"立法院"顺利通过。立法院随即举行第 2 次会议,蒋介石正式提出咨文,"拟以翁文灏为行政院院长"。咨文中称:翁文灏"为国际著名学者,曾任国民政府委员、行政院副院长等职,对中外情形夙称通达,尤以十余年来历膺军事委员会第三部、战时生产局及资源委员会首长,凡关经济建设以及充实国防资源等工作,久瘁心力,丕彰绩效,而于国际联系暨教育、文化诸要端,并多建树"。立法院经过讨论和最后投票,发出选票 605 张,收回603张,其中有效票583张,以489票通过翁文灏为行政院长。

　　按:在蒋介石出任总统后,国民党内对行政院长人选问题多有争议。5月中旬即传内定院长张群已开始组阁准备。21日,孙科主持国民党籍立法委员在中央党部开会,就新院长人选交换意见。孙科称,蒋拟以张群、何应钦二人为候选人,二人坚辞,请党内立委对于二人加以考虑,提供总统参考。经过一番议论,最后就张、何二人进行试投票,结果以何应钦得票较多。张群当日即负气返川省亲,并以"近来多病,精力不及",表示决无意院长之职。随后,蒋介石在总统官邸连日召集各方会议商议行政院长人选。23日晚何应钦发表书面谈话,请蒋另选贤能。据翁文《回顾往事》(《文史资料选辑》(全国政协)第80辑)回忆:"五月杪蒋忽叫我面谈,他说,依伪宪法他有提任(行政院长)之权,乃组织部(即CC派)范围的立委反对张群,又并未预得他的同意(他为党总裁),在国民党部开会试行投票何应钦得票最多,这都是违宪越权的行为,他不能承认。他认为我向少系派关系,要我担任此职。蒋这一提议全出我意料之外,我因素性与才能都不能当此政务地位,决难勉任,坚未同意。但蒋即于次日迳向立法院提任通过,公开发表。我对此职毫无准备,极感惊惶。我自身极不愿就,但我当时缺乏政治立场,又缺乏革命性的毅力,觉得事已至此,不敢坚持不受,一走了事。又存了一种姑息心理,认为我如果坚不接受,势必使总统与立法院争执的僵局,更难解决。结果是答应暂为试任。"

　　翁文灏5月25日开始组建新一届行政院的工作。上午,赴蒋介石官邸商议内阁组成人员问题,午后1时始辞出。下午,又在资源委员会举行中外记者招待会,就出任行政院长事发表书面谈话并回答记者的提问。晚9时,再赴蒋召见。26日,就组阁问题走访各方人士。上午,召集王世杰、张厉生等10余人在官邸聚会,就组阁问题交换意见。下午,再次谒见蒋介石。由上海返南京的俞鸿钧,亦向蒋、翁报告了上海金融情况,并婉拒出任财政部长。胡适"以老朋友身份"对翁文灏出任行政院长表示公开支持,并"希望翁先生用多年来积学的精神和方法,开中国政治上的新风气,打倒空谈、不科学的空谈。他有勇气担负起政治的责任,我们很高兴。他兼有科学知识与行政经验,我们很希望在他领导下,对专家的政治,得到特别的注意与提倡"。27日,为组阁事飞赴上海。在沪期间,翁文灏先后会见了何应钦、顾孟余,邀请二人参加新内阁,此外还会见了上海市长吴国桢等。28日晨,接见资源委员会在沪各机关的主管人员,听取汇报并有所指示,随即偕何应钦返南京。29日下午,偕新任行政院秘书长李惟果赴行政院,与前任院长张群的代表前副院长王云五办理工作交接。30日上午,拜访国民党元老于右任。下午,宴请美国代表蒲立德。又会见青年党代表雷震,听取青年党加入内阁的条件,并偕其晋见蒋介石。由于民社党、青年党对入阁条件要价过高,新内阁难产。最后民社党决定不入阁,而青年党则坚持条件。晚,出席在蒋介石官邸举行的会议,对内阁名单做最后决定。31日上午,将行政院组成人员名单正式上报。晚12时,由蒋介石正式颁令任命。翁文灏内阁的组成人员为副院长顾孟余,内政部长张厉生,外交部长王世杰,国防部长白崇禧,财政部长王云五,粮食部长关吉玉,交通部长俞大绂,社会部长谷正纲,教育部长朱家骅,地政部长李敬斋,水利部长薛笃弼,卫生部长周诒春,主计长徐堪,司法行政部长谢冠生,农林部长左舜生,工商部长陈启天,资委会委员长孙越崎,蒙藏会委员长许世英,侨委会委员长刘维炽,政务委员雷震、董显光、郑振文、杨永浚,秘书长李惟果。后因顾孟余久不到任,蒋介石6月22日任命内政部长张厉生为副院长。

　　翁文灏6月1日上午9时,主持召开行政院首次政务会议。2日,举行招待立法委员的茶会,并就施政方针征求立委意见。《中央日报》在题为《行政院长的人选》的社论中认为:新行政院必将有效使用美援,而以美援的助力,从事于财政金融经济的改革,以树立国家自力更生的初基。由此也可以看出,蒋介石决定以翁文灏为行政院长的重要原因之一,就是要以其科学家的形象和良好的国际声誉,争取美援。4日上午,主持召开行政院第一次临时会议,讨论1948年下半年度中央政府总预算编审办法案与修改美援运用委员会组织规程及人事任免。7日,在国民党中央党部纪念周后的国民党籍立法委员谈话会上,报告政府施政方针,与国民党籍立法委员交换意见。午后7时,在行政院会见了美国大使司徒雷登,双方就美国援华代表普莱汉来华及美援运用等问题进行了商洽。8日,设午宴欢迎今日抵达南京的美国经济合作局援华执行人普莱汉及技术顾问团长史蒂曼,俞大绂、俞鸿钧、王云五等出席。9日,主持召开行政院第2次会议。会议讨论决定了将向立法院提出的施政报告,行政院美援运用委员会组成人员、行政院各部会次长人选等事宜。11日,在立法院第9次会议上,报告行政院施政方针。随后立法委员们就施政报告提出质询,语多指责。12日,列席立法院会议,继续听取立法委员质询。许多立法委员认为,行政院的施政报告忽略现实,对军事与经济的严重危机并未提出解决办法,是一个平时政府的施政方针,不足以应付当前之危局。一些委员质问翁文灏,行政院对豪门的课税有无办法,对挽回人心,彻底刷新政局有无决心和勇气。13日上午,在官邸召见行政院各部会长,研究如何答复立法委员的质询。同日,奉蒋介石命登门走访上书请辞的财政部长王云五,因未得见面,作函挽留。王云五因立法院对行政院施政报告攻击严重,遂心萌退志,经翁文灏挽留,收回辞呈。14日,列席立法院会议,继续听取立法委员质询。15日,在立法院第12次会议上,就军事、财政、外交问题做口头答复,其他问题以书面答复。23日,主持召开行政院第4次会议。会上,主计长徐堪对预算委员会主任一职坚决拒绝担任。翁文灏虽一再力劝,徐仍坚拒,拂袖而去。24日,与来访的竺可桢谈论政局时表示,对目前政局极为悲观。翁文灏还谈到,财政部部长人选,其原意在蒋廷,但蒋廷以党部CC派之捣乱为虑,不敢就。蒋介石则表示他对此无能为力,只可另行物色人选。25日,主持行政院临时会议,讨论1948年下半年财政总预算。29日,与王云五商讨王所拟定的平抑物价紧急措施办法,并报请蒋介石核示。

　　翁文灏7月2日与财政部长王云五、中央银行总裁俞鸿钧及主计长徐堪出席立法院讨论总预算案的秘密会议,报告1948年下半年岁出岁入总预算案及特别预算案编定情况。下午,向立法院报告物价情形及对策,对平抑物价的前途甚表乐观,并称已拟有具体办法,即可付诸实行。同日,致函青年党的左舜生、陈启天,敦促二人尽快就任农林、工商部长。7日,收到财政部长王云五草拟的32条改革币制、平抑物价、平衡国内国际收支的经济改革方案。8日,偕王云五面见蒋介石,报告王云五起草的经济改革方案。蒋对此表示原则同意,并指定俞鸿钧和严家淦、刘攻芸、徐柏园协助详加研究。翁文灏随即与王云五、俞鸿钧等6人逐日就王云五方案详加研讨,提出了若干修改意见。修正后,复由王云五草拟5种办法,即《金圆券发行办法》《人民所有金银外币处理办法》《中华民国人民存放国外外汇资产登记管理办法》《整理财政及加强管制经济办法》和《金圆券发行监理委员会组织规程》。15日下午,出席并主持行政院美援运用委员会首次会议。与会人员有副主任委员俞鸿钧,委员王世杰、王云五、严家淦、俞大绂等。会议决定三项原则:一、稳定经济,平衡收支;二、节省外汇基金之消耗;三、促进国内工农生产事业之发展。16日,主持美援运用委员会为美国经济合作总署驻华代表莱普汉举行的招待会。24日,在中央广播电台发表《团结一致,加紧动员》广播讲话。28日,主持召开行政院会议,何应钦、王世杰分别报告军事、外交形势。同日,以行政院长名义发表告全国国民书:《明辨是非,共赴国难》。29日午后,偕王世杰、王云五、徐柏园、严家淦及刘攻芸同飞杭州,转莫干山晋见蒋介石,报告并请示币制改革问题。

30日上午,再与蒋介石会谈1小时许。6时许,由笕桥机场乘"自强号"专机返南京。31日上午,主持行政院临时会议,讨论立法院通过的总预算案。

翁文灏8月4日上午主持行政院第10次会议。下午,蒋介石在事先未通知的情况下,亲到翁宅祝寿。是日为农历6月29日,系翁文灏59岁生日。8日下午,翁文灏邀集宋子文、张群等交换对经济改革方案的意见。9日,主持召开美援运用委员会会议,讨论美援物资的运用情况。蒋介石赴牯岭前召见翁文灏及宋子文、何应钦、王世杰等,分别有所指示。15日,在官邸召集吴铁城、张厉生、朱家骅等,商讨美援运用问题。15—18日,币制改革6人小组又就经济改革应行修正的内容和实施前应有的措施进行讨论。18日,原定蒋介石本日返回南京,宣布经济改革方案,但蒋因故推迟,经改方案亦延迟发表。19日下午,出席蒋介石主持召开的国民党中央政治会议,报告币制改革原则。会上,由王云五对方案要点进行具体说明。下午6时,翁文灏主持行政院临时会议,将经中政会通过的方案提出讨论,经四个半小时的讨论,只对方案做了个别文字修正后通过。20日,副署蒋介石以总统令发布的《财政经济紧急处分令》。同时颁布的还有《金圆券发行办法》《人民所有金银外币处理办法》《中华民国人民存放国外外汇资产登记管理办法》及《整理财政及加强管制经济办法》。下午,对京沪的银、商、工界代表发表谈话,说明经济紧急措施的意义。同日,以行政院名义颁布《行政院经济管制委员会组织规程》,组织经管委员会,以院长为主任委员,并在各重要城市设经管督导员。21日上午,召集国有银行负责人,下午召集京沪金融界人士,说明改革币制的重要原则,并吁请金融界率先拥护政府方针,以各该行庄所存外汇、外币,悉数移于中央银行。22日,主持行政院经济管制委员会第一次会议。出席者有张厉生、王云五、陈启天、俞鸿钧、严家淦、蒋经国。会议通过王云五提出的整理财政补充办法,但公用交通事业调整价格问题未获通过。23日,在中央党部纪念周上报告经济紧急措施情况。同日,金圆券正式发行。25日,主持行政院会议,讨论改革币制后调整税收办法。26日,主持经管会会议,决议限制利息,取缔囤积居奇,处罚违反限价。27日,蒋介石在中枢祀孔典礼后,召见翁文灏及朱家骅、彭昭贤等,询问经改状况。同日,在宋子文官邸与蒋介石、李宗仁等检讨经改成效。28日,在行政院接见上海金融界代表徐寄一、王晓籁、钱新之、刘攻芸、赵棣华等,讨论币改后上海金融界的困难及补救办法。晚,向蒋报告有关情形。29日,与王云五讨论上海金融界所提出的一些技术性问题。

翁文灏9月1日主持召开经管会第2次会议,听取并讨论各地经济状况报告。5日,王云五致函,报告陶启明案经过并请辞职,以示负失察之责。金圆券改实行以后,《大公报》8月24日揭露出有人8月19日前即获知币改之事,并于19日晨抛售永安纱厂股票,获利百亿元。经严厉追查,原来是财政部秘书陶启明将币制改革消息泄露。陶启明于2日被捕。7日,至蒋介石私邸,报告泄密案和一般财经情况。听取蒋经国汇报上海经济情况。9日,在国防部礼堂举行茶会,招待立法、监察委员,说明经济改革的苦衷、决心和办法,征求立法、监察委员意见。10日,与王云五、俞鸿钧出席立法院会议。翁文灏首先作概况叙述,对币改之必要及改后之效果加以说明。王云五报告国家收支状况,认为预算可望平衡。俞鸿钧报告黄金外币收兑及辅币发行情形。12日,召集王云五等会商准备明日立法院会议质询事。晚,与王世杰等商谈对日和会事宜,认为对日和会应早开,俾中日关系正常,中国不采取报复主义,但必须解除其武装,并防止其侵略政策复活。13日,与王云五等出席立法院秘密会议,听取立法委员对财经紧急措施的质询。14日,主持经管会会议,检讨经济及物价情形,认为收兑踊跃,奸商遭到打击,囤积渐敛,物价安定。23日,出席中央研究院召开的第一届院士会议。会上翁文灏作评议会报告,并阐述院士之责任。24日,会议选举第三届评议会,翁文灏再次当选为评议员。25日,会议确定中国参加第7次太平洋科学会议人选,决定以翁文灏、竺可桢、萨本栋等为委员。24日,在立法院会议上报告外交政策,表示以促进世界和平,维持联合国宪章为基本原则。25日,主持召开行政院第9次临时会议。当时上海已收黄金约70万两,白银60万两,美元2000万元,港币600万元,兑出金圆券超过2亿元。28日上午,在行政院召集徐柏园、李惟果、俞鸿钧等开谈话会,对经管问题交换意见。蒋经国在会上报告了上海经济金融管制情形。会议就如何控制产区物资问题讨论甚久,尤以粮食、棉花及其他各项日用生活必需品供应列为当务之急。会议认为,应采取诱导方式,以控制产区物资,并决定推徐柏园、李惟果、关吉玉、陈启天等会同研究,拟一整个控制产区物资具体办法,再提经管会讨论。29日,主持行政院会议,决定下半年暨明年施政方针。30日,主持第10次行政院会议,通过核定经管督导区域,增设华中区经管督导员及京、沪、平、津、青、穗六市10月份配售粮食价格等案。

翁文灏10月2日听取自成都、昆明各地视察归来的徐堪汇报经管督导工作。自昨日上海发生抢购风潮,不久蔓延各地。5日,致电蒋经国,声明除已增税的烟酒等外,其余绝不考虑再行加税。8日,立法院将行政院已改编的总预算案退回。9日,在十科学团体的联合年会开幕式上,以名誉会长名义致词,详尽分析科学在中国发展的历史及其所遭遇的障碍,认为科学家因兼理行政而影响科学研究,亦一大憾事,并称科学家宁可饿死也不能去做别的事。随后又自嘲:"不过像我这个不成材的科学家去做行政院长,自然说不上对科学界有什么损害。"同日,发表纪念双十节文章《追念当日,策励方来》。11日,早、晚两次面见蒋介石,汇报各地物价管制情形,并呈报《制止抢购物资办法草案》。12日,与王云五、徐柏园等研商挽救金圆券的办法。13日,主持政务会议,听取军事、外交情况报告和10日返国的王云五报告出席世界银行及国际货币基金组织会议经过。会议通过了明年总预算编审法。16日,召集行政院会议,讨论王云五13日、14日提出的《调整物价、工资及公务员待遇办法》和《预结外汇维持币信办法》。18日,偕王云五出席立法院讨论物价问题的秘密会议。翁文灏综合报告了金融外汇市场及物价情形,约历40分钟。然后由王云五报告"八一九"前后物价比较及最近波动的原因、政府的补救办法。20日,就美援问题对记者发表谈话,希望美国增加对华援助。21日上午,在寓所与今晨抵京的蒋经国及刘攻芸、李惟果等会谈了2个多小时,随后再同赴俞鸿钧宅,继续就有关财经问题会谈。23日,飞抵北平,面见蒋介石,报告连日对财经问题会谈情况,请示方针。24日下午,邀请在北平的学者专家举行座谈会,征求对经济问题的意见。专家主张,当前形势下必须紧缩信用筹码。翁文灏遂邀同专家数人一起赴南京,与政府有关部门共同研究对策。晚,出席蒋介石在行邸举行的宴会。出席宴会的有胡适、梅贻琦、陆志伟、袁敦礼、赵廼抟、陈岱孙、吴景超、贺麟、朱光潜等。25日,自北平经青岛返回南京。同日,向在台北举行的台湾光复3周年庆祝大会发表祝词。26日下午,在官邸举行美援华问题联席会议,商讨美援运用问题细则。26—28日,连续主持召开经管会会议,出席会议有全体经管会委员及若干关系部部长。29日,派行政院秘书长李惟果携经济改革补充办法飞赴北平,向蒋介石请示。同日,立法院开会讨论经济危机,主张取消限价。30日,与俞鸿钧商谈经济金融问题。下午,听取刚自北平返南京的李惟果报告见蒋经过及对补充办法指示,即赴行政院布署。晚,应本日下午由北平返南京的蒋介石之召,与副院长张历生面见报告。复函挽留因金圆券失败而提出辞职的王云五。31 日,主持召开行政院临时会议,通过对紧急处分令第十四条等补充办法,放弃限价政策。

　　翁文灏 11 月 1 日在国民党中央政治会议上报告财政经济措施,质询者颇多。复函挽留再次呈请辞职的王云五,并说明他本人亦于上月末请辞院长职务,被蒋介石"坚谕慰留",且已再上辞呈。希望王云五在"正式办法未经总统明令决定之前",仍勉力任事,以重公务。2 日,在立法院第 16 次会议上,报告经济改革措施及改善办法。同日,声明正式提出辞职,遂闭门拒绝见客,并不再到行政院办公。3 日,翁文灏与行政院各部会长官总辞职。9 日,王云五再次致函翁文灏,请求立准辞职。10 日,蒋介石批准王云五辞职,由徐堪继任财政部长。4 日,仍未到行政院办公。晚,蒋介石在官邸召见翁文灏,劝勉其忍辱负重,共赴时艰,藉维大局,并嘱陈布雷、吴铁城等一再劝勉。因翁文灏辞意已决,蒋介石遂同意于一周内物色继任人选,但在此一周内翁文灏必须到院主持政务。10 日,在家中与朱家骅、王世杰、傅斯年、李济、杭立武等密商故宫古物的搬迁问题。谈话结果,到会理事一致主张运台。11 日,在行政院召开临时会议,通过修正金圆券发行办法。会议决定修正《人民所有金银外币处理办法》,准许人民持有黄金、外币和银币,但除银币外禁止买卖流通。至此,经济管制及整理财政计划全部放弃。13 日,致函王云五,通报新的财政部人事安排,并表示:"弟原决意求去,徒以后继未定,以致迁延。当此时事多艰,勉为过渡,仍当坚辞求退,以明寸心。"16 日,会见来华访问的美国参众两院监督经济合作委员会顾问蒲立德。18 日上午,到殡仪馆致祭 13 日自杀身亡的陈布雷,终日均在家中看书读报,各客往访均避而不见。但每日犹在家中召见行政院秘书处职员,处理重要公务。23 日,因蒋经国持蒋介石亲笔函赴宅,劝其继续主持内阁,复函辞谢。26 日,蒋介石主持国民党中央政治会议临时紧急会议,批准翁文灏辞去行政院长职务,决定孙科继任。12 月 12 日,以美援运用委员会主任委员名义与来访的美国经济合作总署署长霍夫曼在上海举行非正式会议,并对美国经济合作署明年援华工作提出建议。霍夫曼对翁文灏的建议表示同情,并表示将促请美国国会明年通过新的援华法案。出席会议的有俞鸿钧、蒋梦麟及美国经济合作总署驻华分署署长莱普汉。14 日,陪同蒋介石接见霍夫曼。22 日,被邀担任新成立的孙科内阁政务委员。23 日上午,与孙科办理行政院工作移交。25 日,被陕北中共权威人士列为"全国闻名的头等战争罪犯"。据新华社陕北本日电:中共权威人士在陕北发表谈话,提出蒋介石等 43 人为全国闻名的头等战争罪犯,"是罪大恶极,国人皆曰可杀者",其名单中翁文灏列在第 12 位。(参见李学通《翁文灏年谱》,山东教育出版社 2005 年版)

　　萨本栋继续任中央研究院总干事兼物理所所长。2 月 19 日,出席朱家骅、翁文灏在中央研究院内召集的在京评议员座谈会,主要讨论《院士会议规程草案》。3 月 27 日上午,当选为中央研究院第一届院士。下午,中央研究院评议会第三次大会讨论应如何公告首届院士,并发给当选证书及其证章式样。会议决定推选萨本栋与翁文灏、李济、周仁、梁思成共同负责设计事宜。4 月 27 日下午 4 时,出席中央研究院在院内礼堂举行的京、沪、杭院士第一次茶话会。7 月 3 日,中央研究院组织成立第三届评议会提名委员会,并推定傅斯年为召集人,在其未返国前,暂由萨本栋代为召集。8 月 27 日下午 4 时,出席第三届评议会提名委员会在评议会秘书处召开的第一次会议,商讨第三届聘任评议员的候选人名单。9 月 22—25 日,出席中央研究院院士大会。24 日上午 9 时,第一次院士会议第一次大会在中央研究院礼堂内正式举行,总干事萨本栋作关于中央研究院院务工作的报告。10 月 6 日,张元济致书萨本栋,谓:"开会之日,同人推弟为代表致词,谬发狂言,殊深悚惕。归沪检阅各报,多与原意未符。因追忆所言,印成小册。谨寄去六十册,谨呈台阅,并恳于与诸院士通讯时各附与一份,是为至恳。"

萨本栋10月8日复张元济书,谓:"玉照六帧,团体照一份,兹已遵谕转知总务处赶办,一俟装印完毕,即当奉呈。长者暨朱院长、胡校长在阶前合照,查系新闻记者所为,当时未及留意,今已无从索取底片加印。会中畅聆说论,甚惬寸衷,方以未有翔实纪录为憾。顷闻已寿诸梨枣,并蒙赐赠六十册,到时当为转致,以备院士诸公快览也。"20日,张元济复萨本栋书,谓:"大著《交流电机》委由敝公司印行,至增宠幸。今稿知寄到,遵即发排。最后校样,遵示当乞核定,必更精审,裨益来学匪浅。甚望能于三个月内完竣,不误明春开学之用。敝公司主管部分另有复函,恕不赘陈。"11月初,淮海战役打响,国民党军队节节溃败。鸡鸣寺一号中央研究院总办事处连续召开"在京人员谈话会",由总干事萨本栋主持,朱家骅出面,召集在南京的7个研究所的负责人:姜立夫、陈省身、张钰哲、俞建章、罗宗洛、赵九章、陶孟和、李济、傅斯年等,紧急商定了几条应对措施:停止研究基地的建筑工程,木料改钉木箱以备搬迁之需;各所尽快征询同人意见,眷属可自行疏散,或于十日内迁往上海,可能出国者尽量助其成;南京地区文物、图书、仪器、文卷先集中上海,由安全小组封存,伺机再南运台湾……12月,萨本栋因患癌症赴美国加利福尼亚大学医院治疗。当时身居美国的赵元任得知清华大学老朋友萨本栋身患癌症,准备来美国就医,赶紧张罗就医事情。30日,开车到旧金山机场接萨本栋和夫人,萨的精神显得不错,能扶拐棍自己走路("Sah was in good spirit & was able to walk with a stick.")(12月30日记)。31日,赵元任送萨本栋教授到医院检查。次年1月31日,萨本栋不幸病逝,终年46岁。(参见岱峻《发现李庄》,四川文艺出版社2009年版;张人凤、柳和城编著《张元济年谱长编》,上海交通大学出版社2011年版;赵新那、黄培云编《赵元任年谱》,商务印书馆1998年版)

傅斯年8月结束在美国的养病回国,继续主持史语所所务。9月9日,傅斯年致信胡适。因4日胡适有致傅氏一信,似谈及心脏状况不佳,又萌辞北大校长意。故傅斯年之信开头即说:"先生有两次警报,闻之大惊。"但又说"北大一辞即垮",所以"只有劝先生:一,夜间早睡,《水经注》即作一结束。二,少见客"。对辞北大事,自谓"不赞一词",认为,"先生不走。未必不垮;一走必就即垮"。谈到立法院事,考虑目下恰有中研院预算案在立法院,故决去报到,年终以病辞。23—24日,中央研究院院士会议在南京召开,傅斯年等50余位院士出席。同月,《论美苏对峙之基本性》一文载《正论》新11号;《北宋刊南宋补刊十行本〈史记集解〉跋》《〈后汉书〉残本跋》两文收入《国立中央研究院历史语言研究所集刊》第18本。秋,出席首届立法院会议,当选为立法委员。此时前后,国民党败局已定,开始着力经营台湾。而台湾大学校长庄长恭履任半年就携眷悄然离职,朱家骅游说傅斯年接任台湾大学校长。傅斯年知道这是往火坑里跳,严词拒绝。但朱家骅不改初衷,多次与傅斯年晤谈,还让几位朋友轮流规劝。11月,国民政府宣布傅斯年为台湾大学校长。傅斯年勉强承命,但并没立即上任,仍在徘徊观望。在傅斯年看来,共产党兵临城下,南京城岌岌可危,史语所何去何从,人心惶惶,众说纷纭,慌乱无计。他可以不接台大校长,却不能撂下苦心经营了20多年的史语所。一度他也动摇过,想解散史语所,让研究员各奔前程。

按:陈槃回忆当时情景(见岳玉玺《傅斯年——大气磅礴的一代学人》,天津人民出版社1994年版):"洎三十八(应为三十七)年冬,首都告警,群情惶急,不知所以为计。一日,师(傅斯年)召集同人会议,惨然曰:'研究所生命,恐遂如此告终矣。余之精力遂消亡,且宿疾未愈,虽欲再将研究所迁至适当地区,使国家学术中心维持得以不坠,然余竟不克荷此繁剧矣。今当筹商遣散。虽然如此,诸先生之工作,斯年仍愿尽最大努力,妥为介绍安置。'同人此时,以学术自由之环境已受威胁,于多年生命所寄托之研究所,亦不胜其依恋可惜。一时满座情绪,至严肃悲哀,有热泪为之盈眶者。师于是不觉大感动,毅然曰:'诸先生之贞志乃尔,则斯年之残年何足惜,当力命以付诸先生之望耳。'本所迁移之议,于是遂决。"

　　傅斯年与翁文灏等11月10日应朱家骅邀约商量设法接出北平的学者。11月12日,号称"文胆"的蒋介石首席幕僚陈布雷自杀,此事深深刺痛了他的心扉。陈布雷曾自言"搞了一辈子政治,从政而不懂政治",他对现实不满,但却把政治改良的希望寄托在蒋介石身上,虽为当政者的高级幕僚,但始终不染政客作风,保持清正耿介的操守。傅斯年政见、品格与陈布雷相似,故二人私交甚好,常相互引为挚友同志。陈布雷自杀后的几天里,傅斯年也曾萌生过追步陈氏、了此一生的念头。说明他的正统观也破灭了,据追随傅斯年一同去台湾的一位学生回忆:"当首都仓皇之日,同时有陈布雷、段锡朋二氏之没,师因精神上大受刺激,悲观至极,顿萌自杀之念。而师卒未于此时殉国者,赖傅夫人爱护防范之力也。"傅斯年的夫人俞大彩也了解丈夫此时的心情,担心傅斯年旧病复发,又担心他随时轻生,所以对其严加看护,为此又放弃了给自己患有心脏病的老母到香港看病的安排,也使傅终于放弃了自杀的念头。当时傅斯年所重点考虑的是学术机构的去留以及学术研究的前景问题,认为他的首要职责是将一批珍贵图书和文物运出北平,同时设法劝说学者离开北平赴台湾。当时国民党政府正忙于将军事装备、政府机关迁送台湾,故并没来得及考虑学术机构搬迁的问题。傅斯年亲自找到蒋介石,申述理由,获蒋批准,由傅斯年、陈雪屏、蒋经国等人负责此事。傅斯年、朱家骅、杭立武、陈雪屏一起"抢救学人计划"名单,其标准是:(一)在平教育行政负责人;(二)因政治关系必须离平者;(三)在平之中央研究院士;(四)学术上有地位,自愿南来者。然至12月15日下午,只有少数学人随北京大学校长胡适到了南京。王世杰、朱家骅、傅斯年、杭立武等到机场迎接。

　　傅斯年、陈雪屏12月16日从南京致电平津路局局长石树德,请其转告梅校长、袁校长、郑秘书长:"筱晨有一机到,如顺利当续有机到。"接运人员名单包括四类:(一)各院校馆所行政负责人;(二)因政治关系必离者;(三)中央研究院院士;(四)在学术上有贡献并自愿南来者。列为数批,"连眷属约300人""机到即走"。17日,为北京大学校庆日。胡适在中央研究院内主持了北大校庆纪念会,朱家骅、蒋梦麟、傅斯年、陈雪屏等均出席。21日,清华大学校长梅贻琦又带领北平研究院副院长李书华、北平图书馆馆长袁同礼、清华大学教授杨武之等24位教授作为第二批乘专机到达南京。据直接参与此事的那廉君回忆(岳玉玺《傅斯年——大气磅礴的一代学人》,天津人民出版社1994年版):"1948年末,北平局势紧张,孟真先生那时在南京,千方百计联络接出当在北平的一些学人。他努力的对象包括当时的交通部长俞大绂先生,青年部长陈雪屏先生以及其他有关单位和个人。而替他办事的,却只有我一个人,因为那时候史语所同人早已到了台湾……我跟孟真先生东奔西跑。他整天地跑教育部、国防部、交通部、青年部,其辛劳情形除非实际参与其事者,无法加以想象。有时候跑到中午,赶不及回去吃饭,照例的是在新街口'三六九'各吃一笼包子,孟真先生心事重重,彼此对坐闷吃,默默无语。一直到最后一批飞机从北平飞到了南京,我们招待这些学人住在史语所的大楼里面,这才松了一口气。被接出北平城的有钱思亮、陈寅恪、毛子水、英千里等人,多数是知名学者。"与此同时,史语所率先行动,与在南京的国立故宫博物院、国立中央博物院、国立中央图书馆联合,首批将图书文物装箱待运。同日,海军司令部派"中鼎"轮(由登陆艇改造的运输舰),运出史语所的图书、仪器、标本、档案及其他资料27箱。经过7个昼夜的航行,12月28日驶抵基隆。第二批是包租招商局的海沪轮,运载史语所的资料934箱,从1949年1月6日起航,三天后驶抵基隆。到第三批起运时,史语所已基本搬空。12月28日,傅斯年致信北京大学,请求派员全面接受北平图书史料整理处的所有图书、房屋和器具,乃至员工编制和工作等一切事务。同日,中央研究院致电北京大学秘书长郑天挺,表达了与傅斯年相同的意思。同月,史语所将整体迁到台湾杨梅镇,傅斯年却不能与之同行。

按:在傅斯年的主导与影响下,中央研究院下属各研究机构中,史语所在迁台态度上最为积极,石璋如回忆(陈存恭、陈仲玉、仁育德《石璋如先生访问记录》,"中央研究院"近代史研究所,2002年)说:"这时装箱的材料不够,数学所、物理所要盖房子,买了批材料,这时数学所表面要搬到南京,物理所没有回音,史语所就把他们买来的材料作木箱。那时只有史语所有预备搬迁的动作,其他所都没有动静。"郭胜强《董作宾传》(江苏文艺出版社2010年版)认为有三大原因:首先,史语所研究人员研究的对象大都是国宝级的文化遗物和文化遗迹,无论是甲骨文、青铜、玉石器、陶器,甚至人骨标本,还是建筑基址、墓葬等,都是实实在在的东西,研究人员是离不开它们的。董作宾离不开甲骨文,李济离不开青铜器,石璋如离不开殷墟建筑基址,高去寻离不开殷墟墓葬等等,他们对这些"国宝"有着深厚的情感,正像董作宾在《殷墟文字甲编序》中所说:"每一片都是经我们亲手挖掘出来,而又经摩掌玩赏过的,因此,我们对于这批材料,有着很亲密的感情。"他们已将自己的命运和这些国宝紧紧联系在一起。第二方面的原因是,中央研究院历史语言研究所已形成了以傅斯年、董作宾一武一文为首的核心,他们具有一定的凝聚力、号召力。傅斯年担任史语所所长二十年,有能力,有魄力,敢作敢为,使史语所不断发展,成果累累,尽管他脾气暴躁爱训斥人,但他更关心人,凡是一心搞事业的人,是不大会计较这些的。董作宾受命于危难之中,当时虽谈不上什么"领导有方",但他兢兢业业,任劳任怨,对同事更是关爱有加,虽不能说"力挽狂澜",但终使史语所在最艰难的时候渡过难关,这也是有目共睹的。史语所已为人们心所系,情所在,在十字路口上彷徨徘徊之际,人们对这样的头头还是乐于听从的。第三方面这或许也是个原因,可能是学文科的人大多长期埋头故纸堆里不可自拔,爱钻牛角尖认死理,头脑灵活不够,接受新事物的能力相对较差。而学数理的人,演绎推理,顶级求变,头脑灵活,接受新事物较快。在形势瞬息万变的历史转折关头,有人能认清形势,跟上时代发展的潮流,有些人自然会落伍,成为抱残守缺者。(参见焦润明《傅斯年传》,人民出版社2002年版;韩复智(Fu-Chih Han)《傅斯年先生年谱》,《台大历史学报》1996年第20期;欧阳哲生编《中国近代思想家文库·傅斯年卷》及附录《傅斯年年谱简编》,中国人民大学出版社2015年版;岱峻《发现李庄》,四川文艺出版社2009年版;耿云志编《胡适年谱》,福建教育出版社2012年版;王学珍等编《北京大学纪事(1898—1997)》,北京大学出版社1998年版;沈卫威《胡适弃校南下与平津学人去留》,《新文学史料》2017年第1期;马嘶《往事堪回首:百年文化旧案新解》,文化艺术出版社2007年版;郭胜强《董作宾传》,江苏文艺出版社2010年版)

陈雪屏时任教育部次长,为辅助"抢救学人计划"的核心成员。12月11日,陈雪屏致函郑天挺,嘱立即组织第一项名单所列各院校有地位之教授、中院院士、各院校馆行政负责人先走(去南京)。信函如下:"毅生我兄,先后三电计达。前与俞部长商定,一俟场可着陆,即派机来迎。托石志仁办理。特嘱黄澂随机北来,切取联系。右所应注意之点,就一时想到者列后:一、适师及师母必须先行,无论空军专机或航机先到,立即动身,千万勿忧夷,因随时场地仍可破坏也。总统对此一再谆嘱,至要至要!二、东厂胡同如寅恪、锡予诸先生亦可与胡师偕行较为方便,此时不宜谦让,以免耽搁有变,总之尽前利用机会。三、其余同人有必须走开者,如第一项名单所列海宗、寿民、孟实、佛泉、□修、子水、贻宝、□□诸先生,以及各院校馆行政负责人,如梅校长、袁、马、李、贺、郑、冯、叶、霍、褚、饶诸先生及吾兄,要走便立刻决定,不宜迟疑。此外各校有地位之教授,如今甫、莘田、景钺、泽霖诸先生。大抵每机可坐四十人,拟用四机分两批,何人先走,请兄与梅校长志仁兄商定。中院院士朱先生特别重视请注意。辅大百龄重一侍峰诸兄亦请勿遗漏。排定次序,秘密通知,立即出发,自己千万不可闹意见,争先后。先将必须走者定为第一批,再分别与其他者商定。一切请与树德实斋兄商酌进行。匆匆。余由敏功面陈。敬颂大安弟雪屏谨启十一。"13日,蒋介石派陈雪屏飞抵北平,劝说胡适南下,并说:"北平的城防一天一天的接近,不如早点离开!"胡适早已因兵临城下而坐卧不安,但此时却强装镇静,并告诉来者:"中共的叛乱和日本的外患不同,外患来时可以撤退,现在是国内的叛乱,怎好丢开北大不管?"14日,陈雪屏飞回南京,向蒋介石报告了胡适不愿南下的事后,蒋又两次打电报催促胡适南去,并于14日再次派专机飞平,强行接人,同时令胡适劝几位名教授一齐南飞。当日一清早,陈雪屏又打来电话,力劝胡适南行。10点钟胡适到校,又见陈雪屏的电报:"顷经兄又转达,务请师与师母即日登程,万勿迟疑。当有人来洽机,宜充分利用。"于是,胡适才开始约在北平的多位教授。据邓广铭回忆:12月13日,蒋介石派陈雪屏飞抵北平,劝说北京大学校长胡适约一批知名校长、学者乘机南下。胡适约陈垣一起走,被陈垣拒绝了。胡适打电话到城外清华园找不到陈寅恪,很着急。这时,邓广铭说自己知道陈寅恪常到城内大嫂家里,主动去帮胡适找人。邓广铭到北京城内陈衡恪遗孀那里找到了陈寅恪,并把他带给胡适。16日,陈雪屏与傅斯年从南京致电平津路局局长石树德。17日,陈雪屏与朱家骅、蒋梦麟、傅斯年出席胡适在中央研究院内主持的北大校庆纪念会。20日,行政院长孙科宣布新内阁组织完成,由梅贻琦接替朱家骅任教育部长。但梅贻琦未就职,由陈雪屏代理主持部务。(参见马嘶《往事堪回首:百年文化旧案新解》,文化艺术出版社2007年版;王学珍等编《北京大学纪事(1898—1997)》,北京大学出版社1998年版;沈卫威《胡适弃校南下与平津学人去留》,《新文学史料》2017年第1期)

杭立武继续任教育部次长,兼任故宫博物院理事会理事兼秘书。11月10日,杭立武在翁文灏家中参与翁文灏、朱家骅、王世杰、傅斯年、徐鸿宝、李济、蒋复璁密商故宫古物的搬迁问题。此次非正式的会谈形成了三条决议:一、故宫文物迅速迁台;二、中央图书馆的藏书和文物一并迁台;三、中央研究院历史评议研究所的图书与文物也一起迁台。据杭立武《中华文物播迁记》(台湾商务印书馆1980年版)回忆:"翁院长为故宫博物院的当然理事长,我请他召集理事会,他以当时正值国共和谈,如果迁退故物不免扰乱人心,但他并无意阻止。至于召集会议,他说不便,但他愿意在一个星期日,在他的寓所和理事们举行谈话会。我乃口头联络了朱家骅、王世杰、傅斯年、徐森玉、李济等理事,于11月10日到他官邸,谈话结果,到会理事一致主张运台。翁院长则表示既然大家主张搬迁,他也不反对。"当时决定先把当年运往伦敦展览的精品500箱运往台湾,同时将中央研究院历史语言研究所、中央博物院、中央图书馆的主要古物、图书一道运去。此事后由朱家骅向蒋介石报告,由蒋派军舰护送搬运。

杭立武11月以故宫董事会秘书名义召集故宫博物院、中央博物院两院部分理事联席会议,决议成立小组,将存放南京的两院文物精品迁运台湾,并议决由杭立武全权负责。接受任务后,他抓紧筹集经费、洽定船只、制订搬运计划。此事从1948年底开始,至次年2月结束。先后从故宫、中央两院文物中挑选了3824箱精品,分三批由海军"中鼎"舰、"昆仑"舰、招商局"海沪"轮运到台湾。12月21日,国民党海军"中鼎"号运输舰悄然驶进南京下关码头装运国宝。登船时,大批的海军眷属闻讯赶来,蜂拥挤满了中鼎轮,岸边装箱等候的文物则无法上船,甚至不得不让海军总司令桂永清赶到现场劝说后,大家才让出轮船。除两院文物外,中央研究院历史语言研究所,中央图书馆,外交部所属的文物、善本图书、重要档案(包括条约原本)等也随同运台。这批文物运到台湾后,先放在台中糖厂仓库,后由杭立武多方筹款,先后在北沟营建新馆,在台中雾峰建小型陈列室。不久成立了"中央博物图书院馆联合管理处",杭立武任主任委员。又经他建议,后来成立了"故宫、中央博物院共同理事会"。理事长为王云五。(参见刘思祥《杭立武传略》,《江淮文史》2001年第1期;李学通《翁文灏年谱》,山东教育出版社2005年版)

胡适11月在"抢救学人计划"名单中被列为第一人。在北平行将被围之际,南京政府急令北大等校南迁。胡适反对迁校,认为北大离开了北平就不能叫北京大学。11月22日,他在蔡孑民纪念堂召开校务会议,表示不考虑迁校,拟由教授会来表决。24日,胡适与汤用彤主持教授会讨论并正式通过不迁校的决议。12月13日,胡适继续筹备拟于17日举办的北大校庆,并为50周年校庆特刊撰写了《北京大学五十周年》一文,叙述北大自戊戌诞生以来的历史,特别说到北大"民国成立的初期,他也受了政治波浪的影响,换了许多次校长。直到蔡元培、蒋梦麟两位先生相继主持北大的三十年之中,北大才开始养成一点持续性,才开始造成一个继续发展的学术中心。可是在这三十年之中,北大也经过不少的灾难"。最后强调:"现在我们又在很危险很艰苦的环境里给北大做五十岁生日,我用很沉重的心情叙述他多灾多难的历史,祝福他长寿康强,祝他能安全的渡过眼前的危难正如同他渡过五十年中许多次危难一样!"同日,解放军开始围城,迫使傅作义陆续将部队撤至城内。南京方面特派陈雪屏飞抵北平劝说胡适南下,但他仍不忍离弃北大,陈雪屏只得飞回复命。中共北京大学地下党汪子嵩请郑昕转告胡适,希望他留下来,胡适始终未表态。吴晗也多方努力挽留胡适,但均未奏效。

胡适12月14日晨准备照常到校办公,未及出门,忽接陈雪屏从南京打来的电话,力劝他离平南下,并称即将有飞机来接。胡适表示外寇来时可以撤退,现是内战,怎好丢开北大不管。10点到校后,胡适又接到教育部次长陈雪屏发来的电报:"务请师与师母即日登程,万勿迟疑。"郑天挺和周炳琳均劝胡适走。深知势态结局的蒋介石不仅派专机飞往北平,而且连发两次电报敦促胡适飞往南京,也告诉胡适南飞,称时间紧迫,不容拖延。事已至此,胡适不便固执己见。12点回到家,陈雪屏又来电报催促,并请他约陈寅恪一同南下。胡适托邓广铭找到前一天刚入城躲避战火的陈寅恪,约其同行。胡适仓皇间来不及向同事们告别,行前只给汤用彤和郑天挺留下便函:"今日及今午连接政府几个电报,要我即南去。我就毫无准备的走了。一切的事,只好拜托你们几位同事维持。我虽在远,决不忘掉北大。"这一便函成了胡适之于北大的诀别之言。午后,胡适、陈寅恪两家乘校车出发,行至宣武门,士兵不放行,打电话找傅作义,因其正忙于和战大计而未联系上。面对郊外激战、城门紧闭的危乱局面,他们只好返回东厂胡同胡宅。当晚,胡适表示如果明天走不成,就决定不走了。深夜11点多钟,傅作义给胡适打去电话说:"总统已有电话,要你南飞,飞机今早8点可到。"胡适说为不能与其一起留守北平而甚感抱歉,傅作义表示谅解。同月,胡适曾打电话约辅仁大学校长陈垣一起南下,被陈垣拒绝。胡适的小儿子胡思杜也坚决要求留在北平,不愿同他一起走。

胡适一行12月15日8点先乘车到中南海勤政殿等候。由于解放军已控制了南苑机场,傅作义下令部队猛攻,暂时护住了机场。下午2点,胡适、陈寅恪两家立即换乘傅作义的车出发,3点多赶到南苑机场。胡适偕夫人只带一个小包袱,装着其父的遗稿、自己的几本手稿、有关《水经注》的资料,还有那部堪称他的镇宅之宝的甲戌本《红楼梦》。别无长物,走得干净利落。他的那些藏书、手稿、日记、信件、文件、照片等物,他都没有整理,还是原封不动地放在后院那五大间书库时里,由他的小儿子胡思杜留下来照管。同机者还有英千里等教授。飞机起飞不久,机场上就落下了几颗炮弹,此行相当惊险。当晚6点半,飞抵南京明故宫机场。王世杰、朱家骅、傅斯年、杭立武等到机场迎接。胡适到达南京后,便给北大郑天挺发去如下电报:"安抵京,即与家骅、孟真、雪屏筹划空运同人事,必须获得傅总司令协助始有效,请兄与梅袁二校长切实主持,并与实斋兄密切联系。□另电详达。此次在校庆前夕远离同人,万分惭愧。适。"17日,为北京大学校庆日,胡适借中央研究院主持了北大校庆纪念会,朱家骅、蒋梦麟、傅斯年、陈雪屏等均出席。胡适讲话时,哽咽不成声。他说:"我是一个弃职的逃兵,实在没有面子再在这里说话。"同日,蒋介石和宋美龄邀请胡适夫妇晚餐,为胡适祝贺57岁生日。

按:胡适自27岁任北大教授三十年以来,胡适大部分时间和精力都投入北大的事业。唐德刚曾说,胡适有三大爱好:安徽、北大、哥伦比亚大学。胡适晚年遗嘱将他留在北平的藏书全部捐赠给北大,而在其葬礼上,身盖北大校旗,诚可谓同北大"生死"与共了。从中亦可见胡适函中所说"我虽在远,决不忘掉北大",实发自肺腑。(参见耿云志编《胡适年谱》,福建教育出版社2012年版;耿云志编《中国近代思想家文库·胡适卷》及附录《胡适年谱简编》,中国人民大学出版社2014年版;王学珍等编《北京大学纪事(1898—1997)》,北京大学出版社1998年版;赵建永《胡适南下时致汤用彤函考述》,《北京大学学报》2013年第3期;马嘶《往事堪回首:百年文化旧案新解》,文化艺术出版社2007年版;沈卫威《胡适弃校南下与平津学人去留》,《新文学史料》2017年第1期)

　　梅贻琦11月已有离校南下的"定案"。清华的师生们想尽可能争取让他留下,清华园里的民主墙上出现过"语至恳切"的挽留校长的壁报。同学们甚至还组织了一些人到梅贻琦的住所齐呼挽留梅校长的口号。已去解放区的清华校友吴晗还特意从解放区发来电报,一面祝贺他的60岁寿辰,一面劝他留下来。可见清华的进步师生们是希望他们所爱戴的梅校长留在解放区的。11月28日,梅贻琦夫人携长女及两个外孙搭乘军界亲友的飞机离开北平,经广州抵香港暂驻。期间,梅贻琦还在北平城里设了一个"校产保管小组",把一批重要账目和物资转移到城里。12月13日,北平解放围城战斗开始。上午,梅贻琦离校进城取校款回校,下午给员工发放工资。14日,梅贻琦再次进城,后因城门关闭而无法返校,只好住进了北京饭店。其间,梅贻琦还致函汤用彤、郑天挺和周炳琳,请他们照料留在城内的清华师生,诸如商请北大垫借清华教工底薪,北大如开课"请令清华学生依班寄读,俾得完成本期学业"(清华已于13日停课)等事。21日中午,梅贻琦提着一架打字机、拿着两本书,从容率领第二批被"抢救"的学人从刚建成的东单临时机场起飞,傍晚抵达南京。同机者有北平研究院副院长李书华、北平图书馆馆长袁同礼和清华杨武之等24位教授。据张起钧《临难不苟的梅贻琦先生》(《梅贻琦先生纪念集》,吉林文史出版社1995年版)回忆:1948年冬,他与梅先生同机离平。12月19日,东单操场的临时飞机场修好,当天晚上梅贻琦和师大袁敦礼校长等学界领袖以及少数第一批被接运的教授,齐聚在北大秘书长郑天挺先生的办公室内,商讨第二天飞走的事宜,鉴于胡适走时的混乱情形,大家主张有秩序地组织起来,由梅领导,当时还裁了几张邮简,由梅和袁签字,算作临时的飞机票,以便凭票上机。这批起飞的,除了梅、张外,还有李书华、张颐、杨武之、敦福堂、赵梅伯、梁实秋等。计划好后,20日清晨大家齐集北京饭店候机,由于南京有雾,不能起飞,大家又在北京饭店住了一夜,

21日中午起飞,傍晚到达南京。又据赵赓飚回忆:"梅校长曾以电话通知,请校务会议代理校务,冯友兰先生为主席,暂主持校务,设法维护校产及师生安全。赵当时住清华骑河楼清华同学会,16日晚间谒梅校长得悉:青年部与教育部除派专机迎接北大胡校长南飞外,将续派专机接运平津各大学教授。北平各院校已组成接洽专机之小组五人,梅先生召集,师大袁校长敦礼及北大郑秘书长天挺在内。因郊外飞机场已陷落,第一架专机暂由东长安街越哈德门起飞。原定12月20日起飞,因天候不良,延至21日下午1时启行。笔者及少数送行人士,目睹梅校长只带手提打字机一架,别无长物,神情凄怆,默然登机。飞机越过城墙时,只见机身只高过五六尺许,大家惊叹不已……"22日,孙科行政院长便发表了梅贻琦为教育部长的委任令,但他坚辞不就,只允主持"南来教授接待委员会"。

　　按:张起钧《临难不苟的梅贻琦先生》(《梅贻琦先生纪念集》,吉林文史出版社1995年版)还讲述道:"最使我感动的是他那临难不苟的精神。在梅先生离平的前几天,我偶然去看胡适之先生,恰好知道胡先生即将搭乘政府来接的专机离平。于是告辞回家,默祝胡先生的顺利成行。傍晚获知,并未能成行。这是12月14日的事,那时清华的敦福堂教授逃进城来,住在我家,便忽然想起梅先生也正在城里候机离平,何不通一消息,……使梅先生与胡先生一起飞出围城?于是敦先生便马上打电话给梅先生。凡是那时身在围城中的人,当可知道大家是如何焦急地渴望离开这围城。……因此在敦先生预料,梅先生闻讯后一定大喜若狂,立即行动。哪知梅先生在听到此事,并弄清这架飞机并不是接他之后,他竟无动于衷,一如平日缓和低沉的声调,说是他不预备去。虽经敦先生一再告以时局的危急,错过这架飞机,可能不会有机会;但他始终若无其事地谢绝了这建议。后来政府接梅先生和各位教授的飞机来了,他才把一切事安排妥帖后,从容不迫地提着一架打字机,拿着两本书走上飞机……"为此,张起钧发感慨说:"在这一幕前因后果中,我亲临其境,我深深地受到了感动,而深深地体会到梅先生的高风亮节。但可惜我不能把我这意之所会,传诸于言。这并非纯由我的笔拙,而是当时还有许多相关的事件与情势,只有在这些事件情势中的陪衬中,才能了解其意义。若是摒弃背景,脱空而言,不仅挂一漏万,有失真相,并且还会由于文字的隔障,反滋歧义。不过有一点我可以说的,许多人在平日装腔作势,好似高不可及,一旦遇到危急关头,便丑态百出,以求苟免;因为他们内心本没有高贵自尊的地方。而梅先生则是已把高贵至尊建基于本身,因此才能夷险一节,不为外境左右;甚至在生死存亡的关头,都一直保持着尊贵不群的风格,使人顽廉懦立,肃然起敬。——这才真是中国读书人传统的最高修养;这才不愧是一个'人物'!"(参见黄延复、钟秀斌《一个时代的斯文:清华校长梅贻琦》,九州出版社2011年版;吴洪成《生斯长斯 吾爱吾庐——清华大学校长梅贻琦》,山东教育出版社2003年版;清华大学校史编写组编著《清华大学校史稿》,中华书局1981年版;齐家莹编《清华人文学科年谱》,清华大学出版社1999年版;马嘶《往事堪回首:百年文化旧案新解》,文化艺术出版社2007年版;赵建永《胡适南下时致汤用彤函考述》,《北京大学学报》2013年第3期)

　　袁同礼12月20日致全馆同仁公开信,信曰:"同人公鉴:同礼奉中央来电,入京述职。在离平期内,馆务由王重民先生代理,亦经部中核准。王先生与本馆关系最深,在此非常时期,得其主持,凡我同人,均应拥戴,通力合作,俾馆务进行,不致停顿。不胜企盼之至。专此。顺候公绥。袁同礼谨启,十二月廿日。"21日,携眷飞南京。当天下午2时乘机离平。与梅贻琦同机,在东单临时机场起飞。当时,西苑机场与南苑机场因战事紧迫,不能使用。据李书华《追忆袁守和先生》(《传记文学》,1965年2月第8卷第2期)回忆:"北平城内动工建筑一个临时机场,利用东交民巷东面围墙外的操场与东长安街东部一带地方,作成南北方向跑道一条。十二月二十日晚间,政府派第一架飞机到北平,降落于临时机场上,接学术教育文化界人士南下。二十一日清晨,守和与梅月涵和我携带少许随身行李,搭乘该机飞往南京。守和夫人袁慧熙女士(原籍浙江桐庐)携其女公子袁静,男公子袁澄,次公子袁清同行。我则携幼女幼贞同行。飞机中乘客似共有十二人。""守和到南京不久,便去美国。"

(参见张光润《袁同礼研究(1895—1949)》,华东师范大学博士学位论文,2018年)

陶孟和继续任中央研究院社会科学研究所所长。与傅斯年的态度截然不同,陶孟和坚定地反对迁台,决定留守南京,迎接解放。11月30日,他在出席在京人员谈话会上就义正词严地提出,"搬不搬要同全所同人商量,以多数人意见为依归"。12月9日,朱家骅院长主持临时院务会议时,陶孟和汇报说,社会所以"全所人员多一票"的结果决定不迁。朱家骅听后大为恼怒,以"出席人员中包括助理研究员不符合规定"为借口,企图否定陶孟和的意见。陶孟和针锋相对,批评朱家骅推翻社会所多数人不同意搬迁的决定,是置多数人的意志和权利于不顾。专横独裁的朱家骅,试图强令陶孟和率社会科学所迁桂林。陶孟和置之不理,既不组织迁桂林,也不做迁上海的准备。他患心脏病,单身住在研究所办公室主持所务,给所里工作人员打气。他对大家说:"朱家骅是我的学生,我可以顶他,他不敢把我怎么样。"社会所的工作人员,个个坚守岗位,护院护所,没有一个人跟随国民党去台湾。所中财产,包括图书资料丝毫无损。陶孟和还利用中央研究院院士的身份和影响,去上海劝说临时迁沪的其他各所不要再搬迁台湾,鼓动在上海的各研究所坚持留在原地。陶孟和的努力,产生了很大的影响。各所对抗战西迁所受的艰苦记忆犹新,又听到迁台后的同人生活困难,留守之心更加坚定。而此刻,国民党军队所能控制的船只忙于抢运黄金白银,也无力再运输迁台的人员和物资。

　　按:当陶孟和得知中央图书馆、故宫、中央博物院、北平图书馆和史语所的图书资料运去台湾的消息后,非常气愤,他在次年3月6日的《大公报》上发表署名文章《搬回古物图书》,说,对于这种搬迁,"我们积极地反对,我们严厉地予以斥责。我们主张应该由政府尽速将它运回""这些古物与图书决不是属于任何个人,任何党派""它们是属于国家的,属于整个民族的,属于一切人民的"。(参见岱峻《发现李庄》,四川文艺出版社2009年版)

李济1月在中研院和北大同学会联合纪念蔡元培的一次讲演会上宣读了《中国古器物学的新基础》的论文,文中谈到田野工作重要性说了这样一段话:"斯文赫定博士有一次告诉我说,三年不回到骆驼背上,就要感到腰酸背痛。这一句话最能得到考古组同人的同情;他们却并不一定要骑在骆驼背上,他们只要有动腿的自由,就可以感觉到一种'独与天地精神往来'的快乐。"这段话如同箴言,此后的李济,那种"独与天地精神往来"的气魄犹在,而"动腿的自由"却越发少了。李济在系统梳理了自宋以来一直到当代学者的古器物学分类法的基础上,提出了自己对青铜容器的分类,完成了《记小屯出土之青铜器》一文。3月27日,李济当选为中央研究院第一届院士。4月27日下午4时,出席中央研究院在院内礼堂举行的京、沪、杭院士第一次茶话会。7月2日,李济给在北平养病的梁思永寄赠了一本《记小屯出土之青铜器·上篇》(抽印本),在随附的信中写道:"此文于付印之前,未能就正于兄,为弟一大憾事。排印期间,校雠数次,仍有脱误。原文尚有数处未作到十分满意,诸祈指正,曷胜盼祷。中篇《锋刃器》已将脱稿。'小刀子'一节拟借用侯家庄材料作比较参考之用。至希惠允为感。又上篇亦有数处用到侯庄材料,以为旁证,并希吾兄加认。近日第四期已可集稿;本组同人,均努力异常,一年以来,不少佳作,此亦穷苦生活中之另一境界也。"3日,中央研究院分别致函聘请李济等为评议员,组织成立第三届评议会提名委员会。

李济9月22—25日出席中央研究院院士会议。9月24日下午,当选为中央研究院评议会第三届评议员。10月,李济应武汉大学校长周鲠生之邀,与北大校长胡适联袂赴武汉讲学。《胡适日记》中写道:"10月1日早七点出发,邀了李济之同到国际联欢社,与周鲠生、熊□□同到招商局码头,搭小火轮上江泰轮船。十一点后,始开船。1937年9月8(日)夜,自南京坐轮船往汉口,到今天已十一年。"李济分别在武昌和汉口,作了两次演讲,题目分别是《青铜时代之初期》和《日本一个月》。当胡适、李济两人同时出现在武汉大学讲坛上时,大礼堂挤满了听众。校长周鲠生站在讲台正中,环视全场,微笑致辞:"我们今天请来了两位贵宾,一位是北大校长胡适先生,姓胡名适、字适之,另一位是中央研究院的著名考古学家李济先生,姓李名济字济之。他们两位的名和字是不谋而合啊! 胡适校长昨天跟我开玩笑说我把他们两人'押上(珞珈)山'来了! 大家知道,我对考古学是一窍不通,好在胡适校长是无所不通,现在就请他代劳给大家介绍一下李济之教授,好不好?"胡李二人同行,彼此增进了了解。胡适曾向李济介绍了一些生活小常识,比如建议演讲前的一顿饭,只能吃半饱,否则会造成不适,可以喝少许一点酒或许有益,还讲到怎样才是正确的刷牙方法等。这些大概是李济不曾注意到的小事。总之,这是一次愉快的学术之旅,只是无论李济还是胡适,当时谁也没有料到,这是他们闪耀在大陆学术界的最后光影。14日,李济作为中央研究院评议会第三届评议员接受蒋介石以总统名义颁发的聘书。

李济11月10日赴故宫博物院理事会理事长翁文灏在其南京住宅,与故宫和中博院两院的理事朱家骅、傅斯年、李济、徐森玉及杭立武等一同密商文物去向,会议作出了选择文物精品运往台湾的决议,初步决定精挑文物600箱。后来扩大了挑选范围,选出文物3824箱,其中北平故宫博物院2972箱,中央博物院8512箱,还有中央图书馆及北平图书馆的善本图书和外交部条约档案等,决定分三批运往台湾。李济奉命协助徐森玉执行押运任务。12月22日,海军派出中鼎轮装载着史语所和数学所重要图书、仪器、设备以及故宫迁运文物,由李济督运开往台湾,28日抵基隆港。作为一个卓越的考古学家和博物馆专家,李济的行动依据首先是以文物的去留为自己的去留。但李济去台,招来一片骂声。李济的一个当时也成为中共地下党员的学生也曾劝阻他,李济回答说:"保护这批古物是我的职责,自卢沟桥事变以后,我已护送这批珍宝跋涉了大半个中国,终得以保全。现在我同样不能眼看着祖宗留下的国宝毁于战火。国共之战我管不了,但如果我能保全这批文物而撒手不管,是为不忠不孝,也对不起后世子孙。"

按:据李济之子李光谟回忆:"当时走的时候,很多人是反对的,反对文物搬迁。父亲要保护文物,所以只好搬迁。他跟别人在谈的时候说,只要文物安全,无所谓去哪个地方。还有人劝他不要跟船走。他说不行,我必须跟着船。押运押运,叫你押运嘛,你就得看着这个东西。实际上就是说人在东西就得在。押运文物主要负责的是徐森玉先生(鸿宝),徐先生比我父亲大十岁。他儿子还在上海,与我关系很好。徐森玉是老文物专家,让他主持,父亲协助。但父亲押运的首批文物抵台后,徐先生滞留沪上不愿走了。那次搬家跟往常的感觉不同,为什么会犹豫? 因为这几年实在折腾够了,抗战刚过嘛,搬家搬的次数太多了。父亲也征求过我的意见:'现在研究所要搬家,我必须搬,你怎么样?'他也没说你不走我就不搬了。我始终没给他答复。一直到走我都没说话。我心里非常矛盾,想走又不想走。最后还是跟他们走了。要不走我又上哪儿去?"(参见岱峻《李济传》,江苏文艺出版社2009年版;赵淑静、吴琦、陈骞《中国考古学之父——李济》,云南人民出版社2006年版;曾昆吾、王孔旭《周鲠生与胡适轶事》,载姚以恩、刘华庭编选《新笔记大观》,上海书店出版社1996年版;郭胜强《董作宾传》,江苏文艺出版社2010年版)

梁思永3月27日与其兄梁思成一起当选为中央研究院第一届院士。7月2日,李济给在北平养病的梁思永寄赠了一本《记小屯出土之青铜器·上篇》(抽印本),并随附一信。8月5日,梁思永复函李济:"济之我兄:考古第三册抽印本和里面附带的信收到了,多谢。大著已拜读过,佩服佩服。偶有鄙见与尊说不尽合之处,也只是彼此看法上稍有差别,且多涉及枝节问题,无关重要。他日会见时再当面请教。侯家庄材料请兄随便使用;三组工作兄所领导,何须如此客气。弟五月底入协和医院,住院十二日。检查身体,结果是右肺健全,左肺压塌状态良好,胃肠透视都没有发现毛病。除了气管里的结核病灶可能尚未痊愈外,可以说没有病了。不过身体经过这几年跟病菌斗争之后,真有如战后的英伦,虽然战胜敌人,但元气销蚀殆尽,就要恢复到小康的局面,也万分困难。为了肃清气管里病菌,现正试用链霉素。已注射了六十三克,似颇有效。预备再注三十七克就停止。弟近间起坐之时已加多,且能出到院中行走。只可恨注链霉素后发生头晕现象,走起路来摇摇摆摆,不很稳当。看情形秋后大概可以开始做点俯案工作。欲想趁机整理两城报告。不过在这动荡不定的大局中,把珍贵的稿子拿到北方来,又觉不甚妥当。盼兄分神考虑考虑这问题。内子小女托庇粗安。即此顺祝暑安　嫂夫人、光谟统此问候。三组同人,见面时祈一一代候。弟思永拜上卅七、八、五。"信中提到引用侯家庄材料一事,系当时考古组的一项不成文的规矩:凡田野发掘的出土物或其他发现,主持发掘人有第一研究权,其他人若要在论文或报告中使用,需征得同意。年底,梁思永在北京家中养病,已不能远行。(参见岱峻《李济传》,江苏文艺出版社2009年版)

董作宾12月15日回到上海,21日就携家眷登上了"中鼎号",随史语所第一批运台文物去了台湾。第二批包租的招商局"海沪轮"运载史语所的物资934箱,到第三批起运时,史语所已基本搬空,人员亦大部分去了台湾。至此,史语所物资基本整体搬迁。董作宾在上海等装船的时候,遇到他的老朋友魏辉廷,他向老友交底:他是不愿意跟着跑的,只因这批文物他最熟悉,他经营20年了,经他手从南京运到重庆,又从重庆运回南京,现在又往台湾运。他最后说:"责无旁贷呵!自己离不开它们,到那里安排妥当就回来。"董作宾又对石璋如说:"你可以同赴台湾",石璋如当时正在患病休养,对外边的情况了解不多,得知消息晚,很仓促,但还是毫不犹豫去了台湾,他回忆说:"董先生告诉我可以去台湾的时候,距离出发只剩下一两天,我也无法起身处理搬家的事,所以说叫我休息等于害了我一样。"研究室里私人物品一件都没来得及拿,他最心疼的莫过于墙上挂的一幅大地图,是其对地理深感兴趣而买的。这也让他触景生情回忆起往事:"我想起日本人仓促离开中国,跟我那时的境况相去不远。我们到南京的时候,看见街上有不少小贩在卖日本人留下的带不走的东西,我就想到我宿舍、研究室内的东西的下场,大概也不出于此吧!"

按:据石璋如回忆(陈存恭、陈仲玉、仁育德《石璋如先生访问记录》,"中央研究院"近代史研究所,2002年):史语所当时除了预备前往台湾之外,也同时进行同仁的疏散分配工作。当时据说要家眷少的才能先去台湾,因为听说台湾很穷,养不起太多人,去的人也只能吃香蕉皮,所以不少人打消来台湾的主意。董作宾先生当时还在美国尚未回国,郭宝钧先生就出主意让董的家眷往后方撤,郭先生的眷口多也往后方去。来台湾的人并不多……十二月眷属快要出发时,董先生回国,知道甲骨要运往台湾,他决定不去后方,要随研究院一起去台湾。(参见郭胜强《董作宾传》,江苏文艺出版社2010年版)

夏鼐继续任史语所代所长,与郑振铎多有交往。3月4日上午,夏鼐在南京接待来自上海的郑振铎。夏鼐在日记中写道:"郑西谛君来,导之参观古物及书库。……晚间在李济之先生家用餐,郑振铎、蒋复璁二先生皆在座。"5日,夏鼐写道:"上午郑振铎先生来所,接洽借摄古物事。……晚间向先生请客,在座除郑先生外,尚有贺昌群等人。饭后至罗寄梅先生家中,观放映敦煌电影。送郑先生上火车返沪。"6月3日,夏鼐写道:"晚间应蒋复璁馆长之约,宴于中央图书馆,原为请郑西谛先生,以有来信云3日来京参观展览会,今晨往接,始知3日晚车,明早始抵京,吾等白吃一顿。在座有马叔平、徐森玉、贺昌群、卢冀野、胡小石、韩儒林,及本所之李济之、劳贞一、陈槃庵、王之屏诸先生。"5日,夏鼐写道:"上午郑振铎先生来，接洽照相古物事，并承惠赠《西域画》一部。……晚间王则诚君邀余看电影，顺途至中央图书馆访郑西谛先生。"6日，夏鼐写道："上午至李济之先生处闲谈，郑西谛先生亦在座。"同月，《历史语言研究所集刊》推出"本院成立第20周年专号"上。该专号实为《历史语言研究所集刊》第20本，分上、下两册。上册刊载陈寅恪《元微之悼亡诗及艳诗笺证》、胡适《易林断归崔篆的判决书》、马衡《宋范祖禹书古文孝经石刻校释》、岑仲勉《旧唐书"旧领县"之表解》、陈槃《论早期谶纬及其与邹衍书说之关系》、全汉升《唐宋政府岁入与货币经济的关系》、逯钦立《陶渊明年谱稿》、王崇武《董文骥与明史纪事本末》、李光涛《朝鲜壬辰倭祸中之平壤战役与南海战役》、劳幹《北魏洛阳城图的复原》、夏鼐《武威唐代吐谷浑慕容氏墓志》、芮逸夫《僚为仡佬试证》、严耕望《魏晋南朝地方政府属佐考》、王明《黄庭经考》等文。

　　夏鼐10月28日惊闻李济的得意门生吴金鼎9月18日病逝噩耗，在北极阁一间小屋里，潸然泪下，写了一段悲凉的文字："今天得到了吴禹铭先生的死讯，不仅是我们朋侪间觉得丧失了一个不可多得的良友，并且也是中国考古学界的一个大损失。今日中国考古学界中，真正能够吃苦，肯下田野去做发掘工作，既有丰富的田野经验，又有充分的考古学知识的学者，不过十来个人。正感觉到人才的缺乏，现在呢，在这十来位中又弱了一个。""我在这凄风苦雨的晚上，赶写这篇文章，一面以追悼吴先生，一面也借以慰唁吴太太。我们在哀悼吴先生之余，更盼望着这混乱的局面早日澄清，使我们能继承吴先生的遗志，展开中国田野考古学的新天地！"同月，在《历史语言研究所集刊》第19本发表《新获之敦煌汉简》。11月27日，夏鼐在《观察》周刊第5卷第14期发表《中央研究院第一届院士的分析》，指出："这次中央研究院举行第一次院士会议，可算是近年来国内文化界的一件大事。中央研究院创办已达二十年，今年才举行选举院士；原拟选出八十名至一百名，听说选举时第一次投票仅选出六十来名。一连投了五次票，才选足八十一名，可以说相当的郑重审慎。不管各方面对于这次院士名单的意见如何（尤其因为提名的办法不佳，有些可以当选的学者，根本没有被提名，以致无从选出，令人颇有遗珠之感）。我们如果说'这一个名单，相当的足以代表今日中国学术界的情况'，这话大致不会有多大的错误吧。"年底，夏鼐与郭宝钧、吴定良、逯钦立等史语所的少数人员坚持留下来而不去台湾。当时郭宝钧找到夏鼐商量，颇有远见的夏鼐说："我们不要走，我们还有前途，我们留下还有许多事情要做。"逯钦立在李庄娶的妻子罗筱蕖，其兄是共产党员，她本人参加了中共地下党的外围活动，坚决反对去台湾，夫妻俩留在大陆，后去了广西。傅斯年还很失望地说："原来你们跟着我，现在大难临头就想溜了。"（参见夏鼐《敦煌考古漫记》，百花文艺出版社2002年版；岱峻《李济传》，江苏文艺出版社2009年版；郭胜强《董作宾传》，江苏文艺出版社2010年版；陈福康《郑振铎年谱》，三晋出版社2008年版；王学典《20世纪史学编年（1900—1949）》，商务印书馆2014年版）

　　曾昭燏继续任中博院总干事。抗战胜利后，曾昭燏先后参加了李济领导的战时文物保存委员会和清理战时文物损失委员会等，倾注心血最多的还是李济卸下的中博院担子，最初任代理主任，至上年5月才由教育部次长杭立武兼任，但她仍担任总干事，主持中博院日常工作，经她的持续努力，中博院大殿修建工程已经竣工。尽管曾昭燏是李济的学生、同事和朋友，但明确反对搬迁文物去台。年底，曾昭燏参加联合国博物馆协会，为当时我国参会的九名会员之一。当时曾氏家族及亲友已有多人出走台湾或香港，如曾昭燏的哥哥曾昭承、妹妹曾昭楣以及至亲俞大绂家族等等。但曾昭燏坚决留下来，据推测可能与在北大任教的二哥曾昭抡、二嫂俞大絪的劝说有关，也可能是因为中博院大殿凝结着她的汗水和情感。12月7日,曾昭燏致函筹备处主任杭立武,反对文物运往台湾:"此次遵照理事会决议……运出文物在途中或到台之后,万一有何损失则主持此事者,永为民族罪人,职对此事虽无责任,然为本院保管文物已七八年,对于诸物有浓厚之感情,知有各种危险,岂可缄然。"(参见岱峻《李济传》,江苏文艺出版社2009年版;徐雁平《旧世家,新女性——以湘乡曾昭燏为例》,《东方文化》2001年第2期)

岑仲勉《元和姓纂四校记》3册4月由商务印书馆出版。此前,林宝于唐元和年间奉旨撰成《元和姓纂》,比较详细地记载了中唐以前的大姓族望,对研究中国氏族与社会有重要价值,但是此书北宋时开始散佚。清代修四库全书时,只能据《永乐大典》参以诸书校辑成书。清代学者孙星衍、洪莹据孙氏所藏某阁本钞本校刊行世,光绪六年金陵书局复据孙氏本翻印。及至近代,罗振玉、温廷敬、牟润孙对此书均有辑校增补,但终究未克全功。岑仲勉乃参藉历代典籍、碑志和已有研究诸书,旁搜博征,详加考校,系统增补,于蔓误、拾遗、正本、伐伪四方面尤致力,著成《元和姓纂四校记》,共170多万言,为唐史研究提供了一部高学术价值的工具书。(参见王学典《20世纪史学编年(1900—1949)》,商务印书馆2014年版)

劳榦1月在《历史语言研究所集刊》第16本发表《论汉代之陆运与水运》。文中指出,秦汉时期,由于国防等原因,"邦国之政事与军备皆北重于南,陆重于海",但"以民族发展之方位言之,则经济发展之趋向在南而不在北,国防发展之趋向在北而不在南",故撰写此文,就"汉世水陆交通略述其大要、以见汉朝帝国虽赖陆运以维持国家之完整,供给国防之军资,而缘海之地则海运常重于陆运。汉人非不明海事,徒以陆上危机大于缘海。期间不能不有所轻重"。有研究者指出,该文是汉代交通研究的开创之作,"于中国交通史研究也有经典意义"。同期还刊载了陈槃《秦汉间之所谓"符应"论略》《汉晋遗简偶述》、凌纯声《畲族图腾文化的研究》、逯钦立《形影神诗与东晋之佛道思想》、芮逸夫《释甥之称谓》、傅乐焕《辽史复文举例》、王崇武《李松如征东考》等文。4月,劳榦在《历史语言研究所集刊》第17本发表《汉代察举制度考》。文中梳理了汉代察举制度的渊源,汉武帝之后的变迁,并分类探讨了察举制度的项目(分别是"孝廉""茂才""贤良方正与文学""其他特科")等。同期还载有张政烺《问答录与说参请》,陈槃《战国秦汉间方士考论》《古谶纬书录解题》《古谶纬书录解题附录》,王崇武《论万历征东岛山之战及明清萨尔浒之战》《明成祖朝鲜选妃考》,岑仲勉《唐唐临〈冥报记〉之复原》,杨志玖《阿保机即位考辨》,李光涛《洪承畴背明始末》等文。10月,在《历史语言研究所集刊》第19本发表《论中国造纸术之原始》《释汉代之亭障与峰燧》。(参见王学典《20世纪史学编年(1900—1949)》,商务印书馆2014年版)

全汉升4月在《历史语言研究所集刊》第15本发表《元代的纸币》。文中梳理了元代纸币币制变迁的情况,分析了币制跌落乃至导致通货膨胀的原因,认为导纸币贬值的主要原因是"财政收支的不均衡"。并指出"元末政权所以终被推翻,最后固然直接由于军事上的崩溃,初时实因于统治者在财政经济奋斗上的失败"。该文不仅首次对元代纸币进行研究,而且以丰富的资料论析了元代钞法的演变和崩坏、被认为有较高参考价值。同期还载有岑仲勉《翰林学士壁记注补》《续贞石证史》《玉溪生年谱会笺平质》《唐方镇年表正补》,谷霁光《辽金军史料试释》等文。(参见王学典《20世纪史学编年(1900—1949)》,商务印书馆2014年版)

王明6月在《历史语言研究所集刊》"第20周年专号"上发表《黄庭经考》。作者认为"《道德经》为玄教经典之鼻祖,下分参同论外丹、黄庭说内丹,并为古典,其可宝也",并进一步认为"《黄庭内景经》者,盖自觉之宗教思想与医学糅合之道书也"。文章对"黄庭"等概念、《黄庭经》撰者及其成书年代、《黄庭经》之思想、《黄庭经》学说之来源及其衍变、"王羲之黄庭换鹅"等问题进行了考辨,被认为是考证精当,客观谨严,至今仍有学术价值。10月,王明在《历史语言研究所集刊》第19本发表《周易参同契考证》。文中对《参同契》的名称、《参同契》与汉代易学的关系、《参同契》的中心思想、《参同契》思想的渊源及其流变、《参同契》的真伪等问题进行考辨,作者认为"《参同契》之中心理论只是修炼金丹而已"。由于该文对《参同契》的名称、源流等问题进行清晰又准确的考辨,是道教思想史、科技史研究领域的重要论著,被视为"道教研究的上乘之作"。同期还刊载了夏鼐《新获之敦煌汉简》、严耕望《北朝地方政府属佐制度考》、李光涛《毛文龙酿乱东江本末》、劳幹《论中国造纸术之原始》《释汉代之亭障与峰燧》等文。(参见王学典《20世纪史学编年(1900—1949)》,商务印书馆2014年版)

严耕望9月在《历史语言研究所集刊》第18本发表《北魏尚书制度考》。文中认为北魏时期尚书制度事关中国"两千年中枢发展史"之研究,故"搜考史传以弥缝之"。文章内容包括"北魏尚书组织演变""都省""尚书分部""列曹职官"及"北魏初期之大人制度"等。在作者看来,从汉代至北魏,尚书逐渐由宫官向府官转变,权力渐趋变重,北魏前期君主以拓跋鲜卑的"大人制"为基础,参考秦汉制创制了尚书制度,中经反复,至孝文帝"大革旧俗,厘定官制"时,重建和确立了尚书制度。作者还指出,"尚书制度之发展与华化之步趋不异,其在初期,尤为华化之标征也"。有研究者指出,严氏此文颇有创见,是相关研究领域的经典之作。严氏在晚年回顾自己治史经验时指出,该文是其"聚小为大"研究方法的最好例子,也是其单篇论文中最有贡献的论文。同期还载有王明《论太平经钞甲部之伪》、吴晗《记〈明实录〉》、李光涛《论崇祯二年"己巳虏变"》、傅斯年《北宋刊南宋补刊十行本史记集解跋》《后汉书残书跋》、劳幹《北宋刊南宋补刊十行本史记集解后跋》等文。10月,在《历史语言研究所集刊》第19本发表《北朝地方政府属佐制度考》。(参见王学典《20世纪史学编年(1900—1949)》,商务印书馆2014年版)

吴有训校长因出席在墨西哥召开的联合国文教组织委员会,继续由医学院院长戚寿南暂代国立中央大学校长。2月,中大17个社团发起组织"中大助学会",资助清寒学生。接着南京市"大中学生助学联合会"成立,要求社会各界支持清寒学生。3月27日,吴有训校长当选为中央研究院院士。多次要求辞去中央大学校长职务。为此,在国外托故延召回国。先后在美国哈佛大学和麻省理工学院访问,并短期从事科研工作。曾与C. E. Mandeville等人进行合作研究。5月4日,举行"五四"运动29周年纪念会,由孙本文教授作题为"蔡元培先生的教育革新与五四运动"的讲演。同日,南京市大中学生联合纪念"五·二〇运动"1周年。21日晚,在学校大操场举办南京市大中学生联合晚会。中大张西曼教授和孙傲仓、赵之巽代表去年受伤同学,作了慷慨激昂的演说。纪念仪式完毕,文艺节目演出不久,便遭到三青团学生的捣乱、破坏,同学们手挽着手维持会场秩序。晚会结束后,本校二部和金大、金女大等校学生在返校途中,遇到特务阻截,本校和金大各有两名学生被捕。次日一早,学生们包围了青年部,直到下午,4位被捕学生才获释。随即,学生们举行了大游行。28日,联合国教科文组织派奥勃来来中大调查抗战时期损失情况,事后,学校将损失情况造册汇送联合国。

戚寿南代校长6月代表我国医药卫生界出席世界卫生组织成立大会。会后转赴美国,参加美国心脏病年会。行政会决定,由教务长周鸿经代理校长职务。12日,为胡焕庸教授执教20周年,理学院决定征集"胡焕庸地理学奖学金"(后改为"胡母地理学奖学金"),并发行纪念册。7 月 4 日,举行第二十一届毕业典礼。毕业 1060 人,4 位研究生获硕士学位。8 月 19 日,国民政府对青年学生进行全国性大逮捕。中大被"首都特种刑事法庭"传讯 98 人,其中被拘捕到案的有赵世愚、黄善初等 16 人;到案被收押的有洪眺望、印石等 9 人。同月,吴有训校长因心脏病复发,坚请辞职,获准辞去中央大学校长职务,由南京迁家上海。教育部命周鸿经继任中大校长。周鸿经校长聘罗清生(原为农学院院长)为教务长,沙学俊为训导长、戈定邦为总务长;聘邹钟琳为农学院院长,蔡翘代医学院院长。9 月,俄文专修科改为俄文组,学制五年(后改为 4 年)。11 月 25 日警备司令部对青年学生进行全国性第二次大逮捕,中大有刘元常、朱德培等 28 人被捕。教育部分配本校两名由美国资助的中华全国大学妇女留美奖学金,行政会议决定,通过考试裁定人选。12 月,中大教授会改选,选出理事 15 人,监事 7 人。同月,吴有训受聘任上海交通大学物理系教授。积极参加地下党组织领导的进步活动,介绍科技人员前往先期解放的东北地区工作,规劝友朋、勿去台湾,留在上海,迎接解放。(参见徐文镐《吴有训年谱》,《中国科技史料》1997 年第 4 期;南京大学高教研究所编《南京大学大事记 1902—1988》,南京大学出版社 1989 年版)

宗白华 9 月 18 日撰写《略论敦煌艺术的意义与价值》,刊于上海《观察》周刊第 5 卷第 4 期。文中指出中国艺术有三个方向与境界。第一是礼教的、伦理的方向。三代钟鼎和玉器、汉代壁画、东晋顾恺之的《女史箴》,都属于这个范畴。第二是唐宋以来的山水花鸟画,使中国艺术树立了它的特色,获得了世界地位。第三个方向,即从六朝到唐宋初的丰富的宗教艺术。又指出敦煌艺术在中国艺术史上的地位和价值,是以人物为中心,在这方面与希腊相似。但希腊人体的境界重"体",所以表现得静穆稳重。而敦煌人像,全是在飞腾的舞姿中,人像的重点在于那克服了地心吸力的飞动旋律。敦煌的艺境是音乐意味的,全以音乐舞蹈为基本情调。(参见林同华《宗白华生平及著述年表》,载《宗白华全集》第四卷附录,安徽教育出版社 1994 年版)

罗根泽 1 月 12 日在编译馆,顾颉刚来访,晤之。16 日,在中大,顾颉刚来访。21 日,访顾颉刚。2 月 16 日,《宋浙东派楼钥的文学意见》刊于《中央日报》。27 日,在编译馆遇顾颉刚。3 月 11 日,《王柏的正气说》刊于《中央日报》。22 日,《魏了翁的学文合一说》刊于《中央日报》。4 月,《陆九渊派的文心说》刊于《学原》第 1 卷第 11 期。10 月 24 日,购吴梅《曲选》。12 月 14 日,访顾颉刚。18 日,夫妇及郑厉俭访顾颉刚。《顾颉刚日记》写道:"罗雨亭夫妇及郑厉俭来,为写卢作孚信。"(参见马强才《罗根泽先生年谱简编》,载王京州编《河北近现代学者年谱辑要》,国家图书馆出版社 2017 年版)

胡小石仍任中央大学教授,兼任金陵大学教授。1 月 1 日,作《投沙》《夜》《生》《楼》《坡所出富贵传》《溪晨》《晨霜南中所希有》《题桃花便面》《见流人鬻衣者》《题门前橄榄》诗 10 首。春节之晨,学生刘溶池给胡小石拜年,胡小石提笔在信笺上写了"化大炮为纸鸢"行书 6 个字送之,表达了他反内战盼和平的迫切心情。夏,胡小石 60 诞辰,与宗白华、崔唯吾、杨白桦、谭龙云、唐圭璋、曾昭燏、游寿等在玄武湖摄影纪念。10 月,为慧瑛题行书对联:"虚舟有超越,洞庭空波澜。"11 月,为陈独秀生前给黄淬伯有关音韵学的信题"仲甫先生论韵遗墨"。冬,南京国民党政府教育部指令国立编译馆迅急将图书资料装箱,南迁福州。南京地下党谭平山同志指示编译馆进步馆员邵恒秋等组织护馆委员会,拒绝接受遣散费,拒绝南迁。胡小石支持这一措施,并鼓励学生积极参加国立编译馆护馆委员会。年底淮海战役后,国民政府企图强迫中央大学南迁,胡小石与梁希同率学生护校,与之对抗。教育部欲以中央大学校长之名啖之，胡小石在全校师生大会上严词拒之。（参见谢建华《胡小石先生年表（1888—1962年）》，载《胡小石文史论丛》，南京大学出版社2008年版；沈卫威《学衡派编年文事》，南京大学出版社2015年版）

唐君毅7月25日因获得中央大学的聘书，自无锡到南京，访何兆清。此后他在无锡、南京两地奔波授课。26日，唐君毅访宗白华、方东美、李正刚。31日，唐君毅访徐复观。夏，唐君毅亲往鹅湖书院，筹备复校。同时亦在中央大学授课，在江南大学兼课。8月9日，唐君毅与牟宗三、徐复观游览苏州。14日，唐君毅与牟宗三赴杭州，访熊十力。11月5日，唐君毅到徐复观处，谈论时局。7日，唐君毅至"学原社"开会，会后返回无锡。8日，唐君毅在日记中写道："念今日应一面标民族国家大义，一面求均财富。拟将家庭谋一安顿，即作献身社会国家之准备。"9日，钱穆访唐君毅。（参见单波编《中国近代思想家文库•唐君毅卷》及附录《唐君毅年谱简编》，中国人民大学出版社2014年版；沈卫威《学衡派编年文事》，南京大学出版社2015年版）

卢前继续主编《南京文献》。1月，南京市文献委员会成立，改署南京市文献委员会和南京通志馆集印。9月，《南京文献》第21号出版"王瀣纪念专辑"。《南京文献》第21号的文章中提到1945年8月18日第106号"国民政府令"为王瀣发出褒扬令——"耆儒王瀣一生治学，造诣精深。历任南京高等师范、中央大学教授，垂三十年。成德遂材，后进咸知钦向。近年因病留居陷区，坚贞守道，皭然不污，尤为难得。兹闻溘逝，轸惜良深。应予明令褒扬，用彰儒硕，而资矜式。此令。"另有柳诒徵、胡小石、卢前等联合南京市通志馆上书南京市政府，请求将门东仁厚里三号王伯沆故宅及墓地加以永久保存，得南京市政府1947年第4632号公函批准。

按：《南京文献》于1947年元月创刊，由当时的南京通志馆集印发行。该刊无具体栏目划分，重在刊载南京地区的地理环境、历史遗迹、人物传记、餐饮文化以及古籍文献，尤其是在南京古文献方面，涉及到古诗集、古图志、古人遗著与随笔等方面，汇集了大量的文史学资料，是一份内容详实的资料汇编，对研究南京地区的政治、经济、文化、历史、地理沿革、人物、风俗等都具有重要的参考作用。（参见沈卫威《学衡派编年文事》，南京大学出版社2015年版）

晏阳初5月31日从美国回到上海。在上海小住后，即赴南京向当局详细报告。旋出席中国建设协会欢宴，出席会员200人。晏希望"协会"同仁参加工作使美国援华计划得以推行。6月20日，中国乡村建设学院第一届学生毕业，赶往乡村建设学院主持四年制第一届学生的毕业典礼，亲自颁发51名学生的毕业证书。6月底7月初，积极参与根据中美两国政府在南京签订的经济援助协定所规定的"组织农村复兴联合委员会"的筹备事宜。3日，经过多方的努力，中美签订《经济援助协定》，达成其要项如下："（一）设立中国农村复兴委员会，由美国总统委派美国公民二人、中国总统委派中国公民三人组成之，选举中国委员一人为主席。（二）委员会之职权：（甲）拟定复兴中国农村区域之配合计划，并经由适当的中国政府机构，及中国之国际或私人机构予以实施。（乙）与上项所称之机构订立办法，以建立彼此合作之基础。（丙）在美国援华法案所规定之限度内，向美国及中国政府建议拨予该计划之资金及其他拨助款项，并向中国政府建议为该计划成功所认必需之其他资金及援助款项。（丁）订立实施该计划之工作标准，包括与该计划中合作之各机构所用人员之资格、种类及数目在内，并在该计划各方面保持经常督察，且有权建议对该计划任何方面予以变更或停止。（三）委员会得将下列各种工作包括于其计划之内，与上项所称之机构协议实施之。（甲）在若干省内选择若干县，创办关于农业、家庭示范、卫生及教育之一配合而且有推广性之计划,包括与推广此一计划地区内环境适应之若干辅助方案,如关于农业生产、销售、借用、灌溉、家庭与乡村工业、营养、卫生以及教育之方案,而其性质将促进凡所从事之一切方案之实施者。(乙)与中国政府之咨商:关于逐步实施土地改革措施之途径及方法。(丙)在适当地点实施关于研究、训练及制造之辅助方案,借以供给该计划之情报、人员及物资。(丁)就任何上述方式工作之得以较大规模健全发展者,制成方案,实施于较(甲)项所指之互相配合而具有推广性计划所包括地区为尤大地区,例如改良种籽之繁殖及分配,畜牧瘟疫之控制,灌溉及排水设备建造,以及卫生措施之倡办。(戊)在能使择定之方案,逐步发展之地区内,及此项方案之发展对于达到该项计划之目的,将作最有力贡献之地区内,依照对于农村改良应予以适当注意之原则,分配该计划下之援助,但分配援助之原则,不受纯属比例性或地理性之限度。”8月5日,中美正式换文公布,决定成立“中国农村复兴委员会”。11日,中国国民政府与美国政府分别委任晏阳初、蒋梦麟、沈宗翰与穆懿尔、贝克为中国农村复兴联合委员会委员。

　　晏阳初8月14日在上海《大公报》发表《开发民力　建设乡村》。15日,在南京与新闻记者谈农村复兴问题。10月1日,经晏阳初的持续不懈的努力,“中国农村复兴联合委员会”在南京正式成立。其工作目标与方针是:(一)改善农民生活状况;(二)增加粮食及重要作物之生产;(三)发展人民潜力建设地方,并进而建设国家,以奠定富强民主中国之基础;(四)协助设立推进农村复兴方案之国、省、县级政府机构,并加强其原有机构之工作;(五)给予民主知识青年及有志从事建设工作之分子,参加此一工作之服务机构。同月,南京政府宣布成立“中美农村复兴联合委员会”,晏阳初正式就任委员和执行长。接着在广东、湖南、四川、贵州、江西等地设办事处,总会设在广州。设农村复兴委员会补助示范中心三处:(一)四川第三行政区的社会教育运动中心;(二)浙江杭州区农业推广与家庭指导中心;(三)福建龙岩土地改革中心。三处工作的出发点各自不同,但其目标均在发展一个综合性的方案,以解中国农村的重要问题。11月,撰写《目前乡村建设的重要性》,刊于12月5日《乡建院刊》第2卷第2期。12月,撰写《乡村建设工作展望》,刊于次年2月5日《乡建院刊》第2卷第4期。(参见杜学元、郭明蓉、彭雪明《晏阳初年谱长编》,上海交通大学出版社2017年版;宋恩荣编《中国近代思想家文库·晏阳初卷》附《晏阳初年谱简编》,中国人民大学出版社2015年版)

　　王宠惠3月27日当选为第一届中央研究院院士。29日,第一届国民大会在南京召开,正值所谓“行宪”开始,国共内战却日趋激烈。国民党政府为“动员戡乱”,《中华民国宪法》有些规定已不能满足国民政府镇压政治运动的需要,国民大会有不少代表提出修改宪法,授予政府更多应变权力,适应“动员戡乱”的需要。也有人认为宪法颁行不久,不宜立即修正。起初意见分歧颇大,后王宠惠提出,参酌各国战时宪政体制,不修改宪法而依修宪程序,制定《动员戡乱临时条款》,对宪法作临时性的修正,授予政府紧急应变的权力。4月,国民党召开第一届国民大会第一次会议。会上张群、王世杰等一批人拼凑721名“国大代表”联名提出了“制定动员戡乱时期临时条款”一案。同月18日,大会正式通过了该案,规定“总统”在“动员戡乱时期”“为紧急处分,不受宪法第39条(总统有权宣布戒严,但必须经立法院之通过或追认。立法院认为必要时,得决议移请总统解严。)或第43条(国家遇有天然灾害、疠役,或国家财政经济上有重大变故,须为急速处分时,总统于立法院休会期间,得经行政院会议之决议,依紧急命令法,发布紧急命令,为必要之处置,但须发布命令后一个月内提交立法院追认。如立法院不同意时,该紧急命令立即失败。)所规定程序之限制”,使得蒋介石"总统"不经"行政院""立法院"批准即可采取重大行动。实际上具有"宪法"补充条文的性质。5月10日,临时条款实行,最初规定有效期为两年半,但国民党退踞台湾后,不仅继续维持"戡乱时期"的各种法令,并颁布"戒严令"。临时条款的性质相当于"宪法修正案",被称为"战时宪法"。宪法原文与之相抵触时,以"临时条款"为准。"临时条款"与通常"宪法修正案"不同之处在于原宪法修正后,被修改的条文即行废止,宪法原有条文恢复效力。6月,再次被推选为司法院院长。主持大法官会议,推进大法官制度的建立。

按:1954年2月16日,在台北召开的第一届"国民大会"第二次会议上,决议"动员戡乱时期临时条款"继续有效,并于1960年、1966年和1972年先后4次对条款作了修订,将这个原为单项的条款增至为11项,直至1991年4月30日才终止,实行了43年之久。

王宠惠7月7日作《华侨与祖国》。25日,作《法学之功用》,文中开篇提出:"法学是社会科学之一种,社会科学之发展,远不若自然科学,因为研究社会科学有其特殊之困难。自然科学的定律,是固定的,不因时间空间而有所不同。社会科学的定律,是差别的,变迁的。每一个社会均保有历史地理宗教文化风习思想种种特殊因素,基于时间与空间之关系,不特此一社会与另一社会有所差异,即在同一社会,其本身亦常在变迁之中。因此,社会科学之研究,殊非易事。但研究社会科学者,正因法学研究之困难,而更应特别努力。"认为:法学是社会科学之最重要部分,就法律的功用言,一方面要维持社会的安定,一方面又要适应社会的变迁。"安定"与"变迁",二者似互相矛盾,其实则相辅相成。欲使法律之能适应社会需要有两条途径,可资遵循:一是以立法方式,订定新的法律,或修改旧的法律;一是以解释方法,保持固有的法律,而予以新的解释,使条文依旧而意义更新。例如美国的宪法,法国的拿破仑宪法,其中条文固经若干次之修改,但条文依旧,而只以解释方法变易其意义者,亦复占绝大之成分。故立法方面之修改,与司法方面之解释,实具同一之功用,皆能使法律适应社会之变迁。法律既随时代而变迁,故每一时代之法律,均具有其独特的新精神与新趋向。就现代而论,法律在趋向于社会化,以往法律侧重保护个人利益,今则趋向不同,于保护个人利益之外,亦须顾及社会利益,盖个人为社会之一分子,欲保持个人利益,当同时促进整个社会的利益。作者强调:"国父所提倡之三民主义,即为法律社会化之指标。我国宪法第十三章所规定之基本国策(第一三七至一六九条),系依据三民主义之指示,亦即为法律社会化之具体表现。"最后要求:"我们对于法学的研究应以'苟日新,日日新,又日新'的精神,相互勉励,共同努力。"

按:作者指出:"目前值得研究的问题甚多,而关于国际私法的检讨,尤为当务之急。一国的法律,通常采属地主义,在国境以内,均为其效力之所及,全体国民,固应切实奉行,即对于外籍侨民,亦应有其适用。惟依照国际惯例,此一原则有若干例外,即关于个人身份及家庭关系之事项,适用侨民本国或第三国之法律,此即属于国际私法问题。所以司法官处理涉外案件,不可不研究国际私法。现在各国在华的领事裁判权已陆续撤销,涉外诉讼均归我国法庭审判,故国际私法之适用范围,益见扩大。我国虽于民七颁布'法律适用条例'惟内容仅得二十七条,迄今未曾有所修改,深恐不足以适应新时代之需要。西方学者窦蒲斯太门第著有国际私法典一书,内容包含条文三四百条,可供参考(此书的汉译本曾分期登载于以前在南京出版之《中华法学杂志》)。此外讨论国际私法的著作,虽指不胜屈,但列成条文编成法典者,当推此为首创。我们对于窦蒲斯太门第此书所拟的条文,虽尚有值得检讨之余地,但因其包罗之广,规模之大,仍应予以重视。深愿有志之士,为适应新时代之要求,对于国际私法作广泛详尽之研究,写成巨著,以为立法司法之圭臬。此种光大学术,裨益国家之工作,想亦为法学会同仁所乐于负担而无可诿卸者也。兹承各位促请致辞,谨以上所述者,表达个人之见解与愿望。"(参见王宠惠著、张仁善编《王宠惠法学文

集》及附录《王宠惠先生年谱》，法律出版社 2008 年版）

　　柳诒徵继续任江苏省立国学图书馆馆长。1 月，将抗战爆发以来与各方联系运寄馆书之公函及抗战胜利后与各方接洽回收馆书、财产等函件汇编为《砀山牍存》，作为"国学图书馆丛刊"第一辑出版。同月，柳诒徵《中国文化史》由重庆正中书局出版。2 月，所著《国史要义》由中华书局出版。此书是抗战期间作者为研究生讲授史学原理的讲稿汇编。全书共十篇，依次为"史原""史权""史统""史联""史德""史识""史义""史例""史术""史化"。各篇分别围绕一个专题，梳理中国的史学传统，并欲将古代的史学观念、史学方法贯彻落实于现代。其旨在表彰中国传统史学。本书以较大字体写出作者的论述，论述之后以小字罗列有关的历史材料。作者吸收了刘知几、章学诚、梁启超、刘咸炘等人思想，有所创造和突破而自成一家。后人评价甚高，或认为是"先生文史学之晚年定论"，或认为是"继刘、章二氏后，论述中国史学义法的杰出之作"，或认为"是一部空前的名著，其价值较刘、章之书有过之而无不及"。2 月 11 日，国史馆馆长柳诒徵致信胡适，请就为教育部收购图书之便，代为收购国史馆战时散佚之书，交还本馆。3 月 27 日，当选为中央研究院第一届院士。5 月，主持编修的《国学图书馆现存书目》上册（经、史、子部）出版。8 月，《国学图书馆现存书目》下册（集、志、丛、金石拓片目）出版。9 月，与陈垣、陈寅恪、张菊生、汤用彤、顾颉刚等被中央研究院聘为院士。秋，以年届七旬，申请退休。12 月，新任副馆长金崇如到馆视事。先，鉴于国事动荡、身体日衰，于是上辞呈于江苏省政府及教育厅，举荐金崇如继任，迁延至 12 月，教育厅多次挽留，以金崇如任副馆长协理馆事。年底，南京各政府机关向台湾疏散，教育厅亦有将国学图书馆藏书运台指示，而柳氏主张就地转移，于是将善本书分装 8 箱，拟运送南京朝天宫故宫博物院分院地库保存。是年，正中书局重印《中国文化史》，撰写重版弁言。论著《柯劭忞传》《碑传悬案》《论陆放翁之修史》发表于《国史馆馆刊》《与青年论读史》发表于《申论》《长者言》发表于《说文月刊》。（参见孙文阁、张笑川编《中国近代思想家文库·张尔田、柳诒徵卷》及附录《柳诒徵年谱简编》，中国人民大学出版社 2014 年版；王学典《20 世纪史学编年（1900—1949）》，商务印书馆 2014 年版；耿云志编《胡适年谱》，福建教育出版社 2012 年版）

　　吴稚晖 3 月 27 日当选为第一届中央研究院院士。是日上午，中央研究院评议会举行第五次年会第二次大会，评议员第四次即席投票补选中，未有达 20 票以上者。经讨论，会议决定仿行第三次投票补选的办法，选取 71 名院士候选人中得票最高者，即人文组吴敬恒以 19 票当选院士。4 月，吴稚晖在国民党六届五中临时全会上，联署推举蒋介石为"总统"候选人。这年因深感体力大不如前，谢绝对外活动，专心整理所写文稿函牍及剪报。年底在为同乡子弟授课时，突感头晕目眩，卧床多日方愈，体力明显衰退。（参见金以林、马思宇编《中国近代思想家文库·吴稚晖卷》及附录《吴稚晖年谱简编》，中国人民大学出版社 2014 年版）

　　戴季陶 1 月作《礼乐与政教》。3 月 29 日，出席第一届国民大会。4 月，提出免职疗病申请。6 月 5 日，任国史馆馆长。但焘仍为副馆长。24 日，提名任张伯苓为考试院院长。7 月 10 日，卸任考试院院长职。9 月上旬，病痛剧发，服安眠药过量，致不省人事。9 月中旬，到浙江杭州笕桥小住旬日。12 月上旬，再次因服安眠药过量，几致死亡。12 月 28 日，应广东省政府主席宋子文屡请，偕眷飞广州，居迎宾馆。（参见桑兵、朱凤林编《中国近代思想家文库·戴季陶卷》及附录《戴季陶年谱简编》，中国人民大学出版社 2015 年版）

　　张伯苓接替戴季陶任考试院院长。7 月 6 日，南京派专机来津迎接张伯苓就任考试院院长，张群陪同赴京。天津各界首长到机场欢送。飞抵南京，蒋介石特派吴鼎昌代表欢迎。到机场欢迎的还有左舜生、陈启天、贾景德、蒋经国、雷法章及南开校友会代表等百余人。

同日,张伯苓与记者谈话称,关于考试院院务及考试制度等,当本宪法规定做去。宪法上已有硬性规定,今后政府用人,必须与考政配合,非经考试,不得任用。一切推行,如遇有阻碍,余将不顾一切予以铲除,而使考试制度树立规模。10日,欢迎张伯苓就任考试院长大会暨与前考试院院长戴季陶交任、接任仪式在考试院铨叙部礼堂举行。首由戴季陶将印信亲手交递张伯苓,并致辞。张伯苓向全体职员简单训词,谓73年来今为首次参加政府行政工作,对于考铨工作,一切外行,并说今后工作精神,务盼注重通力合作,至少现在应保持一向之成绩,只可变好,不能变坏。同日,考试院(卅七)宪密文第一号电令知照院长张伯苓,副院长贾景德于1948年7月10日到任。12日,蒋介石任命田炯锦为考选部部长,沈鸿烈为铨叙部部长。咨文监察院,提名沈士远、张默君、周从政、张忠道等19人为考试院考试委员。7月13日,杜建时、梁子青电贺张伯苓就职考试院院长。28日,乘"建国"号飞机返津处理学校事务。8月20日凌晨,天津警备司令部军警入南开大学逮捕学生4人,并查抄学生自治会图书室。学生组成被捕同学营救委员会,向张伯苓请愿。张当即致函天津警备司令部提出5项要求:(一)尽快审讯;(二)准许本校人员观审;(三)准许聘请律师为本校同学辩护;(四)对在押学生衣食卫生予以注意;(五)以后有类似之传讯,先将传票交与本校。26日,天津市教育局救济东北流亡学生会开会,张伯苓任流亡青年救济委员会主任委员。28日,出席南开公能学会第九次会议,听天津警备司令陈长捷讲《华北经济问题》。

　　张伯苓9月2日在冀鲁考铨处对全体工作人员及中国考政学会会员讲话,强调考试院工作,要注意研究,以谋将来配合行宪,"研究人家为什么批评我们的政府无能"。3日,北京市民治促进会举行年会,该会常务监事张伯苓出席并讲话。出席的还有胡适、毛彦文、李书华、胡先骕、赵廼抟、严仁颖等50余人。25日,天津市民政局报呈市政府,第十一区区人民代表会代表提议为纪念张伯苓、严范孙、李廷玉三先生,拟将南关街由南门至八里台改为张伯苓路,南开二纬路改为严范孙路,西市大街路改为李廷玉路。30日,蒋介石飞抵北平召集军事会议。其间,天津市市长杜建时向蒋介石谈张伯苓任南开大学校长去留事。同月,在国民政府考试院铨叙部三十四次人事会报讲话,谈如何推进考铨制度。10月15日,在南开中学参加庆祝南开成立44周年活动,并发表讲话称,我离不开教育,现在身体虽然离开,精神决不会离开的。又说"教育不只是叫学生读书,课外的修养更重要,只是有'能',算不了什么,必须为'公'"。17日,参加南开大学成立29周年校庆,并讲话。回忆50年来的办学动机和经历,以及种种艰辛和成功经验,说此次由何廉先生代我做校长,南开事业可谓继起得人,"他勇敢担任这个教育人'利'最大的事业,我心里非常安慰",并称"教育是我青年时期的志愿,是我中年的生命,是我老年的安慰,使我老而不颓唐,仍然贾勇前进的还是教育"。24日,中国工程师学会天津分会第十五届年会暨九专门工程学会联合会年会在南开女中召开。天津工程师、水利、自动机、电机、卫生、纺织、市政、业余无线电等工程学会500余名会员到会,名誉会长张伯苓致开幕词,慨叹50年来科学进步得太快,并谓其多年办学目的,不外科学、体育、政治三点,如今只谈科学,对于改善人类生活的贡献实在太大了。29日,由天津飞北平。30日,由北平飞南京。11月12日,中央社13日电:"考试院长张伯苓十二日飞抵渝,当至沙坪坝南开中学,张氏在渝将勾留半月。"14日,张伯苓在重庆沙坪坝接受北平《新民报》记者访问称,从天津至上海、到南京,乱得很。大局太渺茫太不敢想了。并说对政治"不感兴趣",就说这回做考试院院长吧,也还是蒋先生再三的催促,出于"不得已""或早该退休了"。记者谈到香港方面传说中共宣称邓颖超将任南开大学校长的消息时,"他笑了笑说:真如此,我倒不怕"。12月

17日,蒋介石以"限即刻到"的密电通知天津市长杜建时,称:"中央现拟遣机迎张伯苓先生之夫人南来,未悉其身体能否搭乘飞机,望速往约。"杜建时当即告知重庆张伯苓,"总统拟派专机送师母赴渝",又马上趋张宅遵洽张伯苓夫人意见,随即电告南京总统府吴鼎昌秘书长:"8165密手谕及条电敬悉,当即遵洽张伯苓夫人,拟请即派机来津,希能直飞渝。"不日,一架军用飞机在马场道起飞,载张伯苓夫人及亲属17人飞往青岛。(参见龚克主编《张伯苓全集》第十卷附编《张伯苓年谱》,南开大学出版社2015年版)

　　王云五继续任行政院副院长。春,在行政院改组前,行政院长张群以省亲为由返回四川,王云五代行行政院长职。5月18日,以张群为首的国民政府向蒋介石提出辞职。蒋介石力劝张群出任下一届行政院院长,遭到婉拒,遂提名翁文灏。24日,这一提名于立法院通过。王云五卸任后,曾打算退出政坛,在南京编书写作,因而把留在沪、港的部分藏书运到南京,以作研究参考用,最高当局又劝他出任财政部长。31日,王云五就任财政部部长。随后提出必须加强三方面的工作,即增加税收,裁并机构,改革币制。其中重中之重是币制改革,发行金圆券。同月,蒋介石吩咐中央银行行长俞鸿钧拟订币制改革方案。俞鸿钧奉命设立研究小组秘密研制方案,主要成员为上海金融管理局局长吴大业,经济研究处副处长林崇墉、方善桂,中央银行稽核处负责人李立侠。同时蒋介石又令王云五单独研究币制改革方案。7月7日,王云五拟就《改革币制平抑物价平衡国内及国际收入方案》32条,呈交行政院院长翁文灏,并请"转呈总统"。蒋介石原则上认可此方案,令秘密研讨,尽快形成正式方案。9—28日,翁文灏、王云五、俞鸿钧以及3名专家组成6人小组,密议此方案,并以多数意见为准作了些修改。6人小组讨论后,王云五根据修改意见,将草案内容分为五大类,亲自拟稿,分别写成《金圆券发行办法》《人民所有金银外币处理方法》《中国人民存放国外外币资产登记管理办法》《整理财政加强管制经济办法》及《金圆券发行监理委员会组织规程》。8月19日,币制改革方案以"总统命令"形式发布实施。法币发行总量已相当于发行之初1937年6月的47万倍,各地物价指数上涨五六百倍,终于酿成金圆券风潮。

　　王云五8月22日在经管会第一次会议上提出变更稽征方式与变更税率等案,对营利事业税收、遗产税、印花税、盐税、烟酒税等征税方法与税率提出一揽子方案,总称为"整理财政补充办法"。其中关于变更税率案,由于蒋介石亟须增加税收以充军饷,不待立法院讨论,便于8月26日再次以"总统命令"方式颁发。实施的结果是,不仅南京政府濒临经济崩溃的边缘,而且国统区民怨鼎沸,社会动荡,统治基础发生动摇。面对一片斥骂声,王云五想暂时脱身,遂9月20日启程,赴美国出席国际基金及国际银行第三届大会。王云五以大会会长身份,任会议主席。发言引起轰动。美国财政部长说:"一来自东方之人,即其所说英语,已较本身为美国人者远胜。大会得其主持,与和谐空气中表现权威,尤为不可多得。"本来会期只有5天,王云五却出国访问20天。可以说,他这次赴美开会具有"避难"性质,躲开舆论的谴责,调剂一下精神状态。启程前的9月16日,王云五致函行政院院长翁文灏,提出10月份系列调整经济办法,并请转呈总统蒋介石核定。翁文灏怕激化社会矛盾,没有实施。王云五后来把币改失败,归咎于他的"调整计划"未能及时实施,将责任推给翁文灏。10月10日晚,王云五从美国返抵中国,耳闻目睹的几乎全是通货膨胀引发抢购风,"补救办法"毫无新意,经济金融大崩溃,只好引咎辞职。29日,王云五被迫提交辞职书,翁文灏复函挽留。面对日益猛烈的舆论谴责,王云五再三再四请求辞职。11月11日,蒋介石发布总统命令,准予王云五辞职。当月携家眷飞往广州。12月,被董事会免去商务印书馆

董事。(参见郭太风《王云五评传》,北京师范大学出版社 2015 年版)

王世杰继续任外交部长。1 月 6 日和 8 日,两度以书面形式向英国方面提出抗议,要求港英当局下令停止一切强行拆除九龙民房的行为,尊重中国对九龙城的管辖权,释放被捕的居民代表。3 月 5 日,致函杨云竹,讨论拆迁日本设备等问题。24—26 日,当选为中央研究院第一届人文组院士。30 日晨,被蒋介石约见,蒋要其出面请胡适做总统候选人。王当天下午即当面转告,胡适允诺考虑后答复。31 日,向蒋介石汇报与胡适谈话内容,蒋要其全力促成此事。下午,约周鲠生与胡适继续商谈,胡适表露有接受之意。4 月 1 日晚,胡适面见王世杰,宣布取消昨日的接受。5 日,被蒋介石约见,蒋告知国民党中央执行委员会多数委员要求蒋参选总统,望其转告胡适。4 月,担任第一届国民大会主席团主席。5 月,被国民政府行政院公布为行政院政务委员(在 22 名政务委员中排名第二)。同月 31 日,被总统蒋介石、行政院长翁文灏任命为兼外交部长。6 月 5 日,以外交部长身份发表对日政策声明,一方面赞同美国的扶日政策,一方面强调对日的宽大政策。

王世杰 7 月 1 日被总统蒋介石、行政院长翁文灏任命为议定中美关于美国援华双边协定全权代表。3 日,以国民政府代表名义与美国政府代表司徒雷登在南京签订《中美关于经济援助之协定》。同日,就美援问题发表声明,介绍了协定签订的经过及其主要内容:计美援 4 亿美元,其中经济援助 2.75 亿美元;特种赠与 1.25 亿美元。29 日,应蒋介石的召见,与翁文灏、王云五、俞鸿钧前往浙江莫干山讨论经济形势,决定从速进行币制改革。8 月 5 日,以外交部长名义与美国政府代表司徒雷登在南京签订《关于设立中国农村复兴联合委员会中美双方换文》。6 日,被行政院特派为出席联合国第三次大会首席代表。27 日,出席中央研究院评议员候选人提名委员会会议。以人文组最高票 41 票连任中央研究院第三届评议员。9 月 23 日,当选中央研究院第一次院士会议评议员。9 月,以中华民国首席代表身份出席联合国第三次大会。10 月 28 日,密电总统蒋介石和行政院长翁文灏,报告当天与马歇尔商谈美国援助问题。11 月 1 日,在立法院报告外交工作,说明取消中苏条约实有不便之处。10 日,与朱家骅、傅斯年等密商故宫博物院等文物转运台湾事宜,决定将当年运往伦敦展览的 500 箱精品及中研院历史语言研究所、中央博物馆、中央图书馆藏文物同时运往台湾。同日,被蒋介石召见研究中共所提八项和谈条件,交换看法。12 月 22 日,辞去外交部长职务,由吴铁城继任。25 日,新华社宣布国民党头等战犯名单,共计 43 人,并要追究战犯的战争责任。王世杰名列第 22 位。(参见薛毅《王世杰传》及附录《王世杰大事年表》,武汉大学出版社 2010 年版;耿云志编《胡适年谱》,福建教育出版社 2012 年版)

蒋梦麟兼国民政府顾问、戡乱建国动员委员会委员。3 月 19 日,美国众议院外交委员会通过杜鲁门总统提出的援助中国的建议,授权国务卿商议同中国政府组织以联合委员会管理中国农村复兴与建设。8 月 5 日,美国政府与国民政府同意联合成立"中国农村复兴联合委员会",简称"农复会"。11 日,国民政府行政院通过以蒋梦麟、晏阳初、沈宗瀚为中国农村复兴委员会中方委员;两位美方委员为穆懿尔(R. T. Moyer)、贝克(J. E. Baker)。夏,蒋介石亲自找蒋梦麟谈话,希望他在负责中国农村复兴委员会的同时,将行政院新成立的"善后事业保管委员会"的工作一起承担起来。9 月初,沈宗瀚邀请蒋梦麟到中央农业实验所参观,蒋梦麟看到许多青年博士、硕士正在田间做实验,相当高兴,深为欣赏,以为这是中国实验地改良最有成绩的农业机关。从此他便极为相信中农所,这也是此后农复会从中农所调用大批高级技术人员的原因。18 日上午,中基会在南京中研院举行年会,改选蒋梦麟为董事长,司徒雷登(副董事长)、蒋廷黻、李铭经连任董事,胡适(名誉秘书)、周诒春、任鸿隽、翁文灏(副董事长)、司徒雷登、傅斯年、美国大使代表等出席会议。9月下旬,农复会美国方面的两位委员穆懿尔(R. T. Moyer)博士及贝克(J. E. Baker)博士到达南京。10月1日,农复会在南京正式成立。他们5人互选的结果,推举蒋梦麟为主任委员,晏阳初出任执行长。此后,农复会曾先后在湖南、广西、广东、云南和四川等地设立五个办事处。

按:蒋梦麟之所以下决心继续求学,因为政府官吏都是经过科举选拔的。所以他早年的知识准备基本上是局限于人文社会科学方面。但是到了美国之后,蒋梦麟却选择了农科。他之所以选择农科,其动机如他自己所说:"并不像一些青年学生听天由命那样随便,而是经过深思熟虑才决定的。我想,中国既然以农业立国,那么只有改进农业,才能使最大多数的中国人得到幸福和温饱。同时我幼年时在以耕作为主的乡村里生长,对花草树木和鸟兽虫鱼本来就有浓厚的兴趣。为国家,为私人,农业都似乎是最合适的学科。此外,我还有一个次要的考虑,我在孩提时代身体一向羸弱,我想如果能在田野里多接触新鲜空气,对我身体一定大有裨益。"这一事实说明蒋梦麟之所以同意出任农复会的主任委员决不是偶然的,他对中国农村的热爱和深刻认识才是其根本原因。

在10月农复会成立之初,为了决定中国农村建设和复兴所应采取的基本道路,农复会的委员差不多用了两个多月的时间反复讨论,具有农村工作经验的晏阳初曾主张从扩大农民的教育入手,然后进入农村经济的发展,即以教带动于养。而蒋梦麟与沈宗瀚二位则明确主张先积极增进农作物的生产,改革若干阻碍农村生产的重要因素,如不合理的租佃制度等等,以适应中国当时的急需。蒋梦麟曾对农复会的其他委员及部属们说:"土地改革问题、人口问题、农民组织问题,这三个问题我多花时间来想、来研究,其他事情你们去想。"其间,蒋梦麟与沈宗瀚等农复会的成员就分头前往各地进行考察,以期推动农村的进步。但是由于此时国共两党之间所爆发的战争已明显吃紧,国民党的国民政府危在旦夕,蒋梦麟虽曾一度向蒋介石表示在无锡等地进行实验,但显然并没有真正进行。12月3日上午,农复会在南京召开在大陆的最后一次会议。4日,农复会随国民党政府迁往广州。农复会在大陆的试验至此便基本结束。之后,为了配合国民党的整体计划,蒋梦麟曾一度到台湾考察,以便将台湾作为农复会的工作基地。

按:尽管农复会在大陆开展工作的时间很短,但他们依然尽力做了一些颇富成效的工作。据沈宗瀚在《晚年自述》中统计,农复会在大陆期间于1949年夏致力于大规模能在短期内促进人民福利与增进生产的五项重要工作:一、在四川、广西、贵州协助政府二五减租,以保证佃农的利益;二、协助政府加强并改组各省农会,使之成为地方农民为谋自己福利的一个合作组织;三、扩充灌溉设施,以利农民增加生产;四、繁殖并推广稻、麦、甘薯及棉花等改良品种,以裕人民衣食之来源。消灭牲畜病害以增加畜牧生产;五、防治地方性的传染病如疟疾、霍乱病等,以促进农村人民之健康,增进他们的劳动能力。但农复会的工作真正获得进展,实际上是国民党退守台湾之后。(参见马勇、黄令坦编《中国近代思想家文库·蒋梦麟卷》,中国人民大学出版社2018年版;马勇《蒋梦麟传》,河南文艺出版社1999年版;耿云志编《胡适年谱》,福建教育出版社2012年版;张光润《袁同礼研究(1895—1949)》,华东师范大学博士学位论文,2018年)

张道藩时任国民党中央宣传部、中央文化运动委员会主任。2月15日,中华民国三十七年度(第五届)戏剧节庆祝大会和中华全国戏剧电影协会成立大会在南京文化剧院合并举行,出席大会的有地方和军队的话剧团、戏曲剧团、地方戏公会、电影制片厂等团体的代表400余人。张道藩为大会主席团主席。大会讨论了协会的组织章程和各项提案,选举出本届理事和监事。理事有:张道藩、余上沅、梅兰芳、洪深、万家宝(曹禺)、孙瑜、田汉、熊佛西、罗静予、张骏祥、阎哲吾、向培良、黄佐临、王瑞麟、欧阳予倩、吴天保、王向辰、金山、戴涯、潘奎芳、孙明经、丁伯骝、方沛霖、蔡楚生、吴仞之、郭兰田、李健吾、冯玉瑞、谷剑尘、胡春冰、黄若海等20余人。4月2日，国际戏剧协会中国分会在南京召开成立会议。胡春冰、余上沅、李曼娟、凌琬瑰、周彦、丁伯骝、黄芝岗、谢寿康、张道藩等40余人参加会议，讨论通过了分会简章，选举余上沅等7人为临时执行委员，阎哲吾为召集人。5月5日，《申报》载，前世界书局暨《中美日报》编辑朱生豪，三十三年冬以劳瘵之身，原于贫病竟告不治。生前所译《莎士比亚全集》，于去夏由世界书局出版。顷中央文化运动委员会念及朱氏用力之勤，译述之精，特予表扬，由张道藩主委致函朱夫人，给予奖金6000万元，并奖状一纸。21日，国际戏剧协会中国分会召开第三次临时执行委员会，正式选举出执行委员会委员31人：余上沅、熊佛西、阎哲吾、张骏祥、万家宝（曹禺）、田汉、欧阳予倩、张道藩、洪深、陈白尘、马彦祥、向培良、应云卫、史东山、罗静予、焦菊隐、夏衍、阳翰笙、吴仞之、杨村彬、王瑞麟、吴祖光、郭蓝田、顾一樵、胡春冰、梅兰芳、赵元任、周彦、陈治策、沈浮、陈鲤庭。并选出余上沅、万家宝、张骏祥3人为出席6月国际剧协大会代表。国民政府教育部代表以外汇困难，只能补助一人出国部分经费，会议再决定只派1人（后定为余上沅）出席国际剧协大会。（参见田本相、阿鹰编著《曹禺年谱长编》，上海交通大学出版社2017年版；吴永贵《民国图书出版史编年：1912—1949》，社会科学文献出版社2018年版）

陶希圣继续任国民党中央宣传部副部长。2月，参与校订《新剿匪手册》。3月，行宪国民大会开会，参加国民党中央举行的临时全体会议。10月12日，作《现阶段财经改革的检讨》，刊于10月16日《自由与进步半月刊》第1卷第10期，文中认为："自政府实施改革币值颁布财政经济紧急方案后，迄今将满二月，在今日欲以此两个月短促的过程中来检讨整个制度的成败得失固不可能，但就实施以来各种情形来检讨改进作为今后措施的参考，笔者认为甚有必要。"鉴于实施改革币值颁布财政经济紧急方案后出现的种种问题，甚至可能招致全面崩解的结果，作者以为积极的政策应以左列三者为基点：（一）政府应下决心，不因任何有计划或无意识造成的风潮，无论闭厂罢工或是罢卖，而停止或修改物价管制的原则，放弃八一九物价的防线。正如蒋经国氏所说，政府今日让一分，商人明日便要求两分，他们的抬价要求是无止境的。八一九防线只要被他们打开一个缺口，就会全面破坏，后果如何是不堪想像的。（二）但是八一九限价并不就是低物价政策。低物价政策不仅阻止生产的增加，并且助长无谓的消费，其结果是物价短少，浪费增加。政府应将物价政策，租税政策，及进出口贸易政策加以活用，以八一九生活指数为水准，对生活必需品的价格力求压低；对奢侈品消耗品许其加价，但同时增加其租税；对出口品及其他应该鼓励其生产的物品则减低租税，提高价格。政府如能制定合理均衡的物价表，以代替八一九参差错落的物价表，而一般人民生活指数并不比八一九为高，那才是物价管制真正的成功。要贯彻上述的政策，政府必须深入的了解各种公私行业内在的缺点乃至于错误和罪恶，使物价以实际成本为基准。如果政府有这样的胆力和决心，我们相信上面两项原则一定能够实现。但是政府如能做到这一层，那就是走向政治经济社会的全面改革，也就是走向民生主义的道路了。12月初，受蒋介石的委派往北平，邀胡适任行政院长。胡适力辞不就。蒋介石改提孙科为行政院院长。又为蒋介石撰写1949年"元旦文告"，主张与中共和谈。同月25日，新华社发布了43名国民党战犯的名单，陶希圣名列第41位。（参见陈峰编《中国近代思想家文库·陶希圣卷》及附录《陶希圣年谱简编》，中国人民大学出版社2014年版；贺渊《陶希圣的前半生》附录一《陶希圣年谱简编（1899—1949）》，新星出版社2017年版；吴永贵《民国图书出版史编年：1912—1949》，社会科学文献出版社2018年版）

汪东继续任国史馆纂修。1月23日，国史馆召开志传编年两组工作联合座谈会第二十一次会议，汪东因故未出席，会中决议推汪东为史馆规程起草委员会委员。30日，参加国史馆志传编年两组工作联合座谈会第二十二次会议，会中讨论史职铨配，决定朱学浩协助汪东。2月27日，参加国史馆志传编年两组工作联合座谈会第二十四次会议，会中讨论召开史馆规程起草委员会会议等事。3月5日，参加国史馆志传编年两组工作联合座谈会第二十五次会议，继续讨论史馆规程起草等事。12日，参加国史馆志传编年两组工作联合座谈会第二十六次会议，提议国史馆设典史处，负责派驻各机关录取史料副本。春，在南京诺那精舍听藏传佛学大师贡嘉用藏语讲《心经》，大师宣咒时悟兄汪荣宝古音"歌戈人麻"之说，有《玉堂春》词记之。4月2日，参加国史馆志传编年两组工作联合座谈会第二十九次会议，会中除例行讨论外，金毓黻报告民国碑传集体例等案讨论情况。16日，参加国史馆志传编年两组工作联合座谈会第三十一次会议，会中议决定于本月22日由汪东等召集志传组会议。30日，参加国史馆志传编年两组工作联合座谈会第三十二次会议，会中讨论馆中协修助修等组织史学研习会，议决由汪东等主持指导。5月28日，参加国史馆志传编年两组工作联合座谈会第三十五次会议，会中讨论编辑国史馆征访史籍目录等事。

汪东7月9日参加国史馆志传编年两组工作联合座谈会第四十一次会议，讨论函请各省市政府寄缴国史资料、函请外交部函驻日代表团收集日本明治维新以来与中国有关之出版物等事。16日，国史馆志传编年两组工作联合座谈会第四十二次会议召开，汪东因故未参加。会中讨论《国史馆馆刊》稿件问题，议决由汪东等出名具函征稿。23日，参加国史馆志传编年两组工作联合座谈会第四十三次会议，讨论史稿修订等事宜。30日，参加国史馆志传编年两组工作联合座谈会第四十四次会议，讨论馆外史家如何联系等事。8月6日，参加国史馆志传编年两组工作联合座谈会第四十五次会议，会中决议由汪东指导起草礼乐志。13日，参加国史馆志传编年两组工作联合座谈会第四十六次会议，讨论出版法修正案事宜。20日，参加国史馆志传编年两组工作联合座谈会第四十七次会议，交石城陈宗孟先生墓志铭。9月10日，参加国史馆志传编年两组工作联合座谈会第四十九次会议，听但焘副馆长报告各地缴送资料情况。20日，国史馆志传编年两组工作联合座谈会第五十次会议召开，汪东因故未参加，但会中讨论《民国碑传集》稿修订由汪东等人开会商定。10月1日，参加国史馆志传编年两组工作联合座谈会第五十二次会议，听但焘副馆长报告国史馆近日工作概况，其中有礼乐馆所编民国通礼草案已移送国史馆等事。8日，国史馆志传编年两组工作联合座谈会第五十三次会议召开，汪东因故未参加，但事先送交浠水汪君墓志铭一篇。15日，参加国史馆志传编年两组工作联合座谈会第五十四次会议，讨论国史各志书宜先成长编等事。22日，参加国史馆志传编年两组工作联合座谈会第五十五次会议，讨论纂修配以协修助修等事。29日，国史馆志传编年两组工作联合座谈会第五十六次会议召开，江东因故未参加，但事先送交汪荣宝先生哀启1份。（参见薛玉坤《汪东年谱》，河南文艺出版社2016年版）

郑鹤声编《郑和遗事汇编》1月由中华书局出版。此书内容包括郑和之世系与里邸、郑和之品性与时代、郑和之生卒与年表、郑和经历之地方与港口、郑和出使之年岁与大事、诸国朝贡之事略、郑和之轶闻等。此书材料丰赡，包罗广泛，考证详确，成为此一时期郑和研究的代表作。（参见王学典《20世纪史学编年（1900—1949）》，商务印书馆2014年版）

蒋复璁继续任中央图书馆馆长。1月13日，致张珩信："客春承让归敝馆书中，尚有六种(书目另列)存在尊处……敬祈掷送郑西谛君,俾便带京。"3月10日,蒋复璁写《为郑振铎所编〈中国历史参考图谱〉等书颇有价值,拟请教部酌予采购呈》,指出:"西洋各国对于此等美术史乘均极重视,而我国则当以郑君所编为首创,在学术上颇有价值,尤足补各大学研究参考之不足。"后教育部定购了《中国历史参考图谱》和《域外所藏中国古画集》各10部。12日,蒋复璁致教育部函,建议教育部采购郑振铎所编《中国历史参考图谱》。4月30日,南京《中华图书馆协会会报》第21卷第1—2期合刊报道《中央图书馆入藏善本》,记张珩藏书260种,在蒋介石指示下,以二亿元入藏央图;"抗战期间,该馆曾在上海及香港两地,秘密购置大批善本图书,尤以在上海所购者为多。及太平洋风云渐紧,上海孤岛,时有沦陷之危,因将上海所购明本及抄本之一部分,并宋元刻本一部分,邮寄香港,拟合香港所购之书,设法运往重庆。终因交通困难,无法内运,遂不得不变更计划,拟改运美国,托本国大使馆保存。讵料未及运出,而香港沦陷。此三千余种三万余册珍本图书,悉被日人掠去。胜利后,此批珍本,为我驻日代表团在日本帝国图书馆发现,即积极设法运还。先以飞机运回40箱,继由船运回107箱——共计147箱。现已由沪运抵京馆,即将整理编目,俾供众览云。"5月30日,南京《中华图书馆协会会报》第21卷第3—4期合刊报道《国立中央图书馆举办善本图书展览会》:"中央图书馆为庆祝总统副总统就职,于五月二十日至二十二日举行大规模善本展览会……"9月11日,蒋复璁致郑振铎信,谈《玄览堂丛书》续集定价事。12月21日,国民党当局作出"各院馆搬运文物的原则决定以后,立即行动。第一批系由海军总司令部派中鼎轮载",今日"在南京下关装船,五单位共计七七二箱,其中属于中央图书馆的有六十箱,由王省吾先生押运"(杭立武《国立中央图书馆与我》)。22日,开船。26日,到基隆。中央图书馆运书事由特藏组主任屈万里负责。(蒋复璁《我与中央图书馆》)(参见陈福康《郑振铎年谱》,三晋出版社2008年版)

屈万里9月在《历史语言研究所集刊》第13本发表《甲骨文从比二字辨》《谥法滥觞于殷代论》。前文对甲骨学界认为"从比二字不分"的观点提出质疑,认为"二字字形既殊,其义尤不相涉";后文认为殷人有"以日干追号其先人"以避讳之俗,但时间长久,必有重复,故又追加名号以示区别,实为谥法滥觞,"比周人开国,盖习闻武丁、武乙、文武丁诸号,喜其嘉名,乃及身而自称之,于是有文、武、成、康等号。久之,更由自命之美称,进为殁后被人追命以寓有褒贬之谥号,而谥法之制以定"。屈万里有关谥法滥觞于殷代的观点发表后,引起学界关注,不少学者认同,但也有学者提出质疑,认为经不起认真推敲。同期还刊载了石璋如《河南安阳后岗的殷墓》、张政烺《说文燕召公史篇名丑解》、李济《研究中国古玉问题的新资料》、董作宾《殷历谱后记》、劳幹《论汉代的内朝与外朝》等文。(参见王学典《20世纪史学编年(1900—1949)》,商务印书馆2014年版)

缪镇蕃任职于中央图书馆。5月25日,致郑振铎信:"前为卢冀野兄《窥帘》杂剧写本影印事,曾上一函,谅达典行箧。兹冀野兄日昨谈及现需此本一用,嘱转函先生请将《窥帘》杂剧写本寄回。谨为转达,敬希惠寄敝处,以便转交为荷。"8月9日,缪镇蕃致郑振铎信:"前于七月二十日由敝馆汇奉七百一十二万元,谅蒙詧收。此款系冀野兄托汇,为归还前垫影印《窥帘》杂剧费用者。冀野兄以此事深蒙协助,嘱转致谢意,并盼惠将印就剧本早日寄京。"(参见陈福康《郑振铎年谱》,三晋出版社2008年版)

周作人仍被因于南京老虎桥监狱。3月13日,作《〈虎牢吟啸〉序》。《虎牢吟啸》为胡逸民所著,书中写他与江亢虎在老虎桥监狱一年中的交际言行,他们两人的案情,又推论及中国司法的毛病与监狱的缺点等。20日,修订《儿童杂事诗·自序》。7月,作《〈呐喊〉索隐》,刊于8月31日《子曰丛刊》第3辑。文中记述了《阿Q正传》《狂人日记》《在酒楼上》《孤独者》《弟兄》《白光》《药》等等鲁迅小说所写的一些事实背景。9月,作《红楼内外》,刊于《子曰丛刊》第4辑。文中回忆了北京大学的一些往事。同月,叶公超到北平,他告诉常风:曾到老虎桥监狱探视过周作人,周作人在监狱里生活很好,相当自由。(参见张菊香、张铁荣主编《周作人年谱》,南开大学出版社1985年版)

常道直、瞿菊农等6月6日在南京出席中国教育学会第九届理监事第五次联席会议,议决事项有:一、推定常道直、瞿菊农、程时煃、曹刍、赵廼抟5人研究关于订定世界敬师宪章意见,同时分函各分会及各研究委员会分别研究。二、提出现代教育问题30余则,函各分会及研究会逐项讨论,供全国教育会议参考。三、修正通过教育学术丛书出版计划。四、加紧进行筹建会所工作。五、广征新会员。并通过新会员58人。六、改订会费标准。(参见中央教育科学研究所编《中国现代教育大事记1919—1949》,教育科学出版社1988年版)

陆殿扬、张士一、沈同洽、吕叔湘、初大谷、沈亦珍、陈竹君等为常务理事,倪杏荪、王邦杰、杨宪益为常务监事的中国英语教学研究会3月5日在南京成立,以"联合英语教学专业人士,研究并改进各级学校之英语教学"为宗旨。编印《英语教学》杂志。

陈永龄任主席的中国测量工程协会3月28日在南京成立,以"联络测量同志,研究测量学术,协力发展中国测量事业"为宗旨。

杨仲子为理事长,顾櫵为监事长的中华全国音乐协会4月5日在南京成立,以"推进音乐文化,研究音乐艺术,联络音乐界同人感情,并谋同人福利"为宗旨。

胡适继续任北京大学校长。1月11日,《申报》报道,北大学生要求修改教务通则,校方非正式校务会议拒绝。至于学生要求关于取消公费部分,校方认为如因特别事故三分之一不及格者,校方可予考虑。同日,胡适因见报载李宗仁愿作副总统候选人,表示高兴。特写信给李说:"从前我曾做中国公学运动会歌,其第一章说:'健儿们,大家上前,只一人第一,要个个争先。胜固可喜,败亦欣然。'此意出于《新约》保罗遗札。第一虽只有一个,还得要大家加入赛跑,那个第一才是第一。我极佩服先生此举,故写此短信表示敬佩,表示赞成。"14日,李宗仁回信,本"第一虽只一个,还得要大家加入赛跑"的精神,劝胡适加入总统的候选人,参加竞选。并说:"参加的候选人除蒋主席外,以学问声望论,先生不但应该当仁不让,而且是义不容辞的。"14日,北大50周年纪念筹备委员会召开第一次会议,胡适等16人出席。会议议决:(一)集中财力建造大礼堂。(二)组织纪念50周年建筑、学术、总务、材料4个委员会,以分别推动各项工作。19日,教务会议开会,讨论《教学通则》第37条本学年应如何执行问题。议决:学生本学年第一学期所修学分总数有三分之一不及格而不及格课程成绩平均及50分者,留校察看一学期,其不及50分者,即令退学。21日,胡适写信给武汉大学校长周鲠生,谈对国际形势的看法,此信后来在报上发表题为《国际形势里的两个问题》。信中否认英美有重新扶植德、日侵略势力的意图。认为"战后的苏联可能是一个很可怕的侵略势力"。此信在报上发表,引起许多人的反对。周鲠生即不尽同意。其他还有许多人,或写信,或发表文章,表示不赞成胡适的说法。但青年党领袖曾琦,却两次发表谈话,赞成胡适的观点。25日,《北京大学周刊》刊登《北京大学职员会理事会福利组贷款办法》。该《办法》共8条,为会员解决急需贷款规定了各项申贷办法。28日,学生189人签名《致胡校长的信》说："校方最近封锁北楼,我们非常惋惜。我们惋惜的是因这考虑欠周的举动,在同学之间已普遍造成一种感觉,即藉此扼制同学的课外活动。"又说："环顾大局,教部修正自治会规则颁布于前,中大、同济两校自治会解散于后,同学实惶惶不可终日,既以今天北大这块干净土,但亦不时时为此而忧。"该信要求校方重新考虑。同月,教育部长朱家骅聘胡适为教育部在平收购图书委员会主任委员。

胡适2月3日接教育部密电,称："据有关机关报称,该校(指北大)近日潜赴'匪区'受训学生甚多",要求"详加调查,严予处分"。同日,北大法学院政治系二年级学生邓特被国民党特务逮捕,至6日始知下落。政治系系会及北大学生自治理事会、人权保障委员会屡次向学校当局交涉,要求学校特别是要求校长胡适出面保释并无犯罪证据的邓特。6日,北大造就《国立北京大学三十六年度临时费岁出分配预算书》,电呈教育部请鉴核备案。7日,华北学生反迫害争民主支援"同济血案"控诉示威大会在北大民主广场举行、大会口号为："反迫害,争自由,支援同大,营救被捕同学。"14日,北大学生代表会见胡适校长,提出邓特同学"罪嫌"不能成立,且身患重病,应由校方无条件保释。并要求胡适对政府非法逮捕、蹂躏人权的行径公开表示态度。胡适答称,对同学被捕事件他有四条原则交训导处去办。1.如有同学被捕,学校代为打听逮捕的机关;2.通知该机关对被捕同学加以优待;3.被捕同学罪嫌若轻,由校方保释出来;4.被捕同学罪嫌若重,请求移交法院办理。胡适继又声明说:1.学生不是有特殊身份的;2.学校不是有治外法权的地方;3.从事革命工作的同学,应自行负责。他还强调,不赞成"非法逮捕"的说法,表明他同政府当局站在同一立场。22日,教育部向北京大学下达训令,严令"整顿学风""保证教育秩序"。训令说"鼓动风潮"的"害群之马必予清除,从严惩处,决无顾惜"。为整顿学风。"必要时不惜将不堪整顿之学校予以解散或停办"。28日,北洋工学院学生陈之藩致信胡适,详述半年来思想所受刺激和影响及所发生的变化。相信胡适在《我们必须选择我们的方向》中对自由主义的"偏袒",并不是偏袒。表示"要发挥一些力量来挽救这末世的狂流"。但又嫌先把自己造就成才,是"缓不济急"。觉得青年人有苦难说,有话不敢说,有力无处使。彷徨苦闷,要求胡适给他指明出路。同日,历史系四年级学生宋国柱被捕,学校致函北平地方检察处,请其准予"保释回校上课"。同月,北平防空司令部就欲聘请北大两位专家研究防空建筑雷达等事致电北京大学。

胡适3月3日复函北洋工学院学生陈之藩,首先告诉他,上年所写《我们必须选择我们的方向》是专为答复他的。然后劝他不要嫌缓不济急,从你能做的做起。引吕祖谦的话"善未易明,理未易察",强调防止武断。信中还谈到,对于"孔家店",他"向来不主张轻视或武断的抹杀"。8日,国立北京大学行政会议第59次会议决议事项:奉教育部令字11488号代电,本校1948年度上半年经常费,核定为343448万元,教职员1253人,技工2人,工役640人,医院员工名额包括在内;奉教育部高字10789号代电,核拨本校理文法三学院各系研究所1948年上半年设备补助费2.9亿元;校长报告,美国在华教育基金会决定资助来华员生数目:教授20人,学生20人,专门学者10人;决定接受本校医院务会议议决本校员生住院缴费办法;改定本校员工加班办法;通过竹斐章先生纪念奖学金规程;通过杨母百龄寿辰纪念奖学金规程。20日,北京大学学生自治会编辑的《北大半月刊》第1期出版发行。其目录列有短评、诗作、通讯等诗文17篇。《创刊的话》说："我们不愿沉沦",要"把我们的不平,我们的渴望和要求,诉说给全国人民。"21日,徐州江苏学院学生江韬晦写信给胡适,表示对国民党强烈不满,对共产党又肆口谩骂,要求胡适出来领导第三者与国民党内一部分取得谅解,外争美援,扩大势力,强迫共产党交出军队。胡适对此信很感兴趣,在信末批道:"青年人善意的责望,正是我们需要的提醒。"22日,国立北京大学行政会议第60次会议决议事项:教育部高字12699号代电,分配给本校1948年度上半年建筑及扩充改良费45亿;接受财务委员会制定本校本年上半年预算比例分配办法,试行三个月。同月,北大《独立时论集》第一集出版,除"序"外,共列胡适等人文章98篇,后有《作者介绍》,列作者45人姓名及其现任职务。其中大多数为北大教授外,尚有清华大学、南开大学、燕京大学、中央政治大学、美国芝加哥大学数名教授;报告1947学年度第二学期教职员数简表。

　　按:教员数:校长胡适,理学院院长饶毓泰,数学系主任申又帐(代),物理学系主任饶毓泰,化学系主任钱思亮(代),地质学系主任孙云铸,动物学系主任庄孝(代),植物学系主任张景钺,文学院院长朱光潜(代),哲学系主任贺麟(代),史学系主任郑天挺,中国语文学系主任胡适(兼),东方语文学系主任季羡林,西方语文学系主任朱光潜,教育学系主任樊际昌,法学院院长周炳琳,法律学系主任周炳琳(兼),政治学系主任王铁崖,经济学系主任赵廼抟,农学院院长俞大绂,农艺学系主任李景均,森林学系主任汪振儒,畜牧学系主任吴仲贤,兽医学系主任熊大仕,园艺学系主任陈锡鑫,植物病理学科主任林传光,昆虫学科主任周明洋,农业化学科主任黄瑞纶,农业经济学科主任应廉耕,土壤肥料学科主任李连捷,工学院院长马大猷,机械工程学系主任王俊奎,电机工程学系主任马大猷(兼),建筑工程学系主任朱兆雪,医学院院长沈寯淇,药学系主任薛愚,牙学系主任钟之琦(代)。教员数:总计761(专任678,兼任83,其中教授专任192,兼任1,副教授专任65,讲师专任139,兼任82,助教282)。职员数:总办事处主管胡话,文学院主管朱光潜(代),理学院主管饶毓泰、法学院主管周炳琳;农学院主管俞大绂,工学院主管马大猷,医学院主管沈寯淇,医学院医院主管胡传揆,大一课业委员会主管郑华炽,文科研究所主管朱光潜(代),博物馆筹备委员会主委韩寿萱。总计575(校长或院长室11,教务42,训导46,总务123,主计21,图书馆67,技术141,其他124)。

　　胡适3月下旬南下,准备参加协和医学院董事会、中央研究院评议会,和"国大"会议。22日,在上海对记者谈时局,重申"和比战难"的说法,谓:"和需要种种决心,要智、仁、勇兼备,尤其需要各方面相互容忍和牺牲,所以和很难。而战却容易,一不小心,就打了起来。历史上大小小的战争,都可以证明'和比战难',绝少例外"。在沪开过协和医学院董事会后,到南京参加中研院评议会,当选为第一届院士。27日,陈之藩致信,称(胡适)3月3日的复信,读了十几遍!盼望胡适集中精力给国人治病:(1)青年人的固执病;(3)执政者的派系病;(3)国人的懒惰病;(4)世人的盲从病;(5)思想上的虚弱病。28日晚,北平各大学在北大民主广场举行欢迎天津同学的营火会,有一万多同学到会。北平同学向天津同学献民主旗,华北8大学重申他们的联防誓言"一校被迫害,八校支援;一人被摧残,全体营救"。29日,北京大学学生在校内举行黄花岗先烈纪念会,数千军警包围学校。同时,北平警备司令部宣布查禁华北学生联合会。同日起,胡适出席"国大"。30日,在"国大"开会期间,蒋介石曾对王世杰谈,觉得在现行宪法之下,总统无可作为,想任行政院长,而请胡适出任总统候选人。要王同胡商谈。胡适向王表示,对蒋的意思甚钦佩。但觉自己身体不甚好,性情亦或不易与蒋充分协调,容考虑后答复。31日,教育部训令:要求实行《戡乱时期危害国家紧急治罪条例》。同日,王世杰再与胡适详谈,胡适仍不决。至晚,胡适对王世杰说,此事"请蒋主席决定"。意已许可。但至第二天,即4月1日,胡适又觉不妥,对王世杰说,昨日的决定太匆促了,细细想过之后,总觉身体与能力不能胜任。请王向蒋转达,最好另觅他人。4月2日,北京大学学生自治会及人权保障委员会致信,指出,国民党当局宣布华北学联为共产党机构,予以解散,是大规模迫害学生的信号。信中指斥国民党当局,以前逮捕的同学拖延至今不予公开审判,邓特同学没有犯罪证据亦拒不开释。3月29日有军警包围北大三院西斋。31日又有学生无辜被毒打。信中说:"我们全校同学的生命自由正面临着空前严重的威胁。"为此要求胡适在"国大"会议上"向最高当局提出:(一)抗议当局非法逮捕;(二)抗议当局校内捕人"。3日,北京大学及北平各院校学生今日起宣布罢课3天,抗议查禁华北学生联合会。4日,在国民党的中常会上,蒋介石提出自己不做总统候选人,拟提胡适为候选人。结果只有吴稚晖和罗家伦两人赞成,余皆不同意,此事遂作罢。5日,清华大学讲师教员助教联合会、北京大学讲师讲员助教联合会、北平研究院助理研究人员联合会、北京大学职员会、清华大学职员工会、清华大学工警联合会、北京大学工警工会联合发出《为争取合理待遇告社会人士书》,向社会人士宣布:为"争取立即合理改善待遇,已决定从4月6日起,一致罢教、罢研、罢工3天"。北大、清华两校教授已有58人签名支持两校讲助员工的要求,也决定自本月6日起罢教3天。签名还在继续中。11日,北大教授召开全体会议,决定自即日起罢教7天,表示严重抗议。北平各院校教授、讲师、助教、职员、工友、学生同时一致罢教、罢职、罢研、罢工、罢课。12日,北大教授发表《北大全体教授罢教抗议暴行并呼吁保障教育安全宣言》。新一轮学潮又在北大迅速兴起。

按:4月6日清晨,在戒严时,有不明身份的数十人,越墙进入北大校内,撕毁壁报、毁坏书物。同日,北平警备司令部兼司令陈继承给北京大学《公函》,要求学校当局协助交出北大的"华北学联主持分子以便转送审判"。《函》称:北大的"学联主持分子,仍在积极活动……组织各校罢课委员会,鼓动学生罢课,工人罢工……鼓吹不纳粮不当兵。在动员戡乱期间,似此故违法令,破坏国策,若不加以惩治,实不足以伸国法而正人心。"

同日,北京大学复北平警备司令部《公函》说:"当由本校负责转告函开各生等,各生等当即表示准备静候法院传讯。""一侯法院传票到校,本校负责嘱各生等立即收审无误。"拒绝了由警备司令部捕人的要求。

4月7日,北平《益世报》报道:北大医院护士学校全体同学昨日起响应罢课三天。北大医院职员上午召开代表大会,决定罢工三天。又北大医院的护士沉痛地发表宣言,仍照顾病人,于必要时,亦要罢工。同日晨,北平警察×分局来电邀校秘书长郑天挺到警察分局谈话,交给他一张警备司令部开的名单,限学校当局4月8日午前12时以前交出12位同学。北平警备司令陈继承说:"不答应交人,就由我们自己去包围逮捕。"名单中的12人为:柯在铄、田余庆、吕铮、卢一鹏、李鸿藻、丛硕文、黄德青、王子光、周安、冯远程、李倬、王禄庆。他们大多是学生自治会理事。

同日,北大文理法三院讲助教联合会,为警备司令部要求逮捕我校田余庆等12位同学事致函北大教务、秘书、训导三长,指出抓人是"违反法令"的,"有刺激学生情绪,扩大事态之嫌"。要求学校出面交涉,使"同学获得合法之保障"。

4月8日,学校秘书长郑天挺将北平警备司令部开列的名单交罢委会处理。罢委会随即在民主广场召开群众大会。同学抬来板凳围成许多圈,将上了名单的12位同学围坐在中间,决心以血肉之躯筑成堡垒保卫12位同学的安全。喊出的口号是:"一人被捕,全体坐牢。"教授联谊会召开会议,向警备司令部提出"按照合法手续,由法院传讯"的要求,并派冯至教授为代表向学生致辞,转达大多数教授"誓死支持你们的请求"的保证。同日,北平警备司令部给北大复函,表示同意北大提出的学生在校等法院传票的做法。

4月9日凌晨,50—60名暴徒和军警,手持手枪、木棍、铁棒,闯入北平师范大学学生宿舍行凶。许多同学被打伤,其中8人被捕,学生自治会办公室等处被捣毁。为此,师大、北大、中法、朝阳、铁道管理学院、清华、燕京等校6000多同学汇集在新华门前,亦即行辕的门口,举行群众大会。许多教师也参加了大会,大会主席团当场举行中外记者招待会,控诉政府屠杀青年学生。主席团派代表向行辕提出立即释放师大被捕同学、收回查禁华北学联命令、停止传讯北大12位同学几项条件。请愿持续到晚上10点多,当局答应把8位被捕同学送往医院。还答应了其他一些条件。

4月11日上午10时，所谓北平"民众团体"在天安门前举行"北平市学生民众清共大会"，接着开始了"反暴乱反罢课肃奸请愿团"的游行。他们来到沙滩，包围了北大，用砖头石块袭击红楼和东斋教授眷属宿舍，并有一批暴徒冲进东斋宿舍捣毁号房、会客室和教授住宅多处，电表、电话、门窗、家具全遭毁坏。同日，北大学生自治会《致教师函》，表示尽全力保卫12位同学，绝对拒绝出庭，不接收法院对12位同学的传讯。《致教师函》说："我们维护自由和安全，不得不奋起击退一切迫害或变相迫害。"对学校不表示坚定、严正立场表示遗憾，并呼吁师长们公开发表意见。同日，学生自治会致函秘书长郑天挺转学校行政首长，要求学校行政领导对警备司令部捏造罪名企图逮捕12位同学和地方法院检察处传讯迫害12位同学的非法行为表示严正立场和拒绝出庭的坚决态度，并向有关当局提出赔偿的要求，"以确保校内自由与同学安全"。信中通知校方，为抗议当局的暴行，"不得不宣布继续罢课"。

4月12日，北大教授发表《北大全体教授罢教抗议暴行并呼吁保障教育安全宣言》。该《宣言》宣布：自11日起罢教7天，对连日发生的摧残教育的暴行表示严重抗议，"要求政府严惩凶手，并严令地方当局保证以后不再有类似事件发生"。《宣言》说："宪警无数包围学校，武装暴徒于深夜戒严时间捣毁学校，制造血案，地方治安当局纵非主使亦难辞纵容之咎。"并要政府解答：为什么非刺激学潮，达到摧残教育之目的，用心何在？《宣言》呼吁全国教育界及其他各界给予支援。同日，北京大学代电北平市政府、北平行辕、北平警备司令部，对本月9日凌晨数十人带枪携棍袭击北平师大，殴打、绑架学生的严重事态提出强烈意见。代电说："应请追究凶手，依法严惩，并保障人权，制止再生类似事件，予各校以确实之安全保障，以彰国法而维教育"，并要求答复北大、清华和燕大。同日，学生自治会致函师长，感谢教师对同学斗争的关怀和支持，感谢学校当局在12位同学拒绝出庭受审问题上表示了明确态度。《致教师函》说："今天学校当局向我们表示对政府暴行的态度：（一）12位被传讯同学由学校负全责办理，决不予出庭；（二）抗议政府暴行，要求赔偿损失；（三）确保全校师生安全。"

4月13日，陈继承（警备司令部司令）、何思源（市长）联名给北京大学复函，对11日"清共委员会"游行捣毁北大东斋宿舍表示"歉意"，复函说："嗣后自当尽力防止再发生类似之事件。"同日，北平《益世报》报道，北大人权保障委员会今日召开保障人权问题座谈会，邀请费青、芮沐教授参加。

4月16日，《教育部平津区特派员办公处复北大博物馆函》称：同意北大博物馆的要求，"兹送上前北平大学工学院钤记及院长小官章壹方，敬希查收赐据"。同日，《北大半月刊》第三期发表短评《反迫害》，呼吁同学们在当局迫害学生这艰困的情况下，"更要加强团结，增强自己的力量，以生死同心的信念迎接未来的苦难"。要求大家在斗争中需要有"沉着、坚定、勇敢"的精神，"明了自己只有一腔热血和赤手空拳"。短评说："这样我们可以使打击来得较缓、较小，可以使我们反击的力量发挥得更大更有效。"同期还发表了短评《祝大团结》。短评"四·一二"斗争以来，"全校师生职员工警为了共同的生存、自由和安全，已完成了空前未有的广大结合"。

4月17日，北平市长何思源签署北平市政府致北京大学公函，对北大、师院先后发生的"不幸事件（指师院血案和捣毁北大东斋教授宿舍等）"，表示要"分别查究"。来函说："本府未能及时防护致酿事端，至深遗憾。"同日，北平《益世报》报道，北京大学学生自治会决定向来北平处理学潮问题的国民党青年部部长陈雪屏请愿，对军警包围北大等事件提出五项要求：（一）严惩制造暴乱的凶手；（二）严惩负责任者；（三）赔偿公私一切损失；（四）不得捏造名义向学校勒索逮捕学生；（五）按宪法切实保障人民生命安全。

4月27日，北京大学为本月11日大队游行者投石打碎红楼窗户，暴徒闯入东斋眷属区，捣毁教授宿舍，砸毁家具物品事件，致函北平市政府、北平警备司令部，提出追赔损失的要求，并要求"保障本校师生全体及校舍校具今后之安全"。

5月20日，《中法大学半月刊》报道：北京大学自治会理事会、常驻会、人权保障委员会决定：联合组成抢救孟宪功同学委员会，并将采取八项行动。

5月26日，北大学生自治会常驻会与人权保障委员会召开联席会议，反对特种刑事法庭捏造罪名对学生邓特的传讯。会议决定邓特拒绝出庭，并向立法院提出抗议书，如当局来校"拘提"，则组织特别保卫队保护邓特的安全。

5月28日,北平《益世报》报道,因特种法庭传讯邓特、孟宪功,北大学生自治会于27日晚召开全体代表会议议决四项要案:(一)(邓特)拒绝出庭;(二)请校方加紧联络;(三)当局如用武力逮捕,则采取正当防卫;(四)联合全国各学校反对特种法庭之设立。同日,学生自治会招待记者,由北大权委员会向记者报告孟宪功、邓特两案的经过详情,并向记者散发《致胡适校长备忘录》等文件。同日,邓特同学今天拒绝出庭受审。

5月29日,北大、清华、北平师院、燕京、中法、南开、北洋、河北工学院、唐山交通大学等京津唐九院校学生自治会联名发表《反对设立特种刑事法庭向立法院请愿书》。该《请愿书》列举八条理由说明立法院通过制定的《戡乱时期危害国家紧急治罪条例》《特种刑事法庭组织条例》《特种刑事法庭审判条例》等三个法规和依此而设立的特种刑事法庭是违反宪法的,"应立予取消"。《请愿书》说:这是"把普通罪行特殊化,把审判机关军事化,把诉讼程序原始化",使"政府所谓'法治'荡然无存,所标榜的'民主'亦徒托空言,毫无实际了"。因此要求取消三法规和特刑庭"以保宪法,以维人权"。

胡适校长4月13日致电国民政府主席北平行辕李主席,向其报告本月11日"大队游行群众"捣毁东斋教授宿舍、殴打学生等情况。电报说:对此事"本校师生同深愤慨","即请严予查究责任,追赔损失,并保障本校师生全体及校舍校具今后之安全"。16日,陈之藩再次致信胡适,说最近的学潮"一半是由教授的帮闲,一半是由学生的操纵,一半是由当局的胡来"。信中说"政府不能那么糊涂,把学生全看成共产党",要胡适"对当局提一个醒,不要把干部全挤到对方去,学生中绝没有那么些激烈分子"。17日,湖南省政府主席王东源函北京大学,前国立西南联合大学,在本省邵阳县境内遗落公物(图书仪器),经会同前西南联大代表易经香及当地负责人点验,装34箱交易代表领回,并取具该员收据报请鉴核。19日,南京各大学校长吴贻芳、顾毓琇等在金陵女子大学邀胡适等座谈"大学教育"与"中国出路"问题。对于大学教育,胡适仍主先办好重点。对中国出路问题,他自称是"不可救药的乐观主义者"。主张"苦撑待变",即等待美国以更大的力量援助蒋介石的反共内战。22日,国民政府主席北平行辕复电北大胡(适)校长,说:"已饬北平警备总司令部查办。"此指11日打碎红楼窗户,捣毁东斋教授宿舍事。27日,北京大学为本月11日大队游行者投石打碎红楼窗户,暴徒闯入东斋眷属区,捣毁教授宿舍,砸毁家具物品事件,致函北平市政府、北平警备司令部,提出追赔损失的要求,并要求"保障本校师生全体及校舍校具今后之安全"。28日,教育部电致北京大学:自1948年3月起,增加一倍学术研究补助费,教授月支100万元、副教授80万元、讲师60万元、助教40万元。同日,《申报》报道:教部核准北大医学院增设解剖、生理、病理、细菌、生物化学、公共卫生等6个研究所。同月,《图书与学习》第2期刊载《子民图书室在怎样成长着》的文章,小结子民图书室开放5个月来,在各位导师、文化界先辈及全校师生热情支援下所取得的成绩;公布北京大学本年度(下学期)院长及系主任名单。

胡适5月仍在南京。同月1日,《北大半月刊》第4期发表北大、清华、燕京、师院等校92位教授4月23日写的《对吴铸人谈话之驳斥及质询》。国民党北平市党部主任委员吴铸人4月19日说:"每次学潮的目的皆为'奸匪宣传'",还"忠告三位教授(指北大支持学运的进步教授许德珩、樊弘、袁翰青)勿再受'奸匪利用'"。92位教授对此论进行了驳斥:"我们认为这不但是故意歪曲事实,存心威胁,而且是进一步迫害的先声""我们要质询他,所谓受'奸匪'利用,究竟有何证据? 更要追问:第二次'闻一多事件'是否已在预谋制造中? 我们愿意提醒当局:闻一多的被害,不但没有消除学人对于现状的不满,且更加深了他们的警惕与愤慨,假令政府容许在文化古城再演一幕同样的惨剧,这只是以表现其颟顸与残暴而已"。同日,教育部代电北京大学,说:北大"学生被殴受伤至深驰京,已电请行辕及有关机关妥慎处置,并经主席派陈部长雪屏飞平处理"。4日,胡适在南京向记者谈话,宣称五四运动"是一个新思潮新文化的运动",后来政治性"格外加强了",认为"政治化的运动未免过早","二十九年以来,我个人始终觉得政治的基础应该建筑在文化及思潮的基础上"。同日,北大庆祝"五四"运动29周年。学校放假一日,招待校友返校;博物馆开放;举行"五四"史料展览;各种壁报均发表纪念特刊。中午10时40分红楼鸣钟29响后,纪念大会开始,会上学校负责人、校友代表、讲师助教会代表、工警代表致词。午后体育表演。6日,胡适写信给汪少伦,因汪氏曾告以立法委员中一部分人要为傅斯年竞选立法院副院长,当时傅斯年尚在美国治病休养未归。傅斯年曾有信给胡适等国内朋友,表示不愿做立法委员。此信即为说明此点而写。信上说:"孟真既有此明白表示,我盼望先生把这话转告其他各位朋友,决定取消先生今午对我说的计划。"9日,胡适由上海飞回北平。同日晚,北大为庆祝"五四"运动29周年,在民主广场举行千人大合唱。16日,《北京大学周刊》刊登北京大学《1948年度招考研究生简章》,说明本年度在北平、上海、南京、武汉招考第一年研究生。招收部门有:数学研究所、物理学研究所、化学研究所、地质学研究所、动物学研究所、植物学研究所、哲学研究所、史学研究所、中国语文学研究所(分为语言文字组、文学组)、东方语文学研究所(分梵文组、阿拉伯文组)、西方语文学研究所、法律学研究所、政治学研究所和经济学研究所。简章规定了各所考试科目、投考资格,并规定投考文科各研究所必须交毕业论文或其他著作。17日,国立北京大学行政会议第61次会议决议事项:教育部高字24599号代电,准本校设立解剖学、生理学、病理学、细菌学、生物化学、公共卫生学六研究所;20日,教育部代电,奉行政院核定,学术研究补助费标准,自本年三月起为教授200万元,副教授160万元,讲师120万元,助教80万元。

胡适5月24日致信最高法院院长夏勤,商请将北大学生孟宪功一案仍交普通法院办结,不要转特种法庭,以照顾舆情。25日,《申报》报道,北大等校学生热心边疆开发,发起"中华青年开发边疆实验团",参加者已有百余人,23日开会决定,赴绥远安北县扒子补隆农场实地开发。27日,教育部电令北大及其它有关院校,向空军择优选送无线电、机务、土木、工程、统计方面的毕业生。鉴于上年选送的毕业生多数不去报到,教育部要求应去报到"以全信用"。6月6日,在工程师学会北平分会纪念工程师节的集会上发表演说,大力宣讲点滴进化观,反对暴力革命。说工程师的不革命,是他们学问训练的结果,"他们的学问,没有一样不是长时期一点一滴的结集改进与改善","所有科学上工业上凡是划时代的发明,都是从多少年一点一滴的积累合成,后人的成就是建筑在前人科学上技术上的成绩而生的"。又强调说,"工程师有条理,有系统,最反对乱,崇拜秩序"。所以,要"为不革命的工程师呐喊"。8日,北平《益世报》报道,北大四院学生发起反对美国扶植日本军国主义签名运动,已有三分之二以上学生签名,要求罢课。9日,北大与北平市各院校学生分路举行反对美国扶植日本突击游行。10日,北平《益世报》报道,北平市各院校学生为反对美国扶植日本,抗议司徒大使声明及上海"六五"血案于本月9日罢课并分路到市内游行。游行中遭警察殴打,警察向空鸣枪,北大有数10名学生受伤,其中重伤3人。当日下午9院校学生在北大民主广场举行华北学生反对美国扶植日本抢救民族危机示威大会。大会抗议北平市当局打击、破坏爱国运动,并决定10日继续总罢课1天。11日,北平《益世报》载:北大国际关系研究会就"美国在华利益与对华政策"举行讨论会。12日,北大、清华、燕京、师院四院校教师

437人联合签名《致书司徒雷登》，反对美国扶植日本军国主义。6月15日，胡适、徐悲鸿、季羡林、黎锦熙、朱光潜、饶毓泰、郑天挺、冯友兰、廖静文、邓广铭等在北京出席泰戈尔画展。22日，北平《益世报》报道，北京大学学生自治会致美国政府中华救济团函，表示从22日起，拒绝美国的"营养补助"以示反对美国扶植日本政策和抗议美驻华使节对中国人民的诬蔑与侮辱。24日，据北平《益世报》报道：平市公教人员4个月配煤共800斤，经数月之拖延，最近以差额金之方式发下，在今日尚不足购煤40斤之用。北大教员认为此种措施情同愚弄。均深表不满，已群起拒绝接受，并拟向当局交涉，要求仍发实物。23日，胡适致函钟凤年，继续讨论《水经注》案。信中主要强调说，校勘学者努力的目标，都是"要写定一部最可读又最可信赖的标准本子"。但写定的方式却可各不相同。意在说明戴震自刊本无校语，不说明校改的根据，未为不可。而赵一清作详细校记，亦不能做到"著厥从来""各具本元"，有时反而造成错乱。

　　胡适6月25日为生活问题致各教授函：今接诸先生来函，停教3天的宣言，我当然能了解，学校今天先行筹发了薪金半个月，以后当然就能力所及继续设法，并将全校员工的生活困苦实情详告政府当局，促使从速改善。28日，北大、清华、燕京等院校106位教授，为国民党政府对开封狂轰滥炸一事，发表《为呼吁停止破坏文化和机关及轰炸城市宣言》。其中说："自内战爆发以来于今两载，民生凋敝，惨不忍言。今复利用近代武器，破坏城市，近如开封战役，巷战剧烈，更施巨量轰炸，住宅变为火海，人民死伤枕藉，学校遂成废墟，师生惨遭屠杀，实为内战史上所未有。"《宣言》呼吁全国父老兄弟共起抗议，万勿再有此等残暴及轰炸行为。7月3日，北平《益世报》报道，北大等13院校学生自治会响应106位教授号召，发出《抗议（政府）飞机滥作开封居民、学生的宣言》，并通电南京国民政府、全国学联与世界学联，向蒋介石总统提出严重抗议。5日，发生"七五血案"。是年2月以后，国民党东北军队不断溃败，国民党政府为了予夺东北青年，以建立东北"临大""临中"的许诺，使大批东北学生来到北平。然而他们来北平后，并无"临大""临中"可入，致使几千学生失学，流落街头。7月4日，北平市参议会通过《救济来平学生办法》，决定停发东北学生的公费，把学生集中起来进行军事训练。5日，被激怒的数千东北学生前往市参议会和参议会议长许惠东住宅请愿。国民党军警开枪镇压，打死9人，打伤百余人，逮捕37人，时称"七五血案"。8日，北大等华北13院校学生组成"七五血案后援会"，发表《抗议"七五血案"宣言》，表示决心"为死者伸冤，为生者雪恨"。同日，北平《益世报》载正中社讯，今日，北大、清华等8院校学生决定节食一日，以哀悼（"七五"事件）死难同学，并以节食所得救济东北学生。12日，北平各大学教授讲师等404人发表《"七五"血案抗议书》。北大学潮迅速升级。

　　按：7月9日清晨，东北、华北学生一万余人齐集北大民主广场。而后高举"反剿民要活命大请愿"的旗帜，前往北长街李宗仁（副总统）官邸请愿，沿途高呼"反剿民""要活命""反屠杀""要生存"等口号，下午，一万余名学生回到民主广场，举行"抗议'七五血案'哀悼控诉大会"。大会宣告东北、华北学生"抗议七五血案联合会"正式成立，并发表联合会成立宣言。

　　7月10日，《大公报》刊登（本报北平电话）说：东北、华北20多所学校一万多学生，9日早晨由各校出发到北长街李宗仁副总统私邸请愿。学生代表请李宗仁"站在副总统的立场爱护人民"，解决"七五"事件后的问题。李氏说："事实真相我已经明了，绝对同情学生，但因有职无权，不能给地方长官下令，可是一定以私人的立场来协助同学解决善后以及惩凶，如果地方当局不接受，必转告中央。"下午，万余学生在北大民主广场举行"七五血案"追悼控诉大会。当日，成立东北华北学生抗议七五血案联合会。

　　7月14日，北平《益世报》报道，12—13日北大、清华两校区连续被大批军警封锁，严禁学生进入校区,附近居民须凭国民身份证出入。北大教授、讲助教等13日发起联名运动,向当局提出三项要求:(一)立即撤除对北大、清华、燕京三校的包围;(二)警备部约三校当局道歉并赔偿损失;(三)在被包围期间,学校内所发生的不幸后果由治安当局负责。7月15日,北平《益世报》报道,北大、清华、燕京、师院四校学生自治会发表抗议书,抗议当局包围封锁四校,发生教授学生被打、校车被砸事件。抗议书提出4点要求:立即撤除对四校的军警包围;追究12日事件的责任;立即释放被捕同学;保证不再发生类似事件。否则,一切不幸后果,应由北平市治安当局负完全责任。

　　胡适7月7日又有信给钟凤年,对钟氏治学态度与方法大概批评甚厉。钟氏不接受,批谓:"此示不免言重,无保存必要,谨以缴还。"可推想钟氏动气的程度。为缓和气氛,胡适于是日再致一信,平心说理。8日,钟凤年复信胡适。11日,胡适复信给钟凤年,说:"先生说我前函是'老拳',言重言重!我知罪了。"接着说:"我决不要任何人'颂扬附和',我也决不梦想'将来无人能作异辞'(此是决不可能的)。不过我确感觉语言文字均不够改变朋友的成见,辩论徒伤感情,往往不能收效果,故欲避免继续辩论耳,无他意也。"信中又说,来信所提出各点,以前均已说过,或均已细想过,所以"我现在对于先生比勘的百千条同异都毫不感觉兴趣,因为这些比勘我在海外都想过了"。21日,教育部代电(发文高字第40814号)复北京大学,内称:校字第153号代电悉。关于东总布胡同房屋一案,已电请华北剿匪总司令部为警备司令部干训班另觅房屋迁让,并饬北平艺专就近治办,仰即查照。19日,胡适复信给逯钦立,逯氏前有信讨论胡的《易林断归崔篆的判决书》,表示几点异议。胡在回信中说:"《易林》判决书是我离开大使馆后第一篇考证文字,用意在训练自己,故多年不敢发表。"信中对逯氏过信古代神话传说,并以神话材料作考史的依据,提出批评。同时又指出,《易林》的作者崔篆在王莽得势前歌颂王莽并非"极无耻的阿谀文字",不宜"用后世忠于一朝一姓的伦理来读史"。最后指出,说《易林》作于东汉建武以后,是误读《崔传》。而《易林》成书是在西汉末年,约纪元七八年之间。鉴于当时反内战、反饥饿、反迫害的学生运动到处勃起,国民党当局的镇压,反使更多的人加入运动。作为北大校长的胡适,既要拥护国民政府,又不敢过犯学生之怒,极感困窘,曾写信给教育部长朱家骅,表示辞意。朱立作电复,称:"年来承兄偏劳,公私感激……乃北大不可无兄,北方尤赖兄坐镇。即弟可放兄;而总统与翁兄亦必不能听兄高蹈;北大同人闻之,将更惶恐。故此实不可能之事。只有万恳顾念大局,勉为其难。倘兄有言辞消息,则华北教育界必将动摇不可收拾。"随后又有信给胡,力言"无论如何切勿稍萌退意,千万千万"。

　　胡适8月7日写信给周一良,对以北大房荒未能邀其早来,颇为遗憾。对其父周叔弢先生赠送戴东原的《水经》一书,十分感谢。告近来写成《戴震自定〈水经〉一卷的现存两本》,详举两本异同,拟便中送贤乔梓审定。信中还提到,周氏论《牟子理惑论》年代问题,认为人们对佛教传入中国的历史,"往往以后期史料为标准,反而不信最可信的前期史迹"。对《牟子理惑论》的发生时代,仍持十余年前的立场,认为是东汉末,亦即二世纪末期。9日,教育部代电北京大学,要求"查明每次罢课真相与滋事学生从严惩处,为首者一律开除学籍"。12日,在北平空军司令部讲演《人生问题》。引吴稚晖的话,认为人生就是有手有脑的两脚动物演戏。强调说,人生的意义全在我们怎样看人生。人是社会的动物,互相影响,人的一言一动都可以发生永不磨灭的影响。所以古人有立德、立功、立言三不朽的说法。从消极方面讲,至少不要有害于人;从积极方面讲,要力求为社会增加一点好处。即使说人生是一场梦,也要做一个像样子的梦,做一个热闹的、轰轰烈烈的好梦。同日,教育部训令北京大学,自本年度8月1日起调整著作审查费:专门著作100万元、特殊著作200万元,均另加邮费十分之一。13日,胡适、梅贻琦致电教育部长朱家骅并转呈行政院长翁文灏,不同意军队入校搜捕学生的决策。电报说:"适、琦极以为不可行,行之必致学校陷入长期混乱,无法收拾,政府威信扫地。国内则平日支持政府者必转而反对政府,国外舆论亦必一致攻击政府。"故"以去就谏阻此事"。请他把此电呈蒋介石。18日,北平高等特种刑事法庭致函北京大学,以执行行政院的"肃清奸匪职业学生"为理由,签发拘票要由军警宪执行逮捕郑亚南等43名学生,并向学校开了43名学生的名单,要求学校按名单交人。北大复函称:郑亚南等43名学生已"于本年7月21日公布取消学籍在案"。22日,陈之藩致信,要胡适放弃一切工作,包括《水经注》,来做影响青年的工作。说青年因无人引导才走上泥途。他要胡适"拿起你的笔来,将二十年来中国思想上断了线的风筝拉回来……把这一群无告的青年,从河的这边搬到那边去",想把革命的青年拉出革命的轨道。

胡适8月18日下午主持召开第66次行政会议,各院系主要负责人共13人出席。胡适报告:"最近政府决定肃清全国学校职业学生、已开列名单、即将派军警分赴各校按名单逮捕,本月12日派国民党中央青年部部长陈雪屏来平指导。"胡适并报告了与清华梅校长向北平地方治安当局直至行政院长及蒋介石劝阻未生效的经过,说19日即宣布名单开始逮捕。会议交换意见结果:(一)希望政府不令军警进入学校;(二)希望对逮捕事采取合法手续,根据普通法律;(三)希望同学镇定。会议进行中,学生自治会两次呈文申述逮捕是不合法的。19日,文理法三个学院的留校学生,在沙滩举行大会,决定:(一)要求校方退还拘票,拒绝出庭受审;(二)坚决声援被迫害同学,一人被捕,全体坐牢;(三)成立北京大学安全保障委员会,领导斗争,保卫北大。同日,军警包围北大沙滩区校舍,包围一直继续到24日。21日,北平高等特种刑事法庭公函,说北大"学生谢元杰等21名抗传不到,有逃亡之虞",改为拘提。通知北京大学,"由军警宪执行逮捕外",要求学校按名单交人。22日,北京大学布告,通知被特刑庭先后传讯的48人,于8月23日到训导处报到。"过期不报到者,学校一律停止其学籍。"下午,胡适主持召开第67次会议,各院系主要负责人13人出席。胡适报告说:"本月19日特刑拘提本校学生43人(均系本校已开除学生),传讯学生28人,20日复传讯22人。其中有2人查无其人,46人7月21日已开除学籍,7人已离校南下,4人已毕业在外实习,2人已毕业,6人已赴法庭报到,1人即将报到,25人不在宿舍。本校及周围自19日起由警察宪兵包围,出入均须检查……"会议决定:"总期军警不入学校。"并决定:"布告尚未到案之学生,务必……于明日下午三时以前至训导处报到,由本校陪往法庭。"23日,胡适为特刑庭传讯学生事,致信北平警备司令部,报告所要传讯的学生的下落。信中说,特刑庭传讯的北大学生50人,有两人,查无其人,有6人已自动到庭,另一人即到庭,此外或已确实南下,或已防示开除学籍,或日下已不在学校宿舍内。表示:"我们现在正查明凡确在北平而避不到案之本校学生,均一律停止其学籍,决不许其注册,亦决不许其潜居学校内活动。"24日,北平警备司令部司令陈继承致函胡适,表示相信胡适23日给陈的信所说,"北大被拘传的(学生)除到案的以外,已无一人在校"的事实,但要求学校转知他们"从速到当地法庭投案,否则也一样开除学籍"。同时向胡适声明,"如他们或他们的同党再在学校活动""宪警将根据职权随时到校逮捕"。

胡适9月1日出席北平市记者公会举行的记者节大会,演说中谈他治《水经注》案的情形。说他5年来看了60种不同的本子。宣称,有充分的证据,才可下判断,治学应循"勤、谨、和、级"的原则,证据不足时,宁可悬而不断。新闻记者写报导和治考据学一样,也应审慎,力求避免政治偏见、党派偏见和正义的火气。要笔下超生,刀下留人。同日,《北大半月刊》登载北大、清华、燕京、中法四校学生自治会8月20日发出的《为抗议当局摧残教育、迫害学生宣言》,抗议当局开列黑名单,冲入各校非法逮捕、迫害学生的卑劣手段。《宣言》揭露,特种法庭19日开出的第一批黑名单"竟达248人",20日又发出第二批黑名单。《宣言》呼吁全国父老主持公道反对政府非法逮捕迫害青年,并向当局提出严重抗议,要求:(一)立即释放被捕同学;(二)立即撤消违宪的非法的特种法庭,其所发拘票、传票一律无效;(三)此后任何武装力量不得非法侵入学校。《北大半月刊》又发表北大、师院两校教授《为拘传学生抗议书》,抗议政府破坏法律、任意制定法令,以"莫须有"的罪状非法逮捕学生,摧残全国教育的行动。4日,胡适在北平电台播讲《自由主义》。后刊于9月5日北平《世界日报》。文中提出自由主义的第一个意义,"最浅显的意思是强调的尊重自由。就是指人类历史上那个提倡自由,崇拜自由,争取自由,充实并推广自由的大运动"。认为中国历史上也存在着这种争自由的运动。老子对政府的批评,孔子对政治及宗教的批评,以及后来桓谭、王充、张衡等等,都有大胆批评的精神,都是争自由的一种表现。"但是东方自由主义运动始终没有抓住政治自由的特殊重要性,所以始终没有走上建设民主政治的路子。西方自由主义绝大贡献正在这一点"。民主政治是保障人民基本自由的基础。所以自由主义的第二个意义,在政治上的意义就是民主。自由主义的第三个意义是容忍。现代的民主制度的最大特点是容忍反对党,保障少数人的自由权利。由此,为政府树立最严格的批评监督机关,同时又使人民可有选择的机会。自由主义的第四个意义是和平改革。包含两个方面,一是和平转移政权;二是用立法的途径谋一步一步的改革。讲词最后归结到反对暴力革命。宣称:"近代一百六十七年的历史,很清楚的指示我们,凡主张彻底改革的人,在政治上没有一个不走上绝对专制的路。""所以我很坦白地说,自由主义为了尊重自由与容忍,当然反对暴力革命,与暴力革命必然引起来的暴力专制政治。"6日,北大学生17个系级代表访胡适,征询对逮捕学生事件的态度,胡适表示:列入特种刑庭检举名单内的学生,他无能为力,凡不在被检举名单内的被捕学生,他要尽力设法保释。各院校为被捕同学募捐,北大学生发起"一人一元运动"。见次日北平《益世报》报道。14日,胡适致教育部函,要求将工警饷额之平均数,比照公教人员薪金调整提高。17日,教育部关于著作发明、美术奖励规则训令北京大学,并附规则一份,共14条。

　　胡适、翁文灏、王宠惠、萨本栋、傅斯年、周鲠生、李书华、张元济等50余人9月23—24日出席南京中央研究院第一届院士大会。胡适在会上作演讲。27日,胡适在公余学校讲演《当前中国文化问题》。讲演包含四部分:(一)解释文化与文明的含义;(二)文化的世界性;(三)文化的接受与选择;(四)当前中国文化的选择与认识。认为当前谈到文化就是世界性的文化。从前交通不方便,文化交流甚不易,所以讲到文化都是民族的、国家的、地方的。现在交通发达,文化交流极便极速,所以很难找到纯粹民族的、国家的、地方的文化了。文化的选择与接受都是自由的,总是以所有易所无,择所长,弃所短,以于生活方便有益为原则。谈到当前中国文化的选择与认识,认为主要是社会制度、政治制度、经济制度与宗教等等的吸收与拒绝的问题。这类文化的接受与否牵动到感情和信仰,牵动到思想,不像选择一样货品那么容易。宣称:当前面临的选择是自由与非自由的选择,是容"我虽老朽,我愿意接受有自由的世界,如果一个是容忍一个是不容忍的世界,我要选择容忍的世界。"28日,与西北科学考察团的理事马衡、徐炳昶、袁复礼、徐森玉联名致信朱家骅,报告考察团的预算方案。

　　胡适 10 月 1 日离南京去武汉。4 日,在武汉大学讲演《两个世界的两种文化》,宣扬文化的本来趋势是朝向"一个世界一个文化"发展的,由于有暴力的改革,结果走上"专制集权的路",遂造成两个世界两种文化。胡适宣称:"将来一定还是要向一个世界一个文化的路上走。"鉴于人民革命的迅猛发展,国民党士气低落,人心趋于瓦解。胡适企图挽救国民党的颓势,到各地旅行演讲。5 日,对武昌公教人员讲演《自由主义与中国》,说:"自由主义就是人类历史上争取自由、爱护自由、扩大自由、发展自由的大运动。""中国讲自由历史很久,远在二千五百年前的老子就开辟了自由主义风气之路。"孔子"是提倡自由主义的先锋"。但"中国历代自由最大的失败,就是只注意思想言论学术的自由,忽略了政治的自由"。6 日上午,对武昌城区各大中学校学生讲演,仍以《两个世界的两种文化》为题。下午,在汉口大舞台讲演《国际形势的观察》。7 日下午,飞南京。9 日,北京大学致函北平高等特种刑事法庭,要求保释被捕学生回庚善、王步瀛等 4 人回校上课。10 日。胡适回北平。11 日,北大教授为生活问题举行谈话会,议决请学校定期召开全体教授会;请政府配发实物;请政府调整待遇,在未得到具体办法之前,请校当局借款维持同人本月底生活;请政府在本月底之前,发给教职员每名冬煤两吨。12 日,教育部训令文字第 55662 号令国立北京大学:联合国大会第二届常会决议规定每年 10 月 24 日即联合国宪章开始生效之日为"联合国日",请会员国于是日举行纪念。15 日,教育部训令北京大学,请派员洽收敌伪遗留之古字画等物。18 日,到杭州。20 日,在浙江大学讲演《自由主义与中国》。21 日,以平津市民治促进会理事长名义写信给立法院,要求立法院根据宪法,速制定市或直辖市自治通则,以便各市或直辖市据以制定市或直辖市自治法。23 日,回到北平。同日,北大文理法讲师讲员助教联合会为生活问题致胡适函:近一月来,物价狂涨,生活实已濒于绝境,吁请学校转向政府提出 4 项要求。(一)依各地实际物价指数,自本月起调整薪津。(二)研究经费亦依实际物价予以调整。(三)恢复每人每月配发面粉两袋。(四)速补发积欠将达——年之原煤(每人每月配给 200 斤)。并请援去岁成例,每人另行配给冬煤 2 吨。25 日,教育部代电,奉行政院核定,学术研究补助费,自本年 7 月份教授每月法币 500 万元,副教授 400 万元,讲师 300 万元,助教 200 万元。自 8 月份起改发金圆券,教授每月 20 圆,副教授 15 圆,讲师 10 圆,助教 5 圆。同日,北大教授发表《停教宣言》。其《宣言》说:"我们每月收入不过维持几天的生活""难于安心工作""政府对于我们的生活如此忽视,我们不能不决定自即日起,忍痛停教三日,进行借贷,来维持家人目前的生活。"又致函胡适,"要求学校在一周内借支薪津二月,以免冻馁"。在《宣言》上签字者共 82 人;清华、北大、中法、燕京、师大学生自治会发表《支援师长停教宣言》。该《宣言》说,由于政府忽视师长们的生活,使他们不能不忍痛停教,师长们的行动是合情合理的,决以全力支援,对政府如此忽视师长们的生活,不能不提出严重的抗议;学生自治会《致胡校长函》,表示决定支援师长们为活命而忍痛停教的行动,决定自今日起罢课。函件说:"目前,要活命要温饱,已是全校师生员工共同的迫切要求了。"要求校长答应师长们"借支薪津二月,以免冻馁"的要求,并要求"为全校师生员工向政府积极交涉,谋求根本解除免于饥饿的途径"。26 日,北平《益世报》载,北大 50 周年校庆筹备委员会发表启事,征集自建校以来之文献及已故教师之手稿书札、遗著、照片,以便于校庆日展览。同日,讲师讲员助教联合会致胡适函:我们为饥寒所迫不得不忍痛从 10 月 26 日起停教 5 天,除赞成 82 位教授的意见请学校在一周内借支薪津两月外,并请尽量设法于半月内筹发

9—10 两月面粉;去年 11 月以来每月配煤 200 斤;冬煤 2 吨。

胡适 10 月 27 日因北大李承三教授在松潘考察被掳,致函四川省政府邓主席查明营救。同日,教育部代电,各校教授电请调整公教人员待遇并增加学术研究补助费为金圆券 100 元。行政院 1948 年 10 月 11 日指令均应从缓议。同日,北大教授开会,决议要求政府取消限价,由各地学术机关调查规定生活指数发法,以维持"八一九"时的购买力;决议每月开教授会一次;北平《益世报》报道,北大讲师、讲员、助教联合会发表停教宣言。宣言说:"币制改革以来,物价上涨十倍……而我们的薪给被冻结着……我们和我们的眷属为饥寒所迫,不得已只好自 10 月 26 日起,忍痛停教 5 天,进行借贷,以维持生计,仅此宣言。"北平《益世报》报道,北大全体学生为同情教授生活,今天开会通过全校学生总请假 5 天,以示支援,并成立"北大争温饱委员会"。28 日,北平《益世报》报道,北大学生自治会代表大会决议停课。在停课期间,代表大会决定了下列工作:(一)发表停课宣言;(二)发动慰问师长工警;(三)电请教部改善教师工警生活;(四)电请教部在校学生全公费配发实物;(五)召开师生工警诉苦大会;(六)搜集资料召开座谈会。根据大会决议,组织的"争温饱会"于 27 日开始办公;北大职员会给校长写信说,因"饥寒惶迫""非本校所能自善",因此提出 4 项要求转呈政府,并通知校长于 10 月 30 日全体请假一日,以促政府之注意。4 项要求是:(一)请校方暂借二个月薪津;(二)请求政府设法按八一九限价配给全部生活日用必需品;(三)按以前每人每月配给面粉两袋、煤球 200 斤,并准时配发;(四)速发冬煤每人 2 吨;胡适为教职员生活问题致教育部函:兹接本校理文法三院讲师讲员助教等来函:以物价上涨无法维持生活,请本校转向政府要求四事等情,查平市物价近日波动甚剧,所有教职员工生活确感相当困难,理合抄同原函电请鉴核示遵。30 日,北京大学、清华大学、北平师范大学、东北大学、私立中法大学、私立燕京大学、北平高级工业职业学校、第一助产学校、清华大学研究生会、北京大学研究生会等 8 院校学生自治会要求安定公教人员学生及人民生活给蒋介石写信。《信》中说:"币制改革以来,大量发行金圆券,使物价扶摇直上。厉行限制政策,使生产萎缩,物资逃避一空。冻结公教人员薪给、工人工资及学生公费,迫使他们不能维持最低限度之生活,无法安心工作和求学。""市民排队街头,无法购得生活必需品。"为此,要求蒋介石"迅予合理处置,以挽救日趋严重之教育危机,振兴实业并安定一般人民之生活"。并提出了"增加教育经费""安定学生活""安定公教人员生活""安定一般人民生活"等 4 项 13 条具体要求,要求"蒋总统"合理解决。同月,胡适为北大历史系史学研究法专题课讲《水经注》研究。

胡适 11 月 3 日出席国立北京大学行政会议第 70 次会议,报告中央研究院办理 1948 年度院士选举,函请本校提名候选人,本校拟请俞大绂、胡适、殷宏章、张景钺、许宝騄、汤用彤、饶毓泰 7 教授组织"中央研究院院士提名委员会",由汤用彤教授召集;请教务长与各学院商定推荐留美学生办法。16 日,北京大学致函北平高等特刑庭,要求保释被捕在押三个月之久的农学院助教吴汝焯。18 日,北京大学通知下列人员出席本月 22 日校务会议第一次会议:各学院教授代表为,理学院殷宏章、张景钺、江安才,文学院向达、季羡林、杨人楩、汤用彤、罗常培,法学院王铁崖、赵逎抟,医学院严镜清、吴朝仁、刘思职,农学院汪振儒、黄瑞伦,工学院王俊奎、陈大骅;校长胡适,各学院院长饶毓泰、(汤用彤)、周炳琳、俞大绂、马大猷、胡传揆,教务长郑华炽,秘书长郑天挺,训导长贺麟。19 日,北大 50 周年纪念筹备委员会召开第二次会议,胡适等 13 人出席。郑天挺、李续祖、汤用彤诸先生分别向会报告了各地校友捐款情形、纪念论文出版情形、文法学院学术展览的筹备情形,并商议决定校庆日期程序安排、讲演、广播等有关事项。20 日,胡适应华北"剿总"司令部之请,前往讲演,由傅作义亲为介绍并主持会议。讲题是《国际形势的观察》,主要宣讲当前的内战是世界上两种生活方式的斗争的一部分。所谓两种生活方式,是指西方的自由、民主、平等与苏联式的集权、恐怖与残忍。宣称,国民党的内战就是为保卫自由民主的生活方式,这一斗争能够得到美国的支持。最后,再次谈起"和比战难"和"苦撑待变"的论调。声称:"世界要变,一定是朝着于我们有利的方面来变。"在这次讲演中,还宣示自己决不离开北平,并称北平丢不了,华北丢不了。但事不过一个月,他就离开北平,北平和华北很快得以解放。21 日,讲师讲员助教联合会致胡适函:同人们真已走到山穷水尽的地步,请校长向政府据理力争,从 11 月份起按实际物价指数发薪,以维持低到无可再低的生活。还请求学校设法立即每人借薪一月,分期扣还,帮助我们渡过难关。

胡适 11 月 22 日为职员生活问题致教育部函:教职工役等自改行金圆券后,物价又复上涨,员工实感不支,请设法予以调整。同日,校务会议举行 1948 年度第一次会议。本届校务会议参加人数 27 人,另有候补 9 人。会议主要内容:教育部会字 57637 号代电,本校1947 年下半年度预算核定为:经常费 1335667 金圆,附设医院经常补助费 4297 金圆,附设医院或药厂修建费 6000 金圆,建筑设备及扩充改良费 42133123 金圆,学生暑期实习考察材料补助费 267 金圆,冬季煤炭费 13200 金圆;推定本年度各常设委员会委员:图书委员会王铁崖等 13 人,仪器委员会钱思亮等 7 人,出版委员会朱光潜等 8 人,财务委员会赵迺抟等10 人,训导委员会贺麟等 16 人;关于外间对本校迁移之传说,本会议表示:北京大学从来没有考虑迁移,现在也不考虑迁移,此决议提交教授会通过后发表。24 日,翁文灏辞行政院长职。蒋介石派陶希圣北上邀胡适南下就任行政院长。胡适以心脏病辞。陶希圣回南时,胡胡适托他将其父亲遗稿和他的《水经注》考证文稿等带交傅斯年暂存,并要陶希圣向蒋介石转达:"在国家最危难的时间,与蒋总统站在一起。"同日,胡适主持召开教授会,汤用彤等125 位教授出席会议,讨论通过北京大学绝不迁校的决议。27 日,北平《益世报》载正中社讯,北京大学学生自治会应"经社"等 10 余社团建议,25 日举行临时代表大会,讨论有关储粮迁校问题。理事会公布大会记录要点有:(一)常驻会报告。(二)迁校问题由师生工警共同决定,尊重教授会意见。(三)如何应变:(1)物质存储,校方储粮三个月,同学发动公积粮;(2)应变机构为各区常务会,下分设五区会,区会分为秘书、总务等四部。(四)当前工作为发动储粮,联络教授参加应变机构,联络各校进行。按大会临时动议,决定撤销"争温饱委员会"。(参见耿云志编《胡适年谱》,福建教育出版社 2012 年版;耿云志编《中国近代思想家文库·胡适卷》及附录《胡适年谱简编》,中国人民大学出版社 2014 年版;王学珍等编《北京大学纪事(1898—1997)》,北京大学出版社 1998 年版;宛小平《朱光潜年谱长编》,安徽大学出版社 2019 年版)

汤用彤上半年仍在美国讲学。3 月 27 日,中央研究院评议会举行第五次年会第二次大会,经 25 名评议员投票,汤用彤当选为中央研究院第一届院士。夏,汤用彤在美国伯克利大学讲学已满一年后,又收到哥伦比亚大学的聘请。但因他与胡适有一年之约,故决定谢绝哥大的邀请,如期返回烽火连天的祖国。9 月 21 日,汤用彤到南京出席中央研究院第一届院士会议,在会上与冯友兰等人共同入选评议员(即常务委员,属人文组哲学门)。12 月 14 日,胡适离平南下前给汤用彤、郑天挺留下便条。15 日,胡适离校南飞,北大没有了校长,群龙无首,一时成瘫痪状态。北大教授会随即召开会议,决定成立校务委员会以主持学校各项事宜。通过选举,深孚众望的汤用彤被推选为校务委员会主席,成为事实上的北大校长。由于汤用彤的学术地位和宽厚温和的醇儒本色,使他在北大师生中享有崇高威望。能够稳定大局者,非其莫属。尽管汤用彤素喜清净,不愿卷入行政事务,此前也曾多次坚拒做校长,然而在此重大历史关头,汤用彤挺身而出,临危受命,义无反顾地挑起重任,行使校长之职,充分表现了"事不避难,义不逃责"的高风亮节。正是考虑到汤用彤的责任心和影响力,胡适走前还曾单独留一信,请汤用彤出面主管北大。对此,汤用彤虽婉拒,但他对那封共同维持北大的便笺,则表示"还是人多些好"。于是,周炳琳也进入领导核心小组,与郑天挺一起成为汤用彤主持校务的左膀右臂。在此特殊时期形成"三驾马车"的特殊治理结构。16 日,北京大学召开第74 次行政会议,决议推举汤用彤、郑天挺和周炳琳 3 人为行政会常务委员。17 日,在校庆会议上宣布,北大校务由汤用彤、郑天挺和周炳琳 3 人小组负责维持。

汤用彤 12 月 17 日下午收到胡适电报:"安抵京,即与家骅、孟真、雪屏筹划空运同人事,必须获得傅总司令协助始有效,请兄与梅袁二校长切实主持,并与实斋兄密切联系。另电详达。此次在校庆前夕远离同人,万分惭愧。适。"胡适刚到南京即专门致电汤用彤委以重任,说明他迫切期望汤用彤能代替他在北平的职责。同日,为北京大学 50 周年校庆日。汤用彤主持北京大学 50 周年校庆,徐悲鸿代表来宾致辞。同日,学校主要负责人郑天挺、贺麟、郑华炽等 10 余人举行会议。(一)研究应变事项;(二)校庆活动,因时局不靖,决定将原定举行 3 天之文法学院学术展览,改为 1 天;理工学院实验室停止开放;学术讲演,能出席之学者仍予举行。(三)校长胡适于 15 日飞南京,校务之处理,由郑天挺、周炳琳、汤用彤 3 教授组成 3 人小组负责。此后,汤用彤继续负责组织人员南飞,并收到政府派人送他的两张机票。他的去留和态度势必影响其他学者的选择。若其南下,学者们或将蜂拥南去,而刚刚成立的北大管理机构也将面临解散。经地下党竭力挽留,加之师生们的信任,汤用彤决定留下来,履行校长职责,与北大师生共济时艰。在其影响下,北大等校绝大多数教授也选择了留下。此外,梅贻琦 21 日南下前夕致函汤用彤、郑天挺和周炳琳,请他们照料留在城内的清华师生。由于围城期间大批国民党军队紧缩至城内难以容身,遂到处征用民宅,胡宅亦不断有军人要来强住。汤用彤和郑天挺为保护胡适留下的藏书和手稿不受损失,于是想出办法,约请胡适的几家名人朋友住进胡宅,以免遭乱兵侵占。傅斯年深恐他在北平苦心经营的大批图书资料无法受到妥善保护,遂于 12 月 28 日致函北京大学请求派员接管中央研究院历史语言研究所北平图书史料整理处留下的所有图书、房屋和器具,并全权支配其人员编制和工作。汤用彤接函后随即召开行政会议,决议成立由汤用彤、梁思永、余逊、王重民和张政烺组成的保管委员会,负责接收保管事宜,并于次年 1 月 10 日下发了汤用彤亲自起草的任命通知书。12 日,汤用彤指示北大复函中央研究院历史语言研究所同意照办,同时以胡适的名义致函南京教育部备案。
(参见汤一介、赵建永编《中国近代思想家文库·汤用彤卷》及附录《汤用彤年谱简编》,中国人民大学出版社2015 年版;赵建永《胡适南下时致汤用彤函考述》,《北京大学学报》2013 年第 3 期;王学珍等编《北京大学纪事(1898—1997)》,北京大学出版社 1998 年版)

郑天挺继续任北京大学秘书长,兼史学系主任。4 月 6 日,北大讲师、助教及员工为改善待遇而罢工罢教,学生罢课支援,秩序良好。但当局却开具名单要到校捕人。郑天挺特电胡适,请他亲函阻止。7 日晨,北平警察分局来电邀校秘书长郑天挺到警察分局谈话,交给他一张警备司令部开的名单,限学校当局 4 月 8 日午前 12 时以前交出 12 位同学。8 日,秘书长郑天挺将北平警备司令部开列的名单交罢委会处理。11 日,国民党特务策动右翼学生游行鼓噪,在沙滩北大校舍门前谩骂北大师生,还捣毁教授宿舍一处。当日夜,郑天挺即将情况电告胡适。12 日,北平市长何思源致电,亦谈 11 日情况,但对北大颇有谴词。同日,秘书长郑天挺电校长胡适之,说:"北平问题叠出,有非地方当局所能解决者,各校商,拟请各校长转请政府派大员来平主持。"13 日,北大教授会的电报则对游行鼓噪者措词颇严厉,并谓当时有宪警多人在场,竟听任对北大的破坏捣乱。同日,郑天挺又有详函报告情况,并谈及事后学校召开有关会议及与平市官方交涉情况。要求胡适在南京"接洽惩凶,并令地方当局保证今后不再发生类似事件"。25 日,郑天挺致信胡适,就"国大"通过决议,"加强'剿总'职权,凡中央各部会所属之学校均应配合'剿总'法令执行职务"一事,表示不安。认为"大学有其使命,学术研究应有自由,如无实际行动,在校内似宜宽其尺度。若事以配合为责,奉行不善,其弊害不可胜言"。8 月,郑天挺 50 寿,张政烺等北大 26 位教授为其祝贺。同月 20 日,北大秘书处通知全体教职员先生,本校遵照金圆券发行办法规定,自本日起,会计出纳一律以金圆券为单位。

郑天挺 11 月 15 日接北大职员会致其转胡适函:本会依平津唐各院校教职员工联席会议决谨请鉴察,准予赐办;请学校电请政府先行按本月份薪津标准借薪三个月,以维持目前生活,在款未到以前,请学校克日垫发,以慰群情;建议政府按八一九购买力依当地学术机关制定之物价指数调整薪津;应配实物请转催即发。12 月 8 日,北大 50 周年纪念筹备委员会召开第三次会议,郑天挺等 16 人出席,会议商议校庆日内,部分参观及展览时间的更改。14 日,胡适离平南下前给汤用彤、郑天挺留下便条。16 日,国立北京大学行政会议第 74 次会议决议推汤用彤、周炳琳、郑天挺 3 先生为行政会议常务委员。17 日,学校主要负责人郑天挺、贺麟、郑华炽等 10 余人举行会议,由郑天挺、周炳琳、汤用彤 3 教授组成 3 人小组负责。18 日,国立北京大学学生自治会致函郑天挺秘书长,称赞他"面对艰险的局面,您倔强的坚守自己的岗位,维护学校秩序,保障同学生活、安全和学习",并表示慰问。同日,北大史学会、地质系系会等组织,致函郑天挺秘书长,对其为北大师生的生活和安全尽了最大的努力,致以崇高的敬意和感谢,并深信"您一定永远和我们在一起渡过这危难的时期";北大讲助会致函郑天挺秘书长,致以慰问,表示"敝会同人决尽力支持,俾校务能顺利推进,师生安全能完全保障"。21 日,1948 年度校务会议举行第 2 次会议。会议决议:为策划安全,分全校为五区,即沙滩、医学院、医院、工学院、四院,农学院设区应俟情况明了后决定,推定各区负责人,并由各区负责人与行政会议常委汤用彤、周炳琳、郑天挺合组安全委员会,本会每两星期开会一次等。(参见耿云志编《胡适年谱》,福建教育出版社 2012 年版;王学珍等编《北京大学纪事(1898—1997)》,北京大学出版社 1998 年版;陈绍棣编著《张政烺先生年谱》,中国社会科学出版社 2019 年版)

周炳琳继续任法学院院长。3 月 1 日,中国社会经济研究会在北平成立,其成员大都是北大、清华、燕京等大学及中央研究院的著名学者、教授及实业界知名人士和一些国民政府官员。会议推选周炳琳、钱昌照、吴景超、孙越崎、王崇植、陶孟和、楼祁彦、萧乾、潘光旦、刘大中等 11 人为理事,邵力子、吴蕴初、童冠贤为监事。4 月 12 日,北大 200 余名教授召开紧急会议,决议自 11 日起罢教 7 天,并推周炳琳、袁瀚青、王铁崖、朱光潜、刘思炽、马大猷、熊大任 7 位教授起草《北大全体教授罢教抗议暴行并呼吁保障教育安全宣言》。11 月 7 日,北平《益世报》报道:北大法律系各年级学生对法学院院长周炳琳代理法律系主任不满,系会布告,"请求周氏退让,由教授治系",并派代表向校长胡适请愿,胡校长已允召集法律系教授谈话后决定。代表"向周炳琳氏请愿,周氏已表示请辞"。同学"已决定停课一天,等候答复,并将发表告全体同学书"。10日,北平《益世报》报道,北大四院自治会学艺会9日举行时事座谈会,法学院教授楼邦彦、樊弘、费青出席指导。座谈会讨论大纲内容分三点:(一)国内形势之资料报告:(1)军事,(2)经济,(3)政治,(4)华北的现状;(二)整个局势的发展趋势及其对于人民的影响:(1)推测政府将采取的步骤,(2)推测共党将采取的步骤,(3)中间路线之是否可能;(三)我们的前途。讲题为《构成混乱局势的几个因素》。16日,国立北京大学行政会议第74次会议决议推汤用彤、周炳琳、郑天挺为行政会议常务委员。(参见王学珍等编《北京大学纪事(1898—1997)》,北京大学出版社1998年版;宛小平《朱光潜年谱长编》,安徽大学出版社2019年版)

钱端升与周炳琳、钱昌照、吴景超、孙越崎、萧乾、潘光旦、刘大中、陶孟和、王崇植、楼邦彦等发起的中国社会经济研究会3月1日在北平正式成立。该会系由国内若干实业家、教授、作家、政府官吏所组成,广泛讨论政治、外交、经济诸问题,且将意见公开发表。27日,钱端升当选为中央研究院第一届院士,与周鲠生、萧公权同隶人文组政治学科。5月,中国社会经济研究会编辑发行《新路》周刊,钱端升担任政治方面的编辑人,未返国前,由楼邦彦代。6月底7月初,受邀为华美协进社与纽约省立师范学院合办之第五届暑期文化班讲授中国政治。10月21日,得知新中国即将诞生,辞谢美国友人劝其暂时留美教书的建议,决心回国,经多方设法,在旧金山觅得船只。本日和吴有训乘美国海军运输船回国。11月,返回北平,任教于北大。12月4日晚,参加北大校方庆祝其回校的晚宴。(参见孙宏云编《中国近代思想家文库·钱端升卷》及附录《钱端升年谱简编》,中国人民大学出版社2014年版)

朱光潜1月1日在《华北日报》发表《诗的严肃与幽默》。文中指出:"人生对于能想的人是一部喜剧,对于能感的人是一部悲剧。这句话确实说得很好。人生只是那么一回事,看你拿来应付它的是理智还是感情,它呈现于你的面貌就不同。你如果跳进去亲领身受其中的情感,你就尝到其中的甜酸苦辣的滋味,不由你不感到人生的可悯;你如果跳出来想一想,在旁观者的地位作一番冷静的观照,一切悲欢得失便现出许多丑陋和乖讹,不由你不感到人生的可笑。这分别全在态度的执着与超脱:'感'必须执着,必须设身处境,体物入微,于亲领身受中起同情的了解;'想'必须超脱,必须超然物外,视悲欢得失如镜纳物影,寂然无动于中,但觉变化光怪陆离,大可娱目赏心而徜徉自得。'感'是能入,'想'是能出;'感'是认真,'想'是玩索;'感'是狄俄倪索斯的精神,'想'是阿波罗的精神;'感'是严肃,'想'是幽默。"17日,《诗的普遍性与历史的延续性》刊于天津《益世报》,作者表现了对新诗出路的关注,认为"新诗在中国还只是在探路,以往的探过的一些路恐怕都难行得通。如何使新诗真正地接近民众,并且接得上过去二千年中旧诗的连续一贯到底的生命,这是新诗所必须解决的问题。新诗能否踏上康庄大道,也就要看这个问题解决到什么程度"。

朱光潜《挽回人心》1月25日刊于天津《益世报》。作者虽对国民党政府不满,但仍希望它"挽回人心",并提出三大要政:一、彻底实行"天下为公,选贤任能";二、彻底推行有效的经济救济措施;三、彻底澄清吏治,并称这是"救命的呼声"。同月,在《文学杂志》第2卷第8期发表《现代中国文学》,文中对白话替代文言、新文化运动作了冷静客观的评价。2月2日,在《天津民国日报》发表《谈报章文学》。4月12日,与周炳琳、袁翰青等7位教授被推为起草《北大全体教授罢教抗议暴行并呼吁保障教育安全宣言》。5月,朱光潜与任铭善合编的《现代中国文学》由上海华夏图书出版公司出版;《克罗齐哲学评述》由上海正中书局出版。5月11日,在《天津民国日报》发表《诗的格律》,对诗与散文的区别以及新诗放弃格律的弊端作了说明。6月29日，参与北平各院校104位教授联署发表《抗议轰炸开封宣言》。7月30日，在《文学杂志》第3卷第2期发表《谈对话体》，对中西对话体进行了有趣的比较。8月8日，在《华北日报》发表《谈中西爱情诗》。23日，在《天津民国日报》发表《敬悼朱佩弦先生》。同月，在《周论》第2卷第4期发表《自由主义与文艺》，指出为什么要在文艺领域里维护自由主义；在《周论》第2卷第7期发表《朱佩弦先生的〈诗言志辨〉》，指出朱自清《诗言志辨》一个重要贡献是"替文学批评史指点出一个正当的路径和一个有成效的方法"。9月10日，朱光潜与樊际昌、毛子水、张佛泉、胡先骕等16位北大清华教授在天津《大公报》联名发表《中国的出路》一文，又称"十二位教授宣言"，这是一个自由主义的政治宣言，后在全国许多报纸上刊登，产生广泛影响。同月，在《学原》第2卷第5期发表《诗的无限》。同月，与郑华炽、陈发松、贺麟等17位教授联名拟文《为民请命——解除人为的经济苦难与不平》，呼吁"解除人为的经济痛苦与不平"，并宣言"停教"，由胡适呈交蒋介石及行政院长翁文灏。11月2日，在《中央日报》发表《世界的出路——也就是中国的出路》，提出目前的世界政治的大道至理是民主自由与共产主义的结合与改善。4日，与北平各院校47位教授联名发表《我们对于政府压迫民盟的看法》的抗议书。12月，《思想就是使用语言》（英文版）刊于《北京大学五十周年校庆纪念专刊》。中旬，教育部代部长陈雪屏到朱光潜家劝其南下，被朱光潜婉拒。下旬，袁翰青访朱光潜，趁机劝朱光潜留在北平。（参见宛小平《朱光潜年谱长编》，安徽大学出版社2019年版）

贺麟继续任北京大学训导长。1月，《天下一家与两个世界》刊于《周论》创刊号。2月，《论党派退出学校》刊于《周论》第1卷第7期。3月，《此时行宪应有的根本认识和重点所在》刊于《周论》第1卷第12期。6月，贺麟在《周论》第2卷第1期、第4期发表《论反动》《自由主义与学术》。7月26日，北平《益世报》载北方社讯：北大校当局清查灰楼女生宿舍，引起女生不满向校方提出抗议，质询训导长，对中央社不满等情事，训导长书面答复称：你们昨天给我的信到了晚间才看到，你们能体谅学校清查宿舍的苦衷和善意，我感到欣慰。你们对于报载各节不满的情绪，我也有同感。我们本已去函中央社请其更正，后因想引起别的枝节误会，乃改用谈话方式说明学校清查宿舍，乃系例行工作，纯基教育立场，并无别的用意。我们清查宿舍目的，在视察同学一般生活情形，外间报上所传各节纯系推测之词。望同学秉"止谤莫如自修"之旨勿庸介意，并共同努力爱护学校。最后训导长表示对灰楼女同学生活整饬甚觉满意。同日，国立北京大学行政会议第65次会议决议事项：教育部高字39259号代电，本校学生医药费120319216.5元，因部中经费困难，未便补助；贺麟、郑华炽、管玉珊三先生拟定之改组本校体育机构办法，试行一年。9月11日，北大训导处《布告》，要求校内各社团于10月14日前"来训导处办理登记手续"，凡"不登记者，不准张贴壁报，并不准享受登记社团之一切权利"。《布告》附发了《北京大学学生社团登记及管理办法》，共规定了8条措施。其中规定，学生组织社团，必须将章程、负责人及全体社员名单向训导处申请登记，未经核准不得正式成立。同时规定，"学生社团成员以学校学生为限"，并"不得以本校社团名义参加校外各种团体组织或活动，否则注销其登记证"等。12月16日，国立北京大学行政会议第74次会议决议推汤用彤、周炳琳、郑天挺3先生为行政会议常务委员。同月，贺麟拒绝胡适邀请去台湾的3封电报；作于上年的《论哲学纷无定论》刊于《周论》第2卷第18期。是年，根据樊星南所记录的1943年的"黑格尔理则学"课程笔记，整理成《黑格尔理则学简述》单行本，作为《国立北京大学五十周年纪念论文集》之一，由北京大学出版社出版。此外,重庆正中书局出版《儒家思想新论》,收入《儒家思想的新开展》。发表的论文还有《对黑格尔哲学系统的看法》(载《思想与时代》第48期)、《论向青年学习》(载《周论》第2卷第11期)。(参见高全喜编《中国近代思想家文库·贺麟卷》及附录《贺麟年谱简编》;王学珍等编《北京大学纪事(1898—1997)》,北京大学出版社1998年版)

熊十力2月再度赴杭,应浙江大学文学院院长张其昀、哲学系主任谢幼伟之聘到浙大讲学。张、谢与郑奠出资为熊十力筑屋,熊十力命名为"漆园"。自此,熊十力以"漆园"为号。春,马一浮与复性书院同人欢迎熊十力及叶左文,小聚并合影留念。6月,熊十力在《学原》上发表《论事物之理与天理:答徐复观》《略谈〈新论〉要旨(答牟宗三)》等文;致函胡适,并附《读谭子化书》。秋末,离杭赴粤,居广州郊外番禺化龙乡黄艮庸家。邓子琴由南京抄寄印顺法师《评熊十力的新唯识论》长文。熊十力遂以黄艮庸名义作长文《申述新论旨要平章儒佛摧惑显宗记》,反驳印顺。给仲光讲授佛学。钱穆、王季思、唐君毅与至中兄妹等曾来看望熊十力。(参见郭齐勇编《中国近代思想家文库·熊十力卷》及附录《熊十力年谱简编》,中国人民大学出版社2014年版)

张政烺《〈问答录〉与"说参请"》4月刊于《中央研究院历史语言研究所集刊》第17本,由商务印书馆出版。该文认为《东坡问答录》词语鄙陋猥亵,非苏东坡所撰,乃南宋中叶委巷小人之所为,用作南宋瓦舍说话人中"说参请"者之话本。"参请"禅林之语,即参堂请话之谓。说参请者乃讲此类故事以娱听众之耳。春天,张政烺与北大史学系学生一起春游。先后游五塔寺、慈宁寺塔、钓鱼台。他为学生讲解佛教知识和汉朝墓葬。6月12日作、越3日改订《一枝花话》,刊于《中国科学院历史语言所集刊》第20本下册,由商务印书馆次年12月出版。此文研究的是说书的起源,源于通俗文学的范畴。认为《一枝花》是今日所知小说话本之最早者。《一枝花》即白行简所作之《汗国夫人李娃传》。李娃乃长安之娼女。其节行奇,有足称者,故白行简为传述。"李娃故事哀艳动人,而'曲终奏雅'与国人之伦理观念相投,尤其流行之最大原因。唐人小说对于后世戏剧小说影响之大,元稹《莺莺传》外,当推此篇。"6月,参与北大历史系欢迎陈受颐主任回国活动,并在沙滩北楼前与陈受颐、邓广铭、毛子水、郑天挺、杨翼骧、胡仲达、杨人梗、万斯年、韩寿萱等先生合影。10月,教育部派督学主任来北平,促劝北大南迁,遭张政烺及其他教授反对。11月,解放军包围北平。12月11日后,"国民党当局数十次函电北大,催促学校行政负责人、中央研究院院士、学术上有贡献者等人南下",张政烺也在其中,当局曾两次给他买好飞机票。除极少数人走外,张政烺及大部分教授均拒绝南下,决心迎接解放。15日,在北平南苑机场送走了陈寅恪,以其曾是张在史语所时的领导。16日,国民党曾派5架飞机接人,却"无人到机场"。17日,参加北大50周年校庆。在这个建校50周年纪念日,全校展开了内容丰富的庆祝活动。举办多种展览、学术演讲、开放实验室,编印了《北京大学五十周年纪念特刊》及《国立北京大学五十周年纪念论文集》。并合影留影。但因时有炮声,加以胡适离开,主持乏人,展览演讲受到影响。是年,张政烺领北大史学系的学生参观故宫的杨宁史青铜器展览,给学生讲解青铜器的类型以及从样式的变化中断定其年代,并要学生去看容庚的《商周彝器通考》。(参见陈绍棣编著《张政烺先生年谱》,中国社会科学出版社2019年版)

魏建功6月回北京办理《国语小报》设备迁台事宜,同时先行开始在北大中文系上课。当时台大校长庄长恭已提出聘魏任台大文学院院长,由胡适去信庄长恭代为婉辞。秋,被聘为"北平研究院学术研究委员会"委员。9月,返台北办理"国语会"交代手续,同时创办

"国语日报社"。社长魏建功、副社长王茀青、总编梁容若、经理方师铎、社务设计委员有何容、洪炎秋、齐铁恨、祁致贤、王玉川等5人。10月25日,《国语日报》创刊号正式发行。12月月初,回到母校北京大学,任中文系教授。是年,《中国语文教育精神和训练方法的演变》《文法学理论与实践》两文分别发表于《国文月刊》第73、46期。(参见曹达《魏建功年谱》,《文教资料》1996年5期)

唐兰《论彝铭中的"休"字》2月刊于《申报·文史副刊》第10期。3月,《关于石鼓文的时代三期——答童书业先生》刊于《申报·文史副刊》第13期。4月,《唐中宗时的十道巡察使》刊于《申报·文史副刊》第17期。5月,《论石鼓文用"避"不用"朕"——再答童书业先生》刊于《申报·文史副刊》第21期;《"韵英"考》刊于《申报·文史副刊》第25期。6月,《守温韵学残卷所题"南梁"考》刊于《申报·文史副刊》第26期;《关于石鼓文"避"字的问题——致文史编者的一封公开信》刊于《申报·文史副刊》第28期;《"新郪虎符"作于秦王政十七年灭韩骏(怀铅随录)》刊于《申报·文史副刊》第29期。7月14日,致信胡适,说《易林》"皆人人心目中欲说的话而没有方法说出来的。老史断狱固然要证据,也要吏才。我所最佩服的还是先生明决的判断,清晰的条理,这是谁都学不到的"。12月,《论唐末以前韵学家所谓"轻重"与"清浊"》刊于《国立北京大学五十周年纪念论文集》。(参见韩军《唐兰的金文研究》附录二《唐兰先生学术年谱简编》,山东大学博士学位论文,2009年;耿云志编《胡适年谱》,福建教育出版社2012年版)

罗常培7月3日离美回国。8月19日,回到北平,仍在北京大学中国文学系任教,并兼任北京大学文科研究所所长,恢复了刘复创建的语音乐律实验室。罗常培很快静下心来,谢绝各方面的活动,躲进东斋斗室和北大文科研究所的小办公室,开始整理文稿和存书。秋,北大开学,罗常培所开的课程中有门语言学。此前罗常培在联大时曾开过"训诂学",试着用语言学的观点给这门传统的学问以新内容,在美国几年也留意摘录这方面的材料,这次回北大讲语言学,在某些方面就结合训诂学里的问题来讲。比如讲到意义和声音的关系,就联系清儒"训诂之声,故有声同字异,声近意同"的学说,加以语言学论点的阐发。罗常培曾有开拓一门"新训诂学"的设想,但紧接着是炮声隆隆,此事则无暇考虑了。12月,《七七事变后的北大残局》刊于《北京大学50周年纪念特刊》。年底,加紧完成《语言与文化》一书,并协助布置北大50周年校庆展览。南京国民党政府派飞机到北平接各大学名教授到台湾,罗常培留在北平。(参见《罗常培文集》编委会编《罗常培文集》第10卷及附录《罗常培年表》,山东教育出版社2000年版)

杨振声1月14日下午3时在蔡元培先生纪念堂出席北大50周年纪念筹备委员会第一次会议。另有胡适(主席)、朱光潜、饶毓泰、江安才、李续祖、俞大绂、马大猷、赵迺抟、郑天挺、邓广铭、熊正文、毛准、韩寿萱、沈寒淇、阴法鲁(记录)等人出席。会上决议组织50周年纪念建筑委员会,推选杨振声、马大猷负责,并聘请校外研究建筑之人士及本校建筑学系教授协助工作。20日,访朱自清。26日,北京大学秘书处发函,聘请梁思成、林徽因、马大猷、钱思亮、朱兆雪、沈理源、杨振声等7位为本校孑民纪念堂建筑委员会委员。2月21日,朱自清来访。29日,《致不知姓名的先生》刊于《经世日报》"文艺周刊"第86期。3月27日,北京大学秘书处封发聘函,聘请杨振声、周炳琳、赵迺抟、钱思亮、郑天挺、阴法鲁、龙季和、江安才、邓广铭、李续祖、熊政为本校纪念堂基地委员会委员。4月23日,北平《益世报》报道:北大博物馆"经沈从文、杨振声、唐兰诸教授之努力,采购藏品日增,故成立未久,已感馆址之不敷用"。同月,沈阳战情紧迫,国民党当局决定将沈阳文献、文物迁运到北平。教育部为此特聘沈阳博物院筹备委员会主任委员金毓黻为东北文物迁运保管委员会主任委员，杨振声与马衡、袁同礼、毛子水等为委员。

　　杨振声5月3日晚出席在沙滩北楼礼堂举行的文艺晚会，杨振声、闻家骊和马彦祥先后在晚会上演讲。6日，在北平召开东北文物迁运保管委员会第一次会议。会上研究迁运问题，一致反对《四库全书》迁运，认为《四库全书》在内地还有3部，沈阳文溯阁《四库全书》太重，需费太巨，一时不易运出，决定从缓办理。教育部对这次会议颇为不满。29日，与俞平伯、朱光潜、陈寅恪、潘光旦、沈从文、吴晗、李广田、浦江清、许德珩、费孝通、雷洁琼、钱伟长等北平各院校知名教授共104人联名在北平《新民报》发表宣言，抗议国民党轰炸开封古城，严正斥责国民党大打内战的罪行。7月8日，北京大学呈教育部《国立北京大学已支最高俸额交收名册》，杨振声为其中72位教授之一。同时为《国立北京大学拟予年功加俸教授名册》中43位教授之一。8月6日凌晨，朱自清因胃部剧痛入北大附属医院。12日中午，朱自清医治无效病逝。13日，前往阜成门外广济寺参加朱自清遗体火化仪式，冯友兰主祭。暑期，邀沈从文、冯至等入住颐和园霁清轩。冯至全家在此住了一个月。29日，作《为追悼朱自清先生讲到中国文学系》，刊于10月《文学杂志》第3卷第5期。9月，作《朱自清先生与现代散文》，刊于《文讯》第9卷第3期和《中建》(北平版)第1卷第4期。10月19日，《北平学生》"鲁迅先生逝世十二周年纪念"专刊报道北平各大院校热烈纪念鲁迅逝世12周年的活动。其中，北京大学学生自治会委托各社团在北楼大礼堂举办朗诵、讲演、演出，杨振声与冯至、闻家骊、青苗等教师参加讲演。23日，应北平怀仁学会法国神父邀请，与俞平伯、梁实秋、李长之、朱光潜、沈从文、常风、冯至、章廷谦等学界人士到王府井安福楼赴宴，并在宴会厅门前合影留念。24日，与北大教授共82人发表停教宣言并停教3天，抗议因改革币制而冻结的薪给，要求借薪金两月以维持家人生活。

　　杨振声11月22日下午5时出席三十七年度第一次校务会议。会上报告本届会议参加人数，其中文学院教授代表有向达、季羡林、杨人楩、汤用彤、罗常培5人，闻家骊、杨振声为候补代表。另推定本年度常设委员会委员，财务委员会委员为张景钺、杨振声、赵迺抟(召集人)、刘思职、陈锡鑫、陈士骅、郑华炽、郑天挺、毛准、胡传揆。28日，《华北日报》"文学"周刊第四47期发表俞平伯《〈遥夜深闺思引〉跋语三篇·跋第五写本赠杨今甫君》。12月，解放军兵临北平城下，平津战役迫在眉睫。傅斯年与陈雪屏、蒋经国负责分批抢运北平学人。计划名单中将北平学者分为四类，一类为院、校、馆负责人，二类为因政治关系必须离开者，三类为中央研究院院士，四类为在学术上有贡献并自愿南去者。杨振声被列为第四类第一名。但杨振声等自由学人因对国民党绝无好感，拒绝"抢救"，留于北平。据其子杨文衡所述：在北京解放前夕，有人请他老人家与蒋梦麟、梅贻琦两位校长同机离京，但他以后对我们说，中国的希望只能寄托在中国共产党。21日下午2时，参加在校长室召开的三十七年度第二次校务会议，另有24位教授代表出席。是年，作回忆录《北大在长沙》，刊于《北京大学五十周年纪念一览》。(参见蓬莱市历史文化研究会《杨振声编年事辑初稿》，黄河出版社2007年版)

　　俞平伯继续在北京大学任教，讲授杜甫诗。3月，俞平伯以自写第六本为底本的五言长诗《遥夜闺思引》线装单行本由北平彩华印刷局影印出版。长诗前有作者的《自序》。4月3日，作《影印〈遥夜闺思引〉第六写本跋》，刊于4月9日天津《民国日报·民园》副刊，又载11月28日《华北日报·文学》周刊第47期，题为《〈遥夜闺思引〉跋语三篇·第六写本付印后又跋》。4月初，应嘱为高步云与吴熙曾、周方立合著的昆剧《新编彝陵梦》作序，发表在本年

4月23日《华北日报·俗文学》周刊第43期,署名平伯。后被收入《俞平伯序跋集》。作者谓此剧"套数体格一仍旧规,曲词用文言而参以白话,宾白悉如今人语,剧情则采近年抗日战争,虽仍用生旦登场,而关系家国之兴衰,洵能于小见大,因微知著矣,其曲白科介之分配,得雅俗之宜,亦与余平素见解有暗合之处,故乐为之书。"23日,俞平伯与北京大学、清华大学、北京师范大学、燕京大学四校教授李广田、吴晗、吴恩裕、金岳霖、许宝琴、游国恩、冯至、费青(仲南)、费孝通、钱伟长等90人联名在《观察》周刊第4卷第10期发表《九十教授的质询文》,对国民党北平市党部主任委员吴铸人4月19日在"总理纪念周"中警告教授不要再演第二次闻一多事件的报告,予以驳斥与质询。《九十教授对吴铸人谈话之驳斥及质询》,又刊于5月1日《北大半月刊》第4期。25日下午,朱自清夫妇来访,为俞平伯父亲贺寿。28日,作《新刊〈清真词释〉自序》讫,刊于5月24日天津《民国日报·文艺》副刊第127期。序中交代了本书结撰的缘由,认为"两宋多少词人,我独选美成的作释,就这点论,不妨说'受之于师'。""师"即指北京大学的黄侃(季刚)教授。序中指出过去自己喜欢写长文章,但"近来觉得文章太长了没有什么意思,还是短一点的好""究竟文字应该写得长否也很难讲。按理说,好即无所谓长短,不好亦无所谓短长。长短不是真的问题,但亦和文章的成败有关。简而有中,无贵乎繁;长而多宜,不拘乎短。若简不免疏,繁而寡要则两失之矣。"30日下午,作为清华大学特聘考试委员,赴清华大学新林院52号陈寅恪宅,与朱自清、陈寅恪、浦江清、许维遹、陈梦家、余冠英、李广田、冯友兰、雷海宗、游国恩出席清华大学文科研究所中国文学部为王信忠举行的毕业考试。

　　俞平伯5月21日作《"寿怡红群芳开夜宴"图说》,刊于8月《文学杂志》月刊第3卷第3期,又载10月5日至9日天津《民国日报·民园》副刊;后收入《红楼梦研究》。作者慨叹"《红楼》一书今只残篇,续作庸音难传神理,凡情谬赏芳华,多情或伤憔悴,而良工苦心埋没多矣,真人间———一大缺陷也"。6月5日,作《关于"曹雪芹的生年"——致本刊编者书》,刊于6月11日天津《民国日报·图书》副刊第95期。作者在文章中提出了批评欣赏《红楼梦》这部作品的问题,说:"《红楼梦》直到今天,还不失为中国顶好的一本小说,任何新著怕无法超过,其价值始终未经估定。这和'索隐'和'考证'俱无关,而属于批评欣赏的范围,王静安先生早年曾有论述,却还不够,更有何人发此弘愿乎?"他还谈到他早年的"《红楼梦辨》一书,近来很有人要找,我想任其找不着也好,因这书可存的只有一部分,如考证八十回的回目非原有,后三十回的推测,其他多失之拘泥,讹谬传流,大非好事"。29日,俞平伯与北平各院校著名教授朱光潜、沈从文、吴晗、李广田、浦江清、陈寅恪、许德珩、费孝通、杨振声、雷洁琼、潘光旦、钱伟长等104人联名在北平《新民报》发表宣言,抗议国民党轰炸开封古城,严正斥责国民党大打内战的罪行。7月23日,出席北平《中建》半月刊编辑部在清华大学工字厅召开的"知识分子今天的任务"座谈会,并作发言。他认为"知识分子今天的任务"当有时代的意义,即所谓"天下兴亡,匹夫有责"。同时,他还认为古代知识分子的"气节",虽然是一种封建的遗留,还是可以保留的。该发言后刊于8月5日《中建》半月刊第3卷第5期。同月,《清真词释》由上海开明书店出版。叶圣陶为该书作校对。全书分三卷,释清真词27首,上卷系旧作,中卷为近作,下卷为最近之作。书末的广告词说:"周美成词,素以音律著称,琢句精工,情旨敦厚,格调浑成,尤具风趣,为北宋一大家。俞平伯先生对词学有深切的研究,而于周词尤有独到之见。……剥蕉抽茧,独具匠心,解释详明,不曼不支。"

　　俞平伯8月11日到医院看望重病的朱自清。12日,朱自清病逝。这使俞平伯的心情无比悲痛。13日,俞平伯作为北京大学教授代表参加在北大医院举行的朱自清大殓,并送灵到阜城门外广济寺下院。18日,接受《平明日报》记者、朱自清的学生萧离专访。详细介绍了与朱自清相识、相交的全过程。尔后,萧离根据采访材料写成了《俞平伯先生所认识的朱自清先生》,刊于本月26日《平明日报》。21日,俞平伯与孙楷第、闻家驷、袁翰青、许德珩等56人联名写了《北平北大师院二校教授对于当局拘传学生抗议书》,对政府"不依照正当法律程序,而随便包围学校、搜捕学生"的做法,提出强烈抗议。22日,《杜诗蒙诵》刊于《华北日报·文学》周刊第34期。24日,作《诤友(朱佩弦兄遗念)》,刊于9月5日《中建》半月刊第3卷第7期。作者从自己与朱自清的交往中,深深感到"直谅之友胜于多闻之友,而辅仁之谊较如切如磋为更难"。他说:"《古诗十九首》,我俩都爱读,我有些臆测为他所赞许。他却搜集了许多旧说,允许我利用这些材料。我尝创议二人合编一《古诗说》,他亦欣然,我只写了几个单篇,故迄无成书也。"25日,作《忆白马湖宁波旧游朱佩弦兄遗念》,刊于10月《文学杂志》月刊第3卷第5期。26日上午,至清华大学同方部参加朱自清追悼会,并送挽辞:"三益愧君多,讲舍殷勤,独溯流尘悲往事;卅年怜我久,家山寥落,谁损微力慰人群。"此时,朱自清治丧委员会决定整理出版《朱自清全集》,俞平伯与浦江清、叶圣陶、郑振铎、吴晗、李广田、王瑶、余冠英、徐调孚、季镇淮、陈竹隐被推为《朱自清全集》编辑委员会成员。27日,致叶圣陶信,倾诉朱自清逝世后的悲痛心情,云:近日"来索稿者纷纷,以情怀伊郁,记忆迷茫,实无法应付"。又说"弟近来非常沉默,而一般的气压又很低,将来真不知如何也"。同月,以自写第一本为底本的五言长诗《遥夜闺思引》线装单行本,由北平彩华印刷局影印出版。此书比本年3月影印出版的《遥夜闺思引》增加了《沁园春·戏答静娟表妹题赠》二章和《题〈遥夜闺思引〉杂咏》6首。由自写《遥夜闺思引》跋语线装本由北平彩华印刷局影印出版。许宝驯题封面,内收俞平伯为各种抄本《遥夜闺思引》所作的跋语17篇。

俞平伯9月1日接待文潮月刊编委谢冰莹来访,请其将近作朱自清挽辞录出,俞平伯欣然应命。此条幅发表在本年10月1日《文潮月刊》第5卷第6期。俞平伯还将朱自清生前写赠的《怀平伯》诗三首手迹一并发表在杂志上。谢冰莹在《自清先生二三事》一文中说:"俞平伯先生对于好友之死,感到莫大的痛心,他不能写文,甚至任何人提起朱先生,他就难过,当笔者会见平伯先生时,他除了不断地叹气说:'自清死的太早,连五十寿诞也不能过,这真是文坛的提失'外,什么话也没有。"3日,《甲子年游宁波日记——朱佩弦兄遗念》刊于天津《民国日报·民园》副刊,又载9月16日《论语》半月刊第161期,正副标题颠倒。19日,作《〈"义战"〉评跋——朱佩弦兄遗念》的第三部分,与前作两部分合而为一,刊于9月28日天津《民国日报·民园》副刊,又载10月16日《论语》半月刊第163期,题目为《关于〈"义战"〉一文朱佩弦兄遗念》。作者忆及1924年9月17日朱自清批评《"义战"》一文的往事,感叹朱自清"他责备我和责备他自己一般的认真,像这样的朋友更从那儿去找呢!我以后恐永不复闻我的过失了"。23日,应北平怀仁学会法国神父善秉仁的邀请,俞平伯与杨振声、梁实秋、李长之、朱光潜、沈从文、常风、冯至、章廷谦等学界人士到王府井安福楼赴宴,并在宴会厅门前合影留念。24日,北京大学82名教授发表停教宣言,并于25日至27日停教3天,抗议因改革币制而冻结薪给,要求借薪津两月,以维持家人的生活。俞平伯参加了这一斗争。11月4日,俞平伯与北平各院校教授金岳霖、朱光潜、许德珩、袁瀚青、雷洁琼、钱伟长、费青、李广田等47人联名在北平《新民报》发表《我们对于政府压迫民盟的看法》,反对"政府突然宣布民主同盟为非法团体"、准备用"'处置后方共党临时办法'加以处理"的做法。24日,出席北京大学教授会,正式通过校务会议不迁校的决议。12月14日晨,访胡适。次日,胡适等即乘专机南飞。同日,俞平伯开始续记日记。19日晨,访梅贻琦校长,得知清华园电话自16日晨即断,遂无信息。21日上午,至北京大学授课。22日连日来均有兵士及眷属来借居。下午,以校中发给之"国立北京大学教授宿舍"木牌揭门首。23日上午,至北京大学讲授杜诗,顺访许宝琴。28日,至北京大学授课。29日夜,梦得联语云,"有白云秋水兴怀何可废也;乃明德达人所感尚其念之。"30日,至北京大学授课。是年,北平昆曲学会成立,俞平伯与许雨香、傅芸子、傅惜华等被聘为顾问。(参见孙玉蓉编《俞平伯年谱》,天津人民出版社2006年版)

　　沈从文《苏格拉底谈北平所需》刊于1月3日和10日天津《益世报·文学周刊》第72—73期。7日,作完《论特写》,24日又作修改,刊于1月31日天津《益世报·文学周刊》第76期。2月,北京大学正式开始筹备博物馆,由韩寿萱任馆长,馆址设在沙滩北京大学图书馆的后面。博物馆先后举办过"中国书画展""中国漆器展""古铜兵器展""敦煌考古工作展""北大文科研究所工作及藏品展""文科研究成果展""周叔弢先生收藏陶器展"等展出。沈从文对北大成立博物馆给予了极大的关注,他不仅参与了各专题的布展工作,而且把自己收藏的西南漆器借给博物馆,辟一专室,公开展出。博物馆的负责人韩寿萱在陈列说明中称这些漆器"在工艺史与其他美术著录上,尚未经人道及,不失为有价值的资料"。后来又把自己多年搜集收藏的古物、瓷器、民间工艺品连同这些漆器一起捐始了北大博物馆。因新建的博物馆专修科缺乏资料,沈从文又捐出《世界美术全书》《书道全集》等一批藏书。3月1日,《试谈艺术与文化——北平通讯之四》刊于《知识与生活》第22期,后又载4月1日的《论语》半月刊第150期和5月9日北平《平明日报·星期文艺》。同日,香港生活书店出版《大众文艺丛刊》第1辑,同时刊出郭沫若的《斥反动文艺》、该刊同人的《对于当前文艺运动的意见》(荃麟执笔)以及冯乃超的《略评沈从文的〈熊公馆〉》等3篇文章,对沈从文等自由主义作家进行了猛烈的批判,说他们"为艺术而艺术""是地主大资产阶级的帮凶和帮凶文艺""是直接作为反动派的代言人"。郭沫若的文章还联系沈从文在抗战时期和解放战争时期的一些言论和小说《看虹录》(原文误为《看云录》)和《摘星录》,说他是"存心要做一个摩登文素臣"的"桃红色"作家,"是一直有意识的作为反对派而活动着"。这些批判让沈从文感觉到了一种"山雨欲来风满楼"的架势,他不能不有所考虑。此后,他议论时局的文章大大减少了。

　　沈从文3月17日在北京大学为印度泰无量所译的印度彭加利文《中国小说》一书作序。序文后刊于3月出版的南京《世纪评论》第3卷第16期。5月4日,《纪念五四》刊于天津《益世报·文学周刊》第90期。同日,《五四和五四人》刊于北平《平明日报·五四史料展览特刊》。文中认为:"民主与自由不徒是个名词,还是一个坚定不移作人对事原则。"五四人即便从事政治,也有所为有所不为,决不用纵横捭阖权谲诡崇自见;对事对人具客观性与包涵性,对政见文论,一面不失个人信守,一面复能承认他人存在。6月29日,沈从文与北平各院校著名教授朱光潜、俞平伯、吴晗、李广田、浦江清、袁翰青、陈寅恪、许德珩、费孝通、杨振声、雷洁琼、潘光旦、钱伟长等104人联名在北平《新民报》发表宣言,抗议国民党轰炸开封古城,严正斥责国民党大打内战的罪行。8月16日,参加朱自清的追悼会。19日,为悼念朱自清逝世作《不毁灭的背影》,刊于8月28日《新路》周刊第1卷第16期。9月1日,《中国往何处去》刊于《论语》半月刊第160期,又载9月13日上海《大公报·文艺》。9月,中国博物馆协会北方委员集会,沈从文作《收拾残破——文物保卫一种看法》,刊于 10 月 1 日和 16 日《论语》半月刊第 162—163 期,文中发表了作者对当前文博问题的看法。10 月 25 日起,北京大学 82 位教授为宣述困苦停教 3 天,沈从文在宣言上签名。11 月 7 日晚,沈从文到北京大学蔡孑民纪念堂出席北京大学"方向社"召开的"今日文学的方向"座谈会。出席当日座谈会的人还有朱光潜、冯至、废名、钱学熙、陈占元、常风、沈自敏、汪曾祺、叶汝琏、马逢华、萧离、高庆琪、袁可嘉等。沈从文在发言中将政治对文学的影响关系比作马路上红绿灯对交通的控制,但又认为"也许有人以为不要红绿灯,走得更好呢",并表示"文学自然受政治的限制,但是否能保留一点批评、修正的权利呢?……我的意思是文学是否在接受政治的影响以外,还可以修正政治,是否只是单方面的守规矩而已"。这次座谈会距 12 月 17 日北京大学 50 年校庆及解放军完成对北平的包围,仅一个月左右,在历史和个人人生都面临大转折前夕,几位教授和一些文学青年、助教、学生相聚,在北大思想自由、兼容并包的传统学术空气下讨论"今日文学的方向",成了民国时期知识分子一次自由抒发心声的绝响。11 月 14 日,《大公报·星期文艺》第 107 期发表了《今日文学的方向——"方向社"第一次座谈会纪录》,文中报导了 11 月 7 日北京大学"方向社"召开的座谈会的情况。

　　沈从文 11 月下旬回绝国民党青年部次长陈雪屏来家劝说他一同南下的建议。当时陈雪屏答应为他提供全家人的飞机票。但沈从文在中共地下党员乐黛云和进步学生李瑛等人劝说下,决定与朱光潜、杨振声、梁思成等北大和清华的一些老朋友一道留下来迎接解放,用行动证明了自己是"既不跟国民党反动派走,又不到美国去,而是逐渐向共产党和广大民靠拢"的爱国者。28 日,给姚明清复信。姚明清 10 月 13 日致信沈从文,信中表达了自己对他作品的喜爱,并祝福他"竖起战斗的旗子,表现着崭新的思想意识的转变,引导着文学参与现实的斗争"。对此,沈从文在回信中表示:"因为就时代发展看工作,我已成为过时人,与现实不甚配合得来也。我工作自视还停滞在学习阶段上,要再摸索十年八年,才可望有点结果。可是时代变动大而快,要求作家又太多太切。我由于性情内向,埋头努力易,活动应变难,所以近年在此教书用笔实有和全个发展脱节之势。一个湘西乡巴老的长处和弱点,于此可以充分见出。"他认为现在的时代要求一个作家的,不仅仅如过去方式严肃制作作品,还必需活活泼泼来把握政治上常任变动不居的新办法,新政策,新方向。一切得配合,由于配合,有时还必需改变一个旧式"思想家"的工作态度,用一个"工作员"情绪去服务去领导,这种领导既得具活动应变之才,又得有强烈领导欲和技术,方能办到。这通道不是我能力性情所长,所以近二年来,我不仅对新文运无助,且在误解中很容易给人一种和"进步游离、落后现象"。并表示"一部分现实既如此,很明显,我即用笔,也得从头学起,方能把握'动'的一面。如依然只能处理'静'的农村分解过程,稍稍注入一点理想(即社会尚未大变的区域,读者所能接受的启发),自然不能与目下文运作一致发展"。所以对于姚明清来信中所说的"竖起战斗旗帜"来如何如何,沈从文表示:"社会虽十分需要,不过这件事,恐得由另外一些人来作了。"12 月,陈雪屏到被解放军包围的北平抢运学者教授,曾通知沈从文全家南飞,沈从文选择留下。约秋、冬,沈从文开始撰写《漆工艺问题》。是年,沈从文继续在北京大学和辅仁大学等高校中文系任课。《全集》现收了一份他讲课的教案,时间大约是 1947—1948 年在北大任教时,讲课内容是关于中国历史上"说书"现象的研究,从中可以一窥他讲课的风格。(参见吴世勇编《沈从文年谱》,天津人民出版社 2006 年版)

　　季羡林 6 月在《历史语言研究所集刊》"第 20 周年专号"上发表《浮屠与佛》。文中由胡适与陈垣关于"浮屠""佛"的争论引发对此一问题之关注,并利用掌握吐火罗文字的优势,提出中国最古佛典翻译中之"佛"字,不是直接从梵文而来,而是间接通过吐火罗文字而来,并从此延伸探讨佛教传入中国的途径和时间。

按:1949年,周法高撰《论〈浮屠与佛〉》,对季氏观点提出商榷。后季羡林又撰写《再谈"浮屠"与"佛"》一文,对此文予以补充和扩大。(参见王学典《20世纪史学编年(1900—1949)》,商务印书馆2014年版)

游国恩《读大乙山房文集》(乡邦遗书跋尾)4月2日刊于天津《民国日报》。作于这一时期的同类文章还有《再跋大乙山房集》《跋罗万藻此观堂集》《再跋此观堂集》,均未发表,截至是年,游国恩陆续撰写《临川艺文志考证》《临川文献杂录》等,从而透露出他对家乡艺文志进行补充修订的计划:拟撰临川四代文献足征记、临川先贤传、临川先哲遗书考、临川县志艺文志补正,拟编临川丛书、临川先哲遗书、临川先哲遗书跋。4月,作《柏梁台诗考证》,收入是年《北京大学五十周年纪念文集》和次年《国学季刊》。相传汉武帝与群臣在柏梁台上联句赋诗为七言诗的开始。顾炎武在《日知录》里曾怀疑此联句诗为后人拟作,但游国恩认为顾所攻击的主要是诗的小序和作者的人名、官称,而这些都是后人添上去的,不足为据。游国恩在考证柏梁诗的时代时,除指出种种疑点外,主要从诗歌发展的历史来考察,并考证柏梁诗产生的时代大抵不能早于魏晋。4月30日,清华大学文科研究所中国文学部王信忠毕业初试,应约任考试委员。其他考试委员有陈寅恪、俞平伯等。

游国恩8月13日参加朱自清先生出殡及火化仪式。15日,《论蔡琰〈胡笳十八拍〉》刊于北平《华北日报·文学版》。文中论证《胡笳十八拍》并非蔡琰所作,而是托附于她的;并考证此诗的出现应在盛唐,甚至早至初唐。9月5日,所作《哭佩弦先生》的挽诗刊于《中建》北平航空版第1卷第4期。全诗如下:"十年漂泊得生还,尘浣征衫鬓欲斑。反胃陈王妨饮食,解颐匡鼎动愚顽。文章新变空余子,忧患平生塞两间。太息唐楼成故事,与君斟酌陆浑山。"自注:"昔与君同寓昆明北门街,衡宇相望。一日,余访君于唐公楼,因论讨及韩公《陆浑山火》,不觉移晷,大畅诗旨而去。"秋冬,已面临解放。游国恩对国民党的贪污、腐败、无能非常不满,同情学生运动。约是年,作《说离骚秋菊之落英》,后收入《楚辞论文集》。(参见游宝谅《游国恩先生年谱》,《淮阴师范学院学报》2002年第1期)

罗福颐继续任职于北京大学文科研究所。12月,在《岭南学报》第9卷第1期发表《清内阁大库明清旧档之历史及其整理》。文中指出,清内阁档案发现已经20年,但是"舍史学专家知之外,近欲求错综之记载,殊不可得",如不记述此事,"再越三五十年,则史料之史,更不可究诘"。由于罗氏曾随其父亲罗振玉亲手检理这些档案,故根据耳闻目见,将"旧档流传之历史,及各方整理之概略,分章述之"。作者指出,该档案的整理研究,"岂止关一姓兴亡之所系,实有以示我民族数典而未忘其祖也"。同期还载有容肇祖《方以智和他的思想》、冼玉清《苏轼与海南动物》、李镜池《周易卦名考释》等文。(参见王学典《20世纪史学编年(1900—1949)》,商务印书馆2014年版)

张守常在北大毕业,张政烺给他写了一个扇面作纪念,内容为"观堂先生咏史诗"10首,写得极好。张守常翻看张政烺的《观堂集林》,发现上面有张政烺的许多批注,蝇头小字,密密麻麻,从墨色字迹看,有不少是多次批注的。由此可见,张政烺的学问,除已写成的文章之外,还大量存在于他的藏书的批注之中。(参见陈绍棣编著《张政烺先生年谱》,中国社会科学出版社2019年版)

罗荣渠继续就读于北京大学史学系。1月6日,撰写了一封长达3000字的信给张东苏,讨论西方理性主义与中国理学。他在此前研读张东荪《多元认识论》《理性与民主》后颇有收获,就想写信向张东荪请教。他在上年 10 月 19 日的日记中记载:"无事上图书馆,准备写一封信给张东荪先生,讨论《理性与民主》的第二章《文明与进步》,但是提起笔来总觉得沉重得很,于是再把这一章的内容细细地读了一遍,益发觉张先生是一个通儒。但是他所得的结论稍有不惬我心者,我想其原因是我们的性格不同,即之不同,或称为类型不同,以及信仰的不同,因此立论虽然符合谨严的逻辑,并且似乎无懈可击,但结论常常是事实与理想的掺杂。在这里,我们得为将来留一箭地或一条去路。因为社会科学都不只说到过去或现在的事,它得筹划或预告将来。因此,我们就异途了。张先生是长者的想法,想拣一条好路走,但是我怀疑以后的路会有什么不同于以前所走的路。"9 月 16 日,罗荣渠日记:"今年中国语文系阵容之严整,我认为是世界第一。音韵语言学大师罗常培、魏建功双双返校,未免有过剩之感;罗庸先生也要回来,而原来的阵容已够强大了,如唐兰、俞平伯、杨振声、沈从文、游国恩、王重民、袁复礼、吴晓玲、冯文炳,或是文宗,或是专家,皆极一时之胜者也。"(参见罗荣渠《北大岁月》,商务印书馆 2006 年版;左玉河编《张东荪年谱》,群言出版社 2014 年版;蓬莱市历史文化研究会《杨振声编年事辑初稿》,黄河出版社 2007 年版)

梅贻琦继续任清华大学校长。3 月 9 日下午 5 时,梅贻琦在甲所梅贻琦宅出席复员后第五十六次校务会议,并报告校务:迄今注册学生人数 2329 人;教育部核定清华本年上半年研究所设备补助费五亿五千万元;研究生补助费 1 月份起调整为每人每月 40 万元;本年上半年清华经常费预算数额二十三亿三千四百零一万元;员工名额为教职员 640 人,技工 1人,校工 230 人;为加强节电,各住宅区日间暂不供电,4 月起学生食堂早晚不供电。与会者还有陈岱孙、沈履、汤佩松、吴泽霖、叶企孙、褚士荃、陶葆楷。19 日下午 3 时,在办公楼会议室出席并复员后第十五次评议会,与会者共 18 人,会议讨论经费、待遇事项(调整公教人员待遇标准,教育部奉院令转知公务人员自 2 月起配发食米办法)。同月,学校公布"国立清华大学各主管人员题名",教务长为吴泽霖;文学院院长为冯友兰,由雷海宗代(冯友兰已于月内回到学校);中国文学系主任为朱自清;外国语文学系主任为陈福田;哲学系主任为冯友兰,由王宪钧代;历史学系主任为雷海宗;人类学系主任为吴泽霖;社会学系主任为潘光旦。4 月 3 日,清华、北大、燕大、中法、师院、北洋、南开七所大学举行反饥饿反压迫罢课。

梅贻琦校长 5 月 4 日下午 5 时主持第六十四次校务会议,并报告:北平警备总司令部、北平市政府函送有关动员越乱法令各项条例办法嘱予公布周知。21 日下午 4 时,梅贻琦出席清华大学第十六次评议会,报告本校成立艺术史研究委员会及由该会筹设文物陈列室之经过;讨论了历史学系教授吴晗申请于下学年休假在国内研究,附具研究计划并请核发研究著作补助费案,经议决获通过。会议还经讨论修正通过三十七年度校历。25 日下午 5时,出席第六十七次校务会议,报告:教育部令,清华上半年经常费 3 月起照原预算追加三倍,共加四十六亿六千八百零二万元;研究所上半年设备补助费追加十三亿六千万元;研究生生活补助费 4 月起调整为每人每月 100 万元;学术研究补助费 3 月起增三倍,教授每月200 万元,副教授 160 万元,讲师 120 万元,助教 80 万元。6 月 10 日,出席教授会,报告上半年经费 3 月起加三倍,5 月起再加一倍,5 月份生活费指数为三十六倍。会议选举下届评议员、教授会书记。22 日下午 5 时,出席第七十一次校务会议,报告:教育部令,上半年经费 5月起案预算及一、二次追加之和平均计算追加一倍。29 日下午 5 时,出席第七十二次校务会议,报告:北平市警察局函达奉令加强户口查记工作,在校教职员、住宿生依法登记,户口移动应随时申报。7 月 13 日下午 5 时,出席第七十四次校务会议,报告:教育部令,7 月起待遇标准未核定前薪津暂照 6 月份生活补助费标准借支半月。14 日,梅贻琦夫妇招宴,邀请李宗仁、顾毓琇、冯友兰、朱自清等出席。8 月 12 日上午,朱自清逝世。下午,梅贻琦往北京大学附属医院吊唁,与朱自清夫人陈竹隐商谈治丧事宜。17 日下午 5 时,出席第七十八次校务会议。与会者还有张子高、沈履、李继侗、吴泽霖、施嘉炀、冯友兰。会议议决,朱自清病故,医药费由学校付清,丧葬费也由学校负担。24 日下午 5 时,出席第七十九次校务会议,会上报告,教育部令,各校学生凡被特种刑庭指控匪谍之重要现行犯应一律开除,其经审判无罪者,再行核明,取具保证后可准复学。截至同月,学校 1948 年度有十六个常设委员会。

　　按:其中为人文社科学学者的委员如下:

　1. 评议会:冯友兰　陈福田　潘光旦　雷海宗　戴世光　吴景超

　2. 聘任委员会:冯友兰　吴达元　潘光旦

　3. 图书委员会:冯友兰　雷海宗　浦江清　陈福田　吴泽霖　潘光旦

　4. 大学一览委员会:冯友兰

　5. 出版委员会:吴景超(主席)冯友兰　雷海宗　余冠英　邵循正　王宪钧　潘光旦

　6.《清华学报》:邵循正(主任)陈寅恪　冯友兰　雷海宗　浦江清　潘光旦　吴达元

　7.《社会科学》:吴景超(主任)潘光旦　雷海宗

　8. 中国近百年史研究委员会:雷海宗(主席)刘崇鋐　费孝通　吴景超　邵循正　潘光旦　冯友兰　吴泽霖

　9. 社区比较研究委员会:吴景超(主席)吴泽霖　费孝通

　10. 文化比较研究委员会:冯友兰(主席)潘光旦　浦江清　陈福田　邵循正

　11. 艺术史研究委员会:冯友兰(主席)　邓以蛰　陈梦家　温德　吴泽霖　雷海宗　潘光旦

　12. 招生计划委员会:冯友兰　余冠英　吴泽霖　陈福田　戴世光

　13. 训育委员会:冯友兰　戴世光　陈福田　雷海宗　潘光旦　苏汝江

　14. 学生课外活动委员会:雷海宗(主席)吴泽霖　陈福田　潘光旦

　15. 毕业生成绩审查委员会:吴泽霖　潘光旦

　16. 一年级学生课业指导委员会:戴世光(主席)　余冠英　陈福田　雷海宗

　　梅贻琦 9 月 7 日下午 5 时出席第八十次校务会议,报告:北大抄送教育部寝电,学生经特种刑庭指控为匪谍者应一律开除,各校应将开除学籍及投案与畏罪潜逃学生名册、办理情形查明详报。14 日下午 5 时,出席第八十一次校务会议,报告:教育部令,学术研究补助费 7 月份起调整为教授 500 万元,副教授 400 万元,讲师 300 万元,助教 200 万元;北平高等特种刑事法庭通知,凡被拘捕人犯一律禁止接见,非经许可不得传递书信衣物。上中旬某日,国民党军警又来清华搜捕。梅贻琦约冯友兰等至工字厅,谓学生会希望搜查时有教授陪同。冯友兰所陪一路至工字厅单身教师宿舍,查出一北京艺专学生,被军警带走。又往旧南院、新南院,均未抓走清华学生。在回乙所途中,有学生会代表向冯友兰致谢。17 日,梅贻琦呈教育部关于增设艺术系文,文中拟将该系课业分为艺术史组、考古组与音乐组。另附有《清华文学院拟加设艺术系计划及理由》,其中说:"按我国古代教育,礼乐并重。礼所以范围人之行为,乐所以陶冶人之性情,使其改过迁善而不自知。厥后乐教失传,而他种艺术代兴,尤以书画一项蔚为世界大宗。我国以积弱之余,惟历代之艺术品,尚能引起世界之尊敬。有识之士,见我国人在此方面之成就而知我民族精神力量之伟大。我国人所可以引以自豪以恢复民族自信心者,亦惟在于此。"

梅贻琦10月5日下午5时出席第八十四次校务会议,于会上报告:若学生佩带武器,不问其为任何关系,一律开除。21日下午3时半出席第十八次评议会,在会上报告:(一)平津院校谈话会商谈促请政府改进员工待遇,配发面粉及冬煤。(二)本校商准于文学院添设艺术史系,暂分艺术史及音乐两组,业经正式呈部请备案。会议审议并通过清华院系英译名称及学位称谓、各研究所英译名称。是日,将《清华大学文学院拟加设艺术系计划及理由》《艺术史学系艺术史组课程拟稿》呈梅校长。10月,清华大学《社会科学》出版"校长梅贻琦先生六十寿辰纪念号"。此期专号刊载了雷海宗《东周秦汉间重农抑商的理论与政策》、潘光旦《说家谱作法》、刘汝江《中国人寿的探讨》、李有义《西藏之婚姻制度》等文。11月2日下午4时半,出席第八十八次校务会议,在会上报告:中央研究院函送三十八年度院士候选提名表及选举法规条文。9日下午4时半,梅贻琦出席第八十九次校务会议,报告:教育部令,本校增设艺术学系分设艺术史、考古、音乐组一节,应将学系名称改为美术学系,其余照准。30日下午4时半,出席第九十二次校务会议,在会上报告,北平警备总司令部函达,自12月1日起,加强管理本市户口,实施经常检查办法。12月2日,出席教授会,报告:(一)设计委员会选举结果;(二)与黄曾樾主任督学晤谈情形:1.迁校问题及困难;2.疏散眷属问题;3.多拨应变费;4.研究生待遇。梅贻琦还要求各有关方面,因经费不敷,购置物品除急需应用外均暂缓。13日,中国人民解放军向北平城郊推进。同日下午4时,在甲所梅贻琦宅出席第十九次评议会。晚,在甲所出席校务会议。14日下午4时半,出席第九十四次校务会议。与会者尚有陈岱孙、褚士荃、叶企孙、霍秉权、沈履、施嘉炀、冯友兰。会议决定:因校园巡查委员会主席陈福田请假,请黄钰生先生继任;请李继侗、王明之、戴世光、苏汝江、孙毓棠、曾炳钧、陈新民临时辅助本校行政事务。又校订清查校内户口办法、发给教职员临时证件办法。散会后,别人都走了,只剩梅贻琦和冯友兰两个人。梅贻琦对冯友兰说:"我是属牛的,有一点牛性,就是不能改。以后我们就各奔前程了。"梅贻琦已经知道我是坚决不走的,所以说了这一番告别的话。15日,中国人民解放军进驻海淀,清华园解放。人民解放军十三兵团在清华大学西门对清华大学师生发布安民告示,说明党对文化教育的重视和爱护,要求学校当局及全体学生,照常进行教育,安心求学,维持学校秩序。(参见蔡仲德编撰《冯友兰先生年谱长编》,中华书局2014年版;夏鼐《吴晗的学术生涯》,浙江人民出版社1984年版;齐家莹编《清华人文学科年谱》,清华大学出版社1999年版;王学典《20世纪史学编年(1900—1949)》,商务印书馆2014年版)

朱自清1月1日上午赴工字厅参加新年同乐会团拜。晚,赴余冠英宅出席中文系新年晚会,与学生扭秧歌。2—11日,胃病复发,无法工作,卧床休息。18日,常风、林庚来访。20日,杨振声、陈梦家等来访。晚,赴周培源夫妇邀宴。22日下午,出席成志委员会会议和清华评议会会议。晚,应余冠英邀宴。25日晚,读吴晗论文《明初的学校》,认为"内容为学术性之研究,且颇富趣味,但措辞似太尖锐。应送《清华学报》刊载,可稍调和学院派之气氛"。31日,致叶圣陶信,谈《开明新编高级国文读本》的选目事。后刊于8月号《文艺春秋》第7卷第2期所刊叶圣陶《佩弦的死讯——悼朱自清先生》。下午,和陈岱孙、李继侗、杨业治打桥牌。晚参加舞会。同月,朱自清《禅家的语言》刊于《世间解》第7期。2月1日,访邵循正、陈梦家、龚业雅和邓以蛰。2日,张子高、雷海宗来访。晚,访黄子卿。4日,偕潘光旦、吴泽霖、陈梦家进城为中国美术史研究委员会购文物。5日,访高名凯、盛澄华、许维遹、费孝通。晚,何孝达来访,谈诗。6日,冯文潜、余冠英等来访。11日午,邀宴许维遹、范宁、季镇淮等。14 日下午,出席清华中国美术史研究委员会会议。18 日,作《论逼真与如画——关于传统的对于自然和艺术的态度的一个考察》毕,费时 10 日,刊于 3 月 8 日《民国日报》副刊《文艺》第 118 期。文中对"逼真"和"如画"两个文学批评概念作了细致的考察。

按:朱自清《〈论雅俗共赏〉序》说:"《论逼真与如画》,二十三年写过这个题目,发表在《文学》的《中国文学研究专号》里。那篇不满二千字的短文,是应了郑西谛兄的约一晚上赶着写成的,材料都根据《佩文韵府》,来不及检查原书。……这回重读那篇小文,仔细思考,觉得有些不同的意见;又将《佩文韵府》引的材料与原书核对,竟发现有一条是错的,有一条是靠不住的。因此动手重写;写成了比旧作长了一倍有余;又给加了一个副题目'关于传统的对于自然和艺术的态度的一个考察',希望这个罗里罗嗦的副题目能够表示这两个批评用语的重要性,以及自己企图从现代的立场上来了解传统的努力。"

朱自清 2 月 21 日进城访杨振声、沈从文等。午,赴萃华楼应《民国日报》邀宴。23 日,访萧乾。24 日,作《论老实话》毕,费时 3 日,刊于 3 月 5 日《周论》第 1 卷第 8 期。此文感慨生活中求真诚的不易,呼吁人们应真诚相待。下午,出席吴泽霖为裴文中所设茶话会。同日,答复吴景超不拟加入《新路》。25 日,访冯至,谈古文学价值问题。26 日,李广田、范宁、王瑶来访,谈举行活动以庆贺朱自清文学活动 30 周年暨 50 寿辰事,谢绝。27 日午,应梅贻琦邀宴。在座有姚从吾、章廷谦、郑天挺等。28 日,作《〈论雅俗共赏〉序》,文中叙述了作者近年的写作宗旨和思路。29 日,赴燕京大学作"诗文与朗诵"讲演。3 月 4 日,致王瑶信,谈对王瑶文章的看法。6 日,致叶圣陶信,谈《开明新编高级国文读本》的选目。12—13 日,作《文物·旧书·毛笔》,刊于 3 月 31 日《大公报》,文中针对文物、旧书、毛笔日趋没落的状况,指出:"我们的新文化新艺术的创造,得批判的采取旧文化旧艺术,士大夫的和民间的都用得着,外国的也用得着,但是得以这个时代和这个国家为主。改良恐怕不免让旧时代拉着,走不远,也许压根儿走不动也未可知。还是另起炉灶的好,旧料却可以选择了用。应该过去的总是要过去的。"14 日下午,赴同方部出席清华学生自治会学艺部举办的文艺舞会,并作"国语和普通话"讲演。出席文艺舞会的有北大、清华、燕京的教授袁家骅、林庚、李广田、陈梦家、余冠英、浦江清、吴征镒等 10 多人以及学生近千人。讲演后,朱自清和李广田、余冠英合作朗诵臧克家新诗《老哥哥》。19 日,出席清华第十五次评议会会议,获评议会同意下学年休假。19—25 日,胃病复发,几乎每日呕吐,卧床休息。在此期间,陈梦家、赵守愚、盛澄华等来访。28 日,李长之夫妇、何善周夫妇来访。同月,编定《语文影及其他》并作《〈语文影及其他〉自序》。

按:此书分两辑,第一辑为"语文影之辑",收文 10 篇,计:《说话》《沉默》《撩天儿》《如面谈》《人话》《论废话》《很好》《是喽嘛》《不知道》《话中有鬼》;第二辑为"人生的一角之辑",收文 8 篇,计:《正义》《论自己》《论别人》《论诚意》《论做作》《论青年》《论轰炸》《论东西》。作者在"序"中叙述了编这本书的缘起和该书的内容。他称原打算写两部书,一部谈"语言文字的意义""但是这些文章里不免夹带着玩世的气氛,后来渐渐不喜欢这种气氛了,就搁了笔"。另一部"站在'一角'上冷眼看人生",也沾着玩世的味儿。可是,"时代越来越沉重,简直压得人喘不过气,那里还会再有什么闲情逸致呢!我计划的两部书终于都在半路上'打住'了。这儿这本拼凑起来的小书,只算是留下的一段'路影子'罢了"。此书编好后,因朱自清不久即去世,未及出版。1985 年 10 月由中国文联出版公司出版,是为初版本。

朱自清 4 月 3 日偕冯友兰、陈梦家去校图书馆周围为拟建的文物陈列室选址。4 日,钱伟长、吴晗来访,征求在以罢教三日来响应清华、北大、北平研究院讲师、教员、助教、工警等为争取合理待遇(北大、清华和北平研究院的讲师、助理研究人员、教员、助教、职员、技工和工警,为争取立即合理地改善待遇,决定从 4 月 6 日起,一致罢教、罢研、罢工三天,他们并向社会发布"为争取合理待遇告社会人士书")的声明上签名,朱自清坚持应通过正常渠道解决,故谢绝签名。5日,访梁思成。下午,李广田来访。6日,清华30位教授、讲师、教员、助教、职员、工警以及学生为反饥饿反迫害宣布罢教罢课罢职罢工3天,清华陷于瘫痪。同日,赴颐和园观玉兰花,遇老舍。李健吾来访。7日午,中文系学生来访,征求对北平警备司令部下令逮捕北大学生自治会12名理事一事的看法。8日,在寓所与本系同仁公宴刚从美国返国的冯友兰夫妇。12日,出席清华教授会议,议决为抗议国民党暴徒袭击师院和北大的暴行于明日罢教1天,并发布致教育部长朱家骅电,朱自清等3人被推为"抗议电"起草委员。14日,出席清华鲁迅研究会举办的文艺讨论会,并作简短发言。同时发言的还有李广田等。25日下午,偕竹隐进城贺俞平伯父寿辰。晚,在东兴楼邀宴陈岱孙。27日,出席新诗社晚会,讨论新诗。30日下午,赴新林院52号陈寅恪宅主持清华大学文科研究所中国文学部举行的王信忠毕业初试。担任考试委员的有陈寅恪、浦江清、许维遹、陈梦家、余冠英、李广田、冯友兰、雷海宗、俞平伯和游国恩。同月,所著《标准与尺度》由文光书店印行。其《自序》说:"这里收集的是去年复员以来写的一些文章""文章很杂,评论、杂记、书评、书序都有,大部分也许可以算是杂文罢,其中谈文学与语言的占多数。"又说:"复员以来,事情忙了,心情也变了,我得多写些,写得快些,随便些,容易懂些。"所著《语文零拾》由名山书屋印行。本书收入的是一些书评和译稿,其《自序》说:"我是研究文学的,这些文字讨论的不外乎文学与语言,尤其是中国文学与中国语言。我在大学里教授中国文学批评和陶渊明诗、宋诗等。这些书评可以见出我的意见。够不够'心得'我不敢说,但总是自己的一些意见。"

　　按:此序曾先行刊于1947年11月20日之《国文月刊》第49期。

　　朱自清5月4日进城观北大博物馆及"五四"史料文献展览。晚,出席"五四"新文化晚会并作讲演。15日,进城赴中和医院看病,诊断为阻塞症。21日,出席清华评议会会议。晚,应费孝通邀宴。22—23日,作《国语和普通话》,刊于6月4日《周论》第1卷第21期。此文就"国语文"贫气和俗气等责难进行商榷。24日,出席清华聘任委员会会议。26日,出席清华出版委员会会议。29日,进城赴中和医院取化验单,承告胃酸过多。同月,所著《论雅俗共赏》作为"观察丛书之七"由观察社出版。其序文说道:"所谓现代的立场,按我的了解,可以说就是'雅俗共赏'的立场,也可以说是偏重俗人或常人的立场,也可以说是近于人民的立场。"6月1日,"坚持参加演讲会一小时,感到极度疲劳,几乎不能回来。返家后立即卧床。"2—7日,胃病复发,几乎每日呕吐。9日,余冠英、王瑶、吴征镒来访。11日,恢复上课。此前因胃病复发停课多日。上午,陈受颐、陈序经夫妇、陈福田来访。13日晚,访余冠英,谈聘吴晓铃事。14日下午,出席清华系主任会议。16日晚,出席毕业班同学告别会。18日,朱自清日记:"在拒绝美援和美国面粉的宣言上签名。这意味着每月的生活费要减少六百万法币。下午认真思索了一阵,坚信我的签名之举是正确的。因为我们反对美国扶植日本的政策,要采取直接的行动,就不应逃避个人的责任。"该声明于本月19日起在平津各大报纸刊出。在声明上签名的有朱自清和张奚若、金岳霖、唐钺、邓以蜇、吴晗、陈梦家、李广田、余冠英、许维遹、钱伟长、吴征镒、季镇淮等清华教师共110人。

　　按:吴晗《关于朱自清不领美国"救济粮"》(《人民日报》1960年11月20日)说:"国民党政府也知道人民的怨恨,特别是在高等学校的知识分子也对这种情况忍受不下去了。便耍了一个手法,发了一种配购证,可以用较低的价格,买到'美援的面粉'。"也正当这个时候,美国政府积极扶助日本,美国驻华大使司徒雷登对中国人民发出诬蔑和侮辱的叫嚣。"一面是廉价收买,一面是扶植日本,侮辱中国人民。我们一些人商量了一下,要揭穿国民党政府的阴谋,抗议美国政府的侮辱,发表一个公开声明。"声明是这样的:"为反对美国政府的扶日政策,为抗议上海美国总领事卡宝德和美国驻华大使司徒雷登对中国人民的诬蔑和侮辱,为表示中国人民的尊严和气节,我们断然拒绝美国具有收买灵魂性质的一切施舍物资,无论是购买的或给予的。下列同人同意拒绝购买美援平价面粉,一致退还配购证,特此声明。三十七年六月十七日。"声明写好了,要征集签名,也和往常一样,决定每人负责联系若干人,年纪大一点的教授多半是归我跑腿的。我拿着稿子去找朱自清先生。"这时候,他的胃病已经很沉重了,只能吃很少的东西,多一点就要吐。面庞消瘦,说话声音低沉。他有大大小小七个孩子,日子比谁过得都困难。但是他一看了稿子,毫不迟疑,立刻签了名。他向来写字是规规矩矩的,这次,他还是用颤动的手,一笔不苟地签上他的名字。"

朱自清6月20日接待余冠英、浦江清来访。21日,退还本月份面粉配给证,退回面粉票。22—25日,邀宴曾在昆明共事的朋友们,甚感愉快。27日,何孝达、高名凯、余冠英等来访。30日,出席毕业生晚餐会。又参加舞会。7月2日下午,出席大一选本讨论会。晚,赴吴达元欢迎会;读完瞿秋白《〈鲁迅杂感选集〉序言》。3日,朱自清日记:"身体又不舒服,此由于最近两周来胃之痛苦日渐增加。"4日,访冯至、李广田。王瑶来访。5日,致叶圣陶信,谈编写《开明新编高级国文读本》事等。7日,出席中文系毕业班告别宴会。9日,完成《开明新编高级国文读本》第一册的编写工作。此事花费朱自清半年时间,除病倒不能工作外,几乎每天伏案不止;读儿子朱乔森的《知识分子及其改造》。同日,在抗议枪杀东北学生宣言上签名。该宣言"向政府提出最沉重最严重的抗议",并提出6项条款,责成当局"彻底追查责任",处理好善后并"确实保证今后不再发生同样事件"。朱自清和李广田、李长之、袁翰青、张东荪、张奚若、张申府、张伯驹、金岳霖、梁思成、邓以蛰、许德珩、费青、吴晗等清华、北大、燕京、师院等校教授404人在宣言上签了名。10日,致叶圣陶信,谈编写《开明新编高级国文读本》及《开明文言读本》事。11日,开始编写《开明新编高级国文读本》第二册。14日,受教授会推选,上午就本月12日暴徒闯入校园打人行凶肆意破坏事,参加起草给北平警备司令部、北平市政府和教育部长朱家骅的抗议文电。午,应梅贻琦邀宴。在座有李宗仁、顾一樵等。15日上午,闻一多全集整理委员会最后一次开会,朱自清作《整理闻一多先生遗著委员会报告》讲话,报告了《闻一多全集》整理和出版的经过,并宣布该会解散。该报告刊于7月23日《国立清华大学校刊》。同日,召开系务会,向代理系主任浦江清交代系务。下午,出席清华教授会会议,复审毕业生学分,以决定学士学位。晚,赴同方部出席清华学生自治会举办的闻一多遇害两周年纪念会。16日,致徐中玉信,感谢徐中玉著文评论《语文零拾》。17日,致余冠英信,谈闻一多遗稿处理事。22日,进城访黎锦熙。23日上午,赴工字厅出席北平《中建》半月刊举行的"知识分子今天的任务"座谈会并作发言。发言记录载本年8月5日《中建》第3卷第5期北平航空版第2期。出席座谈会的还有张东荪、许德珩、费孝通、袁翰青、俞平伯、钱伟长、楼邦彦、温德、雷洁琼、吴晗、严景耀、张伯驹、容肇祖、郑昕、闻家驷、俞铭传、王岷仲、吴征镒、毕树棠、孙国华、许宝騄、费青、杨人楩、严济慈等50余人。

按:该座谈会本于7月5日在清华同学会召开,但因军警枪杀东北学生而全城戒严,会议只开了一个多小时被迫中断。是日继续进行。座谈会会期一天,朱自清因身体虚弱,只参加了半天。朱自清在发言中说:"要许多知识分子每人都丢开既得利益不是容易的事,现在我们过群众生活还过不来。这也不是理性上不愿接受;理性上是知道该接受的,是习惯上变不过来。所以我对学生说,要教育我们得慢慢地来。"

按：吴晗《关于朱自清不领美国"救济粮"》(《人民日报》1960 年 11 月 20 日)说："七月二十三日在清华大学工字厅举行'知识分子今天的任务'的座谈会，这是他最后一次参加的政治活动。我亲自到他家请他，和他一起慢步从北院走到工字厅。他走一会儿，停一会儿，断断续续地对我说：'你们是对的，道路走对了。不过，像我这样的人，还不大习惯，要教育我们，得慢慢地来，这样就跟上你们了。'"

朱自清 7 月 27 日开始作《论白话》，刊于 9 月 7 日《新生报》副刊《语文与文学》第 100 期。同日晚，李继侗来访。28 日，访吴达元、余冠英。王瑶来访。30 日晚，访吴征镒。同月，《〈开明文言读本〉编辑例言》刊于《开明》新 6 号，署名朱自清、吕叔湘、叶圣陶。同月，清华大学学生自治会编《清华介绍》中，载有朱自清《大学的路》。8 月 1 日，致缪钺信，谈目前自己的身体状况以及拟进行的研究工作。同日，致金印信，谈对胡风的看法。晚，出席中文系读书晚会。2 日，进城赴琉璃厂购书。致雷梦水信，请雷梦水帮忙访书。此为现存朱自清所作最后一封信。同日，作最后一天日记。朱自清日记现存有 1924 年一册，1931 年 8 月 22 日至 1948 年 8 月 2 日，几乎一日不缺。日记用中、英、日三种文字书写。5 日，吴晓铃来访。下午，吴晗来访。6 日凌晨 4 时许，胃部突然剧痛，呕吐不止。妻子陈竹隐送至校医处检查，10 时又转北大附属医院，诊断为胃溃疡穿孔。下午 2 时开刀，历时 40 分钟，经过情形正常。7 日，李广田赴医院探望。8 日，浦江清、王瑶等人去医院探望。10 日，并发肾炎，出现轻微尿中毒症状，但神志清楚。浦江清、余冠英、王瑶、吴晓铃等去医院探望。11 日，肾脏机能略有恢复，但胃部少量出血，气喘，肺部并发炎症，病情愈益严重。12 日上午，俞平伯、闻家驷、陈梦家等去医院探视。上午 8 时昏迷，中午 11 时 40 分逝世。夫人陈竹隐，子女迈先、采芷、闰生、效武、乔森、思俞、蓉隽及刘崇鋐、吴达元、陈福田、余冠英、王瑶等在医院帮助料理后事。下午 4 时入殓。清华大学校长梅贻琦、教务长吴泽霖、训导长李继侗、文学院院长冯友兰、北京大学秘书长郑天挺，以及周炳琳、杨振声等赶到医院，与竹隐等商量后事，同时成立由吴泽霖、李继侗、冯友兰、浦江清、陈福田、余冠英、许维通和毕正宣组成的朱自清治丧委员会。清华大学在民主广场贴出讣告，并降半旗致哀。13 日，冯友兰、李广田、闻家驷、王瑶、吴晓铃等清华、北大师生百余人聚集在北大附院为朱自清送行。中午 11 时出殡。前为灵车，李广田等人护灵。送殡的亲友学生乘四部汽车随后，汽车驶往阜城门外广济寺下院火化。

按：王瑶《十日间——朱佩弦师逝世前后记》(《文讯》第 9 卷第 3 期，1948 年 9 月 15 日)说："就在这个荒凉的古寺里，将棺木安置在那个嵌着'五蕴皆空'的匾额的砖盒中，用泥和砖封起前面来，龛顶上有一个烟囱；在冯友兰先生主祭，大家举行了一个简单的仪式以后，开始在下面举火了。前面肃立着一百多人，啜泣的，失声的；烟一缕缕地从龛顶上冒出，逐渐多也逐渐浓了。就这样完结了一个人的最后存在；那在社会上活动了多少年，产生了多少成果的形体。"

朱自清病逝后，留港作家郭沫若、茅盾、夏衍、乔木(乔冠华)等于 8 月 15 日电唁朱自清家属。同日，王瑶陪陈竹隐及朱乔森、思俞赴广济寺下院领取骨灰。8 月 16 日，清华大学在同方部举行朱自清追悼会。上午 8 时半，陈竹隐率迈先、乔森、思俞、蓉隽举行家祭。9 时，各团体公祭。梅贻琦、冯友兰、汤用彤、俞平伯、朱光潜、沈从文、吴泽霖、余冠英等教授、学者、学生、工友约五六百人参加了公祭。10 时 55 分，追悼会开始。清华大家唱合唱团齐唱挽歌。追悼会主席冯友兰致悼词，浦江清介绍朱自清生平，梅贻琦校长、清华学生代表、北京大学教职员代表罗常培、燕京大学校长陆志韦等人致悼词。此时，朱自清治丧委员会决定整理出版《朱自清全集》，并成立了由浦江清任主编，叶圣陶、郑振铎、吴晗、俞平伯、李广田、王瑶、余冠英、徐调孚、季镇淮和陈竹隐任编委的全集编委会。1953 年 3 月，开明书店出版了由全集精简而成的《朱自清文集》(四册)。8月20日,《时与文》第3卷第18期发表徐中玉和冯契的纪念朱自清文章。同日,《新民晚报》发表臧克家、袁鹰、胡霍等人的纪念朱自清诗文;《中建》第3卷第6期(北平航空版第3期)载有该刊撰《朱自清先生传略》、清华文艺社《痛悼我们的导师》、闻家驷《一个死不得的人》、吴晗《悼朱佩弦先生》、林庚《悼佩弦先生》、冯至《朱自清先生》等文。21日,《大公报》副刊《文艺》第128期发表王书衡和青勃的纪念朱自清诗文。在此前后,《大公报》副刊《大公园地》发表纪念朱自清文章多篇。同日,北平学生拟于本日在沙滩北京大学"民主广场"举行有广大青年学生参加的大规模追悼会,但此时国民党当局在报纸上发表了数百人的"黑名单",同时派军警包围各大学,按名单搜捕进步学生,发动了"八一九"大逮捕,由于时局空前险恶,追悼大会被迫取消。23日,《民国日报》副刊《文艺》第140期设"追悼朱自清先生特刊",发表朱光潜、俞平伯、常风的纪念朱自清文章。此后《文艺》副刊第142—144期又发表罗念生、萧望卿等人纪念朱自清诗文多篇。24日,《新生报》副刊《语言与文学》第98期设"朱自清先生纪念专号",发表王瑶、许维遹、李广田、林庚、郭良夫和余冠英的纪念朱自清文章。此后该副刊又陆续发表纪念朱自清文章。27日,《大公报》副刊《时代青年》第40期设"纪念朱自清先生特刊",发表王瑶、范宁、祖国藩、向达等纪念朱自清诗文。28日,《新路》第1卷第16期发表杨振声、沈从文纪念朱自清文章。30日下午,全国文协和上海清华同学会假址上海花旗银行大楼联合举行朱自清先生追悼会。朱自清生前友好、学生和文化教育界人士百余人参加了追悼会。叶圣陶、清华同学会代表、顾一樵、胡风、李健吾、杨晦、许广平、熊佛西、陈望道等人分别致词。朱自清二弟朱物华和长女朱采芷代表家属作答致谢。31日,《新民晚报》设"追悼朱自清先生特辑",发表曹靖华、穆木天、陈中凡、姚雪垠、董每戡等人纪念朱自清诗文。此后,该报又陆续发表纪念朱自清文章。

　　朱自清主编的《闻一多全集》(四册)8月由上海开明书店出版,编辑者为朱自清、郭沫若、吴晗、叶圣陶。郭沫若和朱自清为本书作序。同月,朱自清和吕叔湘、叶圣陶合作编写的《开明新编高级国文读本》第一册和《开明文言读本》第一、二册由上海开明书店出版。9月1日,《北大半月刊》发表吾言、向达等人的纪念朱自清文章。同日,《中学生》9月号(总第203期)发表圣陶、虞藉等人的纪念朱自清文章。此后,该刊又陆续发表纪念朱自清文章。5日,《中建》第3卷第7期(北平航空版第4期)发表王瑶、渐离、俞平伯、杨振声、李广田、郑昕、冯雪峰、游国恩等人的纪念朱自清诗文。此后,该刊又陆续发表闻家驷、李广田等人的纪念朱自清文章。9日,《西方日报》发表萧离、志和、宛延的纪念朱自清文章。10日,《国文月刊》第71期发表王瑶、吴晓铃、《国文月刊》编者的纪念朱自清文章。此后,该刊又陆续发表纪念朱自清文章。12日,《华北日报》副刊《文学》第37期设"朱自清先生纪念专号",发表何善周、余冠英、俞平伯、叶雅等人的纪念朱自清文章。于此前后,《华北日报》副刊《俗文学》发表赵景深、吴晓铃等人的纪念朱自清文章。15日,《文讯》第9卷第3期设"朱自清先生追念特辑",发表《文讯》编辑部、王统照、郑振铎、冯至、叶圣陶、许杰、青勃、李长之、王瑶、杨振声、刘北汜、徐中玉、牧野、穆木天、郑敬之、任钧、杨晦、郭绍虞、魏金枝、吴组缃、余冠英、朱乔森、渐离等人的纪念朱自清诗文。26日,《西方日报》设"朱自清先生追悼会特刊",发表俞平伯、缪钺、李广田、杨振声、徐中舒的纪念朱自清文章。29日上午10时,朱自清生前友好在南京文化剧院举行朱自清追悼会。顾一樵、张道藩、胡秋原、马星野、叶公超、胡适等人相继致词,朱自清长子朱迈先代表朱自清家属作答致谢。出席追悼会的还有段锡朋、李惟果、狄青、周鸿经、杭立武、郑颖孙等。同月,《开明》新7期发表李广田、朱光潜、一忱等人的纪念朱自清文章。10月1日,《文潮月刊》第5卷第2期设"朱自清纪念特辑",发表陈竹隐、俞平伯、谢冰莹、朱采芷、谈宜等人的纪念朱自清诗文以及叶圣陶等人在上海朱自清追悼会上的讲话。12日,朱自清《论意义》刊于《新生报》副刊《语言与文学》第105期,此文为未完稿。24日,朱自清遗骨葬于北平西郊万安公墓。墓碑为冯友兰书写。同月,《文学杂志》第3卷第5期设"朱自清先生追念特辑",发表浦江清、朱光潜、冯友兰、俞平伯、川岛、余冠英、李广田、马文珍、杨振声、林庚、王瑶等人的纪念朱自清诗文。(参见姜建、吴为公《朱自清年谱编》,安徽教育出版社1996年版;齐家莹编《清华人文学科年谱》,清华大学出版社1999年版)

冯友兰年初仍在美国。1月4日,与V. M. Ames游夏威夷并合影。7日,在夏威夷大学哲学系与美国麻省某学院哲学教授R. W. Holmes等会晤并合影。24日,致函吴宓,告以威斯康星大学讲学之事不成,并复寄威斯康星大学的复函。2月,启程回国。3月初,抵上海。返沪后由海路返平。8日下午3时,在清华办公楼会议室出席复员后第十三次教务会议。与会者共27人。又出席教授会。与朱自清谈中国文学系系务。9日,梅贻琦校长请冯友兰复任哲学系主任。下午5时,在甲所梅贻琦宅出席复员后第五十六次校务会议,听梅报告校务。19日下午3时,在办公楼会议室出席复员后第十五次评议会。23日下午5时,出席第五十八次校务会议。27日上午,冯友兰当选为中央研究院第一届院士。30日,与朱自清共商中文系计划。下午5时,在甲所出席第五十九次校务会议。同月,数次在清华大礼堂讲访美见闻,听者甚众。4月2日下午,主持文学院会,讨论在美国设一汉学研究分支机构。3日,与朱自清、陈梦家察看图书馆北侧,拟以此作博物馆馆址。6日下午5时,出席第六十次校务会议。8日,中国文学系同人在朱自清宅宴请冯友兰及任夫人,席间谈及在校内立闻一多纪念碑事。

> 按:冯友兰说:"我说纪念碑要立在与王静安先生的纪念碑的对称的地方。一多与王静安的死,都不平凡。他们所殉的理想不同,但他们的死,都有极大底意义。我说,我记得有个宋人的笔记说:'伯夷、太公各为人间办一大事,这句话可送与一多与王静安。'佩弦也深以此为然。不过立碑的事,因为经费不够以及时局不定,没有实现。"(《回念朱佩弦先生与闻一多先生》)

冯友兰4月9日下午出席美术史会。会上决定4月29日为博物馆成立日。12日,出席教授会。会议决定明日罢教1天,并发表宣言。13日下午5时,在甲所出席第六十一次校务会议。会议由叶企孙主持,先由校庆委员会报告筹备事项,后通过美术史研究委员会请拨图书馆书库北之楼梯间作文物陈列室并设助理一人协助保管文物案。就成立博物馆一事致函梅贻琦。同日,冯友兰致校长关于成立博物馆的信,信中将4月11日美术史研究委员会所通过议决案呈报校长,分别为:(一)本校所购古物已有相当数目,应即成立博物馆;(二)请指定图书馆背后日本人所加建之楼梯间作为博物馆馆址;(三)本会于本年学校纪念日展览本校所购古物,即以4月29日作为本校博物馆正式成立之期;(四)请添派事务员或助理1人负责保管古物及博物馆事宜。20日下午5时,出席第六十二次校务会议。会议由叶企孙主持,议决校庆筹备费以6000万元为准,游艺节目补助费以500万元为限。26日出席系主任会。27日下午5时,出席第六十三次校务会议。同日,《清华的回顾与前瞻》刊于《清华旬刊》(三十七周年校庆特刊)。文中认为"清华大学之成立,是中国人要求学术独立的反映。在对日全面战争开始以前,清华的进步真是一日千里。对于融合中西新旧一方面,也特别成功。这就成了清华的学术传统""不管政治及其他方面的变化如何,我们要继续着这个学术传统,向前迈进"。28日下午3时,在世界科学社礼堂讲"美国的教育及哲学思想现状",张申府、张孝彬等百余人听讲。此演讲文于本月底刊于上海《前线日报》,后转载于5月10日《读书通讯》第156期。其中说:"中国儒家道家是哲学而非宗教。中国哲学的特点是促使'人的警戒',有其宗教的好处,而无迷信的坏处。"同日,《中国哲学的精神》刊于《改造评论》第2卷第1期。29日,清华中国美术史研究委员会主办之文物陈列室,经积极筹备,于图书馆书库北间举行公开展览,文物内容分为五项:(一)人类史迹展览　为本校人类学系主办。计有人类进化史标本,史前石器标本,边民服饰及文物,清代服饰,历代殉葬品,历代日常用品等。(二)古物展览　为本校中国文学系、历史学系等主办,亦即本校中国美术史研究委员会之基本展览。其中铜器、玉器、陶器、骨器、石器、漆木器以及汉以后之瓷、木、瓦器等,尤以商周铜器为多,骨器中包括大批私藏甲骨。(三)书画展览　为中国美术史研究委员会主办。内容系由本校教授邓以蛰、金岳霖等所藏古书画中精选。(四)地质地理展览　为本校地学系地质、地理两组主办。其中展有恐龙化石及古生物系统标本多种,以及地形模型与地球仪精制地图等。(五)建筑展览　本校建筑系主办。展有建筑图案成绩展览及师生画展(地点在水力馆楼上),还有中国营造社古建筑图片等。当时冯友兰任清华中国美术史研究委员会主席。月底,《美国教育及其哲学思想现状》刊于上海《前线日报》。是月,雷海宗为《周论》约稿,吴景超、周炳琳为其主办之《新路》约稿,冯友兰均未投稿;《中国哲学的精神》刊于《改造评论》2卷1期。

　　冯友兰5月4日下午5时,出席第六十四次校务会议。6日,出席教授会。8日,应邀出席清华外国语文学系全体教师庆祝陈福田执教25周年活动并合影。10日,《美国教育及其哲学思想现状》转载于《读书通讯》156期。11日下午5时,出席第六十五次校务会议。17日下午,出席聘任委员会会议。21日下午4时,出席第十六次评议会。24日,出席聘任委员会会议。25日下午5时,出席第六十七次校务会议。26日,出席出版委员会会议。30日下午,出席梅贻琦为其女婿举办之茶会。同月,纪玄冰(赵纪彬)《中国哲学史的主流与逆转——评冯友兰著〈新原道〉》《先王崇拜与道统观念的内部联系》刊于《新中华》(复刊)6卷9—10期。韩镜清赠其所作《西藏传本瑜伽师地论思所成地体义伽他(唱)柁南之分析》(南开大学文科研究所边疆人文研究室《边疆人文》第4卷合刊单行本)。6月1日下午5时,冯友兰出席第六十八次校务会议。8日下午5时,出席第六十九次校务会议。10日,出席教授会。12日,与朱自清谈工作。14日,与朱自清谈吴晓铃事。下午3时,在办公楼会议室出席第十五次教务会议,审议各院名称、各种学位英译名规定,审议有关招生事宜,决定音乐概论、音乐欣赏、音乐史列为普通选修学程。15日下午5时,出席第七十次校务会议。17日下午5时,出席第十九次评议会。约19日,出席在北大民主广场举行之北大、清华河南同乡会集会并签名发表宣言,抗议国民党派飞机轰炸开封。后得姚从吾函,谓"国民党现在比共产党强的就是空军,你们反对使用空军,就是帮助共产党"。22日下午5时,出席第七十一次校务会议。26日,《论大学教育》刊于《展望》第2卷第9期。此文强调大学有两种作用:"一方面它是教育机关,一方面它是科研机关;教育的任务是传授人类已有的知识,研究的任务则在求新知识——当然研究也需要先传授已有的知识。"又说:"一个真正的大学都有它自己的特点、特性。比如我们说清华精神,这就是自行继续的专家的团体的特性。""由于一个大学所特有的特性,由那一个大学毕业的学生,在他的脸上就印上了一个商标、一个徽章,一看就知道他是那一个学校的毕业生,这样的学生才是一个真正的大学生。"如果"所有的大学硬要用一个模型造出来,这就是不了解大学是一个自行继续的专家的团体,有其传统习惯,日久而形成一种精神特点"。29 日下午 5 时,出席第七十二次校务会议。同月,《新理学的趋势》刊于《改造评论》2 卷 4 期。7 月 6 日下午 5 时,出席第七十三次校务会议。13 日上午,出席教授会。下午 5 时出席第七十四次校务会议。14 日,应梅贻琦夫妇招宴,同席有李宗仁、顾毓琇、朱自清等。15 日,出席教授会,审查毕业生名单。晚往同方部小礼堂出席纪念闻一多逝世 2 周年大会。20 日下午 5 时出席第七十五次校务会议。会上闻一多遗著整理委员会报告整理情形。月底,应费孝通之邀与其他 10 人往沈阳为国民党驻军讲演。因沈阳已在中国人民解放军包围之中,讲演未能进行,改为游览古迹,参观抚顺煤矿。31 日,与陈达参观沈阳博物馆、图书馆并摄影留念。同月,致函曹靖华,邀来清华任教。

　　冯友兰 8 月初自沈阳返北平。12 日上午,朱自清逝世。下午,冯友兰与梅贻琦等往北京大学附属医院吊唁,与朱自清夫人陈竹隐商谈治丧事宜,决定由冯友兰、吴泽霖、李继侗、浦江清、陈福田、余冠英、许维遹、毕正宣组成朱自清治丧委员会。17 日下午 5 时,出席第七十八次校务会议。19 日,国民党军警包围清华大学校园,搜捕学生,学生会负责人裴玉荪(女)在冯友兰家中躲藏 1 天。裴走后,军警曾来乙所搜查。20 日下午 3 时,在后工字厅出席第十六次教务会议,讨论三十七年度新生录取标准。24 日下午 5 时,出席第七十九次校务会议。9 月 7 日下午 5 时,出席第八十次校务会议。14 日下午 5 时,出席第八十一次校务会议。16 日,在同方部主持朱自清追悼会并书一挽联:"人间哀中国,破碎河山,又损伤《背影》作者;地下逢一多,辛酸论话,应惆怅清华文坛。"20 日,致函校长办公室,说明 9 月 21 日赴南京出席中央研究院院士会议,离校期间哲学系系务与王宪钧接洽。21 日,赴南京出席中央研究院第一届院士会议。23 日上午,出席中央研究院成立 20 周年纪念暨第一届院士会议。24 日上午 9 时,继续出席院士会议,选举中央研究院第三届评议员,选出社会组 12 人,冯友兰及汤用彤、胡适、赵元任、李济、梁思成、周鲠生、陈达、王世杰、柳诒徵等 12 人当选。25 日上午 9 时,继续出席院士会议。27 日,离南京,中午抵达苏州。应河南大学校长姚从吾之邀往苏州河南大学,当时河南大学已从开封迁到苏州。28 日上午,在北局苏州大剧院演讲,题目为"美国现状与世界大势"。河南大学师生前往听讲。下午,由法学院长方镇中等人陪同游拙政园、狮子林,并在河南大学法学院演讲。29 日上午,在三元坊河南大学文学院演讲。郝士英以其所著《道德学新编》相赠。此书为师友出版社出版的《师友丛书》之一。31 日离开苏州,至上海乘飞机返回北平。同月,傅仲涛《与冯友兰论哲学的性质及其功用》刊于《新自由》第 2 卷 3 期。朱守一《新理学的"趋势"之商榷》刊于《再生杂志》231 期。

　　冯友兰 10 月 5 日下午 5 时出席第八十四次校务会议。7 日,出席教授会。会议决定于文学院添设艺术史系。又选举毕业生成绩审查委员会委员。12 日下午 4 时半,出席第八十五次校务会议。19 日下午 4 时半,出席第八十六次校务会议。21 日下午 3 时半,出席第十八次评议会。同日,将《清华大学文学院拟加设艺术系计划及理由》《艺术史学系艺术史组课程拟稿》呈梅贻琦校长。24 日,在西郊万安公墓参加朱自清骨灰安葬仪式并致悼词。26 日下午 4 时半,出席第八十七次校务会议。同月,出席清华河南同乡会会议;《回念朱佩弦先生与闻一多先生》刊于《文学杂志》3 卷 5 期。11 月 2 日下午 4 时半,出席第八十八次校务会议。9 日下午 4 时半,出席第八十九次校务会议。16 日下午 4 时半,出席第九十次校务会议。23 日下午 4 时半,出席第九十一次校务会议。30 日下午 4 时半,出席第九十二次校务会议。同月,A Short Histroy of Chinese Philosophy(《中国哲学简史》)由纽约麦克米伦公司出版。"Chinese Philosophy and Future World Philosophy"(《中国哲学与未来世界哲学》)刊于美国纽约 Philosophy Review(《哲学杂志》)第 57 期。此文认为,中国哲学富神秘主义,西方哲学富理性主义,未来世界哲学一定比中国传统哲学更理性主义,比西方传统哲学更神秘主义。只有理性主义与神秘主义的统一才能造成与整个未来世界相称的哲学;认为中国哲学的主要目的是强调在人类日常事务中实现最高的生活境界,中国哲学若能对未来世界哲学作出贡献,那就是在日常生活之内实现最高价值,加上经过否定理性而"超过界限"的方法。12 月 2 日,冯友兰出席教授会。4 日,蔡尚思《论盗贼与忠恕——评冯友兰的道德哲学》刊于上海《大公报》。6 日下午 3 时半,出席第十八次教务会议。会议审议学生函请代向他校洽商借读办法以便必要时就读案并否决之。7 日下午 4 时半,出席第九十三次校务会议。上旬,浦江清多次来商谈中国文学系添聘教授事。某日,梅贻琦宴请自南京来平之国民党青年部长陈雪屏,冯友兰等应邀作陪。席间陈雪屏宣布,南京派飞机来接清华教授南迁,愿去者可与他同行。冯友兰及其他教授均"相顾无言,不置可否"。13 日下午 4 时,在甲所梅贻琦宅出席第十九次评议会。晚,在甲所出席校务会议。

　　冯友兰 12 月 14 日下午 4 时半出席第九十四次校务会议。15 日,出席校务会议。会议决定:(一)因梅校长离校未回,推举冯友兰为校务会议临时主席。(二)本月 20 日起照常上课。(三)成立保卫委员会,率领校卫队维持治安,以周培源为主任。16 日晨,校卫队报告傅作义所部已撤至城内。冯友兰当即召集临时校务会议。会议决定召开全校教职工大会并对愿留下工作者进行登记。17 日,主持第九十五次校务会议。会上沈履报告学校最近情况,事务组报告各住户遭受损失情形。20 日下午 4 时半,在科学馆主持教授会,通过清华大学教授会为校园遭炸抗议书中英文各 1 份,拟托燕京大学外籍教授私人播音电台播向城内美国新闻处代发。21 日,主持第九十六次校务会议,审议燕大建议两校各出面粉、煤炭慰劳海淀警察及侦缉队人员案及 12 月临时工案。22 日,主持第九十七次校务会议。因城郊局势未定,学校经费来源断绝,存粮仅能维持员工最低生活一两个月,会议决定成立存粮支配委员会,据最低需要原则,参考设计委员会前拟计划,妥筹存粮分配办法。23 日,主持第九十八次校务会议。会议决定聘戴世光、陈新民、褚士荃、孙毓棠、何学纶、郑圭、李永年、朱荫章、胡节组成存粮支配委员会,以戴世光为主任委员。24 日上午 10 时,主持教授会。会议决定挽留梅贻琦校长,建议学校组织应变生活维持委员会。晚,在乙所家中与浦江清等共同起草挽留梅贻琦函,觉措辞颇困难。25 日,主持第九十九次校务会议。会议决定由教授会、职员公会、工警团体、学生自治会推代表组成应变时期生活委员会。该委员会成立后,存粮支配委员会即撤消。27 日下午 3 时,主持教授会,"钱伟长、费孝通等提出组织校制商讨委员会,由教授会发起,联合教联会、研究生会、学生会、职工会代表组织之。其任务在征询各方对于学校行政的制度以及教务课程的改进,收集商讨材料及具体改革方案。当场推出教授会代表每院一个,李广田、钱三强(周培源暂代)、费孝通、钱伟长、刘崇鋐 5 人。又教联会来信,催促早日复课,当场议决,后天起复课。"28 日,主持第一〇〇次校务会议并报告教联会、学生自治会、研究生会来函陈述对组织应变时期生活委员会之意见。29 日下午 4时,主持教授会。会议决定仍按校历上课至 1 月 8 日,大考取消,成绩移至下学期开始计算。是日为梅贻琦 60 诞辰,原定进献油画像一帧,并有冯友兰所拟祝寿辞、张子高所撰画像题词,已装成册,清华教师皆签名其上。因梅已南去,无可进献,遂在教师中传观。30 日,主持第一〇一次校务会议并报告派员会同应变时期生活委员会委员 1 人前往中共北平市委工作团洽商维持费情形。下午 4 时半在科学馆 204 室出席第十九次教务会议。会议决定本学期授课仍于三十八年度 1 月 8 日结束。各项课程成绩以小考及平时成绩计算，下学期初再行补考。同月，原拟参加北京大学 50 周年校庆活动，并于 17 日下午 3 时在北大北楼大教室作题为"魏晋玄学中之两派"之学术讲演，因时局变化，讲演未能进行，但于《北京大学五十周年纪念特刊》刊出《北大怀旧记》。是年，冯友兰 The Philosophy at the Basis of Traditional Chinese Society（《在中国传统社会基础的哲学》），收入 Ideological Differences and World Order（《意识形态差异与世界秩序》）一书，由美国耶鲁大学出版社出版。（参见蔡仲德编撰《冯友兰先生年谱长编》，中华书局 2014 年版；齐家莹编《清华人文学科年谱》，清华大学出版社 1999 年版）

陈寅恪 3 月 27 日当选为中央研究院第一届院士，25 名评议员以无记名的方式即席投票，首轮投票选举产生 67 名院士，其中姜立夫、吴有训、李四光、陈桢、胡先骕、李宗恩、林可胜、胡适、陈寅恪、赵元任 10 人获全票通过。4 月 30 日下午，陈寅恪作为考试委员在新林院 52 号自家住宅为清华大学研究院文科研究所中国文学部王信忠举行毕业考试，朱自清、陈寅恪、浦江清、陈梦家、余冠英、李广田、雷海宗、游国恩、俞平伯、许维遹等出席。7 月 7 日，陈寅恪为学生刘世辅事致函杨树达。8 月，陈寅恪《白香山新乐府笺证》刊于《清华学报》第 14 卷第 2 期，文中先概括元稹、白居易关于"新乐府"体裁的共同理论，后比较二人之作品。作者在文中提出，"凡诠释诗句，要在确能举出作者所依据以构思之古书，并须说明其所以依据此书而不依据他书之故，若仅泛泛标举，则纵能指出最初之出处，或同时之史事，其实无当于第一义谛也"。又谓："苟今世之编著文学史能尽取当时诸文人之作品，考定时间先后，空间离合，而总汇于一书，如史家长编之所为，则其间必有启发，而得以知当时诸文士之各竭其材质，竞造胜境，为不可及也。"提出了"时空交融"的文学史编纂之新理念。同期还刊载了周一良《南齐书丘灵鞠传试释兼论南朝文武官位及清浊》、闻一多《九章解诂》两文。10 月，陈寅恪《元白诗笺证稿附论》（5 篇）刊于《清华学报》第 15 卷第 1 期，同期还载有吴晗《明初的学校》、沈有鼎《周易释词》、张清常《中国上古 * ⁻ᵇ声尾的遗迹》、王瑶《隶事·声律·宫体——论齐梁诗》等文，以及张清常《陆志韦著〈古音说略〉》、周一良《神田喜一郎编敦煌秘籍留真》与《徐嘉瑞著秦妇吟本事》等书评。同月 5 日，陈寅恪以《论语疏证序》寄杨树达。12 月 12 日上午，浦江请来访。13 日上午，陈寅恪讲课。解放炮声可闻，逃兵至清华附近，陈寅恪停课往观。同日，陈寅恪全家进城。15 日，陈寅恪全家 4 人与胡适一家等乘飞机赴南京。

按：至此，陈寅恪在清华服务 20 多年，无论从授业培养学子还是从其研究成果上看，在清华学术史乃至中国学术史上产生的影响是巨大的。王守常在《读陈寅恪先生关于冯友兰〈中国哲学史〉审查报告》一文中评价："陈寅恪先生是中国现代学术史上最具影响的学者之一。世论其学术影响是建立在：他精通希腊、拉丁、梵文、巴利文等古典文字以及其他中亚和中国边疆少数民族文字；他博学多才，对天文、历法、音韵、医学都具有高水平的专业知识；他对中国古典文献资料，西方古典文献资料不仅了解掌握达到惊人的广度和高度，且能察识入微，直探述作之旨；他对中国古史及佛教史、中外文化交流史的一些问题的研究，超越前人，启迪来者，有摧陷廓清之功绩。此是公论。然从中国学术发展史这个层面看，陈寅恪先生的不世之功及其影响，是他的学术研究方法及成果对于中国学术史的过程有着划时代的意义。"（《纪念陈寅恪先生百年诞辰学术论文集》，426 页）季羡林在为此《论文集》所写序中说："陈寅恪先生逝世 20 余年内，随着时间的推移，他的道德、文章越来越闪耀出灿烂的光芒；他的真面目越来越为人们所窥见。有人著文，把他同王静安（国维）、章太炎（炳麟）并列为中国近代国学三大师，得到了学者们广泛的赞同。"（参见卞僧惠《陈寅恪先生年谱》，中华书局 2010 年版；蔡仲德编撰《冯友兰先生年谱长编》，中华书局 2014 年版;齐家莹编《清华人文学科年谱》,清华大学出版社 1999 年版;王学典《20 世纪史学编年(1900—1949)》,商务印书馆 2014 年版)

金岳霖 3 月与冯友兰、吴敬恒、汤用彤等一起当选为中央研究院院士,在人文组。4 月,与清华、北大、燕京等大学教授俞平伯、李广田、吴晗、容肇祖等 89 人提出质询文,驳斥国民党北平市党部主任吴铸文所谓每次学潮皆为"奸匪宣传"与"三教授"被"奸匪利用"之言。6 月,复与吴晗、徐炳昶、俞平伯、朱光潜、沈从文等 103 人签名发表《抗议轰炸开封宣言》。11 月,复与俞平伯、朱光潜、郑天挺等 46 人联名发表《我们对于政府压迫民盟的声明》。12 月,《知识论》重写完稿,然后交给商务印书馆。用英文讲授"唯物论与经验批判论"研究课程。(参见王中江编《中国近代思想家文库·金岳霖卷》及附录《金岳霖年谱简编》,中国人民大学出版社 2015 年版)

梁思成 3 月 27 日与弟梁思成一同当选为南京国民政府中央研究院第一届院士。同日下午,中央研究院评议会第三次大会讨论首届院士如何公告,并发给当选证书及其证章式样问题,会议决定推选翁文灏、萨本栋、李济、周仁、梁思成共同负责设计事宜。4 月,梁思成发表《北平文物必须整理与保存》,由北平文物整理委员会印发。7 月 5 日,流亡北平的东北学生举行要求读书、反对编入国民党军队当内战炮灰的请愿,结果在东交民巷遭北平"剿总"总部的机枪扫射,当场打死 9 人,重伤 37 人,轻伤 100 多人,造成震惊全国的"七五"惨案,梁思成在清华、北大、燕京、师院等校教授抗议枪杀东北学生宣言上签名。9 月 23—25 日,赴南京参加中央研究院创建 20 周年庆典和第一次全体院士会议。同月,通过清华大学函呈教育部,恳准将建筑系改称营建学系,并将新设之市镇计划学、建筑学两组课程表备案。12 月,应解放军之邀,绘制北平古建筑地图,以备攻城时保护文物之用。是年,建筑系与社会系、哲学系合办了清华文物馆,任馆长。(参见林洙、楼庆西、王军《梁思成年谱》,《建筑史学刊》2021 年第 2 期"梁思成及营造学社前辈纪念专刊";齐家莹编《清华人文学科年谱》,清华大学出版社 1999 年版;蓬莱市历史文化研究会《杨振声编年事辑初稿》,黄河出版社 2007 年版)

陈达 3 月 27 日当选为中央研究院第一届院士。4 月,在《社会科学》第 4 卷第 2 期发表《我国战时的劳工法令及其社会影响》。9 月 23—25 日,赴南京参加中央研究院创建 20 周年庆典和第一次全体院士会议。12 月,清华园解放。临解放前夕,国民党政府曾想用飞机把他接走,被拒绝,毅然留下来,迎接解放。是年,被聘任为国际劳动局专门委员。该局设在日内瓦。(参见田彩凤《陈达先生年谱》,《清华大学学报》1995 第 2 期;齐家莹编《清华人文学科年谱》,清华大学出版社 1999 年版)

汤佩松继续任清华大学农学院教授。3 月 27 日,当选为中央研究院第一届院士。9 月 23—25 日,在南京出席中央研究院院士会议。25 日上午 9 时,汤佩松提议本会发表宣言,对学术独立表示主张。大会对此讨论颇久,并涉及军警包围学校及研究经费问题。决定原则上通过,将议案送交各院部会议。(参见蔡仲德编撰《冯友兰先生年谱长编》,中华书局 2014 年版)

吴晗《传·过所·路引的历史(历史上的身份证)》1 月刊于《中国建设》第 5 卷第 4 期。7 月,吴晗《史事与人物》《回纥助唐记》《关于魏忠贤》,均刊于《史事与人物》。同月,清华大学学生自治会编《清华介绍》中,载有吴晗《导师闻一多先生》等文。8 月 17 日,国民党政府发布在全国逮捕爱国学生和民主人士的命令。19 日,平津各报登载第一批 249 人的黑名单,其中有清华大学 32 人。同日,清华被反动军警包围,吴晗烧毁了文件,做好被捕的准备,后来由于爱国学生的坚持斗争,吴晗和黑名单上的学生都没有被捕。8 月 20 日,在《中建》第 3 卷第 6 期发表《悼朱佩弦先生》。8 月底,经地下党组织再三敦促,吴晗决定绕道上海,去香港,会合在港的民盟成员一起到解放区,响应中共中央关于召开新政协的号召。抵达上海后,由于去香港的飞机检查很严,不能成行。当晚,郑振铎来看吴晗,要吴晗行踪严守秘密,切不可以在公开场合露面。在上海期间,吴晗还会见了张澜、黄炎培、罗隆基等人。9 月初,吴晗由上海回到北平,并在当天到达天津,当时袁震已在天津等候。过了两天,崔月犁便派交通员来陪吴晗夫妇到解放区去。路上碰到清华几个同学,便由吴晗执笔,给清华校长梅贻琦写了封信,信的内容大致是这样的,一、祝贺他 60 岁生日;二、说清楚春暖花开的时候,我们一定回来;三,要求他保护学校,千万不要走,人员、书籍、仪器设备等等,无论如何要保持完整。

　　吴晗《明初的学校》10 月刊于《清华学报》第 15 卷第 1 期。文中认为"专制独裁的君主,用以维持和巩固皇权的两套法宝,一是军队,二是官僚。用武力镇压,用公文办事。皇权假如譬喻作车子,军队和官僚,便是车轮,一武一文,缺一不可",朱元璋在建国之初,缺少有力的文官,乃创造了学校系统以培养新官僚。明朝的学校分为"国学"和"府州县学",文章重点对"国子监"进行了研究,对"府州县学"论述较为简略。同期还载有陈寅恪《元白诗笺证稿附论》、沈有鼎《周易释词》、王瑶《隶事·声律·宫体——论齐梁诗》等文。11 月,毛泽东、周恩来在中共中央所在地河北省西柏坡亲切地会见了吴晗。毛泽东还在百忙中阅读了吴晗的《朱元璋传》二稿,认真地给《朱元璋传》提出一些具体的意见。吴晗在书中对元末农民大起义领袖、西系红巾军领导人彭和尚的结局,作了这样描写:"在徐寿辉起义成功之后他忽然不见",从而断定这个人是"功成不居,不是为了作大官而革命。真是了不起的人物"。对此,毛主席指出:"这样坚强有毅力的革命者,不应该有逃避的行为,不是他自己犯了错误,就是史料有问题。"后来,吴晗果然从《明实录》里找到彭莹玉在杭州被元军所杀的记载。12 月,吴晗正式向党中央呈送入党申请书。同月,吴晗与费孝通合著《皇权与绅权》一书,由上海观察社出版。年底,吴晗奉命专门指派嫡系找到胡适密谈,希望胡适留在北京大学,被拒绝。中国人民解放军兵临北平城下时,用电台广播呼吁胡适留下,继续担任北京大学校长,被胡适拒绝。是年,吴晗还作《社会贤达——钱牧斋》,载《中国建设》第 6 卷第 5 期;《朱元璋的统治术》,载《中国建设》第 6 卷第 3—4 期;《近代中国社会变迁》,载《燕京新闻》第 14 卷第 27 期;《朱元璋的少年时代》,载《文艺复兴》中国文学研究号。（参见夏鼐《吴晗的学术生涯》,浙江人民出版社 1984 年版;齐家莹编《清华人文学科年谱》,清华大学出版社 1999 年版;王学典《20世纪史学编年(1900—1949)》,商务印书馆 2014 年版;陈福康《郑振铎年谱》,三晋出版社 2008 年版）

　　潘光旦继续任清华社会学系主任。在中央研究院第一届院士选举中,先是在社会学组获得提名,但在 3 月 27 日的投票中未能最后通过。这与长期以来其优生学学说（包括以优生学眼光治谱牒学等）在学术界不无争议,以及其发表大量面向学术思想界一般读者的报章文字或有一定关系。此前,傅斯年曾于 3 月 19 日有致朱家骅、翁文灏、胡适、萨本栋、李济并转各位评议员的信函,谈及潘光旦的提名事:"社会学一项,有潘光旦君。潘君自是聪明人,然其治谱牒学之结论,实不能成立。彼以科举之名,证明苏州人天资优越,然此说实不足以成之,盖科举之业亦有风气,且可揣摩,主考与入选者每为一调,忽略此历史事实,乃潘君之说,故潘君之工夫似未可与陈达君同列也。治学不可以报纸文字定其高下,此学在中国既不发达,如求其次,则孙本文君似应列入。此君之书,甚有理解,其工夫非作二三小文之比,故敢提议将其列入候选名单。"4 月,潘光旦的《政学罪言》由观察社出版。作者在弁言中介绍:"本书共收稿二十二篇,其中六篇写于战前三四年内,自系复员后从故纸堆中搜寻出来的,其余十六篇则为复员前后的产物。全书讨论到的生活方面大致与《自由之路》相同,所代表的观点亦彼此呼应,因此,我不妨说它是《自由之路》的一个前驱,同时也是一个后殿。"同月,潘光旦《论五伦的由来》刊于《社会科学》第4卷第2期。此文运用社会科学的方法,将五伦在历史上的各种表述进行列举、统计、分析,梳理重构了"五伦"形成的过程,分析了"五伦"的几个源头。同期还刊载了易廷镇《资本主义出路的历史背景》等文。

按:是年又有《论五伦的由来》抽印本出版。

潘光旦7月在《新路》第1卷第10期"论坛"栏发表《论教育的更张》一文,同期刊载朱光潜、邱椿、吴泽霖、周先庚、樊际昌等人的讨论意见。《论教育的更张》大致分为两部分:一关于教育的目的与意义;二涉及方法与内容。文章就更张教育提出几点建议:"一、中小学教育里,训练与宣传的份量太多,应尽量的减削。省出来的时间,一半交还给学生,作为身心自由发展之用,一半作为酌量延展大学教育之用。""二、大学教育的年限应该延展,至少应有五年,前三年为普通教育或通识教育,后两年才分系而成专门教育。""三、无论普通教育或专门教育,学程的数目,至少上课钟点的数目应力求省减,留出时间来作两种用途,一供学生自修,一让师生之间多发生些课业以外而和一般生活有关的接触和联系。""四、关于学校的设备,校园环境的清幽宽敞是第一条件""图书与实际的设备是第二个重要的条件。""五、所谓普通教育的学程与题材,适量的自然科学与社会科学而外,应特别注重人文学科,如文学、哲学、历史,以及艺术音乐。"作者还提出"一个完全破除惯例的建议",即"高中卒业以后与进入大学以前,或紧接着考取大学以后,一个青年应该有一两年的时光,完全脱离学校,以至于离开日常的社会,而自己觅取一种不随流俗的生活途径与方式"。潘文后附吴泽霖、周先庚、樊际昌对本文讨论意见。吴泽霖说:"潘先生提出教育需要更张,笔者也有同感。其实非但中国如此,全世界都面对着同样的问题。"并说:"中国太注重形式教育。学校教育变成教育系统的主体,尤其高等教育,无论在经费上或人力上,都占了主要部分。""教育的范围决不限于学校,更不限于书本,在中国尤应如此。"主张"在今日的中国,大部分的教育努力应当花在社会教育上面"。并建议"全国最高的教育当局应由对于社会教育有了解、有训练、有经验的人来担任"。

按:蔡尚思发表《论教育的社会化——读潘光旦先生的〈论教育的更张〉》(载《中建半月刊》北平版第1卷第8期),提出商榷意见。

潘光旦7月和9月先后在南京《世纪评论》周刊和上海《观察》周刊上发表了两篇关于妇女角色定位的文章,分别是《家庭·事业·子女》和《妇女问题的一个总答复》,后文初刊于1944年昆明版《中央日报·妇女与儿童》,原题《妇女问题的三个时期与五个论点》。这两篇文章是潘光旦妇女问题论述的最后结晶,可以代表他成熟时期的基本见解,尽管有明显的妇女回家论倾向,但也力求面面俱到,对妇女的职业权利以及人格独立要求表示相当程度的容纳。这两篇文章引起了非常广泛的影响,从9月至11月,先后有6位作者发表文章与他讨论,在上海和兰州还有两次针对性的座谈会召开。10月9日,潘光旦在《观察》第5卷第7期发表《工业化与人格》,反思和批评工业化的三种流弊及其对人格的创伤,认为工业化的弊病有两个特征:"一是它们根本从机械式的生产方法产生,是工业化过程中内在而无法撇开的一部分;除非停止工业化,除非取消大规模的机器生产,这些弊病也就无法祛除;二是这些弊病所牵涉到的不止是服用便利与体格健康的一类问题,而是更基本更久远的生命意义与生活趣味的问题。"12日,曾是潘光旦学生的刘绪贻读了《工业化与人格》之后,作《工业化的利弊——读了潘光旦先生〈工业化与人格〉》,刊于10月30日《观察》第5卷第10期,文中对潘光旦《工业化与人格》提出商榷意见。同月,潘光旦《说家谱做法》刊于清华大学《社会科学》第5卷第1期"校长梅贻琦先生六十寿辰纪念号"。此文前一部分"专叙家谱的普通作法",以供修订家谱的人参考,后一部分"分论谱法的若干变通的用途",以"备研究人品与品性遗传的人采用"。(参见吕文浩编《中国近代思想家文库·潘光旦卷》及附录《潘光旦年谱简编》,中国人民大学出版社2015年版;齐家莹编《清华人文学科年谱》,清华大学出版社1999年版;罗荣渠主编《从"西化"到现代化——五四以来有关中国的文化趋向和发展道路论争文选》,黄山书社2008年版;王学典《20世纪史学编年(1900—1949)》,商务印书馆2014年版)

雷海宗继续任历史学系主任,冯友兰出访美国期间兼代文学院院长。年初,雷海宗入选中央研究院院士初选名单,此为学术声誉获得学界认可的标志。1月,雷海宗受国民党北平市党部主任吴铸人之托,以"经费独立""不用党费"为前提,创办《周论》,出任该刊主编。同月16日,《周论》创刊号出版,雷海宗在所作《发刊词》中强调"我们的武器是思想,是概念,不是名词,不是口号"。同期载有雷海宗《政治的学习》《如此世界·如何中国》。2月16日,在《周论》第1卷第4期发表《侵略定义》。27日,在《周论》第1卷第7期发表《国际谣言与自我检讨》。3月1日,在北平《正论》第3期发表《国际谣言中的中国》。7日,在南京《中央日报》发表《本能、理智与民族生命——中国与英国民族性的比较》。19日,在《周论》第1卷第10期发表《号角响了,曾受美国教育的自由分子赶快看齐!》,文中最后指出:"今日中国政府中,岂乏受过美国教育的分子?但说来也奇怪,只要一进入政府,马上就丧失'自由分子'的资格,立刻就染上'反动''贪污''无能'甚至'法西斯'的嫌疑。为保有'自由分子'的清名,为维持吹号角者的恩宠,自由分子最好是永远站在局外,从旁多说风凉话,在相抵相销上多下工夫。那才不辜负彼方千辛万苦所施的自由教育,那才合乎施政者不可告人的最高要求!"

雷海宗4月2日在《周论》第1卷12期发表《对国民大会献言》《对参政会致意》。前文提出"对内铲除贪污,对外保持独立,这是今日全国国民最低的两条要求,也是全国国民所赋予国民大会的双重使命!"9日,在《周论》第1卷第13期发表《认识美国对日政策的一贯性》。23日,在《周论》第1卷第15期发表《北平的学潮》。文中将北平的学潮最终归结于"是因为政党没有退出学校;近年以来,学校中的政治气氛过度浓厚。政治的斗争,是容易激动感情,容易引起越轨的行动的。此次学校内部的情形,似乎已超过学校当局所能控制的范围,学校以外的情形似乎也超过地方当局所能控制的范围,内外相激相荡,最后竟引起各校内部惟一没有政治意味的教授会宣布罢教,无论由学校的立场,由地方的立场,或由国家的立场来讲,这都是最不幸,最可痛心的发展,最感痛心的无疑的就是各位教授。我们希望今后大家共体时艰,不要再任意发泄感情,引起难以控制的事态,教育幸甚,国家幸甚!"由此可见作者的政治态度。30日,在《周论》第1卷第16期发表《所望于新政府者》。同月,在《独立时论集》第一集发表《理想与现实:政治兴趣浓厚时代的两个世界》《航空时代、北极中心与世界大势》《伊朗问题》《两次大战后的世界人心》。

雷海宗5月7日在《周论》第1卷第17期发表《五四献言》,开篇云:"民国八年五月四日,北京大学及其他首都各校的学生三千余人所举行的游行示威,就动机与结果言,有双重的意义:一为爱国运动,一为新文化运动。时间虽已过了二十九年,我们今日纪念五四,不仅是例行故事的纪念,就那双重的关系讲,五四仍有活的意义,仍大有纪念的价值。"认为

"专就爱国的意义言,五四运动已是不朽。但以五四为机缘,引起对于旧思想旧传统的重新估价,对于新思想新潮流的热烈介绍,这就是所谓新文化运动。少数人虽然在言语上或行动上不免走极端,但运动的主流是正当的与健全的,在蔡子民、胡适之及其他各位大师的领导之下,智识青年用最开明的态度研究一切,批评一切,考量一切,希望对一切都能得到合理的与应合时代的新标准与新结论。当时对于一切学术文化问题都运用科学精神,也就是不顾一切的求真精神。在全部中国历史上,能以大无畏的精神求真的,除了先秦诸子外,恐怕只有五四时期的少数有名学人与一群无名学子,及今思之,仍令人不胜其向往之情。""中国之能有今日,一部要靠新文化运动。对于今日的文化现状,我们无人满意,但我们开始追随世界潮流,还是来自五四以后一批学人的勇于介绍与勤于研讨。我们今日仍然落伍,但已知道落伍之处何在;在五四之前我们只是感觉自己落伍,而不知究竟如何的落伍。这种民族的与文化的自知之明,是五四运动的另一大的功绩。""时代不同,爱国表现的方式或也无需尽同,但凡属国民,今日必有民国八年五月四日青年学子的心情,方能无愧于衷。讲到文化运动,五四时期的热烈情绪当然没有永久保持的可能,但我们都当承认,文化运动尚未结束,文化运动的使命尚未完成,我们今日仍需珍视自由探讨的精神,虚心学习。五四之后,是我们彻底近代化运动的开端,今日全国公认的建国需要,就是学理的新文化运动的具体化的表现。文化的巨流,曲折甚多,外相时变,但内里的线索是恒久的。我们纪念五四,须认清它的恒久部分,各尽所能,完成五四一代留给我们的重大使命。"

雷海宗5月14日在《周论》第1卷第18期发表《真是——教育究为何来?》,就教育的目的与本质作了反思。21日,在《周论》第1卷第19期发表《谨防学潮的另一种变质》《美苏交换照会,冷战又一回合!》。6月4日,在《周论》第1卷第21期发表《弱国外交与外交人才》《再认识美国的对日政策》《巴力斯坦的无上惨剧,英美合演的无比双簧!》。18日,在《周论》第1卷第23期发表《反美扶日运动与司徒大使发言》。25日,在《周论》第1卷第24期发表《出路问题——过去与现在》。年中,雷海宗被列入国民政府"挽救北方学人"计划名单,陷入去或是留的彷徨。9月3日,在《周论》第2卷第8期发表《人心向治良机勿失!》。10日,在《周论》第2卷第9期发表《欧洲统一问题》。17日,在《周论》第2卷第10期发表《论中国社会的特质》。10月8日,在《周论》第2卷第13期发表《睡梦已久,可以醒矣!——国庆期中,本刊再申立场》。11日,在《天津民国日报》发表《国际和平展望》。文中提出:"今日能够单独作战的只有美苏两国,连大英帝国也只能作配角,其他各国更不必说了。大国只剩下两个,那就等于说,任何即或暂时居中调停或中立缓冲的势力都已不再存在,已经没有任何可以勉强称为'第三力量'的一种力量。两大短兵相接,国际局面当然显得特别紧张。这是今日与过去最大的差异。过去每次大战之后,人心还可作一个或长或短的和平梦,今日心中真正有此梦想的人恐怕举世也找不到几个。今日已经没有人问,和平能否永久维持,今日大家所要知道的只是这个朝不保夕的和平何时破裂。"22日,在《周论》第2卷第15期发表《学者与仕途》。29日,在《周论》第2卷第16期发表《联合国纪念日》。

雷海宗10月在清华大学《社会科学》第5卷第1期"校长梅贻琦先生六十寿辰纪念号"发表《东周秦汉间重农抑商的理论与政策》。文中提出:"殷商西周的封建时代,商业的情形无考。在封建时代,农业为社会的基础,当时的商业,范围一定甚狭,势力一定甚微,除西周晚期由封建将转到列国的时候,商业或已开始抬头外,在大部的商周时期,商业是不成问题的。进入春秋,商业逐渐发达。到战国时代,商业才有独当一面的地位。秦汉大一统,商业虽盛,但国家的政策与社会的心理都已对商业不利。秦始皇统一天下,似乎就已开始推行重农抑商政策,自此在人心中造成商业为末业的观念。这种观念一直维持了二千年,近世与欧美接触日繁,轻商的传统才发生动摇。春秋战国秦汉间的商业理论与商业政策,是经济方针与社会心理上的一件大事,史料虽然不多,现有的史料已足使我们看出一种发展的道理。"11 月 5 日,在《周论》第 2 卷第 17 期发表《蒲立德又要来华调查》。12 日,在《周论》第 2 卷第 18 期发表《可注意的美国未来发展》《美国大选后的世界》。19 日,在《周论》第 2 卷第 19 期发表《盎格罗萨克逊联合国在形成中》《人生的境界(一)——释大我》。此为《周论》最后一期。该刊自 1948 年 1 月 16 日创刊,至同年 11 月 19 日终刊,共计 43 期。撰稿人几乎全是清华北大知名学者,雷海宗本人除为其撰写全部 60 篇社论外,还在该刊发表 10 余篇署名文章。《周论》重视个人自由和个性价值,主张以宪法法律和适度干预的市场经济为社会基础;强调社会秩序,主张以渐进的方式推进社会改良;视宽容为社会生活重要价值标准。该刊在当时的京津教育界中颇有影响,但也充满争议:既有读者视之如理性思想的甘澧,也有读者斥之为"反动"的政府帮凶,更有许多读者谓其"立场不明"。最终中国共产党军管会文化接管委员会将该刊确定为"应予没收"的匪刊。12 月 11 日,时任教育部代部长的陈雪屏致信北大秘书长郑天挺,再次敦促若干关键人物早日南下,其中亦特别提及雷海宗。12 月底,最终拒绝国民政府南下台湾的邀请,选择留在北平。(参见江沛、刘忠良编《中国近代思想家文库·雷海宗、林同济卷》及附录《雷海宗年谱简编》,中国人民大学出版社 2014 年版;马瑞洁、江沛《雷海宗年谱简编》,载王京州编《河北近现代学者年谱辑要》,国家图书馆出版社 2017 年版)

费孝通《现代社会学》1 月刊于《思想与时代》第 51 期。文中指出"现代社会学的趋势是社区分析和社会行为形式的研究,而在社区分析上与人类学相近"。4 月,费孝通的《乡土中国》由上海观察社发行,被列为"观察丛书"之四。6 月再版,7 月 3 版,8 月 4 版。《乡土中国》力图从社会学的"理想类型"出发,提炼出中国基层社会结构的基本原则,所提出的"差序格局""礼治秩序"等命题至今影响不绝。作者在本书后记中介绍:"这集子里所收的十四篇论文是从我过去一年所讲'乡村社会学'的课程中所整理出来的一部分。我这门课程已讲过好几遍,最初我采用美国的教本作参考,觉得不很惬意,又曾用我自己的调查材料讲,而那时我正注意中国乡村经济一方面的问题,学生们虽觉得有兴趣,但是在乡村社会学中讲经济问题未免太偏,而且同时学校有土地经济学和比较经济制度等课程,未免重复太多。过去一年我决定另起炉灶,甚至暂时撇开经济问题,专从社会结构本身来发挥。初次试验离开成熟之境还远,但这也算是我个人的一种企图。以我个人在社会学门内的工作说,这是我所努力的第二期。第一期是实地的社区研究,我离开清华大学研究院之后就选择了这方面。"又说:"三十三年回国,我一方面依旧继续做魁阁的研究工作,同时在云大和联大兼课,开始我的第二期工作。第二期工作就是社会结构的分析,偏于通论性质,在理论上总结并开导实地研究。'生育制度'是这方面的第一本著作,这本'乡土中国'可以说是第二本,我在这两期的研究工作中虽则各有偏重,但在性质上是联贯的。""'生育制度'可以代表以社会学方法研究某一制度的尝试,而这'乡土中国'却是属于社区分析第二步的比较研究的范围。"

费孝通 8 月 28 日在上海《观察》第 5 卷第 1 期发表《评晏阳初:开发民力 建设乡村》。文中指出:"农复会是想避免社会制度的改革而达到农村复兴的目的的。""为什么不从土地制度入手解决中国农村问题呢?""晏先生的乡建工作是技术性的。当中国社会矛盾的死结解开了,他现在所提倡的四项工作:知识、生产、健康、组织,都是十分重要的。这些是开发民力所需要的技术。""晏先生悲天悯人的看法是发生在低估了中国农民自动自发的革命力量。""在这时局动荡、历史转换的当口,他又接受了一个更大的考验。"同月,费孝通所著《乡土重建》由上海观察社出版发行。此书被列为"观察丛书"之九于9月再版,12月3版,次年2月4版。全书分14章论述,以作者1947年1月30日在伦敦经济学院学术演讲稿《中国社会变迁中的文化结》为代序,作者认为:"从基层乡土着眼去看中国的重建问题,主要的自是:怎样把现代知识输入中国经济中最基本的生产基地乡村里去。"认为"乡土重建有一个前提就是要解决土地问题""乡土工业是我们在打算重建中国经济时应当注意的一项",以及"在有限的资本下,重工业和乡土工业之间应当维持什么样的比例"。最后又说:"乡土重建必须有一个前题,那就是有一个为人民服务的政府。"由于《乡土重建》集中讨论了与当时社会现实生活密切相关的问题,包括乡土工业、乡土社会的重建以及地主士绅阶层的出路等,其中收录的文章大多首发于《大公报》,因而曾引起过广泛的讨论。

费孝通10月在《中国建设》杂志发表《读张菊生先生"刍荛之言"》,云:"这是一篇大家应当读而不易读到的重要文献,因为张先生在这短短的致词里,说出了现在生活在水深火热里的人民大家要想说的话;同时也以他学术先进、年高德劭的资格,对我们这些厕身文化界的后进,发出衷心的警告和期待。他警告我们:学术不能在战火遍地中存在象牙之塔里。警告我们;不应当做埋头在沙土里的鸵鸟,不看看血淋淋的现实。……他对我们有期待、有号召,就是效法向戍和宋轻做时代的和平使者……"同月,费孝通书评"Malinowshi,B. A Scientific Theory of Culture and other Essays"刊于《社会科学》第5卷第1期。12月,吴晗与费孝通合著《皇权与绅权》由上海观察社出版。此书结合历史文献和实地研究的材料,试图探讨中国社会结构,是费孝通、吴晗、袁方、胡庆钧、史靖等组织的讨论班宣读论文的结集。这一时期,费孝通在报刊上发表文章很多,成为中国知识阶层所熟悉的名字。是年,美国芝加哥大学教授雷德斐尔德来华讲学期间,由费孝通口述给雷德斐尔德夫人《乡土重建》和《皇权与绅权》的部分文章,这部分文章1953年被编辑为《中国绅士》一书在美国出版。（参见吕文浩编《中国近代思想家文库·费孝通卷》及《费孝通年谱简编》,中国人民大学出版社2015年版;杜学元、郭明蓉、彭雪明《晏阳初年谱长编》,上海交通大学出版社2017年版;张人凤、柳和城编著《张元济年谱长编》,上海交通大学出版社2011年版）

张岱年是夏作《天人简论》,他在《自序》中说明:"民国三十一年春,余始撰哲学新论,将欲穷究天人之故,畅发体用之蕴,以继往哲,以开新风。至三十三年夏,关于方法,仅成《哲学思惟论》六章;关于宇宙,仅成《事理论》八章;关于认识,仅成《知实论》四章;关于人生,仅成《品德论》四章。"于1945年夏,"另撰《天人简论》一篇,简叙'新论'之要指"(未完成)。至1948年夏,"恐久而遗忘,于是将个人对于各方面哲学问题的见解作一概括的简述,草成此篇。当时以为哲学是天人之学,故名之曰《天人简论》。此篇可以说是我四十岁前思想的概略"。12月,清华园解放。迁居清华旧西院甲14号,仍讲"中国哲学史"课程。（参见杜运辉《张岱年先生年谱简编》,载王京州编《河北近现代学者年谱辑要》,国家图书馆出版社2017年版;齐家莹编《清华人文学科年谱》,清华大学出版社1999年版）

吴景超参与筹备的中国社会经济研究会3月1日在北平成立,与钱昌照、周炳琳、孙越崎、王崇植、陶孟和、楼祁彦、萧乾、潘光旦、刘大中等11人当选为理事。5月15日,"中国社会经济研究会"会刊《新路》周刊在北平创刊,吴景超任主编。该刊主要对当时中国政治、外交、经济、社会各问题进行探讨,在政治上主张走第三条道路,以"中间路线"探索中国的前途。创刊号发表《中国社会经济研究会的初步主张》一文,旨在"集合志同道合的朋友们对中国各种大问题加以分析,在黑暗中为民族摸索一条可达光明的途径"并根据需要,"试画一幅建设新中国的蓝图"。提出政治方面、外交方面、经济方面,以及社会其他方面等32条政纲,企图在中国国民党与中国共产党之间"另组一新党""寻求一条新路"来解决中国问题。该刊设有辩论、专论、短评、通讯、文艺、书评等栏目,内容丰富,在短评与辩论栏中着重评论中国时政问题,如用和平方法能否实现社会主义;通讯栏中报道国共战争中各方战况。另外,有对中国经济问题系统性的论著。主要撰稿人有楼邦彦、吴景超、谷春帆、刘大中、龚祥瑞、叶景莘、吴铎、蒋硕杰、吴恩裕等。《新路》基于中国社会经济研究会自身的专业背景,以"研究"的方式,尝试在冷战即将形成的全球背景中,在"社会主义"已成历史必然的判断下,探讨一条"新路"。同时自觉置身历史剧变之中,主动采取一种灵活、开放乃至自我辩难的态度,并围绕中国未来的政治、经济和社会建设的走向绘制了种种"蓝图"。8月14日,《新路》杂志第1卷第14期发表《翁院长染上了滥发文告之病》,对28日翁文灏以行政院长名义发表告全国国民书《明辨是非,共赴国难》进行评论,指出:内阁总理的文告必是为要对某项政策的实施向国民陈达,"如果其所言仅是宣达意旨,而其所宣达又全是他人之旨意,那便更是等而下之了,直是为人传声之广播员而已"。文章并对翁文灏的人格因此被蹭蹿而惋惜。10月,吴景超《计划经济与价格机构》刊于《社会科学》第5卷第1期。12月,《新路》出至第2卷第6期被当局勒令停刊。

　　按:据陈竹隐《忆佩弦》(《新文学史料》第一辑,人民文学出版社1978年版)回忆:"也是在这一年,北平一些由美国培养的民主个人主义者,创办了一个中间路线的刊物,名为《新路》。创办人中绝大多数是佩弦多年的老朋友,这些人邀请他参加。但他也断然拒绝了。值得指出的是:当时教授阶层的生活已经到了山穷水尽的地步。我们家人口多,尤其困难。为了生活,佩弦不得不带着一身重病,拼着命多写文章,经常写到深夜甚至天明。《新路》为了纠集民主个人主义者进行反人民的活动,用利诱的方式,出的稿费特别高。在这种情况下,佩弦坚决拒绝了他们,和中间路线划清了界限,表现了一个真正热爱祖国和正直的知识分子应有的操守。"(参见姜建、吴为公《朱自清年谱编》,安徽教育出版社1996年版;齐家莹编《清华人文学科年谱》,清华大学出版社1999年版;李学通《翁文灏年谱》,山东教育出版社2005年版)

　　周一良6月在《历史语言研究所集刊》"第20周年专号"上发表《领民酋长与六州都督》。文中细致考辨了从领民酋长到六州都督演变的轨迹,认为"领民酋长由部落酋长衍为不领部落之虚号,更由领民酋长之虚号蜕变而为领民都督,专领北人。逮'六州'两字成北人之代表,于是六州领民都督更省为六州都督"。作者对此文较为满意,在晚年回忆中指出,此文对领民酋长与六州都督作了初步解释,"遂成定论"。但严耕望因嫌周氏此文"写得颇为散漫,欠条理,分析也嫌不够",乃重新撰写了《北魏领民酋长制度》,作为《中国地方行政制度史》之一章。8月,周一良应聘任清华大学外国语文系教授。同月,在《清华学报》第14卷第2期发表《南齐书丘灵鞠传试释兼论南朝文武官位及清浊》,同期载有陈寅恪《白香山新乐府笺证》、闻一多遗著《九章解诂》等文。(参见王学典《20世纪史学编年(1900—1949)》,商务印书馆2014年版;齐家莹编《清华人文学科年谱》,清华大学出版社1999年版)

　　李广田1月1日在《中学生》1月号发表《谈文艺创造》。同月,《说纪德〈浪子回家〉》刊于《中国作家》第1卷第2期;文学论文集《文学枝叶》由上海益智出版社出版,为范泉主编一知文艺丛书第1辑,收入文章23篇,作者在本书序中说:"文章内容,举凡创作、批评、散文、诗歌、戏剧、小说、报告,以及文学文化诸问题,都多少涉及一点。分开来看,实在是枝枝叶叶,合起来看,也许还可以看出一贯的思想。"2月1日,李广田《谈小说》刊于《中学生》2

月号。15 日,李广田《论情调》刊于《文讯》第 8 卷第 2 期。3 月 1 日,李广田《谈散文》刊于
《中学生》3 月号。15 日,李广田《说果戈里的〈外套〉》,刊于《文艺春秋》第 6 卷第 3 期。4 月
13 日,李广田《欢迎新的〈原野〉》刊于《清华旬刊》第 7 期;《论伤感》刊于《文讯》第 8 卷第 4
期。同月,李广田《爱·仑坡的〈李奇亚〉》刊于《文学杂志》第 2 卷第 11 期。5 月 1 日,李广
田《文学教育》刊于《中学生》5 月号。15 日,李广田《诗与朗诵诗》刊于《文讯》第 8 卷第 5
期。19 日,李广田应邀在北大医学院演讲,题为“医学与文学”。后刊于《中建》第 3 卷第 4
期。同月,李广田散文集《日边随笔》,由文化生活出版社出版,为巴金主编之“文学丛刊”第
9 集,收入文章 16 篇。

　　按:作者在《序》中表达出原先颇为欣赏秦少游“日边清梦断”和王维“日色冷青松”那样一种清新而
冷寂的境界,《序》中说:“像若干年前所向往的那种‘日边清梦断’的境界大概永不会得到,至于‘日色冷青
松’那样的感觉也永难再来,最低限度,我至今也还没有写出那种清淡到毫无人间气息的作品,因为我们
的生命无时不在烈火里燃烧,就像生活在太阳近边一样,这也许就算是‘日边’的另一意义。”“其所以名之
曰‘日边随笔’者,不过是偶尔想起:藉此聊以见出自己的变化,以及我们这时代的变化而已。”梅子在《李
广田选集》前言中指出,《日边随笔》为李广田散文创作的第三阶段(第一阶段为《画廊集》,第二阶段为《银
狐集》),“由于生活面的益发扩大,这时的作品线条更粗,不但思想内容更明朗健旺了一些,就连风格也多
少摆脱了沉郁的调子,逐渐趋向明快畅达的一流。许多作品虽然较含蓄,但明眼人仍可明白它的指向。
在现实的教育下,他跟上时代的决心比过去任何时候都更坚定了”。(李岫《李广田研究资料》,宁夏人民
出版社 1985 年版)

　　李广田《写作常谈》6 月 1 日刊于《中学生》6 月号。7 月 1 日,李广田《谈语文节奏》刊于
《中学生》7 月号。9 月 4 日,李广田《最完整的人格——哀念朱自清先生》刊于《观察》第 5
卷第 2 期。文中说自朱自清逝世后,“在别人的谈话中,以及在别人的文字中,大都提到佩
弦先生是一个最完整的人”。作者以此“试论佩弦先生的为人”,得出,“第一,佩弦先生是一
个有至情的人。佩弦先生对人处事,无时无地不见出他那坦白而诚挚的天性,对一般人如
是,对朋友如是,对晚辈,对青年人,尤其如此。”“第二,佩弦先生是一个最爱真理的人”“凡
是认识朱先生的,同朱先生同过事的,都承认朱先生是最‘认真’的人”“这一切表现在日常
生活中的认真精神,也正是他的热爱真理的一方面。”文章又由分析朱自清近年所作文章得
出他“在思想上变化是非常显著的”,这是他“自然地接近真理,拥抱真理”“第三,佩弦先生
是一个很有风趣的人”。作者列举朱自清生活中和作品中的事实来说明其幽默。最后总
结:“有至情,爱真理,有风趣,这就是朱先生之所以为朱先生,这就是朱先生的人格之所以
被称为最完整的人格之所在,这也就是为什么,当朱先生活着的时候,无处不赢得人的敬
爱,而当他的死耗传出之后,无人不感到伤痛与惋惜。”

　　李广田论文集《创作论》9 月由开明书店出版,内收 10 篇文章。作者在《创作论》序中
说:“《创作论》十篇,是《文学论》里的一枝。一九四四年九月二十一日起,十二月二十三日
止,写于昆明。”作者在序中逐一介绍了这些文章,然后说:“整理完了这些文字,与其说是愉
快,毋宁说是感到了一种痛苦,因为我的意见实在太平凡,我没有什么新鲜意见告诉人;大
概正因为这样,所以我偏重举例,每一篇都充满了实例,例如这样能比较‘徒托空言’稍好一
些,也可以算是一点安慰。”“这几年来,我随时都在修改这十篇东西。”梅子在《李广田选集》
前言中评价:“在李广田抗战末期的创作中,和散文一样精采的是他的文艺评论。他的文艺
思想成熟于大量艰苦的创作实践之后,因为亲尝个中的甘苦,而且在主观上,他立志要‘建
立一种严正的文学批评’,所以这类作品立论精审、分析剖切,颇多透辟的创见。在文字上

也依然那么明白晓畅、质实无华。它的代表作原是一部巨著:《文学论》,可惜作者对自己要求太高,以致到今天,我们还看不到它。也许,它已永远无法问世。可幸的是,它的大致轮廓我们尚可从他的《创作论》和《文学枝叶》两书中窥见,就凭这些识见卓特、功力深厚的零篇断章,我们也完全有理由把它的作者列为这一领域的大家。"其间,李广田的文学活动重点有所转移,他在《自己的事情》一文中说明:"复员两年以来,可以说毫无创作可言,我的兴趣转移到批评方面来了。我认为今天应该建立一种严正的文学批评,以配合今天的政治文化工作。"11月1日。李广田《朱自清先生的道路》刊于《小说》第1卷第5期。又载《中建》北平版第1卷第10期。文章说:"文学工作的道路,文化工作的道路,现实生活的道路,时代思想的道路,这一切造成朱先生自己的道路。他的道路走得非常稳当,非常踏实。""这使他成为一般知识分子所最容易追随的前驱,成为一般知识分子最好的典型。"12月29日,李广田《论文艺刊物》刊于上海《大公报》。是年,李广田继朱自清后任清华大学中国文学系主任。(参见齐家莹编《清华人文学科年谱》,清华大学出版社1999年版)

浦江清10月在《文学杂志》第3卷第5期"朱自清先生纪念特辑"上发表《朱自清先生传略》,开篇云:"朱自清先生,字佩弦。他的字不很通行,他的名是每个中学生都知道的。他写的文章,或署名,或署字,而书成出版时,一概用名。在学校里也用名,学生都称他为朱自清先生。"所载清华重要经历:"二十一年,返清华大学,时梅贻琦氏长校,先生复为中国文学系主任。此后数年,清华大学中文系均由先生主持,名教授有陈寅恪、杨树达、黄节、刘文典、俞平伯、闻一多、王力等,一时称盛。先生周旋老辈,奖掖新进,使新旧学本平衡发展,同人师生,感情皆洽。二十四年,兼任清华大学图书馆主任,二十五年辞兼职,专任中文系主任。"又谓朱自清"注意到通俗教育的重要性,要使学术通俗化,乃续写《经典常谈》稿,又与叶绍钧合作《精读指导举隅》,又与浦江清等创办《国文月刊》,促进国文教学。"同期《文学杂志》还载有朱光潜《敬悼朱佩弦先生》、冯友兰《回念朱佩弦先生与闻一多先生》、俞平伯《忆白马湖宁波旧游》、川岛《不应该死的又死了一个》、余冠英《佩弦先生的性情和他的病》、李广田《哀朱佩弦先生》、杨振声《为追悼朱自清先生讲到中国的文学系》、林庚《朱自清先生的诗》、王瑶《邂逅斋说诗缀忆》等文,以及朱自清遗作《犹贤博弈斋诗钞选录》等。

陈梦家4月25日作《清华大学文物陈列室成立经过》,作者有感于上年美国普林斯顿大学为纪念成立200周年,曾举行一国际的东方学术会议,该会分社会经济与艺术考古两组,后者特别提出中国的铜器、绘画与建筑为讨论的中心。当时与冯友兰、梁思成皆旅该邦,"我们深感中国艺术在国际上有超过的地位,而沟通中西文化,介绍中国的精粹于西方,中国艺术应为最好的媒介。近数十年来,我国古物流传海外,为数至巨。欧美大学常设立中国美术课程,而美国若干博物院颇多以中国古物为其主要的陈列。然而顾国内大学,曾无一校有中国美术的专系",因而深感有必要"在大学设立专系,并创办大学博物馆"。这样,"可以使同学们学习对于本国至高艺术的欣赏和了解。此等影响在当时不易察觉,然一旦受到熏陶,后来一定发生极大的力量"。文章介绍了文物陈列室成立经过,希望借此"唤起社会人士对于古物的保存与研究""尤其希望收藏家慨然的赠与""使国家遗留的瑰宝永远为后代人所珍惜"。(参见齐家莹编《清华人文学科年谱》,清华大学出版社1999年版)

冯至年初在《星期文艺》第62期《新年献词》中强调,文学要"和一切的生存者息息相关,没有修饰,没有浮夸"。他还把6篇有关歌德的文章辑成一书,并附上《画家都勒》一文,题名为《歌德论述》,由朱光潜主持的南京正中书局出版。书中的序文写作于1月18日,介绍了自己 40 年代研究歌德的经过。2 月 8 日,《Kierkegaard 杂感选译》刊于天津《大公报·星期文艺》。15 日,译海涅游记《哈尔茨山游记》,在上海《文讯》第 8 卷第 2 期开始连载。3 月 5 日,作《十四行集·序》。28 日,在天津《大公报·大公园地》发表"向儿童说我童年的故事"第一篇《彩色的鸟》。以后,在 4 月发表《表里的生物》《猫儿眼》。4 月,作《从前和现在——为新诗社四周年作》。5 月,《批评与论战》刊于《中国作家》第 1 卷第 3 期;《杜甫传》第六章《安史之乱中的杜甫》刊于《文学杂志》第 2 卷第 12 期。7 月 4 日,到清华大学看望朱自清。这是最后一次见到朱自清。本月,《杜甫传》第八章《从秦州到成都》刊于《文学杂志》第 3 卷第 2 期。8 月,朱自清逝世。14 日,作《给臧克家信》,悼念朱自清。以后,又作《忆朱自清先生》,刊于 20 日《中建》杂志第 3 卷第 6 期。文中追怀与朱自清的交往,为"未来的新中国"失去了朱自清而深深惋惜。同日,《杜甫传》第二章《杜甫的童年》刊于《文学杂志》第 3 卷第 3 期。9 月 15 日,《给臧克家信》刊于《文讯》第 9 卷第 3 期。10 月,《杜甫传》第九章《草堂前期》刊于《文学杂志》第 3 卷第 5 期。11 月,《杜甫传》第十章《杜甫在梓州·阆州》刊于《文学杂志》第 3 卷第 6 期。是年,还撰有《鲁迅先生的旧体诗》等文。(参见周棉《冯至年谱》,载王京州编《河北近现代学者年谱辑要》,国家图书馆出版社 2017 年版;齐家莹编《清华人文学科年谱》,清华大学出版社 1999 年版)

曹靖华 7 月只身往北京清华大学任教。年底举家北迁,迎接解放。《列宁的故事》由上海生活书店再版;《油船德宾特号》由哈尔滨读书出版社出东北版三版;《不走正路的安德伦》由华北新华书店出版;《虹》已销五版,在沪重版。又有《A·托尔斯泰三部曲前记》刊于《中苏文化》第 19 卷第 7—8 期;所译柯列斯尼科瓦作《论〈城与年〉》刊于《中苏文化》第 18 卷第 2 期。(参见冷柯(执笔)、毛粹《曹靖华年谱简编》,《河南大学学报》1984 年第 5 期)

王瑶《谈古文辞的研读》6 月 10 日刊于《国文月刊》第 68 期。8 月,著成《中古文学史论》。同月 20 日深夜,王瑶撰写《后记》,明确地说:"我自己对于文学史的看法,和朱先生是完全一致的。"文中具体地引述了朱自清先生对于文学史研究的看法,然后表示,"至于作者自己能遵行到如何程度,就不敢说了"。此书始著于 1942 年,至此完稿。其中《隶事、声律、宫体》一章曾在《清华学报》刊载,《小说与方术》一章曾在商务印书馆出版的《学原》刊载,《拟古与作伪》及《论希企隐逸之风》两章曾在《文艺复兴》中国文学专号刊载。1946 年至1948 年王瑶在清华大学中国文学系讲授"中国文学史分期研究(汉魏六朝)"一课时曾以此为讲稿。全书共十四章,大致分三部分论述。第一部分是"文学思想",着重于文学思想本身以及它和当时一些社会思想的关系。第二部分是"文人生活",主要在鲁迅《魏晋风度及文章与酒及药之关系》基础上予以研究阐发,着重于文学生活与文学作品的关系。第三部分是"文学风貌",介绍主要作家生平、评价其作品。各章既可单独成篇,又颇具系统。

按:付祥喜著《20 世纪前期中国文学史写作编年研究》(北京师范大学出版社 2013 年版)认为,王瑶在中国文学史研究领域是承上启下的关键人物。"承上"首先是指他在清华大学学习、教学与研究十余年,直接师承于朱自清、闻一多,其学术渊源也主要来自朱、闻。直到将近四十年后,王瑶在这本书再版时所写的题记里,重申他写作此书过程中如何受到朱自清先生和闻一多先生的"亲承音旨"式的指导。其次,王瑶承认"研究中古文学的思路和方法,是深深受到鲁迅的《魏晋风度及文章与药及酒之关系》一文的影响的"。并且指出,鲁迅的研究工作,"对文学史研究工作者是具有方法论性质的启发意义的,至少作者是把它作为研究工作的指针的""启下"指的是王瑶的治史方法和原则,作为北大中文系传统之一,基本上被他的学生陈平原、钱理群、温儒敏等继承,由此对中国现当代文学学科建设和发展产生了深刻的影响。王瑶尊重文学史的"历史性",重视史料,但他在文学史写作中不像早期文学史作者那样大量罗列材料、摘录作品原文。他承认文学史具有客观历史性,却在文学史写作中强调"史识重于史料"。1948年,王瑶先生在一篇文章中曾经说过:"写史要有所见,绝对的超然的客观,事实上是不可能的。写一部历史性的著作,史识也许更重于史料。"后来,他进一步阐释这种"史识":"文学史作为一门独立的学科,他既不同于以分析和评价作品的艺术成就为任务的文学批评,也不同于以探讨文艺的一般的普遍规律为目标的文艺理论;它的性质应该是研究能够体现一定历史时期文学特征的具体现象,并从中阐明文学发展的过程和它的规律性。"基于这种认识,他在搜寻和运用史料时表现了清醒的觉识,能够做到既依循史料,"论从史出",又不拘囿于史料。他的《中古文学史论》一书,"坚持'以史证文',重视从大量复杂的历史现象中抽出带有规律性的科学的论断",是成功的实践。

王瑶《悼朱佩弦师》9月5日刊于《中建》第3卷第7期(北平航空版第4期)。10日,在《国文月刊》第71期发表《朱自清先生的学术研究工作》,文中说:朱自清"不只是一位优秀的作家和教师,而且是一位有精湛研究和贡献的学者。'中国文学批评'是他多少年来专门致力的学问,清华研究院中国文学部特设文学批评一组,就是当闻一多师任主任时因了朱先生的专长设立的。'文学批评''文辞研究',都是朱先生讲授过的属于这种性质的课程"。又说:"朱先生是诗人,中国诗,从《诗经》到现代,他都有精湛的研究。'诗选'是他多少年来所担任的课程;陶、谢、李贺,他都做过详审的行年考证。"文中还提到朱先生有两点精神是特别值得我们效法的,"第一,他的观点是历史的,他的立场是现实的""其次,他虽然是有成就的专门学者,但并不鄙视学术的普及工作"。还总结出朱自清的治学是"谨严而不繁琐,专门而不孤僻"。9月15日,在《文讯》第9卷第3期文艺专号出"朱自清先生追悼特辑"发表《十日间》。10月,在《文学杂志》第3卷第5期出"朱自清先生纪念特辑"发表《邂逅斋说诗缀忆》。同月,在《清华学报》第15卷第1期发表《隶事·声律·宫体——论齐梁古音说略》。是年,王瑶著成《中古文学史论》。(参见齐家莹编《清华人文学科年谱》,清华大学出版社1999年版;付祥喜《20世纪前期中国文学史写作编年研究》,北京师范大学出版社2013年版)

季镇淮《"夏声"一解》2月17日刊于《新生报·语言与文学》第70期。8月3日,季镇淮《经今古文之争与贾逵》刊于《新生报·语言与文学副刊》第95期。(参见齐家莹编《清华人文学科年谱》,清华大学出版社1999年版)

范宁《陆机"文赋"与山水文学》4月10日刊于《国文月刊》第66期。6月10日,范宁《文笔与文气》刊于《国文月刊》第68期。(参见齐家莹编《清华人文学科年谱》,清华大学出版社1999年版)

陈垣3月27日当选为中央研究院第一届院士。4月25日,为祝贺陈垣、余嘉锡当选院士,与柴德赓、刘乃和等辅仁大学同人游颐和园。5月22日,辅仁大学返校节,陈垣在大会上致词。本年返校节举办了三个展览:一是已故文学院长沈兼士先生遗物展览;二是启功、柴德赓发起的明清学者书画展览会,由陈垣、余季豫、溥雪斋、张百龄、启功等供给大批名家墨迹。陈垣先生将励耘书屋40年来收藏的清代学者稿本书法尺牍题跋选出大小100件参展。三是本校师生书法展览,参加作品展出的有余嘉锡、溥忻、陆和九、顾随、溥怿、周祖谟、葛信益、赵光贤、启功、柴德赓、刘乃和等,陈垣亦有多幅作品参展。为向圣鲍斯高会所办慈善机构育幼院募集基金,参观者凡捐助20万元者,可得其中书法作品一件。23日,以《诗经·伐木》作为返校节题词,刊登于《辅仁生活》:"伐木丁丁,鸟鸣嘤嘤。出自幽谷,迁于乔木。相彼鸟矣,犹求友声。矧伊人矣,不求友生。神之听之,终和且平。"9月,陈寅恪赴南京参加中央研究院20周年纪念会及院士会议。在南京期间,曾到龙蟠里国学图书馆会见柳诒徵,同访的还有杨树达、余嘉锡。10月,发表《汉魏南北朝隋唐译经数目表》。11月6日,辅仁大学成立教授会。12月7日,致胡适书:"大跋在杨守敬写给梁鼎芬的信里,发现杨守敬光绪十九年还没有《水经注疏》的著作,又发现《水经注疏要删》卷首光绪五年己卯潘存的题词,是捏造的,最为有趣。但此两札年月,大跋系以王先谦《水经注》合校本及《复堂日记》之刻成为根据,推定其最早当在光绪十九或在后一年。鄙见则以梁节庵、叶浩吾在鄂时代为根据,断定此札须照尊说更移后四年。"13日,胡适复信陈寅恪。12月15日,躲避南京方面催促南飞。是年,发表史源学范文4篇。(参见刘乃和、周少川、王明泽《陈垣年谱配图长编》,辽海出版社2000年版)

余嘉锡3月27日以《四库提要辨证》一书当选为前中央研究院首届人文组古文字学院士。《四库提要辨证》膺选为国家最高学术荣誉作品,堪称目录学史上最高荣誉。首届院士选举时,各科研院校及专门机构提名906人,经过六次筹备委员会会议、四次评议会的严格筛选,最终选出了150名院士候选人,包括人文组55人。在这些候选人中,第一次选举只选出了67名院士,未达到《院士选举规程》的最低限额。后来经过五次补选,才选出了81名院士。余嘉锡是在人文组的第三次补选中以最高票数当选,选举的过程和标准都称得上严苛,甚至还有七八位评议员没有当选。其当选之难得,在余嘉锡与杨树达书信中提到:"此次院士选举,(杨树达)兄以声誉卓著,为众望所归,故以二十票顺利通过。弟则不为人所知,而卒获附骥,盖幸也。然全国私立大学与此选者惟弟一人,其难如此。"欣喜之情,溢于文辞。余嘉锡曾受傅斯年重托,代理中央研究院历史语言研究所事务的夏鼐在《中央研究院第一届院士的分析》中认为,"这一个名单,相当的足以代表今日中国学术界的情况",是平情之论。这一次选举,不存在贿选、造假或暗箱操作,是相当公正的。余嘉锡当选院士后,与陈垣同住北平兴化寺街,被时人叫做"一街两院士"。(参见王语欢《余嘉锡学术年谱》,黑龙江大学硕士学位论文,2013年)

顾随仍在辅仁大学,兼任中国大学课、中法大学课。7月31日,在给周汝昌的信中,谈到自己近况时说:"入秋以来,时时阴雨……又长次两小女分别至自津沪,外孙男女数辈,或在学步,或在提携,皆茁壮可喜,亦未免搅扰。屋少人多,势之所必至也。字已不复能写,然不意竟作得《不登堂看书札记》两篇,字数逾万。则倦驼之尚未十分倦,可知矣。稿付吴少若,载北平《华北日报》文学版。第一篇今日可登出,恐兄家居未必即能见之耳。又两篇命题,一为《看〈小五义〉》,一为《看〈说岳全传〉》……顾其内容亦颇不空泛,若其纵横九万里,上下五千年,则固不佞之老作风。想不至为高人齿冷。"8月,周汝昌将购得的《邓文原章草真迹》赠予顾随。10月20日,为中法大学文史学会作题为"我所看见的鲁迅先生"的演讲。30日,迁居李广桥西街(今柳荫街)8号。取书斋名为"两三竿竹庵",或简化为"竹庵"。11月5日,读鲁迅译《艺术论》。6日,读鲁迅译日本作家鹤见佑辅的《思想·山水·人物》。21日,郭预衡造访,当时郭预衡为辅仁大学中文系主任。同日,周一良夫妇造访顾随。12月1日,陈垣校长、张怀校长看望顾随,祝贺乔迁之喜。同日,张中行送《世间解》第11期给顾随,并嘱写稿。4日,得叶嘉莹自台湾来信,报告近况,自言看孩子、烧饭、打杂,殊不惯,顾随不禁为之发造物忌才之叹。同日,《华北日报》副刊刊载郭预衡评顾随《兔子与鲤鱼》的文章。13日,拜访冯至。在冯至家一起晚饭后返寓。26日,收到弟子史树青专函寄来的他从冷摊上得到的1923年女高师教员的领薪收据,收据上有领薪人的亲笔署名,顾随认为最可宝贵的是沈尹默、沈兼士、马幼渔、钱玄同的署名。而史树青以专函寄赠,顾随以为"殊有趣也"。是年,《揣籥录》第八、九、十三篇以《兔子与鲤鱼》为题结集印行;《海涯琐记》刊于《红

蓝白》创刊号。（参见闵军《顾随年谱新编》，载王京州编《河北近现代学者年谱辑要》，国家图书馆出版社2017年版）

孙楷第1月15日给胡适去信，其中提到王重民请胡适帮着孙楷第自己的二儿子孙宝湖找工作的事情，孙楷第知道后颇为感动，也希望能让孩子找到合适的事情做。但在信中明确提到不希望他的孩子在北大工作。年届半百的孙楷第身体不好，北大中文系的学生发起了为他捐款养病的活动。孙楷第得知后写了封长信托游国恩转交给北大中文系的同学，婉言谢绝。夏，胡适托孙楷第将用报纸包好的"甲戌本"《石头记》转交给住在西郊燕京的一位与他通信的青年——周汝昌，孙楷第亲自将包裹送到了周汝昌手中。约12月，孙楷第转入私立燕京大学任国文系教授。

按：解放战争期间，顾随反对国民党的黑暗统治，多次参加进步教授的签名活动。其中包括"反饥饿、反内战"的签名活动，此时孙楷第与胡适由于政治态度不同而有些疏远，但是私交一直保持。胡适临别北平之时，专门到燕京大学看望了一些朋友，其中就有孙楷第。他们都没有想到这是最后一次见面。中华人民共和国成立后，在批判胡适反动学术思想的运动中，孙楷第一直采取沉默的态度，没有讲一句话，也没有写过一个字。（参见于飞《孙楷第先生年谱简编》，载王京州编《河北近现代学者年谱辑要》，国家图书馆出版社2017年版）

陆志韦继续任燕京大学代理校长。3月13日燕京、清华两校法学院商妥，两院同学可互换课程和旁听。27日，为抗议北平行辕查封华北学联，燕大开始罢课、罢工、罢教。29日，学生自治会举行辩论会，由新闻系与社会系辩论苏联和美国谁最民主。4月，为抗议政府查禁华北学联，华北七大学：北大、清华、燕京、师院、中法、北洋、南开的学生自治会代表决议自3日起一致总罢课3天。3日晚，清华学生自治会与燕京学生自治会在清华大礼堂前广场联合举办盛大的"营火晚会"，抗议政府无理查禁华北学联。9日，燕大教职员107名联合署名致函北平行辕主任李宗仁、抗议师大数名学生被殴打和遭逮捕，并决定开始罢教。12日上午，燕大全体教职员开会抗议11日发生的北大红楼事件和师院被砸事件，决定12、13两日继续罢教罢课，并发表一个简短的中英文宣言。学生自治会立法委员会决定与教职员采取一致行动宣布罢课。24日，举行返校节，300余名校友返校。6月9日，燕大学生进城参加"反美扶日"示威游行。7月，陆志韦任燕大行政委员会成员主席，委员有：Dwright W. Edwards（执行秘书）、Miss Ruth Stahl（苏路德）、梅贻宝、翁独健、胡经甫、赖朴吾、严景耀、陈意。同月20日，燕大行政委员会选举胡经甫为文书、林嘉通为费用委员会主席。8月19日，全副武装的军警，包围了燕大，搜捕已上了特刑庭"黑名单"的31名同学。21日上午，全体同学齐集礼堂，受他们"检查"，陆志韦校长以义正辞严的讲话，予以痛斥，他说"这样的事（指军警进校逮捕学生），我们燕大有过两次，一次是在太平洋战争爆发后（日本军队进入学校），而现在是第二次。但那次是敌人，这次却是我们的同胞"。学生自治会发表了抗议全面大迫害的告社会各界人士书。检查结果，一无所获。实际上，31位同学在各方帮助下，已撤离学校。但学校仍处于军警包围中，3日后始解除。25日，大学行政委员会授命博晨光、翁独健组织程序会议委员会。

陆志韦9月1日任校务委员会主任。因代理校务长窦维廉被协和聘用，学校组成9人校务委员会代行校务长职务。校务委员会成员还有艾德敷（执行干事）、梅贻宝、严景耀、苏路德、胡经甫、陈芳芝、赖朴吾。聘定三学院及宗教学院人选：文学院院长齐思和，理学院院长韦尔巽、法学院院长严景耀（代理）、宗教学院院长赵紫宸。同日，行政委员会任命赵人隽、戴世光为经济系兼职教授；费孝通为社会系兼职教授。15日，陆志韦出任联合国教科文组织中国组代表。10月2日，燕大校方决定自1948年10月起将资助委员会与学生生活辅导委员会合并，改称为"学生生活委员会"。赖朴吾任委员会主席，张瑾为助理。27日，由于物价巨涨，生活难以维持，北平各校请假风大起。燕大讲师、助教、职员联合会议决向校方请假三天。同日燕大学生自治会立委会决议罢课3天。11月28日，因物价飞涨、生活困难、讲师助教会及教授会决定停教3天。同日，校务委员会在时局动荡、谣言四起的情况下，决定燕大不南迁，并以教职员5人组成事务、咨询委员会，遇紧急情况时，与学生自治会商讨保护学校安全措施。13日上午，校内听到解放平、津的隆隆炮声。下午，燕大学生自治会与校方联合组成"护校委员会"，领导和组织护校工作。解放军已推进到燕大附近，为了防止国民党退兵骚扰学校，成立护校委员会和纠察队，纠察队队员日夜在校园巡逻。入夜西北方向青龙桥附近枪声不断。15日凌晨2时，毛泽东亲笔批示以军委名义急电东北野战军及第十三兵团，电文中说"请你们通知部队注意保护清华、燕京等学校及名胜古迹等"。燕园解放。16日，燕大西校门贴出以十三兵团政治部主任刘导生署名的保护燕京大学的安民告示。12月27日，毛泽东在周恩来为中共中央起草的致华北局电加写一段话："燕京是司徒办的学校，陆志韦当然和司徒有联系，但燕京教职员中左倾者不少，陆志韦态度亦较民主，我们应采保护政策。"12月底，燕大全校成立"燕京大学迎接解放行动委员会"，准备城内解放后，随军入城，在市民中开展宣传与组织工作。是年，陆志韦《记五方元音》刊于《燕京学报》，而《记三教经书文字根本》《国语入声演变小注》刊于《燕京学报》第34期。（参见张玮瑛、王百强、钱辛波主编《燕京大学史稿》，北京人民中国出版社2000年版；中共中央文献研究室编撰、逄先知主编《毛泽东年谱(1893—1949)》，人民出版社、中央文献出版社1993年版）

张东荪继续在燕京大学哲学系任教，并到北京大学、清华大学发表演讲。1月4日，张东荪受北京大学自治会之请讲演《西方理性主义与中国理学》，兼评冯友兰《新理学》。同月，张东荪在《观察》周刊第3卷第23期上发表《关于中国出路的看法路——再答樊弘先生》，继续讨论中国出路问题。文中提出了"新型民主"，当时称为"新民主主义"。作者认为，在政治经济制度上，世界上有三种类型，苏联社会主义类型、英国民主主义和东欧国家的"新民主主义"类型。他认为，战后东欧国家所实行的"新民主主义"政治经济制度，应该引起注意。他主张中国在政治上是"多党并存"，各党联合而实行一个统一的政纲；在经济上是"容纳混合的方式"，即"混合经济"，既有私人资本，又有国家资本，还有合作社经营。对于土地问题，"实行合理的再分配"。这种"新型民主"的政治经济制度，实际上是社会主义与资本主义制度的中间性的制度；而实行这种"新型民主"的国家，正是国际上美苏两霸冲突的中间地带。这是张东荪调和社会主义与资本主义两大社会制度的基本思路。2月28日，张东荪在《观察》周刊第4卷第1期上发表《政治上的自由主义及文化上的自由主义》。3月6日，张东荪在《观察》第4卷第2期发表《经济平等与废除剥削》。

张东荪4月23日应北大学生自治会邀请，撰写《从社会学家历史学家的话说起》，刊于5月1日出版的《北大半月刊》第4期上。因政局变动，张东荪阅读的书籍除了哲学之外，也关注政治史著作，思考革命问题。27日，毛泽东专门给北平市委书记刘仁一封指示信，请刘仁转告张东荪。此时，张东荪仍然保持着与中共北平地下党的秘密联系，并设法与中共高层联络。当中共决定筹备召开新政协会议后，毛泽东专门给北平市委书记刘仁一封指示信，请刘仁转告张东荪等人："去年张东荪、符定一两先生有信给我，我本想回信给他们，又怕落入敌手，妨碍他们的安全，今年张东荪先生又想和我们联络，现在请你经过妥善办法告诉张、符两先生，我很感谢他们的来信，他们及平津各位文化界民主战士的一切爱国民主活动，我们是热烈同情的。"同时转告张东荪和符定一，请他们参加筹备新政协，"我党准备邀请他们两位及许德珩、吴晗、曾昭抡及其他民主人士来解放区开各民主党派各人民团体的代表会议讨论：(甲)关于召开人民代表大会成立民主联合政府的问题：(乙)关于加强各民主党派各人民团体的合作及纲领政策问题。我党中央认为民主党派及重要人民团体(例如学生联合会)的代表会商此项问题的时机业已成熟，但须征求他们的意见，即他们是否亦认为时机业已成熟及是否愿意自己或派代表来解放区开会。会议的名称拟称为政治协商会议。会议的参加者，一切民主党派及重要人民团体均可派遣代表。会议的决议必须参加会议的每一单位自愿同意不得强制。开会地点在哈尔滨。开会时间在今年秋季。上述各点请首先告知张东荪先生，并和他商量应告知和应邀请的是什么人。"5 月，张东荪参加北平文化界"知识分子"问题座谈会，在《展望》2 卷 4 期上发表《告知识分子》。5 月 29 日，《观察》第 4 卷第 14 期作了转载。

　　张东荪 7 月撰《民主主义与社会主义》一书由上海观察社出版，系统阐述了社会主义与民主主义"同基型"论和新型民主思想。作者通过对马克思主义的分析，张东荪断定，马克思主义实际上就是真正的彻底的民主主义。20 日，张东荪在《中建》半月刊第 3 卷第 4 期发表《增产与革命——写了〈民主主义与社会主义〉以后》，明确地表达了他所主张的"新型民主"观点，并且断定中国只有"新型民主"一条路可走。同日，张东荪在《北大半月刊》第 8 期上发表《纪念闻李二先生——民主与革命之关系》。他将革命与民主结合起来考察，认为民主主义与革命是密不可分的，表示了对革命斗争的同情。他认为"民主主义与革命就是一件事，换言之，即民主主义本来有革命性的"，所以，西方的民主运动根本是一个革命运动。7 月 23 日，北平《中建》半月刊在清华工字厅举行"知识分子今天的任务"座谈会，学术文化界多人出席，张东荪、许德珩、费孝通、俞平伯、朱自清作了发言。同月，张东荪在《观察》周刊第 5 卷第 1—3 期上连载《〈民主主义与社会主义〉补义》。9 月 26 日，张东荪在《观察》周刊第 5 卷第 11 期上发表《知识分子与文化的自由》，继续阐述《告知识分子》的观点，对学术自由及思想自由问题发表意见。10 月 6 日，张东荪致上海《舆论》半月刊的发行人兼主编余宗范两信，对余宗范的"革命竞赛"观点提出严厉批评。10 日，张东荪在《国讯》第 1 卷第 1 期上发表《论政治斗争》，改变了对"斗争"理论的看法。上述《增产与革命》《〈民主主义与社会主义〉补义》《知识分子与文化的自由》《论政治斗争》《真革命与假革命》等政论文章，系统阐述了"新型民主"思想，改变了对于革命认识的看法，肯定革命的正当性、必然性和合理性。11 日，张东荪 10 月在清华大学作演讲《论真革命与假革命》，进一步阐述了革命问题。后刊于 10 月 30 日《展望》第 2 卷第 24 期。19 日，张东荪再次致函余宗范，谈论时局。年底，张东荪继续与中共地下党联系，以民盟华北总支部负责人身份做争取傅作义和平起义工作。(参见左玉河编《张东荪年谱》，群言出版社 2014 年版；左玉河编《中国近代思想家文库·张东荪卷》及附录《张东荪年谱简编》，中国人民大学出版社 2015 年版)

　　齐思和 6 月在《燕京学报》第 34 期发表《〈战国策〉著作时代考》。文中批驳了罗根泽《战国策》作于蒯通的观点，认为《战国策》古本为刘向校辑之原本，今本系曾巩补辑之本；战国策非一人之书，而其中的"纵横之说多出于后人揣拟"。9 月，齐思和任燕京大学文学院院长。12 月，齐思和在《燕京学报》第 35 期发表《孟子井田说辨》。文中认为井田制不过是孟子将封建制度下田制"加以理想化、整齐化，将之由虐民之制变为仁政之基"，而后儒不知其然，"遂以此为三代田赋之通制"，以至于"愈推愈远，愈说愈密，而愈似不可能"。齐文断定井田制为孟子的理想，但非完全凭空杜撰，而是有所根据。助法即是依据所在。孟子所谓的助法，实即西洋史家所谓庄园制度。他旁稽西洋日本封建时代的田制以资比较，证明其结论。有研究者认为此文材料坚实，见识深邃，自成一家之言。同期还刊载了鸟居龙藏《金上京城及其文化》、周一良《敦煌写本杂钞考》、王襄《古陶残器絮语》等文。（参见张玮瑛、王百强、钱辛波主编《燕京大学史稿》，北京人民中国出版社 2000 年版；王学典《20 世纪史学编年（1900—1949）》，商务印书馆 2014 年版）

严景耀 9 月代理燕京大学法学院院长。11 月，燕京大学《燕京社会科学》创刊。该刊由燕京大学法学院主办。编者在《编后语》中指出："若论目今的世界学潮流，都是趋向于综合的研讨，无论物质、生物、人文、社会诸科学，皆循环连锁，发生密切的关系。近年物质科学成绩惊人，生物科学也已成长，认为社会科学自应迎头赶上。科学分门别类的时代已经过去，人类社会原是一个整体，分割剖释决不能表现整体的真面目。所以，社会科学园各门学问，力求彼此融会贯通，互相携手协助，自是急不容缓之举。本刊发行极望在这方面努力进行。"编者们并指出："所谓科学综合的研考、并非罗列诸科，即可成事。最主要的莫过于在方法上观点上求配合求一致。但是各科分家由来已久，每科自有一套名词一套说法，一时尚不易凑搭起来，所幸执笔都具有社会整体的见解，每人学有所长，各能在整体的观念之下，发挥专门的特殊的知识。"至于对该刊所刊稿子的要求，《编后语》指出，凡人文社会科学的题材，都欢迎，但是由于"近代社会科学走上实地研究的路途"，所以刊物特别欢迎有"实际观察的材料"的稿件。创刊号刊载了高名凯《中国语的语义变化与中国人的心理趋势》、齐思和《西周时代之政治思想》、张锡彤《分权说在清季之传布》、李有义《西藏的活佛》、翁独健《蒙元时代的法典编纂》等文。（参见王学典《20 世纪史学编年（1900—1949）》，商务印书馆 2014 年版；张玮瑛、王百强、钱辛波主编《燕京大学史稿》，北京人民中国出版社 2000 年版）

阎简弼仍在燕京大学任教。春，作《古调今事》，载《大公报》，讽时事之作。6 月，《梁灏中状元的年岁寿期及其他》（常谈证误之一）刊于《燕京学报》第 34 期。文章系统论辨梁灏生卒年问题，就文献中出现关于梁灏的史实错误进行纠正，并举梁灏的生平、著述及社会关系。8 月，恩师朱自清病逝，代为募款。12 月，书评《评钱锺书著〈谈艺录〉》和《陆志韦著〈诗韵谱〉》刊于《燕京学报》第 35 期。当时钱锺书《谈艺录》新出，学界尚无人评述。阎简弼赞该书"沟通中外，参料人我，论切肯綮，而言有据凭""能将我国的玄言妙诣跟西贤的真知灼见互参对比"，同时亦对钱书提出"疏于辨证""造语失帖""征引未周""文有脱误""诠释欠妥""评语自相矛盾""注或衍或漏"7 项意见。文末引开明书店广告词："这书是研究文学的所应人手一册的！"对钱书可谓极力推崇，当时曾荐此书与周汝昌（时在燕大学习，与先生熟识）。（参见马千里《阎简弼先生年谱稿》，载王京州编《河北近现代学者年谱辑要》，国家图书馆出版社 2017 年版）

聂崇岐 6 月在《燕京学报》第 34 期发表《论宋太祖收兵权》。文中分别对"'杯酒释兵权'即罢藩镇""罢藩镇必具旋乾转坤之力""宋太祖已完成罢藩镇之政策"三个观点进行辨正。（参见王学典《20 世纪史学编年（1900—1949）》，商务印书馆 2014 年版）

陈芳芝 6 月在《燕京学报》第 34 期发表《清代边制述略》。此文认为清代"边徼建置，虽多取法于唐，而其经营缔造，且多凌驾前代"，虽在后期"一再割削，然而大一统之局面，犹能勉强支撑，终其朝代"，民国"边区政治制度""一承有清之旧，相沿不改"，但抗战以后外蒙独立，欲明"症结所在"，则"前代递嬗之迹，亟应详其因革"。作者分别从"满洲""藩部""外蒙古""额鲁特""回部""西藏"几个部分论述清廷的统治边陲制度。同期还载有日本鸟居龙藏《金上京城佛寺考》、梁启雄《论语注疏汇考》、阎简弼《梁颢的中状元的岁期年寿跟其他》等文。(参见王学典《20世纪史学编年(1900—1949)》,商务印书馆2014年版)

袁敦礼继续任北平师范学院院长。暑假,致力于恢复北平师范大学的复大委员会鉴于国民党政府教育部并没有要北平师院复大的表示,于是决定到南京请愿,并进行准备工作。复大委员会发表《为恢复国立北平师范大学告社会人士书》,其中说:"现暑假已临,一年之期已满,非但师范大学未见恢复,即本会先后请求教育部践诺复大之文电,亦均遭漠视,置不作答。似此背信弃诺,视教育为儿戏,其口绝于人民固不足惜,奈整个国家教育被摧残蹂躏至于绝境何?所以,为了珍重国家的前途,挽救教育的危难,今天,我们对教育当局欺骗荒唐的无理措施,除表深恶痛绝并坚决抗议外,不能不予以揭发及严正指斥。我们一千五百人的队伍,更将不惜以任何牺牲,争取我合理要求之实现。"各地校友纷纷来电信勖勉,表示坚决支持。随后校长和学生代表五人到南京请愿。复大运动达到高潮。国民党政府教育部见事态扩大,乃派人前来"疏导",同时发电给教授会,表示复大问题于下学期开学后"妥为处理"。11月,国民党政府终于同意答应恢复国立北平师范大学的名称。至此复大运动成功,全校师生的愿望得以实现。12月上旬,人民解放军包围了北平城,为了师院免遭反动派破坏,广大师生在中共地下党的领导下,进行了护校斗争。学生自治会组织了护校纠察队,日夜在校内各处值班、巡逻。学校党组织根据上级党发下来的调查提纲,发动师生对师大的历史沿革、组织机构、人员政治业务情况、重要资产设备、图书仪器、文书档案等秘密地进行了全面细致的调查,把调查材料交给了上级党组织。在北平解放时,北平师大得以完好无缺地由人民政府顺利地接管。(参见北京师范大学校史编写组《北京师范大学校史》,北京师范大学出版社1982年版)

傅种孙时任北平师院教授会主席。2月,在华北学联号召下平津北大、清华、师院、南开、中法、燕京六大学开展了抢救教育危机运动,并于3月29日在北大召开了纪念黄花岗烈士、抢救教育危机大会,北平各大学先后举行了罢课、罢教、罢工等,形成了"四月风暴"。4月9日零时30分,国民党特务五六十人持枪拿棍冲入学生宿舍,将姚翔、刘鸿纲、房世泰等8位同学痛打之后,加以逮捕。血案发生后,自治会派人到各校联络,请求一致行动。在中共北平地下党的领导下,当天发动了有5000余人参加的大请愿,师院和其他学校的教师也参加了。师院教授会发表宣言,宣布罢教,并誓言"不达到被捕学生脱险,并由政府确实保证将来不再发生此类事件,决不复教"。同日晚11时,当局被迫释放了被捕学生。北平师院教授会主席傅种孙又为教授会起草了一份宣言。宣言在揭露了暴徒的罪行之后,要求惩凶说:"惟学生,虽经释放,逞凶主犯,犹未究明。学生果有应得,军警何密而不宣?东厂肆虐,锦衣治狱,岂特被害者含冤莫诉,凡有血气,实皆耻之。"11日,国民党当局以"反罢课清共委员会"名义,纠集被威胁的学生、店员和收买来的人,由带武器的特务率领游行。特务分子们在打毁北京大学红楼东斋教授宿舍的门窗之后,又打毁师院图书馆、丁字楼的门窗及学生自治会和社团的意见箱等。师院教授们发表《为四一一暴行声明》,其中控诉说:"岂意前凶未惩,后患又起。十一日复役袭本院,肆意捣毁,拦殴学生,凶焰不衰,逃生无路。国家置学府之谓何?而可寇仇鱼肉之耶?"10月间,国民党政府借口"保存文化,免遭蹂躏",要把北平的大专院校迁往南方。共产党领导下的学生自治会,出面发动广大学生进行了反迁校斗争。学生自治会专门讨论了反对南迁问题,并把会议纪要公之于众。自治会代表见校长,提出:反对学校南迁,不许破坏学校财产。学生自治会为反对南迁进行了广泛的宣传。国文、英语、历史、地理、教育、数学各个学会联合发表反对南迁宣言。教授会和讲师助教联合会给予及时有力的支持,反对南迁的都占了大多数。遂使国民党当局把学校南迁的企图完全落空。(参见北京师范大学校史编写组《北京师范大学校史》,北京师范大学出版社 1982 年版)

黎锦熙继任北平师范学院国文系主任兼文学院长,并继任中国大辞典编纂处总主任。4 月,北平发生师大“四九惨案”,黎锦熙与刘盼遂等 3 人起草《罢教宣言》,声讨国民党特务,罢教取得胜利。是年,黎锦熙《汉字四系七起笔新部首表说》《从基本教育看国语运动史》等文发表,并出版了《齐白石年谱》(与胡适、邓广铭合编)。(参见黎泽渝《黎锦熙先生年谱》,《汉字文化》1995 年第 2 期;之远、章增安《刘盼遂先生学术年谱简编》,《华北水利水电学院学报》2011 第 6 期;北京师范大学校史编写组《北京师范大学校史》,北京师范大学出版社 1982 年版)

张申府应邀在李宗仁所办的华北学院任教,讲授逻辑与西洋哲学史。撰《呼吁和平》,刊于当时极为流行的、由储安平主编的《观察》。11 月 15 日,民盟在香港召开会议,认为“呼吁和平”一文是荒谬言论,违反了“民盟”的政治主张,决定以“张申府之言行已走上反人民反民主的道路”为由开除张申府的盟籍。宣布张申府是“人民公敌”。12 月,中共《人民日报》刊登头条报道,“民盟发表时局声明,重申为民主奋斗决心——痛斥叛徒张申府等卖身投靠”,被定性为“卖国贼”。已进入东北解放区的张申府的夫人刘清扬在《人民日报》上刊登声明:与“人民公敌张申府”脱离一切关系,标题为《张申府背叛民主为虎作伥,刘清扬严予指责》。(参见郭一曲《现代中国新文化的探索—张申府思想研究》,广东人民出版社 2002 年版)

徐悲鸿续任北平艺术专科学校校长。1 月 1 日,艺专的教师来拜年,再次向他们谈北平国画界的情形及国画改造的问题,并批评了一些老国画家的保守思想。认为国画从内容到笔墨都应有新的创造。尤其是人物画,必须刻苦学习人体写生,然后才能达到形神兼备。10 日,在本院德邻堂主持中国美术学院、北平美术作家协会、北平国立艺术专科学校三单位欢迎本校教务长吴作人由英返国茶话会,首先由徐悲鸿致介绍辞与欢迎辞。2 月 13 日,在天津《益世报》发表《叶浅予之国画》一文,认为叶素以漫画著名,驰誉中外,后从事国画,巡视敦煌,漫游西南西北,撷取民间生活服饰性格及景物。25 日下午 4 时,在洋溢胡同吴作人的寓所出席北平美术作家协会年会,出席者另有吴作人、李可染、李瑞年、李苦禅、黄养辉、叶正昌、叶浅予、刘铁华、边濯冰等 30 余人。由吴作人主持,出版后被推为名誉会长。并发表演说:“中国艺术必须进取,再不进取就要死亡了。为推行艺术运动,拿出我们的主张和见解,好在最近半年来我们已经有了敌人,要说作战这就是个答复。”会议又决定为庆祝美术节,北平美术作家协会、中国美术学院、北平国立艺专三团体将于 5 月 1 日至 10 日在中山公园中山堂举行大规模画展。

徐悲鸿 4 月 30 日在天津《益世报》发表《复兴中国艺术运动》一文。5 月 1 日,发起组织北平艺专、中国美术学院、北平美术作家协会三团体联合美展,在中山公园中山堂举行。10 月 8 日,中国现代画展预展在纽约大都会艺术博物馆举行,由中国艺术研究会及中国国际文化合作会主办。会前共发出请柬 4000 份,并请顾维钧及中国驻纽约总领事张群平主持开幕礼。向每位来宾赠送一本精美的画展目录。顾维钧为目录所撰的前言谓:“中国古代绘画,向为各国人士所珍藏,现代艺术家作品在各国则较少。今能以有系统而活力的现代绘画,与美国民众接触,亦足以使世人对于近代中国之了解,同时可认识中国的艺术,颇有长足的进展。”林语堂为目录所撰序文言:“如此宏伟之中国画展在美国尚属创举,其盼能引起美国现代作者,作远东之展览,吾人对于国际政治之'磨擦',已感厌倦,若能激起艺术之'磨擦'或亦可以促进两国之进步,藉以鼓励新思想与趋势之形成。"12月7日,徐悲鸿参与发起组织的一二·七艺术学会成立于北平,徐被推为会长。该会是北平解放前夕成立的一个大型综合艺术团体,因于12月7日成立,故得会名。学会目的是团结组织北平美术界人士,准备迎接北平解放,迎接新中国的到来。学会其他负责人还有:吴作人、李桦、叶浅予、艾中信、董希文、孙宗慰、冯法祀等人。同月,得到国民党政府发的"应变费",要他将学校迁往南京。他与我地下党联系后,将"应变费"收下而发放给师生员工。一直坚持到和平解放北平。(参见王震编著《徐悲鸿年谱长编》,上海画报出版社2006年版)

　　李石曾继续任北平研究院院长,李书华继续任副院长。与中央研究院的"院士"遥相呼应,北平研究院决定启动北平研究院"会员"评选。1月,成立北平研究院学术会议第二次大会筹备委员会,由委员13人组织之。在平沪开会数次,通过学术会议暂行规程,决议由北平研究院院务会议推举学术会议会员,由院长聘任;以后增加的会员即由学术会议自行选举。北平研究院的首届会员由院务会议推举,院务会议由正副院长、总干事、各研究所所长组成,担任上述职务的分别是李石曾、李书华、杨光弼、严济慈、周发岐、赵承嘏、朱洗、张玺、刘慎谔、徐炳昶,其中除杨光弼留学美国、赵承嘏留学英国、瑞士外,其余的人均留学法国。8月13日,北平研究院召开院务会议推举首届会员,此次会议确定88人名单,后又增加张元济与沈尹默2人,共90人,该名单经过8月21日学术会议筹备会讨论,全部通过。9月9日,为北平研究院19周年纪念日,在北平中海怀仁堂召开北平研究院学术会议,决定由院务会议推举学术会议会员,由院长聘任。会员分为天算、理化、生物、地学、农学、工学、医药、史学、文艺、社会科学十组,共有会员90人。其中天算组(6人):熊庆来、江泽涵、赵进义、李珩、张云;理化组(14人):李书华、严济慈、周发岐、吴有训、叶企孙、饶毓泰、马士修、庄长恭、吴宪、曾昭抡、杨石先、黄子卿、吴学周、林世瑾;地学组(11人):翁文灏、李四光、杨钟健、袁复礼、孙云铸、尹赞勋、裴文中、李士林、竺可桢、黄国璋、张印堂;工学组(7人):刘仙洲、魏寿昆、李书田、朱物华、侯德榜、张克忠、顾毓珍;生物组(12人):李石曾、朱洗、张玺、刘慎谔、陈桢、秉志、胡先骕、戴芳澜、张景钺、周太玄、童第周、胡经甫;农学组(5人):刘大悲、戴松恩、冯泽芳、汤佩松、俞大绂;医药组(8人):赵承嘏、林可胜、陈克恢、汤飞凡、朱恒璧、戚寿南、李宗恩、朱广相;史学组(9人):徐炳昶、陈垣、陈寅恪、顾颉刚、姚从吾、张星烺、董作宾、汤用彤、李俨;文艺组(8人):吴敬恒、张元济、胡适、沈尹默、谢寿康、陆志韦、朱光潜、魏建功;社科组(10人):王宠惠、顾孟余、陶孟和、何基鸿、杨端六、陈序经、崔敬伯、费孝通、吴克刚、罗喜闻。比较北平研究院会员与中央研究院院士名单,发现同时荣膺"会员"和"院士"称号的共有36位,40%的重合率显示两个研究机构在学术评定标准上基本一致,证明这些学者的学术成就得到了不同学术机关普遍的认同。

　　按:张培富、夏文华《北平研究院第一届会员分析——兼与中央研究院首届院士比较》(《华中师范大学学报》2013年第4期)说:"国家学术研究机构与学术评议机制的建立,是一个国家学术建制化成熟的重要标志。1928年中央研究院的成立和1929年北平研究院的成立标志着中国现代国家科研体制化的开端,'为中国的学术研究工作树立了一个标准'。经过20年的学术积累,中国学术界已取得一定的成就,为进一步加强国内学术研究,促进国际合作,完善学术交流和评议机制,中央研究院和北平研究院分别筹备建立院士制度和会员制度,以在'院士制度'方面与国际接轨。1948年4月中央研究院选举出81位第一届院士,该事件被公认为中国现代学术史上里程碑性的标志。"同年8月,北平研究院也选出了90位"会员",与中央研究院的"院士"遥相呼应。"两院此次所选出的院士与会员,自然都是国内绩学之士,在学术上或文化事业上有光辉灿烂的成就,为各科的权威。"中央研究院院士会议与北平研究院学术会议的召开,标志着"院士制度"在中国的正式确立,是中国学术研究组织化和职业化建设的标志性成就,是中国学术研究向国际学术标准靠拢的关键一步。"院士制度"的出现,"标志着接受西方科学教育训练的新一代知识分子群体再次登上国家最高学术殿堂,接受国家荣誉的认证"。"院士制度作为一种文化载体,推动着中国学术研究制度化和专业化的进程。""从学科分组来看,中央研究院院士共分数理、生物、人文三组,其中数理组包括数学、物理学、化学、地质学、气象学、工程学,生物组包括动物学、植物学、人类学、生理学、医学、药物学、农学,人文组包括哲学、史学、考古学、语言学、经济学、法律学、政治学、社会学,共涉及21个学科;北平研究院会员共分天算、理化、生物、地学、农学、工学、医药、史学、文艺、社会科学10组,分组虽比较细致,但涵盖面并不比中央研究院宽,表明二者在学科设置方面存在差异。在当选资格方面,两个研究院都主要依照学术成果及对科学事业的贡献进行评选。北平研究院学术会议的会员分为两种,一是当然会员,包括本院历任正副院长与现任各研究所所长;二是选任会员,选任会员的资格如下:(1)国内外有重要发明或著作之学术专家;(2)国内主持学术机关满十年以上者;(3)对于有关学术事业有重大贡献者。相较而言,中央研究院的院士选举筹备的时间更长,程序更规范,标准更严格,院士完全通过公开选举进行,且中央研究院并未保留'当然院士'的资格。按《国立中央研究院组织法》,院士从全国学术界成绩卓著的人士中选出,其资格有二:一是'对于所专习之学术,有特殊著作、发明或贡献者';二是'对于所专习学术之机关,领导或主持在五年以上,成绩卓著者'。由于设立'当然会员',北平研究院的正副院长与时任各研究所所长——李石曾、李书华、严济慈、周发岐、朱洗、张玺、刘慎谔、赵承嘏、徐炳昶9人自然出任会员。与之相较,自1940年9月18日起即代理中央研究院院长的朱家骅经过严格选举之后方才当选为院士,但其当选一事仍久久为人诟病。"从院士和会员的产生方式上看,中央研究院院士是"选举",而北平研究院会员是"推举"。由院务会议"推举",不可避免地会掺杂诸如故交、学术派别等因素。虽然会员的选举不必拘泥于举贤而避亲,但裙带关系势必会在一定程度上影响公信力。从时间来看,中央研究院院士的选举从1947年5月12日开始在全国范围内征集候选人,到1948年4月1日正式公布当选院士名单,前后长达近11个月,从510人的候选人名单中层层筛选,最终选举出81位名院士,选举过程严格按照《国立中央研究院院士选举规程》进行。而北平研究院会员名单的出炉前后不到10天时间,难怪有研究者批评,北平研究院会员的选举直接由院务会议拟定名单的做法显得简单化了。尽管北平研究院学术会议会员的产生显得有些仓促,但若把这一活动放回到历史的情境中来看,此举仍难能可贵。1948年的后半年,平津之地已处于战云密布之中,通货膨胀,交通不畅。北平研究院的学术会议就在这样艰难的环境中举行,推举的90名会员,"除平、津、张三地会员四十余人,及四川大学周太玄教授赶来参加外,余皆因经费所限,未能支给旅费,不克参加"。严济慈在学术会议上的致辞中也指出科学研究的困窘,"今日从事学术研究者,比十年前多了三四十倍,而设备越来越少了"。对于时局的动荡与学术环境的恶劣,同时当选为中央研究院院士与北平研究院会员的张元济痛陈其害。他在9月23日中央研究院第一次院士会议上的致辞痛斥内战给学术、教育与社会带来的厄运。"战端一开,完全是意气用事,非拼个你死我活不可,这是多么痛心的事情! 打的时候,并没有多久,已经闹到所谓四海困穷,人民有些受不住了。报纸所载,关外、山西、河南流亡的学生,成千上万到了平津、武汉和南京,吃没有好好吃,住没有好好住,哪里还说什么入校求学呢? 这边不受战祸的地方,应该可以安全些了;其实不然,到处征兵征粮,也弄到鸡犬不宁,民不聊生,即以学校而论,教师所得的薪水,几乎不够生活。"即使在如此艰难的环境中,中央研究院与北平研究院仍能尽力追求学术制度的建立与完善,足以证明自近代以来的科学救国理想逐渐通过学术精英的努力而趋于实现。比较北平研究院会员与中央研究院院士名单,发现同时荣膺"会员"和"院士"称号的共有36位,40%的重合率显示两个研究机构在学术评定标准上基本一致,证明这些学者的学术成就得到了不同学术机关普遍的认同。作为中国现代史上最重要的两个国立的综合性科研机构,北平研究院和中央研究院选举出的"会员"和"院士"代表了当时中国学术界的最高荣誉,所选出的会员和院士基本能反映中国学术界的最高成就,体现了中国科学几十年的发展。这两个学术精英群体,既有重合,又有差别,在一些社会特性上具有共同点,但考虑到学科设置、科学成就、学术派别等因素,两个机构选出的"会员"和"院士"仍有所区别。在选出"会员"之后不久,北平即和平解放,北平研究院的学术活动自然终止。1949年底,以中央研究院和北平研究院为主体的一些科研机构合并组建为中国科学院,两院的院士和会员大部分选择留在大陆,在1955年设立学部时,两院的院士和会员中一批人当选为学部委员。再对"北平研究院90名会员的去向进行考察。1949年有68名会员选择留在大陆,21名会员选择留居海外,陈省身、李书华、吴宪、胡适、张印堂、李书田、林可胜、陈克恢、戚寿南等留居美国,熊庆来留居法国(1957年回国),翁文灏旅居欧洲(1951年从法国归国),李石曾先在瑞士,后去乌拉圭(1956年定居台北),林世瑾定居乌拉圭;直接赴台的有董作宾、吴敬恒、王宠惠、姚从吾、刘大悲(1983年从台湾回大陆)5人;张云、谢寿康、顾孟余3人定居香港;何其鸿去向不可考。选择留在大陆的院士与会员的比例差不多,分别为73%和76%,选择去台湾的院士有9人,占11%,而选择去台湾的会员只有5人,仅占6%,这一数据表明学术精英对国民党政权的腐败统治深恶痛绝,极度失望,因而绝大多数人选择留在大陆,即使对新政权有所观望,宁可选择移居海外,也不愿跟随国民党政权偏安台湾。"

北平研究院是民国时期学术地位仅次于中央研究院的综合性科研机构,在其20年的历程中,组织机构逐步发展、完善,为科学的研究与探索提供了重要的组织保证。北平研究院的"会员制度"是"院士制度"的重要组成部分,"会员"称号不仅是学术精英的个人荣誉,更是那一代科学家数十年致力学术体制建设的结晶。北平研究院的文化影响力不如中央研究院那样大。一方面确实是其学术地位逊于中央研究院,另一方面与对它的研究不足有关。我们通过对其学术会议会员的情况所作的全面分析以及与中央研究院院士的比较,可以看出,两所研究机构的核心成员的差距并不是想象中那样大,足以证明北平研究院具有重要的研究价值。特别是对1949年之后北平研究院会员去向问题的探讨,表明他们与中央研究院院士共同构成了新中国科研力量的重要力量。1949年后他们以新的身份开始自己的学术使命。从这个意义讲,北平研究院会员和中央研究院院士百川奔海,殊途同归,共同汇入新中国科学发展的主流。(参见张培富、夏文华《北平研究院第一届会员分析——兼与中央研究院首届院士比较》,《华中师范大学学报》2013第4期;胡宗刚《胡先骕先生年谱长编》,江西教育出版社2007年版)

钟凤年继续任职于北平研究院史学研究所。6月23日,胡适致函钟凤年,继续讨论《水经注》案。7月上旬,胡适又有信给钟凤年,对钟氏治学态度与方法大概批评甚厉。8日,钟凤年致信胡适,开头即说:"两示敬悉,前者饱以老拳,后者指示详尽。拜读之余,真乃一则以喜,一则以惧,啼笑特非矣。"言中并较系统地申明自己于《水经注》案的基本见解。说:"公既以审判赵、戴公案者自居,则于两造之陈词,似宜尽量垂听,是非曲直方得平允。凤虽为同意张穆一派言论者,然亦非无故盲从之徒。如王静安谓戴私改《大典》,即以为罗致太过。再则,论此公案,与求郦书之进步无干。所以两次发表之拙作,三百余条内涉及公案者,只上册有四条而已。盖即不欲以弦外之音招不必要之辩论也。不过近百年来,既有此一场纠纷,正文之外,亦不妨本个人意见而自由讨论之。盖此究乃研究学术,经一番切磋,始有一番进步,颂扬附和似无益于盛业也。"然后列出几点不同意见,请胡平心思量。信中还说道:"于今凡识赵戴公案者,止恐倾向张穆之说者居大多数。先生今日之声望非比等闲,倘小受冒犯,俱足为盛名之累。前所欲为之文,乃意在贡献些反证,以供参考,决非有意唐突。……其所以不公开作异议者,实意在爱护先生,妄冀有补于万一耳。不料误触逆鳞,遂令凤进退维谷,不知所从。盖仍贯彻初衷,迹近谄媚取容,若半途而废,恐无第二人敢作拂耳之言,其症结不得尽陈于前,而便于肃清一切障碍也。"11日,胡适复信钟凤年,说:"先生说我前函是'老拳',言重言重!我知罪了。"接着说:"我决不要任何人'颂扬附和',我也决不梦想'将来无人能作异辞'(此是决不可能的)。不过我确感觉语言文字均不够改变朋友的成见,辩论徒伤感情、往往不能收效果,故欲避免继续辩论耳,无他意也。"(参见耿云志编《胡适年谱》,福建教育出版社2012年版)

　　陈述《契丹史论证稿》9月由北平研究院史学研究所出版。此为第一部从多方面研究契丹政治制度的专著,重点论究契丹民族之构成、选汗制度和帝位继承、统治政策以及西辽的建立等辽朝政治史上的重要问题。作者认为"契丹为中华民族之一支,故契丹威名之广溢,亦吾中华民族之光荣"。是年,美国洛克菲勒基金会曾向陈述提出过赴美研究的邀请。

　　按:宋德金《二十世纪中国辽金史研究》一文认为"这一提法同那种视契丹等少数民族为'外族''异族'的传统观点相比是一大进步"。日本鸟居龙藏作了长篇书评,称赞该书是"辽史研究的杰出作品",认为"此书乃近代契丹史中之深具兴味者,读之对著者之高见不胜钦佩。此书乃庄重之出版品,系最有价值之一编政事史"。他希望陈述能将另一部关于契丹制度的书付印,并兴奋地说:"我还要等着作一次光荣的评价。"(参见王学典《20世纪史学编年(1900—1949)》,商务印书馆2014年版)

　　苏秉琦继续在北平研究院史学研究所任副研究员。12月,所著《斗鸡台沟东区墓葬》由北平研究院史学研究所出版。此书是对斗鸡台沟东区墓葬的综合研究,其中特别重要的是对瓦鬲的研究。作者以斗鸡台出土瓦鬲为主,结合全国各地所出,对瓦鬲的源流进行分析。作者将瓦鬲依其形制、制法等进行分类,探寻各型的渊源、流变及其相互关系,并从功能的角度分析其变化的原因。本书的出版标志着中国考古类型学的成熟。(参见王学典《20世纪史学编年(1900—1949)》,商务印书馆2014年版)

　　胡先骕继续任静生所所长。1月5日,致函任鸿隽,告知物价上涨,已影响正常生活。6日,教育部致函中基会,告"自本年下半年度起列入本部预算"。11日,致函任鸿隽,探讨物价上涨之后,静生所人员如何加薪等问题。15日,致函任鸿隽,以年关将近,再谈薪金调整问题。16日,寄两小包水杉种子、一些枝叶标本、一个雄花枝、两个球果和一幅水杉的墨线图予美国加州大学植物园主任 Dr. Thomas Harper Goodspeed。17日,寄水杉种子予爱尔兰 Birr Castle 之 Earl of Rosse。28日,致函任鸿隽,言静生所只能靠云南烟草维持。31日,在《益世报》发表《论"二分军事、三分政治、五分经济"之越乱政策》。同月,教育部批准静生所"关于改隶教育部"之请。2月17日,胡先骕致函韩安,告知因经费原因,《图志》不能按原体例出版,只好减少内容。25日,致函任鸿隽,告所中情形,幸有出售标本之款,勉强维持静生所和庐山植物园。并告水杉之发现,引起阿诺德树木园重视。同月,任北京师范大学生物系教授及研究部主任。当时该系主任为郭毓彬。3月8日,胡先骕致函蒋英,为筹备纪念陈焕镛创办中山大学农林植物研究所成立20周年,讨论发起人人选事。11日,Merrill来函,感谢胡先骕此前所寄水杉种子,并云已分成70余小包邮往欧美各地有关机构。同日,在《经世日报》发表《今日自由爱国分子之责任》,公开呼吁组织新党。15日,致函任鸿隽,言将在上海召开静生所委员会上,提出两项议案,告知北平组党之情况,并呈时论《今日自由爱国分子之责任》。

　　胡先骕3月23日往南京出席中央研究院评议会,与胡适等谈组织社会党。27日上午,经25名评议员即席投票,首轮投票选举产生67名院士,胡先骕与姜立夫、吴有训、李四光、陈桢、李宗恩、林可胜、胡适、陈寅恪、赵元任10人获全票通过。月底,在南京出席中央研究院评议会期间,恰逢国民政府在京举行第一届国民大会,蒋介石要王世杰去与胡适商洽,拟请胡适出来竞选总统。胡先骕却积极促使胡适出来组建一新的政党。4月7日,起程返平,10日到达。25日,致函蒋英,嘱向美国有关机构申请出版经费和向中山大学商请其来讲学,以便参加陈焕镛纪念会。27日,任鸿隽来函,告杭立武拟以补助静生所经费,而不是与国立机构合并。5月4日,在天津《民国日报》刊出《如何纪念五四》。11日,任鸿隽复函,以为在时局日益紧张之时,静生所南迁之举还是困难重重。15日,《静生生物调查所研究汇报》新 1 卷第 2 期出版。此乃静生所复员后第一期,载有胡先骕与郑万钧合著《水杉新科及生存之水杉新种》,这是水杉新种 Metasequoia glyptostroboides Hu et Cheng 的正式描述。6 月 4 日,任鸿隽致函教育部,再次要求将中基会所属静生所改隶教育部。7 日,胡先骕在《华北日报》发表《对于立法院之期望》。8 日,在天津《民国日报》载《论我国今后之外交政策》。30 日,致函蒋英相告植物学界新闻,并再次催促召开纪念会。7 月 3 日,在《华北日报》刊登《与翁院长一封公开信》。8 日,教育部长朱家骅复函任鸿隽,对静生所改隶教育部事,云呈请行政院批准后,再行办理。10 日,胡先骕致函任鸿隽,云将出售《中国森林树木图志》,以贴补所用。8 月 8 日,在《世界日报》发表《中美英应联合领导东亚联盟》。7—8 月间,在北平组织社会党,于静生所内邀请张肇骞、唐进、汪发缵、冯澄如参加,但并未开展活动。9 月 10 日,在天津《大公报》发表《中国的出路》。此文又名《社会党政纲》,由王聿修执笔,发表时由北平 12 位教授联名署名,故又称“十二位教授宣言”,胡先骕是其中之一员。该文后在全国许多报纸上刊登,产生较大影响。再后来,被国民党政府作为宣传单,以飞机在共产党的解放区上空散发。19 日,在天津《民国日报》发表《国民党欲革新须向左走》。

胡先骕 9 月 23 日在南京出席中央研究院第一届院士大会。同日,任鸿隽致函教育部高教司唐培经司长,言静生所胡先骕所长“日前过沪转京,出席中央研究院会议,曾面告所中经费大有朝不保夕之势,是以此补助办法,切望能自七月起开始实行”。24 日,院士大会选举第三届评议员,胡先骕继续当选。25 日,院士大会讨论议案决定参加第七次太平洋科学会议,推定胡先骕、竺可桢、翁文灏、萨本栋等为委员,负责决定出席该会人选。决定谢季华、伍献文、朱树屏、沈宗瀚、郑万钧诸人。晚至黄埔路总统官邸,出席蒋介石招待宴会。院士大会结束后,胡先骕即返回北平。同月,在《纽约植物园期刊》发表“How Metasequoia,'living fossil', was Discovered in China?”(《活化石水杉在中国是如何发现的?》)。此文后被世界上不同语种的刊物全文转载或翻译多次,更有数不清的部分转载和引用。10 月 4 日,胡先骕致函任鸿隽,云华北形势动荡,静生所在作南迁之准备。秋,中国共产党在北平的地下组织人员,与胡先骕接触,希望他留在大陆。16 日,受竺可桢之邀,往杭州浙江大学访问,并作《生命之意义》演讲。27 日,胡先骕致函任鸿隽,又作南迁之计划。

胡先骕 11 月 1 日致函任鸿隽,商谈廷所至庐山。6 日,任鸿隽来函,相告再次办理向教育部请款之经过,仍未落实,故静生所南迁亦难进行。9 日,胡先骕致函任鸿隽,静生所决定不南迁,但其本人则必须南下,驻守庐山植物园。10 日,胡先骕致函任鸿隽,对中基会决定静生所暂不迁移表示赞同,但感到其本人难以见容于共产党,故有南下之想。13 日,任鸿隽来函,以为北方局势不稳,南方也难保,不主张静生所南迁,而于胡先骕个人南下,则表同意。27 日,任鸿隽来函,告静生所人员薪津之发放,中基会已无能为力。12 月 7 日,胡先骕致函任鸿隽,言已出售显微镜,用来发放所中人员工资。同日,任鸿隽亦有函致胡先骕,也谈经费之筹措事宜。17 日,任鸿隽复杭立武函,按教育部来函所示,向教育部提出垫拨静生所薪津申请,再次恳请杭立武鼎力玉成。是年,《中国森林树木图志》第二册由静生生物调查所与中央林业实验所出版。此书包括中国所产桦木科与榛科树木的科属种的中英文描述与检索表,有 85 幅版图。(参见胡宗刚《胡先骕先生年谱长编》,江西教育出版社 2007 年版)

裴文中继续任新生代研究室主任,并在北京大学、燕京大学和北京师范大学讲授史前考古学。12 月,《中国史前时期之研究》由商务印书馆出版。作者在自序中说,自 1939 年起在燕京大学等学校教授史前考古、史前史一类的课程,并开始编写讲义,到了 1947 年春季,写了 30 多万字,但是由于物价飞涨,不能出版,乃将在这一时期撰写的短文及在各地的讲稿 20 篇连缀成书出版。该书分总论、旧石器时代、新石器时代、附录四部分。(参见王学典《20 世纪史学编年(1900—1949)》,商务印书馆 2014 年版)

李文治《晚明民变》12 月由中华书局出版。作者认为旧史书"囿于明清之正统,于(李)自成等极尽诬蔑",本书"着眼点,在民变之兴衰转变,以及其在历史上所起的作用和影响,而予以新的看法",立论述事力求客观求实,"力避前人之隐讳,据实直陈"。(参见王学典《20 世纪史学编年(1900—1949)》,商务印书馆 2014 年版)

傅增湘因经济困难,分二次出让少数明刊本及名家钞校本给北京图书馆,现编入《善本书目》中的 2136 至 2195 和 2231 至 2249,约 79 种。他叮嘱后人身后将"双鉴"捐赠北京图书馆,与手校群书并储,使善本精粹不致零落散佚,拟将外库书 3.4 万册赠送四川。秋,多文阁、文渊阁、修文堂、来薰阁四家合伙购傅氏藏书一批,此批书傅忠谟托四行储蓄会朱鼎荣所售,其中有宋版《苏诗》、宋版残本《周礼》四册(首有傅增湘肖像)等书,价 1400 万元。北平解放在即,胡适曾两度访傅于病榻,称:当局(国民政府)愿以专机安全护送先生和全眷及全部书籍去台湾,保证在台生活费用一切无虞。傅坚予拒绝。12 月,北京大学 50 周年展览会,胡适编《水经注版本展览目录》,"其中傅增湘先生藏宋本,北大图书馆与涵芬楼藏《永乐大典》本八册,与赵一清、全祖望之稿本,最为稀世之珍,为《水经注》版本展览"。(参见孙英爱《傅增湘年谱》,河北大学硕士学位论文,2015 年)

袁同礼继续任北平图书馆馆长。1 月 5 日,王重民、毛准来函,并及胡适,谈借用美国援助组建北大"图书馆博物馆系"等事。19 日,在北海公园接待来华考察平馆事业的美国专家 Verner W. Clap 和 Charles H. Brown(爱荷华州立大学图书馆图书馆馆长)。2 月 11 日,柳诒徵致胡适、袁同礼函,托留意钵山旧籍,并代收购南京馆内散佚之书。5 月 11 日,赴胡适家,与张政烺、王重民、赵万里代为审定全祖望五校《水经注》的底本,认为底本是赵一清手抄本。8 月 26 日,《〈出版法修正草案〉意见书》刊于《报学杂志》试刊号。9 月 6 日,搭乘飞机赴上海转南京,向教育部接洽经费及各国赠我国图书之分配问题。18 日午,搭机由京返平。19 日,在北平参加"纪念孔子二千五百年诞辰"筹备会,与会者有张东荪、徐炳昶、冯友兰等。政府方面,原定届时(1950 年 8 月 27 日)"邀请联合国文教组织来华开会",以内战之故,取消了该计划,"此意决打消"。26 日,与某函商馆藏舆图等运台事宜,"查存在紧邻大学内之内阁大库舆图十余箱,亟须移运安全地点,以防万一。兹已函商北平故宫博物院,将是项地图转存该院南京保存库内,谅荷许可。兹请台端先将详细目录开一清单,以便报部。原箱似应防止潮脑以策安全。运费若干,并盼估计。速为函复,以便筹措是荷。专此。顺候台祺。弟袁同礼顿首。十一、廿六。"28 日,翁文灏在南京与朱家骅、杭立武、王世杰、傅斯年、李济、徐森玉等人"密议""决定将京、沪文化机关之重要文化资产迁移台湾保存"。30 日,与某函商馆藏舆图等运台事宜。"本馆在京所存善本地图十余箱,拟移存故宫博物院首都保存库一节,承北平故宫博物院复函许可。兹将该院南京分院暨原函各一件,即请速往商洽移运为荷。所须移运费用,请估计需用若干,自当照汇。专此。顺候台祺。弟袁同礼顿首。十一、三十。又据上海办事处来函,谓本馆之舆图,有送台湾之议,请先送至故宫保存库,以便由故宫代运也。"12 月 8 日,函平馆职员,指示舆图等运台事宜。"接朱部长来电,谓内阁大库地图与其他古物一并运往台湾。兹请将各箱重新检查一次,一律加铁皮条,并放入潮脑,每箱上加贴本馆封条(另寄)。所需各款,中大退还之壹仟元内报销。附上致杭次长一函,请与接洽是荷。专此,顺颂大安。弟袁同礼顿首。"12月17日,偕马衡、郑天挺等赴焦实斋探听北平局势消息。(参见张光润《袁同礼研究(1895—1949)》,华东师范大学博士学位论文,2018年)

王重民仍任职于北平图书馆。1月3日,在北平历史博物馆办"海外文物照片特别展览",并作了有关展览敦煌书的解说,解说文后收入《图书与图书馆论丛》中,后又收入《敦煌遗书论文集》(1984年4月中华书局出版)。4月,所编《太平天国官书十种》全4册由商务印书馆影印出版。早在1936年,王重民从英国剑桥大学图书馆摄录《资政新篇》等10种太平天国印书。后来,《资政新篇》《太平天日》《诛妖檄文》等3种印书分期刊发于1936—1937年上海《逸经》半月刊,其余则因抗战爆发而暂时搁置。1948年,简又文、叶恭绰将其一并编入《广东丛书》第三集,名为《太平天国官书十种》。至此,从海外陆续传回国内刊布的印书已达36种,占太平天国原刊书籍的绝大部分。6月14日,《申报》载,美国国会图书馆,搜藏我善本书、宋元刻本共1600百种,北大出版部承印书目:(中央社北平十三日电)北大出版部承印美国会图书馆善本书目,系学术界最堪注意之消息。北大图书馆专科主任王重民教授12日告记者称:美国会图书馆收藏我国善本古书计1622种之多,内有宋刻本10种,有宋太祖开宝八年(纪元九七五年)刻本的雷峰塔所出佛经元刻本12种,我学者所称之金刻本亦在内。明刻本1422种,内有朱墨印本72种。清初刻本58种,多系禁书或明人批校本。另写本120种,内9种为敦煌写本。王氏又称:我国善本书以北平图书馆收藏之5000种为最佳。江苏国学图书馆有2548种,故宫图书馆有1205种,因此美国会图书馆所藏占世界第三位。惟现中央图书馆已获进至第二位,此次为美国会图书馆编印善本书目,亦国际文化合作之开端。现在北大承印,两月后出版,其印刷艺术必能邀得国外之重视。又称:美国人近来在平抢购孤本,至堪注意,我国应设法保存善本孤本。而市上所流行之明刻本,各文化机构应指导书业公会,售予外国人士,作为文化沟通之媒介。(参见刘修业《王重民教授生平及学术活动编年》,载王京州编《河北近现代学者年谱辑要》,国家图书馆出版社2017年版;吴永贵《民国图书出版史编年:1912—1949》,社会科学文献出版社2018年版;王学典《20世纪史学编年(1900—1949)》,商务印书馆2014年版)

马衡继续任故宫博物院院长。1月3日,苏联大使馆秘书藩克福捐献蒙文《孝经》一叶。同月,修缮颐和轩、景祺阁、景福宫。3月1日,古物陈列所正式合并入故宫博物院。院方接收委员以总务处长张庭济为主任委员,所方点交委员会以副所长张允亮为主任委员。3月25日,张万里捐献故宫原藏之德国克虏伯炮厂所制大炮模型三尊。5月6日,收购马竹铭家藏清咸丰朝各省局所铸流通之钱200个(其中赝品28个)。25日,福梅岭女士将其父福开森生前收藏金石、书画类中文图书1237种捐赠故宫博物院。6月,中断活动12年的中国博物馆协会复会,马衡院长以会长身份主持并致词。7月27日,《申报》报道《中国博物馆协会选马衡等为理事》:"〔中央社北平廿六日电〕中国博物馆协会,经多时之筹备,业于廿六日下午四时在平故宫博物院举行理事选举。由韩寿萱、唐兰诸教授主持,采全国会员函选方式。结果马衡、袁同礼、徐炳昶、韩寿萱、徐鸿宝、向达、梁思成、李书华、李济、董作宾、唐兰、金毓黻、傅斯年、袁复礼、杭立武、斐文中、庄严、张庭济、王文弨、王世襄、郑振铎廿一人当选。其中董、傅、王三氏现在外国,另增加陈梦家、常惠、叶德礼三人为理事。按,该会于民廿四年成立于北平,系一学术性团体,以协助推动国内博物馆工作为主。理事会即开始进行会务,恢复研究工作。"

马衡10月1日与西北科学考察团的理事胡适、徐炳昶、袁复礼、徐森玉联名致信教育部长朱家骅,报告考察团的预算方案。同月,北平故宫博物院编辑出版《文献论丛》。此丛刊作为"沈兼士先生纪念刊",收录王之相《中俄陆路通商关系之历史上的变迁》、单士魁《清代黄册与赋役问题》等论文。11月9日下午3时,马衡主持故宫博物院复员后第五次院务会议。10日,当时的行政院院长翁文灏,教育部政务次长杭立武,中央研究院史语所所长傅斯年等8人在南京召开秘密会议,会议决定:将故宫博物院抗战期间南迁的所有珍贵文物迅速迁往台湾。12月7日,故宫博物院接收自日本运回的张二金堂绛丝古画58件,存素堂丝绣77种。14日,平津战役中,为保证安全,马衡下令将故宫对外出入通道全部关闭,以至于选装文物精品箱无法运出。17日,杭立武发来专电催促马衡南下,并要求他执行理事会文物运台决议,将北平故宫的其他珍宝运往台湾。尽管当时局势复杂,但马衡有着清醒的认识。他已经决定和故宫的宝物一起坚守在大陆,便委托即将南下的梅贻琦代为转达不能南下的态度。22日,南京文物运台开始。南迁文物复员南京后本应运回北平,但国民党政权却决定将南京所藏文物及北平故宫文物精品运往台湾。马衡院长则以"机场不安全,暂不能运出"为借口,拖延时间,巧妙、坚决地抵制了国民党政府关于空运北平故宫珍贵文物去南京的命令,北京故宫博物院的文物没有一件被运走。(参见马思猛《马衡年谱》,故宫出版社2021年版;陈福康《郑振铎年谱》,三晋出版社2008年版;李福敏《故宫博物院大事记》,载李文儒主编《故宫博物院80年》,紫禁城出版社2005年版;耿云志编《胡适年谱》,福建教育出版社2012年版;王学典《20世纪史学编年(1900—1949)》,商务印书馆2014年版)

黄宾虹、余绍宋、陈定山、郑午晶、冯超然、吴湖帆、汪德祖、贺天健、杨一萍等书画家发起组织"艺舟社",以"阐扬中国固有艺术,间介西土菁华"为宗旨。黄宾虹又发起组织"乐天诗社",参加者多为画家,如丰子恺、吴湖帆、贺天健、周练霞等。

李苦禅在北平中山公园的"来今雨轩"举办画展。与曹陇丁在兰州、西宁、临洮等地举办联展。

韩白清为社长的和平社在北平创办,该社以联络有志之士互研学术,发扬和平精神为宗旨。

瞿希贤毕业于上海国立音专作曲系,毕业后曾任北平艺专音乐理论系讲师。

漆侠自北京大学毕业后,旋入北京大学文科研究所史学部读研究生。

顾颉刚继续奔走于沪苏之间。任社会教育学院教授,授"民众读物""中国社会史""上古史料研究"课。又任文通局、民社事;任大中国图书局总经理兼编辑部主任。上半年,请求教科书之贷款事多次赴宁。1月1日,《文史杂志》复刊。顾颉刚作《复刊词》云:"现在有些人反对用考据的方法治文史之学,……我们要深入,可是我们没有忘记要浅出。我们要分工,可是我们没有忘记要合作。我们研究的是小问题,可是我们没有忘记了大任务。"同日,顾颉刚作《尧典二十有二人说》之《后记》,刊于《文史杂志》。22日,到中央研究院社会科研究所讲演《我的事业苦闷》,述在国故整理、民众教育、边疆开发三方面的工作经历。2月1日,到沪出席中国出版公司董监事会议,结束该公司。4日,赴教育部出席联合国文教组织中国委员会大众传播组第一次会议。25日,赴教育部出席文学院课程会议。3月13日,至社会教育学院出席联合国文教组织中国委员会大众传播组第二次会议,任主席,讨论民众教育诸议案。27日,当选为中央研究院第一届院士。30日,顾颉刚日记:下午"乘电车到大中国(书局),看郑振铎《中国历史参考图谱》。"3月底,迁家至沪山阴路兴业坊35号。社教院课由纪庸代。4月,教育部长朱家骅欲邀任社教院长,辞之。同月,李宗仁竞选副总统,欲在边疆代表中拉选票,当时顾颉刚任中国边疆学会理事,故请该学会出面助之,顾颉刚为其制作竞选传单。又校丁山《地理与中华民族之盛衰》一书。5月,为此书作序,曰:"我们民族的历史,除了近世以外",可说是一部生长在高原区域与平原区域中的人民"长期斗争而逐渐融合为一民族的历史"。这是当今"世界诸文明古国都已灭亡,而我们民族所建的国家巍然独存"的重要因素。因此在中国史的研究中,"对汉族和塞外诸族的相互斗争和相互融合的过程作有系统的研究,正是最重要的一件事。"同月,作笔记10则,刊于《文史杂志》。同月21日,赴教育部出席基本教育购书会议,争取购书经费。6月15日,离沪。16日,抵宁。17日,飞抵兰州,就兰州大学职。12月7日,由兰州飞抵上海。是年与丁君匋继续主编"中国历史故事小丛书"。修改纪庸所作《商鞅立法》《吴起和孙膑》《墨子止楚攻宋》《苏秦合纵》《张仪连横》,顾德辉所作《蔺相如完璧归赵》,吴蕙兰所作《信陵君劫符救赵》等10册,并修改纪庸所作各序。(参见顾潮编著《顾颉刚年谱》,中国社会科学出版社1993年版;陈福康《郑振铎年谱》,三晋出版社2008年版;王学典《20世纪史学编年(1900—1949)》,商务印书馆2014年版)

马寅初1月1日在《国讯》发表《一九四八年的希望》。文中对1947年国共内战深感痛心,希望"这残酷的内战,立即停止,全国各党各派共同执政,实行名副其实之民主政治,以政纲及优良政治效能来争取人民之信仰及拥护,而不以武力作后盾。使中国政治得纳入正轨,则其他一切均轻而易举矣。同时,对于货币之改革与停止内战应同等视之"。10日,在《经济评论》第2卷第15期"现实文摘"发表《我为什么赞成开征财产税和资本税》。文中以国际税收通行四原则论证开征财产税及资本税之合理性,补充两点理由:(一)边际效用。一个穷人与一个阔人的金钱,对他的边际效用,是悬殊很大。(二)在个人来说"有钱出钱",以增国家税收,此系财政上的目的。3月27日,当选为中央研究院第一届院士,为人文组唯一一位经济学院士。5月1日,在《中国建设》第6卷第2期发表《论"恢复银本位"》,剖析银价趋贱或趋贵所引发各种后果及利弊,批评"恢复银本位"之不当。4日,在上海工商专科学校"五四"纪念会发表《五四感言》:"青年学生在过去、现在甚至于未来,他们总是站在时代洪流的前端,站在救国救民的最前线,勇敢地抱着自我牺牲的精神,去追求伟大的真理——建造人类永远的和平与安定。""有人说'凡是压迫人民的政权,对外一定与帝国主义相勾结'。袁世凯虽然死了,但袁世凯的遗风犹存;日本帝国主义虽然倒了,而来了一个侵略手段更高明的帝国主义。统治者以得外援而感奋,老百姓却在这种'加惠'之下,沦入失业、饥饿、炮灰甚至求生不得求死不能的地步。历史能增进人民许多认识与经验。从前曾参加过轰轰烈烈革命队伍的人,而今有许多却跟不上时代了。春秋之笔是无情的,二十九年前的青年男女,现在都作了孩子们的父母,而刚出生的婴孩,今日是他年革命队伍的中坚分子,所以说:白首的中国渐渐衰去,新生的力量永续的滋长。"后刊于《展望》周刊第2卷第3期。11日,会同陈叔通、包达三、张絅伯、施复亮、胡厥文、许广平、李正文、张志让、昂若、未风、叶笃义、江问渔、宦乡、黄炎培等畅谈国事,并祝贺坡光刺汪精卫被囚13年获释。22日,在《展望》周刊第2卷第4期发表《想起几位历史人物》。

马寅初6月16—17日在《华侨商报》发表《对日损害赔偿问题》,认为日本应赔偿我国损失有三方面:(一)全部战费;(二)生命之损失,财物之毁损及因战争引起之身体之残废等之损失;(三)敌人在沦陷区所搜括之人力与物力资源总数。详细说明三类损失计算方法。

提出,当接受第一次世界大战向德国要求赔款教训,要求日本用重工业机器赔偿,"重工业机器对吾国之帮助甚大,可缩短吾国工业化至数十年之期间。故绝不可要求黄金,因要求黄金,至为愚蠢,不但敌人无力付出何况黄金已失掉第一次世界大战前之重要性"。26日,应上海交大学生会主席李君亮邀请,至上海交大体育馆出席对上海市长吴国桢公断会。对学生曰:"如果你们为爱国而坐牢,我跟你们一起去!"行前特邀上海警备司令部少将方秋苇及立法委员周一志出席。8月,《财政学与中国财政——理论与现实》由商务印书馆出版,并列入大学丛书,署名中央研究院院士,扉页语云:"此书献给母亲。"此书借鉴凯恩斯理论结合中国现实加以思考,进而以财政学理论阐述中国财政制度、政策及现况,计有超然主计与联综组织、中国税制与赋税体系、赋税各论、征实与专卖、公债、地方财政、其他问题与结论等八篇,共48万字。为现代中国财政学经典之作。自序云:"着手著此书之前,即有把关于财政之纯粹理论与现实合冶一炉,得出一种经验理论,使读者容易明了,不致发生理论与事实脱节之感。社会是一个大实习室而学校是一个小训练所,在训练所中所学的,必须与实习室中所做的趋于一致,庶不违反'学以致用'之原则。"9月17、20日,在《文汇报》发表《我国之土地税》。

马寅初10月25日在《文汇报》发表《评金圆券》,剖析国民政府金圆券发行之背景及财政金融基础,指出政府所宣传之"三个优点"皆不成立,其发行额"速率之大,远在旧法币之上",通货膨胀将不可避免。11月5日,在《中建》第1卷第8期发表《金圆券》,分7方面深入剖析金圆券所面临种种问题及未来命运:(一)政府改革币制的原因;(二)美国人的意见及改革的内容;(三)关于币制改革的几种办法及其批评;(四)金圆券的关键在物价;(五)预算收支不能平衡决定了金圆券的寿命;(六)新币之汇价是否合理;(七)新旧币兑换率于小民不利。最后指出:"改革币制,应先就改革办法对于平民大众之切身利害加以检讨。经过长期恶性通货膨胀之后,改革币制,在新旧币的巨额兑换率中,自可收回大量旧币,于财政上,自属有利。可是在人民方面,特别是职工阶级辛勤所得,顷刻间化为零星小数,其痛苦可知。如政府关心民生疾苦,自应兼顾公私双方的利害。"12月19日,赴上海市商会出席商务印书馆股东年会。接受朱经农辞职请求,推选夏鹏继任总经理。选举新一届董事会:张元济、夏鹏、李伯嘉、丁榕、李拔可、马寅初、徐善祥、陈叔通、徐寄顾、韦傅卿、俞明时、陈夙之、高凤池等13人为董事;黄炎培、蔡公椿、王韬如为监察人。《商务印书馆股东会议簿》26日商务印书馆董事会第483次会议通过张元济提议:送本届董事、监察人每人车马费金圆券2000元。(参见徐斌、马大成编著《马寅初年谱长编》,商务印书馆2012年版)

张澜1月2日与中国民主同盟留沪负责人黄炎培、罗隆基、叶笃义在上海广慈医院商谈大局问题。1月5—19日,中国民主同盟第一届中央委员会第三次全体会议在沈钧儒、章伯钧的具体主持下在香港召开。出席会议的有29名中央委员,一些地方组织的代表列席了会议。张澜与黄炎培、叶笃义商量,派民盟中央委员罗涵先为代表前往参加,并给大会发去了祝贺信,香港方面和留在上海的民盟领导人张澜、罗隆基等始终保持着密切联系。这次会议的使命,是"恢复本盟总部,继续进行艰巨的政治斗争"。会议期间,张澜通过信使与香港方面联系,表示完全同意他们的安排。还和黄炎培、罗隆基、叶笃义共同写信去香港表达意见。23日,三中全会给张澜发来了致敬代电,给罗隆基发来了慰问代电。同月,民盟一届三中全会后,民盟在全国各地的组织陆续恢复。2月17日,张澜与中国民主同盟其他负责人黄炎培、叶笃义往上海枫林桥南中山医院同罗隆基共同交谈时局。3月上旬末,与罗隆基、丘哲、叶笃义联名致信在香港的沈钧儒、章伯钧,委派民盟中委汪世铭带去。5 月 1 日以后,中共发出"五一口号"后,国民党更加强了对张澜和黄炎培、罗隆基等人的监控,使他们很难离开上海。

张澜与在沪的民主同盟领导人黄炎培、罗隆基、叶笃义 5 月 2 日获悉中共中央发布的纪念"五一"劳动节口号后,在上海虹桥疗养院就召开新的政治协商会议,成立民主联合政府的问题交换意见。14 日,民主建国会理事盛康年由香港返抵上海,带来沈钧儒写给张澜和黄炎培的信,谈香港民盟总部对召开新政协的态度,介绍了香港各民主党派的活动情况。此后,张澜与在沪民盟领导人黄炎培、罗隆基、叶笃义、史良等商讨,复函沈钧儒及章伯钧,对民盟总部通电响应中共"五一"劳动节提出的政治号召,表示"极感欣慰",认为这是"国家当前自救唯一途径""盼中共及民主党派今后更能以简单明了之方式加强此种号召"。17日,与中国民主同盟在沪领导人黄炎培、罗隆基、叶笃义等在上海虹桥疗养院,听从香港来沪的张云川介绍香港各民主党派的情况。6 月 10 日,张澜与黄炎培、罗隆基、叶笃义 4 人署名致苏联大使罗申公函,贺其到职,该函由黄炎培起草,推叶笃义赴京递交。此之前后约一年之久,和黄、罗等辄三、五日一聚,商谈时局及其他问题。7 月 12 日,由于张云川即将北上去解放区,张澜与黄炎培、罗隆基、叶笃义、张云川就此进行商谈,加强与中共的联络。7—8月间,张澜与黄炎培、罗隆基共同署名致函司徒雷登,对他公然干涉中国学生反美示威运动,并威胁学生要"自食其果"的声明提出意见,由叶笃义当面转致司徒雷登。9 月 20 日,周恩来为中共中央起草拟定邀请从港、沪和长江以南来解放区商讨召开新政协的各民主党派人士李济深、蔡廷锴、张澜、沈钧儒等 77 人名单,并起草中共中央致香港分局并钱之光和上海局刘晓、刘长胜电,征询对 77 人名单的意见。并指出:各方人士须于今冬明春全部进入解放区"方为合适"。26 日,张澜与黄炎培、罗隆基、楚图南、叶笃义、郭则沉、彭文应、罗涵先等在上海史良寓所午餐聚会,听吴晗报告北平情况。12 月 7 日,民社党张君劢来访,谈到蒋介石有意下野,希望张澜致函劝阻,张澜坚决予以拒绝。他说:"这又是欺骗,我已见他不止一次'下野'了,而他一直在台上,你不用为他担心,我也决不会劝阻,要劝你去劝吧。"同月,赋诗《宋美龄赴美》一首,抨击国民党当权者为挽救危局,派宋美龄赴美哀求美国增加援助的无耻行径。是年,张澜在被特务严密监控的复杂环境和生活极端清苦的条件下,仍执着研究中国传统文化。本着"清理古代文化剔除其封建性的糟粕,吸收其民主性的精华"的精神,"爱研考旧文",写成《论五常》和《墨子贵义》两篇论文,表达了对现实的不满和对理想社会的向往。

按:《论五常》,全文共约 21500 字,6 部分。第一部分《何谓五常》,先生引用《白虎通》云:"五常者何?谓仁义礼智信也。"文章指出,仁义礼智信五者,为人性所有之常德,不可缺其一,亦不可须臾离者矣。文章特别强调,"人能善保五常之性,而随时随处扩充其用,以此修己则身修,以此治人则天下治矣。"第二部分何谓仁。第三部分,何谓义。第四部分,何谓礼。第五部分,何谓智。第六部分,何谓信,先生在结尾处愤怒地指出:"至若今之执政者,其贪污无能,为举世所指斥,不能谓之忠;其文告与训词,无一不美,而无一实践,不能谓之信。对于民主人士不满政府之言论,则尽力压制,并随时加暴行于反内战反饥饿之学校教师与学生,而不惜造成血案,其作威以防怨,殆过于乡校之请毁,以致人心日益离散,国事日益颠危,不惟不仁,亦实不智之甚矣。"

按:《墨子贵义》,全文共约 15000 字,全面阐述了墨子之"义"的本质特征和内容,以及实现"兼爱交利"——"义"的经济政治条件。文中写道:"数年来喜读《墨子》,深悉墨子的思想行为。"认为其思想行为"全以义为主"。所谓义的内容,就是兼相爱交相利。惟兼爱交利可以使天下富而无贫,所以墨子之言经济是要民用皆给;惟兼爱交利可以使天下治而不乱。文章进一步阐释道:"兼相爱,交相利"为治天下的一大原则。"惟兼相爱,乃能人人平等,而阶级之分可泯;惟交相利,乃能人人互助,而贫寡之患可除。墨子之谓义,就是要发展人类的博爱心理,而使世界得到持久和平。"文章对墨子予以充分肯定:"在二千数百年前,乃有此伟大理想,实不可及。"文章最后指出,今世之人特别应当学习墨子"忠于自己理想,而力行不怠之精神,用以创造吾人未来之共产社会也"。(参见谢增寿编著《张澜年谱》,群言出版社 2013 年版)

　　黄炎培 1 月 4 日为《国讯》作新年词:《迎一九四八年》。词之主旨在阐述个人之世界观。词分四节。首节言,七十年来不左不右,不退后,不抢先,凭理智之花,迎头向前。二节言:苦乐祸福,是一物之两面,也循环着一起一伏。三节言:宇宙非大,颗粒非小,同样成长,一般结局。四节言,处世要持公平,不要有己无人。3 日,设宴邀陈叔通、胡厥文、施复亮、盛丕华等 9 人畅谈时局。先生于发言中对中间路线有所论述。10 日,参加职教社工作检讨会,对应付非常环境则主采如下原则:(一)谨慎扩张,多储经费;(二)加强横的联系;(三)对新的未来的重要分子不要轻视。同日,出席中国手工艺协进会理事会并发表如下意见:手有须补机械之不足者,如织毯工、毛笔工,尤其是美术品。整个纺织业政策,须将手织与机纱配合,用合作社方法向中国西部推行。16 日,报载民盟在港开会破裂。因访张澜、罗隆基、叶笃义等,拟草公函,婉言劝阻,嗣悉不确,乃止。自此经常分别与民建、国讯社、民盟诸方面会谈时局。29 日,因美国为对抗苏联,积极扶植日本经济、军事力量的复兴,将大不利于中国,特由国讯社召集对日问题座谈会,藉以唤起舆论界相率奋起,团结一致,以反对美国此种政策。2 月 23 日,参加中华职业教育社所召集之"救济失学问题座谈会"。同月,闻印度甘地于上月 30 日被反对和平主义者暗杀,因作《你们都太晚了》一文以悼之,同时表示我国和平、民主、统一之主张,亦已深入人心,此时反和平民主者也已太迟了之意。

　　黄炎培 3 月 2 日访罗隆基于医院,和张澜、叶笃义 4 人长谈,函复香港民盟,申明彼此并无误会。3 月 6 日,王芸生来长谈。晚,民建会餐,假豆乐安路孙晓村寓举行,孙晓村、吴觉农、吴羹梅为主人。参加者胡厥文、杨卫玉、胡子婴、陈巳生等 19 人。听宦乡报告时事,并讨论《国讯》及其他问题。21 日,在中华工商专科学校讲演,题为《坚定地和是是非非的群众站在一起》。大意谓:"有话大家说,一切看群众的倾向,才是民主。这是教育之原理,也是政治的原则。"4 月 3 日,为《国讯》作《不堪回忆的参政会》,刊于《国讯》第 457 期。此文略述国民参政会的经过。最后因参政会之结束,伪国大之召开,遂使战云由辽沈进至河淮江汉。看看现在,想想当初,实不堪回忆云。8 日,《国讯》被国民党政府宣布有替共产党宣传罪,勒令停刊。黄炎培即召开《国讯》紧急会议。10 日,举行《国讯》结束会议,并讨论续刊《展望》问题。22 日,召开《展望》预备会议。讨论社员人选、组织系统等问题。并与俞寰澄、盛丕华、杨卫玉、罗涵宪、陈仁炳等人负责。俞任社长,杨任编辑。28 日,浙江大学学生自治会代表邀往于"五四"日讲演。以政府对己甚不谅解,婉言辞却。30 日,《展望》出版。用冰甫笔名作一文,题为《我对民主并不灰心》。5 月 1 日,民建同仁假关勒铭笔厂聚餐,任主席。参加者有胡厥文、胡子婴、吴觉农、俞寰澄、盛丕华、吴羹梅等 10 余人,讨论会务及其他问题。15 日,今日为中华职业学校 30 周年纪念日,出席致词,谓 30 年来职业学校亦有不少变化,但始终坚持不变者亦有二点:(一)做人重人格,(二)办事重效能。23 日,参加民建会常务理监事会。决议赞成中共"五一"号召,筹开新政协,成立联合政府,并推章乃器、孙起孟为驻港代表,同中共和其他民主党派驻港负责人保持联系。参加会议者为胡厥文、杨卫玉、盛丕华、施复亮、张纲伯、俞寰澄、王纪华、陈巳生、盛康年、郑太朴等。5 日,上海大中学生举行反美扶日大游行,被国民党军警所阻止。6 日,为此作《反美扶日是反美吗?》一文,刊于《展望》。10日,草致苏联大使罗申公函,贺其到职。与张澜、罗隆基、叶笃义4人署名,推叶笃义赴京递交。此之前后约一年之久,和张、罗等辄三、五日一聚,商谈时局及其他问题。

黄炎培7月4日参加中华工商专科学校毕业式,并致词。同日参加由《展望》社为主人,邀集之各期刊主持人会。各对时局发言。8日,《大公报》举办"大学生出路问题"座谈会,黄炎培因未赶及参加,9日对该报记者补发意见如下:"三十年前中华职业教育社之设立,即为解决毕业生的出路问题。而至今仍未解决者,一因大局混乱,二因学用脱节。忽视职业教育,恐很难解决此问题"云。15日,参加在静安寺举行之李、闻、陶二周年祭,会后有诗三首。是时因国民党罗织甚急,活动颇不自由,故诗中有"临风欲爵都成血,地下人觞地下人"之句。同日,民建同仁在红棉酒家会餐,讨论大局及活动方针。到者胡厥文、孙晓村、胡子婴、施复亮、盛丕华、陈巳生、杨卫玉、王纪华、盛康年等。18日,与盛丕华邀鲁荟、方秋苇等7人餐叙。此数人皆是在报纸上发表文章抨击国民党政局的人。杨卫玉、陈巳生作陪,畅谈甚欢。8月13日,王民仲自港归。此前8月5日曾函香港沈钧儒、章伯钧,又函孙起孟,托王民仲带港。王民仲自港归后,黄炎培与之深谈,并读自港带归之文件。9月7日,吴晗自北平来沪,邀来长谈。叶笃义参与。10月7日,因有特务跟踪,谢绝夜餐会之约。原定赴虹桥和张澜、罗隆基等会晤,亦作罢。杜月笙嘱人告知,确被特务注意中。黄炎培10月作《战后职业教育重估价》一文。大意谓:"人类中间一切事和物,都存在于需要之下。……职业教育即是适应人类求知求能欲而设计出来的。因求知求能欲不断改进,故职业教育亦不断在改进。战争以后需要生产的恢复和增益更加急迫,故职业教育只会看高而不会看跌。……"11月12日,偕冷御秋访周孝怀谈时事。15日,到红棉酒家参加民建常务理事会。被推与胡厥文、盛丕华三人负责处理会务。夜,与胡厥文、孙晓村、杨卫玉、吴羹梅会商联组事务。22日,杜月笙托人转告,政府确有加害之意,嘱暂躲避。因于是晚起离家他住,并数次迁移地址,以防逻者侦知。30日,张治中见访不值,乃至职教社嘱转知邀一谈。同日,杜月笙又托人转告,形势已缓,可勿再躲避云。12月1日,应张治中之约,偕杨卫玉访晤于兆丰别墅,畅谈大局。4日,与胡厥文、盛丕华、杨卫玉会商,推派章乃器、施复亮、孙起孟三人代表民建赴解放区参加新政协筹备会议。9日,访张澜,偕至张公权家,和张君劢四人共餐,长谈大局问题。因蒋介石有意下野,而又无法自饰,因希望张澜等出面函劝,即伪为接受民意下野者。此议已被张澜拒绝。12日,张治中来长谈。乃对张治中提出和平的步骤和方法如下:(一)蒋宣言停战下野;(二)中共响应停战;(三)重开政协,决定一切。但此方案须先征得中共之同意,并和美、苏两大使馆接洽。在进行此项活动之时,孙科应暂不就任行政院长;宣言之中亦不提副总统之事。13日,访周孝怀,告以昨向张治中所提之解决时局办法,请其转告张群共同进行。14日,致函苏渊雷,解释过去数度不做官之故。略谓:"弟对职业教育,确信为能解决人类间种种问题之最扼要办法。若一行作吏,势须抛弃半途,实违宿愿。……弟认做官亦是正当职业。如好人相率不做官,做官者都是坏人,如何得了! 故薄官不做,在野鸣高,不是真理,不是石训。"20日,杜月笙先后邀谈上海前途问题,提出几点请彼注意:(一)保全生产工具;(二)维持军警饷项,力戒胡乱开枪;(三)储备粮食;(四)制止捕人、杀人等。(参见许汉三编《黄炎培年谱》,文史资料出版社1985年版)

千家驹继续任南方民盟秘书长。8月25日,千家驹在《申报月刊》第3卷第10号上发表《中国农村建设之路何在——评定县平教会的实验运动》,对其领导的定县平教会这样论述道:首先,认为在平教会的实验运动有值得肯定的地方。"惟定县平教会的实验与邹平的乡村建设,则他们都有较悠长的历史,都有身体力行的领袖,不仅是这样,他们还有一贯的理论系统,有整套的哲学基础,深信这种工作可以解决中国的农村问题,或甚至整个的中国社会问题。"但"究竟他们的理论与实际对不对? 他们是不是真正透视了中国社会问题的本质而为针对着中国病症所下的良药? 这些都是每个关心中国农村前途者所应深思熟虑的问题。"文中重点质疑和批评定县平教会的实验运动的"乌托邦"性质,不能真正解决中国农村问题。因为平教会的工作不仅仅是一种教育制度的实验,"他们决不止把定县工作仅视为单纯一种教育制度的试验,而是把它视为解决中国社会之一切经济的与政治的问题之万能药方。他们一方面虽然极力避免提出了中国的根本问题,然而他们所企图解决的却正是这个根本问题。他们要'建设农村',他们要'推广全县以至全国',他们要'以定县为训练表证的中心,使农村复兴得到具体进行之方案,使国家得到一条基本建设的新路,使中华民族能于建设工作之中,创造一个新的生命。'一言以蔽之,他们要从撇开中国根本问题,以谋解决中国根本问题之一夹道中去找出路。这结果是没有不碰壁的,上面李景汉先生所述定县农民的破产化已经可以给我们作一最好的证明。其实,不要说社会的根本问题,即连小小的社会问题,亦不能用他们的'四大教育'来解决,我们还可以找出别的证据来。……由于上几个简单的事实中,我们可以看出平教会的工作实包含着一个不能解决的矛盾。他们想不谈中国社会之政治的经济的根本问题,但他们所要解决的却正是这些根本问题,他们不敢正视促使中国国民经济破产农村破产的真正原因,但他们所要救济的却正是由这些原因所造成的国民经济破产与农村破产。"最后,声明其批判仅限于平教会之把平民教育工作评价得太高,以及他们对于中国社会认识之根本错误一点而已。"至于定县实验运动之全部,我是丝毫没有菲薄之意的,反之,他们工作的精神,以及他们肯把目标自大都市移到乡村,这些都值我们深切的同情。他们整个的哲学虽不免于错误,但实验工作中之某几部分,特别是保健制度与平民读物等等确已变得极大的成功,值得我们推广到别的乡村去实行。但如果以为这种局部的技术上面的成功,就足以解决中国农村问题,而'使农村复兴得到具体进行之方案,使国家得到一基本建设的新路',那无疑地是一种新的乌托帮(邦)了。"(参见钟离蒙、杨凤麟主编《中国现代哲学史资料汇编》第2集第8册《村治派批判》,辽宁大学哲学系1982年3月印本;杜学元、郭明蓉、彭雪明《晏阳初年谱长编》,上海交通大学出版社2017年版)

张君劢4月3日下午1时40分搭乘西北公司班机自东京返抵上海。张君劢与记者谈及美援时,认为只需自己争气,不怕人家不帮忙,否则即有外援,亦无济于事。将来美国主持援华之人士为谁,因贷款之用途已有规定,故并不重要。以一般世界局势而论,大战不至于一两年再度发生,但美苏关系已非常紧张,美国朝野备战之情绪甚高。关于目前中国局势,张君劢认为已甚危急,必须在政治、军事、文化多方面努力,使能像一个国家。并谓:目前努力之途径,首先在恢复和平;第二为提高人民生活及树立廉洁之政治。恢复和平并非恢复和谈之谓,而为各方面觉悟而获致和平,战有战的办法,和有和的办法。记者询以是否有意竞选副总统,张君劢表示:本人对此并未考虑,至于支持哪位候选人,须与党内洽商后方能有决定,原则为向朝气及振作方向走。4日上午,召集留沪干部在范园举行非正式会议,内容严守秘密。7日,主持召开民社党中常会,在沪常委均出席。上午开会时,张君劢报告游美观感。午后,继续开会商讨。决定本月11日召开第一届第二次中央执行委员会会议,讨论对总统、副总统选举及时局各问题,届时将决定该党之态度。张君劢因京方来电邀请,决定今日搭机飞京,谒当局洽商一切,惟日内仍需赶回,并主持11日之中执会。

张君劢4月8日抵达南京,分别往访政府首长张群等。晚,出席民社党国大代表团之会议,向民主社会党国民代表大会代表团作演讲,并指示参加此次会议应该注意的事项。张君劢向代表团所做演讲的题目为《民主、宪法、总统》。4月9日午后4时,偕蒋匀田访青年党主席曾琦,晤谈约两小时,商谈结果:(一)蒋介石为适当的第一任总统人选,决定支持蒋介石为首届总统;(二)宪法未经实行,绝对不宜修改。10日,接待记者,回答记者问题,表示反对修改宪法。最后,在一张"中国银行便笺"上,给记者题了12个字:"学而不思则罔,思而不学则殆。"这12个字对于好学不倦的张君劢,确是一个很好的介绍。午,曾琦设宴为张君劢洗尘。青年党中常委何鲁之、余家菊、陈启天、于复先等作陪,对于国事有所商讨。11日晚,民主社会党沪市参议员公宴张君劢于国际饭店云楼,参议员公推江浩然致欢迎词,并报告工作。张君劢致答谢词。12日10时,在愚园路总部招待记者,张君劢亲自主持会议,除发表民社党中执委会11日通过4项决议书面文件外,并由民社党中常委蒋匀田作补充报告:(一)民社党决议提徐傅霖为副总统候选人,并拥护蒋介石为大总统;(二)民社党对此次国大和立委选举极表不满;(三)民社党坚决反对在这次国大中修改宪法;(四)民社党愿以少数党地位,今后在国大和立法院中援助友党,促其成功。随后,张君劢答记者问。其中土地政策方面,张君劢回答记者时称:"他不相信共产分田办法能够解决中国土地问题,惟戡乱工作之完成,政治之改良为当前要务。耕者有其田政策,应切实推行。"14日,邀餐其家,张君劢、黄炎培、张澜、叶笃义4人长谈。

张君劢4月18日在《再生周刊》第210—211期合刊上发表《我们推举徐傅霖先生竞选副总统》《徐傅霖先生七十寿序》《民主政治两讲——民意机关代表之任务》《民主,宪法与总统》《张君劢启示》《云楼谈话》《张君劢先生致纽约时报函》6篇文章。21日,电贺蒋介石当选为大总统。23日晚,在民主社会党国大代表团发表演讲,演讲中讲到的问题有:(一)副总统选举与民主体制问题;(二)评价和驳斥潘公展所提修改宪法的两条意见:立法院为什么无权投不信任票;行政院为什么不能解散立法院。张君劢"希望副总统选举以后,政府有个全盘安排,以达到选贤任能的目的,国家才有前途,人民才可得救"。此演讲稿以《副总统选举前夕张君劢先生演讲辞》为名刊于5月2日出版的《再生周刊》第213期。26日,对副总统选举问题发表谈话。5月5日,梁秋水写信给张君劢。谴责张君劢与政府"合作"。12日,张君劢撰写《中国民主社会党张主席声明书》(英文),刊于5月16日《再生周刊》第215期。文中就立法院选举问题表明态度。23日,在《再生周刊》第216期发表《张君劢先生答复各方询对立委态度书》。27日午后,国民政府新任院长翁文灏打长途电话给张君劢,邀请其入京,就组织新政府进行商谈。6月19日,与雷震就立委问题长谈,交换意见,但未取得一致意见。20日,在《再生周刊》第220期上发表《中国新宪法起草经过》一文。这是张君劢在上海银行图书馆开幕日的演讲稿。27日,在《再生周刊》第221期上发表《民主社会主义之哲学背景(一)》第一篇"发端"。这是张君劢为民主社会党党员所作星期演讲的第一篇演讲稿,由更生记录。

张君劢7月1日在广州版《再生半月刊》发刊号上发表《我们当前的任务》一文。4日,在《再生周刊》第222期上发表《民主社会主义之哲学背景(二)》:第二篇"哥白尼式的革命"。10日,参加民社党中常会。会议决议该党立委即日赴京出席会议。会后,张君劢以长途电话将会议结果告知雷震。11日,在《再生周刊》第223期上发表《民主社会主义之哲学背景(三)》第三篇"欧洲文艺复兴正解"。这是张君劢为民主社会党党员所做星期演讲的第三篇演讲稿,由更生记录。22 日,签署《中国民主社会党中央总部党令》,对中国民主社会党各地党部存在的纠纷提出严厉批判,并宣布了解决各地党务纠纷的四条办法。25 日,在《再生》第 224 期发表《民主社会党参加立法院之声明》和《民主社会主义之哲学背景(四)》第六篇"时代特征(反理性主义)"。29 日,《申报》南京 29 日电称:总统府延揽资望颇高之人士,聘请出任资政及国策顾问委员会。兹悉总统对该项人士选举,极为慎重,惟顷已最后核定。兹探悉其名单如下:资政 12 人:吴敬恒、张人杰、李石曾、孔祥熙、许崇智、章嘉活佛、吴忠信、张君劢、徐傅霖、曾琦、莫德惠、周钟狱。国策顾问邵力子、李文范、张作相、王树翰、余家菊、戢翼翘、鲍尔汉、罗桑坚赞等 38 人……8 月 1 日,在《再生》广州版(半月刊)第 1 卷第 3 期上发表《民主社会主义之哲学背景(一)》一文,即 6 月 27 日《再生》第 221 期所发之文。2 日,在《再生周刊》第 225 期上发表《民主社会主义之哲学背景(五)》第七篇"唯物辩证法"。5 日,乘安康轮西上,赴牯岭,作短期避暑。15 日,在《再生半月刊》广州版第 1 卷第 4 期上发表《民主社会主义之哲学背景(二)》一文,即 7 月 4 日《再生周刊》第 222 期之文。29 日,戢翼翘、蒋匀田、孙亚夫等奉张君劢之招,离南京飞赴牯岭,民社党在庐山开会,讨论党内组织、加强宣传及发展党务等问题。30 日,在《再生周刊》第 229 期上发表《韩大载居士著孔老释异同辩序》。9 月 15 日,在《再生半月刊》广州版第 1 卷第 6 期上发表《民主社会主义之哲学背景(三)》,即 7 月 11 日《再生周刊》第 223 期之文。

张君劢 10 月 8 日离开上海,赴鄂、川(武汉、重庆、成都等地)讲学。10 月 12 日下午,应周鲠生校长邀请到武汉大学作演讲,当日,狂风大作,江渡封航,张君劢仍乘省政府登陆艇于 3 时许抵校,在大礼堂作报告,题为"吾国思想界的寂寞"。晚上,张笃伦主席邀请餐叙。13 日下午,在武汉大学演讲《美国外交上之新制度——两党联合外交政策》。晚上,与周鲠生校长及全体教授餐叙。14 日上午,在武昌华中大学演讲《宪法起草之经过》。下午,在武昌华中大学演讲《一次大战与二次大战后美国外交政策之转变》;应韦校长及学生之临时之邀请作《教育与哲学》之演讲。15 日上午,向医学院、体专二校讲"人民健康之重要"。二女师讲"妇女地位"。下午,出席武昌基督教青年会茶话会,并讲"来鄂后之观感及希望"。下午 3 时,在湖北省省训团演讲《新道德之基础》。16 日,在汉口市公共演讲,题目是《战后国际关系》。晚徐市长约餐叙。17 日上午,在武昌农学院讲《美国农部与农业》。午后,出席武汉金融界、工业界人士茶话会,听取意见。18 日上午,在汉口市作第二次公共演讲,题目是"科学与道德"。下午,在省训团作第二次演讲,题目是《宪法之要义》。19 日午,乘飞机赴重庆。10 月 21 日上午,在重庆大学作《科学与计划政治》之演讲。中午,应重庆大学午宴。午后,临时应四川省立教育学院邀请,演讲"教育家的任务"。3 时,在正阳法学院演讲"宪法之要义"。民生公司卢作孚先生约餐叙。22 日上午,在"星五"聚餐会上作《理与智》演讲。下午,杨森市长约餐叙。23 日上午,在重华学院演讲"现代文化之危机"。24 日上午,飞成都。25 日,开始在成都的讲学。26 日下午 3 时,在四川大学化学馆后阶梯教室演讲,题目为《民主政治的哲学基础》。27 日上午 9 时,中国法学会演讲《宪法成立之经过》。下午 3 点,在成华大学演讲《道德与法律》。28 日下午 3 时至 4 时,在成都东西文化协会演讲《原子能时代之道德论》。下午 4 时至 5 时,在华西大学演讲《国际形势及中国前途之展望》。29 日 9 时,在成都理学院演讲《科学外行说原子弹之经过》,下午 3 时,工商团体演讲《民主国公民义务》。30 日,在成都的青年党四川省党部、成都市党部和《新中国日报》社联合招待会上发表《两党共同勉励》的演讲。午后 3 时,在成都石室中学演讲,题目是《我的学生时代》,文章回顾了自己的国内外的求学经历。文末有语曰："我所希望诸君应该随时学习,不断的学习。"31日午后3时,在三七联谊会演讲《美国立法程序与援华法案》。

张君劢11月3日晚飞抵上海。本来张君劢有昆明之行之打算,但局势紧急,故提早返沪。11月4日,接见记者,纵谈西南旅行观感。8日,致函蒋介石,请赴英美一游,共图世界和平大计,保持东亚一般安宁。同日,在《再生周刊》第238期上发表《现代文化之危机》和《美苏外交关系恶化之起点》两文。15日,在《再生周刊》第239期上发表《我的学生时代》和《原子能时代之道德论》二文。17日,与卢作孚、何廉、熊式辉等谈时事。21日,张公权60生日,张君劢特撰寿序致祝。22日,在上海《再生周刊》第240期上发表《科学与计划政治》和《民主政治的哲学基础》二文。29日,对往访记者发表对孙科组阁谈话。同日,在《再生周刊》(上海)第241期上发表《中国之将来——在科学研究》和《公权弟六十生日寿序》二文。12月7日,拜访张澜,谈到蒋介石有意下野,希望张澜等函阻之,被张澜所拒绝。9日,黄炎培、张澜到张公权家与张君劢共餐,长谈大局问题和过去东北问题。13日,在上海《再生周刊》第242—243期上发表《美国国会之立法程序与援华法案法》。20日,在上海《再生周刊》第244期上发表《谈最近政局》和《美国对华之外交政策》。25日,新华社发布了43名国民党战犯的名单,张君劢在列。27日,在上海《再生周刊》第245期上发表《宪法第一条之意义——中华民国新宪本义十讲之一》《中国政治上之出路》和《两党共同勉励》。其《中国政治上之出路》希望国共双方放弃武力,和平解决彼此的争端。(参见李贵忠《张君劢年谱长编》,中国社会科学出版社2016年版;翁贺凯编《中国近代思想家文库·张君劢卷》及附录《张君劢年谱简编》,中国人民大学出版社2014年版)

余家菊3月29日在南京出席第一届国民大会,当选为主席团成员。5月,行宪政府成立。出任中华民国总统府国策顾问,一直到逝世。9月,应武汉教育界的邀请回乡讲学。年底,在重庆撰写《中国人文检论》,后于1950年6月由台北华国书店印行。是年,长子传弼赴哥伦比亚大学留学,拜访杜威。杜威特地请其到家中做客,畅谈与其父的君子之交,并勉励继承其父的学品和人品。(参见余子侠、郑刚编《中国近代思想家文库·余家菊卷》及附录《余家菊年谱简编》,中国人民大学出版社2013年版)

叶圣陶1月24日为佛学院青年僧人演说,谈读写之要。26日,应廖梦醒邀请,与美国人邓君共商翻译欧美著作之事。叶圣陶日记:"午刻至冠生园,应中国福利会美国人邓君及廖梦醒之招,同坐有振铎、白尘、冯亦代三位。洛克番罗基金会有款美金七千五百元,拟以援助我国文人,令翻译欧美人文主义之著作,托福利会代办,福利会因之邀友人共商。"按,此事郑振铎日记失记。宋庆龄当时利用美国洛克菲勒基金,特地在中国福利基金会中筹设一个翻译委员会,一方面介绍欧美著作,促进中外文化交流,一方面在经济上帮助翻译工作者。该委员会由郑振铎、叶圣陶、许广平、杜守素、冯亦代、章靳以等10多人组成。3月13日,与范梅僧共商请各界施舍弘一法师遗迹,陈设于弘一纪念堂之事。16日,应中苏文协之邀,观苏联影片《七百年前》。27日,携叶至善回苏州扫墓,29日返沪。4月8日,据"中华全国文艺协会总会"请柬:兹定于本月十一日(星期日)下午准二时,在林森中路霞飞街64号举行理事会,商讨会务。届时尚行,拨冗出席,是为至荷。文协总会四月八日。(请柬上附名单)田汉、叶圣陶、郑振铎、许广平、阳翰笙、雪峰、胡风、巴金、靳以、曹禺、姚蓬子、默林、陈白尘。11日,出席文协理事会。17日,应新加坡上海书局之招宴。当时新加坡上海书局请宋云彬、孙起孟、蒋仲仁在香港编撰《现代小学课本》12册;请傅彬然编撰《地理课本》;推行于南洋,叶圣陶为审定人。

叶圣陶 4 月 19 日以全国文协代主席与常务理事郑振铎、许广平、胡风、姚蓬子,理事会秘书梅林联名致信美国笔会,感谢美国笔会捐助中国文协 2440 美元。23 日,叶圣陶与开明书店全体成员集会,纪念夏丏尊逝世 2 周年。24 日,与文协诸君聚会,谈会中悬赏征文,以期推进文艺发展之事。5 月 9 日,到苏州,与社会教育学院新闻系同学座谈。17 日,与美国人范君共商助款翻译外国名著事。26 日,上海《大公报》发表叶圣陶、许广平、郑振铎、熊佛西、陈望道、巴金、臧克家、唐弢、靳以、梅林、徐铸成等人推荐文华电影公司根据曹禺作品拍摄的《艳阳天》。7 月 1 日,召开文协理事会。3 日,至"红棉酒家",为何香凝祝 70 寿,致辞。8 月 17 日,致书吴辰伯,谈开明书店决定出《朱自清全集》事。23 日,至清华同学会,共商文协与清华同学会联合举行朱自清之追悼会事。30 日下午,出席文协与清华同学会联合举行的朱自清先生追悼大会,致辞。同月,《开明新编高级国文读本》(共六册)由开明书店陆续出版,第一册署名朱自清、吕叔湘、叶圣陶合编。第二册始署名朱自清、吕叔湘、李广田、叶圣陶合编;《开明文言读本》(共三册)由开明书店陆续出版,署名朱自清、吕叔湘、叶圣陶合编。

按:《开明新编高级国文读本》书前有《编辑例言》。开明书店为《开明新编高级国文读本》写的广告:"这读本共六册,承接着《开明新编国文读本(甲种)》,全部采语体文字,各篇的内容与形式比较的精深,供读者作进一步的研修。……每篇选文之后都附列四个项目,解析辅导不厌其详,尤其便于自修或教学。那四个项目是:一、篇题,提示本篇的体裁和宗旨,并叙述作者的略历和他的风格;二、音义,不作呆板的注释,务求有助于透彻理解;三、讨论,就内容、作法、鉴赏、批评各方面提出种种问题;四、练习,提示种种事项,让读者自己练习,在练习中增进他的阅读与写作的能力。"《开明文言读本》书前有《编辑例言》。开明书店为《开明文言读本》写的广告:"第一册里有一篇三万字的《导言》,说明文言和现代语的种种区别。选文的次第以内容与形式的难易为后先,先是小记短篇,逐渐及到专书专著,使读者养成读文言书的能力。每篇后面附有四个项目:一、作者及篇题,二、音义,三、文法提示,四、讨论及练习。凭这四个项目,自修或教学都很方便。"

叶圣陶 9 月 9 日与文协诸友谈征文评选事。10 日,应新加坡上海书局邀请,开始审定在香港编撰的《高小自然教本》和《高小公民稿本》,推行于南洋。21 日,开文协理监事会,讨论评阅征文之办法。22 日,应储安平之招宴,听吴辰伯谈北平搜捕学生情形。24 日,至中国福利基金会,开翻译工作委员会会议。26 日下午,应法国神父善秉仁的邀请,与赵景深、徐调孚、唐弢、臧克家等到南京西路康乐酒楼别墅厅茶聚并留影,叶圣陶致词。当时善秉仁由北平来沪,从事《一千五百种现代中国小说和戏剧》的译介工作。10 月 4 日,偕胡墨林游杭州。8 日,返沪。23 日,出席翻译工作委员会会议。24 日,应王辛笛之招宴,听王芸生谈时局。11 月 2 日,中国共产党派杜国庠邀请叶圣陶赴解放区参加新政协。同月,接中国共产党上海地下组织通知,为防国民党特务残害,到辣斐德路妹妹绍铭家暂避,前后约半月。19 日,吴觉农来访,转达中共中央之意,邀叶圣陶赴解放区。27 日,决定离沪入解放区。31 日,参加开明同人之辞岁之宴。(参见商金林编《叶圣陶年谱》,江苏教育出版社 1986 年版;陈福康《郑振铎年谱》,三晋出版社 2008 年版)

郑振铎 1 月 1 日在《新民晚报·夜光杯》上发表散文《迎一九四八年》,文末云:"在最艰苦的境地里,在最困难的生活里,工作和希望应该是默默的在发展着。生命是不断的除旧布新的。有生命力的人永远是滋生崛长着的。""冬天来了,春天还会远么?"10 日,叶圣陶日记:"傍晚,同事十数人共往振铎家,观其所藏古代明器。振铎为之讲述,自汉迄五代,一一言其特点，与其鉴别之方，并以实物为证，听者惬心。渠嗜此事才一年有余，而识力极丰，收藏亦富，其气魄大可佩服。七时聚饮，到者各携菜肴一色，十四人围坐，别有风味。九时半散。"12日，郑振铎日记："晨，森老来，持来王明清《挥麈四录》之宋刊本，叹观止矣。是建本，宋刻宋印，极珍异之书也。索三条。世保偕泮池张君来，取出《明遗民画》十部。……下午，两路局陈伯庄送款来，洗人送款来。十五日的到期款，又可对付过去矣。如此之苦，何人能了解乎？上海出版公司来取《明遗民画》，已仅存一部矣。……家璧来谈，送来老舍三书，又取去遗民画一部，作为样本。金华送油墨来。价以美金计，极昂。"同月，郑振铎所编《域外所藏中国古画集》由上海出版公司出版。2月7日，香港《华侨日报》"本报特讯"登出《郑振铎突然失踪》。香港《工商日报》"本报特讯"登出《郑振铎在沪失踪》。

郑振铎3月4日致徐森玉信："一日清晨到宁，至今已四日矣，无日不以先生为念！打针事盼不要间断！得阅致慰堂函，知先生近来略感不适，务恳多加休养为要！！！胡惠春事，只可听之而已，万不可气恼，对付这种人，只有一笑置之，犯不着生气也。此事似不宜再劳先生，慰堂大约明天就要赴沪，先生千万休养，不可多劳动。身体最为要紧，万万不宜终日奔忙！先生过于克己，每为公而忘私，为人而忘己，我们异常的敬佩，但实在觉得不安之至！千言万语，还只有一句话：休养节劳。"17日，《申报·文化界小新闻》报道："郑振铎近来研究古物，十分努力，出版了很多古画集和铜瓷明器的图录，搜购出土的古代明器，也有出很贵的代价。"4月29日，上海《大公报》社在八仙桥青年会召开第20次时事座谈会。座谈会题目是《德先生与赛先生》。邀请出席者有郑振铎、任鸿隽、蔡尚思、林同济、张志让、黄炎培、周建人、卢于道、吴耀宗、沈体兰、杨晦、夏康农等人。郑振铎因故未出席，记者唐振常5月1日特来补充采访。郑振铎等人的讲话发表于5月3日《大公报》。5月1日，中共中央在纪念国际劳动节口号中发出"各民主党派、各人民团体、各社会贤达迅速召开政治协商会议，讨论并实现召集人民代表大会，成立民主联合政府"的号召，郑振铎受到极大鼓舞。

郑振铎5月4日在《新民报晚刊·夜光杯》上发表《"人"的发现——为纪念"五四"作》，指出："'五四'到今日，已经三十年了，固然不能说没有什么成就，而无知的封建的非人的阴云，还重重叠叠的弥漫在天空。有'人'格，有'人'味儿的中国人，还该一息不懈的争斗下去，直到扫除尽了一切非'人'的东西为止。"同日，全国文协为纪念"五四"、"五四文艺节"和文协10周年，在上海特别编印《五四谈文艺——文协十周年暨文艺节纪念特刊》，在《我们的话》栏标题下刊有郑振铎、景宋等44人的短论，以及田汉《风雨五四》、周建人《五四与科学》、胡风《以〈狂人日记〉为起点》等10篇纪念文章，郑振铎的感言云："五四运动是一种启蒙运动，以要求民主与科学为口号。到了今天，这个启蒙运动还不曾完成。文艺工作者们在这个运动里将怎样的尽自己的那一份任务呢？"12日，《申报·文化界小新闻》报道《郑振铎两种著作/教部购发各院校》："〔本报南京十一日电〕教部以郑振铎编《中国历史参考图谱》及《中国古画集》二书，颇具学术价值，特拨一亿零九百万各购十部，分配中大等设有历史系及美术科系之校院。"26日，教育部代电："本部已向郑振铎君处订购《中国历史参考图谱》及《域外所藏中国古画集》各十部。"同日，在上海《大公报》推荐文华电影公司根据曹禺作品拍摄的《艳阳天》，高度评价说："自始至终，一气呵成，令观众无一秒钟不在紧张中。孤人们的不幸，感动得全场饮泣。渔鼓急击，'是'与愤懑难忍。申张正义，明辨是非，被压迫者知奋起以赴之了。'正义'决不会孤立无援的。"6月4日7时25分，到南京。9时半，到半山公园中央博物院看"故""中"联合展览会。同日，上海《大公报》发表《文化等各界281人对美国积极助日复兴的抗议》,其中有郑振铎。18日,老友朱自清与北平各大学教授多人联名发表宣言,抗议美帝国主义扶植日本,并拒绝领取"美援"面粉,表现了中国人民的英雄气概,郑振铎读后很感动与欣慰。7月3日,《申报·文化界小新闻》报道:郑振铎编韫辉斋藏《唐宋以来名画集》,再版出书。中旬,上海《大公报》社召开关于阳翰笙、沈浮创作的电影《万家灯火》的座谈会,后该报21日、28日《戏剧与电影》周刊发表《〈万家灯火〉座谈》,郑振铎第二个讲话,予以高度评价。27日,当选为中国博物馆协会理事。

郑振铎8月12日获悉老友朱自清在北平病逝,极为悲痛。13日,王伯祥日记称:"佩弦已于昨日午前十一时病逝院中。晨间于报端得此讯,为之惊愕难任。因与圣陶、予同、雪村、洗人、西谛、绍虞、彬然、调孚、芷芬、龙文等联名电唁其家属,由稚圃代表临奠。"郑振铎并与叶圣陶、俞平伯等商量负责收集朱自清遗著,准备为他出全集。14日,郑振铎为主编《文艺复兴》"中国文学研究号"(上)作《题辞》指出,这是继他主编的二十多年前《小说月报》和十多年前《文学》的"中国文学研究"专号之后的第三个专号。简略回顾了"这十多年来关于中国文学研究的倾向与发展",高度赞扬郭沫若、闻一多的古典文学研究"尤有新的研究的方法,开辟了一条从前没有人走过的道路"。最后写道:"正当本册付印时,我们得到了朱自清先生的噩耗。这似一声霹雳,把编者震得呆住了。朱先生对于这个'专号'帮助极多。他是编者三十年来的好友,研究的方向相同的很多。他的逝去,不仅是青年们失去了一个良师,中国文坛里失去了一个巨人,中国文学研究者们失去了一个好的指导者,同时也是苦难的中国,失去了一个最有良心的好人和学者! 谨以本'专号'献给朱先生之灵!"后刊于9月10日出版的该期卷首。15日,《申报·文化界小新闻》报道:"朱自清病逝消息传沪,沪上文艺界同声哀悼,上海作协及郑振铎、叶绍钧等,均去电吊唁,北平《中建》月刊、上海《文讯》等刊物下月份将编刊纪念专号,朱氏遗集亦已有人建议筹编出版。"17日,作《哭佩弦》,刊于9月15日《文讯月刊》第9卷第3期"朱自清先生追念特辑"。23日,作《悼朱自清先生》,刊于9月1日《中国建设》第6卷第6期。29日,《申报·文化界小新闻》报道:"本市文艺界人士为纪念朱自清起见,建议推请俞平伯、郑振铎、叶圣陶等,搜集朱氏遗著,编纂全集。预计下月可开始筹备。"30日下午,全国文协和清华同学会假花旗银行大楼联合举行朱自清逝世追悼会,郑振铎送挽词:"呜呼! 君虽死于病,实死于贫与愁,一代学人竟贫愁以死。君不负所学,国实负君,呜呼!"

按:郑振铎《哭佩弦》述叙了朱自清认真、持重、艰苦、正直的一生,指出他近年"在走上一条新的路上来了。可惜的是,他正在走着,他的旧伤痕却使他倒了下去"。《悼朱自清先生》指出:"朱自清先生是认真而严肃的;他的为人的态度,为学的功夫,教书的精神,都是认真而严肃的。他的热忱,仿佛深藏不露。他没有脸红耳赤的呼喊,也没有火辣辣的辩难。与朋友的谈论,总是平淡而虚心的。但我们都知道他是感情极丰富的一个人。""是在跟着'时代'走的。虽然他并不站在'尖端',但他是以认真而严肃的态度在虚心的学习着的。"

郑振铎、叶圣陶、姚蓬子、巴金、阳翰笙、许广平、曹靖华、冯雪峰、梅林等9月7日出席在延福楼召开的文协理事会,讨论征文评选诸事。9日,郑振铎致夏鼐信,感谢他寄来有关东西周的古物照片(为编撰《中国历史参考图谱》之用)。并附致郭宝钧信,谈关于"历史图谱"的编选问题。10日,主编《文艺复兴》"中国文学研究号"(上)出版,所作《题辞》发表于卷首。同月,上海举办敦煌艺术展览,郑振铎去参观因之认识常书鸿。11月17日,郑振铎致蒋复璁信:"兄两次过沪,均未停留,有许多话要谈,一时也说不尽。默存兄转达的话,都已知道。苏先生来,已理好'善本'三箱托其带上,尚有二箱左右,只好下次再带上了。前次有将'善本'寄放半山园中央博物院之说,敝意颇以为不可。盖该院地址似较荒僻,远不如'朝天宫'之谨慎也。曾和森老仔细谈过,古物和'善本',均利于'分',不利于'合',似不宜集中在一处。民族精神所寄托之物,绝对的应该妥筹善策,不能听任其再有罹劫之虞。……敝意不妨选最精者装箱,存放安全之地。或即设法运沪存放亦可。……闻中央研究院古物,孟复先生并不想动,亦不装箱,自亦有其理由。……弟日夜思维,总觉得对于已集中之国家民族的精神所寄之物,必须策其万全! 中心至感痛苦。"可见郑振铎对鼎革之际国家珍贵文物、善本的安全问题忧心忡忡。

郑振铎12月5日致夏鼐信,因面临覆亡的蒋介石政府准备偷运国家珍贵文物之事而极为不安,指出:"古物古书,在南京者'身份'极重。故宫所藏,固为流传有自之'国宝',即研究未竟之'生坑',未为世人所知者,亦复极多。不知作何打算。弟耿耿不寐,殊为焦虑。……弟所怕者惟以'北京人'之复辙为虑耳。"7日,蒋介石集团宣布迁逃台湾。此后,国民党当局将中央图书馆的一些善本10多万册(其中大多为郑振铎等人在抗战时期抢救下来的)分三次用军舰等运往台湾。期间,存放在上海尚未运到南京的一部分书,在郑振铎等人的"拖延"下,留了下来。当时,徐森玉对故宫博物院的一部分文物、赵万里对北平图书馆的善本书,也都根据郑振铎的指示,采取隐瞒、分散、拖延等方法,尽量保留下来。13日,徐森玉致台静农信,提及南京"衮衮诸公妄以台湾为极乐国,欲将建业文房诸宝悉数运台,牵率老夫留京十日,厕陪末议。期期以为不可,未见采纳。昨托病回沪"。徐森玉反对文物运台,也是受郑振铎影响。20日,主编《文艺复兴》"中国文学研究号"(中)出版,载有郑振铎所作《编后》。约年底,据范泉《丐翁和叶老》回忆:"到上海将近解放前的一段时间,白色恐怖更加严重,几个进步期刊的编辑人,经常到星期六晚上,轮流充当东道主,每次约在跟上次不同的地点,秘密聚餐,相互交换一些有关解放战争和文化艺术界意外遭遇的信息。参加秘密聚餐的,有《中学生》编辑叶圣陶、徐调孚,《世界知识》编辑冯宾符,《观察》编辑储安平,《文艺复兴》编辑郑振铎、李健吾等。"是年,郑振铎帮助瞿秋白烈士夫人杨之华向亚东图书馆经理汪孟邹要求追寻1927年瞿秋白亲自编好的《瞿秋白论文集》的手稿。后该手稿在建国后终于找到。所编《玄览堂丛书》三集交南京中央图书馆影印。

按:《玄览堂丛书》正式出书已在1955年7月。收有关明史的珍贵古籍十余种。《玄览堂丛书》三集书目:1.《今史》,9卷,(明)佚名辑,据崇祯抄本影印;2.《皇明职方地图表》,2卷,(明)陈祖绶撰,据崇祯刻本影印;3.《大明律附例》,30卷,附录1卷,(明)舒化等纂例,据万历刻本影印;4.《嘉靖新例》,1卷,(明)萧世延、杨本仁、范钦编,据嘉靖翁世经刻本影印;5.《四彝馆增定馆则》,20卷,《新增馆则》1卷,(明)吕维祺辑,(清)曹溶增,(清)钱铤补,据康熙刻本影印;6.《平粤录》,1卷,(明)谈恺撰,据嘉靖刻本影印;7.《寓圃杂记》,10卷,(明)王锜撰,据抄本影印;8.《雪窦寺志略》,1卷,(明)释覆平撰,据弘光刻本影印;9.《演算法全能集》,2卷,(明)贾亨辑,据明刊本影印;10.《旧编南九宫谱》,10卷,《十三调南曲音节谱》1卷,(明)蒋孝撰,据嘉靖刻本影印;11.《百宝总珍集》,10卷,(宋)佚名撰,据抄本影印;12.《蹴鞠谱》,1卷,(明)佚名撰,据抄本影印。(参见陈福康《郑振铎年谱》,三晋出版社2008年版)

冯雪峰1月选新诗6首,杂文33篇,寓言20篇,编为《雪峰文集》,由上海春明书店出版,列为《现代作家文丛》第10集,1947年9月27日写的《小序》印入书中。2月,陪同左恭往香港找党的关系,一周后返沪。据其《自传》所述:"48年2月间左恭从南京到上海来找到我,为了解决他如何在孙科那里活动的问题想到香港找党的关系,希望我陪他同去,以便更容易找到党的关系,我曾同他到香港去过一次。……我到香港找到邵荃麟(邵当时同我通信),通过邵荃麟找到了潘汉年,潘汉年同左恭谈了话。我在香港停了个把星期,到邵荃麟家去过四、五次，到潘汉年家去过一次，看见过夏衍、冯乃超、叶以群、周而复等。我一个人先回上海……"3月20日，寓言《类人猿的音乐会》《稻草人和麻雀》《鸟和烂苹果》《青蛙与公牛》（又作《青蛙和公牛》）、《木雕像和神像》《富翁与驴子》《马，骑马的人和牛虻》在《人世间》月刊复刊第10期上发表。其中第一篇后收入《雪峰寓言三百篇（上卷）》，第二、三、四篇后收入《雪峰寓言》。5月，《论通俗》刊于《中国作家》月刊第1卷第3期。6月1日，据印度《百喻经》编述之《百喻经故事》开始在《新民晚报·夜光杯》上连载。该稿包括寓言98篇，以及9月11日所作《后记》1篇，于9月21日刊讫。7月10日，寓言《三个打碎了瓦器的人》《两个小偷与穷人的梦》（又作《两个小偷和穷人的梦》）、《一个男人离去一个爱人和获得另一个人》在《人世间》月刊复刊第11—12期合刊发表，后收入《雪峰寓言》。8月，开始在苏联塔斯社上海分社所属时代出版社任编辑，至1949年6月。9月23日下午，冯雪峰、胡风、梅林、蒋天佐在文协会所拟定文协第三次征文评选委员会名单。（参见包子衍《雪峰年谱》，上海文艺出版社1986年版；陈福康《郑振铎年谱》，三晋出版社2008年版）

胡风1月将自己多年来所撰著的文艺理论文章选编成《胡风文集》一卷本，由上海春明书店出版。3月1日，香港《大众文艺丛刊》创刊，对胡风的文艺思想做集体批判。当时在上海的胡风，对这场经过酝酿并业已开始了的以"胡风思想"为主要对象的"文艺批评"并不知情。当姚蓬子在作家书屋告诉胡风一个消息，他听国民党中国文化服务公司的老板刘百闵说香港在发动批胡风。胡风对此消息感到诧异，怀疑它的真实性。当时猜测是刘百闵造谣中伤。冯雪峰也说，恐怕是他瞎编在搞分裂。直到有一天，"收到冯乃超从香港寄来的信，提到他们出的《大众文艺丛刊》，还很客气地希望我看后提意见"之后，才恍然大悟起来。因为"没看内容，只看目录就明白了八九。《对于当前文艺活动的意见》是对我而来的，但很多地方误解甚至歪曲了我的原意"，"我不好说什么，也无法给乃超写回信"。后又"看到《大众文艺丛刊》第二期《人民与文艺》，里面有乔木（乔冠华）直接批评我的文章。使我不解的是，许多他自己（于潮）曾同意我的观点，现在却一起批判，但又不和自己联系起来。他能不负责任地忘了过去，我可要向读者负责，不能今是昨非地乱说一通，我必须慎重严肃地想。"5月8日，参加中华职业补习学校文艺研究会座谈会，并讲话。5月以后，胡风为回应香港《大众文艺丛刊》的挑战，与同受批评的路翎分别撰写了《论现实主义的路》与《论文艺创作底几个基本问题》。路翎《论文艺创作底几个基本问题》放言"知识分子的革命性"，却把徐志摩、张恨水、梅兰芳、姚雪垠、吴祖光"之类"或"之流"全部排除在外，强烈的宗派主义情绪淹没了其论述的合理因素。

胡风6月开始撰写《论现实主义的路》。同月19日，胡风给路翎信："答复老爷们，内容可以写成一本书，但开头的力气都没有。"胡风似乎懒于回答，但为了答复香港友人的"批判"，胡风最终决定动笔写作《论现实主义的路》，历时三个月，至9月18日凌晨3时完成正文，又于当天继续撰写《初版附记》，直至18日下午3时全部完稿。全文长达6万字，后由自办的希望出版社出版小册子。这本小册子共分两个部分。第一部分题为《从实际出发》，依次论述了实际和原则、统一战线、战争、高峰低落、思想革命、民主斗争等六个论题，主要总结了从1935年到1945年这十年间，以民主主义为核心的现实主义思潮与歪曲现实主义的主观主义与客观主义的斗争历程。第二部分题为《环绕着一个理论问题》，依次论述了海格尔的鬼影、从鬼到人、关于作家——创作的人、关于形象——创作对象的人、几个具体的论点等五个论题，主要是从哲学与美学的角度，追溯了主观主义与客观主义文艺观的理论来源,阐明了必须从具体的历史条件和人物出发,深入现实与现实打成一片的现实主义原则。作者较为详细地论述了现实主义的若干理论问题,其中不少观点具有超越当时左翼文艺理论的创新性。

胡风对舒芜在这场反击"港派"的战役中表现消极极为不满。尽管舒芜撰写了《论生活二元论》,但胡风认为"热力"不够,"气魄"不大,始终未予认可,并多次退回令其修改。从8月到11月,舒芜数易其稿,胡风仍不满意。9月27日,致函批评舒芜没有"顾到读者底理解力和热情趋向"。10月26日,又致函批评"通体的气氛不够得很"。11月4日,致函斥责舒芜"这心情是不能作战的"。17日,索性通知舒芜"大家心情都大变,《二元论》也许用不着发表了"。其实舒芜面对当下"胡风派"与"港派"的论争有意避战。10月19日,胡风到万国公墓为鲁迅扫墓。这次到的人更少,许多熟人都离开了上海,或不在公开场合露面了。没有任何形式,大家凭吊一下以表悼念之情。夜,参加职业学校文艺研究班的小座谈会,谈鲁迅先生的战斗精神和韧战等。12月,解放战争激烈,上海局势恶化。他的名字已列在黑名单中,不能在家住宿,常住在可靠的友人家。同月9日,按照香港转来的党的指示,单身离开上海赴香港。14日,抵达香港。

按:石小寒、石兴泽《现实主义,还是浪漫主义?——胡风理论和创作的浪漫主义解读》(《中国文化研究》2020年春之卷)说:"胡风极力标榜现实主义,甚至以现实主义'护法者'自居,但理论主张的质性内容更接近浪漫主义。对此,革命文学阵营看得很清楚。1948年香港革命文艺界对胡风开展'围剿'和'清算',批判的靶子就是他宣扬'主观唯心主义'——'主观唯心主义'自然不是浪漫主义,但其理论内核和胡风的阐释都倾向于浪漫主义。彼时,胡风和'七月派'其他诗人都没意识到开展批判的严重性,甚至觉得'问心无愧'——无论创作实践还是诗学主张,他们都不是批判者所说的'主观唯心主义'。他们强调'主观战斗精神',强调表现诗人自我,但创作实践始终与劳动人民的苦难现实和革命斗争紧密相连。'他们尽管风格各异,在创作态度和创作方法上却又有基本的一致性。那就是,努力把诗同人联系起来,把诗所体现的美学上的斗争同人的社会职责和战斗任务联系起来。'为此,胡风撰写了《论现实主义的路》,回答对他的批判。《论现实主义的路》是理性与激情的倾泻。他梳理自己的理论思路,倾诉积蓄多年的块垒,心情快意而通畅,也有些焦虑和狂躁。他似乎意识到该书出版后将会产生'炸响',预感到会有什么事情发生,遂在扉页上引用但丁《神曲·境界》中的话表明心境:'谁知道哪一方面有较平坦的山坡,可以不用双翼而攀登上去么?我跑到一个沼泽里面,芦苇和污泥绊住我,我跌倒了,我看见我的血在地上流成了一个湖。'面对强大的论敌,他表现了宁肯血流成湖也要坚持'主观战斗精神'的坚定立场。且不说理论倾向,单是这'题记'就生动地表现了浪漫主义理论英雄的悲壮精神。其理论阐释也如创作,拒绝严谨冷峻的逻辑分析,始终伴随着主观精神燃烧,语言表述充满激情而富有个性。酣畅淋漓的理论搏击和情感宣泄过后,他期待着即将到来的时代变革,并因对变革后的命运无法预测而产生了深刻而狂躁的情绪。但胡风是倔强而自信的。他自恃真理在胸,对未来做了足够充分的心理准备;而应邀北上参加全国文代大会和政协会议,更增强了他的信心。他1949年初沿着'满天星满地花的道路'来到北国,气候寒冷彻骨,但胡风却热情洋溢。'虽然地上盖着雪层,空中吹着寒风,但我好像从严冬走进了和煦的春光里面。土地对于我有一种全新的香味,风物对于我有一种全新的彩色,人物对于我有一种全新的气质。'胡风说,'在我自己,是大半生追求这个革命,把能有的忠诚放在渴求这个革命的胜利上面的人,现在身受了这个胜利,应该在一个作家的身份上站在人民面前拥护这个革命,歌颂这个革命,解释这个革命的''在政协会议期间及中华人民共和国成立后,宏大的幸福感把我的心情提升了起来'。共和国初期,他沉浸在热烈昂奋的情绪包围中——这强化了他的理论信念,也注定了悲剧命运。"

按:孙谦《孤倔的坚守与超越》(《文艺报》2016年7月20日)曰:"胡风文艺思想中最值得关注的是他对现实主义理论的丰富与深化。他一生的创作实践、文学批评与理论体系都是围绕着现实主义展开的。

在承认现实主义作为唯物论在艺术认识上的特殊方式,要反映历史真实的基础上,胡风在《论现实主义的路》中进一步指出:'现实之所以成为现实,正是由于流贯着人民的负担、觉醒、潜力、愿望和夺取生路这个火热甚至是痛苦的历史内容。'在胡风看来,现实并不是一成不变的,它因为作家对'人民的负担''觉醒''潜力''夺取生路'等内容的反映而变得生动鲜活。强调主客体之间的互动,以及主体之于生活与作品之间的能动性,是胡风现实主义文论的重要内容。因此,胡风的现实主义理论是一种高扬主体性的理论。他认为,脱离了作家生活体验和主观感受的纯客观的生活的真实是不存在的,任何内容只有深入了作者的感受才能成为生活的真实。'写真实'是现实主义本质的审美属性。这也是胡风终其一生致力于对形形色色的客观主义、公式主义、教条主义进行批判的原因所在,在他看来,它们是和现实主义精神背道而驰的。胡风文艺理论中这种清醒而自觉的主体意识的形成,除了在40年代民族救亡图存背景下,知识分子由于对动荡历史的感同身受而产生的特定精神诉求,更多地源自胡风对五四启蒙精神立场的捍卫与坚守。五四文学对人的发现、对大写的人、对觉醒的人的书写,都是对人的主体意识的发掘。作为深受五四洗礼的知识分子,胡风对五四启蒙理想的目标与使命有一种强烈的认同感。所以,40年代民族存亡之际,面对创建现代民族国家这一现代目标,文艺的'从属论''工具论'甚嚣尘上,文学如何处理与时代、政治、革命之间的关系成为争论的焦点。与众多知识分子从启蒙者向革命者的身份转换相比,胡风始终未曾忘记启蒙的艰巨性,因此,他的文艺思想强调的是对民众的启蒙。这在一个政治话语全面覆盖个人话语的特殊时代,胡风对启蒙理性的捍卫以及对知识分子独立精神人格的坚守与历史的错位也就成为一种必然。……今天来看,胡风与左翼阵营内其他派别的论争究其根本是他们对马克思主义文学理论认识的视角与切入的角度存在差异。由于双方立足点的区别,决定了他们就像两条不相交的平行线,不可能产生真正的对话与交锋。任何文学理论的生成都不可能在一个一元的、密闭的空间内完成,它应该在多元共鸣的语境中不断获得自身的生长点,从而建构起充实而完善的理论体系。胡风给予我们的启示,除了他在文艺问题上表现出的独立思考精神,更在于他独立不羁的精神人格。"(参见晓风《胡风年表简编》,《新文学史料》1986年第4期;文贵良《对抗与对话:胡风作为话语主体的诞生》,《中国现代文学论丛》2010年第1期)

田汉2月6日自台湾飞返上海。8日,接受《新民报晚刊》记者采访,介绍台湾之行。15日,在南京举行的中华全国戏剧电影协会成立大会上当选为该协会理事。春,将话剧《丽人行》改编成电影剧本。影片后由上海昆仑影业公司摄成,于1949年1月上映,陈鲤庭导演。由云梦根据影片整理的文学剧本收《文集》11卷。又前往苏州国立社会教育学院看望该校社会艺术教育系戏剧组同学们,了解他们的学习情况。5月1日起,田汉在上海《创世》第14—15期合刊和第16期连载《台湾一周》,谈自沪赴台途中和抵台后最初几天的活动情况。4日,《风雨五四》刊于中华全国文艺协会编印的《五四谈文艺》特刊,文中说:"五四"以来的文艺运动"是值得自慰的","中国文艺工作者大体能通过文艺为中国人民的解放运动服务"。指出:目前"迫切要求一切戏剧工作者的团结,但也多么需要严格的批评"。

田汉6月上旬偕安娥返湘探亲。10日,出席长沙湘剧、皮影、清唱艺人和湘剧爱好者在高井街湘春戏院举行的欢迎大会,并发表演讲,赞扬不少湘剧艺人在抗战期间编写抗战新戏,有的把旧的形式加入新的内容,起到了抗日宣传作用;有的转徙流离,死于国难。他们不为敌人歌舞,有民族气节,是中华民族的忠臣。希望要抓紧做好培养下一代演员的工作。同日晚,出席兰肇祺、康德、蒋寿世3人在红叶厅举行的欢迎宴会。11日,在都正街清香留家里听取湘剧部负责人黄元和、张文祥关于湘剧衰落现状的汇报,对两人予以慰勉。12日上午,应长沙市戏剧同业公会邀请,在织机街黄金戏院为长沙戏剧界千余人作演讲,介绍各地剧团、剧院情况,勉励大家加强团结,共同搞好戏剧事业。下旬,在安置了母亲生活后,离湘返沪。行前作五言长诗《湘剧忆事》,记述湘剧演员在抗战中的贡献,悼念牺牲的老艺人。

刊于5月17日《北京日报》。返沪途中，经南昌时下车专访友人郑亦秋，未遇。夏，为祝贺袁雪芬与范瑞娟重新合作，创作五场越剧《珊瑚行》。（参见张向华《田汉年谱》，中国戏剧出版社1992年版；田本相、阿鹰编著《曹禺年谱长编》，上海交通大学出版社2017年版）

曹禺2月15日当选为中华全国戏剧电影协会理事。4月2日，国际戏剧协会中国分会在南京召开成立会议。5月21日，召开第三次临时执行委员会，曹禺当选为执行委员会委员，并与余上沅、张骏祥3人为出席6月国际剧协大会代表。5月14日，由曹禺编导，文华影片公司出品之新片《艳阳天》在上海大光明影院试片，颇获好评。郑振铎、叶圣陶前往观看。据郑振铎记述："晴。晨，对付了印刷者后，即偕箴至大光明看曹禺之《艳阳天》。技术上极为进步。全剧紧张之至，为之感泣！惟恐曲高和寡耳。午，曹禺请我们在新雅午餐，到者皆熟人。酒喝得不少，皆有醉意。主人则已醉矣。三时许散。"据叶圣陶记述："十时半，偕调孚至大光明，观曹禺新片《艳阳天》之试映。此片编剧导演皆出其手，且为初次之作，而故事有血有肉，取景俱简要，故自不凡。宗旨则为好人应站出来管事，不应取消极旁观态度。然代表好人之阴律饰，其人殊不真实也。片中健吾饰一角，为奸雄之绅富，不恶。观毕，承邀宴于新雅。两席，全皆熟人。曹禺完成此作，至兴奋，饮酒甚多，颇有醉意。而坚欲请人评其缺失，不欲闻赞语，尤见其艺术良心。"

曹禺编导的《艳阳天》5月21日起同时在上海卡尔登、黄金、皇后、金门、国际5个戏院正式上映。这是曹禺从事电影创作的首次尝试。同期，《艳阳天》在南京、苏州、杭州、无锡等地戏院同时上映。25日，上海《大公报》总编辑王芸生邀请在沪文艺界知名人士曹禺、史东山、张骏祥等与吴继岳会见。27日，上海《申报》"文化界小新闻"刊消息："国际戏剧协会代表大会，定于下月二十八日在捷京举行。我代表已推出余上沅、万家宝、张骏祥三氏出席，但歌部因外汇困难，只愿担负一人出席旅费，故决由余氏一人出席代表。""国际戏剧协会中国分会已选出余上沅、熊佛西、阎哲吾、洪深、田汉、梅兰芳、曹禺等三十一人为执委，佐临、费穆、赵丹等为候补委员。"同月，曹禺电影剧本《艳阳天》列为巴金主编的"文学丛刊第八集"之第15册由上海文化生活出版社出版。6月1日，南京《影剧画报》第2期刊署名"阳间人笔录"的《〈艳阳天〉座谈会》，出席者有影评人，有记者，有编辑，但未有名姓，以"A、B、C"表示谈话人。有的认为："这是国片中少有的收获""是通过艺术手腕，对现实一贯讽刺"的影片；有的认为："曹禺有些地方故意晦涩，或者是卖弄才情""阴律师在曹禺写来是一个乐天派的正义感的人物，但作者总有些地方将他丑角化"。7月21日，上海《大公报》副刊《戏剧与电影周刊》第91期刊张衡模纪录的《〈万家灯火〉座谈（上）》，出席者（以签名先后为序）冯雪峰、章靳以、许之乔、潘孑农、梅朵、梅林、杨晦、郑振铎、柳倩、曹禺、戈宝权、高集、臧克家、夏康农、赵清阁、杜守素、金山、周伯勋、黄佐临、安娥、田汉、于伶、史东山、阳翰笙、沈浮等。

按：在这个座谈会上，曹禺说："从整个戏的编导上来说，是观察很深，非常人性，跟我们的人生经验相符合，有一点值得特别提出和供我们学习，就是这片子的表现主题的方法。我们认为的是非，就是良心，信仰，这也就在平常我们的心中慢慢地形成一定的固定的形式，而这怎样借重艺术形式可以弄得很好，这是个问题，我想，这要顾到三位朋友，第一个朋友，是老板，对老板要保证卖钱，第二个朋友是检查，要交待得过去。第三个朋友是观众，观众得欢迎才行，因此，一部电影的出产，的确不是一件容易的事。许多人批评为什么在电影上不把明白的道路指出来，明确地摊出来，我相信阳沈两先生很知道这些道理的。这片子通过了人情味和巧合性，这些都是观众喜欢的地方，我不是袒护这些方法，可是有许多人就提出'为什么这样结尾''为什么把这些人物放在一起'等问题来责备你。目前的社会须要改，须要变，须要大变动,从这一点上看这片子,我以为两位先生是够辛苦的了,我懂得他们。"(参见田本相、阿鹰编著《曹禺年谱长编》,上海交通大学出版社 2017 年版)

巴金 1 月 4 日至王辛笛家晚餐,与赵家璧、靳以等为郑振铎补寿。下旬,作《〈寒夜〉再版后记》,刊于 4 月晨光出版公司版《寒夜》,在《〈寒夜〉后记》的基础上,针对一些流言加了一小段:"我还活着,我没有患肺病死去,也没有冻死,这是我的幸运。书销去五千册,并不是什么值得高兴的事。我知道许多写得更坏的书都有更畅的销场。"约同月,遇胡风,得《胡风文集》第 1 卷。谈到近来香港一些作家对胡风在抗战期间某些观点的"批判"时,问:"为什么别人对你有意见?"胡风说:"因为我替知识分子说了几句话。"在家设宴招待靳以夫妇和田一文夫妇。是时田一文合家来沪,巴金安排他担任上海文化生活出版社襄理兼管编辑工作。同月,获悉《巴金文集》已由上海春明书店出版,列入《现代作家文丛》第 6 集,中华全国文艺协会编,梅林主编,其中收小说、散文 23 篇。2 月,开始翻译《狱中二十年》。3 月,患病,在家休养。5 月 14 日上午 10 时半,参加在大光明电影院举行的《艳阳天》首映式。观毕,与叶圣陶等应该片编剧曹禺之邀到新雅饭店聚餐。26 日,与叶圣陶、景宋、郑振铎、陈望道、臧克家向观众推荐新片《艳阳天》。31 日,致法国学者明兴礼信。7 月下旬,校阅为缪崇群编定的散文集,并题名为《碑下随笔》。同月,与茅盾等编辑的《小说》月刊在香港创刊。夏,与萧珊在寓所接待杨静如,获悉她此行是陪姐夫罗沛霖赴沪办出国留学手续。当时在座的尚有靳以、曹禺、辛笛等人。9 月初,巴金约送好友马宗融赴台湾大学任教。约 12 月底应邀前往郑振铎家赴宴,欢聚者尚有郭沫若、茅盾、曹禺、钱钟书、靳以、艾芜、杨绛、王辛笛、李健吾等,谈时局及文艺界现状。(参见唐金海、张晓云《巴金年谱》,四川文艺出版社 1989 年版)

傅雷 6 月受英国文化协会之托,翻译牛顿《英国绘画》,由商务印书馆出版。8 月,巴尔扎克《欧也妮·葛朗台》译竣于庐山牯岭。次年 6 月由三联书店出版。秋,与作曲家沈知白、提琴教授陈又新、工程师裘复生等为亡友作曲家谭小麟组织"遗作保管委员会"。11 月以上海情形混乱,受友人之托,赴昆明筹备进出口公司,未果。(参见《傅雷文集·书信卷》附录傅敏、罗新璋《傅雷年谱》,安徽文艺出版社 1998 年版)

任鸿隽 1 月 25 日出席在中央研究院举行的中国科学工作者协会上海分会成立大会,代表科学社致词。2 月 16 日,任鸿隽向胡适致公函谈中基会借款给北大的事,并附有关办法的文件。19 日,复以私函进一步谈此事。信中说,北大欲借中基会的款子,主要是发展物理实验室设备,与他校不同,故可个别办理。如不超过 10 万美金,则不成问题。并告称,此项借款最好能得政府担保,将来可减轻学校的责任。另外还款期最好早一点。如此每年拨还数字即可减少。信中另告长女以都在英学习情况,望胡严以指导。5 月 30 日,主持由科学社和中国科学工作者协会上海分会联合举办的"工业与科学"座谈会。31 日,在《观察》上发表文章悼念于 3 月 27 日去世的中基会副董事长 R. S. 顾临先生,称他是"一个纯洁的、不自私的、为了中国的利益服务,数十年如一日的好朋友"。9 月 15 日,作《科学与社会》,刊于 11 月《科学》第 30 卷第 11 期。文中提出:"无论从那方面说起,科学在现世界中,是一个决定社会命运的大力量。因此,在这次大战以后,重待建设的世界中,科学与社会常常成为讨论的问题。据我们所知道的,关于这个问题的讨论,可以两种方式代表:一是此后的世界问题是不是专靠科学所能解决? 二是此后的科学与社会应有什么样的关系?"作者文即就此两方面展开讨论。关于科学与社会的关系,此文以为可从四方面加以观察。即:(1)科学发明所发生的社会影响是什么? (2)科学发明是否有益的用于社会? (3)科学发明的利益是否普遍地造福人群，或仅为少数人所独占？（4）社会组织是否合于科学的发展？9月26日，出席在中央研究院召开的联合国联教组织中国委员会第二次年会。10月10—11日，出席由中国科学社（第二十六次）与中华自然科学社等十团体在上海举行的上海—南京区联合年会。（参见樊洪业、潘涛、王勇忠编《中国近代思想家文库·任鸿隽卷》及附录《任鸿隽年谱简编》，中国人民大学出版社2013年版；耿云志编《胡适年谱》，福建教育出版社2012年版）

　　章益继续任重庆复旦大学校长。2月24日，教育部训委会关于复旦劝募寒衣的密函："据报：复旦大学劝募寒衣第二大队，全由左倾分子所组织，以对抗党团方面所组织之第一大队，此次成绩较第一大队为佳，总计募得寒衣五百余件，现金捌千万元，但现金部分至今迄未来交出，准备留作该校左倾社团及拨助学联之经常费用，该第二大队之主要人物为李立中、梁启东、陈浙、李汉煌、张家英、吴文新、吕佩英、朱佩钰、李敏、顾崇中、顾克俭、张谭耀、韩阜民、陈雯（时代壁报负责人）、陶承先、陈立策、陈先明等十七名等情，相应送请查照参考。查照。"春，复旦同学开展了抗议浙江大学学生会主席于子三被害事件、劝募寒衣运动、支持同济"一·二九"斗争、反对美国扶日等活动。8月27日深夜，国民党"特刑庭"派警察来校逮捕所谓"匪谍"，开出逮捕学生名单34人，学生刘宗俊、黄光潮等7人被捕，经校方多次交涉，先后交保释放。秋季开始，国民党军事惨败，国统区经济崩溃。复旦师生密切注视全国形势的发展，在中共地下党组织领导下，做好迎接解放的准备：首先是反对迁校，其次是组织应变委员会。9月28日，国民政府教育部在南京召开部分大学校长座谈会，章益、胡适、熊庆来、顾毓琇、陈裕光等到会。会议讨论了国立大学经费、教授资格审查、学生学籍、专科以上学校训导、学制等问题。是年，复旦向教育部提出增设生物研究所、农业化学系、工商管理系、水利工程系等，章益校长曾去争取过，不获批准。复旦同学会和校友江一平等人也致电教育部长朱家骅，"务请大部迅予挽留，并为解除困难""必要系所，尤需增加"，朱家骅勉强同意增加生物化学和农业研究所、商业管理系，但要到1949年秋季始能开办招生，因此仍然是一句空话。（参见《复旦大学百年志》编纂委员会编《复旦大学百年志：1905—2005》，复旦大学出版社2005年版；中央教育科学研究所编《中国现代教育大事记1919—1949》，教育科学出版社1988年版）

　　陈望道继续任复旦大学新闻系主任。1月29日，"同济一·二九血案"发生，复旦师生闻讯后，在他和潘震亚、洪深等教授带领下组成浩浩荡荡的队伍赴同济声援。8月30日，参加文学大师朱自清追悼会，敬献挽词。秋，由国民党特务控制的《新新闻社》分子在复旦校门口张贴一份致新闻系主任陈望道的万言信，对他进行公开威胁与侮辱，叫嚷陈望道应对新闻系的种种"赤化"现象负总的负责。他毫不畏惧，镇静坚定。11月3日，陈望道及萧乾、章靳以邀郑振铎与茅盾、叶圣陶、李健吾、巴金、姚蓬子等人赴复旦大学午餐。下午，在该校子彬院101教室与师生交流。茅盾、叶圣陶、李健吾讲话。是年，在《国文月刊》发表《两个原则（上海公私立大学教授对于中国文学系改革的意见）》。（参见上海鲁迅纪念馆编《陈望道先生纪念集》，复旦大学出版社2006年版；陈福康《郑振铎年谱》，三晋出版社2008年版）

　　周予同1月29日访郑振铎，郑当时心绪不佳，二人曾谈及开明人事纠纷。3月8日，开明书店召开业务会议。会后叶圣陶致书范洗人，欲辞去董事及协理职务。22日，与王伯祥访叶圣陶，"共饮畅谈，剖析店中诸友之品性，及店事之前途"，并劝叶圣陶打消辞职之念，未允。5月，《儒、儒家和儒教》刊于《青年界》（新）第5卷第4期。同月9日，与叶圣陶应马荫良邀请，赴苏州社会教育学院与新闻系学生座谈，并同游苏州。6月17日，开明书店人事委员会召开首次会议，被推为主席。8月12日，朱自清去世。13日，与开明同人联名电唁朱氏家属。同月,《教师节随感》刊于《现代教学丛刊》第 3 期。9 月,《祝"明社总社"》刊于《明社消息》新 1 号。同月起,列名《国学月刊》编辑。10 月 1—2 日,与叶圣陶、郑振铎等友人应高祖文之邀,同游苏州。秋,中共中央渐次邀请及护送预定参加新政治协商会议人士至控制区域,上海拟定 32 人。11 月,李正文接手此事。与张志让、马寅初、叶圣陶、周谷城、沈体兰、郑振铎、王芸生等皆列名其中,是这 32 人中唯一没有赴邀的一位。是年,夏衍亦曾发来邀请,亦未应允。(参见成棣《周予同先生年谱》《传统中国研究集刊》第 20 辑,上海社会科学院出版社 2019 年版)

胡厚宣继续任教于复旦大学。1 月,胡厚宣在《历史语言研究所集刊》第 12 本发表《卜辞记事文字史官签名例》。文中提出,"甲骨文中除贞卜之史官,恒于卜辞之中记其名者外,记事文字之末,或龟甲之偏僻地方,亦常有记史之签名",并概括为七种情况。此文不仅有助于加深对甲骨文体例认识,对于史学史研究领域有关史官起源的研究之推进,也有价值。(参见王学典《20 世纪史学编年(1900—1949)》,商务印书馆 2014 年版)

林同济 1 月自欧洲回国。上海银行捐赠位于哥伦比亚路的一座大楼,海光西方思想图书馆正式建立。2 月,任复旦大学政治学系教授。同月,身为联合国官员的黛南·格雷回到上海,与林氏相见。双方讨论复婚但终于无果,黛南·格雷返回美国。是年,郭沫若发表《斥反动文艺》一文,把文艺界分为红黄蓝白黑五类分子,其中"战国策"派被归入蓝色并被定性为"宣扬法西斯主义"的"反动思潮"。(参见江沛、刘忠良编《中国近代思想家文库·雷海宗、林同济卷》及附录《林同济年谱简编》,中国人民大学出版社 2014 年版)

夏炎德继续在复旦大学任教兼经济研究所导师。8 月,所著的《中国近百年经济思想》由商务印书馆出版,此书系应《学林杂志》(中英庚款董事会出资)之约而著,原稿成于 1940 年,后因战乱而搁置。书中介绍了从晚清到抗战时期的中国经济思想的演变,为我国第一部比较系统的中国近代经济思想史著作,在中国近现代经济史研究领域有重要影响,至今仍然是研究中国近代经济思想的必备参考书。(参见王学典《20 世纪史学编年(1900—1949)》,商务印书馆 2014 年版)

储安平继续兼任复旦大学教授。6 月 5 日,在《观察》发表《评翁文灏内阁》,认为:"翁文灏的廉洁是没有问题的,他过去的作风,亦比较朴实。由这样一个人来试试,就事论事,在现在局面下,还不失为一个比较合式(适)的人选。"但他也认为,翁文灏内阁新瓶装旧酒,"百分之百的没有个性",而且在当前的局面下"翁氏出长政院后,做事情也许可以认真一点,一切中国官场的虚文俗套也许可以减少一点,整个的行政情绪也许可以提高一点。但是要希望翁氏来转换乾坤,改变一个局面,那假如不是一种幻想,就是一种奢望了"。他甚至一针见血地指出:"任何人来做行政院院长也都是没有办法的;谁上台就谁倒霉,谁来做就谁牺牲。""我们当然希望翁氏多少有一点成就,但是假如翁氏失败了,我们也不一定就认为是翁氏个人的失败。大势如此,这已不是翁氏等一两人所能撑支得了的了。"12 月 25 日,《观察》被国民政府查封,储安平曾批判中国国民党"七十天是一场小烂污,二十年是一场大烂污,烂污烂污,二十年来拆足了烂污"。(参见李学通《翁文灏年谱》,山东教育出版社 2005 年版)

钱锺书仍任教于上海暨南大学外文系,并任南京国立中央图书馆英文刊物《书林季刊》(*Philobilon*)主编,依然每月上海、南京两地奔波。3 月,随国民党政府教育部主办的文化宣慰团,参加教育部在台主办的文物展览会活动。此项活动由教育部长的朱家骅发起,中央图书馆馆长蒋复璁具体负责,旨在让台湾同胞了解祖国文化。参展的历代文物和善本图书由中央图书馆、中央博物院、故宫博物院及沪上藏家提供。代表团成员还有上海博物馆馆长徐森玉，故宫博物院副院长庄尚严，北京大学教授、敦煌学专家向达，中央图书馆特藏部主任屈万里以及画家、学者王季迁、俞子才、李宗侗等 20 余人同行。同月 18 日，代表团抵达台湾，入住草山宾馆。24 日，文物展览会开幕。为配合展览，还组织了系列学术讲座。4月 1 日上午，钱锺书在台湾大学法学院作《中国诗与中国画》的学术讲座。钱锺书当时 38岁，《围城》出版一年，台湾已有他不少读者，所以他的演讲大受欢迎。抵台三周后撤展返回大陆，前后正好一个月左右。

钱锺书《围城》于上年出版后，引起强烈反响，有称赞，有喜爱，也有谩骂和攻击。2 月25 日，署名方典的《论香粉铺之类》刊于上海横眉社编辑出版的《横眉小辑》第 1 辑，文章批评《围城》"有的只是色情；再有，就是雷雨下不停止似的油腔滑调的俏皮话了""作者对于女人无孔不入的观察，真使你不能不相信他是一位风月场中的老手，或者竟是一个穿了裙子的男人！他在他的小说中，闯进了女人的闺房，翻动了她们的床褥，检阅了她们的全身，甚至描写到她们的每一个毛孔！总之这篇小说在这方面研究的周到，精细、入微，简直可以当作这类玩意的百科全书来读！"7 月 1 日，署名无咎的文章《读〈围城〉》(《小说月刊》第 1 卷第1 期)，也对《围城》提出了严厉批评。11 月 27 日，面对一些胡言乱语式的攻击谩骂，钱锺书的旧相识新相知郑朝宗感到气不过，便在厦门写了《"围城"与"Tom Jones"》一文，以"林海"的笔名刊于《观察》周刊第 5 卷第 14 期。文中说："《围城》单行问世以来，给我们寂寞的文苑添了不少的声色。它在过去一年里面所受的'谴责'和'赞美'，如果全体搜罗起来，大约总可编成一巨册的"。郑朝宗指出《围城》与十八世纪英国小说家亨利·菲尔丁的杰作《汤姆·琼斯传》最为近似。认为《围城》是一部彻底的人性大观，并且最早认定这是一部"学人小说"(有人错以为这是夏志清最早提出的)。钱先生起初并不知道此文是谁写的，后来知道是"清华曾共学"的郑君所为，十分高兴，说郑先生是小说的"赏音最早者"。

钱锺书《谈艺录》6 月作为《开明文史丛书》之一由上海开明书店出版。此书始著于1939 年夏，钱锺书"自滇归沪渎小住，友人冒景璠督撰诗话，因思年来论诗文专篇，既多刊布，将汇成一集。即以诗话为外篇，与之表里经纬也可"。1942 年中元日，钱锺书为《谈艺录》写好序言，至是年 4 月 15 日又补写一小序，全文如下："右序之作，去今六载，不复追改，以志一时世事身事耳。初稿既就，余时时笔削之。友好知闻，颇多借阅，且怂恿问世。今承王伯祥、叶圣陶两先生索付开明书店出版，稿只暂定，见多未熟。周振甫、华元龙二君于失字破体，悉心雠正；周君并为标立目次，以便翻检，底下短书，重劳心力，尤所感愧。余校阅时，见援据未备者数处。而排字已就，未宜逐处补阙。因附益于卷尾。民国三十七年四月十五日又记。"钟元《儒得丹青写精神——〈谈艺录〉方法谈》(《读书》1983 年第 2 期)谓："《谈艺录》是一部以探讨中国传统诗学为主要内容的著作。涉及的范围十分广泛。'纵'：举凡历代各朝的文艺现象或文艺思潮，无不囊括在作者视野之内；'横'：一朝之中，不但论及文坛巨擘、谈艺名作，且常常出现名不见经传的次要角色，更进而由一人一书推衍至流派、思潮和风气。其方法是联系当时的时代风会，联系当时的创作实际，联系论者其人，中西文学进行比较。"郑朝宗《再论文艺批评的一种方法—读〈谈艺录〉(补订本)》(《文学评论》1986 年第 3 期)谓：《谈艺录》目光所注是在宋、元、明、清四朝，唐以前的诗人几乎全被搁置，唐代诗人谈得较多的只有韩愈、孟郊、李贺、李商隐等人，而主要评议宋以后的梅尧臣、欧阳修、王安石、苏轼、黄庭坚、陈师道、陈与义、杨万里、陆游、元好问、方回、钟惺、谭元春、王士禛、袁枚、赵翼、蒋士铨、龚自珍、钱载等人。作者把重点放在论述我国旧体诗技巧的发展变化上面,并非一般谈艺之书,而是带有浓重的学术研究气味。（参见爱默《钱钟书传稿》,百花文艺出版社出版 1992 年版;张文江《钱锺书传:营造巴比塔的智者》,上海人民出版社 2015 年版）

胡秋原继续任暨南大学历史教授,当选为立法委员。所著《历史哲学概论》由民主政治社出版。作者除对当时历史哲学的主要流派进行评介之外,还就"心理史释"作了专门论证。他认为,"自人类之心理以至时代之思潮,其影响于历史及文化之形成,自为不可否认之事实。然以此为社会历史之动因,则尚嫌不足"。因此他主张将"心理史释"作为历史学方法论中不可缺少之一种,而不是全部。（参见王学典《20 世纪史学编年（1900—1949）》,商务印书馆 2014 年版）

吕思勉是年日记名曰《思渠记》。1 月 7 日,《梁末被焚书籍》刊于《东南日报》。4 月,《儒将》刊于初版的《国防月刊》,后又收入《吕思勉遗文集》和《吕思勉读史札记》（新版）。3 月 24 日,《四部》刊于《东南日报》。同月,方德修《东北地方沿革及其民族》由开明书店出版,卷首载吕思勉作于 1946 年 6 月 27 日的《〈东北地方沿革及其民族〉序》。7 月 22 日,《吐蕃缘起》刊于《东南日报》。28 日,《金人》刊于《东南日报》。8 月 1 日,《中国文化诊断的一说》刊于《中国建设》第 6 卷第 5 期。9 月 1 日,《中国文化诊断续说——教育界的彗星》刊于《中国建设》第 6 卷第 6 期。10 月,所著《两晋南北朝史》由上海开明书店初版印行。全书 24 章,110 万字,分前后两部分。前一部分突出各时期的重要政治斗争,叙述两晋南北朝政治的发展演变,属政治史。后一部分分别论列这一时期的民族分布及构成、社会组织、社会等级、农工商业、衣食住行、社会风俗、政治制度、学术宗教,属专题史。吕思勉《三反及思想改造之学习总结》曾有自评曰:"《两晋南北朝史》,此书自问,总论可看。此外发见魏史之伪造及讳饰、表彰抗魏义民、表彰陈武帝、钩考物价工资资产、及论选举制度皆佳。论五胡时,意在激扬民族主义,稍失其平,因作于日寇入犯时,不自觉也,异日有机会当改正。"

按:1983 年 9 月 27 日《古籍书讯》第 14 期所载陈稼禾《断代史中的鸿篇——介绍吕思勉先生的〈两晋南北朝史〉》书评曰:"著名史学家吕思勉先生一生勤于著述,《两晋南北朝史》是其所著断代史中的鸿篇巨制。两晋南北朝历时三百余年,作为中国历史发展的一个阶段,其重要性并不亚于汉唐盛世。这时汉族及各少数民族的动荡迁徙,造成了吕先生归纳的四大变化:'一曰士庶等级的平夷,二曰地方畛域之破除,三曰山间异族之同化,四曰长江流域之开辟。'社会经济发展、阶级构成、民族融合、疆域开拓,均对后世的历史发展产生了巨大的影响。吕先生的这部断代史在体例上与《先秦史》《秦汉史》一致,即在内容上分成两部分,前半部是政治史,按历史顺序编排;后半部是社会经济文化史,采用分门别类的叙述办法。《两晋南北朝史》的上半部（第一至十六章）系统地叙述了西晋统一全国后的形势,八王之乱,少数民族入侵中原地区,元帝东渡,东晋政治的变迁及宋、齐、梁、陈政权的更迭。其间并述北方鲜卑、匈奴、羯、氐、羌等少数民族逐鹿中原及十六国消长。吕先生对北魏、北齐、北周的分合及其与南朝的和战,述说既井然有序,且揭示了历史向统一发展的进程。《两晋南北朝史》的后半部（十六至二十四章）,吕先生论述了当时的阶级和阶层、经济状况、典章制度、学术宗教,乃至文化生活、民风民俗,从多方面勾勒了两晋南北朝时期的社会概貌。吕先生的论著向以学识渊博、史料丰富、论述谨严著称,这些特点在《两晋南北朝史》中表现得尤为明显。正因为如此,吕先生往往能道其他学者所忽视或省略的内容,使其史著扩大了深度和广度,具有较高的学术价值。如本书中关于农业、手工业发展,生活方式改进和文化学术的论述,都具卓识。"

吕思勉 11 月撰《因祸而为福转败而为功》,为未刊稿。12 月,所撰《光华大学小史》刊于《光华大学旅台校友会第一届年会年刊》,现收入《吕思勉遗文集》和《吕思勉诗文丛稿》,其中所记胜利后之一段曰:"国土既光复,本校同人集议,公推朱公谨先生代理校长,在证券大楼复校,旋改组校董会,公推朱经农先生长大学,廖茂如先生长中学,成都分校,以川人之助而成立者,举以还诸川人,改名成华大学。是冬,教育部拨欧阳路二百二十一号敌产为本校校舍,时军医署尚设第五战俘病院于其中,一时不克迁让,乃又增拨二百二十二号,于三十五年七月迁入。至三十七年,此两号房屋,遂由本校承购焉。复校之初,经农先生尚任教育部次长,茂如先生亦以师范学院事,一时未克东归,仍由朱公谨先生代长大学,张芝联先生代长中学。芝联先生游历欧美,又由倪若水先生代之。三十五年,经农、茂如先生相继到校。明年,六三校庆,校友之集者,分任募捐,以建宿舍。于是校友容尔仁先生为纪念其尊人德生先生,捐建中学宿舍一座,名之曰德生堂。校董李祖永先生亦以纪念其尊人屑清先生,捐建图书馆一座,名之曰清永图书馆。于是秋及明年春,相继落成。冬,经农先生出国,参加联合国文教会议,遂赴美利坚。三十八年三月,由校董会聘茂如先生代理校长职务。本校今日,一切设备,尚未能遽复战前之旧,然继起程功,亦庶几相距不远矣。创业难,中兴不易,譬如为山,方覆一篑,敢不勉乎!（参见李永圻、张耕华编撰《吕思勉先生年谱长编》,上海古籍出版社 2012 年版;王学典《20 世纪史学编年（1900—1949）》,商务印书馆 2014 年版）

柳存仁《上古秦汉文学史》8 月作为商务印书馆"国学小丛书"之一出版。书前有吕思勉的长篇序文。作者在绪言中,先辨"文学"与"历史"之义。经厘定中外"文学"之义后,认为文学必须具有四个要素,即"想象、思想、情绪、形式"。经辨析"历史"之义后,认为"文学史应为历史之一部分,而以叙述各时代文学之演变为其原则"。指出文学史的任务为:"第一,文学史宜特别注意各时代文学演变或交替之痕迹,原因及其影响;第二,文学史宜详叙作家之个性环境及生活全貌,与其作品成就之关系;第三,文学史宜研究文学作品之本身,并介绍优美作品,以供学者之欣赏与参考。"他这些认识,对此后乃至今日的中国文学史写作,都具有参考价值。此书分章叙述,着重于文学的发生与发展,由上古迄于汉代。作者以进化论文学史观考察这段时期的中国文学,"特别注重各体文学自民间产生文人袭用以后,由长大扩张渐趋衰老之整个历史,而尤当说明其产生及演化之原因"。较之当时陆续出版的数种中国早期文学的断代史,柳存仁此书的特色,在于着重辨析中国文学萌生的过程和早期各种文体的主要特点时,广泛汲取了到那时为止国内各种专门研究的成果,对西方文艺学、文化人类学等领域的研究状况也非常关注,因而该书富于理论色彩,视野开阔。（参见付祥喜《20 世纪前期中国文学史写作编年研究》,北京师范大学出版社 2013 年版）

丁文渊继续任同济大学校长。1 月 29 日,同济大学普选自治会,被特务破坏,校方开除学生自治会干部及大批同学,同济学生准备去南京举行反压迫请愿,遭军警围击,决定全体赴南京请愿,全市 27 所大学的 5000 多名学生前往声援,遭到国民党军警 3000 余人的镇压。死伤学生数十人,被捕 300 人以上,时称"同济血案"。由此引发新一轮的全国性学潮。12 月 4 日,夏坚白出任同济大学校长。值此国民党政府即将全面崩溃之际,夏坚白曾一度处于观望状态,但在中共地下党组织的帮助下很快消除了顾虑,决定坚守校长岗位迎接光明。他联合上海各大学校长与国民党当局进行合法斗争,拒绝当局逮捕令,严词抗议军警进校搜捕进步师生,掩护同济工学院院长、著名桥梁专家李国豪教授等逃脱了缉捕,劝说同济测量系系主任、著名测绘专家叶雪安教授等留在上海迎接解放,并与上海交大、复旦、师范、医专等五所大学校长同心协力、几经周折摆脱了被裹胁去台湾之险,又临危组织师生员工和家属转移疏散,安排无家可归的学生留下护校,将仪器设备图书档案等全部安全隐藏起来,为新中国奉献出一所完好的同济大学。（参见翁智远、屠听泉主编《同济大学史》第一卷,同济大学

出版社 2007 年版）

郭绍虞 3 月 1 日作《〈水流云自在楼诗钞〉序》。8 月,出任同济大学文法学院院长。《论诗诗之话》刊于《文讯》,而《明代的文人集团》刊于《文艺复兴·中国文学研究号》上册。同月 12 日,朱自清逝世,郭绍虞作散文《忆佩弦》,刊于《文讯》第 9 卷第 3 期。9 月 25 日,《谈方言文学》刊于《观察》第 5 卷第 5 期。是年,《语文通论续编》由上海开明书店出版;《数位词的分析与其词例》由上海开明书店出版。（参见何旺生《郭绍虞学术年表》,《中国韵文学刊》2008年第 1 期）

熊佛西继续任上海戏剧专科学校校长。6 月 5 日,熊佛西在《文讯》第 8 卷第 6 期刊发表《〈新闺怨〉〈艳阳天〉观感》,对《艳阳天》和曹禺给与高度评价,说:"《艳阳天》是曹禺先生的影剧处女作。这位'处女'毕竟不凡,是那样的端庄朴素而有大家风度。""中国影片今后必然因《艳阳天》的成功而转入另外的一条路。""《艳阳天》是一部好片子。'阴律师'这个人物是可爱的,曹禺先生也毕竟是一位非凡的作家。"17 日,《申报·文化界小新闻》报道:"熊佛西、吴湖帆、刘海粟、陆丹林、蒋竹庄、刘开渠、施蛰存、郑振铎等,发起为兴慈中学之弘一纪念堂征集图画法物,充实内容。"（参见田本相、阿鹰编著《曹禺年谱长编》,上海交通大学出版社2017 年版;陈福康《郑振铎年谱》,三晋出版社 2008 年版）

刘海粟继续任上海美专校长。1 月,上海美术会第二届理事会举行选举会议,虞文、马公愚、郑午昌、施翀鹏、王宸昌、许士骐、郎静山、丁念先、徐蔚南、王进珊、吴青霞、刘狮、李咏森、汪声远、严独鹤、俞剑华、颜文樑、陆丹林、唐冠玉、张充仁、梁俊青、姜丹书、汪亚尘、孙雪泥、贺天健。候补理事:周鍊霞、陈定山、沈君默、朱屺瞻、徐邦达、陈景烈、蒋孝游、吴曼青、孙福熙、谢海燕、唐云、李秋君。监事刘海粟、陈树人、吴湖帆、商笙伯、吴待秋、冯超然、王福厂当选,又选举张聿光、姚虞琴、叶恭绰为候补监事。3 月 16 日,刘海粟在寓所主持上海美专(民国三十六)年度第二学期第一次教导联席会议,谢海燕、潘天寿、俞剑华、王云阶、温肇桐、陈盛铎、来楚生、宋寿昌、冉熙出席,讨论了恢复旅行写生、加重平时作业、纯化学术空气等事项。6 月 5 日,上海当局镇压学生运动,上海美专多生遭袭击,8 位学生被打成重伤后逮捕入狱。刘海粟得知情况后,向上海当局提出严正抗议,要求立即释放被捕学生、严惩肇事凶手,并到监狱看望被捕学生。（参见王震《20 世纪上海美术年表》,上海书画出版社 2005 年版;袁志煌、陈祖恩编著《刘海粟年谱》,上海人民出版社 1992 年版）

陈鹤琴 1 月 3 日出席在南京举行的中国教育学会第九届年会,会上被选为学会监事。6 日,哥伦比亚师范学院校友会中国分会第一次筹备会在南京召开,任临时主席。2 月 1日,《申报》载:我国名教育家陈鹤琴博士,为使各方对中国基本教育现况及未来发展有具体的认识,爰在教育部社会部的协同赞助下,发起"基本教育展览会",定五月五日起举行一周,会场将设在愚园路市立女子师范校舍内。此次基教展览在中国教育史上尚系创举,决定会合各文化机关,学校社团等全面合作,分设数十工作小组,包括商务、中华、儿童、世界等十大书局。3 月,根据倡导的国民教育实验区报童教育计划,上海市报童学校正式成立,兼任校长。4 月,上海市儿童教育团体联合举行庆祝儿童节大会,任大会主席。在幼专设立儿童研究站,对 1 岁半—3 岁幼儿进行身心发展研究和保教工作试验,并作为学生实验场所。任筹备主任。6 月,国立幼稚师范专科学校第四届学生毕业。在毕业纪念册序中提出:"我们同学应自许是中国幼稚教育的播种者","自信是活教育运动的开拓者","自勉着永远作一个教育工作者"。7 月,陈鹤琴派贺一欧、朱希敏、杨毅等幼专毕业生去江苏金坛县办农村托儿所,并以此作为幼专学生实习基地,把"活教育"推向农村。11 月,发起成立中国幼稚教育社和活教育社,成立大会先后在上海召开,被推为两组织理事长。

陈鹤琴12月创办上海特殊儿童辅导院,任院长,傅若愚任副院长。辅导院为盲、聋哑、伤残、低能和问题儿童等五种特殊儿童综合性教育机构。1952年由人民政府接办,改名为上海市第一聋哑学校,后又改为上海市聋哑青年技术学校。下半年,受到市教育局多次警告和多方监视。教育局密报称:"国立幼专校长陈鹤琴之思想、言论及办学方针与左倾分子陶行知生前行为如出一辙","该校已大部分为共党学运分子所控制"。校办大场托儿所也受到监视。仍支持学生进步活动,通知进步师生提防迫害;掩护受特务迫害和监视的教师陶蔚文、金陵女大学生会主席鲍蕙荪;营救、保释被上海特刑庭下令逮捕的幼专教师王霞量和学生曹桂英;对撤往解放区的女师教师贺宜、王鼎成等人,继续由学校照顾他们家属的生活。是年,为南京中央大学教育系开设"幼稚教育"课。在上海广播电台播讲有关儿童教育等问题共10讲,讲稿汇编成《怎样做父母》一书,由华华书店出版。编写的《活教育的教学原则》一书出版,书中根据活教育的理论与实践,总结出17条教学原则。在《活教育》月刊发表《活教育的目的论》,进一步提出做"爱国家、爱人类、爱真理"的"世界人"。(参见蔡怡曾、陈一鸣、陈一飞编《陈鹤琴生平年表》载《陈鹤琴全集》第6卷,江苏教育出版社2008年版;吴永贵《民国图书出版史编年:1912—1949》,社会科学文献出版社2018年版)

朱斯煌主编《民国经济史》1月由银行周报社出版。此书为银行周报30周年纪念刊,封面有"银行学会编印"字样。内分"论著""统计""经济资料""经济大事记"四编,收录宋汉章等40余人的经济论文53篇,各种金融贸易统计资料29种,财政金融法规、文件近百种。末编"经济大事记"逐月记载民国以来国内外经济大事。(参见王学典《20世纪史学编年(1900—1949)》,商务印书馆2014年版)

夏敬观仍任国史馆纂修。1月9日,国史馆志编两组联合会第二十次会议上,主席但焘提上海之纂修、协修、助修,特约纂修、协修等指定工作案。上海纂修人员名单如下:纂修:夏敬观;协修:洪庶安、林尹、潘景郑;助修:黄毓芬;特约纂修:冯自由、陈无咎;由夏敬观负责。30日,国史馆志编两组联合会第二十二次会议上,副馆长但焘提暂定史职铨配案:夏纂修敬观(上海):林尹、潘景郑、洪庶安、黄毓芬。2月5日,龙榆生出狱。夏敬观致函慰问。27日,国史馆志编两组联合会第二十四次会议上,主席但焘报告云,夏敬观自沪函寄康有为、曲同礼拟传两篇,并建议将辜汤生、严复、伍光建、马良、林纾合作一传,李登辉亦可附之。12日,国史馆志编两组联合会第二十六次会议上,夏敬观交来唐绍仪拟传一篇。19日,国史馆志编两组联合会第二十七次会议上,夏敬观交来《读刘知几史通书后》三篇。4月30日,国史馆志编两组联合会第三十二次会议上,夏敬观交来严复、马良、辜汤生、伍光建拟传各1篇。6月20日,国史馆志编两组联合会第三十九次会议上,夏敬观交来宋教仁、第九世班禅罗桑图丹曲吉及玛格乃朗结巴桑布拟传各1篇。另有蔡元培、田桐两篇拟传发表于《国史馆馆刊》第1卷第3号。夏敬观撰各人拟传;均由国府文官处提供传略,或由国史馆派专人收集各人事迹资料,再由夏敬观拟成。初夏,夏敬观为龙榆生再绘《彊邨授砚图》。在此前后,龙榆生《忍寒词》铅印出版,载夏敬观为绘制《授砚图》及所作序。7月,不幸患中风。重阳节前后,夏敬观与沪上诗人陈曾寿、李宣龚、张元济等30多人,特邀汪辟疆赴沪。汪辟疆偕马骥程同行。

按:马骥程《汪辟疆先生在四十年代的轶事》(《古典文献研究》(1989—1990),南京大学出版社)载:"与会者对先生(指汪辟疆)所撰《光宣诗坛点将录》一书,赞不绝口。曾寿丈以新版《苍虬阁诗集》见赠。且对众人说:辟疆先生乃江西诗派殿军,众皆首肯。拔可丈出诗二首,皆七律,人各和唱,合辑《硕果亭唱

酬集》一书,由商务印书馆正式出版。并合影若干帧。"(参见陈谊《夏敬观年谱》,黄山书社2007年版)

　　杨宽、蒋大沂等组成的田野考古工作团1月15日前往戚家墩海塘发掘。2月1日,上海市文化教育团体发起基本教育展览会,社教机关部博物馆部分由杨宽负责。16日,杨宽就本馆初步发掘松江戚家墩文化遗址一案,致函上海市教育局。3月,国际博物馆协首届常委会邀请上海市立博物馆参加常会,其来函言:"兹奉上国际博物馆协会第一次临时会报告一份,第一次二年一度之常会又将于一九四八年之六月廿八日至七月三日止,在法国巴黎克赖畔街十九号联合国教育科学文化组织大厦举行,务希阁下及时参加。"4月,上海市立博物馆筹划汉代砖石画像展览会。同月24日,戚家墩文化遗址发掘结束后,杨宽致函内政部:"中央古物保管委员会钧鉴:查本馆发掘江苏省松江县属金山卫戚家墩海滨古代文化遗址一案,前蒙电颁发掘执照到馆。当经本馆组织田野考古团于一月十五日前往戚家墩实施发掘,现在初步发掘工作业已告一段落,除详细情形,须俟将掘得遗物加以整理研究后另作正式报告外,应将发掘经过,编具报告纲要,先行报告,希烦察核,备案为祷。上海市立博物馆馆长杨宽叩。"6月22日,杨宽致函上海市教育局,论本馆业务日益开展,社会热心人士捐赠或寄存陈列品者日益增多,且纷纷前来问询关于保管陈列品规则暨捐赠及寄存陈列品办法。

　　杨宽8月当选为中国博物馆协会理事。理事长:马衡;副理事长:杭立武、袁同礼。同月,叶恭绰捐赠一批名贵古物给上海市立博物馆。9月13日,为了征集各项报告等历史文献,杨宽致上海市参议会秘书处公函。22日,上海市立博物馆公布馆藏书数量。28日,由杨宽、蒋大沂、张子祺及海关负责人前往上海海关,对亚细亚商运公司运销美国纽约的17箱古物进行检查,这一工作直至30日上午才告一段落。10月11日,杨宽致函上海市教育局报告审查古物结果事:"查职等于本月二十六日奉命审查亚细亚商运公司运销美国纽约之古物十七箱,是否属于古物保存法所称古物范围之内,经与江海关验估科约定于二十八日上午九时起,会同海关负责人员及物主等逐箱开启审查,至三十日上午审查完毕。"12日,上海市立博物馆公布保管陈列品规则、寄存陈列品办法和捐赠陈列品办法三项规定。20日,杨宽致函上海市教育局:"查本馆出刊物有二种,一为本馆要览,系全部呈请拨款印行者。一为《文物周刊》合订本,系将《中央日报》赠送编者之报纸合订而成。"11月4日,上海市市长吴国桢发布训令,将所接管的上海租界有关遗物及文献拨付市立博物馆。(参见贾鹏涛《杨宽先生编年事辑》,中华书局2019年版)

　　童书业暑假后因杨宽介绍,兼任光华大学历史系教授,讲授历史地理,此为童书业执教大学之始。同时,童书业与强迫观念精神病作痛苦的斗争。这一切都没阻滞他学术上的奋进。上海有活跃的学术氛围与至交顾颉刚、吕思勉、杨宽等人,时常相聚切榷,事忙时则通信笔谈。童书业以极其旺盛的学术生命力在新旧学术领域继续奋进。所撰文章多刊于杨宽主编的上海《中央日报·文物周刊》、魏建猷主编的上海《东南日报·文史》、顾颉刚主编的上海《益世报·文苑》、天津《民国日报·史与地周刊》《文史杂志》等处。(参见童教英《童书业传》,中国大百科全书出版社2017年版;贾鹏涛《杨宽先生编年事辑》,中华书局2019年版)

　　施翀鹏继续任上海市美术馆筹备处主任。9月23日,《申报》发表刘华瑞《从雕塑艺术看民族文化》:"上海市立美术馆筹备处近举行中国雕塑展览会,陈列出品中有关于古代文献者不少,足资研究参考。所有陶器、铜器、石刻、木刻等尤足使吾认识中国古代文明,不但不腐败,不落后,而且壮丽伟大,即雕塑一项亦可与希腊文化相颉颃。倒是现代中国艺术反而空虚萎靡,没有树立起来。《诗经》和《周礼》上所记载的那些'□''冕''垂'等日用服饰,乃至乐器建筑,都非常美观而具独立性,可以在陈列品中得到更进一步的认识。如丁惠康藏唐三彩'盘'之色调鲜强,具有唐代隆盛之反映。陈倚石藏重庆沙磁区出土石刻'飞仙''飞虎'等拓片数事,可考见宋代艺术确不亚现代欧美图案。尤以楚'镜',周'敦'等古铜彝器(蒋玄怡、叶叔重等藏),甚有助于原始史乘之参考。诚中国敦厚民族,所产生之敦厚文明的象征,其价值光耀照彻数千年,迄未少衰,真奇迹矣!此外瑞斋主人与郑振铎所藏魏陶器等件,刘海粟所藏石刻木刻,均足激发吾人对中国文化之省悟。"(参见陈福康《郑振铎年谱》,三晋出版社2008年版)

　　叶恭绰藏书目录《番禺叶氏遐庵藏书目录》8月出版。此目录为合众图书馆藏书分目之二。潘景郑初稿,顾廷龙重编并缮写后付石印。张元济作序。出版后,容媛写有书评。云:"叶恭绰……公余之暇,性喜藏书,无论专刊名著,均在网罗,其所嗜者,计有三类:一、名山胜迹、书院、乡镇之志,蔚成大观;其中一部分已捐赠上海合众图书馆。二、清人词集,以备从事《清词钞》之选辑,若别集、总集,通行者咸列插架,并有罕见秘笈,为海内所无。三、美术考古,拟撰《识小录》,为经眼文物之考证,若海内外所著有关我国文物之图谱照片,广事汇罗,几无不备。不幸今春运粤途中,毁于沙面之火,专藏三类,已失其一。殊可惜也!"(参见杨雨瑶《叶恭绰先生艺文年谱》(下),《艺术工作》2019年第1期)

　　顾廷龙2月3日邀郝昺衡、孙蜀丞、钱锺书、牟润荪等晤叙。周节之偕游古玩肆。10日,跋《炳烛斋杂著》。此为清江藩未刊之稿,计4种。同月,《炳烛斋杂著》出版。4月,合众图书馆印行《咫园丛书》。6月,任上海暨南大学历史系教授。7月22日,私立光华大校长朱经农聘顾廷龙为该校文学院中国文学系兼任教授,教授文字学。7月,任上海中央图书馆办事处编纂。8月,顾廷龙重编《番禺叶氏遐庵藏书目录》出版,张元济作序。同月,顾廷龙仍任教育部上海清理战时文物损失委员会京沪区代表办事处总干事,并任行政院上海接收敌伪逆文物审核委员会编纂。10月,任上海中央博物院筹备处编纂委员。同月21日,胡适有信致徐森玉及顾廷龙,云:"在上海时,承两先生特别帮忙,十分感谢。约园钞的《水经注》王梓材原本,居然有很大用处,可以证实薛福成、董沛的刻本改王梓材本是些什么地方。"此后胡适与顾廷龙为《水经注》多次书信往还。11月21日,顾廷龙出席合众图书馆合众董事会第八次常会。主席张元济,书记顾廷龙。顾廷龙总干事报告1947年度工作概况。24日,张元济复顾廷龙书,谓:"前承垂询《四库珍本》初集提要,业经制成纸型,出版科估价信呈上(阅过乞发还),不知蒋慰兄有意收购否?乞转询示复为荷。"是年,顾廷龙仍为杭州浙江省通志馆特约编辑。(参见沈津编著《顾廷龙年谱》,上海古籍出版社于2004年版;张人凤、柳和城编著《张元济年谱长编》,上海交通大学出版社2011年版)

　　刘百闵继续任中国文化服务总社社长。8月13日,上海《大公报》广告,中国文化服务社主办沪十三次联合广告,大东书局、世界书局、中华书局、商务印书馆、正中书局、文通书局、胜利出版公司、儿童书局、独立出版社、开明书店、北新书局、广益书局、新亚书局、大中国图书局、中国文化服务社、三民图书公司、中国印书馆、建国书店,大量供应国定本科教书,最新修订,印刷精美,各科齐备,定价低廉,供应迅速,欢迎采用。10月9日,舒新城日记:"六时半去文化服务社应刘百闵、杜佐周、朱有瓛之请。他们正在二楼布置各种定期刊物。席间有蒋竹庄、郑振铎、鲁莽、郭绍虞等。"同日,蒋维乔日记:"晚,刘百闵、杜召棠、朱有瓛三君宴客于中国文化服务社,余被邀,座有郑振铎、舒新城、傅东华、严济慈诸君。八时后回。"（参见吴永贵《民国图书出版史编年：1912—1949》，社会科学文献出版社 2018 年版；陈福康《郑振铎年谱》，三晋出版社 2008 年版）

潘公展 1 月 6 日下午 2 时主持假座新生活俱乐部举行的中国出版协会成立大会，到商务、中华、世界、大东、正中、开明等各书局代表百余人，吴市长、方主委，及教育局长李熙谋等亦均莅临，主席团朱经农、陶百川、李石曾、林素珊、虞文、叶溯中、潘公展、刘百闵、季灏、印维廉、李鸿球、张彻、张一渠、徐蔚南、李伯嘉等 17 人，公推潘公展为总主席。大会开始，潘氏致词略谓：出版协会经数月筹备，今始成立，吾人应共同检讨过去工作，希望未来能做到"协"字，达到同心协力之效果。9 日，《申报》载：中国出版协会理监事选举揭晓：中国出版协会业于 6 日举行成立大会，该会理监事及候补理监事均已依法选出，兹将名单志次：理事：陶百川、潘公展、叶溯中、李伯嘉、朱经农、李石曾、虞文、林素珊、刘百闵、张一渠、印维廉、杨家骆、刘季康、顾颉刚、李叔明、季声如、舒新城、李鸿球、陈鹤琴、张彻、徐蔚南、李小峰、卜少夫、吴俊升、王秋泉、陈安镇、汤增敫、黄仲明、杨允中、齐世英、陈邦桢。（候补）赵君豪、王微君、黄嘉音、屠诗聘、钱君匋、华问渠、浦家麟、严幼芝、徐毓源、桂绍盱、陈和坤、陈孝威、徐筱云、朱雯、陈三洲。监事：吴稚晖、邵力子、王云五、张菊生、朱绮、平襟亚、范晓六、沈彬翰、王君一、吴秉常、夏乐天、应启元、徐稚鹤、陈慈铭、黄大受。（候补）王余源、孙锡纲、顾咨博、丁方定、吴贻燕、梁其田、徐伯訏。

潘公展、陈其采等 1 月 20 日出席假座贵州路湖社召开的上海市中国文物研究会成立大会，会员有潘公展、陈其采、冯超然、唐冠玉、林素珊、贺天健、虞文、汪亚尘、荣君立、华林、朱应鹏、徐邦达、徐蔚南、吴仲熊、施翀鹏、杨宽等 75 人。潘公展、汪亚尘、施聊鹏、虞文、徐蔚南、刘狮、严独鹤、朱应鹏、张中原、陈宝骅、张葱玉、徐邦达、王进珊、王汉良等被选为理事，马公愚、吴湖帆、张君谋、程中行、郑午昌被选为监事，汪亚尘、施翀鹏为常务理事。邵洵美、林素珊、黄仲明、姚虞琴、汤增敬为候补理事。蒋建白、刘海粟为候补监事。通过建议政府追回抗战损失文物、为归原主案。3 月 16 日，《申报》载：中国出版协会讨论配纸计划：（本报讯）中国出版协会，昨（十五）日下午三时，假本市国际饭店，举行全体理监事联席会议，到蒋志澄、徐蔚南、虞文、郭农山、季灏、黄仲明、范晓六、平襟亚、张一渠、李小峰、林素珊、刘季康、徐稚鹤、印维廉等多人，由朱经农主席，对于征募书刊，刊行出版杂志，及配纸计划，均有详尽讨论。25 日下午，上海美术社团假文化会堂联合举行美术节庆祝大会。主席团由潘公展、商笙伯、姜丹书、虞文等人组成，临时公推马公愚为总主席，潘公展代表市文化运动委员会致词，上海美术会、美术茶会、女子书画会、画人协会等团体代表相继发表演说。会后放映电影《一舞难忘》。晚上举行酒会，美术界人士携眷参加酒会，席间合作国画多幅，为一时雅集。5 月 30 日，《申报》载：中国出版协会编印《出版杂志》，推定虞文、赵君豪、舒新城、李小峰、吴俊升、张一渠等为编辑委员，刻在征稿中。（参见吴永贵《民国图书出版史编年：1912—1949》，社会科学文献出版社 2018 年版；王震《20 世纪上海美术年表》，上海书画出版社 2005 年版）

张元济 1 月 23 日于寓所主持商务印书馆董事会第 474 次会议。讨论工会方面要求等事。黄炎培记："职工为公司升值增资，要求分润，势必怠工、罢工，议决将股东所缴现金二十亿尽数给与，代购股票。"2 月 4 日，将家藏商务印书馆早期教科书 32 册赠与馆中。15日，于寓所主持商务印书馆董事会第 475 次会议。（一）报告订定派分同人酬劳金及奖励金办法案等事。（二）张元济提议："环视内外，艰危日甚。本公司总经理、经理对内对外应付困难。元济在公司数十年，睹此情形，不忍坐视，极愿从旁襄助。但年事衰迈，力有不逮，又不能常开董事会频频讨论。拟请本会在董、监中推定曾在公司办事者数位,以便公司遇事可以随时会同商办。至重要事件,仍当开董事会公同议定。是否可行,请公议。"经讨论议决通过,并推定张元济及李拔可、陈叔通、徐善祥、蔡公椿5位担任。24日在寓所召集五董、监事会议,商议公司需行节约有关事宜。3月6日,张元济于寓所主持商务印书馆董事会第476次会议。(一)李泽彰报告今年春季同人子女教育费补助办法。(二)张元济报告五董监会商厉行节约事,云"以公司现在出版新书印制费用日昂,成本收回不易,嗣后凡销路较滞或份量过重者可暂勿出版,已请公司注意办理,合行报告"。(三)史久芸报告关于办理增资借款事。因原为股东增资代借新华银行货款已到期,而部分股东迄今未还,张元济与朱经农等于3月1日、2日、3日连续会商后拟定"结束办法":一、请新华银行以原作抵押之增资股份按市价代为售去若干,以抵还此项增资借款之本息。二、代股东还清增资借款后,该股东余存之增资股份及余款即由公司代为保管,专函通知股东前来领取。经讨论,议决通过。18日,在寓所召集五董、监会议,继续商议公司厉行节约事宜。

　　张元济3月27日在中央研究院评议会第二届第五次年会中当选中央研究院第一届院士,与胡适、余嘉锡、杨树达列名人文组中国文史学科。春,《檇李文系》稿本入藏合众图书馆。4月14日,中央研究院代理院长朱家骅签署《通知当选为本院院士》公函,告以张元济正式当选中央研究院院士。15日下午,在寓所召集五董、监会议,续商公司厉行节约事宜。24日,复朱家骅、翁文灏书,谓:"昨奉大函,展诵祗悉。元济毫无学识,监厕儒林,枉窃荣名,深惭非分。然得追随海内贤哲,藉资激励,自顾菲材,尤□私幸。复蒙宠召,极□思趋,只因染患感冒,不克远行,只可辞谢。"5月9日下午,于寓所主持商务印书馆董事会第477次会议。(一)报告公司升值增资已奉经济部核准登记并颁发新执照等事。(二)张元济报告五董监会议议定公司厉行节约办法。讨论中张元济又云:"名家著作公司自乐为出版,凡有价值之专门书稿,如估计销路不广,成本收回不易,或甚至须亏本者,亦当勉为印行。"6月21日,与唐文治联名致吴国桢书,谓:"报载阁下对于六月五日为学生反对美国扶日游行事,向交通大学学生提出八项问题,责令逐项答复,又认答复不满意时,即令警局传讯。查美之扶植日本,在军事与经济各方面,实属危害我国家民族之生存,此为举国所忧愤。身经抗战苦痛如阁下者,应已具有同情。学生以纯清爱国之心,欲藉游行为表示,亦尚未出校门。各校众同,不独交大一校。工商界亦先后响应,足见人心之未死。阁下正宜善为利导,并以保全善类,免致滋生事端,勿再传讯。文治、元济与交大在四十年前忝长南洋公学,尤不无三宿之感。子舆氏有言:今夫水,搏而耀之,可使过颡;激而行之,可使在山,是岂水之性哉,其势则然也。深望阁下垂察焉。"

　　张元济7月1日语李拔可,商朱经农辞职后总经理人选事。2日,张元济致杨端六书,谓:"商务印书馆自朱经农兄任总经理后,时局不靖,营业艰难。自称于商业非所素谙,春间已有辞退之意。经弟再四挽留,允于暑假见时再定行止。经翁原兼光华大学校长,并未卸事,春间即云辞去馆务专理校职,比函去志甚坚,虽未明白宣布,而其事必将实现。为公司计,不能不早筹替人。再四思维,唯有再申前请。明知我公体气未尽康复,不宜繁剧,昨与李拔翁晤商,思得一策,只请主持大纲,别推一精明强干者专备任使,以作股肱之用(或由我公自辟素相信任之人)。公司既可借重槃才,而尊体亦不至于劳瘁。似此兼筹并顾,或可仰荷玉成,凤推同舟。冒昧陈请,务祈俯念此五十年文化之机(构)行将陷坠,予以手援,俯如所请,临颖不胜企祷之至。再,此请系严密之谈,千万勿为外人道及。"8月1日下午,于寓所主持商务印书馆董事会第478次会议。(一)讨论黄炎培来函提议聘请专家担任编审顾问事。(二)张元济提议:租用绍兴路中华学艺社房屋为编审部及书栈房,租期将至,不再续租,拟迁至宝山路前藏版房中层,以省租金。议决通过。(三)史久芸报告1947年度营业情况,议定举行股东常会日期。先生报告云:"元济近常到各厂栈视察。天通庵路厂有已装不用之机器,并有一部分地方存置废物。其底层放置废铁者,因不能过于堆高,上面空间甚多。武定路栈房及宝山路栈房存有《万有文库》《丛书集成》未配成整部之零种甚多,又有印制未完,尚须补印装订方能成册之散叶。此两书尚须补发预约定户,与公司信誉有关。检查日久,至今已有眉目。武定路栈房又存有零乱杂纸及杂物等,正在理查中。河南路总管理处楼上有房屋两间,放置木架木橱。江西路栈房未去过,查阅账册,存有旧机器或整部或零件,为数甚多,又有大小写字台一百余张。公司原设有废物处理委员会,已属于开会时对上述各节应迅速分别清理,酌定办法。元济当到会列席,贡献意见。"议决本案请张元济议定办法后,通知公司查照办理。同日,撰《〈番禺叶氏遐庵藏书目录〉序》。

按:序曰:"本馆筹设于抗倭之际,旨在保存国粹,联合气谊相投之友,各出所藏,以期集腋。吾友叶君遐庵自港旋沪,力予赞助。三十二年五月即举所藏地理类书籍相赠。空谷足音,良可喜慰。君宏才硕学,五膺阁席,凡交通、经济、文化、教育诸大业,多所建树。即以藏书一端而言,系统分明,博搜精鉴。其尤为专嗜者,盖有三类:当年掌领交通,周咨乡邑,整理古迹,瞻礼梵音,因收名山胜迹、寺观、书院、乡镇之志、蔚成大观。是即捐赠本馆之一部分也。此外有清人词集类,为从事《清词钞》之选辑,备一代风俗之史,若别集、总集,通行者咸列插架,并有罕见秘笈为海内所无。又有美术、考古类,拟撰《识小录》,为经眼文物之考证。若国内外所著有关我国文物之图谱、照片,广事搜罗,几无不备,不幸于今春运粤途中毁于沙面之火。专藏三类已失其一矣。去秋,君将返棹珂里,检理平生师友手札,及亲历诸事文书,郑重交馆珍庋,足征君之勤求文献,垂老不倦。而于本馆信赖之笃,尤感知音。兹先以地理类目录编纂告成,计九百六种,三千二百四十五册,付诸石印,以便检阅。君颐养之暇,不遗在远,复书来将以存沪藏书陆续见贻,同人咸为感奋。他日词钞写定,其词集类倘亦举以付馆,俾与地理类合成双璧,岂不懿欤!尝念专藏之难,必日积月累,锲而不舍,始克有成,断非一时一地,咄嗟可以立办,况丁丧乱,文物摧毁之余邪。南雷所谓'读书难,藏书尤难',于今益信。上海为通都大步,尚乏完善之图书馆,宁非憾事!甚愿合各家之专藏,以成一馆;合专藏之馆,以萃于一市,庶收分工合作之效,盖亦我合众命名之意也。质之遐庵,以为何如?中华民国三十七年八月一日,海盐张元济,时年八十有二。"

张元济8月21日被国立北平研究院聘为该院学术会议会员。22日下午4时半,在寓所召集董、监小组会。25日下午5时,在寓所主持商务印书馆董事会第479次会议,报告拟推延股东常会缘由。9月22日,由张树年陪同赴南京出席中央研究院院士会议。抵宁后寓新华银行招待所。当日即起草会议演讲稿。次日迁居商务南京分馆。23日,出席中央研究院第一次院士会议开幕式。朱家骅主持会议,蒋介石、何应钦等到会,蒋致致辞后退场。继由朱家骅、翁文灏致词。接着张元济致词云:"五十多年前,元济正在北京。我们因为朝鲜的事和日本打仗,这就是所谓甲午中日战争。我们被日本打败了。大家从睡梦里醒过来,觉得不能不改革了。……倘然没有戊戌的政变,庚子的义和团,人民对朝廷的观念不同,也许不会有辛亥的流血的革命。就不会造成一个袁世凯,演出那一套洪宪的笑话。更不会有后来各省军阀的火并和割据。经过这一、二十年和平的改革,我们当然可以像一个国家。我想并且不会引起日本的觊觎,一步一步的侵略逼成了八年的抗战,使我们贫弱到这个田地。这一部伤心史,回想起来因果相生,都是人造的,而不是天定的。""抗战胜利,我们以为这遭可以和平,可以好好的改造我们的国家了。谁知道又发生了不断的内战。这不是外御其侮,竟是兄弟阋于墙。我以为这战争实在是可以不必的。根本上说来都是想把国家好好的改造,替人民谋些福利,但是看法不同,取径不同。都是一家的人,有什么不可以坐下来商量的? 但是战端一开,完全是意气用事,非拼个你死我活不可。这是多么痛心的事情。" "打的时候并没有多久,已经闹到所谓四海困穷,人民有些受不住了。报纸所载,那边的占领了东九省,围攻了太原,打破了开封,现在又进逼济南。关外、山西、河南流亡的学生,成千成万的到了平、津、武汉和南京,吃没有好好的吃,住没有好好的住,哪里还说什么入校求学呢? 前几天我听到李润章先生说,他原籍昌黎县,一年之内两方的军队一出一入共有三次。地方的蹂躏也就可想而知了。这边不受战祸的地方,应该可以安全些了。其实不然,到处征兵征粮,也弄到鸡犬不宁,民不聊生。即以学校而论,教师所得的薪水几乎不够生活。有人告诉我,胡适之先生在北平每天不能全吃饭,晚上都是喝粥。我听见十分难过。" 同日,美联社南京专电以《内战破坏文化,张元济痛责陈词》为题,报道先生在中央研究院士会议开幕会上讲话。报道称"历史学家张元济氏(商务印书馆创办人)在中央研究院开幕会上严厉的攻击中国的内战,认其'摧毁了文化和研究'。"10月20日,《中建》杂志(北平版)转载先生《国立中央研究院第一次院士会致词》。

按:张元济又说:"近来还有一件可惨的事情。政府新定了一个名称叫做职业学生。拘捕的拘捕,传询的传询,尤其是在大学校里。凡是大都会都是如此。人心惶惶,真可谓草木皆兵。前几天报纸登了刘不同先生一封信,给行政院翁先生的,说得很明白了。这与流亡的学生不同,但苦痛是一样的。这个症结都是为了战事。战事不到两年,已经成了这个现象,倘若再打下去,别的不用说,我恐怕这个中央研究院也就免不了要关门。""有人说战争不一定是坏,世界两次大战有了许多新发明,学术上有很大进步。但是我们的战争非但没有什么发明,就是诸位研究所得的一些萌芽,所造成的一些基础,恐怕还要遭到毁灭。人家一天天的猛进,我们一天天的倒退。我想两方当事的人,一定有这样的目标,以为战事一了,黄金世界就在眼前。唉! 我恐怕不过是一个梦想。等到精疲力尽,不得已放下手的时候,什么都破了产。那真是万劫不复,永远要做人家的奴隶和牛马了。""我们要保全我们的国家,要和平。我们要复兴我们的民族,要和平。我们为国家为民族要研究种种的学术,更要和平。"据张树年《我的父亲张元济》回忆:"散会后,胡适邀我们坐他的汽车,回新街口商务分馆。在车内,胡对父亲说:'先生的发言似太煞风景。'父亲笑笑,没有作答。"

张元济接10月27日中央研究院院士选举筹备委员会函,寄呈1949年度院士候选人提名表。张元济未提名。同月,费孝通在《中国建设》杂志发表《读张菊生先生"刍尧之言"》。11月5日下午,于寓所主持商务印书馆董事会第480次会议,李泽彰报告视察港、粤馆厂业务情况,又报告华北战区各分支馆概况、开封分馆战事损失等。13日下午,于寓所主持商务印书馆董事会第481次会议。讨论朱经农辞职案。宣读朱致先生函后,众董事讨论议决,"勉予应允,薪水送至本年年底,再致送赆敬金圆五千元正。"张元济提议夏鹏任本公司总经理,谢仁冰任代经理。议决通过。21日下午,至合众图书馆主持合众董事会第八次常会。出席者李宣龚、陈叔通、叶景葵、徐森玉。书记顾廷龙。叶、顾分别报告财务收支和工作。叶又报告近由陈氏捐赠陈仲勉遗产浙江兴业银行股票63股,以为纪念。讨论因币制改革,调整经常费额。议决通过。同月,《东方杂志》第44卷第11号刊登张元济出席中央研究院第一次院士会议时全体与会者合影的大幅照片。12月8日,得夏鹏寄自美国函,坚辞不允任总经理职。10日,张元济复夏鹏书,再次"恳劝俯念时艰,勉膺此任,勿再言辞"。19日下午,赴上海市商会主持商务股东年会,报告股东年会延迟召开原因,以及朱经农辞总经理职、推荐夏鹏继任事。李泽彰报告公司结算等事。会议选举张元济、夏鹏、李泽彰、丁榕、李拔可、马寅初、徐善祥、陈叔通、徐寄顾、韦福霖、俞明时、陈懋解、高凤池等 13 人为新一届董事会董事;黄炎培、蔡公椿、王韫如等 3 人为监察人。26 日下午,于寓所主持商务印书馆董事会第 483 次会议。(一)张元济提议,因朱经农未连任董事,股票盖章因另推董事。议定补推陈叔通会同主席及李拔可在股票上签名盖章;股票重印。(二)议决仍由张元济与李拔可、陈叔通、徐善祥、蔡公椿 5 人,公司遇事时随时详加讨论,全力扶持。(三)议定张元济等 4 人连任善本书保管委员会成员。(四)张元济提议本届董、监车马费拟一律致送每位金圆券 2000 元。议决通过。28 日,夏鹏致张元济电,坚辞总经理职。是年,商务印书馆于台北市设立台湾分馆,赵叔诚任经理;编印《国民教育文库》第一集;出版潘光旦《明清两代嘉兴的望族》、陈恭禄《中国史》、董作宾《殷墟文字(甲编)》、孙大雨译《黎玩王》、吴泽炎等译《邱吉尔第二次世界大战回忆录》等。(参见张人凤、柳和城编著《张元济年谱长编》,上海交通大学出版社 2011 年版)

朱经农继续任商务印书馆总经理,兼光华大学校长。1 月 3 日,朱经农主持中国教育学会在南京举行的第九届年会。会议讨论了"全国教育专业道德规约"议案及教育经费等问题,选出朱经农、章益、陈东原、常道直、袁伯樵等 25 人为理事,陈鹤琴、艾伟等 9 人为监事。5 日,商务印书馆台湾分馆开业,赵叔诚任经理。同月,朱经农在《教育杂志》第 33 卷第 1 期发表《中国教育学会的时代使命》,认为中国教育学会的时代使命是倡导教育学术研究,发扬教育民主精神,提高敬师专业地位,促进国际教育合作。2 月,商务印书馆出版朱经农、沈百英主编,王国元等编《国民教育文库》131 册。该文库主要内容包括小学各科教材及教学法,也介绍了外国国民教育及电化教育概况。4 月 25 日,《申报》广告,商务印书馆《国民教育文库》正售特价。5 月 21 日《申报》广告,商务印书馆廉价部推出"读便宜书运动",各科图书万余种,廉售一折至六折,轮流添换,每日均有好书,《四部丛刊》初编、续编、三编,分组廉售。7 月 7 日,《申报》载,教科书业危机,印制工本数字庞大,秋季书荒待筹,急需善策:(本报讯)教科书秋季印运忙期已届,本市教科书业负责人朱经农、李叔明、蒋志澄、李鸿球、范洗人、张一渠、刘百闵、李伯嘉、周熙和等多人,近为应付成本暴涨,及冀图消弭书荒起见,迭经会商。8 月 18 日,朱经农致信胡适,告称经与张元济商定,聘胡适为商务印书馆编辑顾问,为审定文史哲书稿,月送车马费 1 亿元。10 月 23 日,《申报》广告,商务印书馆发行《国民教育文库简编》。11 月 17 日,联合国教育科学文化组织在黎巴嫩举行第三届大会,朱经农、瞿菊农、陈源等出席。21 日,《申报》载,本市简讯:朱经农已辞去商务印书馆总经理职务,该馆董事会推夏鹏继任。26 日,《申报》广告,商务印书馆《辞源》合订本十七版下月中旬出书,开始接受定购。27 日,《申报》广告,商务印书馆《修订幼童文库初编》与增订《综合英汉大辞典》两大书籍特价。(参见中央教育科学研究所编《中国现代教育大事记 1919—1949》,教育科学出版社 1988 年版;张人凤、柳和城编著《张元济年谱长编》,上海交通大学出版社 2011 年版;耿云志编《胡适年谱》,福建教育出版社 2012 年版)

李叔明继续任中华书局总经理。1 月 24 日,《申报》广告,中华书局大量供应各级学校教科书:大量供应各级学校教科书。特点:根据最新标准;取材审慎周详;印刷清晰精美;装订坚固耐用。小学中学、师范职业、专科大学,各级具备。国定本教科书备货充足,审定本教科书科目完全。教法指引,参考图书,应有尽有,不再详列。欢迎学校采用,同业批发。发行处:上海河南路及全国各埠中华书局。2 月 26 日,中华书局发布清偿战前同人储蓄寿险存款保证金及客户结存款等启事。27 日,《申报》载中华书局股份有限公司召开股东常会公告。3月27日,《申报》载文化界小新闻:中华书局为积极推动战后文化起见,拟定具体出版计划,自即日起,日出新书一种。28日,中华书局召开股东常会。5月,中华书局编辑发行《中华文库——民众教育第一集》173册。内容包括:民众教育法规汇编、民众学校教材及教育法、成人教育及成人学习心理等。至7月出齐。8月,中华书局出版葛承训编《怎样办理国民学校民教部》。9月,又出版葛编译《教育通论》《儿童心理学》。三书均列入中华文库小学教师用书集。同月,中华书局编辑发行《中华文库》一小学教师用书第一集,共60册。这一集大部分是专供小学教师教学参考的各科教法手册,——部分介绍初等教育法规汇编、儿童心理学和怎样编写教材等。至1949年2月出齐。同月,还出版吴增芥编《教材及教学法》上、下册及《小学各科心理学》。二书均列入中华文库小学教师用书集。(参见吴永贵《民国图书出版史编年:1912—1949》,社会科学文献出版社2018年版;中央教育科学研究所编《中国现代教育大事记1919—1949》,教育科学出版社1988年版)

李石曾继续任世界书局董事长。1月31日,《申报》广告,世界书局发行国定本教科书,初级小学两种,高级小学六种,初级中学四种,以及审定本教科书,初中、高中英语均有三种,高中数理科目有依照课程标准之审定本,有依照英文名著之汉译本,任凭选择,内容易教,新颖易学,印有目录备索。并附教育部许可执照影印图片二幅。3月21日,世界书局股份有限公司召开股东常会。4月17日,《申报》载,李石曾、林素珊前日返沪,即参加世界书局会议,闻筹划印行台湾学校教科书,注读音字母。5月28日,《申报》载,中华书局《中华文库》编印缘起,及各子文库介绍:《小学教师用书》第一集,舒新城、姚绍华、朱文叔、朱鯀典主编;《民众教育》第一集,朱文叔、舒新城、吴廉铭主编。《初中第一集》,舒新城、朱文叔、卢文迪、华汝成主编;《小学第一集》,金兆梓、鲍维湘、朱文叔、朱彦颊主编。(参见吴永贵《民国图书出版史编年:1912—1949》,社会科学文献出版社2018年版)

章锡珊继续任开明书店总经理。5月23日,开明书店召开本年度股东常会,下午2时在该公司举行。由邵力子主席,通过盈余分派案,并改选邵仲辉、范寿康、马荫良等15人为董事,朱季华等3人为监事。6月,钱锺书《谈艺录》作为《开明文史丛书》之一由上海开明书店出版。周振甫任《谈艺录》的责任编辑,为该书加了提要性的小标题,得钱锺书同意刊用。8月21日,《申报》广告,开明书店对本国语文科的新贡献:《开明新编高级国文读本》,朱自清、吕叔湘、叶圣陶编;《开明文言读本》,朱自清、吕叔湘、叶圣陶编;《开明新编国文读本》,叶圣陶等编;《儿童国语读本》,叶圣陶撰;《少年国语读本》,叶圣陶撰。同月,朱自清、郭沫若等编的《闻一多全集》由开明书店出版,共4册。(参见吴永贵《民国图书出版史编年:1912—1949》,社会科学文献出版社2018年版)

吴俊升继续任正中书局总编辑。1月19日,《申报》广告,正中书局教科书:请采用本局发行之国定本教科书。特点:(一)内容:依照部颁最新修订本校正,精确无讹。(二)文字:特聘名书法家书缮,学生可兼作帖本。(三)插图:专家设计绘制,印刷精良美观。科目齐全,备货充足,欢迎批购,上海发行所:河南路170号。3月25日,上海《大公报》广告,正中书局发行各项运动规则,各书按定价三万倍发售。同月,商务印书馆出版吴俊升著《德育原理》。此书列入小学教育丛书,国民教育文库。出版马宗荣、黄雪章编著《中国成人教育问题》上、下册。此书列入万有文库。4月14日,上海《大公报》广告,正中书局本周新书,各书照定价四万倍发售。25日,上海《大公报》广告,正中书局庆祝蒋主席当选首任总统,发售总统肖像,全部参考书八折优待。5月5日,上海《大公报》广告,正中书局本周新书,各书照定价四万倍发售。30日《申报》载,中国出版协会编印《出版杂志》,推定虞文、赵君豪、舒新城、李小峰、吴俊升、张一渠等为编辑委员,刻在征稿中。8月18日,上海《大公报》广告,正中书局本周新书,各书照定价四十五万倍发售,外埠运费另加。11月4日,上海《大公报》广告,正中书局出版民国三十七年九月最新本《小学课程标准》,定价金圆券三角五分,按照同业规定倍数发售。(参见吴永贵《民国图书出版史编年:1912—1949》,社会科学文献出版社2018年版;中央教育科学研究所编《中国现代教育大事记1919—1949》,教育科学出版社1988年版)

余宗范任发行人兼主编的《舆论》半月刊9月1日在上海复刊,由舆论出版社发行,属于社科综合性期刊。该刊以提倡"真正的舆论"为目的,载文主要探讨国内外政治、经济、外交、教育等各方面的理论、历史、实践问题,也刊有战地通讯,文学创作等内容。主要撰稿人有余宗范、孟宪章、徐訏、吕克难等,主要栏目有通讯、半月简评、青年呼声、诗钞等。余宗范在《舆论》创刊号(刊行)发表《展开革命与革命的竞赛》,提出"革命竞赛"观点。10月6日,张东荪致余宗范两信,对"革命竞赛"观点提出严厉批评:"执事倡革命竞赛之论虽甚新颖,然按诸实际恐难实现。盖此方所有者只戡乱集团耳,非革命集团也。无集团即无所凭籍。"这就从根本上否定了余宗范的"革命竞赛"之说。他建议余宗范:"执事与其作双方竞赛革命之空谈,不如挺身出而呼吁和平。"并进而打消其顾虑,且借英国首相丘吉尔"功成身退"之例,呼吁蒋介石引退:"或虑此方罢战彼方不罢将奈何,此乃幼稚见解。果以人民为重,但求有益于国,自己不恤引退,则何事不可了耶? 丘吉尔以战胜之功退而在野,未闻有怨言,足见天下事,苟有广大心胸未尝无解决之道。"随后余宗范复函张东荪。10月19日,张东荪再次致函余宗范,谈论时局。其中有"执事与其作双方竞赛革命之空谈,不如挺身出而呼吁和平"。(参见左玉河编《张东荪年谱》,群言出版社2014年版)

樊弘4月10日在上海《观察》第4卷第7期发表《只有两条路》,认为中国只有两条路可走,一是反动的路,二是革命的路。"反动的路,在把政权放在剥削者阶级手内",指出"耶稣、孔子和今日教授们所倡导的第三条路便是这一条路";革命的路就是"在把社会上被剥削的阶层联合起来,向剥削者阶层以和平的或战争的手段,夺取政权,根绝或限制剥削者剥削的权利,于以保障被剥削者的生命、健康与自由"。他强调:"中国只有两条路,更没有第三条路。"这实际上对张东荪继续主张"中间路线"进行了严厉批评。(参见左玉河编《张东荪年谱》,群言出版社2014年版)

廖世承8月1日在《教育杂志》第33卷第8号"中学教育专号"发表《中学教育改造的基本原则》,文中提出中学教育改造的基本原则为:一、中学教育制度必须适合国情及地方需要。中国幅员辽阔,整齐划一的制度不适合各地的特殊情状。二、现行学制已施行二十余年,彻底改革,必引起纷乱,可允准各地结合实际设立实验学校,试行有效,准与现行中学同时设立。三、中学仍需兼顾升学准备及就业准备。四、不论升学或就业,中学教育的宗旨在充分发展各个人潜在的能力,使学生成为一个最快乐和最有用的人。五、中学教育的对象是千变万化的青年,一切措施不易有固定的方式。六、对于学生的品格和健康应与知识看得一样重要。(参见中央教育科学研究所编《中国现代教育大事记1919—1949》,教育科学出版社1988年版)

欧元怀在《教育杂志》第33卷第1号上发表《教育危言》,强调"学术独立之精神则寄托于学术研究之自由;大学为创造高等文化之摇篮,其本身不是政治的尾巴,尤以校长的人选应超脱党派之争"。所以"大学教育为争取学术独立,应争取研究自由",这样"大学教育才不是新式士大夫教育"。

　　林海 9 月 24 日在上海《时与文》第 3 卷第 23 期发表《〈子夜〉与〈战争与和平〉》，认为《子夜》与托尔斯泰的《战争与和平》从构思到写作都有许多相似之处，但在各方面的比较中《子夜》要逊色不少。《子夜》"尽管有些小疵，却仍然是我们新小说中最佳的一部"。（参见唐金海、刘长鼎主编《茅盾年谱》，山西高校联合出版社 1996 年版）

　　黄裳致函商务印书馆张元济，访求马叙伦著《读书小记》。张元济从福州分馆调书到沪，回复略称："前承嘱代访商务印书馆印行马氏《读书小记》，当查得福州分馆尚有存书，即日调取来沪。昨经寄到，并已由敝馆主管员函达，计荷查及。"黄裳在另一篇文章中透露求书缘起："当时我想看马叙伦的《读书小记》卷六卷七，这线装小册子出版时正值抗战初期，印数又少，找了许久找不到，只好写一封信给张先生试试看。出乎意料的是一个星期以后就收到他的回信，并附来了那本书。"（参见卢礼阳《马叙伦年谱》，浙江古籍出版社 2021 年版）

　　曹聚仁仍居上海，用《中国抗战画史》稿费在天井搭一小间，就此有了书房。所著《蒋经国论》由上海联合画报社出版。到南京采访伪国大。曾向蒋经国进言，劝其到边疆去打开天下。又曾写信给吴稚晖，请他对世局表示意见，吴答曰："一部十七史，从何说起？"（参见曹雷编订《曹聚仁年谱》，载《曹聚仁先生纪念集》，2000 年）

　　何之瑜 1 月 7 日致信胡适，告以所拟《独秀丛著》卷次安排情况，并介绍陈独秀有关文字音韵方面的著述情况。4 月 4 日，何之瑜致信胡适，说商务馆近决定《独秀丛著》停排停印。实际已排好一大部分，要刻的字也刻了，停下太可惜，以后何时能做起很难说。希望胡适出面给张元济写信，促其继续排印。5 月，到上海参加托派组织"国际主义工人党"，任中央委员。6 月 15 日，何之瑜致信胡适，催请速写《独秀丛著》的《总序》，以便速出第一册。（参见耿云志编《胡适年谱》，福建教育出版社 2012 年版）

　　谭正璧 2 月任震川中学图书馆主任，兼简易师范初三的国文课。5 月，谭正璧《中国文学史》"新一版"由光明书局出版。此书的叙述以简明为主，但对于那些作品失传的作家，也依据前人相关材料，同样叙入。书中明清部分，以通俗文学为主，又以鼓词最详细，因为其他文学史著对鼓词基本涉及（郑振铎《插图本中国文学史》叙及鼓词，但当时尚未出版）。是年，谭正璧《国文丙编》六册（"现代文选"）由大东书局出版。又汇集数年间发表长篇小说数篇、短篇小说数十篇，成《蘗楼小说集》，交广益书局，惜未出版。（参见付祥喜《20 世纪前期中国文学史写作编年研究》，北京师范大学出版社 2013 年版）

　　张资平 3 月 20 日连去两封信给胡适，并附《我之辩明》书，述其参加汪伪政府任农矿部技正前后经过。称自己从未签到，后为博物院整理矿石标本，对保存中央研究院及地质调查所遗留之矿石标本略有微劳云云，希望胡适帮忙为其辩白，并请求胡适将他的《我之辩明》转送给陈立夫，但被胡适拒绝。4 月，国民党上海法院判处张资平有期徒刑一年零三个月。张资平不服，提出上诉。（参见耿云志编《胡适年谱》，福建教育出版社 2012 年版）

　　俞寰澄任社长的《展望》周刊 5 月 1 日在上海创刊，黄炎培等 15 人组成编委会，杨卫玉任编委会主席。

　　江庸、刘家驹、章士钊、沈尹默、郭绍虞、施蛰存等 45 人在上海发起组织饮河社的诗学团体。

　　贺天健、张聿光等 4 月 28 日出席上海中国画会理监事举行宣誓大会。到有理事贺天健、张聿光、孙雪泥、丁念先、郑午昌、陆丹林、许士骐、荣君立、汪亚尘（荣君立代）、施翀鹏、熊松泉、马公愚，监事商笙伯、田桓、姜丹书，监誓人卢海珊。其誓辞谓："余敬宣誓，余当恪遵宪法及国家法令，忠勤服务、报效国家，决不营私舞弊，妄费公款，如违背誓言，愿受最严

厉之处罚。此誓。"誓后签名。（参见王震《20世纪上海美术年表》，上海书画出版社2005年版）

　　杨千里12月11日任新成立的上海市云林书画社总干事。上海市云林书画社以纪念元代名画家倪云林，发扬艺术为宗旨。其任务为搜集、整理、收藏倪氏、社员及我国古今之艺术品，举办纪念活动，印行碑帖画册暨研究书画之刊物等。首任理事冯超然、张大千、张书旂、马公愚、陆丹林、许士骐、王季迁、贺天健、侯碧漪、周怀民、侯湘、钱化佛等。监事吴湖帆、秦清曾、沈尹默、陈蒙安，总干事杨千里。理事长吴敬恒、常务理事李石曾、张乃燕、杨恺龄等。候补理事丁福保、吕斯百、潘伯鹰、王进珊、沈迈士、徐仲年等。主要社员有侯碧漪、徐邦达、薛佛影、吴余庆、徐育柳、华林、郑午昌、侯湘、邓春澍、汪亚尘、吴东迈、顾坤伯、顾青瑶、陶寿伯、俞剑华、孙福熙、朱梦华、江寒汀、华日曾、吴青霞、王芝青等共84人。（参见王震《20世纪上海美术年表》，上海书画出版社2005年版）

　　梁其田为理事长的中华民国电影戏剧商业同业公会全国联合会5月9日在上海成立，以"谋影剧业之改良与发展，协助政府推行国策，完成文化建设，增进同业之公共利益"为宗旨。

　　吴性栽与金山合作，在北平成立清华影片公司，同时在上海成立华艺影片公司。

　　尚小云因国民党军队在剧团青年学生中不断找壮丁，荣春社无法维持，宣布历时12年之久的荣春社解散。

　　袁雪芬重返舞台，复与范瑞娟等合作，恢复雪声剧团。袁雪芬、范瑞娟主演的越剧影片《祥林嫂》在国际、大上海等5家影院上映。吴小楼参加电影《祥林嫂》的拍摄，扮演贺老六。

　　王文娟与尹桂芳搭档，演出《双枪陆文龙》等戏。是年秋，进玉兰剧团与徐玉兰合作，首演《风潇潇》。从此二人开始长达半个世纪的合作。

　　傅全香参加芳华越剧团，与尹桂芳联袂演出《桃花扇》《鲁男子》《乱世佳人》等戏。

　　白圣为社长的《学僧天地》1月由上海静安寺佛教学院学僧创办。

　　范古农在上海创办法相学社，编辑《法相学社刊》。

　　吴耀宗4月10日在《天风》上发表《基督教的时代悲剧》，指出中国基督教的传统主要来自英美基督教，其信仰和思想几乎就是英美式基督教的翻版，这样的中国基督教"无形中变成了帝国主义文化侵略的工具"，也只能成为"人民的鸦片"。5月19日，因《基督教的时代悲剧》一文，被迫辞去天风社社长职务。12月18—29日，与中华基督教青年会副总干事江文汉等一起，参加在斯里兰卡举行的"世界基督教学生同盟亚洲领袖会议"，会议总题"基督教学生运动为基督和他钉十字架作见证"。作四次演讲，即《上帝与真理》《基督与道路》《天国与历史》等。是年，发表《天风往哪里吹》《中国基督教学生运动的回顾与前瞻》《耶稣有没有恨》《"我已经胜了世界"》《甘地不朽》《真理可以调和吗》《三十年来基督教思潮》《鉴别民主，检讨科学》等文章。（参见赵晓阳编《中国近代思想家文库·吴耀宗卷》及附录《吴耀宗年谱简编》，中国人民大学出版社2014年版）

　　郭沫若1月1日在香港《自由丛刊》第10辑发表《要有力量赢得战争，然后才能赢得和平！》。同日，《自力更生的真谛》刊于香港《华商报》，又以《自力更生》为题刊于上海《时代日报》。3日，参加中山大学部分离校师生举行的新年团拜会，并作题为《一年来中国文艺运动及其倾向》的讲话。讲话记录刊于7日香港《华商报》。文中对一年来解放区和蒋管区文艺创作做了分析，并斥责各种"反人民的文艺"。认为："反人民的文艺界有四种，第一种是茶色文艺",“他们有钱有地盘,更有厚的脸皮。硬是要打击他们才行。”“第二种是黄色文艺,这是反民主阵营的别动队。”“第三种是无所谓的文艺,这是文艺上的所谓中间路线。”“第四种是通红的文艺,托派的文艺。”同日,作《费译〈屈原研究〉序》。发表于11日香港《华商报》,称:“费德林博士是苏联的一位少壮有为的外交官”“同时又是一位少壮有为的学者。”“在重庆的一段期间,有暇即从我研究屈原,成绩斐然可观。本译书就是他的学位论文。”4日,参加香港教师福利会成立大会并作演讲。5日,《华商报》记者胡星原来访,访问记在《政协二周年祭》的题下发表于10日香港《华商报》。文中说道:“撕毁政协决议是反动派自掘坟墓,受欺骗的中国人民虽然两年间尝尽了痛苦,但灾难却教育了中国人民,认识了骗局和反动派与美帝国主义的真面目,粉碎了过于天真的幻想。”“政协精神,仍然是新中国的基本精神,联合政府仍然是新民主主义新中国的中心。”“唯有打垮反动派,政协精神新民主主义的新中国才能真的建设起来。”晚,出席香港文协分会为迎接人民大胜利的1948年暨欢迎郭沫若、茅盾、翦伯赞等人来港举行的新年团聚大会。郭沫若发表讲话,建议从事文艺活动的朋友们应虚心坦怀地研究新的一年的文艺任务,从而制定出1948年中国文艺运动的纲领,这样才能迎接更大的胜利。

　　郭沫若《我为什么离开上海》1月8日刊于香港《华商报》。文中说:“我是十一月十四日离开上海的。”“我离开上海的用意在我是和十年前离开日本,回到祖国来参加抗战的,完全一样。我消极地要摔破法西斯统治者的花瓶,积极地要恢复我的自由替中国人民服务。”14日,《论反对新文字的人》刊于上海《时代日报》。20日,与李济深、蔡廷锴、何香凝、邓初民、茅盾等到坚尼地道参加邓文钊的新年茗叙,与柳亚子、马叙伦、夏衍等同席。20日,《对九龙城事件之意见》作为《中国各民主党派领袖对九龙城事件之意见》之一部分刊于香港《华商报》,提出:“今天我们作为中国人民最迫切的任务是加速使这个空前绝后的坏政府垮台,一切的国家权益才能够得到基本的保障。”同日,作《迎接批评时代的一个基本问题》,刊于《群众》周刊29日第2卷第3期。26日,作《当前的文艺诸问题》,刊于香港《文艺生活》海外版2月第1期。回答《文艺生活》编者所问五个问题。一、关于“马华化”的问题,“我是赞成‘马华化’的,也就是说赞成马来亚的华侨青年创造‘土生文艺’”。二、关于方言文学的问题,“站在人民路线的立场,毫无问题,会无条件地支持方言文学的独立性。我们既承认了文学应以人民大众为对象,那就必需制作为人民大众所了解的东西”“所以方言文学的建立,的确可以和国语文学平行,而丰富国语文学”。三、关于批评建立的问题,反对批评家结成“小俱乐部的组织”,主张“把批评扶到正路上来”。四、关于文艺统一战线的问题,主张在人民文艺理论的坚强领导之下,“发展进步势力,争取中间势力,孤立顽固势力”。五、关于题材的问题,“问题不专在写什么,而是在怎么写。题材的选择可以有相当的自由,而主题的定立决不容许脱离人民本位,坚决地走着现实主义的路”。28日,往六国饭店出席留港各界民主人士及各党派代表为纪念“一·二八”淞沪抗战16周年举行的茶聚会,并发表讲话。31日,作《开拓新诗歌的路》,刊于3月15日香港《中国诗坛》第1期《最前哨》。文中写道:“今天诗歌必然要以人民为本位,用人民的语言,写人民的意识,人民的情感,人民的要求,人民的行动。”认为有两种开拓新诗歌的方法:“一种是启发人民的文艺活动,让人民自己写”。二是“向人民学习”“替人民服务,做人民的勤务员”“做诗的人不要妄自称为‘诗人’,不是存心努力去做诗,而是存心努力去做人,这倒不失为另一条开拓新诗歌的大道。”

　　郭沫若2月3日经萨空了介绍,与沈钧儒、马叙伦、章伯钧等人会见香港大学副监督施乐诗,主要谈九龙城问题。4日,与马叙伦、侯外庐、沈钧儒等57人联名发表宣言于香港《华商报》,声援上海同济大学等校学生为争取民主而英勇抗暴的斗争,谴责国民党反动政府对学生的"惨毒摧残","呼吁国内外同胞,同申正谊,制止独裁之暴行"。10日,作《斥反动文艺》,刊于3月1日香港《大众文艺丛刊》第1辑《文艺的新方向》,又载次年《群众文艺》第7期。认为,"凡是有利于人民解放的革命战争的,便是善,便是是,便是正动;反之,便是恶,便是非,便是对革命的反动。我们今天来衡论文艺也就是立在这个标准上的,所谓反动文艺,就是不利于人民解放战争的那种作品、倾向、提倡"。文章批判了沈从文、朱光潜、萧乾等人代表的各色"反动文艺",号召"凡是决心为人民服务,有正义感的朋友们,都请拿着你们的笔杆来参加这一阵线上的大反攻吧!"12日,与欧阳予倩、周而复等出席留港文艺作家春节夜会,夜会以歌颂人民为主题。同日,复泗水文化服务社张德修信,后以《斥帝国臣仆兼及胡适》为题刊于3月1日香港《自由丛刊》第12种《渡江前夜》。14日,《十载一来复》刊于《野草文丛》第八集《春日》。23日,作《驳胡适〈国际形势里的两个问题〉》,刊于3月1日《光明报》半月刊新1卷第1期,又载3月6日《时代》第9期,以及《现实文摘》第2卷第2期。文中抨击胡适"把美国塑成为了一尊'和平女神',而把苏联影射成了一个魔鬼"。并用大量事实还美、苏以本来面目。说:"然而,我也不相信'历史要重演',第二次大战后的人民力量已不同于第一次大战后的往日了。各国的人民已经有充分的力量来解决自己的和世界共同的各种问题。"这是"历史发展的必然,谁也不能把它扭转"。24日,应章伯钧邀,偕于立群赴彭泽民处参加宴会,同席者有沈钧儒、谭平山、茅盾等人。26日,与李济深、马叙伦、章伯钧、沈钧儒的访问记刊于《华商报》,主张中国人民只应采取一种态度:"把革命战争进行到底。"28日,应邀出席文艺生活社香港分社举办的第一次文艺月会,并在会上演讲。演讲记录稿(陈雅记)刊于《文艺生活》副刊海外版3月第2期。说:"今晚准备讲的是《文艺活动的总方向》。当然这只是我个人的意见,如有错误的地方,请大家指正。""我想提出几句口号:'人民至上,革命至上'!'生活第一,意识第一'!'战友集中,火力集中'!""今天中国已是到了转换点时代,新与旧正在短兵相接。""在文艺上来个大反攻,集中火力,肃清一切反动文艺!"

郭沫若3月3日与邵荃麟、邓初民、沈钧儒等参加"美蒋'和谈'阴谋与和平攻势'自由主义'运动"座谈会。发言以《"自由主义"亲美拥蒋"和平攻势"配合美援》为题刊于14日香港《华商报》。4日,参加中华全国文艺协会香港分会举行的春季文艺讲座,主讲《苏联的民主与自由》。7日,作《当前的文艺教育——纪念生活教育社二十一周年》,刊于14日香港《华商报》。文中写道:"文艺应该为人民服务,当前的文艺应该为人民解放的革命行动服务;因此,当前的文艺教育也就是教人怎样把文艺作为革命武器,并怎样运用这武器来武装自己和人民,以完成人民解放的神圣使命。""因此,去年十二月二十五日毛泽东先生所颁布的《目前形势和我们的任务》,必须作为我们今天的文艺课的第一课本。"9日,作《提防政治扒手!》,刊于15日香港《华商报》。文中揭露北平"中国社会经济研究会"是"由政治扒手纠合起来的""这个扒手集团,是在美帝国主义授意之下组织起来的""当然还有买办政权的直接支持"。上旬,与茅盾赠送一批图书给香港进修图书馆。同日,支持香港南方学院正式成立。获悉该院文艺系将赵树理的小说《小二黑结婚》改编为剧本准备演出时,非常高兴。12日,作《为美帝扶日向爱国侨胞呼吁》,刊于4月5日香港《自由丛刊》第13种《美国扶日亡华大阴谋》。15日,作《打破美帝的扶日奴华计划》,刊于香港《现代华侨》半月刊20日第1卷第9期。同日,赴六国饭店礼堂参加生活教育运动21周年纪念会。会议由沈钧儒主持,郭沫若与曾昭抡、翦伯赞、邓初民等发表演说,号召大家向陶行知学习。27日上午,当选为中央研究院第一届院士。4月3日,郭沫若作《中国文学的史的发展》的演讲,演讲分"中国文学两条路线的斗争"和"外来文学的影响"两部分。7日,中午,与留港民主人士沈钧儒、马叙伦、章伯钧、章乃器、连贯等出席刘湛恩博士殉难10周年纪念会并讲话。16日,与李济深、沈钧儒、马叙伦、翦伯赞等出席中国国际人权保障会在港理事紧急会议,讨论救援国内各地被国民党反动政府迫害的学生的办法,通过了发行英文通讯向国际人士揭露中国人民人权之被摧残真相,并联名致电远东民主政策委员会及联合国人权保障委员会华莱士。电文刊于18日香港《华商报》。请求"发动阻止助长中国内战的军火运华",希望敦促美国政府"从速改变对华政策"。17日,《历史是进化的》刊于香港《光明报》半月刊第1卷第4期。20日,《历史的路只有一条》刊于上海《国讯》周刊第456期。21日,作《我再提议改订文艺节》,刊于5月4日香港《华商报》。文中写道:"把五四定为'文艺节',认真说把五四的意义缩小了。""五四的重大课题,科学与民主,反帝反封建,文艺家也担负不完,不能包办。""因此,我再郑重提议,改选五三为文艺节,五四请还原为五四吧!"

郭沫若5月1日作《庆祝"五四"光复》,刊于4日香港《华商报》。文中写道:"今天我们要纪念'五四',纪念'五四'的光复,我们就得加紧来完成'五四'所给与我们的课题。""'五四'要我们反帝反封建,今天我们依然要反帝反封建,而且得更紧。""'五四'要我们欢迎科学与民主,今天我们依然要欢迎科学与民主,而且得更紧。""课题虽然还没有完卷,但经过了二十九年的努力,课题的解答,是已经达到核心的阶段了。"4日下午,往六国饭店参加中华全国文艺协会香港分会第三届年会。与茅盾、黄药眠、周纲鸣、冯乃超等14人当选为第三届理事。晚,出席全国文协香港分会在孔圣堂举行的第四届文艺节纪念大会,并作题为《科学与民主》的演讲,后刊于6日香港《华商报》。同日,与茅盾、沈志远、廖沫沙、夏衍等64位文化界人士联名写作《纪念五四致国内文化界同仁书》,刊于6日香港《华商报》。5日,与李济深、何香凝、沈钧儒、蔡廷锴、谭平山等12人联名致电中共中央毛泽东主席并转解放区全体同胞。电文刊于6日香港《华商报》,表示拥护中共中央"五一"劳动节发出的号召,认为当前筹集新政协会议,"符合人民时势之要求"。同日,与李济深等12人致电国内外各报馆、各团体并转全国同胞。电文刊于6日香港《华商报》,表示响应中共中央号召,呼吁"全国人士宜迅速集中意志,研讨办法,以期根绝反动,实现民主";作《关于历史剧》,刊于22日《风下》周刊第127期。7日,为援助重建延安,救援陕北灾胞,与茅盾、夏衍、于立群、聂绀弩、黄药眠等人发起集体捐献。8日,应《华商报》编辑部之邀,出席"目前新形势与新政协"座谈会并发言。发言记录刊于16日香港《华商报》。10日,作《"三无主义"疏证》,刊于14日香港《华商报》。文中针对胡适"自称是'三无主义者',便是'无知''无能''无为'"。写道:"其实他何尝'无知'呢?他晓得说:'学校不是租界,学生不能享治外法权'""他何尝'无能'呢?他能替南京政府辩护,并不贪污,伸手向美帝要金元""他何尝'无为'呢?他自己承认,就在日寇时代他都是主和的(注意,这是汪精卫主义),但今天对苏联和中共却是'和比战难'了。'做了过河卒子,只能拼命向前',他何尝是'无为'?""'三无'倒的确是三无,只是内容要另外改定一番""那便是——无耻!无耻!第三个还是无耻!"14日,作《屈原的幸与不幸》,6月15日香港《中国诗坛》第2期《黑奴船》。16日晚,与茅盾、柳亚子、胡愈之等在六国饭店参加庆祝欧阳予倩60寿辰及参加戏剧工作40周年纪念会并讲话,称赞欧阳予倩在戏曲工作上"是我们的先驱者,值得我们学习,赞叹和崇拜",并"祝欧阳予倩先生能多活四十年,多领导我们四十年,多为人民而工作四十年"。20日,作《为新政协催生》,6月5日刊于香港《自由丛刊》第15种《论新政协》。

郭沫若6月2日与李济深、何香凝、沈钧儒、蔡廷锴、谭平山等12人联名致华莱士的电函发表于香港《华商报》,表示响应他"争取世界和平的号召",赞同他"所提出的美国撤退驻华军队,停止一切对蒋援助,以及不干涉中国内政的具体建议"。7日,与李济深、何香凝、沈钧儒、蔡廷锴、谭平山等12人联名发表《反美扶日宣言》于香港《华商报》。谴责司徒雷登"强为扶日措施作辩护",表示"誓愿与全国同胞再接再厉,以自卫答复侵略"。10日,《屈原假使生在今天》刊于香港《华侨日报》。11日,为纪念诗人节,与柳亚子、钟敬文、黄药眠、冯乃超等39人联名发表《我们的话》于香港《华商报》,表示:"在这大风暴的日子里,大解放的黎明,作为一个诗人,他不仅要带着他的歌唱来参加人民革命的行列,而且更要带着他的为人民服务的点滴实际工作,来共同创造人民大解放的史诗。"同日,与李济深、沈钧儒、马叙伦等出席国际人权保障会会议。17日,作《关于青铜时代和黄帝造指南针》,刊于26日香港《华商报》。文中写道:"中国的青铜时代大抵是从殷朝开始,距今天三千年前,在纪元前四世纪的春秋战国之交才逐渐转入铁器时代。""向来的历史记载是不十分科学化的,其中含混着许多由种族观念或阶级利益所发生的偏见、附会、歪曲、杜撰等等,实在是不可尽信的。""指南针必须是铁制的,而且必须是磁铁。""把指南针的制作归功于黄帝,怕是开始于北宋仁宗时候的燕肃吧?他是把指南针安置在车上,开始制造指南车的一个人。""我们从黄帝造指南车的人为传说里面,倒应该看出像燕肃这样的发明家们的苦心和眼泪的。"24日,与胡愈之、翦伯赞、沈钧儒等香港九龙各界爱国人士联名发表声明于香港《华商报》,反对美帝扶植日本,痛斥司徒雷登对我爱国学生反美扶日运动的诬蔑。28日,应《华商报》邀请,参加"美帝扶日复兴的现阶段"座谈会。发言以《美帝扶植日阀,恢复侵略势力》为题发表于7月7日香港《华商报》。7月2日,与茅盾、欧阳予倩、柳亚子等195位留港文艺工作者联名在香港《华商报》发表反美扶日宣言。8日,作《南无·邹李闻陶》,刊于16日《光明报》新1卷第10期,纪念邹韬奋、李公朴、闻一多、陶行知。同日,与茅盾、葛琴、胡绳、萨空了等60余位香港文化教育界人士联名在香港《华商报》发表声明,抗议暹罗銮披汶政府宣布"严厉取缔非法华校"的命令、非法搜查华侨学校社团、逮捕侨团领袖,严正要求銮披汶政府立即停止对华侨文化教育的迫害,并立即释放无辜被捕之人士。11日,为纪念李公朴殉难2周年,与沈钧儒、邓初民、侯外庐、孙起孟等19位社会大学留港校董、教授暨同学,联名发表宣言《为李公朴复仇》于香港《华商报》。28日,与李济深、何香凝、沈钧儒、蔡廷锴、谭平山12人联名致华莱士的电文发表于香港《华商报》。祝贺美国进步党正式成立,并预祝华莱士竞选总统、泰勒竞选副总统成功。同月,同一群年轻人在浅水湾萧红墓前举行悼念活动并作演讲,讲稿以《年轻精神礼赞》为题刊于29日《大连日报·海燕》。

郭沫若与李济深等8月1日获中共中央毛泽东主席的复电,表示"极为钦佩"筹集新政协会议的主张,希望"共同研讨"新政协"会议的时机、地点、何人召集、参加会议者的范围以及会议应讨论的问题"。5日,作《我怎样开始了文艺生活》,回答文艺生活社问。后刊于9月15日《文艺生活》海外版第6期。15日,与茅盾、夏衍、王任叔、葛琴等留港文艺作家20人联名致清华大学学治会电函发表于香港《华商报》。深切哀悼朱自清逝世,称朱自清的逝世"实为中国民主文化事业不可补偿之损失"。17日,与侯外庐、翦伯赞、马叙伦等中国学术工作者协会总会暨香港分会理事19人致北平清华大学朱自清先生治丧委员会的电文发表于香港《华商报》:"惊闻自清先生逝世,深痛中国学术界丧失一位坚贞不移的斗士,青年学子被夺去一位循循善诱的导师! 我们除继承朱先生的遗志努力外,谨以十分悲愤之情,遥申哀悼! 并希代向朱夫人慰问。"25日,《抗战回忆录》开始在香港《华商报·茶亭》连载。是日发表第一章《南迁》第一节《脱离孤岛》。边创作,边发表,至11月21日作讫,至12月4日连载毕。下旬,参加为"民主寿星"沈钧儒、何香凝、彭泽民、李任潮、马叙伦、谭平山、朱蕴山等集体祝寿的筹备活动,受托撰写寿序。祝寿活动定于9月中旬举行。同月,往六国饭店出席香港南方学院全体师生为邓初民60寿辰举行的庆祝会,并致贺词;译著《美术考古一世纪》由上海群益出版社出版。9月1日,作《〈中苏文化之交流〉序》。5日,在中国学术工作者协会华南分会全体大会上被选为该会理事。同被选为理事的还有沈志远、胡绳、侯外庐、邓初民等11人。11日,与茅盾、冯乃超等参加中华全国文艺协会举行的朱自清先生追悼会,并致悼词。25日,作《辛亥革命的教训》,刊于10月10日香港《华商报·双十增刊》。29日,作《双十节的三大教训》。发表于香港《群众》周刊10月7日第2卷第39期,提出"双十节本身所给予我们的极可纪念的三大教训"。同日,为《新中国儿童文库》作《序》,同月,《蜩螗集》附《战声集》,由上海群益出版社出版。

郭沫若10月7日作《世界文化战的呼应》,刊于本月香港《新文化教育丛刊》第2种《保卫文化》。19下午,往六国饭店,出席文协香港分会举行的鲁迅先生逝世12周年纪念茶会,任主席。致辞说:"鲁迅先生给予我们的指示,示范,最为广泛,深切,值得大家全诚学习。""最好的是牢牢记住他的二句诗:'横眉冷对千夫指,俯首甘为孺子牛'。这二句诗包括了鲁迅的整个思想和精神""表现了他的战斗精神和他的爱""可说是毕生战斗与自我批判的生活实验中得来的精粹""纪念鲁迅先生,要学习他为人民服务的精神,对反动力量永不妥协的精神,自我批判,自我教育的精神"。27日,与茅盾、欧阳予倩等12位旅港戏剧界人士联名致上海塔斯社罗果夫转莫斯科艺术剧院的电函发表于香港《华商报》,祝贺该院成立50周年。称"契可夫、高尔基、史坦尼斯拉夫斯基、丹青科等辉煌名字,给予了为中国人民解放与新生而斗争的中国戏剧工作者以无限的鼓励"。同月,与章泯、冯乃超等人应邀参加《新文化丛刊》编辑部召开的漫谈苏联电影与美国电影座谈会。31日夜,为悼念冯玉祥作《永远活在人民的心头》。收中国国民党革命委员会编《冯玉祥将军纪念册》香港版。文中写道:"冯先生虽然没有死在战场上,但他是慷慨地为人民而献了身,即他的死也有利于人民。"称颂冯玉祥:"不辞肝脑终涂地""求仁有得在心头。"11月7日,与陈其瑗、茅盾等16人联名发表致苏联大使罗申并转苏联人民电函发表于香港《华商报》,祝贺十月革命31周年。上旬,往香港南方学院演讲。21日,作《告读者〈抗战回忆录〉后记》,刊于12月5日香港《华商报》。(参见林甘泉、蔡震主编《郭沫若年谱长编》,中国社会科学出版社2017年版;陈福康《郑振铎年谱》,三晋出版社2008年版)

沈钧儒作《我们今后的努力方向》1月1日刊于《华商报》。2日,参加在金陵泗家举行的民主人士团拜盛会。沈钧儒与马叙伦、章伯钧、方方、谭平山、彭泽民等人先后讲话,表示大家要团结一致完成革命任务。3日晨,与章伯钧夫妇、刘思慕同访萨空了。晚饭后,在寓所召开人救会会议,共商民盟三中全会事。1月5—19日,与章伯钧共同主持中国民主同盟第一届中央执行委员会第三次全体会议,任大会临时主席。沈钧儒在致开幕词时指出:"在这次三中全会,我们要检讨过去的政纲政策,对当前的政治形势重新估计,而后确定当前应走的政治路线和新的工作方针，来加强本身力量，完成政治任务。""今天举行三中全会，主要任务是建立总部，适应目前形势的需要，确定新的政策方针。"会议严肃批判了中间路线思想，检讨了过去工作中的错误和缺点。经过激烈辩论，通过了《三中全会紧急声明》《三中全会政治报告》《三中全会宣言》和《今后组织工作计划草案》等决议案，制定了联共反蒋的政治路线。沈钧儒并参与了以上文件的起草工作。《三中全会紧急声明》郑重宣布：代表全体盟员一致否认南京反动独裁政府宣布民盟为"非法团体"之无理而又狂妄的举动，并表示"不能接受本盟总部于去年十一月五日在南京反动独裁政府的劫持与威胁之下，未经合法会议而发表的：'辞职''解散总部'及'停止盟员活动'等等声明"。会议调整与充实了民盟中央的领导机构。由沈钧儒与章伯钧以民盟中常委名义领导全盟工作。19日，沈钧儒致闭幕词，号召全盟"为着新的目标，新的路线，为着独立、统一、民主、和平、繁荣、幸福的新中国而共同奋斗！"会议期间，为配合大会需要，多次与人救会同人会商及聚会。10日，《华商报》发表记者胡星原访问在港政协三代表——郭沫若、章伯钧、沈钧儒的文章，题为《政协二周年祭》。沈钧儒在接受访问时谈到"撕毁政协的第一个罪人是蒋介石""第二个罪魁是美帝国主义"，政协的"失败使全国人民认清了蒋美的欺骗""政治的基本力量在全国的人民……广大人民的要求比什么都重要！先生强调唯有走人民革命的路线，打垮反动派，政协精神的新中国才能真正的建立起来"。

　　沈钧儒1月13日在民盟临时总部与章伯钧商谈复沪函事。此前的1月12日周济道自上海带来罗隆基函。16日，萨空了携来罗隆基函及香港大学校长施乐诗函。17日晚，与柳亚子、何香凝、马叙伦等聚会。柳亚子即席赋诗，赠沈、马二南社旧人。22日上午，章伯钧、周新民、李相符来谈。下午，参加民盟总部各部负责人第一次联席会议。以人救会主席身份，电贺全美公民对华及远东政策代表大会召开。28日，参加留港各界民主人士及各党派代表在六国饭店举行的茶话会，纪念"一·二八"淞沪抗战16周年纪念日。2月2日，与章伯钧等在香港大酒店举行中外记者招待会，发表谈话，大意为："国民党政府的高压与屠杀政策，使民盟深切的知道，今后的民主和平已不可能从'协商'中求之，而只有消灭反和平的独裁政权，才能建立一个真民主真和平的新中国。"民盟"必须与目前政见相同的政党及一切民主人士真诚的携手合作""必须在真民主真和平之中认清敌友，在是非之间，民主与反民主之间是没有'超然的'或者'中间路线'的存在可能""民盟绝对反对任何一个国家干涉中国的内政，帮助反民主反和平的独裁政府来屠杀中国人民"。招待会上分发了民盟《三中全会紧急声明》《宣言》及《政治报告》。参加招待会的民盟其他中央委员回答了记者的提问。3日，经萨空了介绍，和马叙伦、郭沫若、章伯钧一起，与施乐诗见面，主要谈九龙城问题。施乐诗提出，希望各民主领袖支持港方。沈钧儒等坚持反蒋同时反帝的立场，善为应付。同日，民盟与中国国民党革命委员会、人民救国会、农工民主党、民主促进会、三民主义同志联合会、致公党发表联合声明：不承认蒋介石政府签订的卖国条约，反对美国援华借款支持蒋介石进行内战。4日，报载沈钧儒等57名旅港民主人士、新闻工作者、学术工作者暨文艺工作者联名发表的宣言。号召国内外同胞予同济学生以声援。11日，偕萨空了同访廖夫人何香凝、李济深及蔡廷锴。14日，民盟总部趁新春举行聚餐，招待盟外各民主党派人士。沈钧儒报告三中全会的成就，表明民盟为一个完全独立的民主党派，更声明要依照宣言各点，坚决为中国革命而奋斗，与各民主党派密切携手。他指出："过去一些所标榜'中间路线'现已走不通。除参加革命或反革命，即无路可走。"18日、20日，沈钧儒阅毛泽东著

《新民主主义论》。20 日晚，阅晚报，惊悉在台湾大学任国文系主任的许寿裳于 18 日夜突遭凶杀。在日记中写道："可痛之至……明日当去电说明季公长者，决无私仇！"21 日，与陈其尤、伍宪子、翦伯赞、章乃器、连贯、周颖、庄枫、罗子为、周鲸文、李健生赴丘宅。刘王立明以人权保障会及民盟救济委员会双重身份招待各人，并谈及民盟救济工作"仅是救济盟员是不够的"。沈钧儒表示赞同。25 日，赴人救会总会谈话会。26 日，为揭露美蒋在东北战争形势日趋危急时，忽然发动"和平"攻势的阴谋，《华商报》发表对沈钧儒和李济深、马叙伦、章伯钧、郭沫若、茅盾等留港民主人士的访问记。

> 按：沈钧儒等一致指出："阴谋的目的不外三种：一、缓兵之计；二、推卸继续内战责任；三、掩盖美国援蒋亡华阴谋。因此中国人民对此只应采一种态度，即'把革命战争进行到底'。"

沈钧儒 3 月 1 日在民盟的机关刊物《光明报》于香港复刊之际作《三中全会的收获》，刊于该报新 1 卷第 1 期。3 日，应邀在《华商报》所举行的"和谈阴谋"与"自由主义运动"专题座谈会上发言，题为《马歇尔受命来华之时美亡华阴谋已经开始》。5 日，与李济深、何香凝、马叙伦等联名致函美国第三党领袖华莱士，赞扬其屡次发表言论极力反对美国援蒋，称其为"一个真正爱护美国利益与世界和平的人"，希望华莱士"竞选成功"。6 日，中共中央发言人评民盟三中全会及国民党革命委员会宣言，表示"我们欢迎民主同盟重建其领导机关愿意在新民主主义的革命事业中和所有一切反帝反封建的民主团体，一道为着共同目的而携手前进"。9 日，到民盟总部与民盟暹罗支部负责人黄声以及曾昭抡、周新民等商谈暹罗盟务。12 日，与章伯钧、周新民同访前一日由沪抵港的民盟中委汪世铭。汪世铭带有张澜、罗隆基、丘哲、叶笃义的签名信，罗隆基另有亲笔信。14 日，写致胡愈之信，晚，赴方方、连贯召开的各党派晚会。15 日，赴六国饭店礼堂主持生活教育运动 21 周年纪念会，向会议报告陶行知倡导生活教育运动的意义，继由方与严报告陶行知的事业，然后由曾昭抡、郭沫若、翦伯赞、邓初民等相继演说，阐明陶行知的为人，号召大家向他学习。20 日，萨空了偕《泰晤士报》记者摩瑞逊来寓所，谈话近一个半小时。23 日午后，在萨空了陪同下，与谭平山、马叙伦等同赴香港大学图书馆与英国援华会主席、殖民部次大臣李斯托维尔会谈。晚 8 时，又与萨空了同赴何明华主教家与李斯托维尔晤谈。30 日，萨空了偕《泰晤士报》记者窦亭来长谈。4 月 10 日，至新知书店，祝贺该书店开幕。16 日，与李济深、马叙伦、章乃器、章伯钧、郭沫若、翦伯赞、刘王立明、王绍鏊等中国国际人权保障会在港理事召开紧急会议，讨论最远国内各地学生被蒋政府迫害的援救办法。通过发行英文通讯向国际人士揭露中国人民人权被摧残真相；联合致电远东民主政策委员会及联合国人权保障委员会华莱士先生等。请发动阻止助长中国内战的军火运华，及转请政府从速改变对华政策。同日，出席民盟总部联席会，通过发表声明，支援国统区学生和教职工反饥饿、反迫害斗争出现的新高潮，并抗议国民党政府的血腥镇压。17 日胡愈之自新加坡到香港，与萨空了、千家驹、胡仲持、孟秋江共谈。晚，又与胡愈之长谈。21 日，就南京"选举""总统"发表谈话，表示坚决不予承认。25 日晚，参加各党派聚餐会，会上讨论通过郭沫若起草的旅港民主党派人士及文化界人士慰问平津各校教授、同学、工友的公开信，在公开信上签名。28 日，在寓所接见国际学生联合会秘书，英国学生勃烈克曼女士。该员此行为了解香港学生及中国学生情形，准备展开救济工作。同时来访者还有青年 4 人，谈甚久。5 月 1 日，中共中央主席毛泽东就"五·一"劳动节口号第五条"各民主党派、各人民团体及社会贤达迅速召开政治协商会议，讨论并实现召集人民代表大会，成立民主联合政府"，致电沈钧儒及李济深，说明此举已成必要,时机亦已成熟,提议由中国国民党革命委员会、中国民主同盟中央执行委员会、中国共产党中央委员会发表三党联合声明,号召召开新政协。

沈钧儒5月2日出席民盟总部同人与在港的各民主党派和无党派民主人士代表在李济深寓所举行的集会,讨论有关召开新政治协商会议问题,一致认为召开新政协,建立民主联合政府是我国"政治上的必经的途径""民主人士自应起来响应"。4日,与章伯钧、马叙伦、郭沫若、连贯、王绍鏊商洽民盟和各民主党派领袖的联名通电。响应中共筹开新政协的号召,号召国人共策进行,并致电中共主席毛泽东表示同意中共的号召。6日,发表该二通电。8日,在《华商报》"目前新形势与新政协"座谈会上发表书面谈话:指出中共的"五一"号召是"一个和平的民主的具有建设性的号召"。认为:一、必须建立一个真正为人民服务的新政权来代替旧政权;二、任何政府的建立必须建筑在人民的共同意旨上,必须能真正代表人民的利益;三、"五一"号召证明中共不要实行一党专政,中共决无包办国是的意思。12日,乘盛康年白港返沪时带函,致留沪的民盟中央委员,谈香港民盟总部对召开新政协的态度。此后,留沪民盟中央委员张澜、黄炎培、罗隆基、叶笃义、史良等经商讨,复函沈钧儒及章伯钧,对民盟总部通电响应中共五一劳动节提出的政治号召表示"极感欣慰",认为这是"国家当前自救唯一途径""盼中共及民主党派今后更能以简单明了之方式加强此种号召"。5月14日主持召开民盟中央执行委员会扩大会议,讨论新政协的性质、意义并确定响应召开新政协的步骤及办法。20日,美国驻香港副领事谢维司来谈。同日,与章伯钧、胡愈之、千家驹、萨空了同见美国新闻及世界报导杂志记者富洛姆。26日,美国驻香港副领事谢维司来谈。28日,萨空了来,携黄炎培自上海来函。6月2日,与章伯钧代表民盟和各民主党派领袖联名致电华莱士。因新近华莱士写信给斯大林,该信对世界人民热烈向往和平和争取的和平事业很有贡献。特联名致电表示响应,并希望华莱士继续为中美两民族的和平与全世界和平民主而奋斗。5日,潘汉年、连贯、胡愈之、千家驹来商谈新加坡事。6日,与章伯钧代表民盟和各民主党派领袖联名发表《反美扶日宣言》。抗议司徒雷登在南京举行记者招待会,公然干涉污蔑和威胁5、6月份爆发的声势浩大的国统区学生反对美国扶植日本侵略势力复活的爱国运动。11日,与章伯钧代表民盟和中国国民党革命委员会李济深、蔡廷锴、谭平山、中国民主促进会马叙伦联名致电英国援华运动委员会,赞同该会于6月3日所发表的要求英国政府跟中国华北解放区建立经济与文化关系的声明。同日,沈志远、千家驹、萨空了、胡愈之、连贯来商新加坡事。12日,与李济深、郭沫若、马叙伦、王绍鏊、刘王立明、胡愈之、萨空了等出席国际人权保障会会议。向会议提出:苏门答腊岛荷兰当局命令费振东、邵宗汉二人及眷属出境并解送汕头,请求营救。经会议讨论决定:向荷兰驻港领事馆递交书面抗议书,要求荷兰当局取消出境令,最低限度应准邵、费等在香港入陆,以保障他们人身安全。

沈钧儒6月14日出席民盟总部联席会议,通过发表致全国各民主党派、各人民团体、各报馆暨全国同胞书,发出呼吁:"号召全国人民,吁请各民主友党、民主团体,共同为迅速实现新政协而努力。"19日,参加民盟第一届中常会第21次会议。会议通过《中国民主同盟现阶段工作纲领》和《中国民主同盟国内关系委员会工作大纲》。24日,与港九各界爱国人士215名联名发表宣言。反对美帝扶植日本,并驳斥司徒雷登对中国反美扶日运动的诬蔑和威吓。并指出"我们反美扶日,必须同时反美援蒋,我们反美援蒋,亦必须同时反美扶日。"7月7日,民盟发表为纪念"七七事变"11周年对时局的宣言,号召全国人民坚决反对美国干涉我国内政,鼓励我国内战,扶植日本反动势力再起;坚决与反动独裁统治进行斗争;并号召爱国人民参加民族民主统一战线和新政协运动。同日,人救会也发表了《"七·七"十一周年宣言》,号召展开新政协运动,彻底达成反美帝、反封建任务,贯彻反美扶日运动。10日,主持人救会谈话会,研究李公朴、闻一多、陶行知、杜斌丞4烈士纪念会事。11日,与郭沫若、邓初民、方与严、章乃器、翦伯赞、侯外庐、茅盾等社会大学留港校董、教授暨同学19人为纪念李公朴先生殉难两周年发表宣言。15日,出席香港民主人士100余人在六国饭店举行的纪念李公朴、闻一多、陶行知、杜斌丞4烈士茶会,并致开会词。18日,与留港名流103人联名控诉蒋介石独裁政府日益明目张胆地屠杀民众。号召蒋管区市民起来发动"反轰炸""反屠杀""要饭吃""要读书"运动;号召蒋军官兵脱离战场,放下武器。25日,出席人救会举行的邹韬奋、杜重远、李公朴、陶行知纪念茶会,报告4烈士为中国民主革命与新中国文化教育事业献身奋斗,光荣牺牲的事迹。同日,《怀念邹、杜、李、陶四先生》刊于《华商报》。29日,国际新闻社中国经理、美国广播公司代表杜平来访。

沈钧儒等各民主党派和民主人士代表8月1日接中共中央主席毛泽东复电,对他们赞同召开新政治协商会议,建立联合政府的主张,表示"极为钦佩",并建议对召集新政治协商会议的时机、地点、何人召集、参加会议者的范围以及会议应讨论的问题等项共同进行研讨。为了加速召开新政治协商会议,中共中央邀请各民主党派和无党派民主人士进入解放区,共同筹备新政治协商会议。2日,出席旁听上海妇女同人召开的座谈会,会议请夏衍作时事报告。8日,出席民盟第一届中常会第二十九次联席会议。会议通过《中国民主同盟盟员下乡工作方案》,号召盟员下乡做发动民众工作。同日,《新生晚报》记者陈凌华、刘粤生来访,长谈。19日,由萨空了约《远东基督教箴言报》路特来谈,路特来将于次日返美。同日,《纪念越南革命三周年》刊于《华商报》。23日,陈其瑗来商达德学院事。24日,报载国新社就新政协召开的有关问题访问沈钧儒与章伯钧的谈话记录。沈钧儒就新、旧政协的区别;新政协召开的意义;以及新政协将讨论的内容等问题,发表了意见。9月17日,与马叙伦、蔡廷锴、谭平山、章伯钧等民主领袖举行非正式聚谈,商酌在香港扩大纪念冯玉祥将军办法。此举因遭香港当局阻难,未能举行。(参见沈谱、沈人骅编《沈钧儒年谱》,中国文史出版社1992年版)

陆诒任主编和督印的中国民主同盟机关报《光明报》3月1日在香港复刊,因"经济困难、人力、物力不足,只能从半月刊开始"。《复刊词》曰:"一转眼就是五年了,回想五年以前,那时抗日战争尚未结束,正是国内一党专政日甚一日,政府机关的贪污腐化,亦日甚一日。同人等以抗战与民主不可分,要使抗战迅速胜利和使抗战胜利以后,中国人民能各安其业,必须实施民主政治。清洗独裁专政之作风,剔除贪污腐化之恶习,与民更始。于是乃有民主政团同盟之组织。而本同盟领袖之一的梁漱溟先生乃衔命来港创立《光明报》。至于本报之主旨,则诚如公约里第三条所云'民主精神为团结之本,其义甚近,并不在远,吾人以政治上实现民主为期,而先以言论上之民主精神自勉。'太平洋战争爆发,本港沦陷,而坚持了两个月零二十八天的本报也不能不停刊,同人等间道回国,历尽艰难。然而为民主事业而奋斗的中心则未尝或已。去年夏,轴心国相继乞降,盟国胜利,全国人士莫不欢欣鼓舞,认为战争结束,民困可以从此稍苏,然而不幸的是,胜利已经一年,独裁专政之风,贪污腐化之习,只有变本加厉,这使得通货无止境的膨胀,物价飞腾,工厂关门,百业凋弊,征实征购重利盘剥,民不聊生,死亡载道,尤其不幸的是,本年一月,政治协商会议本已有五项决议,奠定了民主政治之基础,并指出了所应遵循的途径,而以一方面的言不顾行,中道背信,以致内战爆发,烽烟遍地,同盟同人,虽奔走呼号,亦了无结果,而同盟领袖李公仆闻一多二先生反遭特务暗杀,同盟主席澜亦遭特务殴辱,人民基本的权利尚受威胁,更还有什么民主政治可说,国事至此诚可痛心!当此国内战争大规模展开,民主权利受到严重的威胁之际,同人等认为民主事业终不能不继续,因此不揣绵薄,又于本报刊出第五周年纪念日的今日,重新在本港复刊(先出旬刊)。至本刊之宗旨,一向都是如此鲜明,对内要求民主与和平,对外则要求自由和平等。以本刊'为自由发抒意见之园地,提倡对于民族前途作深切之思维。'抛弃成见,对于那些企图干涉中国内政的侵略者必加以谴责,对于那些把持政权贪污腐败之徒,必加以揭发抨击,对于那些违背中国人民公意,损害中国大多数人民利益的行为必加以批评,对于是非曲直之所在,必加以明确判断。本报过去的主张是如此,今后的主张还是如此,所希国内外贤达,能加以协助,使本刊能够日益壮大,民主制度能够早日实现,幸甚。"该报及时地表达了民盟中央三中全会后的政治主张,并选载民盟以外的各民主党派、各人民团体代表人物的重要政论。每期刊载国内外时事通讯及其他杂文,用大量的事实反映解放区的兴旺景象。(参见沈谱、沈人骅编《沈钧儒年谱》,中国文史出版社1992年版;谢增寿编著《张澜年谱》,群言出版社2013年版)

柳亚子仍在香港。1月1日,中国国民党革命委员会成立,正式发表宣言,鲜明地公开打出了反蒋旗帜。李济深任中国国民党革命委员会主席,柳亚子被选为中央常务委员兼秘书长。2日,民主党派及文化界人士108人会于香港金陵大酒家举行新年团拜,并欢迎马夷老(叙伦)自沪来港。柳亚子与沈钧儒、彭泽民、王燕夷、李济深、谭平山、朱蕴山、王却尘诸人同席。赋诗一首,以为"团拜应为团结谋",并云:"国、共、同盟、成鼎足,致公、民进亦千秋",盖在句中嵌入当时在港之各民主党派,即国民党(革命委员会),共产党,民主同盟,致公党,及民主促进会。其中民革有李济深、柳亚子、谭平山、朱蕴山、陈劭先等;民盟有沈钧儒等;民进有马叙伦、王却尘等。17日,撰《即席呈衡老、夷老,两君皆南社同人也》七律一首,有云:"开山南社陈(巢南)高(天悔)柳(亚子),异地能欣沈(钧儒)马(叙伦)逢。草昧宋(教仁)黄(兴)怜早世,末流张(继)戴(季陶)附元凶(蒋介石)。"18日,海丰旧友袁嘉猷来访,有诗赠之。六年前(1942)自香港脱险,袁嘉猷曾在海丰、兴宁一带沿途援助,诗中所谓:"感君援手在穷途"。此时其他护助者,谢一超已死,蓝奋才在军中,因有"说到酬恩泪眼枯"句。4月30日,中共中央发布《纪念"五一"劳动节口号》,提议召开新政协,且不久邀请的民主人士中,柳亚子名列第五。6月,柳亚子等125名民主人士发表声明,响应中共召开新政协会议的五一号召。此后,柳亚子便积极准备前赴解放区。由此可见,是年元旦过后的柳亚子,思想其实发生了巨大的转变。(参见柳无忌编《柳亚子年谱》,中国社会科学出版社1983年版)

马叙伦由沪赴港。1月1日,民革成立于香港,《行动纲领》规定"本会以实现革命的三民主义,建设独立、民主、幸福之新中国为最高理想"。会前冯玉祥致信建议:"马叙伦先生可以把下关被阻及乱打人的事情,亦详细写一段登在报上。"加上沈钧儒、郭沫若、翦伯赞、邓初民、郭春涛的文章,"大家凑起来一定能成一本小书,可以宣传独裁者之罪,也可以作将来之经史。"2日,马叙伦抵港,赶赴金陵酒家新年团拜茶会。柳亚子赋诗称"国共同盟成鼎足,致公民进亦千秋。"17日,与柳亚子、何香凝、沈钧儒等相聚。柳亚子赋诗《即席呈衡老夷老,两君皆南社同人也》,感叹"异地能欣沈马逢"。22日,撰《做中国人该勇敢地迎接大革命》,认为"大革命的意义,是从双重压迫底下把绝大多数的人民包含工农阶级和小资产阶级及其他被压迫的都解放出来,而他们的目的,是从根本上改造一个新中国"。文章后刊于1月29《群众》第2卷第3期。29日,在《从"正名"说到民主国家的叛逆》中郑重宣告,"决不能任叛逆的匪人还占据了政权"。2月3日,经萨空了介绍,与沈钧儒、章伯钧、郭沫若一道会晤香港大学校长施乐诗,主要谈九龙城问题。4日,与郭沫若、侯外庐、沈钧儒等57人联名在香港《华商报》发表宣言,声援上海同济大学等校学生为争取民主而英勇抗暴的斗争。14日,出席民盟新春聚餐会,批评一届三中全会以前的民盟。25日,撰《论胡适给周鲠生的一封信》,刊于《群众》2卷第7期。文中结尾交代:"胡适仗了他曾是新文学运动的提倡者之一,还有迷信他的;写文章也有些技巧;被美国的侵略主义者和中国的反动政权选中了他做宣传的喉舌,像这篇文章,看他那'狐媚偏能惑人'的技巧,很可以叫人们暗暗地上了钩,所以我不得不痛辟之。"24日,撰《中国人民不会再受骗的》,批评美国总统杜鲁门的援华计划。26日,就美蒋和平攻势,《华商报》刊出对李济深、沈钧儒、马叙伦、章伯钧、郭沫若、茅盾等人的访问记。28日,撰《为台湾二月革命周年》。下旬,在港各民主党派领导人联合声明,反对美国援蒋借款案。

马叙伦《悼许季茀先生》《国际学联代表布列小姐巡视中国去》3月1日发表于香港《光明报》半月刊新1卷第1期。2日,致萨空了函,要求补齐《自由丛刊》与《群众》杂志。3日,复萨空了函,托转手书条幅与侯外庐、郭沫若。15日,《平沪的教授们不要上当!》刊于《华商报》。16日,《这救得了南京独裁政权的命?》刊于《华商报》。同日,与沈志远等在《光明报》新2期"新政协笔谈"发表文章。20日,同王绍鏊代表民进,李济深、蔡廷锴代表民促在港发表联合声明两家民主促进会各自恢复:民革成立后"原有香港之中国(国民党)民主促进会会员,多数加入民革会,以是原有双方立场,不能尽同。为求对于民主运动各尽厥职起见,复经双主会商,原有香港之'中国民主促进会'恢复原名为'中国国民党民主促进会',原有上海之'中国民主促进会'亦将保持独立组织。"23日,与谭平山、沈钧儒赴香港大学图书馆,会晤英国援华会主席李斯托维尔。4月7日,与沈钧儒、郭沫若、章伯钧、章乃器、连贯等出席沪江大学校长刘湛恩殉难10周年纪念会。10日,复萨空了函,委托渠以民进名义发函。16日,与李济深、沈钧儒、郭沫若、翦伯赞、刘王立明等出席中国国际人权保障会在港理事紧急会议,讨论内地受迫害学生的援救办法,并联名致电联合国人权保障委员会华莱士,希望敦促美国政府改变对华政策。20日,《我们该大踏步前进》刊于《华商报》,文中把南京政权的罪恶归纳为"卖国、殃民"两点。25日,联名致函北平慰问许德珩、袁翰青、樊弘三教授。30日,中共中央发布纪念"五一"节口号。5月5日,与李济深、何香凝、沈钧儒、郭沫若、章伯钧、蔡廷锴、谭平山等12人联名致电毛泽东并通电全国,表示响应中共"五一"号召,赞同筹备新政协会议。8日,应华商报编辑部之邀,出席"目前新形势与新政协"座谈会。10日,陈叔通自上海来信。中旬,《读了中共"五一"口号以后》刊于《群众》周刊第2卷第20期,提出民主党派应具备的四个条件:"无疑地是一贯主张民主,而且有工作的表现,有群众的拥护,可以代表全国性的政治团体。"这一意见受到民主阵线各方面的认可和重视。24日,《响应中共五一口号不仅坐谈更应行动——中国民主促进会发表宣言》刊于《华商报》。

马叙伦6月5日复函萨空了,谈约会、筹款与"费、邵二君事"。6日,列名港九各界《反美扶日宣言》,痛斥司徒雷登发表荒谬绝顶之声明,强为扶日措施作辩护。11日,代表民进,会同民盟、民革负责人联名致电英国援华运动委员会,赞同他们要求政府与华北解放区建立经济与文化关系的声明。14日,陈叔通复信,就新政治协商会议议题有所商讨。26日,决定筹组民进港九分会。27日，《六二三下关血案的回忆》刊于香港《星期报》。28日，与学术工作者联名发表《正告美国大使》的声明，谴责美国的对华政策。同月，《读了中共"五一"口号以后》收入《论新政协》，作为新政丛书第一辑由香港南风书屋出版。另收郭沫若、邓初民、沈志远等文5篇。上半年，致函黄裳，劝他离开上海。7月12日，陈叔通回复，就郭沫若主张"联合政府成立在人民大会之后"，表示不同意见："似人民大会之前，至少亦须临时政府"。18日，与王绍鏊等民主人士联名在《华商报》发表文章，控诉独裁政府屠杀人民的罪行。19日，发表《蒋管区的同胞应该起来制止独裁者的罪行》，号召国统区人民自觉行动起来，为推翻南京独裁政权而斗争。中旬，与民进在港理事集中商讨新政协施政纲领，决定以书面形式向中共方面提出，并委托侯外庐起草。23日，陈叔通复马7月10日信。26日，致函陈叔通。31日，主持民进在港理事第四次会议，通过《中国民主促进会拟提出于政治协商会议之行动公约及政治纲领》共九章四十条，全面阐述民进的政治主张。同月，《石屋馀渖》单行本由上海建文书店（发行人唐鉴）初版，收录笔记132则。其中《余之信仰》一则清晰地反映出马的人生观。8月1日，毛泽东复电香港李济深、何香凝、沈钧儒、章伯钧、马叙伦等，略称："关于召集此项会议的时机、地点、何人召集、参加者的范围以及会议应讨论的问题等项，希望诸先生及全国各界民主人士共同研讨，并以卓见见示。" 5日，陈叔通回信，主要谈民主团体之资格限制问题，附有新政协诸问题。15日，赴柯布连道8号三楼华南救济会出席民进港九分会成立会，并代表民进总部致辞。王绍鏊、徐伯昕、司马文森、陈秋安、孟秋江、柯灵、温崇实等18人与会。26日，陈叔通回复，重申"新协商仍须有全国性"之外，主张新协商必须有顾问团。同月，黄裳著《旧戏新谈》由开明书店出版，书名系马所题。约8月，陈叔通来函，表示："新政协期期以为不可急。有人谓，开则可有助力。但是不开反有一种吸力。开而非全国性，或所收分子人望不足，则吸力减少，甚且予以攻击之隙。"

马叙伦与李济深、沈钧儒、郭沫若、章伯钧等9月6日就华北人民政府成立，分别发表谈话。马叙伦称华北人民政府的成立，是"未来全国民主联合政府的雏形"。民进驰电祝贺，称华北人民政府的成立"预示世界的新中国之即将诞生"。上旬，与王绍鏊电唁冯夫人李德全，称"人民皆失长城，吾党复夺先导，痛悼之余，益感任重"。17日，与蔡廷锴、沈钧儒、章伯钧、谭平山诸人非正式聚谈扩大纪念冯玉祥办法。中旬，在纪念"九一八"之际，民进以《警惕国人，新"九一八"又来临了》为题发表谈话，抗议美国政府扶持日本军国主义复活，"争取中国人民革命的最后胜利，把日本战犯和国内战犯一起交给人民去审判"。20日，夜半失眠，因作《悼冯焕章先生》七绝三首，感叹"不羡从龙成大树，正期缚虎失长城"。同月，《评〈中国文字的演变〉》刊于《文艺复兴》中国文学研究专号。又撰《革命战友的共鸣和鼓励——读"迎接新中国的斗争任务"后》。10月10日，撰《辛亥革命的追忆》；《三十七年的双十节》刊于《华商报》。同日，民进与各民主党派在《华商报》联合发表国庆日告国内外同胞书，认为今年国庆才真正到了"否极泰来"的转折点，南京独裁政权的丧钟响了。17日，与郭沫若、翦伯赞等往六国饭店，出席邓初民60诞辰祝寿会。25日，撰《台湾耻政纪念三周年》。30日，中共中央将《关于召开新的政治协商会议诸问题》修改件密电华南分局，请即抄送李济深、何香凝、马叙伦、郭沫若等11人，征询意见。11月5日，中共中央致电华南分局、上海局，请他们邀李济深、马叙伦、司徒美堂诸位北上解放区，参加新政协筹备工作。（参见卢礼阳《马叙伦年谱》，浙江古籍出版社2021年版）

茅盾1月1日在《华商报》发表《祝福所有站在人民一边的!》。同日，在《时代日报》发表《从"民之所好"说起》,云:陶行知先生的"民之所好好之,民之所恶恶之"和"教人民进步者,拜人民为老师"的原则,亦是知识分子应遵循的原则。5日,出席中华全国文艺协会香港分会举办的新年团聚会,并即席讲话。在讲话中建议香港文艺界加强文艺批评工作,纠正前一时期主要存在于上海的文艺批评的偏向。这种偏向表现在对敌人不去批评,而对自己的阵营却作一些不负责任的批评。这些批评的调子唱得非常高,非常"左",使青年以为这是最革命的,但实际上它是要引导青年到错误的方向。在会上讲话的还有郭沫若、柳亚子、翦伯赞、叶以群、楼适夷等。23日,作《杂谈方言文学》刊于1月29日香港《群众》第2卷第3期,云:"文学大众化的道路(就大众化问题之形式方面而言),恐怕也只有通过方言这一条路;北方和南方的作家都应当尽量使他们的作品中的语言和当地人民的口语接近,在这里,问题的本质,实在是大众化。"大众化无人"反对",则方言文学也不应"怀疑"。同月,《茅盾文集》由春明书店出版。2月1日,作《再谈方言文学》,刊于3月1日《大众文艺丛刊》第一辑,全文由"方言文学"与白话文学、"方言文学"与文学大众化、大众化与民间形式三部分组成。特别指出,仅将用北方语写的文学作品称为"白话文学",除此而外都是"方言文学",这种观念是不对的,"在理论上既不圆满,并且是文学走上大众化道路的一块绊脚石。"只有在清楚了"白话文学就是方言文学"之后,才能讨论有关"方言文学"的其他问题。17日,《新春笔谈——幻想终必破灭》刊于《正报》第76—77期合刊。云:那些自封"第三者"的人悲天悯人地散布"和平"空气,"但无情的现实很快就要使他们摒除幻想,面对现实。"

茅盾3月6日在中华全国文艺协会港粤分会春季文艺讲座作《苏联青年的文化生活》的报告。9日,《略谈苏联电影》刊于《华商报》。15日,《我看——》刊于《华商报》,指出新近成立的"中国社会经济研究会"与所谓"新第三方面""中间路线"都是一路货。该会的目的无非是"为军事溃败到最后阶段而演出的政治阴谋预作思想上的准备""亦为此政治阴谋预先招兵买马"。4月26日,与在香港的民主人士100余人联名发表《慰问平津教授学生电》。同月,《苏联见闻录》由上海开明书店出版,其中包括:"日记"和"见闻"两个部分。5月1日,《反帝、反封建、大众化——为"五四"文艺节作》刊于新加坡《风下》周刊第124期,亦见于《文艺生活》海外版第3—4期。文中云:"我们现在的文艺应当作为反帝反封建的思想斗争的一翼,配合全国的民主运动,彻底完成民族独立解放的伟大任务!'文学作品的'大众化不但要用大众的语言,站在大众的立场,而且要表现大众——不是命运操纵在别人手里的大众,而是自己掌握自己命运的大众。"4日下午,出席香港文化界"庆祝第四届文艺节纪念大会",并作了《文艺工作者目前的任务》的演讲。云:"文艺工作者的任务,简单地说来,第一是文艺大众化;第二是自我改造;第三是扩大文艺界的统一战线。"而"'自我改造'的意义就是向人民学习。"同日,出席中华全国文艺协会港粤分会第三届年会,在会上同日被选为理事;与郭沫若等60余名文化界人士联名发表《纪念"五四"致国内文化界同人书》。响应中共中央关于建立联合政府的号召,呼吁广大知识分子团结起来,为建设新中国而奋斗;《知识分子的道路》刊于中华全国文艺协会香港分会编的《庆祝第四届五四文艺节纪念特刊》,云:"今天来纪念'五四'重要的意义,我以为就在它指出了知识分子的道路不能离开人民的大路。"17日,《文化人的呼吁》刊于《生活周报》187期。29日,《赞颂〈白毛女〉》刊于《华商报》,文章赞扬《白毛女》是"歌颂了农民大翻身的第一部歌剧",它"比中国的旧戏更有资格承受这名称——中国式的歌剧"。6月4日,与香港各界人士125人联名声明,响应中共中央的"五一"号召,促成新政协早日召开,成立民主联合政府,以争取民主和平的实现。13

日,作短篇小说《惊蛰》,刊于《小说》月刊创刊号。这是茅盾创作中的唯一的一篇寓言体小说。小说通过对处处碰壁的"豪猪先生"形象的塑造,象征性地暗示了在中国命运的决战时期,走"中间路线"的必然破产。

　　茅盾任主编的《小说》月刊7月1日在香港创刊,茅盾与巴人、葛琴、周而复、叶以群、孟超、蒋牧良、楼适夷等任编委,实际工作由周而复主持。茅盾所作《〈小说〉月刊发刊词》刊于《小说》创刊号。2日,与郭沫若、欧阳予倩等联名发表声明,反对美国扶植日本军国主义。又与郭沫若、夏衍、冯乃超、邵荃麟等举行茶会,招待演出《白毛女》的中原、建国、新音乐社等三个文艺团体,祝贺他们在香港的演出获得成功。11日,应邀出席香港中国新文学学会年会,并作了即席讲话。25日,《纪念杜重远先生》刊于《华商报》。26日,应聘为香港新文学学会名誉理事。9日,应邀担任刚复刊的《文汇报》副刊《文艺周刊》的主编。所作《我们的愿望》刊于《文汇报》副刊《文艺周刊》第1期。对副刊提出了几点希望,还要求各界人士多多支持和关照,齐心协力来办好这个副刊。同日,《悼佩弦先生》刊于香港《文汇报》,文中认为朱自清如古人所称"盛德君子无疾言厉色",他取字"佩弦",似乎"自感秉性舒缓,可是多少登台演说,慷慨激昂者,其赴义之勇,却远不及朱先生"。他的著作不多,但"都是经得起时间的考验,在新文艺史上卓然而有其地位"。同月,作《鲁迅的小说》,刊于10月1日《小说》月刊第1卷第4期,云:"正因为在鲁迅前期的思想中,进化论而外,还有他的人道主义,而这成为他那时控诉'人吃人'社会制度的立场,故而他的前期作品(小说)和巴尔扎克、狄更司、托尔斯泰的'批判现实主义'颇不相同,而应当和高尔基的早期作品相比较;也就是从这一点来看,我们有理由说它是中国的社会主义的现实主义文学的先驱。""从《狂人日记》到《离婚》,不但表示了鲁迅思想的发展道路,也表示了他的艺术成熟的阶段。《祝福》《伤逝》《离婚》等篇所达到的艺术高峰,我以为是超过了《阿Q正传》的。"

　　茅盾10月19日下午赴元国饭店,出席中华全国文艺协会港粤分会举行的鲁迅先生逝世12周年纪念茶会。27日,与郭沫若等联名电贺莫斯科艺术剧院建院50周年。同月,《对美国电影和苏联电影的看法》刊于《新文化丛刊》第二种:《保卫文化》;应南方学院之邀,到该院作了一次关于文艺创作的演讲,深入浅出地谈了小说创作的思想立场、人物故事和结构等问题。该讲稿后来以《关于创作》为题刊于《海燕文艺丛刊》第2辑。11月5日,中共中央致电中共华南分局,请他们邀请茅盾等尚在香港的民主人士北上。7日,《人民的世纪始于三十一年前的今天》刊于《华商报》。此文系为纪念苏联十月革命而作,云:"苏联的'十月革命'开始了人类历史的新纪元——'人民的世纪'该从那一天起算。""从那一天起,几千年来,东西古代哲人所梦想的平等自由极乐世界、'乌托邦''大同世界'这才成为事实,在六分之一的地球上开始一步一步实现。"同日,与郭沫若等联名电贺苏联人民的十月革命节。26日,发表《伟大音乐家创作的道路》。此文是观看苏联电影《陌上春回》之后的感想。认为这部影片"吸收世界音乐的优秀传统","在民族的民歌宝藏中汲取泉源而创造出新的民族音乐",值得我们的文艺工作者借鉴和学习。同月,《冯焕章将军在"文协"》刊于中国国民党革命委员会编的《冯玉祥将军纪念册》,云:"文章入伍,文章下乡"是当时文艺界的共同目标,冯焕章将军是实践了这两句话的。他的这种精神令人不能不钦佩。12月3日,应邀至香港《文汇报》社作报告,讲新闻与文学的关系等。后以《新闻与文学》刊于12月6日《文汇报》。13日,中共中央统战部致电中共香港分局的方方、夏衍、阳翰笙,请他们邀请茅盾、洪深等来解放区参加新政协筹备工作。31日,根据党组织的安排,秘密登船,赴东北解放区,参加新政协的筹备工作。同行的有李济深、章乃器、邓初民、洪深等 20 余人。（参见唐金海、刘长鼎主编《茅盾年谱》，山西高校联合出版社 1996 年版）

　　侯外庐所著、中国学术研究所编辑《中国古代社会史》1 月由上海新知书店出版，出版前由杜国庠校阅。3 月，所作《魏晋儒道论争四派中之"儒道合"派》刊于《时代评论》1948 年第 5 卷第 9 期。4 月 14 日，作《中国思想通史——（中古编）序》，刊于 1950 年 4 月 2 日《光明日报》第 3 版。同日，所作《胡适，胡其所适？》刊于《野草文丛》1948 年第 9 期。26 日，《华商报》第 2 版刊登《旅港民主人士百余人联名慰问平津教授学生》，侯外庐与郭沫若、千家驹、何香凝、沈志远等 153 人签名。同月，新知书店香港分店开幕，店址设在香港轩里诗道。侯外庐与沈钧儒、郭沫若、邓初民、沈雁冰、马叙伦、翦伯赞、狄超白和宋云彬等题词题诗表示祝贺，侯外庐的题词是："群贤毕至。少长咸集。尽是革命的知识分子。此间没有帮闲文人所希望所认读书人。"此前，上海新知书店已因出版范文澜主编的《中国通史简编》，被国民党当局污蔑为"亡国主义宣传品"，借口对书店进行查抄。这件事发生后，在党组织的统一部署下，新知书店和生活书店一致行动，主动收缩了上海的门市业务，并和读书出版一起，将领导机构迁移香港。5 月 4 日，《华商报》第 2 版刊登《纪念五四致国内文化界同仁书》，侯外庐与郭沫若等 60 余人签名。月初，香港各民主党派和民主人士积极响应中国共产党的"五一"号召，侯外庐参加过很多讨论，民主促进会很尊重先生的意见。15 日，所作《谁敢制造第二李闻事件——向世界学术界申诉》刊于 5 月 15 日《华商报》第 1 版。6 月 19 日，侯外庐《我的研究经验》刊于《展望》1948 年第 2 卷第 8 期。

　　侯外庐《孙中山到毛泽东——为伟大的廿七年历史创作而作》连载于 7 月 1 日、8 日香港《群众》周刊 1948 年第 2 卷第 25 期。文章认为："马克斯论到太平天国的起义与失败时，预言着：中国在不久的将来必有自由、平等、博爱三字大旗，插在中国的万里长城上面；这预言被历史证明了，那就是孙中山的民族、民权、民生三个大字。列宁论到辛亥革命高涨的民主革命政纲与民主观的社会主义时，预言着：中国将来必有社会民主党（按即指后来的共产党）把孙逸仙的革命政纲珍贵起来，培植起来，发展起来；这预言亦同样地被历史证明了，那就是毛泽东的新民主主义。科学的语言与历史的创造相应不爽，从'一个人看一个世界'而言，'从历史是人类创作的'（人类二字包括阶级的人类义）而言，这便是孙中山到毛泽东的战斗历程。"8 月，《新民主主义底历史认识》刊于《理论与现实丛刊》1948 年第 3 辑（该期 1949 年 3 月再版）"新民主主义特辑"专栏。文章论述"民主的历史意义""旧民主主义的历史意义""新民主主义的历史任务""新民主主义的历史阶段"，认为："严格的说来，民主就是'政治的平等'。此所谓'政治的平等'仅是在'自然的不平等'历史之下，才有意义，换言之，通过人类财产的不平等和智能的不平等之社会，民主或多或少或深或浅，才在历史的进程中具有价值，如果自然的平等通贯古今，亦就没有民主一辞在历史上出现的。……具体的历史是，奴隶社会的民主，封建社会的民主，资本主义社会的民主，社会主义社会（智能犹不平等）的民主，……民主毫不纯粹，毫不全民，由政权方面而言，具体的历史又是，奴隶主专政，封建领主专政，资产阶级专政，无产阶级专政。""新民主主义……有依据有步骤的使资产阶级性的民主革命进行到底，而培植着社会主义现实性之顺利转化。因此，它不是开始即终结，而是开始孕育着终结。它在甚多的阶段长环之中，一环一环地通过，而完成全链。这就是和旧民主主义不同的一点，旧民主主义约束于一环而斩断全链的发展，新民主主义则在环链二者之间坚强地做辩证法的把握。""今天的历史，一切都从属于社会主义，半殖民地殖民地的民族解放固然是社会主义的一部分,而与十八世纪的各国国民运动仅从属于资本主义者已经成为另一范畴,即资产阶级性的民主亦是社会主义的一部分,而与典型的资产阶级专政俨然不同了。此所谓社会主义之一部分,是在纵通的历史方面而言,即是说问题不但不能与社会主义为敌,而且要与社会主义联结,如果问题脱离了社会主义的领导,惧怕社会主义的因素,必然仍堕于旧民主主义,这在先进国就产生民主的否定,在后进国就产生民主的夭折。另一方面,此所谓社会主义的一部分,却不是一切皆以社会主义的手段进行,在横通的历史上而言,各国的民族民主的任务,程度不等的有的应着重为了反封建专制而战,有的应着重为了反独占资本而战,不论那一面,无产阶级没有理由不坚决参加各样程度不同的民主战线,没有理由不为其民主的彻底胜利而战斗。"约8月,侯外庐参加香港《文汇报》创刊前的座谈会。

侯外庐9月在香港继续主编复刊的《文汇报·新思潮周刊》。当时侯外庐的主要精力集中在撰写《中国思想通史》第3卷的工作上,同时也参与了批判"第三条道路"的工作。同月5日,中国学术工作者协会华南分会在香港举行成立大会,侯外庐与郭沫若、翦伯赞、邓初民、胡绳、沈志远等13人被选为理事。9日,香港《文汇报》创刊,侯外庐主编"新思潮"副刊。22日,所作《鲁迅与中国传统思想》刊于香港《文汇报》1948年第2期第7版"新思潮"栏目。29日,所作《文天祥思想》(答记者问)刊于香港《文汇报》1948年第3期第5版"新思潮"栏目。10月10日,参加香港达德学院校庆暨为50岁以上老师、校董祝寿会并合影,合影者有周新民、张文、张殊明、陈其瑗、龙志清、邓初民。19日,参加香港文化界在六国饭店举行的鲁迅逝世12周年纪念会,郭沫若为大会主席,香港大学马鉴和先生先后发言。20日,所作《"锲而不舍"——解鲁迅"韧"性战小论》刊于香港《文汇报》。27日,所作《鲁迅其名索隐》刊于香港《文汇报》。据侯外庐《韧的追求》(生活·读书·新知三联书店1985年版)回忆:"一九四八年我写《鲁迅与中国思想传统》《鲁迅其名索隐》时,主要意图是论证,同其他一切政治家、思想家一样,鲁迅的知和行,本身也是一个过程,能够反映本世纪前期中国历史的变迁。鲁迅的伟大,在于他能认识无产阶级肩负领导中国民主革命使命的历史必然性,能随同历史步伐相依前进。""中国近代思想的终点和现代思想的起点,都体现在鲁迅思想中。""我在鲁迅思想研究中汲取到的力量,对我毕生的事业都有激励作用。作为一个马克思主义信仰者,宣传马克思主义,坚持以马克思主义指导中国学术的研究,需要理论勇气。……鲁迅先生的韧的精神和风范,是我最敬仰的一种中国风格的战斗精神,一种所不能至,心向往之的风范。"是年,在香港撰写《中国思想通史》第二、三卷;所作《中国新文化的前途》刊于《新文化论丛》第1期;与纪玄冰合作《秦汉魏晋南北朝神灭思想的战斗传统与范缜的神灭论》刊于《时代评论》第5卷第102期。(参见杜运辉《侯外庐先生学谱》,中国社会科学出版社2013年版)

翦伯赞3月到达德学院任教授,讲授"中国通史"。同月中旬,接冯玉祥自美国来信。4月12日,写信复冯玉祥。6月20日,在香港《野草文丛》第10集《论怕老婆》发表《复冯焕章(玉祥)先生书》。8月,收到冯玉祥在归国途中寄来的《我所认识的蒋介石》一书原稿,要求设法出版,并赠自画油画一幅。9月1日,冯玉祥将军在黑海因轮船失火而遇难。8日,与刘思慕、邓初民等向在莫斯科的冯夫人李德全女士发唁电。9月,《文汇报》在香港复刊,翦伯赞应邀任《史地周刊》主编。翦伯赞先后化名钱肃端、陈思遗、农畴在《史地周刊》第1期发表三文,同时又撰写了《编者的话》。自9月至11月,周刊共出八期,翦伯赞文章计有《编者的话》《杜甫世系及其家属考》《西晋的宫闱》《三国时内战中的外族军队》《孙皓的末日》《舶寮岛史前遗迹访问记》《关于台湾的石环及其他——复李规先生》《历史学上的人名、地名与年代》《关于历史知识的通俗化问题——兼答吴兰先生》《评南北朝的幻想》《末代帝王的下场——逃跑、投降、自杀、被俘》《关于传国玺答文芳先生》等。11月15日,在香港《时代批评》107期发表《追怀冯玉祥将军》。受中国国民党革命委员会委托,编《冯玉祥将军纪念册》,11月由香港嘉华印刷有限公司印刷。(参见张传玺《翦伯赞传》及附录张怡青《翦伯赞大事年表》,北京大学出版社1998年版;王学典《20世纪史学编年(1900—1949)》,商务印书馆2014年版)

　　章汉夫继续主编由上海迁往香港的《群众》周刊。为了揭露和批判美蒋所谓"第三条道路"的"中间路线",以方方、章汉夫为首的中共香港分局根据党的政策和中央有关指示,积极组织民主人士对所谓"第三势力"进行了深入的揭露和批判。章汉夫等中共香港分局的领导人决定在《群众》和《华商报》积极发表批判文章,以帮助爱国民主人士打掉对"第三条道路"的幻想。1月29日,章汉夫在《群众》周刊上发表了《大公报的"中间路线"》一文。《大公报的"中间路线"》文中写道:"在这个时候,有人出来利用'中间路线',替蒋介石拉些捧场的或者殉葬的人,……要他们不要对蒋介石太失望,不要对中共抱希望。"文章指出:鼓吹"中间路线"的实质就是"这样一个替蒋介石挣得喘息、分化中间力量的阴谋"。经过章汉夫等人在媒体上的宣传、解释,文化民主人士抛弃了对"中间路线"即走"第三条道路"的幻想,思想得到稳定,对中共领导的革命胜利的信心和认同感大大增加。5月,中共中央发布纪念五一国际劳动节口号,提出要召开的新的政治协商会议,热烈欢迎各民主党派、人民团体负责人和社会贤达到解放区去,参加新政协会议。广大爱国民主进步人士对此热烈响应。为配合对新形势的宣传,号召广大民主人士参加新政协会议,章汉夫先后在《群众》上发表了《论旧政协和新政协》《历史的转折点》两篇专论,进一步激发了广大爱国民主人士到解放区去的渴望。夏秋间,进步学生陈壁城找到香港中共组织,提出在上海翻印、秘密发行《群众》周刊的倡议。经过协商最终决定依靠新民主出版社和有利印刷公司合作,用香港《经济导报》的纸型来夹带《群众》的纸型,使两种纸型结合得天衣无缝,即经检查也查不出破绽,然后航寄上海翻印。这种做法抓住了敌对势力疲于仔细审查的缺点,成功实现了发行工作的目标。9月,为了护送爱国民主人士和民主党派负责人安全离港北上参加新政协,在中共中央和周恩来的组织领导下,章汉夫直接参与了在香港秘密地展开的敦刻尔克式"文化大营救"。9月13日,章汉夫陪同沈钧儒、谭平山、蔡廷锴、章伯钧等第一批民主人士,一行10余人,乘船秘密离港北上。章汉夫离港后,中共香港工委书记由夏衍接任,廖沫沙担任报纸委员会书记,香港版《群众》周刊一直出版到1949年10月20日,完成了历史使命。(参见陈雷刚《建国前章汉夫在香港的工作经历》,《文史天地》2015年第10期;范佛山《中间势力的争夺:香港〈群众〉周刊的发行》,《广东党史与文献研究》2019年5期)

　　夏衍与廖沫沙继续主编《华商报》,为香港左派力量的主要舆论阵地。春,香港进步文化界活动的最主要内容是展开对"自由主义运动"("第三条路线")的批判,主要针对《大公报》《周论》《观察》《新路》等,以及北平由邵力子等组织的"中国社会经济研究会"。香港的左翼文化界密切注意这一动向,《华商报》召集过座谈会,也向文化界广泛征稿。3月,夏衍杂文随笔集《劫后随笔》由香港海洋书屋出版。6月至11月在香港《群众》杂志开设"蜗楼随笔",署名任晦之(第2卷24期至46期)。10月,章汉夫调离后,继任香港工委书记,负责与各民主党派的联络工作,为筹备召开新政协,先后送李济深、沈钧儒、黄炎培等经东北解放区到河北解放区。韩练成到港后,安排他与郭沫若、马叙伦等同船回东北。在香港策动国民党资源委员会主任钱昌照起义,保存了资源委员会的全部资材和工程技术人员。参与策动国民党上海海关关长丁贵堂起义,保存了上海海关的全部档案和财产。11 月 21 日,周恩来和陆定一联合署名给在香港工作的夏衍发去电报,就"调整电影人才,发展电影事业"作出指示。编写电影剧本《恋爱之道》,次年由香港南群影业公司摄制,欧阳予倩导演。(参见杜运辉《侯外庐先生学谱》,中国社会科学出版社 2013 年版)

冯乃超与邵荃麟共同执笔的《方言问题论争总结》1 月 1 日刊于香港《正报》旬刊第 69—70 期合刊"新年特大号"。内容包括:一、明确讨论的出发点首先是为了文艺普及的需要,对象是大多数文化水平低的工农兵,论争的焦点是广东方言区的方音问题;二、答复讨论中提出的八个问题,如发展方言文学是否会破坏言语的统一、白话文是否要破坏、用普通话夹一些方言写是否需要、文言文学的流传是不是受到局限等等;三、指出争论中出现的乱搬教条、不深入研究的倾向。文章较全面地总结了一个多月来关于方言文艺问题的论争。2 月在香港《文艺生活》月刊海外版第 1 期"青年文艺创作竞赛入选专号"发表《不要开倒车》,反对有人借提倡浅近文言文来反对白话文的倒退倾向。同月,编辑艾青等人著的诗集《毛泽东颂》。3 月 1 日《大众文艺丛刊》创刊,与邵荃麟等编辑,共出 6 辑,前 4 辑为双月刊,后两辑为季刊,每辑拟一书名出版,后印成《大众文艺丛刊批评论文选集》。同日,在香港《大众文艺丛刊》双月刊第 1 辑《文艺的新方向》发表论文《战斗诗歌的方向》,认为"担当得起天才称号的诗人,经得起岁月侵蚀的作品,都是向劳苦人民的世界,摘取创作的主题,吸取语言的源泉的"。主张诗歌和革命战争、生产、参军、土地改革、群众斗争紧密地结合起来,锤炼着各种新的旧的形式。该刊同期还载有冯乃超《略评沈从文的〈熊公馆〉》,认为沈从文《芷江的熊公馆》"整个作品所要说的就是一句话,地主是慈悲的,他们不剥削。拿这种写法来遮掩地主剥削农民的生活现实,粉饰地主阶级恶贯满盈的血腥统治,这就是沈从文写《熊公馆》的主题"。

冯乃超 3 月 6 日在香港《华商报》"周末版"发表《关于〈毛泽东颂〉》(后易题《〈毛泽东颂〉编后记》),认为"从这些诗篇里面我们可以看出知识分子和人民心目中的这位革命舵手的形象,并且认识中国英勇无产阶级的代表,我们伟大民族的优秀传统的杰出代表"。15 日,在香港《中国诗坛》丛刊第 1 辑《最前哨》发表评论《谈翻身诗歌》。同月,编辑艾青等人著的诗集《毛泽东颂》由香港海洋书屋初版,列为万人丛书之一。冯乃超在《编后记》中说:"从手头仅有的,又从朋友们抄来的材料中,选出了十二首和毛泽东有关的诗篇。这种已经写出来了的诗歌,一定是很多,据我知道而找不到的就有十几首。这样的诗歌,今后还要继续大量出现的,因为这样一个伟大的主题,将引起无数诗人的注意,人民也会自然而然地寻找适当的字眼来编唱对于这位新中国创造者的颂歌。"5 月 1 日,在香港《大众文艺丛刊》双月刊第 2 辑《人民与文艺》发表评论《评〈我的两家房东〉》,认为康濯这本收有三个短篇的描写解放区农民的小说集"表现着特有的清鲜的风格。它细致而不烦琐,平淡而不刻板,有着生动的朴素性,不加铺张的真实性"。并与鲁迅刻画农民的小说作了比较。5 月 4 日上午,出席"文协"港粤分会举行的第三届年会,讨论举办文艺周活动等事宜,并改选理监事。被选为理事。下午,出席庆祝第四届文艺节纪念大会。同日,与郭沫若等 63 人联名发表《纪念五四致国内文化界同仁书》,响应中共中央关于建立联合政府的号召,呼吁文化界人士团结起来,为建设新中国而奋斗。7 日,与香港文艺界人士捐献大批款项,支援重获解放的延安地区人民群众。15 日,在香港《文艺生活》月刊海外版第 3—4 期合刊发表《文艺工作者的改造——纪念文艺节》,文中引用毛泽东《文艺问题》的话启发文艺工作者进行自我改造,确立无产阶级立场,提出"今天文艺的任务是扩大了,历史要求反映人民生活又指导人民生活的文艺"。16 日,发表评论《聪明误——从萧乾的述怀〈遗书〉谈起》刊于《北大半月刊》第 5期。29 日,香港中原剧社、建国剧社、新音乐社开始联合演出解放区歌剧《白毛女》,连演月余,轰动全港,受到广泛热烈的欢迎。文艺工作者举行座谈会,各报刊发表评论文章。同月,冯乃超在香港《大众文艺丛刊》双月刊第 3 辑《论文艺统一战线》发表《从〈白毛女〉的演出看中国新歌剧的方向》。

　　按:文中认为"《白毛女》在香港公演的成功,是这个新型歌剧在全中国范围内的成功;它是地方色彩极浓厚的歌剧,却打破了一切地方戏所受到的那种流行地区的限制。这次在香港的公演和在张家口的公演比较起来,在意义上是人民大众新歌剧的又一次胜利的收获。""这个实有其人实有其事并非剧作家虚构的作品,有着比较精心结构的作品所没有达到的深刻的真实性,这就是《白毛女》这个歌剧在政治上和艺术上获得伟大成就的地方。"因而同意说《白毛女》是"民族形式的歌剧",是"中国第一部歌剧""它在人民艺术的发展与进步上是具有里程碑的意义"。同时指出它"并不是完成了的中国新型歌舞剧,而只是一个实验品",并分析了剧本和演出中存在的各种矛盾、问题与不足。

　　冯乃超下半年在香港"文委"正式成立党支部后专管党务,由林林、杜麦青、李门负责。其间,潘汉年在"工委"主持输送各界人士去解放区的工作,曾几次与冯乃超会面。10 月 10日,发表《三十七年前的今天在香港——辛亥革命回忆断片》,回忆辛亥革命前夕在故乡及经香港的情景,与所撰小说《故乡》相仿。文章载香港《华商报》"双十增刊"。同月,出席《新文化丛刊》编辑部召开关于《漫谈美国电影与苏联电影》的座谈会,认为"苏联影片是教育的工具,有深刻的思想性。美国影片基本上是赚钱工具,又是欺骗麻醉工人及殖民地人民的工具,最近又用作反苏反共反民主的工具"。座谈纪要载香港《新文化丛刊》第二种《保卫文化》。11 月 1 日,在香港《小说》月刊第 1 卷第 5 期发表《浠水前线——抗战回忆断片》,文中回忆 1938 年 9 月中、下旬参加前线慰劳团,奔赴北战场第五战区慰劳抗战将士的情景,文末附注中说:"郭沫若先生的回忆录,引录了我供给参考的一段简单的记录,因为有些要订正的,抽空写成此文,用以保留一些资料。"同年,曾编著成论文集《论人民的文艺》(文艺理论丛书之一)及文学史《新文艺运动简史》(万人丛书之一),文稿交香港海洋书屋,后未印出。(参见李江《冯乃超年谱》,载李伟江编《冯乃超研究资料》,陕西人民出版社 1992 年版)

　　邵荃麟主编的《大众文艺丛刊》3 月 1 日在香港创刊,以文艺理论批评为主,也刊载文学作品。据周而复《回忆荃麟同志》回忆:"有一天,我们在英皇道住处谈起这个问题,大家觉得有出版一种文艺理论刊物的必要。夏衍和冯乃超同志十分赞成,最积极的是荃麟同志,好像胸有成竹,早就想好怎么办这个刊物。原来打算出月刊,因为在香港文艺界研究文艺理论的人并不很多,而要研究某些文艺理论问题需要时间,不是信手拈来,倚马可待的,出月刊,要按时出版,'等米下锅'不是一个办法;如果出季刊呢,又嫌每期相隔太长了一点,有文章要发表失去时间性;最后大家一致的意见是出不定期的丛刊,有文章就出一期;文章少或一时写不出文章来,可以推迟出版时间。丛刊取名费了一番斟酌,既要表明这个刊物的立场和性质,又要照顾到香港的具体环境,经大家商议,决定取名《大众文艺丛刊》。"《大众文艺丛刊》自第 4 辑起为避免国民党政府的邮件检查,改为书籍的形式,三个月出一辑。前后共出版 6 辑,至 1949 年 3 月停刊。第 1 辑:《文艺的新方向》;第 2 辑:《人民与文艺》;第 3辑:《论文艺统一战线》;第 4 辑:《论批评》;第 5 辑:《怎样写诗》;第 6 辑:《新形势与文艺》。

主要撰稿人有郭沫若、茅盾、丁玲、夏衍、荃麟、冯乃超、默涵、乔木（乔冠华）、胡绳、以群、绀弩、吕荧、于伶、周立波、王若望等。先后对沈从文、萧乾、朱光潜等自由主义倾向的作家学者，以及左翼的胡风、路翎等开展激烈批评。3月1日，《大众文艺丛刊》创刊号（第1辑）载有荃麟《对于当前文艺运动的意见》，以"本刊同人荃麟执笔"表达的共同取向是："我们以为今天文艺思想上的混乱状态，主要即是由个人主义意识和思想代替了群众的意识和集体主义的思想""以无产阶级思想领导的，以土地改革作为主要内容的，服务于工农兵，而且以农民为主要对象，但是也照顾到城市小资产阶级，并且包括革命小资产阶级在内的。这就是今天新民主主义文艺的性质及其内容。"这就只可能回到民族国家的建立，需要言说多元的统一。《大众文艺丛刊》从创刊号起，先后刊出胡绳《评路翎的短篇小说》和《鲁迅思想发展的道路》、乔冠华《论文艺创作与主观》、林默涵《思想解放与集体主义》、邵荃麟《论主观问题》等众多文章，都直接点名批评了胡风，从而引发胡风的回应并引发论争。林默涵《胡风事件的前前后后》说："当时在香港领导文艺工作的，是党的文委，由冯乃超负责。在文委领导下，出版了《大众文艺丛刊》，由邵荃麟主编。这是人民解放战争正在激烈进行而面临全国解放的前夕。香港文委的同志们认为需要对过去的文艺工作作一个检讨，同时提出对今后工作的展望。经过交换意见，遂由荃麟执笔，写了《对当前文艺运动的意见》一文，发表在《大众文艺丛刊》第一辑上。文中首先进行了自我批评，认为过去工作中存在着逐渐忽略新文艺运动一贯的大众立场和忽略自身思想改造任务的倾向；同时也批评了作为当时进步文艺几种倾向之一的胡风等人的文艺思想。"（参见文贵良《对抗与对话：胡风作为话语主体的诞生》，《中国现代文学论丛》2010年第1期；茆贵鸣《文艺论争中的乔冠华与胡风》，《文史精华》2006年第3期）

乔木（乔冠华）时任新华社香港分社社长，为《大众文艺丛刊》的主要撰稿人。据乔冠华自述（章含之等著《我与乔冠华》）："党内的同志对胡风的一些思想有意见（这是第二次争论）是由来已久的。在重庆的抗战时期，胡风的思想更加发展了，更加明朗了，那么这种不同意见实际上不仅是在香港、在上海、在许多地区都存在着的。我们党内在香港的一部分同志，就发起批判胡风过分强调所谓主观战斗精神的思想。"5月，乔木在《大众文艺丛刊》第2辑发表《文艺创作与主观》一文中，从五个方面批判胡风的文艺思想："文艺究竟是表现什么的""文艺创作从哪里开始""作家怎样才能和人民结合""作家如何才能创造出比现实更高的艺术""作家应如何进行改造"。文中不仅指出了"例如抗战初期，就出现过这样的论调：到处都有生活，不管是前线和后方，当前问题的重心不在于生活在前线和后方，而是在于生活态度""这种思想好像是为了知识分子如何和人民结合的课题而提出的，但实际上它取消了和人民结合这一基本命题"；而且还批评了胡风把创作过程神秘化，提倡"精神重于一切"的做法，并且给胡风戴上了一顶"主观唯心主义"的帽子。

按：1977年7月，胡风在狱中被责令写成的《关于乔冠华（乔木）》的交代材料中这样写道："大约乔冠华去香港后不久就和邵荃麟等筹备出《大众文艺丛刊》(?)。第一期或第二期发表了邵荃麟的，领导国统区文艺的纲领性的文章，其中批评我的'唯心主义'文艺理论是中心之一。模糊记得，出版前寄了一份排好字的校样给我征求我的意见。排都排好了，我有意见又怎么办呢？记不得回信怎么说的。当然不久就出版了，当然也从上海传去了我对他们的理论没有什么可同意之处。接着次一期就发表了乔冠华写的专门批评我的文章。这就清楚了：邵荃麟的所谓全面批评，不过是表示不专门攻击某个对象的表面文章，乔冠华完全批评我的专论才是正戏。看了以后，情况是出乎意外的。第一，原来乔冠华在重庆是党内资产阶级唯心主义的重点批评对象，现在竟立地成佛，变成一贯的马克思主义唯物主义者，站出来批判胡风的'唯心主义'了。第二，无论是批评胡风的论点或者他自己的立论，不但完全脱离了实践基础，而且连言之成理都做不到。莫名其妙，为批判而批判了。第三，更莫名其妙的是，他引用了黑格尔的一个论点，证明唯心主义者黑格尔比唯物主义者胡风还要唯物得多。恩格斯晚年提到他读黑格尔的《美学》不断地感到惊奇，可见黑格尔留下了关于文艺的宝贵的理论财富，我们还无从揣测。但乔冠华引用的这一个论点，恰恰是反映了他唯心主义的一面。这除了唬人——唬胡风和读者以外，有什么作用呢？第四，他的论断都用的设问口气，表示他并不武断吧，但一看就感到伪善的气息冲鼻，而且还是用伪善来掩饰武断的。还有一点莫名其妙的是：他主要是《逆流的日子》里找出论点来批判的，但却把书名写成《逆流集》……。"（参见茆贵鸣《文艺论争中的乔冠华与胡风》，《文史精华》2006年第3期）

胡绳《辩证唯物论入门》1月由新知书店出版。3月1日，胡绳《大众文艺丛刊》创刊号发表《评路翎的短篇小说》，后又刊出《鲁迅思想发展的道路》。7月，胡绳《帝国主义与中国政治》由香港生活书店出版。此书上起1840年，下迄1924年，分新关系的建立、"中兴"和媚外、"洋人的朝廷""强"的人（上）、"强"的人（下）、革命与反革命六章，阐述"帝国主义侵略者怎样在中国寻找和制造他们的政治工具，他们从中国的反动统治者与中国人民中遇到了怎样不同的待遇，一切政治改良主义者对于帝国主义者的幻想曾怎样地损害了中国人民的革命事业"等等。此书强调，当时中国不是一个整体，而是存在着两个中国：一个是"满清政权和环绕其四周的地主阶级的中国"，一个是"经常爆发武装抗争的农民的中国"。作者着重指出："有许多研究中国的近百年史的著作有意无意地造成了一种错觉。他们把帝国主义侵略中国的政策描写得这样单纯，以致把满清政权写成是不断地受到帝国主义国家所欺凌侮辱的可怜存在。这种描写是不合历史事实的错误观念""自一八四〇年以后的多年间，在帝国主义侵略中国的过程中，已经渐渐形成了中国统治者和中国人民双方不同的同外来侵略者之间的新关系的结合"。7月，胡绳《帝国主义与中国政治》由香港生活书店出版。

按：严昌洪、马敏《20世纪的辛亥革命史研究》一文认为，胡绳《辩证唯物论入门》"虽然有着为当时革命斗争服务的鲜明政治色彩，史料的运用也略显粗糙，但由于运用了唯物史观，改变了观察历史的视角，不仅在1949年以前关于辛亥革命的众多著作独树一帜，而且为1949年后的辛亥革命史研究奠定了初步基础"。（参见杜运辉《侯外庐先生学谱》，中国社会科学出版社2013年版；王学典《20世纪史学编年（1900—1949）》，商务印书馆2014年版；茆贵鸣《文艺论争中的乔冠华与胡风》，《文史精华》2006年第3期；杜运辉《侯外庐先生学谱》，中国社会科学出版社2013年版）

华岗因上年在延安一次意外造成脑震荡和肠出血，经中共中央批准，辗转从天津到上海，至是年春由上海抵达香港，参与香港工委工作，包括统战、文化以及工商业方面的工作。华岗一面养病，一面写作，集中精力搜集、考证、整理资料，将过去撰写的《中华民族解放运动史》一书中的《太平天国革命》和《五四运动》两章，扩充改写成《太平天国革命战争史》和《五四运动史》两本专著，经林默涵介绍交海燕书店出版。前书后来曾译成俄文出版。后书则是第一部用马克思列宁主义的观点系统论述五四运动的专史。10月29日，华岗在《香港文汇报·史地周刊》第3期发表《谈谈历史方法》，主要讨论历史主义的方法。所谓历史主义的方法，就是"当我们研究一件客观事物时，总应当注意去找出它底历史背景，找出它底来龙去脉与前因后果"。具体而言，历史主义的方法，就是当论断与评价历史事变与历史人物时，只能以该历史事变与人物在当时所处的条件为标准，而不能以今天的条件为标准。因为任何事变与人物，都不能不受一定历史条件的限制，因此不能也不应该对任何事变与人物提出没有历史根据的要求。要批评一个历史事件或历史人物，首先必须弄清楚那个历史事件或历史人物发生在什么时候和什么地点，再弄清楚那个历史事件或历史人物所处时代的生产水准与文化水准，那个时代的社会关系与民族关系，以及事变的真实经过与人物的意识行为,然后才能研究和评论那个历史事件与历史人物的作用和价值。否则,便会无的放矢或厚污古人。"有些事情在今天看来很难理解,而在当时历史条件下,却合乎发展规律。"

按:考察华岗的史学理论,不难发现他的许多思想与毛泽东、翦伯赞等人的史学思想一脉相承,异曲同工,主要表现在:一、把社会作为一个生产力与生产关系、经济基础与上层建筑预先统一的有机整体进行研究;二、把历史视为一个不以人的意志为转移、有客观规律可循的发展过程;三、立足生产斗争和阶级斗争,视人民群众为历史主体;四、坚持社会存在决定社会意识,经济基础决定上层建筑。事实上,以上这些,既是华岗个人自觉审视马克思主义史学所走过的历程,在理论和方法上不断完善与发展的成果,也是20世纪中国马克思主义史学发展的重要成果。(参见向阳《华岗传》,浙江人民出版社2003年版;孙宜山《华岗学术思想研究革命语境下的求真探索》,山东大学博士学位论文,2014年)

曹禺8月抵达香港。9月1日,《文潮月刊》第5卷第5期《文坛一月讯》刊消息:"曹禺在香港,正写《春夏秋冬》电影剧本。"同日,《世界》月刊第3卷第3期《八月艺文坛》栏刊消息:"曹禺继《艳阳天》后,已决定再写第二个电影剧本,闻定名为《春夏秋冬》。"9月28日,曹禺致信吴组缃,就吴组缃电影剧本《绿野人家》提出意见。10月2日,《电影周报》第12期刊消息《曹禺赴平》:"曹禺先生完成《艳阳天》后,正在收集材料,作下一个戏之准备。现在,文华公司摄片程序已决桑弧继石挥之后,佐临继桑弧之后,曹禺继佐临之后,照此安排,曹禺上场工作之期,当在明年初春,按曹禺之一贯工作态度,对此期限,已感到相当迫促,故已定日内迁居北平俾能安心写作,刻下文华公司正为他登记购买飞机票之中云。"9日《电影周报》第13期刊消息《文华导演旅行忙》:"文华公司现在正开摄石挥初次导演的《母亲》……曹禺将赴北平,他打算在北平写述他的新作。洪谟刚从北平回来,也已在准备他的新作了。"21日,香港达德学院"举行'鲁迅逝世十二周年纪念大会'""会上胡绳教授作题为'鲁迅先生为什么是中国知识分子改造的示范'的讲话,臧克家、曹禺也讲了话。方荣朗诵纪念鲁迅先生的长诗,马思聪演奏小提琴,梁枫表演从鲁先生小说《离婚》改编的化妆说书等节目,博得了与会者热烈掌声。袁水拍、萧乾、郑振铎、张瑞芳、陶金等也参加了大会。"其间,曹禺与郑振铎、钟敬文、周钢鸣、张瑞芳、郑小篯在达德学院广口合影。(参见田本相、阿鹰编著《曹禺年谱长编》,上海交通大学出版社2017年版)

司马文森1月1日出席中国国民党革命委员会(简称"民革")成立大会,为中央候补委员。于二中全会上被选为"民革"中央委员,后兼任"民革"港九分部主任委员。同月,在《文艺生活》发表《一年小结》,对1947年文艺生活社的工作进行了总结。2月,《文艺生活》由光复版改出海外版(第1期为总第37期),此期发表了青年文艺创作竞赛入选作品,并展开"马华文艺"专题讨论,郭沫若、夏衍等发表了意见;号召文艺要和当地人民的斗争生活结合,促进了"马华文艺"的发展。文生社自发起征求社员运动以后,得到东南亚各国、港澳及广州许多爱好文艺的青年积极响应,在泰国、马来亚、缅甸、新加坡、菲律宾、越南、印尼、美国、英国、加拿大、巴西及国内上海、北平、昆明等地共有文生社社员约1500人。总社负责人有:司马文森(编辑部)、张殊明(总务部)、陈残云(顾问部)、黄桂荣(服务部)、雷蕾(秘书)。文生社文学顾问会由黄药眠、冯乃超、邵荃麟、葛琴、司马文森、华嘉、夏衍、章泯、陈残云、黄宁婴、吕剑、胡仲持、陈闲组成。社员主要是职业青年,其次是青年学生和工人。

按:文生社在旧金山、加拿大、菲律宾、印尼、马来亚、香港等地设有分社,分社负责人有林林、西玲、杨繁、金丁等。总社通过分社领导了一些文学小组,"他们参加和配合当地的民主斗争,出版自己的杂志(油印或报上周刊),举行作品朗诵会、研究会、写作座谈会,进行当地人民生活风土习俗调查研究工作,展开地方性文艺的创作活动。总社和他们取得通讯上的联系,指示他们的工作,批阅他们寄来的稿件,给他们以必要指导,解答他们提出的有关文艺学习问题等"。(见司马文森《华南的文艺通讯员运动》)文生社组织了"文艺月会"活动,由著名作家郭沫若、茅盾等做文学讲话,在社员中开展通讯交友活动,互换书籍活动。号召社员"向劳动人民生活学习",组织采访组深入到人民群众中,了解、体会、反映人民的疾苦,并开展青年文艺创作竞赛。通过多种形式的文艺活动,团结了一批进步的文艺青年,推进了民主文艺的发展。

司马文森和张殊明等2月15—22日多次到长洲渔区探问由部分文生社员组成的渔区探访小组。郭沫若同志也曾与司马文森一同去看望过该小组。28日晚,陪同郭沫若参加文生社香港分社举办的第一次《文艺月会》。会上由郭沫若讲《文艺活动的总方向》。3月2日,发表文艺评论《人民的文艺观点》。15日,印尼雅加达《生活报》载文《香港文化界慰问海外民主文化界人士》(泗水张德修先生、加影陈望虹先生),有司马文森、茅盾、叶以群、葛琴、周而复等签名。4月,在新加坡《南侨日报》发表《在苦斗中过文艺生活》,司马文森谈自己是怎样开始了文艺生活的。5月4日,出席文协香港分会在六国饭店大礼堂举行的第三届会员大会,当选为文协香港分会第三届理事会理事。20日,针对荷印当局驱逐民主人士一事,在《华商报》发表《我的抗议》。同月,在《文艺生活》副刊发表《怎样搞好学校中的文艺工作》。7月,在香港达德学院编《海燕文丛》第一辑发表杂感《"山上人"和"山下人"》。8月,报告文学集《上水四童军》、儿童文学集《黑带》由香港学生书店出版(学生小文库第一辑),署名分别为宋芝、何文浩。学生小文库第一辑共10册,由司马文森编辑,除了《上水四童军》《黑带》外,尚有吴费的《读书的故事》、华嘉的《森林里的故事》、伯子的《龙须岛历险记》、雷蕾的《奇异的乡土》、春草的四幕剧《给孩子们》等。9月10日至翌年5月16日,在香港《文汇报》副刊《社会大学》上连载长篇小说《南洋淘金记》。10月19日,参加文协香港分会在六国饭店举行的鲁迅先生逝世12周年纪念会,与郭沫若等合影留念。12月12日,参加在文协香港分会会址举行的欢迎会,欢迎受国民党恐怖政策迫害下到港的文学作家许景宋、张天翼、蒋天佐、萧乾、马凡陀、何家槐、史东山等。是年,散文集《少男少女》在香港出版。(参见杨益群《司马文森年谱》,《抗战文艺研究》1985年第2期)

徐铸成5月到香港筹备创办《文汇报》,徐回忆:"我首次到九龙他(郭沫若)的寓所拜访时,他就表示愿全力支持。不久,就为我们规划了七个周刊。我们一起商定,由他和侯外庐先生主编'哲学周刊'。""大约在创刊一个多月以前,我请郭老主持了一个茶会,邀请上述各位主编先生和在港的部分文化界人士参加。"徐铸成抵香港后,侯外庐经郭沫若介绍与徐铸成相识。约8月,由报社编辑部主要负责人徐铸成、柯灵、马季良出面邀请,召开香港《文汇报》创刊前的座谈会,由郭沫若主持,茅盾、夏衍、侯外庐、杜守素等著名的文化学术界人士20多人出席。9月9日,徐铸成主编的香港《文汇报》创刊,邀请侯外庐主编"新思潮"副刊。

按:侯外庐《韧的追求》(生活·读书·新知三联书店1985年版)自述:"由于《文汇报》为大众所爱,由于与报人徐铸成的友谊,一向我总感到,回忆在沪、港两地为《文汇报》编副刊,是一件非常愉快的事情。"徐铸成《徐铸成回忆录》(生活·读书·新知三联书店1998年版)回忆:"我几乎每周必过海两三次,走访郭老、茅盾、翦伯赞、侯外庐诸先生,征询对《文汇报》意见,有时陈邵老留饭,大都是外庐先生留饮白酒,侯夫人并亲调山西面食款待。有一次,侯夫人说:'你们《文汇报》,几乎常常引起我们家的矛盾。'我愕然不解所以。外庐先生莞尔笑道:'她是给你开玩笑。我们一家人,清早起来,都抢着先看《文汇报》。她是夸奖你的《文汇报》办得好。'这也可见当时香港知识界的一般评议。"(参见杜运辉《侯外庐先生学谱》,中国社会科学出版社2013年版)

卞之琳在英国"旅居研究奖"一年期满,但卞之琳的译改长篇小说《山山水水》还未完成,故继续留英,迁往牛津以西几十公里的安静小村译改小说,准备以英文在那里出版。12月,淮海战役的消息传至英国,卞之琳受到巨大振奋,欣然放下手头的工作回国,乘船四星期后抵香港,由英国文化协会驻港办事处人员前往迎接,并被安排住香港大学校内寓所。

彭述之为首的托派组织召开全国代表大会,将中国共产主义同盟改为中国革命共产党。会后,他随托派组织领导机构迁往香港。

赵少昂应聘任广州大学美术科教授,同年迁居香港,继续开设"岭南艺苑"。

毛泽东1月中旬修改任弼时1月12日在西北野战军前委扩大会议上的讲话《土地改革中的几个问题》,并加写以下内容:"我们必须按照实际情形去划分阶级,进行土改,决不可将本来不是地主富农的人们人为地划成地主富农,错误地扩大打击面,打乱革命阵线,帮助敌人,孤立自己。这是一个极端重大的问题,必须引起全党同志的注意。"14日,关于对中间派及中产阶级右翼分子的政策问题,为中共中央起草致香港分局、上海局及各中央局电:"对民主同盟的恢复活动,对李济深等国民党反蒋派,对在美的冯玉祥,对一切可以争取的中间派,不管他们言论行动中包含多少动摇性及错误成分,我们应采积极争取与合作态度,对他们的错误缺点,采取口头的善意的批评态度。""要在报纸上刊物上对于对美帝及国民党反动派存有幻想、反对人民民主革命、反对共产党的某些中产阶级右翼分子的公开的严重的反动倾向加以公开的批评与揭露,文章要有分析,要有说服性,要入情入理。""对一切应当争取的中间派的错误观点,在报纸刊物上批评时,尤其要注意文章的说服性。"18日,出席中共中央会议,会议讨论并原则通过《关于目前党的政策中的几个重要问题》。2月16日,为中共中央起草关于讨论《中共中央关于土(草案)》的指示。

毛泽东4月21日在列宁《共产主义运动中的"左派"幼稚病》一书封面上写批语:"请同志们看此书的第二章,使同志们懂得必须消灭现在我们工作中的某些严重的无纪律状态或无政府状态。"同日,西北野战军收复延安。23日,周恩来、任弼时等前往西柏坡。25日,致电刘少奇、朱德、周恩来、任弼时,通知他们即将召开的中央会议准备讨论的问题,其中第一个议题是:邀请港、沪平、津等地各中间党派及民众团体的代表人物到解放区,商讨关于召开人民代表大会并成立临时中央政府问题。27日,写信给晋察冀中央局城市工作部部长刘仁,请他经过妥善办法告诉张东荪、符定一,感谢他们的来信,对他们的一切爱国民主活动表示热烈同情,并邀请他们二位及许德珩、吴晗等民主人士来解放区参加各民主党派、各人民团体的代表会议,讨论召开人民代表大会成立民主联合政府和关于加强各民主党派、各人民团体的合作及纲领政策问题。会议名称拟称为政治协商会议,开会地点在哈尔滨,开会时间在今年秋季。会议的决议必须参加会议的每一单位自愿同意,不得强制。同日,写信给察哈尔省人民政府教育厅厅长蓝公武:"三十年前,拜读先生在《晨报》及《国民公报》上的崇论宏议,现闻先生居所距此不远,其思一晤,借聆教益。兹派车迎候,倘蒙拨冗枉驾,无任欢迎。"30日,中共中央书记处扩大会议讨论通过中共中央庆祝五一节口号,提出"各民主党派、各人民团体、各社会贤达迅速召开政治协商会议,讨论并实现召集人民代表大会,成立民主联合政府"。口号于当日颁布。

毛泽东5月1日写信给李济深、沈钧儒,信中说:"在目前形势下,召集人民代表大会,成立民主联合政府,加强各民主党派、各人民团体的相互合作,并拟订民主联合政府的施政纲领,业已成为必要,时机亦已成熟。""但欲实现这一步骤,必须先邀集各民主党派、各人民团体的代表开一个会议。在这个会议上,讨论并决定上述问题。此项会议似宜定名为政治协商会议。一切反美帝反蒋党的民主党派、人民团体,均可派代表参加。不属于各民主党派各人民团体的反美帝反蒋党的某些社会贤达,亦可被邀参加此项会议。"5日,李济深、何香凝(中国国民党革命委员会),沈钧儒、章伯钧(中国民主同盟),马叙伦、王绍鏊(中国民主促进会),陈其尤(致公党),彭泽民(中国农工民主党),李章达(中国人民救国会),蔡廷锴(中国国民党民主促进会),谭平山(三民主义同志联合会),郭沫若(无党派)致电毛泽东并转解放区全体同胞:"南京独裁者窃权卖国,史无前例""当此解放军队所至,浆食集于道途""乃读贵党五一劳动节口号第五项:'各民主党派、各人民团体及社会贤达,迅速召开政治协商会议,讨论并实现召集人民代表大会,成立民主联合政府',适合人民时势的要求,尤符同人等之本旨,何胜钦企。除通电国内外各界暨海外侨胞共同策进完成大业外,特此奉达,即希赐教。"7日,毛泽东为中共中央起草致香港分局、上海局及潘汉年电:"中央已于五一节提出召集人民代表大会成立民主联合政府的口号,而其第一步则拟召集各反美反蒋的民主党派、人民团体及不属于各民主党派、人民团体的社会知名人士开一次政治协商会议。自然这些在目前均尚是宣传和交换意见时期,尚未到正式决定和实行时期。你们可用非正式交换意见的态度(不是用正式决定和邀请的态度),和各真诚反美反蒋的民主党派、人民团体及社会知名人士交换意见,并以各方反映电告。"

　　毛泽东8月1日以中国共产党中央委员会主席复电香港李济深、何香凝、沈钧儒、章伯钧、马叙伦、王绍鏊、陈其尤、彭泽民、李章达、蔡廷锴、谭平山、郭沫若等并转各民主党派、各人民团体及无党派民主人士电:"五月五日电示,因交通阻隔,今始奉悉。诸先生赞同敝党五月一日关于召开新的政治协商会议讨论并实现召集人民代表大会建立民主联合政府一项主张,并热心促其实现,极为钦佩。现在革命形势日益开展,一切民主力量亟宜加强团结,共同奋斗,以期早日消灭中国反动势力,制止美帝国主义的侵略,建立独立、自由、富强和统一的中华人民共和国。为此目的,实有召集各民主党派、各人民团体及无党派民主人士的代表们共同协商的必要。关于召集此项会议的时机、地点、何人召集,参加会议者的范围以及会议应讨论的问题等项,希望诸先生及全国各界民主人士共同研讨,并以卓见见示,易胜感荷。"同日,修改周恩来为中共中央起草的致上海局、香港分局并告吴克坚、潘汉年电,电报对倒蒋活动应取的策略作如下指示:"按美国务院政策,现仍以支持蒋介石反共为主,同时对蒋无能及老吃败仗感不满。为迫蒋让出更多权力,为准备在蒋军更加崩溃时能够团结反动统治各派并企图团结一部分中产阶级分子共同反共起见,又正在进行各种阴谋活动,其中包括对我党试探和谈的可能性。到蒋介石真正无法统治下去时,则准备以李宗仁、何应钦等代替蒋介石,此时则希望与我党停战议和,以便取得喘息时间,重整兵力,然后卷土重来,消灭革命力量。在准备以李、何代蒋一点上,蒋及其死党是要反抗的,近日平、津、沪、宁一带所传出的和谣及翁文灏的反共演说,都是这种阴谋与反抗的表现。我们对于美帝这类阴谋是应当揭穿的,但对反动统治内部的分裂与倒蒋运动则应当利用,以促成他们间的更大分裂。我们对于李济深、冯玉祥一类中间派人士的倒蒋活动,不要无分析地一概反对,而应告诉他们美帝及李宗仁、何应钦等反动集团是靠不住的,我们赞成倒蒋是因为蒋倒之后对于解放战争的开展有利,而不是对美帝及李宗仁、何应钦等有任何幻想。相反,应在人民中随时揭破美帝和反动派的阴谋,以免上当。望你们体会上述策略,与李济深、冯玉祥、章伯钧、谭平山及其他中间派反蒋分子保持密切联系，尊重他们，多对他们作诚恳的解释工作；争取他们，不使他们跑入美帝圈套里去，是为至要。"8月15日，毛泽东复电华北大学校长吴玉章，不同意"毛泽东主义"的提法。

按：电报中说："那样说是很不适当的。现在没有什么毛泽东主义，因此不能说毛泽东主义。不是什么'主要的要学习毛泽东主义'，而是必须号召学生们学习马恩列斯的理论和中国革命的经验。这里所说的'中国革命经验'是包括中国共产党人（毛泽东也在内）根据马恩列斯理论所写的某些小册子及党中央各项规定路线和政策的文件在内。另外，有些同志在刊物上将我的名字和马恩列斯并列，说成什么'马恩列斯毛'，也是错误的。你的说法和这后一种说法都是不合实际的，是无益有害的，必须坚决反对这样说。"

毛泽东9月8—13日在西柏坡主持召开中共中央政治局会议（称九月会议）。8日，在会上作报告，讲了8个问题。11月24日，读完历史学家吴晗送阅的《朱元璋传》修改稿后，委托秘书胡乔木送还书稿，并致信吴晗："两次晤谈，甚快。大著阅毕，兹奉还。此书用力甚勤，掘发甚广，给我启发不少，深为感谢。有些不成熟的意见，仅供参考，业已面告。此外尚有一点，即在方法问题上，先生似尚未完全接受历史唯物主义作为观察历史的方法论。倘若先生于这方面加力用一番功夫，将来成就不可限量。"同月，发表为欧洲共产党和工人党情报局机关刊物《争取持久和平，争取人民民主！》所写纪念十月革命31周年的论文，题为《全世界革命力量团结起来，反对帝国主义的侵略》。文章指出："既要革命，就要有一个革命党。没有一个革命的党，没有一个按照马克思列宁主义的革命理论和革命风格建立起来的革命党，就不可能领导工人阶级和广大人民群众战胜帝国主义及其走狗。"12月27日，审阅修改周恩来为中共中央起草的致彭真、叶剑英、赵尔陆并告林彪、罗荣桓、程子华、黄志勇，华北局电，并加写一段话："燕京是司徒办的学校，陆志韦当然和司徒有联系，但燕京教职员中左倾者不少，陆志韦态度亦较民主，我们应采保护政策。"30日，新华社发表毛泽东写的1949年新年献词《将革命进行到底》。文中指出，要用革命的方法，坚决彻底干净全部地消灭一切反动势力，不动摇地坚持打倒帝国主义、封建主义、官僚资本主义，在全国范围内推翻国民党的反动统治，建立无产阶级领导的以工农联盟为主体的人民民主专政的共和国。文章揭露了中国反动派和美帝国主义用各种方法力图破坏革命势力而保存反动势力的阴谋，指出："已经有了充分经验的中国人民及其总参谋部中国共产党，一定会像粉碎敌人的军事进攻一样，粉碎敌人的政治阴谋，把伟大的人民解放战争进行到底。"（参见中共中央文献研究室编撰、逄先知主编《毛泽东年谱(1893—1949)》，人民出版社、中央文献出版社1993年版）

刘少奇5月28日为中共中央起草关于学习列宁著作《共产主义运动中的"左"派幼稚病》第二章的通知："中央宣传部日内将经新华社广播左派幼稚病一书的第二章，及重印该章前记一文，各局、各前委收到后，应即在公开党报党刊上发表，并印成小册子，分发给一切干部阅读，并组织讨论为要。"7月1日，在纪念中国共产党成立26周年的干部会议上讲话，指出："中国共产党的产生，是中国历史上空前重大的一个事件。从中国共产党产生以后，中国历史的发展就离不开共产党，不但离不开共产党，而且是以共产党为中坚来发展的。这就是说，中国共产党的胜利和失败，中国共产党的前进与后退，代表着中国历史的前进与后退。中国共产党前进了，那么中国也就前进，中国历史也就向前进；中国共产党后退了，大概中国是不会好的，也是要后退的。"讲话论述了中国共产党是马克思主义同中国工人运动相结合的必然产物。中国共产党的成长过程，就是"使马克思主义中国化，用马克思主义解决中国问题，推动中国的历史前进。这件事情虽然经过许多曲折，但我们正在取得胜利。"指出:"我们党生长在列宁时代,我们党在马克思主义坚固的理论基础上,在列宁主义坚固的理论基础上,今天还在毛泽东思想坚固的理论基础上建设起来,发展起来,所以我们党在思想上、理论上、军事上、政治上,在群众中间是巩固的。以后只要争取我们不犯大的错误,干下去,那么中国共产党,中国革命的发展与胜利,是无疑问的。可以这样讲,中国历史的发展离不开共产党,我们中国共产党的发展离不开毛泽东思想。"

刘少奇9月初撰写《论新民主主义的经济与合作社》。文章指出,国家经济、合作社经济和私人资本主义经济,这就是今天的解放区及将来的新中国的经济构成,认为"在新民主主义的社会制度下,在国民经济中还存在着占有相当比重的私人资本主义经济。这种经济,在以后还要发展,而且这种经济在一定程度上的发展,也还是必要的,有益的,不是可怕的。至于广大的小生产,则更加需要发展,但在这小生产中,是不断地、自发地、大量地产生着资本主义成分""这些资本主义成分,即使在新民主主义社会制度下,也必然要与国家经济及合作社经济发生竞争。这种竞争,愈到后来就愈加激烈,并将继续很长的时期。这就是在推翻帝国主义、封建主义及官僚资本主义的统治以后,逐渐发展起来的新社会中的基本的和主要的矛盾,虽然它在旧社会中早就存在。这就是新民主主义与旧民主主义或旧资本主义的矛盾,就是资产阶级和富农与无产阶级及其他劳动人民的矛盾。在这个矛盾上所发生的竞争,首先就在经济上表现出来。那末,这种竞争,首先是和平的经济竞争,到底谁胜谁负呢?这是要看将来的发展情况才能决定的。""无产阶级与共产党要取得这种胜利,就必须继续巩固与加强自己对于国家的领导权,就必须迅速学会管理经济的一切知识,就必须吸引农民及其他一切小生产者站在自己方面,并用一切方法去帮助、教育与组织他们,就必须尽量争取国外的援助。"其中,"一个最重要最有决定性又最难实现的要求,就是中国无产阶级与共产党如何去帮助、教育与组织中国最大多数的农民及其他小生产者,使他们紧紧地跟随自己前进。合作社则是实现这一困难任务的最重要的办法。"文章根据解放区目前的情况,阐述了组织和办好消费合作社的各项办法。10月,刘少奇修改中共中央东北局《关于东北经济构成及经济建设基本方针的提纲》。11月1日,撰写《论国际主义与民族主义》一文,在7日《人民日报》上发表。文章论述了资产阶级民族主义的民族观,无产阶级国际主义的民族观,世界压迫民族与被压迫民族的现况,目前世界的两大阵营与民族解放运动的道路,资产阶级的民族主义在一定历史条件下的进步性与马克思列宁主义对于这种民族主义的态度,真正的爱国主义与国际主义相结合等问题。次年6月,香港新民主出版社出版了这篇文章的单行本。11—12月间,对《关于东北经济构成及经济建设基本方针的提纲》作进一步修改。(参见中共中央文献研究室编《刘少奇年谱(1898—1969)》,中央文献出版社1996年版)

周恩来1月6日为中共中央起草致上海、香港地下党负责人电:港、沪两地收全毛泽东的《目前形势和我们的任务》后,要力争在报刊上全文发表,并印成中英文本向国内外散发,进行广泛宣传,并收集各方面的反映。同日,修改《中共中央关于执行中国土地法大纲的指示(草案)》。同月,根据在新的历史条件下的统一战线工作的特点,为中共中央起草关于民主党派问题的指示,指出:当前最值得注意的是一些在纲领和行动上并非明显靠近国民党或共产党的带中间性的民主党派,因为它的组织成分不一,政治倾向又从君主立宪到新民主主义革命都有,加上美蒋正在华南策划伪装分裂的阴谋,这就"使我党在发展进步、争取中间、孤立右翼的统战政策上,在鼓吹好的、批评错的、揭露坏的宣传工作上,都需要有合乎马克思主义的认识和分析"。对于反动统治内部的反对派及反蒋的地方实力派,我们原看作间接同盟军的,"当其已经改变立场,拥护我党行动纲领,公开反对美蒋时,我们就须采取欢迎态度,促其在行动中改造自己,证明其为直接同盟军"。春,撰写《军事原则》提纲。提纲中对毛泽东提出的十大军事原则作了概括和发挥,指出:(一)正规战与游击战相结合,野战军和地方军相呼应,正规军与民兵相配合。(二)内线与外线配合,由内线转到外线,由外线形成内线,再由内线转到外线。(三)夺取敌人武器,加强自己,提高技术和战术。(四)大踏步前进、后退和机动,与发动群众创造战场相结合。(五)节省人力、物力及弹药,用于歼灭敌人解决战斗方面。

周恩来4月23日抵达建屏县西柏坡。此后,周恩来在协助毛泽东指挥作战的同时,还全权负责解放区的经济工作和解放战争后勤供应工作。在一段时间里规定晚10时至次日凌晨为研究与处理财经工作问题的时间。5月14日,请胡乔木电告香港分局,应将各地响应中共"五一"口号的电文内容和署名全衔电告中央,尤其是致毛泽东电,更应全文电告中央。6月6日,致章汉夫转胡绳电:请告三联书店负责同志:(一)"即将三联工作人员及编辑人员主力逐渐转来解放区,资本亦尽可能转来";(二)"业务以出版通俗读物为主,向工、农、兵、学生、店员、贫民等介绍社会与自然科学知识及新文艺";(三)"有计划编印或选印几套丛书";(四)为联系读者,在转移时应"保留一部分可能留下的活动力量""有时可改换门面以求存在",对转移人员"必须告以解放区条件困难",使他们"有精神准备"。11日,为在全国胜利后能更有效地根据中国的具体情况指导国民经济的恢复工作,和董必武致电许涤新,询问中共在上海、香港两地的经济研究机关及工作状况,并指出:"我们需要全国资源、银行、工厂、矿产、交通、贸易、农林畜牧及财政收支、官僚资本活动等等有系统的调查统计材料,有些材料应利用在官方工作的朋友代为搜集,并指定若干有研究兴趣的同志长期作经济研究工作,暂时不作政治活动,保证材料不受损失。"21日,撰写《新民主主义的经济建设》提纲,提出:"新民主主义的经济建设是反对旧民主主义或旧资本主义的经济方针的",同时"也是反对农业社会主义或极端平均主义的经济方针的"。提纲对新民主主义经济与旧民主主义经济的基本区别,工业与商业的区别,金融斗争,税收政策,公营、私营与合作社三种经济,国家权力如何运用以及工业的科学管理等问题,提出了大略的设想。31日,致电杨立三:港、沪将有一批党员干部和民主人士经大连来华北,已指定钱之光负责大连的接头、招待事宜,由大连到俚岛及由俚岛到石家庄,拟由后勤部负责。

周恩来8月1日为中共中央起草致香港分局及潘汉年电,批评其在7月中旬才将各民主党派响应中共"五一"口号的5月5日通电全文报告中央,同时要他们收到毛泽东本日的电文后即送各民主党派征询意见,并将征询推广到上海、南洋的民主人士中,欢迎他们来解放区商谈和进行准备工作。2日,致电钱之光:以解放区救济总署特派员名义前往香港,会同方方、章汉夫、潘汉年、连贯、夏衍等,接送在港民主人士进入解放区参加筹备新政协。22日,起草中共中央指示,针对蒋介石正作法西斯独裁的最后挣扎的情况指出:"我党在国民党统治区的目前工作,必须有清醒的头脑和灵活的策略,必须依靠广大群众而不要犯冒险主义的错误""必须认识敌人所欲打击的中心是我党组织"。因此,"在城市方面,应坚决实行疏散隐蔽、积蓄力量、以待时机的方针",避免"将城市中多年积聚的革命领导力量在解放军尚未逼近、敌人尚未最后崩溃之前过早地损失掉"。根据这个指示,上海、北平及其他地方党的地下组织坚持隐蔽疏散的方针,为迎接解放和接管城市进行了大量的准备工作。23

日,和陆定一、李维汉致电中共香港分局及夏衍:望夏衍将我散在上海、南京、重庆和香港等地的电影戏剧人才,除留下少数外,其余动员去东北或来华北,以发展解放区的戏剧特别是电影事业,并为全国胜利后的需要作准备。30日,起草和任弼时、李维汉联名的致钱之光电:同意组织一批民主人士乘所租的苏联货船开往朝鲜,但"须注意绝对秘密"。

　　周恩来9月7日在获知冯玉祥乘船由美返国途中于9月1日遇难的消息后,即刻为中共中央起草致潘汉年并香港分局电:民主人士乘苏轮北上事,望慎重处理。"第一,如该轮确无船行保证,以不乘该轮为妥";"第二,如该轮有保证,而民主人士表示有顾虑,亦可不乘该轮";"第三,如该轮有保证,而民主人士也愿意北上,亦不宜乘一轮,应改为分批前来,此次愈少愈好"。此后,方方、潘汉年、钱之光等拟定并开始执行分批秘密接送民主人士北上的计划。在符定一、吴晗、刘清扬、周建人、胡愈之、韩兆鹗等陆续到达中共中央城工部所在地平山县李家庄后,周恩来多次前去看望,听取他们对筹备召开新政协的意见。18日,为中共中央起草致东北局电:第一批来东北解放区的民主人士近日内抵朝鲜罗津,请张闻天、高崇民、朱学范分别代表东北局、行政委员会、全国总工会前往迎接。20日,中共中央同意东北局建议,决定改派离罗津较近的李富春、朱理治代表东北局前往迎接。同日,拟定邀请从港、沪和长江以南前来解放区商讨召开新政协的各民主党派及无党派人士李济深、蔡廷锴、张澜、沈钧儒、谭平山、章伯钧、郭沫若、黄炎培、马叙伦、何香凝、史良等77人名单。并起草中共中央致香港分局并钱之光和上海局刘晓、刘长胜电,征询对77人名单的意见,指出:各方人士须于今冬明春全部进入解放区"方为合适""北来人士,拟先集中哈尔滨招待商谈;华北人士如直进解放区,则集中华北。视战事发展,明春或来华北,或即在哈市召开新政协"。为中共中央起草致华北局并华北城工委员会电,提出为筹备召开新政协,除在港、沪及长江以南邀请各民主党派、人民团体的代表人物外,拟在平津邀请张东荪、李烛尘、张奚若、符定一、李锡九等24人,并要求对24人名单提出意见。

　　周恩来与毛泽东、朱德10月3日致电第一批到达东北解放区的沈钧儒、谭平山、章伯钧、蔡廷锴等,表示欢迎,并告知准备于明年适当时机举行政治协商会议。8日,周恩来拟定《关于召开新的政治协商会议请问题(草案)》。同日,起草中共中央致高岗、李富春并东北局电,发去《关于召开新的政治协商会议诸问题(草案)》《提议邀请参加新政协的单位表》两个文件;指示高、李就文件中提到的新政协诸问题,约沈钧儒、谭平山、章伯钧、蔡廷锴、王绍鏊、高崇民、朱学范会谈协商数次。"他们如有不明了之处,你们应善为解释。"电文和文件经毛泽东审改后发出。与此同时,周恩来和中央统战部就以上问题同在李家庄的民主人士符定一、周建人等进行了会谈协商。在广泛征求各方民主人士意见的基础上,中共中央于11月25日同各民主党派达成《关于召开新的政治协商会议诸问题的协议》。11月5日,中共中央起草致香港分局电,责成分局和钱之光在12月内将李济深、郭沫若、马叙伦、彭泽民、李章达、马寅初、孙起孟、茅盾、张绚伯、陈嘉庚等准备参加政协的几十名各方面代表送来解放区,并对进入解放区的路线和安全措施进行了周密布置。9日,毛泽东、朱德、周恩来电复李济深、沈钧儒等:"沈阳占领,东北全部解放,加速了全国解放的进程。""辱承电勉,感奋同深。"21日,和陆定一致电夏衍:望从港、沪调集电影人才前来,在上海的有蔡楚生、司徒慧敏、郑君里、史东山、陈白尘、孙坚白、耿震、王为一、徐韬(以上编导演员)、辛汉文(化装)、舒模、盛家伦(以上音乐);在香港的有章泯、瞿白音、王逸(以上导演)、特伟、丁聪(美术)、伍华(摄影)。其他未提名者及摄影、布景、录音、拷贝、洗片、剪接与机器制造人员,能来者亦望约来。12月27日,为中共中央起草致彭真、叶剑英等电。毛泽东加写:燕京大学是司徒雷登办的学校,陆志韦当校长当然和司徒有联系,但燕京教职员中左倾的不少,陆志韦态度也较民主,我们应采取保护政策。是年,撰写《民主与科学》的提纲手稿:一、五四运动划时代的意义:旧民主与新民主,旧科学与新科学的区别。二、新民主:人民民主——百分之九十以上,无产阶级领导,工农基础,四个阶级联盟。民主范围——政治、军事、经济、文化。三、新科学:唯物主义世界观的新科学,为人民服务的科学。四面八方:劳资两利,公私兼顾,城乡结合,内外配合。(参见中央文献研究室《周恩来年谱1898—1976》,中央文献出版社1998年版)

董必武1月4日在华北交通会议上作总结报告,着重分析了统一交通工作的极端重要性。3月15日,华北财办决定在石家庄召开金融贸易会议,讨论华北各解放区统一货币及贸易问题。5月19日,和刘少奇、周恩来、叶剑英、杨立三、贾拓夫、薛暮桥等开会,商议解决西北财经困难等问题。6月,中共中央决定撤销华北财经办事处,成立中央财政经济部。董必武为中央财经部部长。7月25日,致电世界公谊会中国服务会会长及美国红十字会驻华代表,呼吁制止国民党军队阻挠人民抢修黄河险工。8月2日,出席中共中央工作会议,就财经工作提出看法:(一)各地要求币制统一,财政也必须统一;(二)生产建设也应统一;(三)金融、贸易9月可统一起来,如果金融、财政、贸易统一起来,必须有统一的机构。6日,在华北临时人民代表大会预备会议上被推选为大会主席团成员。接着又在华北临时人民代表大会主席团第一次会议上被推选为大会常务主席。7日,董必武在大会上致开幕词,指出:"华北临时人民代表大会将成为全国人民代表大会的前奏和雏型",论述了苏联十月革命后,"劳动人民推翻了旧的统治,废除了剥削制度,人民才真正翻了身,自己管理自己的事,真正实现人民的民主","崭新的人民政权的建立,是二十世纪政治上的特色","我们现在的人民代表大会正体现了二十世纪是人民的世纪","体现了我们解放区的政权是革命的政权,是人民的政权,是新民主主义政权"。19日,华北临时人民代表大会闭幕,大会选出董必武、聂荣臻、薄一波、徐向前、滕代远、谢觉哉、范文澜、成仿吾、杨秀峰、蓝公武等27人为华北人民政府委员。

董必武9月20日以临时召集人的名义召集华北人民政府委员会第一次会议,被选为华北人民政府主席,薄一波、蓝公武、杨秀峰当选为副主席。22—24日,主持华北人民政府委员会第一次会议,讨论并通过了"华北人民政府各部、会、院、行、厅、局组织规程草案"及各部、会、院、行、厅、局的负责人选,听取了"工商金融条例""农业税暂行税则""战时邮件检查条例"等各审查委员会报告的审查意见。会议还决定了各部、院长、主任,银行经理和秘书长人选名单。在9月13日会议审查《关于华北私营银行业管理办法》(草案)时发言。认为:总的方针是在发展工商业的方针下,允许私人银行业存在,保护其合法利润,但限制其投机倒把活动。26日,率当选的华北人民政府委员会及全体干部就职视事,宣告华北人民政府正式成立,并在就职大会上讲话。10月6日,为统一华北、华东、西北的财经、经济、金融、贸易、交通等工作,中央发出成立华北财经委员会的决定,任命董必武为华北财经委员会主任,薄一波、黄敬为副主任,方毅任委员兼秘书长。16日,在人民政权研究会上作《论新民主主义政权问题》的报告。25日,向中共中央、毛主席呈报《中财部工作报告》。29日,和薄一波、蓝公武、杨秀峰致电已到达东北的沈钧儒、谭平山、蔡廷锴、朱学范等民主人士,欢迎他们到华北来。电称:"诸先生为民主解放事业艰苦奋斗,欣闻北来,快何如之,关山匪遥,承教如渴,已扫榻待驾。专电奉复,并祝健康。"(参见《董必武年谱》编纂组《董必武年谱》,中

央文献出版社 1991 年版；中央文献研究室《周恩来年谱 1898—1976》，中央文献出版社 1998 年版）

　　胡乔木 4 月出任中共中央宣传部副部长、新华社社长、新华社总编辑。5 月 21 日，毛泽东写信给周恩来、胡乔木，对即将重新公布的 1933 年关于划阶级成分的文件提出意见，认为其中关于知识分子部分说得不完全，是不妥的。"原件说地主出身者是地主，富农出身者是富农，中农出身者是中农，这是说社会出身，这是对的。但必须补充说，根据知识分子所从事的职业，例如参加军队者是军人，参加政府工作者是政府职员，参加生产企业者是工人、职员、技师或工程师，参加文化工作者是教员、记者、文艺家等，并将着重点不放在社会出身方面，而放在社会职业方面，方可避免唯成分论的偏向。"7 月 29 日，毛泽东审阅修改新华社社论稿《人民解放战争两周年总结和第三年的任务》，加写两段话，其中第二段话是："中国的革命是不能在一次武装及简单的斗争中就能完全胜利的，中国的反动势力是不会在一次或几次打击之下就能完全消灭的。中国人民虽然已经在广大的地区内，彻底消灭了反动势力，但是反动势力仍然在另外的广大地区内存在，而且他们在美国帝国主义援助之下，仍然还有他们一定的力量，并继续压迫那里的人民。因此，中国人民的革命只能是逐步地胜利，敌人的阵地只能一个一个地被夺取，反动势力只能是一部分一部分地被消灭。因此，中国人民还必须准备继续作战争的艰苦奋斗，至少还要准备拿三四年时间去作这种艰苦斗争，才能最后解放全中国，并在民主基础上统一中国。"9 月 2 日，毛泽东为新华社起草声明，揭露蒋介石集团捏造和造谣真相。10 月 16 日，新华社发表社论《恢复和发展中等教育是当前的重大政治任务》。社论指出：军事上的伟大胜利，对教育工作提出了新的要求，要求教育工作能够培养出大批政治上进步的具有中等文化程度和基本科学知识的人才，来补充军事、政治、经济、文化各方面工作的干部。这是一个重大的政治任务，如果不能很好地解决这个任务，就会妨碍战争的胜利和国家的建设。27 日，毛泽东为新华社起草关于辽西前线情况的新闻稿。30 日，新华社发表毛泽东写的关于蒋傅军梦想偷袭石家庄的新闻稿。11 月 14 日，新华社发表毛泽东写的评论《中国军事形势的重大变化》，指出："中国的军事形势现已进入一个新的转折点，即战争双方力量对比已经发生了根本的变化。人民解放军不但在质量上早已占有优势，而且在数量上现在也已经占有优势。这是中国革命的成功和中国和平的实现已经迫近的标志。"12 月 25 日，新华社发表毛泽东写的陕北权威人士谈战争罪犯名单问题的新闻稿，公布蒋介石等 43 人为头等战争罪犯。30 日，新华社发表毛泽东撰写的 1949 年新年献词《将革命进行到底》。（参见中共中央文献研究室编撰、逢先知主编《毛泽东年谱（1893—1949）》，人民出版社、中央文献出版社 1993 年版；中央教育科学研究所编《中国现代教育大事记 1919—1949》，教育科学出版社 1988 年版）

　　李维汉继续任中央城市工作部部长。9 月 26 日，中央城市工作部改名中央统一战线工作部，李维汉、高文华为正副部长，齐燕铭、童小鹏为正副秘书长。首要任务是协助党中央做好召开新政协的具体工作，组织迎送各民主党派、民主人士及各界知名代表到解放区。李维汉在广泛协商的基础上，他向中央提交"关于召开新的政治协商会议诸问题"草案，为中共中央与各民主党派和无党派民主人士达成关于召开新政协的协议付出了辛劳和智慧。其中一个非常艰巨的具体任务，那就是拟定参加新政协的单位及代表名单。由于新政协会议的特殊性质，选取全国各界参会代表和单位需要考虑众多因素。在李维汉的带领下，负责拟定名单的小组组员分别和各民主党派和无党派人士接触，一一确认他们的参会意愿。同时，李维汉也对常委会收到的团体及个人的参会申请做了一一甄别，预防有反动派和敌对势力的混入。李维汉配合周恩来做了许多抚平情绪、调停争执、化解矛盾的思想工作,主动和许多不同党派的团体和个人谈话,对于大会的安排一一向他们做了解释说明。经过反复仔细斟酌,最终敲定了每一位与会人员的名单。(参见杜运辉《侯外庐先生学谱》,中国社会科学出版社 2013 年版)

楚图南仍在香港。1 月,民盟三中全会在香港举行,楚图南因准备奔赴解放区,委托周新民全权代表他出席。会上作出了联共反蒋的决定。5 月 15 日,《关于惠特曼》刊于《文讯》第 8 卷第 9 期。同月,《旅尘余记》由贵州文通书局出版。7 月,所译《收获》刊于《诗创造》第 2 卷第 2 辑。11 月 7 日,由中共中央城工部安排,从上海乘轮船到天津。10 日,到达中共中央统战部所在地河北省平山县李家庄,向李维汉汇报了白区工作情况及自己的组织问题等。12 月 9 日,受到毛泽东、刘少奇、朱德、周恩来的接见,着重谈了党对知识分子的政策及云南的情况。是年,所译美国惠特曼诗集《草叶集选》由上海晨光出版公司出版。

按:人民文学出版社从 1955 年起多次再版《草叶集选》,署名改为楚图南。(参见麻星甫编著《楚图南年谱》,群言出版社 2008 年版)

胡愈之 1 月 9 日在《南侨日报》上发表《民盟到了转折点》。同月,在《南侨日报》发表专论《准备心理的改造——迎接人民胜利年》。3 月 27 日,在《风下》周刊第 119 期“卷头言”上发表《美制假灵魂》。4 月 3 日,在《风下》周刊第 120 期“卷头言”上发表《歪风吹来风下之国》。10 日,在《风下》周刊第 121 期“卷头言”发表《扶得东来西又倒》。17 日,在《风下》周刊第 122 期“卷头言”发表《美统思想》。同月,由新加坡到香港,请示汇报工作。5 月 1 日,在《风下》周刊第 124 期“卷头言”发表《五一节与联合》,同期还发表《漫谈文化运动》。22日,在《风下》周刊第 127 期发表《我到了香港》。6 月,英国殖民当局颁布了“英属海峡殖民地紧急法令”,沈兹九等也被迫回到香港。胡愈之任“人民救国会”秘书长,协助沈钧儒做民盟和救国会工作。8 月,从香港到大连。9 月底,到达党中央所在地平山县西柏坡。不久,与沈兹九、吴晗、楚图南、袁震等在西柏坡受毛泽东主席、周恩来副主席、李维汉部长亲切会见。参加新政协筹备工作。11 月,与吴晗、严信民等 6 人在河北省束鹿县李家庄成立民盟华北解放区第一小组,推选胡愈之任临时干事。12 月,与吴晗等同中共中央统战部交换民盟工作意见。(参见朱顺佐、金普森《胡愈之传》及附录《胡愈之生平大事年表》,杭州大学出版社 1991年版)

吴玉章 2 月 4 日致何其芳信,谈年谱事。5 月 28 日,周恩来致信吴玉章,请其出任华北大学校长。信曰:“玉章同志:为加强华北大学领导并便号召起见,中共与华北局商定,拟请你担任华北大学校长,范文澜、成仿吾两同志任副校长,不知你愿意接受这一职务否?李德胜(毛泽东)同志已回。在你精神好时,请来此一谈。如来,请先令小鹏以电话通知,当派车来接。”7 月 13 日,吴玉章由石家庄华北人民政府交际处乘马车抵达正定县城华北大学,住新南街华北大学校部对面。15 日,华北联合大学校部召开干部大会,欢迎校长吴玉章、教务长钱俊瑞到校。18 日,吴玉章看望艾思奇,欢迎他们到校工作。25 日,去住地看望从邢台步行,今日抵达正定的原北方大学全体师生员工。26 日,主持召开原华北联合大学、北方大学两校干部会议,研究两校合并及机构人员安排等问题主持召开两校合并及师生员工联欢大会。29 日,主持召开华北大学师生员工大会,选举出席华北人民代表大会的代表。31日,主持召开华北大学规章制度起草委员会会议。8 月 4 日,主持召开华北大学成立典礼筹委会第一次会议。作《酬谢老日志吾过》:“难清屡拂是微尘,炼不成钢七十身。从善如流诚匪易,知非惮改罪将深。誓当每日勤二省,愿共诸贤学六新。寡过至今犹未也,敢随先哲论功勋?”5日,得谢觉哉《走笔答吴老》诗:“高清不肯染纤尘,垂老犹然日省身。石比坚兮松比直,谷论虚更海论深。童颜谁谓年龄暮,鹤发同迎世界新。况有三千诸弟子,东南西北立功勋。”9日,主持召开华北大学成立典礼筹委会第二次会议。

吴玉章8月13日就“毛泽东主义”说,致周恩来电,表示想在华北大学成立典礼上提出“主要的要学习毛泽东主义”,曰:“恩来同志:华大(华北大学)于号日开学,我想在开学典礼大会上说主要的要学习毛泽东主义。把毛泽东思想的思想改为主义,并给以如下的定义:毛泽东主义是帝国主义和殖民地半殖民地革命时代的马克思列宁主义。它是马克思列宁主义的向前的发展。它是以马列主义的普遍真理与中国革命的具体实践相结合而产生的。这样说是否适当,请同毛主席少奇同志商量后赐以指示。”15日,得毛泽东复电,指出:“那样说是很不适当的,现在没有什么毛泽东主义,因此不能说。”24日,由晋冀鲁豫解放区的北方大学与晋察冀解放区的华北联合大学合并而成的华北大学成立,华北大学共分四部:第一部是政治训练的速成班,第二部是教育学院,第三部是文艺学院,第四部是研究部。另外,还有农学院和工学院。吴玉章任校长,范文澜、成仿吾任副校长。吴玉章校长在开学典礼上作《建立新民主主义的文化中心》的报告,指出:“华北大学是一个革命的大学,是中国新民主主义革命过程中所产生的大学。它要培养新民主主义革命与建设的干部,为完成中国新民主主义革命而奋斗。”“我们要有坚强的信心,热烈的情感,刻苦耐劳的作风。”提出以“忠诚、团结,朴实、虚心”为校训。提出“以马列主义的理论与中国革命的实践之统一的思想——毛泽东思想为教学总方针”。25日,吴玉章就文字改革问题致信毛泽东。9月5日,主持召开华北大学第一次校务会议,主要研究各部教学计划和加强组织领导等项。同日,作《研究历史方法的杂记》。9日,主持华北大学干部第一次口头汇报会。17日,由于蒋机轰炸石家庄一带,主持会议安排疏散学校一部、二部去正定附近农村上课。20日,主持召开华北大学规章制度起草委员会第二次会议。

吴玉章10月2日为华北大学党委主办的刊物《新时代》作创刊词:“《新时代》创刊的目的就是要:提高理论、加强纪律。鼓励生产、培养干部。新时代的新任务就是要把我们的党在政治上和组织上提高一步,使之从适应于地方性的比较分散、比较单纯、比较迟缓的农村工作和比较小规模的战争,转变为适应于领导全国范围的、轰轰烈烈的、千头万绪的、日新月异的大革命和大战争。”28日,因国民党傅作义部南下进攻石家庄,华北大学向邢台转移。吴玉章转移到平山县西边山区休息,后回西柏坡出席中共中央工作会议。在平山县山区休息期间,审阅何其芳撰写的《吴玉章七十年谱》稿。11月15日,华北大学从邢台返回正定。12月2日,华北大学向华北人民政府报送政府分配工作的552名毕业学生情况。17日,由西柏坡返回华北大学,主持召开中层以上干部会议。传达中央工作会议精神,研究学校进入北平后的教育方针。18日,主持茶话会,欢迎吴晗、田汉到华北大学参观。23日,主持华北大学干部学习委员会第一次会议。30日,70寿辰。华北大学举行隆重而热烈的“吴玉章同志七十寿辰庆祝会”和庆祝活动。吴玉章在祝寿会上发表讲话,谈几十年革命生涯和感想。说:“现在我已经七十岁了,是近代中国革命中更老的一代,但我还是随时代前进,绝不做时代的落后者,我愿意和年轻的同志们一道更加努力学习马列主义和毛泽东思想,努力做革命工作、彻底打倒敌人,为新民主主义新中国的实现而奋斗。我更相信,我将看到中国由社会主义到共产主义的实现,并和年轻的一代又一代共同来享共产主义的幸福!”(参见刘文耀、杨世元《吴玉章年谱》，四川人民出版社1998年版；中央教育科学研究所编《中国现代教育大事记1919—1949》，教育科学出版社1988年版）

范文澜继续任北方大学校长。2月，范文澜《太平天国革命运动》由东北书店出版。4月，开始参与华北大学的组建。当时国内形势发生巨大变化，解放战争由战略防御转为战略进攻，主战场基本在国民党统治区，解放区得到迅速扩大，许多被分割的解放区开始连成片。鉴于国统区的大中城市学生运动蓬勃发展，大批平、津学生和知识青年涌入解放区，中央决定将晋冀鲁豫解放区的北方大学和晋察冀的华北联合大学合并成立华北大学，吴玉章任校长，范文澜与成仿吾任副校长。8月24日，举行华北大学成立庆典。新成立的华北大学下设四个部和两个学院，即华大一部、华大二部、华大三部、华大四部、华大工学院和华大农学院。一部是政治训练班性质，与过去联大政治学院的任务相同，主要招收平、津以及各地的知识青年，进行3至6个月的短期训练后，或分配工作，或转入其他部继续学习，为局势迅速发展的战争和建国培养干部，一部主任是党委书记钱俊瑞兼任；二部是教育学院性质，有国文、史地、教育、社会科学、外语及数理化等六个系，何干之任部主任；三部是原文艺学院和北方大学艺术学院合并组成，培养文学、美术、音乐和戏剧等人才，主任是沙可夫；四部是研究部，以从事专题科学研究及培养、提高大学师资为目的，主要培养大学师资和科研人才，原北方大学校长范文澜任部主任，下设八个研究室：(1)中国历史研究室，范文澜兼主任。(2)哲学研究室，艾思奇兼主任。(3)中国语文研究室，吴玉章兼主任。(4)国际法研究室，何思敬任主任。(5)外语研究室，主要从事翻译工作。(6)政治研究室，钱俊瑞兼主任。(7)教学研究室，张宗麟任主任。(8)文艺研究室，艾青任主任；两个院即华北大学工学院和华北大学农学院。原北方大学医学院和财经研究室独立出来，成为华北医科大学(与白求恩医科大学合并)和华北财经学院。10月下旬，华北地区的国民党军队从保定进攻石家庄。中央军委发出紧急通知，要求华北大学迅速南下转移。10月26日下午，全校师生员工轻装向邢台方向转移。11月5日，抵达邢台。在邢台停留了10天左右，偷袭石家庄的国民党军队被解放军从定县以南赶到保定以北，冀中解放区和中央所在地又恢复了安定局面。15日，全校师生全部返回正定复课。

按：华北大学孕育了新中国一批各种类型的高等院校。1949年前后，为了适应文化教育事业大发展的需要，一些下属单位陆续脱离学校独立办学。工学院独立出来发展为北京工业学院(现更名为北京理工大学)；农学院与北京大学农学院、清华大学农学院合并成立北京农业大学；二部外语系离开学校，同北平外事学校合并为北平外国语学校，后逐步发展成为今天的北京外国语大学；三部离开学校后分别筹建、创立了中央戏剧学院、中央美术学院、中央美术学院华东分院(后更名为浙江美术学院)、中央音乐学院以及北京人民艺术剧院、青年艺术剧院、中央歌剧院、中国京剧研究院等。(参见范文澜《中国通史简编》(上、下册)附录陈其泰《范文澜先生学术年表》，商务印书馆2010年版；陈其泰《范文澜学术思想评传》，北京图书馆出版社2000年版；刘炼《风雨伴君行——我与何干之的二十年》，广西教育出版社1996年版；王学典《20世纪史学编年(1900—1949)》，商务印书馆2014年版)

成仿吾继续任华北联大校长。"五一"节前后，学校党委进行了整党建党工作，发展了一批党员。同时，新民主主义青年团也在学校进行建团试点工作，吸收了一批团员，建立了基层团委会。春，在石家庄接到周恩来同志的通知，要成仿吾到当时党中央所在地的西柏坡村向中央汇报工作。第二天，周恩来同志传达了中央的决定：为了迎接全国解放，培养大批干部，华北联大和晋冀鲁豫的北方大学合并，成立华北大学，吴玉章同志任校长，范文澜和成仿吾同志任副校长。8月7—20日，华北人民代表大会在石家庄召开，选出了以董必武为主席的华北人民政府,成仿吾任政府委员。8 日,晋冀鲁豫和晋察冀两边区文联合并,成立"华北文艺界协会",选出周扬、李伯钊、沙可夫、赵树理、成仿吾、萧三等 21 人为理事。24 日,华北大学举行成立典礼。谢觉哉、胡乔木、周扬等同志参加了大会。大会进行了 4 天,组织了话剧、音乐晚会和球赛等活动。华北大学集中了许多著名学者和艺术家,人才济济,影响很大。学校设政治训练部、教育部、文艺部、研究部及农学院、工学院。同时还设有政治、哲学、教育、外语、历史、国际法等研究室。(参见张傲卉、宋彬玉《成仿吾年谱》,《东北师大学报》1985 年第 5 期)

何干之 8 月任华北大学二部主任后,着手在二部成立了社会科学小组。同时开始对此前的几份著作提纲进行修改。一是 1937 年到延安后计划撰写的大部头著作《中国封建社会史概论》,此书暂拟了十章,依次是:一封建主义的概念;二、西周封建说与西周奴隶说;三、东洋封建制度的社会基础;四、封建社会的过渡期(春秋、战国、秦);五封建社会的成立期(两汉、三国);六、均田制时期(晋、南北朝、隋);七、庄园制时期(唐、宋、元、明);八、封建社会的没落期(清);九、封建时代公社制度的遗迹及其影响;十、手工业在中国封建社会的发展过程。试图从历年来学术界关于中国社会史的争论,用马克思主义观点系统研究中国封建社会史的发展轨迹。是年 8 月 20 日,何干之对写作大纲进行修改之后写了这样一段附记:"这是 1938 年所拟的大纲,因在战时农村环境里,研究中断了整整十年,至今还是有目无书,见解也没进展,一仍旧贯,略加修改,作为自己十年之后开步走的参考,并用以鞭策自己。"二是《小说中所见转变期的中国》,大纲初拟于 1941 年晋察冀敌后反扫荡的动荡年代,合之为十个题目:一、社会研究上的小说资料问题;二、科举与官僚政治;三、农民问题;四、家族制度与婚姻;五、民间风习种种;六、小说中的侠客;七、小说中的神魔鬼怪;八、工商业与商人干政;九、关于儒家思想的批评;十、华夷观念的变迁。1945 年 8 月第一次修改,至是年 8 月第二次修改。三是《中国资本主义的发展》,全书共分八章,有纲有目,并且完成了一部分草稿,这是作者最下功夫也最迫切希望完成的一部书。此书初拟大纲时书名原为《近代中国社会经济史概论》,至 1948 年更名为《中国资本主义的发展》。(参见刘炼《风雨伴君行——我与何干之的二十年》,广西教育出版社 1996 年版)

艾思奇仍在北方大学。7 月,晋察冀边区华北联合大学与晋冀鲁豫区北方大学合并,成立华北大学(中国人民大学前身)。吴玉章任校长。随后,艾思奇随同华北大学从山西长治迁到河北正定县,并在该校任四部(研究部)副主任。艾思奇原想利用华北大学图书资料较多的条件,着手完成在延安时中央交给的任务—编写一部《中国近代思想史》,并已组成以萧前为行政和学术秘书的助手班子。因革命形势变化很快,工作不断变动,这一计划始终未能实现。7 月,为配合形势要求,撰写了一篇系统的理论文章《反对经验主义》。同月,中共中央作出《关于开办马列学院的决定》。随之在西柏坡附近的李家沟成立马列学院,刘少奇为院长,陈伯达为副院长,杨献珍为教育长。10 月,艾思奇奉命调马列学院任教员。11 月 8 日,马列学院开学。12 月 14 日,院长刘少奇向学员作了重要讲话。艾思奇主要承担社会发展史和马克思主义哲学的学任务;编写了《历史唯物论——社会发展史讲授提纲》。(参见《艾思奇全书》第 8 卷附录《艾思奇生平年谱》,人民出版社 2006 年版)

蔡仪时任华北大学教授。9 月,为配合香港掀起的反对学术上的自由主义的斗争,撰写《论朱光潜》一文,从阶级立场出发批判朱光潜,称其为"旧的士大夫底子,而加上洋化的镀金"。(参见宛小平《朱光潜年谱长编》,安徽大学出版社 2019 年版)

　　乔羽毕业于晋冀鲁豫边区北方大学艺术学院。调入华北大学三部创作室,开始专业创作。

　　周扬继续任晋察冀中央局宣传部部长。1月30日,晋察冀中央局宣传部作出《关于成立边区出版局的决定》,目的是加强和统一对边区出版工作的领导。周扬兼任局长,王子野任编辑部长,李长彬任出版发行部长兼新华书店经理,王钊任出版发行部副部长。出版局掌握全边区的出版方针政策,领导全边区的编辑出版、印刷发行工作。同时对晋察冀新华书店进行改组和加强,使其成为边区出版局统一对外的发行机构。各地公营书店及所属印刷厂均由新华书店接收和领导,晋察冀新华书店总店之下设总分店、分店、支店。(参见吴永贵《民国图书出版史编年:1912—1949》,社会科学文献出版社2018年版)

　　田汉10月以应西北电影公司邀请赴西北边陲考察边疆少数民族生活为掩护,由音乐家盛家伦陪同取道海路离沪抵天津,随后进入华北解放区。11月,在华北解放区李家庄致信周扬,谈戏改工作问题。信中说:应明确"提出'为新民主主义戏剧而奋斗'的口号",提出:"新民主主义民族的、科学的、民主的(人民大众的)内容,民族'要限制要歌舞剧的形式——这应该就是我们明确的原则。'批评的是反民族、反科学、反民主的东西。"此信后以《怎样做戏改工作——给周扬同志的十封信》为题刊于1950年4月《人民戏剧》创刊号。同月,发表《序〈费克歌曲集〉》一文,谈与费克过去之相交,希望他"在技术上更加工稳""向民歌、向人民生活而人民的真正的声音发掘得更深",以求"形式内容高度的统一"。冬,秘密进入北平,通过盛家伦的关系由冯法祀陪同访问徐悲鸿,转达毛泽东和周恩来关于希望他不要离开北平,并尽可能在文化界多为党做些工作的嘱咐,还介绍了解放区的情况;请马彦祥带口信给北平四维剧校师生:千万不可随国民党反动派南撤,坚留北平等待解放。(参见张向华《田汉年谱》,中国戏剧出版社1992年版)

　　徐懋庸《文艺思潮小史》4月作为"青年自学丛书"之一由生活书店初版。同年,由生活书店在哈尔滨印刷、光华书店发行,印数5000册。全书十章,依次为:决定文艺思潮的力量,上古和中世纪的文艺思潮,文艺复兴,古典主义,从古典主义到浪漫主义,从浪漫主义到现实主义,所谓"世纪末的文艺思潮",二十世纪的种种倾向,新现实主义,中国文艺思潮的演变。(参见付祥喜《20世纪前期中国文学史写作编年研究》,北京师范大学出版社2013年版)

　　程今吾5月著成《工农读写教学的实际经验》一书初稿,此为作者在晋冀鲁豫解放区太行武安赵庄创办华北新华书店青年职工学校的总结。次年由北京三联书店出版,后由人民教育出版社再版。(参见中央教育科学研究所编《中国现代教育大事记1919—1949》,教育科学出版社1988年版)

　　习仲勋时任西北局书记。4月5日,中共中央西北局召开陕甘宁边区文艺工作者座谈会,到会者有张季纯、马健翎、苏一平、李季、林山、柯蓝、高敏夫、王元方、王辉、石鲁、胡采、戈壁舟、王汶石、秦川、钟纪明、杨醉乡、王宗元、林丰、裴然、王丕祥等40多人。边区文协主任柯仲平参加华北文艺评奖会议未归。会议举行了3天,对过去一年来边区文艺工作和今后如何配合解放大西北战争的任务,做了详细讨论。边区民众剧团、西北文工团和联政宣传队、美术洋片组,随军转战千里进行演出,充分发扬了文艺为工农兵服务的精神。会议对开展新区文艺工作作出了三项决定:一、西北文工团一、二团及联政宣传部出发新区工作;二、充实文工团和剧团中的创作小组;三、筹办《群众文艺》刊物。会议结束时,习仲勋到会并讲话,号召文艺工作者配合西北人民解放军,枪杆到哪里,笔杆就到哪里;动员广大人民为反蒋胡、反封建而斗争。会后，文协工作组开往陕甘，西北文艺工作团到关中，联政宣传队到陇东，民众剧团和洋片组出发陕北，大力进行宣传演出。7月10日，中共中央西北局发出《关于黄龙新区学校教育的指示》。该《指示》指出：办好新区学校教育，争取教育改造广大青年学生，有计划地培养大量新知识分子参加新民主主义建设事业是新区建设中一项重要任务。文件要求黄龙新区根据可能条件尽快恢复和办好中小学校。文件对学校保护政策、新区教职员的团结改造、学校教育方针和教学方式等问题均有原则性指示。（参见孙国林编著，王佳钰、王增辉校订《延安文艺大事编年》，陕西师范大学出版总社2016年版；中央教育科学研究所编《中国现代教育大事记1919—1949》，教育科学出版社1988年版）

柯仲平继续任边区文协主任。7月，柯仲平在河北平山县西柏坡参加华北文艺评奖后，心中割不断浓浓的延安情。他毅然向毛泽东、刘少奇提出尽快返回延安的要求。他说很爱延安，回去后准备写一部长诗，歌颂刘志丹，歌颂这块在井冈山精神影响下创造的革命根据地的斗争。毛泽东很理解他，并寄予厚望，说那你就回去吧，写延安，写陕甘宁边区，写那里的人民对革命的贡献，这些都是你熟悉的。毛泽东还说：要了解一个根据地，非有十年八年的时间不可。人的一生，能写出一部《红楼梦》那样的作品，就很不错了。刘少奇也支持和鼓励他回陕北，写长诗。谈话不久，柯仲平就踏上回延安的征程。回到延安，他立即去寻找埋藏在那里的创作素材和一些物品，但已经荡然无存了。他不得不从头开始，到处找人访谈，终于又陆续记了十五厚本素材。

按：1951年，柯仲平在西安满怀深情地埋头写长诗《刘志丹》。他断断续续坚持写到1964年，完成了全诗的五分之四。10月20日，因主动脉夹层动脉瘤穿孔猝死。（参见孙国林编著，王佳钰、王增辉校订《延安文艺大事编年》，陕西师范大学出版总社2016年版）

李卓然继续任西北局宣传部部长。10月19日，边区文协在这一天召开纪念鲁迅座谈会，纪念鲁迅逝世12周年。到会的有李卓然、张季纯、马健翎、林山、柯蓝、王一达、石天、贾芝、高鲁、胡采、王辉、石鲁、田益荣、张明坦、陈若绯、戈壁舟、王琳等。大家踊跃发言，畅谈继承鲁迅精神，忠实为工农兵服务。另外，民众剧团、西北文工团、联政宣传队的一些同志分别举行了小型纪念座谈会，共议鲁迅的教导，表达为工农兵服务的决心。大家感到，战地纪念鲁迅感受更为深刻。同日，边区文协召开20余人参加的座谈会，讨论《群众文艺》的改进和提高问题。出席者有李卓然、于藻、张季纯、马健翎、林山、杨醉乡、柯蓝、关君放、王一达、石天、贾芝、高鲁、胡采、石鲁、田益荣、王辉、张明坦、陈若绯、戈壁舟、王琳等。首先由张季纯代表边区文协和《群众文艺》编委会，说明开会意义，报告该刊的筹备经过、方针、对象、来稿情况等。大家首先肯定了刊物出版以来取得的成绩，也提出一些改进建议，希望更加充实刊物内容，注意新区读者，加强文艺批评和对青年作者的指导，多介绍其他解放区的文艺情况。最后，西北局宣传部部长李卓然做了总结讲话，他说：从1942年延安文艺座谈会以来，我们的文艺不知大了多少倍。《群众文艺》起了很好的作用，但还不够，今后要不断提高；对前线、农村的反映还不够及时、深刻，有的诗歌，情感不健康，不感人，远不如延安时期柯仲平的诗；要帮助群众和战士提高写作水平，做好文艺普及工作，安心文艺工作；文艺批评还要加强，克服文人相轻的旧习气；对于新区的文艺队伍要及时加以组织，使之发挥教育群众、活跃文化生活的作用。这个讲话，全文刊登在11月15日出版的《群众文艺》第4期上。（参见孙国林编著，王佳钰、王增辉校订《延安文艺大事编年》，陕西师范大学出版总社2016年版）

胡采4月间开始负责筹备创办《群众文艺》。4月5日，中共西北局召开陕甘宁边区文艺工作座谈会，会议决定创办《群众文艺》杂志。具体筹备工作由胡采负责，西北局宣传部部长李卓然进行指导。该刊编委会征询边区政府主席林伯渠对办刊的意见,他给编委会写来一封信,提出办好刊物和发展革命文艺的意见和希望。后来刊物便将这封信作为"代发刊词"发表。他说:"近两年来,边区的文艺团体、文艺工作者,投身革命战争和群运斗争中,艰苦、踏实、虚心地锻炼和提高自己,为工农兵服务,是值得赞许的。"缺点首先是对生活的了解还不够,思想感情还没有与工农兵真正结合,因此不能创作出典型形象来;其次是文艺批评很弱,应继续加强,对好作品鼓励,对缺点批评指正,帮助提高;最后是团结旧剧班和旧艺人的工作做得不够好。经过四个月的筹备,8月15日《群众文艺》正式出版。毛泽东为刊物题写刊名。《群众文艺》为铅印,16开本,每期五万字左右,署名延安陕甘宁边区文化协会编。主编始为张季纯,后为胡采。编委是张季纯、林山、马健翎、杨醉乡、胡采。9月15日,《群众文艺》第2期出版。根据林伯渠的意见,加强了文艺批评的内容。首篇转载了苏联《文学报》的社论《大胆公开地批评》。它说:文艺批评是文艺发展的动力,只有经过文艺批评,才能激励作家明确方向,写出好作品,不断纠正写作上的错误,完善作品。同时,它也能够帮助读者和观众理解作品,获得教益。此外,这期刊物还发表了洛生的《我们对〈红布条〉的几点意见》。该剧创作、演出以来,一片赞扬声,几乎无人提出些微批评。在林伯渠开展文艺批评的倡导下,洛生写出了这篇文章。另外,本期刊物还发表了斯曼尼的《绥德群众剧团改造工作的点滴经验》,以及张季纯对该文的批评《读了〈绥德群众剧团改造工作的点滴经验〉以后》。10月15日,《群众文艺》出版了"纪念鲁迅专号",共发表5篇文章:鲁迅的《对左翼作家联盟的意见》《文艺资料:鲁迅著译六十种》(著述二十九种,译著三十一种)、《毛泽东论鲁迅》、李敷仁的《鲁迅的路》,塞克作词、安波作曲《我们要高举鲁迅的战旗》。这些文章,表达了延安文艺工作者沿着鲁迅道路前进的决心。

　　按:《群众文艺》于1949年8月15日终刊,共出12期。在该刊发表文章的作者有胡采、张季纯、林山、胡代炜、苏一平、王玉胡、柯仲平、杜鹏程、戈壁舟、安波、李卓然、石鲁等。它是延安时期最后一个文艺刊物,为革命文艺的发展作出重大贡献。(参见孙国林编著,王佳钰、王增辉校订《延安文艺大事编年》,陕西师范大学出版总社2016年版)

　　柳青回到陕北,深入到米脂县,以著名的"沙家店战役"中一个粮店支前为题材,用8个多月的时间,广泛征集《铜墙铁壁》长篇小说的素材。

　　丁玲1—4月在获鹿县宋村主持土改工作队。4月底,返正定县华北联大,修改《太阳照在桑干河上》,并定稿。原计划写三部分:第一,斗争;第二,分地;第三,参军;后决定第二、三部分不写。因为"前年的那次分地和参军,都实在很不彻底⋯⋯固然由于当时的战争环境,但那些工作作风实不足为法⋯⋯加上国际妇女会召开在即⋯⋯不得不把这一工作告一结束"。6月14日,因将参加以蔡畅为团长的中国妇女代表团,去匈牙利出席世界民主妇联第二次代表大会。从正定县华北联合大学启程,到中共中央所在地平山县西柏坡集中然后去哈尔滨。15日,到东北坡中央妇委。在去西北坡的路上,遇毛泽东和江青。毛泽东说:"历史是几十年的,不是几年的。究竟是发展,是停止,是倒退,历史会说明的⋯⋯你是了解人民,同人民结合的。你在农村十二年,再拿八年去城市,了解工业。"毛泽东论及郭沫若文章才华奔放,组织差些;茅盾作品有意义,不过说明多些,感情少些。同日,见周恩来夫妇。周恩来问及丁玲《太阳照在桑干河上》内容;作《太阳照在桑干河上》的序言《写在前边》,刊于本年《文学战线》第1卷第3期。同时,将初稿送胡乔木审定。为使本书赶在丁玲出国参加国际妇联代表大会前出版发行,胡乔木组织艾思奇,萧三等挥汗审阅。16日,将《太阳照在桑干河上》交胡乔木。18 日，参加妇委召开的欢送出国代表会议。19 日，参加中央机关舞会。见毛泽东、朱德、周恩来等。与周恩来谈了一夜。周恩来谈到让萧三做文协主任，周扬暂兼文委。26 日，陈伯达告知，《太阳照在桑干河上》可以出版。艾思奇看完稿子，认为斗争大会写得很好，他不同意周扬所说的"原则问题"及"老一套"。胡乔木则写来条子，说要等他看后出版。丁玲认为胡乔木对她"不够相信"，对周扬"太相信"。下旬，随中国妇女代表团启程赴匈牙利参加世界民主妇联第二次代表大会。

丁玲 7 月 17 日抵大连。胡乔木从河北建平打来电话，把他对《太阳照在桑干河上》的修改意见告诉她。8 月上旬，华北文艺界协会正式成立，丁玲等 21 人当选为理事。13 日，抵哈尔滨。15 日，在东北与白朗、宋之的等 12 位作家发表《八一五致苏联作家信》，刊于本月《文学战线》第 1 卷第 2 期。7—8 月间，毛泽东在河北省西柏坡村邀请胡乔木、萧三、艾思奇和甘露去散步时说："丁玲是个好同志，就是少一点基层锻炼，有机会当上几年县委书记，那就更好了。"9 月，《太阳照在桑干河上》节选发表于《文学战线》第 1 卷第 3 期。同月，长篇小说《太阳照在桑干河上》由大连东北光华书店出版。这是一部描写华北农村翻天覆地土改斗争的长篇小说。它通过桑干河下游暖水屯村中所发生的土改故事，描绘了中国农民在党的领导下对封建地主阶级的胜利斗争。由于作者描写的真实性和艺术性，这部作品使社会主义现实主义在文学发展上取得一个较显著的胜利。这部小说是丁玲二十年上下求索在自己创作道路上树起的新的里程碑。10 月，抵哈尔滨。应邀对中学生发表题为《同青年朋友们谈谈旧影响》的演讲。讲稿刊于 1949 年 3 月 11 日《人民日报》。文中指出封建思想、封建文化、买办文化对青年的影响，告诫青年"要多思索、讨论、展开批评和自我批评"，时时警惕和摆脱旧影响，真正为人民服务。同月 29 日，参加《文学战线》编辑部举办的《桑干河上》座谈会。（参见王周生《丁玲年谱》，上海社会科学院出版社 1997 年版）

张闻天 3 月 6 日以洛甫署名致电中共中央东北局，指出：关于知识分子的决定在知识分子中引起了极大的兴奋，觉得从此有了出路，安了心。同时，指出在对待地主富农出身的知识分子问题上，还存在一些问题，如农民不乐意他们上学、就业。而有一些乡村小学教员因为出身问题而被学校清洗，一些地富子女因家庭破产不能进学校回到农村又无出路的青年知识分子还有不少。应该把他们吸收进来，加以短期改造，做些工作。没有他们贫雇农子弟无法受到教育。同时由于知识分子依靠的社会基础与社会联系在平分土地之后，已被彻底粉碎，他们只有依靠贫雇农才有出路，这就造成了放手使用知识分子为群众服务的有利条件。报告最后说对于这一决定省委干部会议还拟再加以研究。4 月 30 日，合江省政府颁布《奖励技术发明暂行办法》，指出：为大力开展经济建设，繁荣国民经济，必须尊重科学技术与奖励技术发明。凡工农等各业人员进行技术试验研究，政府除给以法律保护及政治上尊重外，并予以物质支持。各种技术发明一律按其价值与贡献大小，分别给予荣誉奖和物质奖。对于作出特殊贡献的创造发明的人员，给以特别奖励。同月，同刘英一起到鹤岗市进行考察，并会见了在那里的东北电影制片厂文艺工作者吴印咸、陈波儿、袁牧之。

张闻天 5 月上旬离佳木斯赴哈尔滨任中共中央东北局常委兼组织部部长，到任后兼管城市工作，组织东北局领导下的巡视团，开始了以城市经济为重点的东北解放区的调查。团长高岗，张闻天为副团长，陆续参加的成员有马洪、李华生、李正亭、邓力群、于杰、于建亭等。同时调尹真等组织俄文翻译组，开始翻译苏联有关经济建设的文件，以及一些东欧人民民主国家建设情况的材料。9 月 15 日，以在东北城市工作会议上的总结报告第三节《关于发展城市生产的方向》为基础,为东北局撰成《关于东北经济构成及经济建设基本方针的提纲》,并于 30 日上报中央。毛泽东在七届二中全会的报告吸收了这个提纲的一些思想。20 日左右,张闻天受中共中央和东北局的委托,由哈尔滨赶到朝鲜北部港口罗津,迎接第一批从香港乘海轮北上进入解放区的民主党派负责人:沈钧儒、蔡廷锴、章伯钧、谭平山,向他们转达了中共中央和毛泽东主席欢迎之意。并说明为安全起见,先请他们到哈尔滨暂住,随后将作进一步安排。11 月 23 日,中共中央东北局召开的扩大会议讨论通过了张闻天起草的《全东北解放后的形势与任务决议》。该《决议》指出:"东北全党今后必须把经济建设的任务放在压倒一切的地位。"经济建设还要有文化建设的配合,"没有大批的有现代科学知识,与掌握现代技术的专门人才,东北经济建设任务的胜利完成,是不可能的"。为此决议提出要根据需要与可能"制定培养各种经济建设干部的教育方针与教育计划""创办与办好各种大学专门学校和中等学校""使我们每年有源源不绝的必要数量的新的经济建设人材来满足我们经济建设的需要"。12 月 23 日,经中共中央批准,东北局决定洛甫(张闻天)为东北财经委员会副主任,免去东北局组织部长职务。27 日,财委副主任职务由东北行政委员会正式任命。同月,会晤从香港乘船来到东北解放区的第二批民主人士郭沫若等人。
(参见张培森主编《张闻天年谱》,中共党史出版社 2000 版)

　　凯丰继续任中共中央东北局宣传部部长。2 月 9—13 日,东北行政委员会召开第二次教育会议。会议集中检讨第一次教育会议以来各地中学教育工作。主要解决争取与改造旧有知识分子(特别是对地主富农子弟的态度)、培养工农子弟的知识分子,今后如何在中学内进一步进行教育三个问题。会议认为,知识分子必须改造,使他们成为新民主主义革命中的一份力量,对地主富农子弟同样应给以争取改造。学生思想初步改造之后,应加强文化教育,但应把思想教育贯穿到整个课程中去。凯丰在总结发言中说:学生必须参加实际工作,参加各种社会活动。13 日,东北行政委员会发布《关于中等教育的指示》。该《指示》"同意接受中共东北中央局关于知识分子的决定所采取的争取、教育、改造的方针和办法"。《指示》指出:学校教育要贯彻阶级路线,招收翻身人民的子弟入学,培养新型知识分子。要以毛泽东思想教育青年,教育他们为人民服务,为新民主主义国家服务。对于经过思想改造,初步改变了盲目正统观念的学生,除继续提高政治认识外,还要注意提高文化水平。并决定,今后对这些学生主要应教政治常识、国文、数学、历史、地理、自然 6 门功课。

　　凯丰 4 月仿照他曾与毛泽东一起主持延安文艺座谈会的方式,在哈尔滨召开了东北文艺工作者座谈会,继续贯彻毛泽东的《讲话》精神,推进东北文艺运动。延安鲁艺及文艺界的不少同志参加了这次会议。文学方面有周立波、丁玲、严文井、马加、金人、草明、白朗,音乐方面有吕骥、向隅、马可、瞿维、任虹、张一鸣、李劫夫、安波,戏剧方面有张庚、舒非、张水华、张东川、李纶、严正,美术方面有古元、华君武、朱丹、沃渣、施展、王曼硕、张仃,电影方面有陈波儿、吴印咸、沙蒙、何士德,青年代表有范政、刘和尼、刘仲平、邵华,非党员代表有塞克、吴晓邦等。7 月 3 日,中共中央宣传部发布《关于处理新收复区大中学校的方针给东北局宣传部的指示》。《指示》指出,收复城市后,"对原有大学、中学的方针,就是维持原校,加以改良"。同时指出,"改良的办法很多,但必须是必要的与可能的"。(参见中央教育科学研究所编《中国现代教育大事记 1919—1949》,教育科学出版社 1988 年版;孙国林编著,王佳钰、王增辉校订《延安文艺大事编年》,陕西师范大学出版总社 2016 年版)

　　林枫 4 月由东北局向中央建议,经中央同意,任为东北局常委,任东北行政委员会主席,专做政府工作。5月31日,东北行政委员会设立东北科学院。设立科学院,是为了使科学家、技术人才与伟大的新民主主义建设工作相结合,达到人尽其才,建设东北的目的。该院设有农林、理工、医学、教育等系及自然科学研究所。各系招收中等以上学校学生学习,研究所吸收国内外大学专科毕业,或有创造、发明、著作之专家从事研究工作。7月6日,东北科学院在哈尔滨开学,林枫兼任东北科学院院长,副院长为车向忱、王一夫。600余学员均实行供给制。8月,林枫任马列学院东北分院院长。同月12—30日,东北行政委员会召开第三次教育会议,确定建立新型正规教育制度。会上,东北行政委员会主席林枫作重要讲话,教育部副部长董纯才作了题为《前进一步》的总结报告。林枫在讲话中指出:目前东北解放区的中心任务是生产建设,支援战争,为此要求教育工作能够培养大批的、各种各样的、有专门知识的干部,培养大批有进步思想的青年知识分子。短期训练班不能完全取消,但仅仅短期训练班是不够的,所以要提出正规教育问题。正规的学制,就是要有一定的年限和程度才能毕业,要有一定的程度才能入学。要建立正常的学习生活,在学校里要有浓厚的学习空气。董纯才在报告中指出:办新型正规化的教育,对现有学制要做"必要的更改","宜采取多轨制和双轨制","富有伸缩性和灵活性"。要长短结合,既有应急需的短训班,又有学制较长的正规学校。教育方法,要因材施教,深入浅出,反对教员打骂学生、体罚学生和压制学生。同时要纠正极端民主化的偏向,建立民主团结的师生关系。(参见中央教育科学研究所编《中国现代教育大事记1919—1949》,教育科学出版社1988年版)

张如心时任东北大学校长。10月1日,东北大学在佳木斯举行开学典礼,校长张如心致词,希望知识分子以清醒的头脑,明确的政治方向,全心全意为人民服务。东北大学设二部。第一部设三系11科。文艺系:国文、俄文、音乐、美术科。社会科学系:政经、史地科。自然科学系:物理、化学、数学、博物、体育卫生科。文艺、社会科学系修业3年,自然科学系修业4年(体育卫生科2年)。主要培养中学师资及新民主主义各方面建设人才。第二部设两班,进行短期政治教育,然后编入系科学习业务,或分配适当工作。设预科三班,以提高一般文化水平,作升入科系学习的准备。东北大学有教职员百余人,学生2000余人。(参见中央教育科学研究所编《中国现代教育大事记1919—1949》,教育科学出版社1988年版)

周立波长篇小说《暴风骤雨》上卷4月由东北书店出版。周立波在序言中写道:"上卷内容是去年七月东北局动员一万两千干部组织工作队,下乡开辟群众工作的情形。东北农村封建势力的最初垮台和农民中间的新的人物最初出现的复杂曲折的过程,就是本书的主题。"7月13日,周立波开始《暴风骤雨》下卷的写作。中共中央东北局领导王首道非常支持周立波创作,专门借给他一间房子,让他安心写作。16日,周立波和林蓝一起搬到松花江畔太阳岛上的房子里。12月,《暴风骤雨》下卷完成。次年5月,《暴风骤雨》下卷由东北书店正式出版发行。(参见胡光凡《周立波评传》,湖南文艺出版社2018年版)

沈钧儒、章伯钧9月下旬被民盟总部推为代表去东北解放区参加新政治协商会议的筹备工作。离港去东北是在极其秘密的情况下,由中国共产党安排专人组织实施的。主要负责人有潘汉年、方方、连贯、钱之光等。沈钧儒与谭平山、蔡廷锴、章伯钧4人第一批离港。当时在章汉夫陪同下,乘黄昏的掩护,换装打扮成短衫工人模样,乘小舢板登上苏联货轮离开香港。到达港口为朝鲜罗津。中共中央派李富春专程迎接,于9月29日抵达哈尔滨。10月2日,沈钧儒等致电毛泽东、周恩来、朱德,表示:"愿竭所能,借效绵薄;今后一切,伫待明教。"3日,毛泽东、朱德、周恩来致电沈钧儒等4人,表示欢迎,并告知准备于明年适当时机举行政治协商会议。6日,与章伯钧致函在香港主持工作的周新民,谈进入解放区的感想及对民盟工作提出意见。同月,与谭平山、章伯钧、蔡廷锴、王绍鏊、高崇民、朱学范等到达东北解放区的民主人士和中共中央的代表一起对政协会议的性质、任务等进行协商,并对中共中央提出的《关于召开新的政治协商会议诸问题(草案)》和《提议邀请参加新政协的单位表》两个文件进行讨论并提出意见。沈钧儒与谭、章、蔡、王、朱并提出建议将《关于召开新的政治协商会议诸问题(草案)》送在港各有关党派负责人征求意见。经广泛协商,中共中央于11月25日与各民主党派达成《关于召开新的政治协商会议诸问题的协议》。11月2日,沈阳解放。沈钧儒等约于11月底12月初由哈尔滨移居沈阳。月初,与在香港的李济深等联名致电中共中央,祝贺东北解放。9日,接毛泽东、朱德、周恩来复电。16日,与章伯钧代表民盟发表对时局的声明。驳斥张申府所发表的《呼吁和平》一文的荒谬言论,并重申了民盟三中全会以来的政治立场。10月、11月,进入解放区后,情不自禁,连作抒情诗以表达由衷的喜悦心情。先后作有白话诗《翻身乐吟》3首;七绝《松江杂咏》2首。12月13日,作七律《月光射枕上睡不着》。31日,作诗《除夕纵饮狂欢》。(参见沈谱、沈人骅编《沈钧儒年谱》,中国文史出版社1992年版)

郭沫若11月23日下午往侯外庐家会齐。天黑后乘小船往港外。夜,由香港乘华中轮北上,同行者有马叙伦、许广平、曹孟君、翦伯赞、茅盾、宦乡、连贯等30余人。郭沫若在船上为周海婴录"横眉冷对千夫指,俯首甘为孺子牛"。跋曰:"鲁迅先生这两句诗实即新民主主义之人生哲学,毛周诸公均服膺之。"愿"共同悬为座右铭,不必求远矣"。12月4日,在大王爷岛与连贯、宦乡、翦伯赞等人分别。作五律一首赠翦伯赞,题作《送翦伯赞赴华北》,刊于次年3月19日天津《星报》。6日,抵达沈阳,住铁路宾馆107室。同月,在沈阳期间,与前来看望的东北局负责人长谈,并与侯外庐提出要找点书看。在沈阳期间,常与章乃器、侯外庐等光顾旧货市场。得侯外庐购得一枚刻有"公生明,偏生暗"六字的印章相赠。后以此印文配一下联"智乐水,仁乐山",一并书赠侯外庐。(参见林甘泉、蔡震主编《郭沫若年谱长编》,中国社会科学出版社2017年版;陈福康《郑振铎年谱》,三晋出版社2008年版)

马叙伦11月23日与郭沫若、翦伯赞、陈其尤、沙千里、许广平、许宝驹、黄振声等一行30多人乘货轮秘密离港,奔赴东北解放区。24日,郭沫若在船上饮酒赋诗,并与同行者组织《波浪壁报》,以俾传阅。周海婴《鲁迅与我七十年》回忆:"次日,天尚未大亮,我就起床上了甲板。看到海员在忙碌着清洗甲板,我占了会些广东话的便宜,询问现在船到了哪里,船员告诉我正在向东驶去,时速大约十至十二海里。这是一条千吨级的小海轮,属于香港船东,挂着葡萄牙国旗,要经过台湾海峡,目的地说是北方,旁的就说不清了。近年有些回忆护送民主人士北上的文章,对这条船所悬旗帜说法不一,有讲是挪威国旗的,但我以为是葡萄牙旗帜无疑。因为当时在船上,连贯、宦乡两位就告诉我过,为了悬挂这幅旗帜,所付代价相等于租一趟船的费用,我曾为此十分吃惊,故而至今仍印象深刻。由于这是一条混装船,没有正规客房,仅有少量几间舱房。原是大副、水手长的卧室,临时让出来,照顾郭沫若、马叙伦、冯裕芳等几位长者。多数人睡统舱,男女分开,睡舱里又暗又狭,不适宜聊天。顶层打听是聚首谈天之所,但只要风平浪静,大家都到两边甲板去漫步闲谈。"26日,马叙伦撰五律两章,以妻女未能随行为憾。当晚郭沫若和诗两首劝慰。28日,抵达哈尔滨。逗留哈尔滨期间致函燕京大学教授严景耀,委托他代表民进赴华北解放区出席会议。12月3日晨,抵达安东(今丹东)附近的大王(爷)岛,交际处负责人来迎接。4日,在大王爷岛,同行的连贯、宦乡、翦伯赞等人转道去大连。6日,抵沈阳,下榻铁路宾馆。同月,与徐伯昕布置会员吴企尧利用租借外轮从事贸易的机会,陪送3位文化界人士经朝鲜转赴东北解放区,同时带去许多图书的纸型,以支援解放区的出版事业。(参见卢礼阳《马叙伦年谱》,浙江古籍出版社2021年版)

侯外庐11月23日乘"华中号"客轮由香港赴东北解放区。12月3日左右,侯外庐等抵达安东,在此迎接的辽东省委代表中有吕振羽。随后由安东赴沈阳,受到中共东北局的厚待。高岗赠送郭沫若和侯外庐各一套《清实录》。在沈阳期间,侯外庐赠郭沫若从古玩店购得的一枚图章,上有"公生明,偏生暗"六字。郭沫若很喜欢,配成一副对联:"公生明,偏生暗""智乐水,仁乐山"。据侯外庐《深切悼念郭沫若同志》(《悼念郭老》,生活·读书·新知三联书店1979年版)回忆:"这里用的虽然都是古人的话,但也体现了他的治学精神。他做学问不孤守一说,偏执己见,常常随着新史料的发现和自己认识的提高,不断修正自己的结论。他不但勇于创新,而且敢于坚持真理。无论环境怎样恶劣,习惯势力怎样顽固,他总是坚毅沉着,在原则问题上一步不让。"(参见杜运辉《侯外庐先生学谱》,中国社会科学出版社2013年版)

翦伯赞11月23日奉中共中央电召,自香港乘轮船北上安东(今属辽宁)。12月4日,抵安东之石城岛。郭沫若等北上沈阳参观,翦伯赞与胡绳、连贯等又南下渡海到山东烟台东之俚岛登陆,乘汽车到石家庄附近的阜平县李家庄中央统战部招待所报到。(参见张传玺《翦伯赞传》及附录张怡青《翦伯赞大事年表》,北京大学出版社1998年版)

吕振羽2月6日在大连完成《简明中国通史·第二分册》写作,并撰《完稿序》。3月,与马辉之由大连赴哈尔滨过朝鲜。4月,收到张爱萍1日自苏联红军疗养院来信,苏联同志国际友谊甚好,脑伤比在大连时好转,你们到湖南敌后工作一事应慎重考虑。《简明中国通史》第一分册由大连光华书店出版。5月1日,为南去交通不便及今后工作安排请示事致信刘少奇(与江明合署)。同日,《简明中国通史》第二分册由大连光华书店出版。6月12日,与马辉之赴哈尔滨东北局开会。先抵安东,受到省委江华、刘澜波、刘子载、程世才等同志欢迎。继经新义州赴平壤。在平壤,与马辉之同赴朴一禹家宴(吕、马、朴均系延安中央党校一部同学、朴回国任朝鲜内阁内务相)。7月,在哈尔滨参加东北局关于旅大工作座谈会。8月25日,为今后组织分配工作事致信江明。30日,出席东北城工会议。9月,东北局决定,吕振羽任中共安东省委常委,主管城市工作。征得省委同意,吕振羽建议在加强党内团结的基础上,安东市委领导成员召开会议、展开讨论,以批评自我批评的方式解决存在的思想分歧和团结问题。另外还帮助市委处理安东造纸厂正确理解贯彻领导制度问题即"厂长负责制而不是专责制",为此与企业干部、党员及部分工人群众进行交谈,然后开会取得认识一致。

吕振羽《中国民族简史》9月由光华书店发行。此书系吕振羽1947年2月在哈尔滨著成,为第一部运用马克思主义观点研究中国民族史的著作。作者初版序说:"现在抗战胜利结束,进到和平民主事业的斗争,国内民族问题立即就要全面地提到行动日程上,我们应同时展开这个问题的研究工作。"当时最重要的国内问题主要有两个:土地问题和民族问题。而"中国民族问题,从来还没有系统研究过"。直到40年代,"我们对国内各民族,尤其对各少数民族历史和现实情况的了解,还相当隔膜","外国资产阶级学者对中国各民族的研究,大都从侵略主义观点出发;国内资产阶级学者的研究,则大都从大民族主义的立场出发"。吕振羽决定用马克思主义系统考察中国各民族的历史,于是有此书之撰。10月,吕振羽率省委工作队到五龙背区三个村进行调查,挨户恳谈,并对土改后农村存在问题进行纠偏。14日,为望待肠胃炎病愈后再来安东致信江明。21日,就有关农村移民、土改等问题代表安东省委致信中共孤山县委,发至通化地委、各市县委。12月5日,代表安东省委迎接由香港来安东北上参加政协会议的郭沫若、马叙伦、侯外庐、许广平、曹孟君等20余位知名民主人士。郭、马、侯等分别在笔记本上留言。20日,在省委试点农村工作总结会上就《五龙背试点工作经验》作了发言,涉及农村开展土改、纠偏、建党、建政等工作。收到张爱萍30日自大连来信,感谢来安东疗养邀请,谈及脑伤恢复已基本上差不多,今冬明春会有渡江等战役,决心明春重上前线。(参见《吕振羽全集》第10卷附录《吕振羽生平年谱》,人民出版社2014年版;王学典《20世纪史学编年(1900—1949)》,商务印书馆2014年版)

钱杏邨(署钱谦吾)编《文艺创作辞典》4月由上海光明书局出版,此为作者1941年底离沪前的旧作。9月,针对大连工人美术活动的蓬勃发展,撰写《论中国工人美术的诞生》,热情赞颂工人的智慧。同月5日,在《大连日报》副刊《海燕》发表《纪念钱毅同志》。同日,将1941年创作的南明史剧《洪宣娇》改编成京剧本。亲自帮助新声剧团进行排练。7日,在大连实验剧场公演。12月,奉中央调,前往北平。经沈阳东北军工部,被何长工部长短期挽留。(参见钱厚祥整理《阿英年谱(下)》,《新文学史料》2006年第1期)

韦悫5月奉命开始筹备华东大学。此前4月,中国人民解放军华东部队攻克了的鲁中重镇——维县城。为了迎接革命在全国的胜利,适应开辟华东新解放区工作的需要,中共华东局决定发扬临沂山东大学和华中建设大学的办学经验,在潍坊市重新建立一所大学,招收中学以上的青年学生,进行政治思想教育,提高思想觉悟,掌握马列主义的科学理论,为革命的发展培养干部。关于学校定名问题,华东局认为全国胜利在望,学校将来要逐步走向新型正规化,而且以招收新解放区青年为主,但他们对形势认识不足,不再冠以"革命""军政""干部"等名义,以地区定名为华东大学为好。至5月,华东局任命韦悫为校长,张勃川为副校长,刘雪苇为教务主任(也称教务长),俞仲武为秘书长;并陆续调派中层干部叶锦田、沈一力、梁云清、李庚、张一夫、董一博、赵凌、胡克诚、马雨亭、蒋捷夫、蒋梯云、陈捷等20多人到校工作。还通知在渤海地区的原临沂山东大学留守人员到华东大学报到,通知分散在山东各解放区和去大连的临沂山大和华中建大教师李仲融、何封、车载、王淑明、赵平生、朱维基、胡考、陶宫云、袁似瑶等等,迅速回到潍坊市华东大学任教。校址选在潍县城东教会的乐道院,院内树木茂密,房舍整齐,附近有农田菜圃,小河流水,环境颇为清新雅静。9月4日,举行开学典礼,张勃川副校长在会上作了华东大学方针任务和培养目标的报告,刘雪苇教务长讲了学习内容和学习方法,之后正式上课。当时教学形式以部为单位上大课,由主讲教师系统地讲解,学生经过准备和思考,开展讨论,然后进行总结。由于在教学中紧密结合形势,联系学生思想实际,又做到材料充实,观点鲜明,使广大学生如拨云雾,顿觉耳目一新。9月24日,济南解放。华东局指示学校迅速派人去济南,研究在济招生和学校迁济等问题。11月下旬,潍坊的师生已全部迁来济南。华东大学进入济南后又有新的发展,教学组织也随之调整和增加,成立了文学、社会科学、教育三个学院和一个研究部。院下设部,部下设班。文学院由韦悫校长兼院长(市校长南下后由黄源教授代理院长),社会科学院由张勃川副校长兼院长,教育学院由田珮之任院长。部主任除李庚、张一夫外,还有丁山、蒋梯云、蒋捷夫、钱冰等。(参见山东大学校史编写组《山东大学校史》,山东大学出版社1986年版)

吴仲超时任中共中央华东局副秘书长。7月,华东局成立管理山东省古代文物管理部门——山东古代文物管理委员会,吴仲超代理负责人,主要负责接收、收买、整理古代文物。同月13日,曲阜孔氏后裔携奉祀官府珍贵文物50多箱南行,在兖州被中共军队截获。内有乾隆御赐"商周十供"等。9月10日,山东省政府成立"山东古代文物管理委员会",吴仲超任主任委员,辛葭舟、阿英等8人任委员。"为妥善管理山东古代文物,本府决定成立'山东古代文物管理委员会',由吴仲超任主任委员,辛葭舟、阿英、陈君豫、张天云、陈秉忱、李季华、王景宋、郑亦桥为委员。"12月中旬,山东古代文物管理委员会在济南举办第一次古物展览会,展出书画、善本书籍、青铜器、瓷器、玉器、钱币、甲骨等珍贵文物千余件,引起社会各界极大反响。(参见张书学、李勇慧《王献唐年谱长编》,华东师范大学出版社2017年版)

　　王献唐1—9月继续在济南任山东省立图书馆(山东金石保存所)馆长。2月16日,撰自箴联。同日,接傅斯年从美国来函。其《平乐印庐日记》载:"自撰联一,有自箴意。联云:'学以致知,求诸近,求之远;行贵克己,不怨天,不尤人。'张海清来,以所藏旧砚来看,索余日前所作《瑞雪丰年图》去。接孟真从美国来函,介绍王毓铨君,并接王函。彼为莱芜人,在美十年,为美国古钱学会整理中国古钱,来函讨论也。"27日,复傅斯年函,托那廉君寄美,附一笺。写联,又作颂一幅,颇称意。春,跋民国十九年铅印本马叙伦《庄子义证》:"著者即不明逍遥,字所解直不知所云,此诗欺人矣……以文字学解庄,用力虽勤,而牵强支离,令人愈晦,吾无取也。戊子春书。细字两行已在自序中说明其义,此似画蛇添足,非著书体例。"4月,经过整顿修复,图书馆对外正式开馆。同月15日,王献唐跋民国十三年北京商务印书馆石印丁佛言《说文古籀补补》十四卷附录一卷:"此友人董坚叔藏书,战前散出,为余所收。今坚叔亡矣,晨起检阅,为之怃然。其印刻已拓为谱。《吕览校识》及为鲁图书馆所作《金石志稿》,皆不可踪迹。十年桑海,竟如是耶! 戊子四月十五日。"4月20日,被推为"明湖诗社"名誉社长。21日,跋《秦诏瓦量拓本》。

　　按:跋曰:"秦瓦量钤印始皇六年诏者,初出邹县纪王城,陈簠斋得残片宝之,谓李斯所书。嗣后陆续搜访,获得全文,谷风道兄所收此册拓本是也。原器久归东瀛。继簠斋而起,续获全文者为至德周季木氏,先是陈藏有刻文残片,周更省五,据谓二出山西,一出归化,一出齐地。齐地无之,殆邹县物也。余尝访古纪王城故址,得残片四,后亦续得全文,藏山东图书馆。又后纪王城同出全量三,残破而文全,二钤文,一刻文。为图书馆收其一,余只手拓数纸,力不能致也。馆藏为钤文,其一归安邱赵孝陆。刻文者归卢江刘善斋,善斋编印《吉金录》竟收入,殆以瓦由当吉金矣。谷风自收诏量残片亦有数事,顷以拓本见示,其一诏文'二十六年'下,无'皇帝'二字。图书馆及赵氏所藏二全量,亦思下文立号为皇帝并同,曷以先后两处,统将'皇帝'二字磨灭无言及者? 又细审周氏全拓有二片,其一'廿六年'下'皇'字半残,存'帝'字。又一片立号为皇帝,'皇'字亦半残,存'帝'字,原皆磨灭,重复刻补,笔画瘦削,与同片钤印者截此不同,曷以磨而又刻,季木亦未属意也。案,传世残量,凡无磨灭及重刻形迹,当为秦代所造。其无'皇帝'字样者,盖在秦亡、楚汉相争之际,彼时子婴被杀,天下无皇帝,故造量者仍以旧印钤之,将此二字磨灭。高帝元年春正月,项羽尊怀王为义帝,二年冬十月弑之,时期虽短,怀王封羽为鲁公,邹县一带属之。既尊以是号,造量者以为又有皇帝矣。乃将磨灭之处复刻其字,亦有未及刻者,犹今传世之明建文铜权,永乐夺位后,类将'建文'二字磨灭,正有未磨者在也。高帝五年羽死,楚地悉定,独鲁不下。汉王使持羽头示其父兄,兄乃降,知邹鲁一方之附羽,羽尊怀王为帝,亦必随而尊之,重刻其字矣。是岁汉王即皇帝位,天下已更,当践入关,余悉除去秦法之重造量者,不再钤以秦诏。而钤诏者分两期,一在秦,一在楚汉之际。无'皇帝'字样者,类属义帝未立以前。有而后刻者,在既立以后,而要皆同一印模,同一制作也。印模既将'皇帝'二字磨去,羽弑义帝后亦或可用,因之此类瓦量容亦兼出。是时,昔季木曾得印模又为'壹歉款者'四字反书甚精。纪王城一塾师更伪造石质数副,钤印新造量上,烧成碎而售之。私改书体,荒伧可笑。余数见之,又有人欲以石印求售矣。襄见三全量,验其体积,钤文者较小,刻文者较大。又验各家残片拓本,凡刻文者体势益皆大,大非如合如升如斗倍溢甚多,只容积较大而已。知钤文、刻文两量,初本同一器制,殆二十六年始皇初定天下,颁诏之后,各地度量衡未易随而完全划一,邹在战国时已制用此式瓦量,内底钤印文,丁佛言释廪,甚是。图书馆囊存半残者一事,形正相符可证。迨秦颁诏,仍用旧制,而外刻诏文,更后度量衡划一,其量较旧为小,复随变更,以刻文过繁,改以印模钤之,仍于量底钤印文为骃字或兼钤边缘。故凡刻文者,时期在前,钤印者在后。后者既出,前者无用,因时毁坏,传世随少,而陈簠斋以印文精严,谓斯相所书,乃得意忘形语。罗振玉谓钤印为印书权舆,不知东周各地陶器已早行是法。齐燕之戈,楚之金饼铜饼及铅质冥币亦皆用之。惜季木已殁,无从相与质证。今试为谷风道兄发之,不知果何如耶?"(载《平乐印庐日记》,《双行精舍书跋辑存》正续编失收)

王献唐4月跋明刻佚名撰《史记钩玄》残本:"此书各公私书目不著录。书刻古雅,直似隋墓志,明刊之最上乘者也。虽残缺,当以断珪零璧视之,不必以不见著录增重。戊子四月,济上记。献唐。明人作此书体者甚少,宋仲温《七姬志》较近,当出名手,惜无可考。"又得吴敬梓《诗说》。该书"封面'文木山房诗说'字下有'旧钞本,戊子四月收,十七、十八有缺'字样,并有篆体印章'献唐'。卷端书名下题'全椒吴敬梓敏轩纂',并有'王献唐'印和馆藏印。卷末有'献唐劫后所得'印。"7月12日,中国博物馆协会为重编《中国博物馆一览》,调查全国博物馆概况,致函山东省立图书馆金石保存所,请其写示金石所最近情形。"敬启者:本会拟重编《中国博物馆一览》,亟欲明了全国博物馆概况,至祈将贵所最近情形详细写示,以便入册,实为至感。此致山东省立图书馆金石保存所。中国博物馆协会谨启,七月十二日。地点:北平午门历史博物馆。"9月24日,济南解放。25日,济南市军事管制委员会接收山东省立图书馆(山东金石保存所)。军管代表流泽进馆接收,王献唐、罗象临卸任馆长、代馆长职务,失业在家。10月1日,路大荒担任山东省立图书馆副馆长。军管会曾派路大荒为代表,去安置王献唐工作和生活,却执意不接受。秋,撰《王献唐自述》。

按:《王献唐自述》曰:"王献唐,山东日照,五十三岁,因病无工作。经十路33号,原住三户,现迁移一户,余二户。光绪廿三年生,六岁(光绪廿八年)入私塾,光绪三十四年入高等小学堂,十一岁(民元)入青岛礼贤书院,民三入青岛黑兰大学预科,十六岁(民五)复入青岛礼贤书院文科,十七岁毕业。是年(民六)至济南任《山东日报》编辑。民十任青岛督办公署秘书。民十三至广东加入国民党。旋至北平、青岛各处。民十五至汉口,旋至上海,从人研究考据学。民十六任中央通讯社编辑。民十七任中央党部训练部总务科总干事。民十八任山东省立图书馆馆长,先后八年,中间兼任齐鲁大学教授、山东古迹研究会委员兼秘书、山东通志筹备处主任。抗战入川,在万县任山东大学教授(即前青岛大学)。民廿七至四川乐山,兼任武汉大学教授,旋以接受中英庚款会文史研究补助费,即辞去,专事著作。民廿九年受国史馆顾问之聘,至重庆。民三十一年至四川李庄,为国史馆撰《金石志》。民三十三年得三叉神经痉挛病,至重庆治病。民三十五年复至南京治病,国史馆改聘为纂修。民三十六年又至北平施行脑部手术,秋间来济南养病。而在抗战期间仍为山东省立图书馆长名义,故回济南续任馆长,因病未往办公。国史馆之纂修名,如故亦不能为之著述。解放军入济,病仍未愈。"

王献唐12月18日致山东古代文物管理委员会函,婉拒参观古物展览会的邀请:"接奉大函,嘱参加古代文物展览会,无任欢幸。惟以天气骤变,弟处南郊,远行恐病发作,越一二日气候和暖,当赴贵会观光也。此上山东古代文物管理委员会。王献唐顿首,十二月十八日晚。"19日,王献唐致路大荒函,嘱将昨信转交古管会:"天气忽冷,弟病不敢远行。昨一函,希转文物会。弟前借馆中之书,希于假日派人取去。尚有赠兄之画,虽不堪,欲得一知音也。大荒吾兄左右。弟献唐再拜。"是年,绘《茹庐养病排闷之作》画册。(参见张书学、李勇慧《王献唐年谱长编》,华东师范大学出版社2017年版;周兴陆《吴敬梓失传著作〈诗说〉在上海发现》,《光明日报》1999年6月24日)

王芸生时任上海《大公报》总编辑。因撰写和发表《为江浙人民呼吁》《由新民报停刊谈出版法》《我看学潮》等社评，指责国民党当局钳制舆论，镇压学生运动，受到《中央日报》等国民党官方报纸的点名追查与围攻。7月，《中央日报》发表社评《王芸生之第三查》，公开扬言要发动"三查运动"检讨王芸生；南京《救国日报》更骂王芸生"为匪张目"，站在共产党一边。王芸生难以忍受，内心愤慨万分，对此不断进行反驳。10月30日，正在上海的王芸生接到中共地下党转达的毛泽东的邀请，请他到北平参加正在筹备中的新政协会议。王芸生经与《大公报》同仁商议后，迅即安排好《大公报》事务，按照中共地下党的安排，绕道台北，于11月5日飞抵香港。11月10日，《大公报》发表了王芸生撰写的社评《和平无望》，宣布改变立场，往左转向。社评写道："什么是真实而持久的和平，一句话，是人民大众的合理生存。""真正的历史创造者，并不是稀世的英雄，而是亿万生民。亿万生民的求生力量，才是人类历史的真正动力。""明白了这基本的道理，如何拨乱返治，自可不言而喻。"文中深刻剖析了时局，指责蒋介石当局决意"戡乱"，因此"所有和平呼吁，和平想头，都不过如一丝蝉鸣一缕云烟而已。"这篇社评引发极大反响。年底，王芸生进入华东解放区。次年3月，抵达北平。（参加王芝琛《一代报人王芸生》，长江文艺出版社2004年版）

陈寅恪12月13日进城躲避战火。14日，胡适托邓广铭找到前一天刚入城躲避战火的陈寅恪，问其是否愿意同行。陈寅恪答道："前许多天，陈雪屏曾专机来接我。他是国民党的官僚，坐的是国民党的飞机，我决不跟他走！现在跟胡适先生一起走，我心安理得。"14日，陈寅恪至东厂胡同胡适处，同往机场，中途受阻，仍返胡适处。当晚，陈寅恪在胡宅对前来话别的邓广铭和郑天挺彻夜长谈时说："其实，胡先生因政治上的关系，是非走不可的；我则原可不走。但是，听说在共产党统治区大家一律吃小米，要我也吃小米可受不了。而且，我身体多病，离开美国药也不行。所以我也得走。"15日下午2点，陈寅恪全家4人与胡适一家换乘傅作义的专车出发，3点多赶到南苑机场。陈寅恪自忖将与此地永别，心绪难平而赋《于北平中南海公园勤政殿门前登车至南苑乘飞机途中作并寄亲友》诗云："临老三回值乱离，蔡威泪尽血犹垂。众生颠倒诚何说，残命维持转自疑。去眼池台成永诀，销魂巷陌记当时。北归一梦原知短，如此匆匆更可悲。"竟一语成谶，此后他们再也没回过京华故地。陈寅恪向来坚守"独立之精神，自由之思想"的人生准则，虽与胡适同行，但只在南京住了一晚，次日便举家赴上海，并在岭南大学校长陈序经的接应下，乘船自上海去广州，于次年1月19日到达广州。20日，岭南大学校报就报道了聘请到陈寅恪来校任教的消息。（参见卞僧慧《陈寅恪先生年谱》，中华书局2010年版；赵建永《胡适南下时致汤用彤函考述》，《北京大学学报》2013年第3期）

陈序经8月1日应岭南大学美国基金会聘请，出任该大学副校长（代理校长）。一年后，李应林校长正式辞职，陈正式出任校长。9月16日，岭大怀士堂举行首次大学周会，暨补行本学年度开学典礼。陈序经训词，总结该校特点：(1)岭南办学不分国界，是一个国际学术合作的团体。(2)岭南是由国人接来自办的第一个教会大学。(3)大学男女同学，岭南实行最先。(4)岭南在学术的发展上无宗派之分，注重自由讨论的精神。并曰愿与同事、同学以合作精神，为教育、学术、国际文化努力共勉。20日，《首次大学周会陈校长训词》刊于《岭南大学校报》康乐再版号第82期。10月3日，在天津《大公报》发表《"大泰主义"的抬头》。曰：泰族占暹罗人口的三分之一，却是统治民族，无论是从民族主义立场，还是民主主义观点来看,都是不合理。泰族对占人口比例最大的华侨,用强力威胁,用法律制裁,用婚姻引诱,用教育熏染,并借日本之煽动,加强泰化与排华。泰族宣传中国西南的河山、众多民众是其"故乡""同胞",拟联合缅甸的掸、安南的佬,以至柬埔寨人,成立所谓"大泰帝国"。銮批汶系暹罗"大泰主义"提倡最力者,本是战犯,却逍遥法外,在4月又主持政权,更凶残虐待华侨,封闭华侨学校、报馆,限制与压迫华侨工商界。11月14日,《悼卢观伟先生》刊于《岭南大学校报》康乐再版号第86期。12月19日,在《社会学讯》第8期发表《社会学与西南文化之研究》。同日,中国社会学社广东分社第九届年会在岭大农学院举行,各大学社会学系教授、社会学专家等共百余人出席。演讲《社会学与西南文化之研究》。曰:因中西接触后,社会文化时刻都在变动之中,社会问题日趋严重,发展中国社会学尤有现实性。由于西南民族繁多、原始的氏族文化与近代的都市文明分呈,为社会学研究提供校验的素材。西南是西方文化输入最早的地方,是新文化的策源地;又是中国传统文化传播最迟的地方,是固有文化的保留所。西南民族若干文化还保存着原始的特征,又是原始文化的博览会。加强西南研究,必能推动中国社会学的发展。是年,《南洋与中国》由岭南大学西南社会经济研究所出版。在岭大政治学会同学刊行的《鲍令留教授服务岭南四十周年纪念》册中,著文感谢鲍氏参与创建岭大之功。(参见田彤编《中国近代思想家文库·陈序经卷》及附录《陈序经年谱简编》,中国人民大学出版社2014年版)

杨庆堃辞去华盛顿大学社会学系教职回国,被聘为岭南大学社会学系主任,讲授社会学文化史。杨庆堃早年在燕京大学社会学系师从吴文藻,深受功能主义理论的影响,赴美留学期间,又系统学习了以派克为代表的芝加哥学派的人文区位理论、社区研究方法。他逐渐体会到:"一个小型村落和其外在的更大的社区之间的关系是理解这个村庄过去的生活模式和现在的变化的关键",于是立志在社会变迁中探讨制度和组织的变化。杨庆堃带着这样的学术关怀,在岭南大学社会学系开设了"社会调查""专题研究"等课程,将林德的社区研究名著 The Middle Town 列为必读参考书。同时选取学校东侧"可代表华南乡村一般形态"的鹭江村,带领刘耀荃、正宝杰等在当地进行了深入细致的调查,并为鹭江村起了个学名曰"南景",取华南之自然、社会与文化景观之意,鹭江也因此蜚声海内外,与"江村"一样,成为社会人类学中国研究的名村之一。

按:杨庆堃的代表作 A Chinese Vilage in Early Communist Transition、The Chinese Family in the Communist Revolution 均以"南景村"为主要田野素材撰就。在二书出版之前,杨庆堃的部分学术思想已在他指导的刘耀荃的《鹭江的权力结构》,张淑芬、黄定国的《鹭江村四代阶级及其职业的流变》,正宝杰的《鹭江村家族与祭礼调查》和简慕贞、谈文焕的《鹭江儿童家庭教养调查》等学位论文中得到体现。刘耀荃还写出了自己对于社区研究法的理解:"不单满足于在一定时空坐落中,去描画出一地方人民所赖以生活的社会结构;同时还可以从社区各制度的相互关系上,看出这个社区内社会结构配合的原则;这就是以全盘社会结构的格式作为研究对象的研究方法。"在其论文中,作者还专辟一节讨论鹭江村的区位因素。刘耀荃认为:"广州这个工商业大都市,对于本村在区位上的关系,是影响本村社会结构的一种因素",接着他从人口流动、经济关系和知识水平三个方面,考察了在受到国家政权和城市经济控制力不断增强的冲击下,鹭江村社区内部的权力结构是如何变化的。在调查过程中,为了保证数据的准确性,调查小组一般先从官方机构获得相关数据,再在实地加以重新核查。例如,对于鹭江村的田亩数,杨庆堃首先拿到"广州市地政局鹭江田亩的丈量登记图",当下乡调查时,又"叫同学以脚步来丈量田亩大小回来核算"。在杨庆堃的带领下,同学们逐渐认识到,应将他们所调查的社区视作一个有机体,他们调查的主要目标没有止步于收集和统计数据上,而是要有意识地探究社会事实的存在原因和分析社会各部分的相互关系,进而从制度和组织的层面探讨中国社会变迁的理论,"用事实的辩证,去推求理论原则的意义"。除此而外,杨庆堃还向学生传授参与式记录社会的技巧,力图将社会生活"活生生"地记录下来。研究家族与祭礼的正宝杰亲自参与了村民的两个重大节庆(车姓"拜仙会"和莫姓"土地诞"),从而亲身体验了村民的集体生活和祭礼的一般情形。在调查中,杨庆堃和他的学生一方面有意识地通过扎实而细致的实地调查,从中国本土的实际和中国人的固有意识出发,达到对传统中国乡村社会结构的整体认识;另一方面,深受西方正规学术训练影响的杨庆堃坚信,中国近代社会的变迁不是一种简单的、偶然性的对于西方或者"现代化"的回应,而是在某种程度上经历着和韦伯根据西方经验所总结出来的并无二致的社会变迁模式,也就是说,近代中国正在经历一个与西方类似的理性化过程。这一理论追求,在其《中国社会中的宗教:宗教的现代社会功能与其历史因素之研究》一书中有更为充分的发挥。1949年后,社会学逐渐受到当局质疑,甚至成为打压对象,于是杨庆堃于1951年辞去在中国的工作,再度赴美,曾先后于麻省理工学院和哈佛大学担任研究助理。1953年担任匹兹堡大学社会学系教授,直到1964年离开前往夏威夷大学担任社会研究中心研究员为止,期间他完成《中国社会中的宗教》等主要著作。(参见吴滔《岭南大学与中山大学社会调查的传统》,《中国社会科学报》2014年11月26日)

王力是年夏为避孔德寻衅离中山大学赴香港,在香港见到长子秦似及夏衍、宋云彬、冯乃超、邵荃麟等进步文化人。7月,辞去中山大学教职,任岭南大学教授兼文学院院长,并任岭南大学顾问委员会委员。是年,《关于〈中国语法理论〉》刊于《中山大学文史集刊》第1期;《汉越语研究》刊于《岭南学报》第9卷第1期;《漫谈方言文学》刊于《观察》第5卷第11期。(参见张谷、王缉国著《王力传》附录《王力先生年谱》,广西教育出版社出版)

容庚1月作记《竹谱14种》,刊于《岭南学报》第8卷第1期。2月,补写《历代著录画目续编》完毕。4月,校《倪瓒画之著及其伪作》,刊于《岭南学报》第8卷第2期。11月,作《颂斋书画小记》,刊于《南国》创刊号。12月,修正《东莞画人传》(参见东莞市政协编《容庚容肇祖学记》,广东人民出版社2004年版)

王星拱继续任中山大学校长。1月,美国图书馆协会代表、图书馆专家沙本生博士来校参观图书馆。2月,教育研究所设教育学、教育心理学两组,主任分别为蔡乐生和崔载阳。同月,国民政府中央信托局粤桂闽区敌伪产业清理处接存敌商日文书籍一批,共211册,移交中山大学接管。3月10日,法学院经济系台湾考察团一行26人,在吕调阳教授带领下赴台湾考察。他们先后到台北、台中日月潭、台南高雄屏东等地参观樟脑、糖业、茶叶、纺织、肥料、工矿、纸业、玻璃等公司,以及糖业试验所、水泥工厂、炼油厂、制铝工厂、制碱工厂、肥料工厂、远东第一糖厂等数十个单位。至台南时游览了延平郡王祠、荷兰城等名胜古迹,沿途收集了各种经济资料,甚为丰富。4月,教育部核准恢复办理两广地质调查所,并拨给开办费等。两广地质调查所由教育部直接管理,同时也接受中山大学的指导。5月4日,法律、政治、经济、社会各学会举行"五四"学术专题讨论座谈会,主题为《"五四"与中国文化》,参加同学踊跃。18日,经济学会举行专题学术讨论会,题为《日本复兴与中国》,讨论要点包括:美国为何要扶植日本复兴,美国如何扶植日本复兴,日本复兴与中国等。

王星拱6月因病辞去中山大学校长职务,教育部任命张云接任。当时张云正在美国讲学,因此由陈可忠代理主持校务。8月11—22日,为提倡学术研究,推行科学教育,中山大学与广东省教育厅、广州市教育局联合举办暑假学术演讲会。每日上午在附中礼堂演讲,由两名教授主讲。学术演讲安排如下:11日,黄遵生教授《近百年来西洋学术之发展》,张作仁教授《科学之真谛与价值》;12日,朱谦之教授《中国哲学之本质体系及其发展》,黄用调教授《相对论与理曼几何之浅义》;13日,吴康《西洋现代哲学之知识论》,钟盛标《原子之蜕变》；14 日，岑麒祥《语言与文学》，廖华扬《原子能与原子弹》；15 日，郭一岑《人类行为的社会因素》，吴敬寰《雷达之原理与应用》；16 日，崔载阳《三民主义教育研究之新发展》，刘俊贤《生存竞争之数理》；17 日，阎宗临《欧洲历史演进中之文潮》，徐贤恭《营养与健康》；18 日，杨成志《现代人类科学发展之趋势》，戴笠（戴辛皆）《杨妹问题给予我们的教训》；19 日，黄文山《化学与社会学》，吴印禅《活化石》；20 日，曾昭琼《法律责任与道义责任》，谢申《土壤与人生》；21 日，赵辉明《东西政治思想发展之异趣》，赵卯民《立法之今昔官》；22 日，彭尘舜《民主政治与经济立法》，吕逸卿《广州之气候》。同月，教育部批准中山大学文学院自 1948 年度起增设人类学系，杨成志教授任系主任。同月，教育部聘定潘钟祥担任两广地质调查所所长。10 月，该所择定校内青年园旧址为所址，不久即派员分别前往电白、茂名、花县的油页岩煤田和石灰岩矿场进行调查。

张云 10 月回国辞去校长职务，陈可忠接任校长。陈可忠任（代）校长之后，各院系领导先后发生了变动。总务长改聘工学院罗雄才；前训导长黄尊生为安心讲学，力辞职务，训导长一职由张作人继任；文学院院长王力辞职，语言学系主任岑麒祥继任院长；师范学院新聘体育系主任袁浚；地理系聘任邹豹君担任该系主任。为增强本校的师资力量，提高学术水平和教学效能，陈可忠广泛聘请学者名流来校任教。12 月，陈可忠到北京聘请杨兆龙先生为法学院院长，萧公权、傅尚霖、李泰华、陈永龄、萧一山、张纯明、汪沅等为法工等学院教授。此外，还延聘了顾颉刚、钱清廉诸位教授。同月，医学院院长梁伯强因获美国医药助华会奖学金资助出国考察，特请辞去院长兼职。副院长张梦石、杨简亦请辞副院长兼职。后经挽留，继续留任。同在 12 月，国民政府决定将行政院南迁广州，南迁后办公地址定在石牌中山大学校园。如此则中山大学必须另挪他处以腾出地方。迁校势在必然，消息传到学校，全校师生一致反对。但当局却并未考虑师生们的意见。随着行政院南迁广州计划的确定，新上任的广东省主席薛岳还是准备以中山大学石牌校园作为行政院办公地址，并亲自到石牌开会部署迁校。（参见吴定宇主编《中山大学校史（1924—2004）》，中山大学出版社 2006 年版）

杨树达 3 月 27 日上午当选为中央研究院第一届院士。4 月 24 日，郭沫若致信杨树达，说："《叔夷钟》及《曾侯置》二篇曩曾拜读，甚佩卓识。""沫若来港，等于逃荒，手中书籍全无，旧业亦久疏矣。尚望时惠盛业为幸。"5 月，杨树达与钟盛标两教授获教育部 1946—1947 年度著作发明奖。杨树达的《造字时有通借证及古文字研究》获文学类二等奖，奖金 2000 万元；钟盛标的《医用紫外光灯之制造》获应用科学类三等奖，奖金 1000 万元。（参见吴定宇主编《中山大学校史（1924—2004）》，中山大学出版社 2006 年版；杨逢彬整理《积微居友朋书札》，湖南教育出版社 1986 年版；林甘泉、蔡震主编《郭沫若年谱长编》，中国社会科学出版社 2017 年版）

朱谦之《文化社会学》由中国社会学社广东分社出版。他在《世界观的转变——七十自述》（三联书店《中国哲学》1980 年第 3—4 期）中自述："这是我在前休假期中所作，许多地方是反映着小资产阶级知识分子的世界观，如知识决定论（如将人类文化全体作二重的分类，而谓社会文化对于知识文化类型有其依存的关系）、超阶级思想（如谓艺术和教育文化都是超阶级的，没有看到艺术和教育的任务是在为某阶级服务，是和政治分不开的）、教育万能论（如谓真正的社会文化价值，不是政治，不是法律，不是经济，而是在于将来之教育文化价值之完全实现。又说教育就是爱，爱的本身便有无穷的感动一切的力量，这么一来教育便成超阶级的了）。这书本不应出版，而我为着完成文化哲学的完整体系，仍不忍抛弃他，在我一次病后几经踌躇之后把他出版的。"（参见黄夏年编《中国近代思想家文库·朱谦之卷》及附录

《朱谦之年谱简编》，中国人民大学出版社 2015 年版）

黄文山 2 月在《社会科学论丛》新 1 卷发表《文化学的建立》，再次提出建立系统的独立的"文化学"学科。同月，在《侨声》发表《侨汇的萎缩及其补救对策》。5 月，与美国人类学家莱斯利·怀特通信探讨"文化学"的问题，此后在 1950 年代两人多次通信讨论"文化学"。1949 年怀特在其著作《文化科学》中，提到了黄文山关于"文化学"的撰述。12 月 19 日，在《社会学讯》第 8 期发表《文化学在创建中的理论之归趋及其展望》。文中"楔子"将自己 20 余年的文化学研究分为四个时期："第一期，约由民十一至民十六年左右，其时正在美国，曾参照人类学上历史学派之原则，以英文写成《中国文化发展预测》一书，经文化史家桑戴克（Thorndike）教授之校阅。十八年归国后，本拟增订后问世，不幸南京沦陷，全稿失去。数年心血，亦付之流水。第二期约由二十年至二十五年，是时余讲学北京大学、中山大学、中央大学等校，颇以文化学相号召，曾一再在中央大学《社会科学季刊》，南京《新社会科学季刊》《社会学刊》等发表有关文化学之文章，主张文化学应该建立起来，成为独立的科学。廿七年底出版《文化学论文集》，即为搜集本期作品一部分汇印而成。第三期，廿八年至三十年余复到美曾进纽约新社会科学研究院及在加省大学图书馆搜集有关文化资料，卅一年归国后，伏处四川北碚中山文化教育馆，起草《文化学体系》一书，至抗战期毕，仅成上册，约 60 万字。近以战后世界文化思想益复孟晋，个人见解视数年前又多变易，乃决心陆续将书稿在各种学刊次第发表。本期写作，志在说明文化学之对象范围，方法，原则，与文化结构之类型。第四期的研究，可说从卅六年开始，此时余接受杨成志博士之约，为中大历史研究所人类学组同学讲文化学及文化动力学，并从新计画写《文化学体系》一书，区区志愿，以求真自矢，除对诸家学说，叙述弥详之外，欲由博反约，抉择群言，归于一宗。昔章学诚有言：'学贵自成一家，人所能者，我不必以不能为丑。'立愿如此，惟时光逝矢，不知何日方能告成，自勉而已。"

按：此文最后部分"回顾与前瞻"归纳为十点"感想"，也是作者数十年文化学研究的独特体会。

其一，文化体系，或文化历程有自己的生命，自成一类的实在，受本身的法则所决定，故文化研究，必然成为独立的科学，有自己的目标、方法、水平、范围与法则，学者可以就此作彻底的忠实的搜讨。

其二，文化人类学者，社会学者尚多承认"文化统形"（Cultural configuration）是心理的，而非形式的结构的实在，最近文化学者则要说明文化不但是超有机的而且是超心理的，超社会的。关于这类现象的研究，必须站在本身的水平之上，把它当作与人的有机体独立，为之探讨。因为从科学观点看，我们所讨论的只有一类现象。例如，"生物化学"中，似乎包括两类现象，但实际上也只有一类。我们可以把"生物化学"的事象，一方还原到化学，一方还原到生物学，但这不会否定生物化学的事象之作为生物化学的现象之完整性。每种现象有自己的明显的水平，而每种水平的事象又有其"类"之完整性。科学家对于当前一切关系现象，虽然也可作综合的观察，然而他永远不会清晰地把握其综绰。宇宙的事情，都是息息相关的，一个鸟坠下地上来必然地立牵涉到整个的宇宙。如果这样子研究他的综合的关系，在科学上既用不着，事实上也无可能。科学家所以必须把某一部分的实体，某一类的现象，从其他类中抽象出来，加以研究，一若他的存在是与其他现象独立似的。这种现象的锁闭体系之探究，依照科学的方法看，似乎是可能的。

其三，文化学在指出文化学在科学体系中应占的位置，并非看轻了心理学，社会学的职能。这些科学在科学分类中的位置，是确乎不易的。我们指出把心理学，社会学与文化学的领域划分，然后可以避免许多概念上的混淆，至于"人格""社会"与"文化"的交互关系是不可否认的。

其四，文化学者以人的有机体是一个"常数"，文化是"变数"。这个观点牵涉到自然主义与文化主义的根本争论。自然主义者把文化业绩的产生，归诸内在的人性，所以要从自然来抽绎文化的形式。文化主义者在相反的极端,认定文化是超心理的历程,其现象本身是自洽的,其发展则依照自然法则,其势力可以陶铸个人乃至一世之人而莫能外。实证主义者固然采取这一立场,即新康德学派的唯心论者,如柯恩(Hermann Cohen)和迪尔提(Dilthey)也赞同这个观点,把自然的范畴还原到文化,把认识论与本体论纳入社会学或文化学之内。史的唯心论者很自然地以为前者犯了"自然主义的谬误"(Fallacy of Naturalism)后者犯了"文化主义的谬误"(Fallacy of Culturalism),所以对于自然主义派的方法,固不赞同,对于实证派的"文化理则学"也表反对,进而主张人类现象的正当了解,离不开主观的搜讨。然而最近的倾向,还是史的文化主义在占优势,例如卡斯拉(Ernst Cassirer)、卡士特(Ortega Y. Gasset)认定人性是不确定的,可塑的,人的性质是一个永恒的变,而非一种伊利亚的(Eleatic)自我证同的形式。换言之,人的卓越的标志,不是他的形而上的或物理的(形而下的)性质,而是他的工作,只有这种工作,或人类活动的体系(文化),方才决定着人道的范围。

其五,文化决定论似乎把人看作是被动的,引起许多学者如韦伯(Alfred Weber)等之反感,然而怀德并不否认人是一个"动力的体系"(Dynamic System)。他的行为之形式与内容,虽受文化所决定,但他对于文化,仍有改变,消留,增加,联系与综合的力量。人所以一方是为文化所决定者,而一方也可说是文化的秉持者,价值剧变的动作者(a Catolytic Agent)。

其六,一切科学都是年青的。文化学为最晚出的科学,当然是最年青的一种。批评者,反对者似乎不必因为它年青与幼稚,就加以讥讪。人类文化已有一百万年的历史,学者对于过去文明的分类,不论是丹尼拉维斯基(Danilevsky)所采的十种,或汤贝(Toynbee)所提出的二十一种,这些实际只是若干尝试而已。未来的文化,如不为原子战争所毁灭,最少还有二千万年的历史。生命的方式,将来必然改变,不会永远以战争来解决人类问题。在文化历程不断开积,发展,进步的当中,作为研究文化体系与文化历程的文化学不但必然产生,而且必然是占着科学层阶的最高位置。

其七,我们今日可以看出科学的长期发展,是从天文学开始,后来次第前进,产生物理学,化学,经过达尔文主义的胜利,生物学也建立起来。心理学突起,最后可以把"心"当作"物"为之研究,社会学在发明的世纪起来,已不断发见了许多的"社会互动的法则"。科学的范围,因"物质"与"因果关系"的新发见,而逐渐扩大,文化学所以因文化的发见,异军突起,以找寻过去百万年并预测未来二千万年以上的发展的法则之科学自命。

其八,文化学乃是科学历程的新项目,许多人常谈如何改造文化,如何管制文化,然而很少人知道,如泰洛、涂尔干、克鲁伯、华德所指出的,不是人类管制文化,其实是文化管制了人类,文化的生长与变动,是依照自己的法则的,我们如能把原始的人类中心观念祛除,精研文化的性质,找出文化的法则,则人类更有能力来获得更合理的更有效的文化生活。斯宾格拉(Sprangler),汤贝(Toynbee),素罗金的伟大的文化历史与社会的体系,在近数十年中,可算是"穷天人之变,成一家之言"的。他们指出的文化法则,大抵以为西方现代的文化之创造力,已经快到发挥尽致的时期。文化体系的内在生长,其形式不是无限的,所以每种体系,必然经过"生,住,灭"的阶段,绝对无法避免,然而素罗金则独自主张,西方实感文化(Sensate Culture)在今日一方是没落,一方是转形(型),惟有转形(型)然后可以再发挥其未来的创造力。这些文化法则,是否有高度正确性,此处姑不批评,然而文化法则的追求,的确已经在不断的进展中。科学的新项目之文化学,似应以发见文化"进退,存亡,得丧之故"的法则自任。

其九,过去百年间,史学,人类学,社会学对于文化资料,已经堆积得不少。文化的测量当然是需要,但目前创建文化学,其最大的急务,似不在搜集资料,而在把既存的资料,予以类化,及作合理的选辑的排列,进一步把文化学建立成体系的科学,这样的一种概推的科学,应具有一套参考的原则,一种动力的因果方法。他除却要说明这种科学发展的过程本身在人类科学中的特殊任务与在整个科学体系中的位置之外,它似不必详细讨论人类行为的物理的,生物的,心理的,社会的决定论或先文化学的问题,反之,它应该探究文化现象的结构与动力,企图发见他们的法则。文化学体系似可分为两方面:第一,普通的文化结构学,研究(甲)发生的文化现象之结构与合成(约略与生物学对生命现象的细胞之构成,或物理学的原子之研究相符合);(乙)文化体系的主要结构类型及它们间的相互关系,建立文化结构的学说。第二,普通的文化动力学,研究(甲)覆演的文化历程——文化特质与体系的发明,传播,统整与崩解,融合与积叠;(乙)文化历程的节奏,拍子,循环,倾向,振动——以及文化变迁与进化的一般问题,建立文化动力的学说。至于特殊的文化学,则专究特殊类别的文化现象之发生的覆演的方面及其关系,建立各个现象的结构与动力的学说。所谓文化现象的特殊类别,例如宗教文化学,知识文化学,艺术文化学等等属之。

其十,在人类知识的现阶段,希望对于复杂万端的文化体系之主要类型的齐一性,予以概推化,并建立这种体系的发生,功能,变迁,没落,转形(型)或新生之类型的方式或法则,当然不是容易的事情。一切方式或法则,只可以算是几近的,尝试的与临时的。这种的方式或法则必要以既存的实验的,半实验的,统计的,历史的,调查的观察为根据。前人在文化领域内所得到的学说与结果,应该予以批评的分析和科学的比较,再研再炼,提出融和的综合。这样的完备的,赅博的文化学体系,虽还未有完成,但在海内外,已有不少学者引其端,创其绪。在文化交流与文化昂进的现代,学者必将远绍博采,卓然树立创成灿烂庄严之新学术体系,对世界文化作充量之贡献,当属无可怀疑之事实。(参见赵立彬编《中国近代思想家文库·黄文山卷》及附录《黄文山年谱简编》,中国人民大学出版社2013年版)

刘节继续任中山大学文学院教授。5月,刘节《中国古代宗族移植史论》由南京正中书局出版。此书共八章,分别为绪论、宗族的涵义、世与代、图腾层创观、氏姓派衍、宗族分枝、移植概况等。作者认为"历史是以人的文化作主体的,对于人文的演变过程及其相互关系,如说明白了,历史家底责任就完成了",所以此书是要根据莫尔根的《古代社会》、罗维《初民社会》等一些西方人类学社会学的书籍来确定中国古代的社会制度及其发展过程。作者在书中提出了一些值得重视的观点,如三皇五帝的传说是古代图腾社会的误传和曲解,儒家言必称尧舜,将尧舜禹时代视为黄金时代是反动的历史哲学;再如古代社会是由图腾社会转变为有姓氏的城邦社会,再由有姓氏的奴隶社会发展为封建社会;又如推动历史发展的是种姓制度及历史以事实为基础但也离不开想象等。作者在1943年11月10日所作"跋"中指出,"这本书并非宗族移植史的全面,而是一部讨论古代宗族史底问题的书,全篇都是考证,但是从这里面,可以发现许多历史法则"。

刘节编著《历史论》5月由南京正中书局出版。此书撰作于1940年冬至1944年春。共收10篇文章:《历史论》《诗与幽默》《国家观念之起源及其发展过程》《理想社会人生》《历史上的两种法则》《传统与真理》《民族更生之理论》《科学对于人类的贡献》《新现实主义》《张衡传》。其主要观点:一、"历史"的功能是增进道德、扩充智慧、发展文化、推求世变、叙述民性;二、史学方法是研究如何撰述各种史书的方法,包括考据、编次两方面。通识不排除考据,考据也需要通识。通识可以培养考据家的新眼光,为其出新题目,提高考据家所得结论之新意义。这样才能合成整个历史方法;三、历史学是介于科学同艺术之间的一种学问。考证史料是一种科学,排比史料却与艺术有莫大的关系。历史叙述离不开感情与合理想象;四、史家必须气机条畅、积储学问、养成识鉴,"对于一种学问或一件事情能够看得很透彻,把其中的曲折是非判断得很准确,于己于人于民族于人类都能够得到益处";五、历史上存在着自然法则与人为法则,二者相互冲突。"人类的历史就是一部促进人为法则使之切合于自然法则的历史"。(参见王学典《20世纪史学编年(1900—1949)》,商务印书馆2014年版;吴定宇主编《中山大学校史(1924—2004)》,中山大学出版社2006年版)

杨成志3月致书中山大学校长王星拱和教育部长朱家骅,建议以中山大学研究院人类学部为基础,在文学院内设立人类学系,使大学本科与人类学部有实际之联系,以便加强机构建设和聚集人才,裨益于教学与研究,促进理论与科学研究之发展,并对建系以后的专家延聘直到课程设置都提出了具体的设想。杨成志《国立中山大学设立人类学系建议书》刊于8月2日郑师许、岑家梧、江应樑等编《广东日报（民族学刊）》第12期。5月5日，中国民族学会西南分会第一次年会在中山大学文明路旧校钟楼历史研究所人类学部举行，杨成志、岑家梧等中山大学多名教授出席，杨成志任大会主席，岑家梧报告总会年会情形，两人并在会上分别宣读论文《美洲印第安人考察观感》和《四川蛮洞及其文化》。此外，中山大学教授梁仲谋和龙庆忠分别宣读了论文《人类血型 RH 因子述评》和《中华民族与建筑》。会议推选黄文山、郑师许、杨成志、岑家梧、罗香林、王兴瑞、张为纲、林惠祥、江应樑、胡肇椿、梁剑韬、龙非了、陈兼善、董家遵、戴裔煊等 15 人为理事，陈大年、张廷休、刘节、梁仲谋、武国雄、罗致平、周达夫等 8 人为监事，议决在《广东日报》出版《民族学刊》周刊，作为西南会员共同发表研究工作的园地，使西南研究会内外研究人员互相切磋，互作辩难。（参见吴定宇主编《中山大学校史（1924—2004）》，中山大学出版社 2006 年版）

董家遵继续任中山大学教授。1 月所著《中国奴隶社会史》由中国社会学社广州分社出版。书前有萨孟武序。共 8 章，叙述奴隶社会的成立、奴隶的来源、职务、人数、奴隶制度的瓦解等问题。（参见王学典《20 世纪史学编年（1900—1949）》，商务印书馆 2014 年版）

陈一百、郭一岑为中山大学师范学院教授。年底，受中国心理学会委托，陈一百、郭一岑筹划恢复和组织分会事宜，邀集广州市各大学心理学会教授及专家 20 余人会商，议决成立华南心理学会。（参见吴定宇主编《中山大学校史（1924—2004）》，中山大学出版社 2006 年版）

商承祚教授回到广州，被聘为国立中山大学文学院语言学系教授，在中大执教直至逝世。

王季思从杭州之江文理学院调到广州中山大学中文系任教，讲授中国文学史与戏曲。

熊振宗任主编的《怀圣》杂志创办，由中国回教协会广州分会光塔寺文化部主办，主要刊登伊斯兰文化、世界伊斯兰教介绍、回教简史、学术园地、文艺、家庭与卫生、教义讲座、教义回答、社团活动等栏目。

陈剑翛继续任广西大学校长。由于物价飞涨，广大师生员工生活在贫困交加之中。前经济系主任杜肃教授身患肺病，就医省立梧州医院，因贫病交加，遂萌短见，于同年 2 月中旬在梧州医院跳楼自杀。5 月 22 日出版的第 70 期《西大周报》以赫然大字登载"公教人员五月份生活指数，已核定桂林区为 24 万倍"。但学校的各方面工作也在这种艰难之下维持和发展。3 月 29 日，学校举办"青年论文比赛"，论文题为《我国学术独立刍议》及《发展华南矿工交通计划》。参赛"同学甚为踊跃，其中尤以一年级同学为最多"。经由学校聘请王颧、谢康、白玉衡评审，选出优胜者 7 名，前三名分别为汪公奴、刘恍、王纠武。4 月 3 日，电机系举行新电工馆落成典礼，同时展览电工仪器。17 日，成立了教育学会，在校分部举行成立典礼。5 月 1 日，《西大学报》创刊号正式问世。陈剑翛校长学报撰写了发刊词。创刊号上载有陈剑翛、黄公觉、张人价、黄现璠、梁祜庐、王师羲、秦道坚、余克缙等教授的论文共 16 篇。

按：陈剑翛校长发刊词曰："本大学成立于民国十七年，初为广西省立，由马君武博士充首任校长，历数载改为国立，仍由马先生复任校长约一年。马前校长学识渊博，复致力于倡导学术研究，虽本大学成立日暂，然贡献于学术界者，亦不亚于国内其他大学。惜自卅三年秋季以还，因桂林寇深祸急，学校辄仓皇逃遁，图书仪器机械标本等设备，或毁或失，黉舍荡然，惨然不堪回首，学术研究，一时自难顾及。卅五年三月本人奉命来长本校，承创破残之余，重理旧业，为事綦难，幸赖全校同人之热心协助，与全体学生的欣然向学，使本大学呈蓬勃发展之气象。迩来房舍大都完成，设备逐渐充实，一切 稍 复旧观。去秋而后，在原有法商理工农各学院外，并增设文学院，于大学设立体制上顿告齐备。今后自宜竭全力，发扬研究精神，培植学术风气，以获得辉煌成果……"（参见《广西大学校史》编写组《广西大学校史》，广西大学学报

编辑部1988年版）

　　熊庆来继续任云南大学校长。4月2日，法国政府赠送云大医学大辞书一部，计29册，由法国政府驻越南高级顾问、中将军医罗伯尔及法国驻滇总领事戴国栋在法国驻滇领事馆举行赠送仪式，由云大教务长张福延代表接受。该书为医学上极有价值的参考书。20日，云大举行26周年校庆，开放各院系，欢迎各界参观，并举行校庆运动会和艺术作品展览。同日，在《平民日报》开辟的云南大学西南经济学会主办的《西南经济》创刊号出版。该刊编辑指导为梅远谋、秦瓒、陆忠义、肖子风、韩公鼎、钱德富。《发刊词》说："云大经济系一部分校友及在校同学，为谋业余课后之进修，特组织国立云南大学西南经济学会，旨在共同研究中外经济学说，搜集实际经济资料，以期理论与事实相印证，而寻求中国经济解决之路。"7月15日，昆明爆发"七一五"爱国学生运动。美国为使日本成为它在远东反苏、反共、反人民的基地，明目张胆地扶植日本军国主义再起，构成对远东和平，特别是对中国人民的严重威胁。中共中央在1948年纪念"五一"国际劳动节的口号中，号召全国人民团结起来，反对美帝国主义扶植日本侵略势力的复活。上海、北平各地学生首先响应，点燃了"反美扶日运动"的火炬。中共云南省工委与昆明市工委研究，决定把反美扶日运动与红五月的纪念活动紧密结合起来。5月4日，通过纪念"五四"运动，云大及昆明其他一些学校分别以出壁报、开座谈会，抗议美国扶植日本。16日晚，云大学生自治会在云大至公堂举行时事晚会，云大教授秦瓒、朱驭欧、范琦发表演讲，抨击美国扶植日本侵略势力的反动政策。8月4日，教育部长朱家骅训令云大校长熊庆来，严厉指责对此次学潮"初未查明为首学生，从严惩处"，要求"查明共匪及其外围分子，不论员生均分别予以解聘或开除学籍"，"励行整肃"。9日，又令云大查明此次"罢课真相"，"滋事学生从严惩处"，"为首者一律开除学籍"。

　　按：5月16日，云南省政府、云南警备司令部分别以代电形式通知熊庆来校长：值此戡乱期间，集会游行，法所不许，如有不服从命令，怙抗游行者，准宪警逮捕法办。当中共云南省工委得知国民党当局将对学生运动进行镇压时，立即通知各校，17日不去云大集中，分别在本校举行座谈会，罢课一天。但通知未能及时传到各校。17日，许多学校学生冲破军警阻拦，向云大汇拢。至9时许，集中在云大的有40所大中学校2万余人。中共云南省工委与学联负责人考虑到在此情况下如停止集会游行，必然挫伤群众情绪。决定仍按原计划集会游行。会上宣读了《反美扶日宣言》。会后，又冲破了军警阻拦，举行了声势浩大的示威游行。游行到复兴新村美国驻昆领事馆前，遭到更密集的军警阻拦，经过一个多小时的宣传，军警撤开，学生代表向美国驻昆领事馆递交了抗议书，然后返云大解散。军警忽然在昆明西站抓捕解散回家的学生29人。学联闻讯，立即向政府当局交涉，要求24小时内放人。云南省政府主席卢汉不但不放人，还威胁说："对于危害治安的一切行为，特种刑事法庭及军事机关皆有受理审判之权，青年学生之越轨行为，应早觉悟，否则终有触犯法网之日。"18日，云南警备司令部又逮捕了前赴交涉释放被捕学生的学联代表4人。学联决定罢课3天，以示抗议。6月21日，云南警备司令何绍周在召开大中学校校长招待会上，公然叫嚣："我与云南青年誓不两立，不是他死，就是我亡""当前系国共两党生死存亡斗争""昆明学生乃中共学运司令台"等等。并不断派出军警，赴一些学校抓捕革命师生。云南省政府还通令各校举行期末考试及毕业考试，迫使学生退出运动，瓦解学生组织。为避免敌人各个击破，学联决定市区学生集中于云大和南菁中学，坚持斗争。29日，学联以"反美扶日、反迫害联合会"名义，发表继续罢课宣言。7月9日，蒋介石电令云南省政府和云南警备司令部，"即饬宪警进入云大等校逮捕奸党"。教育部同时派首席参事刘英士来昆镇压学生运动。

　　7月15日凌晨4时，2000多名军警宪特在何绍周亲自指挥下，向集中在云大、南菁中学的学生发起进攻。学生自卫还击。经过数小时抵抗，南菁中学失守，400多学生被捕。退守在云大会泽院三楼的学生，在断水断粮的情况下，坚持了两天一夜。18日下午，卢汉到云大会泽院前提出与学生谈判，学联决定由杨知勇(云大学生,中共云大支部书记)出面。在卢汉答应只逮捕少数几个人进行审问,其余学生一律释放的许诺下,踞守在会泽院三楼的400名学生撤了下来。然而卢汉违背诺言,命令军警将撤下来的400多学生全部逮捕,至此,被捕学生达800多人。除350多名15岁以下学生准家长具保释放外,将杨知勇等76名师生投入监狱,428人送进"夏令营"集中"进行感化""训练思想"。

8月4日,教育部长朱家骅训令云大校长熊庆来,严厉指责对此次学潮"初未查明为首学生,从严惩处","迄未据实详陈意见","实有因循疏忽之处","今后应随时注意检讨""切实改造"。要求"查明共匪及其外围分子,不论员生均分别予以解聘或开除学籍","励行整肃"。并令"附中停办"。9日,又令云大查明此次"罢课真相","滋事学生从严惩处","为首者一律开除学籍"。国民党当局倒行逆施,引起全国震惊。社会各界人士对学生的爱国行动纷纷表示同情和声援。云南旅平(北平)同学致何绍周的公开信中,严正责问何绍周"反美扶日犯了何罪?"为何把爱国学生认作"奸匪"。被投入监狱的师生和集中在"夏令营"的学生更是不畏强暴,英勇顽强,奋不顾身。云大文史系族桂馥(民青成员)被投入监狱后,受刑患病,不得及时治疗,经难友进行斗争,准保外就医,出狱三天,不幸病逝。消息传出,更激起了学生们对国民党反动派的愤慨。9月初,关押在特别监的中共党员成立临时党支部,对党员和外围组织成员进行革命气节教育,提出"把监狱变成战场,把监狱变成熔炉,把监狱变成学校"的号召,坚贞不屈地与国民党反动派展开斗争。在全国解放战争节节胜利的形势下,经中共云南地下党的多方营救,在社会各界和学生家长的声援下,国民党反动派被迫于9月5日宣布结束"夏令营",12月起,关押在特刑监的师生开始被营救出狱。1949年4月15日,云大学生自治会主席段必贵(中共党员)等获释。至此,被关押的师生全部出狱。历时九个月的昆明"七一五"事件发生后,中共云南省工委为积聚力量,迅即将大批中共党员、民青成员和进步师生转移到农村参加武装斗争。他们下乡以后,与工农相结合,像革命的火种,点燃了云南农村人民游击战争的熊熊烈火,为云南的解放立下了功劳。云大的爱国民主运动不但未因"七一五"的大逮捕而退缩,反而在新的形势下不断发展,读书会、职员联谊会、讲师助教会、教授会蔚然而起。中共中央的方针、口号,《新华通讯》,解放区介绍,源源从云大传播到云南各地。云大被誉为"民主堡垒"。(参见《云南大学志》编审委员会《云南大学志》第2卷《大事记(1915年—1993年)》,云南大学出版社1993年版)

刘文典1月7日致函五华学院教务长于乃义,谈论《荀子·正名篇》授课一事。10日,应好友孙乐斋之邀,为云南著名学者袁嘉谷《移山筹随笔》一书作序。2月,五华学院人文科学研究班第一学年下学期开课,刘文典担任《庄子》课程教职,每周3个学时。3月8日,刘文典有感于罗庸购赠刘师培遗书,撰写小记。曰:"此仪征刘先生遗书七十四册,宁武南君桂馨刊于北平。时东事已亟,余方为避寇计,未暇校勘也。今书幸刻成,又承罗君膺中买以相赠,则贱子之名赫然在焉,既甚愧无以对先师,又负吾死友钱君玄同,每一开卷,惭悚竭极。民国卅七年三月八日文典记于昆明寓宅。"9日,傅斯年致函朱家骅、翁文灏、胡适、萨本栋、李济,反对提名刘文典为"中央研究院"院士候选人。3月27日,因傅斯年极力反对等原因,刘文典在"中央研究院"评议会全体评议员以无记名投票的五轮投票中一票未得。同月,私立五华文理学院聘请刘文典担任中国文学系主任导师。4月17日,刘文典作《淮南鸿烈集解简端记》,开头、结尾处均有短注。5月8日,教育部来电要求先生补交其申请归还劫物表中英文各一份,请云大代转呈。25日,云南大学向教育部转呈先生所申请归还劫物表中英文各一份。

刘文典6月应玉溪县长黄允中之邀,撰写《重修玉溪大桥记》,文辞典雅,音韵铿锵,生动再现玉溪山川的壮美、人文的荟萃。8月5日,刘文典应邀参加五华文理学院招生委员会。9月4日,五华文理学院首次招收文理科各系学生,开办中国文学系、外国语文学系和物理学系。刘文典在中文系担任《荀子》《汉书》等课程教职。9月,刘文典在云南大学文史学系开设《校勘实习》课程。11月6日,刘文典致函五华学院教务长于乃义,要求更换教室。

12日,为更换教室一事,刘文典再度致函五华学院院长于乃仁、教务长于乃义。此信函后有于乃仁批注:"刘教授每星期二授课时间,本班与第二教室对换教室上课,交研究班同学传观知照。十一、十八。"12月22日,据五华学院人文科学研究班日志记录,刘文典当日有《汉书》课程,但未上。刘文典本学年开设《汉书》课程,曾主讲《高帝记(纪)下》。本年度五华学院人文科学研究班《汉书》试题为"读《汉书·高帝记(纪)》",注明"限用毛笔,并直行楷书,否则不予记分",应为刘文典所拟。(参见章玉政编著《刘文典年谱》,安徽大学出版社2011年版)

谢国桢是年秋承钱穆和王庸介绍,到云南大学任教。谢国桢在《记清华四同学·王庸》中记道,"君并介余至昆明云南大学讲学"。又在《自述》中写道,"到1948年秋,承钱穆先生介绍,我到昆明云南大学和五华书院去讲学。"10月,所著《清初流人开发东北史》由上海开明书店出版。全书共有10部分构成:一、引论,二、僧函可谪戍沈阳,三、顺治丁酉科场狱案与吴兆骞孙旸等之流徙,四、吴梅村与营救流人之关系,五、浙中通海案遣戍诸人,六、龙眠方氏举家迁徙及南山集案,七、三藩之变与陈梦雷两次流徙,八、其他遣戍诸人,九、结论,十、余记,附录、清初东北流人迁徙年表。其中除第十部分完成于本年7月初外,其他部分均成稿于上年。

　　按:此书后又收入1982年人民出版社出版先生论文集《明末清初的学风》之中,题目改为《清初东北流人考》。(参见牛建强《谢国桢先生生年谱》,《明史研究》第11辑,2010年)

周钟岳任总纂的《新纂云南通志》12月由云南通志馆出版。自1901年王文韶、唐炯等人修纂的《续云南通志稿》印行后,因修纂粗糙、缺漏甚多,云南主政者龙云、卢汉乃在1931年设云南通志馆重修云南地方志。该志由龙云、卢汉主持,周钟岳任总纂,袁嘉谷、秦光玉、方国瑜等文化名人参与编纂,前后历时18年。该志将历朝旧志,勒为一书,并续撰1901年(光绪二十七年)迄1911年(宣统三年)之事,1911年后事另作长编,分大事记、图、表、考、传灯五类。该志共266卷,在体例、内容等方面都较明清云南方志完备充实,被后人称为云南地方志中"一部承先启后,继往开来之书"。该志收录的赵星海撰《方言考》、方树梅撰《艺文考》、方国瑜撰《金石考》等,内容详备,资料充实,颇具地方特色;所补近代以来云南的工业、公共设施等创建和发展的情况,保留了不少可靠的史料。

　　按:云南通志馆在编纂《新纂云南通志》的同时,又单独修纂了一部民国云南省志——《续云南通志创编》,计划80卷21大类,1948年后因种种原因未能统稿印行,1985年由云南省志编纂委员会修订后出版。(参见王学典《20世纪史学编年(1900—1949)》,商务印书馆2014年版)

梁漱溟仍居重庆北碚。8月,改组勉仁国学专科学校为勉仁文学院。由熊训启先生任文学院院长,陈亚三先生任副院长。梁漱溟作《勉仁文学院创办缘起及旨趣》。文中说:"勉仁文学院何为而创立?它是为要作当前文化问题之研究。""中国学问在文学院,吾人求认识老中国,文学院其必居先,无可疑也,一切文化之转变,文化矛盾之解决,要在人生态度价值判断上求之。""哲学则文学院之主科也","历史又文学院之主科也","人事之学问在此,文化建设之研究亦在此也"。夏秋间,梁漱溟任命中央大学毕业的青年盟员杨新德任勉仁中学校长。杨新德是一个爱国青年,与中共党员合作好,由杨新德推荐,经梁漱溟同意,吸收了数位中共党员和进步教师到勉仁中学任教,有王寒生、赖松、袁铁羽、刘之楚等。由于杨新德推荐上述人士时含糊其辞,梁漱溟误认为是民盟成员,后虽察觉是中共党员,与陈亚三有议论,但止于议论谁可能是中共而已。秋,勉仁文学院党支部根据地下党领导人刘石泉的建议,为了把学生运动与工人运动、农民运动结合起来,在勉仁文学院内办一所"工农业余学校",确定由唐宦存任校长。唐宦存找梁漱溟说明想办"工农业余学校"事,梁漱溟说:"办这样的学校,很好,我支持。"10月下旬,早已投靠国民党的中国民主社会党党魁张君劢来访梁漱溟,企图拉梁漱溟参加国民党南京政府工作,遭断然拒绝,张君劢不欢而去。是年,梁漱溟曾对胡应汉说:"吾无复邹平实验之趣,亦无意与政治为缘,所望于及门诸生者,能将吾之学问传下去。"(参见李渊庭、阎秉华编著《梁漱溟年谱》,商务印书馆2018年版)

黄季陆继续任四川大学校长。4月9日,在经过充分酝酿之后,一场以争平价米为题,由中国共产党直接领导,以国立四川大学学生为主力的冲击蒋介石独裁统治的声势浩大的群众运动,席卷成都市,震动全中国,称为"四九"运动。全副武装的军警的血腥镇压一直延续到黄昏,致使200多人受伤。当晚清点,被捕学生共132人,其中川大101人,华大18人,成华3人,其他学校10人。川大讲师助教会、教授会从4月9日晚开始发动声援签名,13日宣布罢教。华大、成华、川康农工学院、省艺专也于10日罢课,也成立了后援会。卷入罢课斗争的大中学生达一万以上。几十所中学反应强烈,罢课大有扩展之势。随着四川省新任主席王陵基的暴行被公诸于世,北大、清华、南京中大、上海交大、厦大、浙大、武大、重大……纷纷以罢课、绝食响应四川的呼吁,举行各种集会声讨王陵基,谴责蒋介石。南京政府唯恐成都这个后方重镇局势动荡,急忙让黄季陆回蓉平息风潮。中共成都市委决定利用黄季陆、地方实力派和王陵基之间的三角矛盾,打击王陵基,营救被捕同学,并计划以万人大罢课大罢教和工商界酝酿罢市的威力,对黄季陆软硬兼施,逼迫他向王陵基要人。4月13日,黄季陆由南京飞蓉,一下飞机,新闻界、政界都去迎接。黄季陆回校后,要求复课、复教。在他召集的教授、讲师、助教会上,教师激烈谴责王陵基的罪行,要求立刻释放被捕同学。进步教授谢文炳警告黄季陆:"不要用学生鲜血染红自己的顶子,不放人出来决不复课。"4月16日,最后扣留关押的15个同学也被释放出来。18日,学校师生在川大列五馆召开了"成都市大中学生联欢大会",庆祝"四九"运动的最后胜利。(参见《四川大学史稿》编审委员会编《四川大学史稿》,四川大学出版社2006年版)

蒙文通仍任职于四川省立图书馆,并兼教华大、川大,主讲沿革地理等课程。6月30日,唐君毅复信蒙文通。7月5日,唐君毅致信蒙文通。9月,蒙文通东北大学学生冯汉镛来四川图书馆任编纂,并于次年9月离馆。10月14日,金毓黻云:"往闻蒙君文通言李剑农所著《最近三十年中国政治史》最佳,今日阅之良然。"12月29日,唐君毅致信蒙文通。是年,钱穆自昆明五华书院回无锡,任江南大学文学院院长,来函邀请蒙文通去无锡,蒙文通以家口众多,战事方殷,行旅不便,谢之。钱穆又来函为《学原》杂志征稿,蒙文通以《法家流变考》付之。后久未刊出,蒙文通去函索回修改。又《辑校唐李荣〈老子注〉》四卷由四川省立图书馆石印刊行;《杨朱学派考》《晚周仙道分三派考》《〈坐忘论〉考》《陈碧虚与陈抟学派——陈景元老子、庄子注校记》《辑王介甫〈老子注〉佚文并序》《辑严君平〈道德指归论〉佚文并序》《辑校〈老子李荣注〉跋》《〈阴符发秘〉校后记》诸文刊《图书集刊》第8期,是为蒙文通治道学之一大总结。(参见王承军《蒙文通先生年谱长编》,中华书局2012年版)

缪钺在华西协合大学中国文化研究所和中文系任教,并兼四川大学历史系专任教授。8月,《曹植与五言诗体》刊于《文学杂志》第2卷12期。9月26日,《考证批评与创作——敬悼朱佩弦先生(自清)》刊于《西方日报》。同月,在《中国文化研究汇刊》第8卷发表《清谈与魏晋政治》。文中将魏晋清谈划为四期(魏正始为第一期,魏晋间为第二期,西晋为第三期,东晋为第四期),并按照这一顺序梳理清谈与政治之关系。作者认为魏晋"清谈思想,虽崇老庄，而亦兼融儒学，故并不轻视政治，且有其政治上之新见解及其理想的政治家之新型，即在能以超世之怀建济世之业。魏晋两代政治，受清谈之影响，自成形态，且多变化。盖此二百年中，清谈名士，因其才性之殊，环境之异，故在政治上有不同质反映"。同期还刊载了斯维至《殷代风之神话》，缪钺《颜延之年谱》，徐益棠《襄阳与寿春在南北战争中之地位》《唐代之仓储制度及其他》，刘铭恕《唐代归化之何国僧伽大师》《元代安南进贡之代身金人》《元代之只孙校尉》等文。同在9月，又有《诗词散论》由开明书店出版。

按：曹聚仁《文坛五十年》（东方出版中心1997年版）："当代文艺批评家之中，朱自清、王了一、周作人虽是此中权威，却也后者难证。后起的钱钟书（他著有《谈艺录》）、缪钺（有《诗词散论》），他们的见解以及贯通古今中外的融通之处，每每超了王国维、鲁迅、周作人。"叶嘉莹《论缪钺先生在诗词评与诗词创作两方西之成就》，载《冰茧彩丝集》，成都出版社1994年版："我对先生之钦仰，益始于三十余年前初读其著作《诗词散论》之时。我当时所最为赏爱的评诗词的著作有两种，一种是王国维的《人间词话》，另一种即是先生的《诗词数论》。我以为这两本书颇有一些共同的特色，那就是他们都不只是诉之于人之头脑，而且也是诉之于人之心灵的作品。在他们的著作中，都是既充满了熟读深思的体会，也充满了灵心锐感的兴发。"（参见缪元朗《缪钺先生生平编年（1904年—1978年）》《魏晋南北朝史论文集——中国魏晋南北朝史学会第八届年会暨缪钺先生百年诞辰国际学术研讨会论文集》，2004年；王学典《20世纪史学编年（1900—1949）》，商务印书馆2014年版）

谢无量2月17日回重庆乐至，并作诗《还乐至绝句》。3月，至南京参加国民代表大会。会议期间，往南京鼓楼医院，以患心脏病为名，很少参加会议，并谢绝各种宴会。选举总统时，他只投居正一票，未选蒋介石。会议未结束，谢无量以病假去上海。在上海、南京期间，谢无量常与章士钊、江庸、沈尹默、王自兴往来，闲论文史、书画。近一年来，国民政府国史馆馆长张继之多次邀请谢无量参与"国史"整理工作，谢无量均表示拒绝。（参见彭华《谢无量年谱》，舒大刚主编《儒藏论坛》第3辑，四川大学出版社2009年版）

熊振宗任主编的《怀圣》杂志创办，由中国回教协会广州分会光塔寺文化部主办，主要刊登伊斯兰文化、世界伊斯兰教介绍、回教简史、学术园地、文艺、家庭与卫生、教义讲座、教义回答、社团活动等栏目。

高一涵继续任两湖监察使。3月，高一涵与于右任、严敬斋、李祥麟赴中山陵音乐台赏玉兰，并赴梅花山赏梅。3月29日至5月1日，出席中华民国第一届国民大会第一次会议，与水梓、田炯锦、曹启汉提交《对于宪法第九章第95条之修正案》第141号提案。江一平等189名代表为连署人。提案拟请将95条原文："监察院为国家最高监察机关，行使同意弹劾及监察权。"修正为："监察院为国家最高监察机关，行使弹劾、纠举、惩戒、及审计权，对国民大会负其责任。"年底，中共党员高晓初奉命由六安赴芜湖从事地下工作，绕道南京冒险偷渡时被捕，高一涵几经周折营救其出狱。12月15日，胡适乘专机离开北大抵达南京，次年3月赴台，4月赴美，在南京期间，高一涵曾数次与其见过面。（参见高大同《高一涵先生年谱》，上海文化出版社2011年版）

周鲠生继续任武汉大学校长。1月21日，胡适致函周鲠生，否认英美有重新扶植德、日侵略势力的意图，而认为"战后的苏联可能是一个很可怕的侵略势力"。此信在报上发表，引起许多人的反对。周鲠生对此却不尽同意。2月6日，周鲠生复函胡适，说："由于五六十年来历史的教训，深感德、日已是本性难移的好战的侵略民族。对于他们，尤其日本的卷土重来，我们不能不十分严密的防止。"又说，苏联虽也是一种"可怕的势力"，但它终与德、日不同，它主要用政治方法，不是用战争方法谋扩张。20日，教育部国际文化教育事业处函告学校:英国牛津大学已认可武大毕业生在牛津之研究生地位。3月27日,周鲠生当选为中央研究院第一届院士。5月,武大党组织依靠进步社团举办了"五四"20周年纪念活动周活动。内容有"五四"座谈会、演讲会、科学晚会、营火晚会、游艺会、戏剧晚会、夏季小型体育会和各类壁报。5月3日,化学系举办"科学座谈会",邬保良教授发表"赛先生要姓德,德先生要姓赛"的演讲。4日,在武大学生自治会举办的演讲会上,刘绪贻、吴于教授发表了热情洋溢的演讲,深受大家欢迎。同日下午,部分师生在文学院大教室举行文艺座谈会,讨论"从'五四'运动到知识分子的方向",会上发言踊跃,情绪热烈。5日,武大举行营火晚会,把"五四"纪念周的活动推向了高潮。6月1日,武大地下党又发动师生开展"六一"惨案周年纪念活动。学生自治会成立"六一"惨案周年纪念委员会,举办"六一"惨案展览和"六一"图书馆,编印惨案纪念册《血债》。同日上午,武大举行声势浩大的周年公祭大会。下午,全校师生前往张家山为烈士扫墓。8月,国民党政府发生币制危机,改用金元券制后,学校学术研究费奇缺,教授每月支取仅20金元,副教授月支15金元,讲师月支10金元,助教月支5金元,极大地制约了学术研究的发展。10月10日,中国科学会、中国自然科学社、中国物理学会、中国化学会、中国植物学会、中华医学会等六个科学团体,在武大理学院联合举行年会。大会公推查谦教授为主席,并请周鲠生校长讲演了《社会科学与自然科学之关系》。11月2日,武汉大学在校庆之际举办了题为"最近科学与技艺之进展"的学术集团演讲。这次演讲安排理学院院长桂质廷讲绪论;梁百先教授讲物理;邬保良教授讲化学;陈华癸教授讲生物;周明鸿、黄培云两教授讲工程。(参见吴贻谷主编《武汉大学校史(1893—1993)》,武汉大学出版社1993年版;耿云志编《胡适年谱》,福建教育出版社2012年版)

吴宓继续任武汉大学外文系主任。是年至次年4月,任汉口湖北师范学院外文系兼职教授。4月3日,吴宓自武汉飞抵西安。7日,吴宓在西北大学演讲《大学之起源与理想》。10日,演讲《红楼梦的文学价值》。17日,演讲《论紫鹃》。在西北大学还曾演讲《世界文学史纲》《文学概论》《中国小说》。5—6月,中山大学文学院讲学五周,岭南大学学术演讲。9月10日,吴宓收到徐复观汇来的《学原》预付稿费60金圆。(参见刘明华《吴宓教育年谱》,《重庆教育学院学报》1999年第4期;沈卫威《学衡派编年文事》,南京大学出版社2015年版)

苏雪林用现代白话翻译的英国诗人雪莱的诗歌《年青的女囚》3月刊于上海文潮出版社《文潮》月刊第5卷第6期。7月,北京怀人学会(为纪念清初来华的天传教神父南怀人而成立)出版由善秉仁、苏雪林、赵燕升合编的英文版1500 Modern Chinese Nouels and Plays(《1500种近代中国小说与戏剧》),卷首为苏雪林撰写的《当今的中国小说和戏剧导论》,全书以16开道林纸精印,560余页,售价25美元。10月2日,参观在武汉大学法学院举办的"全国木刻展览"。本届展览汇集北平、上海、长沙、汉口近十年来三百余帧木刻精华,作品令人耳目一新,线条明快,人物轮廓准确,色彩明朗,表现巧妙。由此足见中国木刻水平大大提高了。3日,长沙参赛代表曾景初访问苏雪林,赠《曾景初木刻集》一本,要求苏雪林为文字一篇,以便到汉口举行木刻展用,允之。4日上午,撰《题曾景初木刻集》,全文洋洋洒洒两千余言,将年轻木刻家曾景初作品引人入胜的特征一语道出:"本集以人物为主,人物的动态,无非'静'和'动',表面描写很容易,透露内心却难。景初先生的人物,动静两态都表现得恰到好处。像集子里的《野宴》《江畔》《卖唱者》《卖胡琴》是属于静的一类,可以把读者的精神解放到野花散馥、垂杨摇绿的空间里,或使人的心灵融化入斜阳深巷,耳边咽着那凄凉的三弦和曼声的哀调,深深地尝味着人生的悲哀。《卸煤的时候》《抢米》则属于动的一类,疯狂的群众,被饥与寒驱迫着,大海怒潮似的去与刺刀木棍斗争,抢夺一点仅足以维持残喘的物质。那扰攘的动作,紧张的空气,透出纸面,简直要绷断人的心弦,这种动乱时代的画面,描摹得真的深刻。"后刊于 10 月 9 日《武汉日报》文艺副刊。

苏雪林 10 月 4 日下午赴礼堂听胡适、李济在武汉大学的演讲。李济演讲题为《安阳青铜时代》,胡适演讲题为《两种世界两种文化》。演讲毕,趋前与胡握手,胡适对苏雪林仍然认识,苏雪林感叹可见其记忆力之强。5 日,胡适与李济两位应周鲠生校长之请,仍在武大演讲。胡适演讲题为《廿九年后看五四》。讲演毕,周校长邀胡至校长室茶叙,苏雪林日记载:"余偕袁昌英同至校长室,始有与胡先生作短暂谈话之机会。余问:苏俄是否可以统治世界? 胡氏含笑摇头。又问:共产党是否要推翻国民政府? 胡云不至于此。"茶叙毕,与胡适、李济两位先生同往东湖中学,会见东湖中学师生,胡适挥毫为该校题字"要怎样收获,先怎样栽"。11 月 8 日,物价飞涨,每担米已涨至 180 元。家中储粮仅数斗,以银圆 13 块,购得三道机米一担。上午,赴工学院参加教授会议,校长报告学校当局经济状况。诸教授发言皆以生活问题艰难,提议要求政府配以实物,并应据物价飞涨,适当调整薪俸。最后一致通过按季领薪(即一次发薪三个月),并从即日起,罢教一周。12 月 1 日,致函善秉仁神父,附寄上林语堂、陈瘦竹、程省三照片三张,又寄近日所作松树屏山画一幅以作纪念,画上题诗云:"幽涧潺溪去,屏山入望高。晚间风力劲,万壑响松涛。"5 日,为天主教教友严蕴梁修士《玫瑰集》作序,修改并誊清后,全文共两千数百字。24 日上午 10 时,在中文系讲张先、柳永词。下午,预备现代文学王统照、许地山、郑振铎 3 人讲义。31 日赴法学院讨论时局,国共和谈无成功之望。温嗣芳教授大骂政府比军阀尤为贪污。袁昌英拟将幼子宏远携往桂林,自己与女儿静远留守珞珈。阅报知,台湾学生发电欢迎教育界人士赴台。又闻陈诚担任台湾省主席,得此消息,颇为心动,拟于寒假后设法赴台。在与姊相商时,遭其拒绝,她恐又蹈流亡四川之覆辙,故不愿意去台湾。(参见沈晖编著《苏雪林年谱长编》,安徽文艺出版社 2017 年版)

唐长孺继续任武汉大学教授。12 月,在《燕京学报》第 35 期发表《白衣天子试释》。文中认为白衣为弥勒教之服色,起源当在元魏之世,而白衣天子亦为弥勒教之谣谶;北朝沙门乱事多与弥勒教有关;信仰弥勒教者特重白莲,所以尚白,恐取其意,而远公白莲社之传说,殆亦受弥勒教之影响;明教或吃菜事魔者所奉之白佛,当是依托弥勒。(参见王学典《20 世纪史学编年(1900—1949)》,商务印书馆 2014 年版)

马哲民获释,回武汉任湖北省农学院教授。受民盟中央之命,与李伯刚、唐午园、戴今生等筹建民盟武汉市地下支部,团结知识界人士开展迎接解放的斗争,并与湖北著名人士李书城、张难先等一起,向白崇禧、张笃伦等开展争取工作。

李达《经济学大纲》第 1 分册 1 月以《先资本主义的社会经济形态》为书名,由香港生活书店出版。此书实际上是由李达《经济学大纲》的"序论"和第一部分组成。《经济学大纲》是李达在北平大学法商学院 1936 年印行的教材,也是系统地阐述马克思主义政治经济学原理的著作,但是李达也明确在绪论中指出,"我们不是专门研究经济学才研究经济学,而是要促进中国经济的发展才研究经济学",李达认为研究经济学"除了研究中国历史上各种顺序发展的经济形态以外,还必须研究中国经济",因此他在研究经济学时非常重视"经济进化的一般原理在中国经济状况中所显现的特殊的姿态、特殊的特征"。毛泽东对此书高度赞赏,称"我现在已读了三遍半,也准备读它十遍",并向延安各界推荐此书。2 月,李达将

《社会学大纲》的第二篇至第五篇历史唯物论部分修改为《新社会学大纲》,由香港生活书店出版。5月,在《纺织年刊》发表《正视纺织技术人员的就业问题》。7月,所著《社会学大纲》由中原新华书店翻印在解放区发行。在《燕京新闻》第14卷第14期发表《现实:略论自由主义者》。暑假期间,湖南大学进步学生举行新民主主义座谈会,应邀到会作了《中国非改革不可》的长篇发言。11月,在《中坚》第4卷第2期发表《关于美国援华问题》。(参见倪墨炎、陈九英编《许寿裳文集》下及附录二《许寿裳先生年谱》,百花出版社2003年版)

陈东原8月应台湾省教育厅邀请赴台讲学。10月调任位于南岳的湖南国立师范学院院长。

汪德耀继续任厦门大学校长。3月,学生开展争取言论自由的斗争,反对学校当局封闭《实践》《新生》两壁报社。4月中旬,为抗议国民党政府解散华北学联,全体学生罢课两天。下旬,全校学生再次罢课3天,并节食3天,声援成都"四九血案"被害的同学。5月4日,上海一万多名大、中学生在交通大学举行"五四"营火晚会,首先发起了"反对美国扶日本抢救民族危机"的爱国运动。消息传到厦门,厦大地下党同志和进步同学都认为必须积极响应。28日,学生自治会联合厦门各中学学生,冲破国民党政府不许游行的禁令,举行声势浩大的"反对美国扶植日本抢救民族危机"的示威游行,并成立厦门学生联合会,对全国"反美扶日"爱国运动起到积极的推动作用。30日,林砺儒、王亚南、卢嘉锡等10位教授在厦门《星光日报》发表《反对美国扶植日本笔谈》。6月,举行第廿三届毕业典礼,各系毕业生共236人。7月10日,学生自治会学术部筹办的"嘉庚阅览室"正式开放。该室为同学提供了大批的进步书刊。7月,获准将理工学院分设为理学、工学两院;机电工程学系分设为机械工程及电机工程两学系。至此,全校共有五学院十八学系。文学院下设中文、外文、历史、教育四学系;理学院下设数理、化学、生物、海洋四学系;工学院下设土木工程、机械工程、电机工程、航空工程四学系;法学院下设法律、政治、经济三学系;商学院下设银行、会计、国际贸易三学系。7月,机电工程学系讲师林士骧,因物价狂涨生活极度困苦而发疯。8月19日,国民党政府突然实行所谓"币制改革",以发行金圆券代替原法币,对国统区人民进行全面性掠夺,进一步将厦大师生推向绝境。12月13日,全体学生向路过厦门的省田粮处长陈拱北请愿,要求按原标准拨给平价米。下旬,因教育部一再拖欠厦大经费,汪校长忍痛以月息75分的高利,向银行借得60万金圆券,给教职员工勉强过年。(参见洪永宏编著《厦门大学校史》第一卷,厦门大学出版社1990年版)

王亚南5月30日在厦门《星光日报》发表《反对美国扶植日本笔谈》,说:"对于日本财阀军阀,中国人有半世纪以上被侮辱与被损害的积恨,有八年以上被宰割被屠杀的血的教训。美帝国主义者不顾本国人民的利益,尤其不顾中国人民的利益与情绪,悍然推行扶植日本财阀、武装日本军阀政策,凡有血气,凡有心肝,莫不切齿。全国各界正奔走呼号,声罪致讨。"7月,新中华杂志社编辑《中国传统思想之检讨》由中华书局出版。该书收录王亚南、林砺儒、纪玄冰、嵇文甫、蔡尚思、陈守实等的14篇关于中国传统思想的论文。10月,王亚南由先前在《时与文》等杂志上发表的"中国官僚政治之历史的经济的解释"系列文章集结而成的《中国官僚政治研究——中国官僚政治之经济的历史的解析》一书由上海时代文化出版社出版。此书收录论文17篇,重点探讨了"官僚政治"的含义、中国官僚政治的特殊表象、社会经济基础、官僚阶层内部利害关系及一般官制的精神、官僚政治与儒家思想、官僚贵族化、两税制与科举制对官僚政治的影响、士宦的政治生活与经济生活、农民在官僚政治狭隘的社会经济生活、官僚政治对于中国社会长期停滞的影响、中国官僚政治在现代的转型、传统官僚政治的覆败、新官僚政治的成长等问题。本书将中国的官僚政治当作一个特定的形态或体制加以考察,通过比较研究,从"技术"和"社会"两个方面,揭示了中国官僚政治产生的基础、特点、演化及官僚主义的作风与流弊。王亚南将"官民对立"视为是秦至清时期中国社会基本矛盾的观点,也引起了学界的重视。此书由于采用政治学的理论体系,并结合马克思主义的观点和方法,"对于中国这种既古旧又现实的社会政治形态"进行了深刻剖析,被认为是中国政治制度史研究中理论色彩最浓的著作之一,也是代表性的著作之一。也有学者认为此书是中国第一部用马克思主义科学方法系统剖析中国传统官僚政治的著作。(参见夏明方、杨双利编《中国近代思想家文库·王亚南卷》及附录《王亚南年谱简编》,中国人民大学出版社2015年版;王学典《20世纪史学编年(1900—1949)》,商务印书馆2014年版)

　　陈增辉6月在《福建文化》总38号发表《犹太人入华年代考》。同期还刊载了金云铭《中国鸬鹚捕鱼起源考》、韩振华《越南半岛古史钩沉》、翁国《福建徭民误称"客家"考》、谢道芬《闽北越王遗迹考》等文。《福建文化》季刊自此期后停刊。(参见王学典《20世纪史学编年(1900—1949)》,商务印书馆2014年版)

　　胡寄馨3月在福建研究院社会科学研究所《社会科学》第4卷第1期发表《明代的乡绅》。12月,胡寄馨在福建研究院社会科学研究所《社会科学》第4卷第4期发表《明代的民间宗教团体及其叛乱》。(参见王学典《20世纪史学编年(1900—1949)》,商务印书馆2014年版)

　　许寿裳1月2日应屠康侯之请,为其所藏《张苍水遗像》添题跋语。21日,以去岁腊月6日在学艺社年会所宣读论文《敦煌秘籍留真新编研究——尚书盘庚微子二篇》修改写定。29日,开始作《李慈铭秋梦乐府本事考》。2月2日,《李慈铭秋梦乐府本事考》文稿完成。5日,许寿裳日记云:"本日立春,余生辰,晚约李焱及其女淑元、张小姐、家驹侄暨瑛、玮家宴。"6日,许寿裳在台湾大学文学院中国文学系主任办公室失窃,损失台币24000余元,是款甫由文学院事务室领到,系上月份加成补发薪金。13日夜10时后、晨3时前,许寿裳住屋有窃贼入室,盗去富士牌男式自行车1辆,又许寿裳新购黄皮鞋1双亦被窃走。18日深夜,凶犯高万作以锁匙开"玄关"门,入许寿裳卧室,以柴刀行凶,许寿裳遇害。20日下午3时,许寿裳遗体入殓,当即移灵至台湾大学附属医院冷藏室暂殡。23日上午8时,举行公祭,礼毕,即将灵柩运至台北市火葬场举行火葬。(参见倪墨炎、陈九英编《许寿裳文集》下及附录二许世玮《许寿裳先生年谱》,百花出版社2003年版)

　　许恪士时任台湾省教育厅长。3月,率代表团访沪。3月30日,《申报》载,七家书局招待台省教育参观团:晚间,由本市商务、正中、中华、世界、大东、开明、儿童等七大书局,在青年会交谊厅,联合欢宴,到台教育厅长兼团长许恪士,及团员胡丙申、柯潮洲、黄茂兴、张芳杰等16人。教育部秘书方志懋,科长张振宇、薛天汉,上海市教育局中教处长谢恩皋,国教处长朱君惕,科长卢冠六、严春山等均莅临作陪。席间由书局代表李石曾、李伯嘉、蒋志澄、张一渠等,先后致欢迎词。教部薛天汉,教局朱君惕,相继演说,对出版界在台省积极推进文化,表示关切与佩感。许恪士厅长等致答词,语甚恳挚,盼出版界此后对台省精神食粮,源源供应,以解除书荒云云。(参见吴永贵《民国图书出版史编年:1912—1949》,社会科学文献出版社2018年版)

　　萧一山年初仍在北平。国民政府主席北平行辕结束,监察院正式成立,萧一山就任监察委员。创办于1946年、由李宗仁与萧一山分别任董事长与社长的《经世日报》停刊。冬,萧一山携眷来台,任教于台湾大学,后任台湾中央研究院近代史所研究员。(参见中国人民政

治协商会议江苏省徐州市委员会文史资料委员会编《徐州文史资料》第12编辑《萧一山先生生平大事记》,1992年)

郑资约于台湾师范学院史地系执教,继续以笔为武器,始终捍卫南海主权,陆续在报刊发表《南海岛屿是我国领土》《我国最南领域》等相关文章。郑资约编著的《南海诸岛地理志略》,同时在台湾多家出版社发行。(参见何立波《1946年收复南海诸岛与"九段线"的由来》,《人民政协报》2011年12月15日;常海成《绘制南海疆域图的地理学家郑资约》,《团结报》2022年7月29日)

竺可桢1月5日主持浙大临时校务会议,报告昨日暴徒数十人闯入校内殴打情形。议决向地方当局抗议暴徒侵入学校,殴打学生,要求保证此后安全,恢复学校附近交通。9日,主持浙大校务会议。推定张其昀、谈家桢、苏步青、诸葛麒、江希明等5代表赴京继续交涉实物配给一事;推定李浩培、鲍祥龄、徐家齐、蔡邦华、顾谷宜5人负责主持办理"一四"事件法律事宜。15日,在南京至中央大学与任鸿隽、胡焕庸、高济宇等讨论中基会借美金给中大、浙大、武大、北大之办法。21日,主持浙大行政会议,决定赠送李约瑟博士本校图书馆中国图书复本。30日致函李约瑟,并附浙大赠送书单一纸,计有《图书集成》,阮元《畴人传》,沈括《梦溪笔谈》等。31日,因拟于4月间辞校长职,教授会代表苏步青、谈家桢、余坤珊、张其昀、王葆仁5人及学生自治会代表谷超豪等分别前来挽留。2月1日,生活拮据。因2月薪水未发,1月份钱早用光,到了无钱买菜的地步,叹"真是巧妇难为无米之炊"。4日,浙大学生代表陈业荣等7人来,劝请打消辞职之意,并以《上校长书》交来,有学生1139人签名其后。16日,浙江省府主席已屡有表示,要求开除左派学生。但竺可桢皆以"浙大向来事事公开,开除学生必须有理由"拒之。坚持认为省府所给名单未必可靠,应对学生负责,总须爱惜青年,不能以其喜批评政府而开除之。28日,上海浙大校友吴沈钇、孙怀慈特来杭挽留勿辞校长职,并带来毕业同学244人签具之手摺。同日,《科学时代》封面印有竺可桢头像照,并配其语录:"科学家不应作屠杀人类的刽子手,他们应选择一个对世界全体人民有益的目标去努力!"该期并刊有胡滨撰《中国气象学家——竺可桢》。

竺可桢3月23日出席中国科学工作者协会杭州分会,述及中国科技人员极为稀少之状况,据初步统计,大学助教以上人员只有3700余人。27日,在中央研究院评议会第二届第五次会议上当选为第一届院士。此次会议共选出院士81人,其中北京大学、清华大学各9人,浙江大学4人,中央大学3人,南开大学、武汉大学、复旦大学各1人。同月,受聘为中央气象局顾问。4月1日,主持浙大21周年校庆典礼并致训辞。讲演"大学教育与民主",阐述大学教育的重要性。指出一个国家的基本,应该是人民具有吃苦耐劳的精神,爱好和平的热忱。中国目前的情况,虽艰难黯淡,但远景却仍是光明的。要达到光明的境域,就需要教育。改善师生生活,使大学得到安定,是目前大学教育最迫切的问题。演词刊《国立浙江大学校刊》。8日,至基督教女青年会参加浙江省学生救济委员会会议,到省教育厅长许绍棣、之江大学校长李培恩等。竺可桢当选为副会长。27日,参加南开校友会欢迎张伯苓校长的茶话会。张伯苓述其个人身体起居、学校现况及对于国家之观感;又述其办大学之三个政策,即经济公开、责任分担、师生合作。赞谓"余佩其识见之高超""亦钦佩其见解也"。5月7日,赴浙江省教育会演讲"观测日蚀在历史上的重要性",述预告日蚀之由来。演讲词刊于《国立浙江大学校刊》。22日与浙大一年级谈话。述浙大校风:万事公开、实事求是、师生合作,并标榜教授治校精神。6月12日,竺可桢对浙大请愿学生发表演讲,述对于办大学之基本信仰。谓必须有人人可以为圣人之信仰,然后可以办教育。述大学应以教授为重,主张教授治校乃是 12 年来之一贯政策。最后谈及目前之困难乃在于有两种权力存在于学校,即自治会与校务会议,但校中最高权威只能以校务会议为依归,故学生壁报以及一切自治章则与校规及校务会议议案有冲突即须修改;而学生在校之自由,学校必须予以保护。

竺可桢 6 月 14 日在南京至教育部晤高等教育司司长唐培经,告以目前浙大最困难为房屋问题。15 日,在南京晤陈布雷,告以浙大学生壁报攻击教授及青年军事,及此次暂时离校之经过,并提及浙大宿舍、教室之缺乏,非有千亿元之建筑费不能满足需要。同日,与陈训慈谈,陈训慈主张大批开除学生,对浙大自治会骨干分子毋宽恕。竺可桢拒绝接受。认为此种政策与浙大作风大不相侔,不能施行。17 日,在南京至中央大学农学院气象训练班对学生讲演。述气象班训练,除得些技术以外,最重要的是科学精神,即对待事物丝毫不苟。22 日,在南京参加浙大南京校友会成立会,即席致辞。述办浙大之方针要点,为教授治校、求是、法治。23 日,在南京至中山东路晤四联总处之秘书长徐柏园,与商谈教育部担保浙大借款一千亿元事。24 日,在南京晤翁文灏,为翁任行政院长后第一次之见面。托以为浙大校舍建筑向四联总处借支一千亿元,请其支持。7 月 5 日,出席浙江大学第二十二届毕业典礼并致词。勖勉学生应有独立思想,不能人云亦云。7 日,至莫干山参加浙大基督教团契夏令会。讲“信仰是力量”,述中国之病症是由于教育、建设均与乡村脱节。8 日,与浙江省政府主席陈仪谈,认为办大学之方针应以开导为主,陈仪赞同。9 日,致函朱家骅提出辞浙大校长并推荐胡刚复。10 日,与萨本栋、吴学周、周仁等联署提出侯德榜、茅以升、凌鸿勋、俞大绂、梅贻琦为中央研究院数理组工程科评议员候选人。12 日,国民党总统府密令全国各地逮捕进步学生。19 日,往晤陈仪,坚持如欲逮捕学生,必须有确切之证据。陈仪表示不要牵连太多,尽量缩小事态。22 日,杭州特种法庭至浙大逮捕吴大信、施侠、方宝庆 3 人。闻后即与省府联系并派人往见检察官,经交涉,施、方两人由学校保释。25 日,再次往晤陈仪,要求嗣后非有特殊重大罪犯勿至学校捕人。9 月 2 日,竺可桢加入杭州扶轮社为会员。6 日,聘苏步青为浙大训导长。9 日,由北平研究院聘定为该院第一届会员。所聘定之会员 60 人,均为国内外有重要发明或著作之学术专家及国内主持学术机关满 10 年以上者。16 日,在浙江大学科学团体联合会上发表演讲“中秋月”。演讲词刊于《科学大众》。18 日,杭州特种刑庭开庭审讯吴大信,竺可桢偕苏步青等旁听。特刑庭以阴谋罪判其徒刑 10 年,较预料为重。

竺可桢 9 月 23 日在南京出席中央研究院成立 20 周年纪念暨首届院士会议开幕典礼。共到院士 48 人,各位院士均佩戴院士章。章为合金所造,四方形,宽约 5 分,书有“国立中央研究院院士”,乃院士梁思成所设计。院士证书为书法家沈尹默书写。总统蒋介石致训。评议会秘书翁文灏在报告中谓院士既不支薪给,任期终身,为一名誉职。下午会议上,竺可桢被推为议程委员会委员。24 日,在南京当选为第三届评议会数理组聘任评议员。25 日,在南京出席院士会议闭幕式。会议对参加太平洋科学会议一案,授权由院长、评议会秘书、总干事及胡先骕、竺可桢、杨钟健筹备并决定人选,由总干事召集。首届院士,分为三组、各组推出秘书一人,数理组为竺可桢,生物组为李宗恩,人文组为汤用彤。26 日,在南京参加第二届联合国教科文组织中国委员会年会。30 日,浙大学生李雅卿被捕。10 月 2 日,偕苏步青、孙祁至特种刑庭询李之下落。后至警察厅晤厅长询李之情形,并探视。7 日,请严济慈代作一复函与约里奥·居里,为学生邹国兴赴法事。11 日,在南京出席十科学团体联合年会,为主席团成员之一。上午,参加气象学会与地球物理学会学术会议。中午,在中央研究院、中央大学、政治大学联合举行公宴上致答词,略谓提倡科学,是立国的先决条件,像中国这样无国防的国家,科学尤其重要。下午,演讲"科学与社会"。12日,在南京出席气象局招待会员之宴。15日,至杭州第一监狱,探视吴大信、李雅卿并邵伯瑾、陈建新、黄新民。校中已函特种刑厅请保释吴等。16日,陪同胡先骕参观浙大生物系。17日,至杭州青年会演讲"联合国文教组织",演讲词刊《国立浙江大学日刊》。20日,邀胡适至浙大发表演讲,题为《自由主义与中国》。11月1日,竺可桢至浙江省政府人事训练班演讲《科学与社会》。对近代科学所以不能产生于中国之原因,认为一是数字之不精密,二是不能用客观眼光,三是不肯用手。10—12日,当选为中国气象学会理事会理事、理事长及被推为编辑委员。11日,接教育部代部长陈雪屏函,要求国民党员重新登记,予以拒绝。12月4日,主持浙大校务会议,讨论应变方针。12日,接教育部转来浙江军统局情报,谓:"自8月22日由此间会同特刑庭拘捕吴大信后,竺校长之态度即形转变,甚至包容奸伪匪谍学生之一切非法活动于不问不闻,而对于特刑庭之传讯则加拒绝。……无怪社会人士认浙大为共匪之租界。"20日,当选中国科学工作者协会监事。是年,与叶良辅等合著之《地理学家徐霞客》、与卢于道等合著之《科学概论新编》、与钱宝琮等合著之《现代学术文化概论》出版。(参见李玉海编《竺可桢年谱简编》,气象出版社2010年版)

张其昀继续主编《思想与时代》。1月,《思想与时代》第51期出版发行,载有张其昀《香港的前途》、严仁赓《土地与人民——论田纳西的农业改良》、陈省身《现代数学》、费孝通《现代社会学》、吕炯《西域古史》、陈立《工作效率的意义与条件》、王承绪《郑晓沧译〈东方白〉——美国派赴日本教育团报告书简介》。4月16日,《思想与时代》第52期出版发行,载有翁文灏《美国及苏联两种政治思想的冲突》、章巽《共产主义和社会主义之冲突——副题"一个英国工党党员的看法"》、谢冠生《法治的心理建设》、胡先骕《中国植物区域》、谢家荣《中国矿产分布的概况》、朱炳海《气候控制和文化进展》、张其昀《浙赣路与东南经济建设》、任铭善《二十三种敦煌佚书》(书评)。11月9日,《思想与时代》第53期出版发行,载有谢幼伟《怀黑德之生平与思想》、夏承焘《诗人之贞介——陈俊山》、任美锷《黄河问题之新研究》、李承三、郭令智《台南曾文溪中游新贮水池堤堰地点之地质的初步考察》、唐耀《中国之森林资源》、刘恩兰《美国霍比"红印"之蛇舞与我国之龙王》、陈宗器《雷达制图》、李海晨《军事地图与航空摄影》(书评),以及附录张其昀《学术与国运》。是年,思想与时代社编辑、正中书局出版《思想与时代丛刊》五种:贺麟等著《儒家思想新论》、张其昀等著《现代思潮新论》、谢幼伟等著《哲学与心理》、竺可桢等著《科学概论新篇》、朱光潜等著《政治与教育》;思想与时代社编辑、上海华夏图书出版公司出版《现代学术文化概论》第一册《人文学》:竺可桢《科学之方法与精神》、钱宝琮《科学史与新人文主义》、贺麟《儒家思想》、任铭善《经术与政制》、朱光潜《现代中国文学》、张荫麟《哲学与政治》、洪谦《现代逻辑》、谢幼伟《现代伦理学之特征》、王承绪《教育之科学研究与现代教育学》、张其昀《新的世界观》;思想与时代社编辑出版《现代文库》三辑。第一辑:谢幼伟《人生哲学》、陈立《修学方法》、严群《希腊思想》、夏承焘《唐宋词录最》、任铭善等《近代中国文学》、李祁《英国文学》、戚叔含《西洋戏剧》、张其昀《世界局势》、章丹枫《编报与读报》、张其昀等《西湖图景》。第二辑:谢幼伟等《论共产主义》、徐震堮《唐诗选》、王承绪《新教育》、谢幼伟《逻辑要义》、梁方仲《社会科学概说》、李絜非《历史教育》、张其昀《罗素之西方文化》、余坤珊《论莎士比亚》、李浩培《联合国》、陆维钊

《中国书法》。第三辑:谢幼伟《政治与道德》、郑奠《中国文法》、诸葛麒《元曲选粹》、张荫麟《柏格森》、翁文灏等《丁文江先生》、刘咸《民族学要旨》、马同俨《联合国文教组织》、张其昀《T. V. A.略说》、沈学植《图书馆学》、国立浙江大学史地教育研究室《宋人法书选》。(参见沈卫威《学衡派编年文事》,南京大学出版社2015年版)

　　牟宗三任教于金陵大学与江南大学。秋,辞武汉大学之聘,应熊十力召请,赴杭州,任教于浙江大学哲学系。是年,牟宗三应程兆熊之请,撰《江西铅山鹅湖书院缘起暨章则》,首次提出儒学三期说。《知觉现象之客观化问题》刊于《学原》第1卷第9期;《时空为直觉形式之考察》刊于《学原》第2卷第2期;《时空与数学》刊于《学原》第2卷第6期。又有《王阳明致良知教》(下)、《莱布尼茨哲学疏导之——论主题命题与关存命题》、《旬学大略》刊于《理想历史文化》第1期、第2期。是年,命名其居所为"旦暮楼",撰《旦暮楼记》《月华赋记》《观生悲歌》《四十志感》四文(未发表)。(参见王兴国编《中国近代思想家文库·牟宗三卷》及附录《牟宗三年版简编》,中国人民大学出版社2015年版)

　　王承绪继续任浙江大学教育学系教授。2月,王承绪编《基本教育》上、下册由商务印书馆出版。4月,王承绪编《战后英国的小学教育》由商务印书馆出版。二书均列入国民教育文库。(参见中央教育科学研究所编《中国现代教育大事记1919—1949》,教育科学出版社1988年版)

　　马一浮1月致书刘百闵、寿毅成,告知己离院,认为从此可于陷阱中解脱。同日,致书周钟岳,称自己离院时带走几件旧家具及局本二十四史一套,将以原价归还书院。2月5日,复杨谯谷问讯书。同月,复书周钟岳,坚持离开书院,并与其谈书院善后事宜。3月,董事会再次挽留,马一浮去意已决。春,与叶左文、熊十力及书院诸人于葛荫山庄合影留念。8月,撰《玄亭记》。内兄汤孝佶之子汤彦森于西湖钱王祠边营建小筑,建一亭请马一浮居住,马一浮名之为"玄亭"。9月,谢无量访马一浮,于中秋夜同于湖上赏月。同月,以寿景伟等人名义发布《蠲戏老人鬻字展限并新订润例》。11月11日,致书马镜泉,告知其勿轻举妄动,须待傥史馆遣散。此处所言傥史馆,即为南京国史馆。丁慰长及马镜泉经尹石公之介在此工作。据《南京市军管会关于接管国史馆的报告》(南京市档案馆编《解放南京》(上),中国档案出版社2009年版)载:"国民党政府既濒崩溃,新任馆长戴季陶惧,不来馆到职。淮海战后,副馆长但焘亦惧,于37年冬先将本馆所藏已整理之重要档案史料360箱、重要图书史料86箱及所编撰之史稿20箱(另详清册)搬运赴上海。"因时局紧张,尹石公嘱先生为两人返杭做打算,马一浮遂有此书。12月,致寿毅成书,建议书院所改图书馆以"儒林"为名。此名既与其他图书馆区别开来,又可阐明乃是由书院所改。(参见马一浮著、吴光主编《马一浮全集》附录丁敬涵编著《马一浮先生年谱简编》,浙江古籍出版社2012年版;张雨晴《马一浮学术年谱整理(1911—1949)及其儒学践履活动研究》,贵州大学硕士学位论文,2019年)

　　汪进贤、吴曼清、胡绍箕、许杨本、周建卿、胡琴伯等1月在杭州发起成立中国力余学社,以研究浙江地方政治、经济、文化等问题,推动浙江地方建设为宗旨。创办《现代政坛》月刊。

　　蒋伯潜任杭州师范学校校长,延聘进步人士袁微子等共襄校务。

　　巨赞9月受聘武林佛学院院长。应邀至香港讲经,去台湾考察,作《台湾行脚记》,刊于《觉有情》。受中共华南局负责人潘汉年委托,作《新中国佛教改革草案》。又有《为僧教育进一言》刊于《佛教公论》;《普照大师传》刊于《觉有情》。(参见黄夏年编《中国近代思想家文库·巨赞卷》及附录《巨赞年谱简编》,中国人民大学出版社2015年版)

　　陈撄宁2月1日在《觉有情》发表《为净密禅仙息争的一封信》。夏,删订《口诀钩玄录

（全集）》，并为其撰写按语。冬，对《邱长春真人秘传〈大丹直指〉》做第二次修改校订，并撰按语曰："观篇中所有功法、口诀，乃北派真传。"该手抄秘本《大丹直指》乃得自青岛某道友，篇目、内容均与道藏本《大丹直指》不同。（参见郭武编《中国近代思想家文库·陈撄宁卷》及附录《陈撄宁年谱简编》，中国人民大学出版社2014年版）

程兆熊接纳牟宗三的建议，在江西铅山鹅湖创办鹅湖书院与《理想历史文化》杂志。

姚从吾继续任河南大学校长。6月，开封第一次解放前夕，南京政府教育部命令河南大学迁往苏州。同月20日黎明，姚从吾校长离开学校，经商丘、徐州到达南京。河南大学校园被国民党城防司令部占领，学生四处逃散，或离校返乡，或投亲靠友，或居住在群众家中。国民党当局对迁校没有做充分的组织安排，学校仅贴出迁校布告。人民解放军进城之后，也劝说师生暂时离开炮火连天的开封，还用军车运送学生出城。学生为了完成学业，也只有三五结伴，陆续南下。1000多名师生先后到达南京，在南京的街头、车站等处流浪，吃住竟无人过问。不久，学生与下关火车站发生冲突，震动了有关当局，于是教育部下令，河南大学尽快搬到苏州复课。7月底8月初，师生陆续到达苏州，衣食无着的他们拥进了大小旅馆和居民住宅。后在各方面的大力协助下，历时3个月，大致安置就绪。校本部及各院分布如下：校本部即总办公处，包括校长室、教务处、训导处、总务处与行政会议设在怡园。理学院设在怡园后的顾家祠堂，文学院设在沧浪亭三贤祠，法学院设在当时的金城银行仓库，农学院设在西北街104号狮子林后院，工学院设在丁家祠堂，医学院设在现在的公园路体育场，图书馆设在湖南会馆。南迁苏州后，学校机构设置及人员发生一些变化，教务长由郝象吾担任，总务长先后由党玉峰、寇作则担任，训导长为王凤岗。调整后的机构有出版组、文书组、庶务组、出纳组、会计室、医务室、图书馆、社会教育推行委员会、学生自治辅导委员会、贷金公费审查委员会等。9月，河南各界人士担心河南大学南迁苏州时间长久会被归并瓦解，由河南省参议会第八次驻委会提出议案，请河南大学迁回开封。经研究，河南大学函复省参议会暂时不能返汴的8条理由，表示学校在苏并非永久，一旦条件允许，仍会迁回。10月10日，河南大学在怡园总办公处举行开学典礼，各学院陆续复课。南迁苏州后，学校各方面工作都受到很大影响，师生对校政意见纷纷。12月，姚从吾校长因病请准辞职，郝象吾、马非百、张静吾组成3人小组负责校务，由郝象吾先生全面负责。

按：姚从吾校长因病请准辞职，后去台湾，任台湾大学教授、学术审议委员会委员、中央研究院院长和院评议会评议员、国史馆史料审议委员。（参见王德毅编《姚从吾先生年谱》，《台大历史学报》1974年第1期；河南大学校史修订组《河南大学校史》，河南大学出版社2012年版）

钱穆是年春返无锡，出任江南大学首任文学院院长兼历史系主任。初上课，学生因事欲结队赴南京请愿。钱穆认为，此等学生皆初自中学来，即已如此意气嚣张，诚不可解。乃集大会尽力劝诫，意气稍戢，但终不肯罢休，便改派小队赴京，学校仍照常上课。然而从此以后学校风潮终于时起，大家认为不闹事就落伍为可耻。风气已经形成，一时甚难化解。课余撰《湖上闲思录》一书。其《师友杂忆》有曰："又据马其昶《庄子注》原本，遍诵《庄子》各家注，以五色笔添注其上，眉端行间皆满，久而成《庄子纂笺》一书。自为之序曰，'庄子乱世之书也。身居乱世，乃注此书自消遣'，是亦可知余当时之心情矣。"2月，《周程朱子学脉论》刊于《学原》第2卷第2期。云："故朱子乃始以濂溪、二程之新儒学，上绍之于先秦儒。一以孔子为宗而完成一大系统。而朱子遂为中国儒学史上继孔子而起之集大成者，亦以此也。惟自濂溪、明道以下,宋儒新传统,究自有其一番创新精神。治宋明理学史者,必当于此一番演进有了解,乃可不蹈于门户之习,而于此诸家,乃可得见其共通处,又见其各别处,而后可以进而判别其是非得失之所在也。"3月,作《无限与具足》,未实时发表,至1960年刊于《人生杂志》第19卷第10期。云:"在美学上有'无限'与'具足'之两型。在人生理想上也该有此两型。西方人想象人生,常若一无限。中国人想象人生,则常见为具足。"

钱穆《中国文化史导论》一书7月由上海正中书局初版印行。绪论云:"'文明''文化'两辞,皆自西方翻译而来。此二语应有别,而国人每多混用。大体文明、文化,皆指人类群体生活言。文明偏在外,属物质方面。文化偏在内,属精神方面。故文明可以向外传播与接受,文化则必由其群体内部精神累积而产生,欧美近代的工业文明已传播到各地、或说各地均已接受了欧美人近代的工业文明,却不能说近代欧美文化,已在各地传播或接受。文化可以产出文明来,文明却不一定能产出文化来。这便是'文明'与'文化'之不同。各地文化精神之不同,穷其根源,最先还是由于自然环境有分别,而影响其生活方式。再由生活方式影响到文化精神。人类文化,由源头处看,大别不外三型:一、游牧文化,二、农耕文化,三、商业文化。游牧文化发源在高寒的草原地带,农耕文化发源在河流灌溉的平原,商业文化发源在滨海地带以及近海之岛屿。三种自然环境,决定了三种生活方式;三种生活方式,形成了三种文化型。此三型文化,又可分成两类。游牧、商业文化为一类,农耕文化为又一类。"全书共计10章:第一章中国文化之地理背景;第二章国家凝成与民族融合;第三章古代观念与古代生活;第四章古代学术与古代文字;第五章文治政府之创建;第六章社会主义与经济政策;第七章新民族与新宗教之再融合;第八章文艺美术与个性伸展;第九章宗教再澄清民族再融合与社会文化之再普及与再深入;第十章中西接触与文化更新。9月,《郭象庄子注中之自然论》刊于《学原》第2卷第5期。10月,《朱子心学略》刊于《学原》第2卷第6期。(参见韩复智编著《钱穆先生学术年谱》,中央编译出版社2012年版)

唐文治继续任无锡国专校长。农历正月,由薛桂轮、谢绍相、周树慈、陆景周、陆汝挺、冯振及唐庆诒等发起为唐文治读文灌制唱片,由薛桂轮总其成。灌音唱片为上海大中华唱片厂所制,正集凡十张,每张唱片收录读文两篇;又发行通用集五张,每张亦两篇。内有中英文对照,英文译文为唐庆诒所撰。所录内容包括《诗经·鸤羽》《卷阿》《常棣》《谷风》《伐木》《楚辞·云中君》《湘夫人》《左传·吕相绝秦》《史记·屈原列传》,诸葛亮《前出师表》,韩愈《送李愿归盘谷序》,李华《吊古战场文》,欧阳修《秋声赋》《丰乐亭记》《五代史伶官传序》《泷冈阡表》,范仲淹《岳阳楼记》,苏轼《水调歌头》,岳飞《满江红》,昆曲《长生殿·小宴》。3月16日,无锡普仁医院创办40周年,唐文治撰文立碑,以资纪念。26日,无锡国专创办人之一陆勤之病逝。唐文治作《太仓陆勤之先生家传》,称:"余初闻先生归道山,念六十载交情,不觉沾襟之浪浪也。"4月11日,孙儆、杨静子、戴伯行、闵瑞之、李耆卿、郁志甘、高吹万、吴眉孙、朱德轩、缪镛楼、赵晋卿、瞿兑之、金巨山、唐文治再次雅集。唐文治作《海滨续修褉图记》以记。5月14日,教育部致电无锡国专,对文书专修科二班准予补助3000万元,共发补助费6000万元。

唐文治与张元济6月21日发表联名致上海市长吴国桢的公开信。起因是上海大中学校部分师生在上海外滩举行"反对扶日大游行",事后吴国桢致函交通大学校长程孝刚查询七点,由学生自治会逐一答复。吴不满意,又质问八点,限期答复,并声称如再不满意即令警局传讯。此函即为此而发。9月5日,唐文治、杨体仁、孙儆、屈映光致电国民政府立法院院长孙科,请求废止惩治汉奸及处理汉奸两条例。10月15—20日,国专沪校因政府停发经费,陷入极度困难,在上海成都路中国画苑举办书画义售进行募捐,筹款以解燃眉之急。此前,唐文治致函沪上知名书画家恳请支持,参与义卖的书画名家有张大千、吴湖帆、冯超然、吴子深、贺天健、樊少云、马公愚、沈尹默、王福庵、王季迁、朱梅郁、陆抑非、唐云、白蕉、申石伽、樊伯炎、庞左玉、吴青霞、应野平等80余人。23—24日连续两天,因通货膨胀、粮价暴涨,国专本部学生面临断炊之虞,国专本部备函并派员至无锡县政府,请求予以协助,解决困难。11月4日,分别由无锡国专本部的学生代表刘则文等人致函首都卫戍司令部无锡指挥所指挥官、唐文治致函无锡县县长周明馨、无锡国专致函无锡县政府,向无锡县政府等商借食米。在唐文治致无锡县县长周明馨函及无锡国专致无锡县政府函中,并称学生“决议请愿,劝止无效”,“经决议罢课请愿,虽历加劝导,惟饥火中烧,势难遏止”。后由无锡县政府协调,于“总检查封存米内”借出50石,才使国专学生暂时渡过了眼前的难关。

唐文治11月在交通大学学生自治会新旧更替之际、应邀为学生会训辞:鄙人平素讲学宗旨,在“正人心、救民命”6字。时令尤以救人命为急。救世之方以阳明学为重要,其宗旨在“致良知”三字,一点良知,万古不泯。“今日自治会同学新接任事,惟望日新又新,新吾心以自治,新吾心以为学,新吾心以善民救国。《尚书》曰‘作新民’,非吾同学之责任而谁归。异日救民而新国者,皆吾同学之选。敬以此为训语,即以此为颂词。”见同月17日《交大周刊》报道。24日,交通大学新文治堂筹建委员会举行会议,讨论建筑工程情况,认为目前虽然已完成十之八九,但因捐款困难,决定工程暂行停工,待情形好转后再继续建造。秋冬之季,时在江南大学任教的钱穆到无锡国专本部作如何治学的演讲。冬,《茹经堂文集》六编成,共7卷,有文127篇。唐文治在跋语中曰:“是编印成在戊子岁杪,维时洛阳纸贵,觅购万艰,幸得及门裘君次丰多方设法,始能购得。校雠者为太仓陆君景周,武进女弟子陆汝挺君而奔走,襄事者太仓高大勋君,承印者南汇汪竹生君暨乃侄鲁伯君,兹生活高翔,两君给偿工价损失极巨,其克己助成,良可感也。”(参见陆阳《唐文治年谱》,上海三联书店2013年版)

钱基博、钱孙卿兄弟8月为纪念其父钱福炯百岁冥诞编辑《传叟文录》,共收录钱福炯旧文11篇,由钱锺书题署,前有唐文治撰《钱祖耆先生墓志铭》。(参见陆阳《唐文治年谱》,上海三联书店2013年版)

王季烈是年秋约请苏、沪曲家张紫东、徐凌云、居逸鸿、管际安等数十人成立“正俗曲社”。唐文治亦列名为正俗曲社的发起人。(参见陆阳《唐文治年谱》,上海三联书店2013年版)

刘百川等编著《现代儿童教养研究》《国民教育行政问题》《学校与家定》4月由商务印书馆出版,三书均列入国民教育文库。(参见中央教育科学研究所编《中国现代教育大事记1919—1949》,教育科学出版社1988年版)

吴金鼎为李济的得意门生。抗战胜利后,吴金鼎没有回到史语所,转入了尚在成都华西坝的齐鲁大学任教。1946年随齐鲁大学一道返回济南,主持学校复员事宜,先后出任校长室西文秘书、训导长、文学院长、国学研究所主任、历史学教授兼图书馆主任等职,但直至去世再也没有参加他一生热爱的田野发掘工作。夏秋之间,吴金鼎患胃癌赴北平就医,已病入膏肓,协和医院回天乏术。9月18日,吴金鼎在齐鲁大学宿舍辞世。(参见岱峻《李济传》,江苏文艺出版社2009年版)

张伯苓继续任南开大学校长。1月1日早晨,接待六起来拜年的各方人士;中午,出席天津市市长杜建时主持的庆元旦集会;晚上应邀参加南开学生两个同乐会。6日,为助蒋梦麟参加专科以上学校教员团体立委竞选,受教育部长朱家骅电示以密件致函唐山、天津各院校予以支持,一致推选。7日,向教育部呈报《国立南开大学学则》。14日,转呈南开大学教授建议书,要求教育部增加南开图书仪器设备等费。同日,因前不久香港英国当局酿成的"九龙事件"引起平津学校强烈不满,教育部于今日下午两次电示张伯苓维持校内秩序,学生不得越轨行动。18日,响应蒋介石发动的勤俭建国运动,参加《中央日报周刊》"如何推行勤俭建国运动"名人笔谈。2月12日,平津区国立院校长谈话会第六次例会在北京大学总办公处举行,张伯苓、袁同礼、杨光弼、李高傅、王华棠、李书华、牛文清、刘砥中、程忠元、袁敦礼、张含英、梅贻琦、张之江、徐佩琨出席,张伯苓任主席。会议就各院校经常费,教职员冬煤贷款,及师生配售面粉等事速请教育部解决形成决定。17日,主持南开大学举行第六十次校行政会议,决定校内人事任免。19日,天津市政府假聚合成饭庄设宴招待张伯苓、梅贻琦等人。25日,致函中国驻日本军事代表团团长商震,恳请代为搜访抗战时期被日军掠走的南开校钟,"倘使此历史之古钟原璧运还,岂惟敝校之幸,亦中华文物之光也"。3月16日,南开大学全体学生向校方请愿,决定哪一天没饭吃就从哪一天罢课。晚上,又决议组织"抢救教育危机,争取全面公费行动委员会"。20日,南开大学、北京大学等平津七大学学生自治会联名上书蒋介石、朱家骅,要求实行全面公费,提高教育经费。24日,报送联合国教科文组织中国委员会委员履历表。25日,在北平答《申报》记者关于时局问题。

张伯苓与梅贻琦等3月26日由北平飞抵上海。27日,与记者谈话称,有人曾建议余与胡适之先生参加大总统之竞选,余曰,"一个日头两支洋蜡如何可行?"28日,国民参政会主席团以该会任务完成宣告结束,举行茶会纪念。蒋介石、于右任、王云五、王世杰、蒋梦麟等及历届在京参政员100余人出席,张伯苓先以临时主席身份致辞,在蒋介石讲话后,又致答词。29日,国民政府召开行宪"国民大会",张伯苓出席并入选主席团。4月1日,与吴敬恒、于右任、胡适、梅贻琦、钮永建、周鲠生、顾毓琇、王星拱、陈裕光、朱经农、章益、姚从吾等48人向第一届国民大会主席团连署提出现任国民政府主席蒋中正为本届总统候选人。3日,孟治、何廉等在美南开校友聚会,遥祝张伯苓寿辰,并在哥伦比亚大学出版的纪念张伯苓的《另一个中国》一书上签名。此书是一本美国学者评述张伯苓的论文集,燕京大学前校长、美国驻华大使司徒雷登写序言,胡适及美国著名大学13位教授撰写论文。同日,学生自今日起罢课3天。各系级代表会集会,决议5项,其中之一即"上书张校长,请就华北学联被解散事向政府提严重抗议"。5日,收到教育部部长朱家骅签令,发给南开大学张伯苓1947年度中央公教人员久任奖金。同日,南开大学讲师教员助教联谊会成立,从6日起罢教3天,并致函正在南京的张伯苓,要求国民党当局保障教育工作者最低生活限度,"务祈就在京之便向教育部及政府当局交涉"。13日,与时子周、施奎龄等国大代表在南京宴请记者,呼吁中央应重视北方。15日,与莫德惠、胡适、王世杰、王云五、左舜生等1202人提出"制定动员戡乱临时条例案",在国民大会一读通过。29日,出席在南京召开的国民大会,选举正、副总统。5月1日,出席国民大会闭幕式。

张伯苓5月4日出席第七届全国运动会裁判组举行的裁判会议,以总裁判兼裁判委员会主席在会上致辞。5日,第七届全运会在上海中心体育场正式揭幕,参观者达八万人,盛况空前,主席台上来宾及大会主持人有朱家骅、张伯苓、李石曾、王正廷、吴国桢、潘公展、宣铁吾、方治、俞鸿钧。10日,南开大学开除在反迫害、反饥饿斗争中的骨干学生李、徐两人。当晚全体同学集会,决定向学校提出5项要求,收回开除学生成命,并从11日起罢课。11

日晚,行政会议决定"将此事经过,报告校长"。14日,第七次全运会结束,张伯苓由上海返回天津。18日,就近日学校开除两名学生,全体学生集会要求学校收回开除学生成命,并宣布罢课等事,发表书面讲话,称"本人离校期间,本校同人处理这件事,公允妥当。因此同人的决定,我决不更改"。他认为,南开大学复员以后的校风,确不如从前的淳厚,一则由于时代的动荡,一则由于学生团体传统的中断。优良校风必须恢复,也必用全力去澄清南大,使爱国家好学问的学生有一个安心求学的处所。同日,为学校学生罢课事发布布告:近来各大学学生为环境生活问题纷纷罢课,我校同学群起响应,表示同情。惟同学等正在青年,仍当以课业为重,切盼同学等深虑周详,即日复课,实所企望。23日,南开校友总会召开校友返校节,召开庆祝会为张伯苓补祝七旬晋三大庆。张伯苓感谢校友的盛情,口授训话,明确表示"还要继续工作,为国家办教育,办以国家为最高目的教育"。同月,蒋介石嘱杜建时转张伯苓电报一通,敦请张出任国民党考试院院长。张即表示,我不愿做这些事。我是办教育的,还是办教育的好。6月15日,与杨石先、陈序经、黄钰生等谈到南开大学办学传统:一是本校聘请教师,素有和衷共济之精神;二是节省人力,用人少而效率高。同日,蒋介石致电张伯苓,请其出任考试院院长,谓:"思维再四,非公莫属。"16日,在国民党中常会上通过蒋介石提名张伯苓任考试院院长。张伯苓当日表态称,年老多病,已不可能当此重任。24日,经蒋介石提名,监察院同意,张伯苓被任命为国民政府考试院院长。同月,聘请黄钰生、陈序经、傅恩龄、冯文潜、孟广喆、刘晋年、杨石先、鲍觉民、萧采瑜、陈荫谷、司徒月兰为南开大学训育委员会委员。7月2日,主持南开大学校务会议。会上表示:奉蒋总统命,出长考试院,恳辞不获,只得应命。在京期间,以杨石先、陈序经、黄钰生3人为校务委员,主持校务,并以杨石先为代理校长。3日,发布南开大学布告:本人因公晋京,离津期间校务由杨石先代理。(参见龚克主编《张伯苓全集》第十卷附编《张伯苓年谱》,南开大学出版社2015年版)

何廉被张伯苓电召回国。9月13日,张伯苓会晤,详谈南开校事。10月7日,何廉乘车抵津。在车站表示,去南京见张校长,答应来天津替他代理。9日,考试院秘书长雷法章致函黄钰生,建议学校及南开校友发动敦请张伯苓为南开大学名誉校长,"既能符合法令,又可兼顾舆情"。黄钰生复函:"所嘱之事,天津杜市长已向总统陈明,并蒙总统俞先电京,以伯公为南大名誉校长,以淬廉兄为校长,亦如政大故事矣。"13日,中央社南京电:"行政院十三日晨举行第十二次政务会议,翁院长主席","国立南开大学校长张伯苓呈请辞职,应予免职;任命何廉为国立南开大学代理校长"。14日,张伯苓返回天津,出席南开大学举行何廉就职仪式。当日,何廉看到《大公报》上张伯苓"呈请辞职"的消息,立即到南开中学面见张伯苓了解事出缘由,张伯苓情绪激动地回答说,他从来没有提出过辞职。19日,行政院训令(人字第46347号):"三十七年十月十三日,本院第二十次会议决议:国立南开大学校长张伯苓呈请辞职,应予免职,任命何廉为国立南开大学代理校长。"11月1日,教育部训令国立南开大学:校长张伯苓辞职照准,任命何廉为代理校长。12月1日,何廉离津赴上海。16日,何廉致电黄钰生、杨石先并转行政会议:班机停止无法飞津,局面如此,至感不安,一切请兄等费神主持。同日,张伯苓致电南开大学教授会议,委托杨石先、黄钰生、鲍觉民代执校长职务。(参见龚克主编《张伯苓全集》第十卷附编《张伯苓年谱》,南开大学出版社2015年版)

陈序经1月2日在天津《大公报》第2张第6版发表《南洋华侨经济的危机与展望》,曰:华侨在南洋经济蒙损原因:第一,殖民地或居留地的政府,颁布人头税、入口税等条例,以限制华侨的经济的发展。第二,土人经济势力膨胀。第三,日货畅销。战后,华侨经济出现转机,国民政府应利用外交方式保护华侨,奖励知识人士赴南洋发展华侨教育。3日、10日,在南京《世纪评论》连载《宪政·选举与东西文化——评梁漱溟的〈预告选灾·追论宪政〉》(三)(四)。6日,在天津《大公报》第1张第6版发表《对于扶植华北工商业的一点意见》。曰:"近两年以来,因为政治的问题无法解决,军事的调动日益频繁,交通惨被破坏,百业几乎停顿",经济枯竭;而冬令救济、城防建筑、整备旅的成立等各种摊派筹款,加重工商业界的负担,而政府又停止贷款与汇兑,平津经济难以为继。治本的办法,需"国内政治上的澄清"。2月,因要赴南洋省亲、考察,决定暂时离职。3月10日,在《申报》第1张第2版发表《新南洋的展望》。曰:日降后,美国承认菲律宾为独立国家,英国承认印度、锡兰与缅甸的自主地位,荷兰与法国,尽管设法去维持其南洋的殖民地,可是印度尼西亚人与安南人的民族自决的运动已兴起。马来亚在南洋诸民族中民族主义与国家意识的色彩较淡,也正努力去推动其独立运动。华侨占南洋暹罗、马来半岛、新加坡占大多数,操控南洋商业,据农工矿业优超地位。然而,南洋各国成为独立国家后,假使没有政治制度民主化,政治力量完全操纵于土人之手,华侨将没有参预政治的机会,而且恐怕华侨的经济力量,又必受到土人的压迫。暹罗的汰人一向利用政治力量去限制华侨经济的发展,菲律宾人以至最近的印度尼西亚人也有了这种趋向。我们庆祝、期待南洋诸国的独立,尤希望在南洋新国家中,不要再有一个民族压迫其他民族的现象。4月20日,在《社会学讯》第7期发表《研究西南文化的意义》。

陈序经5月26日下午4时游历香港、暹罗、新加坡等地后,乘"秋瑾"号船由沪抵津,张伯苓校长、各院长、各行政负责人和学生自治会代表等数十人到码头迎候。同学闻陈氏可能出长岭南大学,"今天将由自治会派代表往晤,叩询陈氏意旨,表示挽留之意,并将于本周六以盛大晚会欢迎陈氏"。28日,天津《益世报》刊发《陈序经谈南洋侨情》。文曰:新加坡华侨分左右两派。南洋与国内的橡胶大王陈嘉庚,为反政府方面的领袖。他反对内战、贪污腐败、国民党的政府。英国人对新加坡华侨"并没有什么限制,一切表面上的言论与集会自由,华侨都可以享受到。这一点是我们应当惭愧的"。暹罗华侨不愿去领事馆登记,以保持一个"非华非暹,又华又暹"的身份,利于生存。6月7日,陈序经接受采访,说:华侨虽有经济潜力,但各有算盘,"没有共同的合作";华侨无政治野心,但仍处于英人与土著的张横与提防的夹缝中,南洋各地排华严重。其原因,近年国内变乱,漠视了与南洋关系。"我国近年外交,积弱不振,百事以忍为原则。但最大原因,尚在华侨之到南洋,致全力于经济开发,不重文化的宣扬。一方面被人误认为东方的犹太,唯利是图,他方面舍本逐末,专门做些只关现实功利的事。"7月,校长张伯苓即去南京接考试院长职,南大组织校务委员会处理校务,陈序经、杨石先、黄子坚等分任委员。决定出长岭南大学,23日离津去平,转赴岭南大学,称将兼顾两校。(参见田彤编《中国近代思想家文库·陈序经卷》及附录《陈序经年谱简编》,中国人民大学出版社2014年版)

周汝昌7月11日自天津致信胡适,非常感激将极珍贵的脂本《红楼梦》借阅。初次见面,蒙如此信任,实出望外。表示拟作《红楼》集校的工作,希望得到支持。9月11日,周汝昌致信,告未先征求同意,即将所借脂本《红楼梦》抄副,将两本同时呈上,听候裁夺。又告正在撰写《红楼家世》,已成大部,尚须时日。欲借《四松堂集》和"戚大字本",并请代搜借另外几本书。(参见耿云志编《胡适年谱》,福建教育出版社2012年版)

嵇文甫时为河南大学教授、文学院院长。6月21日,首次解放开封后,通过中国共产党地下组织的动员,嵇文甫与经济学教授、系主任王毅斋博士,化学教授、理学院院长李俊甫博士,教育学副教授兼北仓女中(今河南大学附中)教导主任罗绳武,《中国时报》社社长、经济系毕业生郭海长,该报总编辑、文学院毕业生刘国明,历史学副教授赵俪生,著名诗人、讲师苏金伞以及河南大学287名学生毅然投奔到中共中央中原局所在地——豫西宝丰县,受到刘伯承、邓小平、陈毅等中原解放区首长的亲切接见。《新华日报》在头版报道了这一消息,称河南大学进步师生投奔中原解放区是文武两支大军在战略要地中原的胜利会师,意义非常深远。中共中央中原局首长及中原野战军官兵表示热烈欢迎河南大学进步师生到解放区建功立业。中共中央中原局随即作出决定:以河南大学为中原大学。以进步师生为基础,筹建中原解放区人民革命大学——中原大学。7月10日,经中共中央批准,中原大学筹备委员会正式成立,主任委员由中原军区第一副司令员陈毅将军担任,副主任委员由中原军区副政委刘子久和河南大学资深教授嵇文甫、王毅斋担任,设临时校址于宝丰县大白庄。河南大学进步学生287人被暂编为2个学员大队。

嵇文甫7月15日以中原大学筹备委员会副主任主持召开全体师生大会(河南大学进步教师和开封各界进步人士79人与会),中原大学筹备委员会主任委员陈毅将军向师生作了题为"来解放区学习与工作问题"的重要报告。这个报告不仅在投奔解放区的师生中引起了强烈反响,而且对留在开封重新陷入国民党统治下的河大师生也是一个巨大的鼓舞。26日,河南大学经济系主任、中原大学筹备委员会副主任王毅斋教授主持第二次师生大会,陈毅将军再次向全体师生作了题为"目前形势分析"的长篇重要报告,总结了半个月来河南大学进步师生积极参与筹建中原大学的工作进展情况。29日,中共中央中原局及中原大学筹备委员会决定建立并加强中原大学中层行政和教学管理机构,派晋察冀南下干部郭步云、安愚等13人到校任职,校部机关正式设立教务、注册、秘书、总务4个科室。至此,中原大学筹备工作圆满结束。8月2日,全校师生员工500余人参加了庆祝中国人民解放军建军21周年纪念大会,陈毅将军主持,刘伯承司令员在会上隆重宣布:中原大学正式成立。校长由20世纪30年代曾任河南大学教授的著名历史学家范文澜先生担任,副校长为潘梓年教授,教务长为张柏园同志,孟夫唐同志负责中原大学党组织工作。7日,中原大学开始正式上课。学校教育十分注意向革命历史悠久的华北大学学习办学经验,采取请革命家、专家到校上大课的方法,加强对学员的教育和训练,并先后从华北大学抽调李光灿、刘介愚、孟夫唐、朱凡、梁维直、林山、俞林、崔嵬等长期从事新民主主义教育工作的领导干部加强对中原大学的领导。11月,中原大学迁往开封河南大学原校址。12月,范文澜调任北方大学校长,潘梓年接任中原大学校长。(参见河南大学校史修订组《河南大学校史》,河南大学出版社2012年版)

马师儒继续任西北大学校长,聘任岳劼恒教授兼任教务长;霍自庭教授兼任训导长;张佩瑚教授兼任总务长。新聘专、兼职正副教授37人,并积极邀请名家讲学,为提高西大教学与学术水平,尽了心力。1月10日,当代著名文艺家郑伯奇应课外活动组之请,在西大阅览室讲述《我的文学经历》,详细回顾他游学东瀛时,与田汉、郭沫若、郁达夫诸先生相结识及后来合组创造社从事新文艺创作的经过。13日,请复旦大学教授、立法委员陈顾远来校作题为《劳的哲理》之学术报告。2月,陈顾远应邀为西大法律、商学两系学生讲授商事法,为期四周。4月,国立武汉大学外语系主任、西大文学院特约讲座教授吴宓应邀来校讲学。为中文、外语、历史三系学生讲授世界文学史纲、文学概论及中国小说课程。同月6日,吴宓在大礼堂作题为《大学之起源与理想》的学术报告。与此同时，应邀来西大讲学的国立中央研究院地质研究所研究员孙殿卿，讲题为《第四纪中国冰川问题》。讲演详细论述了我国著名地质学家李四光先生研究并证实第四纪中国冰川存在等成果及他自己对中国冰川问题的研讨。然而因国民党当局认定马师儒本人有明显亲共倾向，且其女儿积极参加北平和西安的学生运动。由他出长西大，实属当局为安抚学生、缓和矛盾的一种权宜之计。马师儒要应付这一局面亦感力不从心，早有卸任之意。至 9 月 8 日，由杨钟健接任西北大学校长。11 月 20 日，马师儒应学生自治会邀请，作《现今中国教育改进上之重要问题》的讲座。（参见西北大学校史编写组《西北大学校史稿》，西北大学出版社 1987 年版）

杨钟健年初仍在南京地质研究所。3 月 27 日，当选为中央研究院第一届院士。8—9 月间，在马师儒以 60 高龄积劳抱恙，奔波于宁沪平津为聘任名流教授苦心游说之中，教育部长朱家骅已多次向杨钟健征询有无出掌西北大学之意。当时杨在地学及古生物学界的同仁，包括在任国民党政府行政院长的翁文灏都认为在当时情形下无法办教育。更惜杨君舍去研究工作作此牺牲，很不值得。而当时在南京的陕籍人士如于右任等，对杨出掌西大则大为赞扬。至于西大及西安人士之心，更是盼望切切。杨在酝酿此行的矛盾心情中，曾写信征求旧友后劫恒教务长及西安亲友意见，岳等在复信中都诚恳地表明了十分欢迎之意。9 月 8 日，行政院第 15 次会议决议："国立西北大学校长马师儒辞职照准遗缺任命杨钟健继任。"杨钟健出长西大的任命宣布并见报后，校内校外反映甚好。辛树帜等全国学术、教育界同人及政务各部门拍来的贺电 44 份。10 月 8 日，杨钟健到校视事，当时学校遍贴标语，表示欢迎，是以学生之鼓舞情绪最为热烈。26 日，杨钟健出席中国地质学会、中国古生物学会联合举行的年会，并作为中国古生物学会理事长发表了题为《中国之鳄鱼化石》，后刊于《中国地质学会志》第 28 卷第 3—4 期。30 日，西安各界在中山堂为杨钟健校长隆重举行了欢迎会，到会一千多人，以教育界人士最多。西安当局及宿老均到场祝贺。杨钟健在会上致答词并作学术报告。杨钟健校长上任后，一反以往"一朝天子一朝臣"的官僚恶习，坚不任用私人，在人事方面，力主不作大的更动。教务长、总务长仍请岳、张二位教授兼任，原任训导长辞意甚坚，经一再挽留无效，才请杨炳炎教授接替，另聘关中哲任秘书长。11 月 18 日下午，清华大学教授陈梦家应邀来西大讲学，作题为《文史研究与现代科学》的学术讲演。提出大学生应具有现代科学的基础训练，外国语文的基础训练及对中国文史的深刻认识等三种修养，他还从方法论上阐明了文史研究与现代科学本质上的联系与一致。12 月 18 日，杨钟健应学生自治会邀请作《从中国现有版图看中国边疆问题》的学术讲座。年底，国民党政权濒于垮台。教育部勒令西北大学迁往成都。胡宗南也亲自出面催促。校内出现"迁校"和"反迁校"斗争，杨钟健即以向教育部要欠薪和迁校费为由，离西安到南京。是年，论文《云南禄丰之两新蜥龙类》《中国兀龙新态》刊于《中国地质学会志》第 28 卷第 1—2 期；《鳞龙类化石研究在中国之进展及其改正》《甘肃享堂脊椎动物化石简报》刊于《地质论评》第 13 卷第 1—2 期；《甘肃东部蓬蒂期哺乳类动物群简述》刊于《北京大学五十周年纪念论文集》。（参见王仰之《杨钟健年谱》，《西北大学学报》1983 年第 2 期；西北大学校史编写组《西北大学校史稿》，西北大学出版社 1987 年版）

王子云主持西北大学历史学系西北文物研究室后，与该室同人一起在西安西郊寻得史前文化遗址多处。其中在鱼化寨掘出古代洞穴数处，获得一批陶器、石器、古器及贝壳器。特别是发现有接近仰韶文化的彩陶残片，是陕西境内发现彩陶的第二处。2 月 10 日春节期间,西北文物研究室在省党部大礼堂举行的敦煌文物展览,展出了莫高窟北魏隋唐壁画之摹绘、唐人写经、金泥佛像、天花图案、碑刻拓片等罕见珍品,引起西安各界人士的普遍关注,参观者"肩摩踵接,络绎不绝",在介绍传播敦煌艺术方面,产生了巨大影响。22日,《申报》报道《敦煌文物/在西安首次展览》:"(本报西安十七日航讯)'敦煌'这地名对我们不会生疏,其城南四十里莫高窟的佛经佛像,我们亦久仰其名,惜乎不容易看到真迹。远走河西跨过沙漠地带去实地巡礼当然不易,甚至复制品模写品印刷品和照片之类的欣赏机会,也不会多有。在其先,我们看过斯坦因、伯希和、张大千、郑振铎……等辈介绍和传播的一些敦煌艺术品,而今年新春,国立西北大学的西北文物研究室在西安首次展出了'敦煌文物展览会',会期一共十二天,尽管天阴下雪,泥深路烂,参观的人天天还是那末多,一般参观者对于展览品,大半都能接受,其效果,远胜于一般的个人美术展览会。"暑期,王子云赴京陈述西北文物的收藏与研究工作,引起上层普遍关注。时任监察院长的于右任曾托王子云教授代为整理其鸳鸯七志斋之藏石。该项志石为于右任战前十年间所收集,其中包括魏晋隋唐各代墓志,计300多种,内容十分丰富,对文史研究考证极有价值。(参见西北大学校史编写组《西北大学校史稿》,西北大学出版社1987年版;陈福康《郑振铎年谱》,三晋出版社2008年版)

黄文弼继续任西北大学边政学系教授兼系主任。11月20日,北平《益世报》载:史学研究员黄文弼为北大第四院作了题为《新疆在古代中西文化上之地位》的讲演。12月,黄文弼1930年、1934年赴罗布淖尔的考察报告《罗布淖尔考古记》作为"中国西北科学考查团丛刊"之一,由北平研究院史学研究所、中国西北科学考查团理事会出版。(参见王学珍等编《北京大学纪事(1898—1997)》,北京大学出版社1998年版;王学典《20世纪史学编年(1900—1949)》,商务印书馆2014年版)

秦佩珩仍任西北大学教授,兼任铭贤学院(西安分部)教授,西安商业专科学校教授。8月,在《清议》第2卷第4期发表《从蓬勃到沉寂的中国经济史坛》。关于中国经济史研究,他提出五条建议。一是建立一个经济史研究网,进行全部资料的整理;二是从事经济史作品的翻译工作;三是各大学或研究院广招研究生,充实人才;四是作成系统的经济史论文索引;五是提倡有关经济史的旧书标点工作。他为经济史研究所做的种种规划,基本上沿循了《食货》半月刊的工作思路,是《食货》半月刊的继续和深化。(参见秦佩珩《秦佩珩学术文集》,中州古籍出版社1999年版;王学典《20世纪史学编年(1900—1949)》,商务印书馆2014年版)

史念海调陕西西安,任西北大学历史系教授、系主任。

顾颉刚6月应兰州大学校长辛树帜之聘飞抵兰州。7月,被推为中国边疆学会甘肃分会理事长。在兰州《和平日报》发刊《西北边疆》周刊,由谷苞、李文寅等编辑。7—8月,应西北文化建设协会邀请,在党政军研究会暑期学术讲座"中国历史与西北文化",亦在兰大等处讲此题。将次之演稿合为一篇,刊《西北论坛》等,曰:"这个问题,可以给西北人士以及到西北工作者以一个目标,使得他们认清自己所负的历史使命,实在太重要了。"8月6日,将三日在天山学会周年纪念会上所作《中国通史与边疆史料》,刊于《和平日报·西北边疆》。同日,为《国立兰州大学图书馆概况》作序。15日,为《西北月刊》作《甘肃教育之我见》,曰:"发展交通,推行社会教育,纠正生活与知识脱节——我觉得是讨论西北教育的基本问题。"下半年,授"上古史研究"课,日上两小时,"凡述古籍源流及古史中主要问题十余端"(《〈浪口村随笔〉序》)。积讲稿20万言,拟编次为"古史论"书,将30年之研究组成一系统。9月17日日记载:"自一九一八以来,无如今日之心胸开朗者。"11—12月,又任西北师范学院课。11月26日,兰州大学积石、昆仑两堂粗落成,顾颉刚为作二记。

　　按：辛树帜校长新落成的图书馆名之为"积石堂"，顾颉刚应辛树帜校长之请为作《积石堂记》，全文如下："当左文襄公之创建甘肃贡院也，至公堂后，越方池为观成堂，二堂皆西向，其北为阅卷各房科，制度甚盛。其手书联额克保至今，书法厚重沈毅，令人恺然想见其德性。民国十六年，马鹤天先生任甘肃教育厅长，于斯立中山大学，设礼堂于至公堂，改观成堂为图书馆，时藏未丰，地固有余裕。是后甘肃学院因之。至三十五年，中央政府因学院之旧，立兰州大学，命辛树帜先生长校。先生远瞩高瞻，知树人大计必以师资及图书仪器为先，既慎选师资，广罗仪器，更竭其全力于购置图书，京沪陇海道上，轮毂奔驰，捆载西来者大楼数百事。未几，战祸突兴，陆行阻绝，又以飞机运之。二年之间，积书至十五万册，卓然为西北巨藏矣。于是以至公堂为阅览室，尽辟观成堂后小屋二十为书库。犹感不足，相其地宜，各房科旧屋历年久，虞倾圮，乃于三十七年之夏拆除之，即其基址建藏书楼二座，前楼纵四十一公尺，深八公尺，高十二公尺，楼上下面积六百五十六平公方，以为图书馆办公室及研究室、陈列室。后楼纵四十公尺，深十二公尺，高十公尺又五寸，面积九百六十平公方，书库及阅览室萃焉。两楼所容，计可三十万册。后楼之北尚有余地，他年海内承平，中外缥缃纷沓而至，两楼不可胜容，则将增筑书库，期为八十万册之储。其规模之宏，致力之锐，所以推动西北文化者，岂不伟欤！工事既粗成，援校中新筑题以名山之例，名之曰积石，请宁夏省政府马主席少云奠其基，且颜其堂。斯堂也，居全校之中央，耸然而高，左接观成，右挹至公，左公之遗泽藉以长存，马公之嘉惠因以永记，寰宇人士凡来游于此者悉将登堂而求图籍之材，为之低徊留连而不忍去焉。夫积石者，《山海经》谓之'禹所积石之山'，《禹贡》则曰'导河积石'。盖永靖积石关峡长达二十余里，两山相逼，如削如截，黄河中流，若处沟渎间，古人至此，欲溯河源而不可进，遂以为导河之始。其北山为第三纪红利砾上升所成，'为火成岩，为花岗岩'，若五丁力士所堆积累聚者然，初民好以一切奇迹集中于禹身，故谓之为禹所积也。后世地理智识日增，沿流溯源，得至冈摩黎山，以为禹当始导于此，遂呼冈摩黎山为积石，转名故山为小积石，是直左氏所谓新间旧耳。兰州大学居大河之滨，关门于墙北，不数武即闻之声，师生所饮无一滴非取诸河者，饮水思源，讵可以忘积石。抑凡教于斯学于斯者，无日不挟策而洛诵，则又安可以忘积石堂。水也，书也，固皆校中人所不得须臾离者也。树帜校长以积石名此堂，旨哉味乎！少云主席家于临夏，一纵马即至永靖，以其乡土之名山题额于菁莪育才之地，知其必有乐于斯也。堂之筑，相度规划者，校长而外，图书馆何主任日章及董教务长爽秋，段训导长子美，水院长天同，乔院长树民，王主任德基，陈主任祖炳；设计者钱工程师青选；绘制图标并监修者刘工程师郁文，郭工程师祖培；筹集经费者刘秘书宗鹤，牛主任得林；购运材料者吴主任鸿业及刘君希诚；承包建筑者，裕盛营造厂马经理式玉；监督工事者焦君信之。群策群力，旦夕不懈，用能于金融波动之际，百日而功成，此不可不记以章之者也，颉刚自抗战以来，流离播迁，虽备员大学，曾未能一日安居，书本之荒久矣，年日长而学日疏，思之常悚歉。今夏来此讲学，得览藏书，左右逢源，重度十余年前之铿研生活，日晳心开，恍若渴骥之奔泉，力不可抑而止，是以家人屡促其归还迟迟，其行也。使采储八十万册者，吾忍不终老于此耶！兹当临行之日，躬逢落成之典，爱书其事于石，以告后人，知创始之难焉！中华民国三十七年十一月二十六日，顾颉刚撰书。"（参见顾潮编著《顾颉刚年谱》，中国社会科学出版社 1993 年版）

　　郭永禄时为敦煌参议员，在甘肃省一届六次参议会上指责张大千破坏敦煌千佛洞壁画。10 名参议员联名附议要求"严办"。《西北日报》以《张大千何如人也》为题，披露常书鸿、窦景桩（前敦煌艺术研究所筹备委员）为张大千辩诬声明与讲话。

　　常书鸿继续任敦煌艺术研究所所长。8 月，在南京举办"敦煌画展"。9 月 24 日，在上海致信教育部长朱家骅，拟在敦煌艺术研究所成立敦煌艺术出版社。

　　金毓黻 3 月在《国史馆馆刊》第 1 卷第 2 号发表《唐宋时代设馆修史之制度考》。9 月，受北大教授郑天挺、邓广铭之邀，在北大开设民国史课程。有赖于之前在国史馆工作接触的大量民国档案，至次年 3 月便完成讲义《中华民国史纲》（又称《中华民国史稿》）。该史纲先用文言文写成，后改为白话文，共十余万字。书稿构思之初拟"起武昌首义，讫于民国十七年北政府解组为第一卷。纯用纪事本末体，以一事为一题，参用新法，后附以表、传""正史之本纪可改为大事表,列于卷首;又典章制度亦以表明之,如地理、官制、艺文三志均可改表",并于"表"后叙述该典制的源流演变及因革损益。其他如政治、经济、军事、学术、文化等用纪事本末体立专章。全书大致分为三个部分,第一部分为绪论,第二部分是本书的主体部分,共八章,分别为辛亥革命、洪宪帝制、五四运动、民军北伐、国共之争、九一八事变、八年抗战、人民解放战争,第三部分为余论,并附录民国史表。从撰成的目录来看,由于时间精力有限,其内容不如设定的完备。9月6日,金毓黻从北平再次飞回沈阳。将沈阳清内阁大库残档运往北京大学文科研究所和国史馆北平办事处,并派人开始加以整理。10日,金毓黻在沈阳召开了博物馆筹备委员会议。此后在沈住了25天,以搜集史料为第一要事,将看住搜集到的文物史料,以及沈阳故宫院藏珍贵图书及古物可供展览之用者,共重约四吨,一并运到北平。(参见贾红霞《民国时期金毓黻在国史馆的修史活动述论》,载杨共乐主编《史学理论与史学史学刊》,社会科学文献出版社2017年上卷)

　　吴仲超与古玩行商马泽溥在大连开设博古堂古玩店,作为隐蔽的地下党组织活动联络地点。

　　高兴华、张玉书、高振国等人9月在绥远省归绥市发起成立道德经济学会。

　　赵元任在加州大学柏克莱续聘一年。上半年在加州大学的教学任务:1—2月,完成第一学期的"中国语音和音韵学"(Chinese phonetics and phonology)及"中国文法"(Chinese Grammar)两门课程教学。2—6月,第二学期开"中国文法""中国方言"(Chinese Dialects)及"粤语"三门课程。4月27日开始,为校外科(Extension School)讲"中国语言"(Chinese Language),共三讲。又为研究生Samuel Martin讲解Ancient Chinese,并指导该生论文。定期参加语言组(Linguistic Group)活动,在东方语言系作了以下学术报告:1月28日,讲"The Grammatical Function of Stress Accent in Mandarin"(在国语中轻重音的文法功能)。3月17日至4月14日,作五讲有关符号学及应用(Symbolic System and Their Applications)的学术讲演。第一讲由系主任Peter A. Boodberg教授主持,并由他介绍赵元任,听众约百人。五次讲演的题目如下:3月17日,第一讲:"The Nature of Symbols"(符号的本质)。24日,第二讲:"Symbols of Communication and Control System"(通讯和控制系统的符号)。31日,第三讲:"Application of Symbols"(符号的应用)。4月7日,第四讲:"Functions of a Real Variable as a Symbolic Type"(从符号类型看真变数的功能)。14日,第五讲:"The Chinese Language as a Symbolic System"(从符号系统看中国语言)。

　　赵元任3月27日当选为中央研究院第一届院士。4月27日,赵元任接W. A. C. Leves电报,邀他做联合国教科文组织暑期讲习班负责人("Got cable from W. A. C. Leves asking me to take directorship of UNESCO Seminar at Lake Success in July-Aug.")。赵元任一向不愿意做行政事,后经劝说,加之对国际性的组织活动亦有相当的兴趣,最后决定接受邀请。遂于6月5日开车与夫人,小中和昭波4人去东部。14日,回到剑桥27 Walker Street。在剑桥一住12天,常与朋友钱端升、任之恭、丁声树、杨联陞、林家翘、黄鸣龙、Holcombe教授夫妇、Gardner教授、任以都、瞿承瑞等来往。6月26—27日,赵元任夫妇到纽海文看望傅斯年、罗常培、老舍等人。6月28日,抵达纽约州东部长岛的Garden City,开始主持UNESCO暑期讲习班工作。联合国教科文组织的暑期讲习班设在纽约长岛Garden City,Adelphi College。参加讲习班的成员来自世界27个国家,他们听报告,讨论和交流各地的科学、教育和文化情况,参观联合国并旁听安理会会议,参观学校和博物馆等。赵元任主持整个讲习班,一同听报告,参加研究小组,陪同参观等。7月16日,代表们到哥伦比亚大学参观,校长艾森豪威尔将军接见。18日,全体成员到 Hyde Park 会见罗斯福夫人,她和大家谈话时讲到人权问题。赵元任代表讲习班向罗斯福夫人致意。8月16日,联合国秘书长 Trigve Lie 在成功湖接见赵元任和讲习班成员。8月,撰写了一篇介绍讲习班的广播稿,赵元任用中文、英文、法文和西班牙文四种语言播讲并录音。讲习班的社交活动有:东道主 Adelphi 大学校长举行的招待会;讲习班快结束时,赵元任作为讲习班负责人举行的招待会,会上请联合国的 B. Cohen 给大家讲话。8月17日,讲习班社交委员会主办告别宴会,会上向元任献诗、向夫人献玫瑰花表示谢意。8月18日,学员相继离开,赵元任则留下一周完成总结报告。

　　按:从6月28日到 Garden City 开始讲习班的工作,到8月25日写完报告,前后将近2个月,赵元任圆满完成讲习班主持工作。回顾讲习班,赵元任认为讲习班不仅可以进行各国间科学、教育和文化的交流,而最有价值的是各国人与人之间的社会交往,这比会议本身更为重要。

　　赵元任在 Garden City 的俩月,几次进城到纽约市看望朋友。先后与林语堂、张彭春、蒋廷黻、傅斯年夫妇、老舍等会晤。最难忘的是与高本汉(Bernhard Karlgren)夫妇会晤,他们不停的交谈,"Talked and talked",可想这难得的机会有多少东西要说。8月25日至9月4日,赵元任又回到剑桥。郝更生夫妇从伦敦刚到纽约,同往剑桥小住。在剑桥除休息和清理运往加州的东西,还拜访了 John Fairbank、老主任 Serge Elisseeff 教授。与杨联陞和丁声树多次交谈,戴振铎、赵忠尧等亦曾来访。9月,收到加州大学柏克莱分校续聘通知,赵元任说1948年似乎是一个由"路过"加州到"定居"加州的转折("The year 1948 was a sort of a turning point which changed our 'stopping over' in California into a permanent stay.")。同月5日,赵元任夫妇开车回加州,过纽海文时看望李方桂、Coker 教授几家。6日,过纽约时带郝更生夫妇同往芝加哥。7日,到芝加哥后赵元任病倒。9日,启程继续西行,郝更生夫妇则留在芝加哥。经过11天的艰难行程,15日终于回到加州柏克莱家。17日,赵元任家迁入新购买的位于 1059 Cragmont Ave. 的楼房。就像剑桥 27 Walker Street 的家一样,很快成了柏克莱华人的社交活动中心,同事、中国留学生、外国朋友、中国朋友、老朋友、新朋友、年老的、中青年的朋友,来往不断,社交频繁。柏克莱过大桥就是旧金山,赴美或回国的华人,大多数要经过旧金山海湾地区,总要到赵元任家拜访,有时住他几天,至少也要吃顿饭。赵元任与加州大学的往来较多的有 Peter Boodberg 教授家、Ferdinard Lessing 教授夫妇和陈世骧教授。

　　赵元任9月18日接待吴有训来访,谈到他在中央大学的经历("talked his experience in dealing with party & students.")。19日,送老朋友郝更生夫妇,郝更生夫妇即将返回上海,途中前来探望元任夫妇。21日,赵元任在办公室与钱端升会晤,并陪他到学校参观。25日,接钱来家小住。吴有训回国途中又一次来,并与钱同时住赵家。赵元任劝他们留下,他们还是决定回国。10月21日,赵元任开车送朋友到码头。由于战后商船还没有完全恢复,吴、钱乘的是美国海军运输船 P115 号,他们住的船舱一间48人。10月3—7日,董任坚来家住。12月10—11日,历史语言研究所考古组的董作宾路过时,也来赵元任家住,11日飞回南京。12月,得知清华大学老朋友萨本栋教授身患癌症,准备来美国就医,赶紧张罗就医事情。30日,开车到旧金山机场接萨本栋教授和夫人。是年,赵元任评阅史语所语言组董同稣与葛毅卿的译音表；校对《国语入门》校样，并寄哈佛大学出版社出版；修改《中山方言》稿，寄中研院史语所集刊发表。下半年，在加大东方语言系做了以下学术演讲：11 月 1 日，在 Luncheon Club 讲"Language Education in China"（中国的语言教学）。4 日、11 日，两次讲"Structure of Chinese Language"（中国语言的结构）。23 日，讲"Chinese Musical Scale"（中国音乐的音阶），并带唱片做示范。12 月 1 日，讲"Regular and Irregular Readings from Ancient Chinese"（古汉语的正规和非正规读音）。这是东方语言系举行的系列研究演讲（Department Research Lectures）中的第三讲；Peter Boodberg 和 Ferdinand Lessing 教授已分别作了第一、第二讲。（参见赵新那、黄培云编《赵元任年谱》，商务印书馆 1998 年版）

　　林语堂仍在美国。2 月 3 日，《申报》第 6 版刊登《美国人注意"中国实况"：哥伦比亚大学敦请顾维钧林语堂演讲》，称哥伦比亚大学与华美协进社合作，将从 1948 年 2 月 5 日起主办"中国实况"系列公开演讲，邀请旅美的中国历史学家、教育家、艺术家等分别对中国历史、文学、哲学、法律、艺术、文化、教育等发表演讲。这一系列演讲将由顾维钧开始。顾维钧将介绍"中国实况"系列演讲的相关情况，并请林语堂讲中国文学，张彭春讲中国教育及文化，何廉讲中国经济发展。赛珍珠则将于 1948 年 4 月 15 日演讲中国社会生活。2 月 7 日，旅美印度联盟在纽约市政厅举办圣雄甘地公开纪念大会，1200 多人出席，林语堂发表演讲。7 月 21 日晚，林语堂偕妻女乘船前往巴黎，准备就任联合国教育科学文化组织文艺组组长，预计将至少服务一年。28 日，林语堂正式在联合国教育科学文化组织担任文艺组组长。8 月，所撰《The Art of Loafing 闲散的艺术》以汉英对照的形式刊于《国光英语》第 6 卷第 3 期；所撰《苏东坡传》刊于《好文章》第 1 集（甲集）。正文署名"林语堂著　何文基译"。正文前有译者撰写的导言，内称："此稿系原文之节译，但抉择其精华之精华，故约及原著十分之一，并此说明。"正文文末标注"未完"。9 月，所撰《苏东坡传（二）》刊于《好文章》第 2 集。是年，林语堂所著 The Wisdom of Laotse（《老子的智慧》）由美国纽约的兰登书屋出版，列入"现代文库"。同年，美国纽约的格林伍德出版集团出版了该书。1958 年，英国伦敦的迈克尔·约瑟夫公司也出版了该书。该书卷首载有《中国人名的读音》（"Pronunciation of Chinese Names"）、《导言》（"Introduction"）与《庄子的"前言"》（"Prolegomena by Chuangtse"），卷末载有《老子与孔子之间的虚构对话》（"Imaginary Conversations between Laotse and Confucius"）与《〈庄子〉章节转换表》（"Conversion Table of Chapters in Chuangtse"）。正文即为《道德经》（Book of Tao），分为 7 卷（共 81 章），中间穿插有《庄子》中的相关内容；编译的 Famous Chinese Short Stories（自附中文书名《英译重编传奇小说》，但常被译为《中国传奇小说》等）由美国纽约的庄台公司出版；所著英文长篇小说 Chinatoun Family（《唐人街》）由美国纽约的庄台公司出版，署名"Lin Yutang"。1949 年，英国伦敦的威廉·海涅曼公司与加拿大多伦多的朗曼斯 & 格林公司分别出版了该书。1975 年，该书由台北的美亚书版股份有限公司推出台一版。全书分为 25 章。（参见郑锦怀《林语堂学术年谱》，厦门大学出版社 2018 年版）

　　张彭春继续任联合国人权委员会副主席和起草委员会副主席，自始至终参与了《世界人权宣言》的起草工作，并为此作出了杰出贡献。6 月 9 日，张彭春在人权委员会第 51 次会议的发言中指出："重点不应放在约束人们上，而应放在教育他们上。所有社会和政治教育的目的是自愿承认他人的权利。委员会的理想不应该是施加限制，而是所有人自愿承认他人的权利。这就是《宣言》应该表达的理想。"张彭春提出的修正案内容为："行使这些权利需要承认他人的权利和所有人的福利。"10 日,张彭春在人权委员会第 67 次会议上表示,《宣言》应列入一项确定人人享有良好社会和国际秩序权利的一般性原则条款,并应该更进一步确定所有人都有责任为建立和维持这一秩序作出贡献。他强调这一问题十分重要,即必须在国家的义务之外,肯定个人有义务对他所要求的良好社会秩序作出贡献。因此,他建议在"人人有权"后加上"且有责任协助实现"或"且有责任实现"。本次会议经张彭春提议通过以下草案:"1. 人人有受教育的权利,包括免费基础教育和根据成绩平等接受高等教育的权利。2. 教育的目的应是充分发展人的个性,加强对人权和基本自由的尊重。"同日,张彭春在人权委员会第 68 次会议上请求参会各方支持教科文组织代表所阐述的"基础"教育概念。他指出,在某些国家,成年人在进行强制性成年教育之前没有获得小学教育的机会,这种新型现代化观念特别适合这些国家。他赞同英国代表的意见,应删除"义务"(compulsory)一词。他认为,在这一短语中省略"基础"一词将是可悲的。他敦促委员会在"初级"之后插入"和基础",以考虑到成人文盲的受教育需求。11 日,张彭春在人权委员会第 69 次会议上提出以下内容:"教育的目的应是充分发展人的个性、加强对人权和基本自由的尊重,并促进国际善意。"

张彭春 10 月 6 日在第三委员会第 95 次会议上指出,联合国的目的不是确保个人的私利,而是努力提高人类的道德地位。有必要宣布个人的义务。因为只有意识到自己的义务,才能使人达到较高的道德标准。7 日,张彭春在巴黎夏乐宫第三委员会第 96 次会议上指出,中国人口占世界人口的很大一部分,其理想和传统与基督教西方不同。这些理想包括良好的举止、端庄得体、礼仪规范和对他人的体谅。尽管中国文化将礼仪作为道德的重要组成部分,但中国代表不会提议在《宣言》中提及礼仪。他希望委员会的同事们能表现出同等的考虑,撤回那些可以产生形而上学问题的修正案。对西方文明来说,宗教不容忍的时代也已经结束。张彭春又指出,《宣言》第一条第 2 句呼吁人们以兄弟情谊的精神彼此相待,这种态度与中国人强调礼貌和善待他人是完全一致的。只有当人类的社会行为上升到这一水平时,他才是真正的人类。"四海之内皆兄弟"与当代提出的"构建人类命运共同体"的理念,存在着文化上的相通之处。在此会议上,张彭春支持比利时代表的建议,删除"根据自然本性"(by nature)这一表述,这样就可以排除任何神学问题。他也同意黎巴嫩代表的建议,删除"生而"(born)一词,因为它会使人想起卢梭和性善论。张彭春认为,《宣言》第一条应保持不变,构成该条的两句话不应分开。第一句对权利的宽泛表述和第二句对义务的含义,达成了良好的平衡。9 日,张彭春在第三委员会第 98 次会议上敦促委员会不应再讨论人的本性问题,而应以十八世纪哲学家的工作为基础。他认为委员会应同意以"all human beings are free……(所有人都是自由的……)"开头的案文,用"human beings"来指人的非动物部分——如黎巴嫩代表团所提议的,并应同意删除比利时代表团所提议的"根据自然本性"一词。如果删除"根据自然本性"这一表述,相信上帝的人仍然可以在此条强有力的开篇断言中发现上帝的观念;同时其他有不同观念的人也能够接受该文本。11 日,张彭春在巴黎夏乐宫第三委员会第 99 次会议上指出,如果删除"生而(born)"一词,就不会出现人权始于出生还是始于受孕的问题。但是,如果委员会大多数成员希望保留"出生"一词,他建议就插入"并保持"一词进行进一步表决。

张彭春 11 月 9 日在第三委员会第 127 次会议上强调:必须从真实的视角来研究宗教表达的问题。为了进一步阐明这个问题,他希望首先向起草委员会解释中国人是如何处理宗教问题的。他指出,中国哲学本质上是建立在对统一原因的坚定信仰之上的,但在人文层面上却是以多元宽容的方式来表达。中国哲学认为,人的行动比形而上学更重要,生活的艺术高于对生命原因的认知。人要证明神的伟大,最好的办法,就是在这个世界上证明一种模范的态度。在中国哲学家的眼中,宽容是一种多元的宽容,体现在思想、良知和宗教的各个领域。如果人们想要把人与人的关系建立在仁义的基础上,就应该受到这种宽容精神的启发。17日,张彭春在巴黎夏乐宫第三委员会第143次会议上将《宣言》第22条第1段表述为:"人人有权享有足以满足其家庭和自身需要的生活,包括获得所需食物、衣物、住房、医疗和社会服务;人人有权在失业、生病、残疾、寡居、年老或因不可控情况而无法维持生计时获得保障。"12月6日,张彭春在联合国大会第182次全体会议的发言中指出:在关于《宣言》的漫长辩论中,只要代表们关心、维护人权,他们就会达成一致意见。分歧纯粹是由于对政治性质的关注。维护人权的首要条件是包容世界各地的不同观点和信仰。顽固的教条主义加剧了纷争,为纷争提供了思想基础,造成了很大的危害。在当今时代,特别是在第一次世界大战之后的几年里,出现了一种强加某一标准化的思维方式和单一的生活方式于他人的倾向。通过这种方法,要取得平衡,只能以背离真相或使用武力为代价。但是,无论使用何种暴力手段,以这种方式实现的平衡绝不会持久。如果要维持人类社会的和谐,拯救人类本身,每个人都必须本着真诚包容的精神,接受其同胞的不同观点和信仰。张彭春在参与起草《世界人权宣言》的过程中,提出了一系列有关人权的重要思想:一是用中国文化精华滋养世界人权思想发展;二是在多元文化中求同存异达成国际人权共识。

按:张彭春还在人权委员会第14次会议上的发言中提出,应当在《宣言》序言和其他地方写上"免于匮乏的自由";在人权委员会起草委员会第4次会议上的发言中主张,在《宣言》第8条提及民生和工作;在经社理事会第69次会议上的发言中指出,在世界三四十个《宪法》中,都包括了人权。这一事实表明,尽管哲学或意识形态存在差异,但仍有可能达成很大程度的协议;在人权委员会起草委员会第9次会议上的发言中,倾向于将第29条的最后一句改为大会秘书处大纲草案(E/CN.4/AC.1/3号文件)第31条第2部分:"公职人员的任命应通过竞争性考试。"强调随着公共职能越来越多且越来越重要,所有人都应有权通过担任公职来参与公共生活。同时回顾了中国在这方面的经验,指出公职人员的竞争性考试在中国已经存在了几个世纪。认为"自由竞争考试"应被视为通往真正自由民主的途径之一,竞争性考试也是实现人权的一种方式,因此应当提及;在人权委员会起草委员会第12次会议上的发言中,他希望保留第一条中的"All men are brothers(所有人皆为兄弟)"的表述;在人权委员会起草委员会第13次会议上的发言中,他建议将第1条改为:"四海之内皆兄弟。作为大家庭之成员,人人均有理性与良心,人人均享有自由,拥有平等的尊严与权利。"将第2条修改为:"他人拥有平等的权利,彼此权利相互限制。人也负有对社会的责任,通过社会,他才能够在更大的自由中发展自身的精神、思想与体魄。"张彭春在参与起草《世界人权宣言》的过程中,提出了一系列有关人权的重要思想,有些被吸纳进《宣言》,有些则没有。从当代人权面临的处境和挑战来看,张彭春先生的思想具有特别的启发意义,值得我们深入发掘、体会和弘扬光大。(参见常健《张彭春人权思想的当代启示》,《南开大学报》2022年第1432期)

傅斯年继续在美国养病,先入波士顿医院治疗,前后住院三四个月。出院后,重减三十磅,血压大致正常,惟医生坚嘱勿再任行政工作,以免复发。旋移居康乃提克州之新港,平居以读书买书为乐,亦偶至耶鲁大学演讲。3月9日,傅斯年致朱家骅、翁文灏、胡适、萨本栋、李济,先谓"自斯年出国就医以后,曾接到几次关于院士选举之文件,其候选人名单,虽斯年仍不无意见,然大体上细心公正,至佩诸先生之劳苦,至此地步,大是不易。斯年因病在国外就医,虽在委员会内,未能尽力,既惭且感,深喜诸事赖诸先生之劳苦,得以顺利进行也。"继之说自己并未接到开会通知,然后谈若干意见和建议,其中第一条是委托胡适投票,也讲到名额分配问题,还有就是专门针对候选人中的刘文典,说:"候选人中确有应删除者,如刘文典君,刘君以前之《三馀札记》差是佳作,然其贡献绝不能与余、胡、唐、张、杨并举。凡一学人,论其贡献,其最后著作最为重要。刘君校《庄子》,甚自负,不意历史语言研究所之助理研究员王叔岷君曾加检视(王君亦治此学)发现其无穷错误,校勘之学如此,实不可为训,刘君为人,青年学子,当以为异。更有甚者,刘君在昆明自称'二云居士',谓是云腿与云土。彼曾为土司之宾,土司赠以大量烟土,归来后,既吸之,又卖之,于是清华及联大将其解聘,此为当时在昆明人人所知者。斯年既写于此信上,当然对此说负法律责任,今列入候选人名单,如经选出,岂非笑话? 学问如彼,行为如此,故斯年敢提议将其自名单除去。"后刘文典在院士候选人投票中未得一票,当与此密切相关。

按:信中还讲道:"社会学一项,有潘光旦君。潘君自是聪明人,然其治谱牒学之结论,实不能成立。彼以科举之名,证明苏州人天资优越,然此说实不足以成之,盖科举之业亦有风气,且可揣摹,主考与入选者每为一调,忽略此历史事实,乃播君之说,故潘君之工夫似未可与陈达君同列也。治学不可以报纸文字定其高下,此学在中国既不发达,如求其次,则孙本文君似应列入。此君之书,甚有理解,其工夫非作二三小文之比,故敢提议将其列入候选名单。"

傅斯年3月27日当选中央研究院第一届院士。6月20日,傅斯年致函胡适,其中有"话说天下大乱,还要选举院士,去年我就说,这事问题甚多,弄不好,可把中央研究院弄垮台。大家不听,今天只有竭力办得他公正、像样,不太集中,以免为祸好了"云云,并"将当日所写名之单送上一看,但请千万秘密"。7月3日,中央研究院分别致函聘请姜立夫、李书华、谢家荣、竺可桢、茅以升、萨本栋、秉志、罗宗洛、汪敬熙、冯德培、胡适、傅斯年、李济、王世杰、周鲠生15名评议员,组织成立第三届评议会提名委员会,并推定傅斯年为召集人,在其未返国前,暂由萨本栋代为召集。(参见《傅斯年全集》第七卷,湖南教育出版社2003年版;焦润明《傅斯年传》,人民出版社2002年版;韩复智《傅斯年先生年谱》,《台大历史学报》1996年第20期)

孔德成时任国大代表、总统府资政、奉祀官。3月,孔德成作为国民文化特使赴美国考察。当时傅斯年在美国纽黑文休养。孔德成来美国后,与傅斯年在纽黑文住同一公寓,共同生活达半年,直到8月傅斯年回国。"这是他在抗战之初还未离开曲阜时的愿望,且已获国民政府核准,却因随员较难安排而延宕。如今还是国家给的公费,终于成行。"

按:孔德成赴美国不久,国民政府决定将奉祀官府先于中枢机关迁入台湾台中。孔德成为此特从美国发来手谕:由李炳南按当局安排,全权负责奉祀官府及孔德成眷属等迁台事宜,并命奉祀官府总务陈壮飞协助。历时近半年间,李炳南两次往返大陆与台湾,先护送孔德成夫人及子女抵台,最后一趟是一九四九年一月,押运奉祀官府卷箱。一切安排妥当后,孔德成于是年二月结束美国之行,由美国直飞台湾,与夫人及子女会合。(参见汪士淳《儒者行》,台湾联经出版社2013年版;张书学、李勇慧撰《王献唐年谱长编》,华东师范大学出版社2017年版)

董作宾仍在美国芝加哥讲学,课余游波士顿、华盛顿、纽约。当董作宾得知自己被列入人文组考古学院士候选人之后反而感到不安,他更多的是考虑他人,考虑全局。2月2日,董从芝加哥写信给主持人文组院士选举工作的胡适说:"春间中研院选院士,您必出席。关于考古学方面,希望您选(梁)思永或(郭)沫若,我愿放弃。因为思永是病中,应给他一点安慰;沫若是院外人,以昭大公,这是早想托您的。"这在古今中外相关的评选活动中,也是不多见的。3月27日,董作宾与傅斯年、李济、郭沫若、梁思成、梁思永等同时当选中央研究院考古美术史学组院士。4月,所著《殷虚文字甲编》由中央研究院历史语言研究所出版。该书收录甲骨，除少数朱书影印外，全部为拓片。拓片计：甲 2513 片，骨 1425 片，还有 3 件兽头刻辞及 1 件鹿角器，共 3942 片，每片都附有发掘次数及原编号。所收录的甲骨，是第 1—9 次发掘所获。同月 23 日，董作宾从芝加哥大学致信明义士："关于甲骨文字研究，老兄不但是西方学者第一人，也是在中国研究最早之一人。……听说您不久可到中国去，非常高兴，如果中国政局安定，我们能在中国共同研究甲骨文，是最所盼望的！"

> 按：两年后，董作宾回忆此事："明氏为作者老友，外人之注意殷墟考古工作者，彼为第一人。前年在华盛顿相遇，知彼以研究中国之'戈'，新得博士学位，时年有六十三。西人治学精神，可佩如此。"

董作宾是年夏继上年冬撰写了长达 15000 言的《殷墟文字甲编·自序》之后，又撰写了洋洋 25000 字的《殷墟文字乙编·自序》，曰："从我在北京大学研究所国学门读书时起，开始钻入甲骨堆中，到今天足有二十五年，我对于甲骨文字的认识，随时在改变，这也许和一般治此学者是同样的。二十年前看它是一个神秘之府；十年以前，看它是一座宝山；到今天我的意见却又有些不同了。第一，甲骨文字，不能代表殷代文化。以为殷代的文化，只能从甲骨文字里去寻找，只有甲骨文字中的记载，是整个的殷代文化，这是一种奢望，是不现实的企图。甲骨文字，只是殷代应用文字的一种，是一种专记占卜事项的文字，殷代文字的应用，大部分应是在典册上，所惜的是典册早已不存在了。第二，甲骨文字不是原始的文字。我们现在的看法，甲骨文字已经由图画演进成为一种符号，距离原始的绘画文字已经很久远了。第三，甲骨文字研究，现在仍是初步的。不要以为研究甲骨文字的人，已经很多了，不要以为研究著作已经很多了，我可以说这些研究并不是最后的定论，甲骨文字的研究，现在仍是初步，现在只是初入门径。"暑假，董作宾再度赴纽约，访老舍等人，并游兴不减跑到美国和加拿大边界，游览了世界七大奇景之一——尼加拉瀑布。尼加拉河水量丰富，上下游落差九十九米，声震如雷，震撼了所有前来观赏的游人。他寄信给钱存训谈自己的观感："瀑布诚为大观，值得一看。夜间又看一次，有五彩灯光自对岸射来，但以白光为美。瀑如雪浪翻空而下，极为壮观。"10 月，董作宾《殷墟文字乙编·序》刊于《中央研究院历史语言研究所中国考古报告集之二》，由上海商务印书馆出版。同月，《殷虚文字乙编》上辑出版，次年 3 月出版中辑，1953 年 12 月出版下辑。

董作宾在美国因机缘巧合，开启了对《清明上河图》的研究，从而在我国美术史研究领域开辟了一片新的天地。当时芝加哥大学有一位学生名叫孟义，是位二战老兵，抗日战争期间曾在中国服役，能说一口流利的中国话。在抗战胜利后不久，他在北京琉璃厂地摊上以美金 20 元的价格，买到一幅中国画手卷——《清明上河图》。孟义拿来请董作宾鉴定，并告知说底特律博物馆愿意出价美金一万元收购，但要断定这幅画的真假。董作宾一见爱不释手，因为这不仅是一幅中外驰名的艺林珍品，而且图中所描绘的正是他早年学习、工作和生活过的开封。他触景生情，感慨万千，立即展卷在大写字台上仔细观看，发现此图虽截去题跋，但卷后上方有"秘府"阳文葫芦状的印钤一方，下端有"臣张择端进"小字签名，笔墨工整，初步断定这可能是一幅原本或比较精的临本。根据这个判断，董作宾开始了《清明上河图》的研究，他委托好友、时任芝加哥大学远东图书馆馆长的钱存训，把学校图书馆里所藏的有关《清明上河图》的题跋和记载都一一搜捡出来，认真比对。后来他去纽约时，又特别在参观时注意市立博物馆所藏的数种临本，并访得两种私家藏本，也都细细观摹，加以对照。他又将孟义的原画托东方学院分段照相，并将画中人物一一细数，共得 1162 人。又将画中人物按服装、姿态和所处地段的分布加以分析，画中的房屋、装饰、舟车、用具、游艺、市招、匾额等也都一一录出，根据众多的文献资料进行分析，做了大量笔记加以考证。根据这些材料，证明了自己的初步判断是正确的，为孟义的《清明上河图》定名为《元秘府本〈清明上河图〉》。

　　按：董作宾到台湾之后仍抽时间继续进行《清明上河图》的研究，通过对多种版本的《清明上河图》的研究，先后发表了《元秘府本〈清明上河图〉》《关于摹本〈清明上河图〉》《比较五种〈清明上河图〉小计》。他在《清明上河图》（台北艺文印书馆 1951 年）中指出："余即对此图发生兴趣，每喜作比较研究，尤注目于图中市招匾额等之文字，因此类文字颇足以显示作者时地之社会背景。元秘府本有北宋宣和年间特殊事物，绝不见于他本者，为虹桥东畔官船上'平章''枢密院'等牌，市中市招，亦以'雕漆器皿''官窑瓷器''仿古锡器''晋唐儒巾'等最为特异……总观各图，在市招文字上之表现，均极重要，然唯有如元秘府本中'雕漆''官窑''晋唐儒巾'等表现北宋社会最为亲切。"董作宾研究细致入微，不仅揭示了《清明上河图》的艺术价值和史料价值，也为我们提供了值得借鉴的研究美术史的方法。后来，董作宾在《大陆杂志》第八、九两期封面上刊登了该画两段画片，又将该画影印单行，并附考释、题跋、编校后记等。由此在我国美术史研究领域开辟了一片新的天地。

　　董作宾年底完成了在芝加哥大学的教学任务准备返回中国，临别前顾理雅一再挽留，并且拟与董作宾合作在芝加哥大学东方学院成立中国古史学研究中心，董作宾也答应稍隔时日，再度携家眷来美。但他对钱存训说："五年之内，尚有勇气再度来美，但五年之后，恐怕精力已衰，就不拟作此打算了。"当时傅斯年已经回国，已被"再度搬家"的事情弄得焦头烂额，关键时刻就想起了患难与共的老友董作宾，多次电催他回返迁台。董作宾只好匆匆起程，离别芝加哥大学时，他没有来得及把自己的手稿、信件、拓片、书籍，以及随身用物细细检点，就一股脑装进了两个大箱子中，托付给钱存训暂为保管。董作宾的返程是乘飞机经加利福尼亚州、檀香山、微克岛、日本回上海，依然选择乘火车从美国西海岸的旧金山中转。赵元任夫妇此时居住旧金山，他们热情接待董作宾，并邀请不少华人和美国朋友前来送行，正在美国考察的故宫博物院古物科长、文物鉴赏家王世襄还陪同他游览了旧金山柏克莱的名胜。晚宴后众人邀请董作宾写字，一直忙到深夜 11 时，方与赵元任夫妇等道别，由朋友开车送到飞机场，开始了飞渡太平洋的旅途。他记述了起飞时的情景和心情：飞机升至高空，机窗外还可以看见旧金山的灯火，密如繁星。这时，他不禁黯然，想起了两年来在美国交游的许多朋友，低声说了一句："再见罢！亚美利加！"董作宾抵达上海，返回南京，仍任中央研究院历史语言研究所专任研究员。（参见郭胜强《董作宾传》，江苏文艺出版社 2010 年版；王学典《20 世纪史学编年（1900—1949）》，商务印书馆 2014 年版）

　　何兹全继续在纽约哥伦比亚大学留学。1 月，在《历史语言研究所集刊》第 16 本发表《魏晋南北朝的兵制》。文中认为在汉末时期征兵制已经破坏，导致了招募，强制降民、俘虏及亡户为兵，征发等集兵形式并存，及至三国末年，逐渐形成了了"世兵制"。所谓"世兵制"，一方面是"兵民分离"，一方面是"兵家子子孙孙，世世都要为兵"。两晋时期为这一制度的极盛期，宋齐以后渐衰，直到隋代统一南北才又为普遍的征兵制代替。4 月，何兹全在《历史语言研究所集刊》第 17 本发表《魏晋的中军》。文下署"《中古兵制史稿》之一章"。文章包括"两汉南北军的追溯""曹魏的宿卫军""晋的宿卫兵""宿卫外的中军""魏晋中军的名称职掌与人数""中军的统帅官"等，对魏晋的中军之渊源、名称、职责、人数、统领方式等问题都进行了考辨，揭示了"魏晋中军的组织及其演变"。

　　按：作者在晚年自述中指出，自己在抗战时期的研究，"最得意的是对世兵制的提出和论述"。有研究者指出，该文与发表在《历史语言研究所集刊》第 17 本上的《魏晋的中军》一文，"全面论述了这一时期军事制度的情况。以后学者的成果都是在何文研究基础上展开的"。（参见王学典《20世纪史学编年（1900—1949）》，商务印书馆2014年版）

钱端升6月底7月初受邀为华美协进社与纽约省立师范学院合办之第五届暑期文化班讲授中国政治。受教者主要为美国中学教员，"该文化班主要目的，在使美教员对中国有正确知识及认识，从而可以教育美国中小学生，使之了解中国对世界文化之贡献"。9月24日，当选为中央研究院第三届评议员。9月，在美国《太平洋季刊》第21卷第3期上发表"The Role of the Military in Chinese Government"（《军人在中国政府中的角色》）一文。（参见孙宏云编《中国近代思想家文库·钱端升卷》及附录《钱端升年谱简编》，中国人民大学出版社2014年版）

晏阳初1月至3月为争取美国通过"援华法案"，分别与美国政界、经济界以及新闻界人士频繁接触。2月8日，罗斯福夫人建议：应组织一委员会负责主持向国会推动工作，杜勒斯、顾临以及天主教与工会人士、洛克菲勒、哈佛大学校长柯能特、加州大学校长史波尔等参加，罗斯福夫人也将与他们一起到国会说明。3月2日，波士顿出版的《基督教科学箴言报》发表《中国知识分子》社论，转引赛珍珠女士在《联合时报》撰文建议给予他的平民教育运动计划以巨款援助，认为它是中国今日最实用且开明的运动。该社论最后强调："这一计划势将赢得中国民众的热诚支持，因他们对当前自由主义趋向已有反应。如果可能，晏阳初（我们时代一伟人）、美国人的金钱、中国人的品性三者结合将为中国缀成新时代。"8日，全美教育协会为晏阳初举行盛大午餐会，应邀出席者150人，为该协会成立之后第二次盛会，被邀即席演讲"中国乡建平教大要"大约40分钟，获得热烈反响。同日下午，在美国援华联合会总会举行的茶话会上，被大法官道格拉斯向到会的约200人介绍为教育家、非政治家，来美国是为中国四亿五千万民众说话。应邀演说10分钟，并逐一答记者提问。当场获得非常同情的赞许，甚至有人建议美国援华案至少应拨总数百分之十作平教乡建用。9日上午，在道格拉斯陪同下再次拜见杜鲁门总统，面陈"援华法案"，杜鲁门总统赞赏"你的目标绝对正确，这一计划应即实行"。并赞同道格拉斯提议的由中美人士合组机构负责推行。10日，面陈的简要备忘录被杜鲁门总统转送马歇尔国务卿。19日，美国国会众议院外交委员会通过杜鲁门总统提出的《援华法案》。4月1日，正式公布。该法案中"农村建设"部分亦名"晏阳初条款"。指定在对华经援总额4.2亿美元的5%—10%作为中国农村战后复兴专用。并由美中双方政府联合组织一委员会管理。

晏阳初4月14日在美国华盛顿上海午餐俱乐部午餐会上讲演，主要介绍抗日战争时期中国开展平教运动的一些事例、具体情况及近期的计划。最后，希望"所有的国家联合起来，集中它们所有的资源、物质和人力"来对付愚、贫、弱、私四大病根，创造出一个美好的世界。27日，晏阳初收到美国经合总署署长霍夫曼来信。信中谈道："我希望你回到中国后，尽可能做出许多明确的初步工作，这是未来组织和经费所需要的；并发展平民教育真实的形象，以为适切农村建设的若干计划之一。当中美政府同意正式设立委员会时，这些初步工作应大有助力，促使许多计划得以迅速展开。因此关系，我以为这初步工作应计及农村建设的大部分财务需要，是支付本地货币，极少外汇；故这一计划的岁费预算，要小心谨慎两种货币消费方式是不适用的。"5月6日，美国总统杜鲁门致信晏阳初。信中谈道："我很高兴能和你讨论中国农村建设问题。希望这一在一九四八年援华法案受正视的农村建设计划，将对这些重要问题的解决，导致有效的贡献。因此关系，我了解霍夫曼先生四月二十七日致你函件，说明有关实现这一法案的条款若干考虑——你曾经和他讨论：'平教总会'

能够实行农村建设计划。我确实感到'平教总会'能产生建设性贡献以促成这计划,我愿向你表示我对你为这一目的所作种种努力的意味相同的兴趣。"5 月 24 日,晏阳初自洛杉矶启程回国。被美国东西协会特赠奖状。（参见杜学元、郭明蓉、彭雪明《晏阳初年谱长编》,上海交通大学出版社 2017 年版;宋恩荣编《中国近代思想家文库·晏阳初卷》附《晏阳初年谱简编》,中国人民大学出版社 2015 年版）

张君劢 1 月 5 日下午 2 时,晤马歇尔将军。同日,拜见顾维钧,谈他和马歇尔谈话的情况。张君劢说,他是带着蒋委员长的信去拜访马歇尔的,信的内容包括三点:第一,中国局势比一年前马歇尔在华时更为严重;第二,委员长认为对华的少量援助比对欧洲的大量援助产生更大的效果;第三,新宪法实施后,政府不能随心所欲地花费公款。马歇尔问了张君而一个意味深长的问题,即委员长的政权会被一个什么样的政权所接替。张君而告诉顾维钧说,他的答复是不会有这样的政权。张君劢说,马歇尔仍然认为中国的军事局势头等重要。他觉得除非中国政府能在战场上战胜共产党,否则国外的援助再多也无济于事。但张君劢告诉马歇尔说,经济和财政援助会从心理上对中国总形势大有帮助。张君劢说,马歇尔对于任用傅作义将军和白崇禧将军感到满意,但表示为时已晚了一年。马歇尔说,他不喜欢杜聿明、陈仪和熊式辉这几位将军。他还告诉张君劢说,他在中国时,周恩来曾给他看过一份共产党从政府军手里缴获的武器的清单,他发现那份清单开列得很准确。因此,他对张君而说,如果这一情况不予制止,美国援华还有什么好处,那就等于说美国援助了共产党。张君劢和顾维钧在谈话中一致认为要逐步取得中国人民的信任和支持,就必须任用文官为各省的主席。6 日,张君劢自纽约致电张公权,嘱转行政院长张群。同月,结张君劢束了在西雅图的演讲活动,前往华盛顿,访晤美国国务院远东司司长巴德握斯。长谈,力劝美以金钱援助中国政府,安定中国币值,即可安定人心军心,以挽回危局。奈美政府有其既定政策,不纳此意。2 月 19 日,张君劢拜访顾维钧,带去关于援助问题讨论情况的消息。3 月 10 日,张君劢致书《纽约时报》（《中国的少数党——正支持着现在的政府》）,认为提耳曼·德定氏提出的"中国国民党正下坡路"的观点是不"正确的报道"。《纽约时报》3 月 11 日星期刊刊出张君劢此信。4 月 1 日,从美国抵达东京。2 日,在东京接见中央社记者,发表谈话称:美国朝野均赞成援华。美国对华之批评,可以一言以蔽之,即更大效率与更佳之组织是也。盖非此恐无论何种援助,均不能作最佳之利用。3 日下午 1 时 40 分,搭乘西北公司班机自东京返抵上海。（参见李贵忠《张君劢年谱长编》,中国社会科学出版社 2016 年版）

王昆仑因坚决反蒋反内战而遭到国民党当局的迫害,面临被捕的危险。王昆仑找侯外庐商量,侯外庐言:"长则两三年,短则一年,光明即到;划江而治是不可能的。你现在面临着危险,一时无法摆脱,暂一时也属相宜。不过不必久留,一旦时机成熟,速速回来。"王昆仑后来去了美国,不到一年他就响应党的召唤回国参加新政协会议。回京后,老友相逢,王昆仑对侯外庐说:"你的判断是正确的。"1 月,王昆仑偕女儿王金陵乘船赴美国。王昆仑赴美的主要任务是一个:和时在美国的冯玉祥将军发动海外爱国侨胞,结成广泛的反蒋统一战线。在纽约住下后,王昆仑协助冯玉祥将军组建民革驻美总分会筹备会,在美国华侨中开展反蒋、爱国的民主运动。撰写长篇论文《美国民歌歌者阿来尔女士》。夏秋之间,唐明照转达"周公"的指示:"解放战争即将胜利结束,希望冯先生和昆仑转道回国,参加第一届全国政协会议的筹备工作。为安全起见,请冯玉祥和王昆仑父女分别由水陆两路到东北跟香港的一批会合。"王昆仑离开美国的借口是堂而皇之的:去欧洲旅行。离开美国之前,他分别给中国驻英国、法国、德国、苏联等国的大使发去信函，要求到所在国旅行。而驻这些国家的大使多和王昆仑有着较深的私交，自然各方都会向他开绿灯。王昆仑安抵法国之后，胡济邦应邀赶到巴黎王昆仑的住地，战友重逢，分外高兴。由于王昆仑办去苏联的签证，必须用完护照上的页码，为此，他决定在胡济邦的陪同下周游欧洲，但由于王金陵的肺病复发，咯血不止，不能随同前往。胡济邦就委托给她的好友潘玉良在休闲之余，教王金陵画画。在党组织的全程安排下，王昆仑十分顺利地到达莫斯科。又坐上东去的火车、横穿西伯利亚，经由满洲里入境，于次年初春抵达刚刚解放不久的沈阳。（参见王朝柱《王昆仑》，山花文艺出版社 1997 年版；杜运辉《侯外庐先生学谱》，中国社会科学出版社 2013 年版）

　　老舍 1 月 50 寿辰，纽约友人曾聚会庆贺。同月，梅林主编现代作家文丛第 7 集《老舍文集》由上海春明书店初版。收短篇小说 11 篇和通讯《三函"良友"》。目次：《听来的故事》《新韩穆烈德》《兔》《不成问题的问题》《牺牲》《邻居们》《大悲寺外》《微神》《开市大吉》《抱孙》《眼镜》《三函"良友"》。2 月 4 日，于纽约写信给旧金山的友人乔志高，言："《四世》已快写完，因心情欠佳，殊不满意。"3 月 4 日，写信给乔志高，言："我又申请延长留美六个月，尚无回音，假若得不到允许，即将回国了。"3 月，美籍华人、好莱坞摄影师黄宗霑拟拍摄《骆驼祥子》影片，特于 3 月 18 日到香港、广州物色演祥子的演员。据《文潮》第 5 卷第 1 期报道："老舍原定本年三月返国，现因《骆驼祥子》提出电影关系，已经美国国务院核准续居半年；至九月返回。"《骆驼祥子》影片后因故未拍成。6 月 1 日，老舍原作，赵清阁改编电影剧本《离婚》刊于《文潮》第 5 卷第 2 期，至 10 月 1 日第 5 卷第 6 期续完。

　　老舍中篇小说集《月牙集》9 月由上海晨光出版公司初版。收有《月牙儿》《新时代的旧悲剧》《且说屋里》《不成问题的问题》《我这一辈子》等 5 篇中篇小说和《月牙集序》。10 月，《谈中国现代木刻——〈中国版画集〉序》刊于上海晨光出版公司出版的《中国版画集》。又载 12 月 6 日上海《大公报》。序中简述了中国木刻的发展历史，现代中国木刻的产生，以及它在结构、主题、题材等方面的特点。认为现代中国木刻"摆脱了传统的格调"而"非常接近于欧洲的风格""因为那种旧的格调，已不适用于这一时代了""题材方面也渐趋现实化"，因为"民族家庭的命运正高悬于生死关头"。指出"现在各种派别的艺术家们都已把他们的作品来描写今日中国人民的现实生活了。他们的技巧和题材，也许还没有获得世界的名誉与成功，可是在表达他们高尚的手法和自由的理解上，却已臻于最高的境界"。11 月 30 日，致乔志高信，言"半年来极忙，而且苦闷！《离婚》已出版。居然得到好评，很奇怪！……现在又在写一部小说，一时不会离开纽约。写完时，颇想去走一走。"信中所提"新小说"，即长篇小说《鼓书艺人》。12 月 20 日，赵家璧主编《老舍戏剧集》由晨光出版公司初版。收有话剧《残筹》《面子问题》；京剧《忠烈图》《王家镇》。是年，《四世同堂》第三部《饥荒》在美国写成。该书全部完成：共 3 部，100 段，百万字；老舍由纽约写给在日本的谢冰心夫妇的信件中，提及《四世同堂》第三部内容的详细提纲。由日本学者波多野太郎 1949 年 11 月初次发表在《横滨大学论丛》上，后收入波多野太郎的《中国文学史研究》文集。（参见甘海岚编《老舍年谱》，书目文献出版社 1989 年版）

　　汪亚尘 1 月奉国民政府教育部之命赴美考察艺术教育，并受国际文化合作协会理事长张道藩与中国文物研究会理事长潘公展之托，会同画家王少陵，携带中国现代名家的 120 多件绘画作品，准备在美国举行公开展览。抵美后，他得到了顾维钧、张平群、普爱伦等人的协助，成立了展览会筹备委员会。经普爱伦提请大都会博物馆董事会批准，该馆决定于

1948年10月10日起举行公开展览。普爱伦主持此次展览作品的编目、插画的选印、目录的设计与印刷等,全部经费均由大都会博物馆承担。10月8日,经过将近6个月的筹备,中国现代画展在纽约大都会博物馆举行预展,共发出请柬4000份,邀请纽约及周边城市各界人士到馆参观。顾维钧与张平群主持开幕典礼。10日,中国现代画展在纽约大都会博物馆正式开幕,将连续展览两个月。此次中国现代画展由中国文物研究会与国际文化合作协会联合举办。大都会博物馆出资编印了一本 Contemporary Chinese Paintings: A Catalogue of an Exhibition Sponsored by the Chinese Art Research Society and the China Council for International Cultural Co-operation(《当代中国绘画:中国文物研究会与国际文化合作协会联合画展一览》),内载顾维钧与林语堂各自撰写的一篇前言以及普爱伦撰写的导言。(参见郑锦怀《林语堂学术年谱》,厦门大学出版社2018年版)

　　李四光2月为赴英国参加第十八届国际地质大会,偕夫人离上海到香港。3月27日,当选为中央研究院第一届院士。4—6月,乘挪威货轮离香港海行二月余抵法国南岸马赛。乘火车至巴黎再轮渡英吉利海峡到英国伦敦,在剑桥大学读书的女儿熙芝在多佛尔迎接他们。6—8月,在寄居地却斯屈里登继续修改会议论文。7月2日,所任中央研究院第二届评议会当然评议员届满。8月初,在伦敦,参加第十八届国际地质大会的中央地质调查所代表黄汲清、北京大学代表孙云铸等来晤。李四光被参加第十八届国际地质大会的代表黄汲清、李春昱、孙云铸、马杏垣、夏湘蓉等11人推举担任第十八届国际地质会议中国代表团团长。8月25日至9月1日,李四光出席伦敦亚尔培大厦开幕的第十八届国际地质大会会议,在会上宣读题为《新华夏海之起源》的论文。文中论述了新华夏海(指东亚东缘的渤海、黄海、东海和日本海)的地质构造特征,指出了研究和解决新华夏海起源问题的途径,论证了新华夏海的受力状态及构造运动的类型,并认为研究新华夏海的起源,对于弄清太平洋盆地的发育,有重要的意义。9月10日,李四光向国内报导第十八届国际地质会议在伦敦开会的情况。同日,在伦敦参加国际古生物学联合会(IPU)召开的学术会议,参加会议的还有孙云铸。下旬,第十八届国际地质大会结束之后,就迁到英国滨海城市博恩默思养病,等待回国之机。在此等待之时阅读了恩格斯的《自然辩证法》。11月,中央研究院地质研究所为庆祝李四光60寿辰,编辑出版了丛刊第8号《李四光教授六旬寿辰纪念册》。中国地质事业的创始人章鸿钊为纪念册首页题词一首,调寄《南乡一剪梅》:"地史掩蒿莱,长待先生抉剔来。手种门墙桃李满,红也花开,白也花开。海外且衔杯,星历刚从大地回。著述新来添几许,行遍天涯,誉遍天涯。"表示祝贺。这首词,为李四光坎坷大半生,在教学与科研上取得的成就,作了恰当的评价。(参见马胜云、马兰编著《李四光年谱》,地质出版社1999年版)

　　卞之琳留英期间,到剑桥拜访过作家福斯特,以及里德、多布雷、普利斯特莱等作家。6月15日,回英探亲的《紫罗兰姑娘》的作者衣修午德邀请卞之琳在该小说中写到的饭店伦敦皇家咖啡馆午餐,饭后相伴着参观了泰特画廊。卞之琳把英文译改稿《山山水水》上篇交他过目。7月3日,衣修午德来函,赞赏卞之琳的小说,并提出了对英译稿的意见。同月,卞之琳译著《阿道尔夫》由上海文化生活出版社重印。"旅居研究奖"一年期满,而《山山水水》小说的译改尚未完成,遂继续留英,迁至牛津以西数十公里处的柯茨沃尔德山中世纪的小村,继续译改小说。冬,卞之琳从报上得知淮海战役的消息,遂搁笔准备动身回国。长篇小说《山山水水》的命运,由于卞回国初期热心工作与学习,偶然找到了原存国内的小说中文原稿上编,因感内容主要写抗战初期知识分子的不同反应与介入,不符合当时强调的要写工农兵的要求,于是连同带回国的中文原稿的下编,一并自行毁弃。英文译改稿则于"文革"初期散佚。12月20日,乘客轮离开英伦回国,28天后始抵香港。(参见沈文冲《卞之琳年谱简编》,《南通师范学院学报》2002年第1期)

赵紫宸《系狱记》4月由(上海)青年协会书局出版,1950年再版,1969年香港基督教文艺出版社第3版。此书为在日寇狱中生活的回忆和对基督教神学的思考。7月,《基督徒职业的召命》《基督教教会的意义》《神学四讲》《基督教的伦理》由(上海)青年协会书局出版。1955年12月,香港基督教辅侨出版社再版了《神学四讲》。8月,参加在荷兰阿姆斯特丹举行的世界基督教协进会成立大会,当选为六位主席之一,是六位主席中唯一的东方人、中国人。这是截至今天中国人在国际基督教历史上取得的最高荣誉和位置。9月,任燕京大学宗教学院院长。是年,发表"Training and Maintenance of the Christian Ministry""Christian Witness in China: Where the Church is a Minority in a Non-Christian Environment"、《上帝》《基督徒学生运动有方向么?》《普世基督教会协会的动向》等文章。北京解放前夕,多次召唤在国外的子女回国效力。(参见赵晓阳编《中国近代思想家文库·赵紫宸卷》及附录《赵紫宸年谱简编》,中国人民大学出版社2014年版)

陈鹤琴被称为"中国幼教之父""中国的福禄贝尔""中国现代幼儿教育的奠基人"。5月,陈鹤琴与张文郁同往菲律宾讲学4周,向马尼拉暑期小学教师讲习会讲《活教育的原理和实施》。在马尼拉与晏阳初会见,同受当地华侨教育界热烈欢迎。7月21日至8月25日,陈鹤琴应联合国教科文组织邀请,代表中国出席在布拉格召开的国际儿童教育会议,任儿童教育组组长。在会上发言,提出全世界儿童应发扬"四互"(互谅、互信、互尊、互助)精神,维护世界和平。会后,在捷克斯洛伐克、英国参观考察教育,又前往美国考察学校和教育研究机构。在纽约,与基尔帕特里克教授一同发起组织教育问题双周座谈会,邀约在美国的中国学者俞庆棠、董任坚、傅统先、李清悚、雷震清等20余人参加。会后和李清悚等讨论国内时局,鼓励他们及时回国,为新中国教育事业作贡献。(参见蔡怡曾、陈一鸣、陈一飞编《陈鹤琴生平年表》,载《陈鹤琴全集》第6卷,江苏教育出版社2008年版;中央教育科学研究所编《中国现代教育大事记1919—1949》,教育科学出版社1988年版)

陈源继续任国民政府常驻巴黎联合国教科文组织代表。8月2日,国际大学会议在荷兰举行,32个国家的代表及观察员百余人出席。中国派陈源、程槱秋、谈家桢等为代表参加会议。会议决定:成立大学国际组织或协会;设立大学国际交换局。(参见中央教育科学研究所编《中国现代教育大事记1919—1949》,教育科学出版社1988年版)

朱经农、瞿菊农、陈源等11月17日出席在黎巴嫩举行的联合国教育科学文化组织第三届大会。

按:次年9月,在巴黎举行第四届大会,梅贻琦、李书华、熊庆来、陈源、袁同礼等出席。(参见中央教育科学研究所编《中国现代教育大事记1919—1949》,教育科学出版社1988年版)

杨静远毕业于美国密歇根大学英语文学系。

李赋宁以优异成绩获得耶鲁大学英国语言文学硕士学位。之后继续在耶鲁攻读博士。

唐德刚赴美国哥伦比亚大学留学。

李安宅自上年应邀到美国耶鲁大学研究院任客座教授,讲授人类学,至是年,在耶鲁大学教授林顿、奥斯古德等人推荐下,转赴英国访学,主要以伦敦大学为中心,并赴英国各地旅行,在伦敦、耶鲁、爱丁堡等大学的人类学系进行学术交流。

李文宜出席国际妇女第二次代表大会和亚洲妇女代表大会。后被选为民盟中央常委，并先后兼任副秘书长、组织部长、监察委员会副主任等职。

钱昌照出国至英国、法国、比利时考察工业生产。

叶君健 8 月应物理学家居里、画家毕加索和诗人阿拉贡之邀，到波兰参加"世界知识分子保卫和平大会"，会上产生了"世界和大"这个国际组织。这个大会反对冷战，叶君健是与会者中唯一的东亚作家。

丁玲 11 月 9 日离开哈尔滨。18 日，到达莫斯科。23 日，离开莫斯科。27 日，抵匈牙利首都布达佩斯。12 月 1—6 日，出席世界民主妇联第二次代表大会，当选为世界民主妇联理事会执行委员会理事。3 日，为代表团内某些意见不一，在日记中写道："这次给了我很大的教训。我了解我的地位，我的渺小。整风以后，本来就毫无包袱了，但有时也还以为自己能写一点书。现在我明白了，我在党内是毫不足道的，我应该满足，我当了一名代表，我站在后边，充数、打旗的任务是了不起的，我了解我工作的渺小，我了解许多人为什么改行。只要会说两句英文就比一个作家有用得多，被看得起得多。而且人们是势利眼，我学会了一切冷淡，不尊敬。"10 日，由匈牙利抵苏联参观访问。14 日，参观莫斯科东方语言学校和儿童宫。25 日，会见苏联作家协会主席、著名作家法捷耶夫。同月，散文特写集《陕北风光》由新华书店东北总分店出版。内收作品 7 篇：《三日杂记》《袁广发》《民间艺人李卜》《记砖窑湾骡马大会》《田保霖》《二十把板斧》《十八个》并有《校后记所感》。（参见王周生《丁玲年谱》，上海社会科学院出版社 1997 年版）

罗家伦 2 月 1 日被国民政府任命为中华民国庆贺锡兰（斯里兰卡）独立特使。2 月 2 日，张元济致罗家伦书，谓："昊天不吊，甘地被狙，凡有血气，罔不痛悼。环顾我国，恨无此人。岂惟我国，今世界亦罕见媲匹也。《东方杂志》思出专号，以志哀荣，藉申敬慕。彼邦记载，知必甚详。荡节所在，敢乞代缉。自出事后，一切报纸涉及丧葬之礼、吊唁之仪，暨其家庭故事，戕杀案情者（似英文记载为限，能得精美图画尤佳），汇集飞寄。又如有最近新出英文书籍，记其生平言行可歌可泣者，无论为印人或欧美人所著，亦乞代购数种寄我。书价、邮费并请开告，如数还上。"24 日，罗家伦复张元济书，谓："奉使锡兰，参预其开国贺典。甫回新德里，得读赐书，欣忭无似。甘地之丧，殊堪痛悼。先生对此老之崇敬若斯，可见天下之大道达德其揆一也。《东方》出专号，极表赞同。已嘱本馆同人分别撰译稿件。最近印度报纸发表甘地年谱一份，当系其弟子亲属所编，较为详实。因其中名词或有非国内人士所能详者，故托同人合译，译成恐有数万字，或可出一小书也。总之一个半月以内约有五万字稿件寄奉。伦曾写一篇《圣雄证果记》，交《京沪周刊》发表，系写目击情形，可请转载，因系不收稿费之投稿。照片及有关甘地著作将分别寄上，区区之数不必计算。在富于宗教性之印度人心中，甘地本系 Krishna 神之转世，此一死更使此翁神化。（印度教有三大神：一为创造神，一为保护神，一为毁灭神。甘地即保护神之第九次转世。）就世间法而论，以非暴力者死于暴力之手，时在独立完成与为回教徒之保障绝食而后，实为甘地翁最得其时之死。然此仅就其个人而论。至于为印度着想，在此艰难缔造之际，失此伟大领导者乃不可弥补之损失也。先生杖履想必康吉。作书外对版本之搜求与校刊，有所获否？不做中国学问者不知《百初本二十四史》与《四部丛刊》贡献之大也。锡兰即法显《佛国记》中所称狮子国。现该国新国旗上即画一狮子轮大刀。故于参预其独立典礼时口占：'队前大象披文甲，旗上雄狮舞宝刀。艳服不教游女占，满街僧看杏黄袍。'盖纪实焉。法显留彼邦二载，重读巴黎文

(Pali)，以求佛说之最初经籍。其遗事锡兰至今传诵。此行赴中部、北部访其遗迹，复口占云：'杖锡偏送不计程，流沙雪岭海天云。求真求确名僧志，细读巴黎异样文。''近闻国内消息，苦闷异常。昨办一交涉较顺利，今晨书此供长者解颐，亦聊纾积郁，乞教之。'"

罗家伦3月26日返国述职，并出席第一届国民大会。27日，张元济复罗家伦书，谓："昨日顾君子言过访，出示本月二十五日手书。展诵知旌麾过沪，因开国会在即，遄往南京，企望无极。同时又奉到薛、糜二君鸿文三篇，影片三帧，又关涉甘地及其他言论集七册，均足为《东方杂志》甘地号资料。至感盛意。新书七册不敢违命缴价，致涉市道。李伯翁欲以敝馆所出之书足供采择者，藉伸李报之忱，幸勿见却。薛、糜二君当另奉润笔，亦由李伯翁径陈。先此布谢，统维亮察。"8月11日，张元济致罗家伦书，谓："迩来报章罕载印国之事，是否彼此可以释嫌修好？若然则甘地先生亦含笑于九原矣。柏林风声甚恶，不知如何了局。巴尔干风云扰攘，而三韩又在酝酿。天下纷纷，其何日定乎？国内事无可言。财政败坏，一至于此。翁先生束手无策，王云五亦踌决肘见。昨晤一友，去年九月赴美，近甫归国，云去时美币一枚值我国币四万，今逾千万矣。试闭目凝思，再过十月，不知是何景象。吾辈岂真将见亡国之惨乎？《东方杂志》欲乞馈贫之粮，文字、图画甚望有以助我。敝馆近译邱吉尔《第二次大战回忆录》，已出二册，谨以一分呈览，另一分奉赠贵署同人，至盼哂纳。"

罗家伦8月23日复张元济书，谓："先生忧国之情溢于言表，伦在国外常受刺激，亦无时不在烦闷之中。惟最近云五先生竟有石破天惊之气，殊快人意。伦以彼能想敢做为先生在沪言之。今更证其不谬也。自然前途艰困多端，而千金之堤亦可溃于蚁穴，要之能想办法而有决心以赴之。国事何常不可为哉。印度内部宗教冲突已平息，甘地翁之死固有关系，然现政府以雷霆万钧之力，将民间此次互相仇视团体不断予以摧毁，实最有效。但北部克什米尔（即玄奘所记迦湿弥罗国）之战事尚在进行（此实系与巴基斯坦之战），而南部海德巴邦归并问题不久即将用兵。虽系开国时经见之现象，要亦非甘地主义也。暇乞赐教。"9月11日，张元济复罗家伦书，谓："迦湿弥罗战事未已，而海德拉巴与印度兵端又起。甚矣，世界和平之不易致也！不必言世界，且看亚洲；不必言亚洲，且看我国。我瞻四方，戚戚靡所骋，真可为长太息痛哭者也。王云翁诚勇于任事，然弟终觉其治标而非治本，设再一蹶，祸将无极。窃不胜杞人之忧。邱吉尔《大战回忆录》查已寄出三册。此用小包邮递经行海道，恐递达左右尚需时日。《东方杂志》亦属每期寄呈台览，如蒙界以好材料，足以启迪国人者，至为感篆。图画尤所欢迎。"同月，罗家伦以特使身份赴科伦坡参加独立庆典。是年起，兼任各国驻印度外交使节团负责人。（参见张晓京编《中国近代思想家文库·罗家伦卷》及附录《罗家伦年谱简编》，中国人民大学出版社2014年版；张人凤、柳和城编著《张元济年谱长编》，上海交通大学出版社2011年版）

陈序经4月乘休假游历东南亚各地，有感："二十年前渠首次来暹时，暹罗于各方面均甚落后，然十年后二度来此时，已有长足进展。而今天来暹所见，与前十年者又迥然不同。暹罗华侨之情形，似已相当进步，惟未能与当地人民进展之速度相比。"在马来西亚柔佛，与马来半岛领袖达杜安晤谈。达氏再三相询"中国为什么不常常多派些回教的著名人士到马来半岛，与马来亚人多多接近"。表示愿意多派马来亚人到中国求学，了解中国文化。5月16日，陈序经在天津《大公报·星期论文》栏发表《中国与南洋》，反思中国文化对南洋影响较弱，而印度佛教文化流行于暹罗、缅甸、柬埔寨，回教文化流传马来半岛，基督教盛行菲律宾的原因。新加坡来佛博物院崔特，以为马来亚人文化太原始，"赶不上去授受中国的文化"。陈氏则认为:华侨因出于谋生目的,"不只对于中国文化的传播上,没有余力去推动,就是他们本身之受过教育者,也是寥寥无几。而且国内之一般文人学者,又往往昧于内中国而外夷狄的偏见,以有蛮貊之邦,不足以谈教化,不愿到这些地方去作工作,结果是无论在地理上、在人口上、在历史上,两者的关系,虽很为密切,然而在文化上,却没有多大的影响"。国人未能与南洋民族达成文化体认、心理的谅解、精神的结合,在南洋诸族心目中,华侨不过是"东方的犹太",只会剥夺其资源,民族仇恨的裂痕由此而生。(参见田彤编《中国近代思想家文库·陈序经卷》及附录《陈序经年谱简编》,中国人民大学出版社2014年版)

冰心1月25日在日本托李书华给沈从文带来松枝茂夫翻译的日文版《边城》。书中除收入《边城》之外,还选译了《丈夫》《夫妇》《灯》《会明》《柏子》《龙朱》《月下小景》等7篇小说。沈从文在此书后的题识中认为:"选择的还有道理,不尽恰当。"在沈从文写于书中的题识里,还记下了松枝茂夫给他来信的情况:"六五、六年来一信,拟译全集,不便作复。七五年复来信,或将译《湘行散记》,未即作复。并寄所译《红楼梦》三册,及笔记小说一厚册。已七十二岁,任早稻田中文教授。信中说每与二三友好谈及,不写小说极可惜。"这些题识,现收入《全集》第14卷《文艺题识录》集中。

按:当时正在东京参加远东国际法庭审判战犯工作吴学义曾由日本给沈从文寄来日本汉学家松枝茂夫翻译的日文版的《边城》。1月27日,沈从文复吴学义信,对此表示感谢,并表示"松枝氏工作似较谨严,如知道住处,盼便中一示,弟还想送他几本新书"。5月31日,沈从文复松枝茂夫信。信中表示:"尊著前承谢冰心女士(吴学义先生转来另一册)转来,并承一同学为将跋记译出拜读,盛意很觉感谢。嘱书件附函寄回。第三种拙著,鄙意用《湘行散记》或比较妥当。"(参见吴世勇编《沈从文年谱》,天津人民出版社2006年版)

英国李约瑟辞去联合国教科文组织自然科学部主任职务,回到剑桥大学,在中国学者王铃的协助下,开始撰写《中国科学技术史》。李约瑟在提交给剑桥大学出版社的一份《中国的科学与文明》写作计划中,李约瑟更是使用了"前科学"这样的概念,以便与"近代科学"相区别。该书计划有五章:1.导言;2.中国哲学(古代和中世纪);3.中国前科学;4.中国技术;5.阻碍近代科学在远东发展的因素分析可以看出,李约瑟对"前科学""技术"和"近代科学"这几个概念的使用是有明确区分的。关于"中国前科学",李约瑟有如下的说明:"古代和中世纪,展现基于观察和实验的归纳性科学,也包括手动操作。成就常领先于西方,但止于萌芽状态。"这一章的具体内容包括阴阳五行、数学、天文学、气象学、地质学、矿物学、地理学、物理学、植物学、炼丹术和化学,等等。而"中国技术"一章的内容则主要是经验性的发现和发明,包括指南针、火药、矿冶、机械、制药、农业和航海等。可以说,在李约瑟的思想体系以及其后的写作中,不存在"科技不分,以技代科"的问题。是年,复旦大学薛芬在李约瑟的帮助下,获得英国文化委员会的奖学金,在9月间赴英国二度留学,不幸在途经马来西亚槟榔屿时突发心脏病去世,成为复旦大学及中国生物学界的一大损失。(参见梅建军《"李约瑟之问"不是伪问题》,上海《社会科学报》第1733期)

英国学者瓦特·西蒙10月23日向冯友兰赠其所作英文版"Bih比'＝Wey为'?"(《比(去声)＝为(去声)?》)。此为《伦敦大学亚非研究所学报》12卷抽印本。(参见蔡仲德编撰《冯友兰先生年谱长编》,中华书局2014年版)

美国东西方协会主席赛珍珠和董事会代表威廉·道格拉斯对晏阳初给予很高的评价,首先夸奖其抛弃个人发财和享受荣华富贵的优越条件,大公无私和艰苦卓绝地开展平民教育工作,使人民受益。其次,夸奖晏阳初寻找到了值得全世界学习和借鉴的有效办法。最后,感谢晏阳初贡献及谈颁奖的缘由。是年,赛珍珠的《水浒传》英译本 All Men Are Brothers 由美国纽约的乔治·麦西公司推出了一个专供限量版俱乐部会员的特别版。该书分为两卷,第一卷卷首载有林语堂于是年 2 月在纽约撰写的导言,书内载有墨西哥著名画家米格尔·科拉卢比亚斯所绘插图。同年,美国纽约的传承出版社也推出了这个特别版,同样载有林语堂的导言与米格尔·科拉卢比亚斯的插图。(参见杜学元、郭明蓉、彭雪明《晏阳初年谱长编》,上海交通大学出版社 2017 年版;郑锦怀《林语堂学术年谱》,厦门大学出版社 2018 年版)

美国驻华大使司徒雷登在给华盛顿的报告中认为:"翁被承认在经济事务和个人正直方面是合格的,但他没有力量,没有私人追随者。委员长向立法院证明这一选择是正当的,根据是翁将讨外国新闻界的喜欢,他作为经济专家,将是监督执行美援计划的合适人选。选举翁基本上意味着没有为国民党内的政治危机找到解决的办法,其解决只有拖延。我们认为,翁将发现他本人处于不愉快的地位,在固执己见、刚愎自用的委员长和难以对付的立法院之间,他将无可奈何。"6 月 4 日,美国驻华大使馆司徒登发表声明,对中国学生反美扶日的爱国运动横加干涉,说反对美国扶植日本是"对中美间之传统睦谊实有严重之损害",说学生"无理及不负责任地攻击美国政策","倘仍继续进行,可能招致不幸之后果"。6 日,北平、天津 10 所大学学生自治会,为抗议美国扶植日本侵略势力及美国大使司徒雷登干涉中国内政发表声明,并举行爱国示威游行。同日,燕大学生自治会致函美国驻华大使司徒雷登:"做为一个燕京人我们不能忘记你毕生从教的崇高精神,而做为一个爱好和平的人民,对美国扶日政策,我们认为那是对于中国人民、美国人民以及远东和世界的安全都有不利,是我们不能赞同的。"(参见《被遗忘的大使:司徒雷登驻华报告 1946—1949》,江苏人民出版社 1990 年版;李学通《翁文灏年谱》,山东教育出版社 2005 年版;张玮瑛、王百强、钱辛波主编《燕京大学史稿》,北京人民中国出版社 2000 年版)

美国学者海斯、穆恩、韦兰著,刘启戈译《世界通史》由上海大孚出版公司出版。翦伯赞作序。此书被认为是"欧洲中心论"的代表作。作者将黄种人、棕种人和黑种人看作"白种人的负担"。(参见王学典《20 世纪史学编年(1900—1949)》,商务印书馆 2014 年版)

日本人饭塚朗 3 月在日本《世界文学研究》第 1 期发表《憩园》。同月,在日本《中国文学》第 104 期发表《论岛崎藤村、巴金、希尔热的〈家〉的浪漫主义》,将巴金的《家》与日本岛崎藤村、法国布尔热的《家》,从主题、人物、创作方法和色彩等方面进行比较,认为巴金的《家》中"有'鬼'""被'鬼'压迫得难以喘息的牺牲品……是以觉新为首的梅、瑞珏等人""鬼"受到高老太爷、陈姨太和克明兄弟的支持,"反叛一方的……觉民、觉慧以及女性的琴……举起反封建的旗帜",觉慧的出走,更是"光明的希望";认为巴金的《家》"提出了阶级性""具有与社会广泛联系的一面",但巴金《家》中出现的学生的聚会是"简单"的;认为巴金的《家》未受岛崎藤村的影响,却从布尔热的《家》(一名《阶段》)中受到一些启发。4 月,饭塚朗《从〈家〉到〈憩园〉》刊于日本《随笔中国》第 3 期。(参见唐金海、张晓云《巴金年谱》,四川文艺出版社 1989 年版)

印度奥勃莱 5 月 22 日受联合国教育科学文化组织委派来华调查教育文化重建工作。(参见中央教育科学研究所编《中国现代教育大事记 1919—1949》,教育科学出版社 1988 年版)

三、学术论文

萧恺《坚决支持毛泽东同志的民族统一战线的方针》刊于《群众》(香港)第 2 卷第 1 期。

沈友谷《列宁在民主革命中无产阶级领导权思想》刊于《群众》(香港)第 2 卷第 2 期。

萧农《毛泽东的革命军事思想》刊于《群众》(香港)第2卷第3期。

按:是文乃当时研究毛泽东军事思想的一篇力作。文章使用了"毛泽东的革命军事思想"和"毛泽东军事思想"的提法,论述的是毛泽东军事思想的特点和毛泽东军事思想中的方法论,这都是毛泽东军事思想研究中的重大问题。

方方《再虚心来学习毛泽东报告》刊于《群众》(香港)第2卷第11期。

[苏]伏蒂也娃《列宁论苏维埃机关人员应如何工作》刊于《群众》(香港版)第2卷第24期。

汉夫《历史的转折点——纪念中国共产党廿七周年》刊于《群众》(香港版)第2卷第25期。

侯外庐《孙中山到毛泽东——为伟大的廿七年历史创作而作》刊于《群众》(香港版)第2卷第25—26期。

方方《论毛泽东军事学说中的游击战争》刊于《群众》(香港版)第2卷第29期。

伍人、涤新《半封建半殖民地国家为什么不能立刻实行社会主义》刊于《群众》(香港版)第2卷第38期。

黎火原《社会主义制度的胜利》刊于《友谊》第2卷第1期。

然《什么是工农社会主义国家》刊于《友谊》第2卷第1期。

[苏]柯瓦列夫斯基著,愉若译《社会主义国家的军队》刊于《友谊》第2卷第4期。

[苏]西特尼柯夫著,青山译《社会主义国家的妇女》刊于《友谊》第2卷第5期。

郭沫若《列宁——无产阶级的父亲》刊于《友谊》第2卷第8期。

辽逸《增加我们底社会主义文化财富》刊于《友谊》第2卷第10期。

编者《新民主主义社会发展到社会主义社会是否是革命》刊于《友谊》第3卷第2期。

[苏]维克托尔·别利可夫《集体女农民安娜·尤特金娜——社会主义劳动英雄》刊于《友谊》第3卷第5期。

庶耳、白芷《社会主义制度为什么优于资本主义:意志的统一》刊于《友谊》第3卷第6期。

[苏]亚力山特洛夫著,愉若译《伟大的十月社会主义革命与中国》刊于《友谊》第3卷第9期(十月革命节卅一周年纪念特辑)。

萤芝《马列主义思想对于苏维埃社会主义国家创建与发展的指导作用》刊于《友谊》第3卷第10期。

鲁尔《站在列宁遗像前》刊于《友谊》第3卷第11期。

愉若译《斯大林宪法与苏联农民》刊于《友谊》第3卷第11期。

林萍《全世界的人民歌颂斯大林》刊于《友谊》第3卷第12期。

金《歌颂人民领袖斯大林》刊于《友谊》第3卷第12期。

莱雯《歌颂伟大的斯大林》刊于《友谊》第3卷第12期。

[苏]马尔库斯著,萤译《社会主义的按劳分配制度》刊于《友谊》第3卷第12期。

顾西宁、何歌《胜利的社会主义和资本主义的保镖》刊于《时代杂志》第8卷第1期。

[苏]罗基奥诺夫著,思立译《建设中的苏联十六加盟共和国——俄罗斯苏维埃联邦社会主义共和国》刊于《时代杂志》第8卷第1期。

[苏]葛列勃卡著,思立译《白俄罗斯苏维埃社会主义共和国》刊于《时代杂志》第8卷第

2 期。

[苏]高洛伐尼夫斯基著,思立译《斯达哈诺夫运动的发源地——乌克兰苏维埃社会主义共和国》刊于《时代杂志》第 8 卷第 3 期。

[苏]聂米罗夫斯基《列宁论资产阶级议会制和苏维埃民主—纪念列宁逝世廿四周年忌辰》刊于《时代杂志》第 8 卷第 4 期。

[美]福斯特、威廉作,移模译《马克思主义与美国"例外论"》刊于《时代杂志》第 8 卷第 6 期。

　　按:文章认为《共产党宣言》同样适用于美国,批评了"例外论"者的幻想。

[苏]斯吉邦诺娃著,思立译《理想成为事实》("共产党宣言"发表 100 周年纪念)刊于《时代杂志》第 8 卷第 6 期。

[苏]罗宾斯坦著,张天明译《科学在资本主义社会与社会主义社会》刊于《新华文摘》第 3 卷第 7 期。

林伯渠《学习毛主席思想执行党的路线与政策——纪念中国共产党创立二十七周年,七月一日延安干部党员大会上的讲演》刊于《新华文摘》第 3 卷第 9 期。

劳度、叶群《南共党的领导脱离了马列主义关于阶级和阶级斗争的理论》刊于《新华文摘》第 3 卷第 10—11 期。

林默涵《学习毛泽东思想》刊于《民主青年》第 37 期。

[法]P. Labranche 著,宋桂煌译《我做过史达林女儿的家庭教师》刊于《时与潮》第 9 卷第 5 期。

M. Ebon 著,遂宁节译《世界共产主义的低潮》刊于《时与潮》第 30 卷第 1 期。

契尼译《英国社会主义的主张与斗争》刊于《时与潮》第 30 卷第 1 期。

遂宁译《谁继承史达林》刊于《时与潮》第 30 卷第 2 期。

J. Desmond, A. Taylor 著,查理译《史达林与希特勒的外交秘密》刊于《时与潮》第 30 卷第 2 期。

蒋定本译《思想战中的主要一役——社会主义与共产主义之争》刊于《时与潮》第 30 卷第 2 期。

董荒译《史达林的和平触角》刊于《时与潮》第 30 卷第 4 期。

长戈译《我所见的史达林作战计划》刊于《时与潮》第 31 卷第 6 期。

R. Trumbull 著,不鸣译《共产党在东南亚》刊于《时与潮》第 32 卷第 2 期。

[日]小泉信三著,李春霖译《共产主义与民族意识》刊于《时与潮》第 32 卷第 2—4 期。

资料室《共产党在欧洲》刊于《时与潮》第 32 卷第 4 期。

C. W. Boldyreff 口述,E. B. Paine 笔记,高语和译《苏联的反史达林运动》刊于《时与潮》第 33 卷第 1 期。

蔡尚思《一年来中国学术思想的论争》刊于《中国建设》第 5 卷第 4 期。

　　按:蔡尚思先生在《中国建设》1947 年第 3 卷第 4 期上,发表了一篇写于 1946 年 11 月底的文章——《战后中国学术思想的论争》,这篇《一年来中国学术思想的论争》从 1946 年 12 月写起,既是上承前文,也是对过去一年(1947 年)中国学术界思想争论的一个年度回顾。是文曰:"这一年来中国学术思想的论争,问题既偏现实,阐明也多详尽,在近代中国学术思想史上是可以占一相当重要的地位的。所可惜的,是有些比较可以代表民间的报章杂志,多在中途停刊;剩下来的,往往千篇一律。只有极少数的报章杂志还表现点言论的自由。我现在多根据此类报章杂志的材料,用历史研究者的态度,来写成这篇历史报告。"是文的范围"以关于政治、经济、教育、哲学……各部门的重要思想而有论争性者为限"。

袁伯樵《我国高等教育何以不能负担学术研究的任务》刊于《大学评论》第 1 卷第 4 期。

按:高等教育的任务甚多,但学术研究,不能不认为为其最主要者。现在高等教育不能负担学术研究任务的原因,一是设备简陋;二是人事与行政,"在人事方面,最主要的莫过于用人之标准,不在学术研究之成绩,乃在背景。人事之去留,亦不重视学术上之贡献,乃在关系。因此全国的许多学府内的教授们,受到了精神上的刺激,自然而然的,走到只顾背景与关系,而不顾学术的研究与贡献了。此风一成,学术研究的空气不但是淡薄,并且是荡然无存了。在行政上最主要的,莫过于行政之不安定。今日各校行政无论校长,院长系主任与教授,没有不像流水般的在那里变动,使一校之内每个人缺乏了工作的保障。"三是受生活之压迫;四是社会与政府事业之不与合作。

王小石《教育学术从行宪泛论教育如何民主化》刊于《大学评论》第 1 卷第 7 期。

陈友松《对我国学术研究的感想和希望》刊于《周论》第 2 卷第 10 期。

洪焕椿《近代的两个学术大师王静安和章太炎先生》刊于《读书通讯》第 157 期。

陆志韦《记五方元音》刊于《燕京学报》第 34 期。

陆志韦《记三教经书文字根本》刊于《燕京学报》第 34 期。

陆志韦《国语入声演变小注》刊于《燕京学报》第 34 期。

俞敏《论古韵合怗屑没曷五部之通转》刊于《燕京学报》第 34 期。

高名凯《唐代禅家语录所见的语法成分》刊于《燕京学报》第 34 期。

聂崇岐《论宋太祖收兵权》刊于《燕京学报》第 34 期。

[日]鸟居龙藏《金上京城佛寺考》刊于《燕京学报》第 34 期。

陈芳芝《清代边制述略》刊于《燕京学报》第 34 期。

陈梦家《六国纪年表》刊于《燕京学报》第 34 期。

梁启雄《论语注疏汇考》刊于《燕京学报》第 34 期。

阎简弼《梁颢的中状元的岁期年寿跟其他》刊于《燕京学报》第 34 期。

齐思和《战国策著作时代考》刊于《燕京学报》第 34 期。

贺登崧《中国语言学及民俗学之地理的研究》刊于《燕京学报》第 35 期。

俞敏《古汉语里面的连音变读(Sandhi)现象》刊于《燕京学报》第 35 期。

王静如《论古汉语之腭介音》刊于《燕京学报》第 35 期。

陈寅恪《梁译大乘起信论伪智恺序中之真史料》刊于《燕京学报》第 35 期。

齐思和《孟子井田说辨》刊于《燕京学报》第 35 期。

[日]鸟居龙藏《金上京城及其文化》刊于《燕京学报》第 35 期。

周一良《敦煌写本杂钞考》刊于《燕京学报》第 35 期。

王襄《古陶残器絮语》刊于《燕京学报》第 35 期。

唐长孺《白衣天子试释》刊于《燕京学报》第 35 期。

邵燕平《如何提高本校学术地位》刊于《自治期刊》第 1 期。

李镜池《同情的批评》刊于《岭南学报》第 8 卷第 2 期。

容庚《倪瓒画之著录及其伪作》刊于《岭南学报》第 8 卷第 2 期。

王力《汉越语研究》刊于《岭南学报》第 9 卷第 1 期。

容肇祖《方以智和他的思想》刊于《岭南学报》第 9 卷第 1 期。

冼玉清《苏轼与海南动物》刊于《岭南学报》第 9 卷第 1 期。

罗福颐《清内阁大库明清旧档之历史及其整理》刊于《岭南学报》第 9 卷第 1 期。

吴尚时《广州市北山区地理》刊于《岭南学报》第 9 卷第 1 期。

李镜池《周易卦名考释》刊于《岭南学报》第 9 卷第 1 期。

陈剑翛《心理科学对于近代文化的贡献》刊于《西大学报》第 1 期。

黄公觉《第二次世界大战后国际法之新发展》刊于《西大学报》第 1 期。

谢康《民族学及其在中国与法国的展望》刊于《西大学报》第 1 期。

环惜吾《实用主义学派哲学理论与教育学说》刊于《西大学报》第 1 期。

黄现璠《春秋战国人之发现与人之平等》刊于《西大学报》第 1 期。

王季思《元剧中谐音双关语》刊于《国文月刊》第 67 期。

王瑶《朱自清先生的学术研究工作》刊于《国文月刊》第 71 期。

按：朱自清先生逝世后，介绍其平生的新文艺创作和教学方面的成绩的文章较多，是文更多是从"一位有精湛研究和贡献的学者"的角度介绍其学术研究上的贡献及特点。

是文曰："'中国文学批评'是他多少年来专门致力的学问，清华研究院中国文学部特设文学批评一组，就是当闻一多师任主任时因了朱先生的专长设立的。《文学批评》《文辞研究》都是朱先生讲授过的属于这种性质的课程。关于这方面的材料他搜集得非常多，每一个历史的意念和用词，都加以详细的分析，研究它的演变和确切的涵义。《诗言志辨》一书只是写成的关于这些材料的极小的部分，但已经廓清了多少错误的观念。这书收着《诗言志》《诗比兴》《诗教》和《诗正变》四篇论文，都是多少年来研究的结晶。他在《自序》中说：'现在我们固然愿意有些人去试写中国文学批评史，但更愿意有许多人分头来搜集材料，寻出各个批评的意念如何发生，如何演变——寻出它们更多的史迹。这个得认真的仔细的考辨，一个字不放松，像汉学家考辨经史子书。'从这里可以看出朱先生治学的谨严态度。其他的已经发表的文章如《论逼真和如画》《好与妙》等，也都是从中国文学批评的历史意义去分析的。朱先生认为'现代文学里批评一类也还没有发展'，是写中国文学批评史的困难之一，因此他关于新文艺的论文也都是从历史的演变分析起，再和现实的要求联系起来。抗战前清华大学的讲义曾印有《诗文评钞》，是朱先生编的，各种诗文评的书籍，评点本的集子，他收罗得非常多。关于研究材料的排比和归纳，都已经做了许多，现在堆的卡片如手稿，还仍在他书斋里，但工作已是停顿了。每周四个钟头的全年课程《中国文学史》，他已经连着讲授了三年。从古到今的纲目材料和有关的参考书籍，也都安排就绪。今年六月才把缺着的一部分关于戏曲小说的书籍买齐，希望写一部以新史学为基点的中国文学史。他在林庚著《〈中国文学史〉序文》上说：'文学史的研究得有别的许多学科做根据。主要的是史学，广义的史学。'这也是朱先生写文学史的态度，他最近打算写一篇关于'宋朝说话人的四家'的考证论文，交《清华学报》发表，就是整理文学史讲稿的心得。但这文章和中国文学史都同样地没有能够写成。"

"朱先生是诗人，中国诗，从《诗经》到现代，他都有深湛的研究。《诗选》是他多年来所担任的课程，陶、谢、李贺，他都做详审的行年考证。近《中央研究院历史语言所集刊》载有逯钦立氏所作《论文笔》和《陶渊明年谱稿》，里面一再引朱先生《文选序"事出于沈思义归乎翰藻"说》及《陶渊明年谱中之问题》二文，说'所见良是'，又说'足解众纷'，可见朱先生治学谨严的一般。宋诗尤其是他专门致力的学问，讲授已多次，《宋诗钞略》是他在昆明时根据《宋诗钞》所选的教本，苏、黄、后山，他都有独到的研究，他计划仿朱彝尊《经义考》例，纂《诗总集考》一书，曾嘱笔者帮助工作，也收集了一些材料，但现在都谈不上了。因为讲诗，抗战前曾在清华授过'歌谣'的课程，将现代歌谣和《诗经》、乐府对照着讲，编有讲义，现在讲义还存着。最近，他的兴趣特别集中于唐宋一段，上年买了许多关于韩愈的书，曾拟开课讲授，也有新的研究成绩，但并未整理就绪。又计划根据闻一多先生所辑《全唐诗人小传》，由中文系人合力辑成《全唐诗人事迹汇编》一书，但尚未开始。"

在谈及朱自清先生治学精神时，是文认为有两点特别值得我们效法的："第一，他的观点是历史的，他的立场是现实的。"在《古文学的欣赏》一文中，他说："人情或人性不相远，而历史是连续的，这才说得上接受古文学。但是这是现代，我们有我们的立场。得弄清自己的立场，再弄清古文学的立场，所谓'知己知彼'，然后才能分别出那些是该扬弃的，那些是该保留的。弄清立场就是清算，也就是批判；'批判的接受'就是一面接受着，一面批判着。自己有立场，却并不妨碍了解或认识古文学，因为一面可以设身处地为古人着想，一面还是可以回到自己立场上批判的。'"'基于这种观点，他反对繁琐的死板的考据。去年曾于师范学院讲演过一次《文学的考证和批评》，这文章一直没有写完成，是预计中今年暑假要写的文章之一。他认为绝对的超然的客观，事实上是不可能的，所以考证的尺度必须放宽，必须和批评连系起来，才有价值。他推崇郭沫若先生《十批判书》，曾在《大公报》图书副刊上写文介绍过，也就是根据这种道理。他主张诗是应该散文化的。所以该载道的，虽然道的意义因时代而不同，所以他研究韩愈；但都是从当时的实际历史着手的，并不是比附，他为文介绍闻一多先生治中国文学的道路，这道路他自己是同意的。其次，他虽然是有成就的专门学者，但并不鄙视学术的普及工作。他不只注意到学术的高度和深度。他作《经典常谈》，用语体文写《古诗十九首译》。编中学教本，和叶圣陶先生合著《精读指导举隅》和《略读指导举隅》。目的都是为了普及的。他曾计划选取《古诗源》《六朝文絜》《古文观止》和《唐诗三百首》四书，全都重新详细地用语文体作过注释，以备一般人的阅读，但这工作并未完成。他竭力推崇浦江清先生《词的讲解》，郭沫若先生的古书今译，都是为了普及着想的。他愿意一般人都有机会学习，让他们知道古书里并没有什么特殊的神秘。他治学的各方面都是如此，谨严而不繁琐，专门而不孤僻，基本的立场是历史的，现实的。这样的一位进步的学者，实在太值得我们崇敬了。"

吴晓铃《佩弦先生纪念》刊于《国文月刊》第71期。

按：文章说："朱先生的伟大并不简单地限制在做人方面，我们都知道他俭朴、真纯而严肃，是一个让人亲爱而又惧怕的人。他极勤奋，写的东西多，但和多产作家有着显然的区别，因为他认真，他不以悠闲于抽烟斗的假名士生涯为然，也不屑于给卸任官僚脱靴去乞求避暑的檐下，他勒紧了腰带把别人善意施舍的'嗟来之食'抛在道旁。我们欣赏他的文字精练，说是可以悬诸国门，不能增减一个字，可是这文字的创造者的做人却更加值得我们取法而实际不容易取法。有人说他在晚年舍弃创作，走向研究的途径，这是不错的；然而他的研究工作并不曾和现实脱节，不钻牛犄角，不以艰深文浅陋，脚踏实地，实事求是，用语言做研究文学的出发点，致力在启蒙和普及上。这是一条新鲜而正确的道路。冯芝生先生在朱先生的火葬场上说：'清华大学的中国语文学系在闻先生和朱先生的领导之下，刚刚摸索出来一条应该走的途径，他们就都先后地去了。这是多大的一个损失！'我相信冯先生指出的就是这条道路。这条道路将能融合创作与研究成为一体，学院和民间不再保存对立式的分野。从前我们走过的道路是打垮旧的，建设新的，提倡研究，整理遗产，推行国语，努力创作和介绍外来的东西做借镜，现在却是要合在一起向前迈进，实在迫切需要领路的拓荒人。朱先生从来不曾以'盟主'自居，却勇敢地首先踏步，那么，这个损失岂单是清华大学的中国语文学系所独遭受！"

杨震羽《从学术自由论学术独立》刊于《主流》第13期。

按：是文认为："这次学术独立问题的提出，是开始于去年九月七日胡适先生由南京返北平的一次谈话，在这次谈话中，对于如何争取学术独立，胡适先生指出了两个最现实的重大问题，一是取消留学生的派遣，一是政府在五年之内特别培植北大、清华、浙大、武大、中央五所大学，成为第一流的大学，这两个问题的提出，显然是意气的，挟有私见的，因之各方传来的回响，也就充满了意气，充满了私见。首先，陈序经、李书田、郑鲁、章益、程孝刚、汪通祺诸先生，从反面的立场大肆攻击，他们赞成改革现行大学制度，但更坚持保持留学政策。……其次，吴世昌、季羡林、金克木、全汉升诸先生，则是赞成胡适之先生的提议的，至少在废止留学政策同倡办第一流大学的原则上是没有异议的。……正当这两方面，一方坚持留学政策，一方坚持第一流大学，争个不休辩个不息的时候，也曾有人提出持中的意见，认为这种对立的矛盾，是可以综合的。……问题争辩到此，似乎应该快到结束的时候了，胡适之先生也看到这点，所以特别在去年九月二十八日，又郑重发表了他对于《争取学术独立的十年计划》的文件，这个计划除了原则外，与其第一次的谈话比较，简直两样，对于留学政策再不置可否，且表示'绝不主张十年之后就可以没有留学外国的中国学者'，对于第一个五年里的五所大学，也只提供了挑选的条件，而不肯定是那五所，从这两点看来，好像上面的争论，他都默默地听到了，见到了，而且采择了，好像第一次的谈话，仅仅是一'炮'，是希望获得各方的反响的，现在各方面的反响有了，社会人士注目到了，这位学术界的老前辈，才从容落地，把他《争取学术独立的十年计划》大白于天下，果然，这个办法成功了，目的达到了，自从这个文件刊布之后，文坛上竟风平浪静，从此归于庸逸。"

对于胡适先生所提出《争取学术独立的十年计划》，是文是赞成的，"我也是希望中国学术独立的，我也赞成中国要有第一流的大学出现，更赞成改变现行大学的观念为研究院的观念，换句话说，胡适先生的争取学术独立的十年计划，在原则上我是赞同的，同时也希望能付诸实施。"不过，是文却怀疑在现阶段的学术思潮中，这个计划是否能充分实施；因为在是文看来，"学术自由是学术独立的先决条件""在赞同争取学术独立之先，更主张争取学术自由，替争取学术独立开关一条可行之道。"但从中国学术界目前的情况看：

"（一）中国学术界缺乏自由精神"。"现在来看中国学术界虽然有其光荣的一页，但几十年来的趋势，仍是因循徘徊于中西文化的边际，而未能冲破中西界限的藩篱，换句话说，中国学术界并没有经过如谭嗣同所说的冲决网罗的工作，……所有的观念仍是天朝上国自尊自大的观念，所有的努力，仍是保守残缺经典自闭的努力，最初以中学为体，西学为用的学人们，当然是蔽于中而忽于西，其次以全盘西化论倡导者，又何尝不是迷于西而忽于中，再次主张中国本位文化运动者登场，又大同小异的走了中体西用的故道，还不知是中西文化的藩篱在作祟，抑或为森严的逻辑的规范，醉心中国文化的人，就坚持中国文化如何优，研究西洋文化者，则介绍西洋文化如何好，总不能冲决中西文化的藩篱，以绝对自由的态度，从事于现代文化的吸收，批判和创造，而只是一味的保留和吸收，不知存其所当存，取其所当取，把中国学术界弄得来既不中，也不西，更不能自立门户，别开生面，这是谁的咎，这是中国学术界束缚太紧，成见太深，而不能自拔之所致，因此之故，估据中国学术重要史篇的'五四'文化运动，本可能担负起中国学术独立的重任的，然而其结果却不免陷于'破坏''现实''清浅''功利'之护，而迫使'五四'老人不能不再在二十八年后的今天，重新喊出争取学术独立的警号，这就是中国学术界缺乏自由精神，而迫使'五四'新文化运动不能飞腾焕发，这种弊害，并未因'五四'之失败而改正，反因'五四'之未能冲出重围而加深其劣根性。"

"（二）中国学术界缺乏民主风度"。"许多事例却证明中国人并不比西洋民族差，有时竟超过西洋人的智慧之上，其所以如此缺乏之原因，我以为除了如胡适先生之所谓无适当培养的环境以外，要归咎于中国学术界之不能爱护和鼓励既成人才，也就是今日的学术界依旧把持殿穴，推崇偶像，而不能另开新天地，藏掩少壮与权威。……露骨的说，一个权威学者，一门新型学科，要想在学术界崭露头角，不先拜会岩穴，不先请教偶像，是绝难成功的，所以治学必须依叛宗派，著书必须请'名'人践序，已成学术界的通常现象，而社会上亦已见惯不惊，中国学术界的压力真太大了，压得青年们透不过气！抬不起头！只好永远服于腐朽昏庸的岩穴偶像之下！"

"（三）中国学术界缺乏远大理想"。"学术界没有远大理想，其前途是悲惨的，其成就是有限的，……中国学术界，自与西洋文化接触以后，就如失舵之舟，迷失了前途方向，时而缱绻于英美的民主制度，而从事于资本主义文化的介绍和建立，而不知从两种制度两种文化中分别其精粗，考验其真伪，更不能撷取两说之精英，糅合两者之长处。徒然徘徊犹移于两种制度两种文化之间，而无法以自拔而泥足，更是中国学术界短见无能之处，也是今日国家治乱纷争之源，此外，胡适之先生也曾说：'以日本为例，明治维新以后，人全力举办开所国立大学，其成绩已斐然于世界'，我们也承认日本的学术成绩已斐然于世，但这种成绩是什么？明眼的人恐不难看出日本的侵略主义和其武士道精神，是应该由其学术思想来负责的罢！所以学术事业，要是没有远大理想，不但前途可悲，即使有了成绩也很危险！今天胡先生争取学术独立，想到中国学术需要有一个远大而正确的理想吗？亦即所谓能在一种最高原则之下去追求真理吗？如果没有，则不过如清季的留学办法，民初的反古作风，'五四'的西化运动，有而始无终，有计划而无目的，哪里能谈得上争取学术独立。"

由于上面的分析，是文指出："当前的学术界，不但贫乏空虚，而且荆棘重重，险象环生，要想在这样的环境里面来争取学术独立，恐怕刚开始，即已主张在施行计划之先，先来一番消毒工作，把一切学究、冬烘、岩穴、偶像,以及大小棍阀、新旧宗派,通通予以清算,予以扬弃,换句话说,我主张肃清泥古与泥今的偏狭思想,而开创批判与创造的自由精神,我主张打倒岩穴与偶像的崇拜心理,而推崇少壮与权威的民主风度,我更主张扫除一切浅近与势利的盲目发展,而揭出以民主自由社会主义文化为今后努力的前途,等到这些荡腥涤污发聋振聩的工作完成了,学术自由的目的获达了,然后再去谋求国家学术的独立,争取世界学术的领导权威,才能如水之就下,沛然莫之能洁,也才能事半而功倍,利多而力轻。"

白坚石《法西斯复活与民主自由社会主义的国际》刊于《主流》第 13 期。

李立岩《希望及早有一个社会主义的报纸出现》刊于《主流》第 13 期。

《中国民主自由社会主义学会成立宣言》刊于《主流》第 17 期。

王任重《中国民主自由社会主义革命之路》刊于《主流》第 17 期。

丁洪范《论民主自由与社会主义》刊于《主流》第 18 期。

刘超武《祝中国民主自由社会主义学会成立》刊于《主流》第 18 期。

范谦衷《三优与四育政治论民主自由社会主义的科学基础》刊于《主流》第 19—20 期。

励刚译《论社会主义与社会主义者》刊于《主流》第 21 期。

彭定颐《费边社会与费边社会主义》刊于《主流》第 22—24 期。

张寰《社会主义与左倾的宗教》刊于《主流》第 22 期。

杨戎《粗描近百余年来社会主义思潮的细波巨浪与流向》刊于《主流》第 23 期。

宋曼《中国民主自由社会主义在天山瀚海间》刊于《主流》第 24 期。

[美]马丁著,黄宗汉译《中国共产党统治下的一个农村》刊于《再生周刊》第 198 期。

吕拙文《来一个社会主义竞赛》刊于《再生周刊》第 206 期。

余园《社会主义与共产主义》刊于《再生周刊》第 209 期。

紫云《资本主义与社会主义》(清华北大经济学会举行辩论会)刊于《再生周刊》第 209 期。

王厚生《考茨基论社会主义与民主政治》刊于《再生周刊》第 214 期。

刘毅《论联邦共产党(布)》刊于《再生周刊》第 219 期。

方锦《理性·科学·民主和社会主义》刊于《再生周刊》第 227 期。

余园《古代与中古时代所谓社会主义》(社会主义起源论之一)刊于《再生周刊》第 241 期。

余园《社会主义的先驱者》(社会主义起源论之二)刊于《再生周刊》第 244 期。

余园《社会主义的形成期》(社会主义起源论之三)刊于《再生周刊》第 245 期。

张一民译《马克斯主义的批判》刊于《再生》(广州版)第 1 卷第 2—3 期。

张君劢《民主社会主义之哲学背景》刊于《再生》(广州版)第 1 卷第 3—4 期。

张君劢《民主社会主义之哲学背景》刊于《再生》(广州版)第 1 卷第 6 期。

张君劢《民主社会主义之哲学背景》刊于《再生》(广州版)第 1 卷第 9 期。

[苏]N. 雷莫夫《论社会主义经济制度的优点》刊于《新闻类编》第 1630 期。

[苏]M. 苏汉诺夫《国营农场及其在社会主义农业中之作用》刊于《新闻类编》第 1633 期。

[苏]P. 莱诺夫《社会主义原则"各尽其能,各取其值"的意义》刊于《新闻类编》第 1634 期。

[苏]I. 特拉伊宁《胜利的社会主义的宪法》刊于《新闻类编》第 1635 期。

[苏]M. 塔拉索夫《社会主义国家的职工会》刊于《新闻类编》第 1637 期。

［苏］B. 马尔库斯《战时苏联社会主义经济之优点》刊于《新闻类编》第 1638 期。

［苏］巴格里科夫《共产党宣言之思想的胜利》刊于《新闻类编》第 1640 期。

［苏］B. L. 马尔库斯《按照劳动支付工资的社会主义原则》刊于《新闻类编》第 1652 期。

［苏］N. 契图诺娃《高尔基与社会主义的美学》刊于《新闻类编》第 1653 期。

［苏］古洛维支《人民福利不断的提高是社会主义的法则》刊于《新闻类编》第 1654 期。

［苏］Y. 乌协林柯《社会主义经济的胜利》刊于《新闻类编》第 1660 期。

［苏］葛里巴诺夫《"与共产主义斗争"的口号后面隐藏着什么》刊于《新闻类编》第 1664 期。

［苏］A. 毕尔曼《社会主义计划化的胜利》刊于《新闻类编》第 1674 期。

［苏］M. 罗索夫斯基《苏联社会主义竞赛的新阶段》刊于《新闻类编》第 1676 期。

［苏］E. 格列戈列耶夫《工人阶级在社会主义社会改革中的作用》刊于《新闻类编》特刊。

［苏］M. M. 罗森泰《伟大十月社会主义革命与新人物的形成》刊于《新闻类编》特刊。

［苏］S. 伊凡诺夫《论伟大社会主义十月革命的国际意义》刊于《新闻类编》特刊。

张寄庐《历届外长会议之检讨》刊于《东方杂志》第 44 卷第 1 号。

王永康《盟国管制日本的两年》刊于《东方杂志》第 44 卷第 1 号。

陈狱生译《苏联的科学与政治哲学》刊于《东方杂志》第 44 卷第 1 号。

朱经农《在我记忆中的熊秉三先生》刊于《东方杂志》第 44 卷第 1 号。

汪懋祖节译《罗素评杜威哲学》刊于《东方杂志》第 44 卷第 1 号。

岑仲勉《〈列子〉非晋人伪作》刊于《东方杂志》第 44 卷第 1 号。

秦佩珩《辽代货币新考》刊于《东方杂志》第 44 卷第 1 号。

杜光埙《行宪后的监察院》刊于《东方杂志》第 44 卷第 2 号。

李时友《中国国民党训政的经过与检讨》刊于《东方杂志》第 44 卷第 2 号。

沈文辅《论当前花纱布管理政策》刊于《东方杂志》第 44 卷第 2 号。

李紫翔《中国与自由经济》刊于《东方杂志》第 44 卷第 2 号。

毛起鹨《义属非洲殖民地处置问题》刊于《东方杂志》第 44 卷第 2 号。

于树生译《黑人会当选为美国下届的总统么?》刊于《东方杂志》第 44 卷第 2 号。

王锐《现阶段英国贸易政策》刊于《东方杂志》第 44 卷第 2 号。

邵祖平《全唐诗评》刊于《东方杂志》第 44 卷第 2 号。

何鹏毓《明代监察制度》刊于《东方杂志》第 44 卷第 2 号。

许同莘《百姓解》刊于《东方杂志》第 44 卷第 2 号。

王永康《滇缅勘界之回顾与展望》刊于《东方杂志》第 44 卷第 3 号。

何伯言《最近美国政局与大选展望》刊于《东方杂志》第 44 卷第 3 号。

吴泽炎《悼甘地》刊于《东方杂志》第 44 卷第 3 号。

陈钟浩《论巴勒斯坦的分治》刊于《东方杂志》第 44 卷第 3 号。

李善丰《东欧经济集团展望》刊于《东方杂志》第 44 卷第 3 号。

汪家祯《苏联共产党的政治局》刊于《东方杂志》第 44 卷第 3 号。

于树生译《希腊的前途》刊于《东方杂志》第 44 卷第 3 号。

岑仲勉《从嘉峪关到现在苏联边境之明人纪程(上)》刊于《东方杂志》第 44 卷第 3 号。

吴泽霖《人类的来历》刊于《东方杂志》第 44 卷第 3 号。

胡文楷《宋代闺秀艺文考略》刊于《东方杂志》第 44 卷第 3 号。

陈柏心《民国以来的政治演变》刊于《东方杂志》第 44 卷第 4 号。

陈炎《论独立后的新印度》刊于《东方杂志》第 44 卷第 4 号。

梁明致《美苏战斗力之比较》刊于《东方杂志》第 44 卷第 4 号。

王锐《从达尔顿道克列浦斯》刊于《东方杂志》第 44 卷第 4 号。

全之胥译《德国、苏联和美国》刊于《东方杂志》第 44 卷第 4 号。

黄炳坤《自由主义是否没落》刊于《东方杂志》第 44 卷第 4 号。

周子亚《政治理想与政治实验》刊于《东方杂志》第 44 卷第 4 号。

吴景贤《章太炎之民族主义史学》刊于《东方杂志》第 44 卷第 4 号。

岑仲勉《从嘉峪关到现在苏联边境之明人纪程(下)》刊于《东方杂志》第 44 卷第 4 号。

薛留生《甘地的一生》刊于《东方杂志》第 44 卷第 5 号"追悼甘地专号"。

徐亚声《甘地的苦行与非暴力》刊于《东方杂志》第 44 卷第 5 号"追悼甘地专号"。

罗家伦《圣雄证果记》刊于《东方杂志》第 44 卷第 5 号"追悼甘地专号"。

糜文开《圣雄甘地葬礼记》刊于《东方杂志》第 44 卷第 5 号"追悼甘地专号"。

糜文开《甘地简要年谱》刊于《东方杂志》第 44 卷第 5 号"追悼甘地专号"。

吴泽炎节译《甘地嘉言钞》刊于《东方杂志》第 44 卷第 5 号"追悼甘地专号"。

糜榴丽《托尔斯泰给甘地的信》刊于《东方杂志》第 44 卷第 5 号"追悼甘地专号"。

《我国各地追悼甘地事逝世杂记》刊于《东方杂志》第 44 卷第 5 号"追悼甘地专号"。

按:甘地被称为印度民族运动的"国父",他的非暴力爱真理的精神,受世界人民所敬仰,甘地遇难的消息传抵中国后,国民政府主席蒋介石、行政院长张群、外交部长王世杰均立即致电印度总理尼赫鲁吊唁。蒋介石夫妇的电文称:"闻甘地先生遇刺逝世,无任震悼,此以待主张非暴力主义,实现人道之神圣斗士,竟遭暴力之摧残,诚世界之悲剧,令人痛心。中国人民及我等谨向甘地先生之家属,及国大党与印度人民虔致诚挚之吊唁。"北平印侨及北京大学印籍学生,于 1 月 31 日举行追悼甘地大会,北京大学校长胡适应邀出席,并发表演说,演说中以立德立言立功称颂甘地。

郑鹤声《中印两国在历史上之关系》刊于《东方杂志》第 44 卷第 5 号"追悼甘地专号"。

朱文光《第一届国民大会的经过和感想》刊于《东方杂志》第 44 卷第 6 号。

王永康《独立后的外蒙》刊于《东方杂志》第 44 卷第 6 号。

梁明致译《十年来美国对华政策的错误》刊于《东方杂志》第 44 卷第 6 号。

吴泽炎译《邱吉尔大战回忆录——山雨欲来风满楼》刊于《东方杂志》第 44 卷第 6 号。

马逢周《从农业工程谈黄河泛滥区复兴》刊于《东方杂志》第 44 卷第 6 号。

刘咸《战后世界人类学之动向》刊于《东方杂志》第 44 卷第 6 号。

张奇瑛《三十六年中国经济概况》刊于《东方杂志》第 44 卷第 7 号。

陈植《海南岛民食问题之解决途径》刊于《东方杂志》第 44 卷第 7 号。

黄时枢译《拉斯基论美国》刊于《东方杂志》第 44 卷第 7 号。

冯济民译《苏联之复员与再造》刊于《东方杂志》第 44 卷第 7 号。

卫聚贤《彭公案考》刊于《东方杂志》第 44 卷第 7 号。

李循笵《荀子性恶学说征实》刊于《东方杂志》第 44 卷第 7 号。

盖维《英伦旧俗志》刊于《东方杂志》第 44 卷第 7 号。

王仲武《挽救当前经济危机之对策》刊于《东方杂志》第 44 卷第 8 号。

陈玉祥《立委之选举纠纷及法定配额》刊于《东方杂志》第 44 卷第 8 号。

何伯言《美国民主发达的原因与条件》刊于《东方杂志》第 44 卷第 8 号。

张保昇《亚洲的地缘政治》刊于《东方杂志》第 44 卷第 8 号。

周西村《东西集团在德国的角逐》刊于《东方杂志》第 44 卷第 8 号。

钱实甫《"民权论"在政治学中的地位》刊于《东方杂志》第 44 卷第 8 号。

黄维荣译《杜诺爱博士及其名著："人类的命运"》刊于《东方杂志》第 44 卷第 8 号。

沈玉清《论别居制度》刊于《东方杂志》第 44 卷第 8 号。

隋树森译《中国人的趣味生活》刊于《东方杂志》第 44 卷第 8 号。

汤钟琰《论传记文学》刊于《东方杂志》第 44 卷第 8 号。

罗典荣《国民大会的存废问题》刊于《东方杂志》第 44 卷第 9 号。

重马《战后法国内阁更迭之综析》刊于《东方杂志》第 44 卷第 9 号。

任以都《留美中国学生的思想测验》刊于《东方杂志》第 44 卷第 9 号。

法舫《今日之印度》刊于《东方杂志》第 44 卷第 9 号。

于彭《美国国际贸易政策与外汇管制》刊于《东方杂志》第 44 卷第 9 号。

杨忆湖译《柏林的危机》刊于《东方杂志》第 44 卷第 9 号。

梁明致《战后的日本共产党》刊于《东方杂志》第 44 卷第 9 号。

洪焕椿《孙仲容先生生平与学术贡献》刊于《东方杂志》第 44 卷第 9 号。

虞愚《一种新信仰的人生观》刊于《东方杂志》第 44 卷第 9 号。

傅庚生《谈文学的趣味》刊于《东方杂志》第 44 卷第 9 号。

柳维垣《新社会经济政策之动议》刊于《东方杂志》第 44 卷第 10 号。

钱健夫《论大赦及赦典》刊于《东方杂志》第 44 卷第 10 号。

赵廷鉴《东西欧两集团对立的地理背景》刊于《东方杂志》第 44 卷第 10 号。

于树生译《和战关键的奥地利》刊于《东方杂志》第 44 卷第 10 号。

杨忆湖译《北欧的政治新局势》刊于《东方杂志》第 44 卷第 10 号。

吴泽霖《人类的展望》刊于《东方杂志》第 44 卷第 10 号。

沈筠玉《沈文肃公轶事考正》刊于《东方杂志》第 44 卷第 10 号。

刘阶平《蒲留仙遗著考略》刊于《东方杂志》第 44 卷第 10 号。

张长弓《论汉乐府中的赵代秦楚之讴——读闻一多底什么是九歌后》刊于《东方杂志》第 44 卷第 10 号。

萧文哲《临时财产税应否与应如何课征》刊于《东方杂志》第 44 卷第 11 号。

李善丰《苏联的战后石油政策》刊于《东方杂志》第 44 卷第 11 号。

彭文凯《促成对日和约及其目标》刊于《东方杂志》第 44 卷第 11 号。

周西村《联合国的困恼》刊于《东方杂志》第 44 卷第 11 号。

唐钺《论历史上名号之始非即事实之始》刊于《东方杂志》第 44 卷第 11 号。

罗香林《历代治乱的因果》刊于《东方杂志》第 44 卷第 11 号。

张礼千《宋代之三佛齐》刊于《东方杂志》第 44 卷第 11 号。

袁圣时《"红楼梦"研究》刊于《东方杂志》第 44 卷第 11 号。

邵祖平《说词心》刊于《东方杂志》第 44 卷第 11 号。

杨彬惠《欧洲复兴计划的过去和展望》刊于《东方杂志》第 44 卷第 12 号。

万良炯《苏联的中亚各共和国》刊于《东方杂志》第 44 卷第 12 号。

王詠劼译《日本的土地改革》刊于《东方杂志》第 44 卷第 12 号。

黎照寰《谁真是出家行仁者?》刊于《东方杂志》第 44 卷第 12 号。

梁叔莹《记台湾民主国始末》刊于《东方杂志》第 44 卷第 12 号。

黄盛璋《李清照〈金石录后序〉作年考辨》刊于《东方杂志》第 44 卷第 12 号。

达《论今年外交重心》刊于《论语半月刊》第 144 号。

顾仲彝《啼笑皆非过新年》刊于《论语半月刊》第 144 号。

陈子展《谈到联语文学》刊于《论语半月刊》第 144 号。

王平陵《山穷水尽疑无路》刊于《论语半月刊》第 144 号。

达《改革币制》刊于《论语半月刊》第 145 号。

陈子展《谈到联语文学》刊于《论语半月刊》第 145 号。

年《理论与实施》刊于《论语半月刊》第 146 号。

达《顾名不能思义》刊于《论语半月刊》第 146 号。

若庵《论节约筵席》刊于《论语半月刊》第 146 号。

罗念生《谈灵感》刊于《论语半月刊》第 146 号。

陈子展《谈到联语文学》刊于《论语半月刊》第 146 号。

何芳洲《谈岁时风土》刊于《论语半月刊》第 147 号。

沈有乾《高等华人福利保障会》刊于《论语半月刊》第 147 号。

亦凡《报纸读法举隅》刊于《论语半月刊》第 147 号。

巴鲁爵士《苏格拉底谈北平所需》刊于《论语半月刊》第 147 号。

陈子展《谈谈联语文学》刊于《论语半月刊》第 147 号。

巴鲁爵士《苏格拉底谈北平所需(续)》刊于《论语半月刊》第 148 号。

徐钦文《鬼的世界》刊于《论语半月刊》第 148 号。

彭学海《孩子们底未来观》刊于《论语半月刊》第 148 号。

王子云《救国必先亡国说》刊于《论语半月刊》第 148 号。

何芳洲《选举富议》刊于《论语半月刊》第 149 号。

李之谟《民主真谛》刊于《论语半月刊》第 149 号。

顾仲彝《香港杂感》刊于《论语半月刊》第 149 号。

许钦文《丰子恺的赤心国》刊于《论语半月刊》第 149 号。

慧星《"官"与"论语"》刊于《论语半月刊》第 149 号。

吴同宝《五行今解》刊于《论语半月刊》第 149 号。

巴鲁爵士《试谈艺术与文化》刊于《论语半月刊》第 150 号。

李之谟《新通货策》刊于《论语半月刊》第 150 号。

王维凯《论机遇》刊于《论语半月刊》第 150 号。

皇父一《从背后看国大》刊于《论语半月刊》第 151 号。

慧星《京话──国大特写一》刊于《论语半月刊》第 151 号。

亦凡《节约运动应即停止论》刊于《论语半月刊》第 151 号。

钱哥川《谈博览多识》刊于《论语半月刊》第 152 号。

若庵《论"大国民风度"》刊于《论语半月刊》第 152 号。

倪宝元《开门原是闭门人》刊于《论语半月刊》第 153 号。

若庵《如何利用美贷》刊于《论语半月刊》第 153 号。

梁实秋《我的国文先生》刊于《论语半月刊》第 153 号。

赵景深《睡学概论》刊于《论语半月刊》第 155 号。

杨海《唯睡觉可以格物致知修身齐家治国平天下论》刊于《论语半月刊》第 155 号。

亦凡《一日之睡在于晨》刊于《论语半月刊》第 155 号。

海戈《与友人论写幽默》刊于《论语半月刊》第 156 号。

念新《特工与间谍揭源》刊于《论语半月刊》第 156 号。

赫理斯作，林微音译《雅各先生的哲学》刊于《论语半月刊》第 156 号。

辛沃《关于"睡"的种种》刊于《论语半月刊》第 156 号。

吉庸《与友人论做官之道》刊于《论语半月刊》第 157 号。

念新《谈书信》刊于《论语半月刊》第 157 号。

辛沃《读海戈书有感》刊于《论语半月刊》第 157 号。

一行《现世相》刊于《论语半月刊》第 157 号。

屏溪《论慈善是一种罪恶》刊于《论语半月刊》第 157 号。

匡扶《人间天上》刊于《论语半月刊》第 158 号。

王平陵《谈包工制度》刊于《论语半月刊》第 158 号。

亦凡《关于文官受军训》刊于《论语半月刊》第 158 号。

若庵《谈抑平物价之道》刊于《论语半月刊》第 158 号。

达《复兴农村》刊于《论语半月刊》第 159 号。

达《避暑就国》刊于《论语半月刊》第 159 号。

一行《挽救法币七策》刊于《论语半月刊》第 159 号。

匡扶《"多难兴邦"与"人相贪"》刊于《论语半月刊》第 159 号。

季明《国粹大学筹备始末》刊于《论语半月刊》第 159 号。

杨德启《谈看报》刊于《论语半月刊》第 159 号。

姜侠魂《冷眼看作者》刊于《论语半月刊》第 159 号。

沈从文《中国往何处去》刊于《论语半月刊》第 160 号。

俞平伯《智人愚人聪明人》刊于《论语半月刊》第 160 号。

铭心《法币先生行述》刊于《论语半月刊》第 160 号。

吴同宝《招魂》刊于《论语半月刊》第 160 号。

达《勤俭建国》刊于《论语半月刊》第 161 号。

达《好文章》刊于《论语半月刊》第 161 号。

王泰鹍《"圆""元""援"辨》刊于《论语半月刊》第 161 号。

燕南《关于冯玉祥先生》刊于《论语半月刊》第 161 号。

吴频迦《谈世故人情》刊于《论语半月刊》第 161 号。

金马《谈走私》刊于《论语半月刊》第 161 号。

达《如何庆祝国庆》刊于《论语半月刊》第 163 号。

巴鲁爵士《迎接秋天》刊于《论语半月刊》第 163 号。

俞伯平《关于"义战"一文》刊于《论语半月刊》第 163 号。

明堂《为黄牛党辩护》刊于《论语半月刊》第 163 号。

王泰鹍《谈"观潮"》刊于《论语半月刊》第 163 号。

达《如何安定民心》刊于《论语半月刊》第 164 号。

达《为民请命》刊于《论语半月刊》第 164 号。

丰子恺《海上奇遇记》刊于《论语半月刊》第 164 号。

辛沃《明清的清算豪门案(上)》刊于《论语半月刊》第 164 号。

海戈《与友人再论写幽默》刊于《论语半月刊》第 164 号。

郭明《诗与诗人》刊于《论语半月刊》第 164 号。

达《为民请命》刊于《论语半月刊》第 165 号。

李之谟《大家有饭吃及其他》刊于《论语半月刊》第 165 号。

一峰《经济改革颂》刊于《论语半月刊》第 165 号。

陈蠹园《混蛋之古义》刊于《论语半月刊》第 165 号。

辛沃《明清的清算豪门案(下)禹》刊于《论语半月刊》第 165 号。

达《成功与失败》刊于《论语半月刊》第 166 号。

何芳洲《读陈布雷先生遗书》刊于《论语半月刊》第 166 号。

彭学海《穷则变,变又不通辨》刊于《论语半月刊》第 166 号。

海戈《两年与论语》刊于《论语半月刊》第 166 号。

陈蠹园《称谓之贵贱》刊于《论语半月刊》第 166 号。

作舟《搓麻将的性格训练》刊于《论语半月刊》第 166 号。

余兆文《从革命生意经谈到公权政治》刊于《论语半月刊》第 166 号。

解焕基《中华民国奇人怪事全书》刊于《论语半月刊》第 166 号。

达《逃难与租界》刊于《论语半月刊》第 167 号。

达《时势造黄牛》刊于《论语半月刊》第 167 号。

何芳洲《逃难哲学》刊于《论语半月刊》第 167 号。

彭学海《逃难学 ABC》刊于《论语半月刊》第 167 号。

燕南《忆租界》刊于《论语半月刊》第 167 号。

念新《六朝时的白话文》刊于《论语半月刊》第 167 号。

一峰《大量,狭足,嫉妒》刊于《论语半月刊》第 167 号。

冀无怨《公务员自向》刊于《论语半月刊》第 167 号。

陈东复《谈一个学术出路的难题》刊于《时事评论》第 1 卷第 19 期。

按:是文曰:"学术是教育重心,教育不振,学术即无由发展。客观条件缺乏,固足以影响学术之推进,而建立正确合理的教育制度,尤关重要。……任何外界困难,无不可藉人力排除,若教育本身与发展学术背驰之弊,则非从制度上作改弦易辙,确立方针,不足以言学术。因此,我们惟有探求教育本身漏洞而填补之,才能为学术谋一条真正的出路。"是文特别强调:"学校应该是研究学术,追求真理的场所。欲谋学术有其出路,必须先令教育脱离'养士教育'的窠臼,使作为学术中心的大学超然于现实政治之上,学生有充分求知的自由与发展才能的机会。"

刘绪贻《知识生活的偏向》刊于《观察》第 3 卷第 19 期。

李孝友《读〈关于中共往何处去〉兼论自由主义者的道路》刊于《观察》第 3 卷第 19 期。

袁方《论商贾》刊于《观察》第 3 卷第 19 期。

朱光潜《自由份子与民主政治》刊于《观察》第 3 卷第 19 期。

方显廷《远东经济委员会与中国国体改革的内在因素》刊于《观察》第 3 卷第 20 期。

严仁赓《论反对政府》刊于《观察》第 3 卷第 20 期。

费孝通《华莱士竞选的道德意味》刊于《观察》第 3 卷第 21 期。

周叔厚《论立法院内应设置——"立法顾问委员会"》刊于《观察》第 3 卷第 21 期。

陈达《人口普查与技术人才》刊于《观察》第 3 卷第 21 期。

施复亮《论民主主义者的道路》刊于《观察》第 3 卷第 22 期。

芮沐《行宪前夕的一个达宪之法》刊于《观察》第 3 卷第 22 期。

谢南阳《日本政局》刊于《观察》第 3 卷第 22 期。

张东荪《关于中国出路的看法》刊于《观察》第 3 卷第 23 期。

陈梦家《论习文史》刊于《观察》第 3 卷第 23 期。

刘子健《日本复兴会不会威胁中国？中国应该怎样应付复兴的日本？》刊于《观察》第 3 卷第 24 期。

储安平《论程孟明案兼论社会有心人能否合拢来做一点事情》刊于《观察》第 3 卷第 24 期。

蔡维藩《美苏能否相互了解？》刊于《观察》第 3 卷第 24 期。

张东荪《政治上的自由主义与文化上的自由主义》刊于《观察》第 4 卷第 1 期。

周炳琳《虽然对立不见得就有战争》刊于《观察》第 4 卷第 1 期。

何永佶《世界之两极化》刊于《观察》第 4 卷第 1 期。

费孝通《关于"日本复兴会不会威胁中国"》刊于《观察》第 4 卷第 1 期。

陈振汉《国民所得》刊于《观察》第 4 卷第 1 期。

张东荪《经济平等与废除剥削》刊于《观察》第 4 卷第 2 期。

钱克新《评对国际现势的一种论调》刊于《观察》第 4 卷第 2 期。

潘光旦《读自由主义宣言》刊于《观察》第 4 卷第 3 期。

郭叔壬《宪政和中国文化》刊于《观察》第 4 卷第 3 期。

季羡林《论聘请外国教授》刊于《观察》第 4 卷第 3 期。

曹觉民《论神境》刊于《观察》第 4 卷第 3 期。

杨人楩《内战论》刊于《观察》第 4 卷第 4 期。

施复亮《废除剥削与增加生产》刊于《观察》第 4 卷第 4 期。

费孝通《关于乡土工业和绅权》刊于《观察》第 4 卷第 4 期。

楼邦彦《如何能粉饰得了太平？》刊于《观察》第 4 卷第 5 期。

胡为柏《内战给予工矿事业的摧残》刊于《观察》第 4 卷第 5 期。

钱邦楷《东北严重性怎样促成的》刊于《观察》第 4 卷第 5 期。

笪移今《论当前的土地问题》刊于《观察》第 4 卷第 6 期。

吴晗《论皇权》刊于《观察》第 4 卷第 6 期。

樊弘《只有两条路》刊于《观察》第 4 卷第 7 期。

潘光旦《梦魇的觉醒？》刊于《观察》第 4 卷第 7 期。

李浩培《联合国的安全理事会与国际和平》刊于《观察》第 4 卷第 7 期。

田汝康《美援与英国外交》刊于《观察》第 4 卷第 7 期。

浩然《论政治上的新病态》刊于《观察》第 4 卷第 7 期。

孙克宽《重演历史？创造历史？》刊于《观察》第 4 卷第 8 期。

浩然《从人事上论中国政治》刊于《观察》第 4 卷第 8 期。

储安平《国大评论》刊于《观察》第 4 卷第 9 期。

费孝通《再论美国大选》刊于《观察》第 4 卷第 9 期。

卢志群《目前所需要的文字改革》刊于《观察》第 4 卷第 9 期。

刘子健《辩日本复兴与问题》刊于《观察》第 4 卷第 9 期。

余才友《谈今天的学生》刊于《观察》第 4 卷第 9 期。

楼邦彦《两个共和之间的法兰西》刊于《观察》第 4 卷第 9 期。

楼邦彦《论动员戡乱时期临时条款》刊于《观察》第 4 卷第 10 期。

刘旭贻《两种克服自然的知识活动及其冲突》刊于《观察》第 4 卷第 10 期。

王铁崖《此中土之远思而非目前之近忧》刊于《观察》第 4 卷第 11 期。

何永佶《论中国式的代议制度》刊于《观察》第 4 卷第 11 期。

浩然《从政策上论中国政治》刊于《观察》第 4 卷第 11 期。

费孝通《读赫尔回忆录》刊于《观察》第 4 卷第 12 期。

张述祖《无病之病》刊于《观察》第 4 卷第 12 期。

吴恩裕《社会契约论》刊于《观察》第 4 卷第 12 期。

季羡林《忠告民主党与青年党》刊于《观察》第 4 卷第 13 期。

周东郊《论"以平等带我之民族"兼论我们的道路》刊于《观察》第 4 卷第 13 期。

刘绪贻《人性的压抑与了解》刊于《观察》第 4 卷第 13 期。

吴伯洲《谈家庭津贴制度》刊于《观察》第 4 卷第 13 期。

袁翰青《知识青年的道路》刊于《观察》第 4 卷第 13 期。

费孝通《和平之谜》刊于《观察》第 4 卷第 14 期。

吴晗《论所谓中国式的代议制度》刊于《观察》第 4 卷第 14 期。

金轮海《文字改革的实验》刊于《观察》第 4 卷第 14 期。

储安平《评翁文灏内阁》刊于《观察》第 4 卷第 15 期。

楼邦彦《读教育部两个带电后》刊于《观察》第 4 卷第 15 期。

袁翰青《原子能与世界和平》刊于《观察》第 4 卷第 15 期。

田汝康《一个英国乡土时事讨论会旁听记》刊于《观察》第 4 卷第 15 期。

张培刚《从"新经济学"谈到凯恩斯和马克思》刊于《观察》第 4 卷第 15 期。

李纯青《论反扶日》刊于《观察》第 4 卷第 16 期。

刘学浚《汉字的改革》刊于《观察》第 4 卷第 16 期。

何永佶《生意经济外交》刊于《观察》第 4 卷第 16 期。

浩然《论做官与用人》刊于《观察》第 4 卷第 16 期。

谭崇台《论日本赔偿问题》刊于《观察》第 4 卷第 17 期。

严仁赓《社会主义乎？新资本主义乎？》刊于《观察》第 4 卷第 17 期。

刘子健《"美国与中国"》刊于《观察》第 4 卷第 17 期。

笪移今《箭在弦上的币制改革》刊于《观察》第 4 卷第 18 期。

樊弘《关于以平等待我之民族》刊于《观察》第 4 卷第 18 期。

田汝康《英国人看中国》刊于《观察》第 4 卷第 19 期。

储安平《政府利刃指向〈观察〉》刊于《观察》第 4 卷第 20 期。

笪移今《物价涨风的新阶段》刊于《观察》第 4 卷第 20 期。

齐星《辩论》刊于《观察》第 4 卷第 20 期。

陆君平《时局问答》刊于《观察》第 4 卷第 21 期。

施复亮《新中国的政治与经济》刊于《观察》第 4 卷第 21 期。

方秋苇《评南京中央日报对王芸生的攻击》刊于《观察》第 4 卷第 22 期。

楼邦彦《论"公然反对政府"》刊于《观察》第 4 卷第 22 期。

费孝通《两分三裂的民主党》刊于《观察》第 4 卷第 22 期。

储安平《吃重·苦斗·尽心》刊于《观察》第 4 卷第 23—24 合期。

孙克宽《小康之局·如何实现?》刊于《观察》第 4 卷第 23—24 合期。

笪移今《七个月来的中国经济情势》刊于《观察》第 4 卷第 23—24 合期。

严仁赓《再和施复亮先生谈"新资本主义"》刊于《观察》第 4 卷第 23—24 合期。

胡庆钧《费孝通及其研究工作》刊于《观察》第 4 卷第 23—24 合期。

张东荪《增产与革命》刊于《观察》第 4 卷第 23—24 合期。

樊弘《金圆券能稳定物价吗?》刊于《观察》第 5 卷第 1 期。

费孝通《评晏阳初〈开发民力建设乡村〉》刊于《观察》第 5 卷第 1 期。

张东荪《民主主义与社会主义补义》刊于《观察》第 5 卷第 1 期。

赵超权《论政府大捕学生》刊于《观察》第 5 卷第 2 期。

潘光旦《从几个世运选手拒绝回国说起》刊于《观察》第 5 卷第 2 期。

张东荪《民主主义与社会主义补义》刊于《观察》第 5 卷第 2 期。

楼邦彦《国法与校章之间》刊于《观察》第 5 卷第 3 期。

徐道邻《论现行法律教育制度》刊于《观察》第 5 卷第 3 期。

张志让《评全国学生被捕事》刊于《观察》第 5 卷第 4 期。

方秋苇《张群访日之行》刊于《观察》第 5 卷第 4 期。

萧乾《托治:联合国的试金石》刊于《观察》第 5 卷第 5 期。

张振鹍《联合国大会怎样工作》刊于《观察》第 5 卷第 5 期。

郭绍虞《谈方言文学》刊于《观察》第 5 卷第 5 期。

李长之《评李广田的〈引力〉》刊于《观察》第 5 卷第 5 期。

严仁赓《政治力量能稳定物价》刊于《观察》第 5 卷第 6 期。

刘涤源《论物价的局部管制》刊于《观察》第 5 卷第 6 期。

杨人楩《科学精神与民主态度》刊于《观察》第 5 卷第 6 期。

潘光旦《工业化与人格》刊于《观察》第 5 卷第 7 期。

刘绪贻《道德的眼镜》刊于《观察》第 5 卷第 7 期。

严中平《资本主义发展史的研究》刊于《观察》第 5 卷第 7 期。

杨人楩《再论自由主义的途径》刊于《观察》第 5 卷第 8 期。

刘大杰《教育与政治》刊于《观察》第 5 卷第 8 期。

王璧岑《从站前标准看公教人员待遇》刊于《观察》第 5 卷第 8 期。

李超《从妇女运动看妇女问题》刊于《观察》第 5 卷第 8 期。

黄碧遥《读潘光旦先生妇女问题的论文后》刊于《观察》第 5 卷第 8 期。

杨人楩《再论内战》刊于《观察》第 5 卷第 9 期。

罗志如《论远东马歇尔计划》刊于《观察》第 5 卷第 9 期。

施复亮《论当前的经管情形》刊于《观察》第 5 卷第 10 期。

刘涤源《千疮万孔的物价管制》刊于《观察》第 5 卷第 10 期。

刘绪贻《工业化的利弊》刊于《观察》第 5 卷第 10 期。

笪移今《现价解除·危机依旧》刊于《观察》第 5 卷第 11 期。

张东荪《知识分子与文化的自由》刊于《观察》第 5 卷第 11 期。

王了之《漫谈方言文学》刊于《观察》第 5 卷第 11 期。

杨庆堃《杜鲁门胜利的分析》刊于《观察》第 5 卷第 12 期。

施复亮《评最近官方挽救经济危机的方法》刊于《观察》第 5 卷第 12 期。

陈志让《原子能与世界大局》刊于《观察》第 5 卷第 12 期。

储安平《政治失常》刊于《观察》第 5 卷第 13 期。

徐毓枬《经济学人与经济方案》刊于《观察》第 5 卷第 13 期。

吴景超《从四种观点论美苏两国的经济平等》刊于《观察》第 5 卷第 13 期。

徐毓枬《币值再变革与物价前途》刊于《观察》第 5 卷第 14 期。

刘涤源《论金币铸造与修正》刊于《观察》第 5 卷第 14 期。

夏鼐《中央研究院第一院士的分析》刊于《观察》第 5 卷第 14 期。

费孝通《美国在华还能做些什么》刊于《观察》第 5 卷第 14 期。

全慰天《贫穷与贫穷问题》刊于《观察》第 5 卷第 15 期。

谭崇台《"生产因素四分法"与革命》刊于《观察》第 5 卷第 15 期。

樊弘《关于传统经济学的总答辩》刊于《观察》第 5 卷第 15 期。

杨庆堃《美国援华问题的估量》刊于《观察》第 5 卷第 16 期。

潘光旦《读书的自由》刊于《观察》第 5 卷第 16 期。

陈仁炳《论政治变动》刊于《观察》第 5 卷第 17 期。

蒋学模《美苏关系的现在与将来》刊于《观察》第 5 卷第 18 期。

拉铁摩尔《中国的危机及其将来》刊于《观察》第 5 卷第 18 期。

胡道静《新闻报四十年史》刊于《报学杂志》第 1 卷第 2 期。

丘良任《新闻修辞的渊源（上）》刊于《报学杂志》第 1 卷第 2 期。

王洪钧《新闻白话运动》刊于《报学杂志》第 1 卷第 2 期。

曾虚白《注重通才的培养》刊于《报学杂志》第 1 卷第 2 期。

朱沛人《改革新闻教育》刊于《报学杂志》第 1 卷第 2 期。

储玉坤《论我国新闻教育》刊于《报学杂志》第 1 卷第 2 期。

凌遇选《纽约前锋论坛报董事长李特夫人访问记》刊于《报学杂志》第 1 卷第 2 期。

潘焕昆《报纸、广播、电影技术需要调查委员会报告书》刊于《报学杂志》第 1 卷第 2 期。

武道《中国新闻教育的现状与急需》刊于《报学杂志》第 1 卷第 3 期。

葛思恩《扩大新闻采访的范围》刊于《报学杂志》第 1 卷第 3 期。

胡道静《民初的上海政党报纸与"大共和报"》刊于《报学杂志》第 1 卷第 3 期。

卢前《新闻与旧闻》刊于《报学杂志》第 1 卷第 3 期。

郑和平《从币制改革前后的言论看京沪四大报的代表性》刊于《报学杂志》第 1 卷第 3 期。

金显诚《新闻学系增设印刷课程平议》刊于《报学杂志》第 1 卷第 3 期。

丘良任《新闻修辞的渊源（下）》刊于《报学杂志》第 1 卷第 3 期。

陈涤群《报纸联合版汇编》刊于《报学杂志》第 1 卷第 3 期。

郭步陶《新闻界的使命》刊于《报学杂志》第 1 卷第 3 期。

陈丙一《驻京记者的遭遇》刊于《报学杂志》第 1 卷第 3 期。

张明《我是"官场记者"》刊于《报学杂志》第 1 卷第 3 期。

赵浩生《有辛苦也有骄傲》刊于《报学杂志》第 1 卷第 3 期。

彭河清《探访杂谈》刊于《报学杂志》第 1 卷第 3 期。

陈叔同《问题背面是新闻》刊于《报学杂志》第 1 卷第 3 期。

孔昭恺《首都探访的今昔》刊于《报学杂志》第 1 卷第 3 期。

陆铿《权把新闻场面当戏看》刊于《报学杂志》第 1 卷第 3 期。

赵效沂《南京——新闻的宝库》刊于《报学杂志》第 1 卷第 3 期。

乐恕人《我在南京工作一年》刊于《报学杂志》第 1 卷第 3 期。

钱钟易《抗战期间中央日报四社长》刊于《报学杂志》第 1 卷第 3 期。

秦尔柯《暹罗之报业》刊于《报学杂志》第 1 卷第 3 期。

谢然之《新闻自由原理》刊于《报学杂志》第 1 卷第 3 期。

清秋《抗议立法院之闭关政策》刊于《报学杂志》第 1 卷第 4 期。

郑浩铭《犯罪新闻应该报道》刊于《报学杂志》第 1 卷第 4 期。

陶希圣《犯罪执行不必描写》刊于《报学杂志》第 1 卷第 4 期。

赵冕《报导犯罪客观为上》刊于《报学杂志》第 1 卷第 4 期。

马元放《任何新闻皆须净化》刊于《报学杂志》第 1 卷第 4 期。

梅仲协《报纸如镜好坏都照》刊于《报学杂志》第 1 卷第 4 期。

赵琛《报道犯罪的五原则》刊于《报学杂志》第 1 卷第 4 期。

陈耀东《犯罪方法大可从略》刊于《报学杂志》第 1 卷第 4 期。

梁其林《正确、公正、审慎、积极》刊于《报学杂志》第 1 卷第 4 期。

魏涛《应为被损害者着想》刊于《报学杂志》第 1 卷第 4 期。

林彬《记者不能侮辱被告》刊于《报学杂志》第 1 卷第 4 期。

戴修瓒《侦审期间不要报道》刊于《报学杂志》第 1 卷第 4 期。

胡秋原《只登结果不登过程》刊于《报学杂志》第 1 卷第 4 期。

季荆荪《另找线索大家同做》刊于《报学杂志》第 1 卷第 4 期。

张友鹤《书面意见》刊于《报学杂志》第 1 卷第 4 期。

黄卓明《京报起源与明季》刊于《报学杂志》第 1 卷第 4 期。

原景信《高斯公司的新型轮转机》刊于《报学杂志》第 1 卷第 4 期。

袁昶超《初期的报学教育》刊于《报学杂志》第 1 卷第 4 期。

曾我部静雄《中国新闻纸之起源》刊于《报学杂志》第 1 卷第 4 期。

王研石《驻外记者必具的基本条件》刊于《报学杂志》第 1 卷第 4 期。

Cruin《新闻记者要上前线》刊于《报学杂志》第 1 卷第 4 期。

田玉振《英国对于报业的管制》刊于《报学杂志》第 1 卷第 4 期。

钟华姐《敬与武道教授论中国新闻教育》刊于《报学杂志》第 1 卷第 4 期。

胡道静《一次大战盟国殉职报人录》刊于《报学杂志》第 1 卷第 4 期。

桑榆《晚景凄凉的赫斯脱》刊于《报学杂志》第 1 卷第 4 期。

秦尔柯《加拿大报业概况》刊于《报学杂志》第 1 卷第 4 期。

赵冕《农民欢迎报纸下乡深入民间针对需要》刊于《报学杂志》第 1 卷第 5 期。

罗廷光《报业利赖教育经济教育报纸相互为用》刊于《报学杂志》第 1 卷第 5 期。

吴望伋《政府支持地方报纸下乡运动应有准备》刊于《报学杂志》第 1 卷第 5 期。

陈粤人《各地办报要合需要租阅报纸增加效用》刊于《报学杂志》第 1 卷第 5 期。

赵冕《扫除文盲应无问题报纸应该俯就民众》刊于《报学杂志》第 1 卷第 5 期。

王洪钧《报纸下乡与乡下报纸》刊于《报学杂志》第 1 卷第 5 期。

冯列山《什么是新闻学?》刊于《报学杂志》第 1 卷第 5 期。

胡道静《情报、新闻、历史》刊于《报学杂志》第 1 卷第 5 期。

袁昶超《中国的报学教育》刊于《报学杂志》第 1 卷第 5 期。

郑和平《为办地方报说几句话》刊于《报学杂志》第 1 卷第 5 期。

容又铭《展开报纸下乡运动》刊于《报学杂志》第 1 卷第 5 期。

孙如陵《复兴农村与发展报业》刊于《报学杂志》第 1 卷第 5 期。

益之《法国十大主笔谈社论》刊于《报学杂志》第 1 卷第 5 期。

卢冀野《理想中的副刊》刊于《报学杂志》第 1 卷第 5 期。

丁伯骝《从诉苦说到我的理想》刊于《报学杂志》第 1 卷第 5 期。

胡秀眉《简论副刊内容演变过程》刊于《报学杂志》第 1 卷第 5 期。

陈裕清《新型的新闻教育》刊于《报学杂志》第 1 卷第 5 期。

胡熙如《由港出走回忆录》刊于《报学杂志》第 1 卷第 5 期。

秦尔柯《瑞士之新闻事业》刊于《报学杂志》第 1 卷第 5 期。

范劲草《八项建议》刊于《报学杂志》第 1 卷第 5 期。

阎又文《所望于"报学"者》刊于《报学杂志》第 1 卷第 5 期。

李熙耀《好好坏坏》刊于《报学杂志》第 1 卷第 5 期。

李果《莫斯科的报纸(上)》刊于《报学杂志》第 1 卷第 6 期。

严独鹤《编辑副刊的体验与感想》刊于《报学杂志》第 1 卷第 6 期。

胡道静《中国报纸的起源和发展》刊于《报学杂志》第 1 卷第 6 期。

顾毓琇《如何增加本国纸张之生产》刊于《报学杂志》第 1 卷第 6 期。

袁昶超《报学教育的目的》刊于《报学杂志》第 1 卷第 6 期。

王公亮《进步的新闻教育》刊于《报学杂志》第 1 卷第 6 期。

张啸虎《伦记者的人生观(上)》刊于《报学杂志》第 1 卷第 6 期。

何敬仁《报人精神的认识》刊于《报学杂志》第 1 卷第 6 期。

钟华俎《论今后报纸的路向》刊于《报学杂志》第 1 卷第 6 期。

戴仲坚《新闻伦理化问题》刊于《报学杂志》第 1 卷第 6 期。

英倚泉《罗马教皇的报纸》刊于《报学杂志》第 1 卷第 6 期。

秦尔柯《巴西之新闻学业》刊于《报学杂志》第 1 卷第 6 期。

瞿农菊《报纸下乡》刊于《报学杂志》第 1 卷第 6 期。

刘觉民《中国新闻事业未来发展的特质》刊于《报学杂志》第 1 卷第 7 期。

戴永福《论报纸的标准》刊于《报学杂志》第 1 卷第 7 期。

张啸虎《论记者的人生观(下)》刊于《报学杂志》第 1 卷第 7 期。

[英]安德禄士《今日编辑底任务》刊于《报学杂志》第 1 卷第 7 期。

袁昶超《报学系课程概述》刊于《报学杂志》第 1 卷第 7 期。

庄伯勳《新闻广告学》刊于《报学杂志》第 1 卷第 7 期。

白宝善《论新闻系与新闻界之合作》刊于《报学杂志》第 1 卷第 7 期。

方圆《史达林能够看到的广告——苏联报业史料之一》刊于《报学杂志》第 1 卷第 7 期。

陈约文《新闻资料与资料室》刊于《报学杂志》第 1 卷第 7 期。

陈光宇《新闻图片的征集与管理》刊于《报学杂志》第 1 卷第 7 期。

秦尔柯《土耳其的新闻事业》刊于《报学杂志》第 1 卷第 7 期。

娄绍莲译《法国记者与"职业秘密"》刊于《报学杂志》第 1 卷第 7 期。

马星野《报学研究之国际化——论联合国国际新闻研究院计划》刊于《报学杂志》第 1 卷第 8 期。

马星野《美国报界巨星之陨落——悼美国联合社创办人诺意斯先生》刊于《报学杂志》第 1 卷第 8 期。

张啸虎《报格论》刊于《报学杂志》第 1 卷第 8 期。

胡道静《戊戌政变五十年祭与中外日报》刊于《报学杂志》第 1 卷第 8 期。

袁昶超《报学教育和职业训练》刊于《报学杂志》第 1 卷第 8 期。

方圆《莫斯科的报纸(下)》刊于《报学杂志》第 1 卷第 8 期。

孙如陵《实验报与资料供应社》刊于《报学杂志》第 1 卷第 8 期。

潘霱《杜会新闻的取材与表现》刊于《报学杂志》第 1 卷第 8 期。

余钟和《普利遮与纽约世界报》刊于《报学杂志》第 1 卷第 8 期。

林家琦《报坛的宠儿——北平小型报》刊于《报学杂志》第 1 卷第 8 期。

钟华姐《记社教学院全国报纸展览》刊于《报学杂志》第 1 卷第 8 期。

鲍威尔著,葛思恩译《旅华二十五年(下)》刊于《报学杂志》第 1 卷第 8 期。

马星野《今后的报学杂志》刊于《报学杂志》第 1 卷第 9 期。

袁昶超《报学教育的前途》刊于《报学杂志》第 1 卷第 9 期。

马星野《评论记者之工作与责任》刊于《报学杂志》第 1 卷第 9 期。

余予《什么叫做新闻》刊于《报学杂志》第 1 卷第 9 期。

胡道静《戊戌政变五十年祭与中外日报(中)》刊于《报学杂志》第 1 卷第 9 期。

叶样苓《漫谈"小报化周刊"》刊于《报学杂志》第 1 卷第 9 期。

静《大陆报的执行权归美人》刊于《报学杂志》第 1 卷第 9 期。

时雨《在艰难中行进的兰州报业》刊于《报学杂志》第 1 卷第 9 期。

程桯《自由主义者与中国现局》刊于《时与文》第 2 卷第 16 期。

范承祥《中国政府关于对日和会的态度》刊于《时与文》第 2 卷第 16 期。

林沧白《改革币制之谜》刊于《时与文》第 2 卷第 16 期。

郭大力《金融管理之分析》刊于《时与文》第 2 卷第 16 期。

陈达《北美重游(二)》刊于《时与文》第 2 卷第 16 期。

梅碧华《美援与中国》刊于《时与文》第 2 卷第 17 期。

杜明《评大公报对于自由主义的看法》刊于《时与文》第 2 卷第 17 期。

张啸虎《言论与资本》刊于《时与文》第 2 卷第 17 期。

王亚南《农民在官僚政治下的社会经济生活》刊于《时与文》第 2 卷第 17 期。

李之显《愿"民意机关"勿出卖民意》刊于《时与文》第 2 卷第 17 期。

周至诚《从"西欧联盟"说起》刊于《时与文》第 2 卷第 17 期。

陈达《北美重游(三)》刊于《时与文》第 2 卷第 17 期。

蔡尚思《我不信仰甘地》刊于《时与文》第 2 卷第 18 期。

冯契《论自由主义的本质与方向》刊于《时与文》第 2 卷第 18 期。

孟坚《"自由主义者的道路"是什么?》刊于《时与文》第 2 卷第 18 期。

郭森麒《论法郎贬值》刊于《时与文》第 2 卷第 18 期。

张之龄《简论同济学潮》刊于《时与文》第 2 卷第 18 期。

陈达《北美重游(四)》刊于《时与文》第 2 卷第 18 期。

吕克难《当今政治人物应不怕自动下台》刊于《时与文》第 2 卷第 19 期。

林沧白《美贷的获得及对中国经济的影响》刊于《时与文》第 2 卷第 19 期。

王亚南《官僚政治对于中国社会长期停滞的影响》刊于《时与文》第 2 卷第 19 期。

柳逢仙《论东北大战的意义》刊于《时与文》第 2 卷第 19 期。

周至诚《美援对西欧与中国的畸重畸轻》刊于《时与文》第 2 卷第 19 期。

林海《〈罪与罚〉及其作者》刊于《时与文》第 2 卷第 19 期。

陈达《北美重游(五)》刊于《时与文》第 2 卷第 19 期。

林达懋《关于和谈的几阵旋风》刊于《时与文》第 2 卷第 20 期。

樊弘《中国经济政治与文化的归趋》刊于《时与文》第 2 卷第 20 期。

范承祥《关于复兴日本的几种谬论》刊于《时与文》第 2 卷第 20 期。

碧遥《军人风度》刊于《时与文》第 2 卷第 20 期。

凌华《东北局势的急剧变化》刊于《时与文》第 2 卷第 20 期。

何经《北平的又一串搜捕事件》刊于《时与文》第 2 卷第 20 期。

朱炳乾《论学术自由》刊于《教育通讯》第 5 卷第 4 期。

按:文章指出:第一,学术自由,只是在研究学术范围以内的自由。固然一般学人除了学术研究的自由以外,还享有其他许多公民自由权,如所谓"宪定自由权";但此种自由,应该与学术自由划分,不可混为一谈。在学术研究里面,研究者有两个最重要的条件;一为自律,以自律的精神探求宇宙社会的一切事象,及其与人类生活所发生的关联。一为自由,自由的利用自己的了解与甄别能力,在宇宙万象里作明智的抉择。二者有着不可分离的关系,但前者较后者尤为重要。我们研究学术,只有本着自律的精神,不见诱于利害,不拘泥于成见,才能自由的抉择客观的真理。罗威尔氏说过:"教授在教室里的教学,在他所研究的范围内,必须绝对的自由。"但他接着就说:"他必须传授他从研究里所获得的真理。这是学术自由最主要的条件,有人违反了这个条件,就是在戕害学术的进步。"朱家骅氏也认为"所谓学术范围以内的自由,亦即研究规范以内的自动。"这都是说明学术自由,只是研究学术范围以内的自由。超出了这个范围,匪独研究本身失去了价值,而且启一般野心家屡入学术界的厉阶,驯至假学术自由之名,行招摇撞骗之实,为祸之烈,势将令人不可想象!

第二,学术自由与言责自负,为一件事情的两面,有着不可分离的关系。前面说过,学术自由,包括言论出版及从事各种活动的自由,但任何一个政治的要求,也是民主里一个伦理的要求。学术自由,自然不可例外。任何学人对于他的言论行动,不独应该向他自己负责,不独应该向整个学术界负责,而且应向整个社会负责。很显然的，一个普通人讨论某种问题，尽管他放言高论，就他个人而言，其给予社会的影响自较轻微。如果他以学者或专家的身份出现，甚或与某些学术机关有着特殊的关系，则他的一言一行，就对学术界及其有关的机关有着特殊的关系。社会对他一切言行的批判，不特以他个人为对象，而且及于整个学术界及其有关的机构，它给予社会的影响，自非一个普通人可比。为了对一切的言行负责，我们的学人应该绝对的服从真理，尊重他人的意见，必要时还得自己作适当的约束。在学术研究里面，我们不应有不负责任的信口开河，也不应有不假思索的随声附和，这样才能把学术自由纳入行动的正轨。

第三，学术自由，应以促进公众福利为鹄的，决非为遂少数个人之私图。学术不是为某一个个人或社团谋利益的工具，他的使命，关系整个人类的文化生活的延续与发展，所谓"为天地立心，为生民立命，为往圣经绝学，为万世开太平"。他既负有这种重大的使命，那末学术自由决不可被人剽窃，作为少数个人或社团自私自利的工具，他应该以促进大众的福利为他主要的目的。这个问题涉及到下列两方面：一方面，就是第一个条件内提到的，现在有人往往假学术自由之名，行招摇撞骗之实，随便利用某种学术上的争议，不负责任的兴风作浪，淆乱社会的视听，以快一己之私图。这种败类掺杂在学术的圈子里，往往不容易辨别；尤其在一个民智未开的民主社会里，一般人民最容易受他们的欺骗，影响社会甚大。另一方面却涉及到学术的本身。即使除去我们在伦理道德上的成见，一切学术研究是否对人类完全有益无害，似乎也是一个值得讨论的问题；何况现在谈到学术的价值，始终还不会脱离伦理道德的藩篱。举一个很浅明的例子，用一个活生生的人来作某种病理解剖的对象，就学术的本身而言，未尝不比用牲畜代替所得的结果较为正确可靠。但假若我们只为了学术而不顾及伦理道德就真正这么做，岂不是惨无人道而冒天下的大不韪！从道理，我们可以看到，整个的学术应该以谋社会福利与人类幸福为依归。违反了这个原则，学术就失去了它本身的价值。学术自由，系尊重研究学术的自由，学术既不可违反人类社会的福利，我们岂可妄用学术自由来作利己损人的勾当？

第四，学术自由不能违背本国的文化传统与建国原则。近来有人高唱"学术无国界"，这种肯定的说法是否可靠，不在本文讨论的范围之内，我们不必管他。不过尽管他有国界也好，没有国界也好，我们在历史上还没有看到那一个国家的学术在违背他本国文化传统和建国原则而能单独存在。就是在希腊时代，那批天才横溢的人民，也不过把自己的文化给予一个有意识的批判，并没有敢对他们的传统文化妄肆诋毁。就是到现在，有谁敢漠视古典希腊文化对于奠定泰西学术基础的贡献？这是历史的事实。我们有我们的文化背景，我们有我们的建国原则，只有在这种文化传统里面和建国原则底下，一切学术的活动才有所皈依；否则皮之不存，毛将焉附？朱家骅氏说："我国的大学，在立国的原则底下，当然有研究的自由，不受其他约束。"也就是这个意思。欧西各国争取的学术自由，往往是求解说教？垄断思想的羁绊或求拢开独威政治的束缚。在我国，宗教对于学术自由的影响，与其轻微；（虽然在唐代佛教思想会一度盛行，韩文公进佛骨表而贬往潮州，即其一例。）其他政治经济与社会的影响，也没有欧西各国那么尖锐化。我们的眼光，放在建国的远景上面，以建国为前提，则在国际上贡献我国优良的文化传统，以促进大同社会之实现。这是一个天经地义的规范，任何的学术自由，不独不应该逾越，而且事实上也无法跨越。

严鸿瑶《我对学术自由的看法》刊于《教育通讯》第 6 卷第 1 期。

（一）按：文章说：人是凡人，人不是圣人。人不是全知全能的圣人。就是圣人，也是常人做的，人是一个日新月异，精益求精的爱智者。大圣哲之聪明睿智即在自知自己之无知，虚心诚意，与人切磋。这是思想上的自由和民主。现在有许多提倡学术自由者，却以为标新立异，垄断教学，不管所言所行是否误人子弟，脱出该科学问之教学正途，总以说来令学生莫名其妙，或者令学生走入偏激之途，不尽心研究学问，发狂似的参加许多社会活动，这就算是学术自由。这种思想对不对，我们翻阅哲学史，苏格拉底反对诡辩学派的思想，就可以知道了。

（二）人是目的，人不是工具。人是自动自发的动物，人不是一根木棒，可以用来作手杖，可以用来打狗，又可以用来打人的。主张学术自由的教授应该把学生教成一个可以自己去思想的人，不要把学生教成自己的走狗或党徒。尤其不要忘记了国家民族的宗旨，把学生教成了美国人，英国人，甚至是俄国人。奉信自由思想的康德先生，在道德上就有一条根本而具体的信条说："汝于使用人类，不论自己抑或他人，总须视为目的,不可视为手杖。"我希望提倡学术自由者,无论自己研究,抑或指导他人,"总须就为目的,不可视为手段。"

（三）自己活,还让别人能活。人是凡人,人是目的,那么,人人都有能活的权利。有人不同于我,就不能排斥,不能攻击。既讲学术自由,就该在不危害社会秩序之纯粹理论范围内,自己研究,还让别人研究。现在学术界的风气很坏。你是留美派,我是留英派。你是北派,我是南派。你是某大学派,我是某大学派。不管你有没有学问,反证我说的都对,你说的都不对。我的学说以马克司为主,那么,其他一切理论都是反民主,反自由的。这样乱七八糟的混淆名字,真不知学术在那儿,自由在那儿。这是仅限于学术言。至于那些混淆学府,以学术自由为招聘,别有居心或任务的人,那不是别人不要他活,而是他太玷辱了学术自由的名誉,是"自作孽,不可活。"当然不在此限,我们用不着拉到一起来讲。总之,自己要学术自由,也还要让别人学术有自由。

朱经农《中国教育学会的时代使命》刊于《教育杂志》第33卷第1期。

欧元怀《教育危言》刊于《教育杂志》第33卷第1期。

常道直《教育风气与教育团体》刊于《教育杂志》第33卷第1期。

黄敬思《教师的待遇保障与其影响》刊于《教育杂志》第33卷第1期。

林本《修订现行中学课程商榷》刊于《教育杂志》第33卷第1期。

袁昂《中国幼稚教育之瞻望》刊于《教育杂志》第33卷第1期。

赵远柔《怎样做教育局长》刊于《教育杂志》第33卷第1期。

汪家正译《瑞典教育制度的全貌》刊于《教育杂志》第33卷第1期。

郝士英《一个新学制的提议》刊于《教育杂志》第33卷第1期。

张文昌《中国教育学会第九届年会感言》刊于《教育杂志》第33卷第1期。

陈景磐《我国教育政策之回顾与前瞻》刊于《教育杂志》第33卷第2期。

董渭川《"中国工业化的成人教育计划"读后》刊于《教育杂志》第33卷第2期。

刘百川《普及国民教育的根本考虑》刊于《教育杂志》第33卷第2期。

吴自强《今日中学教育之危机》刊于《教育杂志》第33卷第2期。

蒋文茂《我国私立中学之改进刍议》刊于《教育杂志》第33卷第2期。

何以聪《贡献给我国大不教育》刊于《教育杂志》第33卷第2期。

刘兆清《美国的进步教育与进步学校》刊于《教育杂志》第33卷第2期。

汪家正译《瑞典教育制度的全貌(续)》刊于《教育杂志》第33卷第2期。

刘永和《影响教学效率的社会因素》刊于《教育杂志》第33卷第2期。

王秀南《怎样安排中心国民学校及国民学校的办公室?》刊于《教育杂志》第33卷第2期。

何清儒《小学个别指导的实施》刊于《教育杂志》第33卷第2期。

周尚《营养与训教》刊于《教育杂志》第33卷第2期。

张天麟《"教育即生活"的新释》刊于《教育杂志》第33卷第3期。

朱炳乾《"全国教育专业道德规约"草案》刊于《教育杂志》第33卷第3期。

赵廷为《关于全国教育道德规约的问题》刊于《教育杂志》第33卷第3期。

钟道赞《英国教育之轮廓》刊于《教育杂志》第33卷第3期。

樊星南译《美国社会变迁及其教育》刊于《教育杂志》第33卷第3期。

张敷荣译《美国教育行政问题研究的新趋势》刊于《教育杂志》第33卷第3期。

杨卫玉、孙运仁《对于今后中国职业教育的建议》刊于《教育杂志》第33卷第3期。

黄贵祥《中学介设"实用技艺"科的旨趣》刊于《教育杂志》第 33 卷第 3 期。

沈百英《小学算术教学随谈录》刊于《教育杂志》第 33 卷第 3 期。

吴增芥《幼稚园儿童的活动及其指导原则》刊于《教育杂志》第 33 卷第 3 期。

李象伟《儿童泛生论的实验研究》刊于《教育杂志》第 33 卷第 3 期。

陈龙章《中国教育史分期议》刊于《教育杂志》第 33 卷第 3 期。

艾伟《写在教育心理研究专辑之前》刊于《教育杂志》第 33 卷第 4 期。

赵廷为《教育学术研究的重要性》刊于《教育杂志》第 33 卷第 4 期。

吴襄《论人体之生长》刊于《教育杂志》第 33 卷第 4 期。

吴倜《我国高小与初中算术教材应否重复之研究（纲要）》刊于《教育杂志》第 33 卷第 4 期。

李象伟《学力测验的因素分析》刊于《教育杂志》第 33 卷第 4 期。

杨继本《汉字构造在学习上之影响》刊于《教育杂志》第 33 卷第 4 期。

常道直《如何促成教育之专业化》刊于《教育杂志》第 33 卷第 4 期。

李季开《教育行政人员之专业道德》刊于《教育杂志》第 33 卷第 4 期。

沈百英《小学算术教学随谈录（续前）》刊于《教育杂志》第 33 卷第 4 期。

程时煃《从行政经验论教育专业道德规约》刊于《教育杂志》第 33 卷第 5 期。

姜琦《教育可能成为一种独立研究之科学》刊于《教育杂志》第 33 卷第 5 期。

陈安仁《从文化观点论教育的本质》刊于《教育杂志》第 33 卷第 5 期。

谢似颜《近代运动会的起因及其目的》刊于《教育杂志》第 33 卷第 5 期。

陈友松《战后中国教育经费问题（二）》刊于《教育杂志》第 33 卷第 5 期。

方惇颐《发展大学教育平议》刊于《教育杂志》第 33 卷第 5 期。

郭鸣鹤《现行三三制中学与六年一贯制中学之比较研究》刊于《教育杂志》第 33 卷第 5 期。

袁昂《英国幼稚教育的发展》刊于《教育杂志》第 33 卷第 5 期。

董渭川《论课程误用之为害》刊于《教育杂志》第 33 卷第 5 期。

史国雅《介绍生活课程的编制》刊于《教育杂志》第 33 卷第 5 期。

王秀南《师范学校教育课程的批评与建议》刊于《教育杂志》第 33 卷第 5 期。

张禹勤译《美国的电影教育》刊于《教育杂志》第 33 卷第 5 期。

须养本《亚平的成功（教育文艺）》刊于《教育杂志》第 33 卷第 5 期。

詹詹《一部介绍苏联教育实况的书（新刊介绍）》刊于《教育杂志》第 33 卷第 5 期。

林仲达《明日之教育》刊于《教育杂志》第 33 卷第 6 期。

董渭川《中国教育民主化之条件》刊于《教育杂志》第 33 卷第 6 期。

莫仲义《对"全国教育专业道德规约"的意见》刊于《教育杂志》第 33 卷第 6 期。

陈选善译述《高等教育的使命》刊于《教育杂志》第 33 卷第 6 期。

胡荫瑗《调整中等学校制度刍议》刊于《教育杂志》第 33 卷第 6 期。

许公鉴《我国基本教育的五大问题》刊于《教育杂志》第 33 卷第 6 期。

黄敬思《工业化的乡村教育》刊于《教育杂志》第 33 卷第 6 期。

高觉敷译《课程的组织》刊于《教育杂志》第 33 卷第 6 期。

刘百川、朱佐廷《民主化的教学实施》刊于《教育杂志》第 33 卷第 6 期。

王秀南《学校行政实验的综合研究》刊于《教育杂志》第 33 卷第 6 期。

叶岛《论改革县政与发展地方教育》刊于《教育杂志》第 33 卷第 6 期。

黄明宗、周汉《编造地方教育辅导标准的一条新途径》刊于《教育杂志》第 33 卷第 6 期。

周云青《吴稚晖先生之教育杂谈》刊于《教育杂志》第 33 卷第 6 期。

储玉坤《二十年来的新闻教育》刊于《教育杂志》第 33 卷第 6 期。

李建勋《如何使学校教育民主化》刊于《教育杂志》第 33 卷第 9 期。

赵廷为译《民主教育的性质》刊于《教育杂志》第 33 卷第 9 期。

张文昌译《比利时的战后教育重建》刊于《教育杂志》第 33 卷第 9 期。

杨成章《原子时代的师资训练》刊于《教育杂志》第 33 卷第 9 期。

曹飞《大学入学考试取录标准之商榷》刊于《教育杂志》第 33 卷第 9 期。

熊子容《我国中等教育经费问题（续）》刊于《教育杂志》第 33 卷第 9 期。

祝其乐《师范学校课程应如何简化与改进》刊于《教育杂志》第 33 卷第 9 期。

刘于艮《对修正后幼稚师范课程的检讨》刊于《教育杂志》第 33 卷第 9 期。

龚启昌《中学国文教学问题的检讨》刊于《教育杂志》第 33 卷第 9 期。

陆景一《今日中学自然科学教学的商榷》刊于《教育杂志》第 33 卷第 9 期。

龚启昌《作文教学之原则与方法》刊于《教育杂志》第 33 卷第 9 期。

阴景曙《小学训育的改造》刊于《教育杂志》第 33 卷第 9 期。

徐侍峰《级任教师的任务》刊于《教育杂志》第 33 卷第 9 期。

戴景曦《如何编订中心暨国民学校的行事历》刊于《教育杂志》第 33 卷第 9 期。

张契渠《台湾的学校和教育（教育文化新资料）》刊于《教育杂志》第 33 卷第 9 期。

袁敦礼《教师对于学生健康应负之责任》刊于《教育杂志》第 33 卷第 10 期。

欧阳湘《教师之心理学的素养》刊于《教育杂志》第 33 卷第 10 期。

阮雁鸣《教育哲学之依据》刊于《教育杂志》第 33 卷第 10 期。

张瑞璠《美国现代教育思潮的两大主流》刊于《教育杂志》第 33 卷第 10 期。

陆永福《教育与伦理学》刊于《教育杂志》第 33 卷第 10 期。

李邦权《战后世界教育的趋势》刊于《教育杂志》第 33 卷第 10 期。

张文昌译《澳大利亚战后的教育重建》刊于《教育杂志》第 33 卷第 10 期。

刘百川、朱佐廷《国民教育的改进要项》刊于《教育杂志》第 33 卷第 10 期。

吴培元《基本教育推进声中我国国民教育应有之觉悟》刊于《教育杂志》第 33 卷第 10 期。

赵远柔《地方教育行政的新动向》刊于《教育杂志》第 33 卷第 10 期。

洪石鲸《儿童福利之意义》刊于《教育杂志》第 33 卷第 10 期。

王秀南《谈教育学科教学的改进》刊于《教育杂志》第 33 卷第 10 期。

孙祁《中学作文指导》刊于《教育杂志》第 33 卷第 10 期。

袁昂《指导儿童作文的活方法》刊于《教育杂志》第 33 卷第 10 期。

温肇桐《儿童美术欣赏与创造的教学》刊于《教育杂志》第 33 卷第 10 期。

方山农《一年来的上海国民教育实验区》刊于《教育杂志》第 33 卷第 10 期。

汪家正《瑞典职业指导的近况》刊于《教育杂志》第 33 卷第 10 期。

陈礼江《社会教育的理论基础发凡》刊于《教育杂志》第 33 卷第 11 期。

董渭川《中国社会教育路线之发展》刊于《教育杂志》第 33 卷第 11 期。

许公鉴《民众教育馆的实施问题》刊于《教育杂志》第 33 卷第 11 期。

方惇颐《社会教育与中等教育》刊于《教育杂志》第 33 卷第 11 期。

陈大白《乡村社会教育有实验研究》刊于《教育杂志》第 33 卷第 11 期。

辜远《从民众实习教育来讨论现行国民学校制度》刊于《教育杂志》第 33 卷第 11 期。

芮秀芝《国民学校民教部的困难问题》刊于《教育杂志》第 33 卷第 11 期。

沈百英《民众学校成绩展览会观感》刊于《教育杂志》第 33 卷第 11 期。

常道直《国际教师宪章私议》刊于《教育杂志》第 33 卷第 11 期。

陈选善《美国教育的新趋向》刊于《教育杂志》第 33 卷第 11 期。

吴向《英国教育改造的展望》刊于《教育杂志》第 33 卷第 11 期。

张瑞璠《美国现代教育的思潮的两大主流(续)》刊于《教育杂志》第 33 卷第 11 期。

吴和《暗示在教育上的应用》刊于《教育杂志》第 33 卷第 11 期。

张文昌《怎样解决师范学院专业训练的两大困难》刊于《教育杂志》第 33 卷第 11 期。

刘百川、朱佐廷《教育民主化的根本考虑》刊于《教育杂志》第 33 卷第 12 期。

沈金相《宪政时期的地方教育》刊于《教育杂志》第 33 卷第 12 期。

上官和生《论县教育局之恢复设置》刊于《教育杂志》第 33 卷第 12 期。

陈兆蘅《小学的国语教材教法》刊于《教育杂志》第 33 卷第 12 期。

黄贵祥《小学国语常识教材编制的演进》刊于《教育杂志》第 33 卷第 12 期。

周葆儒《英语教学问题》刊于《教育杂志》第 33 卷第 12 期。

李之朴《中学生运动的实部》刊于《教育杂志》第 33 卷第 12 期。

张敷荣《教学的理论与实践》刊于《教育杂志》第 33 卷第 12 期。

方惇颐《论师范毕业校友服务指导》刊于《教育杂志》第 33 卷第 12 期。

唐风《论民众教育如何生根》刊于《教育杂志》第 33 卷第 12 期。

张原野《如何处理开学工作》刊于《国民教育辅导月刊》第 2 卷第 1 期。

王鸿年《一个国校校长的开学工作》刊于《国民教育辅导月刊》第 2 卷第 1 期。

陈鸿年《怎样厘订国民学校行事历》刊于《国民教育辅导月刊》第 2 卷第 1 期。

蔡萱《总务课在开学时要做些什么》刊于《国民教育辅导月刊》第 2 卷第 1 期。

骆神助《开学期间谈级任导师》刊于《国民教育辅导月刊》第 2 卷第 1 期。

华松年《训练与辅导》刊于《国民教育辅导月刊》第 2 卷第 1 期。

杨起烟《小学图书科教材之研究》刊于《国民教育辅导月刊》第 2 卷第 1 期。

唐守谦《国民学校教师的进修问题》刊于《国民教育辅导月刊》第 2 卷第 2 期。

张言行《进修之路》刊于《国民教育辅导月刊》第 2 卷第 2 期。

华松年《各国国民教育的比较》刊于《国民教育辅导月刊》第 2 卷第 2 期。

毛守丰《我对山地国民教育现状的看法》刊于《国民教育辅导月刊》第 2 卷第 2 期。

张原野《时事教学问题的商榷》刊于《国民教育辅导月刊》第 2 卷第 2 期。

郭仁《国民学校课卷如何订正》刊于《国民教育辅导月刊》第 2 卷第 2 期。

吕金谐《学生自治组织的研究》刊于《国民教育辅导月刊》第 2 卷第 2 期。

何容《说话教材第八课》刊于《国民教育辅导月刊》第 2 卷第 2 期。

许恪士《推进师范教育的新认识》刊于《国民教育辅导月刊》第 2 卷第 3 期。

谢东闵《师范教育的重要性》刊于《国民教育辅导月刊》第 2 卷第 3 期。

张忠仁《当前本省师范学校训教实施重点》刊于《国民教育辅导月刊》第 2 卷第 3 期。

华松年《如何促进师范教育》刊于《国民教育辅导月刊》第 2 卷第 3 期。

张原野《本省师范生应有的新认识》刊于《国民教育辅导月刊》第 2 卷第 3 期。

于言《推进师范教育运动周漫谈》刊于《国民教育辅导月刊》第 2 卷第 3 期。

骆神助《成人补习教育的理论与方法》刊于《国民教育辅导月刊》第 2 卷第 3 期。

陈鸿年《小学校舍的建筑问题》刊于《国民教育辅导月刊》第 2 卷第 3 期。

张介人《国校教师的进修问题》刊于《国民教育辅导月刊》第 2 卷第 3 期。

郭淑敏《如何推行民教工作》刊于《国民教育辅导月刊》第 2 卷第 3 期。

张晋源《综观内地教育》刊于《国民教育辅导月刊》第 2 卷第 3 期。

胡丙申《内地的地方教育行政》刊于《国民教育辅导月刊》第 2 卷第 3 期。

洪水柳《北平市教育行政观感》刊于《国民教育辅导月刊》第 2 卷第 3 期。

钟桂枝《上海市教育行政一般》刊于《国民教育辅导月刊》第 2 卷第 3 期。

张坤钟《内地小学教育概观》刊于《国民教育辅导月刊》第 2 卷第 3 期。

黄茂兴《内地的国民学校》刊于《国民教育辅导月刊》第 2 卷第 3 期。

张晋源《新生国民学校》刊于《国民教育辅导月刊》第 2 卷第 3 期。

王昌水《小学算术教学拾零》刊于《国民教育辅导月刊》第 2 卷第 3 期。

张介人《如何提高小学行政效率》刊于《国民教育辅导月刊》第 2 卷第 6 期。

祁致贤《小学教材的组织和支配》刊于《国民教育辅导月刊》第 2 卷第 6 期。

吴兆岳《国民教育研究会的组织与会务的推行》刊于《国民教育辅导月刊》第 2 卷第 6 期。

王鸿年《本省国民教育观感》刊于《国民教育辅导月刊》第 2 卷第 6 期。

骆神助《中坜镇教育巡礼》刊于《国民教育辅导月刊》第 2 卷第 6 期。

卓群《台北县国民教育巡回辅导团第一次工作纪要》刊于《国民教育辅导月刊》第 2 卷第 6 期。

蔡江荻《三民主义教育的认识》刊于《国民教育辅导月刊》第 2 卷第 6 期。

郭惕凡《介绍"活教育"》刊于《国民教育辅导月刊》第 2 卷第 6 期。

张原野《今日之学校》刊于《国民教育辅导月刊》第 2 卷第 6 期。

拜陀《饭后不可作剧烈运动》刊于《国民教育辅导月刊》第 2 卷第 6 期。

黄日东《关于国民学校训育实施之检讨》刊于《国民教育辅导月刊》第 2 卷第 6 期。

张原野《如何指导儿童生活》刊于《国民教育辅导月刊》第 3 卷第 1 期。

张介人《怎样做一个国校校长和教师》刊于《国民教育辅导月刊》第 3 卷第 1 期。

郭茵《国民学校指导毕业生的升学与就业问题》刊于《国民教育辅导月刊》第 3 卷第 1 期。

骆神助《儿童健康训练》刊于《国民教育辅导月刊》第 3 卷第 1 期。

王一成《谈自制教具图表》刊于《国民教育辅导月刊》第 3 卷第 1 期。

艾关金《如何改进教学方法》刊于《国民教育辅导月刊》第 3 卷第 1 期。

朱佛定《国民教育与地方自治》刊于《国民教育辅导月刊》第 3 卷第 2 期。

马寿华《地方财政与国民教育》刊于《国民教育辅导月刊》第 3 卷第 2 期。

许恪士《教育政策上三大问题》刊于《国民教育辅导月刊》第3卷第2期。

谢东闵《本省国教工作的三大要点》刊于《国民教育辅导月刊》第3卷第2期。

徐叙贤《对本省国教同工的几点希望》刊于《国民教育辅导月刊》第3卷第2期。

任培道《向新教师进一言》刊于《国民教育辅导月刊》第3卷第2期。

张效良《树立中国教师的伟大风范》刊于《国民教育辅导月刊》第3卷第2期。

胡立人《尊师从孔子说起》刊于《国民教育辅导月刊》第3卷第2期。

王毓兰《教师节与孔子生日的关系》刊于《国民教育辅导月刊》第3卷第2期。

郭惕凡《国校教师的新认识与新任务》刊于《国民教育辅导月刊》第3卷第2期。

张介人《我对于教师的观感》刊于《国民教育辅导月刊》第3卷第2期。

程本海《怎样进行教务处理工作》刊于《国民教育辅导月刊》第3卷第2期。

陈鸿年《小学训育实施上的几个问题》刊于《国民教育辅导月刊》第3卷第2期。

丘康荣《从民族主义谈到小学的历史教学》刊于《国民教育辅导月刊》第3卷第2期。

李剑南《谈本省国民学校学生的作文问题》刊于《国民教育辅导月刊》第3卷第2期。

骆神助《本省今年小学教员暑期讲习总报告》刊于《国民教育辅导月刊》第3卷第2期。

柯维俊《教师不应偏爱儿童》刊于《国民教育辅导月刊》第3卷第3期。

张介人《谈国校级任教师的任务》刊于《国民教育辅导月刊》第3卷第3期。

张毅之《当前教育上的几个重要问题》刊于《国民教育辅导月刊》第3卷第3期。

王邃珍《怎样批改儿童作文》刊于《国民教育辅导月刊》第3卷第3期。

陆达材《谈算术教学》刊于《国民教育辅导月刊》第3卷第3期。

林振明《地理教学之革新》刊于《国民教育辅导月刊》第3卷第3期。

杨瑛《目前图书科教学的困难及解决》刊于《国民教育辅导月刊》第3卷第3期。

凌丽茶《北师一年》刊于《国民教育辅导月刊》第3卷第3期。

潘承德《台北县瑞芳镇瓜山国民学校三十七学年度计划》刊于《国民教育辅导月刊》第3卷第3期。

景中天《督学与教师》刊于《教育函授》第1卷第3期。

王凤岗《现代教育哲学派别》刊于《教育函授》第1卷第3期。

马星五《漫谈本能》刊于《教育函授》第1卷第3期。

刘重德《文法》刊于《教育函授》第1卷第3期。

四维《论中学课外活动》刊于《教育函授》第1卷第3期。

高洪道《上海市立体专面面观》刊于《教育函授》第1卷第3期。

林金藻《台湾省立农学院近况》刊于《教育函授》第1卷第3期。

景中天《师范教育考》刊于《教育函授》第1卷第4期。

杨震华《论师范教育与人范教育》刊于《教育函授》第1卷第4期。

王正国《论教师专业化之重要》刊于《教育函授》第1卷第4期。

郝冠儒《教师论》刊于《教育函授》第1卷第4期。

张新国《师范教育之改进》刊于《教育函授》第1卷第4期。

逸玫《师范教育之任务》刊于《教育函授》第1卷第4期。

景中天《师范教育运动周》刊于《教育函授》第1卷第4期。

王衍康《一般行政与教育行政之特质》刊于《教育学术》第1卷第3期。

王学孟译《教育与社会变迁》刊于《教育学术》第 1 卷第 3 期。

章新一《如何复兴中国的道德教育》刊于《教育学术》第 1 卷第 3 期。

王恩洋《论中西文字之优劣》刊于《教育学术》第 1 卷第 3 期。

徐儒《本能的比较研究》刊于《教育学术》第 1 卷第 3 期。

许澄遠《言教身教心教之合一》刊于《教育学术》第 1 卷第 3 期。

王衍康译《法国朗几平教育计划》刊于《教育学术》第 1 卷第 3 期。

王衍康译《美国乡村儿童教育宪章》刊于《教育学术》第 1 卷第 3 期。

段喆人译《介绍美国全国教育协会》刊于《教育学术》第 1 卷第 3 期。

魏永清译《美国的中等教育会议》刊于《教育学术》第 1 卷第 3 期。

许崇清《人类底实践与教育底由来》刊于《教育研究》第 110 期。

陈一百《因素分析与心理研究》刊于《教育研究》第 110 期。

郭一岑《类型学的现状及其问题》刊于《教育研究》第 110 期。

王士略《略论格式心理学对于教学方法之贡献》刊于《教育研究》第 110 期。

罗濬《师范学院教育概论学程之商榷》刊于《教育研究》第 110 期。

阮镜清《个人心理上主观与客观的关系之发展》刊于《教育研究》第 110 期。

余文伟《情绪教育》刊于《教育研究》第 110 期。

杨荣春《杜威论经验与教育》刊于《教育研究》第 110 期。

黄友棣《音乐教育精义之新释》刊于《教育研究》第 110 期。

王宝祥《我国教育政策研究引端》刊于《教育研究》第 110 期。

马鸿述译《论课室教学的改进》刊于《教育研究》第 110 期。

胡复译《语言,思想,学习的关联性》刊于《教育研究》第 110 期。

台湾教育考察团《台湾教育考察报告》刊于《教育研究》第 110 期。

陈鹤琴《青年的人生观》刊于《现代教学丛刊》第 1 辑。

夏康农《自由,自由主义,与自由主义者》刊于《现代教学丛刊》第 1 辑。

蔡尚思《蔡元培的革命教育》刊于《现代教学丛刊》第 1 辑。

汝锡《敬悼李登辉先生》刊于《现代教学丛刊》第 1 辑。

雷丁《一九四七年的世界形势》刊于《现代教学丛刊》第 1 辑。

杨迈之《楚汉在中原的角逐》刊于《现代教学丛刊》第 1 辑。

李仲文《看最近的华南建设》刊于《现代教学丛刊》第 1 辑。

魏金枝《文章解剖》刊于《现代教学丛刊》第 1 辑。

邢舜田《讲故事的艺术》刊于《现代教学丛刊》第 1 辑。

吴越《论国文教师的文艺修养》刊于《现代教学丛刊》第 1 辑。

施效人《教育普及与文字改革》刊于《现代教学丛刊》第 1 辑。

其仪《从教师生活看上海的国民教育危机》刊于《现代教学丛刊》第 1 辑。

王悟《请重视史地教育》刊于《现代教学丛刊》第 1 辑。

章妙英《邰爽秋先生访问记》刊于《现代教学丛刊》第 1 辑。

梅朵《三部影片·三种倾向》刊于《现代教学丛刊》第 1 辑。

资料室《苏联的大学》刊于《现代教学丛刊》第 1 辑。

资料室《民国卅六年教育动态》刊于《现代教学丛刊》第 1 辑。

朱耀奎《计划决定一切》刊于《新教育杂志》第 1 卷第 7 期。

丁十《教育即建设（新教育底主张之四）》刊于《新教育杂志》第 1 卷第 7 期。

张鸣春《以教育消除种族偏见》刊于《新教育杂志》第 1 卷第 7 期。

厉鼎煃《由陶行知先生说到今后的新教育》刊于《新教育杂志》第 1 卷第 7 期。

沈灌群《教育哲学上的知识论（三）》刊于《新教育杂志》第 1 卷第 7 期。

景皦译《原子战争与教育》刊于《新教育杂志》第 1 卷第 7 期。

杨骏如《基本教育的基本工具问题（三）》刊于《新教育杂志》第 1 卷第 7 期。

戴自俺《儿童家庭教育新路的试探（二）》刊于《新教育杂志》第 1 卷第 7 期。

李之朴《中学生的集体活动（三）》刊于《新教育杂志》第 1 卷第 7 期。

刃锋《艺术与劳动史之关系（二）》刊于《新教育杂志》第 1 卷第 7 期。

余铁英译、赛珍珠著《怎样教育人民（四）》刊于《新教育杂志》第 1 卷第 7 期。

刘思汉《放他们到宽阔光明的地方去》刊于《新教育杂志》第 1 卷第 7 期。

梁漱溟《我的自学小史（四）》刊于《新教育杂志》第 1 卷第 7 期。

彭振球《一年来的上海社会教育》刊于《上海教育》第 5 卷第 1 期。

克遄符《中等教育第二年》刊于《上海教育》第 5 卷第 1 期。

朱展良《教务上学期结束办法介绍》刊于《上海教育》第 5 卷第 1 期。

杜佐周《普及教育与行宪》刊于《上海教育》第 5 卷第 1 期。

本刊《教育点滴》刊于《上海教育》第 5 卷第 1 期。

方治《民主政治的基本认识》刊于《上海教育》第 5 卷第 2 期。

克兰伯乐《英国地方教育行政》刊于《上海教育》第 5 卷第 2 期。

钱村《低级算术随机学习》刊于《上海教育》第 5 卷第 2 期。

茅沐《谈谈儿童成绩考查》刊于《上海教育》第 5 卷第 2 期。

崇贤小学《参加国语演说竞赛的经过》刊于《上海教育》第 5 卷第 2 期。

陈惠《青青子佩惠我好音》刊于《上海教育》第 5 卷第 3 期。

周斐成《向台省教育参观团献辞》刊于《上海教育》第 5 卷第 3 期。

蒋纪周《欢迎台省教育参观团》刊于《上海教育》第 5 卷第 3 期。

戴介民《教育的交流工作》刊于《上海教育》第 5 卷第 3 期。

孙月平《本市推进民众教育之过去与将来》刊于《上海教育》第 5 卷第 3 期。

李熙谋《中国清代名画展览会序》刊于《上海教育》第 5 卷第 4 期"清代画展特辑"。

俞剑华《清代绘画之特征》刊于《上海教育》第 5 卷第 4 期"清代画展特辑"。

温肇桐《试论清代山水画坛的风尚》刊于《上海教育》第 5 卷第 4 期"清代画展特辑"。

陆丹林《清代绘画展》刊于《上海教育》第 5 卷第 4 期"清代画展特辑"。

施翀鹏《清代名画展之意义》刊于《上海教育》第 5 卷第 4 期"清代画展特辑"。

陈倚石《四王吴恽在清代画坛之地位》刊于《上海教育》第 5 卷第 4 期"清代画展特辑"。

施翀鹏《清初绘画与后世影响》刊于《上海教育》第 5 卷第 4 期"清代画展特辑"。

陈汝惠《中学国文教学的研究》刊于《上海教育》第 5 卷第 5 期。

袁哲《课程教材与教学法之概念》刊于《上海教育》第 5 卷第 5 期。

陈惠《民主政治与教育》刊于《上海教育》第 5 卷第 5 期。

沙传其《英国的教育行政机构》刊于《上海教育》第 5 卷第 5 期。

黄心存《音乐教育的重要性》刊于《上海教育》第 5 卷第 5 期。

胡叔昇《学校与家庭》刊于《上海教育》第 5 卷第 6 期。

茅沐《从美化学校环境说到乡校农事劳作》刊于《上海教育》第 5 卷第 6 期。

朱梦飞《设置特约民众茶园的前后》刊于《上海教育》第 5 卷第 6 期。

茅沐《怎样举行儿童自然科学实验表演》刊于《上海教育》第 5 卷第 6 期。

吴企元等《西沟校教师读书会议书报告》刊于《上海教育》第 5 卷第 6 期。

刘焦笔记《中学训导问题之研讨》刊于《上海教育》第 5 卷第 6 期。

陈鹤琴《学校环境布置与儿童学习心理》刊于《上海教育》第 5 卷第 7—8 期合刊。

廖茂如《战后师范教育的展望》刊于《上海教育》第 5 卷第 7—8 期合刊。

乔汶荃《精神的保健》刊于《上海教育》第 5 卷第 7—8 期合刊。

启锐《全运会揭幕前后》刊于《上海教育》第 5 卷第 7—8 期合刊。

德风意译《英国的公共学校（Pnblic School）与政府教育》刊于《上海教育》第 5 卷第 9—10 期合刊。

中等学校训导研究会《中等学校训导实施方案》刊于《上海教育》第 5 卷第 9—10 期合刊。

曹凤山《成人教育与职业训练》刊于《上海教育》第 5 卷第 9—10 期合刊。

李熙谋《举办升学指导之意义》刊于《上海教育》第 5 卷第 11—12 期合刊。

凌宪扬《努力为劳动界服务的沪江大学》刊于《上海教育》第 5 卷第 11—12 期合刊。

朱恒璧《以救人为目的的上海医学院》刊于《上海教育》第 5 卷第 11—12 期合刊。

朱国璋《发展经济的摇篮上海商学院》刊于《上海教育》第 5 卷第 11—12 期合刊。

程孝刚《技术人才的发祥地交通大学》刊于《上海教育》第 5 卷第 11—12 期合刊。

朱经农《施行爱的教育的光华大学》刊于《上海教育》第 5 卷第 11—12 期合刊。

李寿雍《升学考试指导》刊于《上海教育》第 5 卷第 11—12 期合刊。

章益《比中华民国大七岁的复旦大学》刊于《上海教育》第 5 卷第 11—12 期合刊。

袁公为《小学国语作文教学之研讨》刊于《上海教育》第 6 卷第 1 期。

周连宽《中国图书馆学教育》刊于《上海教育》第 6 卷第 1 期。

阮镜清《教育民主之科学基础》刊于《广东教育》第 3 卷第 1 期。

朱竹友《现代中国教育的苦闷》刊于《广东教育》第 3 卷第 1 期。

黄希声《演讲教学在中小学的地位及其运用的效验》刊于《广东教育》第 3 卷第 1 期。

曹炎申《犯罪儿童的教养问题》刊于《广东教育》第 3 卷第 1 期。

黄国俊《二年来本省职业教育概况》刊于《广东教育》第 3 卷第 1 期。

石玉昆《粤穗参加第七届全国运动会报告》刊于《广东教育》第 3 卷第 1 期。

陈汉标《岭南大学入学考试智力测验结果之初步报告》刊于《南大教育》第 2 期。

曾昭森《私立学校的前途》刊于《南大教育》第 2 期。

李镜池《国文教学参考书举要》刊于《南大教育》第 2 期。

徐锡龄《常用字典基本字》刊于《南大教育》第 2 期。

庄泽宣《关于国语教育的几个问题》刊于《南大教育》第 2 期。

叶深《八月廿七应否定为教师节》刊于《南大教育》第 2 期。

庄梁逸群《教育的意义及其功用》刊于《南大教育》第 2 期。

伍灼棋《物价与教育生活》刊于《南大教育》第 2 期。

王文敦《复兴我国农村应从教育入手》刊于《南大教育》第 2 期。

何芹芳《我对于社会教育的一点意见》刊于《南大教育》第 2 期。

余丽萍《我国中等教育应重普遍性抑选择性》刊于《南大教育》第 2 期。

刘桂灼《大学之道》刊于《南大教育》第 2 期。

谭允恩《教师心理卫生的重要与改进》刊于《南大教育》第 2 期。

戚焕尧译《瑞典丹麦教育的最近趋势》刊于《南大教育》第 2 期。

梁琼芳译《德国的新教师》刊于《南大教育》第 2 期。

董惠意译《学生眼中的教师人格的估量》刊于《南大教育》第 2 期。

黄玉贞译《问题儿童：就学抑工作》刊于《南大教育》第 2 期。

黄尚仪《青年期几个问题的讨论》刊于《南大教育》第 2 期。

陈培兰《青年犯罪的原因》刊于《南大教育》第 2 期。

关玉贞《中学生课外活动的调查》刊于《南大教育》第 2 期。

倪天朗《上海新陆师范参观记》刊于《南大教育》第 2 期。

萧孝嵘《儿童福利之基本工作》刊于《儿童与社会》第 1 期。

沈有乾《论父母教育为儿童福利之本》刊于《儿童与社会》第 1 期。

陈鹤琴《儿童的新社会》刊于《儿童与社会》第 1 期。

高觉敷《问题儿童的处理》刊于《儿童与社会》第 1 期。

胡鉴民《初民对未成年人的观念》刊于《儿童与社会》第 1 期。

喻兆明《保育机关孩子的出路问题》刊于《儿童与社会》第 1 期。

吴桢译《儿童怎样学习世故》刊于《儿童与社会》第 1 期。

志秋译《儿童应应该发展的几种社会概念》刊于《儿童与社会》第 1 期。

谷延寯《吾人对于新儿童教育应有的认识》刊于《儿童与社会》第 2 期。

宋思明《我们怎样服务残疾儿童》刊于《儿童与社会》第 2 期。

陈达《云南乡间儿童健康问题》刊于《儿童与社会》第 2 期。

胡定安《扩大儿童公育的一个紧急呼吁》刊于《儿童与社会》第 2 期。

周信铭《新时代的儿童教养》刊于《儿童与社会》第 2 期。

陈定闳《中国儿童福利事业的几个根本问题》刊于《儿童与社会》第 2 期。

吴桢译《儿童怎样了解人情》刊于《儿童与社会》第 2 期。

陈舜裔译《儿童轻罪的家庭救治》刊于《儿童与社会》第 2 期。

莫尔原著《离婚对于儿童的影响》刊于《儿童与社会》第 2 期。

罗滨生《如何发展儿童的社会智力》刊于《儿童与社会》第 2 期。

刘绪贻《生育节制与儿童福利》刊于《儿童与社会》第 4 期。

杨宝煌《儿童轻罪的社会责任》刊于《儿童与社会》第 4 期。

瞿葆奎《儿童的宇宙》刊于《儿童与社会》第 4 期。

孙以琴《儿童福利与民族前途》刊于《儿童与社会》第 4 期。

屠公博、曹友蓉、吴之恒《上海儿童营》刊于《儿童与社会》第 4 期。

叶定安译《如何造就领袖人（班恩原著）》刊于《儿童与社会》第 4 期。

傅绍霖译《如何启发儿童的良好思想习惯（西蒙兹原著）》刊于《儿童与社会》第 4 期。

威尔森原著，黄淑芬译《家庭：民主的堡垒》刊于《儿童与社会》第 4 期。

楮纳原著，汪永译《问题儿童的治疗研究园》刊于《儿童与社会》第 4 期。

徐调孚《〈西厢记〉——元人杂剧的代表作》刊于《中学生》第 197 期。

白怡《向大公报"戏剧与电影"说话》刊于《同代人文艺丛刊》第 1 期。

文澜译《高尔基与新美学》刊于《同代人文艺丛刊》第 1 期。

张羽《从〈围城〉看钱钟书》刊于《同代人文艺丛刊》第 1 期。

铁马《论诗的现实主义》刊于《同代人文艺丛刊》第 1 期。

野父《读〈中国作家〉创刊号底小说》刊于《同代人文艺丛刊》第 1 期。

洪钟《论灰色人物与丑恶人物》刊于《同代人文艺丛刊》第 1 期。

王统照《"小天分人"的生与死》刊于《同代人文艺丛刊》第 1 期。

李健吾《说人之患在好为人师》刊于《同代人文艺丛刊》第 1 期。

陈白尘《"天堂地狱"图》刊于《同代人文艺丛刊》第 1 期。

炼铁《文艺问题种种》刊于《同代人文艺丛刊》第 2 期。

张羽《略谈革命贵族》刊于《同代人文艺丛刊》第 2 期。

缨哲译《论文艺批评》刊于《同代人文艺丛刊》第 2 期。

萧源译《美国文学的民主传统》刊于《同代人文艺丛刊》第 2 期。

克理译《高尔基与朵斯退也夫斯基（研究与批判）》刊于《同代人文艺丛刊》第 2 期。

萧白《生活的意义（兼评骆宾基的创作）》刊于《同代人文艺丛刊》第 2 期。

屠岸《刃锋的木刻艺术》刊于《同代人文艺丛刊》第 2 期。

许杰《从传记文学看王士菁的〈鲁迅传〉》刊于《同代人文艺丛刊》第 2 期。

北螭《裴定和〈城与年〉》刊于《同代人文艺丛刊》第 2 期。

钱南扬《跋〈汇纂南曲九宫正始〉》刊于《文史杂志》第 6 卷第 1 期。

夏鼐《汉武帝征和年号考》刊于《申报》文史副刊第 11 期。

青冰《元剧结构上之异例》刊于《文讯》第 2 卷第 9 期。

寄遥《怎样永久纪念虚公》刊于《大雄半月刊》创刊号。

赵更生《纪念虚公忆及印公》刊于《大雄半月刊》创刊号。

赵更生《释迦佛的伦理学（续）》刊于《大雄半月刊》第 3 期。

畏因《新道德运动缘起》刊于《大雄半月刊》第 3 期。

王恩洋《名学逻辑与因明（续）》刊于《大雄半月刊》第 4 期。

王恩洋《名学逻辑与因明（续）》刊于《大雄半月刊》第 5—7 期合刊。

慧哲《佛教在北平》刊于《大雄半月刊》第 5—7 期合刊。

志真《纪念印公与祈祷息灾》刊于《大雄半月刊》第 12—13 期合刊。

如岑《印公传略》刊于《大雄半月刊》第 12—13 期合刊。

范古农《印光大师塔铭》刊于《大雄半月刊》第 12—13 期合刊。

文星耀《忆印光大师》刊于《大雄半月刊》第 12—13 期合刊。

求艾《宪法与佛法》刊于《弘化月刊》第 82 期。

王恩洋《佛法之宇宙观》刊于《弘化月刊》第 89 期。

古农《国庆声中祝佛教》刊于《弘化月刊》第 89 期。

塊然《科学与佛学》刊于《弘化月刊》第 89 期。

乞士《佛学与哲学不同的要点》刊于《弘化月刊》第 89 期。

四、学术著作

（后秦）鸠摩罗什译《佛说梵网经》（二卷）由上海佛学书局刊行。

（后秦）鸠摩罗什译《妙法莲花经》（7 卷）由上海佛学书局刊行。

（唐）般若译《大方广佛华严经普贤行愿品·妙法莲华经观世音菩萨普门品·地藏菩萨本愿经》由上海佛教青年会刊行。

（唐）般若译《华严经普贤菩萨行愿品》由上海上海市佛教青年会刊行。

（宋）晁迥著《法藏碎金》由上海大法轮书局刊行。

（宋）张商英注释《素书注》由上海大法轮书局刊行。

（宋）徐升编《（增补）渊海子平评注》由上海广益书局刊行。

（明）余绍祉著《远邱素话》由上海大法轮书局刊行。

（清）刘智著，白寿彝校点《天方典礼》由上海交通书局刊行。

（清）刘智著《天方典礼择要解》由上海交通书局刊行。

（清）吴楚材、吴调侯编选，曹国锋译注《古文观止》由上海百新书店刊行。

（清）过商侯原编，印水心增订《（言文对照）古文评注读本》（上下册）由上海世界书局刊行。

新中华杂志社编《中国传统思想之检讨》由上海中华书局刊行。

按：是书收文章 14 篇：《论中国传统思想之取得存在与丧失存在的问题》（王亚南），《对于传统思想的几种态度》（林励儒），《中国哲学的主流与逆转》（纪玄冰），《先王崇拜与道统观念的内部联系》（纪玄冰），《儒家学说的贵族性》（嵇文甫）等。书首有《我们为什么要做这检讨传统思想的工作》（代序）（金兆梓）。

王易著《国学概论》由中国文化服务社刊行。

秦同培注译《国语精华》（广注语译）由上海世界书局刊行。

竺可桢等著《现代学术文化概论》（第 1 册人文学）由上海华夏图书刊行。

梁方仲等著《现代学术文化概论》（第 2 册社会科学）由华夏图书出版公司刊行。

关麟征著《周易乾坤二卦与儒墨道法兵各家学说之综合观合订本》由成都拔提书店刊行。

周善培著《周易杂卦证解》由上海文通书局刊行。

丁德隆著《易经原理》刊行。

金声著《老子哲学之研究》由江苏南京松涛出版社刊行。

王明著《老子河上公章句考》由北平北京大学出版部刊行。

杜任之著《孔子论语新体系》由太原复兴图书杂志出版社刊行。

刘光宇著《论语新考》由上海世界书局刊行。

时出著《孔教认识》由北京作者刊行。

钱穆著《孟子研究》由上海开明书店刊行。

哈佛燕京学社引得编纂处编《墨子引得》由北平哈佛燕京学社引得编纂处刊行。

单演义编《庄子天下篇荟释》由陕西西安黎明日报刊行。

刘武补正《庄子集解补正》由上海商务印书馆刊行。

曹谦编著《韩非法治论》由上海中华书局刊行。

按:是书论述韩非学说的渊源、思想观点、道德观念、法治理论以及历代哲学思想家对韩非的评价。

朱师辙《商君书解诂定本》由广东广州国立中山大学刊行。

蒋伯潜编著《诸子通考》由上海正中书局刊行。

按:是书最主要的特色是,以孔子为最早的"子",以《论语》为我国最早的"子书"。

杜守素撰《先秦诸子批判》由上海作家书屋刊行。

郑麟编《(古籍新编)四书》由上海世界刊行。

张琦翔著《秦汉杂家学术》由著者刊行。

贺麟等著《儒家思想新论》由上海正中书局刊行。

贺麟著《黑格尔理则学简述》由北京大学出版部刊行。

侯哲荞著《西洋哲学思想史论纲》由上海黎明书局刊行。

按:是书从古希腊泰勒斯至英国哲学家罗素止的38位欧洲哲学家。偏重论述他们之间的继承关系。作者自称本书是"连锁哲学思想史"。

常守义著《哲学概论》由北平明德学园刊行。

常守义著《哲学史》由北平明德学园刊行。

赵纪彬编著《中国哲学思想》由上海中华书局刊行。

按:是书叙述从殷周之际哲学思想的萌芽至晚清今古文学论争止的中国哲学思想发展的进程。全书分三篇。一、古代哲学思想,内容有:古代哲学思想的起源和派别,春秋战国之际的孔墨哲学思想,战国诸子的哲学思想,墨经的作者,荀子,韩非子对于古代哲学思想的总结等;二、中古哲学思想,论述两汉经学,魏晋玄学,六朝隋唐佛学和反佛学思潮,宋明道学的派别和内容;三、近代哲学思潮,阐述明清之际的反道学思想,清代汉学家的哲学思想,晚清经今古文学的对峙及其哲学思想。书的篇首系序论,论述中国哲学思想的发展阶段、特征、研究方法。全书共10章。

罗克汀著《自然哲学概论》由上海生活书店刊行。

张纪彬著《哲学要论》由上海中华书局刊行。

谢幼伟等著《哲理与心理》由上海正中书局刊行。

朱光潜著,中国哲学会西洋哲学名著编译委员会编辑《克罗齐哲学述评》由上海正中书局刊行。

张其昀著《罗素之西方文化论》由上海华夏图书出版公司刊行。

王正国著《唯物论与辩证法》(一名《辩证法唯物论批判》)由新豫印刷所刊行。

吴恩裕著《唯物史观精义》由上海观察社刊行。

蒋伯潜著《理学纂要》由上海正中书局刊行。

常守义著《论理学》由北京明德学园刊行。

邓初民著《寻找知识的方法》由上海前进书店刊行。

丁德隆著《合理合法解义》由著者刊行。

丁德隆著《知之原理与求知方法》刊行。

严群著《希腊思想》由上海华夏图书出版公司刊行。

凤岐辑《思想漫谈集(续编)》由涉县太行群众书店刊行。

胡绳著《思想方法和读书方法》由上海耕耘出版社刊行。

按:是书内分上下两辑,上辑讲述了思想方法,有辩证法的法则和方法、资本论中的辩证法、列宁怎样反对主观主义等；下辑为读书方法，有怎样结合书本知识和实际经验，实践的态度——为人民服务，改造我们的学习，怎样做读书笔记等。

张其昀等著《现代思潮新论》由上海正中书局刊行。

胡秋原著《新自由主义论》由上海中国文化服务社刊行。

按：作者认为，"彻底的自由主义"，即"新自由主义"。全书分上下两篇。上篇讲述自由主义的历史。认为王阳明、斯宾诺莎、洛克是中西自由思想的先驱；下篇讲述"新自由主义"，分崇学尊理论、论中西文化、论哲学与历史、论新自由主义、历史进化论等8节。

蔡仪著《新美学》由上海群益出版社刊行。

马采著《论美》由广东广州美学研究会出版。

傅统先编著《美学纲要》由上海中华书局刊行。

按：是书分经验之完整性、美感经验之本质、美与自然等8章。

谢幼伟著《逻辑要义》由上海华夏图书公司刊行。

艾思奇著《反对经验主义》由哈尔滨东北书店刊行。

洪万馨著《人演论》由上海大法轮书局刊行。

李圆净编著《人鉴》由上海南行学社刊行。

邵元冲著《心理建设论》由上海中国文化服务社刊行。

曹伯韩著《青年修养》由上海开明书店刊行。

周原冰著《青年修养漫谈》由大连光华书店刊行。

多德著，陈哲敏译《青年底人格》由澳门慈幼印书馆刊行。

艾寒松著《青年修养与意识锻炼》由上海杂志公司刊行。

范任宇著《新的认识与奋斗》由江苏南京帕米尔书店刊行。

方向之著《谈交朋友》由香港青年知识社刊行。

李昌来著《建设新论》由江苏南京通信学校刊行。

李浩编《中外格言集(立身处世修养必读)》由上海大方书局刊行。

罗伽编著《战后青年之座右铭》由上海山城出版社刊行。

田惜庵著《科学修养》由上海文化供应社刊行。

演本辑《进化家庭》由上海三乐食品公司刊行。

张如心著《毛泽东的人生观与作风》由晋南新华书店刊行。

赵宗贤编著《知难行易学说精义》由上海正中书局刊行。

赵宗预编著《处事与人情》(上下册)由上海世界书局刊行。

周原冰著《论群众观念与群众路线》由大连光华书店刊行。

宗焰等著《演讲与修养》由上海大方书局刊行。

本朴著《佛教与民主》由上海大法轮书局刊行。

程野声主编《中国教宗》由香港真理学会刊行。

中华年鉴社编《宗教与语言》由江苏南京中华年鉴社刊行。

按：是书内含佛教、回教、天主教、基督教、语言与方言5部分。介绍上述各教在我国的历史及现状，并介绍汉藏语系等五大语系的特点和方言。

大雄奋迅团编《佛法是什么》由上海大雄书局刊行。

梁启超著《佛教根本思想概说》由上海大法轮书局刊行。

乐观编著《佛教民族英雄传》由杭州著者刊行。

按：是书收录《明太祖》《浑融和尚》《澹归和尚》《石涛和尚》《八大山人》《大错和尚》《一念和尚》《正志和尚》等15篇小传。

雪嵩编《佛教法令汇编》由中国佛教会刊行。

白寿彝编《中国伊斯兰教史纲参考资料》由上海交通书局刊行。

曹培灵编《念佛要略》由江苏无锡佛教团体联谊会刊行。

王治心、朱维之编《耶稣基督》由上海中华书局刊行。

百炼编《大藏治病百法》由上海大法轮书局刊行。

毕范宇编《中国的乡村教会——一个调查》刊行。

按：1936年，中华基督教协进会指派美国传教士毕范宇负责中国农村的调查，根据调查结果，毕范宇汇编成书。

曹培灵编《印光大师法语撷录》由江苏无锡佛教团体联谊会刊行。

尘空编《弥陀净土法门集》由上海大法轮书局刊行。

尘空著《三宝歌广释》由上海大法轮书局刊行。

陈海量编《建设佛化家庭》由上海大雄奋迅团刊行。

陈海量编《解惑显真》由上海大雄书局刊行。

陈铭枢讲，胡允恭记《佛法十讲》由上海神州国光社刊行。

诚质怡著《会牧书信释义》由上海广学会刊行。

诚质怡著《新约研究指南》由上海广学会刊行。

程蔼慈著《会务管理》上海中华基督教女青年会全国协会

程野声主编，林蕤译《东尼》由香港真理学会刊行。

程野声主编《四个基本问题》由香港真理学会刊行。

程野声主编《断环记》由香港真理学会刊行。

程野声主编《同心曲》由香港真理学会刊行。

程野声主编《异军英豪》由香港真理学会刊行。

戴一法著《军人魂》由真理学会刊行。

丁堂著《诸葛巧连神数》由上海民众书店刊行。

法相学社编《法相学课本》(第1期)由上海法相学社刊行。

福严著《海沤集》由上海福慧兰若刊行。

辅仁大学司绎书院成立十周年纪念刊委员会编《辅仁大学司铎书院成立十周年纪念刊》由北平编者刊行。

北平市各大学天主教同学会编《北京各大学天主教同学会特刊》由编者刊行。

北平市各大学天主教同学会编《庆祝中国教会体制建立二周年纪念特刊》由北平编者刊行。

甘曼维编著《识字进阶简易诗歌》由上海广学会刊行。

寒风著《归乡道上》由真理学会刊行。

黄庆澜编著《阿弥陀经白话解释》由江苏苏州弘化社刊行。

黄正清编《辅国阐化正觉禅师嘉木祥呼图克图纪念集》刊行。

季羡林著《论梵文 td 的音译》由北京大学出版社刊行。

妙觉编注《楞严咒》由上海大法轮书局刊行。

杨东著《学佛初机》由上海大法轮书局刊行。

印顺讲，演培记《金刚般若经讲记》由杭州正闻学社刊行。

畏因等著《研教与弘法》由上海大法轮书局刊行。

温光熹著《地藏菩萨本迹因缘》由上海大法轮书局刊行。

温光熹著《观世音菩萨本迹因缘》由上海大法轮书局刊行。

温光熹著《念佛歌》由上海大法轮书局刊行。

温光熹著《做什么》由上海大法轮书局刊行。

心光讲学会编《释迦如来成道记·永嘉禅师证道歌·净土生无生论·始终心要略解·八识规矩颂·金光明经空品合刊》刊行。

张一留著《佛能》由上海大法轮书局刊行。

赵克善著《我之宗教政治》由辽宁沈阳刊行。

俞平伯等著《佛学文集》由上海大法轮书局刊行。

智定著《智定文集》由上海大法轮书局刊行。

徐德甫编《孽海曙光》（第1集）由上海道德书局刊行。

景昌极述《评进化论生命及道德》由上海大法轮书局刊行。

静修等著《禅观之门》由上海大法轮书局刊行。

茗山著《我的慈悲主义》由上海大法轮书局刊行。

茗山著《我的慈悲主义》由江苏镇江中流月刊社刊行。

南行学社编《故事图说》（第1集）由上海编者刊行。

聂云台著《保富法》由上海大法轮书局刊行。

石成金著《参禅要法》由上海大法轮书局刊行。

太虚大师全书编纂委员会编《太虚大师全书》由江苏南京莫愁路佛教文化社刊行。

太虚讲，唐大圆记《学佛方法》由上海大法轮书局刊行。

太虚著，无言记《菩萨学处》由上海大法轮书局刊行。

释谈玄编《数息观法》由上海大法轮书局刊行。

谈养吾著《谈养吾全集》（上下册）刊行。

金兆梓著《穆罕默德》由中华书局刊行。

贾立言、冯雪冰著《加拉太人书释义》由上海广学会刊行。

贾立言、朱德周著《罗马人书释义》由上海广学会刊行。

贾立言、朱德周著《约翰书信释义》由上海广学会刊行。

杨仲彝著《与中华基督教文化事业会诸同道商讨教义问题》刊行。

于斌等著，吴智德编《公教信友手册》由香港公教真理学会刊行。

袁访赉著《余日章传》由上海青年协会书局刊行。

计志文编《布道新诗》由上海基督教中国布道会刊行。

江味农讲，蒋竹庄记《止观述义》由上海大法轮书局刊行。

姜建邦编著《青年金言》由上海中华浸会少年团联会刊行。

蒋梅村著《约翰福音中的耶稣》由上海中华基督教贵格会刊行。

孔广布、黄金阶编《古新经史缘略说》由山东兖州天主堂保禄印书馆刊行。

乐泉译《考试主保》由澳门白德美纪念出版社刊行。

李秉源著《圣教释疑》由公教真理学会刊行。

李荣芳著《旧约研究指南》由上海广学会刊行。

李荣光著《义人颂》由澳门白德美纪念出版社刊行。

利玛窦著《交友论》（附 25 言）由北平上智书馆刊行。

灵岩山寺编《灵岩山寺念诵仪规》由江苏苏州弘化社刊行。

刘益之、杨提著《旷野之声》由香港真理学会刊行。

刘振河校《善生·玉耶女经》由北平东城大佛寺佛经流通处刊行。

鲁微达著《日常生活三十讲》由澳门白德美纪念出版社刊行。

路加著《青年的美德》由香港真理学会刊行。

旅沪广东浸信会编《庆祝圣诞特刊（旅沪广东浸信会）》由广东浸信会刊行。

马骏声著《气质（神修学第四册）》由河北大名耶稣会刊行。

马骏声著《神修学（德行）》由河北大名耶稣会刊行。

马骏声著《神修学（翕合主旨）》由河北大名耶稣会刊行。

马骏声著《神修学（克己）》由河北大名耶稣会刊行。

马骏声著《神修学（祈祷）》由河北大名耶稣会刊行。

马骏声著《神修学（圣德的阻碍）》由河北大名耶稣会刊行。

马骏声著《神修学（圣德学理）》由河北大名耶稣会刊行。

马骏声著《神修学（天主化生活）》由河北大名耶稣会刊行。

马骏声著《神修学（心灵纯洁）》由河北大名耶稣会刊行。

马骏声著《诱惑（神修学第四册）》由河北大名耶稣会刊行。

马骏声著《终日结合（神修学第七册）》由河北大名耶稣会刊行。

马耀汉编著《信友手册》由上海慈幼印书馆刊行。

麦沾恩著《宣道学》由上海广学会刊行。

孟敬安著《中国归主》由北平西什库天主堂印书馆刊行。

牛若望著《天主教在中国》由香港真理学会刊行。

惹穹多杰札巴著《木纳记》由上海大法轮书局刊行。

三五赠书社编《仁寿特刊》由上海大法轮书局刊行。

陕甘宁边区政府办公厅编《展开反对巫神的斗争》由冀南新华书店刊行。

申自天著《他是谁》由天津崇德堂刊行。

沈石水著《复活》由香港真理学会刊行。

圣母小昆虫会修士编《崇修圣范》由北平圣母会刊行。

石因著《神灯魅影》由澳门白德美纪念出版社刊行。

时兆报馆编译部编《布道诗歌》由上海时兆报馆刊行。

守培著《守培语录》（上卷）由江苏镇江超岸寺刊行。

苏冠明著《初级新史略》由上海慈幼印书馆刊行。

天主教教务协进委员会学校教育组著《全国公教教育会议纪要》由上海编者刊行。

万广礼著《"家庭保健"运动计划纲要》由北平刊行。

王昌社编著《红色的百合花》（第 2 卷）由香港真理学会刊行。

王昌社编著《红色的百合花》（第 4 卷）由香港真理学会刊行。

王昌社编著《红色的百合花》(第 5 卷)由香港真理学会刊行。

王恩洋讲，寂高师记《伟大的佛教》由上海大法轮书局刊行。

王季同编《一桩轮回确证讨论集》由上海大法轮书局刊行。

王善治著《人类南针》由江西景德镇福音堂刊行。

王骧陆著《杀的问题如何是迷信》由上海印心精舍刊行。

卫理公会延平年议会编《愿主的国降临》由上海广学会刊行。

文启明编著《幸福的阶梯》由上海慈幼印书馆刊行。

邬鹏飞编《沪南清心堂青年团契十周纪念刊》由上海沪南清心堂青年团契刊行。

校友同修会特刊编辑部编《金陵女子神学院校友同修会特刊》由江苏南京编者刊行。

徐松石著《中华民族眼里的耶稣》由上海广学会刊行。

演本著《进化的新家庭》由上海南行学社刊行。

张介眉著《天主教浅说》由北平上智编译馆刊行。

张克定著《圣秩典礼》由山东兖州保禄印书馆刊行。

张锡焕执笔《给全国基督徒的一封公开信—中国基督徒祷告运动宣言》由北平刊行。

赵紫宸著《圣保罗传》由上海青年协会书局刊行。

中华基督会奋进运动委员会编《奋进特刊(第 1 期)》由编者刊行。

中华基督教会全国总会编《中华基督教会全国总会第五届总议会记录》由编者刊行。

中华基督教青年会女青年会全国协会校会组学生部编《改造自己，改革现实》由编者刊行。

中华浸礼协会编《中华浸礼协会杭州大会记录》由杭州编者刊行。

中华圣公会书籍委员会编《中华圣公会宪法规例》(中英对照)由编者刊行。

钟协编《公教化的生活》由上海慈幼印书馆刊行。

钟协著《飞翔集(二)》由澳门白德美纪念出版社刊行。

钟协著《橄榄园》由澳门白德美纪念出版社刊行。

周若渔著《芥子》由香港真理学会刊行。

白德美纪念出版社编《1948 年新日历》由上海慈幼印书馆刊行。

党美瑞著《初期的教会》(新约编卷二)由上海青年协会书局刊行。

玛达伍德编《回光东来史》由上海丽美印刷厂刊行。

华北新华书店辑《马列主义五大名著汇刊》由华北新华书店刊行。

沈志远主编《马克思主义百年纪念》由香港新中出版社刊行。

延安社会科学研究会编《马列主义研究提纲》由哈尔滨鲁迅文化出版社刊行。

按：是书包括马列主义的一般问题，马列主义基本问题两部分，共 13 讲。

殷海光著《马克思主义与实际政治》由上海民主出版社刊行。

八路军留守兵团政治部编选《斯大林与真理》由黑龙江哈尔滨东北书店刊行。

杜民著《论社会主义革命》由香港南海出版社刊行。

按：是书分帝国主义是社会主义革命的时代、帝国主义时代资本主义发展不平衡性的特别紧张化与社会主义革命、社会主义革命首先在俄国胜利了、社会主义革命与武装起义、什么是无产阶级专政，无产阶级专政的任务、无产阶级专政的系统、苏维埃政权是无产阶级专政的国家形式、无产阶级专政下的阶级斗争、苏联社会主义国家发展的两个主要阶段等 9 章。

孙本文著《现代社会科学趋势》由上海商务印书馆刊行。

按：是书选录《社会科学季刊》《东方杂志》《改造杂志》《半月文选》等期刊上的论文17篇，其中有孙本文的《现代社会学的发展与趋势》、吴斐丹的《现代经济学趋势》、吴恩裕的《现代政治思想的趋势》、阮毅成的《现代法学之特征》、金兆梓的《现代史学的特质》、林耀华的《现代人类学的趋势》等。

曹伯韩著《通俗社会科学讲话》由哈尔滨光华书店刊行。

杨松、陈伯达等著《社会科学基础教程》由大连大众书店刊行。

按：是书分9章，论述资本主义以前的社会（杜民），资本主义（刘芝明），帝国主义（徐懋庸），苏联概述（苏华），殖民地半殖民地国家内民族革命（杨松），农民问题（陈伯达）等。

行政院新闻局编《社会研究》由编者刊行。

吴一心编《社会浅说》由上海中华书局刊行。

谢东平著《新社会》由人民出版社刊行。

孙本文著《当代中国社会学》由上海胜利出版公司刊行。

按：作者在书中说："中国社会学今后所应从事的工作：第一，中国理论社会学的建立。今后社会学者应致力于中国化的社会学之建立，其重要工作有三：一、整理中国固有的社会史料：（一）关于社会学说者；（二）关于社会理想者；（三）关于社会制度者；（四）关于社会运动者；（五）关于一切社会行为者。二、实地研究中国社会的特性。三、系统编辑社会学基本用书。从上述三方面的工作，我们希望能充分搜集并整理本国固有的社会材料，再根据欧美社会学家精审的理论，创建一种完全中国化的社会学体系。第二，中国应用社会学的建立。其重要工作有三：一、详细研究中国社会问题。二、加紧探讨中国社会事业与社会行政。三、切实研究中国社会建设方案。第三，社会学人才的训练。今后一面应勖励年青有志的社会学者赴国外深造，一面在国内各大学中人才设备比较充实的社会学系及社会学研究所中，培养青年学者，使能各专一门，展其所长，以应全国迫切的需要。能如此，则中国社会学的前途当有无限希望。"

孙本文著《纪念美国社会学家汤麦史博士》由国立中央大学社会学研究所刊行。

朱谦之著《文化社会学》由广东广州中国社会学社广东分社刊行。

杨开道编《农村社会》由上海中华书局刊行。

按：是书共10章，分别论述农村的人口、家庭、生活、经济、政治、教育、宗教、卫生、娱乐等方面的问题。

周宪文著《论贫富》由上海中华书局刊行。

按：是书收录作者的《人心不古论》《论文人相轻》《谈知足》等短文20篇，从经济观点评论社会上的各种现象。

刘节编著《中国古代宗族移殖史论》由正中书局刊行。

费孝通著《乡土重建》由上海观察社刊行。

吴云高著《家庭生活》由上海中华书局刊行。

吴云高编《家庭制度》由上海中华书局刊行。

按：是书分家庭的起源及演进、家庭的意义及其功用、家庭的比较、家庭的职责、婚姻制度的研究等。

白韬著《调查研究入门》由东北光华书店刊行。

徐庆誉著《学术论丛》由山东力行社刊行。

胡秋源著《思想、道德、政治》由江苏南京新中国出版社刊行。

梁光复著《胡思集》由合肥著者刊行。

李成蹊编著《人类综合史观》由正中书局刊行。

按：是书包括人类的历史趋势、人类的社会趋势、人类的经济趋势、人类的政治趋势、人类的文化趋势等。

董秋水著《东北风土小志》由香港时代批评社刊行。

钱歌川编《英美采风录》由上海中华书局刊行。

褚一飞编《统计学续编》由上海立信会记图书用品社刊行。

王思立编《统计学通论》由上海立信会记图书用品社刊行。

薛仲三著《高等统计学》由上海商务印书馆刊行。

按：是书分频数分配之分析、皮尔生各型曲线、曲线配合、相关、抽样问题等8章。

朱君毅编《统计学概要》由上海正中书局刊行。

按：是书分绪言、统计数列、平均数、离差、常态曲线、可靠性、表列、图示等。

杜思湘、杨娱天编《实用统计方法》由华北新华书店刊行。

李锐夫编《统计应用数学》由江苏南京正中书局刊行。

主计处统计局编《中华民国统计年鉴》由江苏南京中国文化事业公司刊行。

彰化市政府编《彰化市政统计》由台湾彰化编者刊行。

辽东书店辑《红五月纪念日简史》由辽东书店刊行。

长明编《五月纪念日介绍》由佳木斯东北书店刊行。

徐蕸园著《美国小姐》由美华出版社刊行。

世界书局编《日用酬世大观》由上海世界书局刊行。

储菊人编《交际手册》由上海正气书局刊行。

美国儿童研究会著,江同编译《儿童的性问题》由上海家杂志社刊行。

喻兆明著《职业介绍理论与实施》由上海中华书局刊行。

按：是书分职业介绍的基本理论、职业介绍根据的研究、职业介绍的实施、职业介绍的行政及现况等。

黄福燕编《实用社会调查》由上海大东书局刊行。

孙本文、陈倚兴编《湖南长沙崇礼堡乡村调查》由编者刊行。

伍锐麟著《三水疍民调查》由广东广州岭南大学西北社会经济研究所刊行。

端正元(原题段师尊)主讲《天下一家》由北平道德学社刊行。

朱琳编《洪门志》由上海中华书局刊行。

李世瑜著《现代华北秘密宗教》由四川成都华西协和大学、国立四川大学史学系刊行。

南洋华侨筹赈祖国难民总会编《南侨正论集》由南洋出版社刊行。

朱保中编著《事务管理方法》由上海世界书局刊行。

宣博熹编《文书处理》由副官学校刊行。

段麟郊著《三民主义与中国》由国民印刷所刊行。

蒋介石著,广东省地方行政干部训练委员会编《三民主义与革命哲学》由编者刊行。

41年

张彝鼎著《三民主义的研究》由第八战区副长官部政治部刊行。

宋长隆编授《总理遗教》由首部警察学校刊行。

包遵彭著《中国近代青年运动史》由江苏南京时代出版社刊行。

罗琼编《妇女运动文献》由哈尔滨东北书店刊行。

新运妇女指导委员会编《新运妇女指导委员会十周纪念特刊》由江苏南京编者刊行。

华北学生运动小史编辑委员会编《华北学生运动小史》由编者刊行。

建国出版社编《苏联对欧洲与世界的野心》由上海建国出版社刊行。

解放社编《论战后国际形势》由邯郸华北新华书店刊行。

马皓著《国际知识读本》由黑龙江哈尔滨东北书店刊行。

梅碧华等著《论美苏关系》由上海世界知识社刊行。

梅碧华著《国会与政府》由上海世界知识社刊行。

秦一青编《国际问题》由财务学校刊行。

石啸冲、陈原编《国际常识小辞典》由黑龙江哈尔滨光华书店刊行。

太岳新华书店编《国际常识》由太岳新华书店刊行。

谢明编《世界民主国家讲话》由黑龙江哈尔滨光华书店刊行。

谢明编著《国际两个阵营的对比》由黑龙江哈尔滨光华书店刊行。

余孟如等著《世界现势十讲》由上海世界知识社刊行。

张其昀著《世界局势》由上海华夏图书出版公司刊行。

陈顾远著《政治学概要》由上海昌明书店刊行。

刘静文编著《政治学》由上海正中书局刊行。

萨孟武编著《政治学新论》由上海大东书局刊行。

潘光旦著《政学罪言》由上海观察社刊行。

吴恩裕著《马开维里的政治“理论”及其意义》由北京大学出版部刊行。

张定中著《政治新论》由河南开封正义报社刊行，有自序。

李侠文著《政治讲话》由中央训练团军事干部训练班刊行。

李秀生著《政治警察》由北平中华警察学术研究社北平分社刊行。

邓初民著《阶级论》由大千印刷公司刊行，有自序。

按：是书论述阶级的意义和本质，科学的阶级理论的形成过程，以及中国现在社会的阶级和阶级斗争等问题。附录：社会主义社会的知识分子等。

蒋仁著《什么是阶级》由东北出版社刊行。

严耕望著《两汉太守刺史表》由上海商务印书馆刊行。

王亚南著《中国官僚政治研究》由时代文化出版社刊行。

按：是书对官僚主义的分析，涉及政治、经济、文化各个方面，其基本的方法，是把官僚主义区分为技术性官僚主义和社会性官僚主义两类；其着重探求的，是官僚政治的根源和治理方式。

陈中民编《官僚政治批判》由帕米尔书店刊行。

杜迈著《欧洲自由主义的兴起》由福建省研究院社会科学研究所刊行。

按：是书是对英人拉斯基《欧洲自由主义的兴起》一书的评论，原载于《社会科学》第4卷第1期，本书为抽印本。

《中共中央关于土地改革中各社会阶级的划分及其待遇的规定》由中共太行区党委刊行。

《东北局关于平分土地运动的基本总结》由内蒙古书店刊行。

《关于城市政策的几个文献》由华北新华书店刊行。

毛泽东著《目前形势和我们的任务》由华北新华书店刊行。

常熟县政府编《常熟县县政概况》由编者刊行。

车载著《论思想》由大连光华书店刊行。

陈伯达著《重要的问题在善于学习》由黑龙江哈尔滨东北书店刊行。

陈序经著《南洋与中国》由广东广州岭南大学西南社会经济研究所刊行。

大众日报社编《生产救灾丛书》（第1辑）由大众日报社刊行。

邓泽如著《中国国民党二十年史迹》由上海正中书局刊行。

丁坚编《新劳动态度的规范》由大连大众书店刊行。

东北书店编《城市政策汇编》由黑龙江哈尔滨东北书店刊行。

东北书店辽北分店编《拥护共产党》由东北书店辽北分店刊行。

高岗讲《在内蒙干部会议上的讲话》由临汾人民报社刊行。

革新侨务促进会编《革新侨务建议》由广东广州编者刊行。

合江日报社编《怎样分析阶级》由合江日报社刊行。

河南第四区行政督察专员兼保安司令公署编《督政纪要》由河南编者刊行，有张敬忠绪言。

华北人民政府秘书厅编《华北临时人民代表大会汇刊》由编者刊行。

华北新华书店编辑部编《平分土地手册》由华北新华书店刊行。

华北新华书店经理部编《职工学习材料》由华北新华书店刊行。

华北银行总行编《关于入城政策的选集》由编者刊行。

吉林省教育厅编著《中共东北中央局关于知识分子的决定》由编者刊行。

济南市政府秘书处编《济南市政之一年》由编者刊行，有王崇五叙言。

毛泽东等著《团结改造知识分子》由冀南行政公署教育处刊行。

冀东新华书店辑《关于知识分子的问题》由冀东新华书店刊行。

正报出版社辑《关于知识分子的改进》由香港正报出版社刊行。

田家鲜著《论知识分子》由上海新知书店刊行。

于毅夫著《知识分子的任务与出路》由佳木斯东北书店刊行。

解放社编《目前形势和我们的任务》由华北新华书店刊行。

林枫著《关于东北解放区民主政权建设总结》由吉林长春东北书店刊行。

罗欣编《民青两党内幕》由大连大众书店刊行。

毛泽东等著，太岳新华书店编《形势任务与政策》由太岳新华书店刊行。

南京市政府编《首都市政》由江苏南京编者刊行。

倪筆鹏编辑《乡镇手册》由云南省政府刊行。

任弼时著《土地改革的几个问题》由渤海区党委刊行。

按：是书是一九四八年一月二十四日在西北野战军前线委员会扩大会议上的讲话，论述划分农村阶级的标准，团结中农、打击地主富农的方法，提出对工商业和知识分子、开明绅士的政策。卷首有渤海区党委通知。

谭政文著《山西崞县是怎样进行土地改革的》由东北日报刊行。

犹凤岐著《土地改革讲话》由大连光华书店刊行。

中共吉林市宣传部编《城市问题》由编者刊行，有编者前言。

西北局宣传部编《干部学习文件》由编者刊行。

张帆主编《新生的台湾》由漳州华声通讯社刊行。

张立瀛著《江苏保甲》由江苏省民政厅刊行。

中国民主同盟总部编《中国民主同盟三中全会》由编者刊行。

中国人民解放军中原军区政治部编《形势任务与政策》由编者刊行。

周曙山编著《中国国民党政纲政策之史的发展》由正中书局刊行，有著者卷头语。

曹未风著《现代国际关系史》由上海杂志公司刊行。

程幸超编著《中国地方行政制度史略》由上海中华书局刊行。

按：是书叙述秦以来的历代地方行政制度。

东北书店编《从历史上看苏美对华政策》由黑龙江哈尔滨东北书店刊行。

胡次威编著《民国县制史》由上海大东书局刊行。

山西省社会处编《山西省饥荒实录》由编者刊行。

胡次威著《县自治提要》由上海大东书局刊行。

蒋介石讲《戡乱建国干部训练班的意义和任务》由中央训练团刊行。

张金鉴编著《均权主义与地方制度》由正中书局刊行。

上海时论社编《华北真相》由上海时论社刊行。

于送讲《人事业务之监察》由中央训练团监察官训练班刊行。

中华年鉴社编《监察》由江苏南京中华年鉴社刊行。

中华年鉴社编《考试》由江苏南京中华年鉴社刊行。

王鲁编辑《经济警察的理论与实际》由上海警察局秘书室刊行。

李士珍著《警察行政之理论与实际》由南京中华警察学术研究社刊行。

内政部警政司编《警察教范》由编著刊行。

王鲁编《乡村警察的理论与实验》由上海市警察局秘书室刊行。

中央警官学校第二分校编译科编《中央警官学校第二分校概况》由广东广州编者刊行。

刘怀璞编著《水上警察概论》（警察丛书）由江苏南京中华警察学术研究社刊行。

按：是书讲述水上警察的沿革、意义、分类，训练及编制工作，设备及勤务，中国航政简史及第二世界大战前的列强水上警察概况等。有自序、附录：《缉盗护航章程》等。

董翰良编《警犬学》由中央警官学校刊行。

余秀豪著《现代警察行政》由上海中华书局刊行。

按：是书主要介绍欧美国家警察行政概况，并提出改革国民党政府警察行政制度的办法。

赵年禄编《警鸽讲义》由首都警察学校刊行。

郑宗楷著《警官服务要论》由上海商务印书馆刊行。

杨槐春著《违警罚法释论》由江苏南京中华警察学术研究社刊行。

龙泽洲著《违警罚法概论》由上海中华书局刊行。

冀南区党委编《论布尔什维克的原则性》由编者刊行。

刘少奇著《论国际主义与民族主义》由哈尔滨东北书店刊行。

按：是书继哈尔滨东北书店刊行后由吉林书店、晋绥新华书店、华北新华书店、内蒙古书店、太行新华书店、皖北新华书店、中共晋绥分局、冀东新华书店、冀鲁豫新华书店、陕甘宁边区新华书店、新华书店分别刊行。

刘少奇等著《中国共产党与共产党员》由香港红棉出版社刊行。

刘少奇著《论共产党员的修养》由晋察冀新华书店刊行。

东北书店辽宁分店编《土改整党学习材料》由东北书店辽宁分店刊行。

大众日报社编《土改整党丛书》由编者刊行。

《整党学习材料》由华中新华书店刊行。

华北新华书店编《土改整党参考资料》由编者刊行。

刘少奇等著《土改整党典型经验》由香港中国出版社刊行。

冀南新华书店编《整党民主在赵庄》由冀南新华书店刊行。

解放社编《整风文献》由太岳新华书店刊行。

胶东区党委宣传部编《三整文献》由胶东新华书店刊行。

鲁南时报编《整党问题基本文献》由鲁南时报刊行。

合江省委宣传部编《农村党员教材》由编者刊行。

华北军区政治部编《论布尔什维克的原则性与领导者的工作方法》由编者刊行。

东北书店编《中共中央关于南斯拉夫共产党问题的决议》由东北书店刊行。

肖粲殊编《孙中山先生医学的国家观》由广州中国人生服务社刊行。

《晋冀鲁豫边区农会筹委会告农民书》由太岳新华书店刊行。

陈伯达著《论农民革命》由香港南海出版社刊行。

陈庆祥主编《上海市中药业职业工会第二届改组会员代表大会纪念特刊》由上海市中药业职业工会出版委员会刊行。

丁坚编《领导者的工作方法》由大连大众书店刊行。

关东中苏友好协会编《世界职工运动文集》由大连编者刊行。

哈尔滨中苏友好协会编《职工参考文献》由编者刊行。

解放社编《中国职工运动的当前任务》由新华书店刊行。

林平编《全国第六次劳动大会》由大连大众书店刊行。

卢于道著《科学与社会主义》由上海民本出版公司刊行。

毛泽东、刘少奇著《论国际主义与民族主义》由冀南新华书店刊行。

毛泽东著,中共晋冀鲁豫中央局编《毛泽东选集》(上下册)由编者刊行。

毛泽东著《毛泽东文选》由渤海新华书店刊行。

毛泽东著《毛泽东选集》(1—6卷)由哈尔滨东北书店刊行。

毛泽东著《目前形势和我们的任务》由辽南日报社刊行。

华北新华书店编《关于南共问题的两个决议》由编者刊行。

张达生编著《论狄托事件》由正大出版社刊行。

东北书店编《南共领导脱离了马列主义关于阶级和阶级斗争的理论》由编者刊行。

苏旅著《怎样过民主生活》由黑龙江哈尔滨东北书店刊行。

孙宝毅著《民主社会主义浅说》刊行。

太行群众书店编《怎样给人民当个好长工》由太行群众书店刊行。

太岳新华书店编辑《论忠诚与老实》由太岳新华书店刊行。

谢幼伟等著《论共产主义》由上海华夏图书出版公司刊行。

徐醒著《论民主与修养》由建华出版社刊行。

按:是书讲述世界各国及中国的民主形式与内容,民主的修养,修养的方法,怎样和民众生活,怎样过民主的集团生活,民主与个性的关系等。

亚拉编《论干部政策》由大连大众书店刊行。

张东荪著《民主主义与社会主义》由上海观察社刊行。

按：是书评述自由、平等概念的历史发展，革命暴力问题，计划经济、合作社、集体农场，以及文化自由等问题。有自序。

侯外庐等著《孙中山到毛泽东》由山海书屋刊行。

李柏年著《论哲人政治》由上海新知书店刊行。

中华民国全国总工会筹备委员会编《中国工会概况》由江苏南京编者刊行。

中原新华书店编《论职工运动》由中原新华书店刊行。

陈伯达著《人民公敌蒋介石》由华北新华书店刊行。

樊弘著《两条路》由上海观察社刊行，有著者代序《苦闷与得救》。

何永佶著《中国在戥盘上》由上海观察社刊行。

雷香庭著《一年鸿爪》由广东广州大学文化事业公司刊行。

李伯球编《迎接新中国的斗争任务》由香港中华论坛社刊行。

毛泽东等著《目前形势文辑》由编者刊行。

乔冠华等著《统一战线诸问题》由香港自由世界出版社刊行。

新中国丛书出版社编《新中国在前进》由九龙新中国丛书出版社刊行。

中国民意研究所编《中国的出路》由上海智慧书局刊行。

袁似瑶著《中国革命常识讲话》由哈尔滨光华书店刊行。

杨蔚著《国事新认识与新国策》由永厚出版社刊行。

王杨编纂《战后建设中国各项政策纲领》由中国国民党京沪沪杭甬铁路特别党部执行委员会刊行。

卿汝楫著《民主建国论丛》由著者刊行。

周宪文著《论人事》由上海中华书局刊行。

中国国民党驻港澳总支部编《国庆特刊》由编者刊行。

范争波等编《益世报言论集》由上海益世报社刊行。

国防部新闻局编《蒋主席告全国军民书》由编者刊行。

阎锡山著，刘国治等编《阎主任兼主席会客谈话》由太原绥靖公署机要秘书室刊行。

程潜著《程潜最近言论》刊行。

独立时论社编《独立时论集》由北平独立时论社刊行。

上海晓风出版社编《晓风残月》由上海晓风出版社刊行。

潘光旦著《政学罪言》由上海观察社刊行。

立法院外交委员会编《外交施政方针报告与质询》由编者刊行。

中华民国国民政府外交部编《中华民国外交部最近印行之白皮书目录》由编者刊行。

刘效藜著《十年边政之剖视》由新疆迪化新疆人社刊行。

郑学稼著《第三国际史》由上海民主出版社刊行。

李法培著《联合国》由上海华夏图书出版公司刊行。

梁纯夫著《联合国论》由上海生活书店刊行。

徐弦著《近三十年来国际关系小史》由上海生活书店刊行。

民主出版社资料室编《新共产国际》由上海民主出版社刊行。

吕煊著《反扶日论》由上海新知书店刊行。

香港各侨团反对扶植日本工业复兴运动大会编《反扶日运动文件选辑》由编者刊行。

新华社编《美帝扶日真相》由陕北新华书店刊行。

苏联共产党（布）中央委员会所设专门委员会编《苏联共产党（波尔什维克）历史》由华北新华书店刊行。

《十月革命的世界意义》由哈尔滨东北书店刊行。

潘公昭著《东南亚各国内幕》由上海世界知识社刊行。

长征著《论越南八月革命》由九龙黎明出版社刊行。

巴人著《远东民族革命问题》由南海出版社刊行。

按：是书共5章：战前远东各民族地位、殖民地土地问题、远东民族反异族压迫斗争、战后远东民族运动的一般情况、远东民族革命的性质及其他。

李书华著《日本一周》由著者刊行。

时代书报出版社编《蒙古人民共和国》由上海苏商时代书报出版社刊行。

思篡著《战后日本问题》由上海士林书店刊行。

余天白著《观察日本半月》由上海出版社刊行，有著者序。

张群著《日本观感》由新世纪出版社刊行。

郑森禹等著《日本问题读本》由上海世界知识社刊行。

中华学艺社主编《战后的日本社会》由上海大成出版公司刊行。

《列宁论苏维埃机关人员应如何工作》由佳木斯东北书店刊行。

袁月楼、林溥伦编《苏联内幕》由江苏南京新中国出版社刊行。

戈明等著《美国往何处去?》由大连光华书店刊行。

张一中编著《战后美国》由大连大众书店刊行。

瞿同祖著《中国法律之儒家化》由北京大学出版部刊行。

刘仰之编著《俄国法律学说》由上海商务印书馆刊行。

刘宗禄编《中国宪法论》由正中书局刊行。

郑彦棻编著《从制宪到行宪》由江苏南京黑白出版社刊行。

建国出版社编《为民主宪政而奋斗》由江苏南京建国出版社刊行。

叶青著《五权宪法与中国宪法》由南京帕米尔书店刊行。

按：是书分民主政治的发展、五权宪法的理论与实际、中国宪法草案的研究、五权宪法与代议政治、中国宪法的制定与五权宪法、中国宪法的修改与五权宪法、中国宪法的解释与五权宪法、五权宪法下的地方自治等8章。

叶青著《五权宪法与民主政治》由江苏南京帕米尔书店刊行。

按：是书分民主政治的发展、代议政治与五权宪法、五权宪法之理论与实际、中国宪法的问题等4章。

刘静文编《宪法中的政府制度的比较》由江苏南京帕米尔书店刊行。

国民大会秘书处编《行宪法规》由江苏南京编者刊行。

张定夫著《行政法概要》由上海昌明书屋刊行。

中央训练团编《现行法规选辑》由江苏南京编者刊行。

立法院秘书处编《宪政法规》由江苏南京编者刊行。

时代书报出版社编《苏联宪法》由上海时代书报出版社刊行。

胡永龄编著《战时国际公法》由中华书局刊行。

按:是书主要介绍国际战争中交战国间因开战所生之效果、交战国间之关系、战时伤病人员及死者之问题、战俘问题、战时违禁事项等。

陆桐生著《商标法及其判解》由上海大东书局刊行。

胡次威著《地方自治概要》由上海昌明书屋刊行。

李宝森著《民法概论》由上海李宝森律师事务所刊行。

吴传颐著《法国、德国和苏联的民法》由江苏南京编者刊行。

王效文著《新公司法论》由上海大东书局刊行。

郭卫著《刑法分则新论》由上海昌明书屋刊行。

国立北京大学法学院编《国立北京大学五十周年纪念论文集》由北平北京大学出版部刊行。

李浴日著《国父战争理论》刊行。

关麟征讲述《军事演进与东西战法之片论》由成都拔提书店刊行。

蒋介石讲《军事教育的宗旨和方法》由军事训练团刊行。

中央训练团监察官训练班编《军事教育之监察》由中央训练团监察官训练班刊行。

王东原编订《师律》由湖南湖南全省保安司令部刊行。

窦尔迪编《高级指挥部之监察》由中央训练团监察官训练班刊行。

中央训练团监察官训练班编《新财务制度》由中央训练团监察官训练班刊行。

联合勤务总司令部财政署编《联合勤务总司令部财政署官佐手册》由编者刊行。

傅仲芳讲授《经理之监察》由中央训练团监察官训练班刊行。

窦尔迪编《补给品征购及分配》由中央训练团监察官训练班刊行。

中央训练团监察官训练班编《被服之监察》由中央训练团监察官训练班刊行。

郗恩绥编《运输业务之监察》由中央训练团监察官训练班刊行。

黄克白编《铁道军运法规讲义》由运输学校刊行。

谢海泉著《运输勤务(第4篇:船舶输送)》由联合勤务干部训练班刊行。

张道一编著《沙盘兵棋》由陆军大学刊行。

献群著《教政杂谈》由徐州陆军装甲兵学校刊行。

秦修好编著《兵役法及兵役法施行法图表解》由江苏南京兵学书店刊行。

谢声溢编《徐州绥靖概要》由徐州绥靖公署刊行。

吴润莘编《剿匪战术讲义》由陆军军官学校第四军官训练班刊行。

新四军政治部编《人民军队》由华中新华书店刊行。

九纵胜利报社编《人民战士》由山东兵团政治部刊行。

何超著《比一比》由中国人民解放军中原军区野战军政治部刊行。

韦以平编《支前人人有份》由渤海新华书店刊行。

华北军区政治部华北画报社编《三大纪律八项注意》由华北军区政治部刊行。

东北书店编《人民解放战争两周年的总结和第三年的任务》由哈尔滨东北书店刊行。

晋察冀野战军政治部编《清风店歼灭战》由晋察冀新华书店刊行。

太岳行署编《太岳区人民服勤试行办法草案》由太岳行署刊行。

山东新华书店编《孟良崮之战》由渤海新华书店刊行。

李永祥等摄影、何慧编《四平攻坚战》由哈尔滨东北画报社刊行。

安靖摄影，白华、王兰馨编《大战城子街》由哈尔滨东北画报社刊行。

吴赞唐编著《美国供应站补给品之调配》由江苏南京联勤干训班刊行。

国防部监察局编《军事监察机构的设置与监察官的训练》由中央训练团监察官训练班刊行。

梅格尔讲《兵营之监察》由中央训练团监察官训练班刊行。

窦尔迪编拟《部队之监察》由中央训练团监察官训练班刊行。

窦尔迪讲《监察官应具备之资格》由中央训练团监察官训练班刊行。

梅格尔讲《补充兵训练机构之监察》由中央训练团监察官训练班刊行。

军用图书社编《步兵干部必览——现行典范令问答》由江苏南京军用图书社刊行。

陆军步兵学校编《美式步兵教育纪实》（第3集：战术之部）由江苏南京拔提书局刊行。

谭松云编著《小部队战斗教练实施计划方案》由山东烟台泰东印刷局刊行。

关仲直讲《通讯业务之监察》由中央训练团监察官训练班刊行。

李济平编述《通信勤务》由联合勤务干部训练班刊行。

黄声远编《壮志千秋》由编者刊行。

关麟征讲演《抗日战术经验谈》由拔提书店刊行

路家榜编《薛岳抗战手稿》刊行。

杨德安著《中国国防地理》刊行。

联合勤务总司令部编《陆空通信布板操作法》由安徽全省保安司令部刊行。

葛殿彬编《军用轻便铁道讲义》由运输学校刊行。

胡宁生著《无烟药》由胶东军区军工部化学总厂研究室刊行。

姚启铎著《原子弹》由上海中华书局刊行。

唐廷仁编著《武器》由正中书局刊行。

潘源来著《经济学原理》由国立湖南大学出版组刊行。

薛暮桥著《政治经济学》由黑龙江哈尔滨光华书店刊行。

按：是书分绪论及政治经济学的研究对象、原始共产主义、奴隶社会、封建社会、资本主义社会（上下）、社会主义社会的诞生6章，讲授人类社会经济制度的发展历史。

周宪文著《经济学术论纲》由上海中华书局刊行。

按：是书收录有关经济理论和经济政策的论文26篇。

张则尧编著《经济学原论》由上海中华书局刊行。

按：是书分序论、生产论、交换论、分配论、经济发展论等。

马寅初著《经济学概论》由上海商务印书馆刊行。

按：是书分7篇，对经济学的定义、财富、商品、资本、价值、消费、生产、交换、分配等作提纲挈领的介绍。

彭迪先著《经济思想史》由国立四川大学经济系刊行。

按：是书包括古代（希腊、罗马时代）、中世（基督教的兴起与奥古斯汀、亚奎纳士等学者的时代）、近世第一期（重商主义及重农主义时代）、近世第二期（古典学派时代）、近世第三期（历史学派的时代）5编。

李正文著《战后经济学说》由上海新知书店刊行。

周宪文著《比较经济学总论》由上海中华书局刊行。

按：是书叙述以正统学派与奥国学派合流的资本主义经济学和与它相对立的社会主义经济学，说明各派经济理论的见解。

解放社编辑部编《列宁斯大林论社会主义经济建设》由北京编者刊行。

钱健夫著《中国社会经济史上的奴隶制问题》由上海商务印书馆刊行。

周木钧著《中国经济史大纲》由上海立信会计图书用品社刊行。

夏炎德著《中国近百年经济思想》由上海商务印书馆刊行。

谭熙鸿编《十年来之中国经济》由上海中华书局刊行。

按：是书阐述十年来中国轻重工业、商业、国际贸易、物资管制、地质调查及经济建设等问题。

高叔康著《十年来之经济政策》由上海中华书局刊行。

杨寿标著《经济论丛》由南昌中国兴业出版股份有限公司刊行。

王绍成编《当前经济问题之商榷》由太原编者刊行。

顾毓琇著《中国经济的改造》由上海中国编译社刊行。

王也愚著《中国经济现状综述》由新中国建设出版社刊行。

方潮声等著《国内经济崩溃与中国工商业》由南方论坛社刊行。

《怎样实施经济封锁》由新中国出版社刊行。

郭诚德著《立体的纯经济史分期的方法论》由上海著者刊行。

陈文川、赵元浩等编《中国经济年鉴（1948年）》由香港太平洋经济研究社刊行。

经济研究会编《半年来蒋匪区的经济情势》由编者刊行。

王也愚著《中国经济现况综论》由新中国建设出版社刊行。

朱斯煌主编《民国经济史》由上海银行周报社刊行。

于佑虞编著《中国仓储制度考》由南京正中书局刊行。

中国农民银行总管理处编《中国农民银行办理农业仓库手册》由编者刊行。

周伯棣编《国际经济概论》由上海中华书局刊行。

按：是书论述国际经济关系的原则和组织形式，关税和进出口贸易，金银、资本和劳动力的国际流动等。

赵迺抟编著《欧美经济学史》由南京正中书局刊行。

赵迺抟编著《五十年来美国经济思潮的主流——制度经济学派》由北京大学出版部刊行。

张又惺著《西洋经济史》由上海中国文化服务社刊行。

按：是书分"绪论""前资本主义时代""资本主义时代"3编，叙述西方自原始社会自然经济至资本主义时代早期阶段的经济发展史。卷首有《悼张又惺教授》（关吉玉）、《三弟又惺事略》（孟闻）、《张著西洋经济史出版牟言》（朱伯康）及陈清华序。

谢劲健著《战后欧美各国社会经济政策》由上海商务印书馆刊行。

许逸超编《世界的重要资源》由上海中华书局刊行。

廖品极编著《价值学说之发展》由国立四川大学经济研究部刊行。

杨柳村著《钱权论》由编者刊行。

张允溪著《财货本性论》由上海新世纪出版社刊行。

周宪文著《论拜金主义》由上海中华书局刊行。

按：是书为文化与经济丛刊的一种，辑入《论拜金主义》《官僚资本与官僚企业》《资本主义与社会革命》《自治财政的理论问题》《论法制精神》《女子教育双轨论》《如何看台湾》等有关经济、文化、教育、政治的短文 20 篇。

李达著《先资本主义的社会经济形态论》由香港生活书店刊行。

徐懋庸著《论帝国主义》由香港南海出版社刊行。

非昔等著《论世界危机》由上海世界知识社刊行。

许涤新著《新民主主义经济论》由北平中外出版社刊行。

怀庶著《中国经济内幕》由香港新民主出版社刊行。

经济资料社编《宋子文豪门资本内幕》由黑龙江哈尔滨光华书店刊行。

经济资料社编《TV 宋豪门资本内幕》由香港小吕宋书店刊行。

经济研究会编《政学系官僚资本的解剖》由编者刊行。

经济研究会编《TV 卖办资本解剖》由编者刊行。

善后事业委员会保管委员会秘书处编《长期善后事业概述》由编者刊行。

丁文治著《联总物资与中国战后经济》由上海行政院善后救济总署刊行。

山西省经济管理局编《平民经济概述》由编者刊行。

陈述彭编著《东北经济地理简编》由正中书局刊行。

刘绍辅著《台湾产业经济概要》由著者刊行。

张泽南编著《台湾经济提要》由大众出版社刊行。

国共出版社编《台湾商业名录》由编者刊行。

陈植编著《海南岛资源之开发》由正中书局刊行。

陶大镛著《战后东欧的经济改造》由上海中华书局刊行。

李洛之、聂汤谷编著《天津的经济地位》由经济部冀热察绥区特派员办公处结束办事处驻津办事分处刊行。

陶大镛著《新民主国家论》由上海世界知识社刊行。

唐启贤著《指数值编制与应用》(增订本)由上海中华书局刊行。

张以忠著《指数之研究》由上海交通书局刊行。

王逸轩编《会计学概要》由上海三民图书公司刊行。

黄逸峰等著《簿记学》由东北光华书店刊行。

汪育春著《现代簿记》由上海中华书局刊行。

汪育春编著《成本会计学》由上海商务印书馆刊行。

朱国璋编著《成本会计之理论与实务》由上海中华书局刊行。

审计部编《审计成例》由编者刊行。

审计部编《审计部工作简要报告》由编者刊行。

魏洵编《材料管理与会计》由上海立信会计图书用品社刊行。

陈醉云编《合作社的组织和经营》由上海中华书局刊行。

陈醉云编《生产合作和消费合作》由上海中华书局刊行。

陈醉云编《信用运销及公用合作》由上海中华书局刊行。

蔡日秋著《公用利用合作经营》由正中书局刊行。

行政院新闻局编《中国合作事业》由南京编者刊行。

徐肇和著《县政建设与合作事业》由南京中国合作图书用品生产合作社刊行。

国防部政工局编《绥靖区合作事业之推行》由编者刊行。

胡次威等编著《省县公营事业》由上海大东书局刊行。

罗虔英、李乡朴著《到新合作运动之路》由上海中国建设服务社刊行。

陈安仁著《中国农业经济史》由上海商务印书馆刊行。

彭莲棠著《中国农业合作之研究》由上海中华书局刊行。

按：是书分农业合作之意义与各国农业合作示例、中国农业概况与合作事业、中国农业土地问题与农业合作、中国农业劳动问题与农业合作、中国农业资本问题与农业合作、中国农业灾害与农业合作、中国农业交易问题、中国农业运费问题与农业合作、中国农业合作化之方案与实施等9章。

许涤新著《农村经济底基本知识》由上海光华书店刊行。

朱剑农编《农村经济》由上海中华书局刊行。

按：是书论述农村土地问题、劳动形态、金融、运销与商业资本、农村生产者的负担及其生活状况、农村经济危机及其解决的途径等问题。

王艮仲著《被窒息的农村建设事业》由上海中国建设服务社刊行。

张一凡著《苏联的计划农业》由上海中华书局刊行。

曾资生、吴云瑞著《中国历代土地问题述评》由建国出版社刊行。

李耕瑶著《中国土地问题研究》由上海财务学校刊行。

黄俊民著《土地问题的综合研究》由国防部政工局刊行。

李朴著《中国土地问题浅说》由大连东北光华书店刊行。

狄超白著《中国土地问题讲话》由香港生活书店刊行。

中央训练团社会工作人员训练班编《中国土地问题参考资料》有编者刊行。

孟南著《中国土地改革问题》由香港新潮社刊行。

孟南著《中国土地改革问题》（增订本）由香港新民主出版社刊行。

孙文著《土地改革问题》由上海国讯书店刊行。

易声伯著《中国土地改革方法》由新中国出版社刊行。

张丕介著《土地改革方案的分析》由南京建国出版社刊行。

王效文著《新土地法论》由上海昌明书屋刊行。

福建省政府新闻处编《土地改革与民众组训》由编者刊行。

吴文晖著《土地改革与中国前途——为什么要实施土地改革》由南京建国出版社刊行。

晏嗣平著《由土地改革到中国现代化》由新纪元出版社刊行。

李中严著《土地改革与新中国之道路》由南京中国文化服务社刊行。

土地改革编辑委员会编《中国地政学会、中国土地改革协会概况》由南京建国出版社刊行。

诸葛平著《地籍整理》由南京行政院新闻局刊行。

沈文侯编著《实用土地登记》由台北著者刊行。

王慰祖编著《扶植自耕农与保障佃农》由南京地政部地政研究委员会刊行。

张少甫著《农民的乐园——集体农场》由太行群众书店刊行。

关吉玉著《中国粮食问题》由南京经济研究所刊行。

王树基、邢公仪编著《粮食产销合作之组织与经营》由南京中央合作金库刊行。

陈东之著《"粮食国有"之我见》由国防部刊行。

王冰著《中国的棉和毛》由上海文通书局刊行。

叶笃庄著《华北棉花及其增产问题》由南京资源委员会经济研究所刊行。

王冰著《中国的茶和丝》由上海文通书局刊行。

南京行政院新闻局编《烟草产销》由编者刊行。

林渭访著《台湾之林业及其研究》由台湾林业试验所刊行。

台湾樟脑局编《台湾樟脑事业概况》由编者刊行。

台湾省政府农林处林产管理局编《台湾林业》由编者刊行。

台湾省政府农林处林产管理局编《台湾林产统计汇报》由编者刊行。

台湾省政府农林处林产管理出版委员会编《台湾林产管理概况》由编者刊行。

行政院新闻局编《畜牧事业》由编者刊行。

陈醉云编《料量家计·经营副业》由上海民众教育丛书刊行。

南京中国农民银行编《中国农村副业问题及其应有之改进》由编者刊行。

阎锡山著《兵农合一辑要》由正中书局刊行。

陈述元编著《工业组织与管理》由上海中华书局刊行。

按：是书论述工厂的科学管理、设备、组织、工作、工资等问题。

金一新编著《工厂管理》由上海龙门联合书局刊行。

陈文麟著《纺织厂成本会计》刊行。

谭锡畴编著《世界工业矿产概论》由正中书局刊行。

吉林书店辑《新民主主义经济的工业发展方针》由辑者刊行。

阮渊澄编《工厂法》由上海中华书局刊行。

彭光钦著《工业改进论文集》由重庆工商部重庆工业试验所刊行。

立法院经济及资源委员会编《经济资源辑要》由编者刊行。

东北物资调节委员会研究组编辑《矿产》由东北物资调节委员会刊行。

河南省地质调查所编《河南省煤矿志》由编者刊行。

陈百药编《台湾之煤矿》刊行。

中国石油有限公司工程室编《中国石油有限公司业务设备现况报告》由编者刊行。

金开英著《台湾之石油工业》由资源委员会中国石油有限公司刊行。

皮炼编制《中国电力分布图》由上海中华书局刊行。

永利化学工业公司编《永利的硫酸錏厂》由编者刊行。

台湾碱有限公司技术室编《台湾碱业有限公司要览》由台湾碱业有限公司刊行。

武汉玻璃厂编《武汉玻璃厂工作报告书》由编者刊行。

江西省政府秘书处统计编《景德镇瓷业调查报告》由编者刊行。

经济部上海工商辅导处调查资料编辑委员会编《橡胶工业》由编者刊行。

工商部上海工商辅导处调查资料编辑委员会编《制药工业》由编者刊行。

王望孚等编，彭敦仁主编《纺建要览》由中国纺织建设公司董事会刊行。

中国纺织建设公司天津分公司编《天津中纺一周年》由编者刊行。

杨仲寅等编《吼声汇刊》由上海利泰纺织公司刊行。

中国纺织建设公司上海第二、三纺织厂编《中国纺织建设公司上海第二、三纺织厂概况》由编者刊行。

工商部上海工商辅导处调查资料编辑委员会编《上海市纺织印染工艺》由编者刊行。

商务部上海工商辅导处调查资料编辑委员会编《植物油制炼工业》由编者刊行。

魏庆元编《北平制革工业调查报告》由经济部北平工业试验所刊行。

行政院新闻局编《制革工业》由编者刊行。

陈华洲著《台湾之工业及其研究》由台湾省工业研究所刊行。

全国纺织业联合会编《战后初期之日本棉纺织工业》由编者刊行。

唐治能编著《铁道与国防》由南京编者刊行。

按：是书分绪论、铁道史略、建设、管理、军运、铁道兵、铁道特性与价值、铁道与现代战争、铁道与国防等9章。附录：全国铁路里程表；2.全国已成和战后五年兴筑铁路图。

金士宣著《铁路运输学》由上海商务印书馆刊行。

李古春编《铁路警察》由辽宁沈阳区铁路警务处刊行。

刘传书著《铁路运转经济论丛》(上下册)由粤汉区铁路管理局刊行。

行政院新闻局编《蒸汽机车制造》由编者刊行。

行政院新闻局编《铁路机厂》由编者刊行。

交通部统计科编《中华民国三十五年交通部统计年报》由编者刊行。

东北物资调节委员会编《运输》由编者刊行。

梅格尔著《汽车运输之监察》由中央训练团监察官训练班刊行。

台湾省政府交通处编《台湾交通统计汇报》由编者刊行。

台湾省政府交通处编《台湾交通介绍》由编者刊行。

台湾省政府交通处编《台湾省政府交通处主管事项概况》由编者刊行。

台湾省博览会交通馆编《台湾省博览会交通馆特辑》由编者刊行。

凌鸿勋、洪观涛、钮孝贤编《赴欧洲出席国际会议及考察交通报告》由上海现代铁路杂志社刊行。

东北物资调节委员会研究组编《机械》由北平京华印书局刊行。

行政院新闻局编《招商局轮船股份有限公司》由编者刊行。

陈山明等编《中兴轮船惨案纪念刊》由厦门中山轮船惨案善后委员会刊行。

高雄港务局编《高雄港纪略》由编者刊行。

徐同邺编著《航空运输概论》由上海世界书局刊行。

中国航空公司编《中国航空公司概况》由编者刊行。

霍锡祥编著《欧美各国邮政概况》由江苏南京现代邮政月刊社刊行。

金德章编著《国内航空邮务发展史》由江苏南京现代邮政月刊社刊行。

陈国钧编《邮电法规》由上海大东书局刊行。

交通部上海电信局编《三十六年度工作概况》由编者刊行。

交通部电信局编《成语电码说明书》由编者刊行。

晋冀鲁豫通讯学校编《通报英语》由编者刊行。

傅润华、汤约生主编《中国工商要览》由南京中国工商年鉴编纂社刊行。

太岳新华书店编《职工运动与工商政策》由编者刊行。

太岳新华书店编《工商业政策与劳动政策》由编者刊行。

徐仲尧等著《中国工商业的出路》由香港南方论坛社刊行。

毛泽东著《关于工商业政策》由地下出版物刊行。

方潮声著《新中国的工商政策》由解放出版社刊行。

中共华北中央局编《工商业政策与职工政策》由华北新华书店刊行。

冯洪鑫编《商业常识》由上海中华书局刊行。

吴报锦著《配给经济手册》由上海进步出版社刊行。

冯洪鑫编《广告学》由上海中华书局刊行。

吴大明、黄宇乾、池延喜主编《中国贸易年鉴》由中国贸易年鉴社刊行。

张德粹著《农产运销学》由南京中国经济书刊合作社刊行。

国防部政工局编《粮食的管制及增产》由编者刊行。

张念之著《东北的贸易》由上海东方书店刊行。

王玉璋著《商业史》(卷一)由自力书屋刊行。

王育李编著《商业史》由上海中华书局刊行。

按：是书分两编，按上古、中古和近世三个阶段，分别论述中国和外国商业发展历史，侧重叙述近代中外互市关系、国际贸易状况、华侨在海外事业的发展情况。

曾子唯、赵云朗编著《商业应用会计学》由上海商务印书馆刊行。

杨逸农编著《棉花》由上海正中书局刊行。

夏光耀编著《生丝》由上海正中书局刊行。

张一凡编，张肖梅校订《五金业须知》由上海中华书局刊。

萨士武、傅衣凌、胡寄馨等著《福建对外贸易史研究》由福建省研究院社会科学研究所刊行。

万必轩著《地方公债》由上海大东书局刊行。

孔福民编著《地方财政》由山东青岛青年书店刊行。

刘不同著《财政学概要》由上海昌明书屋刊行。

刘不同著《中国财政史》(第1编周秦两汉)由上海大东书局刊行。

刘不同著《中国财政史》(第2编魏晋六朝)由上海大东书局刊行。

刘不同著《中国财政史》(第3编隋唐五代)由上海大东书局刊行。

王传曾著《现代货币原理》由上海中国文化服务社刊行。

褚葆一编著《货币价值论》由上海中华书局刊行。

按：是书讨论影响及决定货币价值的各种因素。分交易方程式、现金差额与物价水准、收益支出与物价、利率与物价等5章，述评当代各经济学派货币学说的币值理论。

赵兰坪著《中国当前之通货外汇与物价》由正中书局刊行。

陈征远著《定质货币》由江苏南京正中书局刊行。

符泽初著《中国币制问题总检讨》由江苏南京中国出版社刊行。

行政院新闻局编《币制改革》由编者刊行。

姚仲拔著《当前币制问题》由编者刊行。

杨培新著《中国通货膨胀论》由上海生活书店刊行。

王璧岑著《通货膨胀论》由上海商务印书馆刊行。

陈行著《中央银行概论》由上海银行通讯出版社刊行。

上海商业储蓄银行编著《存款实务》由编者刊行。

潘恒勤著《金融问题讨论集》由上海商务印书馆刊行。

沈长泰著《省县银行》由上海大东书局刊行。

吴世昌著《中国文化与现代化问题》由上海观察社刊行。

按：是书收集关于中国文化、民主、思想、言论自由、青年运动、学术道德、教育政策等问题的短论11篇。有《思想复员论》《中国文化与现代化问题》《中国文化与民主政治》《论学术道德》《论重点教育与留学政策》等。附录《关于〈军与民的社会地位〉》。

茅盾等著《文化自由》由新文化丛刊出版社刊行。

黄文山著《文化学的建立》由广东广州国立中山大学法学院刊行。

按：是书分文化学建立的可能性、文化与社会的区别、文化与社会能不能分开研究、文化学建立的路向、由文化科学综合的路向建设一般的文化学等6章。此书为《国立中山大学法学院社会科学论丛》油印本。

顾毓琇著《中国的文艺复兴》由上海中华书局刊行。

郭杰等著《中国人民联合起来》由香港海洋书屋刊行。

郭沫若等著《保卫文化》由香港生活书店刊行。

冯大麟著《东方文艺复兴的展望》(上下册)由贵州贵阳文通书局刊行。

马星野著《新闻自由论》由江苏南京中央日报刊行。

储玉坤编著《现代新闻学概论》(增订本)由上海世界书局刊行。

恽逸群著《新闻学讲话》由山东新华书店总店刊行。

恽逸群著《新闻学讲话》(增订本)由华中新华书店刊行。

刘豁轩讲，让之记录《联合国新闻自由会议与中国报业》由天津益世报社刊行。

华南新闻社编辑部主编《华南新闻社成立两周年纪念特刊》由编者刊行。

金石铭、史炳辰编《上海通讯社成立二周年纪念特刊》由上海通讯社刊行。

雷电新闻社编《雷电新闻社二周年纪念特刊》由雷电新闻社刊行。

新闻局统计室编《新闻局一年来业务统计概要》由编者刊行。

章丹枫著《编报与读报》由上海华夏图书出版公司刊行。

宫达非编《大众文化编写工作》由大连大众书店刊行。

戴夫著《怎样研究时事》由哈尔滨东北书店刊行。

金仲华、杜平编《报章杂志阅读法》由上海中华书局刊行。

按：是书内容包括中国报纸、杂志等的现状，几种著名大报纸的概况，国内政治消息的解剖，怎样阅读杂志等14章。

中华日报资料室编《台湾中华日报一瞥》由编者刊行。

台湾中华日报社编《台湾中华日报卅六年度卅七年度业务检讨计划报告书》由台湾中华日报社刊行。

沈吕默编《民众教育馆》由上海中华书局刊行。

按：是书分民众教育馆的演进、馆舍、设备、组织、经费、教育活动等10章。

汪懋祖编《教育学》(青年基本知识丛书)由重庆正中书局刊行。

徐德春编《教育通论》(师范学校及简易师范学校用)由上海中华书局刊行。

按：是书分教育的意义与目的、教育的演进、教师、教育家的生活与思想、主要教育思潮等11章。

朱光潜等著《政治与教育》(思想与时代丛刊)由上海正中书局刊行。

陈鹤琴等著《蔡元培的革命教育》由上海华华书店刊行。

张怀著《教育文存》由北平上智编译馆刊行。

杨公怀编《小学生产教育与科学教育》(中华文库、小学教师用书)由中华书局刊行。

程今吾著《新教育体系》(新教育丛书)由上海生活教育出版社刊行。

孙铭勋著《从行知诗歌看教育》(新教育丛书)由上海生活教育出版社刊行。

赵光涛著《电化教育概论》由上海商务印书馆刊行。

舒新城著《电化教育讲话》由上海中华书局刊行。

按:是书分电化教育的实际问题、电影放映、电影教学、教育电影制片问题、教育电影的教育观、摄制技术等8章。

陈志中编著《武训与教育》由上海教育书店刊行,有蒋介石、邵力子等人的题词。

钱鹤等著《日本最近教育思潮》(教育杂志十六周年汇刊)(教育丛书)由上海商务印书馆刊行。

吴俊升编《德育原理》(国民教育文库)由上海商务印书馆刊行。

丁十著《新教育的实践》由江苏镇江华美印书社刊行。

按:是书分传统教育与进步教育、社会本位教育的简论、社会本位教育的主张、社会本位教育的三种方法、从社会本位教育到教育本位的社会等10章。

王承绪著《新教育》(现代文库)由上海华夏图书出版公司刊行。

陆维德著,新教育学会编《新教育讲话》(新教育丛书)由编者刊行。

中共安东省委宣传部编《论教育工作》由安东东北书店刊行。

中共安东省委宣传部编《论教育工作》(2)由安东东北书店刊行。

程仲文著《教育革命》由上海力生文化出版公司刊行,有著者再版序。

顾毓琇著《世界教育的改造》刊行。

陈鹤琴等著《活教育的创造——理论与实施》由上海华华书店刊行。

新教育学会编《新教学法之二》(新教育丛书)由大连大众书店刊行。

吴增芥编《教材及教学法》(上下册)(师范学校及简易师范学校用)由上海中华书局刊行。

按:是书上册介绍教学原理与技术、小学部各科教材及教学法;下册介绍民教部各科教材及教学法、有关学级编制的各种教学法,以及各种著名教学法等。

沈世璟编《教学演示实施法》(国民教育文库)由上海商务印书馆刊行。

姚虚谷编《复式教学法》(国民教育文库)由上海商务印书馆刊行,有郑贞文序。

姚虚谷著《复式教学经验谈》(国民教育文库)由上海商务印书馆刊行。

姚虚谷编《二部教学法》(国民教育文库)由上海商务印书馆刊行。

杨骏如、陈铁珊著《各科教学技术》(国民教育文库)由上海商务印书馆刊行,有郭子通、章柳泉序。

高觉敷编,国立编译馆主编《师范学校教育心理》(上下册)由上海正中书局刊行。

高觉敷编,国立编译馆主编《师范学校教育心理》(上下册)由上海中国文化服务社刊行。

高觉敷编,国立编译馆主编《师范学校教育心理》(上下册)由上海商务印书馆刊行。

罗廷光编著《师范教育》由正中书局刊行。

按:是书分15章,介绍中国师范教育的沿革和学制,分述英法、德、意、苏、美各国德师范教育概况、师范组织、课程、训育、实习等。附:师范教育令等8种。

蒋文茂著《教育心理学》(教育丛书)由贵州贵阳文通书局刊行。

陆永福编《教育心理学》(国民教育文库)由上海商务印书馆刊行。

按：是书分绪论、动作的发展、知觉的发展、情绪的发展、语言与思想的发展、人格、心理卫生等10章。

赵尔谦著《现代教育心理的人文观》(相伯编译馆丛书)由上海商务印书馆刊行,有田耕莘等4人序。

李帮权编《成人学习心理》(中华文库民众教育第1集)由上海中华书局刊行。

张耀翔编著《儿童之语言与思想》由上海中华书局刊行。

按：是书论述儿童语言发展实际的观察、语言与智能、儿童语言的缺陷、语言与思想、思想的发展、儿童与成人思想的差别、如何增进儿童的思想等。

艾伟著《小学儿童能力测量》由上海商务印书馆刊行。

孙邦正编辑,国立编译馆主编《师范、简师测验及统计》(上下册)由上海正中书局刊行。

杨思明编著,廖世承校订《测验与统计》(师范教科书)由上海商务印书馆刊行。

李象伟编《教育测验与统计》(中华文库)由上海中华书局刊行。

按：是书分绪论、智力与智力测验、教育测验、测验材料的整理、表列与图示、测验的信度与效度等7章。

国立编译馆编《(师范学校)教育行政》(上下册)由上海正中书局刊行。

国立编译馆编《(师范学校)教育行政》(上下册)由上海中国文化服务社刊行。

国立编译馆编《(师范学校)教育行政》(上下册)由上海新亚书店刊行。

程本海编著《教育视导之路》由上海教育书店刊行。

伍瑞锴著《学校行政及其组织》(中小学校适用学校行政丛书)由广东广州明日出版社刊行,有黄希声序。

沈百英著《教师管理法》(国民教育文库)由上海商务印书馆刊行。

江苏省卫生处编者《推行卫生教育的一个新尝试》由编者刊行。

章楷编著《国民学校校园和农场的设计》(国民教育辅导丛书)由正中书局刊行。

金礼海编著《国民学校小工场之设计》(国民教育辅导丛书)由正中书局刊行。

王鸿文、孙映雪编著《小学设备与布置》(国民教育文库)由上海商务印书馆刊行。

王国元编《各科教具自制法》(国民教育文库)由上海商务印书馆刊行。

教育部教育年鉴编纂委员会编《第二次中国教育年鉴》由上海商务印书馆刊行,有朱家骅序。

董渭川编《家庭、学校、社会》(中华文库民众教育)由上海中华书局刊行。

王若青著《革新教育论》由中国师风社刊行。

范任宇著《中国教育的改造》由广西南宁帕米尔书店刊行。

蔡崇庆著《教育大改造》由江苏常熟教育研究社刊行。

董渭川等著《论教育改革》(现代教学丛刊)由上海华华书店刊行。

新教育学会编《教育普及与小先生制》(新教育丛书)由大连大众书店刊行。

刘百川著《国民教育行政问题》由上海商务印书馆刊行。

洪石鲸编著《国民教育视导》(国民教育文库)由上海商务印书馆刊行。

按：是书分9章,论述国民教育的视导、视导制度、视导人员、视导方法、行政视导、教师进修指导等。

丁重宣编《国民教育问题实验研究法》(国民教育文库)上海商务印书馆刊行。

王秀南著《战后中国的国民教育》(国民教育文库)由上海商务印书馆刊行。

中国教育学会理事会编《中国教育学会年报》（三十六年）由上海中华书局刊行。

中国教育学会第九届年会编《中国教育学会第九届年会手册》由编者刊行。

沈百英著《国民教育漫谈》（国民教育文库）由上海商务印书馆刊行，有俞子夷序。

叶圣陶等著《新教师的新认识》（现代教学丛刊）由上海华华书店刊行。

方敏著《学生工作怎样做》（万人丛书）由香港海洋书屋刊行。

教育部编《政治报告》（教育部分）由编者刊行。

教育部编《中华民国三十七年下半年度教育部工作计划》由编者刊行。

新教育学会编《解放区中等教育介绍》（新教育丛书）由大连大众书店刊行。

新教育学会编《解放区群众教育建设的道路》（人民新教育丛书）由黑龙江哈尔滨东北书店刊行。

东北行政委员会教育部编《目前教育的指针》（东北教育丛刊）由黑龙江哈尔滨东北书店刊行。

辽北省政府教育厅编《辽北教育》（新型正规化特刊）（第 1 期）由编者刊行。

教育通讯社编《教育通讯选辑》由陕甘宁边区新华书店刊行。

上海市第一届参议会秘书处编《上海市第一届参议会教育职员会工作报告》（第 4 辑）由上海编者刊行。

上海市教育局国民教育处编《上海市国民教育工作人员暑期讲习会实录》（国民教育辅导丛书）由上海编者刊行。

南京市教育局编《南京市教育概览》由江苏南京编者刊行。

南京市教育局编《南京市教育章则辑要》由江苏南京编者刊行。

上海私立中小学联合会赴台考察团编《考察教育台行实录》由上海编者刊行。

朱君惕等著，上海市台湾教育参观团编《参观台湾教育归来》（国民教育辅导丛刊）由上海编者刊行。

阮柔著《香港教育——香港教育制度之史的研究》由香港进步教育出版社刊行。

程今吾著《延安一学校》（一九四四年九月到一九四六年三月的八路军抗属子弟学校）由华北新华书店刊行。

徐天民等编《上海市学校调查录》由上海群协出版社刊行。

集美学校校董会编《集美学校编年小史》由厦门编者刊行。

教育部资料室编《最近之教育》由编者刊行。

孙运仁编《战后苏联的国民教育》由上海商务印书馆刊行。

新教育学会编《苏联教育介绍》（新教育丛书）由大连大众书店刊行。

倪翰芳编《儿童身体的发展与养护》由上海中华书局刊行。

按：是书论述儿童身体的发育、儿童的营养、儿童的习惯、游戏、疾病、奖罚、性教育、环境等。

杨大戈著《儿童教育经验谈》（新教育丛书）由上海生活教育出版社刊行。

刘百川、萧世杰编著《现代儿童教养研究》由上海商务印书馆刊行。

按：是书分 10 章，论述儿童生理的、心理的认识，儿童教养的重要理论及实施法则，儿童教养与父母与教师，健康的保护等。

中国儿童福利研究社编《幼儿教育》（儿童福利丛书）由江苏南京编者刊行。

黄翼著《童训训导论丛》（国民教育文库）由上海商务印书馆刊行。

孙一芬著《写给小朋友的十二封信》由上海沪江图书公司刊行。

杨钟钰辑《环球名人德育嘉话》由上海大法轮书局刊行。

汤铭新著《儿童行为指导工作》由上海商务印书馆刊行。

杨鸿昌著《心理卫生与儿童教育》由上海商务印书馆刊行。

胡颜立编《煤和炭》由上海商务印书馆刊行。

陆静山编《造房子》(幼稚园及低中年级补充教材)(小学各科教材丛书)由上海永年书局刊行。

伍志一编《新七巧图》由上海商务印书馆刊行。

何挺然编著《做手影》由上海商务印书馆刊行。

周吉士编著《我的玩具》由上海商务印书馆刊行。

赵琳著《婴儿园教育》(师范小丛书)由上海商务印书馆刊行,有陈鹤琴序。

吴增芥著《初等教育》(国民教育文库)由上海商务印书馆刊行。

吴增芥编《小学各科心理学》(中华文库小学教师用书)由上海中华书局刊行

国立西北师范学院小学教育通讯研究处编《小学教育实际问题》由上海正中书局刊行,有李建勋序。

葛承训编《教学通论》(中华文库)由上海中华书局刊行,有编者序。

俞子夷著《小学实际问题》(国民教育文库)由上海商务印书馆刊行。

新教育学会编《小学各科教学研究》(新教育丛书)由大连大众书店刊行。

朱智贤编《小学课程研究》(国民教育文库)由上海商务印书馆刊行。

沈百英等著《小学教科书的改革》(现代教学丛刊)由上海华华书店刊行。

赵廷为编《小学教材及教学法通论》(国民教育文库)由上海商务印书馆刊行。

姚家栋编著《低年级工作教学法》(国民教育文库)由上海商务印书馆刊行。

李晓农、李伯棠编《单级教学法》(乡村教育丛书)(国民教育文库)由上海商务印书馆刊行。

李伯棠编著《单级教学法概要》(国民教育辅导丛书)由上海正中书局刊行。

叶绍钧、吴研因、王志瑞编《从读故事到演剧》(中华文库)由上海中华书局刊行。

陈铁珊、杨骏如著《小学各科成绩新研究》(国民教育文库)由上海商务印书馆刊行。

顾志贤编《小学各科成绩订正法》(国民教育文库)由上海商务印书馆刊行。

孙慕坚编《小学低年级各科教学法》(国民教育文库)由上海商务印书馆刊行。

江景双编《小学中年级各科教学法》(国民教育文库)由上海商务印书馆刊行。

王轶三、阴景曙编《小学高年级各科教学法》由上海商务印书馆刊行。

许育藩著《节日纪念日教学法》(国民教育文库)由上海商务印书馆刊行。

聂仲元编《小学时事教学与乡土教学》(中华文库小学教师用书)由少海中华书局刊行。

赵欲仁编著《革新的小学国语科教材教法》(国民教育文库)由上海商务印书馆刊行。

江景双编《读书教学方法问题》(浙江国民教育实验区辅导丛刊)由杭州当代出版社刊行。

杨公怀编《课外阅读指导法》(国民教育文库)由上海商务印书馆刊行。

张粒民著《小学历史教学法》(国民教育文库)由上海商务印书馆刊行。

马精武、范御龙编《小学历史教师手册》(中华文库)由上海中华书局刊行。

俞子夷编著《怎样训练心算》(国民教育辅导丛书)由正中书局刊行。

俞子夷编《怎样教学算术应用问题》(浙江国民教育实验区辅导丛刊)由上海北新书局刊行。

盛振声编《儿童计算的困难和补救教学》(国民教育文库)由上海商务印书馆刊行。

蒋息岑、应颂华编《算术教学指引》(国民学校副课本)(第 1 册)由上海大东书局刊行。

俞子夷著《小学算术科教学法》(国民教育文库)由上海商务印书馆刊行。

吴志尧编《小学算术心理及教学法》由上海商务印书馆刊行。

许育藩编著《革新的自然教学法》(国民教育文库)由上海商务印书馆刊行。

韩铁南编《小学教员自然科学参考书》由冀南新华书店刊行。

杨志先编《革新的常识教学法》(国民教育文库)由上海商务印书馆刊行。

俞子夷编《常识教学实际问题》(浙江国民教育实验区辅导丛刊)由上海北新书局刊行。

费锡胤编《小学音乐科教材和教法》(国民教育文库)由上海商务印书馆刊行。

潘奇编《小学音乐手册》由佳木斯东北书店刊行。

温肇桐编著《小学美术科教材和教法》(国民教育文库)由上海商务印书馆刊行。

温肇桐编著《创造的儿童绘画指导研究》(国民教育文库)由上海商务印书馆刊行。

温肇桐编《国民教师应有的美术基础知识》(国民教育文库)由上海商务印书馆刊行,有编者序。

潘淡明编《小学美术教师手册》(中华文库)由上海中华书局刊行。

按:是书介绍有关美术课的课程标准、教材、教学方法、设备、教师进修等方面的知识。

王志成编著《小学写字教学的研究》(国民教育文库)由上海商务印书馆刊行。

陆嵩安编《革新的劳作教学法》(国民教育文库)由上海商务印书馆刊行。

王复旦编著《小学竞技运动教材与教法》(中小学体育教材)由正中书局刊行。

束云逵编《小学体育科教材和教法》(国民教育文库)由上海商务印书馆刊行。

江芷千编著《小学低年级唱游教学法》(国民教育文库)由上海商务印书馆刊行。

王人路编《泥菩萨》(中华文库)由上海中华书局刊行。

黄庆云编著《云姊姊的信箱》(3)(新儿童丛书)由香港进步教育出版社刊行。

黄建国著《我的游记》(1)(新儿童基本文库)由上海大东书局刊行。

俞子夷著《低级算术游戏用具》(浙江国民教育丛刊)由上海北新书局刊行。

徐韫知著《敏儿实习算学记》(中华文库)由上海中华书局刊行。

叶绍钧著《算数竞赛会》(中华文库)由上海中华书局刊行。

钱选青编《爸爸的书桌》(中华文库)由上海中华书局刊行。

储祎等著《小朋友升学指导》(最新增订本)由上海现代教育研究社刊行。

赵廷为编《教材及教学法》(1—4 册)(师范教科书)由上海商务印书馆刊行。

邓萃英著《动的新教授》(一名《动的传习论》)由北京学术讲演会刊行。

俞子夷编《怎样做教师》(中华文库)由上海中华书局刊行。

薛天汉、黄竞白编著《国民教师》(国民教育文库)由上海商务印书馆刊行。

朱彦頠编《小学教师的科学知识》(中华文库)由上海中华书局刊行。

马精武编《小学教师的社会知识》由上海中华书局刊行,有编者的话。

朱稣典、潘淡明编《小学教师的艺术知识》(中华文库)由上海中华书局刊行。

按：是书内容包括艺术的观念、艺术的制作和欣赏、艺术教育和小学艺术课程、艺术教育的新动向、艺术教育的应用、艺术术语解析等6讲。

徐特立等著《给小学教师的一封信》由辽北书店刊行。

刘百川、刘学愿著《学校与家庭》（国民教育文库）由上海商务印书馆刊行。

陈侠编《小学级务处理法》（国民教育文库）由上海商务印书馆刊行，有刘百川序。

胡怀天编《小学校长手册》（中华文库）由上海中华书局刊行

李旦蕖编《小学应用表册》（国民教育文库）由上海商务印书馆刊行。

徐阶平著《乡村小学训育的实际》（国民教育文库）由上海商务印书馆刊行，有刘百川、杨骏如、阴景曙序。

陈侠编《国民学校教学之改进》（国民教育文库）由上海商务印书馆刊行。

刘开达编著《国民学校的统计图表》（国民教育辅导丛书）由正中书局刊行。

程法泌、刘开达编著《国民学校行政表簿》（国民教育辅导丛书）由正中书局刊行。

郑新华编著《国民学校教师手册》由上海春明书店刊行。

阴景曙、王轶三编《国民学校休闲教育》（国民教育文库）由上海商务印书馆刊行。

按：是书分9章，论述国民学校休闲教育的行政设施、教学实施、训练实施，以及家庭、民众、教师等休闲生活的指导等。附：江苏省立镇江实验小学休闲教育实施计划。

王修和编著《国民学校教师手册》由上海新鲁书店刊行。

沈世璟、茅文培编《国民学校行政》（中华文库）由上海中华书局刊行。

按：是书介绍校舍与设备、学校行政及组织、教导实施及辅导工作等。

徐志学编著《国民学校行政》（世界集刊）由福建闽西日报社刊行。

罗廷光编著《最近欧美小学教育概览》（国民教育文库）由上海商务印书馆刊行。

吴增介编《各国初等教育发展史》（国民教育文库）由上海商务印书馆刊行。

上海市教育局国民教育处编《国民教育工作人员暑期讲习会实录》（国民教育辅导丛书）由上海编者刊行，有朱君惕序。

上海市小教联进会编《历史的证明》（教师生活丛刊）由上海编者刊行。

上海市立养正国民学校编《养正校友楼纪念册》由上海编者刊行。

无锡县锡治镇中心国民学校编《无锡县锡治镇中心国民学校五十年纪念刊》由江苏无锡编者刊行。

王承绪编《战后英国的小学教育》（国民教育文库）由上海商务印书馆刊行。

王同祖编《战后法国的小学教育》（国民教育文库）由上海商务印书馆刊行。

赵凌著《从金中谈思想教育》（新教育丛书）由大连大众书店刊行。

中等教育研究会编《论中学教学问题》（中等教育展览会纪念文集）（中等教育丛书）由上海编者刊行

孙邦正著《中学教学法》（教育丛书）由贵州贵阳文通书局刊行。

甄奋文等著《失学以后》（学习丛书）由香港学生文丛社刊行。

艾青等著《新的伊甸》（学习丛书）由香港学生文丛书刊行。

陶元林编《新编中外地理理解》（中学复习指导丛书）由上海正气书局刊行。

陶锤林编《新编几何题解》（中学复习指导丛书）由上海正气书局、文益书局联合刊行。

鲍维湘编《课外运动》（跳绳、跑冰、划船、步行）（中华文库）由上海中华书局刊行。

中学生杂志社编《中学生手册》(中学生杂志二百期纪念)由上海开明书店刊行。

李仲耕编《课外活动指导》(国民教育文库)由上海商务印书馆刊行。

伍瑞锴编《校长和教职员》(中小学校适用学校行政丛书)由广东广州明日出版社刊行。

上海南洋中学复校特刊编辑委员会编《南洋中学复校特刊》由上海编者刊行。

上海学生自治会编《介绍清华给未来的伙伴们》(清华文丛)由编者刊行。

李之鸥编《成人教育》(中华文库)由上海中华书局刊行。

古梅著《民众教育新动向》(中华文库)由上海中华书局刊行。

顾岳中著《民众教育》(国民教育文库)由上海商务印书馆刊行。

按：是书分民众教育的认识论、内容和目的论、机关论、方法论、民众基本教育论、民众教育人员论、制度论、经费论、学校兼办民众教育论、视导论、中国民众教育发展史略11章。

赵冕编《民众教育》(中华文库)由上海中华书局刊行。

武可桓著《民众科学教育》(国民教育文库)由上海商务印书馆刊行。

寿子野著《民众科学教育》由上海中华书局刊行。

杨坚著《民众生计教育》(中华文库)由上海中华书局刊行。

按：是书分民众生计教育的设施、推行、实施方法、实例等6章。

朱佐廷著《成人班妇女班的实际问题》〔国民教育文库〕由上海商务印书馆刊行，有马元放序。

翁同轼编《民众学校》(中华文库)由上海中华书局刊行。

葛承训著《怎样办理国民学校民教部》(中华文库)由上海中华书局刊行。

杨士枬著《成人班学习指导法》(国民教育文库)由上海商务印书馆刊行。

邱冶新编《民众学校教材及教学法》(中华文库)由上海中华书局刊行。

按：是书介绍民校教材与民众课本、教学方法所根据的原则、各种教学法、教育的准备等，以及国语、算术、音乐、体育等科的教材及教学方法。

俞子夷著《民教班算术教学研究》(国民教育文库)由上海商务印书馆刊行。

董渭川编《中国文盲问题》(中华文库)由上海中华书局刊行，有舒新城序。

按：是书讲述中国文盲问题的严重性、中国扫盲的历史和出路等，共10章。

俞子夷著《怎样教学读书》(浙江国民教育实验区辅导丛刊)由上海北新书局刊行。

徐蕴辉编《怎样教学识字》(浙江国民教育实验区辅导丛刊)由上海北新书局刊行。

江芷千编《怎样教学说话》(浙江国民教育实验区辅导丛刊)由上海北新书局刊行。

古梅编《乡村教育讲话》(中华文库)由上海中华书局刊行。

按：是书分乡村民众真痛苦、中国教育走错了路、乡村教育运动、乡村教育行政、乡村成人教育、乡村儿童教育等6讲。

刘百川著《乡村教育的经验》(国民教育文库)由上海商务印书馆刊行。

浙江省农民学校筹备委员会编《农民学校章则汇辑》(第1集)由杭州编者刊行。

中华书局编《民众教育法规汇编》(中华文库)由上海编者刊行。

钟灵秀著《社会教育》(师范学校)由上海正中书局刊行。

刘百川著《国民学校办理社会教育概论》(国民教育文库)由上海商务印书馆刊行。

王伯昂著《乡土教材研究》(国民教育文库)由上海商务印书馆刊行。

吴志尧著《小学乡土教学》(国民教育文库)由上海商务印书馆刊行。

徐为裳编《成年妇女教育》(中华文库)由上海中华书局刊行。

按:是书分绪论、成年妇女的基本教育、妇女生产教育、合作教育、儿童保育、结论等6章。

许公鉴著《中国社会教育新论》(大学文库)由上海中国文化服务社刊行,有刘季洪、陈礼江序。

吴云高编《家庭教育》(中华文库)由上海中华书局刊行。

按:是书分家庭教育概说、家庭教育的方法、家庭教育的种种、家庭教育的实施等。

陈鹤琴著《怎样做父母》由上海华华书店刊行。

张天麟著《中国母亲底书》由上海正中书局刊行。

黄敦诗、唐自杰等著,周希儒、章牧夫编选《父母与子女》由上海家杂志社刊行,有章牧夫序。

陈立著《修学方法》(现代文库)由上海华夏图书出版公司刊行。

陆维德著《一串钥匙》(少年文库)由哈尔滨光华书店刊行。

曹伯韩著《怎样求得新知识》(青年生活丛书)由香港青年知识社刊行。

叶琛著《体育的基本原理》由上海大中国图书局刊行,有郝更生、杨同芳及著者序。

东南日报体育馆编《体育报道文学选集》(东南日报体育丛书)由上海东南出版社刊行。

薛学海箸《体育论文集》(东南日报体育丛书)由上海东南出版社刊行。

陈掌谔编著《体育漫谈》(东南日报体育丛书)由上海东南出版社刊行,书后附跋。

吴邦伟编著《国民学校运动场之设计》(国民教育辅导丛书)由上海正中书局刊行。

叶绍钧、吴研因、王志瑞编《竞技运动》(中华文库)由上海中华书局刊行。

第七届全国运动会筹备委员会编《田径赛规则》由上海正中书局刊行。

宋元模著《莆田田径访问特辑》由福建莆田莆田体育协进会刊行。

吴澂、王子鹤编《小学徒手操》由上海正中书局刊行。

陈韵兰编译《家庭健身操》由上海正中书局刊行。

张觉非编《新国民操》由上海中华书局刊行。

第七届全国运动会筹备委员会编《男子篮球规则》由上海正中书局刊行。

东南日报体育版编《足球——从比赛谈技巧》由上海东南出版社刊行。

第七届全国运动会筹备委员会公布《足球规则》由上海正中书局刊行。

第七届全国运动会筹备委员会公布《小型足球规则》由上海正中书局刊行。

李惠堂著《球圃菜根集》由香港前锋体育书报社刊行。

马治奎著《乒乓球》(康健丛书)由上海康健书局刊行。

第七届全国运动会筹备委员会编《兵乓规则》由上海正中书局刊行。

宋君复编著《垒球》由正中书局刊行。

范志宜编《国术初步》(体育教材)由上海大陆书局刊行。

黄寿宸编著《太极拳术的理论与实际》由上海永嘉出版社刊行。

王怀琪编著《脱战拳图解》(大众化的国术丛书)由上海国光书店刊行。

教育部国民体育委员会主编,温敬铭著《短兵术》由正中书局刊行。

教育部国民体育委员会主编,邓德达编《擒拿》由正中书局刊行,有周鹤鸣序。

何慈作,东北画报社编《集体游戏》(战地俱乐部小丛书)由东北画报社刊行。

濮源澄著《科学游戏》(中华文库)由上海中华书局刊行。

董作宾著《殷墟文字甲编》(中国考古报告集之二·小屯(河南安阳殷墟遗址之一)第二本)由商务印书馆刊行,有《自序》和李济《跋彦堂自序》。

按:《殷墟文字甲编》从殷墟第一至第九次发掘所获的 6513 片甲骨中,选录了字甲 2467 片、字骨 1399 片,并附录牛、鹿头骨刻辞等,共编号 3942 号。入录甲骨,除少数朱书者影印外,其大部为拓本。每片甲骨的著录编号之下,都附有发掘的次数及原出土登记编号。

董作宾著《殷墟文字乙编》上辑(小屯第二本)由中央研究院历史语言研究所刊行。

按:《殷墟文字乙编》分上中下三辑,中辑次年出版,下辑 1953 年于台北艺文印书馆刊行。所收材料,超过《甲编》的四倍以上。董作宾《殷墟文字乙编序》曰:"《殷墟文字乙编》,继《甲编》而作,包括殷墟发掘第十三次至第十五次所采获的甲骨文字。这可以说是一个很自然的区划;第一次至第九次,接连着在小屯村发掘,从民国十七年秋季到二十三年春季,这九次所得的甲骨文字,已全部收入《甲编》;第十次至第十二次,从二十三年秋季到二十四年秋季,这三次,工作重心转到洹河北岸的侯家庄西北冈殷代陵墓的发掘,没有得到甲骨文字,所得的全是金石陶器铭刻,将来打算收入《丙编》;第十三次至第十五次,从二十五年春季到二十六年春季,这三次发掘工作,又重新回到小屯村,并且集中在村北的 BC 两区,所得的甲骨文字全部收入《乙编》;十五次发掘的陶,骨,石,铜器文字,将来也都要收入《丙编》的。《乙编》所收材料,超过《甲编》约四倍以上;出土的坑位简单明晰;内容新颖而且丰富;研究的价值,也远在《甲编》之上;因此我们对于这批材料的整理,更加慎重。……编辑的体例,一如《甲编》,仍以发掘时期坑位为次第。开始编辑时,我正在写《殷历谱》,所以把黏兑,剪贴,排列,督促传拓等工作,都请屈万里君担任,后来李孝定、张秉罐权两君继之。屈君共编 521 叶,拓本号由 1 号至 4514;李君共编 140 叶,拓本号由 4515 至 5246;自 662 叶,5247 号以下,皆为张君所编。"(《中国考古学报》第 4 册)

周法高著《玄应反切考》由国立中央研究院历史语言研究所刊行。

朱鉴校阅《小学集注》由上海广益书局刊行。

王利器著《经典释文考》由北平北京大学出版部刊行。

周如晖等编纂,朱剑芒校订《中国成语大辞典》由上海潮锋出版社刊行。

赵元任、丁声树、杨逢时、吴宗济、董同龢著《湖北方言调查报告》(第 1—2 册)(国立中央研究院历史语言研究所专刊)由上海商务印书馆刊行。

按:是书根据 1936 年中央研究院历史语言研究所举办的第 6 次方言调查所得的材料整理、编撰而成,是 20 世纪 30—40 年代汉语方言地区性调查研究的代表性成果,也是民国时期出版的汉语方言调查报告中篇幅最大者。它内容丰富,选条合理,编排得当,地图设计精细,采用根据现场录音记录整理的现代化调查方法,对以后汉语方言的调查研究及方言地图的描绘等具有普遍的指导意义(《民国学案》第四卷《赵元任学案》)。

赵元任著《中山方言》由中央研究院历史语言研究所刊行。

汕头文明商务书馆编《潮语十五音》由编者刊行。

张雁编著《中国新文字概论》由辽宁沈阳东北书店刊行。

倪海曙著《中国拼音文字运动史简编》由上海时代书报出版社刊行。

倪海曙著《中国拼音文字概论》由上海时代书报出版社刊行。

陈寅恪著《从史实论切韵》由北平北京大学出版部刊行。

陈绍唐编《识字顾问》由上海中华书局刊行。

方雪园编《新编国文题解》由上海文益书局正气书局刊行。

辽北省教育厅编《拉丁化拼法》由编者刊行。

倪海曙编《拉丁化新文字概论》由上海时代出版社刊行。

宋文翰著《常用国字认识法》由上海商务印书馆刊行。

　　吴玉章著《新文字与新文化运动》由华北大学刊行。

　　唐兰著《论唐末以前的"轻重"和"清浊"》由北平北京大学出版部刊行。

　　锡金著《标点符号怎样使用》（新青年学习丛书）由黑龙江哈尔滨光华书店刊行。

　　锡金著《标点符号怎样使用》由东北新中国书店刊行。

　　魏建功著《十韵汇编资料补并释》由北平北京大学出版部刊行。

　　黄毅奋等著《鲁迅先生与语文改革运动》由香港中国新文字学会刊行。

　　鲁迅著《鲁迅论中国语文改革》由华东新华书店刊行。

　　按：此书收鲁迅关于中国语文改革的文章共篇：《无声的中国》《文艺的大众化》《中国文与中国人》《门外文谈》《答曹聚仁先生信》《中国语文的新生》《关于新文字》《从"别字"说开去》《人生识字糊涂始》《汉字和拉丁化》《论新文字》。书末有编后记。

　　行政院新闻局编《历史语言研究》由编者刊行。

　　按：此书分中央研究院历史语言研究所成立之经过、组织及设备、近年研究之成绩、国人对历史语言研究之进展情形、语言与方言 5 部分。

　　齐铁恨著，台湾省国语推行委员会编辑《国语变音举例》由台北台湾书店刊行。

　　教育部国语教育讲习会编《最常用三千五百字谱》由编者刊行。

　　周迟明编著《国文比较文法》由正中书局刊行。

　　翟凤銮著《怎样学习国文》由上海文化供应社刊行。

　　赵元任著《国语入门》由哈佛大学出版社刊行。

　　按：是书为中国第一部尝试运用结构主义语言学方法研究汉语语法的著作，在语法分析的理论、方法和体系上对以后的汉语语法研究产生了深远影响（《民国学案》第四卷《赵元任学案》）。

　　丁德先著《新发明国字自然排检法概要》由编者刊行。

　　按：此书介绍汉字"自然排检法"的排检法及排字实例之比较等。后附《四角号码检字法》（王云五）、《五笔检字法》（陈立夫）、《汉字形位排检法》（杜定友）、《汉字母笔排列法》（万国鼎）。书前有作者自序。

　　陈虞裳编《民众常用字汇》由四川省立教育馆刊行。

　　按：此书在蔡乐生编制的《常用字选二千字》的基础上校订而成。分民众常用字汇综合研究、民众常用字汇和附录、检字 3 部分。收最常用字 1715 个，次常用字 285 个，备用字 472 个。供编辑成人民众课本用。

　　东北书店编《识字课本》由吉林长春东北书店刊行。

　　姜建邦编著《识字心理》由正中书局刊行。

　　李盛唐编著《科学快字》由编著者刊行。

　　李全佳编著《吴川方言》由编著者刊行。

　　按：吴川话是一种介于粤语和越南语之间的过渡性语言，融合了古汉语，粤语，闽南语和俚僚古越语的特殊混合型语言。吴川有多种民间语言，发音各不相同，以靠近湛江一带的吴阳、黄坡等地最为正宗。吴川话最大一个特点就是古味浓重，发音上，吴川话平平仄仄极为协调，全国少有。

　　高名凯著《唐代禅家语录所见的语法成分》由北平燕京大学刊行。

　　高名凯著《汉语语法论》由上海开明书店刊行。

　　郭绍虞著《语文通论续编》由上海开明书店刊行。

　　傅东华编著《国文法程》（第 1 程）由上海龙门联合书局刊行。

　　朱自清著《标准与尺度》由文光书店刊行。

　　朱自清著《语文零拾》由上海名山书局刊行。

　　按：此书为书评和译稿合集。收《修辞学的比兴观》《中国语的特征在那里》（序王力中国现代语法）、

《评黎锦熙修辞比兴篇》等有关中国语言学及文学的批评文章 8 篇和有关日本、苏联语言文学批评文章、读书笔记等译文 5 篇。

沈厚润编《民众语文教育》由上海中华书局刊行。

按：是书分民众语文教育的意义、民众语文教育和各项教育的关系、怎样实施民众语文教育、今后民众语文教育的新趋向等 11 章。

沈百英编著《小学国语教学讨论集》由上海商务印书馆刊行。

余白金编《简易国语文法十四讲》(青年知识丛书 3)由东北书店刊行。

叶克编著《怎样学习国语》由大连大众书店刊行。

艾伟著《国语问题》由上海中华书局刊行。

按：此书根据各种实验、调查统计，从心理学角度探讨了小学国语阅读问题。分国语阅读心理研究之重要、儿童阅读兴趣之研究、朗读与默读之比较等 10 章。

宋文翰编《文章法则》由上海中华书局刊行。

张雁编著《实用大众字典》由佳木斯东北书店刊行。

吴廉铭编，舒新城校订《中华基本教育小字典》由上海中华书局刊行。

按：此书收字一千六百个。在洪深的《一千一百个基本汉字》基础上补选五百字编辑而成。卷首有北方话拉丁化新文字检字表等。书名下加题："千六百生字注解，用改良部首检字。"

张萌编《(分类注释　各界适用)成语手册》由上海华成书店刊行。

谢景永编《新文字速成课本》由哈尔滨光华书店刊行。

谢景永编《新文字课本》(第 2 册写法)由黑龙江哈尔滨光华书店刊行。

谢景永编《新文字课本》(第 1 册拼法)由黑龙江哈尔滨光华书店刊行。

陆步青、彭荣淦编著《国民学校国语教学法概要》由正中书局刊行。

蒋伯潜编《小学教师的语文知识》由上海中华书局刊行。

俞焕斗著《高小国语科教材和教法》由上海商务印书馆刊行。

俞焕斗编《高级小学国语教学法》(第 1—4 册)由正中书局刊行。

国立编译馆主编《高级小学国语教学法》(1)由上海商务印书馆刊行。

潘仁编著《小学初级国语科教材和教法》由上海商务印书馆刊行。

黎锦熙编《本国语文教学法提要》由教育部国语教育讲习会刊行。

沈百英编《小学说话科教材和教法》由上海商务印书馆刊行。

汪懋祖选编《国文精选》(1—6 册)由正中书局刊行。

叶圣陶等编《开明新编国文读本》(注释本乙种第 1 册)由上海开明书店刊行。

朱翊新主编《儿童应用文》由上海大东书局刊行。

沐绍良著《怎样指导儿童写作》(国民教育文库，朱径农、沈百英主编)由上海商务印书馆刊行。

张粒民编著《小学作文科教材和教法》(国民教育文库)由上海商务印书馆刊行。

李涵、何思翰编《小学作文的命题》(国民教育文库，朱径农、沈百英主编)由上海商务印书馆刊行。

时希圣编辑《作文描写指导》由上海学生书局刊行。

谭正璧选注《近代名家尺牍》由上海光明书局刊行。

谭正璧选注《古代名家尺牍》由上海光明书局刊行。

谭正璧编《写作正误》由上海中华书局刊行。

马崇淦主编《(战后新编)全国高中作文精华》由上海勤奋书局刊行。

马崇淦主编《(战后新编)全国初中作文精华》由上海勤奋书局刊行。

胡山源著《作文综论》由上海大东书局刊行。

蒋冰洲编著《文艺描写辞典》由香港万象书店刊行。

谢天申编《景物描写辞典》(作文辞库)由上海经纬书局刊行。

大东书局编《记叙文作法》由上海大东书局刊行。

周春霆编著《百新军用公文程式》由上海百新书店刊行。

周春霆编《百新公文程式》由上海百新书店刊行。

赵岭南编《(言文对照)现代学生新尺牍》由广东广州民智书店刊行。

赵岭南编《(言文对照)现代商业新尺牍》由广东广州民智书店刊行。

吴攸之编著《(分类例解)尺牍作法》由正中书局刊行。

姚乃麟编著《(行宪新刊)公文手册》由上海正气书局刊行。

吴瑞书编《公文用语辞典》由上海春明书店刊行。

罗渊祥编著《新公文程式手册》由上海昌明书屋刊行。

孙一芬编著《新小学教师应用文》(国民教育文库,朱径农、沈百英主编)由上海商务印书馆刊行。

刘大明著《农村应用文》由太行群众书店刊行。

金寒英编著《公牍新范》由正中书局刊行。

唐芸洲原著,江邨注释《(国语注解)唐著写信必读》由上海广益书局刊行。

唐芸洲原著,曹国锋译释《(言文对照、考证译释)唐著写信必读》由上海博文书店刊行。

金寒英编《书信柬帖》(中华文库民众教育第1集)由上海中华书局刊行。

沈学敏选注《爱的书信》由上海文友书店刊行。

潘仁著《儿童日记指导法》由上海商务印书馆刊行。

亚伟速记学校函授部编《亚伟速记学函授指导书》由上海亚伟图书出版社刊行。

汪怡著《汪怡简式速记学》由上海商务印书馆刊行。

唐亚伟著《亚伟速记学讲义》由上海亚伟图书出版社刊行。

唐亚伟著《速记发音法详解》由上海亚伟速记学校刊行。

傅懋绩著《丽江么些象形文(古事记)研究》由湖北武昌华中大学刊行。

北平华文学校编《医语会话》由编者刊行。

北平华文学校编《华语讲话》由编者刊行。

中学生杂志社编《挣扎》(青年文艺集)由上海开明书店刊行。

辅仁大学编《辅仁大学国文选本》由编者刊行。

东北大学图书资料室编《文章选读》(第1集)由佳木斯东北书店刊行。

朱自清、吕叔湘、叶圣陶编《开明新编高级国文读本》(第1册)由上海开明书店刊行。

朱自清、吕叔湘、叶圣陶编《开明文言读本》(1—3册)由上海开明书店刊行。

好文章社编辑《好文章》(第2集)由上海好文章出版社刊行。

东北书店编《农民文化课本》(第1册)由佳木斯东北书店刊行。

东北书店编《农民文化课本》(第2册)由佳木斯东北书店刊行。

冀中行政公署教育厅编《冬学课本》由编者刊行。

《开明少年》社编《我》由上海开明书店刊行。

《(绘图)农家杂字》由晋绥新华书店刊行。

陈原著《外国语文学习指南》由黑龙江哈尔滨新知书店刊行。

陈原著《外国语文学习指南》由大连实学书局刊行。

徐仲年著《大学法文文法》由上海中华书局刊行。

黄铁城编著《简明中俄会话》由旅顺刊行。

禹夫、师哲编《俄文新课本》(俄文学习丛书 2)由大连关东中苏友好协会刊行。

钱歌川编《英文作文正误详解》由上海中华书局刊行。

缪廷辅编著《(大学教本)大学英语作文》由上海龙门联合书局刊行。

缪廷辅编《(中级适用)活的英语法》由上海中华书局刊行。

吕叔湘编著《(中诗英译比录)英华集》由正中书局刊行。

陆保璇编著《(言文对照)绘图儿童新尺牍》由上海广益书局刊行。

凌渭民编著《(华英对照　自修适用)近代实用英语会话》由上海新中国联合出版刊行。

林涛编著《新文字单音字汇》由黑龙江哈尔滨光华书店刊行。

林汉达编《大学新英语》(第 2 册)由上海世界书局刊行。

钱歌川编著《英语发音图解》由上海中华书局刊行。

桂绍盱等编,陈东林补编《现代英文字典》由上海中华书局刊行。

顾仲彝编著《怎样发音正确》(英语指导丛书)由正中书局刊行。

顾锦藻编《标准交际英语会话》由上海三民图书公司刊行。

绀弩著,金重英译《姐姐》(英汉对照文艺读物 2)由上海新知书店刊行。

程选公、陈忠杰、舒重则编《综合英汉大辞典新字补编》由上海商务印书馆刊行。

方和靖编著《英文文法造句合编》由上海生活书店刊行。

陈明耉编《简易英文文法》由北平北京大学出版部刊行。

陈东林编《英语教学法概论》由上海中华书局刊行。

按:是书分英语教学法研究的必要、外国语教学法简史、教学法分论、决定教学法的各项条件等 4 章。

张慎伯编《英文书牍入门》(中华文库初中第 1 集)由上海中华书局刊行。

黄士复、江铁主编,程选公等增订《(增订)(附新字补编)综合英汉大辞典》由上海商务印书馆刊行。

国立交通大学教授合选《(国立交通大学教本)大学一年级英文读本》由上海龙门联合书局刊行。

柳存仁著《上古秦汉文学史》由上海商务印书馆刊行。

鲍文杰编著《中国文学史略》由杭州中流出版社刊行。

何剑熏著《中国文学史》(1)由重庆寒流社刊行。

葛存悫著《中国文学史略》由北平大同出版社刊行。

余锡森编《中国文学源流纂要》由培正中学国文科出版社刊行。

张琦翔著《中国文学精神》由著者刊行。

任铭善、朱光潜著《近代中国文学》由上海华夏图书出版公司刊行。

郭绍虞著《中国文学批评史》由上海商务印书馆刊行。

中华全国文艺协会编《五四谈文艺》由上海中华全国文艺协会刊行。

何家选编《近代文艺批评论》由上海中华书局刊行。

按：是书论述文艺批评的一般原理以及英国、美国、法国、苏联等国文艺批评概况。

荃麟、乃超等著《文艺的新方向》由香港生活书店刊行。

雪苇著《论文学的工农兵方向——读〈在延安文艺座谈会上的讲话〉》由大连光华书店刊行。

李广田著《文学枝叶》由上海益智出版社刊行。

徐中玉著《文艺学习论》（怎样学习文学）由香港文化供应社刊行。

林焕平著《文艺的欣赏》由香港前进书局刊行。

周览编《论文艺问题》由香港穀雨社刊行。

林洛著《大众文艺新论》由香港力耕出版社刊行。

胡山源著《文艺综论》由上海大东书局刊行。

按：是书收《文学入门》《送东吴大学文学系毕业生》《文艺的厄运》《军人与文艺》《记者与文学》《创作与批评》《研究与创作》《文学与绘画》《通俗文学的教育性》《想象与创作》《批评与概论的区别》等 57 篇短论。

程会昌编《文论要途》由上海开明书店刊行。

张梦麟编《文学浅说》由上海中华书局刊行。

按：是书分什么是文学、文学的欣赏、文学的研究、文学的分类等 4 章。

林焕平著《文学论教程》由香港中国文化事业公司刊行。

按：是书分绪论，文学和生活，文学和社会思潮，作家的思想和理想，现实主义和作家的二重性，风格、文体和作家的环境、思想、性格及方法，语言、文学和思想感情，典型，文学传统和后继文学，国际文学的交流，天才和修养，批评及其对文学发展的影响等 12 部分。

程会昌编《文论要诠》由上海开明书店刊行。

钱钟书著《谈艺录》由上海开明书店刊行。

按：是书始著于 1939 年秋作者赴国立蓝田师范学院任英文系主任之时，至 1941 年被困上海期间完成。书中对古来诗家作品多所评骘，唐代以后一些著名诗人更被重点论列，可谓集中国传统诗话之大成，也是第一部广采西方新学诠评中国古典诗学诗艺的比较诗学著作。

朱光潜著《谈文学》由上海开明书店刊行。

李耿著《民国革命文学大纲》（大学讲义）由广西省立西江文理学院刊行。

丁英著《妇女与文学》由上海沪红书屋刊行。

陆地著《怎样学文学》由哈尔滨光华书店刊行。

何天行著《楚辞作于汉代考》由上海中华书局刊行。

按：是书分绪论　楚辞的意义及起源、楚辞传说的检讨、传说与史实之对演发展、离骚新证、九歌作于汉代诸证、九章以下各篇的时代等。

郑逸梅著《三国闲话》由上海广益书局刊行。

陆侃如著《左思练都考》由北京北京大学出版部刊行。

刘永济编著《文心雕龙校释》由正中书局刊行。

戚惟翰编著《李白研究》由上海中华书局刊行。

按：是书分李白的事迹、李白的人生、李白的诗歌 3 章。

夏承焘著《唐宋词录最》由华夏出版社刊行。

徐嘉瑞著《金元戏曲方言考》由上海商务印书馆刊行。

韩非木编著《曲学入门》由上海中华书局刊行。

刘阶平著《蒲留仙遗著考略》由上海商务印书馆东方杂志社刊行。

太愚著《红楼梦人物论》由上海国际文化服务社刊行。

阿印著《林黛玉的悲剧》由香港千代出版社刊行。

施瑛编著《旧诗作法讲话》由上海启明书局刊行。

梁春芳编著《旧诗略论》由正中书局刊行。

朱光潜著《诗论》（增订本）由正中书局刊行。

罗倬汉编著《诗乐论》由上海正中书局刊行。

按：是书于1942年获第二届教育部学术审议委员会"补助学术研究及奖励著作发明"奖古代经籍研究类二等奖。

朱志泰编著《诗的研究》由上海中华书局刊行。

按：是书分诗的起源与意义、诗的内容、诗的形式、诗歌演进的时代背景等4章。

缪钺著《诗词散论》由上海开明书店刊行。

陆志韦著《诗韵谱》由北平哈佛燕京学社刊行。

徐碧波、郑逸梅编著《简易学诗法》由上海国光书店刊行。

按：是书介绍曲的定义、起源、派别、体例、曲律、作曲法等。

俞平伯著《清真词释》由上海开明书店刊行。

扶余诗社编《扶余诗社社启》由扶余诗社刊行。

蒋祖怡编著《小说纂要》由上海正中书局刊行。

黄裳著《旧戏新谈》由上海开明书店刊行。

张长弓编著《鼓子曲言》由上海正中书局刊行。

陶熊著《剧评·编剧·技巧》由上海中国戏剧出版社刊行。

陈铨编著《戏剧概要》由特勤学校编印刊行。

见山著《怎样写小调》由华中新华书店九分店刊行。

雪苇著《鲁迅散论》由大连光华书店刊行。

廖其、易纹著《论作家》由文艺论丛社刊行。

李广田著《创作论》由上海开明书店刊行。

朱自清著《论雅俗共赏》由上海观察社刊行。

按：是书收《论雅俗共赏》《论百读不厌》《论朗诵诗》《诗与话》《中国文的三种型》《鲁迅先生的杂感》《闻一多先生怎样走着中国文学的道路》等14篇。

新文艺丛刊社编《论赵树理的创作》由华中新华书店刊行。

雪苇著《过去集》由大连光华书店刊行。

常风著《窥天集》由正中书局刊行。

茅盾著《茅盾文集》由上海春明书店刊行。

马相伯著，方豪编《马相伯先生文集续编》由北平上智编译馆刊行。

闻一多著，朱自清、郭沫若、吴晗、叶圣陶等编《闻一多全集》（全4册）由上海开明书店刊行，朱自清、郭沫若作序。

按：闻一多去世后，清华大学校长梅贻琦以朱自清为首组织"纪念闻一多先生遗著委员会"，着手编辑闻一多全集，委员会于1947年1月15日通过朱自清编定的《闻一多全集》目录，同时由闻一多的学生何善周请人抄稿，后由开明书店于 1948 年 8 月出版《闻一多全集》。因为编辑《闻一多全集》，大家基本是义务工作，资金甚为困难，朱自清先生在《后记》中说："钞写也承各位钞写人帮忙，因为我们钱少，报酬少。全集约一百万字，钞写费前后花了靠近一百五十万元。最初请清华大学津贴一些，后来请家属支付一半。"可见当时困难，所以朱自清专门在《后记》中记到何善周的功劳："一方面我们托了同事何善周先生，也是闻先生的学生，他专管找人钞稿。"

邹鲁著《澄庐文选》由正中书局刊行。

叶楚伧著《楚伧文存》由正中书局刊行。

孙殿起编《贩书偶记》由正中书局刊行。

湖南省文献委员会编《湖南文献汇编》第一辑、第二辑刊行。

唐文治著《茹经堂文集》第六编刊行。

梁启勋著《曼殊室随笔》由正中书局刊行。

马叙伦著《石屋馀渖》由建文书店刊行。

《牢狱篇》由北平新诗团体联合会刊行。

王泽民编《民众读物研究》由上海中华书局刊行。

按：是书泛论民间文学的教育任务、社会基础、时代要求、写作态度、文学技巧及科学方法等问题。

叶夫等著《评〈艳阳天〉兼论作家的委屈》由上海文艺论丛社刊行。

黄药眠著《论约瑟夫的外套》由香港人间书屋刊行。

胡风著《论现实主义的路》由上海青林社刊行。

许杰著《冬至集文》由上海新纪元出版社刊行。

夏衍著《劫余随笔》由香港海洋书屋刊行。

周扬著《表现新的群众的时代》由哈尔滨东北书店刊行。

柯克斯著，易绍兰译《希腊神话捃华》由上海中国文化服务社刊行。

张毕来著《欧洲文学史简编》由上海文化供应社刊行。

赵景深著《西洋文学近貌》由上海怀正文化社刊行。

按：是书包括《近代西洋文艺思潮》《七十五年来的世界文坛》《俄国小说及其民族性》《英国六作家的新研究》《美国文学在苏联》《最近的德意志文学》《奥国文学的低潮》《今日的巴尔干小国文学》《近代优哥斯拉维亚文学》《近代希腊文学》等 15 篇有关欧美文学的论文。

李祁著《英国文学》由上海华夏图书出版公司刊行。

戚叔含著《西洋戏剧》由上海华夏图书出版公司刊行。

佘坤珊著《莎士比亚的性格》由上海华夏图书出版公司刊行。

盛澄华著《纪德研究》由上海森林出版社刊行。

中国人民解放军东北军区政治部宣传部编《苏联文艺政策选》由编者刊行。

戈宝权、林陵编《俄罗斯大戏剧家奥斯特罗夫斯基研究》由上海时代书报出版社刊行。

肖赛著《柴霍甫的戏剧》由上海文通书局刊行。

罗果夫、戈宝权主编《高尔基研究年刊（一九四八年）》由上海时代书报出版社刊行。

施瑛编著《文学的故事》由上海世界书局刊行。

按：是书介绍屈原、司马相如、曹植、杜甫、李煜、曹雪芹等 40 位中国文学家的故事。

俞凌编《文学家故事》由上海国光书店刊行。

按：是书收录《古希腊的寓言作家伊索》《饮恨作离骚自沉泊罗江的屈原》《当垆有艳妻辞赋冠六朝的司马相如》《不为五斗米折腰的陶渊明》《天才诗人酒中谪仙李太白》《充满热情的作家歌德》《跛足的革命

诗人拜伦》《薄命的抒情诗人雪莱》等 23 篇介绍古今中外著名作家生平及创作的文章。

　　杨耀著《我国民间的家具艺术》由北平北京大学出版部刊行。

　　按：是书为国立北京大学五十周年纪念论文集之一。

　　萨空了著《科学的艺术概论》由香港春风出版社刊行，有作者序。

　　按：是书分建立艺术哲学之必要、艺术的定义、什么决定着人类的美的概念、艺术与社会的关系、新艺术建设的启示、艺术遗产的批判接受、艺术的内容和形式等 7 章。

　　潘澹明编《艺术简说》由上海中华书局刊行。

　　按：是书分艺术的特征、分类、材料、内容、形式、制作、鉴赏和批评等 10 章。

　　蒋孝游等编，王宸昌主编《中国美术年鉴》（中华民国三十六年）由上海市文化运动委员会刊行，有张道灌等人的序。

　　温肇桐著《美术与美术教育》由上海世界书局刊行，有沈佩畦的序。

　　张望编《鲁迅论美术》由大连大众书店刊行。

　　沈子函编《图画的鉴赏》由上海中华书局刊行。

　　倪华编绘《标准广告画》由上海国光书店刊行。

　　黄茅著《给绘画青年》由上海开明书店刊行。

　　洪藏等作《担架队员老杨》由东北画报社刊行。

　　陈兴华编《智勇双全》由东北画报社刊行。

　　赵域作《舍命救君子》由东北画报社刊行。

　　曼硕编制《艺用人体解剖简明图》由黑龙江哈尔滨东北画报社刊行。

　　郎静山摄《静山集锦》由上海桐云书屋刊行，有张大千、徐蔚南、陈万里的序及摄影者自序。

　　邵宇著《土地》（第 1—2 册）由黑龙江哈尔滨东北画报社刊行。

　　牛顿著，傅雷译述《英国绘画》由上海商务印书馆刊行。

　　东北画报社编《组字画》由东北书店刊行。

　　丰子恺作《丰子恺画存》（第 2 集）由天津民国日报社刊行。

　　中华全国木刻协会编《中国版画集》由上海晨光出版公司刊行，有编者序。

　　华君武作《时事漫画》（1946 年—1947 年）由东北书店刊行。

　　盐阜画报社绘《人民解放军优良传统》由华中新华书店盐阜分店刊行。

　　夏风画《两个互助组》由大连大众书店刊行。

　　蔡若虹画《没有土地的人们》由太岳新华书店刊行。

　　蔡若虹画《苦从何来》由上海晨光出版公司刊行。

　　吕琳作《纪利子》（连环木刻）由晋绥军区政治部刊行。

　　王琦编《法国木刻选集》由上海开明书店刊行。

　　野夫著《木刻手册》（重著新版）由上海文化供应社刊行。

　　陆维钊著《中国书法》由上海华夏图书出版公司刊行。

　　按：是书分书法之美术性与其作用、心理表现与手指挥、执笔用墨辨纸临摹选碑、正楷、行草、隶书、古文字 7 节。

　　祝嘉著《怎样写字》由上海教育书店刊行。

　　祝嘉著《祝嘉书学论丛》由上海教育书店刊行。

吴养田、吴一舸著《行草入门》由北平 The College of Chinese Studies 刊行。

中国书学研究会编，沈子善主编《书学论集》由上海正中书局刊行。

按：是书收录孙玄常的《清代书学概论》、商承祚的《广武将军碑题跋》、游寿的《唐墓志之书体》、朱锦江的《碑学与帖学》、高文的《孔庙碑集释》、蒋显煜的《颜鲁公书学之源流》、陈天锡的《重订颜鲁公年谱》、欧阳翥的《黄山谷碑帖目》《沈子善十七帖疏证》、陈公哲的《字美标准》等24篇论文。

朱稣典编《音乐概论》由上海中华书局刊行。

刘亚著《音乐初步》由大连光华书店刊行，有著者序。

王允功著《音乐的基本学习》由上海商务印书馆刊行。

马铁飞编著《简谱乐理歌曲合编》由上海万象书店刊行。

夏白编著《乐理基础读本》由上海永年书局刊行。

按：是书为新中华丛书之一。是书内分2卷：上卷为中国的文艺复兴，包括文化根源与创造能力、文化交流与时代精神、文艺复兴与教育改造等6节；下卷为世界教育的改造，包括教育与人生、自由与平等、博爱与大同等6节。

阴法鲁著《唐宋大曲之来源及其组织》由北京大学出版部刊行。

按：是书属于国立北京大学五十周年纪念论文集。于1945年获第五届教育部学术审议委员会"补助学术研究及奖励著作发明奖"音乐类三等奖。

鲍明珊编著《最新袖珍口琴吹奏法》由江苏南京光明口琴会出版部刊行。

黄庆和、孟贵彬编《识谱法》(简谱)由太岳新华书店刊行。

潘奇编《简谱教程》由黑龙江佳木斯东北书店刊行。

潘澹明编《音乐的欣赏》由上海中华书局刊行。

马思聪作曲，金帆作词《祖国大合唱》(简谱本)由香港前进书局刊行。

部队文艺社编《人民解放军歌集》第1集由佳木斯东北书店刊行。

陶棨、任策编《青年歌集》由上海青年协会书局刊行。

梅滨编《前线歌声》由山东新华书店刊行。

曹亚琪作曲，舒塞词《原野咏》(又名《南泉大合唱》)由南泉南林合唱团刊行，有刘志清的序。

符公望等著《人民的太阳》由香港海洋书屋刊行。

联政宣传队集体作词，李鹰航作曲《中国共产党颂》(大合唱)由哈尔滨新华书店刊行。

冀中文协编《平原歌声》(第2—4集)由河北邯郸华北新华书店冀中总分店刊行。

濮望云编《空军歌曲集》由个人刊行。

吕骥编《群众歌曲选》由哈尔滨光华书店刊行，有编者序。

王珏选编《(最新流行)好莱坞影星新歌》由重庆求知图书社刊行。

贝格儒编选《普世诗歌》由上海广学会刊行。

邓余鸿编《短歌集》由山东青岛青年归主运动委员会刊行。

东大学生会编《青年文娱手册》(第1辑)由黑龙江哈尔滨东北书店刊行。

东北文协文工团编《工人歌集》(第1集)由佳木斯东北书店刊行。

东北文教工作队编《人民歌曲》(第2集)由黑龙江哈尔滨光华书店刊行。

东北书店社编《人民解放军歌集》(第1集)由佳木斯东北书店刊行。

东北民主青年联盟总部编《青年歌声》(第1—2集)由佳木斯东北书店刊行。

辽北文化协会编《鸭绿江歌声》(第3—4集)由东北书店辽北分店刊行。

辽北文化协会编《歌选》（第1集）由辽北书店刊行。

辽南群众书店编《歌选》由辽南群众书店刊行。

边区群众剧社编《群众歌声》（大反攻、土改专辑）由冀东新华书店刊行。

关东社会教育工作团编《民主歌声》（第3集）由大连大众书店刊行。

关东社会教育工作团编《秧歌曲选》由大连大众书店刊行。

江文也作曲《儿童圣咏歌集》（第1卷作品47号）由北平方济堂思高圣经学会刊行，有序。

李秀兰选编《福音短歌》由上海中华浸会女传道会联会刊行。

杨若望修纂《圣教歌选》由天津崇德堂刊行。

《小调》第1集由华中新华书店盐阜分店刊行。

《中国名歌选》（第1辑）由黑龙江哈尔滨东北书店刊行。

《金句短歌集》（第1—2集）由上海中日主日学合会刊行。

山歌社编《中国民歌选》由上海中华乐学社刊行。

《新歌曲选集》（第1辑）由陕甘宁边区新华书店刊行。

荆令编《工人歌曲》由黑龙江哈尔滨光华书店刊行。

荒草词，贺绿汀、刘炽曲《为民主自由而战》由黑龙江哈尔滨光华书店刊行。

哈尔滨大学戏剧音乐系编《人民歌曲》（1）由光华书店刊行。

明敏编选《民歌选辑》（第1—2辑）由上海中华乐学社刊行。

金路得编《唱歌教材集》由上海中华乐学社刊行。

音乐学生社编《这已经是春天》由编者刊行。

房屏编选《民歌选》（附民间舞曲）由上海民歌研究社刊行。

华之祥编《大众呼声》（第3集）由著者刊行。

华中新华书店编《小调谱》由华中新华书店刊行。

何慧洪辑《1948年青年夏令会诗歌选》由著者刊行。

沈秉廉著《小学生的甜歌四十四曲》由上海儿童书局刊行。

泰东神学院圣乐系、中国基督徒圣乐学会编《灵修圣歌》（第1集）由江苏南京泰东福音书报服务社刊行。

张帆主编，陈萍编辑《华声社七周年纪念刊》由华声通讯社刊行

张望作《八路军到新解放区》由东北画报社刊行。

陈曼鹤编《合唱名歌集》由上海美乐图书出版公司刊行。

沈狄西编《演剧艺术》由上海中华书局刊行。

按：是书分绪论、编剧论、导演论、演员论、剧场论、舞台技术论等6章。

京剧研究社编《京剧歌谱三百首》由上海自强书局刊行。

郑君里著《角色的诞生》由香港生活书店刊行。

萧帆著《简易演剧化装术》由黑龙江哈尔滨光华书店刊行。

洪深著《抗战十年来中国的戏剧运动与教育》由上海中华书局刊行。

按：是书乃戏剧论文集，收录作者的《戏剧如何教育观众》《民间形式与地方戏》《抗战戏剧的自我教育与自我批判》等论文8篇。

贾霁著《戏剧常识讲话》由大连大众书店刊行。

中电三厂宣传室编《中电三厂三周年纪念专刊》由编者刊行。

唐廷仁编著《电影》由上海正中书局刊行。

温太辉编著《有声电影和电视》由上海正中书局刊行。

潜隐著,盐阜文艺社编《怎样做个演员》由华中新华书店盐阜分店刊行。

横眉社编《论香粉铺之类》由编者刊行。

吕振羽编《简明中国通史》由大连光华书店刊行。

张荫麟著《中国史纲》(上古篇)由上海正中书局刊行。

范文澜(原题中国历史研究会)编《中国通史简编》(上下册)由华北新华书店刊行。

按:范文澜在 1940 年赴延安。接着在中共中央党校讲授《中国经学史的演变》,对经学的阶级本质、历史地位和发展规律作了客观的分析,对近代一些经学家作了评判。在此基础上,开始编著《中国通史简编》。这是一部运用马克思主义系统论述中国历史的通史著作。其特点是:第一,肯定劳动人民创造历史,否定了旧史书以帝王将相为历史主角的观点。第二,以阶级斗争理论为历史基本线索,凸现农民起义反压迫反掠夺的革命传统。第三,运用社会发展规律,以五种社会形态理论为基础划分中国历史。第四,文笔流畅洗练,有着中国古代史家"文史兼通"的优点。此书出版后曾多次修订、再版。(《民国学案》第二卷《范文澜学案》)

范文澜(原题中国历史研究会)编《中国通史简编》(上中编)由黑龙江哈尔滨东北书店刊行。

丁山著《中国通史简编批判》由上海中国人文研究所刊行。

潘抑强著《中国历史韵编》由上海中国孔圣学会刊行。

胡玉堂著《中国史简编》由上海商务印书馆刊行。

董家遵著《中国奴隶社会史》由广东广州中国社会学社广州分社刊行。

按:是书分 8 章,叙述奴隶社会的成立、奴隶的名称、奴隶的来源、奴隶的职务、军事与建筑、农矿工商及其他、奴隶的叛逃、奴隶的人数、奴隶制度的瓦解。

陈梦家著《六国纪年表》由北平燕京大学刊行。

吕思勉著《两晋南北朝史》由上海开明书店刊行。

柳诒徵著《国史要义》由上海中华书局刊行。

按:是书收文十篇。从 10 个方面研究中国史学的特点。计有:史源—记史的起源;史权—记史者的权威;史流—讲中国史学的传流;史联—各种体例的史书的联系;史德—史家第一件道德,莫过于忠实;史识—历来关于史识的不同解释及对于历史的观察力;史义—记史时所表达的思想内容;史例—即史实;史术—即史学,犹之经学亦曰经术;史化—介绍先秦两汉的一点史学观点。

胡秋原著《历史哲学概论》由上海民主政治社刊行。

解放社编《社会发展简史》由华北新华书店刊行。

按:是书包括谁是我们的祖先、原始共产主义、奴隶占有制度、封建制度、资本主义、从资本主义到共产主义的过渡时期、共产主义 7 章。前四章摘自列昂节夫的《政治经济学初级读本》,后三章摘自《社会科学简明教程》。

张须著《通鉴学》由上海开明书店刊行。

吴晗著《史事与人物》由上海生活书店刊行。

刘节编著《历史论》由上海正中书局刊行。

钱穆著《中国文化史导论》由上海正中书局刊行。

按:是书分 7 章:论中华民族、中华民族历史上的文化斗争、民族战争与民族文化、民族性能与民族战争、论侵略与革命的哲学、世界各国民族革命史训、权力与知识分子。

焦敏之编著《古代世界史纲》上海棠棣出版社刊行。

曹伯韩著《世界史初步》由大连生活书店刊行。

傅彬然、覃必陶编《外国史》（上下册）由上海开明书店刊行。

程浩著，世界历史研究会编《近代世界史简编》由上海远方书店刊行。

按：是书分英国革命、法国大革命、十九世纪上半期欧洲的劳动运动、一八四八年的法国革命、一八四八年的德国革命、十八世纪到十九世纪欧美民族运动等 6 章。

现代世界年鉴编辑委员会编《世界年鉴》由上海世界出版协社刊行。

杨纫章编《世界之民族》由上海中华书局刊行。

按：是书分绪论、亚洲的民族、欧洲的民族、非洲的民族、美洲的民族、大洋洲的民族 6 章。

无名氏编《二次世界大战史》由上海大东书局刊行。

朱子容著《太平洋战争爆发》由上海大成出版公司刊行。

李季谷编著《开罗会议》由上海大成出版公司刊行。

外交部情报司编《伦敦外长会议破裂经过》由江苏南京编者刊行。

施端履编《（英汉对照）当代文献》（第 1—2 辑）由上海中国文化服务社刊行。

胡玉堂编著《西洋史简编》由上海商务印书馆刊行。

胡绳著《帝国主义与中国政治》由香港生活书店、上海生活·读书·新知联合发行所刊行。

按：是书叙述鸦片战争到大革命前夜（1925—1927）的中国政治概况、列强与半殖民地中国之间的政治关系、侵略者如何在中国寻找政治工具，以及中国统治者与中国人民对列强入侵的不同态度等。

梅碧华著《中美之间》由上海新知书店刊行。

夏光南编《中印缅道交通史》由上海中华书局刊行。

焦敏之著《近代国际政治史》由上海棠棣出版社刊行。

李玄伯（原题李宗桐）著《中国古代社会新研》由上海开明书店刊行。

巴黎大学北冲汉学研究所编《战国策通检》由北平编者刊行。

张孟伦著《宋代兴亡史》由上海商务印书馆刊行。

岑仲勉撰《元和姓纂四校记》由上海商务印书馆刊行。

按：岑仲勉从 1935 年夏开始撰写的《元和姓纂校记》，历时近两年，至此（1937 年）基本完成。从开始构思的一篇论文最后扩展为一部 170 多万字的重要专著《元和姓纂四校记》，整个写作过程都得到陈垣的无私帮助。两年间二人往复论学的通信至少有 50 封以上。岑仲勉地处"百二秦关"之地，搜求图籍颇为不便，往往向陈垣求助。陈垣则爱惜其才，有求必应。当发现与《元和姓纂》有关的材料时，更主动抄录寄上。《元和姓纂四校记》附录《沈涛书元和姓纂后》："去岁秋，从校《姓纂》，陈前辈援庵以抄本《十经斋文集》卷四寄示，亟将此文录出。"（《陈垣年谱配图长编》）

陈述著《契丹史论证稿》由北平国立北平研究院总办事处出版课刊行。

王崇武著《明本纪校注》由上海商务印书馆刊行。

王崇武著《明靖难史事考证稿》由上海商务印书馆刊行。

李文治著《晚明民变》由上海中华书局刊行。

按：是书叙述明末高迎祥、张献忠、李自成等农民起义经过始末。

王崇武著《奉天靖难记注》由上海商务印书馆刊行。

李絜非著《中国近世史》由贵州贵阳文通书局刊行。

卢文迪编《现代中国》由上海中华书局刊行。

按：是书分现代中国之背景、政治演化、国际关系的推移、世界经济体系中的中国、外力威胁下的中国工业、交通事业的发展、文化和教育等9章。

冯自由著《中国革命运动二十六年组织史》由上海商务印书馆刊行。

按：是书所记从孙中山肄业于广州博济医院至国民政府成立，历时26年。凡国民党人于国内外所组织报馆、学校、书肆、印刷所、书报社、剧团、党会、军队、暗杀团、商店、旅馆、医院、轮船、牧场等，以及关系人、时间地点之类，一一注释说明。书中所记在南方的各组织为详，而华北、东北各地简略。作者采用编年体记史。书首有孙中山读书照片、同盟会第一次委任状的照片、蒋介石所题"文献足征"四字。

罗尔纲编《太平天国史考证集》由上海独立出版社刊行。

范文澜著《太平天国革命运动》由佳木斯东北书店、哈尔滨东北书店、香港新民主出版社、苏北新华书店刊行。

罗尔纲著《太平天国金石录》由正中书局刊行。

冯自由著《中国革命运动二十六年组织史》由上海商务印书馆刊行。

张知本等著《辛亥革命》由上海大成出版公司刊行。

胡鄂公著《辛亥革命北方实录》由上海中华书局刊行。

按：是书分辛亥革命北方实录和辛亥革命北方烈士列传两部分。

许师慎著《国父选任临时大总统实录》由上海中国文化服务社刊行。

吴一心编《二十一条》由上海大成出版公司刊行。

陶菊隐著《督军团传》由上海中华书局刊行。

李何林编《五四运动》由上海大成出版公司刊行。

阮源澄著《五卅惨案》由上海大成出版公司刊行。

凌轸著《国民革命军北伐》由上海大成出版公司刊行。

中国现代史研究会编《九一八前后的中国》由佳木斯东北大学图书资料室刊行。

华白著《一二八淞沪抗战》由上海大成出版公司刊行。

曾宪楷著《七七——卢沟烽火》由上海大成出版公司刊行。

新民主主义青年团哈尔滨市团部编《一二九、一二一学生运动资料特辑》由编者刊行。

傅润华主编《抗战建国大画史》由上海中国文化信托服务社刊行。

吴相湘著《八一三——全面抗战》由上海大成出版公司刊行。

赵授承著《迁都重庆》由上海大成出版公司刊行。

蔡常著《潮汕沦陷记略》由澄海县立民众教育馆刊行。

刘世模编著《日本无条件投降》由上海大成出版公司刊行。

倪家襄编著《东京审判内幕》由上海亚洲世纪社刊行。

黄时枢著《还都南京》由上海大成出版公司刊行。

陈力著《伊宁事变纪略》由上海著者刊行。

康丹著《中国之新生》由香港新生中国社刊行。

时事研究会编《亘古未有之奇剧——合流真相》由编者刊行。

芷石等著《蒋管区农村实录》由黑龙江哈尔滨东北书店刊行。

王玉胡作《打到蒋管区去》由陕甘宁边区新华书店刊行。

刘王立明等著《血账》由香港新民主出版社刊行。

恽逸群(原题翊勋)著《蒋党内幕》由民主出版社刊行。

沙英编著《中国四大家族的危机》由黑龙江哈尔滨光华书店刊行。

李建萍编《中国内幕》(第5—8辑)由上海现代出版社刊行。

新潮出版社编《内幕新闻丛刊第七辑》由上海新潮出版社刊行。

新潮出版社编《内幕新闻丛刊第八辑》由上海新潮出版社刊行。

新潮出版社编《内幕新闻丛刊第九辑》由上海新潮出版社刊行。

上海圣约翰大学学生会编《把祖国推向独立自由解放》由上海编者刊行。

南京大中学生纪念五四筹备会编《迎接新的战斗》由江苏南京编者刊行。

南京市大中学生联合纪念大会编《南京的五四周》由江苏南京编者刊行。

五地委宣传部编《自卫战争两周年时事讲话参考材料》由编者刊行。

华北军大政治部编《时事教学提纲》由编者刊行。

群众日报社编《放下武器的胡军》由编者刊行。

副官学校编《戡乱总动员要义》由编者刊行。

何应钦编《何上将抗战期间军事报告》刊行。

谷音、岫青编《国大外史》由上海大夏书店刊行。

朱克勤著,陈观海编《出席国民大会记》由广东广州工商航业无限公司刊行。

上海市文献委员会编《蒋大总统李副总统就任纪念画刊》由上海海光出版社刊行。

上海各界拥护程潜先生竞选副总统委员会编《拥护程潜先生竞选副总统》由编者刊行。

北平故宫博物院文献馆编《文献论丛》(沈兼士先生纪念刊)由北平故宫博物院刊行。

郭沫若等执笔《论新政协》由香港南风书屋刊行。

郑浩著《中国民族西来辩》刊行。

叶绍钧等编《中国的民族》由上海中华书局刊行。

吕振羽著《中国民族简史》由华北光华书店刊行。

江应樑著《西南边疆民族论丛》由广东广州珠海大学刊行。

王兴瑞著《海南岛之苗人》由广东广州珠海大学编辑委员会刊行。

江应樑著《凉山夷族的奴隶制度》由广东广州珠海大学编辑委员会刊行。

按:是书对巴布凉山的地理环境、夷人的由来、奴隶社会的形成、部落支派、亲戚与冤家、家庭组织、家庭财产、生活文化等问题均有详细的阐述。

廖炯然编《傜民概况》由上海中华书局刊行。

江应樑著《摆彝的生活文化》由上海中华书局刊行。

姚荷生著《水摆夷风土记》由上海大东书局刊行。

金祖同编《台湾的高山族》由上海亚洲世纪社刊行。

方德修著《东北地方沿革及其民族》由上海开明书店刊行。

谢国桢著《清初流人开发东北史》由上海开明书店刊行。

上海市文献委员会著《上海地方志综录》由上海著者刊行。

南京市文献委员会著《南京》由江苏南京著者刊行。

卢前著《东山琐缀》由江山县文献委员会刊行。

李洁非著《浙史纪要》由正中书局刊行。

李震明著《台湾史》由上海中华书局刊行。

谢康著《台湾光复》由上海大成出版公司刊行。

陈纯仁著《近年来的台湾》由上海新夏图书公司刊行。

江慕云著《为台湾说话》（刊行本）由上海三五记者联谊会刊行。

陈汉光著《台湾抗日史——节录自台湾民主国致中外文告》由台湾守坚藏书室刊行。

杨秀靖著《海军进驻后之海南诸岛》由海军总司令部政工处刊行。

杜定友编《东西南沙群岛资料目录》由广东广州西南沙志编纂委员会刊行。

黎晋伟主编《香港百年史》由香港南中编译出版社刊行。

筠连县续修县志委员会编《筠连县志》（上中下）由筠连县政府刊行。

张其昀主编《遵义新志》由杭州国立浙江大学刊行。

张秀勤著《日本史正名篇》由湖南长沙湖南大学出版组刊行。

郑学稼著《近十五年日本秘史》由上海大东书局刊行。

王任叔著《印尼社会发展概观》由上海生活书店刊行。

糜文开著《印度历史故事》由上海商务印书馆刊行。

东北书店编辑《三十年的苏联》由佳木斯编者刊行。

华北新华书店编辑部编《苏联建国三十年》由编者刊行。

常燕生著《国家主义史例》由上海中国人文研究所刊行。

复兴出版社编辑部编《中国历代名人录》（1—6部）由上海编者刊行。

按：是书分圣哲、英雄、将帅、文臣、忠烈、正直、节义、纯孝、名儒、经学、文苑、高人、策士、游侠、艺林等15类，收录历代780位名人小传。

钟能华编《中外名人逸事》由上海春明书店刊行。

按：是书分国内之部和国外之部两编，每编各辑录32人的逸事。卷首有编者小序。

王治心、李次九编著《中国历代名人传略》（第6集）由上海青年协会书局刊行。

按：是书收录明代至民国时期47位名人的传略，包括朱元璋、郑和、顾炎武、洪秀全、孙中山等。

俞凌编《历代中国名人故事》由上海国光书店刊行。

按：是书收录周公、孔子、子路、子贡、管仲、李耳、墨子、孟子、萧何、马援、班超、诸葛亮、关云长、陶渊明、玄奘、郭子仪、张巡、王安石、司马光、王阳明等20位中国古代名人小传。

夏云著《名人少年传记》由上海春明书店刊行。

俞凌编《历代民族英雄故事》由上海国光书店刊行。

乐观编著《佛教民族英雄传》由杭州著者出版。

杨荫深编著《中国学术家列传》由上海光明书局刊行。

程俊英编《中国大教育家》由上海中华书局刊行。

按：是书介绍孔子、孟子、荀子、董仲舒、马融、郑玄、韩愈、胡瑗、周敦颐、程颢、程颐、朱熹、陆九渊、王阳明、颜元、王筠、劳乃宣、张之洞、孙家鼐、张百熙、蔡元培等21位教育家的事迹。

云南鑫文书局编《二十四孝全传》由编者刊行。

按：是书收《西江月题》《大舜耕田》《文帝尝药》《曾子采樵》《子路负米》《黄永典身》等24则故事。

吴晗著《史事与人物》由上海生活书店刊行。

按：是书分4部分：1.论历史上的人物，如《论奴才——石敬塘父子》、《"社会贤达"考》、《关于魏忠贤》等6篇。2.记述作者的好友闻一多、陶知行等5篇。3.读书笔记，如《读〈二千年间〉》《〈明太祖〉和〈从僧钵到皇权〉》《苏渥洛夫传》等4篇。4.回乡散记3篇。书中有闻一多所刻印章6方的印谱。

李长之著《司马迁之人格及风格》由上海开明书店刊行。

杜呈祥编著《卫青霍去病新传》由上海商务印书馆刊行。

郭银田编著《田园诗人陶潜》由上海独立出版社刊行。

沈子善编著《王羲之研究》由南京正中书局刊行。

何天行编《唐太宗》由上海中华书局刊行。

徐千编著《李白评传》由正中书局刊行。

梁启超等著《武训先生的传记》由上海教育书店刊行。

朱恨天编《义丐武训》由北平时代儿童月刊社刊行。

竺可桢等著《地理学家徐霞客》由上海商务印书馆刊行。

郑鹤声著《郑和遗事汇编》由上海中华书局刊行。

朱彦頫编《徐光启故事》由上海中华书局刊行。

刘阶平著《蒲留仙遗著考略》由上海商务印书馆东方杂志社刊行。

张振珮编《左宗棠》由上海中华书局刊行。

按：是书 6 章，叙述左宗棠少年时期、幕僚生活、统兵平捻军、平定新疆等事迹，并对其一生的功业加以评述。

王友乾著《大儒曾国藩》由上海前锋社刊行。

王栻著《慈禧太后传》由上海正风出版社刊行。

俞凌编《近代中国名人故事》由上海国光书店刊行。

吴泽著《康有为与梁启超》（历史人物再批判之一）由上海华夏书店刊行。

丁福保著《畴隐居士自传》由上海著者刊行。

蒋星德编著《国父孙中山先生传》由正中书局刊行。

胡绳著《孙中山革命奋斗小史》由香港海洋书屋刊行。

叶夏声著《国父民初革命纪略》由广东广州孙总理侍卫同志社刊行。

孙文书、郭镇华编《国父墨宝》由北方杂志社国父遗墨筹印委员会刊行。

陈以益著《国父遗声纪念刊》由上海国父遗声宣扬会刊行。

首都警察学校编《领袖言行》由编者刊行。

李家骏编著《李宗仁先生传》由上海吼声书局刊行。

李伯球编《论中国革命诸问题》（邓演达殉难十七周年纪念特辑）由香港中华论坛社刊行。

铁沙寒叟著《我生七十年的自白》由编者刊行。

夏康农著《论胡适与张君劢》由上海新知书店刊行。

王士菁著《鲁迅传》由上海新知书店刊行。

朱浩怀编述《姚雨平先生革命史》由广东顺德县耀昌印务局刊行。

大业出版社编《蒋经国打虎记》由上海编者刊行。

蔡真云编著《蒋经国在上海》由上海中华印刷出版公司刊行。

文西编著《蒋经国专集》由上海励志出版社刊行。

陶菊隐著《蒋百里先生传》由上海中华书局刊行。

彭鄂如编《大彭名士录》由广东梅县编者刊行。

按：是书共 11 章。分军事、政治、书画、工商、农医、僧道相伶、慈孝支爱、妇女、杂俎、琐闻、附录等类，辑彭氏名人略传 159 篇。

曾国杰编《抗战军人忠烈录》（第 1 集）由国防部史政局刊行。

李方力编《人民解放军将领印象记》由开封豫皖苏新华书店刊行。

按:是书介绍朱德、彭德怀、刘伯承、林彪、贺龙、陈毅、粟裕、王震等将领的事迹。

中国人民解放军华东军区荣军总校政治部编《荣军模范事迹选》由编者刊行。

林天行编《中国政治内幕》(第4辑)由上海南华出版社刊行。

李先良著《抗战回忆录》由山东青岛乾坤出版社刊行。

东北书店编《毛泽东的故事》由编者刊行。

张力等著《毛泽东的故事》由东北书店刊行。

克俭等著《毛泽东的故事》由东北书店刊行。

中原军区政治部辑《毛泽东故事》由编者刊行。

翁文灏等著,张其昀编辑《丁文江先生》由上海华夏图书出版公司刊行。

裴正庸著《自述初续》由上海振业集谊社刊行。

蒋乃铺著《我的往事》(一部热烈的忠实记录)由上海华美出版社刊行。

光华书店编《向韬奋学习》由黑龙江哈尔滨编者刊行。

王益编《韬奋和生活书店》由山东新华书店刊行。

李老校长纪念工作委员会编《李登辉先生哀思录》由上海编者刊行。

白韬著《回忆陶行知先生——其生平及其学说》由黑龙江哈尔滨光华书店刊行。

谢冰莹著《女兵自传》由上海晨光出版公司出版。

《人民音乐家冼星海——纪念冼星海同志逝世三周年》由武汉华中新华书店刊行。

徐盈著《当代中国实业人物志》由上海中华书局刊行。

按:是书收林继庸、凌鸿勋、吴蕴初、卢作孚、赵祖康、翁文灏、范旭东、吴任之、孙越崎、钱昌照、刘鸿生、胡厥之、李烛尘、茅以升等23名工商实业人物的传略及轶事。

中国经济资料社编《上海工商人物志》由上海中国经济资料社刊行。

中华国产厂商联合会编《实业界名人录》由上海编者刊行。

卓希陶主编《知名人物的故事》由重庆宇宙出版社刊行。

傅润华主编《中国当代名人传》由上海世界文化服务社刊行。

江宁县文献委员会编《江宁碑传初辑》由编者刊行。

谌小岑编《谌氏谱略》由编者刊行。

戈宝权、林陵编《俄罗斯大戏剧家奥斯特洛夫斯基研究》由上海时代书报出版社刊行。

萧赛著《柴霍甫的戏剧》由贵阳文通书局刊行。

白凤著《福特奋斗史》由上海正气书局刊行。

盛澄华著《纪德研究》由上海森林出版社刊行。

冯至著《歌德论述》由上海正中书局刊行。

吕伯攸编《世界名人的幼年》由上海中华书局刊行。

按:是书介绍哥仑布、巴哈、富兰克林、纳尔逊、富尔敦、拿破仑、安东尼奥、华盛顿、杰克逊、埃德温·兰西尔、安徒生、林肯、泰戈尔、托尔斯泰、爱迪生、罗斯福、尼赫鲁、甘地、高尔基等人的幼年生活。

薛德焴编著《生物学者小史》由正中书局刊行。

按:是书乃生物学家小辞典,收录美国、英国、法国、德国、意大利、匈牙利、西班牙等国155名生物学家小传。

叶梦周编《发明家故事》由上海国光书店刊行。

按:是书介绍哥白尼、牛顿、克普勒、爱迪生、法拉第、柏尔德、爱因斯坦等21位外国科学家的故事。

章铎声编著《探险家的故事》由上海春明书店刊行。

按:是书记述马可·波罗、哥伦布、麦哲伦、德雷克、达伽马、柏克、期皮克、利文斯顿等人的探险活动。

方白著《石器时代》由上海文通书局刊行。

裴文中著《史前时期之西北》由江苏南京西北通讯社刊行。

裴文中著《中国史前时期之研究》由上海商务印书馆刊行。

朱家骅等编《国立敦煌艺术研究所敦煌艺展目录》刊行。

北京大学编《敦煌考古工作展览概要》由编者刊行。

按:是书介绍为纪念北京大学成立50周年而举办的敦煌考古工作展览。分两部分,一、敦煌考古工作展览概要,分6节叙述了敦煌古物的发现、汉代的长城与汉简、敦煌的佛教美术、六朝至唐宋的古写本刻本卷子、敦煌考古工作展览的意义。2、敦煌经卷、照片及图书目录200余种。其中敦煌卷子均注明各图书馆或私人收藏的编号、写本年代及保存现状。

北平国立北京大学出版部编《国立北京大学五十周年纪念文科研究所展览概要》由北平编者刊行。

黄文弼著《罗布淖尔考古记》由国立北平研究院史学研究所刊行。

无名氏编《庐山历史文物图片集》刊行。

戴裔煊著《于兰——西南中国原始住宅的研究》由岭南力学西南社会研究所刊行。

北京大学编《古铜兵器展览会》由北京大学总办事处刊行。

郭宝钧著《古玉新诠》由中央研究院历史语言研究所刊行。

冯汉骥、韩儒林著《元八思巴蒙文圣旨碑发现记、成都蒙文圣旨碑考释》由四川博物馆刊行。

葛绥成著《地理丛谈》由上海中华书局刊行。

按:是书分通论、国防与边疆、国际关系、民族与建设、考证、教学、游记及其他等7编,收录地理学专题研究和通俗解说方面的文章60篇。

于隆业编《地理教程》由陆军军官学校政治部刊行。

李旭旦编《世界政治地理》由上海中华书局刊行。

陈原著《世界政治地理讲话》由上海生活书店刊行。

严独秀编《中外史地问答》由重庆桂林新生书局刊行。

邬翰芳编著《战后最新世界地理》由上海山城出版社刊行。

杨钟健著《国外印象记》由上海文通书局刊行。

丁山著《地理与中华民族之盛衰》由上海大中国图书局刊行。

按:是书乃作者所著《中国通史》的第一章。按朝代顺序,论述地理环境、地理条件对中华民族兴衰的巨大影响。

吴壮达著《琉球与中国》由上海正中书局刊行。

吴景敖著《西陲史地研究》由上海中华书局刊行。

中国旅行社编《北平导游》由上海中国旅行社刊行。

武尚权编《新东北概览》由北平世界日报社刊行。

东北物资调节委员会研究组编《人文地理》由北平京华印书局刊行。

褚绍唐编《世界重要都市》由上海中华书局刊行。

浩波著《可爱的东北》由香港新少年社刊行。

傅角今、郑励俭编著《琉球地理志略》由上海商务印书馆刊行。

高事恒著《南洋论》由上海南洋经济研究所刊行。

鲍维湘编《游历家葛烈夫》由上海中华书局刊行。

陈烈甫著《菲游观感记》由附近厦门南侨通讯社刊行。

李树青著《天竺游踪琐记》由上海商务印书馆刊行。

邹豹君著《欧洲地理》由国立编译馆刊行。

茅盾著《苏联见闻录》由上海开明书店刊行。

焦敏之著《苏俄地理基础》由上海杂志公司刊行。

谢仁杰编著《荷属西印度群岛》由上海中华书局刊行。

上海通社编《上海通》由上海透视出版社刊行。

屠诗聘主编《上海市大观》由上海中国图书编译馆刊行。

沈善昌编《上海指南》由中联广告公司刊行。

沈定国、吴农花、徐善宏编《上海统览》由上海统览编纂社刊行。

中国旅行社编《南京导游》由上海中国旅行社刊行。

金山县政府编《金山县概况》由编者刊行。

杭州市文化运动委员会编《杭州大观》由编者刊行。

中国旅行社编《杭州导游》由上海编者刊行。

赵嘉、廖生民编《广州大观》由广东广州天南出版社刊行。

邓超编《穗港旅行手册》由香港中港旅行社刊行。

李震明编《台湾》由上海中华书局刊行。

台湾新闻处编《台湾指南》由编者刊行。

王维屏著《台湾地理》由江苏南京新中国出版社刊行。

许崇灏著《台湾岛》由江苏南京新中国出版社刊行。

上海市台湾教育考察团编《台行实录》由编者刊行。

台湾博览会编《台湾省博览会手册》由编者刊行。

高雄市政府秘书室编《高雄市要览》由台湾高雄编者刊行。

胡明编著《世界地理讲授新图》由上海光华出版社刊行。

时德涵、陈卜池编《世界新地图》由上海振亚舆地社刊行。

胡适著《易林断归崔篆的判决书》刊行。

苏渊雷编《学思文粹》由钵水斋刊行。

谭正璧编《国学常识》由上海世界书局刊行。

谭正璧主编《国学常识问题》由现代教育研究社刊行。

金其源著《读书管见》由上海商务印书馆刊行。

杨纪编《中国要览》(19版)由中国要览编印社刊行。

中华年鉴社编《中华年鉴》由编者刊行。

国防部编《档案十进分类法》由编者刊行。

高等普通考试全书编纂委员会主编《各科论文集》由三民图书公司刊行。

燕京大学编《书评》由编者刊行。

钱亚新著《郑樵校雠略研究》由上海商务印书馆刊行，有汪长炳序及徐家麟序。

黎锦溪著《新目录学论丛》刊行。

胡适著，北京大学编《水经注版本展览目录》（北京大学五十周年纪念）刊行。

韩非木编《四库之门》由上海中华书局刊行。

邵鹤鸣、朱文叔编《图书》由上海中华书局刊行。

楼云林编《图书馆简说》由上海中华书局刊行。

上海市立图书馆编《上海市立图书馆馆刊》第三号由编者刊行。

国立兰州大学图书馆编《（国立）兰州大学图书馆概况》由编者刊行，有顾颉刚的序。

国立北京大学图书馆编《国立北京大学图书馆新编中西文书目》（1—3 册）由编者刊行。

国立兰州图书馆编《国立兰州图书馆特藏书目初编》由编者刊行。

江苏省立国学图书馆编辑《江苏省立国学图书馆现存书目》由编者刊行。

商务印书馆编《四部丛刊初续三编分组发售书目》由上海商务印书馆刊行。

私立江苏流通图书馆编《私立江苏流通图书馆复馆一周年纪念册》由编者刊行。

苏联大使馆新闻处编《苏联大使馆新闻处阅览室图书目录》由编者刊行。

[苏]日丹诺夫著，立三译《论哲学史诸问题及目前哲学战线的任务》由华北新华书店刊行。

[苏]日丹诺夫著，立三译《苏联哲学问题》由张家口晋察冀新华书店刊行。

[苏]日丹诺夫著，立三译《关于西方哲学史的发言》由东北书店刊行。

[苏]列宁著，曹葆华译《唯物论与经验批判论》由佳木斯东北书店刊行。

[苏]列宁著，潘蕙田、陈晓时译《唯物论与经验批判论》由读书出版社刊行。

[俄]车尔尼雪夫斯基（原题车尔尼舍夫斯基）著，周扬译《生活与美学》由大连读书出版社刊行。

[苏]斯大林著，曹葆华译《无政府主义还是社会主义》由华北新华书店刊行。

[俄]巴枯宁著，朴英译《上帝与国家》由上海平明书店刊行。

[苏]列宁著，柯柏年等译《马克思恩格斯与马克思主义》由佳木斯东北书店刊行。

[苏]列宁著，辽北书店编《卡尔·马克思、马克思主义底三个来源与三个组成部分》由辽北书店刊行。

[苏]列宁、斯大林著《马列主义概论》由华中新华书店刊行。

[苏]列宁著，解放社编辑部辑《列宁论马克思恩格斯与马克思主义》由陕西延安解放社刊行。

[苏]列宁著，解放社编辑部辑《列宁论马克思恩格斯与马克思主义》由华北新华书店刊行。

[苏]斯大林著《列宁主义概论》由中原新华书店刊行。

[苏]斯大林著，唯真译校《列宁主义问题》（1—6 册）由陕西延安解放社刊行。

[苏]斯卡特谢科夫等著，东北书店辑《爱国主义与国际主义》由哈尔滨东北书店刊行。

[苏]马林可夫等著，亚天等译《党的建设问题》由邯郸华北新华书店刊行。

[苏]马林可夫等著《党的建设问题》由华北新华书店刊行。

[苏]斯列波夫等著，齐生等译《论布尔什维克的原则性》由太岳新华书店编刊行。

[苏]尤金著,舒明译《社会主义与共产主义》由哈尔滨光华书店刊行。

[苏]日丹诺夫等著《论布尔什维克的原则性》由辽东书店刊行。

[苏]蓝列波巨等著,亚天等译《论布尔塞维克的原则性》由晋绥新华书店刊行。

[苏]斯列波夫等著,齐生等译《论忠诚与老实》由哈尔滨东北书店刊行。

[苏]斯卡特谢科夫等著,东北书店辑《爱国主义与国际主义》由哈尔滨东北书店刊行。

[苏]列宁著,博古校译《国家与革命》由冀鲁豫新华书店刊行。

[苏]马林可夫等著《党的建设问题》由中原新华书店刊行。

[苏]斯维得洛夫著,张亦名译《苏联家庭婚姻与母性》由哈尔滨东北书店刊行。

[苏]谢夫拉金著,青山译《战后意大利的政治斗争》由大连光华书店刊行。

[苏]A·科瓦列夫斯基著,青山译《论苏军》由大连光华书店刊行。

[苏]雅洛斯拉夫泽夫著,君达译《库图佐夫的战略》由哈尔滨光华书店刊行。

[苏]雅可福烈夫著,逸尘译《一个苏联飞机构造家的自述》由河北朝城冀鲁豫书店刊行。

[苏]列宁著,焦敏之译《俄国资本主义发展——对大工业的国内市场形成的过程》由上海棠棣出版社刊行。

[苏]阿鲁玖仰著,移模译《论战后世界经济》由上海时代出版社刊行。

[苏]柯舍列夫著,达克译《论社会主义财产》由大连光书书店刊行。

[苏]阿·沙左诺夫等著《斯大林论工业生产中的几个问题》由哈尔滨东北书店刊行。

[苏]罗克兴著,林秀译《苏联的工业》由上海时代书报出版社刊行。

[苏]柏林斯德尼克著,高祁孙译《苏联劳动立法原理》由上海时代书报出版社刊行。

[苏]罗果托夫著,贺依译《史大林与文化》由上海时代书报出版社刊行。

[苏]罗果夫编《新木刻》由上海时代书报出版社刊行,有编者序。

[苏]李却·波里士拉夫斯基著,郑君里译《演技六讲》由哈尔滨光华书店刊行。

[苏]斯坦尼斯拉夫基(原题史达尼斯拉夫斯基)著,郑君里、章泯译《演员自我修养》由大连新知书店刊行。

[苏]卡拉施尼柯夫著,何歌译《苏联国民教育》由上海时代书报出版社刊行。

[苏]罗克兴著,余长河译《苏联的工业》由重庆中华书局刊行。

[苏]卫·毛希科夫斯基著,钟斌译《苏联的跳伞上滑翔运动》由广东刊行。

[苏]纳西洛夫、巴斯克科夫著,陈郁文、杨永编译《维文文法概要》(国立边疆文化教育馆丛书第2种)由国立边疆文化教育馆刊行。

[苏]米尔斯基编著,段洛夫编译《新文学上的写实主义》由上海潮锋出版社刊行。

[苏]法捷耶夫等著《论苏联文艺与哲学的方向》由大连大众书店刊行。

[苏]A·卡拉耿诺夫著,芳信译《〈国家和文学〉及其他》由大连光华书局刊行。

[苏]法捷耶夫等著,伊真译《论苏联文学的高度思想原则》由哈尔滨东北书店刊行。

[苏]A·史坦因著,蒋路译《奥斯特罗夫斯基评传》由上海时代书报出版社刊行。

[苏]季莫菲叶夫著,水夫译《苏联文学史》由上海海燕书店刊行。

[苏]高尔基著《高尔基早期作品集》由上海时代书报出版社刊行。

[俄]莱蒙托夫著,余振译《莱蒙托夫抒情诗选》由上海光华出版社刊行。

[俄]屠格涅夫著,李岳南译《散文诗》由上海正风出版社刊行。

［苏］高尔基著,鲁迅等译《高尔基杰作集》由上海合众书店刊行。

［苏］高尔基著,巴金译《高尔基代表作》由上海合众书店刊行。

［俄］江布尔等著,黄药眠译《沙多霞》(苏联抗战诗歌选)由重庆峨眉出版社刊行。

［俄］路斯赫威里著,侍桁、北芒译《英雄与美人》由重庆文风书局刊行。

［俄］路斯赫威里著,侍桁、北芒译《虎皮骑士》由重庆文风书局刊行。

［俄］罗司泰凡里著,李霁野译《虎皮武士》由重庆南方印书馆刊行。

［俄］江布尔著,李葳编译《给静静的顿河的儿子》由重庆骆驼社刊行。

［俄］托尔斯泰著,芳信译《黑暗之势力》(五幕剧)由上海世界书局刊行。

［俄］米哈·柴霍甫著,胡随译《海鸥》由重庆南方印书馆刊行。

［俄］契诃夫著,丽尼译《万尼亚舅舅》由重庆文化生活出版社刊行。

［俄］米哈·柴霍甫著,芳信译《樱桃园》由上海世界书局刊行。

［苏］高尔基著,芳信译《下层》由上海世界书局刊行。

［俄］安得烈夫著,芳信译《大学教授》(四幕悲剧)由上海世界书局刊行。

［俄］卡泰耶夫著,芳信译《新婚交响曲》(三幕剧)由上海世界书局刊行。

［俄］葛里伯夫著,朱梅隽译《新女性》由重庆人文书店刊行。

［俄］李昂诺夫著,曹靖华译《侵略》由重庆东南出版社刊行。

［俄］西蒙诺夫著,孙师毅改订《为国争光》由重庆美学出版社刊行。

［俄］西蒙诺夫著,曹靖华译《望穿秋水》由重庆新地出版社刊行。

［俄］斯华金斯基著,芳信译《少校夫人》由上海世界书局刊行。

［俄］科尔内楚克著,萧三译《前线》由新华书店刊行。

［俄］高涅楚克著,萧三译《前线》由山西太行新华书店日报社刊行。

［俄］考纳丘克著,聊伊译《前线》由重庆新知书店刊行。

［俄］左琴科等著,曹靖华辑译《哑爱》由重庆生生出版社刊行。

［俄］班菲罗夫等著,王元译《死后》由重庆新知书店刊行。

［俄］瓦希列夫斯卡等著,林举岱译《在乌克兰的草舍中》由广西桂林文光书店刊行。

［俄］科希夫尼可夫等著,罕全译《苏联抗战故事集》由福建南平国民出版社刊行。

［俄］普式庚著,孙用译《甲必丹女儿》由福建永安东南出版社刊行。

［俄］普式庚著,立波译《复仇艳遇》由广西桂林文学出版社刊行。

［俄］普式庚著,孟十还译《杜勃洛夫斯基》由重庆文化生活出版社刊行。

［俄］普式庚著,吕荧译《欧根·奥涅金》(诗体小说)由重庆云圃书屋刊行。

［俄］果戈理著,之江译《续死魂灵》由四川成都译者书店刊行。

［苏］莱蒙托夫著,小畏译《当代英雄》由重庆星球出版社刊行。

［俄］屠格涅夫著,齐蜀夫译《初恋》由重庆世界出版社刊行。

［俄］屠格涅夫著,橘林译《情之所钟》由重庆正风出版社刊行。

［俄］屠格涅夫著,李葳译《阿霞小姐》由重庆骆驼社刊行。

［俄］屠格涅夫著,巴金译《处女地》由重庆文化生活出版社刊行。

［俄］陀思妥耶夫斯基著,高滔、宜闲译《白痴》由广西桂林文光书店刊行。

［俄］托尔斯泰著,高植译《幼年·少年·青年》由重庆文化生活出版社刊行。

［俄］托尔斯泰著,方敬译《伊凡·伊里奇之死》由重庆文化生活出版社刊行。

〔俄〕托尔斯泰著，侍桁译《哥萨克人》由重庆文风书局刊行。

〔俄〕托尔斯泰著，马耳译《结婚的幸福》由重庆大时代书局刊行。

〔俄〕托尔斯泰著，马耳译《农奴的故事》由重庆美学出版社刊行。

〔俄〕托尔斯泰著，周筧等译《安娜·卡列尼娜》由广西桂林文学出版社刊行。

〔俄〕契诃夫著，金人译《草原》由广西桂林光明书局刊行。

〔苏〕高尔基著，鲁迅译《俄罗斯童话》由重庆文化生活出版社刊行。

〔苏〕高尔基著，以群译《英雄的故事》由重庆上海杂志公司刊行。

〔苏〕高尔基著，姚篷子译《我的童年》由重庆上海杂志公司刊行。

〔苏〕高尔基著，凌宵译《童年》由重庆联益出版社刊行。

〔苏〕高尔基著，胡明译《我的大学》由广西桂林上海杂志公司刊行。

〔苏〕高尔基著，适夷译《老板》由重庆上海杂志公司刊行。

〔苏〕高尔基著，汝龙译《阿托莫诺夫》由重庆文化生活出版社刊行。

〔俄〕格罗斯曼著，林陵译《不朽的人民》由广西桂林文光书店刊行。

〔俄〕爱达诺夫著，李育中译《拿破仑之死》由广西桂林文献出版社刊行。

〔俄〕史维卡著，李葳译《母地》由四川成都自力书局刊行。

〔犹太〕阿莱凯姆著，柳无垢译《阿莱凯姆短篇集》由广西桂林耕耘出版社刊行。

〔俄〕托尔斯泰著，徐迟译《托尔斯泰散文集》由重庆美学出版社刊行。

〔英〕阿尔麦·莫德著，徐迟译《托尔斯泰传》（第 1—3 部）由重庆国讯书店刊行。

〔俄〕克拉索文等著，何家槐译《齿轮》由广西桂林文苑出版社刊行。

〔俄〕B·凯缅诺夫著，柏园、水夫合译，葆荃编《论现代资产阶级艺术》由上海时代书报出版社刊行。

〔俄〕柴可夫斯基·梅克夫人著，陈原译《我的音乐生活》由上海群益出版社刊行。

〔俄〕筛特林著，徐昌霖编，汪子美绘图《兔和狼的故事》由重庆建国书店刊行。

〔俄〕托尔斯泰著，邹荻帆译《鹰与鸡》由重庆建国书店刊行。

〔俄〕Stepniak 著，陈伯吹译《一文奇怪的钱》由重庆中华书局刊行。

〔俄〕亚历山大·勃洛克著，戈宝权译《十二个》由上海时代书报出版社刊行。

〔俄〕果戈理著，什之译《赌棍——早已死去的往事》（独幕喜剧）由上海海燕书店刊行。

〔俄〕奥斯特洛夫斯基著，梁香译《没有陪嫁的女人》由上海时代书报出版社刊行。

〔俄〕托尔斯泰著，文颖译《活尸》由上海文化生活出版社刊行。

〔俄〕契科夫著，李健吾译《契诃夫独幕剧集》由上海文化生活出版社刊行。

〔俄〕C. 特楞约夫著，芳信译《一个伟大的队长》由大连关东中苏友好协会刊行。

〔俄〕伊里英可夫著，林陵译《花园》由上海时代书报出版社刊行。

〔俄〕班达连柯改编，乌兰汗译《保尔·柯察金》由哈尔滨兆麟书店刊行。

〔俄〕卡普勒著，什之译《列宁在十月》由新兴出版社刊行。

〔俄〕恩·维尔塔著，金人译《斯大林格勒血战记》由哈尔滨东北书店刊行。

〔俄〕托尔斯泰等著，林原编译《农村姑娘》由上海利文印书馆刊行。

〔俄〕西蒙诺夫等著，金人译《列宁勋章》由哈尔滨光华书店刊行。

〔俄〕郭尔巴托夫等著，付克译《生与死》由哈尔滨东北书店刊行。

〔俄〕拉甫列涅夫等著，严蒙译《倔强》由哈尔滨光华书店刊行。

〔俄〕果戈理著,鲍群译《死魂灵残稿》由上海东南图书公司刊行。

〔俄〕陀思妥耶夫斯基著,文颖译《穷人》由上海文化生活出版社刊行。

〔俄〕陀思妥耶夫斯基著,王维镐译《地下室手记》由上海文光书店刊行。

〔俄〕陀思妥耶夫斯基著,高滔、宜闲译《白痴》由上海文光书店刊行。

〔俄〕陀思妥耶夫斯基著,耿济之译《少年》由上海开明书店刊行。

〔俄〕谢德林著,陈原译《地主之家》由华北新华书店刊行。

〔俄〕托尔斯泰著,侍桁译《哥萨克人》由上海国际文化服务社刊行。

〔俄〕托尔斯泰著,张白山译《主与仆》由上海现代出版社刊行。

〔俄〕托尔斯泰著,刘辽逸译《哈泽·穆拉特》由哈尔滨光华书店刊行。

〔俄〕绥拉菲摩维支著,周文改编《铁流》由华东新华书店总店刊行。

〔苏〕高尔基著,杜晦之译《盐场上》由香港人间书屋刊行。

〔苏〕高尔基著,适夷译《奥莱叔华》由香港生活书店刊行。

〔苏〕高尔基著,钱谦吾译《我的教育》由上海新陆书局刊行。

〔苏〕高尔基著,张勉寅译《少年高尔基》由上海少年社刊行。

〔苏〕高尔基著,适夷译《面包房里》由上海杂志公司刊行。

〔苏〕高尔基著,罗稷南译《旁观者》由香港生活书店刊行。

〔俄〕库普林著,江森译《绿宝石手镯》由上海名山书局刊行。

〔俄〕库普林著,汝龙译《亚玛》由上海文化生活出版社刊行。

〔俄〕库普林著,秦文漪译《陷坑》由上海中兴出版社刊行。

〔俄〕托尔斯泰著,郑伯华译《两姊妹》由上海骆驼书店刊行。

〔俄〕梭罗维约夫著,金人译《伊凡尼古林——俄罗斯的水兵》由哈尔滨东北书店刊行。

〔俄〕涅克拉索夫著,李霁野译《斯达林格勒》由中苏文化协会刊行。

〔俄〕西蒙诺夫著,苍木、继纯译《日日夜夜》由大连光华书店刊行。

〔俄〕爱伦堡等著《游美印象记》由晋察冀新华书店刊行。

〔俄〕爱伦堡著《我们的春天》由佳木斯东北书店刊行。

〔俄〕爱伦堡著,松江编《矛盾的国度》(爱伦堡杂文集)由哈尔滨光华书店刊行。

〔俄〕安东诺夫等著,新人辑译《满洲之战》由大连大众书店刊行。

〔俄〕加林著,付克译《古撒哥夫斯省》由黑龙江哈尔滨光华书店刊行。

〔俄〕肖洛霍夫著,张天恩译《祖国颂》由黑龙江哈尔滨光华书店刊行。

〔俄〕基李连柯著,磊然译《寒涛飞溅》由上海时代书报出版社刊行。

〔俄〕库尔冈诺夫著,孟昌译《美国人在日本》由上海时代书报出版社刊行。

〔俄〕特洛亚洛夫斯基著,徐洪武译《攻占柏林》由黑龙江哈尔滨光华书店刊行。

〔俄〕珂夫·巴克著,刘辽逸译《从布其维里到喀尔巴阡山》由黑龙江哈尔滨光华书店
刊行。

〔俄〕维克多·克拉夫青科著,勤宣译《我选择了自由》由上海民治出版社刊行。

〔俄〕托尔斯泰著,陈原译《狗的故事》由黑龙江哈尔滨光华书店刊行。

〔俄〕卡达耶夫著,茅盾译《团队之子》由黑龙江哈尔滨东北书店刊行。

〔俄〕卡达耶夫著,范泉缩写《团的儿子》由上海永祥印书馆刊行。

〔俄〕汪达·瓦西列夫斯卡著,汤弗之译《孤儿》由上海文化供应社刊行。

〔俄〕渥隆哥娃著,傅克译《森林之家》由黑龙江哈尔滨东北书店刊行。

〔俄〕达略基著,洪涛译《胜利的微笑》由大连光华书店刊行。

〔俄〕邬斯季诺维奇著,梦海译《林中生活》由上海时代书报出版社刊行。

〔苏〕斯特鲁威著,焦敏之编译《古代东方社会》由上海大孚出版公司刊行。

〔苏〕G·亚历山大洛夫著,梁香译《论社会发展学说史》由上海时代社刊行。

按:是书包括社会学说史的对象、关于过去的社会发展理论的几个特征、观念论社会学说史著作的基本缺点、社会发展理论史和历史唯物论4部分。

〔苏〕A·史坦因著,蒋路译《奥斯特洛夫斯基评传》由上海时代书报出版社刊行。

〔苏〕莫洛托夫著《伟大十月社会主义革命卅一周年纪念》由哈尔滨东北书店刊行。

〔苏〕苏联情报局公布,秋江等译《历史的伪造者》由大连光华书店刊行。

〔美〕马尔腾著,林荫编译《创业与成功》由上海美德书局刊行。

〔美〕普莱斯敦著,吴桢译《心理卫生十二讲》由上海家杂志社刊行。

〔美〕赖曼著,徐宝谦译《宗教的意义与真理》由上海青年协会书局刊行。

〔美〕班顿著,程伯群译《基督教发达史》由上海广学会刊行。

〔美〕Gregory Vlastos著,田浩征译《基督教信仰和民主主义》由上海青年协会书局刊行。

〔美〕怀爱伦著,梅晋良译《服务真诠》由上海时兆报馆刊行。

〔美〕怀爱伦著《幸福的阶梯》由上海时兆报馆刊行。

〔美〕李查生著,罗大凡、梁宠译《统计分析导论》由上海商务印书馆刊行。

〔美〕赛珍珠著,余铁英译《怎样教育人民》由华美印书社刊行。

〔美〕恩格尔、毕勒著,王检译《未来的美苏战争》由上海进修书店刊行。

〔美〕伊尔原著,邵鼎勋译《苏联共产党的战略理论》由江苏南京社会公论社刊行。

〔美〕欧琴·丹尼斯著《美国人民的道路——人民反对托拉斯》由华北新华书店刊行。

〔美〕彭塞尔著,贾午译《未竟之业》(新中华丛书国际问题汇刊)由上海中华书局刊行。

〔美〕汉弥尔登编,严欣淇译《美国宪法原理》由江苏苏州法声新闻社刊行。

〔美〕马克西著《联合勤务讲话(补给之要领)》由中央训练团监察官训练班刊行。

〔美〕艾森豪威尔著,李志纯译《大战报道》由江苏南京拔提书局刊行。

〔美〕米克编《军法业务讲话》由中央训练团监察官训练班刊行。

〔加〕罗伯逊著,张理京译《原子炮术及原子弹》由上海商务印书馆刊行。

〔加〕罗伯逊著,张其耀译述《原子能与原子弹》由上海正中书局刊行。

〔美〕嘿兹力特著,宋桂煌译《经济学新论》由上海商务印书馆刊行。

按:是书分析经济现象和政府的经济措施,试图揭示当代经济学中的各种谬误。全书包括24章,论及战争的破坏、战后的复员、公用事业、生产赋税、政府贷款与补贴政策、工会、保护关税、限制物价、工资立法、利润分配、通货膨胀、节约储蓄等方面。

〔美〕艾伦著,沈志远译《战后世界经济与政治》由上海世界知识社刊行。

〔美〕艾伦著,陶大镛译《论马歇尔计划》由上海世界知识社刊行。

〔美〕赛尔提斯著,杜若、张挚译《豪门美国》由上海世界知识社刊行。

〔美〕斐南著,卢怀道、王哲镜译《会计学原理》由上海龙门联合书局刊行。

〔美〕韦拔斯著,许超、钱江译《合作运动与世界改造》由南京中央合作金库刊行。

[美]该丘斯著,缪天瑞编译《音乐的构成》由上海万叶书店刊行,有著者序。

[美]俄累姆(原题奥列姆)著,赵沨编译《和声学初步》由香港前进书局刊行。

[美]俄累姆(原题奥列姆)著,赵沨编译《赋格初步》由香港前进书局刊行。

[美]饶生史亭等著,田禽译《新演技手册》由重庆上海杂志公司刊行。

[美]柴尔兹著,许孟瀛译《教育与实验主义哲学》由正中书局刊行,有著者自序及克伯屈的介绍。

按:是书分一个根生土产的美国哲学、实验主义与美国社会背景、实验主义有宇宙哲学吗、实验主义与人性、经验假设与教育、教育与自由、实验主义与民众、实验主义与个体8章。

[美]杜威著,李相勖、阮春芳译述《经验与教育》(教育丛书)由重庆文通书局刊行。

[美]克伯屈著,朱炳乾译《新教育原理》(国民教育文库)由上海商务印书馆刊行。

[美]夫利曼著,陈鹤琴、陈尧昶译《小学各科心理学》(国民教育文库)由上海商务印书馆刊行。

[美]穆尔德、温先听著,曾大钧译《美国国民教育之新趋势》(国民教育文库)由上海商务印书馆刊行。

[美]史普克著,江同编译《儿童训导指南》由上海家杂志社刊行。

[美]威尔基著,唯明摘译《天下一家》(英汉对照丛书)由上海联益出版社刊行。

[美]莫法特著,吕叔湘译注《(附译文)莫特先生在法国》(详注现代英文丛刊)由上海开明书店刊行。

[美]克罗泽尔等著,李霁野译注《忙里偷闲》(英汉对照文艺读物4)由上海新知书店刊行。

[美]贾克·伦敦著,余慕陶译注《野性的呼声》由上海大东书局刊行。

[美]H. B. Graybill, Chu 著,唐长孺译述《(英汉对照)新中国》由上海启明书局刊行。

[美]斯通著,董秋斯译《杰克·伦敦传》由上海海燕书店刊行。

[美]瓦特·惠特曼著,屠岸译《鼓声》由青铜出版社刊行。

[美]奥尼尔著,聂淼译《安娜·桂丝蒂》由上海开明书局刊行。

[美]奥尼尔著,朱梅隽译《梅农世家》由上海正中书局刊行。

[美]雪尼·金斯莱著,傅又信译《爱国者》(三幕剧)由上海开明书店刊行。

[美]A. Thornbill 著,张道潘译《忘记了的因素》由上海独立出版社刊行。

[美]马克·吐温著,俞荻译《乞丐皇帝》由上海神州国光社刊行。

[美]勃罗夫斯著,章铎声译《人狼泰山》由上海梓鹤出版社刊行。

[美]勃罗夫斯著,章铎声译《丛林之王》由上海百新书店刊行。

[美]勃罗夫斯著,章铎声译《地窟探险》由上海百新书店刊行。

[美]勃罗夫斯著,章铎声译《丛林凯旋》由上海百新书店刊行。

[美]勃罗夫斯著,章铎声译《黄金城》由上海百新书店刊行。

[美]勃罗夫斯著,章铎声译《豹人记》由上海百新书店刊行。

[美]杰克·伦敦著,蒋天佐译《荒野的呼唤》由上海骆驼书店刊行。

[美]杰克·伦敦著,蒋天佐译《雷虎》由上海骆驼书店刊行。

[美]范达痕著,王天恨译《神秘的包裹》由上海美德书局刊行。

[美]赛珍珠著,钱公侠、施瑛译《爱国者》由上海古今书店刊行。

［美］赛珍珠著,陈澄之译《深阙里》由上海百新书店刊行。

［美］海敏威著,冯亦代译《蝴蝶与坦克》由上海真善美图书出版公司刊行。

［美］斯坦倍克著,董秋斯译《红马驹》由上海骆驼书店刊行。

［美］约翰·史坦贝克著,禾金译《前进的客车》由上海潮锋出版社刊行。

［美］恩格尔、毕勒著,王检译《未来的美苏战争》由上海进修书店刊行。

［美］安娜·喀德麟·格林著,程小青译《盲医生》由上海大东书局刊行。

［美］范大克著,［英］费师母译《第四博士》由湖北汉口中国基督圣教书会刊行。

［美］贾克·伦敦著,齐鸣译《深渊》(长篇报告文学)由上海光明书局刊行。

［美］斯屈朗著,李铭、魏宁、肖林译《人的新世界与新世界的人》由上海潮锋出版社刊行。

［美］欧尼·派尔著,于熙俭译《大战随军记》由上海正中书局刊行。

［美］史蒂芬·罗兰著,徐柏堂译《囚徒日记》由上海长风书店刊行。

［美］史坦贝克著,贾开基、蒋学模译《苏联行》由上海文摘出版社刊行。

［美］斯诺著《西行漫记》由上海光华书局刊行。

［美］Atkinson著,陈澄之译《莫斯科和我》由上海中央日报社刊行委员会刊行。

［美］关丁·雷诺著,罗塔译《十二月八号的秘闻》由上海环球出版社刊行。

［美］史迪威著,骆伯鸿译《史迪威日记》由上海海光出版社刊行。

［美］亚力叙里其著,余臧译《顽皮的孩子》由上海周嘉禄刊行。

［美］罗林斯著,李俍民译《鹿童泪》由上海新纪元出版社刊行。

［美］海思等著,刘启戈译《世界通史》(上下册)由上海大孚出版公司刊行。

［美］马克伊尼司著,梁肖干译《第二次世界大战纪——第三年》由上海中华书局刊行。

［美］代尔·卡耐基著,李木译《世界名人逸事新集》由上海正新出版社刊行。

按：是书介绍萧伯纳、居礼夫人、斯大林、邱吉尔、艾森豪威尔、蒙哥马利、尼米兹、马歇尔、蒙巴顿、陈纳德、平克罗斯贝、赖特兄弟、马克·吐温、麦克阿瑟、萨凡奇等26位名人逸事。

［美］斯通著,董秋斯译《杰克·伦敦传》由上海海燕书店刊行。

［美］赫尔著,中央日报编辑部译《赫尔回忆录》由南京中央日报社刊行。

［英］柏纳德著,宋桂煌译《新旧约里的故事》由上海青年协会书局刊行。

［英］林辅华著,夏明如译《腓立比人书释义》由上海广学会刊行。

［英］林辅华著,夏明如、程伯群译《哥林多前书释义》由上海广学会刊行。

［英］林辅华著,夏明如译《雅各彼得犹大书释义》由上海广学会刊行。

［英］林辅华著,陈景熹译《约翰福音释义》由上海广学会刊行。

［英］林辅华著,程伯群译《马太福音释义》由上海广学会刊行。

［英］林辅华著,程伯群译《以弗所歌罗西腓利门书释义》由上海广学会刊行。

［英］柏恩汉著,郑学稼译《经理人才革命论》由上海大东书局刊行。

［英］普列特著,陈原译《美国与战后世界》由上海世界知识社刊行。

［英］佛格汉·威廉士著,沈敦行译《民族音乐论》由上海海燕书店刊行。

按：是书分音乐必须有国家性吗、音乐的起源、民歌、民歌的演化、民族主义的音乐史、传统等8章。

［英］罗思著,孙邦正、方东澄译《现代教育学说》(国民教育文库)由上海商务印书馆刊行。

[英]史笃脱著,胡叔异、洪育心编译《幼童心理与教育》由上海中华书局刊行,有编译者序言。

[英]威尔斯等著,钱歌川译注《爱珠》(英汉对照文学丛书)由上海中华书局刊行。

[英]哈代著,张易译注《村姑艳遇记》(英汉对照文学丛书)由上海中华书局刊行。

[英]高尔斯华绥著,史其华译注《(独幕剧杰作)死的控诉》(现代英语自学丛书)由上海现代外国语文出版社刊行。

[英]kingly 著,张友松、陈启明译《(英汉对照)英雄故事》由上海大东书局刊行。

[英]John Ruskin著,张镜谭译注《金河王》(正风英汉对照丛书)由上海正风出版社刊行。

[英]约翰·黑瓦德著,杨绛译《一九三九年以来英国散文作品》由上海商务印书馆刊行。

[英]渥滋渥斯等著,沙金译《幽会与黄昏》由上海中兴出版社刊行。

[英]莎士比亚著,孙大雨译《黎琊王》由上海商务印书馆刊行。

[英]笛福原著,范泉缩写《鲁滨孙漂流记》由上海永祥印书馆刊行。

[英]史惠甫脱著,范泉缩写《格列佛游记》由上海永祥印书馆刊行。

[英]绥夫特著,张健译《格列佛游记》由上海正风出版社刊行。

[英]哈代著,曾季肃译《玖德》由上海生活书店刊行。

[英]柯南道尔著,程小青译《新探案》由上海世界书局刊行。

[英]安索尼·霍卜著,季云译《增达的囚人》由上海文化生活出版社刊行。

[英]威尔斯著,李林、黄裳译《莫洛博士岛》由上海文化生活出版社刊行。

[英]高尔斯华绥著,罗稷南译《有产者》由上海骆驼书店刊行。

[英]希尔顿著,张竹孙译《鸳梦重温》由上海神州国光社刊行。

[英]欧玛嘉,高才毅译《小蓓丝》由上海新纪元出版社刊行。

[英]荣赫鹏著,马肇彭译《埃非尔士峰探险记》由译者自刊行。

[英]若得奈·本奈特著,陈治策译《白雪公主》由上海交通书局刊行。

[英]若得奈·本奈特著,陈治策译《十个绿瓶子》由上海文通书局刊行。

[英]金斯里著,余多艰编译《美满王子》由香港进步教育出版社刊行。

[英]L·加乐尔著,范泉译《爱丽思梦游奇境记》由上海永祥印书馆刊行。

[英]王尔德著,巴金译《快乐王子集》由上海文化生活出版社刊行。

[英]俄维尔著,任稚羽译《动物农庄》由上海商务印书馆刊行。

[英]屈勒味林著,李絜非译《历史教育》由上海华夏图书出版公司刊行。

[英]乌特莱著,华君刚译《美国人在华的最后关头》由上海民治出版社刊行。

[英]丘吉尔著,黎瑞臣译《丘吉尔自传》由上海正言出版社刊行。

[英]麦唐纳著,龙章译《印度文化史》由上海中华书局刊行。

[法]万岚山著,王继文著《人的灵性》由北平光启学院刊行。

[法]徐雅尔著,肖先义译《公教前途展望》由天津崇德堂刊行。

[法]高利约著,公教丛书委员会译《我们的领袖》(耶稣传)由天津崇德堂刊行。

[法]勒康杜奈著,周宗莲译《人类命运》由正中书局刊行。

[法]梅里美著,黎烈文译《伊尔的美神》由上海文化生活出版社刊行。

〔法〕纪德著,盛澄华译《地粮》由上海文化出版社刊行。

〔法〕康斯当著,徐仲年译《情蠹》由上海正风出版社刊行。

〔法〕班雅曼·贡思当著,卞之琳译《阿道尔夫》由上海文化生活出版社刊行。

〔法〕司汤达著,徐迟译《帕尔玛宫阙秘史》由上海书报杂志联合发行所刊行。

〔法〕雨果著,董时光译《九十三年》(上下册)由上海商务印书馆刊行。

〔法〕福楼拜著,李健吾译《包法利夫人》由上海文化生活出版社刊行。

〔法〕福楼拜著,李健吾译《情感教育》由上海文化生活出版社刊行。

〔法〕左拉著,毕修勺译《给妮侬的故事》由上海世界书局刊行。

〔法〕左拉著,毕修勺译《娜薏·米枯伦》由上海世界书局刊行。

〔法〕左拉著,毕修勺译《蒲尔上尉》由上海世界书局刊行。

〔法〕左拉著,毕修勺译《磨坊之役》由上海文化生活出版社刊行。

〔法〕左拉著,倪明译《萌芽》(上下册)由大连读书出版社刊行。

〔法〕左拉著,毕修勺译《玛德兰·费拉》由上海世界书局刊行。

〔法〕左拉著,毕修勺译《岱蕾斯·赖根》由上海世界书局刊行。

〔法〕赖纳著,范泉缩写《红萝卜须》由上海永祥印书馆刊行。

〔法〕贝朋诺著,黄嘉音译《流犯馀生记》由上海西风社刊行。

〔法〕纪德著,绮纹译《旅途随笔》由上海长风书店刊行。

〔法〕爱克德曼罗著,陈秋帆译《无家儿》由上海商务印书馆刊行。

〔法〕马迪厄(原题马迪野)著,唐虞世译《法国革命史》(第1—4卷)由上海中华书局刊行。

〔法〕罗曼·罗兰著,傅雷译《贝多芬传》由骆驼书店刊行。

〔德〕施密特著,肖师毅、陈祥春译《比较宗教史》由北平辅仁书局刊行。

〔德〕路德维希(原题庐特维喜)著,〔英〕E. Paul 英译,孙洵侯重译《人之子》由上海商务印书馆刊行。

〔德〕马克思、恩格斯、苏列宁著《马恩列文献》由山东新华书店刊行。

〔德〕歌德著,罗贤译《野蔷薇》由上海正风出版社刊行。

〔德〕歌德著,郭沫若译《少年维特之烦恼》由上海天下书店刊行。

〔德〕歌德著,钱天佑译《少年维特之烦恼》由上海启明书局刊行。

〔德〕郝福著,商章孙译《艺术桥畔之女丐》由上海正中书局刊行。

〔德〕苏德曼著,北芒译《忧愁夫人》由上海国际文化服务社刊行。

〔德〕雷马克著,朱雯译《凯旋门》由上海文化生活出版社刊行。

〔德〕雷马克著,朱雯译《流亡曲》由上海文化生活出版社刊行。

〔德〕戈尔加尔特·伯列多著,祖佑译《希特勒的末日》由哈尔滨光华书店刊行。

〔德〕格林著,范泉缩写《格林童话集》由上海永祥印书馆刊行。

〔德〕米哈亚力斯著,郭沫若译《美术考古一世纪》由上海群益出版社刊行。

〔挪威〕易卜生著,沈子复译《玩偶夫人》由上海永祥印书馆刊行。

〔挪威〕易卜生著,沈子复译《海妇》上海永祥印书馆刊行。

〔挪威〕易卜生著,沈子复译《鬼》由上海永祥印书馆刊行。

〔挪威〕易卜生著,沈子复译《建筑师》由上海永祥印书馆刊行。

〔挪威〕易卜生著,沈子复译《卜克曼》由上海永祥印书馆刊行。

〔挪威〕施特林堡著,杜危之译《男子的悲剧》由江苏南京新中国出版社刊行。

〔挪威〕塔利著,邵挺译《南北极探险家亚勉纯传》由上海商务印书馆刊行。

按:是书《例言》说:"本书译文,不用文言体,亦非纯粹语体,系试仿近时报纸笔法。"

〔意〕鲍斯高著,白德美纪念出版社编译《天主教要理的基础》由澳门慈幼印书馆刊行。

〔意〕文嘉礼著,李有行译《哲学与宗教》由香港真理学会刊行。

〔意〕乌古斯安尼著,胡重生译《十九世纪的伟人》由香港圣类斯学校刊行。

〔意〕但丁著,王维克译《神曲:天堂》由上海商务印书馆刊行。

〔意〕梅安尼著,钟协译《兽王儿女》由澳门白德美纪念出版社刊行。

〔意〕但丁著,王维克译《神曲:净界》由上海商务印书馆刊行。

〔丹麦〕乔治·勃兰兑斯著,侍桁译《拜伦评传》由上海国际文化服务社刊行。

〔丹麦〕乔治·勃兰克斯著,侍桁译《海涅评传》由上海国际文化服务社刊行。

〔丹麦〕安徒生著,陈敬容译《丑小鸭》由上海骆驼书店刊行。

〔丹麦〕安徒生著,范泉编写《安徒生童话集》由上海永祥印书馆刊行。

〔丹麦〕安徒生著,陈敬容译《天鹅》由上海骆驼书店刊行。

〔丹麦〕乔治·勃兰兑斯著,侍桁译《拜伦评传》由上海国际文化服务社刊行。

〔丹麦〕乔治·勃兰克斯著,侍桁译《海涅评传》由上海国际文化服务社刊行。

〔日〕日种让山著,芝峰译《禅学讲话》由上海大法轮书局刊行。

〔日〕风早八十二著,金学成、卜冈译《日本民主革命论》由上海中国建设印务股份有限公司刊行,有著者序。

〔日〕森正藏著,赵南柔等译《日本近代社会运动史》由上海中国建设印务股份有限公司刊行。

〔日〕日本经济劳动研究所编,金学成、卫瑜译《日本资本主义论争史》由上海中国建设印务股份有限公司刊行。

〔日〕岩渊辰雄著,云明译《日本军阀祸国史》由上海国际文化服务社刊行。

〔日〕近卫文麿著,高天原、孙识齐译《日本政界二十年》由上海国际文化服务社刊行。

〔波兰〕显克微支著,施蛰存译《胜利者巴尔代克》由上海正言出版社刊行。

〔波兰〕显克微支著,费明君译《你往何处去》(尼罗时代的故事)由上海神州国光社刊行。

〔波兰〕莱蒙脱著,费明君译《农民》由上海神州国光社刊行。

〔西班牙〕加斯特劳绘,巴金编《西班牙的血》由上海开明书店刊行,有序。

〔西班牙〕塞万提斯著,范泉缩写《吉诃德先生传》由上海永祥印书馆刊行。

〔西班牙〕乌那慕诺著,庄重译《寂寞》由上海文化生活出版社

〔匈牙利〕莫尔纳著,施蛰存译《丈夫与情人》由上海正言出版社刊行。

〔匈牙利〕巴基著,巴金译《秋天里的春天》由上海开明书店刊行。

〔奥〕庞巴维克著,何昆曾、高德超译《资本与利息》由上海商务印书馆刊行。

〔奥〕舒柏特(原题舒倍尔脱)作曲,廖晓凡译词《舒倍尔脱独唱曲集》1 由上海音乐公司刊行。

〔捷克〕哥尔德曼著,陈佩明译《捷克斯拉夫战后工业发展与两年计划》由华北新华书店

刊行。

　　[捷克]尤利斯·伏契克著,刘辽逸译《绞索勒着脖子时的报告》由大连光华书店刊行。

　　[比利时]凡尔哈崙著,艾青译《原野与城市》由上海新群出版社刊行。

　　[加拿大]勃郎著,金善增译《民主政治与加拿大》由上海中华书局刊行。

　　[瑞士]约翰那·斯派蕾著,杨镇华译《海弟》由上海大东书局刊行。

　　[印度]太戈尔著,施蛰存译《吉檀耶利》由福建永安正言出版社刊行。

　　[印度]甘地著,张天松译《甘地自叙传》由上海世界书局刊行。

　　Laravoire Morrow 著,冯珊璋译《我的公教信仰(1—3卷)》由上海慈幼印书馆刊行。

　　M. J. Scott 著,王昌社编译《信仰与行为》由香港真理学会刊行。

　　P. Sagrada 著《永援圣母》由澳门白德美纪念出版社刊行。

　　S. Trione 著,邓青慈译《学生模范》由澳门白德美纪念出版社刊行。

　　C. H. Desch 著,王学武译述《战时与平时的替代品》由重庆商务印书馆刊行。

　　E. Rosner 著,张宛华译《销魂的性艺术》由上海美华书店刊行。

　　E. Rosner 著,张宛华译《性艺的喜剧》由上海美华书店刊行。

　　R. Tayler 著,吕叔湘译注《(附译文)母亲和她的房客们》(开明现代英文丛刊甲辑第4种)由上海开明书店刊行。

　　C. B. Rutley 著,张梦麟译《海岛奇遇》由上海中华书局刊行。

　　C. B. Rutley 著,张梦麟译《七门洞》由上海中华书局刊行。

　　霍登著,应远涛译述《近代科学与宗教思想》由上海青年协会书局刊行。

　　马歇尔著,严雅各译《基督教与他教的比较》由湖北汉口中国基督圣教书会刊行侯树信著,耶稣会初学士译《大司祭之御路》由上海慈幼印书馆刊行。

　　华尔克著,谢受灵译《基督教会史》(上卷)由上海广学会刊行。

　　华尔克著,谢受灵译《基督教会史》(下卷)由上海广学会刊行。

　　罗黎晞著,周苏腾译《崇拜适用故事集》由上海广学会刊行。

　　文助华著,陈景熹译《基督之友》由上海广学会刊行。

　　吴德定著,苏佐扬译《读经日程》由江苏南京中国各大学基督徒学生联合会刊行。

　　亚尔方素著,范石夫译《天国之钥》由江苏南京圣保禄会刊行。

　　亚未辣、德肋撒著,香港赤柱圣衣会修女译《天主经》由香港公教真理学会刊行。

　　英格理著,王长新译《圣三位一体》由北平韩德刊行。

　　英格理著,王长新译《圣经的灵感》由北平刊行。

　　艾迪著,沈秋宾译《艾迪博士自述》由上海青年协会书局刊行。

　　爱德文·欧尔著,姜建邦译《神能吗》由中华浸会书局刊行。

　　布如师著,陈茂才译《祈祷的科学》由上海青年协会书局刊行。

　　富司迪著,汤忠谟译《明经指南》由上海青年协会书局刊行。

　　高兰柯克著,李海鹤译《怎样认识你自己》由澳门白德美纪念出版社刊行。

　　龚斯德著,朱铁蓉等译《丰富的人生》由上海广学会刊行。

　　海尼思著,徐华译《基督徒的安息日》由上海时兆报馆刊行。

　　霍华德著,罗时实译《佛兰克·卜克满与道德重整运动》由上海正中书局刊行。

　　贾立言著,朱巧贞译《大道流行》由上海广学会刊行。

杰姆斯·凯洛著,柏园译述《你可以做一个基督使者》由商务印书馆刊行。

柯富礼著,范介萍译《典型母亲》由澳门白德美纪念出版社刊行。

力戈登著,陈景熹译《希伯来书释义》由上海广学会刊行。

马歇尔著,严雅各译《基督教与他教的比较》由湖北汉口中国基督圣教书会刊行。

麦思伟著,顾长声译《历史的末页》由上海时兆报馆刊行。

裴滋著,谢颂羔、末星如译《宗教教授法》由上海广学会刊行。

普来斯登夫人著,李肇琳译《基督教领袖》由上海中华浸会少年团联会刊行。

圣昧增爵保禄氏著,张润波译《圣昧增爵保禄氏神修格言》由上海上智编译馆刊行。

陶德著,杨世豪译《我们的宗教》由山东保禄印书馆刊行。

韦格尔著,吕绍端译《学生与教员》由湖北汉口中华信义会书报部刊行。

朱德峻著,[英]林辅华等译《路加福音释义》由上海广学会刊行。

郁素甫第吉威著,庞士谦译《和平之使命——回教之新认识》由月华报社刊行。

堀伸二著,谢叔良译《大众政治学》由上海潮锋出版社刊行。

敏德威捷夫著,秋江译《新捷克》由大连光华书店刊行。

瓦尔夫著,柳无垢译注《(一个法国集中营的故事)裘儿》(英汉对照文艺读物1)由上海新知书店刊行。

布恩斯坦著,刘镇泉译《货币与经济体系》由中央银行经济研究处刊行。

保维尼著,钟协译《当仁不让》由澳门白德美纪念出版社刊行。

泼莱斯登、萨凡奇著,潘纯兰译《浮士德故事》由上海商务印书馆刊行。

勒尼·吉尔著,罗亭、三友译《人与狼》由澳门慈幼印书馆刊行。

狄士滔著,子平、三友译《红鹰》由上海慈幼印书馆刊行。

罗杰·巴齐尼著,黄衣青译《小火柴人》由上海中华书局刊行。

米尔斯著,黄庆云译《云妮宝宝》由香港进步教育出版社刊行。

科马格著,钟荣苍译《第二次世界大战史》由上海正中书局刊行。

邓青慈译《路德小花》由澳门白德美纪念出版社刊行。

丁宝玺注译《加拉太人书注释》由上海中华浸会书局刊行。

方廷忠纂译《我知弥撒》由上海慈幼印书馆刊行。

傅玉棠译《甘贫的王子》由澳门白德美纪念出版社刊行。

傅玉棠译《甘贫师表》由澳门白德美纪念出版社刊行。

傅玉棠译《悔罪之表》由澳门白德美纪念出版社刊行。

傅玉棠译《黎巴嫩的逃亡者》由澳门白德美纪念出版社刊行。

傅玉棠译《母佑会史略》由澳门白德美纪念出版社刊行。

傅玉棠译《贫人之后》由澳门白德美纪念出版社刊行。

傅玉棠译《遣使会在华殉教烈士》由澳门白德美纪念出版社刊行。

葛富恩、许福之编译《福音合参纲要》由上海天声报社刊行。

何慕人译《北非圣师》由澳门白德美纪念出版社刊行。

何慕人译《慈幼会史略》由澳门白德美纪念出版社刊行。

何慕人译《公教作家主保》由澳门白德美纪念出版社刊行。

李山甫译《路加传的福音》由天津崇德堂刊行。

李山甫译《若望传的福音》由天津崇德堂刊行。

李山甫译《圣保禄书信集》由天津崇德堂刊行。

刘美丽、叶柏华编译《谈道集》由上海广学会刊行。

鲁微达译《免疫主保》由澳门白德美纪念出版社刊行。

鲁微达译《圣体小烈士》由澳门白德美纪念出版社刊行。

莫希功译《一朵小白花》由澳门白德美纪念出版社刊行。

莫希功译《隐修之光》由澳门白德美纪念出版社刊行。

潘稼西译《西方隐修圣祖》由澳门白德美纪念出版社刊行。

申自天译《玛利亚》由天津崇德堂刊行。

思高圣经学会编译《梅瑟五书》由北平方济堂刊行。

谢慈佑译《赎世主会会祖》由澳门白德美纪念出版社刊行。

谢慈佑译《耶稣圣名宗徒》由澳门白德美纪念出版社刊行。

中玉译《圣母圣室》由澳门白德美纪念出版社刊行。

钟协译《病者之慰》由澳门白德美纪念出版社刊行。

钟协译《圣体善会主保》由澳门白德美纪念出版社刊行。

杨塞译《比利时玉簪》由澳门白德美纪念出版社刊行。

杨塞译《爱德小天使》由澳门白德美纪念出版刊行

杨塞译《彻尔图会会祖》由澳门白德美纪念出版社刊行。

杨塞译《青年学生模范》由澳门白德美纪念出版社刊行。

杨塞译《圣鲍斯高的母亲》由澳门白德美纪念出版社刊行。

杨塞译《训蒙会会祖》由澳门白德美纪念出版社刊行。

叶露嘉译《十字圣号》由澳门白德美纪念出版社刊行。

殷士译《邮票世界》由澳门白德美纪念出版社刊行。

岳道译《圣体圣事宗徒》由澳门白德美纪念出版社刊行。

岳道译《无玷圣母的爱女》由澳门白德美纪念出版社刊行。

白德美纪念出版社编译《一朵二十世纪的苦难花》由编者刊行。

周韶华辑译《社会科学简明教程》由上海光华出版社刊行。

周韶华辑译《社会科学简明教程》由华东新华书店刊行。

郑伯奇编译《西洋礼节大全》由上海智慧书局刊行。

陈山译《英美联盟与矛盾》由大连光华书店刊行。

吴春霖编译《世界内幕》（第1辑）由福州新陆出版社刊行。

夏孙桂编译《警犬》由上海世界书局刊行，有译者引言。

叶群等辑译《论自我批评》由佳木斯东北书店刊行。

叶群等译《在批评与自我批评的精神上培养干部》由冀南新华书店刊行。

中华学艺社编译《战后日本的政党与议会》由上海大成出版公司刊行。

青山等译《欧洲九国共产党报告》由大连光华书店刊行。

东北局宣传部译《九国共产党情报局文献》由佳木斯东北书店刊行。

东北军区司令部编译《军事译丛》（第2集）由东北军用图书社刊行。

朱允一译《论军队纪律》由东北书店刊行。

陈德生编译《美国空军通讯概论》由空军通信学校刊行。

吴国宾编译《第二次世界大战之教训》由国防部史政局刊行。

宋伯辉编译《正在到来的美国恐慌》由上海士林书店刊行。

唐宝镐编译《海军轮机教范》由海军总司令部编纂处刊行。

赵廷为编译《小学低年级随机教算法》由上海商务印书馆刊行。

王以良编译《听听云雀》(英汉对照,世界名曲)由广东广州新星出版社刊行。

庆光编译《注解俄文课本》(俄文学习丛书3)由大连关东中苏友好协会刊行。

吕叔湘译注《(附译文)跟父亲一块儿过日子》(详注现代英文丛刊乙辑第1种)由上海开明书店刊行。

吕叔湘译注《(附译文)大的和小的》(现代英文丛刊乙辑第3种)由上海开明书店刊行。

李慕白选注《大学一年级英文》(大学文库)由上海中国文化服务社刊行。

欧阳凡海编译《马恩科学的文学论》由黑龙江哈尔滨读书出版社刊行。

范泉缩写《天方夜谭》由上海永祥图书馆刊行。

季诺译《脚夫艳行记》(天方夜谭之一)由上海新潮出版社刊行。

季诺译《神灯》(天方夜谭之二)由上海新潮出版社刊行。

石苇编译《世界文豪萧伯纳》由上海光明书局刊行。

杨宪益译《近代英国诗钞》由上海中华书局刊行。

程小青辑译《父与子》由上海大东书局刊行。

程小青辑译《血证》由上海大东书局刊行。

古宝娟译著《第五博士》由湖北汉口中国基督圣教书会刊行。

冯至著《歌德论述》由上海正中书局刊行。

竹马等译《大胆公开的批评》由佳木斯东北书店刊行。

刘辽逸译《论文学批评的任务》由黑龙江哈尔滨光华书店刊行。

蒋元椿译《苏维埃军人》由山东新华书店刊行。

陈国桦译《希腊抒情诗选》由译者自刊行。

芳信译《西班牙人民军战歌》由大连光华书店刊行。

李霁编译《第一次世界大战简史》由吉林书店、邯郸华北新华书店刊行。

悠然译述《解放前夜》由上海慈幼印书馆刊行。

俞松笠译《怪富人》(侦探长篇译作)由上海广益书局刊行。

白狄编译《柳暗花明》由上海广益书局刊行。

肖隆等译《海外风光》由上海正言出版社刊行。

肖隆等译《海外风光》(续集)由上海正言出版社刊行。

许公武译《海南岛》由江苏南京新中国出版社刊行。

吴光杰编译《第二次欧洲大战史略》(第2集)由上海中华书局刊行。

陈冬野译《世界史讲话》由上海文通书局刊行。

伊真译《历史的伪造者》(历史的佐证)由佳木斯东北书店刊行。

马鸣编译《世界名人志》由上海大方书局刊行。

按:是书以人物出生年为序,介绍达尔文、南丁格尔、巴斯德、诺贝尔、卡内基、兴登堡、爱迪生、马萨里克、柴门霍甫、泰戈尔、詹天佑、白里安、孙中山、蔡松坡、居里夫人、高尔基、甘地、列宁、罗素、巴比塞、胡佛、邱吉尔、司徒雷登、爱因斯坦、鲁迅、苏加诺、庇隆夫人等 79 人的生平事迹。书名前有"近世名人史略"字样。书末有编译者后记。

陈威编译《苏联古今名人小传》由关东中苏友好协会刊行。

王唯真译《斯大林传略》由时代出版社刊行。

李亚译《苏联十六共和国》由哈尔滨兆麟书店刊行。

时代书报出版社编译《东南欧新民主国家》由上海时代书报出版社刊行。

英文研究会编译《东欧新民主国家》由东北书店刊行。

英文研究会编译《印度问题》由佳木斯东北书店刊行。

《要理譬解(第 5 册下,六七八九十诫)(141—163 题)》由安徽芜湖天主堂印书馆刊行。

《要理譬解(第 6 册,恶罪,规教)(163—186 题)》由安徽芜湖天主堂印书馆刊行。

《要理譬解(第 7 册,德行·真福八端·哀矜)(186—200 题)》由安徽芜湖天主堂印书馆刊行。

《要理譬解(第 8 册上,圣宠、圣事)(200—268 题)》由安徽芜湖天主堂印书馆刊行。

《要理譬解(第 8 册下,圣事)(267—330 题)》由安徽芜湖天主堂印书馆刊行。

《传信会女会祖》由澳门白德美纪念出版社刊行。

《圣经学博士》由澳门白德美纪念出版社刊行。

《地理五诀·阳宅三要合刊》刊行。

《几个圣经难题》由香港真理学会刊行。

《简易弥撒规程》由北平刊行。

《敬礼耶稣圣心九分务》刊行。

《神妙的医生》由真理学会刊行。

《圣诞之夜》由香港真理学会刊行。

《信家复兴诗歌》刊行。

《耶稣的比喻》由上海慈幼印书馆刊行。

《耶稣的青年》由上海慈幼印书馆刊行。

《耶稣的圣迹》由上海慈幼印书馆刊行。

《耶稣的使命》由上海慈幼印书馆刊行。

《有没有天主》由香港真理学会刊行。

《贞德烈女》由澳门白德美纪念出版社刊行。

《周年瞻礼经》刊行。

《宗教检讨》刊行。

五、学者生卒

陈夔龙(1855—1948)。夔龙字筱石,又作小石,号庸庵,贵州贵筑人。光绪进士。戊戌变法前,官至顺天府尹,反对维新变法。1900 年支持镇压义和团,参与签订《辛丑条约》。1901 年任河南布政使,升漕运总督。1903 年调任河南巡抚。历任江苏巡抚、四川总督。

1909年官至直隶总督兼北洋大臣。1917年张勋复辟,被任为弼德院顾问大臣。1948年病故于上海。著有《梦蕉亭杂记》《水流云在轩图记》《松涛堂诗存》《花近楼诗集》《庸庵尚书奏议》等。

卢靖(1856—1948)。靖字勉变,号木斋,晚号知业老人,湖北沔阳人。少时励志苦学,对算学尤感兴趣。光绪初写成《火器真诀释例》,由倪修梅推荐给湖北巡抚彭祖贤,得到赏识,遂为出版,并聘他到书院讲学。1885年以数学举于乡,经高剑中荐于朝,特旨以知县交直隶总督李鸿章门下任职。后任赞皇、定兴、南宫、丰润等县知县、保定大学堂监督、直隶提学使、奉天提学使等职。光绪末在丰润所设书院中,附设两所图书馆。后又创办天津、保定、奉天图书馆,捐银数千。辛亥革命后,又出资兴办学校和图书馆。创立师范、法政、农工商矿、美术、水产学堂几十所。1927年捐款10万元兴建南开大学图书馆,又捐出"知止楼"私人藏书6万卷作新馆藏书基础。南开大学为纪念他,命名为"木斋图书馆"。先后辑有《四库湖北先正遗书丛目》4卷、《湖北先正遗书》720卷、《沔阳丛书》12种90卷及《慎始斋丛书》等。业。著有《万象一元演式》《合声易字》《叠微分补草》《割圆术辑要》《古辞令学》《代数术补草》《微积溯源补草》《代微积拾级补草》等。

贾恩绂(1866—1948)。恩绂字佩卿,河北盐山人。光绪举人,官拣选知县。师事吴汝纶,受古文法。治《仪礼》有家法,读书有特见,文甚奇肆。撰《盐山新志》30卷。"贾恩绂,任顺直咨议局议员,其文尽得其师吴汝纶之传,汝纶称其文有阳刚之美,才气荦荦,不徇流俗;与崔炳炎、何之熔、蒋耀奎等皆文行卓立,有称当时,能导率后进,开拓智识。"(刘声木《桐城文学渊源考》卷一〇)著有《定武学记》1卷、《直隶导河新志》《南宫志》《枣强志》《思易草庐诗稿》《思易草庐文稿》《思易草庐年谱》《思易草庐日记》。

叶为铭(1866—1948)。为铭又叶铭,字盘新,又字品三,号叶舟,安徽新安人,寄籍新州,居浙江钱塘。1904年与丁仁、王褆、吴隐创建西泠印社,以"保存金石,研究印学"为宗旨。擅金石书画,善书,尤擅篆隶。精金石考据,曾多次返里访求古碑。1926年夏邀请吴昌硕、黄宾虹、吴谷祥、黄山寿、陆廉夫等25位画家作《歙县访碑图》,历10年集成画集行世。治印宗法秦汉,对古玺、汉印、元朱以及近代皖浙诸家,皆悉心摹习,尤其是汉铸、五印一路能得古人精髓。晚年治细线元朱文、战国小玺。著有《七十回忆录》《徽州访碑录》《叶舟笔记》8册、《二金蝶堂印谱》《补遗广印人传》《金石家传略》《歙县金石志》《说文目》《逸园印辑》《遁庵遗迹》《松石庐印汇》等。辑有《广印人传》16卷、《再续印人小传》《叶氏印谱成目》《列仙印玩》《铁花庵印集》《叶氏丛书》、西泠印社10周年《社志》等,并编辑《西泠印社三十周年纪念刊》。

冯恕(1867—1948)。恕字公度,号华农,浙江慈溪人,寄籍河北大兴。光绪进士,晚清翰林出身。曾任大清海军部军枢司司长、海军协都统。入民国后,参与创办京师华商电灯股份有限公司,并出任华商电灯公司的总办。其书法杰出,善写颜体字,琉璃厂商店的牌匾多出于其手笔,当时北平的商号匾额,多出其手书,有"无匾不恕"之语。其藏书室名为"蕴真堂",庋藏古籍颇多珍善之本。去世后,家人遵其所嘱,将所藏古玉、石屏、金文砚等147件暨所藏图书17650册,全部捐献给国家。曾参与编写刊刻有《金石宿模砚谱》。

裘吉生(1873—1948)。吉生名庆元,字激声,浙江嵊县人,出生于绍兴。早年化名"激声"参加光复会。徐锡麟、秋瑾先后就义后,即离绍兴到上海加入同盟会,并以行医为掩护继续从事革命活动。1908年与何廉臣、曹炳章等共同创办《绍兴医药学报》,又任绍郡医药研究社副社长。1915年组织神州医药会绍兴分会,任会长。不久重新出版《绍兴医药学报》,任主编。1921年移居杭州,设立"三三医社",出版《三三医书》和《三三医报》,又开办三三医院。1929年作为浙江代表赴沪参加集会,抗议废止中医案。编著有《医药丛书》《国医百家》《医士道》《医药杂著》《医话集腋》《古今医学评论》《杏林文苑》《珍本医书集成》《女科治疗学》等。

慕寿祺(1874—1948)。寿祺字子介,号少堂,甘肃镇原人。清末举人。宣统元年(1909)举孝廉方正。辛亥革命后,历任推事,甘肃省议会副议长、甘肃省保安司令部秘书长、省通志馆副馆长、甘肃学院文史学系教授。著有《甘宁青史略》《镇原县志》等。

朱起凤(1874—1948)。起凤字丹九,浙江海宁人。历任硖石米业学堂和国学专修馆教员、硖石图书馆馆长。1911年参加同盟会。二次革命失败后,回乡潜心著述。后应聘为教育部国语统一筹备委员会特约编纂员,并曾参加编辑《辞海》。从光绪二十二年(1896)年开始,历时30余年,易稿10数次,终于在1930年独立完成《辞通》的编纂。其后历时10余年,编写《辞通续编》,已成五六十万字。可惜未及整理,就与世长辞。另著有《字类辩证》《古欢斋杂识》等。

汤定之(1878—1948)。定之名涤,字定之,小字丁子,号乐孙,亦号太平湖客、双于道人、琴隐后人,室名画梅楼、茗闲堂,江苏武进人。汤贻汾曾孙。幼年失怙,随母习学,年未弱冠而书画皆通。中年长居北京。山水画学李流芳;又善墨梅、竹、兰、松、柏,用笔古雅。自谓"生平相法第一,诗第二,隶书第三,画第四"。1931年应邀为程砚秋作《御霜簃图》。

王静斋(1879—1948)。静斋名文清,字静斋,以字行,天津人。回族。1922年入埃及爱资哈尔大学进修,1924年携600多部阿文伊斯兰经籍回国,在天津创办中阿大学。1927年创办《伊光》月刊。1932年在北平翻译出版《可兰经》。1937年在郑州参与筹建中国回民救国协会。主要编译著作有《中亚字典》《阿汉字典》等。

徐绍启(1879—1948)。绍启字信符,广东番禺人,祖籍浙江钱塘。1900年肄业于学海山堂、菊坡精舍,与朱执信、汪兆铭、陈融等人组织"群智社",宣传进步思想。后任教于广东高等学堂,先后执教于中山大学、岭南大学、广东法科学院、广州大学,讲授目录学、版本学、文学史等。曾任广东省图书馆馆长、中山图书馆董事、中山大学图书馆委员等职,后在广东修志馆、编印局、文献馆作研究工作。藏书达100余万卷,于广州建有"南州草堂",后改为"南州书楼"。著有《书目学》《版本学》《中国文学史》《中国诗学史》《文选研究》《古籍校读法》《南园考》《广东艺文志补》等20种。

赵浩公(1882—1948)。浩公名浩,一名秀石,号石佛,别署牛口,广东台山人。曾任广州市立美术学校及中山大学教授,画工花鸟,尤精仿古。

汤增璧(1883—1948)。增璧字公介,号郎卿,笔名曼华,别署撰郑、伯夔、余波等,曾化名邓诚意,江西萍乡人。早年入日本早稻田大学学习。先后参加同盟会、共进会。曾任黄兴秘书,《北平民主报》和《劳动日报》编撰,国民政府侨务委员会秘书长,后任国民党中央党史编纂委员会纂修兼秘书。著有《同盟会时代民报始末》《同盟感录》《先烈轶事》《革命汇闻》《先烈传记》《革命实录》《总理年谱》《总理年谱别录》等。

许寿裳(1883－1948)。寿裳字季茀(季黻、季市、季芾都同音),号上遂,浙江绍兴人。早年就读绍郡中西学堂和杭州求是书院。1902年以浙江官费派往日本留学,入东京弘文学院补习日语,与鲁迅认识,成为终身挚友。曾编辑《浙江潮》,后转入东京高等师范读书。

1908年与鲁迅一起加入革命团体光复会。次年4月回国,任浙江两级师范学堂教务长。辛亥革命后,任浙江军政司秘书。南京临时政府成立后,应教育总长蔡元培邀,任教育部佥事、科长、参事和普通教育司司长,兼任北京大学、北京高等师范学校教授。1917年冬起历任江西省教育厅厅长、教育部编审、北京女子高等师范学校校长。1925年离校,到中山大学中文系任教授。应蔡元培之邀,赴南京任大学院参事、秘书长,后又任中央研究院文书处主任等职。1934年北上,任北平大学文理学院院长。1937年与周作人共同编撰《鲁迅年谱》。抗日战争爆发后,任西北联大史学系主任、商学院院长、国文系教授以及华西大学教授等职。1946年夏应留日同学、台湾省行政长官陈仪邀请,任台湾省编译馆馆长。陈仪被撤职后,到台湾大学任教授兼国文系主任。1948年2月18日在台大宿舍被害身亡。著有《章炳麟传》《俞樾传》《鲁迅年谱》《鲁迅的思想与生活》《亡友鲁迅印象记》《我所认识的鲁迅》《中国文字学》《怎样学习国语与国文》《传记研究》《考试制度述要》等。

按:钟小安《许寿裳评传·引言》说:"许寿裳一生致力于中华文化事业,最后3年贡献于台湾文化的复归和重建工作,是两岸文化发展的重要使者,为第二次世界大战之后台湾文化的转型作出了不可磨灭的贡献。许寿裳在台湾从事文化教育工作正值日本殖民统治刚刚结束、重建台湾文化工作刚刚开始的初创时期。他主持编译馆的首要任务,就是弘扬中华民族文化,肃清日本殖民文化的遗毒,在对许寿裳文化业绩进行全面评估的时候,绝不能忽略他在台湾文化教育界所做的那些拓基工作。他所发挥的是奠基者、播种人的作用。他传递的五四新文化运动的火炬,在台湾政治、文化处于歧路口的当今,仍然具有指航导向的重要作用,许寿裳在台湾的业绩必将遗泽后人。"(中国社会科学出版社2012年版)

林云陔(1883—1948)。云陔原名林公竞,字毅为,广东信宜人。1909年考进广州两广方言学堂,学习外语和科学知识,并加入革命党。1912年加入同盟会,赴美留学。1918年任《建设》杂志编辑。1920年后,历任孙中山大元帅府秘书,广州市市长,广东省政府主席兼财政厅厅长、建设厅厅长、国民政府监察院审计部部长、审计长等职。

陈树人(1884-1948)。树人原名政,又名哲,别号葭外渔子,字树人,以字行,别署猛进,晚号安定老人,广东番禺人。自幼喜爱美术,师事著名岭南画派大师居廉。早年留学日本,毕业于西京美术学校和东京立教大学,并追随孙中山从事资产阶级民主革命,历任要职。后在香港的《广东日报》《有所谓报》《时事画报》任主笔,反对康、梁的君主立宪。曾在广东优级师范学校、广东高等师范学校任教。1922年在香港策划讨伐陈炯明。次年参与国民党改组工作,拥护孙中山"联俄、联共、扶助农工"政策。1924年任国民党中央工人部部长、广州国民政府秘书长、广东省代省长等职。1928年后历任国民党中央执委、国民政府中央侨委会委员长、国民党中央海外部长等职。1947年辞职,定居广州,专心画艺,与高剑父、高奇峰同为岭南画派三杰。著有《陈树人画集》《陈树人近作》《陈树人中国画选集》,诗集有《寒绿吟草》《自然美讴歌集》《战尘集》《专爱集》《春光堂诗集》等。

陈无咎(1884—1948)。无咎原名瑞梯,字揽登,庠名绿绣,字兰澄,号汪如,又名淳白、易简,字茂弘,号无垢居士,辛亥革命后更名白,字无咎,号凤雏,浙江义乌黄山人。1909年以浙江省试一等第四名的优良成绩,进入浙江两级师范学堂研读法科。高师毕业后获师范科贡生,部选巡检升用教谕。后师从东阳周庠、永嘉徐定超习医。1916年弃医投身于护法运动之中。1919年奉孙中山之召入广东,先后担任浙江省长公署咨询顾问、护法浙江军总司令行营机要秘书、鄂东靖国军参赞军务兼秘书长、驻粤代表。1921年到上海一边行医,并从事医学研究和教育工作。1925年在上海创办我国早期的中医学校——"汉医学院",并任"丹溪医科学社二十代总教",努力培养中医人才,弘扬中华医学。1938年任上海丹溪大学校长，接受名誉医学博士学位。先后担任《神州医药总会》月刊主笔、中华博医学会编审主裁、中央国医馆学术委员，并主持中医学的名词统一整理工作。1946年任国民政府简任参议、监察院设计委员、国史馆简任百席纂修、上海市文献委员会委员。著有《周易简解》《医轨》《医量》《内经辨惑提纲》《藏府通诠》《黄溪大案》《明教方》《伤寒论蜕》《震悔堂文存》《倚剑楼诗集》《善补过斋笔记》《清史论衡》《无闷子》等。

高语罕（1888—1948）。语罕原名高超，安徽寿县人。早年赴日本留学，入早稻田大学就读。1907年毕业回国，到安庆从事秘密反清活动。1908年参加熊成基领导的马炮营起义。辛亥革命后，任安徽青年军秘书长，与陈独秀结识。1912年赴山东青岛任教。1915年后在上海以写作谋生，积极参加新文化运动，为《新青年》撰文。1916年秋，赴芜湖任省立第五中学学监兼授英语。1919年发动学生联络芜湖各校掀起声援北京五四运动的学生爱国斗争，7月被解职。转任第二农业学校教员，积极推动学生赴法勤工俭学。1920年冬加入社会主义青年团，重返芜湖五中任教。1921年5月组织芜湖学社，创办《芜湖》半月刊。1923年春参与组织成立芜湖劳工会。8月与章伯钧等赴德国留学，入哥廷根大学深造。参加中共旅德支部组织的爱国反帝活动。1925年春回国到上海见陈独秀，在平民女校任教。参加五卅运动，曾任上海总工会宣传科主任。同年12月被派到广州，任黄埔军官学校政治总教官。1926年1月作为安庆市国民党代表出席国民党第二次全国代表大会，担任中共出席会议代表的党团书记，被选为国民党中央候补监察委员，不久兼任广东农民运动讲习所政治训练主任。1927年3月任武汉国民政府财务委员会委员，主编汉口《民国日报》。大革命失败后，参加托派组织"无产者社"。抗战期间寓居四川江津，曾与陈独秀合译《大英百科全书》。1946年随《新民报》社迁往南京。著有《中国思想界的奥伏赫变》和回忆录《九死一生》等。

按：徐开忠《五四时期的高语罕》说："五四运动前后，高语罕紧紧追随老友陈独秀，成为新文化运动的干将，《新青年》的重要撰稿人和传播者，安徽教育改革的先驱，安徽爱国学潮的领袖，安徽早期党团组织的创建者、指导者，20年代著名的共产党人，培养和影响了大批革命骨干。"总之，"五四运动前后，高语罕由激进的民主主义者转变为早期马克思主义者，为推动新文化运动和马克思主义在安徽的传播，为发动安徽爱国运动、创建安徽党团组织建立了不可磨灭的功勋，为中国革命培养了大批革命骨干，是中国革命史、中共党史，特别是安徽现代革命史不应被忽视的人物。"（沈寂主编《陈独秀研究》第三辑，安徽大学出版社2007年版）

金少山（1889—1948）。少山名仲义（一说名义），北京人，满族。著名京剧花脸金秀山子。幼随其父学艺，兼学何桂山。武功得韩乐卿传授。正式拜师小小德如。曾与梅兰芳合演《霸王别姬》。1937年在北京与陈少霖、李多奎等合组松竹社，以花脸挑大梁演出《打龙袍》《断密涧》等戏，创花脸挑班之先例。人称"金派"。代表作有《白良关》《牧虎关》《草桥关》《连环套》《二进宫》《锁五龙》等。

陈布雷（1890—1948）。布雷原名陈训恩，字彦及，笔名布雷，畏垒，浙江慈溪人。1907年入浙江高等学堂就学，1911年毕业后应上海《天铎报》之聘，任撰述，开始用"布雷"为笔名。又转到《商报》做编辑主任。1927年与潘公展同至南昌见蒋介石，同年加入国民党，4月任浙江省政府秘书长，5月赴南京任国民党中央党部秘书处书记长。1928年辞去中央党部秘书处书记长职，赴上海任《时事周报》总主笔，创办《新生命月刊》。1929年6月随蒋介石赴北平。1929年8月至1934年4月任浙江省教育厅厅长。1936年至1945年任国民党中央政治会议副秘书长、蒋介石侍从室第二处主任、中央宣部副部长、国民党中央委员。

1946 年任国府委员。1947 年任总统府国策顾问,代理国民党中央政治委员会秘书长。1948 年 11 月 13 日自杀。

杨则民(1893—1948)。则民名寄玄,号潜盦,浙江诸暨人。早年从事革命活动,曾两次遭受被捕入狱,在狱中钻研中西医学,医学造诣颇深。曾在浙江中医专门学校任教。著有《内经讲义》《伤寒论讲义》《伤寒论附翼》《内科学讲义》《症候学通论》《药物学概论》《方剂学》《国药今释》《中药方论》等。

段锡朋(1896—1948)。锡朋字书治,江西永新人。1916 年入北京大学政法科学习。1918 年发起创办《国民》杂志。1919 年五四运动时,参与组织学生集会游行,被选为中国学生联合会第一任主席。后出国留学,先后在哥伦比亚大学、伦敦大学、柏林大学、巴黎大学学习。回国后任武昌大学历史教授、广东大学历史系主任。1930 年起任国民党政府教育部次长、南京国立中央大学代理校长、中央训练团教育委员会主席、国民党中央执行委员。

周佛海(1897—1948)。佛海本名周福篑,湖南沅陵人。曾国藩私塾弟子。早年留学日本,曾参与组织旅日共产主义小组。1921 年回国参加中国共产党第一次全国代表大会。中央局书记陈独秀在广州未回上海前,一度代理书记职务。后仍回日本求学,毕业于京都帝国大学。1923 年毕业回国,应邀到广州任国民党中央宣传部秘书,同时兼任广东大学教授。1924 年脱党。从 1927 年到 1937 年,先后担任国民党中央政治委员会委员,民众训练部部长,蒋介石侍从室副主任兼第五组组长、国民党宣传部副部长、代理部长等职。1938 年背叛蒋介石,随汪精卫投敌,历任汪伪国民党中央执行委员会委员、汪伪政府警政部部长、行政院副院长兼财政部部长、中央储备银行总裁、上海市市长等。1946 年 11 月 7 日被国民党南京高等法院判处死刑,后改为无期徒刑。1948 年 2 月 28 日死于南京老虎桥监狱。著有《三民主义的理论体系》《往矣集》《物价问题》《周佛海日记》等。译有《互助论》《社会问题概论》等。

朱自清(1898—1948)。自清原名自华、号秋实,改名自清,字佩弦,原籍浙江绍兴,生于江苏东海,长大于江苏扬州,故自称"我是扬州人"。1916 年考入北京大学预科。1917 年升入北京大学哲学系本科。1919 年 1 月参与创办《新潮》杂志,开始写作新诗。5 月积极参加五四运动,又参加北京大学学生组织的平民教育讲演团。1920 年从北京大学毕业,先后在杭州第一师范、扬州第八中学、吴淞中国公学、台州六师、温州第十中学、宁波四中、白马湖春晖中学等中学担任国文教员。同时参加文学研究会。1922 年 1 月与俞平伯、叶圣陶等创办月刊,是五四运动以来最早的诗刊。同时加入湖畔诗社。1923 年 10 月发表《桨声灯影里的秦淮河》,被人誉为"白话美术文的模范"。1925 年 8 月任清华学校中文系教授,开始从事文学研究。1928 年 10 月出版第一本散文集《背影》。1930 年代理清华大学中文系主任。1931 年 8 月赴英国留学,进修语言学和英国文学。1932 年 7 月回国,继续任清华大学中文系主任。1934 年任《文学季刊》和《太白》杂志的编辑。1935 年 7 月开始编辑《中国新文学大系·诗集》。1936 年出版散文集《你我》。1938 年随清华大学迁往昆明,任西南联大中文系主任。当选为中华全国文艺界抗敌协会理事。1946 年 7 月李公朴、闻一多被害后,任"整理闻一多先生遗著委员会"召集人,编成《闻一多全集》。虽身患重病,仍在《抗议美国扶日政策并拒绝领取美援面粉宣言》上签字。1948 年 8 月 12 日因胃穿孔在北大医院去世。著有《精读指导举隅》《略读指导举隅》《国文教学》《经典常谈》《诗言志辨》《诗言辨志研究》《新诗杂话》《标准与尺度》《论雅俗共赏》《语文零拾》《书评与议文》及《朱自清全集》。

按:毛泽东《别了,司徒雷登》说:"我们中国人是有骨气的。许多曾经是自由主义者或民主个人主义者的人们,在美国帝国主义者及其走狗国民党反动派面前站起来了。闻一多拍案而起,横眉怒对国民党的手枪,宁可倒下去,不愿屈服。朱自清一身重病,宁可饿死,不领美国的'救济粮'。唐朝的韩愈写过《伯夷颂》,颂的是一个对自己国家的人民不负责任、开小差逃跑、又反对武王领导的当时的人民解放战争、颇有些'民主个人主义'思想的伯夷,那是颂错了。我们应当写闻一多颂,写朱自清颂,他们表现了我们民族的英雄气概。"(《毛泽东选集》第1卷)

按:吴周文等说:"作为著名的学者和教授,朱自清在古典文学、语文教育学、语言学、文艺学、美学等学科领域,都有很深的造诣和建树。他的贡献是多方面的,尤以古典文学和语文教育最为突出。……作为诗人和散文家,朱自清对中国现代文学的贡献是杰出的。他做过很多开创性的工作:他与他人创办文学史上第一个《诗》的刊物;他不仅加入了尝试创作新诗行列,而且写下了文学史上第一首抒情长诗;他编选了《中国新文学大系·诗集》,并为之写了《导言》,第一次对新诗创作进行了历史性的总结;他第一次在大学课堂里开设现代文学课程——《中国新文学研究》,而且留有讲义稿本《中国新文学研究纲要》。无疑,他应该也是'五四'新文学的拓荒者和创业者之一。但是,朱自清对新文学的最大贡献,是他所擅长的散文作品,它们在文学史上有着很重要的历史地位,主要表现为这样三点:第一,新文学初期,他是继冰心等人之后又一位突出的小品文作家,以他'美文'创作的实绩,彻底打破了复古派认为白话不能作'美文'的迷信,尽了对旧文学示威的任务。第二,他在中国古典文学的础石之上和'五四'中西文化交流的背景之下,创造了具有中国民族特性的散文体制与风格,第三,他的散文具有极高的艺术成就,《匆匆》《背影》《荷塘月色》《春》等名篇,被认为是白话美文的典范,从解放前到现在一直选作中学语文和大学课本的教材,它们为培养文学青年和繁荣散文创作提供了宝贵的艺术经验。因此,朱自清作为散文大家,他的名字永远和中国现代散文的历史写在一起。"(吴周文、张王飞、林道立著《朱自清散文艺术论》,江苏教育出版社1994年版)

吴金鼎(1901—1948)。金鼎字禹铭,山东安丘人。早年肄业于山东齐鲁大学。1926年考入清华学校国学研究院,师从李济攻读人类学专业。1928年参与山东章丘城子崖遗址的调查,发现了以磨光黑陶为显著特征的新石器时代的文化遗存,史称龙山文化。1930年到中央研究院历史语言研究所考古组任职。其间参加河南安阳殷墟、山东章丘城子崖、安阳后岗等著名遗址的发掘。1933年赴英国留学,就读于伦敦大学。1937年获博士学位。回国后,先后在云南、四川从事考古发掘和研究工作。抗日战争胜利后,任齐鲁大学训导长、文学院院长、国学研究所主任和图书馆主任等职。著有《山东人体质之研究》《平陵访古记》《摘记小屯逸西之三处小发掘》《高井台子三种陶业概论》《城子崖——山东历城县龙山镇之黑陶文化遗址》《云南苍洱境考古报告》《中国史前陶器》等。

按:石璋如《田野考古第一吴金鼎先生》说:"总之,吴先生是龙山文化的发现者,田野考古调查约二十次,所得遗址约八十四处,发掘遗址约廿六处,是带女性员工田野考古的开端者,也是田野考古的先锋。从山东的史前,到河南的殷周,又四川彭山的汉,云南南诏大理的唐宋,以至成都琴台的五代,并远及巴勒斯坦。时间上下数千年,地区纵横数万里,涉猎经验之丰,文化贡献之多,直到现在为止,在田野工作上来说,有那一个人能比得上他呢? 称得起是田野考古第一人。"(杜正胜、王泛森主编《新学术之路》下册,台北中央研究院历史语言研究所1998年版)

谭小麟(1911—1948)。小麟字肇光,祖籍广东开平,出生于上海。自幼喜爱中国传统音乐,7岁时能演奏多种乐器,尤擅长二胡、琵琶。11岁开始自学作曲。1931年入上海国立音乐专科学校,主修琵琶,同时选修作曲理论。1932年入上海国立音乐专科学校主修琵琶与理论作曲7年。1937年转入理论组随黄自学习作曲。在校期间创作《子夜吟》《湖上春光》等民族器乐曲,组织"沪江国乐社"。在抗日救亡运动中,积极参加上海进步音乐界联合举办的"援绥音乐会"等进步活动。1939年赴美国深造,先入欧柏林音乐学院,两年后转入耶鲁大学音乐学院。1946年回国,受聘于国立音乐专科学校,任理论作曲系主任及教授。主要作品有《小提琴与中提琴二重奏》《弦乐三重奏》《木管三重奏》《罗曼斯》;歌曲《自君之出矣》《别离》《金陵城》《鼓手霍吉》《正气歌》《江夜》《托姆的幽灵》等。

　　骆何民(1914—1948)。何民又名骆何敏,江苏扬州人。1927年参加共青团,后转为中共党员。1938年到湖南长沙参与《国民日报》《阵中日报》工作。后经黎澍推荐到《开明日报》任编辑。1940年接替黎澍任《开明日报》总编辑。12月被捕,次年7月越狱成功,逃亡桂林。1942年改名钟尚文到福建工作。1946年到上海参与《文萃》编辑工作,同时创办友益印刷厂,承印地下《文萃》及地下党的其他宣传品。1947年7月21日与陈子涛一起被捕。1948年12月27日在南京雨花台英勇就义。著有《新闻工作入门》。

　　陈子涛(1920—1948)。子涛字家禧,广西玉林人。先在桂林《广西日报》任外勤记者,加入中国青年新闻记者协会。后任成都《华西晚报》要闻编辑。抗战胜利后,主编《拒检》周刊,联合成都新闻界,响应重庆杂志界发起拒绝国民党当局新闻检查制度的斗争。1946年8月到上海参与《文萃》编辑工作。1947年3月《文萃》转入地下出版时,任主编。7月21日被捕。1948年12月27日在南京雨花台英勇就义。

　　俞吾金(—2014)生。

六、学术评述

　　本年度处于解放战争的第二阶段——战略反攻(1947年6月至1948年9月)与第三阶段——战略决战(1948年9月至1949年12月)的交集点上。从国共双方力量对比的根本性变化来看,国民党在军事、政治、经济、文化各个方面遭遇了前所未有的大溃败。9月8—13日,中共中央在西柏坡召开政治局扩大会议即"九月会议"。根据战争形势的发展,中共中央提出了建军500万,用5年左右的时间(从1946年7月算起)从根本上打倒国民党反动统治的伟大战略任务。然后于9月12日发起的辽沈战役,历时52天,共歼灭国民党军47万余人,东北全境获得解放;11月6日发起的淮海战役,历时66天,共歼灭国民党军55.5万人,使长江以北的中原、华东地区基本上获得解放;11月29日发起的平津战役,历时64天,国民党军队52万余人被歼灭和改编,华北地区几乎全部获得解放。至此,国民党的军事主力已被基本消灭,国民党的统治根基已经崩塌,全国已处于革命胜利的前夜,中共中央"九月会议"所确立的"伟大战略任务"已全面提前完成。11月1日,中国人民解放军总部发布《惩处战争罪犯命令》。12月25日,中共中央宣布蒋介石、李宗仁、陈诚、白崇禧、何应钦、顾祝同、陈果夫、陈立夫、孔祥熙、宋子文、张群、翁文灏、孙科、吴铁城、王云五、戴季陶、吴鼎昌、熊式辉、张厉生、朱家骅、王世杰、顾维钧、宋美龄、吴国桢、刘峙、程潜、薛岳、卫立煌、余汉谋、胡宗南、傅作义、阎锡山、周至柔、王叔铭、桂永清、杜聿明、汤恩伯、孙立人、马鸿逵、马步芳、陶希圣、曾琦、张君劢等43人为战犯。这对于打击和分化战犯,推动解放战争的胜利进行,稳定新解放区的社会秩序,起到了重大作用。在此,值得重点关注的是:4月22日,西北野战军收复了国民党军侵占1年零1个月的延安。5月27日,毛泽东到达西柏坡,与此前到达的中央其他领导会合,西柏坡从此成为新的中共中央所在地,成为中国共产党解放全中国的最后一个农村指挥所,同时也意味着中共中央正在走向北京的路上。另一方面,面对军事上的节节败退,蒋介石听从幕僚张其昀的建议,将四面临海的台湾作为自己的"退守之地",逐步筹划将国民党的党、政、军、财、文等中心迁台。12月29日,蒋介石作出重要任命:任陈诚为"台湾省政府主席",蒋经国为"台湾省党部主任"。在此国共对决的力量消长与民心向背上,具有风向标意义的是民主党派与高等院校的变化,两者都对本年度学术产生巨大影响。4月30日,中共中央提议"各民主党派、各人民团体及社会贤达,迅速召开政治协商会议,讨论并实现召集人民代表大会,成立民主联合政府",随后迅速得到了各民主党派以及著名进步团体与人士的积极响应。5月5日,李济深、何香凝(中国国民党革命委员会),沈钧儒、章伯钧(中国民主同盟),马叙伦、王绍鏊(中国民主促进会),陈其尤(致公党),彭泽民(中国农工民主党),李章达(中国人民救国会),蔡廷锴(中国国民党民主促进会),谭平山(三民主义同志联合会),郭沫若(无党派)为响应中共五一号召,联名致电中共中央主席毛泽东,表示拥护中共五一号召,并谴责国民党专制统治。再看高等院校方面:1月29日,同济大学普选自治会,被特务破坏,校方开除学生自治会干部及大批同学,同济学生准备去南京举行反压迫请愿,遭军警围击,全市27所大学的5000多名学生前往声援,遭到国民党军警3000余人的镇压。死伤学生数十人,被捕300人以上,时称"同济血案"。由此引发新一轮的全国性学潮,而且一浪高过一浪。就在解放战争即将胜利的前夜,全国高校已经冲在反抗国民党当局的第一线。这实际上是从学术文化战线对国民党的崩溃给予了最后重击。

　　在蒋介石退守台湾的重大决策中,同时与政治及学术发生密切关联的是"三抢"计划,即抢运黄金、抢运文物、抢运学人计划的实施。先说抢运黄金计划:解放战争爆发之后,国民政府为了支付庞大的军费开支,持续疯狂地印刷法币,结果导致物价疯狂上涨,社会经济面临崩溃。面对法币的急剧贬值,翁文灏内阁受命改发金圆券。8月19日,南京政府颁布《财政经济紧急处分令》,宣布实施金圆券方案,以取代业已完全破产的法币,强制将黄金、白银、外券等兑换成金圆券。10月,上海发生抢购风潮,很快遍及国统区各大城市,金圆券随即急剧贬值。结果导致国民党经济的大溃败,也极大地加剧了包括学者群体在内的所有国民的生存危机。经济改革显然以失败而告终,翁文灏内阁以及财政部长王云五被迫辞职下台。但从抢运黄金计划而言,则无疑是极为成功的举措,因为国民政府通过"金圆券"从老百姓手中收集黄金共计184万两。11月30号夜晚,由蒋经国、俞鸿钧和宋子文组成的幕后三人小组安排"海星号"第一批黄金200万运台,正相当于通过"金圆券"从老百姓手中收集和骗取的黄金总量,几占蒋介石5批运到台湾的黄金总数400余万两的一半。蒋介石即以此以及其他途径搜刮而来的黄金作为自己往后经营这片海外之地的资本,其中不知凝聚着多少老百姓的血汗甚至生命! 次看抢运文物计划:11月10日,国民政府行政院院长翁文灏以故宫博物院理事长身份,召集朱家骅、王世杰、傅斯年、徐鸿宝、李济、蒋复璁密商故宫古物的搬迁问题。此次密会形成了三条决议:一、故宫文物迅速迁台;二、中央图书馆的藏书和文物一并迁台;三、中央研究院历史评议研究所的图书与文物也一起迁台。当时决定先把当年运往伦敦展览的精品500箱运往台湾,同时将中央研究院历史语言研究所、中央博物院、中央图书馆的主要古物、图书一道运去。此事后由朱家骅向蒋介石报告,由蒋介石派军舰护送搬运,从1948年底开始,至次年2月结束。先后从故宫、中央两院文物中挑选了文物精品,分三批由海军"中鼎"舰、"昆仑"舰、招商局"海沪"轮,运到台湾,总计达5496箱(统计数字多有不同)。再说抢运学人计划,当时称为"抢救学人计划"。11月,鉴于平津局势的遽变,教育部长兼中央研究院代理院长朱家骅呈请蒋介石派专机接运教育文化界的重要人士,蒋介石指示蒋经国、朱家骅以及中央研究院史语所所长傅斯年等,制定了"抢救大陆学人计划"。同月 10 日,朱家骅找傅斯年、翁文灏等人商量,要设法接出北平的大批学者。当时运输工具十分紧缺,傅斯年直接面见蒋介石,得到蒋介石的批准,并指定傅斯年、陈雪屏、蒋经国 3 人负责此事。要接出的学者分四类:各院校馆所的行政负责人;因政治关系必须离开者;中央研究院士;在学术上有贡献者。其中被蒋介石拟定的"抢救"名单中的第一人是胡适。12 月 14 日,蒋介石两次致电胡适催促其飞往南京,说时间紧迫,不容再拖延。同日,朱家骅也从南京致电胡适,说明日派飞机来接他。15 日,北京大学校长胡适率第一批被"抢救"的学人飞离北平,抵达南京。17 日,蒋介石又致傅作义密电,要求他将 62 位学界重要人物分别疏导南移。据黄克武《蒋介石与贺麟》一文引用台北"国史馆"中的"蒋中正总统文物"所示:"北平傅总司令宜生兄,口密。(一)在平教育行政负责人为:(梅贻琦)、(李书华)、(袁同礼)、(袁敦礼)、李麟玉、陈垣、(胡先骕)、汤用彤、(冯友兰)、叶企荪、饶毓泰、陈岱孙、(郑天挺)、(贺麟)、郑华炽、沈履、霍秉权、褚士荃、黎锦熙、温广汉、黄金鳌、徐悲鸿。(二)因政治关系必须离平者为:(朱光潜)、(毛子水)、(邱椿)、(张颐)、(陈友松)、刘思职、(梅贻宝)、齐思和、雷宗海(应为雷海宗)、刘崇鋐、戴世光、邵循恪、吴泽霖、赵凤喈、敦福堂、张恒、金澍荣、(英千里)、张汉民、徐侍峰。(三)在平之中央研究院士为:(许宝騄)、张景钺、陈达、戴芳澜、(俞大绂)、李宗恩。(四)学术上有地位,自愿南来者,如(杨振声)、罗常培、钱思亮、马祖圣、赵廼抟、钱三强、严济慈、张政烺、沈从文、邵循正、邓广铭、李辑祥、孙毓棠、蒯淑平。请兄分别疏导,即日南移,如获彼等同意□□□,可派机或备船接运。其搭机人员并请兄代排订次序电告,尤以有括号者,务须来京,如何?请速电覆,中。"21 日,清华大学校长梅贻琦与北平研究院副院长李书华、北平图书馆馆长袁同礼以及清华杨武之等 24 位教授从北平飞往南京。以上"三抢计划"中,抢运黄金计划最为成功,抢运文物计划次之,抢运学人计划最不成功。以本年刚产生的中央研究院第一届 81 名院士为例,其中迁至台湾的仅有凌鸿勋、林可胜、傅斯年、董作宾、李济、王世杰、吴稚晖 7 人,留居国外的有陈省身、李书华、赵元任、汪敬熙、胡适、吴大猷等 12 人,其余的都留在了大陆。这些留在大陆的院士,后来大部分都转为中华人民共和国科学院院士(学部委员),为新中国科学事业的发展和国家的经济建设发挥了巨大作用。值此国运大变局、学界大分化的非凡时期,不同的学者——无论是主动还是被动,是清醒还是模糊——最终都作出了不同的选择,因而也就决定了各自的不同命运。而就与学术关联度而言,则刚好倒过来,依次为抢运学人、抢运文物、抢运黄金计划。

就本年度的学术版图结构观之,无论是延续以往的南京、北平、上海三大轴心还是全国以及海外板块,都有新的变化。在首都南京轴心中,依然以中央研究院与中央大学等高校为两大高地,但是牵动全国学界的首届院士评审的高度聚焦,却盖过了所有学术论争与研究的风头。2 月 19 日,朱家骅、翁文灏在中央研究院内召集在京评议员讨论《院士会议规程草案》,正式启动首届院士评审工作。3 月 27 日上午,中央研究院评议会 25 名评议员五次投票,最终选出 81 名院士。4 月 1 日,中央研究院正式公布首届 81 名院士名单,包括数理组 28 人,生物组 25 人,人文组 28 人。其中人文组 28 人是:哲学吴稚晖、金岳霖、汤用彤、冯友兰;古文字余嘉锡、胡适、张元济、杨树达;历史学柳诒徵、陈垣、陈寅恪、傅斯年、顾颉刚;语言学李方桂、赵元任;考古学李济、梁思永、郭沫若、董作宾;建筑学梁思成;法律学王世杰、王宠惠;政治学周鲠生、钱端升、萧公权;经济学马寅初;社会学陈达、陶孟和。举国瞩目的第一届院士评审工作终于尘埃落定。9月24—25日,在中央研究院礼堂内正式举行第一次院士会议,胡适、翁文灏、王宠惠、萨本栋、傅斯年、周鲠生、李书华、张元济等50余位院士出席会议。会上选出该院第三届评议员32人。客观而论,首届院士的评审还存在着若干不足,诸如:院士评审组织者与申报者无法回避身兼运动员与裁判员的身份困境;胡适与傅斯年的主导权过大,如潘光旦、钱穆不被认可即遭淘汰;偏重历史考古而忽略新兴学科,如经济学仅有马寅初,社会学仅有陶孟和。但总体而论此次评审还是很成功的,所以受到当时以及后来学界的充分肯定。诚如李来容《院士制度与民国学术——1948年院士制度的确立与运作》(南开大学博士学位论文,2010年)所指出的:"1948年首届院士选举实开中国院士制度的先河,在中国学术发展史上具有重要的里程碑意义。第一,标志着中国现代学术体制化建设趋于成熟,及以院士为主体的国家学院体制在中央研究院'成立二十年之今日,乃告完成',即'主持者为院长,构成之主体则为院士,学术评议之责属于评议会,而从事学术研究者为各研究所'。第二,中央研究院通过授予院士的至高名衔与荣誉,汇聚了国内各学术领域中的大批知识精英,并基于院士会议及评议会的体制保障,及精英群体们的学术权威性与代表性,切实地履行其议订国家学术方针,指导、联络、奖励国内外学术研究等多项职能,从而建构了中国的一大学术重心。第三,树立起民主、公正、理性的知识评价体系和运作程序,及学术独立的双重理念与知识人格,由此成为学术共同体内自主选举的一个成功典范。"进而言之,首届院士评审既是对中国现代学术的一次历时性总结,也是对其间不同学科学者成果与贡献的定位与激励,可以视之为中国现代学术的"封神榜"。

北平轴心中,以北大、清华"双子星座"为核心的高等院校首先面临的是前所未有的生存危机,从当局狂印法币到滥发金圆券,教授的生活直线下降,直至到了山穷水尽的地步,因而实与国民党抢运黄金计划息息相关。4月5日,北京大学讲师讲员助教联合会、清华大学讲师教员助教联合会、北平研究院助理研究人员联合会、北京大学职员会、清华大学职员工会、清华大学工警联合会、北京大学工警工会联合发出《为争取合理待遇告社会人士书》,向社会人士宣布:为"争取立即合理改善待遇,已决定从4月6日起,一致罢教、罢研、罢工3天"。之后,清华、北大120余名教授也签名响应。清华、北大等5校学生为反饥饿、反迫害,支援教职员工罢教、罢工,继续罢课3天。10月23日,北大文理法讲师讲员助教联合会为生活问题致胡适函:近一月来,物价狂涨,生活实已濒于绝境,吁请学校转向政府提出四项要求:(一)依各地实际物价指数,自本月起调整薪津。(二)研究经费亦依实际物价予以调整。(三)恢复每人每月配发面粉两袋。(四)速补发积欠将达一年之原煤(每人每月配给200斤)。并请援去岁成例,每人另行配给冬煤2吨。25日,北大教授发表《停教宣言》,说:"我们每月收入不过维持几天的生活""难于安心工作""政府对于我们的生活如此忽视,我们不能不决定自即日(10月25日)起,忍痛停教三日,进行借贷,来维持家人目前的生活。"北大教授又致函胡适,"要求学校在一周内借支薪津二月,以免冻馁"。在《宣言》上签字者共82人。同日,清华讲师、教员、助教联合会发表停教宣言,提出"我们曾经三番五次吁请政府合理改善待遇,政府总是不闻不问,不让我们温饱""决定自10月26日起忍痛停教5日来争取生存权利"。清华、北大、中法、燕京、师大学生自治会发表《支援师长停教宣言》,指出:由于政府忽视师长们的生活,使他们不能不忍痛停教,师长们的行动是合情合理的,决以全力支援,对政府如此忽视师长们的生活,不能不提出严重的抗议。28日,北大职员会给校长写信说,因"饥寒惶迫""非本校所能自善",因此提出四项要求转呈政府,并通知校长"于 10 月 30 日全体请假一日,以促政府之注意"。四项要求是:(一)请校方暂借二个月薪津;(二)请求政府设法按八一九限价配给全部生活日用必需品;(三)按以前每人每月配给面粉两袋、煤球 200 斤,并准时配发;(四)速发冬煤每人 2 吨。胡适为教职员生活问题致教育部函:兹接本校理文法三院讲师讲员助教等来函:以物价上涨无法维持生活,请本校转向政府要求四事等情,查平市物价近日波动甚剧,所有教职员工生活确感相当困难,理合抄同原函电请鉴核示遵。同日,清华全体学生为谋求最低生活致信校长梅贻琦,提出师长们"这次忍痛停教其迫不得已之苦衷不难明了""我们忍痛总请假,支援师长们的合理行动,并要求解决自己生活问题"。30 日,北京大学、清华大学、北平师范大学、东北大学、私立中法大学、私立燕京大学、北平高级工业职业学校、第一助产学校、清华大学研究生会、北京大学研究生会等 8 院校学生自治会要求安定公教人员学生及人民生活给蒋介石写信,说:"币制改革以来,大量发行金圆券,使物价扶摇直上。厉行限制政策,使生产萎缩,物资逃避一空。冻结公教人员薪给、工人工资及学生公费,迫使他们不能维持最低限度之生活,无法安心工作和求学。""市民排队街头,无法购得生活必需品。"为此,要求蒋介石"迅予合理处置,以挽救日趋严重之教育危机,振兴实业并安定一般人民之生活",并提出了"增加教育经费""安定学生生活""安定公教人员生活""安定一般人民生活"等 4 项 13 条具体要求,要求"蒋总统"合理解决。11 月 21 日,北大讲师讲员助教联合会致胡适函:同人们真已走到山穷水尽的地步,请校长向政府据理力争,从 11 月份起按实际物价指数发薪,以维持低到无可再低的生活。还请求学校设法立即每人借薪一月,分期扣还,帮助我们渡过难关。22 日,胡适为职员生活问题致教育部函:教职工役等自改行金圆券后,物价又复上涨,员工实感不支,请设法予以调整。北大、清华尚且如此,其他高校的教师生存危机的严重程度可想而知。然而十分难能可贵的是,北大清华教授群体在爱国反日的大是大非面前毫不犹豫地付出了牺牲。其中最为典型的是朱自清。据吴晗《关于朱自清不领美国"救济粮"》(《人民日报》1960年 11 月 20 日)回忆:"1948 年 6 月间,当时国民党政府的法币像大江东下一样,时时刻刻在贬值,买一包纸烟要几万块钱。教授的薪水月月在涨,但法币贬值更快,物价涨得更快,原来生活比较优越的教授们,此时也和广大人民一样难以生活下去。特别是家口众多的人,生活更为困难。国民党政府也知道人民的怨恨,特别是高等学校知识分子,他们更是对这种情况忍受不下去。于是便耍了一个手法,发了一种配购证,可以用较低的价格买到'美援的面粉'。也正当这个时候,美国政府积极扶助日本,美国驻华大使司徒雷登对中国人民发出诬蔑和侮辱的叫嚣。一面是廉价收买,一面是扶植日本,侮辱中国人民。我们一些人商量了一下,要揭穿国民党政府的阴谋,抗议美国政府的侮辱,发表一个公开声明。声明是这样的:'为反对美国政府的扶日政策,为抗议上海美国总领事卡宝德和美国驻华大使司徒雷登对中国人民的诬蔑和侮辱,为表示中国人民的尊严和气节,我们断然拒绝美国具有收买灵魂性质的一切施舍物资,无论是购买的或给与的。下列同人同意拒绝购买美援平价面粉,一致退还购物证,特此声明。三十七年六月十七日。'声明写好了,要征集签名,也和往常一样,决定每人负责联系若干人,年纪大一点的教授多半是归我跑腿的。我拿着稿子去找朱自清先生。当时,他的胃病已很重了,只能吃很少的东西,多吃一点就要吐,且面庞瘦削,说话声音低沉。他有许多孩子,日子过得比谁都困难。但他一看完稿子,便立刻毫不迟疑地签了名。他向来写字是规规矩矩的。这次,他还是用颤动的手,一笔不苟地签上了他的名字。"在此前的6月12日,北大、清华、燕京、师院四院校教师437人联合签名《致书司徒雷登》,反对美国扶植日本军国主义。至17日,北平市各大学教授吴晗、朱自清、张奚若等110名教职员发表声明,抗议美国扶植日本,表示宁愿饿死,拒绝领取"美援"面粉。18日,朱自清在日记中写道:"在拒绝美援和美国面粉的宣言上签名。这意味着每月的生活费要减少六百万法币。下午认真思索了一阵,坚信我的签名之举是正确的。因为我们反对美国扶植日本的政策,要采取直接的行动,就不应逃避个人的责任。"21日,朱自清等教授退还本月份面粉配给证,退回面粉票。由于长期贫病交加,此时朱自清体重不足39公斤,所以他的退回面粉配给证与面粉票,等于"退还了"生命。8月12日上午8时,朱自清胃病复发昏迷,中午11时40分不幸逝世,年仅50岁。毛泽东曾称赞朱自清一身重病,宁可饿死,不领美国的"救济粮",表现了我们民族的英雄气概。

　　与此同时,北平轴心的诸多高校也同样经历了大变局、大分化的严峻考验,其中作为"双子星座"的北京大学与清华大学依然具有典范意义。对于北京大学校长胡适而言,他所面临的是从学与从政、留京与南下的双重选择。3月30日,胡适在出席"国大"期间,蒋介石曾对王世杰说,觉得在现行宪法之下,总统无可作为,想任行政院长,而请胡适出任总统候选人,要王世杰同胡适商谈。胡适向王世杰表示,对蒋介石的意思甚钦佩,但觉自己身体不甚好,性情亦或不易与蒋充分协调,容考虑后答复。31日,王世杰再与胡适详谈,胡适仍不决。至晚,胡适对王世杰说,此事"请蒋主席决定",意已许可。但至第二天,即4月1日,胡适又觉不妥,对王世杰说,昨日的决定太匆促了,细细想过之后,总觉身体与能力不能胜任。请王世杰向蒋转达,最好另觅他人。4月4日,在国民党的中常会上,蒋介石提出自己不做总统候选人,拟提胡适为候选人。结果只有吴稚晖和罗家伦两人赞成,余皆不同意,此事遂作罢。在留京与南下的问题上,无论就被"抢救学人计划"列于首位,还是内心的倾向国民党而言,本应没有任何悬念,但胡适久久滞留北京,却引起了国民党高层的极度焦虑。在胡适看来,尽管时局处于风雨飘摇之中,但两场纪念活动需要亲力亲为去完成:一是纪念"五四"运动29周年。5月4日,胡适在南京同记者谈话,宣称五四运动"是一个新思潮新文化的运动",后来政治性"格外加强了",认为"政治化的运动未免过早","二十九年以来,我个人始终觉得政治的基础应该建筑在文化及思潮的基础上"。同日,北大隆重举行庆祝"五四"运动29周年,学校放假一日,招待校友返校;博物馆开放;举行"五四"史料展览;各种壁报均发表纪念特刊。中午10时40分红楼鸣钟29响后,纪念大会开始,会上学校负责人、校友代表、讲师助教会代表、工警代表致词。午后体育表演。9日晚,北大为庆祝"五四"运动29周年,在民主广场举行千人大合唱。二是北京大学50周年校庆。这里还有一个插曲,即在北平行将被围之际,南京政府急令北大等校南迁。胡适明确反对迁校,认为北大离开了北平就不能叫北京大学。11月22日,胡适在蔡孑民纪念堂召开校务会议,表示不考虑迁校,拟由教授会来表决。24日,胡适主持召开教授会。汤用彤等125位教授出席会议,讨论通过北京大学绝不迁校的决议。12月13日,胡适继续筹备拟于17日举办的北大校庆,并为50周年校庆特刊撰写了《北京大学五十周年》一文,叙述北大自戊戌诞生以来的历史,特别说到北大"民国成立的初期,他也受了政治波浪的影响,换了许多次校长。直到蔡元培、蒋梦麟两位先生相继主持北大的三十年之中,北大才开始养成一点持续性,才开始造成一个继续发展的学术中心。可是在这三十年之中,北大也经过不少的灾难"。最后强调:"现在我们又在很危险很艰苦的环境里给北大做五十岁生日,我用很沉重的心情叙述他多灾多难的历史,祝福他长寿康强,祝他能安全的渡过眼前的危难正如同他渡过五十年中许多次危难一样!"同日,解放军开始围城,迫使傅作义陆续将部队撤至城内。南京方面特派陈雪屏飞抵北平劝说胡适南下,但胡适仍不忍离弃北大,陈雪屏只得飞回复命。中共北京大学地下党汪子嵩请郑昕转告胡适,希望他留下来,胡适始终未表态。吴晗也多方努力挽留胡适,但均未奏效。12月14日,胡适给汤用彤、郑天挺留下便条:"今日及今午连接政府几个电报,要我即南去。我就毫无准备的走了。一切的事,只好拜托你们几位同事维持。"15日下午3点,胡适、陈寅恪等从南苑机场起飞。胡适偕夫人只带一个小包袱,装着其父的遗稿、自己的几本手稿、有关《水经注》的资料,还有那部堪称他的镇宅之宝的甲戌本《红楼梦》。晚6点半,胡适飞抵南京明故宫机场。王世杰、朱家骅、傅斯年、杭立武等到机场迎接。17日,为北京大学校庆日,胡适借中央研究院主持了北大校庆纪念会,朱家骅、蒋梦麟、傅斯年、陈雪屏等均出席。胡适讲话时,哽咽不成声。他说:"我是一个弃职的逃兵,实在没有面子再在这里说话。"与胡适相比,清华大学校长梅贻琦早已考虑成熟离京南下,但还是一直在认真履行校长的职责。11月,梅贻琦已有离校南下的"定案"。清华的师生们想尽可能争取让他留下,清华园里的民主墙上出现过"语至恳切"的挽留校长的壁报。同学们甚至还组织了一些人到梅贻琦的住所齐呼挽留梅校长的口号。已去解放区的清华校友吴晗还特意从解放区发来电报,一面祝贺他的60岁寿辰,一面劝他留下来。可见清华的进步师生是希望他们所爱戴的梅校长留在解放区的。11月28日,梅贻琦夫人携长女及两个外孙搭乘军界亲友的飞机离开北平,经广州抵香港暂驻。其间,梅贻琦还在北平城里设了一个"校产保管小组",把一批重要账目和物资转移到城里。12月13日,北平解放围城战斗开始。上午,梅贻琦离校进城取校款回校,下午给员工发放工资。14日,梅贻琦再次进城,后因城门关闭而无法返校,只好住进了北京饭店。其间,梅贻琦还致函汤用彤、郑天挺和周炳琳,请他们照料留在城内的清华师生,商请北大垫借清华教工底薪,北大如开课"请令清华学生依班寄读,俾得完成本期学业"(清华已于13日停课)等事。21日中午,梅贻琦提着一架打字机,拿着两本书,别无长物,神情凄怆,默然登机,傍晚抵达南京。同机者有北平研究院副院长李书华、北平图书馆馆长袁同礼和清华杨武之等24位教授。22日,孙科行政院长发布梅贻琦为教育部长的委任令,但梅贻琦坚辞不就,只允主持"南来教授接待委员会"。

毫无疑问,北平轴心的学术重镇在高校,在此值得一提的还有北平研究院。由于受到中央研究院评审首届院士的激发与启示,北平研究院院长李石曾与副院长李书华决定启动北平研究院"会员"评选。1月,成立北平研究院学术会议第二次大会筹备委员会,由委员13人组织之。在平沪开会数次,通过学术会议暂行规程,决议由北平研究院院务会议推举学术会议会员,由院长聘任;以后增加的会员即由学术会议自行选举。北平研究院的首届会员由院务会议推举,院务会议由正副院长、总干事、各研究所所长组成,担任上述职务的分别是李石曾、李书华、杨光弼、严济慈、周发岐、赵承嘏、朱洗、张玺、刘慎谔、徐炳昶,其中除杨光弼留学美国,赵承嘏留学英国、瑞士外,其余的人均留学法国。8月13日,北平研究院召开院务会议推举首届会员,此次会议确定88人名单,后又增加张元济与沈尹默2人,共90人。21日,该名单经过学术会议筹备会讨论,全部通过。9月9日,为北平研究院19周年纪念日,在北平中海怀仁堂召开北平研究院学术会议,决定由院务会议推举学术会议会员,由院长聘任,会员分为天算、理化、生物、地学、农学、工学、医药、史学、文艺、社会科学十组,共有会员90人。其中天算组(6人):熊庆来、江泽涵、赵进义、李珩、张云;理化组(14

人);李书华、严济慈、周发歧、吴有训、叶企孙、饶毓泰、马士修、庄长恭、吴宪、曾昭抡、杨石先、黄子卿、吴学周、林世瑾;地学组(11人):翁文灏、李四光、杨钟健、袁复礼、孙云铸、尹赞勋、裴文中、李士林、竺可桢、黄国璋、张印堂;工学组(7人):刘仙洲、魏寿昆、李书田、朱物华、侯德榜、张克忠、顾毓珍;生物组(12人):李石曾、朱洗、张玺、刘慎谔、陈桢、秉志、胡先骕、戴芳澜、张景钺、周太玄、童第周、胡经甫;农学组(5人):刘大悲、戴松恩、冯泽芳、汤佩松、俞大绂;医药组(8人):赵承嘏、林可胜、陈克恢、汤飞凡、朱恒璧、戚寿南、李宗恩、朱广相;史学组(9人):徐炳昶、陈垣、陈寅恪、顾颉刚、姚从吾、张星烺、董作宾、汤用彤、李俨;文艺组(8人):吴敬恒、张元济、胡适、沈尹默、谢寿康、陆志韦、朱光潜、魏建功;社科组(10人):王宠惠、顾孟余、陶孟和、何基鸿、杨端六、陈序经、崔敬伯、费孝通、吴克刚、罗喜闻。比较一下北平研究院会员与中央研究院院士名单,同时荣膺"会员"和"院士"称号的共有36位,其中高达40%的重合率,不仅彰显了两个研究机构在学术评定标准上的基本趋同,同时也足以证明这些学者的学术成就得到了普遍认同。总体而言,北平研究院"会员"评选既有对中央研究院院士评审的认同,也有对于部分未能评上院士的卓有成就学者的"补漏",但无论是含金量还是影响力,都无法与中央研究院院士相提并论。

上海轴心中,除了顾颉刚、马寅初、张元济等新晋院士居于上海之外,继续活跃着民主人士、左翼作家、高校学者以及出版界等不同群体。顾颉刚继续奔走于沪苏之间,任社会教育学院教授,授"民众读物""中国社会史""上古史料研究"课。又任大中国图书局总经理兼编辑部主任。1月1日,《文史杂志》复刊。顾颉刚作《复刊词》云:"现在有些人反对用考据的方法治文史之学,……我们要深入,可是我们没有忘记要浅出。我们要分工,可是我们没有忘记要合作。我们研究的是小问题,可是我们没有忘记了大任务。"22日,顾颉刚到中央研究院社会科研究所讲演《我的事业苦闷》,述在国故整理、民众教育、边疆开发三方面的工作经历,亦即当时顾颉刚所全力倾注的三个学术重点。4月,为丁山《地理与中华民族之盛衰》一书所作序言,云:"我们民族的历史,除了近世以外",可说是一部生长在高原区域与平原区域中的人民"长期斗争而逐渐融合为一民族的历史"。这是当今"世界诸文明古国都已灭亡,而我们民族所建的国家巍然独存"的重要因素。因此在中国史的研究中,"对汉族和塞外诸族的相互斗争和相互融合的过程作有系统的研究,正是最重要的一件事"。由此可见当时顾颉刚的学术趋求。马寅初1月1日在《国讯》发表《一九四八年的希望》,文中对1947年国共内战深感痛心,希望"这残酷的内战,立即停止,全国各党各派共同执政,实行名副其实之民主政治,以政纲及优良政治效能来争取人民之信仰及拥护,而不以武力作后盾。使中国政治得纳入正轨,则其他一切均轻而易举矣。同时,对于货币之改革与停止内战应同等视之"。尤为重要的是,马寅初作为经济学界唯一的一名院士,他对金圆券的发声和意见受到更多的关注。10月25日,马寅初在《文汇报》发表《评金圆券》,剖析国民政府金圆券发行之背景及财政金融基础,指出政府所宣传之"三个优点"皆不成立,其发行额"速率之大,远在旧法币之上",通货膨胀将不可避免。11月5日,马寅初又在《中建》第1卷第8期发表《金圆券》,从七方面深入剖析金圆券所面临种种问题及未来命运:(一)政府改革币制的原因;(二)美国人的意见及改革的内容;(三)关于币制改革的几种办法及其批评;(四)金圆券的关键在物价;(五)预算收支不能平衡决定了金圆券的寿命;(六)新币之汇价是否合理;(七)新旧币兑换率于小民不利。最后指出:"改革币制,应先就改革办法对于平民大众之切身利害加以检讨。经过长期恶性通货膨胀之后,改革币制,在新旧币的巨额兑换率中,自可收回大量旧币,于财政上,自属有利。可是在人民方面,特别是职工阶级辛勤所得,顷刻间化为零星小数,其痛苦可知。如政府关心民生疾苦,自应兼顾公私双方的利害。"张元济最为精彩的是9月23日出席中央研究院第一次院士会议开幕式的发言,从五十多年前甲午中日战争说起,讲到"抗战胜利,我们以为这遭可以和平,可以好好的改造我们的国家了。谁知道又发生了不断的内战。这不是外御其侮,竟是兄弟阋于墙。我以为这战争实在是可以不必的。根本上说来都是想把国家好好的改造,替人民谋些福利,但是看法不同,取径不同。都是一家的人,有什么不可以坐下来商量的?但是战端一开,完全是意气用事,非拼个你死我活不可。这是多么痛心的事情。""我们要保全我们的国家,要和平。我们要复兴我们的民族,要和平。我们为国家为民族要研究种种的学术,更要和平。"据张树年《我的父亲张元济》回忆:"散会后,胡适邀我们坐他的汽车,回新街口商务分馆。在车内,胡对父亲说:'先生的发言似太煞风景。'父亲笑笑,没有作答。"同日,美联社南京专电以《内战破坏文化,张元济痛责陈词》为题,报道张元济在中央研究院士会议开幕会上讲话。报道称"历史学家张元济氏(商务印书馆创办人)在中央研究院开幕会上严厉的攻击中国的内战,认其'摧毁了文化和研究'。"10月20日,《中建》杂志(北平版)转载张元济《国立中央研究院第一次院士会致词》。

民主党派群体以民盟为主导,以张澜、黄炎培、罗隆基、张君劢、余家菊等为代表。5月1日以后,中共发出"五一口号"后,国民党更加强了对张澜和黄炎培、罗隆基等人的监控,使他们很难离开上海。5月2日,张澜与在沪的民主同盟领导人黄炎培、罗隆基、叶笃义获悉中共中央发布的纪念"五一"劳动节口号后,在上海虹桥疗养院就召开新的政治协商会议,成立民主联合政府的问题交换意见。14日,民主建国会理事盛康年由香港返抵上海,带来沈钧儒写给张澜和黄炎培的信,谈香港民盟总部对召开新政协的态度,介绍了香港各民主党派的活动情况。此后,张澜与在沪民盟领导人黄炎培、罗隆基、叶笃义、史良等商讨,复函沈钧儒及章伯钧,对民盟总部通电响应中共"五一"劳动节提出的政治号召,表示"极感欣慰",认为这是"国家当前自救唯一途径","盼中共及民主党派今后更能以简单明了之方式加强此种号召"。9月20日,周恩来为中共中央起草拟定邀请从港、沪和长江以南来解放区商讨召开新政协的各民主党派人士李济深、蔡廷锴、张澜、沈钧儒等77人名单,并起草中共中央致香港分局并钱之光和上海局刘晓、刘长胜电,征询对77人名单的意见。周恩来指出:各方人士须于今冬明春全部进入解放区"方为合适"。其中居留上海的民主人士为数仅次于香港。文学家群体中,主要有叶圣陶、郑振铎、冯雪峰、胡风、田汉、曹禺、巴金等。叶圣陶继续主持中华全国文艺协会总会。4月8日,叶圣陶发出中华全国文艺协会总会请柬:"兹定于本月十一日(星期日)下午准二时,在林森中路霞飞街64号举行理事会,商讨会务。届时尚行,拨冗出席,是为至荷。文协总会四月八日。"请柬上所附名单为:田汉、叶圣陶、郑振铎、许广平、阳翰笙、冯雪峰、胡风、巴金、靳以、曹禺、姚蓬子、默林、陈白尘。11日,上述理事出席文协理事会,上海文学家群体主要成员都在其中。5月4日,全国文协编印"文协十周年暨文艺节纪念特刊"《五四谈文艺》,有44人执笔在《我们的话》栏标题下发表短论。其中田汉的《风雨五四》具有一定的代表性,文中说:"五四"以来的文艺运动"是值得自慰的","中国文艺工作者大体能通过文艺为中国人民的解放运动服务"。同时指出:目前"迫切要求一切戏剧工作者的团结,但也多么需要严格的批评"。此外,尤为值得关注的是胡风与"港派"的论战与反击(详见下文)。上海高校中,以复旦大学为标杆。8月27日深夜,国民党"特刑庭"派警察来校逮捕所谓"匪谍",开出逮捕学生名单34人,学生刘宗俊、黄光潮等7人被捕,经校方多次交涉,先后交保释放。秋季开始,国民党军事惨败,国统区经济崩溃。复旦师生密切注视全国形势的发展,在中共地下党组织领导下,做好迎接解放的准备:首先是反对迁校,其次是组织应变委员会。9月28日,教育部在南京召开部分大学校长座谈会,复旦大学校长章益与胡适、熊庆来、顾毓琇、陈裕光等到会。会议讨论了国立大学经费、教授资格审查、学生学籍、专科以上学校训导、学制等问题。12月25日,复旦大学教授储安平创办的《观察》被国民政府查封,储安平曾批判中国国民党"七十天是一场小烂污,二十年是一场大烂污,烂污烂污,二十年来拆足了烂污"。上海出版界的重要事件是中国出版协会在上海成立。1月6日下午2时,中国出版协会成立大会在新生活俱乐部举行,并依法选出理监事及候补理监事,名单如下:理事:陶百川、潘公展、叶溯中、李伯嘉、朱经农、李石曾、虞文、林素珊、刘百闵、张一渠、印维廉、杨家骆、刘季康、顾颉刚、李叔明、季声如、舒新城、李鸿球、陈鹤琴、张彻、徐蔚南、李小峰、卜少夫、吴俊升、王秋泉、陈安镇、汤增敫、黄仲明、杨允中、齐世英、陈邦桢。(候补)赵君豪、王微君、黄嘉音、屠诗聘、钱君匋、华问渠、浦家麟、严幼芝、徐毓源、桂绍盱、陈和坤、陈孝威、徐筱云、朱雯、陈三洲。监事:吴稚晖、邵力子、王云五、张菊生、朱绮、平襟亚、范晓六、沈彬翰、王君一、吴秉常、夏乐天、应启元、徐稚鹤、陈慈铭、黄大受。(候补)王余源、孙锡纲、顾咨博、丁方定、吴贻燕、梁其田、徐伯訏。

　　上述三大轴心之外,香港因为诸多著名左翼作家、学者、民主人士与群体出于安全的考虑汇聚香港,迅速造就了香港新的学术中心的地位。当时郭沫若、沈钧儒、章伯钧、柳亚子、马叙伦、茅盾、夏衍、冯乃超、邵荃麟、侯外庐、胡绳、华岗等暂时居于香港。3月1日,中国民主同盟机关报《光明报》在香港复刊,该报及时地表达了民盟中央三中全会后的政治主张,并选载民盟以外的各民主党派、各人民团体代表人物的重要政论。每期刊载国内外时事通讯及其他杂文,用大量的事实反映解放区的兴旺景象。5月8日起,在香港的中国国民党革命委员会、中国民主同盟、中国国民党民主促进会、三民主义同志联合会、中国人民救国会、中国农工民主党等组织的负责人和无党派人士,以《目前新形势与新政协》为题,就中共中央之"五一口号"连续召开座谈会。同月,中国学术工作者协会总会分会留港理事郭沫若、马叙伦、马鉴、陈君葆、陈其瑗、沈志远、翦伯赞、邓初民、叶启芳、宋云彬、狄超白、林焕平、胡绳、千家驹、邵荃麟、刘思慕、曾昭抡、曾昭森、侯外庐等,为反对美帝扶日侵华,响应中共"五一口号",发表声明。与上年不同,解放区不仅区域范围快速扩大,而且建立了西柏坡这一新的学术中心,而中心的学术高地是新建华北大学,由吴玉章任校长,范文澜、成仿吾任副校长。8月24日,华北大学举行成立庆典。新成立的华北大学下设四个部和两个学院,即华大一部、华大二部、华大三部、华大四部、华大工学院和华大农学院。一部是政治训练班性质,党委书记钱俊瑞兼任一部主任;二部是教育学院性质,有国文、史地、教育、社会科学、外语及数理化等六个系,何干之任部主任;三部是原文艺学院和北方大学艺术学院合并组成,培养文学、美术、音乐和戏剧等人才,主任是沙可夫;四部是研究部,以从事专题科学研究及培养、提高大学师资为目的,主要培养大学师资和科研人才,原北方大学校长范文澜任部主任,下设八个研究室:(1)中国历史研究室,范文澜兼主任。(2)哲学研究室,艾思奇兼主任。(3)中国语文研究室,吴玉章兼主任。(4)国际法研究室,何思敬任主任。(5)外语研究室,主要从事翻译工作。(6)政治研究室,钱俊瑞兼主任。(7)教学研究室,张宗麟任主任。(8)文艺研究室,艾青任主任。华北大学孕育了新中国一批各种类型的高等院校,也是建国后北京许多高校的母体。1949年前后,为了适应文化教育事业大发展的需要,一些下属单位陆续脱离学校独立办学。工学院独立出来发展为北京工业学院(现更名为北京理工大学);农学院与北京大学农学院、清华大学农学院合并成立北京农业大学;二部外语系离开学校,同北平外事学校合并为北平外国语学校,后逐步发展成为今天的北京外国语大学;三部离开学校后分别筹建、创立了中央戏剧学院、中央美术学院、中央美术学院华东分院(后更名为浙江美术学院)、中央音乐学院以及北京人民艺术剧院、青年艺术剧院、中央歌剧院、中国京剧研究院等。国统区范围内,广州因为拥有中山大学与岭南大学,陈寅恪与杨树达两位新晋院士也在广东,自然位于区域高地之首。此外,桂林的广西大学、昆明的云南大学、成都的四川大学、武汉的武汉大学、厦门的厦门大学、杭州的浙江大学、迁于苏州的河南大学、无锡的江南大学和无锡国专、天津的南开大学、西安的西北大学,也都是重要的学术重镇,其中浙江大学整体实力又在其余高校之上。

至于海外板块,“出”的方面依然以美欧为中心,举其要者有:张彭春继续任联合国人权委员会副主席和起草委员会副主席,自始至终参与了《世界人权宣言》的起草工作,并为此作出了杰出贡献。12月6日,张彭春在联合国大会第182次全体会议的发言中指出:在关于《宣言》的漫长辩论中,只要代表们关心、维护人权,他们就会达成一致意见。张彭春在参与起草《世界人权宣言》的过程中,提出了一系列有关人权的重要思想:一是用中国文化精华滋养世界人权思想发展,二是在多元文化中求同存异达成国际人权共识;晏阳初1月至3月为争取美国通过“平教总会”的农村建设计划,分别与美国政界、经济界以及新闻界人士频繁接触。美国东西方协会主席赛珍珠和董事会代表威廉·道格拉斯对晏阳初给予很高的评价,首先夸奖其抛弃个人发财和享受荣华富贵的优越条件,大公无私和艰苦卓绝地开展平民教育工作,使人民受益。其次,夸奖晏阳初寻找到了值得全世界学习和借鉴的有效办法。最后,感谢晏阳初贡献及谈颁奖的缘由;董作宾《殷虚文字甲编》4月由中央研究院历史语言研究所出版。10月,董作宾《殷墟文字乙编·序》刊于《中央研究院历史语言研究所中国考古报告集之二》,由上海商务印书馆出版。同月,《殷虚文字乙编》上辑出版,两书皆为甲骨学的集成之作;李四光8月25日至9月1日出席伦敦亚尔培大厦开幕的第十八届国际地质大会会议,在会上宣读题为《新华夏海之起源》的论文。文中论述了新华夏海(指东亚东缘的渤海、黄海、东海和日本海)的地质构造特征,指出了研究和解决新华夏海起源问题的途径,论证了新华夏海的受力状态及构造运动的类型,并认为研究新华夏海的起源,对于弄清太平洋盆地的发育,有重要的意义。“进”的方面,尤为重要的是英国李约瑟辞去联合国教科文组织自然科学部主任职务,回到剑桥大学,在中国学者王铃的协助下,开始撰写《中国科学技术史》。

本年度的学术热点与论争,主要集中在以下10个方面:

1. 关于自由主义的论争。这场论争发端于开年1月,至10月逐渐消寂。1月8日,《大公报》发表了曾留学英国的萧乾起草的社评《自由主义者的信念——辟妥协·骑墙·中间路线》。2月7日,《大公报》又发表《政党、和平、填土工作——论自由主义者的时代使命》的补充社评。《大公报》社评不仅阐述了萧乾的个人主张,而且反映了当时中国部分自由主义知识分子的政治立场和政治理念,于是迅速在中国思想界引发了一场关于自由主义的大讨论。当时如《正论》《时与文》《观察》周刊等在思想文化界有影响的重要报刊,也都积极参与了这场大讨论。1月23日,《时与文》第2卷第16期刊出程粹《自由主义者与中国现局》,后

续发表的相关论文有:杜明《评大公报对于自由主义的看法》刊于《时与文》第 2 卷第 17 期,
冯契《论自由主义的本质与方向》、孟坚《施复亮先生的"自由主义者的道路"是什么》刊于
《时与文》第 2 卷第 18 期。2 月 1 日,《正论》新 2 期发表《自由主义者的道路》的文章,响应
《大公报》社评。此后又有成方《是"新路"还是旧路》刊于《正论》新 5 期。储安平主编的《观
察》周刊也集中发表了系列文章,主要有:杨人楩《自由主义者往何处去?》刊于《观察》第 2
卷第 11 期,施复亮《论自由主义者的道路》刊于《观察》第 3 卷第 22 期,张东荪《关于中国出
路的看法——再答樊弘先生》《政治上的自由主义与文化上的自由主义》分别刊于《观察》第
3 卷第 23 期、第 4 卷第 1 期,樊弘《只有两条路》刊于《观察》第 34 卷第 7 期。另有《主流》杂
志连续刊出白坚石《法西斯复活与民主自由社会主义的国际》(《主流》第 13 期)、中国民主
自由社会主义学会《中国民主自由社会主义学会成立宣言》(第 17 期)、王任重《中国民主自
由社会主义革命之路》(第 17 期)、丁洪范《论民主自由与社会主义》(第 18 期)、刘超武《祝
中国民主自由社会主义学会成立》(第 18 期)、范谦衷《三优与四育政治论民主自由社会主
义的科学基础》(第 19—20 期)等文。《时代》《中国建设》《东方杂志》《世界日报》等也都参
与了讨论,相关论文主要有:范承祥《亟待澄清的几个问题——总评最近几篇论自由主义的
文章》刊于《时代》第 8 年第 6 期,杜微《论一种自由主义》、胡绳《为谁"填土"? 为谁工
作? ——斥〈大公报〉关于所谓"自由主义"的言论》刊于《中国建设》第 5 卷第 5 期,张申府
《论中国的出路——对于自由主义、中间路线、知识分子的探究》刊于《中国建设》第 6 卷第 4
期,黄炳坤《自由主义是否没落》刊于《东方杂志》第 44 卷第 4 号,夏康农《自由,自由主义,
与自由主义者》刊于《现代教学丛刊》第 1 辑,胡适《自由主义》刊于北平《世界日报》。其中
储安平主编的《观察》周刊所载杨人楩、施复亮文章明确表示支持《大公报》关于自由主义的
基本理念及政治立场,而《时与文》所载冯契《论自由主义的本质与方向》、孟坚《施复亮先生
的"自由主义者的道路"是什么》,《时代》所载范承祥《亟待澄清的几个问题——总评最近几
篇论自由主义的文章》,《中国建设》所载杜微《论一种自由主义》、胡绳《为谁"填土"? 为谁
工作? ——斥〈大公报〉关于所谓"自由主义"的言论》,以及《正论》所载成方《是"新路"还是
旧路》等,都代表了左翼立场,对《大公报》以及《观察》施复亮、杨人楩等所主张的自由主义
道路与自由主义观点提出了质疑与批评,其中成方《是"新路"还是旧路》更是对《大公报》的
自由主义观点进行了更为猛烈的批判。此外,香港左翼阵营也及时发出了自己的声音。3
月 3 日,郭沫若与邵荃麟、邓初民、沈钧儒等参加"美蒋'和谈'阴谋与'自由主义'运动"座谈
会,发言以《"自由主义"亲美拥蒋"和平攻势"配合美援》为题刊于 3 月 14 日香港《华商报》。
左翼阵营的质疑与批判又引来坚持自由主义立场的知识分子的激烈反击,从而将本轮有关
自由主义的论争推向高潮。这里拟再重点谈一下胡秋原与胡适对这场论争的回应与观点:
6 月,胡秋原著《新自由主义论》由上海中国文化服务社刊行。此书的核心观点是:"彻底的
自由主义"即"新自由主义"。全书分上下两篇。上篇讲述自由主义的历史,认为王阳明、斯
宾诺莎、洛克是中西自由思想的先驱;下篇讲述"新自由主义",分崇学尊理论、论中西文化、
论哲学与历史、论新自由主义、历史进化论等 8 节。9 月 4 日,胡适在北平电台播讲《自由主
义》,刊于次日北平《世界日报》。文中提出自由主义的第一个意义,"最浅显的意思是强调
的尊重自由。就是指人类历史上那个提倡自由,崇拜自由,争取自由,充实并推广自由的大
运动"。认为中国历史上也存在着这种争自由的运动。"但是东方自由主义运动始终没有
抓住政治自由的特殊重要性,所以始终没有走上建设民主政治的路子。西方自由主义绝大

贡献正在这一点"。民主政治是保障人民基本自由的基础。所以自由主义的第二个意义，在政治上的意义就是民主。自由主义的第三个意义是容忍。现代的民主制度的最大特点是容忍反对党，保障少数人的自由权利。由此，为政府树立最严格的批评监督机关，同时又使人民可有选择的机会。自由主义的第四个意义是和平改革。包含两个方面：一是和平转移政权；二是用立法的途径谋一步一步的改革。文中最后归结到反对暴力革命，宣称："近代一百六七十年的历史，很清楚的指示我们，凡主张彻底改革的人，在政治上没有一个不走上绝对专制的路。""所以我很坦白地说，自由主义为了尊重自由与容忍，当然反对暴力革命，与暴力革命必然引起来的暴力专制政治。"10月5日，胡适对武昌公教人员讲演《自由主义与中国》，说："自由主义就是人类历史上争取自由、爱护自由、扩大自由、发展自由的大运动。""中国讲自由历史很久，远在二千五百年前的老子就开辟了自由主义风气之路。"孔子"是提倡自由主义的先锋"。但"中国历代自由最大的失败，就是只注意思想言论学术的自由，忽略了政治的自由"。显然，胡适的自由主义本质上是站在《大公报》一边的，但在学理上作了进一步的提炼与总结。此外，庞欣《总结关于"自由主义"的论争》刊于《读书与出版》第3卷第4期，具有学术总结的意义。但因此文发表于4月15日，因而其学术总结是不完整的。大约到了金秋10月，随着政局的急剧变化，这场论争逐渐趋于消寂。11月10日，《大公报》香港版发表社论《和平无望》，正式表态，宣告拥护共产党。文中写道："真正的历史创造者，并不是稀世的英雄，而是亿万生民。亿万生民的求生力量，才是历史的真正动力。违逆了人民大众的生存轨道，必无治，摧折人民大众的求生欲望，必乱；明白了这基本的道理，则如何拨乱以返治，自可不言而喻。"12月31日，上海《大公报》发表《送岁之辞》，云："社会刻刻在蜕变，刻刻在前进，而在这过程中，所经当然是崎岖之路……一个社会真要走向革新进步的境域，岂能不经历若干不可避免的痛苦？""当此岁除之日，奉劝大家无须抚创思痛，蹙额重温这一年的悲苦经历……过去的听它过去。我们今夕且涤除忧虑，打扫烦恼，愉快兴奋的迎接一九四九年的元旦！"这一鲜明的政治表态，标志着年初发起"自由主义"讨论的《大公报》至此已主动放弃"自由主义"立场与观点。左玉河《最后的绝唱：1948年前后关于自由主义的讨论》（《四川大学学报》2008年第4期）认为，政协决议的破坏、中间路线的破产及民盟的解散，标志着中国自由主义者政治运作的失败。《大公报》发起的关于自由主义的讨论，是中国现代自由主义者在现实层面的政治运作失败后，从学理层面所作的理论反思和思想总结。这场以《大公报》为代表的自由主义者与左翼人士之间关于自由主义的论争，主要集中于以下四个方面：第一，关于自由主义的内涵。第二，关于政治民主与经济平等的关系。第三，关于中国能否实行欧美式的多党制。第四，中国能否效法英国工党实行混合经济。再就以《大公报》为代表的自由主义者一方而言，有关学者对自由主义思想本身也作了积极反思与探索，并根据中国自由主义运动的实践，修正了一些观点，深化了对一些问题的认识，提出了一些值得重视的思想。这主要体现在四个方面：第一，关于个人自由与大众民主关系的新认识。第二，关于计划经济与思想自由关系的新认识。第三，关于革命与改良问题的新认识。第四，关于自由获得方式的认识。这里需要补充两点：其一是"自由主义"的政治根基是"第三条道路"，因而为了集中批判"自由主义"，以方方、章汉夫为首的中共香港分局根据中央有关指示，以由上海迁往香港的《群众》周刊以及《华商报》为阵地，积极组织民主人士对所谓"第三势力"进行了深入的揭露和批判，以帮助爱国民主人士打掉对"第三条道路"的幻想。1月29日，章汉夫在《群众》周刊上发表了《大公报的"中间路线"》一文。文中写道:"在这个时候,有人出来利用'中间路线',替蒋介石拉些捧场的或者殉葬的人,……要他们不要对蒋介石太失望,不要对中共抱希望。"文章指出:鼓吹"中间路线"的实质就是"这样一个替蒋介石挣得喘息、分化中间力量的阴谋"。夏衍与廖沫沙则以《华商报》为舆论阵地,主要针对《大公报》《周论》《观察》《新路》以及北平由邵力子等组织的"中国社会经济研究会",组织香港进步文化界展开对"自由主义运动"("第三条路线")的批判。经过章汉夫、夏衍、廖沫沙等人在媒体上的宣传、解释,文化民主人士抛弃了对"中间路线"即走"第三条道路"的幻想,思想得到稳定,对中共领导的革命胜利的信心和认同感大大增加。其二是与此密切相关的学术自由问题的讨论,主要有杨震羽刊于《主流》第13期的《从学术自由论学术独立》,朱炳乾刊于《教育通讯》第5卷第4期的《论学术自由》,严鸿瑶刊于《教育通讯》第6卷第1期的《我对学术自由的看法》。杨震羽《从学术自由论学术独立》主要针对胡适《争取学术独立的十年计划》而发,一方面是赞成胡适《争取学术独立的十年计划》,但又怀疑在现阶段的学术思潮中,这个计划难以充分实施,强调"学术自由是学术独立的先决条件","在赞同争取学术独立之先,更主张争取学术自由,替争取学术独立开辟一条可行之道"。朱炳乾《论学术自由》强调指出:第一,学术自由,只是在研究学术范围以内的自由。第二,学术自由与言责自负,为一件事情的两面,有着不可分离的关系。第三,学术自由,应以促进公众福利为鹄的,决非为遂少数个人之私图。第四,学术自由不能违背本国的文化传统与建国原则。"学术自由"与自由主义既有联系又有区别,而主张学术自由的政治背景、立场又各不相同,需要追本溯源,更要具体分析。

2. 关于中国文化问题的讨论。这是一个持续性的热点论题。4月,冯大麟著《东方文艺复兴的展望》(上下册)由贵州贵阳文通书局刊行。作者从生活方式和生活样法两方面比较了东西方道德起点及其行走路线的巨大差异,充分肯定了中国道德体系中没有"自我"与"非我"的对立,没有"小我"与"大我"的矛盾,更没有"情"和"理"的冲突,并由此对西方文化重要源头之一的希伯来文化核心概念"普泛之爱"提出质疑与批判,认为这种"外烁的爱"从根本上丧失了东方倡导的"内发的爱"的人伦之美和内心之善。6月,顾毓琇著《中国的文艺复兴》由上海中华书局刊行,全书分三编,其中第一编《中国的文艺复兴》依次论述了文学革命与文艺复兴、文化根源与创造活力、文化交流与时代精神、旧文艺的新认识、新文艺与新时代、文艺复兴与教育改造等问题,是一部比较系统、全面讨论中华民族复兴问题的论著。作者认为,民族复兴运动包括三大要素:政治革命、社会改造、文艺复兴,这三个要素缺一不可。然后通过比较欧洲和印度民族复兴运动的异同,分析了中国民族复兴运动的特点和历史任务。书中还涉及中国文艺复兴与五四新文化运动的关系。鉴于此前胡适、蔡元培等人直接把"五四"看作"中国文艺复兴"的观点,而李长之等则强调"中国文艺复兴"与"五四"之间存在着断裂转向的看法,顾毓琇兼容两者而提出了新的观点,认为尽管"五四"新文化运动是一场"文学革命",从表面上看似乎与"中国文艺复兴"运动相冲突,但也许更好的理解是将之作为"文艺复兴"的前驱,看到二者前后承继、缺一不可的紧密联系,这一观点可为学界提供一种理解"五四"新文化运动与"中国文艺复兴"内在关系的新视野。从冯大麟著《东方文艺复兴的展望》到顾毓琇著《中国的文艺复兴》,尽管两书都名之为"文艺复兴",但彼此的基点与观点迥然不同。同在6月,吴世昌所著《中国文化与现代化问题》由上海观察社刊行。此书收录关于中国文化、民主、思想、言论自由、青年运动、学术道德、教育政策等问题的短论11篇。有《思想复员论》《中国文化与现代化问题》《中国文化与民主政治》《论学术道德《论重点教育与留学政策》等，为吴世昌对于中国文化与现代化问题持续思考的重要成果。9月27日，胡适在南京公余学术演讲会讲演《当前中国文化问题》，内容包含四部分：（一）解释文化与文明的含义；（二）文化的世界性；（三）文化的接受与选择；（四）当前中国文化的选择与认识。认为当前谈到文化就是世界性的文化。从前交通不方便，文化交流甚不易，所以讲到文化都是民族的、国家的、地方的。现在交通发达，文化交流极便极速，所以很难找到纯粹民族的、国家的、地方的文化了。文化的选择与接受都是自由的，总是以所有易所无，择所长，弃所短，以于生活方便有益为原则。谈到当前中国文化的选择与认识，认为主要是社会制度、政治制度、经济制度与宗教等等的吸收与拒绝的问题。这类文化的接受与否牵动到感情和信仰，牵动到思想，不像选择一样货品那么容易。宣称：当前面临的选择是自由与非自由的选择，是容"我虽老朽，我愿意接受有自由的世界，如果一个是容忍一个是不容忍的世界，我要选择容忍的世界"。10月4日，胡适在武汉大学讲演《两个世界的两种文化》，宣称文化的本来趋势是朝向"一个世界一个文化"发展的，由于有暴力的改革，结果走上"专制集权的路"，遂造成两个世界两种文化，预言"将来一定还是要向一个世界一个文化的路上走"。比较而言，胡适所论更具世界视野，但终究为其"自由主义"立场所限。

3. 关于五四运动29周年的纪念与阐释。一样的"五四"日子，不一样的"五四"精神。在当时左右不同知识群体的理解中，彼此的"五四"精神谱系的分裂日益严重。《中央日报》依然试图主导五四运动29周年的纪念与阐释，同时继续将其引向反共的政治方向。5月3日，《中央日报》发表社论，题为超长的《青年学生们！发扬独立精神，不盲从不附和不受利用，去创造光荣伟大的历史》，旨在配合国民党召开国民大会，宣布实行"宪政"，以张扬国民党政权的合法性。4日，《中央日报》再发社论《念五四，看当今》，力图从四方面挖掘和重释五四运动的意义："第一，从五四运动的起因说，他是一种救国运动。""第二，从五四运动的目标说，他是一种建国运动。""第三，从五四运动的本质说，他是一种文化运动。""第四，从五四运动的人物说，他是一种学生运动。"但同时念念不忘展示其反共立场："时至今日，却又有所谓经济史观那一套新经济运动的出现。于是科学变成马列主义的教条，民主变成暴民专制的铁幕，这是文化运动的逆流，也是科学与民主的变质……所以我们纪念五四，不能不坚持文化运动的本质，而以民主反铁幕，以科学反教条。"又提出还要保护青年学生的纯洁性，不要被某些人所利用。这是《中央日报》在大陆时期最后一篇纪念五四运动的社论，也是反共立场最为明确与强烈的社论。由于军事、政治斗争的日趋白热化，本年度解放区没有举行纪念活动。红色与左翼阵营主要以香港为中心，同时向京沪辐射。4月21日，居于香港的郭沫若作《我再提议改订文艺节》，刊于5月4日香港《华商报》。文中指出："把五四定为'文艺节'，认真说把五四的意义缩小了。""五四的重大课题，科学与民主，反帝反封建，文艺家也担负不完，不能包办。""因此，我再郑重提议，改选五三为文艺节，五四请还原为五四吧！"5月1日，郭沫若作《庆祝"五四"光复》，刊于4日香港《华商报》。文中写道："今天我们要纪念'五四'，纪念'五四'的光复，我们就得加紧来完成'五四'所给与我们的课题。""'五四'要我们反帝反封建，今天我们依然要反帝反封建，而且得更紧。""'五四'要我们欢迎科学与民主，今天我们依然要欢迎科学与民主，而且得更紧。""课题虽然还没有完卷，但经过了二十九年的努力，课题的解答，是已经达到核心的阶段了。"同日，当时亦居于香港的茅盾所撰《反帝、反封建、大众化——为"五四"文艺节作》刊于新加坡《风下》周刊第124期，亦载香港《文艺生活》海外版第3—4期。文章云："我们现在的文艺应当作为反帝反封建的思想斗争的一翼,配合全国的民主运动,彻底完成民族独立解放的伟大任务!"文学作品的"大众化不但要用大众的语言,站在大众的立场,而且要表现大众——不是命运操纵在别人手里的大众,而是自己掌握自己命运的大众"。4 日,郭沫若、茅盾、沈志远、廖沫沙、夏衍等 64 位文化界人士联名撰写《纪念五四致国内文化界同仁书》,响应中共中央关于建立联合政府的号召,呼吁广大知识分子团结起来,为建设新中国而奋斗。同日,茅盾《知识分子的道路》刊于中华全国文艺协会香港分会编的《庆祝第四届五四文艺节纪念特刊》,文中强调:"今天来纪念'五四'重要的意义,我以为就在它指出了知识分子的道路不能离开人民的大路。"6 日,香港中共机关刊物《群众》第 2 卷第 17 期刊有荃麟《"五四"的历史意义》。以上大致代表了红色阵营以及左翼作家、学者的主流观点。在北京,北大学生自治会刊物《北大半月刊》与燕京大学新闻学系燕京新闻社主办的《燕京新闻》都发表了相关纪念文章。5 月 1 日,《北大半月刊》第 4 期刊出了"五四特大号",载有张申府等《五四谈片》、楼邦彦《我们不能失败》、王铁崖《五四运动与新五四运动》、张奚若《五四运动的将来》、张东荪《从社会学家历史学家的话说起》、吴恩裕《论政治的渗透性及对政府应持的态度》、镜台《五四纪念与北大师长》、郭沫若《我再提议改订"文艺节"》、顾学彝《纪念文艺节话学潮》等文。张奚若明确宣布:"今后中国社会改革运动在思想方面的第一任务,便是对于将近三十年前的五四运动给以重新估价,取其有长久价值的地方而弃其已经失掉时代性的地方。须知世界是进步的,在实际和思想的领域里,马克斯和列宁早已代替了服尔太和卢梭。这并不是要趋时髦,也不是认为凡是最新的都是最好的,这不过是没有偏见,正视现实的人无法避免的一个结论。"张东荪也认同"五四"的反帝反封建意义:"我近来看中国近四五十年的历史却另抱一种眼光。我以为五四事件不是单独的,不能单独来估价。原来中国自辛亥以前起,由清末以迄现在,乃只是一个革命","现在流行的术语所谓反封建反帝","反封建就是经济解放;反帝就是民族独立。而所以致此却必用一种方法或途径:那就是民主。所以可以说,自辛亥起,中国的根本要求是民主,而民主即含有反封建反帝在内"。3 日,《燕京新闻》第 14卷第 26 期刊出林纯《把科学交还人民》、茅盾《知识分子的道路》两文,明确指出知识分子的前途就是"走向人民"。无论是《北大半月刊》《燕京新闻》着意发表郭沫若、茅盾等的文章及其左翼观点,还是张奚若、张东荪的思想的明显左倾化,都反映了在国共决战的关键时期当时中间派人士与媒体为适应形势发展的新变化,作出了切合时代方向的新选择。较之胡适在 5 月 4 日前后布置北大举办庆祝五四运动 29 周年系列活动,旨在通过对五四运动"是一个新思潮新文化的运动"的重新定位,并将后来"格外加强了"的政治性内涵剥离出去,正好往相反方向推演和发展,由此亦可证即便是作为北京大学校长、学界领袖的胡适也已无法改变或抑制左翼群体的主体意志以及整个学界群体的左倾化。在上海,郑振铎《"人"的发现——为纪念"五四"作》刊于 5 月 4 日上海《新民报晚刊·夜光杯》,文中指出:"'五四'到今日,已经三十年了,固然不能说没有什么成就,而无知的封建的非人的阴云,还重重叠叠的弥漫在天空。有'人'格,有'人'味儿的中国人,还该一息不懈的争斗下去,直到扫除尽了一切非'人'的东西为止。"同日,全国文协为纪念"五四"、"五四文艺节"和文协 10 周年,在上海特别编印《五四谈文艺——文协十周年暨文艺节纪念特刊》,其中《我们的话》栏标题下刊有郑振铎、景宋等 44 人的短论,以及田汉《风雨五四》、周建人《五四与科学》、胡风《以〈狂人日记〉为起点》等 10 篇纪念文章。郑振铎的感言云:"五四运动是一种启蒙运动,以要求民主与科学为口号。到了今天,这个启蒙运动还不曾完成。文艺工作者们在这个运动里将怎样的尽自己的那一份任务呢?"同在 5 月 4 日,马寅初在上海工商专科学校"五四"纪念会发表《五四感言》演讲,后刊于《展望》周刊第 2 卷第 3 期。作者指出:"青年学生在过去、现在甚至于未来,他们总是站在时代洪流的前端,站在救国救民的最前线,勇敢地抱着自我牺牲的精神,去追求伟大的真理——建造人类永远的和平与安定。""有人说'凡是压迫人民的政权,对外一定与帝国主义相勾结'。袁世凯虽然死了,但袁世凯的遗风犹存;日本帝国主义虽然倒了,而来了一个侵略手段更高明的帝国主义。统治者以得外援而感奋,老百姓却在这种'加惠'之下,沦入失业、饥饿、炮灰甚至求生不得求死不能的地步。历史能增进人民许多认识与经验。从前曾参加过轰轰烈烈革命队伍的人,而今有许多却跟不上时代了。春秋之笔是无情的,二十九年前的青年男女,现在都作了孩子们的父母,而刚出生的婴孩,今日是他年革命队伍的中坚分子,所以说:白首的中国渐渐衰去,新生的力量永续的滋长。"同样,原先主张中立的《大公报》也发生了明显的变化。4 月 29 日,上海《大公报》社在八仙桥青年会召开第 20 次时事座谈会。座谈会的主题是《德先生与赛先生》,应邀出席者有郑振铎、任鸿隽、蔡尚思、林同济、张志让、黄炎培、周建人、卢于道、吴耀宗、沈体兰、杨晦、夏康农等人。实际上这也是一次五四纪念会暨五四精神研讨会,与会者集中表达了对民主、科学在中国的现状颇多不满的意见。5 月 3 日,上海《大公报》刊登《德赛两先生座谈会》,"编者按"称:"尽管今天有三千人在南京开国大,但民主实不景气,科学方面虽较五四时代进步很多,但还难令人满意",因此,举行这场座谈,"今后我们的途径是什么,我们怎样的努力,给下一代的青年以正确的指示"。4 日,上海《大公报》发表蔡尚思《科学的民主与民主的科学》。同日,天津《大公报》刊登社评《五四文艺节感言》、秦天民《怀念蔡孑民先生》、叶景莘《五四运动何以爆发于民八之五月四日》、《纪念五四:北大民主广场》、沙克拓《纪念五四,改造自己》、周华《从五四谈知识分子》、康迪《跨过五四》。8 日,上海《观察》第 4 卷第 11 期刊登许德珩《"五四"二十九年》,以重提"五四"运动期间学生"那种团结互爱、敢于担当的精神""先生们不畏强暴爱护青年的精神",以及"代表我可举当时的北大校长蔡孑民先生",力挺当时风起云涌的新一轮学潮运动,同样可见中间派左倾化的明确信号。此外,还要提到雷海宗 5 月 7 日在其主编的北京《周论》第 1 卷第 17 期发表的《五四献言》,文章认为,就动机与结果言,五四运动有双重的意义:一为爱国运动,一为新文化运动。"五四之后,是我们彻底近代化运动的开端,今日全国公认的建国需要,就是学理的新文化运动的具体化的表现。文化的巨流,曲折甚多,外相时变,但内里的线索是恒久的。我们纪念五四,须认清它的恒久部分,各尽所能,完成五四一代留给我们的重大使命。"比较而言,此文具有较高的学术含量。关于学术著作方面,华岗将过去撰写的《中华民族解放运动史》一书中的《太平天国革命》和《五四运动》两章,扩充改写成《太平天国革命战争史》和《五四运动史》两本专著,经林默涵介绍交海燕书店出版。后书是第一部用马克思列宁主义的观点系统论述五四运动的专史。

4. 关于鲁迅逝世 12 周年的纪念与讨论。侯外庐所作《鲁迅与中国传统思想》刊于 9 月 22 日香港《文汇报》1948 年第 2 期第 7 版"新思潮"栏目。20 日,所作《"锲而不舍"——解鲁迅"韧"性战小论》刊于香港《文汇报》。27 日,所作《鲁迅其名索隐》刊于香港《文汇报》。据侯外庐《韧的追求》(生活·读书·新知三联书店 1985 年版)回忆:"一九四八年我写《鲁迅与中国思想传统》《鲁迅其名索隐》时,主要意图是论证,同其他一切政治家、思想家一样,鲁迅的知和行,本身也是一个过程,能够反映本世纪前期中国历史的变迁。鲁迅的伟大,在于他能认识无产阶级肩负领导中国民主革命使命的历史必然性,能随同历史步伐相依前进。"
"中国近代思想的终点和现代思想的起点,都体现在鲁迅思想中。""我在鲁迅思想研究中汲
取到的力量,对我毕生的事业都有激励作用。作为一个马克思主义信仰者,宣传马克思主
义,坚持以马克思主义指导中国学术的研究,需要理论勇气。……鲁迅先生的韧的精神和
风范,是我最敬仰的一种中国风格的战斗精神,一种所不能至,心向往之的风范。"9 月,茅盾
作《鲁迅的小说》,刊于 10 月 1 日《小说》月刊第 1 卷第 4 期,云:"正因为在鲁迅前期的思想
中,进化论而外,还有他的人道主义,而这成为他那时控诉'人吃人'社会制度的立场,故而
他的前期作品(小说)和巴尔扎克、狄更司、托尔斯泰的'批判现实主义'颇不相同,而应当和
高尔基的早期作品相比较;也就是从这一点来看,我们有理由说它是中国的社会主义的现
实主义文学的先驱。""从《狂人日记》到《离婚》,不但表示了鲁迅思想的发展道路,也表示了
他的艺术成熟的阶段。《祝福》《伤逝》《离婚》等篇所达到的艺术高峰,我以为是超过了《阿
Q 正传》的。"10 月 19 日下午,郭沫若往六国饭店,主持文协香港分会举行的鲁迅先生逝世
12 周年纪念茶会,并致辞说:"鲁迅先生给予我们的指示,示范,最为广泛,深切,值得大家全
诚学习。""最好的是牢牢记住他的二句诗:'横眉冷对千夫指,俯首甘为孺子牛'。这二句诗
包括了鲁迅的整个思想和精神""表现了他的战斗精神和他的爱""可说是毕生战斗与自我
批判的生活实验中得来的精粹""纪念鲁迅先生,要学习他为人民服务的精神,对反动力量
永不妥协的精神,自我批判,自我教育的精神"。从一年一度的纪念活动到鲁迅精神的不断
重释,这是对纪念鲁迅的深化。

　　5. 关于美国重扶日本的论争。1 月 21 日,胡适写信给武汉大学校长周鲠生,谈对国际
形势的看法,此信后来在报上发表,题为《国际形势里的两个问题》。信中否认英美有重新
扶植德、日侵略势力的意图,认为"战后的苏联可能是一个很可怕的侵略势力"。此信在报
上发表,引起许多人的反对。周鲠生即不尽同意。其他还有许多人,或写信,或发表文章,
表示不赞成胡适的说法。但青年党领袖曾琦却两次发表谈话,赞成胡适的观点。雷海宗连
续撰写了《认识美国对日政策的一贯性》《再认识美国的对日政策》《反美扶日运动与司徒大
使发言》等文章,先后刊于 4 月 9 日《周论》第 1 卷第 13 期、6 月 4 日北平《周论》第 1 卷第 21
期、6 月 18 日北平《周论》第 1 卷第 23 期。上述三文的主要观点是对胡适《国际形势里的两
个问题》进行呼应,也有为美国大使司徒雷登辩护之意。但当时学界更多的是持反对意见。
2 月 23 日,郭沫若作《驳胡适〈国际形势里的两个问题〉》,刊于 3 月 1 日《光明报》半月刊新 1
卷第 1 期,又载 3 月 6 日《时代》第 9 期,以及《现实文摘》第 2 卷第 2 期。文中抨击胡适"把
美国塑成为了一尊'和平女神',而把苏联影射成了一个魔鬼",并用大量事实还美、苏以本
来面目,说:"然而,我也不相信'历史要重演',第二次大战后的人民力量已不同于第一次大
战后的往日了。各国的人民已经有充分的力量来解决自己的和世界共同的各种问题。"这
是"历史发展的必然,谁也不能把它扭转"。2 月 25 日,马叙伦撰《论胡适给周鲠生的一封
信》,刊于《群众》第 2 卷第 7 期,文中结尾强调:"胡适仗了他曾是新文学运动的提倡者之
一,还有迷信他的;写文章也有些技巧;被美国的侵略主义者和中国的反动政权选中了他做
宣传的喉舌,像这篇文章,看他那'狐媚偏能惑人'的技巧,很可以叫人们暗暗地上了钩,所
以我不得不痛辟之。"3 月 12 日,郭沫若作《为美帝扶日向爱国侨胞呼吁》,刊于 4 月 5 日香
港《自由丛刊》第 13 种《美国扶日亡华大阴谋》。15 日,又作《打破美帝的扶日奴华计划》,刊
于香港《现代华侨》半月刊 20 日第 1 卷第 9 期。7 日,郭沫若与李济深、何香凝、沈钧儒、蔡

廷锴、谭平山等 12 人联名发表《反美扶日宣言》于香港《华商报》,谴责司徒雷登"强为扶日措施作辩护",表示"誓愿与全国同胞再接再厉,以自卫答复侵略"。24 日,郭沫若与胡愈之、翦伯赞、沈钧儒等香港九龙各界爱国人士联名发表声明于香港《华商报》,反对美帝扶植日本,痛斥司徒雷登对我爱国学生反美扶日运动的诬蔑。28 日,郭沫若应《华商报》邀请,参加"美帝扶日复兴的现阶段"座谈会。发言以《美帝扶植日阀,恢复侵略势力》为题发表于 7 月 7 日香港《华商报》。此外,相关著作则有:吕煊著《反扶日论》(上海新知书店)、新华社编《美帝扶日真相》(陕北新华书店)、香港各侨团反对扶植日本工业复兴运动大会编《反扶日运动文件选辑》(编者刊行)。与此同时,反对美国扶植日本军国主义也逐步演化为一种政治运动。5 月 4 日,上海各大中学学生 15000 多人在交通大学集会,反对美国扶植日本,宣布成立"上海市学生反对美国扶植日本抢救民族危机联合会"。南京大中学生联合召开纪念五四 29 周年大会,发表《纪念五四、保障人权、保障教育、抢救民族危亡宣言》。北京、天津、广州、昆明等十几个城市大中学生纷纷举行罢课,同文化界、新闻界和其他各界人士一起,开展反对美国扶植日本侵略势力复活的爱国运动。从上海、北平的学生大示威开始,许多大中城市的学生也举行了罢课和游行,许多教授学者、社会名流、工商业者以至属于国民党的有些机构和人物也加入了斗争行列。同月,中国学术工作者协会总会分会留港理事郭沫若、马叙伦、马鉴、陈君葆、陈其瑗、沈志远、翦伯赞、邓初民、叶启芳、宋云彬、狄超白、林焕平、胡绳、千家驹、邵荃麟、刘思慕、曾昭抡、曾昭森、侯外庐等,为反对美帝扶日侵华,响应中共五一口号,发表声明。6 月 3 日,上海各大学 3 万余学生举行抗议美国扶植日本威胁中国的示威大会。其后,全国各地高校掀起反美抗日的爱国运动。4 日,美国驻华大使司徒雷登发表声明,对中国学生反美扶日的爱国运动横加干涉。6 日,北平、天津 10 所大学学生自治会,为抗议美国扶植日本侵略势力及美国大使司徒雷登干涉中国内政发表声明,并举行爱国示威游行。11 日,中央大学、金陵大学学生自治会发表联合声明,广州中山大学等校 2800 余名学生发表联合声明,驳司徒雷登的声明。12 日,北大、清华、燕京、师院四院校教授费孝通、许德珩、吴晗、袁翰青等 437 人联合发表《为反对美国扶日致司徒雷登书》。18 日,北平市各大学教授吴晗、朱自清等 100 多人发表宣言,抗议美国扶植日本,表示宁愿饿死,拒绝领取"美援"面粉。7 月 2 日,郭沫若与茅盾、欧阳予倩、柳亚子等 195 位留港文艺工作者联名在香港《华商报》发表反美扶日宣言。这一政治运动的高涨即是对胡适观点的回应与反击。

　　6. 关于乡村实验运动的商榷。8 月 25 日,千家驹在《申报月刊》第 3 卷第 10 号上发表《中国农村建设之路何在——评定县平教会的实验运动》,对晏阳初领导的定县平教会作了这样论述:首先,认为在平教会的实验运动有值得肯定的地方。"惟定县平教会的实验与邹平的乡村建设,则他们都有较悠长的历史,都有身体力行的领袖,不仅是这样,他们还有一贯的理论系统,有整套的哲学基础,深信这种工作可以解决中国的农村问题,或甚至整个的中国社会问题。"但同时提出"究竟他们的理论与实际对不对? 他们是不是真正透视了中国社会问题的本质而为针对着中国病症所下的良药? 这些都是每个关心中国农村前途者所应深思熟虑的问题"。文中重点质疑和批评了定县平教会的实验运动的"乌托邦"性质,不能真正解决中国农村问题:"一言以蔽之,他们要从撇开中国根本问题,以谋解决中国根本问题之一夹道中去找出路。这结果是没有不碰壁的,上面李景汉先生所述定县农民的破产化已经可以给我们作一最好的证明。其实,不要说社会的根本问题,即连小小的社会问题,亦不能用他们的'四大教育'来解决,我们还可以找出别的证据来。……由于上几个简单的事实中,我们可以看出平教会的工作实包含着一个不能解决的矛盾。他们想不谈中国社会之政治的经济的根本问题,但他们所要解决的却正是这些根本问题,他们不敢正视促使中国国民经济破产农村破产的真正原因,但他们所要救济的却正是由这些原因所造成的国民经济破产与农村破产。"最后,作者声明其批判仅限于平教会之把平民教育工作评价得太高,以及他们对于中国社会认识之根本错误一点而已。"至于定县实验运动之全部,我是丝毫没有菲薄之意的,反之,他们工作的精神,以及他们肯把目标自大都市移到乡村,这些都值我们深切的同情。他们整个的哲学虽不免于错误,但实验工作中之某几部分,特别是保健制度与平民读物等等确已变得极大的成功,值得我们推广到别的乡村去实行。但如果以为这种局部的技术上面的成功,就足以解决中国农村问题,而'使农村复兴得到具体进行之方案,使国家得到一基本建设的新路',那无疑地是一种新的乌托帮（邦）了。"平心而论,千家驹上述意见的确是击中要害的,谈得很到位,也很中肯。

　　7. 关于现实主义的论争。这是发生在左翼文坛内部的论争。先是 3 月 1 日,香港《大众文艺丛刊》创刊,对胡风的文艺思想作集体批判。5 月,时任新华社香港分社社长乔木（乔冠华）在《大众文艺丛刊》第 2 辑发表《文艺创作与主观》一文,从五个方面批判胡风的文艺思想:"文艺究竟是表现什么的""文艺创作从哪里开始""作家怎样才能和人民结合""作家如何才能创造出比现实更高的艺术""作家应如何进行改造"。文中不仅指出了"例如抗战初期,就出现过这样的论调:到处都有生活,不管是前线和后方,当前问题的重心不在于生活在前线和后方,而是在于生活态度""这种思想好像是为了知识分子如何和人民结合的课题而提出的,但实际上它取消了和人民结合这一基本命题";而且还批评了胡风把创作过程神秘化,提倡"精神重于一切"的做法,并且给胡风戴上了一顶"主观唯心主义"的帽子。据乔冠华自述（章含之等著《我与乔冠华》）:"党内的同志对胡风的一些思想有意见（这是第二次争论）是由来已久的。在重庆的抗战时期,胡风的思想更加发展了,更加明朗了,那么这种不同意见实际上不仅是在香港、在上海、在许多地区都存在着的。我们党内在香港的一部分同志,就发起批判胡风过分强调所谓主观战斗精神的思想。"胡风为回应香港《大众文艺丛刊》的挑战,与同受批评的路翎分别撰写了《论现实主义的路》与《论文艺创作底几个基本问题》。路翎《论文艺创作底几个基本问题》放言"知识分子的革命性",却把徐志摩、张恨水、梅兰芳、姚雪垠、吴祖光"之类"或"之流"全部排除在外,强烈的宗派主义情绪淹没了其论述的合理因素。6 月,胡风开始撰写《论现实主义的路》,历时三个月,18 日凌晨 3 时完成正文,又于当天继续撰写《初版附记》,直至 18 日下午 3 时全部完稿。全文长达 6 万字,后由自办的希望出版社出版小册子。这本小册子共分两个部分。第一部分题为《从实际出发》,依次论述了实际和原则、统一战线、战争、高峰低落、思想革命、民主斗争等六个论题,主要总结了从 1935 年到 1945 年这十年间,以民主主义为核心的现实主义思潮与歪曲现实主义的主观主义与客观主义的斗争历程。第二部分题为《环绕着一个理论问题》,依次论述了海格尔的鬼影、从鬼到人、关于作家——创作的人、关于形象——创作对象的人、几个具体的论点等五个论题,主要是从哲学与美学的角度,追溯了主观主义与客观主义文艺观的理论来源,阐明了必须从具体的历史条件和人物出发,深入现实与现实打成一片的现实主义原则。作者较为详细地论述了现实主义的若干理论问题,其中不少观点具有超越当时左翼文艺理论中的创新性。与此同时,胡风对舒芜在这场反击"港派"的战役中表现消极极为不满。其实舒芜面对当下"胡风派"与"港派"的论争有意避战。这次论争实已预示了次年胡风在筹备首届文代会的边缘化以及建国后的悲剧。

8. 关于《水经注》的论争。胡适 6 月 23 日致函任职于北平研究院史学研究所的钟凤年,继续讨论《水经注》案。胡适信中主要强调说,校勘学者努力的目标,都是"要写定一部最可读又最可信赖的标准本子",但写定的方式却可各不相同,意在说明:戴震自刊本无校语,不说明校改的根据,未为不可;而赵一清作详细校记,亦不能做到"著厥从来""各具本元",有时反而造成错乱。7 月 7 日,胡适又有信给钟凤年,对钟氏治学态度与方法大概批评甚厉。钟凤年不接受,批谓:"此示不免言重,无保存必要,谨以缴还。"可推想钟凤年动气的程度。为缓和气氛,胡适于是日再致一信,平心说理。8 日,钟凤年致信胡适,较系统地申明自己于《水经注》案的基本见解,说:"公既以审判赵、戴公案者自居,则于两造之陈词,似宜尽量垂听,是非曲直方得平允。凤虽为同意张穆一派言论者,然亦非无故盲从之徒。如王静安谓戴私改《大典》,即以为罗致太过。再则,论此公案,与求郦书之进步无干。所以两次发表之拙作,三百余条内涉及公案者,只上册有四条而已。盖即不欲以弦外之音招不必要之辩论也。不过近百年来,既有此一场纠纷,正文之外,亦不妨本个人意见而自由讨论之。盖此究乃研究学术,经一番切磋,始有一番进步,颂扬附和似无益于盛业也。"然后列出几点不同意见,请胡适平心思量。11 日,胡适复信钟凤年,说:"先生说我前函是'老拳',言重言重! 我知罪了。"接着说:"我决不要任何人'颂扬附和',我也决不梦想'将来无人能作异辞'(此是决不可能的)。不过我确感觉语言文字均不够改变朋友的成见,辩论徒伤感情、往往不能收效果,故欲避免继续辩论耳,无他意也。"信中又说,来信所提出各点,以前均已说过,或均已细想过,所以"我现在对于先生比勘的百千条同异都毫不感觉兴趣,因为这些比勘我在海外都想过了"。两人争议到此告一段落。9 月 1 日,胡适出席北平市记者公会举行的记者节大会,演说中谈他治《水经注》案的情形,说他 5 年来看了 60 种不同的本子,宣称有充分的证据,才可下判断,治学应循"勤、谨、和、缓"的原则,证据不足时,宁可悬而不断。新闻记者写报导和治考据学一样,也应审慎,力求避免政治偏见、党派偏见和正义的火气。要笔下超生,刀下留人。这其实也是对上述论争的回应和小结。

9. 关于钱锺书《围城》的论争。钱锺书《围城》于上年出版后,引起强烈反响,有称赞,有喜爱,也有谩骂和攻击。2 月 25 日,署名方典的《论香粉铺之类》刊于上海横眉社编辑出版的《横眉小辑》第 1 辑。文章批评《围城》"有的只是色情;再有,就是雷雨下不停止似的油腔滑调的俏皮话了""作者对于女人无孔不入的观察,真使你不能不相信他是一位风月场中的老手,或者竟是一个穿了裙子的男人! 他在他的小说中,闯进了女人的闺房,翻动了她们的床褥,检阅了她们的全身,甚至描写到她们的每一个毛孔! 总之这篇小说在这方面研究的周到,精细、入微,简直可以当作这类玩意的百科全书来读!"7 月 1 日,署名无咎的文章《读〈围城〉》(《小说月刊》第 1 卷第 1 期),也对《围城》提出了严厉批评。11 月 27 日,面对一些胡言乱语式的攻击谩骂,钱锺书的旧相识新相知郑朝宗感到气不过,便在厦门写了《"围城"与"Tom Jones"》一文,以"林海"的笔名刊于《观察》周刊第 5 卷第 14 期。文中说:"《围城》单行问世以来,给我们寂寞的文苑添了不少的声色。它在过去一年里面所受的'谴责'和'赞美',如果全体搜罗起来,大约总可编成一巨册的。"郑朝宗指出,《围城》与十八世纪英国小说家享利·菲尔丁的杰作《汤姆·琼斯传》最为近似,认为《围城》是一部彻底的人性大观,并且最早认定这是一部"学人小说"(有人错以为这是夏志清最早提出的)。钱锺书起初并不知道此文是谁写的,后来知道是"清华曾共学"的郑朝宗所为,十分高兴,说他是小说的"赏音最早者"。

10. 对朱自清的深切缅怀与高度评价。朱自清8月12日病逝的噩耗传开之后,在学术界产生了巨大的冲击波,这缘于朱自清本人的高尚人品、学术成就与英年早逝。同日,上海同仁得知朱自清在北平病逝,极为悲痛。13日,王伯祥在日记中写道:"佩弦已于昨日午前十一时病逝院中。晨间于报端得此讯,为之惊愕难任。因与圣陶、予同、雪村、洗人、西谛、绍虞、彬然、调孚、芷芬、龙文等联名电唁其家属,由稚圃代表临奠。"郑振铎并与叶圣陶、俞平伯等商量负责收集朱自清遗著,准备为他出全集。14日,郑振铎为《文艺复兴》"中国文学研究号"(上)所作的《题辞》最后写道:"正当本册付印时,我们得到了朱自清先生的噩耗。这似一声霹雳,把编者震得呆住了。朱先生对于这个'专号'帮助极多。他是编者三十年来的好友,研究的方向相同的很多。他的逝去,不仅是青年们失去了一个良师,中国文坛里失去了一个巨人,中国文学研究者们失去了一个好的指导者,同时也是苦难的中国,失去了一个最有良心的好人和学者!谨以本'专号'献给朱先生之灵!"15日,《申报·文化界小新闻》报道:"朱自清病逝消息传沪,沪上文艺界同声哀悼,上海作协及郑振铎、叶绍钧等,均去电吊唁,北平《中建》月刊、上海《文讯》等刊物下月份将编刊纪念专号,朱氏遗集亦已有人建议筹编出版。"16日,清华大学在同方部举行朱自清追悼会。上午9时,各团体举行公祭。梅贻琦、冯友兰、汤用彤、俞平伯、朱光潜、沈从文、吴泽霖、余冠英等教授、学者、学生、工友约五六百人参加了公祭。10时55分,追悼会开始。清华大家唱合唱团齐唱挽歌。追悼会主席冯友兰致悼词,浦江清介绍朱自清生平,梅贻琦校长、清华学生代表、北京大学教职员代表罗常培、燕京大学校长陆志韦等人致悼词。此时,朱自清治丧委员会决定整理出版《朱自清全集》,并成立了由浦江清任主编,叶圣陶、郑振铎、吴晗、俞平伯、李广田、王瑶、余冠英、徐调孚、季镇淮和陈竹隐任编委的全集编委会。17日,叶圣陶致书吴辰伯,谈开明书店决定出《朱自清全集》事。同日,郑振铎作《哭佩弦》,刊于9月15日《文讯月刊》第9卷第3期"朱自清先生追念特辑",文中述叙了朱自清认真、持重、艰苦、正直的一生。20日,《时与文》第3卷第18期发表徐中玉和冯契的纪念朱自清文章。同日,《新民晚报》发表臧克家、袁鹰、胡霍等人的纪念朱自清诗文;《中建》第3卷第6期(北平航空版第3期)载有该刊撰《朱自清先生传略》、清华文艺社《痛悼我们的导师》、闻家驷《一个死不得的人》、吴晗《悼朱佩弦先生》、林庚《悼佩弦先生》、冯至《朱自清先生》等文。21日,北平学生拟于本日在北京大学"民主广场"举行有广大青年学生参加的大规模追悼会,但此时国民党当局在报纸上发表了数百人的"黑名单",同时派军警包围各大学,按名单搜捕进步学生,发动了"八一九"大逮捕,由于时局空前险恶,追悼大会被迫取消。同日,《大公报》副刊《文艺》第128期发表王书衡和青勃的纪念朱自清诗文。在此前后,《大公报》副刊《大公园地》发表纪念朱自清文章多篇。23日,《民国日报》副刊《文艺》第140期设"追悼朱自清先生特刊",发表朱光潜、俞平伯、常风的纪念朱自清文章。同日,郑振铎作《悼朱自清先生》,刊于9月1日《中国建设》第6卷第6期。此后《文艺》副刊第142—144期又发表罗念生、萧望卿等人纪念朱自清诗文多篇。24日,《新生报》副刊《语言与文学》第98期设"朱自清先生纪念专号",发表王瑶、许维遹、李广田、林庚、郭良夫和余冠英的纪念朱自清文章。此后该副刊又陆续发表纪念朱自清文章。27日,《大公报》副刊《时代青年》第40期设"纪念朱自清先生特刊",发表王瑶、范宁、祖国藩、向达等纪念朱自清诗文。28日,《新路》第1卷第16期发表杨振声、沈从文纪念朱自清文章。29日,《申报·文化界小新闻》报道:"本市文艺界人士为纪念朱自清起见,建议推请俞平伯、郑振铎、叶圣陶等,搜集朱氏遗著,编纂全集。预计下月可开始筹备。"30日下午,全国文协和上海清华同学会假址上海花旗银行大楼联合举行朱自清先生追悼会。朱自清生前友好、学生和文化教育界人士百余人参加了追悼会。叶圣陶、清华同学会代表、顾一樵、胡风、李健吾、杨晦、许广平、熊佛西、陈望道等人分别致词。郑振铎送挽词:"呜呼!君虽死于病,实死于贫与愁,一代学人竟贫愁以死。君不负所学,国实负君,呜呼!"31日,《新民晚报》设"追悼朱自清先生特辑",发表曹靖华、穆木天、陈钟凡、姚雪垠、董每戡等人纪念朱自清诗文。此后,该报又陆续发表纪念朱自清文章。9月1日,《北大半月刊》发表吾言、向达等人的纪念朱自清文章。同日,《中学生》9月号发表圣陶、虞藉等人的纪念朱自清文章。此后,该刊又陆续发表纪念朱自清文章。5日,《中建》第3卷第7期(北平航空版第4期)发表王瑶、渐离、俞平伯、杨振声、李广田、郑昕、冯雪峰、游国恩等人的纪念朱自清诗文。此后,该刊又陆续发表闻家驷、李广田等人的纪念朱自清文章。9日,茅盾《悼佩弦先生》刊于香港《文汇报》,文中认为朱自清如古人所称"盛德君子无疾言厉色",他取字"佩弦",似乎"自感秉性舒缓,可是多少登台演说,慷慨激昂者,其赴义之勇,却远不及朱先生"。他的著作不多,但"都是经得起时间的考验,在新文艺史上卓然而有其地位"。同日,《西方日报》发表萧离、志和、宛延的纪念朱自清文章。10日,《国文月刊》第71期发表王瑶、吴晓铃、《国文月刊》编者的纪念朱自清文章。其中王瑶《朱自清先生的学术研究工作》更多是从"一位有精湛研究和贡献的学者"的角度介绍其学术研究上的贡献及特点。吴晓铃《佩弦先生纪念》引冯友兰在朱自清的火葬场上所说:"清华大学的中国语文学系在闻先生和朱先生的领导之下,刚刚摸索出来一条应该走的途径,他们就都先后地去了。这是多大的一个损失!"此后,该刊又陆续发表纪念朱自清文章。12日,《华北日报》副刊《文学》第37期设"朱自清先生纪念专号",发表何善周、余冠英、俞平伯、叶雅等人的纪念朱自清文章。在此前后,《华北日报》副刊《俗文学》发表赵景深、吴晓铃等人的纪念朱自清文章。15日,《文讯》第9卷第3期设"朱自清先生追念特辑",发表《文讯》编辑部、王统照、郑振铎、冯至、叶圣陶、许杰、青勃、李长之、王瑶、杨振声、刘北汜、徐中玉、牧野、穆木天、郑敬之、任钧、杨晦、郭绍虞、魏金枝、吴组缃、余冠英、朱乔森、渐离等人的纪念朱自清诗文。26日,《西方日报》设"朱自清先生追悼会特刊",发表俞平伯、缪钺、李广田、杨振声、徐中舒的纪念朱自清文章。29日上午10时,朱自清生前友好在南京文化剧院举行朱自清追悼会。顾一樵、张道藩、胡秋原、马星野、叶公超、胡适等人相继致词。出席追悼会的还有段锡朋、李惟果、狄青、周鸿经、杭立武、郑颖孙等。同月,《开明》新7期发表李广田、朱光潜、一忱等人的纪念朱自清文章。10月1日,《文潮月刊》第5卷第2期设"朱自清纪念特辑",发表陈竹隐、俞平伯、谢冰莹、朱采芷、谈宜等人的纪念朱自清诗文以及叶圣陶等人在上海朱自清追悼会上的讲话。同月,《文学杂志》第3卷第5期设"朱自清先生追念特辑",发表浦江清、朱光潜、冯友兰、俞平伯、川岛、余冠英、李广田、马文珍、杨振声、林庚、王瑶等人的纪念朱自清诗文。在朱自清不幸病逝之后,有如此广泛、持续、真挚的哀悼与缅怀确不多见。

　　本年度出现了一批聚焦于重要学术论题与学术史论的论著,前者主要有:陶大镛著《新民主国家论》(上海世界知识社),张其昀等著《现代思潮新论》(上海正中书局),孙本文著《当代中国社会学》(上海胜利出版公司),钱健夫著《中国社会经济史上的奴隶制问题》(上海商务印书馆),刘节《历史论》(南京正中书局)、《中国古代宗族移植史论》(南京正中书局),黄文山著《文化学的建立》(广东广州国立中山大学法学院),朱谦之著《文化社会学》(广东广州中国社会学社广东分社),蔡仪著《新美学》(上海群益出版社),陈东复《谈一个学术出路的难题》(《时事评论》第 1 卷第 19 期),陈友松《对我国学术研究的感想和希望》(《周论》第 2 卷第 10 期),袁伯樵《我国高等教育何以不能负担学术研究的任务》(《大学评论》第 1 卷第 4 期),邵燕平《如何提高本校学术地位》(《自治期刊》第 1 期),姜琦《教育可能成为一种独立研究之科学》(《教育杂志》第 33 卷第 5 期)。孙本文著《当代中国社会学》提出"希望能充分搜集并整理本国固有的社会材料,再根据欧美社会学家精审的理论,创建一种完全中国化的社会学体系"。刘节《中国古代宗族移植史论》提出了一些值得重视的观点,如三皇五帝的传说是古代图腾社会的误传和曲解,儒家言必称尧舜,将尧舜禹时代视为黄金时代是反动的历史哲学;再如古代社会是由图腾社会转变为有姓氏的城邦社会,再由有姓氏的奴隶社会发展为封建社会;又如推动历史发展的是种姓制度及历史以事实为基础但也离不开想象等。作者在"跋"中指出,"这本书并非宗族移植史的全面,而是一部讨论古代宗族史底问题的书,全篇都是考证,但是从这里面,可以发现许多历史法则"。黄文山著《文化学的建立》分文化学建立的可能性、文化与社会的区别、文化与社会能不能分开研究、文化学建立的路向、由文化科学综合的路向建设一般的文化学等 6 章。此外,陈寅恪 8 月在《清华学报》第 14 卷第 2 期发表的《白香山新乐府笺证》谓:"苟今世之编著文学史能尽取当时诸文人之作品,考定时间先后,空间离合,而总汇于一书,如史家长编之所为,则其间必有启发,而得以知当时诸文士之各竭其材质,竞造胜境,为不可及也。"提出了"时空交融"的文学史编纂之新理念。后者主要有:沈志远主编《马克思主义百年纪念》(香港新中出版社),夏炎德著《中国近百年经济思想》(上海商务印书馆),新中华杂志社编《中国传统思想之检讨》(上海中华书局),孙本文著《现代社会科学趋势》(上海商务印书馆),赵迺抟编著《五十年来美国经济思潮的主流——制度经济学派》(北京大学出版部),洪深著《抗战十年来中国的戏剧运动与教育》(上海中华书局),黄文弼著《罗布淖尔考古记》(国立北平研究院史学研究所),陈选善《美国教育的新趋向》(《教育杂志》第 33 卷第 11 期),谢康《民族学及其在中国与法国的展望》(《西大学报》第 1 期),洪焕椿《近代的两个学术大师王静安和章太炎先生》(《读书通讯》第 157 期),蔡尚思《一年来中国学术思想的论争》(《中国建设》第 5 卷第 4 期),郭沫若《一年来中国文艺运动及其倾向》(1 月 7 日《华商报》)。新中华杂志社编《中国传统思想之检讨》主要收录王亚南《论中国传统思想之取得存在与丧失存在的问题》、林励儒《对于传统思想的几种态度》、纪玄冰《中国哲学的主流与逆转》与《先王崇拜与道统观念的内部联系》、嵇文甫《儒家学说的贵族性》等 14 篇论文。书首有金兆梓《我们为什么要做这检讨传统思想的工作》(代序)。孙本文著《现代社会科学趋势》选录《社会科学季刊》《东方杂志》《改造杂志》《半月文选》等期刊上的论文 17 篇,其中有孙本文的《现代社会学的发展与趋势》、吴斐丹的《现代经济学趋势》、吴恩裕的《现代政治思想的趋势》、阮毅成的《现代法学之特征》、金兆梓的《现代史学的特质》、林耀华的《现代人类学的趋势》等。蔡尚思《一年来中国学术思想的论争》从 1946 年 12 月写起,是对过去一年(1947 年)中国学术界思想争论的一个年度回顾,其范围"以关于政治、经济、教育、哲学……各部门的重要思想而有论争性者为限"。文中曰:"这一年来中国学术思想的论争,问题既偏现实,阐明也多详尽,在近代中国学术思想史上是可以占一相当重要的地位的。所可惜的,是有些比较可以代表民间的报章杂志,多在中途停刊;剩下来的,往往千篇一律。只有极少数的报章杂志还表现点言论的自由。我现在多根据此类报章杂志的材料,用历史研究者的态度,来写成这篇历史报告。”
这是一篇年度学术史论文。(以上参见本书“学术背景”“学术活动”“学术论文”“学术著作”“学者生
卒”栏所引文献与出处,以及中央教育科学研究所编《中国现代教育大事记 1919—1949》,教育科学出版
社 1988 年版;王学典《20 世纪史学编年(1900—1949)》,商务印书馆 2014 年版;付祥喜《20 世纪前期中国
文学史写作编年研究》,北京师范大学出版社 2013 年版;中国大百科全书总编辑委员会《中国大百科全
书·考古学》,中国大百科全书出版社 2002 年版;王学珍等编《北京大学纪事(1898—1997)》,北京大学出
版社 1998 年版;清华大学校史研究室编《清华大学一百年》,清华大学出版社 2011 年版;齐家莹编《清华
人文学科年谱》,清华大学出版社 1999 年版;北京师范大学党委办公室、北京师范大学校长办公室《北京
师范大学纪事》,北京师范大学出版社 2012 年版;南京大学高教研究所编《南京大学大事记(1902—
1988)》,南京大学出版社 1989 年版;刘长鼎、陈秀华《中国现代文学运动史》,山东文艺出版社 2013 年版;
胡绍轩《现代文坛风云录》,重庆出版社 1991 年版;艾克恩编纂《延安文艺运动纪盛》,文化艺术出版社
1987 年版;孙国林编著,王佳钰、王增辉校订《延安文艺大事编年》,陕西师范大学出版总社 2016 年版;沈
卫威《学衡派编年文事》,南京大学出版社 2015 年版;吴永贵《民国图书出版史编年:1912—1949》,社会科
学文献出版社 2018 年版;苏国安《南京国民政府时期学校教育政策研究》,河北大学博士学位论文,2010
年;李来容《院士制度与民国学术——1948 年院士制度的确立与运作》,南开大学博士学位论文,2010 年;
陈先桦《1947 年知识界关于胡适“学术独立计划”的论争》,华中师范大学硕士学位论文,2019 年;夏学花
《〈时与文〉知识分子群体对国家出路的探索及历史选择》,复旦大学博士学位论文,2013 年;欧阳哲生《纪
念“五四”的政治文化探幽——一九四九年以前各大党派报刊纪念五四运动的历史图景》,《中共党史研
究》2019 年第 4 期;吴海勇《1928 年至 1948 年〈中央日报〉对五四运动的评论》,《上海党史与党建》2009
年第 5 期;沈卫威《胡适弃校南下与平津学人去留》,《新文学史料》2017 年第 1 期;赵建永《胡适南下时致
汤用彤函考述》,《北京大学学报(哲学社会科学版)》2013 年第 3 期;毛旭栋《中国近代私立高等学校国立
化研究(1919—1948)》,苏州大学硕士学位论文,2022 年;王蕾《北京的物价与社会:1946—1950》,中国
人民大学博士学位论文,2010 年;吴晗《关于朱自清不领美国救济粮》,《科技文萃》1999 年第 1 期;艾治平
《听胡适校长讲演》,《求知导刊》2014 年第 6 期;刘晓《北平研究院的学术会议及会员制度》,《中国科技史
杂志》2010 年第 1 期;戴鞍钢《统一战线的伟力》,《团结报》2022 年 6 月 30 日;宋暖、张阳《1948 年〈大公
报〉关于自由主义的论争》,《求索》2013 年第 1 期;张瑜《解放战争时期自由主义论争及其对中国革命的
影响》,安徽师范大学硕士学位论文,2019 年;陈雷刚《建国前章汉夫在香港的工作经历》,《文史天地》
2015 年第 10 期;陈雷刚《章汉夫在香港》,《党史纵横》2015 年第 7 期)

1949 年　民国三十八年　己丑

一、学术背景

1 月 1 日,新华社发表毛泽东撰写的新年献词《将革命进行到底》,号召全党、全军、全国人民坚决彻底干净全部地消灭一切反动势力,推翻国民党的反动统治,建立人民民主专政的共和国,绝不能使革命半途而废。由此,"将革命进行到底"成为革命人民和军队继续斗争的行动口号。

是日,蒋介石发表《告全国军民同胞书》,承认"戡乱"失败,并说自己愿意向已经解放北方大片领土的中国共产党"求和",但条件是要保存现行宪法,保存中华民国法统,保存国民党的军队,否则,国民政府就要和共产党"周旋到底"。

是日,中国人民解放军北平市军事管制委员会成立,叶剑英任主任。

1 月 3 日,毛泽东为新华社撰写《评战犯求和》的评论,揭露蒋介石的求和是战犯求和,其目的是保存国民党和四大家族的统治法统与统治地位,以及军事力量等。

是日,中共中央发布《关于建立中国新民主主义青年团的决议》,决定在本年夏季召开中国新民主主义青年团第一次全国代表大会,正式成立中国新民主主义青年团,制定青年团的工作纲领、团章,并选举出青年团中央委员会。

1 月 5 日,中国人民解放军平津前线司令部以林彪、罗荣桓的名义发布《告华北国民党将领书》。

是日,上海各国立大学学院校长王之卓、夏坚白、李寿雍、章益等,因各校员工生活艰苦,经费支绌,联名电国民政府教育部辞职。

按:10 日,教育部次长田培林到上海招待 8 位国立大专院校校长,加以挽留。(参见中央教育科学研究所编《中国现代教育大事记 1919—1949》,教育科学出版社 1988 年版)

1 月 6 日,中共中央在河北省平山县西柏坡召开政治局会议。

是日,淮海战役第三阶段开始。

1 月 8 日,中央政治局会议讨论通过《目前形势和党在一九四九年的任务》的报告,重申将革命进行到底的决心,制定了向全国大进军的计划,并提出 1949 年的主要任务。

1 月 10 日,淮海战役结束,从此国民党军已丧失大兵团作战能力。

是日,中国共产党北平军事管制委员会正式接管清华大学。

1 月 12 日,中华全国民主妇女联合会筹备委员会在河北平山县西柏坡附近李家庄成立,蔡畅、邓颖超、李德全分任正、副主任,张琴秋为秘书长。

1月14日,毛泽东以中共中央主席名义发表《关于时局的声明》,批驳蒋介石的元旦求和声明,提出实现和平的8项条件:一、惩办战争罪犯;二、废除伪宪法;三、废除伪法统;四、依据民主原则改编一切反动军队;五、没收官僚资本;六、改革土地制度;七、废除卖国条约;八、召开没有反动分子参加的政治协商会议,成立民主联合政府,接收南京国民党反动政府及所属各级政府的一切权力。

按:此后,围绕和谈的8项条件,毛泽东又先后起草发表了《中共发言人评南京行政院的决议》《中共发言人关于命令国民党反动政府重新逮捕前日本侵华军总司令冈村宁茨和逮捕国民党内战罪犯的谈话》《中共发言人关于和平条件必须包括惩办日本战犯和国民党战犯的声明》等文章或谈话,以揭穿国民党政府的和平欺骗。

1月14—15日,天津解放。

1月15日,中共中央发出《关于接收官僚资本企业的指示》。

是日,中共中央军委进一步作出关于全军组织编制、番号的决定。

1月16日,傅作义将军召集在北平的社会名流座谈谋和问题。胡先骕、徐悲鸿、杨人梗、马衡、郑天挺、叶企孙等20余人应邀参加。

1月19日,中共中央发出《关于外交工作的指示》。

是日,中国人民解放军华东军区颁发《关于起义部队在解放区军属待遇问题的训令》。

1月19—24日,华北解放区第一届学生代表大会在石家庄举行,出席学生代表84人。会议选出了华北大学陈林等11人为华北学联第一届执行委员,正式成立华北学联。

1月21日,蒋介石发表"引退"文告,宣布"于本月21日起,由李副总统代行总统职权"。

是日,民盟总部发表《我们对和平的态度》的声明,响应毛泽东提出的8项和平主张。声明略谓:"实现和平的八项条件,义正词严,充分反映了全国人民的意志。"

是日,合肥解放。

1月22日,李宗仁副总统宣布代总统职,并表示"中共方面所提八项条件,政府愿即开始商谈"。行政院会议决议特派邵力子、张治中、黄绍竑、彭昭贤、钟天心5人为和谈代表,以邵力子为首席代表。

是日,民盟中央常务委员沈钧儒、章伯钧与各民主党派领导人及其他民主人士55人联名发表《我们对时局的意见》,郑重宣布愿意在中国共产党的领导下,团结一致,将革命进行到底,与中国共产党共同建立民主联合政府。

1月26日,中共公布第二批战犯名单,有朱绍良、郭忏、李品仙、董钊、陈继承、张镇、谷正纲、俞大绂、杨森、王瓒绪、陈雪屏、胡适、于斌、叶青等。

1月27日,东北学生在沈阳举行第一次代表大会。沈阳、哈尔滨、长春、辽北、辽宁、松江、黑龙江、吉林等15个省市的代表230人参加。会议总结了3年来东北学生运动的成绩,规定了今后东北学生运动的方针。会上还成立了东北学生联合会。

是日,美国驻华军事顾问团撤离中国。

1月31日,历时64天的平津战役胜利结束。人民解放军开入北平城内,世界驰名的文化古都和平解放。

1月31日至2月7日,毛泽东、周恩来、任弼时等先后与抵达西柏坡的苏共代表、苏共中央政治局委员米高扬举行会谈,阐明中国革命发展形势、新中国的政权性质及内政外交政策,争取苏联对中国革命的理解和支持。

2 月 3 日,中国人民解放军举行隆重的北平入城式。北平各校师生和全市人民一道走上街头热情欢迎中国人民解放军入城。

　　按:随后,北大、清华、燕京等一些学校学生开展学习运动并组成宣传队宣传形势和政策。(参见中央教育科学研究所编《中国现代教育大事记 1919—1949》,教育科学出版社 1988 年版)

2 月 5 日,南京国民党政府行政院迁移广州正式办公。

2 月 6 日,南京政府方面的和平谈判代表团到达北平,张治中为首席代表。

2 月 14 日,上海和平代表团颜惠庆、邵力子、章士钊、江庸及李宗仁的私人代表黄启汉由上海飞抵北平。

2 月 21—23 日,北平市举行第一届学生代表大会。到会代表 103 人,代表北平市大中学校 122 个单位。大会讨论北平学生运动的方针和任务,通过北平学联的组织章程,正式成立北平市学联,选举学联执行委员和出席全国学生代表大会的代表。(参见中央教育科学研究所编《中国现代教育大事记 1919—1949》,教育科学出版社 1988 年版)

2 月 23 日,第一个由中国共产党领导的全国性的出版机构——中共中央宣传部出版委员会在北平正式组建。黄洛峰为主任,委员有祝志澄、平杰三、王子野、华应申、史育才、欧建新、徐伯昕等。

2 月 18 日,中国新民主主义青年团筹备委员会成立,任弼时任主任委员,冯文彬、廖承志、蒋南翔、胡乔木、李昌、宋一平、黄华、杨述、陈家康、荣高棠、陆平、张凡、张育英、高景芝任副主任委员。

2 月 24 日,华北人民政府委员会通过《1949 年华北文化教育建设计划》,提出整顿现有各大学、专门学校、适当扩充,创办各种职业学校和干部学校,大量培养各级学校师资。

2 月 26 日,中国人民解放军平津前线司令部、北平市军事管制委员会、北平市人民政府、中共北平市委员会在中南海怀仁堂举行盛大欢迎大会,热烈欢迎来北平的各民主党派、人民团体及无党派民主人士。上海人民和平代表颜惠庆、章士钊、江庸及邵力子等应邀出席。大会由叶剑英主持,林彪、彭真致欢迎词,李济深、沈钧儒、马叙伦、郭沫若、谭平山、李德全、章伯钧、周建人、朱学范、章乃器等 14 人发表讲演,他们一致主张彻底实现毛泽东主席 1 月 14 日声明 8 项和平条件,坚决在中国共产党领导下将革命进行到底。

是月,由毛泽东亲自谋划、审批并提交至于西柏坡召开的中国共产党七届二中全会,中共中央决定重新编审一套干部必读书目。

　　按:该套"干部必读"书,合计为 12 种:第 1 卷:《社会发展史》《政治经济学》;第 2 卷:《共产党宣言》《社会主义从空想到科学的发展》;第 3 卷:《帝国主义论》《国家与革命》《共产主义运动中的"左派"幼稚病》《论列宁主义基础》;第 4 卷:《苏联共产党历史简要读本》;第 5 卷:《列宁、斯大林论社会主义建设》(上册);第 6 卷:《列宁、斯大林论社会主义建设》(下册);第 7 卷:《马恩列斯论中国》;第 8 卷:《马恩列斯思想方法论》。

是月,因物价飞涨,上海、广州、云南、重庆等地国立专科以上院校教授因难以生活纷纷向当局请愿,提出抗议,要求改善待遇。

3 月 1—6 日,中华全国学生会在北平举行第十四届代表大会。出席代表 202 人。会议通过了《中国学生运动的当前任务》和《中华全国学生联合会章程》,正式成立了中华全国学生联合会,选出刘希圣、黄祖民、程浩、晏福民、陈震中、赵树民、冯彬格、周寿昌等 36 人组成全国学生联合会执行委员会。

按:会议指出:"坚决拥护中国共产党毛泽东主席提出的真正民主和平的八项条件,和中国人民在一起,加紧努力,粉碎美国帝国主义与国民党反动政府的虚伪和平,把革命进行到底,在全国范围内建立新民主主义的中华人民共和国,这就是当前中国学生运动的首要任务。"(参见中央教育科学研究所编《中国现代教育大事记 1919—1949》,教育科学出版社 1988 年版)

3 月 5—13 日,中共中央在河北省平山县西柏坡召开中共第七届中央委员会第二次全体会议。出席这次会议的有中央委员 34 人,候补中央委员 19 人,毛泽东主席代表中央政治局作《在中国共产党第七届中央委员会第二次全体会议上的报告》,报告最后提醒全党要防止骄傲自满、以功臣自居的情绪,停顿起来不求进步的情绪,贪图享乐不愿再过艰苦生活的情绪,警惕资产阶级"糖衣炮弹"的攻击,指出夺取全国胜利只是万里长征走完了第一步,以后的路程更长,工作更伟大、更艰苦,务必继续保持谦虚谨慎,不骄不躁的作风,保持艰苦奋斗的作风。会议集中讨论了党的工作重心由农村向城市战略转移的问题,确定了中共在全国取得胜利之后,在政治、经济、文化方面的基本政策。

按:牛连海等主编《中国革命史专题》(华中师范大学出版社 1988 年版)说:"中国共产党七届二中全会具有重大的历史意义。它为夺取全国胜利和建设新中国作了政治上和思想上的准备,指明了中国实现社会主义的必由之路,提出了党在过渡时期总路线的基本思想,解决了党夺取全国胜利和由新民主主义革命转变到社会主义革命的重大理论和政策问题。"

3 月 5 日,民盟总部由香港迁至北平,正式成立"中国民主同盟总部临时工作委员会",推定中常委沈钧儒、章伯钧为总部临工会负责常委,吴晗、辛志超、沈志远任秘书,同时宣布民盟香港总部即时结束。

3 月 8 日,孙科内阁集体辞职。

3 月 12 日,李宗仁任命何应钦出任行政院院长。

3 月 15 日,新华社发表题为《中国人民一定要解放台湾》的时评。

3 月 18 日,上海出版之《和战》《时局人物》《政治观察》《新时代》《中共内幕》《国情》《时论》《纵横》《透视》《野风》《时局观察》等 23 种刊物被国民党当局取缔,《群言》《中建》《舆论》被勒令停刊。

3 月 19 日,上海市社会局以《展望》杂志第 17 期"言论荒谬,挑拨离间""违反国策"的罪名,发出查封令,查封了该杂志。

3 月 22 日,中华全国文艺协会在北平的总会理事、监事与华北文协理事举行联席会议,决定召开中华全国文学艺术工作者代表大会,推选郭沫若为筹备委员会主任,茅盾、周扬为副主任。同时推选郭沫若、郑振铎、田汉、洪深、曹禺、萧三、曹靖华等 12 人出席于巴黎召开的世界和平大会,并决定将原设在上海的总会迁到北平。

3 月 23 日,毛泽东率领中央机关离开西柏坡,向北平进发。毛泽东对周恩来说,今天是进京的日子,进京"赶考"去。我们决不当李自成,我们都希望考个好成绩。

是日,《世界知识》被勒令永久停刊。

3 月 24 日,中国妇女第一次全国代表大会在北平召开。大会通过《中国妇女运动当前任务的决议》,并宣告成立中华全国民主妇女联合会,选举何香凝为名誉主席,蔡畅为主席,邓颖超、李德全、许广平为副主席。

是日,国民党政府何应钦内阁第一次政务会议决定:组织"南京政府和平商谈代表团",由邵力子、张治中、黄绍竑、章士钊、李蒸等 5 人组成。邵力子坚辞首席代表,后改推为张治中。

3月25日,毛泽东等中央领导人与中共中央机关、中国人民解放军总部进驻北平。北平各民主党派领袖、文化学术界名流以及各界人民代表一千余人到西苑机场热烈欢迎,并随同毛泽东等阅兵。

3月26日,中共中央宣布与国民党反动政府举行和谈的决定。

4月1日,以周恩来为首的中共代表团和以张治中为首的南京政府代表团,开始在北平进行和平谈判。半个月后,双方拟定了《国内和平协定》(最后修正案)。但南京政府拒绝签字,和平谈判破裂。

同日,南京中央大学、金陵大学等11所学校的6000余名学生示威游行,要求南京政府接受中共8项条件,实现真正和平,遭到国民党军警的血腥镇压,酿成"四·一"南京血案。血案发生后,南京、北平、上海、苏州、杭州、武汉、长沙、南昌、重庆、昆明等地大中学生纷纷罢课,游行示威,发表宣言,抗议国民党反动派屠杀爱国学生的罪行。

4月11—18日,中国新民主主义青年团第一次全国代表大会在北平召开,中国新民主主义青年团正式成立。大会通过中国新民主主义青年团的工作纲领与团章,推举任弼时为团中央名誉主席,选举冯文彬为共青团中央书记。

按:会议指出:"青年团的基本任务是在马克思列宁主义与革命实践结合中学习,当前青年团的任务是要把学习和中国人民的总任务恢复与发展生产等密切联系起来。""把城市的文化教育工作恢复、改革和建立起来;使大批学校能为新民主主义社会培养大批有用人才。"(参见中央教育科学研究所编《中国现代教育大事记1919—1949》,教育科学出版社1988年版)

4月16日,南社成立40周年纪念会于北平中山公园来今雨轩举行。社员参加者有柳亚子、邵力子、胡先骕、欧阳予倩、沈雁冰等,来宾有周恩来、叶剑英、叶圣陶、俞平伯、千家驹等,共80余人,会后摄影留念。

4月20日,国民党中央常务委员会发表声明,拒绝接受《国内和平协定》。

4月20日夜至21日,由刘伯承、陈毅、邓小平、粟裕、谭震林组成的总前敌委员会(邓小平为书记)指挥的第二、第三野战军,在第四野战军先遣兵团和中原军区部队配合下,发起渡江战役。百万雄师强渡长江。

4月21日,毛泽东、朱德发布《向全国进军的命令》。

按:各野战军全体指挥员战斗员同志们,南方各游击区人民解放军同志们:由中国共产党的代表团和南京国民党政府的代表团经过长时间的谈判拟定的国内和平协定,已被南京国民党政府所拒绝。南京国民党政府的负责人员之所以拒绝这个国内和平协定,是因为他们仍然服从美国帝国主义和国民党匪首蒋介石的命令,企图阻止中国人民解放事业的推进,阻止用和平方法解决国内问题。经过双方代表团的谈判所拟定的国内和平协定八条十四款,表示了对于战犯问题的宽大处理,对于国民党军队的官兵和国民党政府的工作人员的宽大处理,对于其他各项问题亦无不是从民族利益和人民利益出发作了适宜的解决。拒绝这个协定,就是表示国民党反动派决心将他们发动的反革命战争打到底;拒绝这个协定,就是表示国民党反动派在今年1月1日所提议的和平谈判,不过是企图阻止人民解放军向前推进,以便反动派获得喘息时间,然后卷土重来,扑灭革命势力;拒绝这个协定,就是表示南京李宗仁政府所谓承认中共八个和平条件以为谈判基础是完全虚伪的。因为,既然承认惩办战争罪犯,用民主原则改编一切国民党反动军队,接收南京政府及其所属各级政府的一切权力以及其他各项基础条件,就没有理由拒绝根据这些基础条件所拟定的而且是极为宽大的各项具体办法。在此种情况下,我们命令你们:

(一)奋勇前进,坚决、彻底、干净、全部地歼灭中国境内一切敢于抵抗的国民党反动派,解放全国人民,保卫中国领土主权的独立和完整。(二)奋勇前进,逮捕一切怙恶不悛的战争罪犯。不管他们逃至何处,均须缉拿归案,依法惩办。特别注意缉拿匪首蒋介石。(三)向任何国民党地方政府和地方军事集团宣布国内和平协定的最后修正案。对于凡愿停止战争、用和平方法解决问题者,你们即可照此最后修正案的大意和他们签订地方性的协定。(四)在人民解放军包围南京之后,如果南京李宗仁政府尚未逃散,并愿意于国内和平协定上签字,我们愿意再一次给该政府以签字的机会。中国人民革命军事委员会主席毛泽东、中国人民解放军总司令朱德(见《毛泽东选集》第4卷)。

4月23日,中国人民解放军占领南京,延续22年的国民党统治宣告覆灭。

是日,何应钦内阁撤销以张治中、邵力子、章士钊等人组成的代表团,邵力子、章士钊等自愿留在北京。

4月24日,太原解放。

4月25日,毛泽东、朱德颁布《中国人民解放军布告》,宣布约法8章。

按:毛泽东起草的《中国人民解放军布告》说:国民党反动派业已拒绝接受和平条件,坚持其反民族反人民的罪恶的战争立场。全国人民希望人民解放军迅速消灭国民党反动派。我们已命令人民解放军奋勇前进,消灭一切敢于抵抗的国民党反动军队,逮捕一切怙恶不悛的战争罪犯,解放全国人民,保卫中国领土主权的独立和完整,实现全国人民所渴望的真正的统一。人民解放军所到之处,深望各界人民予以协助。兹特宣布约法八章,愿与我全体人民共同遵守之。

(一)保护全体人民的生命财产。各界人民,不分阶级、信仰和职业,均望保持秩序,采取和人民解放军合作的态度。人民解放军则采取和各界人民合作的态度。如有反革命分子或其他破坏分子,乘机捣乱、抢劫或破坏者,定予严办。

(二)保护民族工商农牧业。凡属私人经营的工厂、商店、银行、仓库、船舶、码头、农场、牧场等,一律保护,不受侵犯。希望各业员工照常生产,各行商店照常营业。

(三)没收官僚资本。凡属国民党反动政府和大官僚分子所经营的工厂、商店、银行、仓库、船舶、码头、铁路、邮政、电报、电灯、电话、自来水和农场、牧场等,均由人民政府接管。其中,如有民族工商农牧业家私人股份经调查属实者,当承认其所有权。所有在官僚资本企业中供职的人员,在人民政府接管以前,均须照旧供职,并负责保护资财、机器、图表、账册、档案等,听候清点和接管。保护有功者奖,怠工破坏者罚。凡愿继续服务者,在人民政府接管后,准予量才录用,不使流离失所。

(四)保护一切公私学校、医院、文化教育机关、体育场所,和其他一切公益事业。凡在这些机关供职的人员,均望照常供职,人民解放军一律保护,不受侵犯。

(五)除怙恶不悛的战争罪犯和罪大恶极的反革命分子外,凡属国民党中央、省、市、县各级政府的大小官员,"国大"代表,立法、监察委员,参议员,警察人员,区镇乡保甲人员,凡不持枪抵抗、不阴谋破坏者,人民解放军和人民政府一律不加俘虏,不加逮捕,不加侮辱。责成上述人员各安职守,服从人民解放军和人民政府的命令,负责保护各机关资财、档案等,听候接收处理。这些人员中,凡有一技之长而无严重的反动行为或严重的劣迹者,人民政府准予分别录用。如有乘机破坏、偷盗、舞弊,携带公款、公物、档案潜逃,或拒不交代者,则须予以惩办。

(六)为着确保城乡治安、安定社会秩序的目的,一切散兵游勇,均应向当地人民解放军或人民政府投诚报到。凡自动投诚报到,并将所有武器交出者,概不追究。其有抗不报到,或隐藏武器者,即予逮捕查究。窝藏不报者,须受相当的处分。

(七)农村中的封建的土地所有权制度,是不合理的,应当废除。但是废除这种制度,必须是有准备和有步骤的。一般地说来,应当先行减租减息,后行分配土地,并且需要人民解放军到达和工作一个相当长的时期之后,方才谈得到认真地解决土地问题。农民群众应当组织起来,协助人民解放军进行各项初步的改革工作。同时,努力耕种,使现有的农业生产水平不致降低,然后逐步加以提高,借以改善农民生活,并供给城市人民以商品粮食。城市的土地房屋,不能和农村土地问题一样处理。

(八)保护外国侨民生命财产的安全。希望一切外国侨民各安生业,保持秩序。一切外国侨民,必须遵守人民解放军和人民政府的法令,不得进行间谍活动,不得有反对中国民族独立事业和人民解放事业的行为,不得包庇中国战争罪犯、反革命分子及其他罪犯。否则,当受人民解放军和人民政府的法律制裁。

人民解放军纪律严明,公买公卖,不许妄取民间一针一线。希望我全体人民,一律安居乐业,切勿轻信谣言,自相惊扰。切切此布。中国人民革命军事委员会主席毛泽东、中国人民解放军总司令朱德。(《毛泽东选集》第4卷)

4月27日,中国人民解放军南京军事管制委员会成立,刘伯承任主任,宋任穷为副主任。

是日,国民党上海警备司令部限令上海15所大学及专科以上学校于8日内完全撤离上海,并大批逮捕学生。

是月,南京国民政府任命杭立武为教育部长。

5月3日,杭州解放。

5月4—11日,全国青年第一次代表大会在北平召开,大会决定成立中华全国民主青年联合会。周恩来作《全国青年团结起来,在毛泽东的旗帜下前进》的报告。

5月11日,《人民日报》发表辅仁大学校长陈垣《给胡适之的一封公开信》,"希望我们将来能在一条路上相见"。

按:胡适对陈垣信的真实性颇有怀疑,曾找在美国的蒋廷黻商议。至1950年1月9日,才写了《共产党统治下决没有"自由"——跋所谓〈陈垣给胡适之的一封公开信〉》予以发表,并从文字语言的形式和句子的语法结构、信文内容露出的漏洞、过失,及所谓宣传色彩三个方面,证明此文是"改写"和"伪造"的。因此得出结论:"这封《陈垣给胡适之的一封公开信》最可证明共产党统治下决没有学术思想自由。"(台北《自由中国》1950年第2卷第3期)据刘乃崇《不辜负陈援庵老师的教诲》(《纪念陈垣校长诞生110周年学术论文集》,北京师范大学出版社1990年版)记载,信由陈垣弟子刘乃和起草,陈垣亲笔改定,刘乃崇、柴德赓参与其事,范文澜做过修改。

按:中华人民共和国成立初期,开展了多阶段、多层次、多形式的"批胡运动",近三年多的时间里就发表了200多篇批判文章,出版了10多部专著,其中北京三联书店出版的《胡适思想批判》一书,就有300多万字,像郭沫若、胡绳、艾思奇、金岳霖、孙定国、杨钟健、王若水、范文澜、嵇文甫、侯外庐、陈玉森、冯友兰、沈尹默、蔡尚思、唐兰、顾颉刚、罗尔纲、任继愈、何其芳、余冠英、潘懋元、黎澍、李达、汪子嵩、曾文经、陈元晖、周一良、杨正典、陆侃如、荣孟源、游国恩、罗根泽、李长之、蔡仪、吴景超、王元化、周谷城、贺麟、白寿彝、王瑶、黄药眠、赵俪生、夏鼐等都写了批判文章。

5月16日,武汉解放。

5月20日,张治中、邵力子、章士钊、李蒸、刘斐在北京的5位议和代表,联名再次致电在广州的李宗仁,劝李宗仁恢复和谈,力图补救。

是日,西安解放。

5月21日,北平院校教授研究员第一次代表大会在北平召开。清华大学等21个单位的29位代表出席。大会通过了会章,成立北平院校教授研究员联席会。其宗旨为:"联络感情,共谋福利,研究学术,促进新民主主义文化。"会议推选清华大学教授张子高为临时主席,北大教授费青为书记。(参见中央教育科学研究所编《中国现代教育大事记1919—1949》,教育科学出版社1988年版)

5月22日,南昌解放。

5月25日,上海学生联合会发出《迎接上海解放告同学书》,号召各校同学认清上海解放的意义和学生今后的任务,迅速复课、复校,欢迎人民解放军,并加强学习,有计划地改革不合理的教育制度。(参见中央教育科学研究所编《中国现代教育大事记1919—1949》,教育科学出版

社1988年版)

5月27日,第三野战军解放我国第一大城市和经济中心上海。中国人民解放军上海市军事管制委员会成立,陈毅为主任,粟裕为副主任。

是月,平津各大学进行校务改革。北京大学、清华大学、北京师范大学在文化接管委员会的领导下,为了加强集体领导、更有力地推行与改进校务,决定成立校务委员会,增设政治课,取消原"训导处"。天津南开大学、北洋大学也成立校务委员会。(参见中央教育科学研究所编《中国现代教育大事记1919—1949》,教育科学出版社1988年版)

6月1日,华北人民政府命令设立华北高等教育委员会,以统一实施高等教育的方针和计划,指导、学术的改进和图书文物的管理工作。主任委员:董必武(兼),副主任委员:张奚若、周扬。董必武、张奚若、周扬、马叙伦、许德珩、钱俊瑞、吴晗、曾昭抡、李达9人为常务委员,郭沫若等26人为委员。(参见中央教育科学研究所编《中国现代教育大事记1919—1949》,教育科学出版社1988年版)

6月6日,何应钦内阁辞职,李宗仁任命阎锡山为行政院院长。

是日,华北高等教育委员会在北平举行第一次会议。董必武、吴玉章等42位委员出席。会议就大学学制、课程改革、私立大学之管理、秋季招生、本期大学毕业生的训练与分配等项工作交换了意见。

6月8日,华北高等教育委员会首次常委会决定:一、成立华北国立大学招生委员会;二、成立平津各大学毕业生暑假学习团;三、设立私立大学研究委员会;四、组织历史、哲学、文学、法律、政治、经济、教育7组分别进行工作;五、筹组文物保管委员会。(参见中央教育科学研究所编《中国现代教育大事记1919—1949》,教育科学出版社1988年版)

6月15日,中国人民政治协商会议筹备会第一次全体会议在北平召开。毛泽东在新政治协商会议筹备会上讲话时指出:"中国民主联合政府一经成立,它的工作重点将是:(一)肃清反动派的残余,镇压反动派的捣乱;(二)尽一切可能用极大力量从事人民经济事业的恢复和发展,同时恢复和发展人民的文化教育事业。"会议通过《新政治协商会议组织条例》。

6月16日,中国民主同盟机关报《光明日报》在北平创刊。章伯钧任社长,胡愈之任总编辑。

6月25日,中共中央电示华东局并上海市委,决定聘请与上海工商界有密切联系的著名人士黄炎培、陈叔通、胡子婴、盛丕华、包达三、张絅伯、施复亮、章士钊等人为上海市政府顾问,以动员上海资本家恢复生产,打通航运,打击帝国主义分子的阴谋活动。

6月30日,毛泽东为纪念中国共产党成立28周年而发表《论人民民主专政》一文,阐明即将成立的中华人民共和国将实行人民民主专政。

按:人民解放军胜利渡过长江,南京国民党反动政府被推翻后,召开新的政治协商会议,成立中华人民共和国的时机已经完全成熟。但是,究竟应该建立一个什么样性质的国家?在人民内部,一部分人对于这个国家的性质、各阶级在国家中的地位及其相互关系,国家的外部关系,国家的前途等一系列重大问题上存在着相当错误和混乱的看法,国内外阶级敌人则大肆进行污蔑和攻击。为了驳斥阶级敌人的恶毒攻击,批判和澄清一部分人思想上的错误和混乱,及时向全党和全国广大人民进行宣传教育,毛泽东同志于1949年6月30日为纪念中国共产党成立28周年,发表了《论人民民主专政》这篇光辉著作,全面系统地阐明了关于人民民主专政的一系列理论和政策问题。在这篇著作中,毛泽东同志论述中国革命胜利后,只能建立以工人阶级为领导,以工农联盟为基础的人民民主专政的共和国,而不能建立资产阶级专政的共和国。这篇著作指出,人民民主专政需要工人阶级领导,因为只有工人阶级最有远见,大公无私,最富于革命的彻底性。专政的基础主要是工人和农民的联盟,这两个阶级占了中国人口的百分之八十到九十。至于民族资产阶级,还必须团结他们,但是民族资产阶级不能充当革命的领导者。在社会主义革命中,民族资产阶级将要通过改造而最后消灭。这篇著作阐明必须对反动派实行专政,"只许他们规规矩矩,不许他们乱说乱动。"对一切反动派和反动阶级的反动行为决不施仁政。对人民内部,实行民主制度。人民的国家保护人民,人民有言论、集会、结社等项的自由权。选举权只给人民,不给反动派。只有对敌人实行专政,才能保障人民的民主和自由;只有对人民实行民主,才能对敌人实行有力的专政。对人民内部的民主方面和对反动派的专政方面,互相结合起来,就是人民民主专政。这篇著作强调在阶级消灭之前,人民民主专政的国家权力不可能,也不应该消灭,而是需要强化,人民民主专政所担负的历史使命,是使中国在工人阶级和共产党的领导之下稳步地进行社会主义革命和社会主义建设,逐步消灭阶级差别,最终实现共产主义。在这篇著作中,毛泽东同志在总结全部中国革命历史经验的基础上,得出结论:"集中到一点,就是工人阶级(经过共产党)领导的以工农联盟为基础的人民民主专政。这个专政必须和国际革命力量团结一致。这就是我们的公式,这就是我们的主要经验,这就是我们的主要纲领。"(中共江西省委党校党史教研室编《中共党史百题解答》,江西人民出版社 1979 年版)

是月,中共中央根据理论工作的实际需要,正式组建中共中央俄文编译局,从事对俄文马列经典的翻译。

是月,毛泽东、周恩来商请章士钊、刘斐南下香港,配合中共南方局争取程潜、陈明仁起义,以实现湖南和平解放。章、刘二人欣然领命南下。后程潜深明大义,与陈明仁将军率部起义,脱离国民党阵营。

是月,华北高等教育委员会 1949 年暑假国立大学招生委员会举行会议。会议决定本年暑假北京大学、清华大学、南开大学、师范大学 4 校共招生 1930 名,并规定了报考资格及家境贫寒学生申请人民助学金办法。(参见中央教育科学研究所编《中国现代教育大事记 1919—1949》,教育科学出版社 1988 年版)

是月,上海市军管会、南京市军管会对两市学术机关、公立大中小学校及文化出版机关的接收工作进行完毕。上海市、南京市接管委员会及市人民政府教育局、文教局,分别召开各大学和专科学校教授、学生座谈会,公私立中小学校长、教职员座谈会,就教育方针、政策及课程改革等问题交换意见。(参见中央教育科学研究所编《中国现代教育大事记 1919—1949》,教育科学出版社 1988 年版)

6 月底至 8 月中旬,以刘少奇为首的中共代表团秘密访问了苏联,会见联共(布)领导人斯大林、莫洛托夫、马林科夫、米高扬等,向苏共领导人通报了中国革命的形势,党的外交政策,新政协会议和中央政府的筹备情况。双方就将来的外交关系,苏联对中国经济和国防建设的援助,以及对 1945 年《中苏友好同盟条约》等问题交换了意见。

7 月 1 日,中共中央发布纪念抗日战争 12 周年口号,首次提出中华人民民主共和国的国号。

7 月 2—19 日,中华全国文学艺术工作者代表大会在北平召开,出席这次大会的代表来自国民党统治区、解放区和部队,分 10 个代表团,共 824 名。大会在总结历史经验的基础上,一致拥护毛泽东《在延安文艺座谈会上的讲话》中提出的文艺新方向,并确定为今后文艺运动的总方针。大会选举产生了中华全国文学艺术工作者联合会全国委员会,郭沫若为主席,茅盾、周扬为副主席。

按:这次大会是国民党统治区与解放区长期被分割开的两支文艺大军的胜利会师,是中国文艺运动史上一次空前大团结的盛会。

是日,中国国民党、青年党、民社党及无党无派人士联合发表《反共救国共同宣言》。

7月16日,中国国民党非常委员会在广州成立,蒋介石、李宗仁分任正、副主席。该委员会作为中国国民党和中华民国政府最高决策机关。

7月17日,中共中央决定建立西南局,邓小平为第一书记。

7月23—27日,中华全国第一次教育工作者代表大会筹备会议在北平举行。到会200多人。董必武致开幕词,周恩来、朱德、叶剑英等同志到会讲话。会议通过了筹委会章程,选出丁西林等35人为筹委会常委。

7月28日,中华全国第一次教育工作者代表大会召开第一次常委会,董必武、马叙伦、丁西林等25人出席,会议推选董必武为常委会主任委员,黄炎培、马叙伦、陈鹤琴、钱俊瑞为副主任委员,钱俊瑞任秘书长,孙起孟、张宗麟任副秘书长。下设3个工作委员会,分别负责代表大会筹备工作。(参见中央教育科学研究所编《中国现代教育大事记 1919—1949》,教育科学出版社 1988 年版)

是月,国民党政府在台湾成立由故宫博物院、中央博物院筹备处、中央图书馆和北平图书馆参加的"国立中央博物图书院馆联合管理处",主持运台文物图书的管理工作。

8月1日,中共中央东北局、东北行政委员会公布《关于整顿高等教育的决定》。

按:《决定》指出:为适应大规模建设的需要,高等教育必须"担负起培养具有革命思想与掌握现代专门科学技术知识的高级专门人才的任务"。决定设立培养高级工业人才的沈阳工学院、哈尔滨工业大学和大连大学工学院;培养高级农业人才的沈阳农学院、哈尔滨农学院;培养医务人才的沈阳医科大学、哈尔滨医科大学及大连大学医学院;培养中学师资的东北大学;培养与训练行政干部的东北行政学院;培养与训练文艺人才的东北鲁迅文艺学院;培养与训练俄文翻译人才与师资的哈尔滨外国语专门学校及大连大学俄文专修科;培养朝鲜族干部的延边大学。《决定》规定:工、农、医等学院四年毕业,社会科学及文艺学院三至四年毕业,专修科二年毕业。大学本科及专科一年级新生必须具有高中毕业程度,经入学考试合格者。取消现有高等学校学生一律享受公费的制度,实行奖学金制。《决定》对专科以上学校教授、讲师、助教的选用标准,确定俄文为高等学校第一外国语,高等学校精简整编办法等都作了规定。(参见中央教育科学研究所编《中国现代教育大事记 1919—1949》,教育科学出版社 1988 年版)

8月4日,湖南省政府主席程潜、第一兵团司令长官陈明仁接受国内和平协定,率部起义,长沙和平解放。

8月5日,美国国务院发表题为《美国与中国的关系》的白皮书。白皮书遭到中国共产党的强烈抨击。

8月10日,华北高等教育委员会召开第三次常委会。董必武、张奚若等出席。会议决定:辩证唯物论、历史唯物论和新民主主义论为各大学院校共同必修课。文法学院另加政治经济学一科为必修课。

是日,东北行政委员会公布《高等学校教师标准试行条例》6条。《条例》规定:"东北高等学校教师应根据其学术水平,工作成绩(教学及研究)及资历确定为教授、副教授、讲师或助教,上述条件中以学术水平,工作成绩为主,资历次之。"评定教师等级及升级须本人提交证件、论文,校务会议通过,校长批准,呈报教育部备案。"教育部有异议时,得命令改变之"。

按:同日,《东北日报》发表社论《把高等教育提高一步》。社论指出:东北全境解放后,高等教育开始向正规化转变。现有的高等学校还不够正规,还未脱离或未完全脱离多年以来办训练班的形式。社论要求:"今后高等教育必须按照精干与正规的方针办理。必须将办正规大学与办训练班加以区别。必须将高等教育与一般职业学校分开。不要只求数量,不顾质量。"社论指出:目前高等教育的整顿,在组织方面决定合并一部分学校,改变一部分学校,实行精简整编,学生进行甄别,教员进行评定审查。在经费方面取消过去的供给制,实行新的人民助学金的办法。在教育制度上也做了几项基本规定。整顿的目的,"主要是为了集中人力财力,实事求是的办好高等教育,使高等学校毕业的学生,真正能成为国家建设所需要的高级专门人才与高级技术人才"。(参见中央教育科学研究所编《中国现代教育大事记 1919—1949》,教育科学出版社 1988 年版)

8 月 14 日,毛泽东为新华社撰写《丢掉幻想,准备斗争》,点名抨击胡适、傅斯年、钱穆等人。

按:毛泽东说:"为了侵略的必要,帝国主义给中国造成了数百万区别于旧式文人或士大夫的新式的大小知识分子。对于这些人,帝国主义及其走狗中国的反动政府只能控制其中的一部分人,到了后来,只能控制其中的极少数人,例如胡适、傅斯年、钱穆之类,其他都不能控制了,他们走到了它的反面。学生、教员、教授、技师、工程师、医生、科学家、文学家、艺术家、公务人员,都造反了,或者不愿意再跟国民党走了。共产党是一个穷党,又是被国民党广泛地无孔不入地宣传为杀人放火,奸淫抢掠,不要历史,不要文化,不要祖国,不孝父母,不敬师长,不讲道理,共产公妻,人海战术,总之是一群青面獠牙,十恶不赦的人。可是,事情是这样地奇怪,就是这样的一群,获得了数万万人民群众的拥护,其中,也获得了大多数知识分子尤其是青年学生们的拥护。……帝国主义者的逻辑和人民的逻辑是这样的不同。捣乱,失败,再捣乱,再失败,直至灭亡——这就是帝国主义和世界上一切反动派对待人民事业的逻辑,他们绝不会违背这个逻辑的。这是一条马克思主义的定律。我们说'帝国主义是很凶恶的',就是说它的本性是不能改变的,帝国主义分子决不肯放下屠刀,他们也决不能成佛,直至他们的灭亡。斗争,失败,再斗争,再失败,再斗争,直至胜利——这就是人民的逻辑,他们也是决不会违背这个逻辑的。这是马克思主义的又一条定律。俄国人民的革命曾经是依照了这条定律,中国人民的革命也是依照这条定律。"

8 月 14 日,中共中央东北局书记高岗,在东北中苏友好协会代表大会上作政治报告,论述向苏联学习的问题。他说:"苏联的科学文化是人类文化的总汇,因为它是经过批判地吸收世界古今文化精华的结晶,学习苏联便是学习了世界进步的文化科学技术。""对苏联经验必须仔仔细细地学,老老实实地学。"

8 月 17 日,福州解放。

8 月 18 日,新华社发表毛泽东撰写的社论《别了,司徒雷登》,抨击美国的"白皮书"和美国政府扶持支持中国国民党发动内战的政策。最后指出:"中国还有一部分知识分子和其他人等存有糊涂思想,对美国存有幻想,因此应当对他们进行说服、争取、教育和团结的工作,使他们站到人民方面来,不上帝国主义的当。但是整个美帝国主义在中国人民中的威信已经破产了,美国的白皮书,就是一部破产的记录。先进的人们,应当很好地利用白皮书对中国人民进行教育工作。司徒雷登走了,白皮书来了,很好,很好。这两件事都是值得庆祝的。"

8 月 22—30 日,中共中央华东局宣传部召开华东宣传教育会议。中共中央华东局兼上海市委第一书记饶漱石,第二书记陈毅到会,上海市委宣传部长舒同向大会作综合报告,副部长冯定作关于教育工作补充报告。

按:冯定汇报了上海学校接管工作遵循"逐渐改革,稳步前进"方针的经验,并对下列问题,如学校的性质,统一领导,迁校并校整缩与冗员的处理,改建学校领导机构。改造师资,学校经费与教师待遇,学生负担,课本的改革,处理失学青年,私立学校的管理,学术团体的领导与群众教育等,提出了初步意见。(参见中央教育科学研究所编《中国现代教育大事记 1919—1949》,教育科学出版社 1988 年版)

8 月 26 日,经过激烈攻坚作战,人民解放军解放甘肃省会兰州。

8月29日，蒋介石在重庆主持西南军政人员会议，议决固守大西南方案。

9月3日，国民政府教育部在广州召开教育行政检讨会议。国立专科以上学校校院长、省市教育厅局长、教育部人员共30余人出席。教育部长杭立武主持。决议案22件，主要为增加教育经费、整肃学风等。（参见中央教育科学研究所编《中国现代教育大事记1919—1949》，教育科学出版社1988年版）

9月5日，解放青海省会西宁，基本歼灭马步芳集团。

9月10日，华北高等教育委员会邀请平津各大学教授座谈，研究"辩证唯物论和历史唯物论"的教学方法，选出由艾思奇等同志组成的委员会领导教学工作。（参见中央教育科学研究所编《中国现代教育大事记1919—1949》，教育科学出版社1988年版）

9月19日，国民党西北军政副长官兼绥远省主席董其武和国民党第九兵团司令官孙兰峰等人起义，绥远和平解放。至此，华北全境获得解放。

9月21—30日，中国人民政治协商会议第一届全体会议在北平举行。大会制定《中国人民政治协商会议共同纲领》，以新民主主义为基础制定了建国后的根本任务以及军事、政治、经济、文教、民族、外交等方面的基本方针政策，起着临时宪法的作用。会议还通过了《中华人民共和国中央人民政府组织法》《中国人民政治协商会议组织法》等文件。会议选举以毛泽东为主席的中央人民政府委员会。会议决定以北平为中华人民共和国首都，改名为北京。大会于30日闭幕。

按：参加会议的有662人，代表着中国共产党、中国国民党革命委员会、中国民主同盟、民主建国会、中国民主促进会、中国农工民主党、中国人民救国会、三民主义同志联合全、中国国民党民主促进会、中国致公党、九三学社、台湾民主自治同盟等各党派和无党派爱国民主人士，其中有各区域、人民解放军、人民团体、各少数民族、爱国华侨、宗教界的代表以及特约代表，具有广泛的代表性。中共中央主席毛泽东致开幕词，朱德、刘少奇、朱庆龄、李济深、张澜等先后发表讲话，周恩来作关于《共同纲领》的报告。大会一致通过了《中国人民政治协商会议共同纲领》。该《共同纲领》明确指出："中国人民民主专政是工人阶级、农民阶级、小资产阶级、民族资产阶级及其他爱国民主分子的人民民主统一战线的政权，而以工农联盟为基础，以工人阶级为领导。"规定了工人阶级（通过共产党）在国家一切生活中的领导地位。这就从根本上保证了我国新民主主义的根本性质。《共同纲领》以新民主主义为基础制定了建国后的根本任务以及军事、政治、经济、文教、民族、外交等方面的基本方针政策，起着临时宪法的作用。会议还通过了《中华人民共和国中央人民政府组织法》《中国人民政治协商会议组织法》等文件。（参见牛连海等主编《中国革命史专题》，华中师范大学出版社1988年版）

9月22日，中国人民政治协商会议第一届全体会议继续举行大会，林伯渠作《关于中国人民政治协商会议筹备工作的报告》；谭平山作《关于草拟中国人民政治协商会议组织法的报告》；董必武作《关于草拟中华人民共和国中央人民政府组织法的经过及其基本内容的报告》；周恩来作《关于草拟中国人民政治协商会议共同纲领的经过及其特点的报告》。

9月23日，解放宁夏省会银川，随即歼灭马鸿逵集团。

25—26日，国民党新疆省警备总司令陶峙岳、新疆省政府主席包尔汉率新疆省军政人员先后通电起义。新疆省和平解放后，西北地区全部解放。

9月27日，中国人民政治协商会议第一届全体会议决议，将田汉词、聂耳曲的《义勇军进行曲》定为国歌。

按：《义勇军进行曲》原是电影《风云儿女》的主题歌，田汉作词，聂耳作曲。

9月29日，中国人民政治协商会议第一届全体会议召开，通过中华人民共和国国旗的设计。

9月30日,中国人民政治协商会议第一届全体会议闭幕,会议通过《中国人民政治协商会议第一届全体会议宣言》,中华人民共和国中央人民政府组成。会议选举毛泽东为中华人民共和国中央人民政府主席,朱德、刘少奇、宋庆龄、李济深、张澜、高岗为副主席,陈毅等65人为中央人民政府委员。

10月1日,中华人民共和国宣告成立。下午2时,中央人民政府委员会第一次会议在北京召开,中央人民政府委员会主席、副主席、委员全体出席并宣布就职,宣告中华人民共和国中央人民政府成立。会议选举林伯渠为中央人民政府委员会秘书长,任命周恩来为中央人民政府政务院总理兼外交部长,毛泽东为中央人民政府革命军事委员会主席,朱德为中国人民解放军总司令,沈钧儒为中央人民政府最高人民法院院长,罗荣桓为中央人民政府最高人民检察署检察长。会议还接受中国人民政治协商会议《共同纲领》为本政府的施政纲领。下午3时,首都30万群众在天安门广场隆重举行开国大典,毛泽东主席亲自升起了第一面五星红旗,宣读了中央人民政府公告,向全世界庄严宣布:"中华人民共和国和中央人民政府已于本日成立了!"从此,中国人民站起来了。

按:中国新民主主义革命的胜利,是中国共产党领导中国人民,进行伟大英勇斗争的结果;是马克思列宁主义与中国革命实际相结合的毛泽东思想的胜利。它的主要经验是:第一,必须建设一个全心全意为人民服务的无产阶级革命政党。这个党必须是一个有纪律的,坚持民主集中制原则的,有马克思列宁主义的理论武装的,采取自我批评方法的,密切联系人民群众的党。这个党必须善于把马克思列宁主义普遍真理同中国的具体实践结合起来,一切从中国的实际出发,正确地制定党的路线、方针和政策。第二,必须以武装斗争为主要斗争形式。建立一支由共产党领导的,完全新型,与人民血肉相连的人民军队,采取人民战争的战略战术原则,建立农村革命根据地,走农村包围城市,最后夺取城市的道路。第三,必须团结一切可以团结的力量,建立最广泛的革命统一战线。在统一战线中,必须坚持无产阶级领导权,坚决依靠农民这个中国民主革命的主力军,对资产阶级实行又联合又斗争的政策。第四,必须坚持独立自主、自力更生的原则,主要依靠中国各族人民自身的力量去夺取胜利。新民主主义革命的胜利,结束了帝国主义、封建主义奴役中国各族人民的历史。劳动人民成为新国家新社会的主人,中国历史开始了新的纪元。中国革命的胜利是继俄国十月革命之后,国际无产阶级革命运动历史上最重大的事件,也是第二次世界大战之后世界政治上最重大的事件。它改变了世界政治力量的对比,极大地鼓舞了在帝国主义和殖民主义剥削压迫的国家的人民,增强了他们争取革命斗争胜利的信心。(参见牛连海等主编《中国革命史专题》,华中师范大学出版社1988年版)

10月2日,苏联政府承认中华人民共和国,决定与我国建立外交关系,互派大使,并声明与国民党政府断绝关系,自广州召回外交代表。

按:10月5日,中苏两国分别任命大使。随后,保加利亚、罗马尼亚、匈牙利、朝鲜民主主义人民共和国、捷克斯洛伐克、波兰、蒙古、德意志民主共和国、阿尔巴尼亚和越南民主共和国相继与我国建交。

10月9日,中国人民政治协商会议第一届全国委员会第一次会议在北京举行。出席会议的有全国委员会委员毛泽东等151人。会议选举毛泽东为政协第一届全国委员会主席,周恩来、李济深、沈钧儒、郭沫若、陈叔通为副主席,李维汉为秘书长。会议建议中央人民政府以10月1日为中华人民共和国的国庆纪念日。

10月14日,广州解放,"国民政府"再迁重庆。

10月19日,中央人民政府委员会举行第三次会议,任命中央人民政府各机构的领导人。任命董必武、陈云、郭沫若、黄炎培为政务院副总理,李维汉为政务院秘书长,朱德、刘少奇、周恩来、彭德怀、程潜为人民革命军事委员会副主席,徐向前为总参谋长,聂荣臻为副总参谋长。同时还任命政务院下属各委、各部的主任、部长。

按:10月1日举行的中央人民政府委员会第一次会议已任命周恩来兼外交部部长。被任命为政务委员的有谭平山、谢觉哉、罗瑞卿、薄一波、曾山、滕代远、章伯钧、李立三、马叙伦、陈劭先、王昆仑、罗隆基、章乃器、邵力子、黄绍竑;李维汉为政务院秘书长;被任命为政务院所属各委、部、会、院、署、行正职(注)的有政治法律委员会主任董必武、财政经济委员会主任陈云、文化教育委员会主任郭沫若、人民监察委员会主任谭平山、内务部部长谢觉哉、公安部部长罗瑞卿、财政部部长薄一波、贸易部部长叶季壮、重工业部部长陈云、燃料工业部部长陈郁、纺织工业部部长曾山、食品工业部部长杨立三、轻工业部部长黄炎培、铁道部部长滕代远、邮电部部长朱学范、交通部部长章伯钧、农业部部长李书城、林垦部部长梁希、水利部部长傅作义、劳动部部长李立三、文化部部长沈雁冰、教育部部长马叙伦、卫生部部长李德全、司法部部长史良、法制委员会主任委员陈绍禹、民族事务委员会主任委员李维汉、华侨事务委员会主任委员何香凝、科学院院长郭沫若、情报总署署长邹大鹏、海关总署署长孔原、新闻总署署长胡乔木、出版总署署长胡愈之、人民银行行长南汉宸。(参见中央文献研究室《周恩来年谱1898—1976》,中央文献出版社1998年版)

是日,中央人民政府正式决定在原国民党政府"中央研究院"和北平研究院基础上成立中国科学院,任命郭沫若为院长,陈伯达、李四光、陶孟和、竺可桢等为副院长。

10月20日,国民党代理总统李宗仁以就医为名,从南宁乘专机飞往香港,后流亡美国。

10月21日,中央人民政府政务院正式成立。

10月31日,华北人民政府结束工作,正式向中央人民政府政务院办理移交。华北人民政府结束工作后,所辖五省二市归中央直属,另在政务院下设中央人民政府华北事务部。

11月9日,中共中央发出《关于成立中央及各级党的纪律检查委员会的决定》,决定成立党的中央和各级纪律检查委员会;并决定由朱德任中央纪律检查委员会书记。

11月11日,中国人民解放军空军司令部正式成立。

11月13日,在董秋斯的主持下,上海翻译工作者协会正式成立,是中华人民共和国成立后最早建立的翻译工作者组织。

11月14日,贵阳解放。

11月22日,桂林解放。

11月30日,重庆解放,蒋介石等逃亡成都。

12月2日,中央人民政府委员会举行第四次会议。会议决定每年10月1日为中华人民共和国国庆日。

12月4日,南宁解放。

12月9日,国民党云南省主席卢汉在昆明宣布起义;国民党西康省主席刘文辉、西南长官公署副长官邓锡侯、潘文华等在雅安联名通电起义。云南、西康和平解放。

12月10—16日,亚洲妇女代表会议在北京举行。会议通过了《致亚洲各国妇女姐妹书》和《关于争取妇女权利的决议》等文件。

12月15日,毛泽东主席应邀访问苏联。在车站发表的演说中指出,目前的主要任务是巩固以苏联为首的世界和平阵线,反对战争的挑衅者,发展中苏人民的友谊。同日下午,毛泽东首次会见斯大林。

12月16日,中央人民政府政务院第十一次政务会议通过《大行政区人民政府委员会组织通则》。中央人民政府决定在全国成立东北、华北、中南、西北、西南五个大行政区,以保证中央政令的统一和有力贯彻执行。任命高岗为东北人民政府委员会主席,任命饶漱石、林彪、彭德怀、刘伯承分别为华东、中南、西北、西南军政委员会主席。

按:《大行政区人民政府委员会组织通则》规定,各大行政区人民政府委员会是各该区所辖省(市)高一级的地方政权机关,并为中央人民政府政务院领导地方政府工作的代表机关;凡军事工作已经结束,土地改革已经彻底实现,各界人民已有充分组织的大行政区,即应实行普选,召开大行政区的人民代表大会,正式选举大行政区的人民政府委员会。在大行政区人民政府委员会成立后,军政委员会即宣告结束。

12月20日,周恩来总理率政府代表团抵达莫斯科,并在车站发表简短演说,称此行目的是参加关于巩固中苏两国邦交的会商。1950年2月14日,两国政府签订《中苏友好同盟互助条约》《关于中国长春铁路、旅顺口及大连的协定》和《关于贷款给中华人民共和国的协定》。1950年2月17日,毛泽东、周恩来等离开莫斯科回国。

12月23—31日,全国第一次教育工作会议在北京召开。会议确定了逐步改革旧教育事业的方针,提出"教育应着重为工农服务","普及与提高正确结合,在相当长的时期内以普及为主"的发展新教育的方针。

12月27日,成都解放。

12月31日,中国共产党中央委员会发表《告前线将士和全国同胞书》。

按:文件指出:在1949年内已经解放了除西藏以外的全部中国大陆,歼灭了敌军260万人。帝国主义和国民党在中国的反动统治已被永远推翻,中华人民共和国已经巩固地建立起来。中国人民解放军和中国人民在1950年的光荣战斗任务就是解放台湾、海南岛和西藏,歼灭蒋介石匪帮的最后残余,完成统一中国的事业。不让美国帝国主义侵略势力在我们的领土上有任务立足点。随着战争的胜利结束,中国人民已经可能并且必须把主要的力量逐步转入和平建设工作。中国人民在1950年需要克服战后的财政经济困难,恢复工农业生产和交通事业。(《人民日报》1950年1月1日)

12月7日,蒋介石政府宣布,国民政府迁都台北。

12月10日,蒋介石等从成都凤凰山机场起飞逃亡台湾。

是月,中共中央召开马恩列斯经典著作翻译工作会议,会议决定:第一,从1950年起,两年内出齐《列宁选集》《斯大林全集》《马恩选集》。第二,新译文应竭力提升质量,旧译文重新根据原文校正。

是年,《人民日报(北平版)》《文艺报》《天津日报》《抚顺日报》《辽北新报》《松江新报》《河北日报》《察哈尔日报》《晋南日报》《中原日报》《江汉日报(襄南版)》《天津日报》《旅大农民报》《胜利报》《淮南日报》《金萧报》《两淮报》《南阳日报》《新路南报》《挺进报》《大众日报》《东北行政报》《人民铁路报》《沈阳铁路公报》《临清市日报》《东北朝鲜人民报(朝文)》《新合肥报》《皖北日报》《新华日报》《新芜湖报》《工人报(吉林)》《太岳日报》《上游报》《消息报》《辽西日报》《山西日报》《群众日报(西安)》《长江日报》《进步报》《苏北日报》《大同日报》《苏南日报》《浙江日报》《赣东北报》《新苏州报》《景德日报》《陕南日报》《建军报》《战斗报》《陕北群众报》《榆林报》《吉林工农报》《中南工人报》《前进日报》《青年报》《常州日报》《战地报》《黑龙江日报》《芜湖日报》《解放快报》《江西日报》《井冈山报》《河南日报》《郑州日报》《湖北日报》《红河报》《新宝鸡报》《工人日报》《河北日报》《平原日报》《光明日报》《新闻北报》《人民文化报》《阜阳报》《福建日报》《赣州日报》《宜昌日报》《新湖南报》《衡阳新报》《东江日报》《人民日报(滇西北)》《思普人民报》《人民快报(昭通)》《新闻快报》《唐山劳动日报》《工人生活报》《军政报》《铁军报》《沙市日报》《襄阳报》《甘肃日报》《北京青年报》《警卫报》《甬江日报》《天津进步报》《湖北农民报》《大刚报》《南昌平民日报》《金华新闻报》《昆明夜报》《个旧日报》《平民夜报》《西南快报》《滇南日报》《红河报》《人民快报》《思普人民报》《滇西北日报》《红旗报》《丽江人民报》《云南人民夜刊》《扫荡报晚刊》《云南人民报》《昆明市商情简报》《上海文汇报》《长春市政公报》《工商周报》《新华周报》《内蒙古周报(蒙文)》《解放报》《学习报》《儿童报》《前卫画报》《支前报》《职工报》《战士报》《星星报》《战场报》《莲民报》《行政公报》《辽东行政公报》《边区战报》《快报》《拂晓报》《新民主报》《中苏友好报》《战报》《新黔日报》《榆林报》《群众日报》《汉中日报》《部队生活》《战士报》《甘肃日报》《新平凉报》《人民军队报》《宁夏日报》《新疆日报(汉文版)》《新疆日报(维吾尔文版)》《军政导报》《北平解放报》《人民晚报》《辽西行政导报》《黑龙江行政导报》《吉林市政导报》《边区政报》《财政汇报》《苏北周报》《黑龙江青年报》《河南青年报》《团结报》《平原画报》《河南政报》《新津画报》《人民军队画报》《阳泉矿工报》《湖北政报》《学习周报》《齐齐哈尔政报》《松江行政公报》《右江报》《前卫报》《前线画报》《职工报》《新华周报》《经济日报》《进出口贸易通报》《上海市统计月报》《上海金融通报》《上海金融周报》《新闻导报》《民意报》《铁骑周报》《新华周报》《今日晚报》《宁波晨报》《新路南报》《浙南日报》《衢州新闻报》《金华新闻报》《进步报》《甬江日报》《农报》《乡报》《金大新闻》《解放新闻》《安庆新闻》《军大通讯》《中原通讯》《路东简讯》《浙东简讯》《苏州电讯》《常熟电讯》《泉州电讯》《电讯》《人民军队》《华北解放军》《人民战士》《野战军》《人民骑兵》《解放前线》《前进》《战斗生活》《部队生活》《大进军》《平原战士》《老百姓》《抚顺工人》《青岛工人》《华中工人》《人民铁道》《人民炮兵》《昌潍大众》《山东黄河》《前锋画报》《新华广播稿》《教育研究》《建设》《合江教育》《太行教育》《胜利》《骆驼月刊》《青年文化》《胶东文化》《吉林工业》《战地经济》《新路》《学习》《前进》《前线》《伊甸园》《人民论坛》《新华电讯》《辽北教育》《新儿童》《教育通讯》《新军人》《长江》《察省行讯》《人民武装》《妇联》《东北青运通讯》《工作通讯(沈阳)》《改造》《开封建设》《生产通讯》《出版与发行》《东北农业》《新闻业务》《译文月刊》《教学研究》《人民半月刊》《真实》《学习通讯》《中国工业》《前锋画刊》《新华画刊》《哈市工运》《中原工人》《进步青年》《太行文化》《学习生活》《南昌新闻》《连队生活》《翻身》《长江文艺》《华中文汇》《新时代文丛》《职工合作通讯》《新民主妇女》《全国学联通讯》《高工生活》《前导》《前进(战士版)》《战士生活》《苏南文艺》《新中国妇女》《开封工人》《新华文萃》《南京通讯》《新闻工作》《文摘》《生产快讯》《铁路建设》《沈阳卫生》《东北工业》《河南军政》《战斗与工作》《理论与实践》《山东青年》《华中青运资料》《人民西北》《生活知识》《新建设》《江西教育通讯》《翻译月刊》《火车头》《中国儿童》《文艺工作》《新闻工作文献》《后勤战士》《后勤生活》《新区工作研究》《苏北财政》《苏北军政》《工人俱乐部》《工人生活》《工业通讯》《七日谈》《万众丛刊》《小市民》《上海特写》《乡工》《中外影艺》《少年文艺月刊》《中国工业》《水银灯》《平民世纪》《未名文摘》《民潮丛刊》《出版消息》《西北民族文化研究丛刊》《合众新闻》《合作特刊》《汽车》《社会新闻》《批判》《报告》《励进》《时代学生》《时论》《青年学习丛刊》《国产月刊》《国情》《染声月刊》《音艺新辑》《政治观察》《红皮书》《海涛》《旅行天地》《袖珍杂志》《透视》《报告》《俯瞰》《商情通报》《教师进修》《野风》《统计学报》《新民主妇女》《新农》《新时代》《新闻世界》《新闻观察》《新闻记者》《蒋党内幕》《银影》《播音天地》《影剧杂志》《影剧新地周刊》《箴言季刊》《静修日程》《大众天文》《军大导报》《新闻新志》《南京物价》《工学半月刊》《大言报》《中兴周报》《中国军人》《中国天文学会会员通讯》《中国稻作》《中流》《社会新闻》《各地生活费指数简报》《运输校刊》《劳工报》《空军军医》《国际形势》《音影》《南风》《南京市政府统计季刊》《国际问题参考资料》《湘声》《测矿近讯》《民间报周刊》《资料电信》《影音》《耀华通

讯《文艺先锋》《中国空军》《国防月刊》《军中娱乐》《军事画报月刊》《法制月刊》《曙光半月刊》《伤兵之友》《教育通讯半月刊》《士兵周刊》《储汇》《妇女文化》《民生》《新闻杂志》《大众周刊》《苏北周刊》《新华电讯》《苏州电讯》《新苏州报》《常熟电讯》《前进日报》《苏北军政》《苏北周报》《苏北财政》《学习》《业务通讯》《工人生活》《工人俱乐部》《华中保卫通讯》《华中青运资料》《浙江人事通讯》《批判》《晨晞》《浙东通讯》《嘉兴学生》《民众新闻》《路东简讯》《浙东简讯》《东磐简讯》《群众文化》《青年记者》《山东教育》《江西农讯》《平民日报》《工人画报》《蚌埠通讯》《南昌新闻》《九江报》《赣南报》《工人导报》《土地改革周刊》《大众文艺》《小说季刊》《文艺与生活》《艺舟》《川大农业季刊》《文摘半月刊》《中国论闻》《今日文艺》《边听》《电影周报》《长江》《长歌》《宇宙新闻》《戏剧生活》《社会月刊》《佛光季刊》《剧趣周报》《现代青年》《教育论坛》《大众新闻》《新西南》《新闻天下》《飘飘》《霹雳》《电影风》《齐简》《康路》《译文月刊》《工商杂志》《云南企业》《平凡文丛》《觉苑》《西南快报》《公医》《老百姓报》《新师宗报》《胜利》《展望》《儿童教育旬刊》《奋斗报》《大理简报》《云大周刊》《建设之家》《大同周报》《大家看》《贵州省立医院医刊》《真实》《曙光》《堂讯》《经济周报》《理论与实践》《贵州土壤专报》《民众教育》《连队生活》《经验交流》《钢铁战士》《贵州青年》《向前进》《西北世纪》《甘肃糖讯》《进步青年》《人民论坛》《文艺劳动》《公路运输》《华大生活》《华北军大》《全国学联通讯》《企业工作》《物价旬刊》《尝试》《科学通讯》《经济一旬》《辅大半月刊》《辅大快讯》《新中国妇女》《学习》《中国儿童》《大众影剧》《天津金融通报》《天津画报》《生活文艺》《外汇工作汇报》《华北对外贸易统计月报》《津沽农垦》《新津画报》《渤海农垦》《一旬统计》《天津市政一页》《山公生活》《华北农业生产统计资料》《竞赛通报》《冀中画报》《经济参考资料》《税工研究》《商情研究》《书报简讯》《生产通讯》《西北实业周刊》《教育阵地》《学习通讯》《新蒙半月刊》《冀南教育》《鞍山工人生活报》《人民文艺》《长江文艺》《华中文汇》《华大神学刊》《华风》《武汉大学工科丛刊》《妇联》《五日商情报导》《改造》《河南金融》《河南军政》《河南政报》《新华画刊》《华中文汇》《文艺通讯》《互助通讯》《正论月刊》《时代文艺》《南北》《连锁》《每周评论》《桥》《锻炼》《妇女通讯》《群声旬刊》《湘潭学生》《奋生》《解放新闻》《新农民》《广州大学》《文艺时代》《文艺会刊》《文艺潮》《文化大学校刊》《中华新闻》《风行》《民大新闻》《权威》《时代艺术》《法语》《岭南大学化学会刊》《九龄农刊》《经济年报》《经济论坛》《朝晖》《新农民》《绿星》《黎明半月刊》《广州航业》《青年生活》《春秋》《春蕾》《探海灯》《新苑周刊》《新闻观察》《戡建周刊》《广西大学校刊》《耕种》《立信会计月刊》《民主时代》《印工之声》《时代学生》《国际文摘》《海职会刊》《人民丛刊》《再造》《中国医学月刊》《医学月刊》《今日医药》《梧州医报》等报刊创刊。

　　是年，北平市人民政府登记的报纸杂志通讯社有：《工人日报》《北平解放报》《新华社华北总社》《人民日报》《光明日报》《大众日报》《人民晚报》《中国青年》《铁路职工报》《人民铁道报》《文艺报》《新医学报》《金融旬报》《贸易月刊》《新民报》《诗号角》《北平博物杂志》《月华留日刊》《农业生产》《中国生理学》《寿庐医刊》《华北药讯》《华北文艺》《文艺劳动》《进步青年》《每日英文电讯》《北平英文文摘》《华北画刊》《战友》《军政通讯》《影剧日报》《中国化学学会会志》《银行月刊》《企业工作》《公路运输》《矿冶季刊》《人民公安》《新音乐》《中国物理学报》《中国地球物理学报》《新中国妇女》《全国学联通讯》《史学集刊》《新华电讯稿》《参考消息》《北平青年》《科学技术通讯》《新建设》《科学通讯》《人民铁道杂志》《学习》《新华社北平分社》《新闻半月刊》《人民文学》《争取持久和平争取人民民主(中文版)》《北京合作通讯《新华月报》《科学报告(第一种)》《科学报告(第二种)》《科学报告(第三种)》《中国儿童》《北京儿童》《回民大众》《卫生建设》《华北医刊》等。

二、学术活动

郭沫若与李济深、沈钧儒、章伯钧、马叙伦、章乃器、朱学范、李德全等1月7日接到在河北省平山县李家庄的民主人士符定一、周建人、胡愈之等19人联名发来的电文,提议联衔向国内外发表严正声明,表示要通力合作,完成人民革命之大业。22日,郭沫若与到达解放区的各民主党派,各人民团体的代表人物及无党派民主人士李济深、沈钧儒、马叙伦、章伯钧、谭平山等55人发表题为《我们对时局的意见》的声明,说:"毛泽东先生提出了真正的人民民主和平的八项条件。这正是对于蒋介石所提出的无耻要求的无情反击,我们是彻底支持的。"25日,为周铁衡考古著作《清钱轶录》题写扉页。复为其中医著作《妇科抉微》作序,鼓励其走中西医结合的道路。26日,出席中共东北中央局、东北行政委员会、东北军区及东北各界人民代表为赴北平参加新政协路经东北解放区的全国民主人士举行的盛大欢迎会,并在会上发表演说。2月1日,与李济深、沈钧儒、马叙伦等各党派、各人民团体代表56人,联名致电毛泽东主席和朱德总司令,庆祝人民解放战争的伟大胜利。电文写道:"同人等已先后进入解放区,叠奉捷音,不胜振奋,窃愿竭力追随,加紧团结,为中国之建设奋斗到底。谨电驰贺,并致慰劳。"2日,毛泽东主席、朱德总司令复电,说:"此次人民战争之所以胜利,是由于全国人民不畏强梁,团结奋斗,各民主党派各人民团体一致奋起相与协力,从而使人民解放军获得各方面的援助,使人民的敌人完全陷入孤立。胜负之数,因以判明。""诸先生长期为民主事业而努力,现在到达解放区必能使建设新中国的共同事业获得迅速的成功。"25日中午12时,郭沫若与李济深、沈钧儒、马叙伦、章伯钧等一行35人乘"天津解放号"专车抵达北平。林彪、罗荣桓、董必武、聂荣臻、薄一波、叶剑英、彭真及各界民主人士百余人到车站热烈欢迎,并举行隆重的欢迎仪式。

郭沫若2月26日下午出席由解放军平津前线司令部,北平市军管会,中共北平市委、市政府在中南海怀仁堂举行的欢迎大会,并讲话。28日,应邀往于省吾家赴宴,同席有马衡、唐兰、陈梦家等。宴席间畅谈毛主席、共产党的丰功伟绩,痛斥国民党反动派、四大家族的卖国昏庸,并向大家透露了新中国即将宣告诞生的喜讯。3月1日下午,郭沫若与叶剑英、罗荣桓、李济深、沈钧儒、马叙伦、许广平、李德全等应邀参加中华全国学生第十四届代表大会,并发表讲话:"希望青年同学努力实践,我们要活到老学到老,学习老百姓的生活学习毛泽东的思想。三十年前五四运动,青年学生的口号是民主和科学,三十年后的今天,大家所要求的是无产阶级领导的新民主主义,为劳动人民服务的科学,在中国共产党领导下,要和工农大众结合起来,为全国人民的解放而奋斗,努力建设新中国。"3日下午,应邀出席由华北人民政府文化艺术工作委员会、华北文艺界协会为欢迎新由各地来北平的文艺界人士举行的茶话会,并与周扬、茅盾、田汉、洪深、徐悲鸿、俞平伯、冯至、沙可夫、许广平等在会上讲话,指出:"在延安文艺座谈会后,中国文艺进入了一个新的时代。中国文艺有优良的传统,文艺工作者认识程度虽有不同,但追求光明则是共同的品质。……现在到解放区来了,可以照着毛主席所指路径向前走了,希望文艺工作者把毛泽东旗帜随军事发展插到长江流域,插遍全中国。"5日,作《在毛泽东旗帜下》,刊于3月30日《中国青年》月刊第5期。

6日下午,应马衡、陈梦家、金毓黻、于省吾共邀,在于省吾宅相聚,并在森隆饭店聚餐。16日下午,出席北平军管会文化接管委员会在北京饭店举行的文化界座谈会,并作发言,说:"我们目前进行的战斗,一方面是军事的一方面是思想的。今天在战争进行中能够讨论这个问题,是有很大意义的。我们在军事上摧毁反革命的力量,就目前形势看来,很快就能取得最后胜利,但在文化上,思想上摧毁反革命力量,则需要长期的努力。希望我们文化工作者加倍努力,取得文化上思想上的伟大胜利。"18日上午,郭沫若与叶剑英、沈钧儒等前往车站,欢迎由华东解放区返平的民主人士柳亚子、陈叔通、马寅初、叶圣陶、郑振铎、王芸生、曹禺等16人。20日,出席在北京饭店举行的有全国文化团体以及教授、作家、科学家和新闻记者代表参加的会议,就响应世界拥护和平大会问题交换意见。会议一致决定发表宣言,响应保卫世界和平运动,反对侵略战争。并推派代表参加4月在巴黎召开的世界拥护和平大会。

郭沫若 3月22日出席中华文协与华北文协在北京饭店举行的理监事联席会议,会议决定召开中华全国文学艺术工作者代表大会。郭沫若与茅盾、田汉、洪深、郑振铎、叶圣陶、周扬、徐悲鸿、柳亚子、俞平伯、胡风、贺绿汀、程砚秋等37人当选筹委会委员并当选为筹委会主任,茅盾、周扬为副主任。同日,郭沫若出席全国文协总会在平理监事会,议决原在上海的文协总会即日起移至北平办公;在全国文协总会与华北文协理事联席会上,郭沫若与郑振铎、田汉、洪深、曹禺、萧三、曹靖华、赵树理、古元、徐悲鸿、戴爱莲、程砚秋等12人被选为出国参加在巴黎召开的世界拥护和平大会代表。24日晚,郭沫若在北京饭店参加出席世界拥护和平大会的各人民团体代表会议,被推选为中国代表团团长。同日,与李济深、沈钧儒、马叙伦、章伯钧、谭平山、胡愈之等13人联名发表声明,抗议英帝国主义迫害马来亚侨胞,对遭受苦难的侨胞表示亲切慰问。24日,世界拥护和平大会中国代表团正式成立,团长郭沫若,副团长刘宁一、马寅初。成员:张奚若、李德全、钱俊瑞、许德珩、翦伯赞、侯外庐、郑振铎、裴文中、钱三强、吴耀宗等。25日午后,中共领袖毛泽东、朱德、刘少奇、周恩来、任弼时等抵达北平西苑机场,北平各民主党派领袖、文化学术界名流李济深、沈钧儒、黄炎培、郭沫若、马叙伦、谭平山、章伯钧、柳亚子、张东荪、陈叔通、马寅初、彭泽民、李德全、蔡廷锴、盛丕华、俞寰澄、茅盾、叶圣陶、张奚若、许德珩、张志让、邓初民、陆志韦、陈其尤、李锡九、符定一、吴耀宗、陈其瑗等以及各界人民代表各界代表一千余人到西苑机场热烈欢迎,并随同毛泽东等阅兵。当晚,郭沫若应毛泽东之邀,在郊外聚餐并谈论和战问题。26日,出席在北京饭店举行的中国学术工作者协会理事会,与会者有马叙伦、翦伯赞、郑振铎、叶圣陶、千家驹、邓初民、侯外庐等17人。会议经讨论决定在平、津各大学及研究机构中征求新会员,扩大组织。27日,出席中国科协北京分会在北京大学召开的第二次会员大会并讲话,说:"现在是人民大翻身,也是科学工作者大翻身的时代,希望今后能确实做到使科学有计划、有组织、有步骤地配合生产,配合人民生活,一面求学术的精进,一面求学术的普及。"同日,《人民日报》公布出席巴黎世界拥护和平大会中国代表团全体代表名单:"中华全国总工会:刘宁一、欧阳祖润、叶维民;中国解放区青年联合会筹备会:钱俊瑞、陈家康;中华全国学生联合会:柯在铄、屈元;中国妇女联合会:李德全、丁玲、龚普生、陆璀、吴青;中国科学工作者协会:裴文中、卢于道、丁瓒、钱三强;中华全国文艺协会及华北文协:郭沫若、郑振铎、田汉、洪深、曹禺、萧三、曹靖华、赵树理、古元、徐悲鸿、戴爱莲、程砚秋;中国学术工作者协会:马寅初、侯外庐、翦伯赞、邓初民;解放区新闻记者联合会及中国青年记者学会:宦乡、戈宝权、黄操良;上海各团体联合会:许广平、葛志成;教授代表:张奚若、许德珩;宗教界:吴耀宗。"28日,郭沫若复电世界拥护和平大会筹委会副主席戈登夫人,告知:我国代表团定于29日启程,并推选郭沫若任筹委会副主席。下午,在北京饭店出席世界拥护和平大会中国代表团茶会,会议通过了代表团的任务和组织章程,并请周恩来作临别谈话。晚,郭沫若出席北平市政府在西长安街国民大戏院举行的欢送参加世界拥护和平大会中国代表团暨欢迎先后到达北平的全体民主人士大会,并讲话。29日下午,郭沫若率参加世界拥护和平大会中国代表团起程。下旬,中共中央考虑在中华人民共和国成立后建立统一的科学院作为全国最高科学机构,并由郭沫若负责。

郭沫若5月25日下午与代表团一行37人返抵北平。中共中央负责人周恩来、林伯渠、董必武、李维汉等,民主人士李济深、沈钧儒、谭平山、黄炎培等,各人民团体代表,北平市长叶剑英,平津卫戍司令聂荣臻及北平市人民代表两千余人前往车站欢迎代表团。郭沫若在车站参加欢迎仪式后,即往天安门参加北平市十万群众欢迎大会,并发表讲话。全文载26日《人民日报》。26日,黄克诚、阿英来访。31日,郭沫若与李济深、沈钧儒、章伯钧、黄炎培、陈叔通、马叙伦、谭平山、彭泽民、李章达、蔡廷锴、陈其尤等12人联名致电毛主席、朱总司令及各野战军,祝贺上海等城市解放。6月1日,出席全国文代会筹委会在北京饭店举行的会议。参加会议的文艺界人士共百余人,茅盾报告筹委会的工作情况,继由田汉报告出席世界和平大会的感想。4日,《出席巴黎布拉格世界拥护和平大会中国代表团报告书》发表于《人民日报》。晚,阿英来寓,阳翰笙亦在座,一起漫谈。5日,与文艺界人士集会,筹备于6日举行俄国诗人普希金150周年诞辰纪念会。6日上午,往国民大戏院参加教师代表大会并讲话,赞誉教师们为灵魂的工程师。同日,出席在六国饭店举行的华北高等教育委员会第一次会议。与会者有董必武、张奚若、周扬、马叙伦、李达、吴玉章、许德珩、马寅初、成仿吾等24位委员;出席俄罗斯诗人普希金诞辰150周年纪念大会,并致开会词,称赞"普希金所以伟大,是因为他在一百多年前在俄国沙皇的暴政下,就站在人民方面,把人民做为自己的朋友,用人民的语言来写作,是值得我们文艺界学习的"。参加纪念会的有700余人,由戈宝权报告普希金生平,柯仲平及凤子朗诵纪念诗,白杨、舒绣文朗诵普希金作品。

郭沫若6月11日晚往香山毛泽东住地,与毛泽东、周恩来、李济深、黄炎培、沈钧儒、周建人等人商讨新政协筹备问题。13日下午,参加在北京饭店举行的茶话会,欢迎南洋华侨陈嘉庚等。15日下午,往中南海勤政殿,参加新政协筹备会成立大会。大会由周恩来任临时主席并致开幕词,毛泽东、朱德先后发表讲话。毛泽东在讲话中指出,召开新政治协商会议的时机已经完全成熟。这个筹备会的任务,"就是完成各项必要的准备工作,迅速召开新政治协商会议,成立民主联合政府,以便领导全国人民,以最快的速度肃清国民党反动派的残余力量,统一全中国,有系统地和有步骤地在全国范围内,进行政治的、经济的、文化的和国防的建设工作"。郭沫若以无党派民主人士代表身份发表讲话,全文载20日《人民日报》。16日下午,郭沫若参加政协筹备会第一次全体会议,当选为新政治协商会议筹备委员会常务委员会副主任,主任为毛泽东,副主任还有周恩来、李济深、沈钧儒、陈叔通。会上讨论通过了《新政治协商会议筹备组织条例》,依据组织条例选举了常务委员和常务委员会正副主任。19日,郭沫若对新华社记发表谈话,说:"新政协酝酿已有一年多,最近成立筹备会,这可以说是水到成渠了。的确是新时代一个很好的开始。这次参加新政协的单位有二十三个,各民主党派,进步人士都包括在里面了。这证明我们联合阵线是空前的扩大和精诚的团结。我们可以预想到不久召开的正式会议会有更好的表现。""今天我们应该学会为人民服务,使一切科学技术与人民生活和实际需要结合起来,这样我们的文化学术工作者,才能对新中国有所贡献。将来新政协成立后,有文化学术界的代表参加,希望我们文化学术界的朋友,首先要从自己本身做起,真正做到知识分子与工农紧密携手,完成光荣的建国大业。在毛主席的旗帜下,勇敢地向前进。"下午,出席新政协筹备会全体会议。会议通过了《关于参加新政治协商会议的单位及其代表名额的规定》及新政协筹备会各小组长名单,郭沫若被选为第五小组(起草宣言)组长。24日下午,与林伯渠、李维汉等赴车站,欢迎抵达北平的上海民主人士张澜、史良、罗隆基等一行。25日,作《向军事战线看齐——为中华全国文学艺术工作者代表大会而写》,刊于7月2日《人民日报》《光明日报》。同日,出席全国文代会筹委会第七次扩大常委会,会议通过了各代表团负责人选。26日,郭沫若致函丁山:"近在平有同好将组织新史学研究会,弟已代将尊名列入发起人,谅荷同意,特此奉告。"28日,在文代大会开幕前夕向报界发表谈话。30日,郭沫若出席全国文代大会预备会,被选为总主席,副总主席为茅盾和周扬。同月,所著《中苏文化之交流》由上海生活·读书·新知联合发行所出版,收论文19篇,附录两篇。

　　郭沫若7月1日下午往北京饭店,出席中国新史学研究会筹备会成立大会。中国新史学研究会筹备会由王冶秋、王重民、王伯祥、尹达、白寿彝、向达、吕振羽、吴玉章、吴晗、吴泽、宋云彬、杜守素、余嘉锡、余兆祥、李则刚、周谷城、周予同、尚钺、金灿然、邵循正、范文澜、侯外庐、马衡、翁独健、梁思成、容肇祖、唐兰、陈垣、陈家康、陈述、郭沫若、嵇文甫、张云波、华岗、叶丁易、叶蠖生、杨绍萱、杨东莼、楚图南、裴文中、翦伯赞、邓初民、邓以蛰、黎锦熙、郑振铎、郑天挺、齐燕铭、罗常培等发起。郭沫若、范文澜、邓初民等先后在会上发言,"一致表示全国历史工作者应团结起来,从事新史学的建设工作"。会议通过了筹备会的组织规程和中国新史学研究会暂行简章,决定迅速筹备召开全国历史工作者代表会议,并选举了筹备会的常务委员会,郭沫若、吴玉章、范文澜、邓初民、陈垣、侯外庐、翦伯赞、向达、吴晗、杨绍萱、吕振羽等11人为常务委员会委员,郭沫若任主席、吴玉章、范文澜任副主席、侯外庐、杨绍萱任秘书,承办全国历史工作者代表会议的筹备事宜。《中国新史学研究会暂行简章》规定了该会的宗旨、会员和组织等一系列重要原则,其宗旨是:"学习并运用历史唯物主义的观点和方法,批判各种旧历史观,并养成史学工作者实事求是的作风,以从事新史学的建设工作。"会员须拥护新民主主义革命,赞成本会宗旨,并遵守本会会章。该会的最高领导机关为全国代表大会,每年召开一次。由大会选举理事若干人组成理事会,为大会闭幕后的执行机关。理事会认为必要时,可设立各种委员会,从事调查、发掘、研究、编辑等工作;可组织各种学习小组,举办讲习会。省或中心城市成立分会,须经理事会批准。2日,中华全国文学艺术工作者代表大会大会在北平开幕,主席团总主席郭沫若致开幕词。茅盾报告大会筹备经过,冯乃超报告代表资格审查结果。朱德、董必武、陆定一、李济深、沈钧儒、叶剑英、朱学范、李秀真、李德全、钱俊瑞先后向大会致贺和讲话。郭沫若在开幕词中说:"处在这样一个伟大的时代,我们从事于文学艺术的工作者们,在人民政权的司令台——北平,来召开全国性的代表大会,这在建设新民主主义的新中国的历程上,是富有历史意义的一件大事。""时代所给予我们的历史使命是什么呢? 是要我们总结以往的经验,策划未来的方略,把文学艺术这项有力的武器,有效地运用来提高革命的敌忾,鼓励生产的热情,使新民主主义的建设迅速地得到全面胜利,稳步地过渡到更高的历史阶段。为了完成这项庄严的历史使命,正是我们今天来召开这次全国代表大会的主要的任务。大会从今天起预计要整整继续十二天,在这充分的时间当中,靠着全体代表们的努力,我们相信一定可以使大会顺利地获得成功。"全文刊于3日《人民日报》。3日,郭沫若在全国文代大会上作题为《为建设新中国的人民文艺而奋斗》的总报告,论述自五四以来新文艺运动的性质和文艺界的统一战线问题,提出今后全国文艺工作者的任务:一、加强团结。二、深入现实,使文学艺术发挥教育民众的效能。三、扫除旧文学旧艺术的残余势力,批判地接受一切文学艺术遗产,发展一切优良进步的传统,并充分地吸收社会主义国家苏联的宝贵经验,务使爱国主义和国际主义发生有机的联系。全文刊于7月4日《人民日报》和《光明日报》。

按:《为建设新中国的人民文艺而奋斗》在谈到新文艺性质时说:"这个问题,到了毛泽东主席的'新民主主义论'发表以后,才得到了最科学的说明。在那部名著里面,毛泽东主席指出现阶段中国革命的性质是新民主主义的革命。他用最简单的话概括了新民主主义革命的特点,就是'无产阶级领导的人民大众反帝反封建的革命'。中国革命的这种性质就决定了中国的新文化和新文艺的性质。这就是说,五四运动以后的新文化已经不是过时的旧民主主义的文化,而是无产阶级领导的人民大众反帝反封建的新民主主义的文化;五四运动以后的新文艺已经不是过时的旧民主主义的文艺,而是无产阶级领导的人民大众反帝反封建的新民主主义的文艺。这就是五四以来的新文艺的新的地方。这就是五四以来的新文艺和以前的文艺在性质上的区别。"在谈到文艺界统一战线问题时说:"三十年来的新文艺运动主要是统一战线的文艺运动。这个文艺运动在初期就是由具有初步共产主义思想的知识分子,小资产阶级知识分子和资产阶级知识分子所联合组成的统一战线。""中国文艺界的主要论争是存在于这样两条路线之间:一条是代表软弱的自由资产阶级的所谓为艺术而艺术的路线,一条是代表无产阶级和其他革命人民的为人民而艺术的路线。三十年来斗争的结果,就是在欧美没落资产阶级文艺影响之下的为艺术而艺术的文艺理论已经完全破产了,为艺术而艺术的文艺作品也已经丧失了群众。曾经在这种为艺术而艺术的资产阶级文艺思想影响之下的许多文学家艺术家,也逐渐改变了他们的人生观和艺术观,接受了无产阶级文艺思想的领导。而无产阶级文艺思想领导的为人民服务的文学艺术,队伍日益壮大,方向日益明确,因此就日益受到广大人民群众的欢迎和拥护。""现在,伟大的中国的革命的胜利震动了一切过去没有卷入革命的人们。这就使文艺统一战线也可能取得比过去更广泛的基础。""我们容忍这些不同观点的存在,但是我们除了首先在政治上团结之外,还希望在文艺为人民服务的立场上团结。希望经过文艺界的批评和自我批评,经过文学艺术工作者本身的努力,能够完全达到文艺为人民服务的共同目标。"

郭沫若7月4日出席文学艺术工作者代表大会全体会议,听取茅盾作《十年来国民党统治区的革命文艺运动》的报告。5日,出席文学艺术工作者代表大会全体会议,听取周扬作关于解放区文艺运动的发言。6日,与毛泽东、李济深、沈钧儒、章伯钧、黄炎培等24人联名发表《新政治协商会议筹备会各党派各团体为纪念"七七"抗日战争十二周年宣言》,刊于7日《人民日报》。下午,出席文学艺术工作者代表大会全体会议。6日下午2点,周恩来作政治报告,内容涉及文艺方面的6个问题:团结问题、为人民服务的问题、普及与提高的问题、改造旧文艺的问题、文艺界要有全局观念的问题、成立全国文联组织的问题。这6个问题具体地讲明了中华人民共和国成立后文艺建设的主要任务和全国文联的领导职能。在周恩来报告即将结束时,毛泽东莅临大会并发表了简短的讲话,说:"同志们,今天我来欢迎你们。你们开的这样的大会是很好的大会,是革命需要的大会,是全国人民所希望的大会。因为你们都是人民所需要的人,你们是人民的文学家、人民的艺术家或者是人民的文学艺术工作的组织者。你们对于革命有好处,对于人民有好处。因为人民需要你们,我们就有理由欢迎你们。再讲一声,我们欢迎你们。"毛主席讲话毕,全体代表又报以长时间的热烈鼓掌和欢呼。据华中解放区代表团代表李蕤回忆(宋致新《父亲李蕤参加全国第一次文代会》,《武汉文史资料》2016年第9期）:"他的讲话简短有力:'我代表党中央欢迎你们,因为人民需要你们,我就有理由欢迎你们!'他的这句话,引起全场代表暴风雨般的掌声。正因为短,这几句话便落在每一个人的心灵深处,一直到几十年后的今天,我仍不能忘记。"7日下午,郭沫若往天安门出席北平市纪念"七七"12周年并庆祝新政协筹备会成立庆祝大会,并讲话,全文刊于9日《人民日报》。9日,郭沫若出席文学艺术工作者代表大会全体会议,听取专题发言。10日,出席文学艺术工作者代表大会全体会议,听取自由发言。11日,在文学艺术工作者代表大会上宣布会议代表张西曼教授病逝的消息,朗读其遗嘱和遗诗,并与周恩来、周扬、沈钧儒、沈雁冰、李济深等19人组成治丧委员会。12日,出席文学艺术工作者代表大会全体会议,听取萧三报告出席苏联普希金150周年纪念大会经过、中国人民解放军军委政治部副主任傅钟所作题为《人民解放军文艺工作》的报告。傅钟报告总结了部队文艺工作的三个显著特点:"第一,它是有党的坚强领导;第二,它是完全从实际出发,服务于群众,服务于战斗的需要;第三,它是广大群众性的,内容生动丰富。"13日,郭沫若出席全国第一次科学会议筹委会正式会议,并致辞。中国人民革命军事委员会副主席周恩来在中华全国自然科学工作者代表会议筹备会议上讲话时宣布:不久的将来必须成立为人民所有的科学院。他号召科学工作者参加筹划工作。为此,科代会筹委会的计划委员会经过多次讨论,准备向全国政协会议提出提案,建议设立国家科学院,统筹并领导全国自然科学与社会科学的研究事业,使科学、教育与生产密切配合。提案表达了中国科学界对建立科学院的殷切期望。

郭沫若7月14日下午在中南海勤政殿出席中国社会科学工作者代表会发起人会议,并致开幕词,说:"我们的目的是要团结全中国社会科学工作者来共同努力新民主主义新中国的建设,在今天的发起人会议上应该产生一个筹备会,来筹备全国社会科学工作者代表会议的召开。"同日,出席文学艺术工作者代表大会全体会议。会议讨论并通过了《中华全国文学艺术界联合会章程（草案）》及选举文联全国委员会条例。15日,往北京饭店出席民盟举行的李公朴、闻一多诸先烈纪念会,并发表讲话。同日,出席社会科学工作者代表会发起人会,成立常委会并被选为副主席,林伯渠任主席。16日下午,往中南海怀仁堂,参加中苏友好协会筹备委员会成立大会,并致开幕词。17日,参加全国社会科学工作者代表会议筹备会闭幕会,听取董必武致闭幕词。同日,中苏友好协会筹委会,推定宋庆龄为主任,郭沫若与周恩来、李济深、沈钧儒、张澜、黄炎培等为副主任,钱俊瑞为总干事;出席中华全国文学艺术工作者代表大会全体会议,选举全国委员会委员87名,听取阿英报告提案整理经过。19日上午,出席中华全国文学艺术工作者代表大会全体会议,以总主席身份作结束报告并致闭幕词。宣布中华全国文学艺术界联合会正式成立,宣布文联全国委员会当选委员名单。23日下午,往北京饭店出席文联全国委员会首次会议,当选为主席,茅盾、周扬当选为副主席。大会还通过了文联各部负责人,通过8个协会为文联会员。同日,全国文学工作者协会成立大会闭幕,郭沫若与丁玲、茅盾等69人当选为委员。26日上午,往北京饭店出席中华全国电影艺术工作协会成立大会。27日,往协和医学院礼堂出席全国教育工作者代表会议筹备会议并讲话。28日上午,往北京饭店,出席中国戏曲改进会发起人大会并讲话。8月9日,郭沫若在北平各界代表会议开幕式上讲话,说:"我们建设北平市,要把苏联建设莫斯科的精神作榜样,在北平的物质建设和精神建设（即文化教育建设）方面,都要向立体方面发展,把北平建设成为一个处处是工厂、学校、博物馆、文化宫和图书馆的进步城市。"16日,就美国政府发表的白皮书《美国与中国的关系》一事发表谈话。说:"美国喜欢自居世界第一,在愚蠢而又横暴这一点上,倒的确是世界第一。"26日上午,往北京饭店出席中国社会科学工作者代表会议筹备会举行的座谈会,讨论美国发表的对华白皮书。28日,与茅盾、马叙伦联名复信毛泽东主席,回答毛泽东转来的吴玉章信中关于文字改革的有关问题,发表了几点主要意见:1.赞成中国文字改革走拉丁化的拼音方向,但实现拼音文字要有一个很长的过程,因而在目前"重点试行新文字,条件尚未成熟"。2.赞成少数民族文字拉丁化,但不赞成汉民族方言拉丁化。3.认为统一的以北方话为基础的国语(即普通话)是推行中国拼音文字的先决条件。4.主张成立机构,延请专家,深入研究汉字改革问题。5.主张在整理简笔字的同时,用科学的方法统计日常用字,把其中笔画繁多的加以简化,并制成定式,以作普及教育印刷通俗读物之用。30日,中华全国文学艺术界联合会等9个文艺团体联名发表反对美国白皮书宣言。同月,所著《苏联五十天》由大连新中国书店出版。

郭沫若9月3日午前与范文澜、侯外庐、杜国庠等4人应北京大学史学系之邀出席座谈会,所谈问题为中国史封建社会何以如此之长。4日,在中国人民政治协商会议第一次全体会议召开前夕,新政协筹备会常委会将《中国人民政治协商会议共同纲领》和《中华人民共和国中央人民政府组织法》两个文件草案初稿印发,提请先期到达北平参加会议的各界代表讨论。《共同纲领》草案第43条提出:"设立科学院为国家最高的科学机关";《中央人民政府组织法》草案把科学院列为组成政务院的政府部门。6日,郭沫若出席中苏友好协会总会筹备委员会全体会议,讨论总会筹备事宜及组织规程,并欢迎最近抵平的该会主任委员宋庆龄。11日午,赴张元济宴请于欧美同学会,沈雁冰、胡愈之、沈衡山、叶圣陶、宋云彬、马寅初、黄任之、郑振铎、陈叔通等出席。17日,所作《第三条道路是没有的》刊于《新华周报》第3卷第1期。21日,郭沫若出席中国人民政治协商会议开幕式,为主席团成员,无党派民主人士组召集人。毛泽东主席致开幕词,宣告:"占人类总数四分之一的中国人从此站立起来了。"会议任务:制定中国人民政协组织法与共同纲领,选举政协全国委员会暨中华人民共和国中央人民政府委员会,制定国旗国徽和国歌,决定国都所在地和年号。22日,出席政治协商会议,在主席团会议上被选为常务委员。在政协设立6个委员会中被选入宣言起草委员会委员和召集人。25日,出席政治协商会议,并以无党派民主人士名义发言,拥护三大文件:《中国人民政治协商会议组织法》《中华人民共和国中央人民政府组织法》和《中国人民政治协商会议共同纲领》。全文刊于26日《人民日报》,题作《无党派民主人士首席代表郭沫若发言》。26日上午,往协和医学院礼堂,主持苏联科学家巴甫洛夫诞生100周年纪念会,并致开会词。27日,出席政治协商会议。会议通过《中华人民共和国人民政协组织法》《中华人民共和国中央人民政府组织法》,国都定于北平改名为北京,确定国旗、国歌及纪年。28日,大会主席团公布国旗为五星红旗,田汉词、聂耳曲的《义勇军进行曲》为代国歌。29日午后,郭沫若往颐年堂毛泽东住所,与毛泽东、周恩来、李立三、李济深、沈钧儒、陈叔通、黄炎培等人讨论毛泽东起草的就职公告稿。30日,出席中国人民政治协商会议第一届全体会议闭幕会,当选政协全国委员会委员、中央人民政府委员会委员。同日,与李济深、沈钧儒、黄炎培、马叙伦等44人提出议案,请以大会名义急电联合国否认国民党政府。提案经政协全体会议通过。

郭沫若10月1日下午2时出席中央人民政府委员会第一次会议,当选为中央人民政府委员。与毛泽东主席,朱德、刘少奇、宋庆龄、李济深、张澜、高岗副主席和全体委员宣布就职。下午3时,出席在天安门广场举行的中华人民共和国暨中央人民政府成立庆典,并参加阅兵式。毛泽东主席向全世界宣告:"中华人民共和国中央人民政府今天成立了!"接着,按电钮升起中华人民共和国国旗五星红旗,后宣读《中华人民共和国中央人民政府公告》。5日下午,出席中苏友好协会总会成立大会。刘少奇当选为会长,郭沫若与宋庆龄、吴玉章等7人当选为副会长。同日,郭沫若与李济深、何香凝等发表书面意见,感谢苏联承认新中国,庆贺中苏新邦交的建立。9日下午,赴中南海勤政殿出席政协全国委员会第一次会议。会议选举毛泽东为主席,周恩来、李济深、沈钧儒、郭沫若、陈叔通为副主席。12日,张元济来访。13日,郭沫若与茅盾、周扬等代表中国文联邀请全国总工会、全国妇联、全国青联及北京市委等单位,共同商讨筹备即将在19日举行的纪念鲁迅逝世13周年活动事宜。丁玲、田汉、郑振铎、赵树理、沙可夫、曹禺、徐悲鸿、冯雪峰、许广平、阳翰笙、艾青、黄药眠、胡风等文学艺术界人士到会。同日,为纪念鲁迅逝世13周年作《继续发扬韧性的战斗精神》,刊于10月25日《文艺报》第1卷第3期。文中指出:"'横眉冷对千夫指,俯首甘为孺子牛',在今天依然是我们的战斗指标""今天,建国的大业已经开始,这又是更宏阔而长远的一场斗争——要和一切落后的现实斗,和自然的威力斗,和技术的顽强性斗。要把战争的创伤医好,要把落后的农民中国建设成为先进的工业中国,正须得全中国的人都成为'孺子'的'牛'""为了纪念鲁迅先生,大家赶快把头埋下去,替新生中国做'牛'吧,而且要做得十分地心甘情愿"。19日上午,主持由全国文联、总工会、青联、学联、妇联等12个团体发起组织的纪念鲁迅逝世13周年大会。作为执行主席致辞。号召大家"学习鲁迅的精神,把革命战争进行到底,把中华人民共和国迅速建设好"。

郭沫若10月19日下午出席中央人民政府委员会第三次会议,被任命为政务院副总理、政务院文化教育委员会主任、中国科学院院长。文化教育委员会副主任:马叙伦(中国民主促进会)、陈伯达(中国共产党中央宣传部副部长、马克思列宁学院副院长)、陆定一(中国共产党中央宣传部部长)、沈雁冰(中华全国文学艺术界联合会全国委员会副主席)。中国科学院副院长:陈伯达、李四光、陶孟和、竺可桢。同日,中央人民政府正式决定在原国民党政府"中央研究院"和北平研究院基础上成立中国科学院。20日上午,郭沫若出席中国文字改革协会举行的第一次理事会,会议一致同意把研究拼音文字作为主要任务,并且把北方话拉丁化新文字作为底案;提出目前更应注意促成汉字的简单化和标音化。郭沫若当选为常务理事。晚,往车站为中国首任驻苏联大使王稼祥送行。21日上午10时,在华文学校主持政务院文化教育委员会首次会议,宣布该委员会的成立并致辞,强调其"将担负新中国文化教育建设的重任",号召全体委员一致努力,迎接文化建设的高潮。下午,出席政务院扩大会议。会议宣告政务院正式成立。郭沫若在会上报告文化教育委员会成立会的经过。扩大会议结束后,参加政务委员会第一次会议。同日,中央人民政府各机构人选名单公布后,郭沫若作为无党派民主人士,接受《光明日报》记者采访。22日午后,与陈伯达、竺可桢等在北京饭店413号房间开会,讨论中国科学院组织问题。25日,出席政务院第二次政务会议。会议讨论设接收委员会,接收前国民党政府中央各机关人员档案物资等。决议中央人民政府各部、会、院、署,一律于11月1日正式开始办公。决定将科学院定名为"中国科学院"。28日,出席中央人民政府政务院第三次政务会议,讨论通过《政务院所属各机关组织通则》等议程。29日上午,与刘少奇、吴玉章等百余人到车站欢送苏联文化代表团,并代表中苏友好协会和中国保卫世界和平委员会致欢送词。30日,在《人民日报》发表《电影是很好的教育工具》,又刊于 11 月 2 日《光明日报》。文中倡导通过电影学习苏联。31 日,毛泽东主席签署政府令,向郭沫若院长颁发中国科学院印信。"郭沫若院长:兹颁发中国科学院铜质印信壹颗,文政府令如下:曰:'中国科学院印',希即具领。希将启用日期并拓具印模一份,报府备查。"11 月 1 日,郭沫若就任中国科学院院长。同日,政务院各部级机关正式开始办公,后以此日为中国科学院成立日。2 日,郭沫若与副院长陈伯达、李四光、竺可桢、陶孟和共同发出通函,从 11 月 1 日起中国科学院暂在东四马大人胡同 10 号开始办公。3 日,郭沫若为纪念十月革命 32 周年撰文《十月革命,普天同庆》,刊于 7 日《人民日报》,又载《中苏友好》月刊创刊号。4 日,出席政务院第四次政务会议,向大会报告文化教育委员会所属各机构成立情况。5 日,与刘少奇、宋庆龄、吴玉章、沈钧儒等联名致电苏联对外文化协会主席琴尼索夫教授,祝贺十月革命 32 周年。同日,与茅盾、周扬代表中国文联,致电苏联作家协会和法捷耶夫,祝贺苏联十月革命 32 周年。6 日,作《关于诗歌的一些意见》。7 日上午,与毛泽东、朱德、刘少奇、周恩来等及各界代表 700 余人出席苏联驻华大使罗申举行的庆祝十月革命 32 周年鸡尾酒会。同日,郭沫若和陆定一、严济慈等与周恩来总理商讨科学院气象所归属问题。晚,出席中苏友好协会总会庆祝苏联十月革命 32 周年集会并发表演讲。11 日,出席政务院第五次政务会议。

郭沫若 11 月 14 日在中国科学院干部会上发表讲话,报告科学院成立经过及今后工作方向。在谈到隶属关系时指出,中国科学院隶属政务院而由文化教育委员会领导;在谈到科学院的任务时说:要执行共同纲领,发扬新民主主义文化,即民族的形式,科学的内容,与大众的方向,反对封建的买办的法西斯主义的文化,用科学的历史观点来发展社会科学;在谈到自然科学和社会科学的关系时强调:"我们的国家现在必须要尽速恢复战争疮痍,因此现在的政治重点应该放在经济建设方面","所以今后科学院的重点无疑是在自然科学方面的","至于社会科学,并不是抛弃不管,而是要把它慢慢发展,将来在适当时机,使二者取得平衡"。17 日,发表书面讲话,拥护外交部长周恩来对联合国的声明,要求撤销国民党政府在联合国的合法地位。22 日,往中国科学院办公处,讨论科学院人选问题。25 日下午,在中央人民政府政务院第七次政务会议上,作关于文化教育委员会工作的报告。12 月 3 日,郭沫若在中国科学院报告前日召开的第四次人民政府委员会之经过情形。5 日中午 11 时,听取华东、华中、东北三军政委员负责人饶漱石、邓子恢、李富春报告三区之文教。7 日下午,主持文教委员会会议。8 日上午,与竺可桢、陶孟和等中科院领导往三贝子花园中国科学院历史研究所听取汇报,谈未来方针。并拟从即日起陆续到各在京研究所、处听取工作汇报。10 日上午,与竺可桢、陶孟和等至三贝子花园中国科学院植物研究所听取汇报,谈今后方针。13 日上午,与竺可桢、陶孟和等往三贝子花园,考察中国科学院动物研究所。首先致辞,述今后工作方针,后听取汇报。17 日上午,往东皇城根中国科学院化学研究所考察工作。20 日上午,往中国科学院物理研究所,参观物理化学大楼并听取工作汇报。23 日,出席全国教育工作会议开幕式,作为政务院副总理兼文化教育委员会主任发表讲话,号召文教工作者在目前国家财政正遭遇暂时性困难之时,把有限的财力,作最有效的使用。25 日,为《苏联历史》一书作《序》。27 日,出席中国科学院办公会议,传达毛泽东主席关于开好专家会的指示。会议讨论召开专家会议及选院址问题。31 日,召集中科院历史研究所、图书史料整理处从事考古发掘的工作人员会议,讨论来年工作。主要谈发掘安阳之事。

按:中国科学院接收原中央研究院和原北平研究院等研究机构情况:各地的科学研究机构,在当地解放后,大多已先由有关文教部门或军管会接管。在北京,科学院于 11 月 5 日,从华北人民政府高等教育委员会接收了原北平研究院总办事处及所属的原子学、物理学、化学、植物学、动物学和史学等六个研究所,以及原中央研究院历史语言研究所在北京的图书史料整理处;12 月 16 日,接收原静生生物调查所,随后成立了以吴征镒为负责人的静生生物调查所整理委员会;12 月 21 日,接收原西北科学考察团。科学院华东办事处主任李亚农代表科学院,于翌年 3 月 21 日接收了原中央研究院(简称"中研")在上海的化学、植物、动物和工学四个研究所以及医学和药学两个研究所筹备处,原北平研究院(简称"北研")在上海的生理学、药物两个研究所和物理学研究所的结晶学研究室;4 月 6 日在南京接收了原中央研究院办事处和社会、物理、气象、天文、地质五个研究所以及原中国地理研究所。至此,原中研和原北研的直属研究所接收完毕。5 月,由解放区迁北平的华北大学研究部历史研究室划归科学院。同年 9 月至 1951 年 2 月,科学院又先后接收在昆明的原静生生物调查所与原云南省教育厅合办的原云南农林植物调查所以及原北研植物学所云南工作站;在江西的原静生生物调查所与原江西省农业院合办的庐山森林植物园;在陕西省武功的原北研植物学所与原西北农学院合办的原中国西北植物调查所;在南京的国民党政府国史馆;在厦门的原中国海洋研究所。此外,还与中央军委气象局共同接收在上海由法国天主教会办的徐家汇观象台与余山观象台。科学院以这些机构为基础,加以调整,组建了第一批新的研究所或其分支机构。(参见林甘泉、蔡震主编《郭沫若年谱长编》,中国社会科学出版社 2017 年版;樊洪业主编《中国科学院编年史:1949—1999》,上海科技教育出版社 1999 年版;徐斌、马大成编著《马寅初年谱长编》,商务印书馆 2012 年版;陈福康《郑振铎年谱》,三晋出版社 2008 年版;王学典《20 世纪史学编年(1900—1949)》,商务印书馆 2014 年版;潘娜《新中国文艺的启航——基于第一次文代会的历史考察》,《当代中国史研究》2019 年第 5 期)

马寅初 1 月 14 日得商务印书馆函:"兹查尊著《财政学与中国财政》一书,决定(初版)印二千部,每部定价二十元,现按八折发售特价,函同业议定书价倍数计算,实售金元一百零五元六角。兹将全部版税共金元三万一千六百八十元一次支付,藉副雅意。该款已送上海至中银行交令侄本治兄收取。"2 月 1 日,在《中币会刊》第 3 卷第 2 期发表《集钞在平潮中》。15 日,马寅初伪装厨师,秘密离沪。去年 11 月,中共中央通知,要邀请 32 位著名爱国人士尽快去解放区出席新政协。"因马寅初目标太大,李正文请海关的地下党员孙恩元专程护送,经海关通道平安地到达香港。"18 日晨,马寅初至香港,由中共组织安排宿如云旅馆,与陈叔通同住三楼。19 日,出席民主建国会港九分会成立会,中共代表许涤新、民盟代表周新民先后致辞。20 日,黄炎培移居如云旅馆二楼,马寅初与之畅谈别后情形。23 日,出席民盟扩大会议。24 日晚,出席中共代表潘汉年、方方、许涤新、夏衍等人招待会,热烈欢迎诸位民主人士安全抵港,并商讨战犯名单。同席者陈叔通、俞寰澄、包达三、郑振铎、张志让、沈体兰、张絅伯、盛丕华等。25 日,应邀赴继园台 7 号李孤帆家宴,与潘汉年、许涤新、张絅伯、俞寰澄、包达山、陈叔通、张志让、盛丕华等同席。2 月 27 日,马寅初偕陈叔通、柳亚子、叶圣陶等一行 20 多人由中共香港工委潘汉年等安排,搭乘外籍豪华邮轮"华中"号北上。28 日,外籍豪华邮轮"华中"号离港,沿海北上。3 月 11 日,"华中"号抵山东烟台,安全到达华东解放区。中共中央华东局山东分局、人民解放军华东军区、山东军区、山东省人民政府等特于 11 日联合设宴招待,并于当晚举行欢迎晚会。会上华东军区政治部主任舒同、山东军区司令员许世友先后代表致词,表示欢迎和慰问。18 日上午,偕柳亚子、陈叔通等一行经天津抵北平。北平市军管会主任叶剑英及北平民主人士沈钧儒、马叙伦、郭沫若等至车站迎接。同日,赴北京大学看望五四时期学生赵廼抟、周炳琳,周炳琳外甥张友仁为之拍照留念。24 日,与刘宁一任世界拥护和平大会中国代表团副团长,团长为郭沫若。27 日晚 7 时,北平市政府假西长安街国民大戏院,欢送代表团出国,正副团长郭沫若、马寅初及民主人士代表黄炎培、陈叔通等先后讲话。29日,和大中国代表团乘火车离开北平。至天津停半小时,郭沫若、刘宁一、马寅初向欢迎者发表简短演说,旋即东行。

马寅初5月12日与郭沫若、刘宁一率和大中国代表团启程返国。25日,抵达北平,马寅初在天安门广场10万群众盛大欢迎集会上讲话。6月初,上海投机家趁机作乱,物价波动,为稳定上海经济形势,马寅初向中共指出:"根源所在是证券交易所。"同月1日,华北人民政府令:设立华北高等教育委员会,马寅初任委员。6日,出席华北高等教育委员会于六国饭店举行第一次会议。8日,陈云签发致华东局、华中局电,命令采取强硬手段,查封证券大楼,严惩银元贩子;禁止金条、银元、外币在市场流通。10日,上海市军管会、市公安局查封汉口路证券交易所,取缔金融投机活动。马寅初闻讯以为不妥,再向周恩来、陈云建议:"共产党要有大国执政党的风度。经济要用经济的手段,不能用政治手段。现在很多资本家都在观望,如果我们用政治手段,资本会外逃、隐匿。一旦资金被转移,将产生大批失业大军,影响经济恢复。"中共高层高度重视此议,"接受了马寅初的批评",立将该意见电告华东局。随即请上海工商界有一定威望者马寅初、黄炎培、陈叔通、盛丕华、包达三、胡厥文、冷遹等赴上海协助华东局。此后几次物价风潮中皆运用经济方法稳住,赢得上海工商界拥戴。

马寅初6月15日出席新政治协商会议第一次筹备会议。16日,出席新政治协商会议听取周恩来关于《新政治协商会议筹备会组织条例(草案)》说明,当选为新政治协商会议筹备会常务委员会委员。晚,出席新政协筹备会第一次会议,筹备会共设六个组,马寅初名列第一及第六组内。第一小组负责拟定出席中国政治协商会议单位及代表名单。组长:李维汉;副组长:章伯钧。第六小组负责拟定国旗、国徽、国歌方案。组长:马叙伦;副组长:叶剑英。18日,出席新政协筹备会小组会议。19日,新政协筹备会第一次全体会议听取李维汉代表第一小组所作说明后,通过《关于出席新政治协商会议的单位及其代表名额的规定》。马寅初属无党派民主人士。周恩来专门说明:"无党派民主人士是由于历史的发展形成的一个组织形式。由于国民党反动统治的严重压迫,有许多民主人士只能单枪匹马地从事民主运动,他们虽然未能形成一个政党或组织,但领导着、联系着许多方面人士在奋斗,长期参加民主政治活动。因此,严格、正确地说,无党派民主人士是没有党派组织的、有党派性质的民主人士。"21日,马寅初出席新政协筹备会首届全体会议闭幕式。晚8时,马寅初与黄炎培、胡子婴、吴耀宗、王绍鏊、许广平、林汉达、陈叔通、盛丕华、包达三、张纲伯、吴羹梅、邓颖超、张琴秋、邓裕志等一行乘专车由平赴沪,料理公务。25日,抵达上海。上海市人民政府副市长潘汉年、副秘书长沙千里、外事处长章汉夫,军管会文化教育管理委员会副主任夏衍,民主建国会、中华职教社等民主党派代表冷御秋、胡厥文,妇女界章蕴、黄静汶等赴车站欢迎。同日,周恩来致电华东局并转上海市委:"如马寅初将赴杭州,望电告谭王,予以照料,并助其移家北上。"谭系谭震林,时任中共浙江省委书记、中国人民解放军浙江军区政治委员;王指王建安,时任中国人民解放军浙江军区司令员。

马寅初7月5日应杭州市工商界邀请于后市街大光明戏院作北平归杭后首次演讲《新民主国家的货币》,谓:当年蒋介石是刮民首脑,不办孔宋办了我!这点可证明蒋介石是资本集团的首脑。新民主主义国家是保护民族资本发展国民经济的,是利用力量为国家生利的,我们应一致参加新民主主义经济建设。8日,北平中国经济学研究者及经济工作者发起组织中国新经济学研究会,陈伯达为主任委员,马寅初、杜守素、薛暮桥为副主任委员。9

日,周恩来致电华东局、上海市委,要求加意保护民主人士安全。15 日,马寅初出席中华全国社会科学工作者代表会议,当选为常务委员会委员。8 月 26 日,马寅初就任浙江大学校长,9 月 10 日晚,拜访张元济。12 日上午,拜访由沪来京的张元济。9 月 16 日夜,出席新政协筹备会第六次常委会,讨论通过代表名单与《共同纲领》。马寅初在发言中,偕黄炎培、朱德、李立三等为《共同纲领》第四十七条加入"职业教育"一项据理力争,坚决主张加入职业教育一条。调和结果,加"注重技术教育"字样。16—18 日,与黄炎培、章乃器、钱昌照、沈志远、千家驹、艾志诚、樊弘等 10 余人出席华北全区第二届财政会议。华北人民政府副主席蓝公武及各省市财政部门负责人 56 人与会,财政部长戎子和致开幕词。19 日,马寅初在中南海勤政殿出席全国政协筹备会全体常委会议。21 日,在北京怀仁堂出席中国人民政治协商会议第一届全体会议。22 日,出席全国政协全体会议,为主席团常务委员、提案审查委员会委员。23 日,出席全国政协会议,与张奚若、陈云、乌兰夫、李德全同任执行主席。26 日,出席周恩来、林伯渠于东交民巷六国饭店举行的午宴,邀请辛亥革邀请辛亥革命长辈商谈国事。司徒美堂对中华人民共和国用"中华民国"的简称持不同意见:"我也是出席过辛亥革命的人,我尊敬孙中山先生,但对中华民国四个字,则绝无好感! 我的理由是,那是中华官国,与民无涉。"马寅初发言力挺司徒美堂:"中华民国已经死了,中华人民共和国是个崭新的国家,加个简称,简直是不伦不类,不像话。"张澜、陈叔通、沈钧儒、陈嘉庚等表示支持司徒美堂等意见。最后决定不用简称。30 日,出席中国人民政治协商会议第一届全体会议。晚 6 时,全体政协委员于天安门广场举行纪念碑奠基典礼。随后代表返会场听取选举结果,马寅初当选为中央人民政府委员。

　　马寅初 10 月 1 日下午 2 时出席中南海勤政殿中央人民政府委员会第一次会议,宣布就职。2 日,出席中华人民共和国保卫世界和平大会成立大会。3 日晚,在中南海勤政殿出席中央人民政府委员会第二次会议。7 日午间,偕陈叔通、张元济于欧美同学会宴请政协华侨代表。与会者对商务印书馆所编之华侨用书,提出改良意见。8 日,在北京饭店招待竺可桢、蔡邦华。竺可桢谈及邵裴子先生年将七旬,现在杭以售书度日,希望马寅初予以关照。12 日,作笔记(思考要点):改造一个人的思想,必须经过(一)争取,(二)团结,(三)教育,(四)改造四个步骤,要耐心地改造他们,任何坏人可以改造过来。13 日,《人民日报》报道:民主建国会北京市分会举办新知识座谈会……内容为政治、时事、财政经济、工商业政策及劳资问题等。自 3 月份开办以来已举行座谈会、讲演会及讨论会 38 次。主讲人多为经济学家及产业界民主人士,如马寅初、章乃器、黄炎培、邓初民、孙起孟、俞寰澄、胡子婴、施复亮等。他们内部把这讲演会叫做"政治学习会"和"业务学习会"。19 日,在中南海勤政殿出席中央人民政府委员会第三次会议,毛泽东主持。会议通过政务院财政经济委员会名单如下:主任:陈云;副主任:薄一波、马寅初;委员:李富春、贾拓夫、邓子恢、曾山、叶季壮、陈郁、杨立三、黄炎培、滕代远、朱学范、章伯钧、李书城、梁希、傅作义、李立三、南汉宸、孔原、戎子和、何长工、钱之光、宋裕和、薛暮桥、宋勋文、曹菊如、钱昌照、孙晓村、范子文、钟林、孟用潜、冀朝鼎、梅龚彬、章乃器、胡厥文、盛丕华、包达三、俞寰澄、冷遹、吴羹梅、李士豪、千家驹、李民欣、刘子久、罗叔章、陈叔通、简玉阶、侯德榜、胡子昂、周苍柏、周叔弢、宋裴卿等。21 日,政务院财经委员会举行成立会,出席者在京委员 30 人,列席者有中央政府各部副部长、副局长等。陈云主任作报告,马寅初与黄炎培、李书城、李立三、章乃器、钱昌照、何长工、薄一波等先后发言。23 日,马寅初离京南下。26 日,马寅初与陈云、薄一波联名签署中财委复财政部函,同意所报《印花税暂行条例》,希即请华北人民政府颁布施行。29日,出席上海各界欢迎北京归来全国政协会议代表及出席世界工联归国的中国代表团大会,并讲话。30日,作笔记(思考要点):津、沪、汉各地必须密切配合,统一步骤,否则会酿成全国性的物价大涨;要暂时积蓄力量,到物价涨到一定程度,然后全国再一致行动,将物价压住。31日夜,由沪乘车抵杭。浙江省政府办公厅主任张劲夫、秘书长刘丹、浙江大学校委会委员刘潇然、王国松及浙大学生会代表李秉宏等,前往车站欢迎。同月,就陈云征询北京住房要求事复书:"只要能住下一家人就行。"陈云于中财委附近东总布胡同62号(现改32号)挑选一幢环境安静房间又多小楼,并亲自指示种植庭院花草,让秘书找到一株马寅初喜欢的梅花栽于院中。

马寅初11月3日上午在浙江大学健身房向全校师生员工报告全国政协开会经过及所通过《共同纲领》精神,重点解释《共同纲领》中的经济政策,号召浙大师生认真学习。9日,在《浙江日报》发表《工商业者消除顾虑,为建设新中国而奋斗》。13日上午,在杭州银钱业学术演讲会演讲《人民政协召开的经过》。18日,出席浙江省干部学校第二期开学典礼,并向大会报告人民政协会议经过。重点讲解三大宪章与共同纲领。20日上午,出席绍兴文化教育界及各机关人士及各校学生报告会。演讲人民政协《共同纲领》及"三大宪章"。21日,马寅初得中央政府电:"中央人民政府委员会将于本月二十五日后开会讨论若干重大问题,其中将商讨发行公债的问题,望先生能赶来北京开会,并希望能于十一月二十七日或二十八日到京,是否能来,盼复。"此电报由周恩来起草,"并希望能于十一月廿七日或廿八日到京,是否能来盼"几字为毛泽东所加,以林伯渠名发与浙江省人民政府转马寅初。因军政费用支出增加,为解决庞大财政赤字,稳定市面,马寅初向周恩来、陈云建议:发行公债,并节约开支,实行成本会计。并提出可以建设为名义,称"建设公债"。毛泽东接到陈云电报,于电报上批示:"理由不充分。"认为共产党已经欠了老百姓很多债,解放了还要向老百姓借债,想不通,睡不着。后经陈云、周恩来反复解说,毛泽东遂同意发行。同日,出席全国委员会财经组第一次会议,讨论发行公债问题。会议就12个方面进行讨论。议决:(一)为着应付财政赤字,稳定物价,安定民生发行公债是必要的,通货膨胀是对于全体人民的灾难。(二)最好今年年内公布,明年初开始发行。(三)最好用"建设"名义,也属名副其实。(四)采用东北办法,收付均以折实单位计算。(五)可仿照折实储蓄办法,用若干种民生必需品构成。(六)可以战前三亿元的价值为标准。当然,我们还不能也不必希望发债抵补全部的财政赤字。(七)应用分区课额,民主评议的方法。(八)应该以城市为主。新解放区未经土改,地富亦可分担若干。与国计民生有关的工商业可以少负担,但仍须量力负担,以资提倡,宁可在资金不够时由国家银行贷给款项。(九)分两次发行最妥。(十)定期三至五年,利率年息四至六厘,每六个月付息一次,第二年开始抽签还本。(十一)以收受人民券为限。如以金银、外汇抵价,可由购债人商请银行购买。如以物资抵价,可商请贸易公司购买。(十二)公债准许买卖流通,以利劝募。交易所已由人民银行管制,大数抛售可以在事前采取步骤防止市价暴跌。少数大户更可用政治力量劝勿一次大量售出。政府亦可拨交银行一笔相当于债额的百分之一二十的债市平准基金,在跌价过多时酌量收购。后中央以没有胜利,就没有建设为由,改"建设公债"为"胜利公债",获得大多数人赞同,遂以"胜利折实公债"发行。22日,笔记(思考要点):发行公债的几个必要的条件(一)支付能力;(二)安定性;(三)收益的保证;(四)投资余力。23日,马寅初与陈云、薄一波联署中财委复交通部函,原则同意全国航务公路会议拟决定之问题与初步意见,并指出:公路问题的方针,前方应以便利军运为主,后方则以通车为准,着重对现有线路作有效之利用。在建设方面,目前以不由国库支款为基本原则,修建高级路面与风景公路暂无必要。24日,作笔记(思考要点):左倾主义与右倾主义同样危险(听李立三报告)。同日,与陈云、薄一波联名致函东北财委,通报华北对外贸易管理局缩小对外贸易中的易货范围,实行结汇办法的情况。27日,作笔记(思考要点):打击投机,调剂供需,稳定物价。(一)应由城市工商者负担,不能再叫农民负担,以符合《共同纲领》中"合理负担"的原则;(二)明年度全国收支概况比东北要好得多,东北公债起着稳定物价平衡收支的作用。

　　马寅初11月28日晨抵京,出席毛泽东所主持中央政治局会议,研究1950年两个文件。会议指定由陈云、周恩来、马寅初、薄一波、黄炎培、章乃器、施复亮进行修改。29日,出席全国政协第二次常委会议,讨论《一九五〇年度全国财政收支概算(草案)》《关于发行人民胜利折实公债的决定(草案)》,指定周恩来、陈云、黄炎培、薄一波、马寅初等进一步修正概算草案。30日,与陈云、薄一波联名致信周恩来,请审批中财委《关于工作制度的规定》。该《规定》指出:中财委所属十四个部及银行、海关等单位均已开始正式办公。今后各项财经工作,应归有关各部分别处理,中财委则负责掌握全盘计划,并指导各部、行、署工作。同日,与陈云、薄一波联名复函农业部,对所呈报《在农业生产会议上的报告初稿》提出意见。同月,山中学在杭校董会借先生居所杭州法院路34号开会,邵力子主席,商请周恩来总理担任稽山中学校董会名誉董事长事宜,聘书由校长邵鸿书专程送北京。周恩来欣然接受校董事会请求。12月1日,马寅初应毛泽东邀请出席中南海颐年堂招待宴,席间商议毛泽东赴苏联莫斯科订约事宜。2日,出席中央人民政府委员会第四次会议。毛泽东等39名中央政府委员出席。会议一致通过1950年度全国财政收支概算和关于发行人民胜利折实公债的决定。5日,马寅初在《上海工商》第1卷第4期发表《〈共同纲领〉中之经济政策》。阐明经济政策之重心:"在新民主主义之下,当然能达到公私兼顾,劳资两利之目的。因此,公私兼顾,劳资两利,与发展生产、繁荣经济是不分彼此、互为因果的。在这四句后,现在再加上'城乡互助,内外交流'两句,成为经济政策中最重要的六句。"6日,全国委员会财经组第一次会议后,继续思考成本会计问题,拟就《关于成本会计的初步建议》,从:(一)成本会计的功效;(二)初级的成本会计与高级的成本会计;(三)效率的"正确"意义;(四)成本会计人才上的研究;(五)成本会计参考上的研究;(六)成本会计上急切的五大任务等方面加以阐述。8日,周恩来致电饶漱石、陈毅、曾山,指示:"马寅初现仅拿浙江大学校长薪水,不够生活开支。请研究可否酌量发给一部分津贴或办公费。"该电由陈云起草。9日,作笔记(思考要点):(一)目前已经有一万万五千万人口与近六万万亩土地的地方完成了土地改革。(二)大会主要应以解决粮食、棉花、增产与兴修水利为中心,一切问题都应围绕着这个中心。同日,与陈云、薄一波联署中财委复水利部函:同意所呈组建长江水利委员会及淮河水利工程总局的报告,要求立即着手组织并将组织规则和人员配备报核。12月11日,离京抵沪。14日,出席政务院副总理董必武招待中央各部留沪委员茶话会。参加者还有饶漱石、陈毅、张元济、陈叔通、曾山、陈铭枢、潘汉年、盛丕华等40余人。

　　马寅初12月16日离沪抵杭。17日,复电陈云、薄一波:"来电收到,阅后我非常高兴!关于华东财经情况,我正在给中央和你们起草报告,近几日内即可电告。"所提正在起草的报告,即12月26日以华东财委名义致电中财委的《关于十月以来物价斗争的报告》。19

日,与陈云、薄一波联名致函中财委所属各部、署:国家举办保险事业主要是为了保护与发展生产,并保护劳动人民的福利,各地国营、公营企业必须实行保险。21日下午,应杭州市工商界邀请,于大光明戏院讲解人民胜利折实公债问题。同日,与陈云、薄一波联名致函海关总署:关于旧海关在国外存款处理问题,可由海关总署以债权人名义直接函告各存款银行,声明该项存款为中华人民共和国中央人民政府海关总署所有,如有损失,存款行应负完全责任。25日上午,应杭州市总工会邀请向杭职工演讲关于购买折实公债问题。详细讲解发行胜利折实公债的办法、计算方式以及用途和是否可以做抵押等,特别指出此次发行公债是"在政治上给全国人民一个教育。中华人民共和国成立了,大家也表示拥护,今天中华人民共和国为了建设需要发行公债,要求大家承购,实际就是考验每一个人是否真正拥护中华人民共和国的最具体的行动!这次公债不是公债,而是公责,国家兴亡,匹夫有责,这就是责。把国家的利益和你个人的利益联结在一起。看看你怎样表示!国家正将进入建设高潮,需要每一个人尽他的力量来支持这一个运动!"号召大家行动起来踊跃购买。26日晚,至杭州人民广播电台播讲《发行折实公债之理由》。同日,与陈云、薄一波联名致函重工业部:据有关部门调查,石景山钢铁厂存在的严重问题是:该厂领导对资财的清点、整理、保管工作从未予以应有的注意;该厂各方面的浪费,损失至为惊人;至今未建立一套制度,以致形成生产管理上的极度紊乱现象;对依靠工人阶级办好工厂的观点极端模糊。请该部即速彻底查明报告。28日上午,向杭州1400余名店员、干部演讲《人民胜利折实公债》。30日,应上海铁路局杭州办事处职工特邀演讲《发行折实公债理由与目的》。同月,与陈云、薄一波致函东北财委,指出:华北各区在东北购妥粮食1000多万斤,望转告东北铁路局于年前拨给车皮运回。(参见徐斌、马大成编著《马寅初年谱长编》,商务印书馆2012年版)

张澜与罗隆基、史良6月15日应中共中央邀请和民盟总部北平临时工作委员会电请乘火车离开上海。由于当时刚解放,广大地区铁路交通还没有完全恢复,一路上走走停停,车上又无卧铺,只能坐着过夜。途经南京、济南作短暂停留,直到24日下午抵达北平。朱德、周恩来、董必武、李维汉、沈钧儒、郭沫若等到车站迎接。周恩来紧握张澜的手说:"表老,您好!您为我们担了风险,感谢您!"6月25日,毛泽东到北京饭店看望张澜,表示慰问。同日,周恩来到北京饭店看望张澜。谈到张澜在上海被特务软禁,国民党欲抛其尸入黄浦江一事,周恩来说他指示了上海地下党和进攻上海的部队严加保护。张澜表示十分感谢。28日,毛泽东请张澜到家中吃饭。车到门口,毛泽东亲自出来迎接,扶他下车,扶他上梯坎。席间,张澜说:"共产党真伟大,解放南京后一个多月,就解放了5个省城和上海。"毛泽东说:"我们并没有什么超人之处,只不过做到谦虚、谨慎、勤劳、节俭,全心全意为人民服务。全国人民拥护我们,我们才办成功几件事。"张澜深有所感地说:"主席讲的前八个字,是中国人民的传统美德,少数人能够做到。但要做到这后一句话就很难啦!恐怕这也就是历来为政者的病根之所在吧!"毛泽东点了点头。张澜十分赞赏毛泽东的这句话,事后,他逢人便要重复说一遍,他对自己的子女更是常常拿这句话进行教育。下旬,朱德在中南海家中设宴招待张澜,罗瑞卿作陪。7月3日下午3点,张澜到双清别墅,回访毛泽东。毛泽东热情地说:"咱们要共同商量,建设一个崭新的中国。"谈到外交方针,毛泽东说:"我们这个国家很穷,要建设困难很多,需要很多朋友来帮助……特别是有美国这样的强国做朋友,当然很好,我们求之不得咪!可是,问题不在我们这一边。只要美国一天不放弃扶持国民党政权的政策,新中国与美国的关系就一天也不能改善。我们曾经向司徒雷登提出过政治与经济分开的建议,但是遭到了他的拒绝。"13日,张澜与沈钧儒、章伯钧、张东荪、周新民谈民盟出席新政协代表名单问题。7月25日,北平酷热。周恩来请张澜住进颐和园听鹂馆旁一个精致小院(西一所)避暑、调养。至9月中旬,酷暑消退,张澜离开颐和园,住进民盟总部。21日,中国人民政治协商会议第一次全体会议在北平正式开幕。中国民主同盟正式代表为张澜、沈钧儒、章伯钧、张东荪、罗隆基、史良、周新民、楚图南、丘哲、周鲸文、费孝通、李相符、李文宜、胡愈之、辛志超、刘王立明共16人。候补代表叶笃义、罗子为两人。张澜当选为大会主席团成员及主席团常务委员。张澜十分赞许中国人民政治协商会议共同纲领,认为"是新中国的一个人民大宪章"。张澜表示民盟立下宏愿,抱定决心,在毛主席领导下,建设新中国新社会。他号召全体盟员"拥护将来的新政府""建设我们的新国家""创造世界人类的新社会"。26日上午,应周恩来、林伯渠邀请,赴东交民巷六国饭店出席讨论国名简称问题。30日,政协第一次全体会议在充分民主协商的基础上,选举出中央人民政府委员会,张澜当为副主席。

张澜10月1日下午2时出席中央人民政府委员会在中南海举行的第一次会议。5日,出席中苏友好协会总会成立大会,并在成立大会上发表演说。与宋庆龄、吴玉章、沈钧儒、李济深、郭沫若、黄炎培被选为副会长。9日,出席中国人民政治协商会议第一届第一次会议,当选为政协常务委员。11月7日,在《人民日报》发表文章《庆祝十月革命三十二周年》,出席苏联大使馆为庆祝十月革命32周年举行的盛大酒会。11月15日至12月20日,张澜出席在北京召开的中国民主同盟一届四中全会(扩大)会议。其间12月5日前为一届四中全会筹备委员会会议。12月7日,张澜在会上发表讲话,称此次会议是"本盟划时代的大事","我们的任务,就是在工人阶级、共产党的领导之下,来彻底实现共同纲领,完成新民主主义革命"。会议讨论通过了《政治报告》等重要决议和文件。并通过修改后的《中国民主同盟盟章》,明确规定"中国民主同盟是人民民主统一战线的一个组成部分,是一个以知识分子,特别是小资产阶级知识分子为中心的政治联盟"。《盟章》明确指出:"本盟接受中国共产党的领导,与之密切配合工作,以期在革命建国的伟大事业中尽其最大的努力。"会议期间,中共中央主席毛泽东和党中央的其他领导同志于12月5日傍晚接见了参加民盟一届四中全会的全体代表。中共中央副主席周恩来于12月6日招待出席民盟一届四中全会的代表。他在讲话中分析了民盟历史上三个时期的表现后说:"应该看到,在整个中国革命中,民盟是发展的,前进的,是大有希望、大有前途的。"12月1日,张澜应毛泽东邀请于中南海海颐年堂共进晚餐,磋商毛泽东访问苏联时签订中苏友好互助同盟条约事。中共中央领导朱德、周恩来、林伯渠在座,同时应邀参加者有李济深、沈钧儒、陈叔通、马寅初、章伯钧、沈雁冰、蔡廷锴、郭沫若、马叙伦、谭平山共12位民主人士。5日,《人民日报》发表张澜的谈话,题为《针对现实为人民解决问题》,表示拥护中央人民政府通过的1950年的财政概算及发行胜利折实公债的决定。27日,张澜出席中国民主同盟一届五中全会,当选为民盟中央主席,沈钧儒为副主席。会议决定设立中央政治局,张澜被推选为中央政治局委员及中央常务委员。原"中国民主同盟总部临时工作委员会"宣告结束。(参见谢增寿编著《张澜年谱》,群言出版社2013年版)

沈钧儒1月22日与到达解放区的各党派及无党派民主人士李济深、马叙伦、郭沫若等55人联名发表对时局的意见,表示坚决支持毛泽东1月14日为和平谈判向国民党政府提出的"八项条件"。26日,出席中共东北中央局、东北行政委员会、人民解放军东北军区以及东北各界人民代表在沈阳举行的欢迎前来解放区的各党派、无党派民主人士大会。沈钧儒代表民盟讲话,并宣布:民盟中央已议决迁入解放区,为全部、彻底、干净消灭帝国主义、封建主义、官僚资本主义的统治而努力。27日,就1月22日李宗仁致函民盟中央要求民盟调解和平事,民盟主要领导人发表严正谈话,指出:"从前国共两党之争,我们是第三者,但现在局势已经完全改变,现在是革命与反革命之争,而我们站在革命的一边,所以不能参加调人。"2月25日,沈钧儒从沈阳抵达北平。26日,出席北平各界人民举行的欢迎到达北平的各党派、无党派民主人士大会,代表民盟致词。27—28日,连续出席人救会在北京饭店召开的第一次谈话会,会议议决应即恢复组织并推定沈钧儒为主席。3月5日,中国民主同盟总部临时工作委员会在北平正式成立。推选沈钧儒及章伯钧两名中常委为主持人,领导与开展全盟工作,并为总部对外代表。同时宣告原在香港的中国民主同盟总部即告结束。7日,沈钧儒致书中共中央及毛泽东,报告民盟总部临工委在平成立,并表示:"愿以至诚接受贵党之领导,在新民主主义革命建设之伟大事业中并愿与贵党密切合作,尽其应尽之责。"10日,周恩来代拟毛泽东复沈钧儒、章伯钧电:"贵盟中委在平设立临时总部,并举两先生为贵盟总部主持人,愿与敝党保持密切合作,无任欢迎。兹托李维汉、齐燕铭两同志先行至平接洽,有事请与磋商为盼。"电文经毛泽东阅后发出。同日,沈钧儒致函在上海的张澜等中常委,报告为适应新局势要求,在北平设置临时领导机构。又主持人救会于北京饭店召开的第二次会议,议决定名为"中国人民救国会中央临时工作委员会",参加第一、二次会议的同人均为委员。14日,主持人救会中央临工会于北京饭店召开的第三次会议。会议通过了《中国人民救国会临时工作委员会组织规程》。18日,与郭沫若、李德全、许广平等到北平火车站迎接陈叔通、马寅初、柳亚子、包达三、张绚伯等抵平。22日,主持人救会中央临工会在北京饭店召开的第四次会议,向会议报告本会与各民主党派共同为马来亚华侨遭受迫害事发表声明。会议议决:推定李章达在主席不能兼顾时对外代表本会,恢复《大众生活》杂志,并由沈钧儒担任《大众生活》社社长。25日,与董必武、李维汉、李济深等到北平火车站迎接黄炎培抵平,随即于六国饭店商议欢迎中共中央领导人毛泽东等的仪式。午后,在西苑机场欢迎毛泽东、朱德、刘少奇、周恩来、任弼时等抵达北平,并参加阅兵式。晚,沈钧儒与柳亚子、陈叔通、郭沫若、黄炎培、许德珩等应毛泽东、周恩来、李维汉等邀,至颐和园益寿堂赴宴。

沈钧儒与李济深、章伯钧、黄炎培、谭平山、马叙伦、蔡廷锴等各党派负责人4月3日应毛泽东邀至香山双清别墅集会。毛泽东报告各党派《反对北大西洋公约联合声明》稿和中共对国际形势的看法和应付方法。大家一致同意。4日,《联合声明》正式发表。14日,与各民主党派代表应周恩来、李维汉邀,在北京饭店听取有关国共和淡代表正式会谈情况介绍。19日,沈钧儒发表广播讲话,拥护巴黎世界和平大会。20日,出席各党派联席会议。因国共和谈破裂,为防范国民党飞机滥炸北平,商议"民主人士暂时分散"办法,"以不妨碍工作为原则"。午后,民盟临工会及人救会临工会均开会讨论疏散问题。21日,中国人民革命军事委员会主席毛泽东和中国人民解放军总司令朱德发布向全国进军的命令。沈钧儒得悉后说:他原已看出南京政府无和谈诚意,曾向毛主席建议过"摆队送客,下令进攻"。同日上午,沈钧儒赴朝阳大学作法律与政治讲演。下午,接受《人民日报》记者采访,发表《拥护人民解放军渡江的谈话》。晚,接范长江长途电话,得悉:"人民解放军30万大军已胜利渡江了。"23日,与章伯钧代表民盟和各民主党派为拥护中国人民革命军事委员会发布进军命令。24日,与章伯钧代表民盟和各民主党派致电中共,祝贺南京解放。同日,往六国饭店访张治中、邵力子,得悉何应钦致函南京代表团要他们回去,他们表示不愿回去。因劝他们要找出不回去的理由,说:"向国民党政府表示仍留在北平继续为和平努力;并争取何应钦、李宗仁不要与蒋介石合流。"晚,与黄炎培同去电台,向江南的朋友广播。25日,主持人救会临工会会议,谈南京政府拒绝签字后的局势,并报告李民欣(泽霖)在南京与李宗仁、白崇禧接触的情况。27日,与周恩来谈民盟参加政协的代表问题。28日,与黄炎培、马叙伦、谭平山、章伯钧、刘清扬诸友人去西山李大钊墓前行祭告礼。同日,所作《纪念李大钊先生》刊于《人民日报》。

沈钧儒5月4日出席中华全国青年第一次代表大会开幕典礼,并致词。同日,参加北平市纪念"五四"运动30周年大会,被推为主席团成员,并致词,提出三点政治任务:"一、必须严惩卖国贼蒋介石及其死党;二、把美帝国主义从中国的领土上赶出去;三、把太平洋从美帝国主义手里整个地解放出来。"15日,出席民盟北平市全体盟员大会,选举北平市民盟支、执委员。17日,与周新民一起参加法学院教育方针座谈会。会议决定成立新法学及马列主义研究会。21日,与张志让同赴华北人民法院参加法律委员会会议,商议发起新法学研究会事。会后,又参加政法大学筹备会。24日,与民盟总部临工会全体委员赴周恩来晚宴。周恩来报告战事情况,并经商讨议定:民盟专吸收知识分子。还商议政协召开前是否先开一筹备会事。27日晚7时,与人救会临工会委员一起和周恩来谈话。周恩来谈了今后的政治趋势和民主党派的发展问题。统战部部长李维汉谈了加强民盟内部团结和团结北平大学教授等问题。沈钧儒与人救会的同志们都发表了意见。至深夜1时始散会。28日中午,赴中山公园上林春,祝贺柳亚子诞辰。30日,与章伯钧代表民盟和各民主党派致电毛泽东、朱德祝贺上海等城市解放。31日,与章伯钧、黄炎培、张东荪、周新民等致电张澜等"请即联袂北来,主持四中全会,商订本盟今后决策"。6月3日,与章伯钧代表民盟和各民主党派,为香港政府剥夺中国政治党派、人民团体在香港的活动权利及在港的每一个中国人的民主权利事,发表联合声明,坚决抗议英帝国主义对中国人民的这个挑衅行为。6日,先后主持民盟总部临工会和人救会临工会会议。酝酿参加筹备各种委员会的人选和推举出席新政协筹备会代表产生问题。以后数日,民盟及人救会连日开会反复协商有关人选问题。9日,约美国华莱士的代表密尔斯谈话。10日,往访许德珩交谈。11日,沈钧儒与周恩来、黄炎培同车赴香山双清别墅毛泽东寓所,参加讨论新政治协商会议的筹备问题。毛泽东并告诉大家,司徒雷登有意来北平看看燕京大学,并征求大家对此问题的意见。沈钧儒表示:如他以一个美国人的资格来,大家未尝不可与之来往,如他以美国大使资格来,我们当然不予承认。会议至深夜1时始结束。12日下午,至中山公园上林春参加基督教青年会座谈会,提出宗教革新问题。13日下午,出席北平各界欢迎陈嘉庚茶会,并讲话。陈嘉庚抵平时沈钧儒曾去车站迎接,并往访长谈。晚,主持人救会临工会会议,讨论与新政协筹备会有关问题。与沈志远、萨空了被推定研究人救会参加新政协人员的名单。14日晚,参加欢送美国华莱士代表密尔斯返美的宴会。15日晚,至中南海勤政殿出席新政治协商会议筹备会开幕典礼,沈钧儒代表民盟发表讲话,表示"我们一定要制定出一个能反映全国人民要求的施政纲领草案,拟定出一套完全合于革命的新民主主义政治原则的联合政府组织大纲的草案来,以便顺利地进行新民主主义的国家建设;迅速实现独立、民主、和平与富强的中华人民统一民主共和国"。筹备会上,沈钧儒被选为新政治协商会议筹备会常务委员、常务委员会副主任。并参与新政协的单位及其代表名额组的工作。20 日,至朝阳大学出席政法大学筹备会。

沈钧儒 6 月 24 日下午至北平火车站迎接张澜、罗隆基、史良北上。归饭店后与张澜、罗隆基交谈,后又与史良长谈。25 日下午,至勤政殿出席社会科学工作者协会筹备会会议。晚,出席民盟总部临工会、民盟北平市支部、光明日报社联合举行之欢迎张澜、罗隆基、史良茶话会,并致辞。26 日,与周新民、史良同赴人民政府礼堂出席新法学研究会筹备委员会成立会,任会议主席,当选为筹备委员会主席。27 日,主持人救会临工会会议,报告新政协代表产生情形,并代表本会对史良、冯亦代、袁青伟来平表示欢迎。7 月 1 日,沈钧儒专心阅读毛泽东为庆祝中国共产党成立 28 周年在《人民日报》发表的《论人民民主专政》,连声称赞,表示衷心拥护。并阅读毛泽东《在延安文艺座谈会上的讲话》,作在文代会发言的准备。同日,与章伯钧代表民盟和各党派负责人联名致电中共中央祝贺 28 周年诞辰。2 日,参加全国文代会开幕典礼,并代表民盟致辞。3 日,为纪念"七七"抗战 12 周年,代表民盟发表《以波茨坦协定原则,纪念"七七"》的广播词,在电台播出。7 日,参加北平市各界人民在天安门广场举行的纪念"七七"抗日战争 12 周年群众大会,并代表民盟发表讲话。同日,与章伯钧代表民盟和参加新政协筹备会各党派各团体为纪念"七七"抗日战争 12 周年发表《宣言》。13 日,和张澜、章伯钧、张东荪、周新民谈民盟出席新政协代表名单问题。14—17 日,出席社会科学工作者发起人大会,并在开幕会上讲话。15 日,参加在北京饭店举行的李公朴、闻一多、陶行知、杜斌丞、黄竞武、曾伟等先烈殉难纪念会,并在会上报告先烈殉难经过。24 日晚,参加陶行知逝世 3 周年纪念会。然后至新中国书局参加邹韬奋、李公朴纪念会,并在会上讲话。25 日,主持人救会临工会会议,向会议报告民主人士生活待遇过于丰厚,提议应表示要求减低生活待遇。经讨论决定由沈钧儒邀同各党派发起。27 日,参加台湾民主自治同盟座谈会。8 月 1 日始,沈钧儒常至孟公府王明寓所开会,讨论制订《婚姻法》。7 日晚,至基督教青年会讲演《青年会在新民主主义社会中应有的贡献》。12 日,中国新法学研究会筹备会常务委员会为了造就新法学人才,决定在北平创办中国新法学研究院。推沈钧儒为院长。13 日,出席民盟总部临工会会议,提议最近几天内举行一次关于美国白皮书的座谈会。以这种方式来加强盟内的学习。晚,应张治中邀,至其寓所参加"八·一三"事件 12 周年纪念晚会。15 日,主持人救会临工会会议,会议听取了吴大琨有关两年来留美工作情形及美国近况的报告。16 日,出席在太平胡同民盟总部举行的"白皮书"座谈会。民盟发表《对美帝白皮书的斥责》。沈钧儒审阅文稿,并于 23 日提出修改意见。8 月 26—27 日,在中南海勤政殿出席新政协筹备会常务委员会第四次会议,讨论参加新政协会议的代表名单草案,修改并基本通过了政协会议组织法草案和中央人民政府组织法草案。29 日晚,出席人救会临工会第 23 次会议,任主席。会议讨论了人救会解散问题。

沈钧儒 9 月 8 日由北京饭店迁至东总布胡同 24 号定居。17 日,出席新政协筹备会第二次全体会议,任会议主席。19 日晚 6 时,周恩来来访谈。晚 7 时,至贤良寺赴巨赞和尚宴。后至北京饭店参加人民政协民盟代表召开的座谈会。21 日,出席中国人民政治协商会议第一届全体会议在中南海怀仁堂举行的开幕式,被推为会议执行主席并当选为大会主席团成员及主席团常务委员。24 日,沈钧儒代表民盟在会上发言,指出:今天的情况和旧政治协商会议时候完全不相同,今天中国人民要求我们完成的任务是"彻底消灭封建主义、官僚资本主义和帝国主义在中国的侵略势力,从头建造一个独立、民主、和平、统一、富强的新中国"。世界人民要求我们完成的任务是共同促进"世界的和平与自由"。对会议行将通过的三个文件,沈钧儒就其精神提出四点:一、中国要走新民主主义的道路,决不再走旧民主主义的道路。只有从新民主主义才能通到社会主义和共产主义的道路。二、必须建立人民民主专政的国家机构,才能使国家统一起来,发挥无比坚强的人民力量。三、各级政权机构要采取民主集中制,才能巩固人民的政权,而使国家得到长治久安。四、各民主阶级,民主党派,要团结一致,保证长期合作。意见有出入,可以相互协商,决不使力量分散。这种团结协商的精神,是我们解决国是的主要方法,也是我们今后克服一切困难的唯一途径。这是多年来的斗争经验的一个总结。成为目前我们可能采取的总的方向和总的路线。只有采取这个方向和路线,革命建国大业才能胜利完成。在此次会议上,沈钧儒当选为中国人民政治协商会议全国委员会委员和中央人民政府委员。会议闭幕后,与全体代表一起参加在天安门广场举行的人民英雄纪念碑奠基典礼和在中南海怀仁堂举行的盛大宴会,庆祝第一届人民政协会议胜利闭幕。26日上午,参加俄国科学家巴甫洛夫诞生100周年纪念大会。中午,至六国饭店赴周恩来、林伯渠宴。饭后讨论国名问题。29日,应邀在中南海颐年堂和毛泽东、周恩来、李立三、郭沫若、李济深、陈叔通、黄炎培会商,修定毛泽东亲自起草的就职公告稿。

　　沈钧儒10月1日下午2时出席毛泽东主持的中央人民政府委员会第一次会议,会上被任命为中央人民政府最高人民法院院长。2、3日,出席中国保卫世界和平大会成立大会。4日,至民盟向盟员作报告,从马列主义、毛泽东思想及中共七届二中全会决议谈起,主要说明人民民主专政的意义。5日,参加中苏友好协会成立大会,当选为副会长。9日,出席政协第一届全国委员会第一次会议,当选为第一届全国委员会副主席。19日,出席中央人民政府委员会第三次会议。会议通过了政务院各部、委负责人名单。沈钧儒被任命为政务院政治法律委员会委员及法制委员会委员。21日,至顺承王府出席政治法律委员会成立大会。22日,至中南海勤政殿出席最高人民法院成立大会。11月1日,最高人民法院正式开始办公,与法院全体人员谈话。6日,出席中国政法大学开学典礼。16日,至北京饭店出席欢迎来华参加亚洲澳洲工会会议的世界工联代表及领袖易·赛扬大会,并讲话。19日,至太平胡同民盟总部欢迎各地来京参加民盟一届四中全会的代表,并代表总部致欢迎词。11月20日至12月4日,出席民盟一届四中全会筹备委员会会议。23日,与章伯钧同至中南海西花厅赴周恩来邀餐,并谈民盟内部诸问题。29、30日,出席政协全国委员会常务委员会会议,讨论任免条例、任命名单及1950年国家总预算问题。12月2日,至中南海出席中央人民政府第四次会议。5—20日,出席民盟一届中央委员会在北京举行的第四次全体扩大会议。5日晚,与胡愈之、萨空了、沈志远至中南海西花厅访周恩来,晚餐及谈话,长谈至深夜1时半。6日,沈钧儒向民盟第四次全体扩大会议向会议报告出席人民政协经过和政协精神。12日,出席法制委员会会议,讨论各省、县设人民法庭问题,并决定在华中实行土地改革。14日晚,出席人救会临工会第29次会议。会议议决成立救国会纪念委员会,沈钧儒任召集人。15日晚,与胡愈之、萨空了同至中南海西花厅访周恩来,长谈至深夜3时许。18日下午2时,中国人民救国会于北京饭店举行招待各界茶话会,沈钧儒任主席,宣告救国会光荣结束。周恩来到会作了即席讲话,阐明统战政策与工作方法。最后由沈钧儒致答谢词。同日,沈钧儒发表《中国人民救国会结束宣言》。21日,先后参加政法大学,法院、司法、检察、公安四机关联合会以及中苏友好协会,庆祝斯大林70大寿大会,并发表演说。在中苏友好协会总会的讲演《中国人民革命的胜利是从苏联找到了真理》。22日，提议在东总布胡同寓所成立俄文学习班，并亲自参加。24日晚，至西花厅，周恩来邀民盟中央委员谈话，直至凌晨4时半。27日下午6时，赴北京饭店民盟全体中央委员聚餐会。餐后召开一届五中全会，进行选举。张澜当选为民盟主席，沈钧儒为副主席。31日晚7时，沈钧儒赴中南海出席各民主党派举办的除夕晚会，任大会主席，并致词，歌颂1949年的一切伟大成就，鼓励大家于1950年更继续努力。（参见沈谱、沈人骅编《沈钧儒年谱》，中国文史出版社1992年版；中央文献研究室《周恩来年谱1898—1976》，中央文献出版社1998年版）

　　章伯钧年初仍在东北沈阳。2月25日，与沈钧儒等抵达北平。3月5日，协助沈钧儒在北平正式成立中国民主同盟总部临时工作委员会，并与沈钧儒主持与开展全盟工作。约在4月，毛泽东主席在西柏坡提出新中国应该办一张主要以知识分子为对象的报纸的意见，鉴于民盟集中了较多的中国教育界、文化界的知名人士，素有办报的传统，并积累了丰富的经验，中共中央指定由中国民主同盟接收原北平《世界日报》的产业及人员。5月9日，《光明日报》社社务筹备委员会成立，其组成人员由中国民主同盟总部推定，章伯钧任主席，成员有胡愈之、萨空了、林仲易、孙承受、严佩民、谢公望。筹委会召开第一次会议，决定接收北平《世界日报》的房屋财产和机械设备，在此基础上出版发行一份报纸，并定名为"光明日报"。会议拟定《光明日报社组织大纲》，确定了组织机构，下设编辑所、总管理处、印刷厂。14日下午，民盟总部在北京饭店举行第11次会议，商讨接手、改造《世界日报》的事宜，就当时黑暗的旧中国面临灭亡，新民主主义革命即将取得最后胜利，中国的未来充满着光明的政治背景，会议通过决议将报名定为《光明日报》，同时决定5月16日正式接收报馆，社址仍用原《世界日报》西长安街的社址。5月16日，《光明日报》社社务筹备委员会接收了《世界日报》的全部资产，原有职工一律留任。当时本报的房产有两处：一是西长安街32号，为总管理处及职工宿舍；二是石驸马大街甲90号，为编辑所和印刷工厂。工厂有对开印刷机12架，另有排字房、铸字房和筹版房等设施，可以独立完成本报的排版、印刷任务。6月16日，民盟机关报《光明日报》在北平创刊，为新中国第一张全国公开发行的民主党派机关报。章伯钧任社长，胡愈之任总编辑，萨空了任秘书长，林仲易任总经理。毛泽东、朱德、周恩来分别为《光明日报》创刊题词祝贺。毛泽东题词："团结起来，光明在望。"周恩来的题词是："光明之路。"朱德的题词是："民主光明。"《光明日报》发刊词《团结一致建设民主新中国》阐述了办报方针为："第一是负责的态度""第二是服务的精神""第三是建设的批评""第四是忠实的报道"。办报伊始，《光明日报》以科学、教育、理论等为主要内容，反映国内外科学、教育、文化、学术等方面的发展情况。每天出版对开四版，星期六增出对开四版，称之为增刊。版式上采用传统的仍是竖排法。7月起，光明日报就陆续开始创办《经济》《文学》《文学评论》《学术》《新语文》等各种专刊，开始形成自己的鲜明特色。

　　按：《光明日报》与《世界日报》具有渊源关系。早在是年1月北平解放之际，当时共有报纸26家。根据中共中央对进步、反动、中间性质的旧有报业不同的处理意见，北京市军事管制委员会要求除保留《世界日报》和《新民报》两家私营报外皆予查封。2月25日，《世界日报》由于在刊登新华社来稿的同时还发布国民党新闻稿件，被当作国民党CC系报纸而没收。后由《光明日报》社社务筹备委员会接收了《世界日报》的全部资产，所以《光明日报》的筹办较为顺利。

　　按：《光明日报》发刊词《团结一致建设民主新中国》曰："光明照耀东方大陆，人民胜利的新时代已经到来！三十年来的中国人民解放运动，特别是三年来的中国人民解放战争，终于结束了封建地主军阀官僚的反动统治，终于摧毁了以蒋介石为首的作恶多端的旧统治阶级的最后堡垒，终于打垮了帝国主义在中国的侵略势力,并且根本动摇了帝国主义在东方的殖民地奴役制度。中国人民已经在事实上成为亚洲第一大国的主人和统治者。人民倚靠自己的力量,解放了大部分农村,解放了大部分重要城市和海口,包含亚洲第一个大城市上海在内。剩下在广州、台湾和其他地方的蒋家小朝廷,早已溃不成军,不值人民解放大军的一击。曾经盛气凌人的美帝国主义的海军舰队,也只得悄悄地从上海、青岛撤退了。毫无疑问,这是中国历史上一个大变局。这个大变局产生在拥有四万万七千五百万人口的亚洲大国内,自然将使整个亚洲,乃至整个世界,风云变色。中国人民解放事业的伟大胜利,改变了全世界人民与反人民,和平与侵略两大阵营的力量对比,使帝国主义发动新的世界大战的企图遭受挫折,全世界人民民主与持久和平的运动,得到了最有力的支持。在震撼全世界的中国人民民主革命胜利的巨浪中,《光明日报》在全国革命领导中心的北平市发刊,这并不是偶然的。中国人民的最后胜利,虽然已到了面前,但要使民主民族革命贯彻到底,还有待于最后的更艰巨的工作。我们需要肃清国民党反动派的残余力量,需要彻底消灭封建主义官僚资本主义和帝国主义在中国的侵略势力。我们需要支援人民解放军,继续进行战斗,解放西北、西南、闽粤、台湾、直到边远的国境线为止。我们需要在已解放的广大地区内,加紧恢复生产,发展生产,使经济落后的中国,迅速走上全国工业化的道路。我们需要团结和教育广大的干部和群众,使人民自己能够担负起民主建国的大责任。我们需要有组织地和有步骤地在全国范围内和在各地方进行政治的,经济的,文化的,国防的建设工作。在目前,我们更需要立即筹备召开没有反动派参加的新政治协商会议,以制定人民民主共同施政纲领,并建立中华人民民主共和国的中央联合政府。常言道:行百里者半九十。最后胜利愈是接近,我们需要进行的工作,也愈是繁复而艰巨。《光明日报》是由中国民主同盟负责创办的。去年一月中国民主同盟三中全会政治报告中曾说:本盟自成立伊始,即宣布以实现中国之民主、和平、独立、统一为本盟奋斗的基本目标。在过去我们为这些目标而奋斗,在今后我们仍将为这些目标而奋斗。民主、和平、独立、统一是中国民主同盟奋斗的目标,也就是《光明日报》的奋斗目标。但是要达到民主、和平、独立、统一的目标,并且建设自由幸福富强的新中国,首先要倚靠工农大众的力量和中国共产党的领导,同时也必须团结全国各革命阶级,各民主党派和各界爱国人士,共同来努力。中国民主同盟自始至终主张团结,团结第一。在抗日战争的时期,全国人民需要团结。在解放战争的时期,全国人民需要团结。在今后民主建国的工作中,全国人民更需要团结。在组织方面我们要求团结,在行动方面我们要求一致。我们可以有不同的思想,不同的见解,不同的作风。但是当不同的思想、见解、作风,化为行动的时候,却必须求得一致。团结之中可以有斗争,但斗争应当是为了团结。不同的意见的相互论争是被许可的,但论争依然是为了求得行动的一致。在目前我们可以说:不是把全国各革命阶级人民团结起来,革命建国的伟大事业,就没有贯彻到底的可能。假如全国各革命阶级,各民主党派,各界爱国人士,不能取得一致的行动,民主建国的工作一定会遭遇到一些非必要的困难和障碍。团结一致,建设民主新中国,这是《光明日报》所要向全国人士提出的一点希望。除此以外,就本报言论与新闻方针,更愿向读者申述四点:第一是负责的态度。在人民成为国家主人以后,新闻工作者的责任,应当是正确地反映人民的意见,帮助人民政府推行政策和政令,发掘各项问题,并寻求问题的解决。对人民负责,是人民的报纸所应有的态度。第二是服务的精神。人民的新闻工作者决不是无冕帝皇而应当是人民的信差。《光明日报》虽然由中国民主同盟负责创办,却主要是为各革命阶级服务,为各民主党派服务,为各人民团体服务。为人民服务是人民的报纸应有的精神。第三是建设的批评。除了反人民反民主的言论之外,一切批评应当是自由的。但是批评是为了团结,为了建设。只有建设性的批评,以团结为基本精神的批评,才有利于人民解放事业和新民主主义的建设工作。第四是忠实的报道。新闻报道固然要切合事实,但单是报道表面的现象是不够的,还要追寻发生现象的根源。无原则无目的地报告事实是不正确的。新闻报道必须与人民的利益,行动的方针相联系,才能使报纸成为真正教育指导人民大众的工具。在本报和读者诸君见面的第一天,我们诚恳地要求你们加以批评指教。让我们大家首先团结起来,共同努力,使光明照耀全中国的每一个地方,照耀全世界的每一个角落。"

章伯钧6月15—19日在北平出席新政治协商会议筹备会第一次全体会议。会议决定在常委会领导下设立六个小组,分别完成以下各项任务:章伯钧分在第一组:拟定参加新政协的单位及其代表名额,任副组长,组长为李维汉。6月25日晚,章伯钧出席民盟总部临工会、民盟北平市支部、光明日报社联合举行之欢迎张澜、罗隆基、史良茶话会,沈钧儒致辞。7月1日,为纪念中国共产党诞生28周年,《光明日报》发表毛泽东的《论人民民主专政》,并发表社论《祝贺中国共产党生日!》。社论说:"各党各派以至全国人民,都得承认一个事实:没有共产党就没有人民革命的胜利;没有共产党的领导,人民革命的胜利也就不会彻底。没有中国共产党就没有新中国。"同日,《光明日报》之《经济周刊》创刊,由著名经济学家沈志远主持。5日,《大学》(周刊)创刊,由著名教授费孝通主持。8月4日,《生活与学习》专刊创刊。7日,《文学》专刊创刊。9月15日,严信民任本报副总编辑。21—30日,章伯钧在北平出席中国人民政治协商会议第一次全体会议,任中央人民政府委员。10月1日,《光明日报》刊出消息"中华人民共和国诞生,中国人民政协首届全会宣告胜利成功"。同时,发表本报社论《伟大的光荣的日子》。19日,中央人民政府委员会第三次会议任命章伯钧为交通部长,本报总编辑胡愈之被推举为出版总署署长。20日,《光明日报》发表中央人民政府各机构组成名单。12月10日,周恩来召集聂荣臻、章伯钧、李克农、刘亚楼、钟赤兵、乔冠华、刘敬宜、陈卓林等开会,宣布政务院决定:中国航空公司董事长为章伯钧,副董事长为李克农、刘敬宜,董事为钟赤兵、凌鸿勋、凌士芬。(参见《光明日报社六十年大事记(1949—2008)》;沈谱、沈人骅编《沈钧儒年谱》,中国文史出版社1992年版;谢增寿编著《张澜年谱》,群言出版社2013年版;中央文献研究室《周恩来年谱1898—1976》,中央文献出版社1998年版)

胡愈之与周建人、韩兆鹗、吴晗等17人1月7日联名致电李济深、沈钧儒、章伯钧、马叙伦、谭平山等人,拥护中国共产党。22日,胡愈之与李济深、沈钧儒、马叙伦、谭平山、章伯钧等55人联名发表《我们对时局的意见的声明》。25日,在河北省平山县李家庄的民主党派及无党派民主人士周建人、翦伯赞、胡愈之、韩兆鹗、严信民、吴晗、楚图南等联名致电在上海的民主人士张澜、黄炎培、罗隆基、史良、陈铭枢。电文说:"近闻敌方派人在沪活动,企图分裂民主阵线,淆乱社会视听,以自保全。诸公久居沪上,所闻所见,必更亲切。当能对反动派之阴谋彻底揭发,严予指斥,并请号召国民党统治区人民坚持依中共所提八条,实现真正的和平,彻底消灭中国人民之敌人。"2月1日,胡愈之进入北平。不久,民盟总部临时工作委员会在北平成立,被推为委员。同日,任北平文化接管委员会委员,参加新闻出版部门的接管工作。3月,胡愈之对新中国出版工作提出了五点建议:"(一)书报贩卖事业即书店、书刊出版社及印刷业,此三者应实行分工,总原则应以国营事业处领导地位,民营出版业及印刷业应在党领导之下。(二)三联应改为国营最大书店,控制全国文化商业,在城市、乡村普遍建立分店、分销处,在学校工厂设立书报合作社,但自己不出版任何书刊,政府控制了全国发行事业则进步书刊可大量行销而反动书刊不待命令禁止,自可限制其流行。(三)出版社除由国营党营的以外,应按照出版自由原则准许私人自由经营,对人民有害之出版物,只要国营书店不替他推销,自然无法行销。(四)印刷业照普通工业办理,大印刷厂由国营,小印刷厂由私营而受国营管理。(五)以上办法的好处可使出版自由得到保障,反动书刊受到限制,书刊出版业趋向计划化,书刊成本减低,著作人报酬可以大大提高,书业及出版业干部可统筹分配不至成为无政府状态。"

胡愈之3月任民盟总部临时工作委员会委员,着手筹办民盟中央机关报《光明日报》。6月16日,《光明日报》正式出版,任总编。8月20日,民盟中央临时工委决定由胡愈之、章伯钧、罗隆基、沈志远、楚图南等5人起草批判美国"白皮书"的文告。9月,胡愈之被聘任为新华书店总编辑,筹划召开了全国新华书店出版工作会议。致开幕词,作题为《全国出版事业概况》报告,并陪同毛泽东接见会议全体代表和工作人员。同月,胡愈之以人民救国会代表的身份,参加新政协筹备会和中国人民政治协商会议第一届全体会议,共商中华人民共和国成立事宜。10月,胡愈之被任命为政协文教委员会委员、国家出版总署署长。同月,为纪念瞿秋白,胡愈之撰写了《一个革命知识分子的模范》。11月,为《新华月报》撰写题为《人民历史的开端》的代发刊词。同月,在民盟一届四中全会扩大会议上增选为委员、常委。12月,主持庆祝《南侨日报》创刊3周年纪念会。毛泽东、周恩来、朱德等几位党和国家领导人为《南侨日报》题词。同月,人民救国会宣布结束,胡愈之负责起草宣言并报告结束经过;中国人民外交学会成立,胡愈之被推为副会长。(参见朱顺佐、金普森《胡愈之传》及附录《胡愈之生平大事年表》,杭州大学出版社1991年版;谢增寿编著《张澜年谱》,群言出版社2013年版;吴永贵《民国图书出版史编年:1912—1949》,社会科学文献出版社2018年版)

张东荪继续在燕京大学哲学系任教。1月1日,中共中央军委致电平津前线司令员林彪,提出了与傅作义谈判的6点方针,并指示说:"惟我们希望傅氏派一个有地位的、能负责的代表,偕同崔先生及张东荪先生一道秘密出城谈判。"同时为了保证张东荪的安全,又特别强调:"如张东荪出城不能保守秘密,则张可以不出来。"当李炳泉向傅作义秘密传达了中共中央"军委六条"后,出现了打破谈判僵局的机会。中共方面要求派一名"能负责任、有地位的人"出城去谈,傅作义立即想到华北"剿总"民事处长周北峰和极力主张和平的张东荪是最佳人选。5日,傅作义约张东荪在中南海居仁堂谈话。傅作义开门见山地问:"张教授,宜生想与共党言和,你意如何?"张东荪回答:"言和是大势所趋,人心所向。傅总司令当机立断,不受他人甚至南京方面的干扰,实在令人敬佩。言和乃光明之途,不走和谈之路,古都危矣,傅总司令也危矣!"张东荪教授的一番直言,使傅作义很痛快地下了决心。傅作义说:"张兄所言极是,我想请张兄作为我的代表,代我辛劳一趟。如果张兄谈和成功,我傅宜生将感激万分!"张东荪同意向中共方面转达傅作义的意见,但因为是民盟成员,不便作为傅作义的代表,请再派一名正式代表,与自己一起出城。傅作义答应了张东荪的要求,并提醒张东荪说:这事十分机密,"千万不能向外透露半点分声,否则,不但事情办不成,张先生的安全也将受到威胁,或带来不必要的麻烦!"张东荪与傅作义会晤后,作为傅作义和中共双方信任的代表与傅作义的代表周北峰赴河北蓟县八里庄,与林彪、聂荣臻等人谈判,促成了北平和平解放的成功。

张东荪与周北峰1月7日抵达蓟县八里庄。8日,聂荣臻向两人讲述了全国战局及平津前线的形势后,便分别与张东荪、周北峰进行了晤谈。根据张东荪的分析,聂荣臻基本摸清了傅作义的思想动态和谈判的底牌。聂荣臻与张东荪和周北峰分别会谈后,立即将会谈情况向中央军委作了汇报,请示谈判方针。10日上午,双方就军队如何改编、城市如何接管、人员如何安排等具体细节问题,又进行了一次会谈磋商,并由中共代表苏静根据谈判内容整理了一个《谈判纪要》。林彪、聂荣臻和周北峰都在"纪要"上签了字,张东荪却谢绝在《纪要》上签字,他说:"我是民盟成员,代表不了傅作义将军,只能在你们双方之间当个调解人和见证人。"当林、聂转达中央军委让他到中共中央所在地会晤毛泽东时,张东荪表示要先回燕京大学一趟,做些必要的准备,然后再启程去会晤毛泽东。对北平和平谈判,很多人都尽了力。张东荪在关键时刻出城,不仅打开了双方和谈的僵局,而且也取得了实质性进展。10日晚,张东荪在解放军的保护下乘车返回北平燕京大学。他在燕京大学作了一个讲演,解释为什么坚决主张与中共进行和平谈判。他形象地用"老鼠与花瓶"比喻傅作义的部队与文化古城北平:老鼠是可恶的,人人都想消灭它,但它却躲在一个精美的花瓶中;既要消灭老鼠,又要不打碎花瓶,就不能不采取和平方式、用和谈的办法解决。张东荪的讲演获得了广大师生一片支持和喝彩声。

张东荪与费孝通(代表民盟)、雷洁琼夫妇(代表民进)1月中旬在中共地下党的安排下,到华北解放区出席中共中央召开的民主党派会议。他们先到石家庄,然后再到中共中央驻地西柏坡。张东荪到西柏坡后,便送给毛泽东一本自己的封笔之作《民主主义与社会主义》,毛泽东也回赠他一套东北解放区出版的《毛泽东选集》。其间,张东荪与毛泽东双方在召开新政协、建立联合政府、进行新民主主义经济建设等重大内政方针上意见一致,但对新中国外交方针产生巨大分歧。毛泽东认为新中国的外交方针只能是一边倒向苏联,必须实行"一边倒"。张东荪则主张应该走"中间路线",在国际上不亲近美国也不亲近苏联,或者可以比较亲近苏联,但也要与美国建立良好关系,不能反美。因为一方面中国的建设需要美国的支援,另一方面如果中国倒向苏联一边,会刺激美国,导致美苏关系恶化,导致中国与美国直接对抗,中国可能成为苏美冲突的牺牲品。毛泽东坚决不同意张东荪的主张,认为很多知识分子都存在着严重的"亲美""恐美"思想,张东荪不同意"一边倒"向苏联,就是这种思想的反映。张东荪坚持认为:"美苏之间各有短长,中国应该融合美国政治与苏联经济,铸造新型民主国家。"毛泽东严肃地说:"你张先生的新型民主不过是美国式民主。""在西方政治中,总是分为执政党、反对党。而中国即将建立的革命政权是共产党和第三方面共同的成果,为何要自己反对自己?"张东荪与毛泽东双方各执己见,谈话的气氛一度非常紧张。同时,毛泽东对张东荪的"中间路线"主张和"亲美"思想进行了委婉的批评。他说:"国民党正在策动中间力量,企图使民主阵营半途拆伙。共产党希望,在新政协与新政府中,共产党与民主党派求同存异,真诚合作,不要建立反对派和中间路线。"张东荪承认:"党派之间合作而非对抗,确实是一种新的政治思想。"民进成员雷洁琼表示:"民主党派现在不再是中间派,民主党派坚决拥护共产党",气氛缓和下来。2月,当张东荪回到北平时,情绪比较低沉,显出一副较失望的样子。

按:张东荪与毛泽东这次会谈时的分歧,实际上是中共"新民主主义"理论与张东荪"新型民主"主张的冲突。对于国内问题,中共主张召开新政协、成立联合政府、实行新民主主义的经济政策等,都与张东荪所主张的多党合作、混合经济、保留私有财产等相似。对于国际问题,张东荪从30年代起便形成了调和资本主义与社会主义的思路,数年来一直思考着如何调和美苏冲突。他所谓"中间性的政治路线"和"新型民主"的重要内容,就是主张既不亲美,又不亲苏,对双方保持同等的距离,反对美国把中国当作反苏基地,但欢迎美国对中国的经济建设给以援助;不亲近苏联,以免刺激美国,从而导致美苏冲突,爆发第三次世界大战,给中国带来巨大灾难。而毛泽东对于美帝国主义的本质有着深刻的认识,对于它支持国民党打内战、阻碍和干涉中国革命的野蛮行径有着切身的体会,对于它与苏联对抗、破坏国际共产主义运动的阴谋有所了解,断定美帝国主义与国民党一样,是中国人民凶恶的敌人,是革命的对象。新中国的外交方针,自然不能与这样的帝国主义结盟,而必然倒向苏联为首的社会主义阵营一边。

张东荪5月通过美国驻北平总领事柯乐,致函美国驻华大使司徒雷登,商谈中美关系,力图与美国方面保持联络渠道。28日,司徒雷登请柯乐博转交致张东荪回函,邀请7月20日南下面谈,希望与张东荪进行一次长谈。6月15日,新政协筹备会在北平正式成立。毛泽东在中南海勤政殿召开第一次全体会议。张东荪以民盟中央常委的身份与张澜、沈钧儒等人代表民盟参加了新政协筹备会。负责起草政府组织大纲的政协筹备会第四小组成立后,张东荪与张志让、滕代远、阎宝航、雷洁琼、陈其尤、林厉儒等 7 人被推举为委员,负责讨论提纲,张志让为召集人。6 月 25 日、8 月 19 日,张东荪两次参加新政协筹备会议关于政府组织大纲的起草和修改讨论会,修正通过了《政府组织法草案》。7 月 17 日,张东荪、罗隆基、周鲸文与美国驻北平总领事柯乐博在张东荪长子张宗炳家会谈。9 月 21 日,新政协第一届全体会议开幕,张东荪被选为大会主席团成员。次日,大会决定设立 6 个分组委员会,张东荪分在"国旗、国徽、国都、纪年方案审查委员会"。29 日,张东荪与彭真、陈铭枢、章乃器、周恩来任执行主席,讨论并通过了《共同纲领》。10 月 19 日,张东荪被毛泽东任命为政务院文化教育委员会委员。从此,张东荪开始了与中共合作建设新中国的历程。秋,民盟内部形成张东荪、罗隆基、曾昭抡、潘光旦、刘王立明、周鲸文、范朴斋、叶笃义等人为主的小集团,排挤救国会的沈钧儒、史良及第三党的章伯均等人。他们经常在刘王立明家、罗隆基家中聚会。张东荪平时住在城外燕京大学,而一旦进城开会,不便赶回,就住在外交部街 1 号长子张宗柄家。罗隆基等在城里住的民盟领袖便在这里聚会,这里俨然成了"罗隆基小集团"的活动据点。张东荪由于与罗隆基、叶笃义等人的历史关系,自然属于该集团的重要成员,但他的态度非常消极。11 月 4 日,美国务卿致北平总领事柯乐博,想通过张东荪向中共高层传递相关信息。23 日,张东荪与美国驻北平总领事柯乐博会谈,交换对时局看法。12 月 1 日,张东荪与北平总领事柯乐博会谈,谈及向周恩来转交相关信函之事。7 日,民盟一届四中全会在北京召开。民盟内部"罗隆基小集团"与章伯均等人的矛盾逐渐公开化。中旬,周恩来陪毛泽东赴苏联访问前夕,张东荪和罗隆基请周恩来在中南海办公地点约集民盟领导人谈盟内团结问题。由于有人从中挑拨,张东荪与罗隆基并没有到会。周恩来为此对张东荪和罗隆基进行了严肃批评。同月,张东荪在《燕京学报》第 37 期发表《公孙龙的辩学》一文。

按:作者解释撰写此文目的时说:"每年讲授中国哲学史,都因为时间不够分配,把公孙龙一派仅略略一提而已,没有细讲。今年因为有外国学生旁听,使我对于名家特别感到兴趣。除了参阅近人多种著述以外,又把原书细读了一下。乃恍然觉得意义可通。不禁窃喜,遂成此文。"他研究后的结论是:"公孙龙在当时可算是很奇特的一派。只因为他用以作辩论之题材的与他派相同,遂被后人混入于一些辩士中,而掩没其奇特性。这是一件很可惜的事。我今特别标而出之,以明公孙龙既非墨学的旁支,亦非诡辩学派的正宗。他的学说在表面上虽富有诡辩色彩,而其内容却不尽然。恐怕因为当时流行诡辩的风气,他便利用之,以明其所主张之分析之重要性。他十分注重分析,不恤以诡辩的姿态来助威。即不恤说得过分些,使人更容易注意。至其主张内容却亦未尝不朴实平浅。此所以异于其他诡辩的辩士们。"(参见左玉河编《张东荪年谱》,群言出版社 2014 年版)

楚图南年初仍居河北。1 月 16 日晚,周恩来到李家庄同民主人士座谈解放战争形势,共商建国大计。楚图南在会上作了发言。22 日,楚图南与沈钧儒、李济深、郭沫若等发表《我们对时局的意见》,表示在中国共产党领导下完成中国人民的革命事业。此间,与胡愈之等在解放区的民盟成员,发表联合通电,声明坚持民盟一届三中全会路线,接受共产党领导,反对第三条道路。2 月 2 日,楚图南随解放军进入北平。3 日,应邀在前门箭楼上观看解放军入城式。同日,参与军管会接管各大学及文物单位,宣传共产党的知识分子政策。3 月 25 日,参加毛泽东、朱德等领导人在西苑机场的阅兵。春,受聘为北平师范大学教授,讲授政治经济学和社会发展史。6 月 8 日,中共中央组织部通知楚图南,组织关系暂作重新入党,由齐燕铭作介绍人。以前的党龄待调查核实后再定,党员身份暂不公开。15 日,楚图南参加新政协筹备工作,为第五组,参与起草大会宣言等工作。7 月 2 日,出席中华全国文艺工作者代表大会。10 日,撰成《李公朴、闻一多两先生与西南民主运动》。11 日,撰成《关于我从白区到解放区的经过》。8 月 2 日,在《光明日报》发表《教育工作者都应该向人民解放军看齐》。9 月 21—30 日,以民盟代表身份出席全国政协第一次全体会议,仍参与起草委员会的工作。当选为第一届全国政协委员。10 月 2 日,在《光明日报》发表《为新中国的文化建设奠基》。同月,刘伯承、邓小平在中南海接见楚图南,通知他到西南军政委员会负责文教工作。11 月初,楚图南带领几位文教界干部起程赴重庆就职,途经天津、徐州、郑州、武汉,乘船西去。同月,所译《希腊的神话与传说》,由上海书报杂志联合发行所出版。(参见麻星甫编著《楚图南年谱》,群言出版社 2008 年版)

黄炎培 3 月 14 日离港搭船北上。同行者有盛丕华、俞寰澄、盛康年等。25 日,抵达北京。董必武、李维汉、李济深、沈钧儒诸友好多人迎入六国饭店,随即商谈欢迎毛主席仪式。下午 3 时,黄炎培和陈叔通、马寅初、郭沫若等至西郊机场欢迎毛泽东主席。26 日,出席民盟临时工作委员会,报告上海现况及北来经过情形。27 日,出席民建座谈会,到者 50 余人,皆各界领袖。黄炎培受邀讲话,于是报告因旅行而积在胸中的问题,希望解放后得以解决。4 月 1 日,民建会举行常务理事会紧急会议,讨论中共所提出之《反对北大西洋公约》之宣言稿,一致通过,黄炎培被推代表民建署名。3 日,黄炎培与各民主党派负责人沈钧儒、李济深、谭平山、马叙伦、蔡廷锴等 10 人,应毛主席邀至香山双清别墅集会。毛主席报告《反对北大西洋公约之联合声明》稿。中共对国际形势之看法及其应付之方法,大家一致同意。关于与国民党和谈之经过文件及今后方针的问题,决定继续讨论。黄炎培将上述情况,分别于次日在民建、民盟之集会中,扼要作了介绍。5 日,黄炎培参加民盟在来今雨轩举行之联欢会,并作发言,谓民盟之受人重视,应勿忘是由李公朴、闻一多、杜斌丞等几位烈士的鲜血所换来。民盟将有一部分成员随军南下工作,希望谦虚谨慎,埋头苦干,勿踏抗日胜利后方到敌占区接收的恶例,被人唤作北平人。同日,与李济深等联名致函李宗仁,劝其来北平。推朱蕴山、李民欣飞南京带交。6 日,访章士钊、张治中、邵力子,谈和平问题。9 日,参加民盟中央扩大会议,报告本月 7 日小组会议决定之机构调整问题,决定设盟务和政治两个研究委员会,黄炎培被推为政治研究会召集人。11 日,张治中、邵力子来访,见告 4 日来与毛主席谈话经过,以及商请派飞机迎张澜、杨卫玉来北平,蒙应允。13 日,黄炎培至北京饭店 113 号房间,听周恩来报告和谈情况,并出示协定之草案八条二十四款。同日,饶漱石、刘少文、刘晓邀黄炎培同朱学范共商接收上海问题。15 日,黄炎培等应毛主席邀至香山双清别墅便餐,嘱为解放上海效力,民建同人甚为感动。21 日,因和谈已决裂,解放军奉命渡江,乃集民建同人于盛丕华所,报告和谈破裂经过及同人疏散办法。同日,张治中来访,南京因和谈不成,电促代表团返宁。黄炎培劝其勿归。22 日,黄炎培与盛丕华、章乃器、孙起孟、吴羹梅等被推成立 5 人小组,在民建常务理事会无法召开期间,代行常务理事会职权。24 日,黄炎培到电台广播,大意谓解放军即将迫近上海,号召上海同胞一致起来,作局部的和平运动,迎接上海解放。

黄炎培 5 月 7 日参加民盟临时工作委员会。李相符被派赴鄂、豫、皖、苏一带视察盟务。临行时,黄炎培提出如下意见:(一)与各地中共密切联系;(二)吸收盟员,应注意质量;(三)多宣传解放区人民政府下的实况。17 日,即将任上海副市长的潘汉年来访,据告沪政将宽于平津两地。黄炎培对潘汉年建议三事:(一)重视恢复繁荣和救济失业;(二)及早设立人民法院;(三)对外侨应特别优待。26 日,周恩来同民主建国会负责人黄炎培、盛丕华、章乃器、孙起孟、胡子婴、张纲伯、包达三、杨美真、阎宝航、姚维钧、酆云鹤等座谈。在会上介绍新政协筹备会召开日期、对政府下属各机构设置的研究准备情况和召开各界全国性团体会议等问题。并指出：进行新民主主义经济建设,需要各党派真诚合作。民主建国会的成分有工商业者和与工商业者有联系的知识分子以及文化界人士,因此民主建国会应团结、教育、领导好他们,坚持公私兼顾、劳资两利为经济建设服务。并建议吸收一些私营和公营企业的厂长、经理参加民主建国会。6月11日,黄炎培与李济深、沈钧儒等各党派及其他方面重要负责人23人齐至香山毛主席所寓双清别墅,讨论新政协之筹备问题。是为第一次筹备会议。出席此次会议者有毛泽东、周恩来(中共)、李济深(民革)、沈钧儒、章伯钧(民盟)、黄炎培(民建)、郭沫若(无党派)、马叙伦(民进)、彭泽民(农工)、谭平山(三民主义同志会)、蔡廷锴(国民党民主促进会)、陈其尤(致公)、朱德(解放军)、李立三(总工会)、刘玉厚(解放区农民团体)、陈叔通(产业界民主人士)、沈雁冰(文化界人士)、张奚若(民主教授)、廖承志(中华民主青年联合会)、蔡畅(妇联)、谢邦治(学联)、周建人(人民团体联合会)、云泽(内蒙古)、陈嘉庚(南洋华侨)。12日,在盛丕华室举行民建会议,商推新政协筹备会议民建5个代表人选问题,与章乃器、胡厥文、施复亮、胡子婴5人膺选。即函告李维汉、齐燕铭。15日,参加新政治协商会议筹备会在中南海勤政殿举行的开幕式。18日,参加新政治协商会议筹备会议第二天大会,被推为第四小组(草拟中华人民共和国政府组织法)副组长,组长为董必武。20日,新政治协商会议筹备会议闭幕。同日,黄炎培参加民建会常务理事会第五次会议,通过设立平、津两地民建的办事处等议案。然后离平返上海,同行者70余人。21日,周恩来和陈云、李维汉宴请即将赴沪的民主人士黄炎培、陈叔通、盛丕华、包达三、张纲伯、王却尘、吴羹梅、胡子婴等,对他们在沪期间应做什么工作提出建议。同日,周恩来前往黄炎培寓所长谈,对黄炎培所著《不熄的灯》全稿提出一些修改意见。并赞扬黄炎培的为人,表示中共愿与黄炎培永久合作。25日,为了充分发挥黄炎培等的作用,周恩来起草中共中央致华东局并转上海市委电：对已由平赴沪的黄炎培诸人,再加已在沪的颜惠庆、江庸、张元济、俞寰澄、施复亮和将由香港到沪的章士钊,一律聘为顾问,以利于"动员上海资本家恢复生产,打通航运,打击帝国主义分子的阴谋活动"。

黄炎培6月25日抵上海,访周孝怀,谈民生轮船公司问题。7月12日,参加民建新政协代表选举,与章乃器、胡厥文、施复亮、孙起孟、孙晓村、胡子婴、阎宝航、陈巳生、章元善、杨卫玉、盛康年等12人当选。陈维稷、沈子槎为候补。后因孙晓村改为救国会,阎宝航亦改作他单位代表,乃改冷御秋、沈子槎为代表。沈子槎遗之候补代表名额,补莫艺昌。同月,黄炎培参加物价问题座谈会,并作发言,认为上海物价之涨是受粮价影响。按粮食市场情况看,供应不缺,不该涨价。其所以涨,有二因：(一)是天时关系,因各地有水灾,故怕缺粮；(二)心理关系,发工资后竞相储米之故。26日,黄炎培由沪动身北上,29日抵北平。在途中与吴研因、杨卫玉、沈肃文论近40年本人思想的蜕变,总结为以下各点：(1)只有言论和文字而缺乏行动；即有行动亦只限于教育性,而缺乏政治性。(2)注意民众也联系民众,但缺乏组织；(3)有特立独行的风格,不受恶势力之胁诱,但决无推翻恶势力之魄力和计划；(4)即就教育论,亦仅只注意方法,而没有本着对时间和空间的基本认识构成有体系的理论做根据。8月1日,毛泽东邀至中南海颐年殿畅谈。黄炎培陈述在沪所见,并有所建议。8日,根据返沪途中与吴研因、杨卫玉等会谈之40年来思想蜕变的4点总结,缕述从事教育事业以来之遭遇和成就,撰成《中华职业教育社奋斗三十二年发现的新生命》,以单行本行世。9日,参加民建中央会议,通过新会员20余人。听阎宝航讲"民主集中制"之意义。与杨卫玉、孙起孟讨论民建会务。13日,为"八·一三"纪念,张治中在北总布胡同16号寓所,举行纪念晚会,应邀参加。同至者周恩来、董必武、李维汉、聂荣臻、林伯渠、傅作义、邓宝珊等。18日,作《我对白皮书的看法》,刊于21日《人民日报》及《展望》第4卷第8期。大意谓美国之白皮书,道出了抗日胜利后美国援华之真象。他声称中立,而实际则援蒋前后达27亿美元之多,真意在于反共。看蒋政权丧失民心,又想利用民主个人主义作他的"跑龙套"。而终于全盘失败,故作此哀鸣,以求谅解于美国人。19日,参加民建总会第八次会议,一致认为对美国国务院8月5日发表之白皮书,应以民建名义发表声明,予以驳斥,并推孙起孟起草声明。与会者有杨卫玉、孙起孟、沈肃文、伍丹戈、鄷云鹤等。21日,民建北京分会在协和礼堂开成立大会,由凌其峻主席。黄炎培代表总会出席致词。23日,在北京饭店主持民建会议,通过题为《加强内部团结和警惕,答告美帝好梦做不成》的声明,以反对美国务院白皮书对中国革命的污蔑和对知识分子的挑拨伎俩。24日,接毛主席函,对民建所发表的反对美国白皮书之声明,给予赞扬,认为"这对于民族资产阶级的教育作用当是极大的。民建的这一类文件(生动的、积极的、有原则的、有前途的、有希望的),当会使民建建立自己的主动性,而这种主动性是一个政党必不可少的。"黄炎培遂即复一信致谢,并希望主席随时指教。26日,又得毛主席复示谓:"民建此次声明,不但是对白皮书的,而且说清了民族资产阶级所以存在发展的道理,即建立了理论,因此建立了民建的主动性,极有利于今后的合作。民建办事采用民主方式亦是很好的,很必要的。此种方式;看似缓慢,实则迅速。大家思想弄通了,一致了,以后的事情就好办了。"

黄炎培8月24日至中南海勤政殿参加新政协筹备会常务委员会第四次会议,会议通过参加中国人民政治协商会议代表名单,及政治协商会议组织法,并定称为中国人民政治协商会议。29日,续开政协筹备会常务委员会第四次会议,通过中华人民共和国中央人民政府组织法。黄炎培与董必武、张奚若、马叙伦、李立三等5人被推对这个组织法作文字上之修改。30日,集会修改,半日而毕。9月13日,政协筹备会常务委员会第五次会议在中南海举行,通过各单位名单、中央人民政府组织法、共同纲领各草案。讨论政协议事规则,黄炎培被推与章伯钧、张奚若负责审查。16日,至华北人民政府与董必武、钱俊瑞、陆定一、杨卫玉、江问渔等共商职教社问题。董必武表示:职教社总社迁平可同意;余待中央教育行政机构成立,再商具体办法。同日,黄炎培作《教育对建国的贡献》,谓现在中央人民政府成立在即,建议三点:(1)制定连续若干年的经济建设总计划——包括农业、重轻工业、矿山、森林、渔收、水利、垦殖、铁道、公路、航运、海运诸方面;(2)在制定前项计划时,提出制定前项计划所需要人才之种类、数量和开始需要期限,制定连续若干年之全国教育总计划;(3)根据前项教育总计划,一面调查现有人材,一面分别进行短期长期的训练;参加政协筹备会常委会第六次会议。讨论《共同纲领》时,与朱德、马寅初、李立三等主张,于第47条教育一章中加职业教育一点,遭到反对。有认为职业教育是资本主义国家之产物者,经一再争论,最后加一句:"注重技术教育。"19日,主持民建第三次理监事联席会议,通过总会迁平及推进会务等要案。与胡厥文、盛丕华、章乃器、孙起孟、吴羹梅、施复亮、陈巳生、章元善等9人被推组织会务推进工作综合小组。此案27日复在无量大人胡同24号新会所正式通过。21日,中外注目之中国人民政治协商会议于下午7时在中南海怀仁堂举行。黄炎培被推为主席团成员之一。25日,人民政协第五天会议。黄炎培参加颐年堂小组讨论,通过国旗、首都、年号、国歌等(国徽当时未定)。29日,应邀在中南海颐年堂和毛主席、周总理、李立三、郭沫若、李济深、沈钧儒、陈叔通等共商毛主席自己草拟之《就职公告》稿。30日,中国人民政治协商会议闭幕。黄炎培被选为中央人民政府委员。

黄炎培10月1日出席在中南海勤政殿举行之中央人民政府委员会第一次会议。9日,至民建会参加全国会务推进委员会常委会第一次会议。与章乃器、南汉宸被推为常委会召集人,并决定以中国人民政治协商会议通过之《共同纲领》为民建会的政治纲领。同日,至中南海勤政殿参加中国人民政治协商会议全国委员会第一次会议,被推为常务委员。11日,周恩来赴中国民主建国会领导人黄炎培家长谈,劝说黄炎培出任政务院副总理兼轻工业部部长,并协商民建其他领导人在政府中的任职问题,说:在新政府任职,不同于在旧社会做官,现在是人民的政府,是为人民服务。在全国政协会议上,由全国各党派一起千斟万酌制定的《共同纲领》,就是为人民服务的"剧本"。我们编了"剧本",自己怎能不上台唱呢?次日晚,周恩来再次登门时,黄同意担任公职。15日,黄炎培在北京饭店举行座谈会。毛主席亲临主持,讨论政府各机构组织问题,黄炎培被任命为政务院副总理兼轻工业部长,并兼财政经济委员会委员。19日,中央人民政府委员会第三次会议正式通过发表。21日,黄炎培出席中南海勤政殿政务院扩大政务会议,就副总理职。其他各单位领导及政务委员亦皆就职。11月1日,轻工业部今日开始办公。黄炎培8时到部,行升旗礼。对全部同事讲国旗意义及五星红旗之由来。12月1日,毛泽东主席招餐中南海颐年堂,商谈赴莫斯科签订中苏友好互助同盟条约事。2日,黄炎培在中央人民政府委员会第四次会议上讨论发行人民胜利折实公债,发言赞成,并表示将号召工商界尽力推销认购。民建会发言人也发表谈话,拥护政府发行公债。同月,作《永远纪念着的一九四九年》,刊于《展望》第4卷第24期。谓生已72岁,已过72个年节,何以独要永远纪念1949年?因自2月15日从上海脱离国民党的监视来到北京,筹备政协,参加政府以来,所闻所见,无一不新颖,无一不感动。尤为突出的感受,是"人"的地位被发现了,"群众"的力量被认识了。(参见许汉三编《黄炎培年谱》,文史资料出版社1985年版;中央文献研究室《周恩来年谱1898—1976》,中央文献出版社1998年版)

马叙伦年初还在沈阳。1月22日,与李济深、沈钧儒、郭沫若、谭平山、彭泽民、章伯钧等55人联名发表《对于时局的意见》,声明支持毛泽东8项和平条件。2月1日,人民解放军开进北平。马叙伦等56位民主人士联名致电毛泽东、朱德,祝贺平津解放,表示愿意"竭力追随"。3日,马叙伦与王绍鏊、许广平、沙千里、沈志远、罗叔章等6位理事代表上海人民团体联合会,发表《告上海同胞书》,呼吁他们粉碎蒋介石集团的和谈阴谋,为全部实现8项和平条件而奋斗。4日,领衔发表告上海、北平、香港及各地本会同志书。2月初,东北书店总店编辑部将《鲁迅小说选》稿费294万元送交许广平。许广平与周海婴商量后,将支票送宾馆交际处退还。隔日又将支票送交许广平。许广平仍退还。王绍鏊得悉后反复动员,并说出马叙伦的意见,劝许广平收下。14日,周恩来复马叙伦、许广平信,托林伯渠转交。25日,由中共代表林伯渠陪同,与李济深、沈钧儒、郭沫若、许广平一行35人乘"天津解放号"专列抵北平。28日,在民进理事会上被推选为总发言人。同日,马衡来访。3月2日,应约赴马衡家宴,同席郭沫若、洪深、徐悲鸿、田汉等。14日,出席座谈北平解放后大学教育管理问题。20日,就响应拥护世界和平大会问题在北京饭店与郭沫若、柳亚子、马寅初、茅盾、张奚若、许德珩交换意见。25日,中共中央、解放军总部迁入北平,马叙伦与各党派人士前往西苑机场迎接,并陪同毛泽东、朱德阅兵。26日,出席中国学术工作者协会理事会。同日,应黄炎培邀,为其《不熄的灯》作序。28日,与黄炎培谈程砚秋为人。4月2日,马叙伦与柳亚子谈"南社临时雅集事"。同日,民进在北京饭店举行常务理事会,同意港九分会改组为华南分会。3日,与李济深、沈钧儒、章伯钧、黄炎培诸人,应毛泽东之邀,前往双清别墅,交谈国共谈判情况与会后方针。4日,列名各党派反对北大西洋公约的联合声明,谓将遵守孙中山先生遗嘱,与苏联合作,向侵略战争的发动者作坚决斗争。11日,黄炎培来取《不熄的灯》书稿。16日,南社、新南社临时雅集在中山公园举行。18日,黄炎培来函,再次请马叙伦为《不熄的灯》作序。21日,于右任就未能北行复函解释。29日,向上海市民发表广播讲话,号召各阶层人士协助解放军,迎接上海解放。同月,《石屋续渖》由上海建文书店初版,收录笔记95则。

马叙伦5月1日赴北平医院探望陈叔通,遇马衡。中旬,应毛泽东之邀,就新政协筹备、经济建设、外交和贸易问题交换意见。28日,中共中央周恩来、林伯渠宴请民进在平理事,确定民进今后主要联系出版界和中小学教育人士。29日,访晤黄炎培。6月1日,马叙伦任华北高等教育委员会常委。6日,华北高等教育委员会于六国饭店举行第一次会议,马叙伦偕董必武、张奚若、马寅初、郭沫若、周扬等42位委员与会,就大学学制、课程改革、私立大学管理、秋季招生等交换意见。11日,代表民进参加新政协筹备会首次会议。15日下午,新政协筹备会第一次全体会议在中南海勤政殿开幕。马叙伦与王绍鏊、许广平、林汉达4人代表民进参加筹备会。16日,新政协筹备会第一次全体会议继续举行,马叙伦被推选为筹备会常务委员,并任新政协筹备会第一小组成员、第六小组组长,第一小组负责推定各单位出席新政协大会代表名额,第六小组负责拟定国旗国徽国歌方案。17日,新政协筹备会第一小组成立。18日,新政协筹备会第二、第三、第四、第五小组分别召开成立会或举行第一次会议。20日,马叙伦因病住院,黄炎培来访。6月,马叙伦受周恩来之托,电邀马一浮出席新政协会议,马一浮以为是朋友间的私人邀请,未应允。7月4日下午,新政协筹备会第六小组举行成立会,马叙伦任组长,叶剑英任副组长。会议决定设立国旗国徽图案初选委员会、国歌辞谱初选委员会,公开征求作品,8月20日为截止时间。7月11日,马叙伦在北京饭店聚会商讨古物保管会组织问题。14日,新政协筹备会秘书处将《征求国旗国徽图案及国歌辞谱启事》送交七家大报连续刊登。17日,新政协筹备会就代表名单登门访问,征求意见。18日,出席筹备会各单位首席代表座谈会,商讨参加代表名单。21日,马衡请客,同席陈叔通、邵力子、郑振铎、沈士远、王世襄诸人。25日,华北大学校长吴玉章致函毛泽东,请示如何着手文字改革。毛泽东转致郭沫若、沈雁冰、马叙伦,并附信嘱予审议。27日,新政协筹备会常委会第四次会议举行,听取董必武作中央人民政府组织法草拟经过的报告,会议讨论修改,并推定由董必武、黄炎培、李立三、马叙伦、张奚若组成5人小组,进一步专门研究有关问题,董必武为召集人。28日,就文字改革问题,与郭沫若、茅盾联名回函毛泽东,陈述两条意见,30日,5人小组讨论修正《人民政府组织法》。

马叙伦9月5日出席文字改革协会发起人集会,主要讨论马叙伦、郭沫若、沈雁冰致毛泽东的回函。8日,马叙伦为陈万里致马衡介绍信,告知余绍宋病故。11日中午,张元济于欧美同学会宴请商务旧友,应邀出席,同席为郭沫若、沈雁冰、沈钧儒、马寅初、黄炎培、陈叔通、叶圣陶、宋云彬、郑振铎、胡愈之、周建人等,宾主凡16人。15日,马叙伦迁入新居,黄炎培来访。16日,新政协筹备会常委会第六次会议通过人民政协、人民政府组织法和共同纲领三个草案,国旗国徽方案移交政协全体会议主席团决定。18日,华北人民政府、北平市人民政府等20团体等宴请全体政协代表。21日,马叙伦出席中国人民政治协商会议第一届全体会议开幕式,任大会主席团常务委员。民进正式代表为马叙伦、许广平、周建人、王绍鏊、梅达君、徐伯昕、林汉达、雷洁琼8人,马叙伦为首席代表;候补代表严景耀。24日,出席第四次大会,并担任执行主席。25日,出席第五次大会,并代表民主促进会发言。晚,毛泽东、周恩来于中南海丰泽园召集会议,协商国歌国旗问题。马叙伦提议:"我们政府就要成立,而国歌根据目前情况一下子是制作不出来的,是否我们可暂时用义勇军进行曲暂代国歌。"许多代表表示赞成,一部分代表提出需要修改歌词。周恩来表示,就用原来的歌词:"这样才能鼓动情感。修改后,唱起来就不会有那种情感。"毛泽东拍板同意。26日,大会休会。马叙伦应周恩来、林伯渠之邀,赴六国饭店午宴。张元济居首座,同席何香凝、何燮侯、黄炎培、陈叔通、沈钧儒、马寅初、沙彦楷等。周恩来起立说明奉毛泽东之命,就国名问题提案于中华人民共和国名称下加括弧简称中华民国事,特约诸长老至此讨论。最后沈钧儒说,删去四字,亦无忽视辛亥革命之意。周恩来即取沈钧儒说作为结论。下午,马叙伦主持新政协第六小组审查会。27日,出席新政协第六次大会,并代表国都国旗纪元国歌方案审查委员会作报告。30日,新政协举行第八次大会,会议闭幕。马叙伦当选全国政协委员、中央人民政府委员会委员。

马叙伦10月4日出席教育组小组会议。8日,广州"行政院"开会,决定"通缉"中国人民政治协商会议主席团和中央人民政府委员会成员,马叙伦在两份名单之内。同日,竺可桢从马寅初处获悉,马叙伦将出任教育部长。9日,全国政协一届一次会议,叙伦因病请假。会上许广平转达马叙伦关于确定10月1日为共和国国庆日的提议。毛泽东表示,交中央人民政府委员会讨论决定。马叙伦当选政协全国委员会常务委员。12日,竺可桢获悉,教育部内定马叙伦、钱俊瑞主持。15日,全国政协假北京饭店举行座谈会,讨论政府机构人事问题。17日,出席文化教育委员会会议。会前拜访黄炎培。18日,出席座谈会,建议增补许广平为政务院副秘书长。17日,在华北区及京津两市专科以上院校负责人联席会议上讲话。19日,在中央人民政府委员会第三次会议上,被任命为政务院政务委员、文化教育委员会副主任、教育部部长。20日,就民进如何适应新形势,与许广平、周建人、徐伯昕、严景耀、雷洁琼、冯宾符、葛志成等理事交换意见,初步拟定总分会的理事全部以个人名义参加民盟,整个团体的前途待定期的会员大会召开时讨论决定。21日,文化教育委员会(简称文委)在华文学校举行成立会。负责联系文化、教育、卫生三部,新闻总署、出版总署和宗教事务委员会等方面的工作。11月1日,教育部举行成立典礼。钱俊瑞、韦悫任副部长,钱俊瑞兼党组书记。12月1日,马叙伦应黄海化工研究社李烛尘、孙学悟之约,赴王府井九街敦厚里7号午宴。同席陈叔通、吴玉章、郭沫若、竺可桢、陶孟和等。晚,应毛泽东之邀出席中南海颐年堂宴会,同席张澜、李济深、沈钧儒、黄炎培、章伯钧、茅盾、郭沫若等16人,商议毛泽东赴莫斯科订约事宜。2日,中央人民政府委员会第四次会议通过《关于中华人民共和国国庆日的决定》。4日深夜,教育部社会教育司司长俞庆棠因脑瘀血逝世,终年52岁。5日,马叙伦赴中南海春藕斋,听取华东、华中、东北三军政委员会负责人饶漱石、邓子恢、李富春报告三区文教工作。7日,文教委员会举行第二次委务会议。15日,教育部举行俞庆棠追悼会,郭沫若、黄炎培、沈雁冰、邓颖超、张志让、李德全、胡愈之、茅以升、许广平、雷洁琼等出席。上海《文汇报》《解放日报》出版追悼俞庆棠专刊。17日,马叙伦与徐特立出席北大校庆51周年纪念集会,并发表讲话。20日,在民盟一届四中全会上被增选为盟中央委员。

马叙伦12月23—31日主持第一届全国教育工作会议,并作报告。竺可桢日记12月23日载:"上午九点至西单中国大学旧址教育部开会。今日系第一届全国教育工作会议,到会者有东北、华北、华东、西北、华中南等单位教育工作人员,以及京津沪各市代表,计有上海唐守愚、南京徐平羽。东北车向忱、董纯才,苏南刘季平,中南潘梓年。教部办公厅主任刘皑风、葛志成等招待。首由主席马叙伦报告,说明此次为新中国诞生后第一次全国教育工作会议。"马叙伦指出,创办中国人民大学是1950年上半年的重大工作,是中华人民共和国成立初期新民主主义教育建设的重大举措,要求全国教育工作者"必须认真地同心合力地"共同建设。值得指出的是,中国人民大学创办于新民主主义时期,特定的历史阶段决定了它的办学方式。毛泽东在《新民主主义论》中指出,在新民主主义历史阶段,"我们既应把对于共产主义的思想体系和社会制度的宣传,同对于新民主主义的行动纲领的实践区别开来;又应把作为观察问题、研究学问、处理工作、训练干部的共产主义的理论和方法,同作为整个国民文化的新民主主义的方针区别开来。"因此,创办中国人民大学的目标在于为日后的社会主义建设培养干部和业务人才,新中国初期的这一教育探索既要服从当前历史阶段的特点,"以原有的新教育的良好经验为基础,吸收旧教育的某些有用的经验,特别要借助苏联教育建设的先进经验",又要有计划、有步骤地推进改革,由新民主主义教育转变为全新的社会主义教育事业。教育部副部长钱俊瑞在会议的《总结报告》中指出,筹建中的中国人民大学"将是新中国的完全新式的高等教育的起点"。此为新中国的第一次全国教育工作会议,会上指明了创办中国人民大学在当前高等教育建设事业中的定位。27日,马叙伦在民盟一届五中全会上当选为盟中央政治局委员、中央常委。同月,吴研因就任教育部初等教育司司长。年底,政务院文教委员会召集十五家单位组成"办理留学生回国事务委员会",统筹回国留学生招待及介绍工作、学习,以及对在外留学生的调查、宣传、接济等工作,马叙伦兼主任委员。(参见卢礼阳《马叙伦年谱》,浙江古籍出版社2021年版;牛贯杰《"为有源头活水来"——新中国第一所新型大学的创办与成立》,《高等教育研究》2021年第3期)

陈叔通1月在中共地下党的安排下潜离上海,赴香港。2月27日,陈叔通、柳亚子、马寅初、俞寰澄、郑振铎、叶圣陶、曹禺、宋云彬、傅彬然等27人在中共地下党的安排下登苏联货船北上,同行者全部化装潜行。28日午前,船离香港。3月1日,在船上举行第一次晚会,叶圣陶深夜作《自香港北上呈同舟诸公》,诗中有"翻身民众开新史,立国规模俟共谋"。2日,柳亚子、陈叔通、张季龙和作《自香港北上呈同舟诸公》。14日,新华社华东电:"民主人士陈叔通、柳亚子、马寅初、包达三、张绸伯、郑振铎、叶圣陶、张志让、曹禺、邓裕志等一行二十余人,安抵华东解放区。中共中央华东局、山东分局、人民解放军华东军区、山东军区、山东省人民政府等特于十一日联合设宴招待,并于当晚举行欢迎晚会。会上华东军区政治部主任舒同、山东军区司令员许世友先后代表致词表示欢迎和慰问。"16日,上海《申报》头版报道《马寅初柳亚子等已到达华东共区》:"(本报讯)陕北中共电台十五日广播华东消息:民主人士陈叔通、柳亚子、马寅初、包达三、张绸伯、郑振铎、叶圣陶、张志让、曹禺及郑裕志等一行二十余人,安全到达华东解放区。中共中央华东局山东分局、人民解放军华东军区、山东军区、山东省人民政府等特在十一日联合设宴招待,并于当晚举行欢迎晚会。会上华东军区政治部主任舒同、山东区司令许世友先后代表讲话,表示欢迎及慰问。"

陈叔通等3月18日抵北平,叶剑英市长及李维汉、郭沫若、马夷初、沈衡山等约20余人均在车站迎接。19日,《人民日报》讯:"最近由国民党统治区来到华东解放区的民主人士柳亚子、陈叔通、马寅初、张纲伯、包达三、叶圣陶、郑振铎、傅彬然、宋云彬、曹禺、张志让、沈体兰、刘尊棋、赵超构、徐铸成、王芸生等于昨日（十八）上午十时半乘专车抵达北平。北平市军管会主任叶剑英同志及在平民主人士沈钧儒、马叙伦、郭沫若等二十余人亲往东车站欢迎。"5月，上海解放以后，陈叔通同上海其他民主人士一起从北平回到上海，宣传党的方针政策，发起成立工商界劳军分会，慰劳解放军。25日，陈叔通参加北平各界人民代表及各民主党派领袖、文化学术界名流到西苑机场热烈欢迎中共领袖毛泽东、朱德、刘少奇、周恩来、任弼时等抵达北平。晚，与沈钧儒、柳亚子、郭沫若、黄炎培、许德珩等应毛泽东、周恩来、李维汉等邀，至颐和园益寿堂赴宴。27日晚7时，赴北平市政府假西长安街国民大戏院欢送郭沫若率代表团参加世界和平大会，并发表讲话。6月初，陈叔通与马寅初、黄炎培等赴上海协助华东局用经济方法稳住物价风潮。16日，出席新政治协商会议听取周恩来关于《新政治协商会议筹备会组织条例（草案）》说明，当选为新政治协商会议筹备会常务委员会委员。晚，新政协筹备会第一次会议召开，陈叔通被推为副主任。9月22日，全国政协全体会议一致通过决议，陈叔通为本届会议主席团常务委员。30日，出席中国人民政治协商会议第一届全体会议，当选为中央人民政府委员。10月1日，陈叔通出席开国大典。古稀之年，欣逢盛世，因以无比喜悦的心情高歌言志："七十三前不计年，我犹未冠志腾骞。溯从解放更生日，始见辉煌革命天。"7日午间，偕马寅初、张元济于欧美同学会宴请政协华侨代表。9日，出席中国人民政治协商会议第一届全国委员会第一次会议，与周恩来、李济深、沈钧儒、郭沫若当选为副主席。19日，在中南海勤政殿出席中央人民政府委员会第三次会议，陈叔通为政务院财政经济委员会委员。（参见《董必武年谱》编纂组《董必武年谱》，中央文献出版社1991年版；商金林编《叶圣陶年谱》，江苏教育出版社1986年版；陈福康《郑振铎年谱》，三晋出版社2008年版；徐斌、马大成编著《马寅初年谱长编》，商务印书馆2012年版）

　　柳亚子自新春始写作日记，存1月1日至5月27日，6月16日至7月26日日记。2月，全国解放在即，离港北上有期。柳亚子得"毛主席电召北行"，参加中国人民政治协商会议。27日，柳亚子乘华中轮自港由海道启程，与陈叔通、马寅初、叶圣陶、郑振铎等同行。在船上，柳亚子为同行的陈叔通、叶圣陶、马寅初、傅彬然、包达三、张纲伯、沈体兰、刘尊棋、宋云彬、郑振铎、王芸生、万家宝（曹禺）夫妇等民主人士27人各赋诗1首。3月5日，华中轮抵烟台。6日，华东局秘书长郭子化偕宣传部副部长匡亚自青州远道抵达，偕烟台市长徐中天诸人来访。晚，赴烟台市党政军民欢迎来烟民主人士大会，柳亚子被推讲话。7—14日，自烟台沿公路乘车北上，抵莱阳。8日，三八妇女节，赴欢迎晚会，观花鼓戏与评剧，讲话时大呼"拥护毛主席，拥护中国共产党，打倒蒋中正，打倒美帝国主义，盖兴奋达于极度矣！"此后历经潍县（自此改乘胶济铁路专车）、青州（与万家宝、方瑞夫妇同睡一车厢）、济南（晤朱少屏女朱青），过黄河铁桥，至桑梓店止。一路均有军政人员诸同志来迓，谈宴甚欣，赋诗留念。自桑梓店改乘汽车，与陈叔通偕行，月夜失道，覆车公路侧，幸未受伤。15日，抵德州，晤市长兼市委书记张持平。自德州赴天津，在车中晤杨之华女士，与谈瞿秋白逸史，兼及侯绍裘、张应春、宛希俨、李一谔、刘重民、黄竞西诸人殉国事，有诗记之。离天津，乘专车赴北京，同行者有陈叔通、马寅初、包违三、张纲伯诸老暨蔡畅、康克清、邓颖超、杨之华、区梦觉、陈少敏诸女士等。18日上午10时，抵北京，来迓者有民主人士沈钧儒、郭沫若、李德全、许广平等数十人，并晤北京市长叶剑英，均有诗赋呈。

　　柳亚子3月18日抵达北平后，寓北京东交民巷六国饭店。因病不能前去车站迎接茅盾等,托郭沫若代为致歉。此后柳亚子即以北京为家凡将十年,并未重返江南居住。25日,毛泽东自石家庄至北京,从李锡九、沈钧儒、陈叔通、黄炎培诸人赴机场迎迓。晚,毛泽东邀宴颐和园益寿堂,共二席,主客20人,柳亚子外,有陈叔通、郭沫若、沈钧儒、黄炎培、许德珩、周恩来、罗迈等。柳亚子归而赋七律三首。第一首末四句云:"民众翻身从此始,工农出路更无疑。伫看荼火军容盛,正是东征西怨时。"28日,作《感事呈毛主席一首》如下:"开天辟地君真健,说项依刘我大难。夺席谈经非五鹿,无车弹铗怨冯驩。头颅早悔平生贱,肝胆宁忘一寸丹!安得南征驰捷报,分湖便是子陵滩。"毛泽东为此作《七律·和柳亚子先生》诗,中有"牢骚太盛防肠断,风物长宜放眼量"等句,颇引起广大人士注意,且有互异之解释。同月,柳亚子作七绝一首评赞郭沫若和茅盾为"双峰"。诗云:"旗鼓文坛角两雄,迅翁逝后屹双峰。东阳病损怜腰瘦,十里郊迎感郭公。"4月16日,赴中山公园来今雨轩,主持南社、新南社联合临时雅集,到80余人。来宾讲演者有周恩来、叶剑英、连贯等,社友致辞者有欧阳予倩、邵力子、沈体兰。同月间,柳亚子精神兴奋,活动频繁。曾出席民盟例会、临时工作委员会,小组会,联欢会;并参加文协筹备会议,理监事联席会,华北文艺界协会,及工作委员谈话会;又赴师范大学、朝阳大学与中国妇女第一次全国代表大会讲演。亲友来访者,络绎不绝,其中有民主人士李济深、谭平山、朱学范、王昆仑、朱蕴山、胡愈之、吴茂森、俞寰澄、龚彬等;共产党党员罗迈、周扬诸人。尤多文化界士,如费孝通、钱伟长、钱端升、张西曼。重晤桂林旧友沈雁冰、田汉、安娥、叶仲寅、欧阳予倩、洪深、宋云彬、金仲华、范长江;新交艾青、李广田、卞之琳、臧克家等。时来帮忙者,有范志超、杨之华、陈振汉、崔书香诸人。与新知故友,赋诗相赠者,有萧三、符宇澄、蓝公武、齐燕铭、余心清、王平、张奚若、李培之(王若飞夫人)及李锡九、黄炎培、张曙时、熊瑾玕、陈叔通以及徐特立、吴玉章、谢觉哉、董必武、林伯渠五老。亦有诗赋赠邓小平、秦元邦、杨秀峰、孙文淑夫妇、蔡廷锴、罗西欧夫妇。

柳亚子4月25日自六国饭店移居西郊颐和园益寿堂。5月1日,毛泽东偕夫人及女公子来颐和园见访,联步过长廊,同乘画舫,游昆明湖一周而返。追记诗一首,句云:"名园真许长期借,金粉楼台胜渡江。"26日,柳亚子始闻上海解放捷报,百感交萦,赋诗二律,"兼寄陈毅将军沪渎"。首诗二句云:"故国遗黎宜厚抚,胁从群小忍深求?"28日,在北京中山公园土林春祝寿,来客有沈钧儒、黄炎培诸人,作诗一首。6月,初谒齐白石老人于快车胡同,时老人年已89矣。有诗记之。同月,召开文学研究会筹备会议,被举为主席。26日,在中山公园来今雨轩召开文研会成立会,到者百余人。7月,柳亚子赴中南海怀仁堂,参加全国文学艺术工作者代表大会,晤友甚多,有熊佛西、陈迩冬、尹瘦石、张西曼等。陈学昭、艾青留饭,并晤丁玲。7月4日,柳亚子为自藏晚明夏完淳遗著打印本《玉樊丙戌集》《夏太史遗稿》分别题记。此二书均为1941年柳亚子从郑振铎处借出之旧钞本而打印者。后一书题云:"此册与《玉樊丙戌集》二册,太平洋战后,落日本情报部手,盖余香岛寓庐,自署'羿楼'者,为日人所占据也。山东王念忱仗义取归,仿余题署制夹版,仍自港携沪,归余赵璧。呜呼!王君诚可为义薄云天者矣!麟飞女士以打字机录副时,本有复册,则藏林率、麟瑞处,惨胜后余返沪上,延津龙剑复合。厥后自沪而港,又自港而平,幸获无恙。余以此二册经历艰辛,颇拟赠诸北平图书馆,以公同好,且志王君之高义于无穷云。……祖本已归南京图书馆,据西谛先生云。"同月,柳亚子又为《夏太史遗稿》打印本复本题记:"原为钞本。余第一次走香岛时,女夫陈麟瑞属其妹麟飞以打字法制成两份,一留歇浦,一寄香江。其祖本则从长乐郑西谛先生振铎处借来者,闻后归南京中央图书馆云。太平洋劫后,一本落倭人手,山东王念忱为仗义索还，仍归赵璧，今拟付之北平国立图书馆，此本仍为羿楼宝镶焉。"9月，柳亚子以中国国民党革命委员会（民革）代表名义，参加中国人民政治协商会议第一届全体大会。10月1日，柳亚子当选为中央人民政府委员。此后，历任政务院文教委员、华东行政委员会副主席、中央文史馆副馆长等职。11月，以颐和园位于北京西郊，冬季天气太冷，移寓城内北京饭店。12—16日，民革举行第二届全国代表大会，再次当选为中央常务委员。（参见柳无忌编《柳亚子年谱》，中国社会科学出版社1983年版；商金林编《叶圣陶年谱》，江苏教育出版社1986年版；唐金海、刘长鼎主编《茅盾年谱》，山西高校联合出版社1996年版；陈福康《郑振铎年谱》，三晋出版社2008年版；陈福康《柳亚子诗中评茅盾》，《西湖》1982年第3期）

　　王昆仑1月在由美国回国途中。1月31日，北平宣告和平解放，王昆仑偕女儿王金陵由满洲里入境，乘车直达沈阳，与香港来的民主人士会合。见到了阔别有年的战友李济深、沈钧儒、郭沫若、谭平山、朱学范等。2月25日，王昆仑一行35人乘专车到达北平，周恩来等到车站欢迎，旋即下榻北京饭店，参预起草"小民革"的宣言。4月4日晚，林伯渠赶到北京饭店，又代表毛泽东主席向李济深等人转达"对南京国民党做工作很重要"的意见；与此同时，周恩来也到北京饭店与朱蕴山、刘仲容、李民欣等人谈话，要他们去南京，敦促李（宗仁）、白（崇禧）等接受和谈协定。从此之后，王昆仑利用各种条件和南京方面的代表团成员会晤、商谈，又及时地把有关情况向周恩来同志报告。国共和谈在北平破裂之后，王昆仑的工作重点又移到了"中国民主革命同盟"（即"小民革"）是保留还是解散的方面来。为此，王昆仑和"小民革"的主要领导人经过多次磋商，认为根据革命形势发展的需要和周恩来同志有关这个组织的讲话精神，决定结束该盟组织，并授权王昆仑、王炳南、许宝驹、阎宝航、金仲华、吴觉农、袁翰青7位同志代表该盟，发表《中国民主革命同盟结束声明》，并于9月17日在中南海勤政殿举行的新政协筹备会第二次全体会议上散发，正式宣告中国民主革命同盟的结束。中国民主革命同盟宣告结束后，大部分成员都参加了中国新政治学会。该会会长是林伯渠同志，副会长是陆定一、王昆仑、高崇民、钱端升，秘书长是阎宝航。从领导成员也可以看出，原小民革的领导者也是中国新政治学会的主要负责人。

　　王昆仑5月20日出席并主持中国民主革命同盟（"小民革"）招待会。周恩来亲临会议，并在发表的讲话中肯定它所起的历史作用，指出："小民革"与中共之间彼此相知甚深，在斗争中同中共始终保持一致，在国民党内起了进步的分化作用，是一个党外布尔什维克组织。王昆仑在小民革宣告结束之后，他又以三民主义同志联合会（简称民联）负责人的身份，与中国国民党民主促进会（简称民促）、中国国民党革命委员会（简称民革）等组织重新合并、商组成立中国国民党革命委员会。6月15日，新政协筹备会第一次全体会议在中南海勤政殿开幕，王昆仑以民联负责人的身份莅会。9月21—30日，在中南海怀仁堂召开中国人民政治协商会议第一次全体会议，王昆仑作为"民联"的正式代表出席会议，当选为政务委员。10月1日，王昆仑登上天安门城楼，站在周总理的身后，聆听毛泽东主席宣告中华人民共和国成立。周总理很有感触地说："昆仑，你还记得吗？'五四运动'时，学生在这里挨打；三十年后，人民做了主人，我们上了主席台，这可真是天翻地覆的变化。"随后，周恩来邀请王昆仑担任外交部副部长，王昆仑予以谢绝。后经中央研究，王昆仑的工作重点放在统战方面，而出面做的第一件事情就是参预民革组织的整顿及重新登记其成员。10月6日，由"民革""民联""民促"的代表组成的统一协商会议在北京召开，会议讨论了国民党各民主派别的统一问题，制定了统一工作方案，公推李济深为召集人，邀集各方代表，包括程潜、张治中、邵力子等参加,经过多次协商,各方意见基本是取得了一致。11 月 12—16 日,中国国民党民主派第二次代表会议在北京召开,参加会议的有四个方面的代表,即民革、民联、民促和国民党其他爱国民主分子,共 58 人。第四方面即国民党其他爱国民主分子的代表包括原南京政府和平代表团的部分成员、部分起义将领和国民党知名人士。解放后停止活动的原孙文主义革命同盟的部分领导人也作为第四方面代表参加。这次重要的会议,史家称为"四方会议"。而"四方会议"决定组建"中国国民党革命委员会",李济深当选主席,王昆仑当选常委兼宣传部长。(参见王朝柱《王昆仑》,山花文艺出版社 1997 年版;中央文献研究室《周恩来年谱 1898—1976》,中央文献出版社 1998 年版)

张志让 2 月 27 日与陈叔通、马寅初、叶圣陶、郑振铎、柳亚子等乘华中轮自港由海道启程北上。3 月 18 日,抵达北平。6 月 15 日,新政协筹备会开幕。筹备会分为六个小组,张志让分在"拟定中华人民民主共和国政府方案"第四组,组长:董必武副组长;黄炎培(离平时由张奚若代);组员:张文、沈钧儒、张东荪、胡厥文(阎宝航代)、林砺儒、林汉达、韩兆鹗、李章达(千家驹代)、王崑、李民欣、陈其尤、刘伯承(滕代远代)、丘金、石振明、俞寰澄(邓云鹤代)、张志让、谢雪红、张琴秋、聂维庆、汤桂芬(雷洁琼代)、朱德海。张志让协助黄炎培积极参与了有关新中国国名的讨论。先是毛泽东在新政协筹备会第一次全体会议开幕典礼上的讲话中提出:"中国人民将会看见,中国的命运一经操在人民自己的手里,中国就将如太阳升起在东方那样,以自己的辉煌的光焰普照大地,迅速地荡涤反动政府留下来的污泥浊水,治好战争的创伤,建设起一个崭新的强盛的名副其实的人民民主共和国。"最后,毛泽东高呼"中华人民民主共和国万岁!"16 日,新政协筹备会第一次全体会议通过的《新政治协商会议筹备会组织条例》第三条第五款为"提出建立中华人民民主共和国政府之方案"。鉴于国家称号关乎国体,兹事体大,出席新政协筹备会的一些代表对"中华人民民主共和国"这个名称提出了不同意见,而在第四组有关的新中国国名讨论中更出现了激烈的分歧与争论,主要有以下四种意见:一是主张新中国的国名用"中华人民民主共和国"。这一意见主要是延续了中国共产党领导人此前对于新中国国名的表述。二是认为"中华人民民主共和国"这个国名可以简化为 7 个字,去掉"民主"二字,就用"中华人民共和国"作为国名。第三种意见,是坚持用"中华民国"为新中国国名。提出这种意见的理由是,中华民国是孙中山创立的,在中国民众中有广泛基础。在第一次世界大战、第二次世界大战中,中华民国都是战胜国,这个国名在国际上也有一定影响,不宜不用。第四种意见,是用"中华人民民主国"作为新中国国名,理由是:这个国名,去掉"中华人民民主共和国"中的"共和",而保留"人民"和"民主"。这个国名也可以简称为"中华民国"或"中华民主国",这个国名在将来进入社会主义阶段时还可以改为"中华社会主义民主国"。

张志让 6 月 18 日在第四小组第一次全体会议上被推举为召集人,并由其准备讨论提纲。19 日,黄炎培、张志让专门给新政协筹备会写了一个《提议国名定为"中华人民民主国"简称"中华民国"或"中华民主国"》的条陈。条陈提出:我国国名似可将原拟"中华人民民主共和国"改为"中华人民民主国",简称"中华民国"或"中华民主国"。将来进入社会主义阶段时,即可改称"中华社会主义民主国"。并归结为以下四个理由:其一,"民主""共和"两字并无兼列必要,按我国现代所用"共和国"一名词,似纯系翻译西文 Republic(列坡勃立克)一词,与"共和"两字在我国经典上之原意并无关系。西文"列坡勃立克"一词当初并非不可译为"民主国"。盖西文"德谟克拉西"(Democracy)与"列坡勃立克"(Republic)两词含义原无根本区别，不过前者系指民主的政治体制，而后者系指民主的国家，而在西文中向未有以"德谟克拉西"为字根而用以指国家之词，而"列坡勃立克"即所谓"共和国"，则系一现存名词。其二，罗马尼亚、捷克斯洛伐克、苏联等国家的国名，其中的"共和"皆可译为"民主"，可见"民主""共和"并无兼列必要。其三，"中华人民民主共和国"名称过长，"共和"既无必要，如上所述，自以节省为便。其四，至于简称"中华民国"，虽名称较旧，"中华民主国"名称较新，然"中华民国"四字最为简短方便，恐终不能废弃。黄炎培、张志让的意见引起筹备会常务委员会的重视。当时新政协筹备会常务委员会分六个小组承担相关的筹备工作。其中第四小组负责起草政府组织法草案。同日，秘书长李维汉批示"抄送主任、副主任委员与各组长"，由此引起广泛的讨论与激烈的争论。（参见李红梅《中华人民共和国国号诞生记》，《党员文摘》2022 年第 19 期；胡阿祥《"中华人民共和国"国号的确立过程》，《学习时报》2013 年第 8 期；王楚光《中华人民共和国的国号与张奚若先生》，《文史杂志》2019 年第 5 期）

张奚若在 6 月 15 日开幕的新政协筹备会上分在"拟定国旗国徽国歌方案"的第六组，组长：马叙伦；副组长：叶剑英；组员：张奚若、田汉、沈雁冰、马寅初、郑振铎、郭沫若、翦伯赞、钱三强、蔡畅、李立三、张澜（刘王立明代）、陈嘉庚、欧阳予倩、廖承志。但在"拟定中华人民民主共和国政府方案"的第四组中，明确副组长黄炎培不在北平时，由清华大学教授张奚若代替，因而张奚若也特别关注新中国国名问题，极力主张用"中华人民共和国"。19 日，新政协筹备会第四小组讨论时，张奚若对"中华人民民主共和国"国号提出质疑，说："有几位老先生嫌'中华人民民主共和国'名字太长，说用'中华人民共和国'之名。我看叫'中华人民共和国'比'中华人民民主国'好，有'人民'二字，就可不要'民主'二字，焉有人民而不民主哉？且'民主'一词 democracy 来自希腊字，与人民同义。"张治中也主张突出"共和"二字，说："'共和'这个词的本身就包含了'民主'的意思，何必重复？不如就干脆叫'中华人民共和国'。"21 日，张奚若再次提议用"中华人民共和国"作为新中国的国号。他说："中华代表中华民族；人民代表现在的工人、农民、小资产阶级和民族资产阶级；共和国代表我们的国体。"23 日，第四小组在讨论董必武拟定的关于"政府组织纲要中的基本问题"时，一致同意国家名称定为"中华人民共和国"。7 月 8 日，第四小组召开第二次全体会议，讨论提纲起草委员会提出的"政府组织法中的基本问题"。代表们就新中国的国家名称、国家属性、政府组织的基本原则、最高政权机关等问题进行讨论，并推举董必武、张奚若、阎宝航、王昆仑、张志让 5 人组成起草委员会，负责起草政府组织法草案。起草委员会起草了中央人民政府组织法草案，分别提交小组会议讨论，并征询钱端升、王之相、邓初民等法学专家的意见。小组经讨论，将国家名称改为"中华人民民主共和国"。8 月 17 日，第四小组通过的《关于中华人民民主共和国政府组织法草案》中，确定把"中华人民民主共和国"改为"中华人民共和国，简称中华民国"。草案的第二条明确写明："中华民国的国家制度，为无产阶级领导的全国各族各民主阶级联盟的人民民主专政。"

张奚若提出的新中国国名——"中华人民共和国"最终被采纳。9 月 7 日，周恩来在中国人民政治协商会议第一届全体会议召开前向政协代表及各方面人士作了《关于人民政协几个问题》的报告。关于国名问题，周恩来解释说："在中央政府组织法的草案上，去掉了中华人民民主共和国的'民主'二字，去掉的原因是感觉到'民主'与'共和'有共同的意义，无需重复。而且这两个字都包含了民主的意义在内，在国体上是用'共和'，在性质上则用'民主'，作为国家来用还是'共和'二字比较好，所以用中华人民共和国就可以说是'民主'了。"

"辛亥革命以后,中国的国名是'中华民国',有共和的意思,但并不完全,可以双关的解释,而且令人费解。现在我们应该把旧民主主义和新民主主义区别开来。因为在辛亥革命时期,俄国十月革命尚未成功,那时只能是旧民主主义的。在那以后由不完备的旧民主主义进步到完备的新民主主义。今天,为了使国家的名称合乎国家的本质,所以我们的国名应该是中华人民共和国。"22日,董必武在政协第一届全体会议上报告中央人民政府组织法起草经过时说:"国家名称的问题,本来过去写文章或演讲,许多人都用中华人民民主共和国;黄炎培、张志让两先生曾写过一个节略,主张用中华人民民主共和国。在第四小组第二次全体会议讨论中,张奚若先生以为用中华人民民主共和国,不如用中华人民共和国。我们采用了最后这个名称,因为共和国说明了我们的国体,'人民'二字在我们今天新民主主义的中国是指工、农、小资产阶级和民族资产阶级四个阶级的人,它有确定的解释,这已经把人民民主专政的意思表达出来,不必再把'民主'二字重复一次了。"至此,国号之争尘埃落定。9月27日,中国人民政治协商会议第一届全体会议采纳了张奚若提出的"中华人民共和国"的新中国国名,并将这一名称写进了《中国人民政治协商会议共同纲领》。

　　按:8月17日,第四小组通过的《关于中华人民民主共和国政府组织法草案》中,确定把"中华人民民主共和国"改为"中华人民共和国,简称中华民国"。其中简称问题又引发了激烈的争论,经广泛征求意见,"中华民国"的简称被取消。(参见李红梅《中华人民共和国国号诞生记》,《党员文摘》2022年第19期;胡阿祥《"中华人民共和国"国号的确立过程》,《学习时报》2013年第8期;王楚光《中华人民共和国的国号与张奚若先生》,《文史杂志》2019年第5期)

　　邵力子1月19日参加蒋介石为策划"和谈",假意"下野"所召开的紧急会议,谦辞为蒋撰写所谓"下野"文告。22日,孙科主持南京政府行政院会议,决议:以邵力子为首席代表,与张治中、黄绍竑、彭昭贤、钟天心等初次组"和平谈判代表团",邵力子表示可任代表,但退辞首席代表。2月13日,邵力子以私人资格,参加李宗仁到上海组成的"上海各界和平代表团",与颜惠庆、章士钊、江庸等由龙华起飞北上。22日,乘专机由北平赴石家庄,毛泽东主席、周恩来副主席接见并谈话。27日,邵力子由北平飞回南京。3月24日,何应钦继孙科任行政院长,在首次内阁政务会议上,决定组织"南京政府和平商谈代表团",由邵力子、张治中、黄绍竑、章士钊、李蒸5人组成。邵力子坚辞首席代表,后改推张治中。28日,又增刘斐,"南京政府和平商谈代表团"共有6人。26日,中共中央宣布与国民党政府举行和谈的决定。30日晚,张治中在寓邸召集邵力子、黄绍竑、章士钊、李蒸、刘斐等,商讨赴平和谈各项问题办法。4月1日,南京政府和平商谈代表团首席代表张治中,代表邵力子、黄绍竑、章士钊、李蒸、刘斐及顾问秘书、随员一行共19人乘中国航空公司"天王号"专机离南京。下午3时,飞抵北平。北平市府秘书长薛子正、警备司令程子华、中共和谈代表团秘书长齐燕铭、东北野战军参谋长刘亚楼等到机场欢迎。代表们住六国饭店。晚,应中共中央副主席、和谈代表团首席代表周恩来盛宴招待。6日,黄炎培访章士钊、张治中、邵力子,谈和平问题。8日起,毛泽东在石家庄分别邀见张治中(一天)、邵力子、章士钊(一天),黄绍竑(一天)、李蒸、卢郁文(一天)。9日,邵力子、章士钊应毛泽东主席邀见并个别谈话。13日,国共和谈代表举行第一次正式会谈,就中共提出的《国内和平协定草案》进行讨论。张治中发言,表示对《草案》条文原则上可以接受。双方商定,继续进行会外商谈。15日,出席国共和谈代表举行第二次正式会谈。中共首席代表周恩来对中共将拟定《国内和平协定草案》八条二十四款作了说明,条文中尽可能吸收了南京政府的意见,并宣布谈判以4月20日为期限。19日,邵力子夫人傅学文接邵力子信,坐和谈最后一班飞机到北平。

　　邵力子、章士钊等 4 月 20 日因和平协定签字日期届满，解放大军渡江，而独李宗仁坐镇南京，左顾右盼，擅为所欲为之势，操千载一时之机，焦灼万状之下，急电李宗仁，请其"无论如何，莫离南京一步；万一别有危机，艰于株守，亦求公飞莅燕京，与某等共图转圜突变之方"，李宗仁终未实行。23 日，李宗仁回到桂林，意存观望，再定行止，当时国民党劝驾说客络绎不绝，章士钊、邵力子又飞电劝告："此为公悬崖勒马之第二机会，盖长江之局面，西南之版图犹存，盼公在桂林开府，屹立不动，继续以和平大义相号召。"但李宗仁轻信蒋介石致何应钦函中所说："德邻兄凡有垂询，无不竭诚以答"的话，轻率地到广州维持残局去。事已至此，邵力子、章士钊在致李宗仁函中不禁慨然言曰："公不以鄙言为可采，并不胜主战分子之胁迫利诱，竟亦翩然莅粤，同流合污，阳冠僚寀，阴侪傀儡，不知公有何把握，作何打算，犹岸然以国家存亡民生祸福为张皇工具？ 伤哉！ 伤哉！"而何应钦内阁则在广州通过了两项决议，其中之一就是撤消以张治中、邵力子、章士钊等人组成的代表团。同日，南京拒绝签署《国内和平协定》后，人民解放军奉命胜利渡江，攻克南京。晚，南京政府和谈代表团在六国饭店商谈去留的问题，邵力子最先发言，表达不再回南京的坚决态度，最后全团一致意见，应中共挽留，通过留平不返，愿在中共的领导下，建设新中国的决定。章士钊在北平参加国共和谈期间，周恩来曾请他写信给朱启钤，劝说其留在大陆。5 月 7 日，邵力子得知故乡浙江绍兴解放，从北京拍回绍兴属于人民邮电的第一个电报，给复旦学生朱仲华："闻吾邑解放，希尽力协助。"

　　邵力子、章士钊 5 月 18 日在北京联名给李宗仁写长信一封，托刘斐带香港转广州面交。信中说："犹记某等初次到平、中共领袖对于公之是否力能谋和，颇难释然。经某等再三譬说，以为和平本身有无穷民意为之后盾，即属一种不可侮之力量；加以中共在同一旗帜之下相与提携；双流会合，并于一响，应足以克服可能发生之困难而有余。中共同意此说，和平之门以启。"而李宗仁最后拒绝和谈协议，使邵力子、章士钊感到莫大的遗憾。邵力子又与章士钊联名写信给李宗仁揭破国民党"备战求和"的骗局。20 日，在北京的 5 位议和代表张治中、邵力子、章士钊、李蒸、刘斐，联名再一次从北京饭店给广州李宗仁、何应钦发去电报，沉痛剖陈利害、力劝恢复和谈，作出最后的挽救。27 日，上海解放。邵力子动员联络南京政府立法委员黄启汉、武和轩等 53 人在《解放日报》上发表宣言："与国民党反动派断绝关系，诚心诚意接受中国共产党领导。"6 月 15—19 日，邵力子参加新政治协商会议，为主席团成员。25 日，中共中央电示华东局并上海市委，决定聘请与上海工商界有密切联系的著名人士黄炎培、陈叔通、胡子婴、盛丕华、包达三、张绚伯、施复亮、章士钊等 14 人为上海市政府顾问，指出："俾其能因联系上海资产阶级而取得发言地位。""中心在动员上海资本家恢复生产，打通航运，打击帝国主义分子的阴谋活动。"同月，毛泽东、周恩来商请章士钊、刘斐南下香港，配合中共南方局争取程潜、陈明仁起义，以实现湖南和平解放。章、刘二人欣然领命南下；程星龄奉程潜之命去香港，见到章士钊。章士钊鼓励程星龄协助程潜顶住白崇禧的压力，不要动摇起义决心，并写信由程星龄带给当时的湖南省主席程潜，劝他起义，走和平解放的光明道路。信中还转达了毛泽东对国民党第一兵团司令官陈明仁不算四平街一仗的旧账的话，只要他站过来就行了，我们会谅解，还要重用他。此时，毛泽东也密电程潜，欢迎他起义。程潜深明大义，与陈明仁将军率部起义，脱离国民党阵营。7 月 2—19 日，邵力子参加全国文学艺术者代表大会，被选为全国文联常务委员。9 月 20 日，程星龄在毛泽东主席接见时说："主席，行严(章士钊字)对颂公(程潜)的谈话与信，对促成长沙起义，湖南的和平解放,起了不小的作用。"毛泽东听后说:"促成颂公和子良的长沙起义,湖南和平解放,信行严有功,但你的功劳也不小啊! 行严说我是什么'中国历史上从没有过的杰出领袖,就有些言过其实了,没有夺取政权时,行严的赞誉,可以获得人心。现在夺得政权了,谈好话恭维的人多了,就会变成危险的事。要注意李自成的教训'。"同日,参加中国人民政治协商会议第一届全体会议的单位及代表名额最后确定,共计 662 人。章士钊被推为 75名特别邀请人士之一。21 日,章士钊以特别邀请人士身份出席在中南海怀仁堂开幕的中国人民政治协商会议第一届全体会议,被推选为第一届全国政协委员。9 月 21—30 日,邵力子参加中国人民政治协商会议第一届全体会议,被选为全国政协委员。又被委任为中华人民共和国政务院政务委员、华侨事务委员会委员。在"民革"全代会上,被选为中央常务委员;社会联系工作委员会主任。10 月 1 日建国后,章士钊任政务院法制委员会委员。9 日,邵力子参加全国政协一届一次会议,被选为常务委员。11 日晚,张元济应邀赴中南海毛泽东住所座谈,并共进晚餐。同席有陈毅、粟裕、周善培等。座谈中,谈及章士钊为杜月笙说项,招其回沪事,周善培反对。张元济亦言此君声名不佳,且门徒甚多,如令其回沪,宜慎重处置。21 日上午,章士钊出席中央人民政府政务院政治法律委员会第一次委员会议。11月下旬,章士钊全家由上海迁居北京。没有自己的住房,就住在东四八条朱启钤家的后院。
(参见袁景华《章士钊先生年谱》,吉林人民出版社 2001 年版;晨朵《邵力子生平大事纪要》,《浙江师范学院学报》1983 年第 1 期)

　　胡乔木继续任新华通讯社社长。4 月 4 日,新华社发表毛泽东写的社论《南京政府向何处去?》。24 日,新华社发表毛泽东写的国民党反动统治宣告灭亡的新闻稿,指出:"在人民解放军百万大军攻击之下,千余里国民党长江防线全部崩溃,南京国民党反动卖国政府已于昨日宣告灭亡。"26 日,毛泽东函告胡乔木:《中国人民解放军布告》应连播两三日。"尔后,凡解放一个大城市例如上海、汉口,应重新对该市重播一次。"5 月 29 日,毛泽东审阅修改新华社社论稿《祝上海解放》,加写一段话:"这些外国政府如果愿意开始从中国事变中吸取教训,那末,他们就应当着手改变他们干涉中国内政的错误政策,采取和中国人民建立友好关系的政策。"6 月 10 日,毛泽东将东北局关于纪念七一的报告批交胡乔木,并指示:"七一至七七全国各地举行纪念周。七一着重党的宣传,规模不要太大。七七举行军民示威游行,开大会,上海、南京、武汉、杭州、南昌、九江等城举行盛大的军队检阅及大示威,纪念抗日,反对美国扶日,要求早日成立日本和约,消灭国民党残余。请拟一内部指示,一单口号(可考虑分为两单,一是七一,一是七七)。"15 日,新政协筹备会在北平成立,决定由周恩来担任《共同纲领》起草小组组长,许德珩为副组长。会议又决定,委托中共负责《共同纲领》草拟工作,胡乔木参加了起草工作。7 月 1 日,新华社发表经毛泽东修改审定的中共中央给将于 2 日在北平开幕的中华全国文学艺术工作者代表大会的贺电。贺电说:"我们中国是处在经济落后和文化落后的情况中。在革命胜利以后,我们的任务主要地就是发展生产和发展文化教育。人民革命的胜利和人民政权的建立,给人民的文化教育和人民的文学艺术开辟了发展的道路。我们相信,经过你们这次大会,全中国一切爱国的文艺工作者,必能进一步团结起来,进一步联系人民群众,广泛地发展为人民服务的文艺工作,使人民的文艺运动大大发展起来,藉以配合人民的其他文化工作和人民的教育工作,藉以配合人民的经济建设工作。"12 日,周恩来约胡乔木在中南海颐年堂请新闻界友人朱启平、高份、邓季惺、浦熙修、徐盈、彭子冈、储安平、萨空了、胡愈之、刘尊棋、宦乡聚餐,并解决他们提出的问题。

31 日,毛泽东审阅修改新华社纪念中国人民解放军建军 22 周年的社论稿,增写四段话,并将标题《纪念中国人民解放军的创建》改为《我们是能够克服困难的》。

胡乔木 8 月 12 日在新华社刊出社论《无可奈何的供状——评美国关于中国问题的白皮书》。13 日,毛泽东函告新华社社长胡乔木:"应利用白皮书做揭露帝国主义阴谋的宣传。应将各国评论中摘要评介。"14 日,新华社发表毛泽东写的社论《丢掉幻想,准备斗争》,评美国国务院的白皮书和艾奇逊的信。社论揭露了美国对华政策的帝国主义本质,批评了国内一部分具有"民主个人主义思想"的人对美帝国主义的幻想。18 日,新华社发表毛泽东写的社论《别了,司徒雷登》,再评美国国务院的白皮书和艾奇逊的信。社论揭露美国出钱出枪,蒋介石出人,替美国打仗杀中国人,借以变中国为美国殖民地的侵略政策。24 日,毛泽东读本日《人民日报》刊登的中国民主建国会在北平的发言人发表痛斥美国白皮书的声明后,函告胡乔木:"民建发言人对白皮书的声明写得极好,请予全文文播、口播,并播记录新闻,当对民族资产阶级的教育起很大作用。"25 日,新华社发表经毛泽东修改的时评《湖南起义的意义》。文中指出,程潜、陈明仁两将军在湖南起义,严重地震撼了华南、东南、西南、西北的国民党军残部。28 日,新华社发表毛泽东写的社论《四评白皮书》。社论指出,现在全世界都在讨论中国革命和美国的白皮书,这表示了中国革命在整个世界历史上的伟大意义。29 日,毛泽东函告胡乔木,请找清末中国和美国订立的几个不平等条约,为写评美国国务院白皮书的社论时参考。30 日,新华社发表毛泽东写的社论《五评白皮书》。社论列举 1840 年以来美帝国主义侵略中国的历史事实,指出:"美帝国主义侵略中国的历史,自从一八四〇年帮助英国人进行鸦片战争起,直到被中国人民轰出中国止,应当写一本简明扼要的教科书,教育中国的青年人。"9 月 16 日,新华社发表毛泽东写的社论《六评白皮书》。社论指出:"从一八四〇年的鸦片战争到一九一九年的五四运动的前夜,共计七十多年中,中国人没有什么思想武器可以抵御帝国主义。旧的顽固的封建主义的思想武器打了败仗了,抵不住,宣告破产了。"10 月 19 日,胡乔木任新闻总署署长。(参见中共中央文献研究室编撰、逄先知主编《毛泽东年谱(1893—1949)》,人民出版社、中央文献出版社 1993 年版;中央文献研究室《周恩来年谱1898—1976》,中央文献出版社 1998 年版)

林伯渠调至中央工作,主要筹备政治协商会议。1 月 30 日,北平和平解放,党中央派林伯渠作为中共代表,前往东北迎接民主人士进北平。临行前,林伯渠曾多次与毛泽东、刘少奇、周恩来等进行商谈关于召开新政协的方针、原则以及赴东北迎接民主人士的一些具体问题。毛泽东还与林伯渠谈了接民主人士到北平时,中共应派哪些人到车站迎接,以及邀请民主党派的一些负责人来西柏坡等问题。2 月 14 日,周恩来起草中共中央致东北局、华北局及平、津两市委电:林伯渠代表中共中央即将前往沈阳迎接在东北的民主人士到北平。原到华北的民主人士多数已去北平,现再将在东北的民主人士接去,是为了能集中起来协商大计。准备新政协筹备会的成立。在各方民主人士汇集北平之后,应召开一次欢迎大会。林彪、董必武、彭真、薄一波、聂荣臻等可在此会开过后再来中央开会。同日,林伯渠离开西柏坡,两天后到达沈阳。当时在沈阳的民主人士有国民党革命委员会李济深、朱蕴山、李德全、朱学范、梅龚彬、赖亚力,中国民主同盟沈钧儒、章伯钧、李文宜,中国民主促进会马叙伦、王绍鳌、许广平,以及其他民主党派、人民团体、无党派民主人士谭平山、丘哲、沙千里、沈志远、曹孟君、彭泽民、王昆仑、许宝驹、吴茂荪、蔡廷锴、李民欣、林一元、章乃器、施复亮、孙起孟、陈其尤、罗叔章、茅盾、邓初民、侯外庐、洪深、胡子婴、郭沫若等 30 多人。他们都是响应中共的号召,先后由香港、上海和国外许多地方陆续来到我东北解放区的。林伯渠到沈阳的当天晚上,与东北局的陈云、高岗、李富春等人研究了日程安排后,就去大和饭店看望旅居那里的民主人士。19日,李富春召集在沈阳的民主人士全体会议,林伯渠在会上讲话,代表党中央欢迎他们到北平共商大事,并征询了大家对行期等方面的意见。李济深代表全体民主人士致答词,表示对中共中央的衷心的感谢。会上商定于23日启程赴北平。

林伯渠2月23日午后陪同民主人士乘火车离开沈阳。24日晚,抵达天津,市长黄敬设宴招待。25日,抵达北平。到车站欢迎的有中共方面的林彪、罗荣桓、薄一波、叶剑英、彭真,各界民主人士中有张东荪、胡愈之、楚图南、千家驹、雷洁琼、费孝通等及全国学代会代表、铁路工人代表共百余人。在车站举行欢迎仪式后,民主人士分别前往北京饭店和六国饭店住地。26日,林伯渠参加了在怀仁堂举行的欢迎民主人士大会,并讲了话。由于要出席党的七届二中全会,林伯渠不能久留北平,便同北平区军事管制委员会主任、北平市市长叶剑英面商,请他对民主人士"政治生活的充实问题多加关注"。27日,林伯渠离开北平,前往西柏坡。3月5日,林伯渠出席党的七届二中全会,并作了发言,他完全同意和拥护毛泽东的报告,并对这次会议的重大意义讲了自己的看法。3月23日上午,林伯渠和毛泽东、刘少奇、周恩来、朱德等分乘汽车驶离西柏坡,于25日下午抵达北平。4月13日晚,林伯渠出席了国共双方和谈代表团在中南海勤政殿举行的第一次和谈会议。15日晚9时,林伯渠出席了第二次和谈会议。会上,周恩来提交《国内和平协定》(修正案),并对修正要点作了说明。20日,南京政府表示拒绝签字。林伯渠参与的"和谈"至此宣告结束,随后又转入了筹备新政协的工作。6月15—19日,新政协筹备会在北平召开,林伯渠参加了会议的全过程,并作了多次发言。会议选出了毛泽东、朱德、周恩来、李济深和林伯渠等21人组成筹备会常务委员会。会议还决定,筹备会闭幕后,一切筹备工作由常务委员会负责进行,工作重心是:一、拟定新政治协商会议的各种文件;二、推进并促成全国社会科学、自然科学、教育、新闻等人民团体的筹备工作,并协助成立全国文学艺术界联合会;三、根据会议通过的《关于参加新政治协商会议的单位及其代表名额的规定》,协商各单位的代表名单。会后,林伯渠全力投入了上述三个方面的工作。为了扩大人民民主统一战线,团结科技文化界的人士,林伯渠在推进和促成全国社会科学、自然科学等群众团体的成立方面,做了许多工作,特别是他在一些团体召开的会议上发表的讲话,提出了许多非常精辟的见解,具有深远意义。19日,就在新政协筹备会闭幕。上午,林伯渠即出席了中华全国自然科学工作者第一次代表大会筹备委员会的成立会,并发表讲话,明确指出:"这是中国科学家大团结的开始,是科学史上的大事情。""现在,国民党反动的统治基础已被打垮,全国胜利指日可待,这就为我们发展科学进行生产扫除了主要障碍。希望科学工作者在新中国的制度下,把自己的一切力量都发挥出来,献给人民,做我们多年想做而不能做的事。"他赞扬了科学工作者"埋头苦干,坚持真理"的精神,同时又指出:"今天到会的虽有一百多位专家,但就我们的需要来说,实在太少了。因此,中国科学工作者,不论理、工、农、医等各行专家,必须团结起来,在进步、统一的道路上,与人民结合,为人民服务。"

林伯渠7月14日下午出席在中南海勤政殿召开的中华全国社会科学工作者代表会议筹备会,到会的有全国各地哲学、经济、政治、法律、史学等部门的社会科学工作者140余人,在郭沫若致开幕词后,林伯渠作报告。他说,这次会议"是革命的文化战线在社会科学方面的一件盛事,一件巨大的学术建设工程的开始"。在新政协即将召开,民主联合政府即将成立的"这种新形势下,新的任务需要我们社会科学工作者民主统一地组织起来,作为参加新政治协商会议的一个坚强的单位,在毛泽东思想指导下团结起来,成为建设新中国文化学习工作的一支有力的军队"。他殷切地希望社会科学工作者,"努力学习毛泽东思想,学习马列主义的普遍真理与中国革命之具体实践相结合的思想方法与工作作风。实事求是地来研究与解决社会科学各部门的理论与实际工作中的问题,以此贡献给新中国的建设,贡献给新中国的人民。"周恩来出席会议并发表讲话,指出:中国社会科学很落后。这门科学要在中国发展起来,在我们面前同样摆着坚持统一战线,坚持团结的任务。因此"必须扩大组织,动员更多的力量来参加这一个组织,从事研究与合作"。15日,会议选出王昆仑、史良、艾思奇、李达、何思敬、沈钧儒、沈志远、周恩来、林伯渠、范文澜、郭沫若、董必武、翦伯赞、谢觉哉等29人为筹备会常务委员会委员,林伯渠被推选为常务委员会主席,沈钧儒、郭沫若、李达等为副主席。23日上午,中华全国文学工作者协会在中法大学礼堂召开成立大会,林伯渠出席了这次会议,并发表了重要讲话。他说:"党的、非党的,老解放区的、新解放区的与待解放区的,城市的、乡村的各方面的文学工作者,要在无产阶级思想的领导之下,在新民主主义文化的方针之下,结成坚强而广大的统一战线。"

林伯渠9月18日上午出席在北京饭店召开的新政治学研究会成立会。出席成立会的发起人还有周恩来、董必武、彭真、陈绍禹、王昆仑、张奚若、赖亚力、王炳南、谭平山、吴茂荪、许宝驹、阎宝航等近120人,大家推选林伯渠为大会主席。他在讲话中回顾了中国共产党运用马克思主义分析中国社会和中国革命的性质,分清敌、友、我,依靠人民群众的雄伟力量,取得革命胜利的历史,然后提出了新政治学研究会的目的与任务。他说:"我们的共同目的,是要团结全国从事新民主主义政治研究和实际政治工作的朋友,在毛泽东思想指导之下,努力学习马克思主义的历史唯物主义,学习马克思主义的政治理论,以历史唯物主义的观点,根据实际情况,研究中国社会各阶级的相互关系,研究中国社会和国家的性质,研究中国的政治史与政治制度","来迎接新中国的诞生和努力参加新中国的伟大建设事业"。周恩来在会上就新政权的性质和特点问题讲话指出:我们将要建立的政权"是民主集中制的""新民主主义的",同资本主义国家的"议会制度是对立的""在制度的基本方向上是同苏维埃制度相同的",但又"不完全同于苏维埃制度"。这一政权形式是适合中国国情的,"是中国政府制度的一个特点"。大会推选林伯渠为新政治学研究会主任,张奚若、陆定一、王昆仑、高崇民被推选为副主任。此外,林伯渠还多次出席了新法学研究会发起人会议,参加了中华全国文学艺术界联合会等人民团体的成立会,同胡乔木、胡绳等研究社会科学、政治、法律等学会的领导与工作问题。林伯渠在召开新政协前,推进和促成全国社会科学和自然科学各学术团体的成立,具有重要的现实意义和历史意义。这些团体大部分是参加新政协的单位,它们的成立直接促进了新政协的召开;同时,这些团体的成立,将学术界各个方面的人士组织起来,也有利于新中国的政治、经济、文化事业的发展。林伯渠此时已是63岁高龄,为筹备新政协,建立新中国,兢兢业业,不辞劳瘁,有时竟连续工作20来个小时。为了勉励自己,他在日记本上端端正正写下了"为人民服务,为世界工作"10个大字,并郑重地盖上了自己的印章。19日下午,林伯渠在新闻工作者座谈会上作了《关于人民政协三个文件基本精神的报告》。经过三个多月的努力,筹备新政协的各项工作至此已基本完成。21日,中国人民政治协商会议在北京隆重开幕。林伯渠作为中共代表出席了这次具有伟大历史意义的盛会,并被大会推选为主席团成员。他在会上作了《关于中国人民政治协商会议筹备工作的报告》,获得大会一致通过。30日下午,大会选举了政协全国委员会和中华人民共和国中央人民政府委员会,林伯渠当选为政协全国委员会委员和中央人民政府委员会委员。

　　林伯渠10月1日下午2时出席中央人民政府委员会第一次会议。会议一致决议:互选林伯渠为中央人民政府秘书长。下午3时,首都30万人齐集天安门广场,参加中华人民共和国开国大典。林伯渠主持大会,他以洪亮的声音宣布典礼开始。毛泽东主席向全世界宣布:"中华人民共和国中央人民政府已于本日成立了。"在军乐声中,毛主席亲自开动电钮,升起了中华人民共和国第一面五星红旗,54门礼炮齐鸣28响。接着,毛主席宣读了中央人民政府公告。朱德总司令下达了中国人民解放军总部命令,命令全军迅速解放全国一切尚未解放的国土。林伯渠站在毛主席身旁,心情非常激动。他观看了威武雄壮的阅兵式和五彩缤纷的节日焰火,直到晚8时半才离开天安门,去参加9时举行的欢迎苏联代表团的宴会。2日,中国保卫世界和平大会,在沉浸于欢乐中的新中国首都北京举行。林伯渠在这个有各党派、各人民团体、各民族及海外华侨代表和国际友人共千余人参加的大会上,以主席团成员的身份致开幕词。8日,林伯渠以中央人民政府秘书长的身份,对新华社记者发表谈话。他说:"十月十日是有历史意义的辛亥革命的纪念日。但是孙中山先生所领导的辛亥革命的成果,迅速地被窃国大盗袁世凯所篡夺。这个革命本身是失败了。……三十八年以来的所谓'中华民国',是违背全国人民的意志的,也是违背孙中山先生的意志的。我们过去纪念十月十日,是因为我们要唤起全国人民,继承孙中山先生和其他革命先烈的遗志,推翻内外压迫者,建立真正的中华人民共和国。现在全国人民的奋斗,已经获得成功,旧中国已死亡,新中国已诞生,应当有新的国庆日。全国国民及国外华侨,如有在十月十日开纪念会的,应当允许,但不应当以这一天当做国庆日来庆祝了。""中华人民共和国必须规定新的国庆日,这将由中央人民政府在最近规定。"12月2日,中央人民政府委员会第四次会议正式通过决议,规定10月1日为中华人民共和国国庆日。(参见《林伯渠传》编写组《林伯渠传》,红旗出版社1986年版;樊洪业主编《中国科学院编年史:1949—1999》,上海科技教育出版社1999年版;中央文献研究室《周恩来年谱1898—1976》,中央文献出版社1998年版;姚蜀平《中国科学院的诞生》,《中国科学院院刊》1989年第4期)

　　董必武继续任华北人民政府主席。1月4日,董必武和华北人民政府薄一波、蓝公武、杨秀峰副主席联名颁布取缔反动会道门的通令及具体办法。20日,出席华北人民政府和中共中央华北局为欢迎新近由国民党统治区和海外来到华北解放区的各民主党派、各人民团体代表及无党派民主人士举行的欢迎会,并即席致欢迎词。23日,在自然科学工作者代表会议筹备会上讲话,向自然科学工作者提出应考虑的两个问题:"(一)我之技术在何种环境中加以利用""(二)我之研究成果为何人服务。"指出:"在过去反动政府下,科学工作者甚少发挥自己所长","而在新政权下,使每个人都能发挥自己的力量";"我们必须团结一切力量,互相学习,交流经验,为建设新中国而努力。"2月1日,在华北各界庆祝解放平津伟大胜利大会上讲话。指出:"平津解放,华北基本解放,全国解放亦为期不远,全中国人民就要彻底翻身了,是中国人民一百年来为自身解放奋斗,特别是近三十年来在中国共产党领导下英勇奋斗的结果。人民胜利了,人民的敌人失败了,全中国全世界都不能不承认中国人民的这个胜利。"要争取彻底胜利,争取和平,就要"彻底执行毛主席的八项条件,缺一条都不行"。最后,号召华北各界人民要"努力生产,积极支援前线,加紧学习,在中国共产党和华北人民政府领导下,为全国的解放而奋斗"。2月3日,和华北人民政府薄一波、蓝公武、杨秀峰副主席联名发出对干部进行鉴定的通知。要求从执行政策指示、立场观点、工作和学习态度以及群众关系、上下级关系等方面对科长以上干部每年考核两次。2月初,周恩来考虑到人民币已成为进行全国解放战争的主要财政来源,为增加人民币的市场投放量,派中共中央财政经济部秘书长薛暮桥到北平会同中国人民银行行长南汉宸,清查国民党留下的钞票印刷机和印钞纸张,计算钞票印刷能力;同时就货币发行方针问题向陈云、董必武征询意见。在薛暮桥返回汇报后,又同他一道制订人民币的印刷和发行计划,并于22日审改并批发了中共中央致董必武、薄一波电。20日,董必武和罗荣桓等在北京饭店,设宴招待已到北平的民主人士,并即席发表演说。中旬,华北人民政府移北平办公,成立两个委员会,以研究筹划调整华北行政区划和变更华北人民政府组织问题。21日,在华北人民政府第二次委员会会议上,作《关于本府成立以来的工作概况》的报告。25日,在华北人民政府第二次委员会上致闭幕词。同日,和薄一波等前往车站欢迎李济深、沈钧儒等35人安全抵平。26日,在中南海怀仁堂举行的欢迎民主人士大会上讲话。

　　董必武3月5—13日出席在平山县西柏坡召开的中国共产党七届二中全会。24日下午3时,在北平各大学教授举行的讨论中国文化界拥护世界和平宣言及出席世界和平大会事宜的茶会上讲话,指出:中国人民解放战争即将获得最后胜利。全世界人民的政治觉悟也日益提高,拥护世界和平的力量是空前强大的,新的世界战争是有可能制止的。25日上午11时,前往火车站欢迎民主人士黄炎培、盛丕华、俞寰澄从天津到达北平。31日,和华北人民政府副主席薄一波、蓝公武、杨秀峰联名颁布废除国民党的六法全书及一切反动法令的训令。4月19日,和薄一波等致函保定军管会,请通知有关机关妥为保存伪河北医学院存有的药品及医疗器械,以利恢复建设。21日,和华北人民政府副主席薄一波、蓝公武、杨秀峰联名发布关于成立教科书编审委员会的命令。23日,复函世界科学文化界拥护和平大会主任伍德先生,对其欢迎中国解放区派遣代表参加3月25日在美国纽约举行的世界科学文化界拥护和平大会的邀请,表示感谢;说明"因信迟至四月十二日始行收到,以致不能派代表团前往参加",对该会"为世界和平所做的努力至为钦佩并表示拥护"。深信中美人民之紧密团结,乃是争取世界和平所必需。27日,和华北人民政府副主席薄一波、蓝公武、杨秀峰联名颁布《华北区金银管理暂行办法》及《华北区私营银钱业管理暂行办法》,以稳定金融,安定人民生活,保护人民财产,防止走私倒买金银。

　　董必武5月4日代表华北人民政府向中华全国青年第一次代表大会致祝词。21日,在华北小学教育会议上讲话。指出:"目前革命很快就要在全国胜利,华北地区已经完全解放。今后我们的主要任务,就是从事各种建设,政治的、经济的、文化的建设,教育工作在建设中要占很重要的地位。"25日,和周恩来、林伯渠、李济深、沈钧儒、黄炎培等到北平火车站欢迎以郭沫若为团长的出席世界拥护和平大会的代表团归来。28日,在华北财经委员会上作关于《经济建设中的几个问题》的报告,阐述了新民主主义经济的特点。6月1日,为统一实施高等教育方针、计划、指导学术研究及图书文物之管理,华北人民政府决定成立华北高等教育委员会。董必武当选为华北高等教育委员会主任。同日,《人民日报》北平讯:"华北人民政府为统一实施高等教育方针、计划,指导学术改进及图书文物之管理,决定设立华北高等教育委员会,已于六月一日颁布了'华北高等教育委员会组织规程',并任命董必武为华北高等教育委员会主任委员,张奚若、周扬为副主任委员;董必武、张奚若、周扬、马叙伦、李达、许德珩、钱俊瑞、曾昭抡、吴晗等九人为华北高等教育委员会常务委员;郭沫若、吴玉章、徐特立、马寅初、黄炎培、范文澜、成仿吾、邓初民、张志让、汤用彤、梁希、郑振铎、钱端升、蓝公武、杨秀峰、叶企荪、陈岱荪、陆志韦、张东荪、雷洁琼、黎锦熙、徐悲鸿、李宗恩、严济慈、裴文中、晁哲甫、于力、刘鼎、乐天宇、恽子强、胡锡奎、周泽昭、沈体兰、黄松龄、张宗麟、张子丹、张国藩、邓拓、俞大绂、冯乃超为华北高等教育委员会委员;张宗麟为该会秘书长。"4日,和林伯渠、叶剑英等到北平火车站欢迎华侨民主人士:陈嘉庚、庄明理、王雨亭等抵达北平。

董必武5月6日主持华北高等教育委员会第一次会议。说明成立高等教育委员会的意义与任务。会议研究讨论了成立招生委员会、招考原则,毕业生的训练与分配,文物图书管理,私立大学院系调整及课程改革等问题。7日,《人民日报》讯:"华北高等教育委员会昨(六日)在六国饭店举行第一次会议,到会董必武、张奚若、周扬、马叙伦、李达、许德珩、曾昭抡、吴晗、郭沫若、吴玉章、徐特立、马寅初、范文澜、成仿吾、邓初民、张志让、汤用彤、郑振铎、钱端升、蓝公武、杨秀峰、叶企荪、陈岱荪、陆志韦、张东荪、雷洁琼、黎锦熙、徐悲鸿、李宗恩、严济慈、裴文中、晁哲甫、于力、刘鼎、乐天宇、周泽昭、沈体兰、黄松龄、张宗麟、张国藩、俞大绂、冯乃超等四十二位委员。会上正副主任委员董必武、张奚若说明了高等教育委员会成立的意义与任务。高等教育委员会副主任委员周扬与黄松龄委员,分别报告平津各大学接管以来工作进行情况。继就大学学制、课程改革、私立大学之管理、秋季招生、本期各大学毕业生训练与分配等工作,广泛交换意见,讨论甚为热烈。会议一致同意授权常委会对所讨论诸问题继续研究并分别筹组各种专门委员会,提交将于最近召开的第二次会议正式通过,以利工作进行。"16日,董必武出席新政协筹备会第一次全体会议。董必武被推选为起草中华人民共和国政府方案组组长。18日,主持新政协筹备会拟定中华人民共和国政府方案组第一次小组会议,决定成立"起草中华人民共和国政府组织机构提纲草案委员会",被推选为该委员会委员,负责起草"讨论提纲"。21日,出席新政协筹备会常委会第二次会议,被指定为发起与组织全国教育工作者代表会议筹备会的成员。23日,出席拟定中华人民共和国政府方案组起草讨论提纲委员会会议,作了《政府组织纲要中的基本问题》的报告。对国家名称、国家属性、最高政权机关及其组织原则等提出了初步意见,经讨论一致同意,并决定以起草讨论提纲委员会的名义,提交拟定中华人民共和国政府方案组全体会议讨论。24日,和林伯渠、李济深、郭沫若等到北平火车站欢迎张澜、史良、罗隆基、郭春涛、王葆真来北平。26日,出席中国新法学研究会发起人大会,当选为新法学研究会筹备委员会委员,并在大会上讲话,希望"大家学习马列主义与毛泽东思想的社会观与法律观,共同努力,建设新法律完整体系"。同日,主持全国教育工作者代表会议筹备会,和钱俊瑞、林砺儒、孙起孟等11人被推选为干事,组成干事会,并为召集人,负责起草筹备会简章草案。30日,主持全国教育工作者会议发起人干事会第一次会议,讨论、通过筹备会章程草稿。

董必武7月1日下午8时出席中共中央华北局及中共北平市委为庆祝中国共产党诞生28周年举行的纪念大会,被选为大会主席团成员,并在大会上讲话,详细叙述了党一经创立就由"一个很小的团体"在中国闹个天翻地覆,就能迅速发展为决定中国命运的大党的历史条件和党在28年中艰苦曲折光辉的斗争历程。阐述了党的历史经验,论证中国人民的伟大胜利,将冲破帝国主义的东方战线,是全人类继十月革命和第二次世界大战以后的最伟大的胜利。2 日,在中华文学艺术工作者代表大会上讲话。3 日,主持全国教育工作者会议发起人干事会第二次会议,初步提出了关于筹备委员会的委员名额及其分配原则;拟订了中华全国教育工作者代表会议筹备委员会的章程草案。4 日,和李维汉就关于召开基督教中学会议问题致函吴耀宗、沈体兰:我们提议,在全国教育工作者代表会后,再考虑基督教中学会议问题。在全国教育者代表会中,应吸收一些教会学校教育工作者参加。5 日,主持全国教育工作者会议发起人干事会第三次会议,通过章程修正草案和筹委名额分配办法及部分名单,确定干事会的分工,被推举为总干事。以后又多次举行干事会,进行了大量筹备工作,到 7 月 19 日,各地区各方面参加筹备会议之代表相继前来报到,发起工作乃告完成。6 日,在华北党政军负责人招待在平各民主党派、人民团体和民主人士的宴会上讲话。7 日,出席北平各界人民纪念"七七"抗战 12 周年大会,被选为主席团成员,并在大会上讲话。8 日,出席拟定中华人民共和国政府方案组第二次全体会议,讨论《政府组织纲要中的基本问题》。会议决定由董必武、张奚若、阎宝航、王昆仑、张志让 5 人组织起草委员会,董必武为召集人。9 日,主持政府组织大纲起草委员会第一次会议,被指定为起草人,其他委员书面提供意见。草案拟出后再详细讨论。10 日,被中共中央确定为由 21 人组成的新政协筹备会党组干事会成员,并负责政法工作。

董必武 7 月 17 日在中华全国社会科学工作者代表会议筹备会上致闭幕词,指出"只有在马克思主义、毛泽东思想的真理指导下,我们的社会科学工作才真正可能有助于新中国的建设事业",鼓励社会科学工作者,"要把中国马列主义理论水平提高到应有的高度,我们更要努力做普及工作,把马列主义基本知识广泛地在人民中间传播","要认真研究中国历史中许多尚未经仔细研究的问题","也要根据每天在发展着社会政治中的新现象不断地从事研究","在大规模的国家建设事业中发挥社会科学的作用"。15 日,致函中共中央统战部,对佛教"改革草案"提出处理意见。16 日,出席中苏友好协会筹备会,被选为主席团成员及筹备会委员。23 日,在中华全国教育工作者代表会议筹备会上致开幕词。指出:今后我们的工作,"重点要放在建设方面,就是要放在经济建设上面";"新文化和新教育应该是而且必须是新的经济关系的正确反映,应该是而且必须是推动新的社会主义建设和政治建设的强有力的武器";"教育工作的方针,必须服从新民主主义革命的总路线和总方针";"我们的教育思想必须以无产阶级思想,即马列主义、毛泽东思想为指导。我们的教育工作必须是民族的、科学的、大众的,全心全意为人民服务,首先是为工农兵服务的新民主主义教育"。25 日,在华北人民政府第三次政府委员会扩大会议上作政府工作报告。27 日,出席全国教育工作者代表会议筹备会闭幕式,并致闭幕词。28 日,出席全国教育工作者代表会议常务委员会,被推举为主任委员。29 日,主持政府组织大纲起草委员会第二次会议,报告了拟定政府组织大纲初稿的经过,并对内容进行了说明。决定由起草人依据会议讨论情况斟酌修改初稿,作为拟定中华人民共和国政府方案组起草委员会修正稿,提交全体会议讨论。

董必武 8 月 5 日向中共中央和毛主席呈报"中央财政经济部的报告"。10 日,在华北高等教育委员会常委会第三次会议上讲话,着重说明"今天文教事业尚在恢复阶段,还不可能大大地发展。目前国家财政困难,人民负担极重,各文教机关和学校必须厉行精简节约"。7 日,主持政府组织大纲起草委员会第二次会议,报告了修改"初稿"的情况。27 日,出席新政协筹备会常委会第四次会议,作中央人民政府组织法草拟经过的报告。会议经过讨论,修改了《中华人民共和国中央人民政府组织法》(草案)。会议推定由董必武、黄炎培、李立三、马叙伦、张奚若组成小组,进一步专门研究有关问题,董必武为召集人。28日,和毛泽东、朱德、周恩来、林伯渠等一同前往车站,欢迎宋庆龄由上海抵达北平。9月6日,出席中苏友好协会筹委会全体会议。13日,出席新政治协商会议筹备会常委会第五次会议。会议对《中华人民共和国中央人民政府组织法》(草案)又作文字修改后基本通过。16日,和陆定一、钱俊瑞、黄炎培、杨卫玉、江问渔等共商职教社问题。董必武表示:职教社总社可迁北平,其他问题待中央教育行政机构成立后,再商具体办法。17日,出席新政协筹备会第二次全体会议。会议原则通过《中华人民共和国中央人民政府组织法》(草案),提请新政治协商会议审议。18日,出席新政治学研究会发起人会议。讨论通过发起人名单、新政治学研究筹备会组织法及中国新政治学研究会暂行简章。21日,出席在中南海怀仁堂举行的中国人民政治协商会议第一届全体会议开幕式。同日,出席中国人民政治协商会议第一届全体会议,当选为大会主席团成员。22日,受中国人民政治协商会议筹备委员会的委托,在中国人民政治协商会议第一届全体会议上,作《中华人民共和国中央人民政府组织法的草拟经过及其基本内容》的报告。29日,出席中国人民政治协商会议第一届全体会议主席团第二次会议,通过中华人民共和国中央人民政府委员会候选人名单暨中国人民政治协商会议全国委员会候选人名单,被提名为中央人民政府委员候选人。30日,出席中国人民政治协商会议第一届全体会议,选举中央人民政府委员会。董必武当选为中国人民政治协商会议全体委员会委员及中央人民政府委员。

董必武10月1日下午2时,出席中央人民政府委员会第一次会议,就任中央人民政府委员。2日,出席中国保卫世界和平大会成立大会。3日,出席中央人民政府委员会第二次会议,听取总理兼外交部长周恩来的报告,通过了任免事项。5日,出席中苏友好协会总会成立大会,董必武等被选为理事。9日,出席中国人民政治协商会议第一届全国委员会第一次会议。10日,在中国文字改革协会成立大会上,被选为中国文字改革协会理事。12日,华北高等教育委员会发布《各大学专科学校文法学院各系课程暂行规定》。规定要求高等教育在民族的、科学的、大众的总方针下真正提高一步、前进一步,使青年们获得科学的世界观、社会观和方法观,正确地了解中国与外国的历史,批判地接受中国的与外国哲学、文学以及其他方面的学术遗产,研究和解决目前的实际问题,培养出大批真正能够为人民服务的革命和建国人才。《规定》明确废除"国民党党义""六法全书"等课程,规定文法学院的必修课是辩证唯物主义与历史唯物主义、新民主主义和政治经济学。文件还分别对中国文学系、哲学系、历史系等系的必修、选修课程作了具体规定。历史系课程有:社会发展史、中国近代史、马列主义名著选读、中国通史、世界通史。16日,在中山公园音乐堂向华北人民政府干部作《关于政协会议的几个问题》的报告。阐明了政协会议确定的政治、经济、军事、民族等方面的制度和方针政策;论述了对民主党派、民主人士应有的认识和态度等一系列问题。19日,出席中央人民政府委员会第三次会议。中央人民政府任命董必武、陈云、郭沫若、黄炎培为政务院副总理,董必武又任政务院政治法律委员会主任。20日,出席华北高等教育委员会第四次常务委员会及最后一次全体委员会会议,并在会上作报告。21日上午,董必武主持中央人民政府政务院政治法律委员会第一次委员会会议。彭真、张奚若、陈绍禹、彭泽民副主任和张志让、李云如、蓝公武、谢觉哉、武新宇、陈其瑗、罗瑞卿、杨奇清、史良、李木苓、张磐石、许德珩、陈瑾昆、乌兰夫、刘格平、赛福鼎、吴玉章、廖承志、章士钊、陶希晋等委员出席。下午,出席政务院第一次扩大会议。周恩来宣布政务院成立并对政务院组织机构职责分工作了说明。董必武在会上报告了政法委员会成立的经过。晚上,出席政务院第一次政务会议。讨论接收前国民党政府中央各机关人员、档案、图书、财产、物资等问题;还讨论了政务院及其所属机关的办公制度、办公程序等问题,决定成立小组具体拟订规章,由副总理董必武负责召集。28日,向毛泽东和周恩来呈报:华北人民政府已电令河北、山西、平原、察哈尔、绥远等5省人民政府及京津两市人民政府均于11月1日起改归中央直属,并已通知所属各单位分别与中央机构接洽交接事宜,限于月内将手续办理完毕。同日,以华北人民政府名义发出通知,传达中央人民政府命令。"从十一月一日起,华北人民政府停止办公,所属部门移交政务院。""中央人民政府的许多机构,应以华北人民政府所属有关机构为基础迅速建立起来。"31日,出席华北人民政府向中央人民政府政务院正式办理移交的会议,并在会上讲话。

董必武11月4日上午主持政法委员会第二次委员会议。会议听取关于《改法委员会组织条例草案》起草经过的报告,经修正,通过了该条例。11日上午,出席各解放区水利工作联席会议,并讲话,号召专家学者们贡献自己的才能和力量;指出水利工作的前途是无限的,但是必须逐步前进;说明今天的迫切任务是使水利的危害逐渐缩小,利益逐渐扩大,以致发展到将来做到有利无害。同日,出席政务院第五次政务会议。会议听取了陈云关于指导接收委员会的工作报告。由于南京是国民党中央所在地,上海为我国最大商埠,决定组织中央人民政府政务院指导接收工作委员会华东区工作团,由董必武领导,统筹指导和处理华东区有关前国民党政府各机关人员、档案、图书、财产、物资等接收事宜。17日,主持中央人民政府政务院指导接收工作委员会华东区工作团全体团员大会,并在会上作报告,说明华东区工作团的组成和任务,指出任务是艰巨复杂的,要作好思想准备,同时传达了中央人民政府政务院指导接收工作委员会的指示。18日,出席政务院第六次政务会议。19日,主持政法委员会第一次委务会议,陈绍禹、彭泽民、谢觉哉、武新宇、陈其瑗、罗瑞卿、杨奇清、史良、李木花、张曙时、许德珩、陈瑾昆、乌兰夫、刘格平、陶希晋参加会议。会议讨论了政法委员会所属各部、会组织条例(修正草案);并决议:要求各部、会尽快定出最近的工作计划;配备干部;对政法委员会无固定工作的十余名委员,拟分别邀请参加和帮助所属部、会的工作研究;推定彭泽民参加政务院金融物价问题专门研究小组。12月2日,出席中央人民政府委员会第四次会议,会议通过由董必武领导修订的《省各界人民代表会议组织通则》《市各界人民代表会议组织通则》《县各界人民代表会议组织通则》和《中央人民政府政务院所属各机关组织通则》。下午,主持政务院第九次政务会议,会议讨论修订并通过中央人民政府政务院及其所属各机关组织条例;通过任命事项。3日,主持政法委员会第二次委务会议。会议讨论了《社会团体登记暂行办法(草案)》《关于各级地方政府政法部门的组织的意见》和其他事项。8日,和南汉宸率领中央人民政府政务院指导接收工作委员会华东区工作团首批人员启程前往南京。10日,抵达南京,向周恩来和陈云主任报送政务院指导接收委员会华东区工作团第一号函报。报告在南京了解的有关档案、图书、物资,人员及其接收的情况。12日,和南汉宸率华东区工作团20余人由南京抵达上海。同日,向周恩来呈报对内务部所起草《社团登记暂行办法(草案)》的研究意见和情况。15日,向周恩来和陈云寄发政务院指导接收委员会华东区工作团函报第二号。17日,向周恩来和陈云寄发政务院指导接收委员会华东区工作团函报第三号。19日,在南京市党员干部大会上作《日前统一战线中的几个问题》的报告。26日,在华东区工作团各项接收工作均已布置就绪并取得相当进展后,先行返京。28日,向周恩来报告《中央政法公报》编委会组织简则及编辑办法。说明政法委员会第四次委员会议决议:《中央政法公报》由政法委员会统一出版,以彭泽民为主任、陶希晋为副主任,由11人组成中央政法公报编辑委员会。29日,向周恩来、陈云呈报《政务院指导接收工作委员会华东区工作团报告》。同日,出席政务院指导接收工作委员会第三次会议。在会上作华东区工作团工作情况报告。30日,出席政务院第十三次政务会议。在会上作关于政务院指导接受工作委员会华东区工作团工作报告,会议讨论批准该报告并作了相应的决议。(参见《董必武年谱》编纂组《董必武年谱》,中央文献出版社1991年版;中央文献研究室《周恩来年谱1898—1976》,中央文献出版社1998年版;王学典《20世纪史学编年(1900—1949)》,商务印书馆2014年版)

陆定一时任中共中央宣传部长。2月23日,中共中央宣传部出版委员会成立,统一领导全国出版发行工作。黄洛峰任主任委员,华应申、徐伯昕任副主任委员。3月下旬,陆定一离开西柏坡,乘一部中型吉普车来到北京。毛泽东在《新民主主义论》指出:"我们不但要把一个政治上受压迫、经济上受剥削的中国,变为一个政治上自由和经济上繁荣的中国,而且要把一个被旧文化统治因而愚昧落后的中国,变为一个被新文化统治因而文明先进的中国。"陆定一认为:"毛泽东同志所提示的这些原则,被明确的规定在1949年中国人民政治协商会议制定的共同纲领之中,而且把它具体化为建设新中国文化教育事业的各项政策,这些原则与政策,即是当前中国文化教育建设的总路线与总方针。"为此,陆定一主抓教育、文艺与科学三个方面的重点工作。3月下旬,中共中央进驻北平后,着手组织新的中国人民政治协商会议,拟定"共同纲领",筹建中华人民共和国。自然科学工作者的团体作为人民团体之一,应邀选出代表,参加中国人民政治协商会议。当时中央就有在中华人民共和国成立后建立统一的科学院作为全国最高科学机构的意图,这是中国共产党为发展新中国科学事业而采取的重大措施。5月,在中共中央统战部的领导和组织下,中国科学工作者协会、中国科学社和中华自然科学社等科学团体联合发起召开全国自然科学工作者代表会议(简称"科代会"),成立了科代会筹备委员会,推选全国科学界代表参加筹建新中国的政协会议。6月,中央研究院与北平研究院"两院"在上海的研究所由中国人民解放军上海军管会接管,并任命李亚农为"两院"军管会主任。8月,市军管会任命了中央研究院新的院务委员会,由李亚农和中央研究院的吴学周、王家楫等14人组成。当时科学界认为旧有的研究机构重叠,各研究所之间、研究所与大学之间也缺乏密切的联系,容易形成宗派,需要加以整顿。另一方面,政府文教工作的负责人也认为中央研究院和北平研究院是"两两平行,各自为政"。于是逐步形成了建立一个统一的、全国性的科研机构的意见,并认为应赋予它新的任务。

陆定一6月中旬经中共中央受命负责筹备建立科学院,华北大学工学院副院长恽子强和重庆中央卫生实验院心理卫生室主任丁瓒协助陆定一工作。北平研究院原子学研究所所长钱三强和中央研究院植物研究所助理研究员黄宗甄参与其事。17日,中研院被军管会正式接收。7月2日,中华全国文学艺术工作者代表大会在北平开幕,陆定一代表中共中央宣传部讲话,要求"解放区的文艺工作者们不要骄傲","新解放区和待解放区的文艺工作者们也不要自馁","组织这样大规模的文艺工作是历史上非常伟大的一件工作;我们要团结起来进行这个工作,号召所有的新的和旧的文艺工作者向着这个方向前进"。13日,全国科学界在北平中法大学礼堂召开中华全国自然科学工作者代表会议筹备会议,来自全国各地的 206 位筹备委员出席会议,选举参加全国政协会议的代表,共商建国大计。中国人民革命军事委员会副主席周恩来在会议上致词,他在讲话时宣布:"不久的将来必须成立为人民所有的科学院",号召全国科学工作者参加科学院的筹划工作。这是周恩来代表中共中央公开宣布了科学院的筹建。18 日,"科代会"筹备会议全体大会讨论并通过了"科代会"向全国政协会议提出的议案,表达了中国科学界对建立科学院的殷切期望。提案中涉及国家科学院的主要内容如下:"设立国家科学院,统筹及领导全国自然科学、社会科学的研究专业,使与生产及科学教育密切配合,科学院并负责审议及奖励全国科学创作、著作及发明,科学院为适应特种需要得设立各种研究机构,此种研究机构发展至相当阶段时,为与生产取得进一步之配合得成立独立机构。"鉴于上述目的,新的科学院的建立"主要的将是就原有的国家科学研究机构加以整理和改组",以便"更广泛的团结中国科学研究人才"。

陆定一指示钱三强和丁瓒共同起草《建立人民科学院草案》(简称"草案"),至 9 月中旬完成。丁瓒撰写院部任务与组织机构部分,钱三强撰写研究所部分。该《草案》勾画了科学院的基本框架,为科学院的筹建工作打下了良好的基础。27 日,中国人民政治协商会议第一届全体会议一致通过《中华人民共和国中央人民政府组织法》。中央人民政府委员会以政务院为国家政务的最高执行机关。政务院设政治法律委员会、财政经济委员会、文化教育委员会、人民监察委员会和各部。在部级建制中设有"科学院",与文化部、教育部、卫生部、新闻总署和出版总署等平行,同受政务院文化教育委员会的指导。科学院被赋予了管理全国科学研究事业的政府行政职能。中国科学院建院之初,院部设一厅三局。1. 办公厅:承院长、副院长之命,处理全院日常事务。主任严济慈,副主任丁瓒、恽子强。办公厅下设秘书处、总务处和人事处。2. 研究计划局(翌年改称计划局):负责提出研究机构调整方案,调查全国专家、人才和科学研究机构的情况,协助院外学术机构开展研究工作。局长竺可桢(兼),副局长钱三强。3. 国际联络局(翌年改称联络局),与国内外学术团体联系,举办学术讲座,负责国际学术合作交流有关事宜。局长陶孟和(兼),副局长丁瓒(兼)。4. 出版编译局(翌年改称编译局),负责编审出版本院各种图书刊物,扶助各专门学会出版学报。局长杨钟健。29 日,《人民日报》载,全国新华书店将开出版工作会议:(本报讯)中共中央宣传部召开的全国新华书店出版工作会议,已定于 10 月 3 日开幕。至 27 日止,各地代表,除湖北新华店外,已全部到齐,报到的单位共 25 个,正式和列席代表 104 人。26 日上午举行了预备会议,中央宣传部陆定一部长亲临指导。在预备会议上,确定了正式会议的日程,通过了致中国人民政协的贺电,并推定陆定一、陈伯达、胡乔木、周扬、胡愈之、黄洛峰、徐伯昕、祝志澄、平三、叶圣陶、胡绳、王子野、华应申、沈静芷、王益、李文、史育才、华青禾、常紫钟等 19 人为大会主席团,在主席团领导下,全体代表分为编审、出版、发行、企业管理四个小组,在会前进行讨论。这次会议主要将讨论全国新华书店如何进行有步骤的统一以加强出版发行工作,预定正式会期约半个月。10 月 19 日,中央人民政府委员会第三次会议,任命郭沫若为中国科学院院长,陈伯达、李四光、陶孟和、竺可桢为中国科学院副院长。3 天后,郭沫若主持讨论科学院组织问题。31 日,中央人民政府主席毛泽东签署命令,向郭沫若颁发"中国科学院"铜质印信。11 月 1 日,中国科学院在北京东四马大人胡同 10 号开始办公,后来即以此日为中国科学院的成立日。同时开始陆续接收前中央研究院所属各研究所。2 日上午 9 时,院办公厅召开第一次"汇报"会议,严济慈、丁瓒、恽子强、严希纯、黄宗甄、汪志华出席。这次会议决定请示郭沫若院长后于当日正式启用中国科学院印信,同日通知各单位"本院即日起正式办公"。科学院的筹备是以建立国家最高科学机关为目标。建院伊始,中国科学院整合全国科研机构,调配各科专家,团结全国科学界,迅速组建了第一批研究所,从而树立了科学院为全国科学中心的地位。5日,中国科学院接收历史语言研究所图书史料整理处,接收化学、药学、医学、植物、动物、工学各研究所。

陆定一、钱俊瑞、吴玉章、成仿吾、范文澜、薛暮桥、陈先达、王明、谢觉哉等10月经党中央决定成立中国人民大学筹备委员会,会聚了中宣部、教育部、内务部和政务院文教委、政法委、财经委等相关部委负责人及党内最著名的教育家、理论家。先是在6月21日,刘少奇率中共中央代表团离北平赴苏联访问。7月6日,刘少奇致信斯大林,提出中共中央代表团拟在莫斯科学习苏联以下问题:(一)苏联的国家机构;(二)苏联经济的计划与管理;(三)苏联的文化教育;(四)苏共的组织与群众团体的组织。学习的方式是请苏联各方面工作的负责人谈话,包括部长会议、内务部、教育部及文化高级机关、外交部、国家计划局、银行、合作社、商业部、对外贸易部、财政部、党的组织部。工会、青年团以及莫斯科州委、市委、市政府的负责人,以至工厂的厂长、支部书记、工会主任等,并参观一些工厂、农庄和学校。信中还提请苏联政府为培养新中国的建设管理人材作出帮助,在苏联办一所专门学校.派出各方面的教授到中国工作等。7月25日,毛泽东复电刘少奇、高岗、王稼祥,其中同意在莫斯科建立一个中国大学。我们正需要学习苏联在各项工作中的和资产阶级不同的一套学说和制度,设立这样一个大学是很必要的。但经费应讲明由中国担负为适宜。8月7日,毛泽东复电刘少奇、王稼祥:同意"中国大学不设在阿尔马达而设在北平,由苏联派教授"。这里所说的"中国大学",即后来在华北大学的基础上创办的中国人民大学。陆定一等9人筹委会经过一个多月的调查研究,拟定了创办中国人民大学的计划,提请中央政治局讨论。最初的创办计划主要有三项内容:一、中国人民大学"以原华北大学、革命大学及政法大学三校合并为基础","附设一部政治训练班,即保留原革命大学一部分机构,照过去一样继续招收学生进行四个月的政治教育"。二、中国人民大学"由中央人民政府设立,任命中国人作校长,聘苏联同志为顾问。苏联顾问及教授的薪资,照苏联专家一样办理"。三、拟定明年二月开学。最初的计划规划了中国人民大学的办学基础、组织结构和开学日期。这个计划还设置了中国人民大学的组织机构,即教务部、研究部、行政事务部、6个研究室,对课程与教材、招生规模与生源条件提出了具体设想。11月12日,刘少奇致信毛泽东和中共中央政治局各同志,报告筹备创办中国人民大学的情况和建校计划。刘少奇提出:"以原华北大学、革命大学及正明、谢老之政法大学三校合并为基础,来成立人民大学。"建议中央政治局通过中国人民大学的建校计划。

陆定一11月29日在东四头条5号(前华文学校旧址)文委会三楼主持文委会会议会,商讨中科院院址。同日,竺可桢日记载:"二点偕孟和赴东四头条五号(前华文学校旧址)文委会三楼,到陆定一、钱俊瑞、乔木、冯乃超、阳翰笙,北大汤锡予、曾昭抡、罗□、韩寿萱,文化部沈雁冰、王重民,静生胡步曾,科学院严慕光、丁瓒、恽子强等。陆定一主席,首由余报告科学院缺乏房屋情形,谓办公厅三处及编辑、计划、联络三局共需150—180间房间,而目前所有为东厂胡同一号历史材料整理处约三十间,北大博物馆让出后四十间,为七十间,北大文科研究所殊有困难,因无处可搬。次汤锡予表示北大承认科学院之所有权,但无处可搬。钱俊瑞表示教育部竭力设法为北大文科觅房子,同时主张将静生归科学院接收。胡步曾(先骕)述1927年以来静生先生提议成立静生生物调查所以来之经过,并愿接受科学院之调拨。最后陆定一结论,希望能和衷共济为科学院解决房屋问题。"(参见陈清泉、宋广渭《陆定一传》,中共党史出版社1999年版;樊洪业主编《中国科学院编年史:1949—1999》,上海科技教育出版社1999年版;姚蜀平《中国科学院的诞生》,《中国科学院院刊》1989年第4期;储著武《文化人与新国家:1949年文化界在协商建国中的作用》,《当代中国史研究》2022年第3期;刘文耀、杨世元《吴玉章年谱》,四川人民出版社1998年版;李惠《新中国第一所新型正规大学的建立》,《中国教育报》2019年10月31日;牛贯杰《"为有源头活水来"——新中国第一所新型大学的创办与成立》,《高等教育研究》2021年第3期;中共中央文献研究室编《刘少奇年谱(1898—1969)》,中央文献出版社1996年版;吴永贵《民国图书出版史编年:1912—1949》,社会科学文献出版社2018年版;中共中央文献研究室编撰、逄先知主编《毛泽东年谱(1893—1949)》,人民出版社、中央文献出版社1993年版;胡宗刚《胡先骕先生年谱长编》,江西教育出版社2007年版;《追求卓越——中央研究院八十年》卷三《大事记》,中研院出版社2008年版)

　　陈伯达继续任中共中央宣传部副部长、马列学院副院长。3月5—13日,陈伯达出席中共七届二中全会。与廖承志、王稼祥、黄克诚等中央候补委员递补为正式中央委员。27日,马列学院从李家沟口迁到北平后,暂驻香山慈幼院;4月14日后迁至香山碧云寺西跨院。学院除继续按照计划开展学习外,还组织大家在报纸、杂志上发表文章,到校外讲授课程,指导全党学习理论。7月9日,陈伯达出席中华全国文学艺术工作者代表大会,并在大会发表讲话。陈伯达首先说,文学艺术工作者应该是有思想的人,他们的作品应该是有思想的作品。但这样的作品,从五四运动以来并不多,解放区这几年来也还是不太多。在他所读到的作品中,《李有才板话》是比较有思想的作品,因为这本书里面的确发现了问题,提出了问题。陈伯达指出:文艺工作的普及和提高都离不开思想的指导。因为普及和提高,都是要把群众的东西集中起来。作品的思想性不高,就是集中得不够。把部分的东西集中起来的作品还有,把比较全面的东西集中起来的作品就很少了。过去我们表现群众不像群众,表现共产党员不像共产党员,现在我们表现群众一般的都像了,表现共产党员也一般的都像了,这是一个很大的进步。但是,表现共产党员的领导者还是不大像,或者说像的不多。我们应该知道,没有领导就没有群众运动。假若只写群众,写不出领导骨干,写不出毛主席思想的领导作用,就很难把群众运动写得好。因此,文艺工作者不接触领导干部,就很难了解领导的企图,就很难写得全面。写群众虽然大致都像了,但群众里面的人物是各种各样的,我们现在还只能写出很少几样,这也还要再进一步。毛主席在延安文艺界座谈会上告诉我们,文艺工作者要学习马列主义,要学习社会。学习了马列主义,我们就有了看一切事物的基本观点,基本方法,就可以扩大我们的眼界。学习社会,我们才能描写社会上的各个阶级,包括统治阶级在内的各个阶级。陈伯达说:"毛泽东思想就是马列主义和中国革命实践的最好的结合,文艺工作者必须学习毛泽东思想。但学习毛泽东并不是把他当偶像来崇拜,而是学习他的思想方法和工作作风。毛主席并不是生而知之,而是困而知之。天才就是苦工夫。必须把无数社会现象反复研究,才能抓住运动的规律。这种研究就是苦工夫。文艺工作者要能从现实中发现问题,提出问题,没有这种反覆研究是不行的。"陈伯达强调:"在全国胜利以后,文艺工作者的任务更大了,全国各方面的工作都要求文艺工作者的帮助,帮助他们发现问题,提出问题。我们应该歌颂人民,歌颂无产阶级,但歌颂并不是谄媚。同时,人民还是有缺点的,因此歌颂之外,还应有批评和自我批评。最后,陈伯达表示,他深感中国文艺工作者的努力不够。这种努力不够,并不是说主观上不想努力,而是包括不善于处理工作,不善于抓紧时间在内。文艺工作的成绩还不能满足革命的需要。从领导上说是帮助不够,从作者本身说则是努力不够。"他相信今后全国文艺工作者在毛主席的领导和关心之下,加上自己的努力,一定可以获得很大的胜利。

陈伯达与陈绍禹、范文澜、谢觉哉、邓初民、王学文、艾思奇、何思敬、翦伯赞、侯外庐、张志让、阎宝航、钱端升、樊弘、吴觉农、李木庵、胡绳7月14—17日出席中华全国社会科学工作者代表会议筹备会。9月29日,出席全国新华书店将开出版工作会议,与陆定一、陈伯达、胡乔木、周扬、胡愈之、黄洛峰、徐伯昕、祝志澄、平三、叶圣陶、胡绳、王子野、华应申、沈静芷、王益、李文、史育才、华青禾、常紫钟等19人为大会主席团成员。10月19日,中央人民政府委员会第三次会议通过任命郭沫若为中国科学院院长。同时被任命的副院长有经济学家陈伯达、地质学家李四光、社会学家陶孟和和气象学家竺可桢。22日,郭沫若、陈伯达、陶孟和、严济慈、丁瓒与恽子强至北京饭店开会讨论中国科学院组织,科学院办公地点暂借华文学校文教会。26日,马列学院正式迁驻颐和园东门外的原清华农学院,这是中央党校历史上第一个固定的正式校址,后称"中央党校南院"。12月6日,毛泽东出访苏联,随员为陈伯达、师哲、叶子龙、汪东兴、陈秉忱等7人。访问苏联前,陈伯达在《人民日报》发表祝寿文章,称斯大林为"世界最伟大的人物""天才导师",称毛泽东为"斯大林的学生和战友"。24日,苏共中央政治局和斯大林按事先商定的时间同毛泽东会谈。毛泽东决定由他、王稼祥和陈伯达参加,师哲为中方翻译。同月,中国科学院开始实行院务汇报制度。院务汇报系院级定期办公会议,参加会议的人员有:郭沫若、陶孟和、竺可桢、李四光、陈伯达、严济慈、杨钟健、恽子强、钱三强、丁瓒、汪志华、黄宗甄、孙桐、关肇直、严希纯等。第一次扩大院务会议之后,院务汇报的内容及参加人员均有所变化。陈伯达在中科院名列第一位副院长,主要负责中科院党组工作。(参见徐则浩编著《王稼祥年谱》,中央文献出版社2001年版;李玉海编《竺可桢年谱简编》,气象出版社2010年版)

李四光5月接参加在巴黎和布拉格同时举行的世界维护和平大会中国代表团团长郭沫若(根据周恩来的指示)领头签署的函件,"请早日返国"。李四光立即订好了开往香港的船票,办好了有关的签证。但是当时英国到远东的船很少,要等半年才能起程。6月,中共中央电令华东局推荐科学院长,华东局报送:李四光、竺可桢、陶孟和。7月16日,经全国第一次自然科学工作者代表大会筹备委员会推选,梁希、李四光、侯德榜、茅以升、严济慈等17人为中国人民政治协商会议全国委员会代表。7月18日,全国第一次自然科学工作者代表大会筹备委员会常务委员会开会,决议由吴玉章担任常委会主任委员,梁希、李四光、侯德榜、贺诚、曾昭抡为副主任委员,严济慈为秘书长。李四光在英国剑桥大学参加中国留英学生大会,并作了演讲。8月26日,在博恩默思为女儿李林(在英国剑桥大学物理冶金专业学习)和女婿邹承鲁(在剑桥大学生物化学专业学习)举行极为简朴的婚礼。9月21日,第一届中国人民政治协商会议在北平开幕。各地报纸公布了政协第一届全体会议的委员名单,李四光列在公布的名单中传播于海内外。李四光正等待启程的日期时,台湾国民党却策划了一个阻挠李四光返回祖国的阴谋。一天深夜,李四光突然接到凌叔华从伦敦打来的电话说:昨夜她丈夫得知国民党政府外交部密令其驻英大使郑天锡立即找到李四光,要李发表公开声明,拒绝接受共产党领导的全国政协委员的职务,否则就有被扣留的危险。凌叔华是早年在国内的一位女作家,李四光的朋友陈源的妻子,陈源时任国民党政府文化教育委员会委员,居于伦敦。李四光听完电话后,不惧威胁,当机立断,离开英国,随即给郑天锡写下一封信,大意是:我决不发表你们要我发表的声明,我要立即返回祖国……并劝告大使郑天锡认清形势,不要再为蒋介石效劳了。随即与夫人商量后,只身秘密乘火车至南安普顿,从普利茅斯(李四光考虑从这里渡海虽然风浪大又比较远,但正因此,很少有人走这条路,所以比较安全)上船渡过英伦海峡至瑟堡,乘火车到法国。9月下旬,驻英大使派人来找李四光,李夫人说李四光出外调查地质去了,并拒收送来的5000美金。

　　李四光10月从法国到达瑞士边境城市巴塞尔城,然后秘密通知夫人许淑彬在巴塞尔城会合。夫人接到通知后,将留给郑天锡的信寄出,然后由女儿李林陪同,乘去瑞士巴塞尔城的车。10月7日,南京市军管会高教处通知:宁区中央研究院院务管理委员会成立。陶孟和、李四光、竺可桢、吴有训、赵九章、张玉哲、巫宝三、陈景阳、张文佑、孙殿卿、马黎元、章震越、程兆坚、孙克定等12人为委员,陶孟和为主任委员(李四光回国前,由俞建章代理)。15日,全国政协常委会讨论政务院各部人选,科学院人选为院长郭沫若,副院长李四光、陶孟和、竺可桢。19日,中央人民政府委员会第三次会议通过任命李四光为中国科学院副院长。11月1日,根据中央人民政府组织法第18条,中国科学院正式成立,归政务院领导。15日,周恩来总理专门给时任新华通讯社驻布拉格分社社长吴文焘、时任中国驻苏联大使王稼祥写信,嘱咐他们:“李四光先生受反动政府压迫,已秘密离英赴东欧,准备返国,请你们设法与之接触,并先向捷克当局交涉,给李以入境便利,并予保护。”李四光同夫人许淑彬在巴塞尔城会合,然后一起乘火车到了意大利首都罗马。接印度古植物学家萨尼夫人的来信,信中要求写一篇纪念她丈夫萨尼逝世1周年的文章。在途中撰写了题为《受了歪曲的亚洲大陆》,文章的前言中这样写道:“将近五年过去了。在整个这些年中,不可能想像,冷酷的命运却夺去一个人的科学研究,这个人过去作了很多开创新途径的工作,而在将来还可能有更多的贡献。在对未来完全不确定的情况下,作者曾经答应过的约定,现在才有机会完成,虽然这是一个悲伤的任务。萨尼教授对古植物学方面的贡献是人所共知的。在此略为介绍本文所以写作的缘由,表示我们对他的广泛兴趣的钦佩,在此虽然表达不够,似乎并非不合适的。”12月2日,李四光和夫人从意大利给在英国剑桥大学读书的女儿李林写的明信片,因怕驻英使馆密探发觉,用左手书写,内容也比较含混。12月25日,自意大利热那亚乘船回国。台湾方面已经接到郑天锡从伦敦去的报告,李四光不辞而别,去向不明。散布在海外各地的国民党特务,早已接到命令,对凡是要返回大陆“投共”的知名人士,一经发觉,就要采取紧急措施。(参见马胜云、马兰编著《李四光年谱》,地质出版社1999年版;李玉海编《竺可桢年谱简编》,气象出版社2010年版)

　　陶孟和自去年底以来拒不执行中央研究院代理院长要求社会所搬迁的决定和催促。全所工作人员,个个坚守岗位,护院护所,没有一个人跟随国民党去台湾。所中财产,包括图书资料丝毫无损。当得知中央图书馆、故宫、中央博物院、北平图书馆和史语所的图书资料运去台湾的消息后,陶孟和非常气愤,撰写《搬回古物图书》,刊于3月6日《大公报》,文中说,对于这种搬迁,“我们积极地反对,我们严厉地予以斥责。我们主张应该由政府尽速将它运回”“这些古物与图书决不是属于任何个人,任何党派”“它们是属于国家的,属于整个民族的,属于一切人民的”。陶孟和还利用中央研究院院士的身份和影响,去上海劝说临时迁沪的其他各所不要再搬迁台湾,鼓动在上海的各研究所坚持留在原地。陶孟和的努力,产生了很大的影响。各所对抗战西迁所受的艰苦记忆犹新,又听到迁台后的同人生活困难,留守之心更加坚定。而此刻,国民党军队所能控制的船只忙于抢运黄金白银,也无力再运输迁台的人员和物资。4月23日,陶孟和以极为亢奋的心情出席解放军占领南京的仪式。24日,中国人民解放军第三野战军司令员陈毅来到中央研究院社会研究所办公楼看望陶孟和,由于陶孟和事先不知道陈毅到来,待互道姓名以后,方知对方身份。陈毅说,他早年在北平中法大学读书时,曾读过陶孟和发表的一些文章,受到启发,并留有印象。在解放军渡江前夕,陶孟和与几位同道者在报纸上发表了一系列如国宝不能南迁台湾等文章,已为陈毅所闻并表示赞赏。6月,华东局接中共中央电令推荐科学院院长,华报送李四光、竺可桢、陶孟和为科学院院长人选。

陶孟和、吴学周、罗宗洛、王家楫、吴有训、张钰哲、赵九章、周仁等9人9月16日致函在美国的赵元任:"元任先生,并请转忠尧、方桂、香桐、宝坤、鸣龙、连本、振钧道鉴。沪市解放已阅四月,于人民政府领导下各方面奋力建设均获相当进展。本院自奉接管后同仁等互相策励,院务亦欣欣向荣,至堪告慰。惟学术研究贵在集思广益,今后研究方针更赖群策群力。先生治学海外已多年,值此新中国建设之期,切望能及早返国共商进行,特函奉陈,敬希鉴察,并期在最短期内束装成行,无任盼企。专此敬颂旅安。"21日,赵元任收到此函。23日,赵元任写信给在美国的中央研究院的同事们,转告陶孟和等的来信之意。9月21—30日,陶孟和作为特邀代表参加中国人民政治协商会议第一届全体会议,并被选为政协全国委员会常务委员。10月1日,参加开国大典。19日,被中央人民政府委员会第三次会议任命为中国科学院副院长,分工负责社会、历史、考古和语言四个研究所,兼任社会研究所所长。22日,至北京饭店开会讨论科学院组织。23日,出席科学院准备接管原有各科学研究机关座谈会,竺可桢主持。11月5日,中国科学院接管北平研究院在京的研究所。10日,正式接管了北平研究院总办事处以及中央研究院在京的历史语言研究所图书史料整理处,同时宣布:北平研究院及中央研究院的名称即日撤销,北平研究院从此就不复存在。同日,陶孟和、竺可桢两位副院长来到上海,向"中研""北研"在上海的研究人员报告人民政协开会情况以及中国科学院的组织和任务。20日,在北京与竺可桢联合撰写关于宁沪两地科学研究机关情况的报告。29日,陶孟和出席科学院第二十次院务汇报,陶孟和副院长提出静生所的名称需要改动:"如果接收静生生物调查所,不能让它单独成一个单位,其名称要取消。静生房子是基金会修盖的,产权是公家的。"12月1日,陶孟和与竺可桢在北京一起拟就1950年工作计划要点。又共同电请留广州任教的陈寅恪、梁方仲来中科院工作。8日,中科院以陶孟和竺可桢副院长名义致电赵元任,邀请赵元任、李方桂、陈省身归国。赵元任回电说有困难,同时将陶竺电报转给李方桂和陈省身两教授。(参见岱峻《发现李庄》,四川文艺出版社2009年版;李玉海编《竺可桢年谱简编》,气象出版社2010年版;胡宗刚《胡先骕先生年谱长编》,江西教育出版社2007年版)

竺可桢年初仍任浙江大学校长。6月19日,全国首次科学会议筹委会在北平成立,竺可桢被推定为筹备委员。6月21日,在上海参加气象所气象讨论会,讨论建立统一气象机构事。下旬,中共中央电令华东局推荐科学院副院长,华东局报送李四光、竺可桢、陶孟和。28日,主持中国科学社理事会议。关于经费问题,议定由茅以升、竺可桢会同张孟闻赴文教会一洽。7月3日,在上海出席浙大同学会上海分会召开的年会。到毕业同学600余人,为历来浙大同学会少有之盛况。同日,出席上海军管会和人民政府举行的科学界代表北上欢送宴会。作为科学界代表发言,对人民政府召开的会议,充满着无限的信心并相信能真正做到为人民服务。陈毅市长、潘汉年副市长等到会。5日,作为上海科学界参加北平全国科学会议筹备会第一批北上代表,离沪赴宁转车北上。6日,至南京,偕赵九章巡视北极阁气象所,受到军管会副主任宋任穷招待中膳。7月13—18日,在北平出席中华全国第一次自然科学工作者代表大会筹委会会议(简称"科代会筹备会"),被推为大会主席团成员。13日早8点,抵北平。涂长望、曾昭抡等到站迎接。9点至会场,出席筹备会会议。14日,在北平,继续出席会议,任小组分组会议主席。同日,出席地理学会理、监事会,决定北平之中国地学会与南方之中国地理学会合并为一个学会,名称另定。后参加气象学会理事会。16日,在北平继续出席分组会议,与蔡邦华任"联合组织"工作小组召集人。同日,参加中苏友好协会发起人大会。17日,在北平参加黄国璋召集的在北平的地理界工作者会议并讲话。同日,出席浙大校友会,到王瑞、王淦昌、蔡邦华、贝时璋、苏步青等。与会者纷纷要求竺可桢回浙大,令竺可桢十分感动。18日,当选为中华全国第一次科代会筹备会常务委员会委员。19日,在北平至涂长望办公室参加气象人员会议,到会有赵九章、涂长望、卢鋈、李宪之、吕炯、张乃召。会议对卢鋈起草的建议稿进行了补充修改,定名为《气象工作者对于恢复当前气象事业的建议》,中心内容有:一、指定北平气象台为临时的全国气象中心机构;二、在各军区建立气象工作系统;三、对天气情报、预报的传递要加密,以防被敌人利用。与会委员一一签名后,由涂长望上报给中央,后来全部被采纳。同日,出席中华科代会筹备会常务委员会第一次会议。晚,周恩来在中南海邀请竺可桢等几位科学家共进晚餐,就国家建设的远景提出一些设想,并征询他们的意见。吴玉章、李维汉等出席。22日,在北平偕丁西林、吴有训参加全国教育工作者会议筹备会。会后偕成仿吾、吴有训、丁西林访吴玉章。7月23日至8月28日,竺可桢任自然科学工作者东北参观团团长。赴东北先后到鞍山、本溪、抚顺、沈阳、哈尔滨、长春、大连、旅顺等地参观访问。

　　竺可桢7月29日下午率东北参观团抵达北平,周恩来、林伯渠在站相接,筹委会主任吴玉章设晚宴招待。31日,科代会筹备会会议在北平举行,竺可桢作东北参观团参观情况报告。9月2日,在北平的住所自东单新开路文海楼迁至东四头条胡同国文学校。3日,赴北平新华广播电台演讲《参观东北后我个人的感想》。演词刊于《文汇报》。4日,出席新政协筹备会召集的茶话会。7日起,参加人民政协筹备会议。9日,至中南海出席小组会议,讨论共同纲领。11日,出席新政协会议。在讨论科学院之设立一条时,提出专写一条"努力发展自然科学"的建议,被采纳。16日,与陶孟和等9人联名致函赵元任、赵忠尧、李方桂、张香桐、张宝堃等,动员各位回国。20日,被推举为中国人民政治协商会议第一届全体会议代表。21—30日,出席中国人民政治协商会议第一届会议。27日,中国人民政治协商会议第一届全体会议通过《中华人民共和国中央人民政府组织法》,科学院为政府部门之一,受政务院领导,受文化教育委员会指导。10月1日,竺可桢登上天安门城楼,参加开国大典。3日,被选为中国保卫世界和平大会全国委员会委员。7日,南京市军管会高教处通知:宁区中央研究院院务管理委员会成立,陶孟和、李四光、竺可桢、吴有训、赵九章等12人为委员。8日,在北京借蔡邦华晤马寅初,托以照顾邵裴子,因邵年将七旬,在杭无以为生,靠售书度日。自述"余之所以想及邵者,因二次至清华沈茀斋家见壁上挂有裴子所书之单条也"。12日,陆定一、钱俊瑞来访,询及科学院和气象局的人选。关于科学院院长,推吴玉章与李四光;对气象局人选,推涂长望。13日,与卢鋈、涂长望商议筹建气象局事宜。15日,全国政协常委会讨论政务院各部人选,科学院人选为院长郭沫若,副院长李四光、陶孟和、竺可桢。18日,赴清华出席气象系专题讨论会,演讲"中国气象测候之历史及将来展望"。19日,由中央人民政府第三次会议任命为中国科学院副院长、政务院文化教育委员会委员。

22日,至北京饭店开会讨论科学院组织。同日,住所由华文学校603号搬至北京饭店333号。23日,主持科学院准备接管原有各科学研究机关座谈会,到会有陶孟和、丁瓒、严济慈、恽子强和黄宗甄。讨论接收北平研究院、中央研究院及组织科学工作委员会问题。25日,政务院第二次会议决定将科学院定名为"中国科学院"。27日,晤财经委员会副主任薄一波,商讨中科院与财经口各部的联系问题。28日,所撰《希望苏联常有代表团到中国来》刊于《人民日报》。29日,参加中科院小组会议,决定科学工作委员会各组人选。气象组为竺可桢、赵九章、涂长望、顾功叙、陈宗器。

竺可桢11月2日在南京出席中研院院务委员会第四次会议。讨论分配宿舍原则;通过聘叶笃正为副研究员。3日,在南京出席中研院举行的茶话会,报告中科院组织情况。同日出席南京市为人民政协代表举行的欢迎会并讲话。4日,在南京参加气象所所务会议。报告在东北之所见,主张尽速成立气象总署并统一管理。5日,在南京出席中国科学工作者协会南京分会举办的庆祝十月革命32周年暨欢迎人民政协代表联欢晚会并讲话。7日,在南京出席南京各界庆祝十月革命32周年大会。致词中述及二点,一为普通之误解,以为苏联建设系功利主义,只注重应用而不管基本研究,但苏联科学有地震研究所,寒带、第四纪地质、古代人类等研究所,而对于天文有6个机关之多,可知对于多种纯粹科学亦极注意。其次谈及士大夫观念应予打倒,再不能有文人相轻以致各立门户之恶习惯。12日,在上海与陶孟和同李亚农交换上海植物、药物等所情况。与各所所长谈话。出席助理研究员、技术员等联谊会并致词。出席科学社谈话会,谈经费问题。15日,在南京主持中研院院务会议。通过气象所聘叶笃正、朱岗昆为副研究员。19日,偕夫人到北京,暂住中国旅行社。20日,在北京与陶孟和联合撰写关于宁沪两地科学研究机关情况的报告。提出宁、沪各科学研究机构经中科院接管后,两地须设办事处,以便处理日常事务。中国地理研究所,已决定由中科院接收。22日,在北京致函杨钟健,商请到中科院任职。29日,在出席政务院文教委员会小组会议,报告中科院缺乏房屋情况。同日,在中科院院务汇报会上提出,如果接收静生生物调查所,该所全部房产都要接收;对各研究所的工作应该提出重心,不要像过去那样各做各的。同日,搬入地安门月牙胡同3号(前北京研究院总办事处原址)居住。此处即后来的中科院第一宿舍。30日,出席中科院会议,讨论接收静生生物调查所问题。决定将来静生调查所与北平研究院原来之植物研究所的地址安排在三贝子公园;静生生物调查所之房屋作为中科院办公之用。此即后来的文津街3号,中国科学院院部机关所在。同月,黄秉维、李旭旦、施雅风等13人联名致函陶孟和、竺可桢,期望中科院接收中国地理研究所后,能使之成为全国性之独立研究机构。

竺可桢12月1日在北京与陶孟和一起拟就1950年工作计划要点。又与陶孟和共同电请留广州任教的陈寅恪、梁方仲来中科院工作。同日,在中科院办公厅会议上提出:一、必须加强中科院重要工作的对外宣传;二、各研究所互相间应保持密切联系;三、确定某种工业生产,最好在生产过程中,各部门的研究工作作有系统的联系与配合;四、生物部门各研究所,应选定一重要专题来共同研究,彼此分工与合作(如水产、营养等题目);五、明年度工作,在研究经费方面以物理、化学为重点。5日,关注吸收归国留学生的工作。提出中科院可与文委及教育部取得更密切联系,如有优秀研究人才,中科院应加以吸收。8日,与陶孟和联名致电赵元任促其回国。12日,在北京参加讨论中科院院址问题。同日,作函与钱崇澍,嘱其来就静生生物调查所整理委员会主任。14日,与陶孟和、严济慈赴财经委员会,同该委计划局副局长钱昌照等交流情况，介绍中科院近况及内部组织。希望中科院与财经委技术、计划二局能互相沟通，财经委员会能向中科院提出问题。16日，传达周恩来指示，地质调查所归财经委接收，地质研究院归中科院接收。中央地质调查所暂由华东区军政委员会维持。同日，在中科院办公厅会议上，提议首先召集气象方面以及地理方面的专门委员会。19日，出席中科院办公厅会议，讨论召开专家会议问题。提议成立全国科学研究委员会（部院委员会），负责协调中科院与各部门之间的研究工作。21日，为推选气象、地质、物理、化学、生物各科专门委员，与钱三强排定所需征询意见的中研院院士名单。23日，代表中科院参加第一次全国教育工作会议。27日，在中科院办公厅会议上提出，中科院应有一总图书馆。28日，在北京与钱三强谈召集专家会议事。钱三强以为在召集专家会议以前，应先组织各学科筹备委员会，以讨论各所的改组方针；专家会议时无非是讨论中科院与外界如何合作而已，竺可桢表示赞同。记"盖专家会议之意见最初大概亦是钱之主张，不过出之于丁瓒之口而已，可知钱实（为）科学院最初组织时之灵魂也"。（参见李玉海编《竺可桢年谱简编》，气象出版社2010年版）

　　钱三强时任北平研究院原子学研究所所长。与华北大学工学院副院长恽子强、中共南方局系统党员丁瓒、中央研究院植物研究所助理研究员黄宗甄等协助陆定一参与中科院的筹备工作。9月中旬，遵照陆定一的指示，钱三强和丁瓒共同起草了《建立人民科学院草案》（简称"草案"），丁瓒撰写院部任务与组织机构部分，钱三强撰写研究所部分。他们事先曾听取科学界人士的意见，许多科学家认为过去两大国立研究机构——中央研究院和北平研究院存在各自为政、缺少合作，科学研究缺少计划性，未领导全国科学研究工作等缺点，但两家单位有着一定的积累和规模，需要科学院对其整理改组，团结人才。针对以上情况，《草案》将科学院拟名为"人民科学院"，借以纠正"为科学而科学"的偏向，强调"科学为人民服务"。人民科学院的基本任务，是有计划地利用近代科学成就以服务于工业、农业和国防建设，组织并指导全国的科学研究，提高科学水平。《草案》提出了人民科学院的组织系统，并做了说明。关于研究所的设置，《草案》提出暂时就原中央研究院和北平研究院的机构进行调整改组，并对两院的20个研究所做了扼要分析，提出了具体的合并调整意见。该《草案》勾画了科学院的基本框架，为科学院的筹建工作提供了决策依据。10月，钱三强任中科院研究计划局副局长，局长由竺可桢兼任；丁瓒、恽子强任中科院办公厅副主任，丁瓒又兼任国际联络局副局长，局长由陶孟和兼任。（参见樊洪业主编《中国科学院编年史：1949—1999》，上海科技教育出版社1999年版；姚蜀平《中国科学院的诞生》，《中国科学院院刊》1989年第4期）

　　杨钟健年初在南京。4月，人民解放军渡过长江。杨钟健在南京迎接解放。后应中国科学院之请，偕夫人离开南京到北京，住地安门宿舍。10月19日，中央人民政府委员会第三次会议决定成立中国科学院。科学院内设出版编译局负责编审出版本院各种图书刊物，扶助各专门学会出版学报。杨钟健任局长。12月，中国科学院出版《历史语言研究所集刊》第14本。刊载了何兹全《东晋南朝的钱币使用与钱币问题》、高去寻《评汉代以前的古镜之研究并论"淮式"之时代问题》、傅乐焕《宋辽聘使表稿》、王崇武《刘征东考》、芮逸夫《伯叔姨舅姑考》、劳幹《象郡牂柯和夜郎的关系》《居延汉简考证补正》、张政烺《王逸集牙签考证》等文。该本刊头标"中国科学院历史语言研究所集刊"，扉页有中国科学院编译局说明："本集刊原系前中央研究院历史语言研究所编辑，因在本院成立以前即已交印，故仅改革其隶属关系，暂仍旧贯。"是年，杨钟健《人类进化的里程》刊于《地质论评》第14卷第4—6期；《上新统更新统的分界》刊于《科学》第 31 卷第 11 期。(参见王仰之《杨钟健年谱》,《西北大学学报(自然科学版)》1983 年第 2 期;王学典《20 世纪史学编年(1900—1949)》,商务印书馆 2014 年版)

郭宝钧任中国科学院考古研究所研究员。12 月,《历史语言研究所集刊》"本院成立第 20 周年专号"下由中国科学院出版。该册刊载郭宝钧《古玉新诠》、余嘉锡《释伧楚》、杨树达《积微居金文说》、余逊《读〈魏书·李冲传〉论宗主制》、张政烺《一枝花话》、石璋如《传说中周都的实地考察》、邓广铭《宋史刑法志考证》、张秉权《甲骨文类比研究例》、黄彰健《洪武二十二年太孙改律及三十年律诰考》、陈述《幻军考释初稿》等文。(参见王学典《20 世纪史学编年(1900—1949)》,商务印书馆 2014 年版)

胡先骕仍任静生所所长。1 月 16 日,傅作义将军举行餐会,召集在北平的社会名流,座谈谋和问题。胡先骕与徐悲鸿、杨人楩、马衡、郑天挺、叶企孙等 20 余人应邀参加。在会上,胡先骕也奉劝傅作义采取和平方式,为北平和平解放作出了努力。18 日,教育部复函中基会,对前请垫付静生所薪津和下拨应变费,云静生所非本部直属机关,歉难照办。3 月 28 日,致函北平军事管制委员会文化接管委员会,申请借款以维持静生所。当时北平获得解放,而上海仍在国民党的统治之下,故而中基会之拨款不能到达,静生所失去了经费来源,向新政府投去第一声试问。4 月 16 日,南社成立 40 周年纪念会于北平中山公园来今雨轩举行。社员参加者有柳亚子、邵力子、胡先骕、欧阳予倩、沈雁冰等,来宾有周恩来、叶剑英、叶圣陶、俞平伯、千家驹等,共 80 余人,会后摄影留念。22 日,胡先骕向文管会申请借款,终于借得 10 万元,勉强维持职员的生活。27 日,胡先骕再次致函文管会,申请借款。6 月 1 日,胡先骕致函华北大学农学院乐天宇院长,就静生所人员生活困难,而向该院出售仪器。2 日晚,胡先骕致电在上海的静生所委员会任鸿隽、江庸、范鸿畴诸公,云"政府计划合并北平各农业生物机关,创办农业大学。静所在内,可增加经费,扩充事业,名义保存,请开委员会通过此提案"。静生所委员会主任任鸿隽面对时局,完全同意把静生所交给政府办理,以为只有如此,才是明智之举。4 日,胡先骕再次致函军管会文化接管会,要求政府接管静生所。

按:函曰:敝所创办于民国十七年,二十年来在国际颇具声誉。抗战胜利之后,以经费困难,未能全部复员,长此以往,事业难于发展。日前曾与邓部长、乐院长商谈,皆谓应归政府接办,庶使此著名科学机关得以永久维持,为国家人民服务。敝所同人亦完全同意,日前已由骕函电上海本所委员会,一俟复电核准,即可办理接管手续。相应先行函达,即希察知,并暂借四、五、六三个月经费为荷。

胡先骕 6 月 6 日接到任鸿隽之复函后,立即致函文化接管会,言:"上海本所委员会多数委员同意本所归政府接管,特此续函奉告,即请钧会派员办理接管手续。"15 日,高等教育委员会第一次常委会讨论了胡先骕的请求,决定予以接管,并将上述决定呈报军管会。16 日,华北人民政府下函高等教育委员会,批准了接管静生所的决议。下旬,军管会文教委正式委派乐天宇等人接收静生所,将该所纳入华北大学农学院领导。7 月 14 日,竺可桢来北京出席全国自然科学工作者联合大会,胡先骕约之晚膳。18 日,时在北京之中央研究院院士集会,胡先骕参加。8 月,胡先骕入住静生所之华北农学院招收新生,静生所房舍作教学之用。9 月 1 日、4 日,胡先骕与竺可桢谈静生所如何摆脱乐天宇事。9 月 12 日,任鸿隽来北平参加政治协商会议,胡先骕往天津相迎。22 日,乐天宇向高等教育委员会转呈胡先骕向华北农学院提交之《静生生物调查所财产目录》一份。11 月 8 日,在科学院第六次院务汇报上,讨论接收静生所事宜。丁瓒报告:"曾昭抡说胡先骕表示不愿意和华大合并,而愿意并入科学院。静生房子很多,可供科学院办公。"恽子强报告:"昨天和乐天宇谈了一下,乐说胡先骕实际上不愿意受谁领导,最好自己独立,胡很难搞。农大研究室现设静生,农大大约不会放弃静生的。"24 日,郭沫若、竺可桢等察看静生所房舍。25 日,科学院第十七次院务汇报决定接收静生所。29 日,科学院第二十次院务汇报,陶孟和副院长提出静生所的名称需要改动。

胡先骕 11 月 29 日应邀出席文委会商讨中科院院址会议。在会上申述 1927 年以来静生先生提议成立静生生物调查所以来之经过,并愿接受科学院之调拨。30 日,科学院第二十一次院务汇报会又讨论静生所事宜。竺可桢副院长报告:昨日文委开会,"关于静生方面,静生名称不一定要保存。至于接收和房子问题,由有关方面协商"。同日,科学院派严济慈、丁瓒前往文津街 3 号进行察看。察看之后,得出这样的结论:静生所不仅房屋使用不当,而且许多珍贵生物标本保管不善。应当成立一个整理委员会,对静生所进行整理。郭沫若签署了向文教委呈报《拟定整理静生生物调查所意见》,谓:"经过十二月一日我们汇报讨论之后,一致认为要立刻成立静生所整理委员会,进行整理和保管的必要。并经拟定钱崇澍、吴征镒、丁瓒、黄宗甄、乐天宇、林镕、朱弘复、唐进、张肇骞等九人为整理委员,钱崇澍为主任委员,吴征镒为副主任委员。主任委员未到京,由副主任委员召集会议,即日进行工作。"12 月 9 日,胡先骕向吴征镒推荐秉志为新组建植物所所长。13 日,胡先骕正式列入中国科学院职工。14 日,静生所整理委员会在王府井街中科院临时办公厅召开第一次会议,由吴征镒主持。出席会议的人员有乐天宇、黄宗甄、丁瓒、林镕、朱弘复、何成湘、张肇骞、唐进等,胡先骕应邀列席。同日,会议结束,有《中国科学院静生生物调查所整理委员会工作报告》。16 日,胡先骕编制《静生生物调查所移交文件总目》。(参见胡宗刚《胡先骕先生年谱长编》,江西教育出版社 2007 年版)

余嘉锡年近古稀,在新旧时局交替之际,屡被谗言所毁,其著述文章总被冠以"封建"罪名,致使余嘉锡退居于家,心情抑郁,不再从事辅仁大学工作。至此,余嘉锡于辅仁大学任教 18 年,所开设的课程有目录学、古书校读法、秦汉史、《世说新语》研究、《汉书·艺文志》、经学通论、骈体文讲读、《楚辞》等,遍及经、史、文学各个方面,以教授终其生,在教育事业上的贡献是极大的。他曾说:"四部书,熟悉千余种,皆知其高下浅深。"足以见得余嘉锡的博学多识。研究著述:得《酌中志余》之《东林点将录》,欲发愤考证,但因病笃,力有未逮。及病愈,考索愈勤,然未终篇,竟又转成风痹。《四库提要辨证》自述:"一九四九年之冬,以考证《东林点将录》及《天鉴录》二书用思过度而罹疾,病剧之时,第觉病榻之前后左右所陈列者莫非书也。迨病愈,而考索愈力,未及终篇,忽转为风痹,卧床数月始愈。"11 月,中国科学院成立。余嘉锡被聘为中国科学院语言研究所专门委员。12 月,《释伧楚》刊于《历史语言研究所集刊》"本院成立第 20 周年专号"下,由中国科学院出版。此文是余嘉锡对"伧楚"之名的考证。余嘉锡引《说文解字》《玉篇》《广韵》《集韵》《慧琳一切经音义》等书来总结其义,并引《太平广记》《艺文类聚》《笑林》《隋唐志》等著作中关于"伧楚"一词的历史故事来帮助理解其起源、沿革及演变。余嘉锡在文中说:"今人但知吴人谓北人为伧,不知更骂侨杂之人为伧,尤不知胡人亦谓吴人为伧也……使果欲发愤图强,则地利不如人和,固当合四海为一家,戮力同心以御外侮,恶有一国之中,互相歧视,出以谩骂者乎?"表面上看来,余嘉锡是说南北东西均为中国,不应有差异,实则借以呼吁各个派别、各个领域的中国人应该团结起来抵御外寇入侵,只有团结起来才能有力量,表达了他强烈的爱国热情和抗敌愿望。(参见王语欢《余嘉锡学术年谱》,黑龙江大学硕士学位论文,2013 年)

贾兰坡继续任职于中国地质调查所新生代研究室。9 月 27 日,因全面抗战爆发而停止的周口店遗址的发掘工作重新开始。这次发掘由裴文中指导,贾兰坡负责具体工作。贾兰坡对周口店的发掘历史进行了详细的叙述和评价,又对华北旧石器做了大量研究工作,所提出的华北地区古文化年代表奠定了华北旧石器文化发展序列的理论基础。(参见顾潮编著《顾颉刚年谱》,中国社会科学出版社 1993 年版;王学典《20 世纪史学编年(1900—1949)》,商务印书馆 2014 年版)

艾思奇继续任职于马列学院。春,北平和平解放,马列学院从李家沟随中央机关以“中央劳动大学”的代号,迁至北平,暂住西山碧云寺。3 月,在西柏坡参加了以任弼时同志为首的“中国新民主主义青年团”的筹建工作。7 月,北平召开了中国新哲学研究会发起人会议,重新选了会长和副会长,会长是李达,副会长是艾思奇和郑昕。因会长李达住武汉,经常由艾思奇主持工作并召开会议。按照党中央的部署,在全国开展学习社会发展史,进行普及马克思主义的教育运动,这在全国解放初期是一项非常迫切的任务。艾思奇遵循党的指示,为帮助广大干部、群众、知识分子树立马克思主义的世界观和人生观,曾应邀到许多单位讲授社会发展史和马克思主义哲学;出版了《社会发展史讲授提纲》单行本。同月,艾思奇发表《评关于社会发展问题的若干非历史观点》。7—8 月间,中组部、全国妇联、人民大学联合,在清华大学举办首届平津大学毕业生暑期学习团,其中有地下党员何东昌等代表学生参加。刘少奇曾到该班讲话,也邀请艾思奇讲课。他在讲课中,用马克思主义的基本理论,有针对性地做了具体分析,促进了学生思想问题的解决。后来这批学生充实了新中国的国家机关干部队伍,大都为新中国的社会主义建设作出了应有的贡献。中央决定在全国解放的城市,普遍组织干部群众学习社会发展史。艾思奇除在马列学院担任这门课的主讲外,还培养了一批学员到北京等地各单位去讲课。

艾思奇等筹办的《学习》杂志 9 月 15 日创刊。此刊为推动马克思主义理论学习而创办,由三联书店出版发行,设有专论、问题商讨、名著题解、学习经验、读书笔记、读者笔谈、传记、学习测验、名词解释等栏目。艾思奇的代发刊词《从头学起——学习马列主义的初步方法》指出:“过去我们一般的干部和群众的马列主义知识水平是很低的。一方面,广大地区和主要城市是处在国民党黑暗统治下,学习马列主义理论就是死罪。解放后,马列主义思想对于人民群众还是陌生的,许多人甚至对此毫无所知。而旧社会的非马克思主义思想以及反动派的宣传都还保留着很大的影响。另一方面,解放区是长期处在艰苦的斗争环境中,马列主义的学习受着相当大的客观上的限制,许多干部虽然在斗争中积累了不少宝贵的经验,他因为没有认真学习过马列主义的理论,就不能把自己的经验加以总结、提高。”而新中国的成立,为人们“从头学起”,普遍开展马列主义理论的学习运动、广泛传播马克思主义,创造了良好的社会环境和政治条件。该刊成为当时学习马列主义的主要理论阵地,“在建国初期,面对广大干部急需社会科学、哲学知识的情况,该刊在宣传马克思主义的哲学,宣传历史唯物主义和辩证唯物主义等方面起了很大作用”。另外,该刊经常发表一些政策方针性和重大理论性文章,产生了巨大的社会影响。21—30 日,艾思奇作为社会科学方面 15 位代表之一,出席中国人民政治协商会议的筹备会议。他还参加了制定政协组织法与共同纲领,选举全国政协委员暨中华人民共和国政务委员,拟定国旗、国徽,决定首都所在地和年号等工作。10 月 1 日,开国大典以后,又陆续参加了政务院文教委员会、西南军政委员会、对外文教委员会和中国科学院的组建工作。11 月,在《学习》杂志上发表《学习马列主义的国家学说》。中华人民共和国成立后,国家十分重视科学事业的发展,要求将发展自然科学与自然辩证法相结合,艾思奇、于光远、裴文中、温济泽等,常到一些机关、文化宫举办讲座。(参见《艾思奇全书》第8卷附录《艾思奇生平年谱》,人民出版社2006年版;王学典《20世纪史学编年(1900—1949)》,商务印书馆2014年版)

何家槐4月抵达北京。5月起,在马克思列宁学院从事语文教学工作,任语文教研室副主任、主任。7月参加中华全国第一次文艺工作者代表大会、中华全国文学工作者协会(后改名中国作家协会)成立大会,当选为协会全国委员会候补委员。

郭大力是年春在共产党组织的精心安排下,携家先后离开厦门到了香港,不久又从香港到了北京,从此郭大力即在党组织的直接领导和关怀下工作。6月,郭大力译马克思著《剩余价值学说史》3卷本由上海实践出版社出版。郭大力在译完《资本论》后,便着手翻译马克思的《剩余价值学说史》,并于1943年1月完成翻译。由于战乱等原因,此书一直未能出版,后经郭大力修订后于上海解放前夕出版,为郭大力最用心翻译的著作之一。次年,郭大力调到中央马列主义学院工作。

按:在20世纪60年代修订《资本论》工作完成后,郭大力即着手重译该书,即使"文革"期间挨批斗和半身瘫痪也未中辍工作。(参见王学典《20世纪史学编年(1900—1949)》,商务印书馆2014年版)

汤用彤继续主持北京大学校务。1月28日,北大学生迎接解放服务人民委员会成立,展开迎接解放的工作。31日,人民解放军入城接收北平防务,北平正式解放。北大部分师生集体赴西直门欢迎入城的解放军部队。2月1日,北大同学开始到各中学进行为时两周的宣传工作,宣传人民革命的伟大胜利。3日,北大讲助会工作团成立。3日上午,解放军举行盛大的入城式,北大教职员、工警和同学千余人在东交民巷列队参加欢迎仪式。同日,汤用彤代表北大,接受新政权管理。5日,北大、清华讲助会工作团展开为期一周的宣传活动,宣传人民革命的伟大胜利。7日,北大工警联合会参加在东单广场举行的纪念"二七"大罢工的大会。全市各院校教职员3000余人在辅仁大学礼堂举行庆祝解放联欢会,决议10日筹组北平市专科以上院校教授讲助职员联合会。15日,北大沙滩区职员会筹备委员会成立,原有旧职员会于14日宣布终止工作,结束会务。16日,文理法讲助会在理学院大礼堂举行全体会员大会,成立文理法讲助会大学改制研讨委员会,由文理法三院各系及文科研究所、体育部各选代表一人组成。21日,沙滩区北大教授联谊会举行全体大会,决议立即改为"国立北京大学教授联谊会",并扩大征收会员。同日,北京市学生联合会第一次代表大会在北大四院礼堂举行。24日,北大文法学院同学踊跃报名投考中国人民解放军南下工作团。全校被批准参加南下工作团的同学约有500人,大体占学生总数的四分之一。同日,北平市学生联合会第一次代表大会闭幕式在北大四院礼堂举行,北大同学古奇踪当选为北平市学联主席。

汤用彤2月28日经北平市军事管制委员会研究决定北京大学行政事务暂由其负责。上午10时,北平市军事管制委员会代表钱俊瑞等10人到校,与学校行政负责人及教授、讲师、讲员、助教、学生、工警代表等在孑民纪念堂开座谈会,商谈接管及建设新民主主义北京大学诸问题。下午2时,欢迎接管大会在民主广场举行。2000余名师生员工到会。汤用彤教授致词,表示欢迎接管。军管会文管会主任钱俊瑞宣布正式接管,并讲述新民主主义文化教育方针,同时宣布:国民党、三青团之反动组织立即解散,活动立即停止;训导制取消,党义之类反动课程取消;学校行政事宜暂由汤用彤教授负责。至此,北平市军事管制委员会正式接管北京大学。3月1日,北平市军事管制委员会代表钱俊瑞、张宗麟奉令到北大督导一切行政教学工作的进行,并派张昭、杨民华、石会之、刘林、白朗、戴波、邢舒7位联络员驻校,了解情况,进行联系,同月20日,加派赵瑄为联络员。29日,戴波、邢舒调回文管会工作,改派黄卢为农学院联络员。31日,钱俊瑞另调其他工作,其职务由周扬继任。3月8日,北大教授会在孑民纪念堂举行,商谈有关大学课程改革事宜。13日,北大讲助会第一次代表大会在孑民纪念堂举行。会议通过总会章,推选出常驻会代表。4月14日,1948年3月成立的北大博物馆自松公府北大总办事处迁至东厂胡同2号。23日,学校为满足广大师生员工的要求制定系统讲演计划,共8讲。主讲者和讲题分别是:周扬《论知识分子》、赵毅敏《中国共产党与中国革命》、艾思奇《辩证唯物主义问题》、范文澜《历史的主人》、沙可夫《学习问题》、何思敬《无产阶级辩证的性格》、胡绳《帝国主义与中国革命》、谢觉哉《介绍老解放区情况》、谢滔《中苏关系与东北问题》。即日举行第一讲,以后每周讲一次,全校一起听,会后在孑民纪念堂座谈,座谈会自由参加。24日,解放后第一届北大学生会正式成立,选出执委许世华、王学珍等17人。28日,"北京大学纪念'五四'筹备委员会"给毛主席写信,请毛主席回校参加"五四"运动30周年的纪念活动。29日,北大教授联谊会干事会在中老胡同宿舍举行临时扩大会议,讨论筹组北平各大学教授联合会等问题,并决定商请周恩来副主席来校主持座谈会。30日,毛主席复信北京大学纪念"五四"筹备委员会,内容如下:"北京大学纪念'五四'筹备委员会诸先生:四月廿八日的信收到。感谢你们的邀请。因为工作的原故,我不能到你们的会,请予原谅。庆祝北大的进步。"5月3日,"五四"纪念文艺晚会在民主广场举行。

汤用彤5月4日任新成立的北京大学校务委员会主席。是日,北平市军事管制委员会正式成立北京大学校务委员会,任命汤用彤、许德珩、钱端升、曾昭抡、袁翰青、向达、闻家驷、费青、樊弘、饶毓泰、马大猷、俞大绂、胡传揆、严镜清、金涛、杨振声、郑天挺、俞平伯、郑昕等19位教授和两位讲助代表(讲助会推举俞铭传、谭元堃),两位学生代表(学生会推举许世华、王学珍)为校务委员会委员;汤用彤为常务委员会委员兼主席,许德珩、钱端升、曾昭抡、袁翰青、向达、闻家驷及讲助代表俞铭传、学生代表许世华为常务委员。由此,学校行政工作由校务委员会领导。北平市军管会还任命曾昭抡为教务长,郑天挺为秘书长,汤用彤为文学院院长,饶毓泰为理学院院长,钱端升为法学院院长,马大猷为工学院院长,俞大绂为农学院院长,胡传揆为医学院院长,向达为图书馆馆长。同日上午11时,纪念"五四"及校友返校节联欢大会在民主广场举行。北大及西南联大校友与在校教职员工警同学2000余人到会。会后聚餐,晚上举行游艺会。6日,校务委员会举行第一次会议。会议根据"有步骤地谨慎地进行旧有学校教育事业和旧有文化事业的改革工作,争取一切爱国的知识分子为人民服务"的方针和文管会"在安定中求进步"的指示,决定调整课程:大一国文改为选修;文法两学院的大一英文改为选修,但毕业前必须学习一种外国语,由师生协商修改外国语教材;大一学生及文法学院二、三年级学生为了学习新开设的课程,可退选若干旧课程,但退选后其所修之学分,不得少于14学分。会议还推出郑华炽、冯承植、王铁崖为北大人民助学金评议委员会的代表。9日,教授联谊会在孑民纪念堂举行座谈会,请到周恩来副主席到会主谈。有129位教授参加了座谈会。周副主席发表了关于新民主主义教育的讲话。他阐述新民主主义教育的方针,是发展民族的、科学的、人民大众的文化。讲明我们对欧美文化的态度是:"否定其反动的东西,吸收其好的东西,为我们所用"。他说,我们应该从世界各国吸取一切好的东西,但必须让这些东西像种子一样在中国土壤上扎下根,生长壮大,变为中国化的东西,才能有力量。他强调:"我们教育的发展要稳步前进""各项工作都要请大家来研究,大家的事要大家一起来做"。许多同志说,周副主席刚到北平一个多月,日理万机,却来北大看望大家,这是党对北大的关怀,也是对整个知识界、教育界的关怀。同日,北平市军事管制委员会文管会派驻北大的军管代表和联络员,因校务委员会的成立,决定撤销。13日,北平市军事管制委员会主任兼北平市长叶剑英正式任命汤用彤为北京大学校务委员会主席兼文学院院长。同日,校务委员会举行会议,决定各学院成立院务会议,各学系成立系务会议,图书馆、博物馆成立馆务会议,医院成立院务会议,研究所成立所务会议;决定发动各院、系、馆、所务会议和讲助会、职员会、工警工会分别讨论教职工新的待遇的评定问题。18日,教授谈话会在孑民纪念堂举行,有89位教授到会。会议决定成立教授会筹委会,并推出6人为筹委;另推出代表9人,参加北平院校教授研究员联合会的筹备组织。

汤用彤5月20日主持校务委员会会议,决定成立财务、图书、仪器、出版、卫生、博物馆、招生、福利、校舍分配等9个常设委员会,并决定招生委员会由曾昭抡召集,财务委员会由郑天挺召集,福利委员会由袁翰青召集。27日,校委会决定,图书委员会由向达召集,仪器委员会由孙承谓召集,博物馆委员会由孙云铸召集。6月3日,校务委员会决定校舍分配委员会由郑天挺召集,出版委员会由曾昭抡召集,卫生委员会由林宗扬召集。5月24日,教授会在孑民纪念堂举行成立大会,通过了会章,并决定以学院为单位,每15名教授选出干事1人,组成干事会。6月3日,校务委员会开会决定:东方语系原则上可以设立阿拉伯语专修科和印度语专修科;博物馆系、图书馆系原则上先设二年制专修科,直属文学院,暂缓恢复纺织系。同日,教授会干事会举行会议,宣布原教授联谊会解散,其组织合并于教授会。5日,北平院校教授研究员联合会举行成立大会。8日,校务委员会常委会开会决定:恢复《北大周刊》,分送全校同人;推金克木、杜槐林等为编辑委员,由金克木召集。11日,北平院校教授研究员联合会、北平市专科以上院校教授讲助职员联合会筹委会、新民主主义文化建设协会筹委会在中共北平市委会办公室举行联席会议,商讨筹组北平市专科以上院校教职员联合会事宜,并组成联合会筹委会。17日,华北高等教育委员会发布高教秘字第234号训令,取消北大教育系,教育系三年级学生提前毕业,二年级以下学生转其他系;取消清华大学法律系,该系学生可转该校其他系或北大法律系或政法学院;被取消各系的教授的工作,在征得本人同意后,尽先由各校分配,亦得由高教会分配;北洋大学建筑系、北大建筑系停止招生。以上,自下学期起实行。29日,教授会干事会、讲助会代表常驻会及理事会、职员联合会代表会举行联席会议,决定成立北京大学教职员联合会筹委会。同月,奉华北高等教育委员会之命,南京东方语言专科学校合并到北大东方语言文学系,同时中央大学边政学系的两位教师调入北大东方语言文学系。

汤用彤7月11日主持校务委员会会议,决定成立"政治课程计划委员会",钱端升、曾昭抡、许德珩、费青、郑昕、向达为委员,由曾昭抡召集。19日,校务委员会举行会议,通过"北京大学教员聘任暂行办法"。23日,北大"行政机构研究小组"本着精简机构、减少层次、提高效率、分清职责的原则,提出校本部和医、工、农各学院行政机构及人员设置的初步方案,并提出各企业性的附属机构,今后须尽力向企业目标推进,人员经费应逐渐由收入中自行支出的意见。方案印发全校征求意见。26日,校务委员会开会讨论教师聘任问题和升级人员审查问题。8月1日,北大出版部接受"行政机构研究小组"关于本校具有企业性质的附属机构应逐步向企业目标推进的建议,自今日起开始试行初步企业化。8日,校务委员会常委会开会决定:(一)原则上接受中法大学医学院学生转入北大。(二)辅仁大学农艺系并入北大,学生准编入农学院相当年级肄业,教学器材视本校需要以适当代价留用。(三)西北大学政经学院学生转入北大问题,如高教会核准,可以接受,但学生须重新编级。19日,校务委员会常委会原则批准"行政机构研究小组"提出的校本部和医、工、农各学院行政机构及人员设置的初步方案。23日,校务委员会常委会决议:同意护士学校招考新生(正取备取各20名);原则通过工学院招考短期专修班学生;组织"大一国文教学委员会";通过讲师讲员资格解释;同意法学院设立研究所;同意农学院农场企业化。常委会还决定:凡解放后已注册之四年级学生,参加南下工作者,依照政府规定,准予毕业;其他参加革命工作者由注册组查明,呈准华北高等教育委员会同样办理。31日,华北人民政府农业部自8月8日至31日,邀请北京大学、清华大学、北洋大学三校的教师,组织华北水利考查团,对华北地区,包括黄河的水利设计,进行考查。我校工学院教授陈明绍、杨增艺、陈仕骅和地质系助教李文达参加了考查团。

汤用彤9月21日作为"中华全国教育工作者代表会议筹备委员会"的代表出席中国人民政治协商会议第一届全体会议。22日,校务委员会常委会讨论、决定以下事项:(一)遵照高教会的通知,北洋大学建筑系学生并入北京大学。(二)本学年开设的政治课为全校的重点课程,各系科学生和研究生均必须选修,不能缓修或免修。请许德珩等34位教师担任政治课教师兼政治课程教学委员会委员。委员会请许德珩教授召集。(三)各院系有相关之导师及设备者,得设研究部,招收研究生。各院系研究部主任,分别由院长和系主任兼任。学校设研究部委员会,为全校研究生事宜的总领导机构,直接向校务委员会负责。研究部委员会由各院研究部主任及教授代表每院1人,讲助代表2人,研究生代表2人组成,由校务委员会指定1人为主席。30日,校务委员会举行会议。主席报告:奉高教会令,北大农学院与清华大学农学院、华北大学农学院合并组成农业大学。据此,会议授权图书馆长、教务长和秘书长分别就合并后的图书划分、教员分隶和有关事务等问题进行处理。会议还决定,医学院南下洼地产仍暂借农业大学使用,最后解决办法另行协商。10月1日,中华人民共和国成立。首都30万人民在天安门广场举行开国大典。典礼结束后进行游行。北大师生员工以极高的热情参加了开国大典的典礼和游行活动。8日下午2时,陈毅将军在民主广场讲演,全校停课半日,近万人参加听讲。同日,华北高等教育委员会发出1729号通知,规定华北专科以上院校1949学年度公共必修课过渡时期实施暂行办法。15—16日,北京大学教职员联合会在孑民纪念堂举行会议,宣告"北京大学教职员联合会"正式成立。中共北大总支代表叶向忠、校务委员会主席汤用彤、青年团北大团委代表汪家锡、学生会代表王学珍、工警工会代表赵广继到会祝贺并讲话。北京市工会筹委会主席肖明、华北高等教育委员会副主任钱俊瑞以及中共中央委员、华北大学校长吴玉章等来宾也在会上讲了话。大会选出了北大教职联总会和分会的执委。总会主席为钱端升,副主席为陈明绍、钟之琦、沈承昌、谭元堃。沙滩区分会主席为季羡林,工学院区分会主席为陈明绍,医学院区分会主席为钟之琦、米景森,医院区分会主席为籍孝诚。18日晚7时,中共北大总支部在红楼招待全体校务委员会委员,座谈如何在北大贯彻新民主主义教育方针及开展新民主主义学习等问题。总支书记叶向忠主持会议。他首先讲明了会议的目的、意义,接着大家热烈地发言。

工学院长马大猷、医学院院长胡传揆、法学院院长钱端升以及严镜清、杨振声等委员,就改革课程问题相继发言。袁翰青、向达等委员就思想改造问题相继发言。费青、闻家驷等委员就加强师生联系等问题先后发言。会议始终在亲切团结的气氛中进行。最后,校务委员会汤用彤主席作了发言。11 月 4 日,校务委员会开会决定,准予法学院设立经济史研究室、新法律研究室。

汤用彤 11 月 17 日出席在中法大学礼堂举行的中苏友好协会北大支会成立大会。大会推选汤用彤为主任,钱端升、叶向忠、汪家锣等 7 人为副主任。另由教职员联合会、学生会、工警工会各派 2 人,工学院、医学院、医院及俄文专家各 1 人组成干事会。29 日,校务委员会举行会议,主席报告:教育部决定将北大医学院的业务改由卫生部领导。会议决定由曾昭抡、郑天挺、胡传揆、费青、李汝祺等 5 位教授组成小组,研究具体的移交事宜。12 月 1 日晚,北大学生会委托新文艺社、中文系、西语系在北楼礼堂联合举办“一二·一”文艺座谈会。到会 800 余人,除北大师生外,还有华北大学研究所、清华、辅仁、中法等大学同学。著名作家李何林、艾青、田间、臧克家、王亚平、李亚群、高兰、沙鸥、徐正等参加了座谈会。座谈会围绕以下四个问题进行:(一)在阶级社会里文艺能否超阶级;(二)政治领导文艺还是文艺领导政治;(三)作品的政治性与艺术性;(四)创作自由与文艺的党性。与会者热烈发言,感到这是用最好的方式纪念“一二·一”四周年。同日,校务委员会发布召开师生代表会议的决定。决定说:“北大师生开展新民主主义学习运动已经四个多月,为总结经验克服缺点,进一步提高学习效果,为迎接新的文化建设高潮而努力,校务委员会常务委员会第 23 次会议接受学生会代表的建议,决定在 12 月 17 日本校第 51 周年校庆纪念日召开本校师生代表会议,以总结学习来纪念解放后的第一届校庆。”12 日,经校委会主席汤用彤、秘书长郑天挺同意,校委会秘书汪子嵩起草了给毛主席的信,由文书刘椿年楷书誊写后,送中南海毛主席办公处。13 日,《北大周刊》第 20 期刊登了金静云先生将家中珍藏的书籍和文物捐赠北大图书馆和博物馆的消息。书籍有《大清实录》112 函,《大清会要》82 函,《畿辅通志》24 函,《爵秩全览》48 函。文物有大理石大插瓶一座,大铜炉一座,大铜瓶一座,大瓷瓶一座,“海琛”号军舰模型一座。另有金石拓片两包。书籍由图书馆编目,文物于博物馆保管,将于校庆日在子民纪念堂及博物馆第二陈列室展览。12 月 16 日,新北大首次校庆的前一天,汤用彤在《北大周刊》第 21 期刊出纪念校庆 51 周年的文章,一方面批评老北大的“为学术而学术”脱离现实的弊端,一方面力图重新阐释“兼容并包”口号。同日,北京大学师生代表会议开幕。校务委员会主席汤用彤致开幕词,教育部副部长钱俊瑞作了重要讲话;北大教授会贴出通告:北大教职联已成立,北大教授会已完成其历史使命,今后教授的活动纳入教职联。

汤用彤 12 月 17 日上午在三院礼堂出席北大 51 周年校庆纪念大会,并致开幕词。汤用彤回顾了北京大学的历史,特别是分析了蔡孑民校长提出的“兼容并包”在当时历史条件下所起的进步作用。他说,今天,按此精神,凡古今中外有利于人民利益的文化均可包容,而一切帝国主义、封建主义的流毒不能兼容,必须铲除。愿全体北大人在怀念过去、瞻望将来之际,同心协力担负起建设新民主主义文化教育的任务。北大校友、教育部部长马叙伦作重要讲话。他勉励北大师生在毛主席领导下,执行共同纲领的文教政策,为建设新中国而努力。中共中央委员、中央宣传部副部长徐特立讲话,希望北大作一支文化教育革命运动中的基干部队。北大工会筹委会代表钱端升、学生会代表王学珍也讲了话。下午,师生代表会议举行第2次全体会议,听取政治课教学委员会主任许德珩关于政治课学习的总结报告、教务长曾昭抡关于业务课的总结报告和一些政治课、业务课学习的典型经验报告。晚上,代表会议各小组进行了讨论。18日上下午,师生代表会议举行第3次和第4次全体会议,继续听取典型经验报告,听取提案审查委员会报告,并根据代表提出的576件提案。通过了相应的8项决议,以加强今后对教学改革工作的领导。讨论并通过提案后,有13位代表做了大会自由发言,最后由王学珍代表大会致闭幕词。他说,大会认为解放后北大十个半月来教学改革的成绩表现在:(一)废除了反动课程,增加了革命的政治课;(二)教学方法上逐步走向理论与实际的一致;(三)初步考虑改革自然科学理论与实用的课程。成绩的取得表明北大人保持、发扬了"五四"以来的光荣传统。北大今天面临一个完全新的时代,北大师生应更紧密地团结起来,使北大在新的文化建设运动中取得光荣地位。24—31日,北京大学工会第一届代表大会在北楼礼堂举行。在24日的开幕式上,钱端升致了开幕词。沈承昌报告了工会筹备经过,校务委员会主席汤用彤、中共北大总支副书记文重、青年团北大团委书记汪家锡、学生会主席王学珍、北京市教育工作者工会筹委会委员解沛基、北京市工会主席萧明相继在开幕式上讲话。他们都强调北大工会的成立是北大空前大团结的表现。今后要发扬北大光荣传统,坚决贯彻新民主主义教育方针,为迎接全国新文化建设高潮而努力。大会讨论通过了"北京大学工会章程",通过了提案审查委员会根据229件提案提出的7项决议案,选出了执行委员45人、候补执行委员10人。大会由曾昭抡致闭幕词。他说,象征着全校大团结的工会代表大会在1949年除夕胜利闭幕。这个划时代的大团结只有在中国共产党领导下才能实现。工会的中心任务是扬弃旧的、迎接新的进步的事物,把北京大学建设得更好。(参见汤一介、赵建永编《中国近代思想家文库·汤用彤卷》及附录《汤用彤年谱简编》,中国人民大学出版社2015年版;王学珍等编《北京大学纪事(1898—1997)》,北京大学出版社1998年版)

钱端升2月26日应邀出席中共举行的"欢迎民主人士大会",被邀出席的教授还有张奚若、许德珩、陆志韦、邓初民、卢于道、黎锦熙、李达等。3月24日,与华北各大学教授张奚若、许德珩、陆志韦等百余人开会响应即将在巴黎举行的世界拥护和平大会,并选出张奚若、许德珩为出席巴黎大会代表。5月5日,北平市军事管制委员会决定成立北京大学校务委员会,被任命为北京大学校务委员会常务委员、法学院院长。17日,主持由北大、清华、燕京三校法学院系在北大举行的法学院教育方针座谈会,检讨过去大学法学院教育的缺点,并说明今后应采取有效方式以矫正以往的缺点,确立正确的教育方针。会上被推定与樊弘、费青、沈志远等共同筹组马列主义研究会。6月8日,在研讨改革学制事宜的华北高等教育会首次常务委员会议上,被指定为政治组的召集人。同月,出席中国新法学研究会筹委会,并被推任常务委员。8月,出席北平市各界代表会议,并被推选为北京市政治协商会议委员会副主席。

贺麟坚持留在北大。北平解放前夕,汪子嵩代表中共地下党做贺麟的工作,希望他不要到台湾去;进步教授袁翰青也与贺麟谈了三次,宣传共产党的知识分子政策。在中共地下党有关人员的帮助下,贺麟明确了自己的选择。在围城期间,南京方面三次派飞机至北平接请贺麟,但都被拒绝,表示不再同国民党往来。是年,全部译完黑格尔《小逻辑》一书。贺麟自1941年春开始翻译此书,"但因外务纷扰、工作不集中",直至北平解放时止,仅译了全书的一半,约十一二万字。直至1949年国庆,才将全书翻译完毕,以此"作为对新中国的诞生的献礼"。《小逻辑》中译本的问世，成为"新中国黑格尔哲学研究一代宗师的一个永放光芒的标志"。（参见高全喜编《中国近代思想家文库·贺麟卷》及附录《贺麟年谱简编》）

张政烺继续任北大史学系教授。3 月初，郭沫若、翦伯赞、侯外庐、杜国庠 4 人同时应北京大学历史系主任郑天挺教授的邀请，将与教师们座谈学习马克思主义的问题，地点在城里北京大学原址孑民纪念堂。张政烺出席了这次会面。他作为主人方面的一员，交谈客气，积极而热情。由于张政烺"对古文献和古文字的根底深厚，早就引起郭沫若的注意。在这次座谈会上，郭沫若紧握住张政烺的手说：'早就知道先生的大名，今天才相见，幸会！'自此，郭、张成了知交。张政烺对郭沫若的甲骨、金文曾做过一些注释和眉批，但从不留下张政烺的名字"。9 月 3 日下午，张政烺与顾颉刚、郑毅生、向觉明、杨人楩、邓恭三、余让之、胡钟达、杨翼骧、汪篯、漆侠同会。11 日，顾颉刚到张政烺、邓恭三处谈。12 日，顾颉刚到邓恭三处，并晤张政烺、丁梧梓、汤锡予。秋，徐森玉到北京开会，特来访张政烺，一别十年，见面就称赞张政烺对卬其卣真伪的看法。李济、高去寻都相信张政烺的意见。张政烺的高见还传到英国学者叶慈的耳中，他也相信张政烺。是年，在北京参加中国新史学会，为会员；在北京参加中苏友好协会，任会员。（参见陈绍棣编著《张政烺先生年谱》，中国社会科学出版社 2019 年版）

钱端升 9 月 18 日作为发起人之一参加中国新政治学研究会筹备会，并和周恩来、张奚若、曹孟君、乔冠华、罗隆基等 35 人当选为筹备会常务委员。20 日，以"中华全国社会科学工作者代表会议筹备会"单位名义被选为中国人民政治协商会议第一届全体会议代表。同月，在北平新华广播电台发表讲演"从北平市各界代表会议瞻望人民民主专政"。10 月 1 日，登上天安门城楼出席开国大典。同月，被中央人民政府委任为政务院文化教育委员会委员。11 月 1 日，在《观察》复刊号（第 6 卷第 1 期）上发表《统一战线·人民政权·共同纲领》，认为"中国人民政治协商会议的召开是四万万七千五百万人天字第一号大事，也是中国有史五千年以来天字第一号大事。他划了一个时代。他继往而开来"。11 月 3 日，出席周恩来召开的第一次新中国外交部组织机构建立会议，被聘为外交部专门委员。同月，当选为北京市第二届各界人民代表会议协商委员会副主席。12 月 15 日，出席中国人民外交学会成立大会，报告学会筹备经过，并被选为副会长。（参见孙宏云编《中国近代思想家文库·钱端升卷》及附录《钱端升年谱简编》，中国人民大学出版社 2014 年版）

俞平伯 1 月 2 日中午至袁翰青寓所，参加九三学社聚餐。3 日夜，作纪实诗一首，记述北平围城期间的真实景况。5 日，翻阅陈寅恪著《〈秦妇吟〉校笺》，认为"考证精确，其文字审定尚有可商处，昔与寅恪常谈论此诗。"他说："陈今已南去，兵烽间重读尤惘然也。"13 日上午，至北京大学讲授杜甫诗。16 日，九三学社同人发表宣言，拥护中共提出的和平 8 项主张，呼吁军队出城。俞平伯是签名者之一。午后，访许德珩。月 19 日，访许德珩。25 日上午，至府学胡同出席北大沙滩区教授联谊会干事会，会后商议发表宣言，表明对全面和平的意见。26 日，与北平文化界民主人士北京大学、北京师大等校教授许德珩、袁翰青、费青、闻家驷、储安平等 32 人发表对全面和平的书面意见，一致拥护中国共产党主席毛泽东于本月 14 日提出的和平 8 项主张。同日下午，至北京大学参加教授会例会，顺访费青。受费青启发，当晚开始作纪时事长诗《寒夕凤城行》。28 日，戊子年除夕，续作《寒夕凤城行》。同月，《读词偶得》由上海开明书店第三次印刷出版。《清真词释》由上海开明书店再版。2 月 8 日，林庚来访。12 日，农历己丑年正月十五日，七言长诗《寒夕凤城行》作讫。同日晚，参加九三学社在宣内薛愚寓所举行的聚餐,许德珩夫妇、袁翰青、杨人楩等 20 人到会,中共代表徐冰、张宗麟出席,畅谈至午夜。15 日,常风来访。下午,游国恩应邀来访,并对长诗《寒夕凤城行》十分欣赏。16 日下午,中共文管会人员石会之来访。17 日上午,访中共代表徐冰,又至医院看望毕树棠。18 日下午,吴晗、翦伯赞、胡愈之、沈兹九来访。19 日下午,应费孝通、吴晗邀请,至骑河楼参加清华同学会茶叙,到者数十人。20 日下午,至北京饭店,出席中共领导对文教同人的宴请。归后作纪事诗三章,记述了参加中共盛宴时的兴奋和欣喜的心情。21 日下午,至北京大学访废名,并出席沙滩区北大联谊会。22 日,废名、费青先后来访。26 日,访费青并晤费孝通、李广田。27 日下午,应邀至前女子文理学院,参加中共谭政、陶铸召开的大中学校同人座谈会。商谈东北野战军招收的南下工作团事。28 日,北平市军管会接管北京大学。下午,许宝驹来访,畅谈。

俞平伯 3 月 3 日上午至北京大学讲授杜甫诗。下午,应邀至北京饭店,参加华北政府文化艺术委员会及华北文艺界协会召开的座谈会,到会者百余人。座谈会上,听周扬介绍了解放区的文艺运动状况;俞平伯也作了简短发言。同时,初识久闻大名的郭沫若。与阔别 20 余年的老朋友茅盾、田汉等重逢。4 日下午,至北京大学,出席中国语文学系系会,讨论改订课程事。20 日上午,叶圣陶夫妇来访。俞平伯将新作长诗《寒夕凤城行》手稿交给叶圣陶阅正。叶圣陶将其带回宾馆读之。22 日,至北京饭店,出席华北解放区和国统区的进步作家、艺术家联席会议,商讨召开中华全国文学艺术工作者代表大会的筹备工作。会上组成了由郭沫若任主任,茅盾、周扬任副主任的 37 人筹委会,俞平伯被推选为全国文艺工作者代表大会筹委会成员。24 日,出席中华全国文学艺术工作者代表大会筹委会召开的第一次会议。6 日下午,至北京饭店,出席中华全国文艺界协会筹委会第二次会议,讨论文协各部门人事调整问题。又参加了华北文艺界协会暨华北文化艺术工作委员会谈话会,晚餐时,与叶圣陶、柳亚子、卞之琳、臧克家等同席。8 日,北平文化界人士 300 余人联名发表宣言,声讨南京反动政府盗运文物。俞平伯为签名者之一,同日,中国文化界 300 余人联名发表宣言,响应召开世界拥护和平大会。俞平伯为签名者之一。24 日午,许宝驹、许宝騄兄弟设家宴款待宾客,俞平伯与柳亚子夫妇、李任潮、朱蕴山、王泽民、谭平山等 30 余人出席。5 月 3 日,为纪念"五四"运动 30 周年,接受《人民日报》记者柏生的访问。4 日,纪念"五四"专题文章《回顾与前瞻》发表在《人民日报》,收入上海新华书店本年 7 月版《"五四"卅周年纪念专辑》。文中认为"五四"运动和全国大解放,"这两个划时代的转变,实只是一桩事情的延长引伸","五四"时期所倡导的科学和民主、新民主主义以至于共产主义,"现在被中共同志们艰苦卓绝地给做成了"。他认为今后"革命的前途,犹艰难而遥远",但是"光明在前,咱们从今不怕再迷失路途了"。5 日下午,北京大学校务委员会宣告成立,由教授代表 19 人和讲师、助教及学生代表各两人组成。俞平伯为校务委员会委员。6 日晚,出席北京大学校务委员会第一次会议。17 日,作《新文学写作的一些问题》,刊于 6 月 1 日《华北文艺》第 5 期。作者就"如何能写出为工农兵服务的文学"这个问题阐述了自己的看法。同月,以自写第六本为底本的长诗《遥夜闺思引》由北平彩华印刷局影印再版。

俞平伯 6 月 5 日上午至北京大学孑民纪念堂,参加北平各大学中文系课程改革谈话会。周扬、杨振声、顾随、杨晦、李广田、林庚、废名等 60 人出席。30 日,中华全国文学艺术工作者代表大会举行预备会议,通过了由 99 人组成的大会主席团,俞平伯为主席团成员。7 月 1 日晚,与文代会代表一起,应邀至先农坛体育场,冒雨参加中国共产党建党 28 周年庆祝集会,聆听了朱德总司令的致辞和毛泽东主席的讲话,观看了文艺节目,至凌晨两点方散会。会后,俞平伯怀着激动的心情,于6日作了新诗《七月一日红旗的雨》,刊于7月11日《人民日报》。此诗后被收入《俞平伯诗全编》。7月2—19日,中华全国文学艺术工作者代表大会在北平召开,俞平伯作为"平津代表第二团"成员出席大会。会议期间,与胡风、艾青、李广田、柳亚子、柯仲平、田间、冯乃超、何其芳、臧克家、冯至等15人任文艺作品评选委员会诗歌组委员。6日,在中华全国文学艺术工作者代表大会第五天的会议上,听到了周恩来长达5小时的报告和毛泽东的讲话。7日下午,与全国文代会全体代表目内参加"七七事变"12周年纪念大会。9日,在全国文代会第八天的大会上,俞平伯朗诵了近作新诗《七月一日红旗的雨》,以代替发言。14日晚,与文代会全体代表应邀出席中共中央华北局、华北人民政府、华北军区、中共北平市委会、北平市人民政府等单位举行的鸡尾酒会。16日,作为发起人之一,出席中苏友好协会发起人大会。17日下午,至北平东总布胡同22号,参加文代会诗歌工作者座谈会,交流工作经验,商谈成立诗歌工作者的组织及出版全国性诗刊等问题。19日,中华全国文学艺术界联合会正式成立,俞平伯当选为中华全国文学艺术界联合会全国委员会委员。21日下午,至北京饭店,出席中共中央委员会、中国人民革命军事委员会联合招待文代会全体代表的宴会,朱德、周恩来、陆定一、聂荣臻祝贺大会胜利成功。

俞平伯23—24日至中法大学大礼堂,参加中华全国文学工作者协会成立大会,当选为中华全国文学工作者协会全国委员会委员,并在24日上午的会上发言,他说:"多年来没有写新诗了,从这次大会中认识到,旧诗虽然不能说没有他的群众,但比起新诗来,真是不能相提并论的。新诗便于朗读,是为人民服务最好的文学形式,今后愿在这方面向大家学习。"24日,中华全国文学工作者协会诗歌工作者联谊会在北平成立。俞平伯、李广田、苏金伞、绿原、林庚等9人当选为候补理事。同月,俞平伯当选为中华全国文学工作者协会全国委员会常务委员会委员。9月3日,作《美国发表"白皮书"后记所感》,刊于9月25日《文艺报》半月刊第1卷第1期。25日,全国文联的机关刊物《文艺报》在北平创刊。从1952年1月起,由冯雪峰担任主编。10月2—3日,中国人民保卫世界和平大会成立大会在北京举行,俞平伯等140人当选为中国人民保卫世界和平委员会委员。10日下午,在文联会议厅参加中华全国文学工作者协会主办的座谈会,听苏联作家协会总书记法捷耶夫谈文艺问题。14日,往太仆寺街尤炳圻住所,访暂居于此的周作人,并赠送所著书二册。周作人是于本年8月14日从上海回到北平的。27日,与林庚、钟敬文、黄药眠、魏建功、浦江清、赵万里等出席文化部文物局局长郑振铎召开的古典文学作品整理出版问题座谈会。12月,诗号角社改组,成立大众诗歌社,出版《大众诗歌》月刊。俞平伯、萧三、王统照、冯至、臧克家、艾青、林庚等出席成立大会。(参见孙玉蓉编《俞平伯年谱》,天津人民出版社2006年版)

曹靖华是春赴布拉格出席在捷克斯洛伐克与巴黎同时举行的保卫世界和平大会。7月,出席在中南海怀仁堂召开的第一次全国文代会,任平津代表团团长及大会常务主席团主席。北京成立中苏友协,任该会研究出版部副主任。秋,到北京大学任教。9月,参加全国政协第一届全体会议。10月1日,参加开国大典。2日,出席中苏友协总会成立大会,并当选为理事,会后,陪同以法捷耶夫为首的苏联文化代表团赴天津出席庆祝中苏友好协会成立的群众大会。是年,作《苏联的杰出作家绥拉菲摩维支二三事》《苏联文学在中国》《法捷耶夫口中的鲁迅》《十月——这就是人类的幸福、自由与和平》《新译俄文鲁迅选集》,译《颂斯大林》(苏联民歌),分别在刊于《人民日报》《新华月报》《文艺报》。所著《虹》由三联书店出版。又校订苏玲译长篇小说《旅伴》,并撰校后记。(参见冷柯(执笔)、毛粹《曹靖华年谱简编》,《河南大学学报》1984 年第 5 期)

杨振声继续任教于北大中文系。1 月,傅作义发帖邀请学界、文化界知名人士到中南海勤政殿座谈,征询对政局的看法。杨振声与周炳琳、朱光潜、许德珩、郑天挺、徐悲鸿、马衡、黄觉非、贺麟、叶企孙、胡先骕、何海秋、杨人楩、王铁崖、黄国璋等 20 余人参加。傅作义首先致辞,随后出席者相继发言,希望傅作义以历史的眼光果断处理好北平和平解决问题。31 日,北平和平解放。据称,沈从文当时情绪紊乱恐惧,担心为新时代所不容。张兆和无奈之下而求助于杨振声,杨几次劝解仍然无效。3 月 4 日下午,出席北京大学中文系系会,讨论改订课程等事宜。22 日,在北京饭店出席华北解放区和国统区进步作家、艺术家联席会议,商讨召开中华全国文学艺术工作者代表大会的筹备工作。会上组成 37 人筹委会,郭沫若为筹委会主任,茅盾、周扬为副主任。杨振声被推选为筹委会委员。24 日,出席中华全国文学艺术工作者代表大会筹委会第一次会议。4 月 6 日下午,到北京饭店出席筹委会第二次会议。8 日,与北平文化界 300 余人联名发表宣言,声讨南京政府盗运文物。同日,在文艺界 300 余人联名发表的响应召开世界拥护和平大会宣言上签名。5 月 4 日,《五四与新文学》刊于《人民日报》。同日,《我整在时代的后面》刊于《进步日报》。6 月 5 日上午,与俞平伯、周扬、顾随、杨晦、李广田、林庚、废名等 60 人出席在北京大学孑民纪念堂举行的北平各大学中文系课程改革谈话会。10 月 10 日下午,在文联会议厅参加中华全国文学工作者协会主办的座谈会。苏联作家协会总书记捷耶夫在会上谈文艺问题。是年,杨振声被教育部内部安排到青岛任山东大学校长,未任。(参见蓬莱市历史文化研究会《杨振声编年事辑初稿》,黄河出版社 2007 年版)

游国恩在 1 月 31 日北京和平解放后,为跟上时代步伐,重视马克思主义理论,特别是马克思主义文艺理论的学习,为此,常学习到夜深。7 月,应邀出席全国第一次文代大会。在会场入口处,周扬向周总理介绍:“这是游国恩先生。”周总理上前两步,紧紧握着游国恩的手,连声说:“知道,知道,是研究楚辞的。”9 月,开设“中国文学史概要”和与之相配合的“中国文学名著选读”(中文系必修课)。《北大周刊》1950 年 2 月 1 日曾作为“改造课程的典型报告”发表了《游国恩先生怎样讲授中国文学史概要》的长篇文章,以大量事实说明他的讲课不但有很强的计划性,而且“开始掌握了历史唯物论的观点”。同时,“他虽然建立了这些新观点,但并不是生硬地、机械地将这些观点套进文学史里去,他是有计划、有组织、有方法地掌握了这些观点而灵活地自然地运用着”“是利用现成的史料和文献来说明(所讲的问题)的”。12 月中旬,北大召开师生代表会议,总结教改的经验,游国恩作了有准备的发言。(参见游宝谅《游国恩先生年谱》,《淮阴师范学院学报》2002 年第 1 期)

朱光潜 2 月 28 日在北平市军事管制委员会正式接管北大后被免去系主任,但仍为教授。3 月 20 日,好友叶圣陶到北大教师宿舍看望朱光潜。4 月,学校为满足广大师生员工的要求制定系统讲演计划,邀请周扬、赵毅敏、艾思奇、范文澜、沙可夫、何思敬、胡绳等作讲座,朱光潜经常前去听讲,同时还阅读了《共产党宣言》《联共(布)党史》《毛泽东选集》及唯物论辩证法等有关哲学著作,对苏联及马克思主义有了一个深入的了解。5 月 9 日,教授联谊会在孑民纪念堂举行座谈会,请到周恩来副主席到会主谈。周副主席阐述新民主主义教育的方针,讲明我们对欧美文化的态度是:“否定其反动的东西,吸收其好的东西,为我们所用。”出席座谈会的朱光潜受此鼓舞,随后辗转从留美学生那里弄到译本路易·哈拉普所著的《艺术的社会根源》,这是有关西方马克思主义理论比较新的成果,朱光潜开始翻译此书。10月,丁进与蔡仪在新创刊的《文艺报》第1卷第1号发表论文,其中有对朱光潜《文艺心理学》和《谈美》中观点的批评。《文艺报》为了扩大影响,树立靶子,有意把《文艺报》寄给朱光潜并请他发表意见,此即后来朱光潜写作《关于美感问题》一文的缘由。11月27日,《人民日报》第三版刊登了朱光潜的《自我检讨》,作者以一个思想改造初步完成者的姿态作了自我反省和检讨,谈到自己已经学习了《共产党宣言》《联共党史》《毛泽东选集》以及关于唯物论辩证法的著作,并深有体会地说:"在这方面我还是一个初级小学生,不敢说有完全正确的了解,但在大纲要旨上我已经抓住了共产主义所根据的哲学,苏联革命奋斗的经过,以及毛主席的新民主主义的理论和政策。"又说:"从对于共产党的新了解来检讨我自己,我的基本的毛病倒不在我过去是一个国民党员,而在的过去教育把我养成一个个人自由主义者,一个脱离现实的见解偏狭而意志不坚定的知识分子。"最后表示,自己愿意继续努力学习,努力纠正毛病,努力赶上时代与群众。朱光潜《自我检讨》是建国之后第一份公开发表的思想检讨书,在当时学界产生重要影响。(参见宛小平《朱光潜年谱长编》,安徽大学出版社2019年版)

沈从文1月2日以《七色魇集》为书名,编成一作品集。大约在这时,沈从文于《绿魇》文末写了题识:"我应当休息了,神经已发展到一个我能适应的最高点上。我不毁也会疯去。"上旬,北京大学校园出现用大字报转抄的郭沫若文章《斥反动文艺》,并在教学楼挂出了"打倒新月派、现代评论派、第三条路线的沈从文"的大幅标语,这使沈从文感到极大的震恐,以为这预示着对自己进行政治清算的开始,从而陷入极度的精神紊乱之中。他在这时写信给在香港的表侄黄永玉说:"城,三数日可下,根据过往恩怨,我准备含笑上绞架。"27日,梁思成和程应□相继致信沈从文,邀他到清华园休息,以缓解精神上的紧张。28日,应老友梁思成等人的邀请,沈从文随罗念生一起来到清华园梁思成家,在梁家休息调养了一个多星期。在此期间,沈从文在金岳霖书房中写作了《一点记录给几个熟人》和《一个人的自白》。文章指出自己这类人的思想问题,有"根深蒂固连续性,顽固排他性","问题正逼迫着他,不能不寻求明白简单正确的答解,死或生"。文中主体剖析自己"内向的形成",回顾了青少年时期的生活教育,认为与大多数读书人、城里人相距遥远。《一个人的自白》现收入《全集》第27卷《一个人的自白》集中,生前未发表过。31日,北平和平解放,沈从文一方面盛赞"解放军进城威严而和气",并称"早知如此,他们定将多一如我之优秀随军记者",但另一方面却又更加惶惶不可终日,经常处于不为新政权见容的幻觉之中。

沈从文2月接受北平《新民报》记者采访,在谈到郭沫若《斥反动文艺》一文时,他说:"我觉得郭先生的话不无感情用事的地方","郭先生说我只写恋爱小说,其实不对,在抗战时期我写的东西很多,不过有的是受检查没有被通过不能出版,自焚的作品就有好几部。"3月2日,校改完毕1928年新月书店出版的《阿丽思中国游记》,并在书后题识:"一切得重新学习,慢慢才会进步,这是我另外一种学习的起始。"6日,撰成《关于西南漆器及其他》。在此文首页旁沈从文注明:"介于这个与自白中应还有八章",在第16页背面上注明:"关于西南漆器(未发表)卅八年二月毕事(未抄齐,来不及)",在末页后又注:"解放前最后一个文件"。这里的"解放"意为"解脱",此后不久沈从文即试图自杀,被家人发现而获救。本文现收入《全集》第27卷《一个人的自白》集中,生前未发表过。13日,致信张以瑛,谈到自己"平时这孤立,神经支持下去已极为勉强,时代一变,必然完全摧毁。这也就是目下情形",并提出:"如还以为我尚可争取改造,应当让我见一见丁玲,我亟想见她一面。"20日下午,郑振铎来访。同日,由香港来北平参加新政协筹备工作的叶圣陶前来看望。约3月20日前后,东北野战军后勤部政委陈沂来访,赠送一些政治学习用书报,并劝张兆和尽快走出家门接受新的革命教育。28日上午,认为社会变了,想象自己作品在重新估价中将会完全被否定,这对沈从文的精神是致命的打击,因而他在巨大的恐惧中自戕:用剃刀把自己颈划破,两腕脉管也割伤,又喝了一些煤油。后被长子沈龙朱及时发现并送医院急救,脱险后转到一家精神病院疗养。张兆和入华北大学学习的日期因此推迟。同月,沈从文在精神极度紧张中,重读了自己以前出版的一些作品集,在1931年5月上海新月书店初版的《沈从文子集》书中,在《龙朱》《丈夫》等文后作了一些题识。4月1日,《读春游图有感》在《子曰》丛刊第6期的《艺舟》剧刊第1期发表,文中对世传名画展子虔《游春图》的真伪进行考辨,这是沈从文在物质文化史方面发表的第一篇专文。5日,沈从文在精神病院疗养时,女作家杨刚前往看望。回去后,杨刚向当时的文化教育接管委员会转述沈从文决心向人民中间走的意思。6日,在疗养院休养期间,沈从文用日记记下早上7点到中午11点多的所思,这是沈从文建国后不多的日记片断之一,展现了他当时思想上的激烈斗争情况。8日,经杨刚汇报沈从文情况后,当时负责全国文联筹建工作的沙可夫决定派沈从文在中国公学任教时的学生吴晗在最近两三天前去看望他。但后来吴晗与沈从文的会面对缓解他精神紧张状态作用并不明显。同月,北京大学博物馆由校内迁到东厂胡同2号新址,先后成立了瓷器室,铜器室,漆器、织造及改良后的手工艺品展览室,北大校史资料室,还举办过苗民刺绣图案展、现代博物馆介绍展等专题展览。沈从文抱病参加了这些展览的筹备布置工作。沈从文出院后,北京大学国文系已经没有他的课程。

沈从文4—5月间在病中写过一批倾诉痛苦心情的新诗,但多数写完后即被他撕毁。10日,前日刚从沈阳抵达北平的丁玲前去看望沈从文。半个月后,丁玲的丈夫陈明也到达北平。丁玲和陈明一道,特意约了何其芳,再次到沈从文家看望,并劝他不要疑神疑鬼、自恐自吓。6月底,抱病写完《中国陶瓷史》教学参考书稿,生前未出版过。同月,解放军苗族将领、沈从文凤凰旧友朱早观来家中看望,鼓励他振作精神为新社会工作。夏,沈从文抱病撰写《中国漆器工艺》。7月2—19日,第一次全国文代会在北平召开,沈从文未被邀请参加。期间,从上海来京出席会议的巴金、靳以、辛笛、李健吾、唐弢、赵家璧等多次去他家看望。22日,华北高等教育委员会批准北京大学正式成立博物馆学科,由韩寿萱任主任,并正式招生。新成立的北京大学博物馆委员会中虽没有沈从文的名字,但他仍热心博物馆的工作,有时还给博物馆专修科的学生讲陶瓷史,或介绍与展览相关的具体文物知识。8月,沈从文病情好转,由郑振铎介绍到新成立的历史博物馆工作,人事关系由北大转到博物馆。离开北大国文系教职后,沈从文仍为博物馆专修科第一届学生兼课。同时在辅仁大学继续兼课。9月8日,沈从文给丁玲写了一封长信。信中谈了自己病情以及对生活和工作的希望,表示自己"因为心已碎毁,即努力粘合自己,早已失去本来",但"近数月在'退思补过'意义下,检讨结果,以及受的现实教育结果,我已变了许多","已深知中共实在凡事从大处看事情,在经营一个国家,不是对什么人特别过意不去。已深知个人由于用笔离群生活离群,转成个人幻念,涉于公,则多错误看法,近于病态而不健康;涉于私,即为致疯致辱因果。为补救改正,或放弃文学,来用史部杂知识和对于工艺美术的热忱与理解,使之好好结合,来研究古代工艺美术史",表示"文字写作即完全放弃,并不什么惋惜"。但又流露出希望日后能让自己重新归队的想法,表示到"国家又还需要我再用笔为新社会服务时,我再来用到小说或历史传记工作方面"。9月19日,巴金、萧乾等到家中看望。20日,开始动手写作诗歌《黄昏和午夜》。10月1日,诗歌《黄昏和午夜》最后定稿。12月25日,写完现总题为《政治无所不在》一文中的系列小文章,记述十个月来"沉默向现实学习"的感受。冬,张兆和从华北大学分配到北京师范大学附属中学任语文教员;沈从文开始了对中国古代玉工艺的研究,搜集了一系列的资料,嗣后两三年间,陆续写出一些笔记性短文和专题文章。(参见吴世勇编《沈从文年谱》,天津人民出版社2006年版)

唐兰任北京大学中文系教授并代理主任。3月,《中国文字学》由上海开明书店出版。唐兰由此开始建立系统而完整的研究文字学的理论和方法。此书与另一著作《古文字学导论》,都是唐兰的代表作。《中国文字学》由"前论""文字的发生""文字的构成""文字的演化""文字的变革"五部分组成。运用现代语言文字理论剖析汉字结构及其发展源流,对殷周六国的古文字及秦汉以来的篆、隶、楷、草、行诸体以至俗字或简体字的特点及其演变,均有所论述。对注音字、拼音字、新形声字见解独到,提出"新汉字"的设想,认为"推翻汉字不如改革汉字"。内容翔实,取材广泛,自成体系,为汉字研究的重要参考书。学界认为《中国文字学》的主要贡献有:(1)确立了中国文字学的名义,明确了中国文字学的研究对象;(2)批判了"中国语言低级、文字原始"的错误观点,确立了中国语言、文字在世界语言、文字史上的地位;(3)解决了中国文字的起源问题;(4)进一步批评传统的"六书说",论述所创立的"三书说";(5)系统论述了汉字演化、变革的历史。10月,唐兰在《人民日报》发表《中国文字改革的基本问题和推进文盲教育、儿童教育两问题的联系》。(参见韩军《唐兰的金文研究》及附录二《唐兰先生学术年谱简编》,山东大学博士学位论文,2009年;耿云志编《胡适年谱》,福建教育出版社2012年版)

魏建功4月为解决中等文化程度读者学习的需要,倡议编辑一部适合工农大众以及中小学教员需要的工具书。邀集金克木、周祖谟、张克强、吴晓铃等商谈,亲自执笔写了《编辑字典计划》,提出了就实际语言现象编定、以音统形、以义排词、以语分字、以用决义、广收活语言、求音求字、由义选词、适合大众、精选附录等10项原则。这些原则在他以后主编《新华字典》时都付诸了实施。7月,就任北京大学中文系主任。10月,中国文字改革协会正式成立,魏建功等25人被推为常务理事,从此,他积极投入了新中国的文字改革工作。是年,在北大开"中国语文概论"及"现代中国语"(与周祖谟合作)课。(参见曹达《魏建功年谱》,《文教资料》1996年5期)

罗常培年初参加筹备北京大学工会和北京市教育工作者工会的工作,又参加了北京市各界代表会议和中国人民政治协商会议第一届全体会议,以及亚洲、澳洲工会代表会议。10月,中国文字改革协会成立,吴玉章被选为主任,他被选为常务理事。是年,《汉语音韵学导论》由北京大学出版部出版;《〈道藏源流考〉序》由中华书局出版印行。(参见《罗常培文集》编委会编《罗常培文集》第10卷及附录《罗常培年表》,山东教育出版社2000年版)

罗福颐12月在《燕京学报》第37期发表《契丹国书管窥》。此文较为全面地梳理了契丹大小字的历史,并将所能见到的契丹字汇录、分类,并注出出处,为此后的契丹研究提供了方便。(参见王学典《20世纪史学编年(1900—1949)》,商务印书馆2014年版)

莫东寅《汉学发达史》1月由北平文化出版社出版。此书按时代顺序论述了西方汉学研究的演进史,展示各国汉学间的相互关系。全书10万余字,共七章。第一至六章主要介绍欧洲对中国的认识和研究过程,追溯了古希腊和罗马关于中国的知识,以至后来与中国的接触、晚明以来传教士的活动等等,直到清代中叶。第七章改为分国叙述,详尽描述法、荷、德、英、俄、美、瑞典、匈、奥、日等国的汉学研究情况，几乎占到全书篇幅的一半。莫东寅此书不少地方直接引用自日本石田干之助的《欧人之汉学研究》。此书是最早的汉学史专书，在向中国读者介绍西方汉学史方面有筚路蓝缕之功。（参见王学典《20世纪史学编年（1900—1949）》，商务印书馆2014年版）

冯友兰继续主持清华大学校务。1月1日上午10时，在工字厅出席讲师教员助教联谊会组织之新年团拜会。4日，主持第一〇二次校务会议，讨论清华园邮局、粮食问题及生活委员会所拟配供粮食暂行办法。5日下午，在科学馆主持文学院教授会，商讨各系课程。中国文学系浦江清提出修正闻一多、朱自清方案，主张在文学院设一普通文学系以造就通才，使中外名著合读并鼓励创作翻译，中、外文系仍存在，中文系提高向学术性方面发展，外文系造就外国语言及专门研究外国文学之专才。冯友兰赞同这一设想。历史系拟设许多研究室，请文学院各系共同合作。讨论时"会场中多数沉默，不发一言"。6日，主持第一〇三次校务会议并报告：收中共北平市委工作团函，嘱将清华员生工警及眷属人数、本月份所需维持费用编具临时预算三份送团，以便转发军管会核发临时维持费。会议议决，奉令撤销训导处，其所管公费除审核公费名单仍由公费委员会决定外，例行事项由教务处接管处理，斋务事宜由秘书处事务组接管处理。8日，主持第一〇四次校务会议并报告：由校派员会同生活委员会前往市委工作团送交清华员生工警及眷属本月所需之副食概算及洽询情况；已补送员工11月份薪津实物待遇数额表籍及该月发给学生会费标准，备中共工作团转军管会参酌。10日，北平区军管会文化接管委员会主任钱俊瑞、教育委员张宗麟来校接收，下午2时在大礼堂召集全体教职员学生工警讲话，冯友兰主持大会，宣布清华从今天起正式成为人民政府的大学，并且是人民解放军第一个解放的大学。

冯友兰1月17日下午主持教授会。会议决定成立教授联谊会，商讨校制商讨委员会所拟校制商讨大纲，会上有人责询学校美金账目，《清华园日记》（下）记此事云："钱伟长提出责询学校美金账目。此美金账目原由职员李天朴君经管，李君于战事发生前数星期离校南去，战事发动时学校及会计室账目请示梅校长运进城中，今竟无人知道清楚。校务会议主席冯先生答应请接替李君经管之职员及出纳组主任姚君出席报告，并未实行。至是钱氏又起责询，词锋犀利，冯公大窘。"18日，主持校务会议并报告：教务长霍秉权、秘书长沈履会同霍士光、史国衡前往军管会洽送清华1月至3月临时维持费概算、员工各种发薪工资方案及学生救济费标准材料。21日，致函浦江清，谈文学院分系问题。24日下午，主持教授会。会议继续商讨校制商讨委员会所拟校制商讨大纲，对旧有评议会职权及组成颇多检讨。25日，主持校务会议并报告：中国人民解放军第三纵队第八旅派员来校接洽并派武装人员7人来校帮助校警维持东西校门内马路交通秩序。28日（农历除夕），哲学系师生在冯友兰寓所清华园乙所欢聚，大家欢迎冯友兰讲话。冯友兰说："历史总是在创造，《诗经》上说'周虽旧邦，其命唯新'。中国在创造，在日新。我们清华，我们系，我们的学业，也在创造，在日新。"26日，北平军管会相关部门对清华大学情形作了分析，完成了一份《关于清华大学情况分析和改造途径的报告》。该《报告》指出清华大学"一切权力掌握在围绕于梅贻琦周围的几个封建集团手里"，分别是元老派、党团分子、华社帮派集团、新路派等，冯友兰与雷海宗、吴泽霖、刘崇鋐、邵循正、孙毓棠等被列入"国民党及三青团党团分子"一派，且被认为是几派人中最反动的。31日上午，在大礼堂听钱俊瑞讲新民主主义及共产党政策。下午3时，主持教授会。会上有人对于城乡交通隔绝时留城的清华同人联络会之处理分发城中同人维持费及1月份薪水有所责询。

　　冯友兰2月2日主持校务会议并报告:军管会文化接管委员会钱俊瑞来函称,清华经费业经军管会决定,自1月起按去年11月标准发给,望即按此标准编造预算具报军管会核发,并再发人民币100万元及粮食15万斤,先作维持之用。会议决定2月、3月份学生救济费标准,每人每月按小米106斤编制。7日下午2时半,教授会、教授联谊会同开会,冯友兰出席主持。会议通过联谊会章程,选出理事。8日,主持校务会议并报告5日在文管会与张宗麟部长谈及清华经费情形,张称第二次维持费人民币100万元已代领出,学生救济费应从1月下半月算起。11日,主持校务会议并报告:清华城内木斋数学研究所房屋前被东北第一临中学生去年12月15日强行占用,并将室内陈列物品及门窗任意捣毁,本校已致函文管会请求保护。16日,主持校务会议并报告:已向教育部长张宗麟汇报清华原校内管辖及自校内接收之款项与食粮问题,其中美金特款(庚款基金)存纽约华美协进社及银行,由原校长梅贻琦亲自经管签字支付。梅离校后其助理秘书李天朴已于战事发生前辞职。经查,收支账未获确切,余款数目不详,款亦均在美国,无从查考支用。下午3时半,出席第二十次教务会议。18日,主持校务会议,审议研究生津贴问题。22日,主持校务会议并报告:北平国际救济协会华北分会捐赠本会一批药品。24日,校委会通过聘燕卜荪为清华兼任教授,授"当代英国诗歌"。25日,向军管会文化接管委员会报送清华基本资料:(一)行政部门分设情况。(二)维持校务机构及校务会议人员姓名职务:主席冯友兰(文学院院长),委员霍秉权(教务长)、沈履(秘书长)、叶企孙(理学院院长)、陈岱孙(法学院院长)、施嘉炀(工学院院长)、汤佩松(农学院院长)。(三)本学年各院系课程情况。(四)依据校历于3月3日开学。同月,《新理学》由商务印书馆出上海六版。3月1日,主持校务会议并报告:(一)文管会拟将2月份薪津部分先行核准,可于短期内将1月、2月份薪津一律发清。自1月起,教职员工警每人每月发小米90斤,其余款发人民币。(二)军管会西北郊分会来函称,奉军管会令已将达园(今北京市一〇一中学西侧)拨交劳动大学使用,本校教职员在此居住者,拟设法分迁至喇嘛庙(清华西门外)等地居住。3日,上午在大礼堂主持本学期始业式,北平市军管会文化接管委员会主任钱俊瑞、教育部长张宗麟及吴晗、白坚到会讲话。4日,主持校务会议并报告:物理系主任兼教务长霍秉权因教务繁忙,不能兼职,已由该系公推叶企孙暂行代理该系事务。10日,北平市军管会文管会派黄茅、开明来清华联络工作。下午3时出席第二十一次教务会议。11日,冯友兰主持校务会议并报告:文管会函告清华,因华北大学迁移北平,校舍不敷应用,拟暂借用清华校舍一部分,供1000人住宿及学习之用,请清华与华北大学商洽办理。又,文管会通知,各院校学生考入南下工作团者,应保留其学籍。13日,接文管会通知,各机关学校因人事调动发布公文均须经军管会代表批准同意方可发布。

　　冯友兰3月22日主持校务会议讨论校庆筹备委员会函请改组事宜,决定请教授联谊会、教授会、职员公会、工会、学生自治会各推代表两人组织38周年校庆筹备委员会。又通过2月12日起调整教职员工医药补助费案。29日,主持校务会议并报告:(一)军管会代表吴晗通知,本校教职员参加南下工作团或参加三大学(中国人民革命大学、华北人民大学、劳动大学)者,本校不再发给薪津待遇。(二)文管会教育部通知:所接管机关人员薪给从3月份下半月起皆按去年9月、10月、11月三个月之平均数折薪发给。4月7日,主持校务会议,决定文物陈列室设主任1人,请陈梦家兼任。19日,主持校务会议并报告:接文管会通知,3月份下半月各机关学校发薪标准改变,因工警待遇过低,决定予以补助。24日,《解放期中之清华》刊于《清华校友通讯》解放后第1期。26日,主持校务会议并报告:文管会通知,盛澄华教授参加南下工作团,经文管会决定,仍保留原薪,按月发原薪之半数以照顾其家属,并保留校内房屋。28日,临时教授会决议:各院系应根据需要规定,"大一国文"及"英文"为必修科或选修科。其规定必修科院系之学生,国文或英文入学成绩特优者得免修。其规定选修科院系之学生国文英文入学成绩不及格,未达到各院系规定标准者应必选"大一国文"或"英文"。29日,主持清华校庆38周年纪念活动。同日,周恩来派人来问冯友兰有何意见。下旬,中国人民解放军占领南京后,当局在北京饭店召集各界人士座谈,冯友兰出席。会上首次见到周恩来,谈起定都问题,冯友兰说:"北平是学术中心,从学术观点看,离政治远一点好。"

冯友兰5月4日接文管会通知,任命周培源为清华教务长,陈新民为秘书长,冯友兰为文学院院长,叶企孙为理学院院长,陈岱孙为法学院院长,施嘉炀为工学院院长,汤佩松为农学院院长,潘光旦为图书馆馆长。5日,接文管会通知:奉军管会决定,成立清华大学校务委员会,叶企孙为主席兼常委,冯友兰为委员。7日,出席校委会成立会,报告文管会通知成立校委会及改组之经过。24日,出席新成立的中国哲学会组织的第一次哲学座谈会。该会由金岳霖、郑昕召集,参加者有清华、北大哲学系教师及其他哲学工作者,每两周举行一次,主要任务是政治学习。6月19日,《哲学家当前的任务》刊于《进步日报·星期论文》。此文略谓"中国共产党已经摧毁了在中国建立新世界底军事上政治上的阻碍,而要改变这个历史的古国底旧世界以建立新世界。中国哲学家底当前的任务是充分参加这个改变世界底事业。"7月5日下午,在清华园出席北平市纪念"七七"讲演大会。8月下旬,冯友兰向叶企孙表示辞职之意。"有一天,叶企孙找我,说:'钱俊瑞说,你的思想跟党不合。'我说:'那我就辞职吧。'"31日,致函校委会,要求辞去哲学系主任、文学院院长、校委会委员之职。9月2日,清华校委会批准冯友兰辞去哲学系主任、文学院院长、校委会委员三项职务。8日,清华校委会将冯友兰辞职书转呈华北高教委。23日,华北高教委批准冯友兰辞去三项职务。校委会向冯友兰转达高教委有关批示:"冯友兰、雷海宗准仍以教授名义任职,应好好反省自己的反动言行。""我不当校务委员及院长,倒也觉得无官一身轻。何必说我是反动呢?叶企孙告诉我说,钱俊瑞说这含教育意义。我还是不承认我过去的错误和罪恶,也不知教育意义何在。"

冯友兰10月5日致信毛泽东,表达改造自新的意愿。信中云:"在参加这几日的庆祝的时候,我于欢喜之中,感觉到十分愧悔。因为在过去我不但对于革命没有出过一份力量,并且在对日抗战时期,与国民党发生过关系,我以前所讲的哲学,有唯心及复古的倾向。这些在客观的社会影响上说,都于革命有阻碍。各方面对于我的批评我都完全接受。但是我也要表示,我愿意随着新中国的诞生,努力改造我自己,作一个新的开始,使我能随着你及中国共产党,对于中国的建设中,尽一份的力量。"冯友兰表示,将在五年之内,以科学的历史的观点,重新改写20年前所作《中国哲学史》,愿以此项工作迎接即将来临的文化高潮。13日,毛泽东接信后,复函冯友兰,说:"我们是欢迎人们进步的。像你这样的人,过去犯过错误,现在准备改正错误。如果能实践,那是好的。也不必急于求效,可以慢慢地改,总以采取老实的态度为宜。"同月,应邀与徐特立谈话;仍两周一次参加哲学座谈会。"秋、冬,中国哲学会组织一些马克思主义哲学工作者和北京大学、清华大学哲学系教师,每两周举行一次讨论会,学习马克思主义哲学,讨论各种哲学专业问题。经常参加学习的有艾思奇、胡绳、侯外庐、何思敬、金岳霖、冯友兰、汤用彤、张岱年、贺麟、郑昕、朱光潜、洪谦、胡思华、齐良骥、任华、邓以蛰、王宪钧、任继愈等人。徐特立有时也来参加。"年底,张东荪赠其所作《公孙龙的辨学》(《燕京学报》第37期抽印本)。(参见蔡仲德编撰《冯友兰先生年谱长编》,中华书局2014年版;齐家莹编《清华人文学科年谱》,清华大学出版社1999年版;杨奎松《忍不住的"关怀":1949年前后的书生与政治》,广西师范大学出版社2013年版;宗亮《1949年前后的雷海宗》,《中华读书报》2013年7月10日;《1949—1980年哲学大事年表》,见中国社会科学院哲学研究所编《中国哲学年鉴》中国大百科全书出版社1982年版)

叶企孙5月5日任新成立的清华大学校务委员会主席兼常委。是日,文管会通知清华大学:奉军管会决定,成立清华大学校务委员会,其成员名单如下:叶企孙(主席兼常委),陈岱孙、张奚若、吴晗、钱伟长、周培源、费孝通(以上为常委),陈新民、李广田、施嘉炀、汤佩松、冯友兰、戴芳澜、刘仙洲、屠守锷、潘光旦、张子高,讲师助教代表两人(其一为常委),学生代表两人(其一为常委)。7日,校务委员会正式成立。会议首先由前校务会议主席冯友兰报告文管会通知成立校务会议、常务委员会及改组经过。军管会代表张宗麟、吴晗先后报告成立校务委员会的意义及其使命,说明校委会成立是根据新民主主义的原则,以教授、讲师、助教、学生为主体的组织,用协议的精神,顾全各方面的利益,为校内最高权力机关。并宣布,军管会代表自校委会成立后撤销。18日,校务会议通过浦江清辞去中国文学系代主任职务。李广田继任中国文学系主任。因外国语文系主任陈福田离校已久,聘赵诏熊继任外国语文系主任。6月13日,第6次校务会议通过:文学院人类学系并入法学院社会学系,并在该系成立边疆社会学组;聘请郑振铎为中国文学系教授。7月6日,教授会上主席报告:高教会决定大学生共同必修课是辩证唯物论、社会发展史、政治经济学、中国革命史、新民主主义论5门。11日,校委会常务会议上主席报告:高教会指令调整院系,本校人类学系及法律系即行停办,学生可转学或转入北京大学法律系。9月13日,校委会通过决议,组织兼任教师聘任委员会,由周培源(召集人)、李广田、潘光旦等人组成。同月,本校哲学系与燕京大学哲学系订立教学及研究工作合作办法:(一)两系所设课程,可供双方学生选修。(二)一方教师可担任他方四年级学生的毕业论文导师。(三)双方教师共同组教研组。(四)双方教材可互供用。(参见蔡仲德编撰《冯友兰先生年谱长编》,中华书局2014年版;齐家莹编《清华人文学科年谱》,清华大学出版社1999年版)

吴晗接1月14日毛泽东复函,答复其关于申请加入中国共产党的意见,信中说:"我们同意你的要求,唯实行时机尚值得研究,详情恩来同志面告。"31日,北平和平解放。吴晗随同一些党、政、军的负责人,参加了人民解放军的入城仪式。2月,吴晗和钱俊瑞等人受党中央委托,对北京大学、清华大学实行接管。随后,吴晗被任命为清华大学历史系主任、文学院院长、校务委员会副主任委员,仍然住在被称为四等教授住宅的西院12号。3月3日上午10时在大礼堂举行本学期始业式,钱俊瑞、张宗麟及吴晗等讲话。18日,吴晗作为军管会代表到校办公。"从此以后,校务就实际上由吴晗主持了。事后我听说,解放北京以前,党中央预先订了一个处理各大学的政策,第一步是'接而不管'。事后我体会到,这个政策是完全落实了。文管会第一次来清华时,本来就应该派军代表的,可是没有派,而是让原来的那些人继续维持校务,只派来联络员进行工作上的联系……这就是'接而不管'。过了一段时间才派军代表,这就是真正的接管了。"4月,吴晗当选为全国青联秘书长。5月7日,校务委员会正式成立。30日,吴晗《我的治学与思想是怎样进步的》刊于《中国青年》第8期。9月24日,校委会通过,推荐吴晗、金岳霖为文学院院长继任人选,报请高教会任命。

26日,华北高等教育委员会任命吴晗为清华大学文学院院长。同月,吴晗出席全国政协会议。10月1日,中华人民共和国成立,吴晗参加了开国大典。15日,吴晗《新的中国·新的人民》刊于《中国青年》第22期。12月15日,吴晗被选为北京市人民政府副市长。吴晗写信给叶企孙推荐金岳霖继任文学院院长。(参见夏鼐《吴晗的学术生涯》,浙江人民出版社1984年版;蔡仲德编撰《冯友兰先生年谱长编》,中华书局2014年版;齐家莹编《清华人文学科年谱》,清华大学出版社1999年版)

梁思成2月至3月应解放军之邀,组织营建系教师莫宗江、罗哲文、朱畅中、汪国瑜、胡允敬、张昌龄等编制《全国重要建筑文物简目》,以备南下作战时保护文物之用。5月,正式参加首都规划工作。担任北平市人民政府都市计划委员会委员、中国人民政治协商会议会场——怀仁堂建筑师、中直修建处顾问等职,在筹建中直修建处过程中函请多位知名建筑师来京工作,如吴景祥、陈占祥、张镈、戴念慈、严星华、沈奎绪、刘江仲等。这些专家后来都成为各建设部门的骨干,为国家建设作出了卓越的贡献。6月,《全国重要建筑文物简目》由华北高等教育委员会图书文物处印行,册后附北平文物整理委员会编制的《古建筑保护须知》,发给各路解放军。8月,当选北平市各界代表会议代表。同月5日,政协会议筹备会第六小组决定聘请徐悲鸿、梁思成、艾青三位专家为国旗国徽初选委员会顾问。9月,梁思成当选中国人民政治协商会议特邀代表。是月21日至30日,参加在中南海怀仁堂举行的中国人民政治协商会议第一届全体会议。同月,根据政协对原国旗方案修改的意见,修订绘制国旗标准图样。12月,当选北京市人民政府委员、北京市各界人民代表会议协商委员会副主席。是年,在梁思成的协助下,林徽因抱病负责中华人民共和国国徽与人民英雄纪念碑的设计,几易其稿,于次年获得通过。(参见林洙、楼庆西、王军《梁思成年谱》,《建筑史学刊》2021年第2期"梁思成及营造学社前辈纪念专刊")

金岳霖3月16日填写工作人员登记表,在"对工作的意见及希望"一栏中写道:"对研究哲学仍有兴趣,盼望能继续教书。"7月8日,中国新哲学研究会筹备会在北京成立,任筹备委员会常务委员(推荐李达为会长)。9月,经清华第21次校务委员会讨论决定,任清华哲学系主任。10月1日,在北京天安门参加开国大典。清华大学成立辩证唯物主义与历史唯物主义教学委员会(简称"大课委员会"),为12名常委之一。是年,在北京饭店见到周恩来,给周恩来留下了很好的印象;给在美国的王浩写信,劝其回国工作。王浩为金岳霖最得意的学生,后来成为国际一流的逻辑学家,他在《金岳霖先生的道路》说:金先生于1949年以前及以后追求了两个很不相同的理想。这两种理想在今天都值得推荐,值得追求。但我不以为一个人可以同时追求这样一对难于兼得的理想。1949年以后的理想,可以说是以哲学作为一项思想上的武器,为当前国家的需要直接服务。1949年以前的理想则是以哲学作为一项专门的学问来研究,逐渐扩展后来者的眼界,改进他们的精神生活。为接近这两个理想所需要的能力和准备都很不一样,所以一个人如果多年来专心追求一个理想而中途忽然转向另一个理想,恐怕不易得到像持续一个理想所能得到的成绩。

按:郑毅《金岳霖哲学体系建构历程研究》(陕西师范大学博士论文,2017年)将金岳霖哲学体系建构历程划分为逻辑哲学建构、实证哲学建构、批判哲学建构三个阶段。文中认为:金岳霖的哲学既有中国传统思想之意蕴,又有近代西方哲学之框架;既有立足于情感的部分,又有立足于理智的部分。金岳霖在逻辑、实证、唯物论等方面各有建树。通过对金岳霖哲学体系建构历程的研究,可以更清晰、更系统地认识金岳霖的哲学思想。金岳霖哲学建构历程大致可以分为三个阶段,有三大成果,分别为逻辑哲学建构、实证哲学建构、批判哲学建构。金岳霖的逻辑哲学建构包括逻辑学和逻辑形上学两个方面。1922年至1939年期间,金岳霖建构了其逻辑哲学体系。1936年,《逻辑》一书正式出版,在逻辑学方面,金岳霖以传统的演绎逻辑为主,兼顾罗素的数理逻辑系统。1937年,金岳霖撰《论道》一书,在逻辑的基础上结合中国古代哲学思想,提出了颇具形上意蕴的道哲学。道是式是能,"式"是逻辑的源泉,逻辑是必然的理。金岳霖主张逻辑是"一",而"道生一""道"作为逻辑的本原义成为金岳霖逻辑哲学体系建构中的核心范畴。金岳霖在《论道》中采用的具体论证方法依然是演绎逻辑的方法。《逻辑》中的逻辑学以及《论道》中的逻辑形上学成为金岳霖逻辑哲学体系中最主要的组成部分。金岳霖在1939至1949年期间致力于其实证哲学体系的建构。实证一词是从广义来说的,这种实证既不同于孔德的社会实证,又不同于穆勒的实用主义,更不同于杜威的实在主义,相比较而言更偏向罗素的新实证主义。用实证主义或实在论等名词都不能准确定义金岳霖这个时期的哲学,因此,金岳霖这个时期的哲学不能在严格意义上称作实证哲学。但是从金岳霖哲学的建构历程来看,这段时期金岳霖建构的哲学体系是较为广义的实证哲学。在金岳霖撰著的《知识论》中,知识不能离开经验和实证而论。此外,金岳霖对休谟以来的归纳、因果问题在知识论层面提出了解决方案。金岳霖1949年之后的哲学可以称作批判哲学。金岳霖的批判哲学既不同于康德式的批判哲学,又不同于在政治或意识形态领域的斗争哲学,金岳霖从罗素哲学以及自己以往的哲学中跳出来,并以之作为研究对象,去理解、分析、辩证地认识它们。金以马克思主义为理论武器剖析罗素哲学和自己以往的哲学,在这个意义上我们称金岳霖1949年之后的哲学为批判哲学。金岳霖的《罗素哲学》一书是其批判哲学最重要的文本。在外在因素的影响下,金岳霖的批判哲学不可避免地会有阶级立场和思想改造等毫无学术价值的部分。因此,既不能全面否认金岳霖批判哲学的理论价值,也不能对其缺点视而不见,应当采取客观的、理性的审视态度。金岳霖三个阶段的哲学并不是孤立静止、毫无关联的,而是不断发展、前后呼应的。逻辑哲学、实证哲学、批判哲学三个体系的建构互有联系,然而旨趣却大不相同。逻辑哲学更注重逻辑的推演以及逻辑的形上诉求,但逻辑推演的方法在实证哲学和批判哲学中依然存在。实证哲学的旨趣在于分析实证,这个"实"与批判哲学中的"实"有承接关系。同时,实证哲学又补充完善了逻辑哲学并启发了金岳霖的"自然与人合一"思想。批判哲学包括罗素哲学批判和金岳霖的自我批判,自我批判主要是《逻辑》《论道》的批判。对于逻辑,金岳霖并非完全否定,而是批判滥用逻辑的行为。在马克思主义哲学的指导下,金岳霖建构了其批判哲学体系。在金岳霖哲学的建构历程中,有一个至关重要的人物——罗素。金岳霖一开始对演绎逻辑产生兴趣,之后尝试在自己的逻辑哲学体系中引入罗素的数理哲学。金岳霖转向实证哲学的研究之后,在因果及归纳问题上对罗素和休谟的观点有深入的见解。这个时期,金岳霖哲学是带有鲜明实证特色的知识论。金岳霖转入批判哲学之后,用马克思主义批判罗素主义。这种批判有利于金岳霖更加精深地研究罗素哲学,金岳霖从一名罗素主义者转变为研究罗素的专家。纵向来看,金岳霖的三部分哲学建构都与罗素有密不可分的关系。相对应地,可以总结概括为"以罗素为师""以罗素为友""以罗素为敌"。在哲学上,金岳霖一辈子没离开过罗素,不懂罗素哲学就不能真正搞懂金岳霖哲学。综上,金岳霖哲学体系建构历程可以概括为:一个历程,两个人物,三个阶段。一个历程是指金岳霖哲学具有"合三为一"的向度,三个不同的哲学体系建构融于一个动态的发展历程;两个人物是指在金岳霖哲学体系建构历程中,金以罗素为镜像,金岳霖的哲学不能离开罗素而论。三个阶段是指金岳霖哲学体系建构历程可以分为三个时期,三部分哲学体系在主旨和内容上泾渭分明。在金岳霖的实证哲学建构时期,中国哲学界有一个从寻求形而上学转为研究认识论的趋势。张东荪的《知识论》与金岳霖的《知识论》分别代表了两种认识论方法。20世纪50年代以后,马克思主义成为中国的主导思想,金岳霖的批判哲学以及同时代其他哲学家的哲学不得不适应这种转变。金岳霖哲学建构历程与中国现代哲学发展历程密不可分,金岳霖对中国现代哲学中新哲学方法的探索作出了贡献。(参见王中江编《中国近代思想家文库·金岳霖卷》及附录《金岳霖年谱简编》,中国人民大学出版社2015年版)

潘光旦编译的《优生原理》一书4月由观察社作为"社会学丛书"出版。全书共8章,介绍了性与养的关系;体质细胞与精质细胞的关系;人们流品不齐的原因;不齐的流品的遗传;最后,从死亡、生殖、战争、宗教方面考察了选择问题。作者认为,讲究优生学,除要注意"个人进步""社会进步"外,也要注意到"种族进步",除要注意后天环境的培养外,也要注意到先天遗传的选择。费孝通《代序》(载潘乃谷、张海焘《寻求中国人位育之道——潘光旦文选》,国际文化出版公 1997 年版)曾这样概括作者的优生学及其社会学的特点:"先生关切的是人类的前途,提出了优生强种的目标和手段。达尔文只阐明了'人类的由来',而潘光旦先生则百尺竿头更进一步,着眼于'人类的演进'。他发挥了中国儒家的基本精神,利用现代科学知识改进遗传倾向和教育去培养日臻完善的人的身心素质。因之先生所提倡的优生学和社会学是一门包罗众多科学知识,融会贯通而成的综合性、完整性、实用性的通才之学,开辟了新人文史观的端倪。"同月,《社会科学》第 5 卷第 2 期出版,载有潘光旦《周官中的人口查计制度》(出版有抽印本)、王永兴《中晚唐的估法和钱币问题》、吴景超《马克斯论危机》、苏汝江《人文区位学的发展和贡献》等文。5 月 4 日,北平市军事管制委员会文化接管委员会通知,其中任命潘光旦为图书馆馆长。10 月,潘光旦任中华人民共和国中央人民政府文教委员会委员,至 1954 年。12 月,着手译恩格斯《家族、私产和国家的起源》,至 1951 年 7 月完成。译注部分多举中国文献资料予以补正,篇幅长达 15 万字。当代社会史家钱杭教授评论道:"以前,郭沫若先生写《中国古代社会研究》,其立意是要仿恩格斯故伎,写出一部中国版的《起源》,虽然写得很顺手,结果却似乎不十分理想。潘先生自无如此抱负,可能也没有这么大的胆量。他只是用不显山露水的译注的方式(此亦为'多元视野'之一'元'),举重若轻地证明了,中国不仅是中国之中国,而且是亚洲之中国,更是世界之中国。这绝非什么高妙的'主义',而是有大量可信资料予以支撑的历史事实。若以实绩论,郭沫若憧憬的目标应该说已在潘光旦手中大致实现了!"(参见吕文浩编《中国近代思想家文库·潘光旦卷》及附录《潘光旦年谱简编》,中国人民大学出版社 2015 年版;齐家莹编《清华人文学科年谱》,清华大学出版社 1999 年版)

雷海宗继续任清华大学历史学系主任。然因过去"战国派"政治立场与学术主张而受到重点关注。8 月 29 日,据雷海宗的挚友且有"通家之谊"的潘光旦日记(《潘光旦文集》第 11 卷)载:"夜孝通来谈高教会有意解除芝生、海宗之行政职务,可用本人提出辞职方式为之,欲余转达,因赴海宗处言之。"30 日,潘光旦记载:"午前出席校务委员会。为芝生、伯伦事,讨论甚久,结论拟请二人对请辞理由,再作比较明细之说明,否则不足以示此举之教育意义云。"潘光旦即向雷海宗传达此意,雷海宗"慨然另作一书交来"。31 日,清华校务委员会委员陈岱孙至潘光旦处拜访,谈到雷海宗的"请辞书之语气犹感未足",说明有关方面对雷氏所作辞职书仍不满意,潘光旦不得不再请来雷海宗,"就原书酌加一二句",如此这般,才"可策万全矣"。9 月 2 日,校务委员会同意雷海宗与冯友兰辞去历史系、哲学系主任职务。25 日,华北高教委员会批复了冯友兰、雷海宗的辞职请求。校委会转达了华北高教委的指示:"冯友兰、雷海宗准仍以教授名义任职,应好好反省自己的反动言行。"(参见参见江沛、刘忠良编《中国近代思想家文库·雷海宗、林同济卷》及附录《雷海宗年谱简编》,中国人民大学出版社 2014 年版;宗亮《1949 年前后的雷海宗》,《中华读书报》2013 年 7 月 10 日)

王亚南 1 月因厦门白色恐怖加剧,乘飞机到香港,在中共地下党办的达德学院教经济学。同时,为香港《大公报》《文汇报》等进步报刊撰写文章。不久,达德学院被香港英国当局封闭。5 月初,王亚南与郭大力一道经中共地下组织安排,由香港北上抵达北京。不久,王亚南在清华大学任教,讲授政治经济学大课。7 月,《中国社会经济改造问题研究》一书由中华书局出版。是年,所著《政治经济学史大纲》由上海中华书局出版。(参见夏明方、杨双利编《中国近代思想家文库·王亚南卷》及附录《王亚南年谱简编》,中国人民大学出版社 2015 年版)

费孝通 1 月在北平解放后选择留下来在共产党领导下工作,担任清华大学校务委员会委员和副教务长。从是年夏至次年春,费孝通著成《大学的改造》和《我这一年》分别于次年5月、8月由上海出版公司与三联书店出版,文风依旧,但思想发生了明显的变化,自由主义思想逐渐消失,马列主义逐渐占据主导地位。(参见吕文浩编《中国近代思想家文库·费孝通卷》及《费孝通年谱简编》,中国人民大学出版社2015年版)

张岱年年初应学生们要求、学校同意,开讲"辩证唯物论"课程,听者甚众,后因"难以联系实际"而在50年代初停课。5月24日,参加第一次新哲学座谈会。是年,张岱年回忆:"解放初,清华开'大课',第一次大课是金岳霖先生和我讲的。金先生讲唯物论,我讲辩证法。嗣后我又讲了几次新民主主义。"(参见杜运辉《张岱年先生年谱简编》,载王京州编《河北近现代学者年谱辑要》,国家图书馆出版社2017年版)

徐毓枬在清华大学《社会科学》第5卷第2期发表《马恩著作中历史唯物论之史的发展》(上)。文中梳理了马恩著作中历史唯物论的发展历程,重点探讨了马恩著作中"无产阶级革命立场之确立""阶级压迫与阶级斗争""生产力发展与社会发展""历史哲学——经济史观"等问题。(参见王学典《20世纪史学编年(1900—1949)》,商务印书馆2014年版)

卞之琳1月中旬到达香港,英国文化协会驻港办事处商请英国人梅乐彬接待,在滞港候船北上期间,即住梅乐彬在香港大学校内的寓所。3月,与戴望舒等搭乘运纸货船北上,到天津塘沽后转火车直达北平,住翠明楼招待所,先后见到周扬与周恩来等领导人。4月,应聘至北京大学西语系任教,同事中有再度来华的英国人燕卜荪。在《小说月刊》2卷4期上发表短篇小说《春回即景》,在5期上发表《春回即景》(《山山水水》第一卷的两章)。6月,参加全国文学艺术工作者代表大会,被选为中国文学工作者协会理事。(参见沈文冲《卞之琳年谱简编》,《南通师范学院学报》2002年第1期)

冯至《十四行集》1月由上海文化生活出版社再版。2月3日,人民解放军举行入城式,北平各界列队欢迎,与袁翰青、费青、楼邦彦、闻家驷等教授走在北大欢迎队伍前列,参加游行。7月2—19日,冯至出席全国第一次文艺工作者代表大会,任北京代表团副团长。在会上当选为全国文联委员、文艺工作者协会理事。在会议召开之前,冯至在《写于文代会开会前》一文中提出:这次大会将要产生出一个新的机构,"关于这个机构的任务如文艺理论的阐发,文艺政策的执行,对于工作者的联系与辅助,以及出版、演出、展览……等,已经有不少人发表过宝贵的意见。每个发表意见的人对于这个新机构都抱有无限的热望,希望它成为一个健全的、灵活的组织,在工作中在第一次文代会上提交发生高度的积极的效果。"12月1日,《杜甫传》第一章《杜甫的家世与出身》刊于《小说》杂志3卷3期。(参见周棉《冯至年谱》,载王京州编《河北近现代学者年谱辑要》,国家图书馆出版社2017年版;《中华全国文学艺术工作者代表大会纪念文集》,新华书店1950年版;王秀涛《第一次文代会与文联的成立》,《文艺争鸣》2019年第3期)

浦江清、许维遹、陈梦家、余冠英、李广田1月2日一起讨论中国文学系计划及课程改订。集议中文系拟分4组:(1)古代经典组(2)语言文字组(3)古文学组(4)近代文学组。分组的原因是中文系包罗范围太广,学生读得太难。分组以后,可以分别训练,各走其路。对于研究院,拟设古代经典研究室、语言文字研究室、文学史研究室、近代文学研究室。5月18日,校务会议通过浦江清辞去中国文学系代主任职务,李广田继任中国文学系主任。(参见齐家莹编《清华人文学科年谱》,清华大学出版社1999年版)

陈梦家仍在清华大学。4月7日,校委会通过本校文物陈列室设主任1人,请陈梦家兼任。6月,陈梦家在《燕京学报》第36期发表《六国纪年表考证》,第37期连载。该文分别考证了周、晋、魏、赵、韩、田齐、燕、秦的世系。此文是陈梦家年代学研究的代表性论著之一。

（参见王学典《20世纪史学编年（1900—1949）》，商务印书馆2014年版）

李广田的文艺短论集《文艺书简》5月由开明书店作为"开明青年丛书"出版，收入文章18篇。作者在《序》中说："给朋友写信大都是随随便便的，有什么话，说什么话，要怎么说，便怎么说。这些小文章也是如此。"6月，李广田的散文集《圈外》改名《西行记》，由文化工作社发行，原"工作文丛"第1辑。此次重版篇目无变化，只作了文字上的改动。（参见齐家莹编《清华人文学科年谱》，清华大学出版社1999年版）

钱钟书9月任清华大学外国语文学系教授，并负责外文研究所事宜。在此之前，他全家由上海迁居北京，他已写了3万4千字的手稿《百合心》丢失，从此，钱钟书搁笔不再进行文学创作了。他在《〈围城〉重印前记》中说："假如《百合心》写得成，它会比《围城》好一点。事情没有做成的人老有这类根据不充分的信念；我们对采摘不到的葡萄，不但想象它酸，也很可能想象它是分外的甜。"（参见齐家莹编《清华人文学科年谱》，清华大学出版社1999年版）

周一良12月在《燕京学报》第37期发表《乞活考》文中认为在西晋末年东晋初年，黄河两岸存在一个"团结最坚、活动地域最广、历时最久者，厥为晋史零星记载而语焉不详"的流民组织——"乞活"，乃搜集材料，对此组织的发展和演变轨迹进行考辨，并分析了其对两晋社会产生的影响。同期还载有于省吾《重文例》、陆懋德《中国发现之上古铜犁考》、程金造《史记体例溯源》、周汝昌《真本石头记之脂砚斋评》等文。（参见王学典《20世纪史学编年（1900—1949）》，商务印书馆2014年版）

侯仁之回到国内，在燕京大学任教，开设"中国历史地理"，并撰写《中国沿革地理课程商榷》，发表在《新建设》杂志上。又应梁思成教授之约，到清华大学营建系兼课，讲授"市镇地理基础"，兼任北京都市委员会委员。

吴玉章继续任华北大学校长。1月1日，主持召开华北大学师生员工大会，庆祝元旦并人民解放战争取得伟大胜利。将所著《中国近五十年来民族与民主革命运动史（总纲与纲目）》书"敬呈毛主席教正：这本小册子作为小小礼物，以答谢你领导的我党的中央委员会庆祝我的七十岁生日。并祝贺你领导的我党政军民文化教育各方面的伟大胜利，特别是人民解放军最近空前的伟大的胜利。"华北大学新民主主义青年团第一次代表大会全体代表致信："向我们青年的舵手——吴老祝寿。"《中国近五十年来民族与民主革命运动史（总纲与纲目）》出版的是油印本，为作者1948年至1949年在华北大学讲授中国革命历史的讲稿。本书由总论和纲目两部分组成。作者区分了近50年中国革命的几个主要阶段，归纳出各阶段的主要特征。书中将近50年革命区分为九个紧要阶段：甲午战后救国时期、戊戌变法时期、义和团运动时期、辛亥革命时期、五四运动时期、中国共产党成立及第一次大革命时期、土地革命时期、抗日战争时期和人民解放战争时期。著者还阐述了近50年中国革命的基本问题和主要问题，既包括中国革命的对象、任务、动力、性质、前途与转变、战略与策略及土地问题外，又涉及革命的理论、革命运动的政党、近50年的社会经济和国家政权、革命的军队四方面问题。此书是一部以马列主义、毛泽东思想为指导结合中国实际，最早的系统性的中国革命史专论。

吴玉章1月5日在华北大学祝寿会上的讲话连载于华北《人民日报》。7日，主持华北大学干部第三次口头汇报会，研究迁北平的各项准备工作。9日，在华北大学干部学习会上作《辛亥革命的教训》的报告。此报告后油印成小册子。13日，华北大学全体师生员工电慰清华、燕京两校师生，祝贺解放。22日，就修改《吴玉章同志革命故事》事，复信何其芳。同日,主持召开华北大学搬迁北平指导委员会第一次会议,检查搬迁北平各项准备工作。25日,主持召开欢迎会,欢迎北平、上海、杭州等地学生来华北大学参观。27日,在北平教工代表会筹备会上发表讲话。指出:教育的目的是在促进社会的发展;教育工作者要符合人类社会向前发展的大道前进;汉字对人民大众太难懂,必须改造成简单化、现代化的、进步的文字。2月6日,为《吴玉章同志革命故事》文稿事再致信何其芳,认为"没有把党的领导着重写出来是不对的"。8日,主持召开搬迁北平指导委员会第二次会议,重要讨论一部、二部学员毕业分配问题。12日,在华北大学与正定县各界群众庆祝人民解放战争伟大胜利大会上讲话。16日,主持召开搬迁北平指导委员会第三次会议、研究生活纪律察顿和草拟华北大学组织章程草案。26日,在华北大学一部学生毕业典礼上讲话。3月5—13日,吴玉章出席在西柏坡举行的中共七届二中全会。11日,在第六次会议上发言,介绍华北大学情况,谈与民主党派的关系问题。21日,召开搬迁北平指导委员会第五次会议,传达中共七届二中全会精神。27日,欢送成仿吾率队30余人先行,前往北平准备学校搬迁和招生工作。28日,将华北大学半年工作总结呈报周恩米和华北局。4月1日,主持华北大学各部处负责人会议,研究搬迁行动计划。

吴玉章4月4日率华北大学校部各单位迁入北平,校部设东四六条38号。正定原址仍保留设立分校。寓所在东四六条39号,至逝世为止,一直住此。6日,在欢送华北大学一部4000多名新生去正定学习的大会上讲话。8日,去前门火车站欢送去正定的新生。11日,出席中国新民主主义青年团第一次全国代表大会开幕式并讲话。同日,拜会林伯渠。17日,拜会林伯渠。25日,在华北人民革命大学开学典礼上发表讲话。着重指出:要革命首先应具有正确的人生观和革命观。28日上午,与党政军及各界领导人去西山万安公墓祭扫李大钊墓。同日,在《人民日报》发表《纪念李大钊同志光荣殉难的二十二周年》。30日,在华北大学第一部发表《五四运动的意义》的演讲。5月4日下午,在中华全国青年第一次代表大会开幕式上致词。晚上,在北平各界青年纪念五四运动的集会上发表讲话。勉励青年们继承五四精神。5日,召开华北大学各部负责人会议,研究新生教育和进城后干部教育问题。同日,在《人民日报》发表《纪念五四卅周年应有的认识》。9日,出席华北大学在北平的五、六、七、八区队开学典礼,请薄一波在开学典礼作专题报告。11日,组织华北大学校长集体办公,决定设立天津、正定分校。14日上午,在华北大学政治研究所成立典礼上讲话。回顾了中共领导抗战和人民解放战争的历史,分析了抗战胜利的主要原因以及政协决议后的国内形势,讲解了毛泽东《目前形势与我们的任务》。15日,拜会林伯渠,反映华北大学面临的困难。同日,林伯渠来访。18日,组织华北大学校长第二次集体办公,研究向华北局作四个月来的综合报告。25日,组织华北大学校长第三次集体办公,讨论正定分校5000学生毕业分配问题。同日起至6月8日,所著《中国历史教程绪论》在《人民日报》连载。28日,在《华大生活》上发表《中国历史教程绪论付印的几点声明》。29日,主持召开中国文字改革协会第一次发起人会议。黎锦熙、陆志韦、罗常培、林汉达、叶圣陶、胡愈之、陈定民、叶丁易等人出席。同月,在《中国青年》上发表《五十年来英勇奋斗的中国育年》;所著《中国历史教程绪论》由文明印刷所印行。

按:本书曾多次公开发表。其中一节最初发表于《解放》周刊第52期,另刊于1949年5月25日至6月8日《人民日报》。其中指出:"我们研究历史更重要的意义在于发现人类社会发展的规律,特别是发现我们中国社会发展的规律,以加强人民争取解放的革命必然获得胜利的信心,和吸取历史上的经验教训";"历史发展的规律,有其共同性,也有特殊性。因此,说到一般的共同性之外,一定要把握它的特殊性。我们反对那种说亚细亚生产方式是另外一种历史发展的道路,但我们并不反对说东方社会发展有它的一些特点";柒"我们虽然是用马克思唯物史观的方法来研究历史,但却不可拿抽象的社会学的公式去代替历史叙述"。

吴玉章6月1日被华北人民政府任命为高等教育委员会委员。同日,主持华北大学校长第四次集体办公。拜会林伯渠。5日,致信正定分校毕业生,勉励学生们南下建功立业。6日,出席华北人民政府高等教育委员会第一次全体会议。同日,在华北大学纪念六六教师节大会上讲话。7日,主持召开华北大学指导委员会会议,研究各部教学计划及学校成立教育工会问题。8日,与范文澜、成仿吾发出通知,要求各部、处做好校教育工作会议的准备工作。要求深入基层,搜集具体材料,分析综合,提出具体意见,写成书面材料上报。9日,主持华北大学校长集体办公会议,研究如何解决学校所需的100名俄文翻译问题和苏联专家住房问题。11日,主持召开华北大学指导委员会会议。14日,拜会林伯渠。15日,主持华北大学校长集体办公。15—19日,出席新政治协商会议筹备会。18日,在《人民日报》发表《纪念瞿秋白同志》一文。19日,出席中华全国第一次科学筹备会成立会。推为北平市院校教职员联合会筹委会委员。21日,主持召开华北人学部、处负责人会议,研究成立学校教育工会事宜。7月1日下午,出席中国新史学研究会筹备会的成立会,选为筹备会常委、副主席。主席为郭沫若。晚上,出席中共中央华北局,中共北平市委在先农坛体育场召开的纪念中国共产党建立28周年大会。2日,出席全国文学艺术工作者代表大会开幕式。同日,召开会议欢迎李立三来华北大学作工会工作报告,通过华北大学教育工会章程要点。6日,主持华北大学校长集体办公会议。9日,为向世界学生第二届代表大会发出贺电等事致信冯文彬。

吴玉章7月12日在中共中央统战部招待全国自然科学会议筹委会全体委员的茶话会上讲话。13日,在中华全国自然科学工作者第一次代表会议筹备会开幕式上讲话。同日,主持华北大学校长集体办公会议。晚上,在华北大学北平区青年团员入团仪式上讲话。14日,出席中国社会科学工作者代表会发起人会议。16日,出席中苏友好协会发起人大会,选为筹委会委员。17日,出席中苏友好协会筹委会第一次全体会议,推选为副主任。主任为宋庆龄。18日,中华全国自然科学工作者代表大会筹备会闭幕,被选为筹委会常委。致闭幕词,题为《把智慧贡献给人民》。21日,主持华北大学校长集体办公会议。23日,在中华全国第一次教育工作者代表会议筹备会议上讲话。24日,在陶行知纪念会上讲话。27日,主持召开华北大学教育工作会议。30日,电话邀请并派秘书迎接朱德出席华北大学一部学员毕业典礼。31日,在华北大学第一部学生毕业典礼上讲话。勉励学生在实际工作中锻炼自己,完成新时代的新任务。朱德出席典礼并讲话。同月,为《新文字与文化运动》再版作序。8月5日,吴玉章去前门火车站欢送华大毕业学员。7日,主持召开文字改革协会发起人第二次会议,主要研究成立理事会事项。8日,在华北大学工会第一次代表大会开幕式上讲话,号召大家好好组织工会,好好联系群众,切实做到知识分子与工农群众相结合。12日,中央情报部转来上海吴克坚电,请允沈德健出席全国语文工作者代表大会。13日,主持召开华北大学指导委员会会议。17日,主持华北大学校长集体办公会议。19日,罗常培致信吴玉章,请指正所著《中国方音研究小史》等6种,并请允"对于新文字至感兴趣"的北大教育系毕业生幸代高列席语文工作者代表大会。25日,就新文字问题致信毛泽东。提出:"我们所拟的原则:一、根据文字应当力求科学化、国际化、大众化的原则,中国文字应改成拼音文字,并以改成罗马字的也就是拉丁化的拼音为好。"28日,在华北大学召开中国文字改革协会发起人第三次会议并作讲话。同日,和毛泽东、朱德、周恩来等到车站欢迎由沪抵平的宋庆龄;在华北大学举办中国新文字、中国文字改革的展览,基本完整地展示了中国文字改革运动的历史进程。29日,毛泽东就新文字问题复信吴玉章:"玉章同志:来信已悉。当付郭(沫若)、茅(盾)、马(叙伦)三先生审议,提出意见。现已接复信,特付上,请予考虑。并请回答你对于他们的意见之赞成,或反对,或修改的意见。如果你同意的话,请付范文澜、成仿吾、黎邵西(锦熙)三位一阅,或者座谈一次,以集体意见告为盼!"同日,设晚宴招待参观东北地区返京的中华全国自然科学工作者代表大会筹委竺可桢等一行40余人。30日,在《人民日报》发表《白皮书说明了国内阶级斗争和国际阶级斗争的一致性》一文。31日,主持座谈会,请竺可桢等人介绍东北参观情况和感受。9月5日,吴玉章在华北大学召开中国文字改革协会发起人第四次会议,传达了毛泽东对文字改革工作的指示。对郭沫若、马叙伦、茅盾、范文澜、成仿吾等人热心参加作为发起人表示欢迎。6日,出席中苏友协总会筹备委员会议并欢迎最近抵北平的筹委会主任宋庆龄。9日,在华北大学校庆大会上讲话。11日,在华北大学第二部政治学习结业典礼上讲话。17日,出席新政治协商会议筹备会第二次全体会议。21—30日,出席中国人民政治协商会议第一届全体会议,当选为中华人民共和国中央人民政府委员。26日,出席纪念巴甫洛夫诞生100周年集会。

吴玉章10月1日下午2时出席中央人民政府委员会第一次会议。下午3时,登天安门城楼出席开国大典。2日上午,出席中国保卫世界和平大会(简称"和大")成立大会。3日,在中央人民广播电台发表《对四川人民的广播讲话》,号召四川人民行动起来迎接解放。同日,继续出席"和大"成立大会,当选为"和大"全国委员会委员。郭沫若为主席。5日,在中苏友好协会总会成立大会上发表演说。当选为中苏友好协会总会副会长,总会会长刘少奇。6日,主持召开中国文字改革协会发起人第五次会议。研究确定常务理事名单,在东单乾面胡同设立协会办公机关等事项。9日,出席政协第一届全国委员会第一次会议。10日,在中国文字改革协会成立大会上致开幕词,说:"本会的目的是在团结中国文字改革工作者,其宗旨是提倡中国文字改革,并且研究和试验中国文字改革的方法。""现在的任务,就在于加深对方案的研究,把国语罗马字、拉丁化新文字和其他改革方案的优点都吸收过来,把它们的缺点都丢掉,以便求得一个完善的方案为国家将来作大规模的文字改革的准备。"当选为中国文字改革协会理事。出席会议代表和各界人士227人,选举产生78位理事。13日晚上,召开人民大学筹备会。钱俊瑞传达刘少奇关于人民大学仍保存师大名义只改革其内容的意见。决定:招生以7000人为最少数;校舍尽力找,租或买都可以,限三日内完成。14日,吴玉章致刘少奇信,谈中国人民大学筹办事,说:"我们要在建设工作上也和我们军事上的辉煌成绩一样,就必须很快培养建设人才。""现在我感觉到我们的工作人员,连党员在内,大有自满自足,遇事敷衍的作风,以为天下事大定了,凡事慢慢来,何必着急呢?""时间和责任心迫着我写这一封信给你,请你向毛主席请示可否由中央命令财经委员会和北京市委对于我们校舍的选定给予帮助,经费的预算从速批准,使我们工作能顺利进行。"15日,应邀出席北京大学教职员联合会第一次代表大会暨成立大会并发表讲话。19日,出席中央人民政府委员会第三次会议。任命为政务院政治法律委员会委员。同日,出席纪念鲁迅逝世13周年大会并发表讲话。"鲁迅所以伟大,是由于他坚定地站在无产阶级的立场上,学习和掌握了马列主义,因此不仅揭露黑暗,而且指出了人类的光明前途。"20日,出席中国文字改革协会第一次理事会,当选为常务理事。同日,出席华北高等教育委员会第四次常务委员会及最后一次全体委员会会议。21日,出席政务院政治法律委员会第一次会议。下午,出席政务院成立暨第一次扩大会议。29日,在北京院校教职员联合会成立大会上致开幕词,同日,去车站欢送苏联文化代表团离京返苏。11月4日,吴玉章出席政务院政法委员会第二次会议。6日,在中国政法大学(校长谢觉哉)开学典礼上讲话。7日,出席周恩来为庆祝十月革命32周年举行的酒会。晚上,出席中苏友协的集会,庆祝十月革命32周年。同日,在《华大生活》发表《纪念十月革命三十二周年》。11日,在华北大学政治研究所二、三班开学典礼上作《学习的重点在改造思想》的报告。12日,与范文澜、成仿吾同署名致信正定分校毕业学生,祝贺进步。同日,刘少奇致信毛泽东和中央政治局,提出:"以原华北大学、革命大学及正明、谢老之政法大学三校合并为基础,来成立人民大学。"同日,华北大学召开大会,欢送第三部部分单位改组成独立的学院。自此以后,农学院发展为北京农业大学,工学院发展为北京工业学院,戏剧系发展为中央戏剧学院,音乐系发展为中央音乐学院,美术系和北平美专合并为中央美术学院,文工团发展为歌剧院,平剧院发展为中国京剧研究院等。20日,吴玉章出席北京市教工工会筹委会常委会议,选为常委会主席。22日,出席欢送苏联医学专家和苏联防疫工作人员的大会。12月2日,吴玉章出席中央人民政府委员会第四次会议。4日,出席中国文字改革协会第一届常务理事会。会议选举吴玉章为常务理事会主席,黎锦熙、胡乔木为副主席。推定吴玉章为方案研究委员会主任;黎锦熙为汉字整理委员会主任;罗常培为地方语研究委员会主任;叶圣陶为编辑出版委员会主任;聂真为秘书处主任。5日,中共中央指示文教事业由中宣部转为中央人民政府的文教机关管理,因此人民大学的建校工作由11月初刚刚成立的"中央人民政府教育部领导"。15日,在《中苏友好》发表《庆祝斯大林同志七十寿辰》。

12月16日,根据中央政治局的建议,中央人民政府政务院通过《关于成立中国人民大学的决定》,任命吴玉章为校长。政务院《决定》开宗明义指出创办人民大学的历史环境:"中华人民共和国业已诞生,人民解放战争即将在全国范围内获得全面的彻底的胜利,新国家的伟大建设工作已经开端。"在此背景下,"为适应国家建设需要",中央政府决定设立中国人民大学。《决定》强调,人民大学的培养目标在于"有计划、有步骤地培养新国家的各种建设干部",中国人民大学的教育方针是"教学与实际联系,苏联经验与中国情况相结合"。《决定》还具体规划了人民大学的院系设置:分为本科和专修班。本科拟设八个系,分别为:经济系、经济计划系、财政信用借贷系、贸易系、合作社系、工厂管理系、法律系和外交系,学制为二年至四年。专修班拟设九个系,分别为经济计划、财政信用借贷、贸易、合作社、工厂管理、统计、外交、教育、法律,学习期限六个月。人民大学的院系设置真实反映了中华人民共和国成立初期迫切需求的干部人才的专业方向。从本科和专修班的专业设置来看,重点在于财政经济。本科所设的八个系中有六个和经济相关。"这和恢复与发展祖国经济,促成经济建设的高潮正相适应"。19日,教育部颁布了《关于中国人民大学实施计划的决定》。该《决定》明确了人民大学本科和专修班的不同培养目标:本科"较长期培养各种建设干部",专修班则"在短时期内培养当前迫切需要的各种建设干部"。《决定》规范了人民大学的课程设置,强调了政治理论课的重要性。本科开设专业课、俄文课、体育课以及"按各系性质分别设马列主义、新民主主义论、中国革命史及政治经济学等课"。专修班的课程主要为专门业务知识,政治课按需要而定。教育部对政治理论课程的重视,适应了当时复杂多变的客观环境。《决定》还细化了"教学与实际联系、苏联经验与中国情况相结合"的教学模式，规定教材主要采用苏联各大学及各专科学校的最新课本；学校设研究部，各系设教学研究组，"经常调查研究各有关业务部门的实际工作情况，收集有关材料以充实教材"；同时"各有关部门派人参加指导工作"，在校学生"应有足够的实习时间"。《决定》确定了人民大学的招生规模和招生办法。本科第一期招收 1400 人，专修班第一期招收 3000 人（含夜校 1000 人），分批在 1950 年内招收满额。招生办法是保送与自主招生相结合，一是"由政府各有关部门及各地区按条件保送"；二是"由学校规定其他办法招收""无论保送与招收，均须经考试合格方得入学"。至此，中国人民大学经过近 4 个月的紧张筹备，宣告成立。21 日晚上，吴玉章出席中苏友协庆祝斯大林 70 寿辰的盛大集会。23—31 日，出席第一次全国教育工作会议。会上还拟定了创办中国人民大学实施计划。31 日，主持召开中国人民大学筹备工作会议。成仿吾报告人民大学筹备情况。研究中国政法大学并入人民大学问题。传达政务院和教育部关于筹办人民大学的指示。出席会议的有范文澜、成仿吾、胡锡奎、聂真、阎子元、李新、尹达、鲍建章、何干之、何戊双等人。是年，撰《中国最近五十年民族与民主革命运动简史》《两个失败的例子和一个成功的例子》等。（参见刘文耀、杨世元《吴玉章年谱》，四川人民出版社 1998 年版；李惠《新中国第一所新型正规大学的建立》，《中国教育报》2019 年 10 月 31 日；牛贯杰《"为有源头活水来"——新中国第一所新型大学的创办与成立》，《高等教育研究》2021 年第 3 期）

范文澜继续任华北大学副校长。5 月 29 日，范文澜在《进步日报》发表《谁是历史的主人》。此文为范文澜在北京大学所作的演讲。作者明确指出："中国历史的主人是劳动人民加上进步的文化工作者和统治阶级中在政治上、军事上做过有益于人民事业的人。过去的历史是以帝王为主的历史，我们今天要推翻它。历史是劳动人民的历史，劳动人民是历史的主人。"6 月 23 日，范文澜在《人民日报》发表《再谈谁是历史的主人》。此文为范文澜 1949 年 5 月 30 日在华北大学政治研究所的演讲。作者指出，一切历史现象"追溯到最根本的因素，乃是生产力与生产关系。历史发展的原动力是劳动人民在一定的相互关系条件下拿着工具在生产物质资料。现在我们对几千年历史的看法，必须彻底翻他一个身。过去读历史，只看生产关系里面的一面，偏重在各个朝代的盛衰兴亡，典章制度的沿革改订，帝王将相的功过优劣，文武官员的升降黜陟，文人学士的佳话轶事，英雄豪杰的'丰功伟业'等等，一句话，偏重在生产关系里高高在上的一面（当然，我们并不否认每个剥削阶级在一定历史时期，也曾有过它的进步性和革命性），对被压迫、被剥削、被统治阶级的一面，及生产关系里受苦受难的一面，是不重视和无视的，把他们反抗压迫的阶级斗争看作'乱民''叛民''流寇'，至于把生产力的发展，看作历史的决定的最后的因素，那就更谈不到了。这样的看法如果不改变，就永远找不到历史的主人，永远看不见历史的本质"。（参见范文澜《中国通史简编》（上、下册）附录陈其泰《范文澜先生学术年表》，商务印书馆 2010 年版；陈其泰《范文澜学术思想评传》，北京图书馆出版社 2000 年版；王学典《20 世纪史学编年（1900—1949）》，商务印书馆 2014 年版）

成仿吾继续任华北大学副校长。2 月 2 日，北平解放第三天，从正定到北平，为华北大学选定新校址。不久，华北大学迁至北平。大量招收知识青年，实行短期训练，为解放战争和建设事业培养干部。25 日，郭沫若同李济琛、沈钧儒、马叙伦等 35 人由沈阳抵北平。成仿吾同分别了 21 年的战友郭沫若相会。7 月，出席全国第一次文代会，被选为主席团成员。8 月，华北大学第一期学员举行毕业典礼，朱德同志到会讲话，号召学员随军南下，解放全中国。同时，开始筹备中国人民大学。9 月 23 日，成仿吾作为教育工作者的首席代表在会上发言，完全拥护共同纲领所规定的新中国教育工作方针和任务。30 日，《华大生活》第 11 期刊成仿吾为华北大学校庆展览会题词："我们已经在思想教育上有了一些经验,今后要结合着更多种的业务教育,把思想教育工作提高一步。"10 月 1 日,中华人民共和国成立,成仿吾参加了开国大典。11 月,成仿吾向华北大学全校人员作《学习马克思列宁主义的目的在于应用》的报告。收《成仿吾教育文选》。12 月 16 日,根据中共中央政治局的建议,中央人民政府政务院第十一次政务会议通过《关于成立中国人民大学的决定》,任命吴玉章为校长,胡锡奎、成仿吾为副校长。(参见张傲卉、宋彬玉《成仿吾年谱》,《东北师大学报》1985 年第 5 期)

赵俪生年初继续任教于华北大学。北平和平解放前夕,在华北大学任教的赵俪生受邀参加讨论进城后接管大专院校和文化部门的会议。当时讨论的一个问题是,像陈寅恪这样身体不好,又已是国际知名的大学者,是否有必要亲自来军官会登记报到。华北大学的副校长成仿吾用不容置疑的语气说每个人都必须自己来,不能请家人下属代劳,"资产阶级知识分子到无产阶级领导的革命机关来报到……这是个态度问题!"赵俪生就此发表了不同意见,他讲了列宁和巴甫洛夫的故事,巴甫洛夫骂布尔什维克是"匪帮",列宁都以礼相待,耐心地等他回心转意替苏维埃工作。赵俪生最后说:"这一切,我觉得值得我们大家学习。"然后又提高嗓门,"特别值得成校长学习!"三天之后,赵俪生就接到了调离华北大学的通知。不久被派到济南市军管会工作。10 月,赵俪生在《新建设》第 1 卷第 6 期上发表《论中国新史学的建设问题》,提出"马列主义原理与中国具体史料的结合,是中国新史学建设的必由之路",认为当前建设新史学的三项任务:一是掌握和运用马列主义的历史唯物主义原则,二是批判与继承乾嘉以来的历史考据学,三是更大规模地有计划地展开田野考古。11 月,赵俪生调任新成立的中国科学院编译局任翻译。(参见刘周岩《"一二·九"一代的知识分子》,《三联生活周刊》2017 年 27 期)

刘大年《美国侵华简史》8 月由华北大学出版。此书论述 1840 年鸦片战争至 1948 年 9 月 100 多年的美国侵华史。作者指出该书"是在范文澜同志赞助下写出来的",实际上提出较切实修改意见的是时任毛泽东秘书的田家英。有研究者指出,该书由于具有一定学术底蕴,又高度契合当时政治形势,出版后迅速风行全国,被不少地方作为时事学习材料,在社会、学术领域产生了不小影响。

按:1949 年 11 月被北京新华书店收入"新华时事丛刊"重版,此后多次再版。(参见王学典《20 世纪史学编年(1900—1949)》,商务印书馆 2014 年版)

汤璪真 1 月任北平师范大学代理校长。同月 22 日,北平师范大学迎接解放委员会宣告成立。2 月 3 日,人民解放军举行庄严雄伟的入城式,师大师生员工组成长长的队伍,高举着一幅幅大标语,一面面红旗和彩旗,汇合在全市人民之中,欢迎解放军入城。17 日,中国人民解放军北平市军事管制委员会主任叶剑英签署命令,派文化接管委员钱俊瑞、陈微明、张宗麟、郝人初、吴晗、叶丁、周建人代表军管会到师大负责商议并办理接管事宜。文管会宣布学校工作仍由原代校长汤璪真负责。学校组织机构及规章制度暂不变更。学校经费由军事管制委员会拨给,教职员维持原职原薪,学生发给人民助学金(每人每月小米 80 斤)。这些妥善措施,安定了人心,稳定了学校秩序,受到广大群众热烈欢迎,使全校师生对党和党的文化教育政策有了初步的认识。3 月 23 日,军管会通知:北平市立体育专科学校与师大体育系合并。4 月 16 日,经北平南军管会批准,中国大学理学院拨归北平师范大学继续办理。该校数理、生物、化学三系学生 200 余人并入师大。中华人民共和国成立前夕,毛泽东主席到师大教授汤璪真家里,并由他点菜设宴,宴请汤璪真、黎锦熙、傅种孙、黄国璋等人,师大师生深受感

动。（参见北京师范大学校史编写组《北京师范大学校史》，北京师范大学出版社 1982 年版）

黎锦熙继任北京师范大学国文系主任兼文学院长。5 月，文管会决定成立北平师范大学校务委员会。校务委员会委员共，19 人，黎锦熙为校务委员会主席。之后任命傅种孙为教务长，陈兆蘅为总务长。旧有行政机构即告结束。校务委员会是学校最高权力机关，实行民主集中制。下设学习委员会、经济委员会、人事委员会。由学习委员会组织师生员工政治学习，并与教职员联合会、学生会共同主编《师大学习报》，这是解放后最早的校刊。学校聘请了一些著名学者来校讲学，加强教学力量。7 月，评定了教职工的薪给，这是解放后第一次评定工资。校务委员会的工作，至次年 3 月宣布结束。9 月 27 日，中国人民政治协商会议通过，中华人民共和国首都北平，改称北京。与此相应，北平师范大学改称北京师范大学。10 月，黎锦熙当选为第一届全国政治协商委员会委员。同月，毛泽东指定黎锦熙、吴玉章、范文澜、成仿吾、马叙伦、郭沫若、沈雁冰等 7 人共组"中国文字改革协会"，黎锦熙任常务理事会副主席、汉字整理委员会主任。中华人民共和国成立不久，教育部就发出改革北京师大的号召，全校师生热烈讨论，提出了许多改革意见。12 月，召开全国教育工作会议，讨论了北京师范大学改革的问题。是年，黎锦熙出版《国语新文字论》，为 50 年来文字改革运动作了总结，并提出了改进工作的意见。还出版了《新部首索引国音字典》《增订注解国音常用字汇》等。

按：在 10 月 10 日的"中国文字改革协会"成立大会上，吴玉章在开幕词中指出："1926 年赵元任、钱玄同、黎锦熙等人在国语罗马字拼音研究委员会拟定国语罗马字拼音法，这就使中国文字改革工作大大地进了一步。"1958 年，周恩来在《当前文字改革的任务》的报告里又说："钱玄同、黎锦熙、赵元任等人制定'国语罗马字'的功劳是不能不承认的。"（参见黎泽渝《黎锦熙先生年谱》，《汉字文化》1995 年第 2 期；北京师范大学校史编写组《北京师范大学校史》，北京师范大学出版社 1982 年版）

侯外庐与李济深等 2 月 25 日在林伯渠和东北行政委员会副主席高崇民等陪同下抵达北平。26 日，侯外庐等在中南海怀仁堂参加中国人民解放军平津前线司令部、北平市军事管制委员会、中共北平市委、北平市人民政府召开的盛大欢迎会。3 月初，应北京大学历史系主任郑天挺之约，侯外庐、郭沫若、杜国庠、翦伯赞与教师们座谈学习马克思主义的问题。25 日，侯外庐与在京民主人士到西苑机场欢迎毛泽东和党中央进京。29 日，赴布拉格出席世界拥护和平大会。同月，被任命为解放后的北京师范大学历史系第一任系主任，亲自讲授《社会发展史》《辩证唯物论和历史唯物论》等课程。侯外庐提出向苏联学习，组织教学小组，具体的组织、领导者是白寿彝教授。5 月 24 日，侯外庐参加第一次新哲学座谈会。同月，《中国思想通史》第二、三卷完稿。

按：侯外庐《韧的追求》（生活·读书·新知三联书店 1985 年版）在回顾《中国思想通史》第二、三卷成书的时候，先生特别提到杜国庠、邱汉生所饱经的生活艰辛：杜国庠一方面在上海坚持党的地下工作，一方面忍受着常人难以忍受的贫困生活的煎熬，夫妇俩经常以稀粥度日，但"就是在这种情况下，杜老那蔼然长者的风度，那为学术工作竭诚尽虑的忠荩之心，那绵密细致的工作作风，在在是我们的表率。杜老在既是卧室又是工作室中，以一笔不苟的毛笔正楷，写出那样精严工整的思想通史书稿，可以说这同他一贯严谨的一丝不苟的治学精神是一致的"。

侯外庐 7 月 1 日下午 3 时半在北京饭店出席中国新史学研究会筹备会，与郭沫若、吴玉章、范文澜、邓初民、陈垣、翦伯赞、向达、吴晗、杨绍萱、吕振羽等 11 人为筹备常务委员会委员，郭沫若为主席，吴玉章、范文澜为副主席，侯外庐与杨绍萱为秘书，负责进行召开全国历史工作者代表会议的筹备事宜。8 月 25 日，顾颉刚到北平师范大学拜访侯外庐。27 日，顾颉刚到侯外庐家中拜访。同月,所著《中国古代社会史》作为"新中国大学丛书"之一由上海三联书店出版;与杜国庠、赵纪彬合著《中国思想通史》第一卷作为"新中国大学丛书"之一,由上海三联书店出版,署名为"侯外庐、杜守素、纪玄冰"。9月21日,侯外庐作为"中华全国社会科学工作者代表会议筹备会"的正式代表,参加在北平召开的中国人民政治协商会议第一次全体会议,其他人有陈伯达、陈绍禹、范文澜、谢觉哉、邓初民、王学文、艾思奇、何思敬、翦伯赞、张志让、阎宝航、钱端升、樊弘、吴觉农,候补代表为李木庵、胡绳。30日,续作《中国思想通史——(中古编)序》,刊于次年4月2日《光明日报》第3版。文中提出:"本卷写作的期间,正当国民党危害压迫最凶之时,在集稿的期间,著者或南北逃亡,或潜伏地下,未有宁日。稿件整理,由沪而港,复由港而沪,排印计划则年以数变,直至今日,在新民主主义的中华人民共和国诞生之日,始告付排,幸慰之余,谨向读者道歉!"

侯外庐等10月11日发起中国新史学研究会与北京六大学史学联合会在师大文学院历史学会举行联席会议。师大历史系主任侯外庐,戏曲改进局杨绍萱,北大、师大、清华、辅仁、燕京、中法六校史学会代表出席,师大历史系同学40余人列席。主席侯外庐报告召开联席会议的意义与中国新史学研究会筹备成立的经过,指出:新史学的研究为实行《共同纲领》中文教政策的一项重要任务,尤其对新民主主义的学习,是个打头阵的工作。会议商讨了今后如何有计划、有步骤地召开新史学座谈会和讲演会,与中学历史教员取得密切联系等问题。六校代表一致建议新史学研究会出版专门的历史书刊和通俗刊物,编定优良的中学历史教材,对古代史迹作进一步的考证,把全国各地研究历史的人组织起来,运用历史唯物论的观点和方法,批判旧的历史,养成实事求是的工作作风,以便充实新史学的建设工作。在统一部署下,新史学会举办了一系列讲演会,主要目的是宣传历史唯物论。21日,侯外庐被任命为中央人民政府政务院文教委员会委员。秋,在参观人民革命大学的过程中受到其"政治学习小组"的启发,酝酿在北京师范大学历史系成立"中国通史教学小组"。是年,《孙中山到毛泽东》由山海书屋出版,系"山海文花第一辑"。此书收入何畏之《和谈空气的背后》、侯外庐的《孙中山到毛泽东》、陈健《对战争发展规律的认识》、文骊译《新民主主义的经济政策》、翦伯赞《末代帝王的下场》、波光《张学思千里寻兄》、冀汸《罪状》、水市译《石家庄的妓女》、吴晗《远方来鸿》、辛易的木刻《开会去》。(参见杜运辉《侯外庐先生学谱》,中国社会科学出版社2013年版;王学典《20世纪史学编年(1900—1949)》,商务印书馆2014年版)

李长之继续任教于北京师范大学。2月17日,北平市军事管制委员会接管北平师范大学后,李长之、徐英超、殷保璨等师大教授曾进入革命大学,学习革命理论并在革命队伍中接受集体生活的锻炼。4月,李长之加入新民主主义文化建设协会。7月,出席全国第一次文学艺术工作者代表大会。(参见李书《李长之年表》,《新文学史料》1979年第3期;北京师范大学校史编写组《北京师范大学校史》,北京师范大学出版社1982年版)

刘盼遂6月11日在《经世日报·读书周刊》第43期发表《谈倒用印》。北京解放前,编成自己的诗集,拟交来薰阁书店出版,因迎接解放,未能出版,"这本词稿今天不知下落"。(参见之远、章增安《刘盼遂先生学术年谱简编》,《华北水利水电学院学报》2011第6期)

白寿彝7月从南京大学到北京出席中华人民共和国成立前夕召开的全国教育工作者代表会议筹备会议,并受聘于北京师范大学。

陈垣继续任辅仁大学校长。1月8日,国民党政府派人来接陈垣去机场,而陈垣一早便到刘乃和家躲避,一直谈到晚饭后才走。9日,北平、南京的报纸都发出中央社的消息:"陈垣等人昨日离平飞京。"10日,致约之函:"昨日此间各报纸载我南飞消息,不确。恐传至粤,以为我真已南飞也。自前月十七八,政府来电并派飞机来接,都未成行,后又敦促数次,均婉谢,因无走之必要也。只难为粤中家人挂念耳。其实情形不至如报纸所传之恶,吾未尝一日废书,书案堆书如山,竟至不能伸纸写信,今此信亦在书堆上写,凹凸不平,无法清理,只好如此。"2月1日,北平和平解放,解放军进城。陈垣弟子刘乃和回忆:"这天他与柴德赓和我从辅仁大学步行到西直门大街,站在马路旁欢迎解放军。北平解放后,陈垣开始学习马列主义理论。"这时他每月的工资,除去一些生活必要开支外,全部都买了新书,从此励耘书屋的书桌书架上,增添了大量马列主义理论书籍。"这时他已是七十多岁的老人,但他不顾眼力差,印刷不清,字体小(大都是新五号字)等困难,他克服了困难,拿着放大镜,一篇一篇,一本一本,认真地阅读、学习"。16日,辅仁大学成立中国教员会。

陈垣2月18日召集教员会、职员会、职工会、学生自治会及各社团代表人,公开发表今后学校态度及行政方针。辅仁大学中国教员会发表成立宣言,提出三大原则作为今后努力的目标:一、使辅仁建立起新民主主义的教育;二、宗教与教育必须分开;三、辅仁的行政权完全交与中国人。同日,主持辅仁大学校政的天主教神父递交书面报告,宣布退出副校长、教务长、总务长、女院院长、训导处等地位与职务。陈垣召开学校各方面负责人会议,宣读书面报告,并说:"今后本校一切由中国人主持了,希望各单位代表回去和大家研究讨论,在校政校务不间断之下,迅速地把我们辅仁的新制度建立起来。""这个时代是伟大的时代,和以前大大的不同了,我们应该毫不犹疑地努力,研究向新的方向走。我今年已七十,可惜闻道晚矣,但是本人一定努力的跟上去。"20日,在全体教职员学生会上讲话:"帝国主义的代表瑞克尼神父已经滚出辅仁,我个人非常惭愧,过去所扮演的是一个封建残余的角色,现在我立志更生,从新学习。"3月14日,致约之函:"余近日思想剧变,颇觉从前枉用心力。从前宥于环境,所有环境以外之书不观,所得消息,都是耳食,而非目击。直至新局面来临,得阅各种书报,始恍然觉悟前者之被蒙蔽。世界已前进,我犹故步自封,固然因为朋友少,无人提醒,亦因为自己天分低,没由跳出,遂尔落后。愿中年人毋蹈予覆辙,及早觉悟(港得书似较易),急起直追,毋坐井观天,以为天只是如此,则大上当也。"同日,再致约之函:"余思想剧变事,已详前信。世界大势所趋,必然做到,早晚而已。已颓败之势,无可挽回。学术思想,应从新生的路上走,余甚悔往日之懵然妄觉也。"4月11日,南京政府加紧向台湾转移古籍文物等,第一二批已于12月27日、1月9日运到台湾,其中包括中央博物院、故宫博物院、中央图书馆、北平图书馆及外交部物品共3348箱。陈垣参与北平文化界329人联名发表宣言,声讨南京国民党反动卖国政府盗运文物的罪行。

陈垣4月29日作致胡适公开信,刊于5月11日《人民日报》。该信由刘乃和起草,再经陈垣亲笔改定,然后又请范文澜修改。范文澜字斟句酌后,并无大的更动。信中说:"今年一月底,北平解放了。解放后的北平,来了新的军队,那是人民的军队,树立了新的政权,那是人民的政权,来了新的一切,一切都是属于人民的。我活了七十岁的年纪,现在才看到了真正人民的社会,在历史上从不曾有过的新的社会。经过了现实的教育,让我也接受了新的思想,我以前一直不曾知道过。""你曾对我说,'共产党来了,绝无自由',并且举克兰钦克的《我选择自由》一书为证。我不懂哲学,不懂英文,凡是关于这两方面的东西,我都请教你。我以为你比我看得远,比我看得多,你这样说,必定有事实的根据,所以这个错误的思想,曾在我脑里起了很大的作用。……我知道新生的力量已经成长,正在摧毁着旧的社会制度,我没有理由离开北平,我要留下来和青年们一起看着这新的社会究竟是怎样的。……以往我一直是受着蒙蔽,适之先生,是不是你也在蒙蔽着我呢?”“我读了《中国革命与中国共产党》和《新民主主义论》,认清了现在中国革命的性质,认清了现在的时代。读了《论联合政府》,我才晓得共产党八年抗日战争的功劳,这些功劳都是国民党政府所一笔抹煞的。读了《毛泽东选集》内其他的文章,我更深切的了解了毛泽东思想的正确,从而了解到许多重要的东西,像土地改革的必要性和我们知识分子的旧的错误的道路。读了史诺的《西行漫记》,我才看到了老解放区十几年前就有了良好的政治,我们那时是一些也不知道的。我深深的受了感动,我深恨反动政府文化封锁的这样严密、使我们不能早看见这类的书。如果能早看见,我绝不会这样的度过我最近十几年的生活。”“说到治学方法。我们的治学方法,本来很相近,研究的材料也很多有关系,所以我们时常一起讨论。你并且肯定了我们的旧治学方向和方法,但因为不与外面新社会接触,就很容易脱不开那反人民的立场。如今我不能再让这样一个违反时代的思想所限制,这些旧的'科学的'治学方法,在立场上是有他基本错误的。所以我们的方法,只是'实证主义的'。研究历史和其他一切社会科学相同,应该有'认识社会,改造社会'两重任务。我们的研究,只是完成了任务的一部分,既有觉悟后,应即扭转方向,努力为人民大众服务,不为反人民的统治阶级帮闲。”“我现在很诚挚地告诉你,你应该正视现实,你应该转向人民,幡然悔悟,真心真意地向青年们学习,重新用真正的科学的方法来分析,批判你过去所有的学识,拿来为广大的人民服务。再见吧!希望将来我们能在一条路上相见。”此信发表后,国内外报刊争相转载。5月17日,《进步日报》转载《公开信》,同时发表社论,指出:这反映了中共对胡适及其他在海外知识分子的统战意向。18日,北平《新民报》转载《公开信》。29日,《香港华商报》转载《公开信》。6月间便有英文译本传到各地。在海内外知识界引起很大震动。

按:胡适见到这封信后,曾写有《跋陈垣给胡适的一封公开信》,认为这封信不是出自陈垣手笔。一方面胡适和陈垣交往多年,自以为对他很了解,不相信他的思想能够转变得这么快;另一方面也是因为这封信用的是白话文,和陈垣以往的文风有明显的不同。6月18日,胡适得到英译本。19日,胡适日记说:“此绝非伪作的。全函下流的幼稚话,读了使我不快。此公老了。此信大概真是他写的?”次日日记曰:“今天又细读陈垣公开信英译本,更信此信不是伪造的,可怜!”再后一天,他读到中文本,愈发确定此信出自陈垣之手。不过,后来胡适发了“考据癖”,根据陈垣“从来不写白话文”,信中有关书信日期又有错误,故断言此信是别人假造的。1950年1月9日,胡适作《共产党统治下决没有自由——跋所谓〈陈垣给胡适的一封公开信〉》说,“可怜我的老朋友陈垣先生,现在已没有不说话的自由了”。

陈垣6月19日报告北平辅仁大学校务委员会成立经过,宣布校务委员会名单,计有校长陈垣,教授顾随、徐士峰、张重一、杜任之、赵光贤、欧阳湘、余嘉锡等12人,讲助代表2人,学生代2人,及教会代表芮哥尼、卢修2人,并推定张重一为秘书长,徐士峰为教务长,余嘉锡为文学院长,芮哥尼为理学院长。在高等教育委员会代表张宗麟讲话后,教授、学生代表亦相继致词,一致表示要在人民政府领导下团结合作,共同克服困难,为建设新辅仁而努力。7月1日,中国史学研究会筹备委员会在北平成立。陈垣与郭沫若、吴玉章、范文澜、邓初民、侯外庐、翦伯赞、向达、吴晗、杨绍萱、吕振羽等11人为常务委员会委员。11日,平津专科以上学校毕业生暑期学习团在清华大学大礼堂举行开学典礼,陈垣出席会议并讲话。14日,中国社会科学工作者代表会发起人会议开幕。陈垣为发起人之一,当选为主席团成员。8月6日,辅仁大学教职员为了提高对于政治的认识,不愿意把暑假空空的度过,特地成立了一个暑期学习会,从事马列主义和毛泽东思想的学习。陈垣每天用很多的时间去了解各小组的学习情况,鼓舞大家的学习情绪。20日,陈垣在暑期学习会小组长扩大会议上讲话。26日,出席中国社会科学工作者代表会议筹备会座谈会,讨论美国国务院所发表的对华白皮书。

　　陈垣校长与王玢以及刘福惠同学为辅仁大学出席各界代表会议代表。9月8日,辅仁大学职工会、教职联筹委会、院系联合会举行传达北平市各界代表会议决议案大会,由陈垣校长与王玢以及刘福惠同学分别传达报告大会的意义、经过、精神、提案及重要决议等。9日,陈垣在《人民日报》发表《对北平各界代表会议的感想》:"我以前没有看见过好的政治,就以为凡是办政治的就办不好,就令人失望,于是只好用消极的办法,对政治不闻不问。""现在不同了,从解放以后,我静心的观察政府的一切措施,一切法令,真是基本上和从前不同了。不用说别的,就看见他们提倡艰苦朴素的作风,没有一点奢华享受的喜气,已经是从前所没见过的。""我们在这样的政府之下生活,还有什么理由能对政治灰心、对政治不闻不问呢?"30日,北京市学联、妇联、中小学教职等团体及各校师生,纷纷抗议捷籍神甫曾德望、德籍神甫纪福泰等5人非法扣留辅仁男中六同学的暴行,要求严惩帝国主义分子。同月,当选为全国政协一届一次会议特邀委员、第一届北平各界代表会议代表。11月14日,致子陈乐素函:"个人自修,不如集体学习,单是读书。不如实地训练,就是作一回下乡调查工作,也是实地学习之一。""来信问社会发展史研究提纲,只见有艾思奇著的《社会发展史提纲》,未算定本,拟明日寄汝一部。又有恩格斯的《从猿到人》,薛暮桥的《政治经济学》即社会发展史,又有《人怎样变成巨人》及北京出版的杂志名《学习》,已出了两期。以上各书,未识你已有否? 如未有,而需要,可照寄。""简琴翁(简经纶)来信,云有二子欲来京入大学,尚未回信。又云寅恪夫人对时局认识不清,尚疑为大乱将至,亦新闻也。"19日,作为各界爱国民主人士当选北京市第二届各界人民代表会议代表。20日,出席第二届北京各界人民代表会议。是年,为辅仁大学年刊题词:"诸君入学在胜利后. 毕业在解放后,要认清时代,向前迈进,努力为人民大众服务。"(参见刘乃和、周少川、王明泽《陈垣年谱配图长编》,辽海出版社2000年版)

　　顾随仍在辅仁大学,任国文系主任、校务委员会委员及附属中学、小学委员会主任。1月4日,到余季豫处商讨寒假补习班开课事。与启元白、柴青峰一起拜访陈垣校长。5日起至2月4日,几乎每日都为寒假补习班讲授"韵文普说"课赶写讲稿。17日,阅老舍《不夜集》。27日,为中法大学留校学生作题为"鲁迅之作风"的演讲。29日,卢丕功、郭预衡、余季豫来访顾随。30日,拜访陈垣校长、余季豫院长。史树青来访顾随。31日,往槐宝庵晤张重一。刘在昭来访顾随。2月16日下午,参加辅大中国教员会,被选为25位执行委员之一。2月17日,散步辅仁大学校园中,与郭预衡交谈。18日上午,参加辅大中国教员会执行委员会,选出常委6人:教授、讲师、助教各两人。通过中国教员会成立宣言。19日上午,在国文系与郭豫衡交谈,嘱其组织鲁迅研究会,郭也有此意。下午,得中法大学转来罗荣桓、薄一波、林彪、董必武、聂荣臻、叶剑英6人署名请柬(时间是明日下午三时,地点在东长安街北京饭店)。20日,顾随在日记中记载:"午饭后小睡,二时过觅车赴北京饭店,中法同人出席者并予为五人。晤及君培、平伯、毅生、赵紫宸、张子高、王履斋,其余相识尚多,不及一一招呼。饭前首由林彪、董必武致辞,饭后则聂荣臻、叶剑英,中间演说者清、燕两校教授最多。返寓已八时。"23日,于文化服务部以百十二元购得巴比塞著、徐懋庸译《从一个人看一个新世界》一册。24日,下午睡起著饮后读《斯大林传》。25日,读《斯大林传》及日丹若夫《苏联哲学问题》。26 日,茗点后读日丹若夫《苏联哲学问题》,此为第二过矣。11 时到文化服务部购得书二册,一为耿译高尔基长篇小说《家事》,又其一则为《解放区教育论文集》。27 日,茗点后阅日丹若夫《苏联哲学问题》,原著者文笔明晰,思想正确,而译文亦足以达之。

顾随 3 月 3 日为辅仁大学中文系主任。同日,辅仁大学成立"临时校政会议",同日召开第一次会议,会后各系建立系务委员会,由本系主任、教授、讲师、助教和学生代表组成。5 日,读卢那卡尔斯基《艺术论》。9 日,于文化服务部购《整风文献》一册。13 日,去文化服务部借《高尔基》一册。16 日,去文化服务社还《高尔基》,复借瞿秋白《乱弹及其他》。18 日上午,去文化服务社还《乱弹及其他》。下午,读《论文艺问题》。25 日上午,到文化服务社,购得艾思奇著《大众哲学》,复借来柯根著《世界文学史》一册。4 月 3 日,到文化服务社借《解放区短篇小说集》一册。6 日,阅《精神分析学》与《辩证唯物论》,颇觉开卷有益。下午小憩片刻,起来茗饮后阅卡达耶夫著《团队之子》。7 日,"看高尔基之《爱的奴隶》,殊不佳。惟第二篇笑话(与前一篇并订一册)则极见天才。"9 日,"灯下看班特莱夫之《文件》,甚觉新鲜。"6 月 19 日,辅仁大学召开校务委员会成立大会,宣布顾随等为校务委员会成员。9 月初,病重,住中和医院治疗。不久出院。12 月初,再次病重,住中和医院抢救。年底,教育部特准顾随退休养病。(参见闵军《顾随年谱新编》,载王京州编《河北近现代学者年谱辑要》,国家图书馆出版社 2017 年版)

陆志韦继续任燕京大学代理校长。中旬,雷洁琼、严景耀、张东荪等燕大教授接通知前往平山县西柏坡,受到了毛泽东、刘少奇、朱德、任弼时等中央领导同志们亲切接见。31 日,院长会议决定,在林嘉通离校后,威尔逊任院长会议主席,夏仁德夫人任秘书。同月,光未然到校,向师生大会讲解共产党进城后的政策;解放军 13 兵团政治部主任刘道生,两次来校作报告,一次给师生讲解进城后的政策,一次讲将革命进行到底。2 月 3 日,解放军举行盛大入城仪式。燕大学生清晨 3 时半随军入城,并居于城内,在街道、学校中宣讲城市改革、工商业政策等,一周后始返校。6 日,燕大学生数十人接受组织分配,到北京市区参加接管基层旧政权、建设新政权的工作。3 月 2 日,石文博任校长助理,翦伯赞任历史系及社会学系教授,沈志远任经济系教授,孙瑞芹任新闻系教授。同月,燕大百余名男女同学参加南下工作团,编入"南下工作团一分团一大队"。5 月 5 日与 6 月 28 日,陆志韦给联合托事部执行秘书李默伦信中说:"现在不是中国的黑暗时期,而是一个新的黎明。在中国近三千年的历史,我们从没有这样一个清廉和负责的政府。新环境下教育需要一个新的思想体系,但我们不能脱离传统。""政府方面肯定的指示,必要的课程改革稳步前进。……给予特定范围的经济补助。必修的政治教育课程与公立学校同。容许宗教课为选修课。在教学中避免宗教情绪。"6 月 8 日,司徒雷登秘书傅泾波往见黄华,称司徒希望能赴北平与周恩来先生会见一次,顺便看看燕大。会见后,黄华将司徒要求向中央汇报。中央考虑通过非官方联系为好,乃通过燕大校长陆志韦去信邀请司徒访问燕京大学。16 日,陆志韦给司徒雷登信中说:"我昨天早晨见过周恩来先生。感谢你的问候。毛泽东已经宣布你有意来访问燕京,我看政府是会允许你来的。"夏,燕大正式建立机械工程系,学制五年。建系后本系有教授 3 人,副教授 4 人,兼任教授 4 人,讲师 3 人,助教 12 人。28 日,第卅二届毕业典礼举行。同日,黄华告诉司徒雷登:北平来电,同意他去燕大一行,他希望与当局晤面一事亦有可能。7 月 2 日,傅泾波访黄华说艾奇逊来电称,司徒雷登须于 7 月 25 日前赶回华盛顿,中途不要停留,以免引起各方评论。

陆志韦7月4日主持大学委员会,决定:赖朴吾为理学院院长;丁荫为机械工程系代理系主任;谢道渊为大学委员会学生代表;卢念高为《燕京新闻》三人委员会主任。8月,由校行政、教师代表40人,工会代表30人,学生代表40人,特邀代表2人(宗教学院)及列席代表8人(中共燕大支部3人、新民主主义青年团代表2人、妇女会代表3人)召开大会,会上通过了《燕大组织暂行章程草案》,其中决定成立新的校务委员会、教务委员会及事务委员会,并规定了各委员会的组织、任务及职权等。秋,经济系的教师阵容:专职:饶毓苏(国际贸易)、沈志远、赵靖(政治经济学)、史道源(国际经济)、林懋美(统计学)、项冲(国际金融)、陈金淼(工商管理)、张伟弢(会计学)。兼职:陈岱孙(财政学)、戴世光(统计学)、赵人隽(货币银行学)、陈振汉(经济史)、赵锡禹(会计学)。讲座:孙晓村、孟用潜。10月1日,全校师生进城参加中华人民共和国成立大典。队伍进入三座门时,全体高呼"中华人民共和国万岁!""中国共产党万岁";与此同时,毛主席也呼口号"学生同志们万岁!""燕京大学的同学们万岁!"12日,燕大事务委员会当选委员:侯仁之、朱国璋、任永康、康毅民、杨讽。19日,陈鸿舜为校图书馆委员会主席,委员:陆志韦、郑林庄、齐思和、司徒大卫(哈佛燕京学社)、梁思庄、康毅民(图书馆)。26日,褚圣麟任燕大铨叙委员会成员主席,任永康任副主席,委员:严景耀、高名凯、李欧、林懋美、许大龄、杨汝佶、石文博、王云和。人民助学金委员会(属校务委员会)成员:侯仁之、戴文赛、饶毓苏。10月底,校务委员会通过,聘请:陈翰伯为新闻系教授;孙令衔为化学系教授;张琴南、陈梦家为兼职教授。31日,《新燕京》复刊(由原《燕京新闻》改办),本刊由燕大校委会、教职联、学生会、工会、妇女会、新闻系与青年团燕大总支联合主办。同日,校务委员会发出开展新民主主义学习一号通告;宣布新成立的三个委员会的组成人员:校务委员会:当然委员7人(陆志韦、翁独健、范天祥、齐思和、赖朴吾、赵承信、夏仁德);教授代表5人(严景耀、陈芳芝、褚圣麟、高名凯、于世胄);讲助代表3人;职员代表2人,工友代表1人及学生代表3人组成;教务委员会:当然委员为教务长、文、理、法三学院院长、女部主任、学生生活委员会主席;事务委员会:当然委员为总务长、会计课主任、总务课主任、工程科主任及农场主任。11月7日,积极推进政治课学习,加强自学,联系实际,认真学习艾思奇的《社会发展史讲授提纲》。9日,校务委员会决定成立各系的系务委员会,由本系全体教员及学生代表组成,系主任为系委员会主席。是年,燕大校务委员会主席陆志韦致函华北人民政府高等教育委员会,申请经济补助。其中提出学校经费由本校自筹70%,其余30%申请国家补助。(参见张玮瑛、王百强、钱辛波主编《燕京大学史稿》,北京人民中国出版社2000年版)

翦伯赞1月4日抵李家庄。同月,见到李维汉、周恩来、刘少奇等领导同志,受到慰问和鼓舞。2月1日,以"北平市文化接管委员会委员"之名,随军进北平。3月10日,受燕京大学之聘,任社会学系教授。3月29日至5月16日,参加中国代表团。至捷克布拉格,出席第一次拥护世界和平大会,团长是郭沫若。回程访问了苏联。6月15—19日,参加新政治协商会议筹备会第一次全体会议。筹备会常务委员会下设六个小组,翦伯赞在第六组,负责拟定国旗、国徽、国歌方案。组长是马叙伦,副组长是叶剑英。其他组员为张奚若、田汉、沈雁冰、马寅初、郑振铎、郭沫若、钱三强、蔡畅、李立三、张澜、陈嘉庚、欧阳予倩、廖承志等。9月21—30日,在北平参加中国人民政治协商会议第一届全体会议,为"社会科学工作者代表会议筹备会"的15位代表之一。9月,中国史学会成立,推举郭沫若为会长,吴玉章和范文澜为副会长,翦伯赞为常务理事兼秘书长,组织编纂《中国近代史资料丛刊》。10月

1日,中华人民共和国中央人民政府成立,被任命为中央人民政府政务院文化教育委员会委员。(参见张传玺《翦伯赞传》及附录张怡青《翦伯赞大事年表》,北京大学出版社1998年版)

齐思和6月在《燕京学报》第36期发表《毛诗谷名考》。作者原本"想以《诗经》为基本史料,加上群经诸子、彝器铭文,作一篇《周代农业考》,以为《中国农业史稿》的发端",后因感觉问题太大而分解为许多问题来研究,此文就是其中之一,对《毛诗》中出现的15种谷物的来源、最早记载、发展、用途、历代学者之研究、国外相关记录等情况进行了论列。同期还载有周一良《〈牟子理惑论〉时代考》、鸟居龙藏《辽上京城内遗存之石人考》、安志敏《沙锅屯洞穴层位之研究》、孙楷第《元曲家考略》、王钟翰《清世宗夺嫡考实》等文。10月,齐思和在《燕京社会科学》第2卷发表《近百年来中国史学的发展》。文中对近百年来的史学发展进行总结,谓清季史学界发生了一场革新运动。第一位积极介绍西洋史学并呼吁改造中国史学的是梁启超。新史学思想的输入引起了改编国史的运动,夏曾佑的《中国历史教科书》、刘师培的《中国历史教科书》等都是新史学思想的产物。到五四前后,中国的思想界发生了一个大的变动,历史学也受到了深刻的影响,古史辨运动遂应运而生。从五四到北伐,在时间上,虽然只有七八年,但是中国的学术思想,又走到第二个解放时期。北伐以后中国社会史的研究,特别是唯物史观的社会史,遂更展开。假如"古史辨"运动可以象征五四的史学,那么中国社会史论战便可以象征北伐后的史学。论战第一声炮是陶希圣的《中国封建社会史》和《中国社会之史的分析》。到了郭沫若,中国社会史的研究才真正地走上了学术的路上。此外,李大钊、吕振羽、范文澜、翦伯赞也被重点论及和表彰。此文是研究20世纪史学最重要的论文之一,它的最大特点是突出了马克思主义史学的发展线索。在齐氏笔下,民国以后的史学版图已由史料学派一统天下,改为唯物史观派在北伐后向中央位置进军了。同期还载有安志敏《中国史前时期之农业》、赵靖《宋代之专卖制度》、鸟居龙藏《日本古代的瓦器》等文。(参见王学典《20世纪史学编年(1900—1949)》,商务印书馆2014年版)

聂崇岐2月21日代理燕京大学教务长。10月5日,翁独健当选为教务长。教务委员会常务委员:严景耀、赖朴吾、陈芳芝、于世甯、李欧、龚理嘉;委员:吴兴华、佟明达、沈家驹。是年,教务委员会的报告:"本学期已在可能的范围内增加新课程,并将原课程内容加以适当改革,务期与新民主主义精神相结合,教学方面大都用了新的观点。"教务委员会常委会决定:增加两门必修课程"辩证唯物主义与历史唯物主义""新民主主义学说"。(参见张玮瑛、王百强、钱辛波主编《燕京大学史稿》,北京人民中国出版社2000年版)

赵紫宸9月21—30日作为基督教界5位代表之一,参加中国人民政治协商会议第一届第一次全体会议。会上参与制定和通过了《中国人民政治协商会议共同纲领》,其中明确规定公民有信仰宗教的自由,给宗教界以极大的鼓励。发表《漫谈神学》等文章。(参见赵晓阳编《中国近代思想家文库·赵紫宸卷》及附录《赵紫宸年谱简编》,中国人民大学出版社2014年版)

孙楷第继续任燕京大学任国文系教授。夏,整理《元曲家考略》数册,得23人,刊于6月《燕京学报》第36期。(参见于飞《孙楷第先生年谱简编》,载王京州编《河北近现代学者年谱辑要》,国家图书馆出版社2017年版)

阎简弼继续在燕京大学任教。7月,由校委员会评定为副教授11级。夏,作《民主颂》《我有一面镜子》,刊于《大公报》,讽刺当时投机者,说要学就学闻一多。冬,加入所谓"饭团",中有聂崇岐、齐思和等。(参见马千里《阎简弼先生年谱稿》,载王京州编《河北近现代学者年谱辑要》,国家图书馆出版社2017年版)

李达4月16日秘密离开长沙,于20日抵香港。5月14日,抵达北平。18日,毛泽东在香山双清别墅会见李达。当晚,李达住毛泽东处。6月15—19日,出席新政治协商会议筹备会议。同月,出任中国新法学研究会筹备委员会常委(后任中国新法学研究会副会长)。7月21日,毛泽东将中共湖南省委致中央组织部的一份电报批送周恩来,并告:"据李六如本日称,李达愿任教育厅长,但尚无人正式通知他。请周考虑即决定李达任湖南教育厅长,并通知他早日去湘接管学校。"26日,毛泽东收到李达来信后,又批送周恩来,告知:"已和李达谈过,他愿意去湖南工作。"同月,李达被推举为中国新哲学研究会筹备会主席(后任中国哲学学会会长)、中国社会科学工作者代表会筹备会副主席。同月,旧著《货币学概论》收录进"新中国大学丛书",由三联书店出版新一版。8月,中国政法大学在北平成立,任第一副校长。9月21—30日,作为社会科学界代表出席中国人民政治协商会议第一届全体会议。10月,被任命为中央人民政府政务院文化教育委员会委员和法制委员会委员兼副主任。同月,在《报学杂志》第1卷第10期发表《巴黎的各国新闻纸》。11月,在中国政法大学作《学习马列主义的国家观》和《从共同纲领推测新宪法的轮廓》的学术报告。12月,由毛泽东、李维汉、张庆孚作历史证明人,刘少奇作介绍人,经中共中央批准重新入党。同月,被中央人民政府任命为中南军政委员会委员、文化教育委员会副主任、湖南大学校长。(参见宋俭、宋镜明编《中国近代思想家文库·李达卷》及附录《李达年谱简编》,中国人民大学出版社2014年版;中共中央文献研究室编撰、逄先知主编《毛泽东年谱(1893—1949)》,人民出版社、中央文献出版社1993年版)

乐天宇时任华北大学农学院院长。1月,静生所王宗清携助手黄舍予投奔华北大学农学院。该院新自太行山解放区迁来石家庄。胡先骕为王宗清写有资历证明。王宗清向该院院长乐天宇介绍静生所目前所处困境。乐天宇即致函胡先骕,言农学院欲接收静生所。胡先骕未作回复。3月,华北农学院迁至北京。乐天宇几经交涉接收静生所,而胡先骕并不乐意。乐天宇《接收静生生物调查所的前后情况》云:"我于1949年2月,奉高教委员会通知,嘱来高教委员会。同时华北大学已通知迁到北京,华北农学院理应随迁。先由华大校部分配在棉花胡同(现中央戏剧院的房屋),但房屋太小。我到高教委员会,知将有高教委员会的组织,由董必武同志领导,高教委员会通知我参加该委员会。我第一次去高委会找秘书长,打听为华大农学院找房子的事,并言棉花胡同房子不够用。适吴征镒在该委员会工作,为言静生生物调查所房屋空着,但胡步曾因该所是私设的,归董事会管理,是否充公要看董事会决定,因此他拒绝交公。其后,高教委员会秘书长嘱我设法接收它。约在1949年3月间,我去找胡步曾,先向他借几间房子住,他没有推辞。他因开支困难,全所仅留下六人,即胡本人、唐进、张肇骞、夏纬琨、傅书退夫妇。我因问他每月开支多少,他告我一个数字。我说由华北大学农学院按月付够开支,你愿将静生交出否? 他仍来一套静生是私有财产,不好交公。"6月1日,胡先骕致函华北大学农学院乐天宇院长,就静生所人员生活困难,而向该院出售仪器。下旬,军管会文教委正式委派乐天宇等人接收静生所,将该所纳入华北大学农学院领导。胡先骕立即赶造资产清册,以正、副两本送交乐天宇备案。与此同时,胡先骕和唐进也被纳入该校的教授之列。9月22日,乐天宇向高等教育委员会转呈胡先骕向华北农学院提交之《静生生物调查所财产目录》一份。10月,中科院成立之后,静生所并入中科院。(参见胡宗刚《胡先骕先生年谱长编》,江西教育出版社2007年版)

茅盾1月1日在香港往大连的船上请李济深在自己的手册上题词:"同舟共济,一心一意,为了一件大事,一件为着参与共同建立一个独立、民主、和平、统一、康乐的新中国的大事,前进前进、努力努力。"同日,茅盾在《华商报》发表《迎接新年·迎接新中国》云:"新中国诞生了,这是五千年来中华民族的第一件喜事,这也是亚洲民族有史以来的第一件喜事!这是人民力量必然战胜贪污暴戾的特权集团的有力证据;这是民主力量必然战胜反民主力量的有力证据!新民主主义的中国将是一个独立、自主、和平的大国,将是一个平等、自由、繁荣、康乐的大家庭。"7日,茅盾抵达大连,进入解放区,见到了前来迎接的张闻天。同日,茅盾与李济深、马叙伦、郭沫若等收到正在河北平山县的民主人士周建人、翦伯赞、田汉、胡愈之等的来电,呼吁"在中共的领导下,各民主党派和民主人士一致行动,通力合作,完成人民革命之大业"。中旬,茅盾到达大连后不久,又在李一氓的陪同下,与李济深等一起到沈阳。22日,与李济深、沈钧儒、马叙伦、郭沫若等55人联名发表《我们对时局的意见》。26日,出席中共东北局、东北政务委员会、人民解放军东北军区以及东北各界人民代表为欢迎新近到达东北解放区的全国民主人士举行的盛大欢迎会,在会上作了《打到海南岛》的讲话。同月,先期到达沈阳的戈宝权来下榻处铁路宾馆看望,别后一年,感慨颇多。2月25日中午12时,茅盾与李济深、沈钧儒、郭沫若等一行35人,由沈阳抵达北平,受到林彪、罗荣桓、聂荣臻、董必武、薄一波、叶剑英、彭真等的热烈欢迎。26日下午,赴中南海怀仁堂,参加人民解放军平津前线司令部、北平市军管会、北平市人民政府、中共北平市委举行的欢迎各方民主人士大会。会后,又赴北平饭店出席宴会。

茅盾3月3日下午应邀前往北京饭店,出席华北人民政府文化艺术工作委员会、华北文艺协会为欢迎近期来北平的文艺界人士而举行的茶会,并在会上发言。14日,赴北京饭店,出席在平民主人士就北平解放后大学教育管理问题所举行的座谈会。16日,出席在北京饭店举行的北平文物机构改革问题座谈会。到会的还有郭沫若、翦伯赞、楚图南、钱俊瑞等。19日上午,新近到平的叶圣陶来北京饭店的寓所,谈了北平文教方面的概况。20日,茅盾作《关于目前文艺写作的几个问题》,刊于5月4日《进步青年》创刊号,亦载6月23日香港《文汇报》。文中就文艺"为工农兵"的问题和文艺的"形式问题"谈了自己的看法。22日,出席中华全国文艺协会在平理事及华北文协理事联席会议,商讨召开全国文学艺术工作者代表大会的筹备工作,被推选为筹委会副主任。27日,《〈俄罗斯问题〉》刊于《电影论坛》第3卷第2期。同月,康濯来谈筹备文代会的事。谈话中提到解放区出身的作家大多读书少、文化水准低。茅盾当即表示:"不久召开的文代会可以讨论这件事,以后还可以建议国家采取措施,对有的作家可着重安排学习、读书、提高,有些国统区缺乏生活的作家,就应着重到工农兵当中去。"4月9日,与郭沫若等300余人联名发表宣言,拥护召开"世界拥护和平大会"。10日,与郭沫若、田汉、成仿吾等300余人联名发表宣言,声讨国民党政府盗运文物,呼吁全国人民一同制止这种卖国行为。28日,作《一些零碎的感想》,刊于5月4日《文艺报》试刊创刊号,主要谈了有关文代会代表产生组织方式等有关问题。30日,出席全国第一次文代会筹委会第一次临时常务委员会会议,并负责起草关于国统区文艺工作的报告。同月,《杂谈苏联》由上海致用书店出版。

茅盾5月1日在《华北文艺》第4期发表《新的战线在形成中——记茅盾先生关于全国文协筹委会的谈话》。谈话包括五个方面的内容:一、新的组织的意义。二、全国文协的活动方式。三、怎样吸收会员。四、评奖全国的文艺作品。五、《文艺报》。4日,《还需准备长期而艰巨的斗争——为"五四"三十周年纪念而作》刊于《人民日报》。又与宋云彬等合编的《进步青年》在北平创刊。13日晚8时,应周恩来之召赴中南海开会。会上周恩来阐述了党的统一战线政策及文艺方面的具体方针，并就即将召开的文代会、新闻工作和上海解放后的文化工作等问题征求了到会者的意见。同日，《文艺报》创刊号出版，茅盾在《发刊词》中说："多少年来，从事文学艺术工作的朋友们都希望有这么一个定期刊，作为交流经验、交换意见、报导各地文学艺术活动的情况，反映群众意见的工具。然而由于客观形势的阻隔，此种希望，迄未能成为事实。现在，全国文学艺术工作者代表大会即将开会，各解放区以及解放区以外的文艺工作者陆续来到了北平，对于这样一个小型的定期刊，固然更其感得需要，而出版这样一个刊物的客观条件也大体具备了。这便是全国文学艺术工作者代表大会筹备委员会决定要发刊这一个《文艺报》的原因。"同时号召文艺工作者对即将成立的文艺组织展开讨论："对于将来的新的全国性的文艺作家协会，它的任务组织、工作方式、会员成份等等，文艺工作的朋友们一定十分关心，而且有很多意见；我们希望朋友们把意见写出来，交给本刊发表。因为筹委会工作之一是起草章程及其他重要文件，当然这些规章要在大会上讨论而后通达，但筹委会同人极愿于事前多听各方面的意见，在思想上先有一准备。"同期还刊载了茅盾《一些零碎的感想》一文。该文对新的文学组织的组织形式和性质问题谈了"个人的感想"，比如新组织究竟应该是"同业公会呢，还是文艺运动的指挥部？""大概有不少朋友认为这是不成问题的。最积极的朋友大概要主张新的文协必须是文艺运动的指挥部。这当然有它充分的理由，大家都想得到，这里不必絮说了"，"但是恐怕也还有不少朋友觉得新的文协还是不应当完全抹杀它的同业公会（或职工会）的性质，或至少它应具有同业公会与文艺运动指挥部两重的性能，这看来好像是折中的主张，两面顾到，颇易为大家所接受。如果这样，我倒以为应该先让我们把这问题仔细研究研究，先作思想上的准备。"

　　按：汪砚《〈文艺报〉试刊十三期回顾》（《文艺报》2019年6月24日）云：《文艺报》创刊于中华人民共和国成立前夕的1949年9月25日，这个为文学界所耳熟能详。但是它发刊于1949年5月4日，在创刊前已发行了13期，这个则鲜为人知。1949年3月24日，中华全国艺术工作者代表大会筹备委员会成立，决定编辑出版《文艺报》，作为大会筹备期间的会刊。4月15日，茅盾在筹委会上宣布，出版机关刊物《文艺报》，编辑为茅盾、胡风和严辰。1949年5月4日，由中华全国文学艺术工作者代表大会筹备委员会《文艺报》编辑委员会负责编辑的《文艺报》第一期出版。《文艺报》为周刊，每周四出版，每期人民券15元。刊名集鲁迅的字，在首页上刊登了《发刊词》。《发刊词》首先介绍了发刊的原由。随后，《发刊词》介绍，除了交换经验、交换意见、领导各地文艺活动、反映群众意见等经常目标而外，特别希望做到下列几件事：一、随时报道筹委会工作进行的情形，并十分希望筹委会以外的文艺界朋友们随时多多给我们意见，使我们的工作做得更好些。二、对于将来的全国性的文艺作家协会，它的任务、组织、工作方式、会员成分，等等，文艺工作的朋友们一定十分关心，而且有很多意见；我们希望朋友们把意见写出来，交给本刊发表。三、为了推荐近五六年来优秀的文艺作品，筹委会已有评选委员会之设置，并分诗歌、小说等五组。同人们见闻有限，而搜罗书刊亦苦难齐全。我们知道，这一件事若要做好，多听各方意见（尤其群众意见），是必要的。因此也十分盼望文艺界朋友及广大读者群多提意见，本刊自乐于发表。《发刊词》表示欢迎下列各种稿件：有关文艺各部门的理论、批评介绍、研究讨论、经验总结；有关文学艺术工作者代表大会的各个问题的商讨；全国各地文艺运动的综合或专题的报道；工厂、部队、农村及各团体的文艺活动情况等。正如《发刊词》所提到的，《文艺报》会随时报道筹委会工作进展，听取对成立全国性文艺作家协会的意见。《文艺报》第一期就刊登了茅盾《一些零碎的感想》，作为《发刊词》的补充。关于新的全国性组织的方式，茅盾介绍，新的全国性的组织，或将命名为"中华全国文学艺术工作者协会"。新组织将包括文学与艺术各部门的工作者，将来可能会设综合性的各级组织（全国性的总会与地方分会）和单一艺术部门的各级组织。这些都希望大家来讨论。关于大会代表的产生办法，茅盾说，最好自然是由各地会员开会选举，但是目前还办不到。"所以大会的代表，一是以各地文协的理事及候补理事（有监事者再加监事）为当然代表;二是为了照顾到各方面,当然代表之外再加上邀请代表。邀请代表可以由各地文协推举,亦可由个人推举,而由筹委会作最后决定。"茅盾还介绍,筹委会秘书处正在草拟一个比较详细的报告,将在本刊本期发表。这个报告实际刊登在《文艺报》第二期上,标题为《文代筹委会近况》,在第三期又刊登了《文代筹委会近况——之二》。从第一期开始,中华全国文学艺术工作者代表大会筹备委员会陆续刊登征集文学艺术作品、美术展览品等启事,其中第五期刊登了《中华全国文学艺术工作者代表大会筹备委员会启事二则》,主要内容一是延长征求文艺作品期限,二是征求推荐作品。中华全国文学艺术工作者代表大会开幕后,《文艺报》连续发表大会概况、参会代表感言等。7月19日,大会闭幕,通过了大会宣言。7月21日出版的《文艺报》第十二期刊登了《全国文代大会宣言》。宣言指出,从五四以来,中国新文艺运动已历时三十年了,在人民革命斗争中起了很大的作用。特别是1942年延安文艺座谈会以来,中国的文艺工作者,尤其是解放区的文艺工作者开始和广大的人民群众相结合。文艺工作者和劳动人民结合的结果,使中国的文学艺术的面貌焕然一新。宣言强调,我们的文学艺术既然是为人民服务的,我们的目的也就是使人民能取得胜利与巩固胜利。一个名副其实的真正爱国的民主的文学家与艺术家,就必须掌握正确的世界观与人生观,只有这样,他才有可能正确地了解中国社会的阶级关系,表现中国人民中新的英雄人物与英雄事迹,也才有可能使自己的作品富有思想性,也才有可能有效地正确地为人民服务,发扬文艺的伟大教育效能。7月28日,《文艺报》出版了第十三期即创刊前的最后一期。由上可见,在全国文代会召开前后,《文艺报》确实发挥了"筹委会的公报"的作用。

茅盾5月14日在《天津日报》发表《谈谈工人文艺》,亦载6月12日《华商报》,谓新文艺作品中,写工人生活的,实在不多。作者为写工人而进工厂,一方面为的是"熟悉工人生活",另一方面在于"改造自我,革除小资产阶级思想感情"。22日,出席并主持《文艺报》编委会邀请部分文艺工作者的座谈会,探讨新文协的任务、组织、纲领以及其他有关的事项。同日,钱杏邨来访,交谈了与文代会有关的问题。30日下午,主持《文艺报》召开的关于新文协诸问题的第二次座谈会,并在会上发言。同日,《各取所值与私有财产——杂谈苏联之一》刊于《人民日报》,亦载7月25日《华商报》。6月1日,茅盾出席文代会筹委会所举行的欢迎到平代表大会,并向与会者报告了文代会筹备的情况。2日,与郭沫若、黄炎培、许广平等56人联名电贺第三野战军解放上海。指出,上海的解放给垂死的帝国主义与殖民地制度以沉重打击。4日,《〈脱险杂记〉前言》刊于《进步青年》第2期。7日,《苏联的电影事业——杂谈苏联之二》刊于《人民日报》。11日晚,赴毛泽东寓所香山双清别墅,与毛泽东、朱德、周恩来、李济深、黄炎培、沈钧儒等共同商讨新政协的筹备问题。12日,作《瞿秋白在文学上的贡献——瞿秋白逝世十四周年纪念》,刊于18日《人民日报》。文中回顾了瞿秋白在介绍苏维埃俄罗斯文学,在文学评论等方面的突出贡献,并特别指出:"不论社会科学及文学理论的造诣而言,不论就中国旧文学的根柢而言",都应该由他来写一部"中国文学简史"。可惜,他的牺牲,使这一设想已无法成为现实。13日,《莫斯科的大戏院、小戏院和艺术剧院——杂谈苏联之三》刊于《人民日报》。15日晚,赴中南海勤政殿旁室,出席新政协筹备会第一次全体会议,听取了毛泽东主席的报告。16日下午,在新政协筹备会议上被推选为筹备会常务委员。晚上,在中南海勤政殿出席新政协筹备会常务委员会第一次会议,任"拟定国旗国徽国歌方案"的第六小组副组长。20日,《在新政协筹备会上的发言》刊于《人民日报》。21日晚,赴中南海勤政殿,出席新政协筹备会常务委员会第二次会议。27日,《苏维埃的音乐——杂谈苏联之四》刊于《人民日报》。30日,赴怀仁堂,参加中华全国文学艺术工作者代表大会预备会,与周扬同被选为副总主席,总主席为郭沫若。

茅盾7月2日出席全国第一次文代会,为主席团成员、副总主席,并报告大会的筹备经过。4日,在文代会作《在反动派压迫下斗争和发展的革命文艺——十年来国统区革命文艺运动报告提纲》的报告,重点总结了十年来国统区革命文艺运动的成就,不足以及经验教训,并要求"曾经在国民党反动派统治下坚持进步的革命的文艺工作的朋友们,现在应抱定最坚强的决心和勇气,在毛主席领导下和老解放区文艺工作者共同担负起新时代所给予的新任务,努力参与人民民主的新中国的文化建设事业!"同日,《学习和娱乐——杂谈苏联之五》刊于《人民日报》。5日晚7时,至中南海怀仁堂,出席新政协筹备会常务委员会第三次会议,并签署了《新政治协商会议筹备会各党派各团体为纪念"七七"抗日战争十二周年宣言》。8日,任全国第一次文代会大会主席。9日,在新华广播电台作《为工农兵》的广播讲话,刊于《文艺报》试刊第11期。15日,出席中国民主同盟召开的李公朴、闻一多等殉难烈士追悼会。16日,中苏友好协会筹委会成立,任筹备委员会委员。19日上午,出席全国第一次文代会闭幕式。20日,出席中共中央、中国人民革命军事委员会联合为参加文代会演出的各文艺工作团举行的招待会,并即席讲话。到会的还有周恩来、陆定一、郭沫若、周扬等。23日,出席中华全国文学工作者大会,当选为大会主席。同日下午,出席中华全国文学艺术工作者联合会第一次全体委员会议,被选为常委、副主席。24日,中华全国文学工作者协会正式成立,当选为该会主席,丁玲、柯仲平为副主席。28日,出席"中国戏曲改进会发起人大会"。8月5日,出席新政协筹备会第六小组在北京饭店举行的第二次会议。会议决定聘请徐悲鸿、梁思成、艾青为国旗国徽图案的初选委员会顾问,马思聪、贺绿汀、吕骥、姚锦新为国歌词谱初选委员会顾问。17日,新政协筹备会就新政协代表的名单问题,来征求意见,茅盾认真谈了自己的观点和看法。同日,在《人民日报》发表《"中间路线者"给了当头一棒——对〈人民日报〉记者的谈话》。18日,赴中南海勤政殿,出席新政协筹备会召开的关于新政协代表名单问题的座谈会,并听取李维汉所作的《政协代表名单协商经过情形》的发言。25日,与郭沫若、马叙伦收到毛泽东主席的信,以及转来的吴玉章请示毛主席如何着手进行文字改革的信,毛主席在信中希望予以审议。28日,与郭沫若、马叙伦联名写信致毛泽东主席,陈述对文字改革的意见:一是主张走拼音文字的道路;二是建议成立专门的文字改革机构。

茅盾9月2日作《一致的要求和期望》,刊于《文艺报》第1卷第1期。文中要求文艺工作者:第一,加强理论学习;第二,加强创作活动;第三,加强文艺的组织工作;第四,继续对封建文艺以及买办文艺、帝国主义文艺展开顽强的斗争。5日,出席中国文字改革协会发起人第四次会议,讨论有关文字改革的原则问题。9日,获悉已80岁高龄的商务印书馆前辈张元济来京参加中国人民政治协商会议,与沈钧儒、马叙伦、陈叔通、邵力子等同往北京饭店老楼探望,晤面甚欢。张元济又邀茅盾主持商务印书馆拟成立的出版委员会,并代商务组稿,编辑丛书。11日午间,张元济于北京欧美同学会宴请商务印书馆旧友,茅盾与郭沫若、胡愈之、沈钧儒、叶圣陶、宋云彬、马寅初、黄炎培、郑振铎、陈叔通、周建人、马叙伦等应邀出席。13日下午,与郭沫若、周扬在中山公园来今雨轩招待新近抵平的各地文艺工作者以及日前返平的文代会东北参观团。到会的还有夏衍、陈荒煤、刘白羽、任白戈、梅兰芳、周信芳、袁雪芬、冯雪峰、巴金等60余人。16日,茅盾出席新政协筹备会常委会第六次会议。17日下午2时,出席新政协筹备会常委会第七次会议。3时,至中南海勤政殿,出席新政协筹备会第二次全体会议。20日,出席在中南海勤政殿举行的政协筹备会常委会第八次会议。21日,出席中国人民政治协商会议第一届全体会议,当选为大会主席团成员。22日,在政协会议上当选为"宣言起草委员会"委员、"国旗、国徽、国都、纪年方案审查委员会"委员。23日,毛泽东复信茅盾:"雁冰兄:示悉。写了一句话,作为题词,未知可用否? 封面宜由兄写,或请沫若兄写,不宜要我写。"同信还附来一张宣纸,写着:"希望有更多的好作品出世! 毛泽东。"此前,茅盾"以《人民文学》的主编身份,致信毛泽东,请求毛泽东主席为该刊题词并写刊头"。同日,在政协第一届全体会议上代表"中华全国文学艺术界联合会"发言,谓"全国的文艺工作者一定全心全意拥护这三大文件(指人民政协共同纲领,人民政协组织法和中央人民政府组织法),并且将尽我们最大的努力,运用各种各样的文艺形式,对全国人民进行宣传教育。""文艺工作者必须提高自己、教育自己,和文化界人士及全国人民一起,为新民主主义国家的文化建设而奋斗!"发言稿《在中国人民政治协商会议第一届全体会议上的发言》刊于24日《人民日报》。25日晚,出席毛泽东主席召开的"国旗、国徽、国歌、纪年、国都"协商座谈会。同日,全国文联机关刊物《文艺报》正式创刊。26日上午,出席"国旗、国徽、国歌、国都、纪年方案审查委员会"在北京饭店举行的会议,对各项方案作最后的审查。27日,出席政协第一届全体会议,并与张澜、李立三、贺龙共同担任前段大会执行主席。28日,接待张元济来访。30日,出席政协第一届全体会议的闭幕式,当选为政协全国委员会委员、中央人民政府委员会委员。同月,毛泽东找茅盾谈话,说文化部长这把交椅是好多人想坐的,只是我们不放心,所以想请你出来。茅盾问:"为何不请郭沫若担任?"毛泽东说:"郭老是可以的,但他已经担任了两个职务,一个是文化教育委员会主任,一个是中国科学院院长,再要他当文化部长,别人更有意见了。"又说:"听说你不愿意做官,这好解决,你可以挂个名,我们给你配备个得力的助手,实际工作由他们去做。"这位助手就是周扬,文化部第一副部长。

茅盾10月1日与宋庆龄、刘少奇、周恩来、郭沫若等前往火车站,欢迎以法捷耶夫为团长、西蒙诺夫为副团长的苏联文化艺术科学工作者代表团。同日,《略谈工人文艺运动》刊于《小说月刊》第3卷第1期,文中主要论述了作家写工人和工人自己创作的问题。作家应该"革除小资产阶级的思想意识感情,而获得工人阶级的思想意识情感","才能正确地表现新时代的新人"。至于工人的写作虽然尚处于萌芽状态,但不会在这一状态停留太久,"这是中国文学史上全新的一章的起点"。3日,出席中国保卫世界和平大会委员会成立大会,被选为该会副主席。5日下午,出席中苏友好协会总会成立大会,被推举为该会理事。6日,出席在华北大学召开的中国文字改革协会发起人会议。8日,出席在中南海怀仁堂举行的苏联文学艺术工作者代表团团长法捷耶夫和副团长西蒙诺夫的讲演会。法捷耶夫因病未出席,由萧三代读书面发言。随后茅盾代表全国文联致答词。9日下午,出席政协全国委员会第一次全体会议,当选为政协全国委员会常务委员。10日下午,出席全国文学工作者协会召开的邀请苏联作家法捷耶夫谈文艺问题的座谈会。到会的还有周扬、丁玲、郑振铎、胡风等。同日,出席中国文字改革协会成立大会,当选为理事;《欢迎我们的老大哥,向我们的老大哥看齐》刊于《文艺报》第1卷第2期,文中对法捷耶夫为首的苏联作家代表团的来访表示热烈欢迎,同时指出"自五四以来,我们中国的革命文艺运动在文艺理论和创作方法上都从苏维埃文学以及俄罗斯伟大的古典文学得到宝贵的启示和深刻的影响,……苏联文学启发了、并教育了我们革命的和进步的文艺作家;也启发了教育了千千万万的青年知识分子"。作者还说明,中国文艺工作者真正学习苏联文学的伟大品质和卓越的现实主义创作方法,是在1942年毛主席在延安文艺座谈会讲话之后。11日中午,应陆定一、徐特立邀请,去玉华台赴宴,席间主要谈了有关出版的事宜。同席的有周建人、叶圣陶、张元济、胡愈元、郑振铎、祝志澄、徐伯昕、黄洛峰、陈叔通等。下午,赴火车站欢送苏联文学艺术科学工作者代表团赴沪参观访问。

茅盾10月13日与郭沫若、周扬、丁玲等代表全国文联、邀请全国总工会、全国民主妇联、全国青联及北京市委等单位共商筹备鲁迅先生逝世13周年纪念的有关事宜。到会的还有田汉、郑振铎、赵树理、沙可夫、曹禺、徐悲鸿、冯雪峰、许广平、阳翰笙、艾青、黄药眠、胡风等。18日,出席全国文联等单位纪念鲁迅先生逝世13周年筹备会。19日,出席中央人民政府委员会第三次会议,被任命为文化教育委员会副主任、文化部部长。同日上午,出席全国文联等单位联合发起和组织的鲁迅先生逝世13周年纪念大会;《学习鲁迅和自我改造》刊于《人民日报》,文中指出:"要明白鲁迅思想的发展,不能不研究他的杂文;而要善于学习鲁迅,则对于他的思想发展过程有一个彻底的了解,……对于鲁迅思想的发展作了透彻精深的研究的,不能不推瞿秋白氏为第一人。"作者最后强调:"鲁迅的思想和作品中,可供我们学习者甚多,但在今天,知识分子特别需要改造之时,鲁迅所经历的从进化论到阶级论,从个性主义到集体主义的过程,尤其值得我们注意学习。"20日上午,出席中国文字改革协会第一次理事会,当选为常务理事。21日,出席中央人民政府政务院文化教育委员会全体会议,任文教委员会宣传中国人民政协共同纲领专门小组的召集人。同日,作《美国电影与苏联电影的比较》,刊于30日《人民日报》,谓"美国电影是用了美国式的低级趣味的技巧来掩饰它那反动的有毒的内容,并以此来吸引辨别力不高的观众"。而"苏联影片是教人进步而不是引人堕落的,是为人民服务而不是为少数的金融巨头服务的"。23日晚,前往火车站,欢迎由沪返京的苏联文学艺术科学工作者代表团。25日,《人民文学》创刊,茅盾任该刊主编,艾青为副主编。茅盾为创刊号撰写了《发刊词》。26日下午,出席由政务院文教委员会举办的、与苏联代表团的西蒙诺夫等交流文教科学问题的座谈会。到会的还有郭沫若、陆定一、陈伯达、马叙伦等。27日,与郭沫若、周扬等联名致电"苏联国立小剧院",祝贺其成立125周年。28日,《把我们对苏联人民和斯大林的敬爱带回去吧》刊于《人民日报》,此文为欢送苏联文化艺术科学工作者代表团归国而作。29日上午,与刘少奇、吴玉章、沈钧儒、张澜、黄炎培、郭沫若等百余人到火车站,欢送苏联文化艺术科学工作者代表团归国。同月,为基督教青年会主办的"新民主主义讲座"作《苏联人民的生活》的专题演讲,会场爆满,盛况空前;拟新中国丛书社与商务出版丛书合同,并托陈叔通将底稿带到上海交张元济,同时推荐郑振铎代自己参加出版委员会。

茅盾11月1日获悉为纪念苏联十月革命32周年,中央电影局编辑出版了《苏联电影介绍》,其中收有茅盾、郭沫若、陆定一、田汉等的评介文章。2日,茅盾主持文化部成立大会。5日,《中国作家茅盾祝福苏联人民》刊于俄文版《消息报》《真理报》。10日,《略谈革命的现实主义》刊于《文艺报》第1卷第4期。此文是对乡村小学教员张忠江来信提出问题的答复,谓"进步的文艺理论",意即:"凡主张文艺应当为人民服务,反对'为艺术而艺术',主张现实主义的创作方法,反对颓废主义和形式主义的文艺理论,都是进步的文艺理论。当然这样的文艺理论的最高峰就是马列主义文艺理论。"而"革命现实主义"则是"区别于旧现实主义而言的"。旧现实主义的作品"虽然批判了世界的罪恶,却没有指出前进的道路"。苏联的"社会主义现实主义的创作方法和我们目前对文艺创作的要求是吻合的。但是,因为一般人看见社会主义一词就想到它的经济的政治的含义,而我们现在是新民主主义阶段,所以,一般我们都用'革命的现实主义'一词以区别于旧现实主义——即批判现实主义"。

上旬,收悉张元济3日来信。14日,作《致张元济》,力荐郑振铎任公司出版委员。25日下午,出席中央人民政府政务院第七次会议。28日,召开文化部第三次部务会议。同月,新近成立的大众文艺创作研究会举办星期讲演会,曾邀请茅盾作专题报告。12月4日,出席中央人民政府委员会第四次会议。21日,《斯大林与文学》刊于《人民日报》,文中指出:"'民族的形式,社会主义的内容'这是斯大林在文艺上最正确的指示。苏联文艺在这指导原则下,获得了多年的具有各种各样风格的辉煌的成就"。同日,与教育部长马叙伦联名发布《关于开展新年文艺宣传工作的指示》。同月,茅盾等著的《新民主主义的文学》由新生出版社出版。(参见唐金海、刘长鼎主编《茅盾年谱》,山西高校联合出版社1996年版;《中华全国文学艺术工作者代表大会纪念文集》;王秀涛《第一次文代会与文联的成立》,《文艺争鸣》2019年第3期)

　　周扬继续任中共华北局宣传部长。1月19—24日,华北解放区第一届学生代表大会在石家庄举行,出席学生代表84人。中共华北局宣传部长周扬、华北人民政府教育部长晁哲甫、中国解放区青联主任冯文彬先后讲话。华北解放区青联代表陆平作了华北学生运动的方针和任务的报告。陆平指出:"全华北青年学生当前最主要的任务,就是要为实现与建设新民主主义新中国而加强自己的学习,百倍的提高自己,成为国家强大的后备力量。每个革命学生都必须以马克思列宁主义理论及其与中国实际相结合的知识武装自己,树立革命的人生观。"会议选出了华北大学陈林等11人为华北学联第一届执行委员,正式成立华北学联。2月15日,中共中央发出《关于召开文协筹备会的通知》。该通知主要是指示华北文协与全国文协联名发起会议,筹备新的全国文协大会。25日,中共中央致电周扬等人,决定全国文协理事会与解放区文协召开联席会议,筹备新的全国文协大会。此后,中共中央与周扬多次沟通筹委会的名单、具体的工作计划以及代表大会的代表产生办法等问题。3月5日,周扬致电中共中央及中共中央宣传部部长陆定一,提出由华北文协及原全国文协在北平的理事举行联席会议,发起并产生筹备委员会,并拟出了筹备委员会名单,茅盾为主任,周扬、沙可夫为副主任。9日,中共中央复电周扬,要其"与罗迈(即中共中央统战部部长李维汉)及党外人士从长计议,再行商定,务使各方均感满意,以利团结"。同日,周扬再次致电中共中央及陆定一,表示上次电报发出后又与郭沫若、茅盾、田汉、洪深等人进行了磋商,他根据商议情况重拟了一份由19人组成的筹委会名单,并提出了第一次文代会召开的初步方案。同时,周扬强调:"筹委会正副主任委员人选,未便与他们交换意见。前电所提当否,请一并考虑示知。"

　　周扬3月16日接中共中央再次复电,提出筹备委员会正副主任人选"以郭、茅、周扬三人担任为宜"。中共中央充分考虑了郭沫若的影响力、号召力以及为党作出的重要贡献,因此推举其为第一次文代会筹备委员会主任。茅盾、周扬两位副主任分别来自国统区和解放区,比全部由来自解放区的文艺干部担任副主任更具有代表性。中共中央对筹备委员会委员的专业领域也有充分考虑,在致周扬的复电中提出:"文协筹委会十九人名单同意。但其中无电影及新派画家代表。请考虑增加袁牧之、叶浅予、欧阳予倩、赵树理、古元等二十四人。"这就尽可能地将各个领域的代表都汇聚到筹备委员会中,从而具有了更加广泛的团结和动员能力。中共中央给周扬的复电中还特别强调:"与文艺界人物来往,要采取坦白诚恳态度,如正副主任委员人选问题,必须与他们交换意见。其他各项亦然。在开会之前,要多花时间与各方作幕后协商,商妥后再开会通过。"3月22日,全国文协在北平的"总会理监事及华北文协理事"郭沫若、马叙伦、柳亚子、田汉、茅盾、郑振铎、曹禺、叶圣陶、周建人、洪深、许广平、葛一虹、张西曼、戈宝权等 19 人在北京饭店举行联席会议,议决"原在上海之文协总会,即日起移至北平办公,并会同华北文协筹备全国文学艺术工作者代表大会,以便产生新的全国性的文艺界组织"。中华全国文学艺术工作者代表大会的召开,以及新的全国性文艺界组织的成立,即意味着旧文协和新文协的交替。参会文艺界人士对此一致表示赞成,当场推选了郭沫若、茅盾、田汉、洪深、郑振铎、叶圣陶、周扬、萧三、沙可夫、丁玲、曹靖华、曹禺、徐悲鸿、柳亚子、俞平伯、胡风、贺绿汀、程砚秋、李广田、叶浅予、赵树理、柯仲平、吕骥、古元、袁牧之、艾青、欧阳山、荒煤、李伯钊、马彦祥、宋之的、刘白羽、盛家伦等 37 人为筹委会委员,并选举郭沫若为筹备委员会主任,茅盾、周扬为副主任。从中可以看出中共中央对文艺工作与文代会筹备的高度重视。

周扬 3 月 24 日出席中华全国文学艺术工作者代表大会筹委会第一次会议,筹备委员会由此前 37 人增至 42 人。据中华全国文学艺术工作者代表大会宣传处《中华全国文学艺术工作者代表大会纪念文集》所载《大会筹备经过》:"筹备委员会于三月二十四日举行第一次会议,正式宣布成立。筹备委员为郭沫若、茅盾、周扬、叶圣陶、郑振铎、田汉、曹靖华、欧阳予倩、柳亚子、俞平伯、徐悲鸿、丁玲、柯仲平、沙可夫、萧三、洪深、阳翰笙、冯乃超、阿英、吕骥、李伯钊、欧阳山、艾青、曹禺、马思聪、史东山、胡风、贺绿汀、程砚秋、叶浅予、赵树理、袁牧之、古元、于伶、马彦祥、刘白羽、荒煤、盛家伦、宋之的、夏衍、张庚、何其芳等 42 人。常务委员为郭沫若、茅盾、周扬、叶圣陶、沙可夫、艾青、李广田。郭沫若任筹备委员会主任,茅盾、周扬任副主任,沙可夫任秘书长。"另由黄药眠、陈企霞、沈图为副秘书长。周扬又兼任党组干事会书记,党组干事会成员由文代会筹备委员会中的 16 位党员、5 个解放区代表团的 5 位党组负责人和部队代表团的 2 位党组负责人组成,共计 23 人。常委有周扬、沙可夫、丁玲、柯仲平、周文、何其芳、冯乃超 7 人,陈企霞任秘书。党组干事会主要负责将中共中央的指示精神落实到大会主题报告的起草、作品选评、会议期间的演出和展览、组织宣传等各项关乎文艺方向的具体工作中,同时还就一些重要问题进行集体议决。筹备委员会正式成立后,开始了第一次文代会的实际筹备工作。其中文代会党组作为筹备委员会的领导核心,在大会筹备过程中发挥了关键作用。25 日,《人民日报》发表《重建全国文艺组织,将召开全国文艺界代表大会,推选郭沫若等为筹备委员》:"关于代表大会代表产生问题,会上决定华北、东北、西北、华东、中原五大解放区文协理事及中华全国文协总会及各分会理监事为代表大会当然代表,此外由筹委会酌情邀请若干文艺界人士参加代表大会。"5 月 13 日晚,周恩来约请周扬、茅盾、萨空了、胡愈之、袁牧之、钱杏邨、郑振铎、潘汉年、许涤新、夏衍等文代会党组成员和文艺界、新闻界知名人士,就新政协开会前先开全国文艺界代表大会、今后的新闻工作、上海解放后的文化工作政策等问题进行座谈。在谈到关于举办第一次文代会的方针和主旨时,周恩来指出:"这次文代会是会师大会、团结大会,团结的面要宽,越宽越好。不只解放区和大后方的进步文艺工作者要团结,对过去不问政治的文艺工作者要团结,甚至对反对过我们的文艺工作者,只要现在不反共,也要团结。总方针是:凡是愿意留下来的、爱国的、愿意为新中国工作的文艺工作者,我们都要团结、争取。这只是一个'闻道有先后'的问题。还说:上海有许多专家学者和全国闻名的艺术家,你们到上海一定要一一登门拜访,尊重他们,听取他们的意见。总的一句话,要团结,要安定。"据钱杏邨日记记载,这次座谈从晚 10 时一直谈到次日凌晨 3 时。会后,文代会党组根据周恩来的指示精神召开党组会议集体讨论并形成了一致意见。

　　周扬与郭沫若、茅盾、郑振铎、田汉、曹禺、洪深、沙可夫、程砚秋、徐悲鸿、罗静予、戴爱莲、蔡楚生、张骏祥、胡风、顾仲彝、钟敬文、杨晦、曹靖华、戈宝权、黄乐(药)眠、赖少其、柯仲平、马健翎、周文、陈播等百余人6月1日下午1时出席全国文代大会筹委会在北京饭店欢迎刚从西北、华东解放区及港沪等地来平参加大会的代表,以及欢迎出席此次世界拥护和平大会返国的文艺界代表大会。22日,文代会党组在给中共中央的报告中写道:"一致同意此次大会应是一个团结大会。在反帝、反封建、反官僚资产阶级的共同原则下,团结一切爱国的民主的文艺工作者,在无产阶级思想领导即毛泽东文艺方向的领导下,容许小资产阶级、资产阶级的思想及各种不同的艺术倾向",并提出"大会必须着重宣传毛主席文艺方向,要通过各种实例进行宣传"。由此可以看出,第一次文代会方针明确提出了团结和争取文艺力量的范围及以1942年毛泽东《在延安文艺座谈会上的讲话》为思想引领。24日,文代会党组召开了讨论大会主席团名单、各代表团组织、全国文联章程草案等问题的会议。26日,周扬与茅盾、曹禺等赴车站,欢迎出席全国文代大会的以冯雪峰为团长、陈白尘为副团长的南方第二代表团。同日晚,周扬等人向周恩来汇报,从晚9时一直谈到次日凌晨4时。30日上午8时,举行第一次文代会预备会议,通过了大会全体代表名单和大会主席团名单等8项议题。大会代表共计753人,大会主席团由99人组成,其中常务主席团成员为丁玲、田汉、李伯钊、钱杏邨、沙可夫、周扬、茅盾、洪深、柯仲平、郭沫若、曹靖华、阳翰笙、张志祥、冯雪峰、郑振铎、刘芝明、欧阳予倩17人。郭沫若为大会主席团总主席,茅盾、周扬为副总主席。大会领导机构确立后,随即召开了大会主席团会议和大会主席团常委会议,至下午3时半左右会议结束,紧接着召开了大会党员代表会议,周扬在会上作报告。据党员代表王林在日记中记载,周扬的报告核心是向全体党员代表提出两个要求:一是在团结问题上要求党员继续做工作;二是要坚持毛泽东文艺方向的宣传教育。关于第二个问题,周扬要求:"着重宣传毛主席文艺方向,吸引他们接近工农兵方向。领导谁不是向谁要东西,而是给他们东西——方向。"这就明确规定了党员代表必须遵守的政治纪律,提出了要积极宣传毛泽东文艺思想的要求。

　　周扬7月2日出席在北平开幕的中华全国文学艺术工作者代表大会,来自平津代表第一团、平津代表第二团、华北代表团、西北代表团、华东代表团、东北代表团、华中代表团、部队代表团、南方代表第一团、南方代表第二团的约820位(实际报到约650位)代表出席会议。这是来自全国各地区、各领域的文艺工作者的首次大会师,在新中国文艺史上具有里程碑的意义。同日,《人民日报》刊发了中共中央致大会的贺电。这封贺电由毛泽东亲自修改定稿,体现出他对大会的高度重视。在中央档案馆保存的贺电原件上,可以看到大段经过仔细修改的内容。毛泽东改写的内容正是党在中华人民共和国成立前夕必须向文艺界讲清楚的根本问题。第一,关于文艺界生存发展的政治前提。贺电言简意赅地指出:"人民革命的胜利,人民政权的建立,是决定一切的。如果没有人民革命的胜利,如果没有人民政权的建立,进步的文学艺术工作者就不可能有今天这样的大团结,进步的文学艺术工作就不可能在全国范围内和全体规模上获得自己的发展。"第二,关于中华人民共和国成立后文艺界的根本任务。"全中国一切爱国的文艺工作者,必能进一步团结起来,进一步联系人民群众,广泛地发展为人民服务的文艺工作,使人民的文艺运动大大发展起来,借以配合人民的其他文化工作和人民的教育工作,借以配合人民的经济建设工作"。3日,郭沫若作题为《为建设新中国的人民文艺而奋斗》的总报告。4日,茅盾作《在反动派压迫下斗争和发展的革命文艺——十年来国统区革命文艺运动报告提纲》的报告。5日,周扬代表解放区作《新的人民的文艺——在全国文学艺术工作者代表大会上关于解放区文艺运动的报告》,指出:"毛泽东《在延安文艺座谈会上的讲话》规定了新中国文艺的方向,解放区文艺工作者自觉地坚决地实践了这个方向,并以自己的全部经验证明了这个方向的完全正确,深信除此之外再没有第二个方向了,如果有,那就是错误的方向。"周扬强调:"解放区的文艺是真正新的人民的文艺",在今后的文艺工作中必须坚持文艺为人民服务,首先是为工农兵服务的精神以及新文艺的方向,就是《讲话》所规定的"人民的"方向。文学领域首先要树立与建构新的人民文学,延安时期的经验已经证明民间文艺在新话语体系中有其特殊性与优越性。什么是新的人民的文艺,民间文学与人民文艺的关系等成为讨论的重要话题。最后,周扬要求:"为有效地推进解放区文艺工作,除了思想领导之外,还必须加强对文艺工作的组织领导,适当地解决文艺工作者在他们的工作中所碰到的许多实际困难和问题。这次大会后将成立全国文学艺术界的统一机构,这对广泛团结全国各方面的文艺工作者共同致力于新中国文艺的建设事业,将起重大的作用。我们相信,这次大会以后,新中国的人民的文艺必将有更大的开展,在中国文学史上将放出万丈光芒来。"8日,大会主席团第二次全体会议经讨论后决定:按不同业务分文学、戏剧、美术、电影、音乐、舞蹈、旧剧、曲艺等8个小组,推定各组召集人,负责召集会议,商讨组织文艺各部门协会的方案。12日,中国人民解放军军委政治部副主任傅钟作了题为《人民解放军文艺工作》的报告。

周扬7月14日继续出席中华全国文学艺术工作者代表大会,大会秘书长沙可夫报告了全国文联章程草案草拟经过,大会通过了《中华全国文学艺术界联合会章程》和《全国文联委员会选举条例》。章程规定,全国文联为全国各文学艺术团体的联合组织,其宗旨是"团结一切爱国的、民主的文学艺术工作者,和全国人民一起,为彻底打倒帝国主义、封建主义和官僚资本主义,建设中华人民民主共和国和新民主主义的人民文学艺术而奋斗"。全国文学艺术界大会为全国文联的最高权力机关。在全国文学艺术界大会闭会期间,由全国委员会选出的常务委员会负责处理会务。常务委员会设立正、副秘书长,帮助正、副主席处理日常工作。常务委员会下设各部处,其组织章程由常务委员会制定。这就明确了全国文联的性质、地位、作用和制度等重要问题。19日上午,周扬出席中华全国文学艺术工作者第一次代表大会闭幕式。闭幕式首先宣布文联全国委员会当选委员名单。郭沫若作结束报告后,由周文宣读全部当选委员票数,郭沫若、丁玲、茅盾、周扬等87人当选委员,彦涵等26人当选候补委员。至此,中华全国文学艺术界联合会正式成立。23日下午,中华全国文学艺术界联合会全国委员会召开第一次会议,推选郭沫若为主席,茅盾、周扬为副主席,并推选了常务委员及各部负责人,通过全国文学、音乐、舞蹈、美术、戏剧、电影等协会及戏剧改革协会与曲艺改进会等为全国文联的会员。常务委员会由郭沫若、茅盾、周扬、丁玲、曹禺、沙可夫、赵树理、袁牧之、田汉、夏衍、萧三、欧阳予倩、阳翰笙、柯仲平、郑振铎、马思聪、李伯钊、洪深、徐悲鸿、刘芝明、张志祥21人组成。常务委员会秘书长为沙可夫,副秘书长为黄药眠、周巍峙。全国文联机关设有4个机构:联络部负责人为萧三、冯乃超、叶浅予;编辑部负责人为丁玲、曹禺、何其芳;福利部负责人为郑振铎、阳翰笙、江丰;指导部负责人为柯仲平、张志祥、钱杏邨。由此正式确定了全国文联的组织体系和领导结构。21—25日,中华全国美术工作者协会、中华全国文学工作者协会、中华全国音乐工作者协会、中华全国戏剧工作者协会、中华全国电影艺术工作者协会和全国舞蹈工作者协会筹备委员会、中华全国曲艺改进会筹备委员会在陆续成立。8月19日,华北人民政府致函中华全国文学艺术界联合会和中华全国文学工作者协会"准予备案":"八月十一日呈及名单均悉,中华全国文学艺术界联合会暨中华全国文学工作者协会业已正式成立,经本府审查合格,准予备案。所请经费补助,希即造一详细预算,说明今后事业费、经常费之开支数目,报本府审核,再行确定。"至此,在程序上正式确立了中华全国文学艺术界联合会作为新的全国性文艺组织的地位。由于郭沫若、茅盾两人有更为繁重的任务,所以周扬实质上代表着党主持文联工作。(参见中央教育科学研究所编《中国现代教育大事记1919—1949》,教育科学出版社1988年版;王秀涛《第一次文代会与文联的成立》,《文艺争鸣》2019年第3期;安岳《时间开始了——第一次全国文代会筹备工作略考》,《中国艺术报》2019年5月27日;潘娜《新中国文艺的启航——基于第一次文代会的历史考察》,《当代中国史研究》2019年第5期;田本相、阿鹰编著《曹禺年谱长编》,上海交通大学出版社2017年版;张向华《田汉年谱》,中国戏剧出版社1992年版;中央文献研究室《周恩来年谱1898—1976》,中央文献出版社1998年版)

冯乃超2月3日出席"文协"港粤分会举办的春节联欢会,200余人到会,规模空前盛大。3月上旬,率领200多名文化界人士乘船离香港赴解放区。中旬,经天津到达解放不久的北平,随后在中共中央组织部组织处工作。24日,出席全国文学艺术工作者代表大会筹备委员会第一次会议,被选为筹备委员。4月,任华北人民政府高等教育委员会委员,至同年10月。6月30日,参加中华全国文学艺术工作者代表大会预备会,被推定为南方代表第一团副团长,大会主席团成员,党组代表成员,并任代表资格审查委员会主任。7月2日,出席中华全国文学艺术工作者代表大会开幕会,负责报告代表资格审查情况。大会期间任章程及重要文件起草委员会委员,小说组、诗歌组委员。19日上午,出席中华全国文学艺术工作者代表大会闭幕会,被选为"文联"全国委员会委员。23日上午,往中法大学大礼堂参加中华全国文学工作者协会成立大会,被选为该协会全国委员会常务委员,兼组织部部长。下午,往北京饭店出席中华全国文学艺术工作者联合会全国委员会第一次会议,被选为理事,兼联络部副部长。9月21日,以华南军区代表团代表资格出席中国人民政治协商会议开幕会。30日,出席全国政协第一届全体会议闭幕会。10月21日,出席中央人民政府政务院文化教育委员会成立大会,任该委员会副秘书长,兼人事处处长,并任中共中央宣传部干部处处长,中央纪律检查委员会委员,中央直属机关党委、文教党委书记,至次年8月。下半年,冯乃超曾受周恩来嘱托,告诉香港"文委"楼适夷等,写信邀请在美的老舍回国。12月12日,老舍由美返国,到达北京,冯乃超即与老舍会面洽谈,并向周恩来汇报。(参见李江《冯乃超年谱》,载李伟江编《冯乃超研究资料》,陕西人民出版社1992年版)

丁玲1月访苏归来后先抵哈尔滨,再居抵沈阳,住鲁艺。4月2日,参加以郭沫若为团长的出席世界拥护和平大会中国代表团,离哈尔滨赴捷克首都布拉格。5月14日,回到哈尔滨。19日,回到沈阳。6月底,回到阔别20余年的北京,参加第一次全国文代会筹备工作。7月2日,参加中华全国文学艺术工作者代表大会开幕式。3日,主持第一次文代会,大会听取郭沫若关于《为建设新中国的人民文艺而奋斗》的报告。6日,在文代会上听取毛泽东、周恩来的讲话。8日,大会主席团第二次全体会议讨论后决定:按不同业务分文学、戏剧、美术、电影、音乐、舞蹈、旧剧、曲艺等8个小组,推定各组召集人,负责召集会议,商讨组织文艺各部门协会的方案。丁玲负责筹备全国文学工作者协会。9日,在文代会上作《从群众中来,到群众中去》的发言,指出文艺工作者和群众结合上以及创作上存在的问题及今后努力的方向。同时提出文艺批评是必要的,因为"许多文艺工作者需要指导,许多读者也需要文艺批评来帮助他们学习","假如缺少正确的批评作为指导,创作是要走许多弯路的"。后编入《中华全国文学艺术工作者代表大会纪念集》。12日上午,全国文学工作者协会筹备委员会在北京饭店召开了第一次会议,初步拟定会议议程:一是本月20日召开第二次全体筹委会;二是本月22日后召开全体代表大会,预定两日完成之。20日下午,中华全国文学工作者协会筹委会在北京饭店召开第二次会议。茅盾主持会议,丁玲报告筹备情况。19日,第一次文代会结束,丁玲当选为常委。

　　丁玲7月23日出席并主持在中法大学大礼堂举行的中华全国文学工作者协会成立大会,到会代表208人。会议首先通过主席团名单及大会日程。接着由茅盾致开幕词。茅盾说,这个会的主要任务是要依照全国文联的章程来成立一个全国性的文学工作者协会。文代会确定了今后工作的方针与任务,就是为人民服务,并首先为工农兵服务,把毛主席的文艺方针普及到新解放区与待解放区去。最后,茅盾说,文代大会已经胜利闭幕,现在各人将按他的任务组织起来,准备开上前线。然后在全国文联领导之下,配合各兄弟部队,在毛泽东旗帜下,迈步前进。然后是中共中央委员林伯渠讲话。他号召文学工作者进一步团结起来。为达成进一步的团结与进一步深入群众的目的,还必须加强理论学习与加强文学工作者的组织工作。随后,丁玲报告筹备经过。下午,会议讨论通过了全国文学工作者协会章程草案,并进行了选举。24日上午,艾青主持会议。冯至报告选举结果,选举茅盾、丁玲、柯仲平、曹靖华、冯雪峰、周扬、夏衍、叶圣陶、田间、沙可夫、周文等91位文学界著名人士组成全国委员会,茅盾任主席,丁玲、柯仲平任副主席。郑振铎临时动议,全国文协应向毛主席、朱总司令通电致敬。茅盾安排何其芳起草电文。最后,由郑振铎致闭幕词,大会闭幕。全国文协成立,分研究、创作、编辑出版、组织四部与一个文学顾问委员会。准备于10月1日"编辑出版约十五万字的介绍全国各地文学作品及文学工作经验的'人民文学'月刊"。29日上午,全国文协在东总布胡同22号机关召开第一次常务会议。茅盾主持会议。会议推选周文、冯乃超负责组织部;赵树理、田间负责创作部,宗旨是在创作方面能帮助著作者的创作;冯雪峰负责研究部(后为郑振铎、周立波),研究中外文学及各种文章;艾青、钟敬文、何其芳负责编辑部(后为艾青、靳以);吴伯萧负责秘书处。丁玲从此定居北京,住在东总布胡同。

　　丁玲8月参加全国妇女第一次代表大会,当选为全国妇女联合会常委。9月26日,参加全国文协创作部召开的短篇小说座谈会。同月,参加全国政治协商会议第一次会议,当选为全国政协委员;调任《文艺报》主编。10月1日,丁玲组织"首都文艺队伍观礼团"参加开国大典观礼,这支文艺大军被安排在天安门城楼金水桥的东南角。5日,中苏友好协会总会在北京成立,当选为理事。10日,丁玲主持全国文协主办的邀请法捷耶夫谈文艺问题的座谈会。同日,参加全国文化教育工作会议,被任命为全国文化教育委员会委员;《西蒙诺夫给我的印象》刊于《文艺报》,文中叙述自己与西蒙诺夫的几次会面,赞扬他是一个"才华横溢的不可多得的人物……有无限的前途",要中国作家向他看齐。26日,任中华全国总工会和中苏友好协会代表团团长,率团赴莫斯科参加苏联十月革命三十二周年庆祝典礼。同月,为北京文学青年讲演,题为《在前进的道路上——关于读文学书的问题》,连载于10月22、29日《中国青年》第23—24期。初收《跨到新的时代来》。文中阐述了从前的文艺给我们的影响以及在生活中如何接受新文学和新文艺等问题。12月5日,由苏联返国,抵北京。
(参见王周生《丁玲年谱》,上海社会科学院出版社1997年版;王秀涛《第一次文代会与文联的成立》,《文

艺争鸣》2019年第3期；王军《全国文协成立的前前后后》，中国作家网2019年5月14日)

郑振铎2月27日与叶圣陶等登苏联货船北上。同日，叶圣陶日记载："在旅馆中无聊，且伏处不出，亦复使人生疑，余倡议打牌。……饭后，余入睡一时许。醒来而王芸生、徐铸成、赵超构、刘尊棋四人来会。四君亦此次同行者。诸人除余与彬然外，皆穿西服。而此行大部须冒充船员身分，须改换中式短服。此时皆改装，相视而笑。云彬冒充庶务，独不改。余之身分，则被派为管舱员。女客则以搭客身分登轮。三时许，墨与郑、邓二小姐先由李君导引登轮。我辈则以夜九时许往。先行者五人方下电船，而巡警二人即来查问。余与芸生、铸成、振铎四人望见，疑有疏漏，即避不前进。既而巡警徐徐行去，我四人始下电船。询知系侦察所携物件，恐为走私。而所以启其疑，殆由于不伦不类之短服也。电船送向轮船，行一刻许而达。登轮，墨已住定八号房，两人上下床，颇为安适。唯今夕墨须与曹禺对调。余管舱员，自不能与女客同舱，而曹禺之职亦为管舱，亦不能与女客邓小姐同舱也。十一时许，末一批朋友登轮。此次所有载客，皆往同一目的地，平日皆熟友，除以上所记连余十二人外，一一记之。年较老者六人：陈叔通、马寅初、包达三、张絅伯、柳亚子夫妇。又有张志让、沈体兰两位。吴全衡携其二子。外有包达三之女儿。外有小姐三位，皆往出席全国妇女大会者。总计男女老幼廿七人。历次载运北上之人，以此次为最多。"同月，郑振铎在香港时，写信给上海的钱钟书、杨绛夫妇，要他们暂不出国，等待解放。又写信请中共中央山东分局转给老友王统照，请他持此信赴山东解放区。后王统照因国民党军警戒备森严未能前往，返而作《几度》诗以待解放。又写信给上海的孙家晋，嘱咐"只要能活下去，'图书馆的事无论如何要维持下去'。"3月18日，郑振铎抵达北平。19日，签署《北平文化界声讨南京反动政府盗运文物宣言》，共310人签名，载诸北平各报。24日晚，到北京饭店参加中华全国文学艺术工作者代表大会筹备委员会第一次会议，为大会筹备委员42人之一。又出席将去参加世界和平大会的各人民团体代表会议。同月，《晨光世界文学丛书》(原称《美国文学丛书》)由上海晨光出版公司开始出版。此为我国第一套美国文学丛书，共18种、20卷。

按：据赵家璧调查，该丛书的编译，最早是在抗日战争末期的重庆，由当时任美国驻华大使馆文化参赞费正清提出，并得到中共方面的赞同。不久，抗战胜利，费正清调到上海任美国新闻总处处长，又正式向郑振铎提出编译该丛书的建议，经文协上海分会讨论通过，郑振铎就成为中方的负责人。1946年6月，费正清回国，又联系到洛克菲勒财团的资助，此事即由郑振铎在上海主持进行。赵家璧《出版〈美国文学丛书〉的前前后后》认为："这样一套比较完整而有系统的介绍一个国家的文学代表作的成套丛书，洋洋大观，可说是我国外国文学翻译史上的一大盛举。""这套丛书，事实上应该写上'郑振铎主编'五个大字。"约3月，中共上海地下组织负责人章汉夫(其父谢仁炳是郑振铎在商务印书馆的老同事)找到郑振铎的学生、助手孙家晋，了解法宝馆藏书保管情况，并说："人民会感谢你们的。"

郑振铎5月25日出席世界和平大会返回北平。31日上午，访阿英，未遇；后阿英来访，谈文物工作等事。同月，被任命为华北人民政府高等教育委员会委员。6月1日，郑振铎致刘哲民、唐弢信，指示："出版公司事，应该积极进行。《周报》是否立刻出版，必须和夏衍、徐伯昕几人接头一下。""此刻出版公司应做的事是出书。"7日下午，周恩来副主席请阿英进中南海谈有关文物管理组织等问题，赞同郑振铎提出的建议，并作了指示。阿英当晚即向郑振铎作了传达，使他极为振奋。这是新中国文物事业的最初规划。10日，叶圣陶日记：下午"振铎来访，携来自书肆取得之罗振玉旧藏书籍及卷子。卷子中有五种《道德经》(不全)抄本，及唐代户口征粮册子，皆出于敦煌者。傍晚，与振铎、云彬小饮于灶温，畅谈两小时。复至修绠堂书肆，观名家尺牍数册。"宋云彬日记：下午"振铎来，携有敦煌唐写本佛经残本及三种《道德经》写本各一卷,唐代户册一卷,皆可宝贵,惜索价太昂,振铎与我等皆无力购买也。偕振铎、圣陶赴灶温小饮,无话不谈,积闷尽抒。"12 日,《人民日报》讯:"北平市图书馆学、博物馆学及考古学专家于昨(十一)日下午二时在北平图书馆举行座谈会商讨筹备成立'图博考古工作者协会'。出席者有郑振铎、裴文中等十余人,推出马卫等六人负责起草章程等事宜,决定在本月二十三日或二十四日召开筹备大会。"15 日晚,中国人民新政治协商会议筹备会议在北平中南海勤政殿隆重举行,郑振铎参加。会议后分各个筹备小组进行工作。16 日下午,在中南海开政协筹备会全体大会,讨论通过筹备会条例。同日,在华北文协的《文艺报》周刊第 7 期上发表《记苏联作家协会》,介绍他们的组织机构、报刊、基金会、稿费标准等等。文末注为"苏联游记之一"。19 日下午,在中南海出席政协筹备会全体大会。25 日,作《"文代大会"的前瞻》,后刊于 7 月 2 日《人民日报》和 7 月 11 日《文汇报》。文中指出:"这次的'文代大会',表现着从五四运动以来不曾有过的一次大联合。其意义是极为重大的。""是又一次的文艺革命。是又一次的文艺的新生。""如今是,分而复合,打成一片,彼此共同走上了为人民大众,为工、农、兵服务的大道上去。其力量是极大的,其成就也将是极大的。"28 日晚,在东总布胡同出席最后一次政协筹备会全体大会。29 日下午,在北京饭店出席全国文学艺术工作者代表大会筹备会议。30 日上午,在中南海怀仁堂出席文代会预备会,决定主席团(99 人)和常务主席(17 人)名单等。

郑振铎 7 月 1 日下午在北京饭店出席"新史学研究会筹备会"成立大会。到会 30 余人,被选为 11 个筹备委员之一。2 日上午,中华全国文学艺术工作者代表大会在北平隆重召开。郑振铎为南方代表第一团成员、代表资格审查委员会委员、大会主席团成员、常务主席团成员。4 日上午,政协(筹)第六小组第一次会议在中南海勤政殿举行,会议推选叶剑英、廖承志、李立三、郑振铎、张奚若、蔡畅、田汉、翦伯赞 8 人组成国旗、国徽初选委员会,叶剑英为召集人。8 日上午,郑振铎在中南海怀仁堂开文代会主席团会议,讨论如何组织各个协会等。10 日,文代大会第八天,自由发言。郑振铎讲话,对 7 月 4 日茅盾作的《十年来国民党反动派统治区革命文艺运动总报告》作重要补充,主要谈抗战时期上海"孤岛"文艺运动:从编印《鲁迅全集》说起,并提及历史剧《岳飞》《文天祥》,上海"孤岛"时的漫画、木刻,以及冯雪峰《寓言》、袁水拍《马凡陀山歌》、沈浮《万家灯火》等作品。14 日下午 3 时,中国社会科学工作者代表会发起人会议在中南海勤政殿开幕,郑振铎为发起人之一。18 日,在上海《文汇报·磁力》上发表《回忆早年的瞿秋白》,记述"五四"前后与瞿秋白等人一起从事政治活动和文学活动的往事,说:"秋白的瘦削而苍白的脸,带着很浓厚的常州口音的谈吐,还是活生生的活在我的心上,活在所有他的朋友们,同志们的心上。"19 日,文代大会闭幕,郑振铎当选为全国文联委员。21 日,郑振铎致刘哲民信,谈和唐弢、柯灵等人讨论关于上海出版公司的招股、出版计划、房屋、《文艺复兴》的复刊及编委会、《周报》的复刊等事的意见。23 日下午,郑振铎出席中华全国文学艺术界联合会全国委员会第一次会议,被选为常委和福利部负责人,并被选为文联出席全国政协的代表。同日,出席中华全国文学工作者协会成立大会。24 日,中华全国文学工作者协会成立大会继续举行,郑振铎致闭幕词,说:文代会和文协成立大会的召开,使老解放区和新解放区的文艺工作者聚会一堂,互相交换工作经验,这是很大的收获。继称:"中国的文学工作者的倾向大部分是好的,但没有明确的方针和工作,今后我们团结在毛主席的旗帜下,有明确的文艺方针了。"最后郑振铎强调:"我们才开始向正确的大道上走,不要怕艰苦,也不要怕路远,有了明确的指导,一定能走到目的地的。"29 日,《人民日报》报道:"中国戏曲改进会发起人大会于昨(二十八)日上午九时在北京饭店举行",又公布"中国戏曲改进会发起人名单",郑振铎列为发起人。

郑振铎 8 月 5 日出席政协(筹)第六小组举行的第二次会议。同日,主编的《文艺复兴》"中国文学研究号"(下)出版。8 日,因次日为老友杨贤江逝世 18 周年,在《光明日报》发表《忆贤江》,深切悼念这位受反动派迫害致死的革命者。24 日,参加政协(筹)第六小组第三次会议,讨论国徽应征图稿,大家认为"收到的作品太少,且也无可采用者,已另请专家拟制,俟收到图案之后,再行提请决定"。30 日,《人民日报》讯:"华北人民政府高等教育委员会所属故宫博物院、北平图书馆、历史博物馆及北平文物整理委员会等四个文物机关,昨(二十九)日又有两个新的陈列室举行预展,高教会特邀请专家数十人参观,并设茶会招待,以广泛征求意见。座谈会上郑振铎、裴文中、范文澜、王冶秋等相继发言,一致认为今天人民能把心爱的珍藏交给人民政府以供人民研究欣赏,这种化私藏为公有的精神是值得我们学习与表扬的。关于将来博物馆的发展,大家认为应该着重在人民的历史方面,不要只注意在帝王贵族的圈子里,以说明谁是历史的主人翁,及社会发展的规律。并考虑将来的博物馆是否除了保留几个最大的综合性历史博物馆以外,则大量发展专门化的博物馆,以达到改变游览场所为社会教育重要工具的目的。按:华北高等教育委员会所属四个文物机关近来布置的几个专题陈列室如下:故宫博物院除已开辟的'革命史料陈列室'外,并着手布置了'帝后生活陈列室''丝织品陈列室''玉器陈列室'及'禁书陈列室'。北平图书馆布置了'抗日史料陈列室''美帝侵华史料陈列室''中国政体资料陈列室'及'赵城藏特展'。历史博物馆有'人民捐献文物陈列室'与'新收文物陈列室'。北平文物整理委员会有'历史古迹及文物建筑法式等图片陈列室'。"同日,郑振铎致上海刘哲民、康嗣群、李健吾、唐弢、柯灵、靳以等人信,商量筹划《文艺复兴》复刊事。此事后因故未果。同月,得悉周作人出狱后编译了《希腊女诗人萨波》一书,即怂恿上海出版公司接收。此书后于 1951 年 8 月由上海出版公司出版。

郑振铎 9 月 7 日至北京饭店,听周恩来报告。报告分三点:(一)关于各单位及人选之说明;(二)关于政协组织之说明;(三)关于政府组织之说明。人选取其有代表性,实现统一战线之策略。会后与叶圣陶一起到叶圣陶家共饮。8 日,张元济到北平,下榻六国饭店。即赴北京饭店访郑振铎等。9 日,郑振铎回访张元济。11 日中午,张元济在欧美同学会设宴,请与商务印书馆有关之旧友,郑振铎等出席。12 日下午,赴北平图书馆参观赵城藏经。抗战时期八路军曾不惜一切代价保护这部古代经书不落入日寇之手。14 日上午,参加政协(筹)第六小组第四次会议。会上传达毛泽东对国旗、国徽设计的意见:"国旗上不一定要表明工农联盟,国徽上可以表明。"17 日,出席新政治协商会议筹备会第二次全体会议。18 日,《人民日报》载《文艺简讯》:"郑振铎编的《文艺复兴》已在上海复刊,本期为《中国文学研究》专号之下卷。"21 日,中国人民政治协商会议开幕,郑振铎作为全国文联的代表出席这次大会。30 日,中国人民政治协商会议第一届全体会议闭幕,郑振铎被选为政协全国委员会委员和文教组组长。下旬,郑振铎致刘哲民信,谈上海出版公司发展事。约 9 月某夜,陈毅由李一氓陪同来访,畅谈至晓。郑振铎与陈毅神交已久,但却是第一次见面,郑振铎大有"相见恨晚"之叹。

郑振铎 10 月 2 日上午出席中国保卫世界和平大会,为大会主席团成员之一。3 日,当选中国保卫世界和平委员会委员。8 日中午,张元济邀郑振铎、沈雁冰、陈叔通、宦乡、秉志等在萃华楼小酌。9日上午,与胡愈之一起访张元济,谈今后的出版工作。10日,出席中华全国文学工作者协会欢迎苏联作家协会总书记法捷耶夫的宴会,餐后于文协会所举行文学座谈会。同日,在《文艺报》半月刊第1卷第2期上发表诗《"中国人从此站立起来了"》,热情地高吟:"'中国人从此站立起来了。'中国人像一个钢的巨人似的,挣断了一百多年来的帝国主义的枷锁,伸出了铁拳,将侵略者们击倒。"11日上午,中共中央宣传部陆定一、徐特立拜访张元济,谈今后的出版工作。中午,陆、徐二位并于玉华台设宴,请张元济及郑振铎、沈雁冰、胡愈之、叶圣陶、周建人、陈叔通、祝志澄、徐伯昕、黄洛峰等。13日,郑振铎作《中国小说史家的鲁迅》,后刊于10月25日《人民文学》创刊号,文中指出:"近三十年来研究中国古小说的人很多,但像鲁迅先生那样气吞全牛,一举而奠定了研究的总方向,有了那末伟大而正确的指示的,还不曾有过第二人。"并详细论述了鲁迅的《古小说钩沉》《唐宋传奇集》《小说旧闻钞》三本书和《中国小说史略》的关系。19日上午9时,在国民大戏院出席鲁迅逝世13周年纪念大会。晚,出席北京大学师生纪念鲁迅的集会并演讲,指出鲁迅先生生前受迫害的地方自北京、上海、绍兴、广州到厦门都陆续解放了,这是中国人民的、也是鲁迅先生的胜利。20日中午,与胡愈之、叶圣陶、吴觉农、朱达君、顾均正诸人会餐,商量开明书店公私合营事。21日,致刘哲民信,谢辞出任上海出版公司董事长职务的提议:"盖弟即将在某部任职,怕难兼任此事,只要任一普通董事即可。"30日,致杭州夏鼐信,指出中华人民共和国成立后"文化将以北京为中心,文物也将以北京为中心。我们都极希望兄能北来!""中国考古工作的前途、希望太大了,渴望我兄能够前来领导这个工作。""此非一人之私愿,实国家文物百年大计之所系也。"当时郑振铎拟动员向达负责图书馆处的工作,裴文中负责博物馆处的工作,参加筹建自然博物馆,王天木参加辅导各博物馆的工作,夏鼐负责古物处的工作。

郑振铎11月16日被中央人民政府正式任命为文化部文物局局长,王冶秋为副局长。从此,郑振铎负责新中国最初近十年的文物保护和考古发掘研究工作,对制定和宣传文物政策、保护古代文物、培养和扩大考古工作者的队伍、推动文物考古工作的开展等,作出了开创性的重要贡献。2日,郑振铎致关德栋信,告诉关德栋的《〈降魔神变押座文〉与〈目莲缘起〉》一文已在《文艺复兴》中国文学研究专号中册发表。同日,与宦乡制订有关编辑出版《新民主丛书》的《草约》,共9条。甲方为"新民主丛书"社,乙方为商务印书馆。丛书第1期暂定5辑,每辑10本。每本约3万字,至多不超过5万字。丛书专供初中学生及相当于高小程度的读者。郑振铎当时曾积极向人组稿,但后来似乎仅出彭明《中国近百年的历史故事》上册、宋云彬《康有为》等数种,似亦未打出丛书之号,而丛书最后不了了之。3日,张元济致茅盾信,谈到商务印书馆拟成立出版委员会,欲请茅盾主持。茅盾14日回信坚辞,转荐郑振铎自代。8日上午,郑振铎召集文物局第一次碰头会,研究博物馆处明年经费预算等问题。10日上午,召集文物局第二次碰头会。郑振铎根据周总理对他送呈的筹备故宫博物院陈列的初步方案的批示,决定将原拟"古物处"改名为"文物处"。12日,召集文物局第一次局务会议。15日,召集文物局碰头会。致王伯祥信,告即将南下。16日,召集文物局第二次局务会议。17日,参加董必武副总理主持的华东工作团会议。明确了工作团的任务是接收已由南京、上海、杭州等地军管会接管的前国民党政府中央各机关,并决定哪些机构及人员迁到北京,哪些图书、资财、档案运到北京,以及留在地方的人员如何办训练班等问题。郑振铎任华东工作团文教组组长。19日,出席文化部艺术局文艺书刊座谈会。同日,与宦乡联名拟出约稿信:"前日晤谈甚快!兹附奉'新民主丛书社'与商务印书馆设计成本《新民主丛书》之草约一份,乞赐修正与批评。并请能在三五日内,将拟编之书名见示;如能代约专家们编写几本书,尤为感盼!其书名及编者的人选也请同时示知。来示请寄北京琉璃厂□号商务印书馆伊见思先生收转。"22日,主持华东工作团文教组会议。会上根据周总理"提出问题,先行研究,再行南下"的指示精神,详细讨论有关接收工作规则。24日,出席华东工作团组长会议。26日,召集文物局第三次局务会议。同日,商务印书馆总管理处向《新民主丛书》有关作者发函:"本馆约编《新民主丛书》事,已由郑振铎、宦乡二先生主持进行。所拟该丛书契约,虽尚未正式缮订,大致已经妥洽。兹检附草约稿一份,至祈鉴存。"27日上午10时,在团城召开古典文学作品整理出版问题座谈会,出席者有叶圣陶、俞平伯、杨振声、林庚、钟敬文、黄药眠、魏建功、宋云彬、浦江清、赵万里等十七八人。28日下午,出席文化部第三次部务会议。

郑振铎11月29日参加华东工作团第一批人员会议,通过了工作规则。同日,召集文物局碰头会。12月1日,郑振铎召集文物局碰头会。同日,商务印书馆北京分馆经理伊见思派人送信来,谈《新民主丛书》事,并送11月下半月该丛书编辑费。伊见思同时还派人送茅盾10—11月编辑费,茅盾谢绝。伊见思请示于郑振铎,郑振铎说茅盾已允写稿,将来可以稿费从优。3日,郑振铎召集文物局局务会议。7日,召集文物局碰头会。10日,在南京出席华东工作团第一批全体人员会议。11日晚,乘车去上海。12日,在上海出席华东工作团会议。14日中午,工作团举行汇报工作会议。19日,以"新民主丛书社"名义与商务印书馆签订《新民主丛书》出版合约。20日,主持华东工作团文教组第一次会议。22日,主持关于卫生部在沪接管工作会议。24日,主持华东工作团第三组汇报会议,听取出版总署金灿然、卫生部林士笑、科学院恽子强、文化部赵万里等人关于接管工作的汇报。28日,主持华东工作团第三组汇报会议。31日,主持华东工作团第三组汇报会议。(参见陈福康《郑振铎年谱》,三晋出版社2008年版)

叶圣陶2月27日登苏联货船北上,同行者全部化装潜行。叶圣陶日记载:"余之身分被派为管舱员","北上的二十七人中,民主人士有柳亚子、陈叔通、马寅初、俞寰澄、张絅伯诸位老前辈,文化界人士有郑振铎、宋云彬、傅彬然、曹禺诸位老朋友,还有新相识的好多位,大多数都年过半百,可是兴奋的心情却还象青年。因为大家看得很清楚,中国即将出现一个崭新的局面,并且认为,这一回航海决非寻常的旅行,而是去参与一项极其伟大的工作"。28日午前,船离香港。3月1日,举行第一次晚会,深夜作《自香港北上呈同舟诸公》,诗中有"翻身民众开新史,立国规模俟共谋"。2日,柳亚子、陈叔通、张季龙和作《自香港北上呈同舟诸公》,晚会上与云彬合唱《义勇军进行曲》。14日,抵济南,初晤赵俪生,访华东大学,出席座谈会。15日,抵德州,正、副市长设宴款待。16日,抵沧州。17日,晤自石家庄来的杨之华、邓颖超。18日,叶圣陶抵北平。19日,与茅盾长叙,晤周扬,谈组织全国文艺界协会事。叶剑英、罗迈、齐燕铭、连贯等为叶圣陶一行洗尘。20日,访俞平伯夫妇、赵万里、潘介泉、朱孟实、沈从文。同日,应罗迈、周扬之招宴,出席文协理监事会。21日,至朱自清夫人家,晤清华诸教授,与江清谈朱自清遗集出版事,晤燕京校长陆志韦等,夜听罗迈谈话。22日,董必武来访,出席教师联合会筹备会,作演讲。同日,出席文协理监事与华北文协理事之联席会议,决定筹备中华全国文学艺术工作者代表大会。23日,出席学术工作者协会之理事会。24日,出席文代筹备会。全国文代筹备会成立,与郭沫若、茅盾、周扬、艾青、沙可夫、李广田为筹委会常务委员。25日,中共中央迁至北平,至西郊机场欢迎毛主席、周副主席。26日,参加学术工作者协会之理事会,参加文协筹委会之常务会。29日,至华北局出席教育会议,作演讲。

叶圣陶4月1日至北平师范大学演讲《教育漫谈》。4日,与友人集会,筹组教育座谈会,共商教科书编审委员会之事。5日,到上海女中演讲。同日,参加国文教育座谈会。6日,出席无党派友人会议,听罗迈报告国共和谈之事。同日,至师大附中演讲;出席华北文协招待外来文友之茶话会,致辞。7日,始出任华北政府教科书编审委员会主任之职,周建人和胡绳为副主任。8日,与沈雁冰至冯乃超寓所,共商文协大会之邀请代表名单。10日,主持教育座谈会,讨论接管上海教育之问题。11日,与茅盾等人共商出版《进步青年》杂志事。12日,参加座谈会,讨论接管京、沪、杭教育机关之问题。14日,至茅盾寓所,举行文协评选委员会小说组之首次会议。15日,主持华北政府教科书编审委员会第一次会议。同日,出席文协代表会筹委常委会扩大会议。16日,参加南社、新南社纪念会。17日,参加教育座谈会。18日,叶圣陶代表文协出席"五一""五四"纪念大会之筹备会。22日,主持教科书编审委员会国文组工作会议。23日,出席《解放日报》招集的座谈会。25日,至文协筹备会,出席常委会。同日,迁居东四二条。26日,与教科书编审委员会史地组同人集会,讨论史地教科书。27日,始审改高小国文课文书稿。同日,至文协筹备处开小说评选组会议。29日,主持华北政府教科书编审委员会第二次会议,通过本会章程。30日,出席文协筹委常委会会议。

叶圣陶5月3日出席文协评选会各小说组组长会议。4日,《进步青年》出版,由叶圣陶、茅盾、周建人、胡愈之、宋云彬、孙起孟、袁翰青等负责编辑。5日,出席文管会与学术工作者协会联合召开的纪念"五四"30周年座谈会,周恩来到会作报告,谈民主与科学。7日,叶圣陶召集教科书编审委员开国文组会议。同日,与《进步青年》编辑同人谈杂志的编辑要点。10日,出席文协筹委会,讨论国统区之邀请代表名单。夜,听华北人民政府主席董必武的报告。13日,主持召开教科书编审委员会全委会。14日,与邵力子到天津,参加开明书店天津分店之开幕式。次日返京。16日,将高小国语课本(共三册)书稿审改完毕,始审改高小历史课本书稿。17日,出席文协筹委常务会议。同日,主持召开教科书编审委员会之业务研究会。18日,到辅仁大学演讲,谈学制及大学教育问题。20日,参加华北小学教育会议开幕式,致辞。23日,召开教科书编审委员会史地小组常会,同日,将高小历史课本书稿审改完毕,始审阅高中历史课本书稿。25日,上海解放,与友人共饮申庆。27日,作审查教本之意见书,开教科书编审委员会全体委员会议。29日,应吴玉章、黎锦熙之招,至师范大学谈发起中国文字改革研究会之事。31日,开教育座谈会,拟教育方针及设想。6月1日,叶圣陶至师范大学中文系演讲。4日,参加北平市中小学教育工作者代表大会,致辞。8日上午,到师范大学演讲。下午,到朝阳门外第四女中演讲。10日,参与国统区革命文艺运动报告之起草委员会。同日,徐特立来访叶圣陶,谈解放区于艰苦中办教育之情形。11日,被推为新政协筹备委员。同日,开教育座谈会,听丁瓒报告参观苏联教育观感。12日,作为"文化界民主人士"参加政协筹备会。14日,开文代会常务委员会。同日,将高中历史课本书稿审改完毕,始审阅地理课本书稿。15日,参加新政协筹备会,毛主席、朱德到会讲话。18日,参与起草新政协组织条例,叶圣陶为起草新政协组织条例之小组成员之一。21日,至文协会所,出席文代会筹备会常务会。22日,拟教科书编审委员会国文组工作计划。25

日，主持召开教科书编审委员会全体会议，决定着手编撰各科教本。同日，至文协会所，出席扩大常务会议。26日，出席发起教育工作者代表筹备会之座谈会。29月，出席文代会筹备会。30日，出席文代会预备会，为大会主席团成员。

叶圣陶7月1日改写《教育工作者代表会议缘起》。7月2日，出席第一次文代会开幕式，为大会主席团成员、大会小说组委员兼召集人、大会章程及重要文件起草委员会委员。19日，第一次文代会闭幕，当选为文联全国委员和文协全国委员。3日，与胡绳、金灿然议设立编审局之事。同日，召开教代会发起人之会。6日，将地理课本书稿审改完毕，始审阅中学政治课本书稿。9日，主持召开教科书编委会全体常会，拟定课程标准。15日，出席民盟召开的纪念会，纪念闻一多、李公朴、杜斌丞、黄竞武、曾伟。16日，至怀仁堂，参加中苏友好协会之发起人大会，朱德和周恩来到会作演说。21日，至北京饭店，中共中央宴文代会全体代表。22日，参加教代会筹备会议之预备会。23日，参加教代会筹备会。次日，参加教代筹委会主席团会议。25日，列席华北政府委员会扩大会议。同日，出席统战部招待文教会筹备委员之宴会；出席教代筹委会主席团会议，修改教代筹备会章程，审定常委名单。26日，参加教代筹委会。27日，出席教代筹备会大会，被推为新政协代表。28日，参加文协全国委员首次会议。夜，参加全体教代筹备员之茶会，周恩来到会作报告。31日，召集教代会代表座谈。8月1日，始审阅民校课本书稿。2日，参加教育部之座谈会。7日，与胡愈之、胡绳谈成立编审局之种种准备。同日，出席文字改革会发起人第二次会议，筹备成立文字改革协进会。8日，始审阅政治课本《中国革命》书稿。9日，始审阅政治课本《调查统计研究》书稿。12日，参加朱自清先生逝世1周年纪念会。13日，出席教育座谈会，谈学制问题。15日，与陆定一、胡乔木、胡愈之等谈将来出版总署之规划。16日，拟中学国文课标准。23日，集会讨论小学政治课本的编辑办法。同日，与胡愈之、陆定一谈出版《新华月报》事。27日，与北大、清华国文系教师谈大一国文的目标。28日，迁居东四八条。30日，与王瑶等人共商大学一年级国文文选事。9月1日，与高中国文教师谈高三国文选材问题。3日，与王瑶、赵西陆等拟定大一国文全目。5日，出席文字改革会第四次发起人会。11日，参加国文座谈会。13日，出席文联谈话会。17日，参加政协筹备会全体会议。21日，人民政协开幕，叶圣陶作为中华全国教育工作者代表会议筹备委员会的代表，出席政治协商会议。30日，政协胜利闭幕，被推选为政协常委。

叶圣陶10月1日在教科书编审委员会会所主持升旗礼，致辞。同日，到车站迎苏联代表团。2日，参加新华书店工作会议之主席团会议，任新华书店副总编辑。3日，新华书店工作会议开幕，致辞。5日，向教科书编审委员会全体工作人员谈参加政协情形及三个文件之要点。6日，重行审订中小学课程标准；出席出版界茶话会，致辞。9日，出席政协全国委员第一次会议。11日，参加出版工作会议，作报告。14日，改定中小学课程标准总纲。18日，与出版工作会议全体代表入中南海见毛主席。19日，出席出版工作会议闭幕式。20日，出席文字改革理事会，被选为常务理事。中央政府公布政府各机关负责人名单，署长胡愈之，叶圣陶与周建人为副署长。21日，叶圣陶在出版总署主持鲁迅纪念会。27日，出席出版总署成立之筹备会。31日，参加中小教联学习小组长联席会议，致辞。11月1日，出席出版总署成立大会，并致辞。2日，出席《新华月报》编辑会议。同日，出席文教会首次工作会议。9日，始审阅郭地编写的《革命故事集》，此书代替政治课本。19日，始审阅高小政治课本书稿。26日，与金灿然等谈辑集李大钊遗稿事。27日，与各大学文学院教授共商整理旧文学事。28日,始审阅叶蠖生撰写的近代史教本书稿。12月2日,向上海出版界参观团谈编辑方面事。同日,列席中央人民政府委员会第四次会议。8日,与国文教科书编辑人员共拟初中语文和大一国文(文言之部)的目录。9日,与出版总署有关人员谈《政协共同纲领浅释》的编例。12日,出版总署举行青年入团宣誓式,叶圣陶到会致辞。15日,参加政府各机关及北京人民团体之编译工作座谈会。17日,始为北京市妇联修润妇女读本书稿。24日,为出版总署工作人员作业务讲话,题为《语文杂谈》。31日,在出版总署主持辞岁晚会,致辞。(参见商金林编《叶圣陶年谱》,江苏教育出版社1986年版;陈福康《郑振铎年谱》,三晋出版社2008年版)

曹禺2月27日晚先乘电船驶向轮船,登轮后,曹禺与叶圣陶同舱,二人皆为管舱员。28日中午,轮船开行。关于这次北上,据曹禺《曹禺从〈雷雨〉谈到〈王昭君〉》回忆:"我是从上海飞香港,在香港通过地下党员的安排,我们坐了一条北欧的船回国。我们这批人里头有老一辈的叶圣陶、马寅初,不过十来个人,还有新闻界的赵超构。我们上船的那天晚上,换了六、七家旅馆,躲避国民党特务。我们都穿着唐装,英国海关问是谁,带路的地下党员就说都是做买卖的,塞了二百元港币给他,就'好、好、好'。坐了小船再换大船,在烟台下船,走了很长一段路才进了解放区。"据《徐铸成回忆录》回忆:"28日晨登轮。华中号吨位不大,约二千吨上下。见同船者除上述叶、郑、陈、宋、傅诸先生外,有柳亚子、马寅初、包达三、张䋵伯、张志让、邓裕志、曹禺、沈体兰、刘尊棋、王芸生、赵超构及柳、叶两夫人并曹禺夫人方瑞,另有包小姐启亚、郑小姐小箴。连同接待人员共二十余人,见面均已易唐装,我及芸生、超构、尊棋等均扮为船员,叶先生等暂作记账员。叔通、寅初诸老,则为年迈之商人。"3月11日,抵华东解放区。据《徐铸成回忆录》回忆:"11日下午3时,参加华东局招待茶会,由宣传部长舒同主持。会后演平剧,计有《失空斩》《御碑亭》《芦花荡》等,皆旧戏也。"18日上午10时半,抵达北平。20日,全国文化团体及大学教授、作家、科学家、新闻记者在北京饭店,就响应召开拥护世界和平大会问题交换意见,曹禺与郭沫若、柳亚子、马叙伦、马寅初、茅盾等64人出席。22日,中华全国文艺协会在北平的总会理监事与华北文协理事在北京饭店举行联席会议,决定召开中华全国文学艺术工作者代表大会,曹禺与郭沫若、茅盾、田汉、洪深、郑振铎、叶圣陶、周扬等37人被推为筹委会委员。又与郭沫若、郑振铎、田汉、洪深等12人被推选出出国参加下月20日在巴黎召开的世界和平大会。24日,曹禺出席中华全国文学艺术工作者代表大会筹委会第一次会议。29日,曹禺启程出国,赴巴黎参加世界和平大会。

曹禺4月9日参与北平文化界329人联名发表宣言,声讨南京国民党反动卖国政府盗运文物的罪行。23日,国民党京沪杭警备总司令部文教委员会致函上海各广播电台,对近期是日播放的《日出》《雷雨》《原野》予以指责,并下令须"审查核定之后始准播送"。25日,布拉格,世界拥护和平大会闭幕。28日,曹禺随和平代表团离开捷克赴莫斯科。5月9日,郑振铎、田汉、洪深、曹禺、曹靖华、萧三、丁玲等在出席世界和平大会返国途经莫斯科时,专访了苏联作家协会,协会重要人物向委员们解答了有关苏联作家协会活动之各项问题。25日,曹禺随代表团回到北平。26日,《人民日报》刊出《代表团员畅谈观感》。曹禺说:"在这次大会上中、苏两国代表团是最受注意和欢迎的,中国代表团沿路受到象家里人一样亲切的欢迎。这次我们行程两月,最大的感想就是觉得要加强学习,尤其是向苏联学习。"30日,《文艺报》邀集出席世界和平大会归国的文艺方面的代表,及一部分新由香港来北平的文艺工作者,就筹建新文协问题,举行第二次座谈会。曹禺与符罗飞、张瑞芳、叶子、白杨、蒋牧良、赵沨、虞静子、张文元、许广平、徐悲鸿、郑振铎、罗静予、戴爱莲、田汉、吕荧、骆宾基、舒绣文、蒋天佐、戈宝权、葛一虹、洪深、凤子、杨云慧、马思聪、严辰等出席。会议主席茅盾,唐因和杨犁记录。会上,曹禺说:在今后的文协中是否可以依不同的业务各自成立单独的组织?文协负有统一领导的责任,而各专门的组织可以更好地推进自己的业务。关于文协的任务,我们要贯彻文艺政策,在文协中,就要研究如何贯彻文艺政策,怎样在文艺运动上具体发挥,所以应该有一个机构,称为"文艺政策指导委员会",一方面进行研究,一方面配合政府执行政策。将来一定会有生产计划,我们应该配合这一重点,号召文艺工作者去推动工作,这是在理论上的号召与领导,另一方面是具体地指导文艺作家怎样与实际结合。为了使文艺政策能彻底实行,应该有这样一个机构。这次座谈会记录题《关于新文协的诸问题——文艺报主办第二次座谈会纪录》刊于《文艺报》第6期。7月11日香港《华商报》刊载。6月1日,端阳佳节,下午1时,全国文代大会筹委会在北京饭店欢迎刚从西北、华东解放区及港沪等地来平参加大会的代表,同时欢迎出席此次世界拥护和平大会返国的文艺界代表。首先由茅盾报告筹委会工作情况,继由田汉报告出席和大的观感,他对于苏联艺术的伟大成就备致赞扬。曹禺等百余人出席会议。30日,曹禺出席第一届中华全国文学艺术工作者代表大会预备会。会上,曹禺被推为南方代表第一团代表,大会主席团成员,大会提案整理委员会委员。根据周恩来意见,致信在美国的老舍,请他回国。

曹禺7月2日出席中华全国文学艺术工作者代表大会,为主席团成员。同日,在《人民日报》发表《我对于大会的一点意见》。文中说:"我们是在毛泽东思想领导与新民主主义旗帜之下团结起来的。这是我们的原则。""今后的文艺批评与文艺活动必须根据这个原则发展。我们要努力学习毛泽东思想,研究、认识新民主主义与今后文艺路线的关系。从思想上改造自己,根据原则发挥文艺的力量,为工农兵服务,为新中国文化建设服务,这是我们每个人应该解答的课题。"8日,出席南方第一团小组会,并出席主席团第二次会议,商讨组织文艺各部门协会的方案。11日,大会继续自由发言。曹禺与陈学昭、杨晦、钟敬文、马思聪、时乐蒙、王地子、连阔如等出席,并第一个发言。16日下午,中苏友好协会发起人大会在北平中南海怀仁堂隆重举行。为了工作的便利,大会根据简章的规定,通过在筹委会下设干事会,曹禺与钱俊瑞、萧三、宦乡、沈志远、赖亚力、廖承志、王昆仑、阎宝航、许广平、辛志超、王之相、丁瓒、陆璀、曹靖华、陈家康、张仲实、樊弘等18人被推为干事会成员。17日,中华全国文学艺术工作者代表大会"通过全国文联全国委员会委员候选人名单,继即进行票选"。曹禺等87人当选全国委员会委员。19日,中华全国文学艺术工作者代表大会举行闭幕式。会上宣布文联全国委员会当选委员名单。据《曹禺传》所载,曹禺回忆:"可以说,我是生平第一次,大概也是与会代表第一次在中国国土上参加这样的伟大的文艺盛会,是一种从来没有的大团结,是一次令人终生难忘的聚会。对我的一生来说,当时我感到是一个新的开端,那种感情是难以描写的。我还没有经历过像共产党这样重视和关心文艺工作,给文艺工作者以如此崇高的地位和荣誉。那时,可是千头万绪,百废待兴,百事待举啊!新中国还未成立,党就先把全国文艺工作者请到北平聚会。"23日,曹禺出席在中法大学大礼堂举行的中华全国文学工作者协会成立大会,被选为中华全国文学工作者协会全国委员。同日下午3时,中华全国文学艺术界联合会全国委员会在北京饭店召开第一次会议。曹禺与郭沫若、茅盾、周扬、丁玲、郑振铎、洪深等21人被选为全国文联常务委员,并与丁玲、何其芳为文联编辑部负责人。24 日上午,出席中华全国戏剧工作者协会成立大会,被选为全国委员会委员。26 日,在北京饭店出席中华全国电影艺术工作者协会成立大会,被选为全国委员会委员。27 日下午 3 时,在北京饭店出席中华全国戏剧工作者协会全体委员会,当选为常务委员。28 日上午 9 时,出席在北京饭店举行的中国戏曲改进会发起人大会。8 月 3 日,曹禺被委任为中苏友好协会筹委会干事会服务部副主任。9 月 21—30 日,与廖承志、吴晗、钱三强、高棠、何礼、董昕、何其芳、龚澎、梅益、杨文、范小凤等作为"中华全国民主青年联合总会"代表出席中国人民政治协商会议第一届全体会议。会后曹禺负责政协对外文化交流工作。其间,曹禺参加开国大典的筹备工作。

　　曹禺 10 月 2 日出席中国保卫世界和平大会成立会,与沈雁冰、周扬、田汉、洪深、郑振铎、夏衍、梅兰芳、马思聪、丁玲等 105 人被推选为中国保卫世界和平大会主席团成员。3 日,中国保卫世界和平大会选出全国委员会,通过大会宣言,选举了委员会委员。曹禺与郭沫若、田汉、洪深、丁玲、白杨、阳翰笙、袁牧之、陶孟和、张奚若、叶圣陶等 140 人当选。5 日下午,中苏友好协会总会在首都中南海怀仁堂举行成立大会,曹禺与田汉、丁西林、夏衍、茅盾、陈波儿、洪深、欧阳予倩、丁玲等 197 人为理事。后根据会章指定总干事、副总干事、干事。曹禺与李伯钊、金山、丁西林、光未然等 50 人为干事会干事。干事会设秘书处、组织部、研究出版部、服务部、联络部、图书资料室 6 个部门,曹禺为服务部主任。8 日,中苏友好协会总会、中国保卫世界和平大会全国委员会在北京中山公园音乐堂举行盛大晚会,邀请苏联艺术演出队和华北军区军乐队、华大文工团等演出,曹禺出任舞台监督。13 日下午 6 时半,中国文联为了筹备纪念中华人民共和国诞生后第一个鲁迅先生的忌日,在全国文联会址邀请全国总工会、全国民主妇联、全国青联及北京市委等单位共同商讨纪念事宜。曹禺与郭沫若、茅盾、周扬、丁玲、田汉、郑振铎、赵树理、沙可夫、徐悲鸿、冯雪峰、许广平、阳翰笙、艾青、黄药眠、胡风及各单位代表共 20 余人参加。10 月 26 日下午 6 时,参加苏联十月革命 32 周年纪念典礼的中国代表团离京赴苏联,代表团团长丁玲、副团长吴晗,秘书长为沙可夫,曹禺为副秘书长。11 月 23 日,曹禺一行离开莫斯科返国。12 月 4 日,由苏联返京。12 月 8 日晚 7 时,出席中苏友好协会总会干事会为前往苏京参加苏联十月社会主义革命 32 周年纪念盛典归来的我国代表团举行的欢迎宴会。16 日,政务院举行第十一次政务会议通过各项任命名单。曹禺被任命为中央戏剧学院副院长,院长为欧阳予倩。31 日,与方瑞到竺可桢家拜访。同日,在重庆《大公报》发表《人民在召唤着我们》。同月,访苏归来,前往丰盛胡同 10 号老舍家拜访,两人亲切交谈并共进午餐。(参见田本相、阿鹰编著《曹禺年谱长编》,上海交通大学出版社 2017 年版)

　　田汉 1 月 20 日出席中共华北中央局和华北人民政府联合举行的欢迎新近由国统区和海外来到华北解放区的各民主党派、各人民团体和无党派人士的大会。31 日,随人民解放军进入北平城,在正阳门箭楼上参加阅兵式。2 月 3 日,登天安门城楼参加庆祝北平和平解放大会,作七律三首,写所见所感。上中旬,赴东北参观访问。25 日,与林伯渠、高崇民陪同集合于东北解放区的李济深、沈钧儒、谭平山、马叙伦、郭沫若、章伯钧等 35 位全国各方民主人士自沈阳抵达北平。26 日,出席在中南海怀仁堂举行的欢迎由东北、天津、石家庄等地来北平及留在北平的各方民主人士的大会。3 月 3 日下午,与郭沫若、茅盾、洪深、许广平、徐悲鸿、周扬、刘白羽、艾青等 70 余人出席华北人民政府文化艺术工作委员会与华北文艺家协会在北京饭店举行的欢迎新由各地来平及留平的文艺界人士茶话会,并作发言,号召文艺工作者应有再学习与再教育;提议文艺界应在同一目标下重新结成全国统一的组织,以便更顺利更有力量地进行工作,更好地为人民服务。后参加聚餐会。14日下午,出席北平军管会文化接管委员会在北京饭店召开的大学教育座谈会。16日下午,出席北平军管会文化接管委员会在北京饭店召开的文化界座谈会。会上决定对国民党反动派盗运古物提出抗议书。20日,出席在北平的全国文化团体及大学教授、作家、科学家、记者在北京饭店举行的就响应召开世界拥护和平大会问题交换意见的集会。22日,出席"文协"在北平的总会理监事及华北"文协"理事在北京饭店举行的联席会议,与郭沫若、茅盾、周扬等37人当选为中华全国文学艺术工作者代表大会筹委会成员。26日,出席北平军管会文化接管委员会召集北平旧剧界同人在长安大戏院召开的如何展开旧剧工作讨论会,并发表讲话,希望戏剧工作者尊重自己,做社会的教师;要提高觉悟,加强团结。29日,随同出席世界拥护和平大会的中国代表团离开北平前往巴黎参加大会。

田汉4月9日与中国文化界数百人在《人民日报》联名发表宣言,支持世界拥护和平大会。上旬,与郭沫若、成仿吾、王冶秋等北平文化界329人联名发表宣言,声讨南京国民党反动卖国政府盗运文物的罪行。17日,抵达捷克斯洛伐克首都布拉格。25日下午,回到北平。6月1日下午,田汉出席全国文化大会筹委会在北京饭店为刚从西北、华东解放区和港、沪等地来平参加大会的代表及出席世界拥护和平大会的文艺界代表举行的欢迎会,并发言谈了出席此次大会的感想,赞扬苏联艺术的伟大成就。6日,与郭沫若、茅盾、周扬、郑振铎等共同发起的北平文艺界纪念普希金诞生150周年大会在建国东堂举行。15日,新政治协商会议筹备会在北平成立。田汉以文化界代表身份为其成员,并被推定为负责拟定国旗、国徽、国歌方案的第六小组成员。25日,在全国文化大会筹委会第七次扩大常委会上被确定担任南方第一代表团副团长。26日,与周扬、茅盾等赴车站欢迎出席全国文代大会的以冯雪峰为团长、陈白尘为副团长的南方第二代表团。30日,在全国文化大会预备会上被推定为大会主席团成员。7月2日,出席中华全国文学艺术工作者代表大会。12日,为友人张西曼去世,作诗《西曼,你得活下去!》。19日,全国文代大会闭幕。当选为中华全国文学艺术界联合会全国委员会委员。23日,在"文联"全国委员会第一次会议上当选为常务委员。同日,在中华全国文学工作者协会成立大会上当选为该协会全国委员会委员。24日,中华全国戏剧工作者协会(简称中国"剧协")举行成立大会,田汉致开幕词。全国剧协成立,除秘书处外分研究、剧运、编辑出版、组织联络、福利五部及剧本创作、戏剧教育两个委员会,"正进行'人民戏剧'的出版准备工作","并与戏曲改进筹委会联合,筹划预备在平创设一个较大的戏剧博物馆"。25日下午,在阿英寓所与阿英、欧阳予倩、周信芳等商议成立旧剧协会事宜。26日,在中华全国电影艺术工作者协会成立大会上当选为该协会全国委员会委员。27日下午3时,中华全国戏剧工作者协会在北京饭店召开全体委员会,田汉、张庚、于伶、曹禺、宋之的、马健翎、阿英、梅兰芳、陈白尘、曹禺、王地子、阿甲、夏衍、洪深、周信芳、光未然、塞克、欧阳予倩、马彦祥、丁里、熊佛西、李伯钊、章泯、张骏祥、程砚秋、崔嵬等25人当选常务委员,田汉为常委会主席,张庚、于伶为副主席。28日,田汉出席参加发起的中国戏曲改进会发起人大会,并发表讲话。8月7日下午,田汉出席一个讨论戏曲问题的会议。旋与周扬、阿英、洪深、欧阳予倩、马彦祥等为梅兰芳和周信芳送行。8日,戏曲界第一期讲习班开始举行,为期三个月。田汉曾为此讲习班作专题报告。9月21日,中国人民政治协商会议开幕。田汉为"文联"推选的代表。27日,中国人民政治协商会议通过决议,决定以田汉作词、聂耳作曲的《义勇军进行曲》为中华人民共和国代国歌。

田汉 10 月 2 日出席中国保卫世界和平大会成立会,为成立大会主席团成员。3 日,当选为中国保卫世界和平大会全国委员会委员。5 日,在中苏友好协会总会成立大会上当选为该协会理事。7 日,应戏曲改进委员会邀请出席戏曲改进问题座谈会。同日,上海《剧影日报》发表《谈话剧形式与内容——田汉北京来信》。田汉在这封致友人信中说:戏剧之高级与低级,进步与落后,"主要在思想内容是否合人民需要,而不在乎采什么形式,在什么场子演戏";"当然,形式问题不是不重要,高度的思想内容也要求与之相配合的高度艺术形式。所谓高度,也不是仅求物质条件的丰富漂亮,物质条件坏也可以演出高度形式的戏,要在态度的严肃朴实和生命力的强烈。这些只能从对于自己的工作底政治觉悟和艺术的企图心产生出来。"9 日,出席中国"剧协"召开的与苏联作家西蒙诺夫讨论戏剧问题的座谈会,并亲作记录。后将西蒙诺夫的发言题以《苏联剧改经验与中国戏剧》载次年 6 月《人民戏剧》1 卷 2—3 期合刊。13 日下午,出席"文联"为商讨纪念鲁迅逝世 13 周年事宜而举行的座谈会。15 日下午,出席在箭楼举行的北京市大众文艺创作研究会成立大会,并发表讲话。20 日,在中央人民政府委员会第三次会议上被任命为政务院文化教育委员会委员。中旬,应邀担任北京市工厂文艺工作委员会举办的工人联合演出活动评判委员。21 日,作《观〈易北河上会师〉——谈苏联电影创作态度》,说:苏联作家处理国际政治问题常常"把敌我分得非常清楚",这是"值得我们电影创作家取法的"。该文连载于 11 月 6—7 日上海《剧影日报》。27 日,与郭沫若、茅盾、周扬、于伶、张庚等中国"文联""剧协"领导人联名致电苏联国立小剧院,祝贺该院成立 125 周年。29 日,在《人民日报》发表《欢送苏联文化代表团》。30 日,在上海《新民报》发表《艺术的道路》,要求戏曲艺人们"认清对象,为人民服务""在新的理想、马列主义与毛泽东思想的领导下用更大的集体力量,为保卫民族自由独立与世界和平民主而奋斗",要做到"出出戏对人民负责"。

田汉 11 月 7 日下午与杨绍萱、马彦祥一起邀请戏曲、文学工作者举行讨论剧本创作和准备新年演出的座谈会,在发言中希望大家多多创作。同日,在《人民日报》发表《人民歌舞万岁——评〈人民胜利万岁〉大歌舞》,说:要给人民以"真正新的东西",其思想内容应该"真正代表了广大人民的要求,也为他们所能理解、爱好,不是那种似是而非,或新的有些古怪的东西"。指出:人民已不太欢迎"那些近于一般的门面刺戟,而要求深入革命现实,真做到'入情入理'",提出:"为着保证我们的民族歌舞剧更大的发展,更辉煌的前途",在"注意技术、争取技术外,更要求同志们把成为我们今天的特色的高度政治热情,对黑暗罪恶的憎恨与斗争,对光明自由的热爱与歌颂精神始终保持下去"。12 月 1 日上午,出席北京市戏曲界第二届讲习班开学典礼,并发表讲话,指出:今日戏曲界的大团结是北京自有京剧曲艺以来最好的现象。说:必须加强演出有教育意义的戏,才能完成伟大的任务。15 日上午,出席天津市剧艺工作者第一期学习班毕业典礼,并发表讲话,阐述中央人民政府对改造旧艺术工作的重视,说:大家一定要搞清楚哪些艺术是对人民有利的,哪些是有害的。对前者要保存下来并使之发扬光大,对后者要痛心疾首予以摒弃,这样才是对人民真正负责的态度。还提出了"注意看戏剧内容"等三点希望。16 日,在政务院第十一次政务会议上被任命为文化部戏曲改进局局长。20 日,与中国剧协副主席张庚、于伶联名向全国各戏曲团体发出通知,号召戏曲工作者"切实了解我们的改革成果与进度,争取思想内容与艺术形式之高度配合。并尽可能地把新旧戏剧工作者都组织起来,加强自我教育,肃清封建殖民地影响,贯彻毛主席所昭示的民族的、大众的、科学的方针"。22 日,在《人民日报》的《斯大林与文学》总题下发表短文,说:"马克思列宁主义的文学论对全世界文艺工作者所起的启示作用是无比伟大的。由于他们的启示,我们开始意识到世界观与创作方法的有机关系而企图如何去统一它们。"指出:"自从一九四二年延安文艺座谈会发言以来,在毛主席精神培育下,解放区以及全中国的新文艺有了正确的方向和飞速的发展。"同日,出席北京市文委、中国"剧协"和文化部戏曲改进局联合召开的讨论新年演出计划的会议。是年,田汉致信周扬,谈戏改问题,说:"我不反对追求戏剧形式上民族的特征,但我更想以提高民族的思想内容作为改革旧剧的对症药。"指出:"我们的老戏从元杂剧到清代的皮黄等等都是在异族统治时期发展起来的。在残酷严密的民族压迫下虽然也吐露了一些反抗的声音,但是这常常是非常隐晦的、畸形的。"此信刊于次年 4 月《人民戏剧》创刊号。(参见张向华《田汉年谱》,中国戏剧出版社 1992年版;田本相、阿鹰编著《曹禺年谱长编》,上海交通大学出版社 2017 年版)

阳翰笙 3 月到达北平,参加全国第一届文学艺术工作者代表大会的筹备工作。7 月2—19 日,出席中华全国文学艺术工作者代表大会。9 日,阳翰笙作《国统区进步的戏剧电影运动》的大会发言,首先回顾从 1928 年到现在已有 22 年的历史,其间曾经历了三个不同的历史时期,也就是说曾经经历了土地革命时期、抗战时期和人民自卫战争时期。在这三个历史时期中,我们的戏剧电影文化运动,因为是在没有自由、没有民主、没有光明的反动的国民党统治区中展开的,所以我们的运动和解放区比较起来是有它的特征的。最后部分是检讨 22 年历史的得失:从好的方面看,有着如下的一些成就:一、表现在进步力量的成长与增长上,是从无到有、从小到大,直到今天我们已经拥有大批优秀的工作者,在编剧、导演、摄影、布景、演员等各部门,我们都有着技术熟练的专家。二、从总的方面看,在过去的各个时期中,我们都能阻击和粉碎了国民党反动派的围剿,迫使他们无法运用这两个武器作反共反人民的工具。同时,也尚能适应各个时期政治上的客观需要,虽属迂回曲折,却也始终是积极地在运用着戏剧电影的功能,暴露和控诉了国民党反动派的罪恶,与或明或暗地指出人民大众斗争的道路。三、一般的说,我们在艺术和技术上都有着相当的成就与发展。有些作品的思想性和艺术性结合得相当完整,因而能深入地、广泛地、感动和教育了广大的观众群。四、在运动上,戏剧电影是此仆彼起,轮番作战的,因而使多数的工作者都训练得具有两种服务于人民的能力。缺点方面主要有:一、在思想上,我们对马列主义——特别是对毛泽东的思想和方法的研究不深;或者就没有机会去研究,有的甚至还没有认识到这种研究的重要性。二、在生活上,由于客观环境的限制与主观努力的不够,我们的工作都没有太多的机会去接近广大的工农兵群众,因而使大家的生活经验都很狭窄,生活体验也就不够丰富,不够充实。三、在创作上,由于有上述的两大缺点,我们有些作品因此在思想性上便表现得很贫弱,在生活性上也就表现得很不充实。四、在艺术形式上,我们不善于运用为工农兵所喜闻乐见的形式。

按:阳翰笙在发言结尾谈了他的期望:"现在,我们是到解放区来了。这儿是一片自由的天地。这儿不仅在生活上有自由,而且不管是谁,只要肯去研究,肯去学习,肯去生活,就可以得到方便,得到帮助,得到领导。因此,我们为了要克服我们自身的缺点,为了更好地运用我们的戏剧电影去为工农兵服务,我们就应该而且必须加深对马列主义与毛泽东思想的研究,和深入到工农兵群众中去生活,特别是在毛主席的文艺方向指导下有过长期锻炼而又有显著劳绩的解放区的文艺工作者,我们更应该多多向他们学习。这两个区域的同志们经过这次胜利的会师之后,而我们国统区的同志们又经过这样多方面的学习之后,大家像一家人那样地团结起来,在毛主席的旗帜之下,与在共产党的领导之下,共同努力迈进,我们相信,对于将来新民主主义的戏剧电影事业的建设上一定会有好的贡献和更大的成就！"

阳翰笙7月23日下午出席中华全国文学艺术界联合会全国委员会第一次会议,当选为常务委员。同时负责全国影协的筹备与主要工作。26日,中华全国电影艺术工作者第一次代表大会在当时的北平市开幕,会上讨论通过全国影协章程,选出影协全国委员和讨论提案。阳翰笙与曹禺、袁牧之、陈波儿、沈浮、吴印咸、蔡楚生、史东山、夏衍、王滨、汪洋、黄佐临、孙瑜、陈白尘、于伶、张骏祥、郑君里、沙蒙、赵丹、成荫、陈鲤庭、田汉、应云卫、王震之、洪深、欧阳予倩、钟敬之、柯灵、白杨、王为一、徐韬等41人被选为全国委员会委员。阳翰笙为主席,袁牧之为副主席。阳翰笙、袁牧之、蔡楚生、史东山、陈波儿、黄佐临、陈白尘、吴印咸、苏怡为常务委员。影协机构隶属于中央文化部、挂牌于文化部电影局——北京市羊肉胡同24号。这就是最初的中国影协。全国影协成立之初,下设编辑、研究、资料、联络四部及秘书处,"正与中央电影管理局共同计划出版指导全国电影工作的刊物"。同时"并拟协助组织成立全国各地的电影界职工会""计划成立俱乐部,专供电影工作者的文化娱乐与创作研究的园地"。年底,阳翰笙被任命为国务院文教委员会委员兼副秘书长、中共党组书记,并任中央统战部文化处处长。(参见《中华全国文学艺术工作者代表大会纪念文集》,新华书店1950年版;张向华《田汉年谱》,中国戏剧出版社1992年版;田本相、阿鹰编著《曹禺年谱长编》,上海交通大学出版社2017年版)

徐悲鸿继续任北平艺术专科学校校长。1月中旬,出席傅作义将军召集的北平大专院校校长会议,当傅作义提出何去何从的问题时,徐悲鸿第一个率先声明不走,要留在北平迎接解放,并说:"北平是驰名中外的文化古都,不战则可以保存这个名城。"下旬,国民政府教育部再次派飞机至北平强迫徐悲鸿和一批文化人离开北平,徐悲鸿借口自己因心脏病不能乘飞机为由,婉言谢绝,留在北平。31日,北平和平解放,徐悲鸿继任北平艺专校长。2月,徐悲鸿将反动势力对他攻击的文字罪证,呈交给接管艺专的军管会代表艾青。3月3日,在北京饭店出席华北人民政府文化艺术工作者委员会和华北文艺界协会举行的茶会,并作发言。月初,偕夫人去北京饭店看望由香港返北平的知名人士郭沫若、沈雁冰、柳亚子、沈钧儒、翦伯赞、洪深等人。中旬,被选为中国出席第一届世界拥护和平大会的代表,准备前往巴黎出席大会。29日,随我国出席世界拥护和平大会代表团离北平。4月20日,随代表团抵捷克首都布拉格。5月25日,回到北京。6月13日,在天津《进步日报》发表《在苏联捷克参观美术的简略报告》。

徐悲鸿7月2—19日在北平出席中华全国文学艺术界联合会第一次代表大会。2日,被选为第一届全国政协代表和北京市人民政协委员。21日,中华全国美术工作者协会在北京中山公园来今雨轩举行成立大会,会议讨论提案、通过会章、进行选举。提案中商讨了如何健全组织以及推行各地美术工作,部队美术代表还希望美术工作者要深入部队收集材料。徐悲鸿当选为主席,江丰、叶浅予为副主席。蔡若虹、刘开渠、吴作人、李桦、古元、王朝闻、倪贻德、力群、朱丹、野夫为常委,全国委员41人,黄宾虹等9人为候补委员。全国美协成立后,分为指导部、编辑出版部、福利部、展览部和秘书处,并筹备《人民美术》的编辑出版工作。9月21—30日,在北京出席中国人民政治协商会议。9月26日,毛泽东主席在中南海丰泽园召集国歌问题讨论会,徐悲鸿正式提议以《义勇军进行曲》作代国歌,周恩来赞成这种"安不忘危"的建议,立即表示支持并被通过。秋,徐悲鸿给周总理写信,要求派艺专的师生参加当时在北京郊区展开的土地改革运动。10月5日,在北京出席中苏友好协会总会

（简称"中苏友协"）成立大会，被选为理事。11月，原国立北平艺专一度改为国立美术学院，徐悲鸿继任院长兼研究部主任。12月16日，中央人民政府政务院第十一次政务会议，通过中央人民政府政务院文化教育委员会及所属机关人员名单，任命徐悲鸿为中央美术学院院长。（参见王震编著《徐悲鸿年谱长编》，上海画报出版社2006年版）

吕骥年初在沈阳。3月，文代会筹委会成立，吕骥名列其中。5月，吕骥奉调从沈阳到北京。7月2—19日，出席中华全国文学艺术工作者代表大会。同时负责筹备成立中华全国音乐工作者协会与中央音乐学院。7月23日，举行中华全国音乐工作者协会成立大会，选举吕骥为主席，马思聪、贺绿汀为副主席，吕骥、马思聪、贺绿汀、李凌、向隅、江定仙、何士德、安波、孟波、张非、沈知白、缪天瑞、老志诚为常务委员。全国音协成立后，分研究、组织、编辑出版、福利四部。9月，由国立音乐院（含幼年班）、东北鲁迅文艺学院音工团、华北大学文艺学院音乐系、国立北平艺术专科学校音乐系、上海与香港中华音乐院等几所音乐教育机构在天津重新合并组建为中央音乐学院。月底，由音协编辑出版的《人民音乐》月刊在北平出版。12月18日，政务院正式任命马思聪为国立中央音乐学院院长，吕骥、贺绿汀为副院长。（参见《中华全国文学艺术工作者代表大会纪念文集》，新华书店1950年版）

戴爱莲继续在国立师范学院与北平国立艺术学院任教，为中国新舞蹈艺术的开创人之一。6月1日下午1时，出席全国文代大会筹委会，在北京饭店欢迎刚从西北、华东解放区及港沪等地来平参加大会的代表，以及欢迎出席此次世界拥护和平大会返国的文艺界代表大会。7月2—19日，出席中华全国文学艺术工作者代表大会。同时负责筹备成立中华全国舞蹈工作者协会。21日，举行中华全国舞蹈工作者协会成立大会，推选戴爱莲为主席，吴晓邦任副主席。戴爱莲、吴晓邦、胡果刚、李伯钊、梁伦、赵郓哥、曹作光、岳克、徐胡沙、陈锦清、金仁海为常务委员。全国舞协成立后，分为研究、组织联络、演出出版、运动四部，亦将筹备出版《人民舞蹈》刊物。（参见《中华全国文学艺术工作者代表大会纪念文集》，新华书店1950年版）

欧阳予倩年初仍居香港。1月12日，香港《华商报》报道：《一流剧人义演筹方沛霖遗属教育费，一连四天将轰动全港》。20—22日，为罹难的电影导演方沛霖遗属筹募教育费，旅港的影剧界人士在香港中央戏院"盛大公演"曹禺的《日出》，执行导演欧阳予倩，舞台监督李萍倩，导演团卜万苍、朱石麟、吴祖光、张骏祥、程步高、顾仲彝。7月2—19日，欧阳予倩出席中华全国文学艺术工作者代表大会，当选为常务委员会委员。同时负责筹备成立中国戏曲改进会。28日上午9时，中国戏曲改进会发起人大会在北京饭店举行，欧阳予倩、曹禺、田汉、夏衍、梅兰芳、阿英、马少波、焦菊隐、茅盾、马彦祥等百余发起人出席，先由欧阳予倩主席说明召开这个大会是接受了文代大会的指示，来完成改革戏曲的任务。接着由全国文联主席郭沫若讲话，前延安平剧研究院院长杨绍萱、全国剧协主席田汉、全国曲艺改进筹委会主任委员赵树理、华北文委会旧剧处主任马彦祥、北平国剧工会负责人叶盛章等先后发言。大家一致认为，今后戏曲的改进要在毛主席的文艺方向下，为广大的人民服务。大会推选欧阳予倩为主任委员，欧阳予倩、杨绍萱、李少春、田汉、阿甲、叶盛章、梅兰芳、马彦祥、程砚秋、马少波、白云峰、周信芳为常务委员。中国戏曲改进会成立后，分为研究、编审、福利、资料四部，"正准备组织一个创作机构，专门挑选题材、编写新剧本。至于整理改编旧剧本工作，亦将同时进行，拟自元曲、明代的传奇一直到现在的旧剧都加以整理，并研究史的部分"。9月21—30日，欧阳予倩在北京参加第一届全国政协会议，并当选为政协常委。

11 月，欧阳予倩携全家迁居于此。12 月 16 日，政务院举行第十一次政务会议通过各项任命名单，欧阳予倩被任命为中央戏剧学院院长，曹禺、张庚为副院长。（参见《中华全国文学艺术工作者代表大会纪念文集》，新华书店 1950 年版；田本相、阿鹰编著《曹禺年谱长编》，上海交通大学出版社 2017 年版）

王尊三 7 月 2—19 日出席中华全国文学艺术工作者代表大会。同时负责筹备成立中华全国曲艺改进会，由曲艺方面的代表和文学、戏剧、音乐、民间文艺等方面的代表丁玲、王亚平、王尊三、田汉、申伸、史若虚、安波、西戎、沈冠英、周扬、赵树理等 50 人共同发起。22 日，中华全国曲艺改进会筹备委员会第一次会议在来今雨轩举行，宣布中华全国曲艺改进会筹备委员会正式成立，推选王尊三担任主任委员，连阔如、赵树理为副主任委员。常务委员有赵树理、连阔如、王亚平、王尊三、董天民、欧阳山、张富忱、林山、史若虚、苗培时、萧亦五。候补委员包括钟敬文、何迟、刘乃崇。中华全国曲艺改进会成立后，分为编辑出版、搜集研究、辅导、组织联络、福利五部，"除进行《人民曲艺》和《新曲艺丛书》的全部出版工作外，同时与北平新华广播电台文艺科联合准备于 9 月 1 日开始新曲艺节目的广播工作。此外并计划交换各地改革旧艺人的意见和发动各地组成曲艺改革机构"。24 日，《人民日报》一版刊载了中华全国曲艺改进会筹备委员会成立的消息，其中这样描述了其工作：筹备会的工作将以编辑、出版、联络、组织、研究为中心，团结全国曲艺人进行改革工作，并筹组全国曲艺改进协会。（参见《中华全国文学艺术工作者代表大会纪念文集》，新华书店 1950 年版）

刘芝明 7 月 2—19 日出席中华全国文学艺术工作者代表大会，在会上作《东北三年来文艺工作初步总结》的报告，认为，"为了使得文艺工作做得更为有力，更能发挥文艺工作的力量，则必须改变目前文艺工作的各自为政的状态，上下不通气，互不相关的散漫状态"，因此"要有各级文艺的组织机构，而政府有可能也应有专管文艺部门的机构，将文艺工作的方针、政策、干部、文艺组织统一而集中地领导起来"。（参见《中华全国文学艺术工作者代表大会纪念文集》，新华书店 1950 年版）

安蓝 5 月在《文艺报》第 3 期发表《热诚的希望》，认为即将成立的"全国文协""不管它是文艺工作者的指挥部也好，职工会性质也好，像'全国妇联'那样的群众团体也好，（其实群众团体的说法又何异于职工会？）我觉得'全国文协'必须是一个有一定权力的机关。'全国文协'应在思想上、艺术上对文艺工作者起领导的作用，这是大家迫切要求的；但是，如果它没有一定的权限，只是发出一点号召，做出一些决议，而不能保证这些号召与决议实施的话，文协就不能更好地发挥力量"。（参见王秀涛《第一次文代会与文联的成立》，《文艺争鸣》2019 年第 3 期）

魏荒弩、顾仲彝、张骏祥、黄药眠等 6 月 2 日出席《文艺报》发起的关于新文协的座谈会上，魏荒弩认为，"为了更好地配合整治，更密切地与工农兵结合，新的文协应该是文艺的总指挥部"；顾仲彝认为，"新文协应该是一个新文艺政策与新文学运动的指挥部"，"旧文协同业公会的性质较重，应加以改变"；张骏祥针对环境的变化，认为"过去蒋管区文协由于环境特殊，工作起来不免采用绕弯子、打太极拳的工作方法，今后应该更猛一点，我们脑子里对新文协的看法也应两样了。过去只是做团结联络的工作，今后应该是一个总指挥部，有发号命令的工作"。但也有不同意见，比如柯灵希望"新文协兼总指挥部和同业公会的性质"。黄药眠质疑，"文协应该是计划工作推动工作的机构，叫它'总指挥部'是否合适？是可以斟酌的"。（《新文协的任务、组织、纲领及其他——文艺报主办第一次座谈会记录》，《文艺报》1949 年第 5 期；王秀涛《第一次文代会与文联的成立》，《文艺争鸣》2019 年第 3 期）

傅增湘病重在家。3月,北平解放后,叶剑英到家看望病中的傅增湘。同月底,为吴江费仲深撰写墓志铭。9月12日,张元济到访,并在日记中写道:"卧不能兴,舌本艰涩,语不成,偶有一二语尚能达意。见余若喜若悲,就床头取所作游记已刊成红本示余,云共有五册。又捡叶玉虎朱笔诗扇一柄相示,又嘱其如君开橱取《衲本史记》视余,卷首有沈寐叟题词。沅叔欲取其所题书签,令其仆检觅,不可得,甚为不怡。"16日晚,陈毅偕梅达君看望张元济,张元济记:"陈询余北京故友存有几人。余言前日访傅沅叔,其同乡也。病瘫痪,口不能言,且贫甚。其所居正房均为人所占,伊问为某军队所占,昔为国民党军,今则不详。渠云当查明,为之设法。"10月13日,张元济致信陈毅,详述傅增湘近况。15日,张元济访傅增湘,傅询沪上友人近况,"唏嘘作别,恐此为最后一面矣。"20日,因病离世。后陈毅致函周总理,周总理派人持陈毅原函和总理批示来探视时,可惜先生已逝。傅增湘离世后出让图书:第一次在1949年末,以宋本《新唐书》等77种让归北京图书馆,在《善本书目》中编为2509—2585号。

按:此后的第二次出让图书在1951年,因北京图书馆举办版刻展览,紧急征购所缺品种,征购金本《磻溪集》、蒙古中统刊本《史记》附带宋本《南齐书》《水经注》、永州本《柳先生外集》、衢州本《居士集》、江西诗派本《东莱集》,共7种,在《善本书目》中编为5235—5241号。第三次为影印出版,北京图书馆征购宋绍兴本《乐府诗集》即《善本书目》中第7905号。最后一次在1956年,宋元钞校本200种出让北京图书馆,后在《善本书目》中编为11264至11453号。(参见孙英爱《傅增湘年谱》,河北大学硕士学位论文,2015年)

马衡仍为故宫博物院院长。1月14日,马衡先在致函杭立武,因上年12月16日孙科签署行政院电令,要求马衡执行故宫理事会将文物运往台湾的决议。当年协助将故宫博物院南京保存库里的文物运出南京、时任国民政府教育部政务次长、故宫博物院理事会秘书杭立武又于12月17日发来专电,催促马衡南下。马衡委托即将南下的清华大学校长梅贻琦代转"不能南飞之意"。马衡决意采取"拖"的策略在信中写道:"弟于十一月间患心脏动脉紧缩症,卧床两周。得尊电促弟南飞,实难从命。"22日,马衡院长应华北"剿总"之约至中南海春藕斋开会,聆听了傅作义宣布《关于和平解放北平问题的协议》公告。31日,马衡在日记里写"解放军一部分入城",平津战役以和平的方式而告结束。2月3日,马衡在日记里描述解放军入城的盛大场面:"是日上午十时解放军自永定门入,军政首长在前门城阙检阅步骑炮兵,一军入前门经东交民巷、东单、东四而达西城,行列延长数里,整齐严肃,蔚为壮观。"7日,故宫博物院参加庆祝解放,自即日起恢复对外开放。8日,北平军事管制委员会"文管会"文物部部长为尹达率刘新权、舒赛来到故宫博物院,接洽解放军指战员参观故宫事宜。19日,北平军事管制委员会文管会代表钱俊瑞、陈微明、尹达、王冶秋来院办理接管事宜。当时平津前线司令部决定,东北解放军及华北解放军20余万人于日内分批参观故宫。马衡表示热烈欢迎,全力搞好接待工作。

按:当年接收故宫的联络员罗歌这样回忆当时的情形:"我到故宫,先去拜见马衡院长,当我向他作了自我介绍后,他非常礼貌地站了起来,表示欢迎联络员到故宫开始工作。我很不安,再三说明,自己是北大的学生,而他曾经是北大的教授。但是,马老说:'这是故宫,不是北大。这是办公室,不是课堂。你不是学生,你是共产党的代表,应该这样。'此后,对于我传达军管会的指示,他都用毛笔亲自在信笺上简要地记下来。由于他的热情、认真、严肃的态度,联络工作非常顺利,他亲自召集科长以上的办公会议,让大家要服从军管会的领导,要尊重、支持联络员的工作。"

马衡3月6日出席在太和殿召开的接管大会,北平军事管制委员会"文管会"文物部部长为尹达、副部长为王冶秋出席,故宫博物院除值班站岗的警卫队员外,全体参加。马衡在这一天的日记里写:"九时尹达、王冶秋来,与员工警讲话,以风大,改在太和殿内举行,至十时三刻甫毕。"3月18日,马衡日记:"沫若电话,谓郑西谛等今晨到平,对文物事有新资料。因赴北京饭店访沫若,同诣六国饭店。据西谛言,主张迁移文物最力者为王世杰、傅斯年、朱家骅,王并取得蒋之同意而积极进行者。陈叔通为余言,傅于开会时对余反对迁移大加攻击,并于蒋前大进谗言。果不出余所料也。"4月22日,故宫博物院召开被接管后的第一次院务会议。会议由马衡院长主持,王冶秋列席。同月,新的业务方针确定:要利用文物为教育人民之工具,以启发其反帝反封建的革命思想,并协助国家建设事业为工作之目标。因此,全部陈列室重新布置,不事炫奇尚异,而以教育为主旨。陈列室之改革分新群、改善、撤收三类,并尽量增加各种说明,改用通俗语体,以便人民易于了解。5月28日,马衡日记:"下午三时,在传心殿招待各界参观新设之革命史料陈列室,报告设置经过。发言者有郑振铎、翦伯赞、郭沫若、范文澜等,至六时半散会。"6月7日,接高教"秘"字第三三号令,故宫博物院隶属华北高等教育委员会图书文物管理处领导。11日,马衡日记:"下午赴图书馆,开图、博、考古工作者协会筹备会,推定裴文中、向达、韩寿萱、黄仲良、王有三及余六人起草,定本月廿二至廿四日中任何一日开第二次筹备会,并推梁思成、郑振铎加入开名单。"26日,马衡日记:"三时,请翦伯赞、郑振铎、裴文中在传心殿演讲苏联捷克之图书馆、博物馆事业,至六时半散会。"

马衡7月1日赴北京饭店出席中国新史学研究会筹备会。2日,赴怀仁堂出席第一次文代会。7日,马衡日记:"吴湖帆致书郭沫若,愿以所藏文物十余种捐献政府,郭以原书送高教会,冶秋以电话见询,余谓识其人并知此事。盖湖帆收得无款山水一开,审知为黄公望《富春山居图卷》之前段,骑缝印章各占其半。余前年在沪,与森玉往说之,劝其让与故宫,俾与所藏此卷复合。湖帆谓俟政治清明,当将一切财产献与政府。初以为搪塞之词,不甚信之。湖帆见余怀疑,乃略露其子不肖状。今果实践前言,是真出之诚意也。因将此项诺言签注书后,并请电沪军管会与森玉取得联系,接收后由故宫接受。冶秋允照办。下午,往访郑西谛,告以此事,请其函告森玉,藉此北来。"14晚,马衡赴北京饭店开会,商讨古物保管会组织。与会者为马叙伦、郭沫若、郑振铎、王冶秋与马衡5人。15日,马衡日记:"二时,至勤政殿开会,林伯渠主席,李达、史明、陆定一相继演说,通过会章及常务委员人选。"17日,马衡日记:"三时,赴'社会科学工作者代表会发起人会议',由沈钧儒主席,讨论提案。"10月1日,中华人民共和国中央人民政府成立,故宫博物院和太庙皆根据华北高等教育委员会的命令暂停开放1天,并在午门、神武门,以及神武门外的北上门(今已拆除)张灯结彩,以示庆祝。故宫博物院部分员工在工会组织下,从库房提出灯笼,前往天安门广场参加开国大典,并在大典后参加群众游行。2日,赴怀仁堂出席中国保卫世界和平大会成立大会。10日,在神武门楼上举行故宫24周年院庆,请"文管会"文物部副部长王冶秋等讲话。12月28日,召开院务会议,公布本院隶属文化部文物局。(参见马思猛《马衡年谱》,故宫出版社2021年版;祝勇《解放军接收故宫始末》,《北京日报》2021年3月4日;陈福康《郑振铎年谱》,三晋出版社2008年版;李福敏《故宫博物院大事记》,载李文儒主编《故宫博物院80年》,紫禁城出版社2005年版)

王重民继续主持北京图书馆。1月31日,北平宣告和平解放。北平图书馆由军管委员会王冶秋同志接收,王重民即被中央人民政府任命为北京图书馆副馆长。北京之解放,王重民的激动和兴奋是无法形容的,他觉得得到了新生,虽然还是在北京图书馆工作和北京大学讲课,但他感到全被赋予了新的意义,对他这个曾经信仰马列主义的旧知识分子来说,应如何更有效地建设新中国图书馆的事业,这是摆在他面前迫切需要解决的问题。他决心倾注全部精力,改革图书馆及教育中种种旧的不良措施,以表示对新中国的热爱。当时由柳亚子出资,请谢国桢增辑《晚明史籍考》,王重民为之专辟一间研究室,并组织"明季史料讨论会",支持、帮助谢国桢工作。在北京大学正式成立图书馆专科,以王重民为主任。此后,开始招收中学毕业生。由于图书馆学专科成绩卓著,受到北京大学领导的重视。11 月 1 日,由文学院召开讨论进一步办好这专科的讨论会,由谢国桢主持开会。(参见刘修业《王重民教授生平及学术活动编年》,载王京州编《河北近现代学者年谱辑要》,国家图书馆出版社 2017 年版)

林砺儒 4 月在中共地下党组织的安排下秘密离开厦门大学取道香港到北平。6 月,参加新政治协商会议筹备会。9 月,出席中国人民政治协商会议第一届全体会议,并作为教育界代表在政协第一届全体会议上发言,当选为政协第一届全国委员会委员。中华人民共和国成立后,林砺儒被任命为中央人民政府教育部中等教育司司长,参与中华全国教育工作者代表大会的筹备工作。

梅汝璈由东京设法抵达香港,与中共驻港代表、清华校友乔冠华取得联系,秘密由港赴京。应邀出席中国人民外交学会的成立大会。

贺培新 4 月将家藏的自乾隆嘉庆年间收藏的图书 12768 册、文物 5371 件分别捐给北平图书馆和历史博物馆。

尚小云 8 月参加"第一期戏曲艺人讲习班",认真学习毛主席《在延安文艺座谈会上的讲话》和党的文艺方针。同月,与杨宝森合作赴天津演出。11 月当选为北京市各界人民代表会议代表,参与讨论解放初期首都的改造整顿工作。

巨赞和李济深夫人等由港北上,抵达北京,会同周叔迦居士等用北京市佛教同人名义,为改革全国佛教,上书毛泽东主席及各民主党派。组织全市佛教徒在极乐庵开办僧尼学习班。当选全国政协代表,出席中国人民政治协商会议第一届全体会议。登上天安门,参加开国典礼。当选为中国人民保卫世界和平委员会委员。于北京居士林开讲《人民政协对于佛教界进行革新的启导作用》。于《弘化月刊》发表《纠正联合出版社高小历史课本对于佛教的误解》。(参见黄夏年编《中国近代思想家文库·巨赞卷》及附录《巨赞年谱简编》,中国人民大学出版社 2015 年版)

顾颉刚继续任大中国图书局总经理。与丁君匋继续主编"中国历史故事小丛书"。修改纪庸所作《秦始皇吞并六国》等册及其所作各书序。任文通书局董事。编《文史杂志》第 6 卷第 5 期。因时局动荡,该刊停刊,仅出至第 6 卷第 3 期。上半年,顾颉刚重新标点《五经通论》及《新学伪经考》毕。顾颉刚说:"现在研究经学人士寥寥可数,只沈凤笙、张西堂数君。予苟不为,则康崔之绪即断,故此后研究工作,必倾向经学,庶清代业绩有一硕果也。"1—8 月,整理《西北考察日记》《上游集》《浪口村随笔》,交合众图书馆油印。1 月 8 日,顾颉刚日记载:"此后工作目标:1. 治经学,2. 作《古史钥》,3. 编辑全集,4. 编历史故事丛书。"1 月 29 日,作《〈西北考察日〉序》,曰:"西北之地,国防经济两端俱有其重要性,而欲为此两端之建设则教育工作实居首要,顾读吾书者不弃葑菲,俯拾此一得之愚而思有以实现之,则予虽蹭蹬乎身世,荒芜乎学业,亦将嚼堇荼而甘之于饴矣。"2 月,大中国图书局为加薪事,劳资不协调,结果将编辑、制版二部解散。与散出之职工另组中国史地学社。2—4 月,应魏建猷邀,为《东南日报》之《文史》副刊作文5篇。

顾颉刚3月21日作《中国史地学社缘起》。3—4月,应胡道静邀,为《中央日报》之《集纳》副刊作文3篇。3月初,迁家至武康路280弄9号。同月,吴康邀任广州文化大学文学院长,辞之。始整理去年北平运沪书籍,将其中两千多册近代史料赠与合众图书馆。顾颉刚《中国史料的范围和已有的整理成绩》曰:"我从有知识起,处于一切剧变之中,就想搜集资料,保存这一个伟大时代的史实。当清朝末年,我在中学读书;民国初年,我在大学读书。每天散课后,走上街头,总爱在地摊上寻寻觅觅,得到些各地方、各政权、各党派、各事件的文件和书刊。北京是全国政治的中心,地摊上这类东西特别多,为了顾问的人稀少,价格便宜,往往十几枚铜元就可以买来一捆。在这里,可以看到维新运动、民教相仇、辛亥革命、洪宪帝制、张勋复辟、军阀混战、官吏横暴、政党斗争、反动会道门欺骗活动等史实。这些资料,经不起天天搜集,到我四十多岁时已占满了三间屋子。……(抗战)后东归,收拾残剩,这类史料还有两万多册。那时为了我住在上海,房屋容不下,又自想年近六十,学术工作的战线应当缩短,所以就全部捐与合众图书馆。"4月5日日记:"皆彼馆所未备,喜得其所。"其中确有许多孤本。8日,顾颉刚复吴康信。此前3月19日吴康来信论今日治经之义。顾颉刚信中答曰:"我辈生于今日,其所担之任务,乃经学之结束者而古史学之开创者。此非吾人故意立异,乃自宋至清八百年中积微成著之一洪流,加以西洋科学之助力,遂成一必然之趋势也。必将经典弄清,中文化史方能写作,否则识其外层而不能解其核心,于事仍无益也。"12日,作《〈上游集〉序》,此册集十余年所作文言文40篇。同月,南京边疆文化教育馆聘为研究员。5月,任诚明文学院教授,授"目录学""春秋左传"课。

顾颉刚6月与范长江等接洽,欲为大中国图书局出版通俗读物。因恢复通俗读物编刊社,由汪叔棣主持工作。12日,作《通俗读物编刊社征求图画、文字稿件》。同月,顾颉刚将十余年所作边疆及民众教育之文字编为《高原上的呼声》(第一编)毕。7月1日,中国史学研究会筹备委员会在北平成立,顾颉刚被排除在外,未接邀请,心中颇有失落和不满。11日,顾颉刚日记写道:"报载北平成立新史学研究会,在南方之伯祥、寿彝皆在,而无予名。予甚为新贵所排摈矣。予为自己想,从此脱离社会活动,埋头读书,庶几有晚成之望。"同月,顾颉刚整理《浪口村随笔》毕,成6卷,凡122则,17万言。其中新作及重作者凡30余则,占全篇幅三分之一。25日,为此书作序。8月,诚明文学院聘为中国文学系主任。山东大学聘为文院长,未应。同月22日,顾颉刚离沪,与金振宇、丁君匋同行,前往北平为大中国图书局设分店。24日,抵北平。28日,在北平主持禹贡学会理监事会,组织禹贡学会保管委员会,推于省吾为主席。9月1日,大中国图书局北平办事处成立。16日,离平抵济南,欲赴青岛商山东大学事,以铁路被水冲断而不得行。乃经蚌埠返沪,22日,抵沪。9月始,在诚明文学院授"校勘学""传记研究""中国文学史"三课。同月,欲将《禹贡》半月刊复刊,后未果。顾颉刚将一份学会简况和学会成员名单交与新史学会。在拜访出版总署署长胡愈之时,胡愈之谈及《禹贡》杂志可由新华书店续出。顾颉刚以为"此事如能成",学会便"能欣欣向荣,使学术工作逐渐推进矣"。但一个月后胡愈之改口,谓由新华书店代售固可,若要由其出版则须待开会商议。复刊事遂作罢。顾颉刚筹划复刊《禹贡》落空。

　　按:1955年2月6日,顾颉刚与学会理、监事开会,商学会结束办法,议决将房屋捐献政府,图书赠民族学院,刊物分送各大学及图书馆,现金慰劳军队。"禹贡学会从此终了矣!"

顾颉刚10月始到番禺路海光图书馆读书写作,成短文9篇。以大中国图书局及诚明文学院两处薪金不足家用,欲以稿费补之。10月,复旦大学见聘,辞之。12月,应震旦大学邀,任教授,授"专书选读"课,讲《史记》。同月,参加中国新史学研究会上海分会筹备会,参与发起者有周谷城、李亚农、金兆梓、周予同、李平心等。是年,记笔记《沪楼日札》,至次年。同年,顾颉刚《浪口村随笔》由合众图书馆油印。先是1939年顾颉刚居昆明北郊浪口村时,得暇整理旧日见闻撰为笔记,并证之故籍。1946年东归后,又续有增益。1949年顾颉刚再次加以整理编排,新作或重作34篇补入。此书共分六卷:"卷一论地理、继承昔日禹贡学会工作,为民族史与疆域史之探求者也。卷二述制度,为周秦之政治制度与社会制度作钩沉,拟以树立古代史之骨干者也。卷三考名物,此十年中学虽不进而舟车之辙迹弥广,即今可以证古,即边疆可以证中原,对于大小名物时有会晤,创为新解者也。卷四评史事,卷五绎文籍,皆衍《古史辨》之绪,欲作一番洗刷工夫,期揭出其真相者也。卷六记边疆,吾游西北、西南、见蒙、藏、回、爨诸民,相其文化,叩其历史,知实为绝好工作园地。"作者用民族风情和民俗习尚证诸中原古史,开创了民族考古学的新领域。其中40余篇经多次修订,又增加若干篇章,辑为《史林杂识初编》,1963年初由中华书局出版。(参见顾潮编著《顾颉刚年谱》,中国社会科学出版社1993年版;王学典《20世纪史学编年(1900—1949)》,商务印书馆2014年版)

　　竺可桢4月28日接杭立武电催赴沪,竺可桢接到后即复电婉拒。晚闻保安司令决无入浙大捉人之意,故心绪大安,决定即刻离校。29日,选接杭立武电"有要事相商,速来沪"。下午,由姚维明陪同离校,近子夜乘火车去沪。晨,曾致函严仁赓、苏步青,述离杭情由。同日,杭州市应变委员会改组为杭州市临时救济委员会,推吕公望为主任委员,余绍宋、竺可桢、张衡、程心锦为副主任委员。30日中午至沪。嘱姚维明告夫人自己决不去台湾或广州。3点晤杭立武,杭嘱其去台湾或厦门,均予拒绝。竺可桢住岳阳路320号中央研究院。此后直到上海解放,一直隐居于此,主要是读书、会友、静候解放。同日,浙大校务委员会与应变委员会召开紧急校务谈话会,议决由全校师生工友名义电请校长返校主持,并请同学会电上海分会派代表劝驾。5月2日,上海《申报》载:浙江大学校长竺可桢,30日由政府派机接赴台湾。同日,途遇张其昀,张其昀告杭立武仍劝其去台湾;致函严仁赓、苏步青,告之未去台湾。6日,上海医学院院长朱恒璧偕往其寓所,途遇蒋经国,虚应之。7日,在上海作函与浙大训导长黄尊生及杭立武,为浙大驻沪办事处需款办理仪器进口手续事。17日,傅斯年自台北来电,嘱赴台大,函复辞谢。18日,在上海至科学社图书馆阅《东方杂志》23卷2期张荫麟著《洪亮吉及其人口论》。然竺可桢认为马尔萨斯人口论,在西方已有柏拉图、亚里士多德、富兰克林等为之先驱,而洪之人口论则异军突起,弥足宝贵。同日,参加气象所学术讨论会,听陶诗言作学术报告。19日在上海接杭立武自广州来电,嘱乘机飞穗,告已办妥护照,未予理会。26日,上海全部解放。竺可桢至科学社,晤秉志谈及科学社前途及政局。彼此见解相合,以为"国民党之失,乃国民党之所自取"。28日,《大公报》载竺可桢未去台湾之消息。31日,沈思屿、谢家玉、钱源泉来访,带来诸葛麒函,谓杭州市长谭震林已按中共当局指示,要求竺可桢回浙大主持。同日,浙大召开第八次临时校务会议,决议致电问候竺可桢校长并请返校。同月,《气象学报》20卷(竺可桢先生六旬纪念专刊)出版。

　　竺可桢6月2日在上海致函王国松等,表示退让贤路,不回浙大。9日,在上海出席中央研究院21周年纪念会。在会上报告中央研究院之历史。学术界、科学界著名人士张元济、柳诒徵、顾颉刚、庄丕可、茅以升等出席会议。陈毅市长、中共中央华东局宣传部冯定、舒同及文教处李亚农、李正文等到会。11日,在上海偕赵九章、吴学周等晤陶孟和,谈中央研究院事。14日，在上海至气象所开气象讨论会。赵九章以气象学会编印之《竺可桢六旬寿辰纪念专刊》相赠，并述其在气象界筚路蓝缕之功。竺可桢即致谢词，称在浙大13年，对于本行已极落伍。15日，上海市长陈毅、市委书记饶漱石邀集上海各界耆老名流座谈，竺可桢应邀出席，发言中述及教育方面。晚膳时，陈毅与任鸿隽交谈，望其参加8月初北平之科学会议，并盼竺可桢能往。同日，接涂长望来电。邀早日北上，主持中华全国第一次科学会议。19日，全国首次科学会议筹委会在北平成立，竺可桢被推定为筹备委员。21日，在上海参加气象所气象讨论会，讨论建立统一气象机构事。下旬，中共中央电令华东局推荐科学院副院长，华东局报送李四光、竺可桢、陶孟和。28日，主持中国科学社理事会议。关于经费问题，议定由茅以升、竺可桢会同张孟闻赴文教会一洽。7月3日，在上海出席浙大同学会上海分会召开的年会。到毕业同学600余人，为历来浙大同学会少有之盛况。同日，出席上海军管会和人民政府举行的科学界代表北上欢送宴会。作为科学界代表发言，对人民政府召开的会议，充满着无限的信心，并相信能真正做到为人民服务。陈毅市长、潘汉年副市长等到会。（参见李玉海编《竺可桢年谱简编》，气象出版社2010年版）

　　张元济 1月3日得夏鹏书。夏鹏坚辞商务印书馆总经理职，复请"另选贤能继任"。19日，在寓所主持商务印书馆董事会第484次会议。（一）张元济报告汕头分馆房产承购及裁撤芜湖分馆等事。（二）讨论总经理人选事。30日，甘介侯来访，递交李宗仁致张元济函。函云："和平为全国人民一致之呼声，政府亦决心以最高之诚意谋取和平之实现。唯前途艰巨，尚待各方努力，始克共济。为民请命，谅荷同情。兹倩甘介侯兄代表前来面陈鄙悃，敬希鼎力支助，俾速其成。余情统由介侯兄详达不备。"31日，张元济复李宗仁书，谓："昨日甘君介侯过访。适因足有跰瘃之疾，步履不便，当命小儿出迓，兼致歉忱。甘君出示钧函，盥诵之余，无任惭悚。古人有言：国家兴亡，匹夫有责。重以隃谂，敢不勉竭微忱。维元济年逾八龄，精力衰惫，不克膺此巨任，且连日在报端屡读文告，自揣庸愚，实无涓埃可再为高深之补。辱承谆命，只得拜辞。伏祈垂鉴。临颖不胜惶悚之至。"同月，撰《〈节本康熙字典〉小引》《〈节本康熙字典〉凡例》。3月5日，于寓所主持商务印书馆董事会第485次会议。（一）张元济报告陈懋解（凤之）于2月9日到馆就职。（二）李泽彰报告平、津分馆等情形。8日，应邀参加上海交通大学53周年纪念会，并作演讲。痛驳"备战言和"口号，再次呼吁和平。20日，刘承幹、胡适先后来访。同月，张元济节选《节本康熙字典》由商务印书馆初版发行。

　　张元济 4月初以胡适离沪赴美前来访，"劝以研究学术，异日回国仍可有所匡助"。8日，撰《论孔子在今日的地位》。文曰："世界不断地进步，事物无限地翻新。我们跟着潮流也有了大大地变动。""我国有几千年的文化，所有为人处世之道，显然有他的理论和方式。自汉朝以来，大致奉孔子为标准。孔子是二千五百年前的人，他没有看见飞机、原子弹，他的思想和言论怎么能和我们相配合？要我们奉他为标准，自然感觉不很适用。近来有人称他做'孔家店'，意思也是说所卖的不是应时货。""但是这一家老店开设了二千多年，规模庞大，批发的货遍地皆是，大家都用惯了。现在虽然有几家新开的洋货店，人也很喜欢用他的货，但是用起来，于习惯上总不甚合式。况且这家老店有许多人生日用的必需品，都是本地土产，如柴米油盐一般，也无法拿洋货来替代。""我觉得就现在为人处世说，也还是可以作为标准的。"以《论语》为例，列举孔子提倡独立、廉洁、勤劳、友爱、平等、互助、"厌弃豪门""痛恨内战"等事例，以及"还有很自由的思想"的两件事。最后总结云："这样看来，孔子确是还有可以师法的。尺有所短，寸有所长。我们寻常评论他人尚且不当一笔抹杀，况且是古来最大的人物。我不敢说他是万世师表，但在今朝想要找一个替人，恐怕还是不可能。"
12日，于寓所主持商务印书馆董事会第486次会议。李泽彰报告沈、平、津分馆、北平分厂情况，以及汕头、台湾分馆购屋等事。22日，于寓所主持商务印书馆董事会第487次会议，讨论股息发放事。30日，访颜惠庆。5月25日，苏州河以南上海市区全部解放，张元济等14人被聘为上海市人民政府顾问。27日，上海全境解放。6月初，陈毅偕周而复来访。9日上午，赴枫林桥中央研究院出席该院21周年纪念会。到会学术界、科学界著名人士顾颉刚、竺可桢、陶孟和、茅以升、蔡元培夫人周峻、罗宗洛、冯德培、周仁等及该院员工300余人。陈毅、冯定、李亚农、舒同等应邀参加。陈毅、冯定先后讲话。最后由张元济发表《中央研究院二十一周纪念演词》。

　　按：张元济《中央研究院二十一周纪念演词》刊于6月10日《解放日报》，全文如下：陈市长、诸位来宾、本院的诸位同人：去年9月，中央研究院开第一次院士会，元济曾参加。今天参加是第二次的纪念会，到会的有许多是去年在座的人。回想去年开会之日，元济曾经发过一种狂言。国民党政府正在喊着戡乱，兴高采烈。元济恳切的呼吁，说内战不能再打了，如果再打下去，一切都要破产，我们的国家和民族都要受到万劫不复的祸害了。说完之后，散了出来，有人对我说，当心戴上红帽子。我说不管他红帽子、白帽子，我良心上的话，我总要说的。我人微言轻的话，当然不能动他们政府的听。又打上几个月，到年底自己觉得打不下去了，于是向中共方面谋和。和谈开始，同时又提出一种口号，说是"备战言和"。这个矛盾的话，实在有些不通。既然要战，何必谋和？既然要和，又何必备战？本年3月8日，上海交通大学53周纪念开会，因为元济49年以前曾经在交通大学的前身南洋公学担任过职务，邀我去演讲。当时就痛驳这四个字的口号，一面还是呼吁和平。那时节在上海掌握大权的是汤恩伯，我的话自然达不到他那里。就达到，也不会采纳的。后来和谈破裂，又加上什么陈大庆、毛森这一班人，说"要保卫大上海"，在郊外四围造了无数的碉堡，拆毁了多少房屋，砍伐了多少树林，踏平了多少田地。一班一班的居民，无家可归，都望城市里逃跑。这样的保卫，我们人民实在享受不了。好容易盼到中共的军队到来，把这班混世魔王一个个赶走了。这是一件值得可喜的事情。但是元济窃窃然有些私虑，觉得是一则以喜，一则以惧。今天在座有新政府贤明的长官和在新政府内分任政务的诸位先生。元济斗胆又要贡献一些狂言，幸勿见怪。所谓喜，是喜他解放的顺利；所谓惧，是惧他建设的艰难。现在中共方面的军事，战必胜，攻必克，是无所容其疑虑了。当前最大的难题就是财政。去年九月间，国民党政府的财政要崩溃，法币膨胀到极点。那时财政部长是王云五，变出一套把戏，叫做金圆券，以为这个法宝可以起死回生。颁布了这个办法后不多几天，他来上海要到美国去开什么会，来看我。我说你这个政策必定失败。他不相信。我说你不从根本上着想，天天在那里打仗，入不敷出，怎么能改革币制呢？他仍然不肯相信。不到一个月，那金圆券已经是百孔千疮，大命将绝。他从美国回来，也就不来见我了。我竟不幸言中。到于今，这金圆券只好去做还魂纸了。刚才元济所说窃窃私虑的，就是军事不能结束。中共方面虽然得到全国大半个幅员，还有福建、广东、广西、云南、贵州、四川和西北各省，都在那里负隅抵抗。怎么能停止战争呢？拥着这庞大的军队，每月要花多少钱去给养？就算从今日起，国民党幡然悔悟，一律投降，以后可以不必要用兵了，这几百万的兵，政府当然要送他们各自回家去务农或是做工。这批遣散费、运输费，不知道又要花多少钱。他们到了家乡后，农具有没有，耕牛存不存在，都还是问题。至于要投身工业的，我们国里不过几个大城市有些工厂。上海算是个工业区，有多少工厂，也是可以看得见的。那里能容纳得那么多人？这是一个极大的难题。前几天看见颁布的华东军区国外贸易管理章程，其中准许进口的物品甚多，都是农工业所必需的，足见政府注重发展生产。这些物品我们自己没有的。欧洲各国自顾不暇，尚且要卑躬屈节，向美国去求他援助。我们亦只有望美国来供给。现在我们军事没有结束，正式政府没有成立，将来外交上通商的事恐怕一时也不容易着手，这于发展生产上也是一个极大的难题。新政府是人民的政府，是为人民服务。这次新政府派来上海接收各种机构的人员，元济听见许多人说，都很刻苦耐劳。三年前，国民党政府由重庆派来接收的人，都得了"五子登科"的徽号：第一是条子，第二是房子，第三是车子，还有两子是什么东西,元济也说不上来了。现在新政府的风纪,把这些弊窦一扫而空,这是大家共见共闻的。有这样清明的政府,是人民所最希望的。但是人民以为有这样的政府,我们可以一切推归他去,只要坐享其成,全不出来通力合作,协助政府渡过目前种种难关,元济以为这是大错的。每天报纸上载着教师、学生、妇女、工人、产业界都在那里开会,团结啊,联合啊,都在从旁想帮助政府,的确很有些朝气,但是看不见有什么实际,不过发几道贺电,编几首赞美的歌词。元济看来,发扬蹈厉的气概,很是不错,而忧勤惕厉的精神似乎还不够。最近元济在林森中路看见用松柏枝搭的一座跨街牌楼,很是好看。从前抗战胜利,重庆派来许多大官、新贵,来到上海,在马路上都曾看见有这种排场。那时的保甲长并且沿家摊派用费。元济曾经去信斥责,说他们不知体恤民艰。怎么到现在也有这种举动呢? 正在怀疑,今天报纸登了,说是人民团体搭有两座牌楼,都在霞飞路,预备庆祝人民解放军举行入城式。解放军进入城市已经有半个月,我们人民何必要请他们特别举行入城仪式? 这虽然花不了多大的钱,但是拿来赈济难民,也可以救活不少的人。刚才陈市长说多难兴邦。现在正是多难之秋,我们人民都应该格外忧勤惕厉,庶几乎可以帮助政府渡过这重重的难关。至于怎么样鼓舞这种忧勤惕厉的精神,是我们人民的责任,更是我们中央研究院的责任,也更是领导研究诸君的责任。今天说了这一派狂夫之言,放肆得很。

　　张元济6月9日下午至合众图书馆主持合众董事会第八次临时会议。出席者李拔可、徐森玉、陈叔通。书记顾廷龙。顾报告五、六两月收支状况,报告浙江兴业银行5月19日致送金圆券五亿元作为叶景葵先生纪念金。选举任满董事一人,徐森玉连任。互选董事长,张元济当选连任。徐森玉当选常务董事。补选陈选珍(朵如)为董事。14日,访颜惠庆。15日下午4时,陈毅、饶漱石邀集上海耆老座谈。张元济与颜惠庆、唐文治、蔡元培夫人、俞寰澄、吴有训、竺可桢、陶孟和、陈望道、茅以升等应邀参加。颜、唐因病未到,唐文治派无锡国专教务长王蘧常代表。会上,张元济等就发展工业生产、农村开荒、疏浚河道、发展水利、恢复交通、救济失业、社会治安及教育改造等问题,畅所欲言。座谈历时两小时。陈毅起立致谢,称此为耆老策杖观太平之集会,许多宝贵意见可供上海做实际工作的同志参考。会后聚餐,至8时许尽欢而散。7月5日,商务印书馆借张元济寓所宴请陈叔通。7日,在寓所"集议馆事"。14日,访黄炎培。19日,在寓所主持商务印书馆董事会第488次会议。张元济综合各董事、监察人意见,提议云:"上陈市长呈文为第一步。报告公司历年经营出版事业之经过及现在业务、财政困难各情形,请政府鉴察并予以指导,不请求救济或贷款。原拟呈文程依照修改后即行送出。第二步关于职工待遇事,应搜集资料,务须周密、确实,以备于必要时摊开,与工会协议,如仍不能获得决定,再请上级机关调处。"议决通过。27日,与陈懋解联署上陈市长呈文。8月3—5日,上海市第一次各界代表会议(后统一改称为上海市第一届第一次各界人民代表会议)在逸园举行。张元济作为出版界代表出席。会议听取并同意中共中央华东局书记、中共上海市委书记饶漱石《关于粉碎敌人封锁和建设新上海的方针的报告》,市军管会主任、市长陈毅《关于上海市军管会和人民政府六、七月的工作报告》;会议通过组织劳资关系委员会、生产委员会、难民回乡生产委员会、筹组工商团体、筹备成立中苏友好协会上海分会等5项决议。6日,赴合众图书馆主持合众董事会第九次临时会议。出席者李拔可、徐森玉、陈选珍、顾廷龙。顾总干事报告7月份收支状况。讨论并通过修改阅览规则。一、原文"上海市私立合众图书馆暂订阅览规则",改"上海市私立合众图书馆阅览规则。"二、原文"本馆所藏图书整理尚未竣事,筹备亦未就绪,来阅览者须经本馆董事之介绍",改"本馆所藏图书业经整理竣事者,先借阅览,编有目录备查"。24日晚,上海市府交际处处长梅达君来访,转达中央来电邀请张元济参加中国人民政治协商会议。张元济因早睡,由张树年接待。25日下午陈云来访。告以不久前在东北工作时,曾到商务印书馆沈阳、长春分馆,看到各方面都很好,请张元济放心。他还向张元济介绍了中国共产党在新民主主义时期的经济政策。

张元济接陈毅、潘汉年8月27日书,谓:"昨接我党中央来电,人民政协筹委请先生做为邀请单位代表出席会议,并望于九月十日前抵平。曾派本部(按,中共中央华东局统战部)秘书长周而复同志及梅达君处长面谈,据称先生因病不拟北上,特再派周、梅两同志前来探视,并致慰问之意。如近日贵体转佳,盼能北上。尊意如何,请与周、梅两同志面谈。"30日,张元济复陈毅、潘汉年书。谓:"元济樗栎庸材,消埃莫效,仰蒙宠召,无任悚悭。迩届衰年,时时触发旧疾,惮于远行。并蒙梅先生转达盛情,殷殷垂问,不胜感谢。贱恙系膀胱发炎,时作时辍。虽无痛,然有时终夕不能安睡,殊觉疲困。际此残暑,孑身远行,殊感不便。故一时行止尚难决定。先此奉复,统维鉴察。殊难应召,敬祈转达,无任感悚之至。"9月3日,决定应召北上赴会。8日,抵达北平。陈叔通、黄炎培、俞寰澄、孙伟、伊见思等至车站迎接。张元济父子下榻六国饭店。同日,赴北京饭店访陈叔通,晤简玉阶、司徒美堂、郑振铎等。9日,陈叔通、郑振铎、沈雁冰、邵力子等来访。同日,访秉志、梅兰芳、许姬传、郭沫若。张祥保、王岷源来访。10日,寄致陈懋解书,附致李拔可、夏敬观又石敏良、詹家松书。同日,竺可桢、茅以升、梅兰芳、梁思诚夫妇、沈钧儒、胡愈之、陶孟和等来访。11日午间,于北京欧美同学会宴商务旧友,有郭沫若、沈雁冰、胡愈之、沈钧儒、叶圣陶、宋云彬、马寅初、黄炎培、郑振铎、陈叔通、周建人、马夷初、伊见思、宣信予等。午后,王重民及张祥保、王岷源等来访。傍晚,周恩来来,"谈半小时而去。精神奕奕。临行来嘱英儿伴余到会,伊当招呼"。12日上午,谢国桢、马寅初来访。到北京饭店访陈叔通、邵力子夫妇,晤张治中、李明扬。午后,访朱小汀、傅增湘、邵伯纲。又至商务北平分馆、京华印书局,晤商务旧同人。同日,政协大会秘书处送来代表手册。全体代表分为六个委员会,张元济为《共同纲领》起草委员会委员。13日,赵万里来,约往北平图书馆看善本。《大公报》记者高汾来采访,约谈两小时。晚,周恩来、林伯渠在御河桥军管会(旧日本使馆)请宴,并邀树年同往。张元济居首席,同席陈明仁、侯德榜、茅以升、陈巳生、簧延芳等。

张元济9月14日午后赴中南海勤政殿第一会议室参加讨论《共同纲领》修正稿。15日,访秉志、李明扬。陈叔通、阎宝航来访。16日,致章伯钧书,对《共同纲领》第36条拟请补入发展海运业一款。同日,访陈明仁。周叔弢、俞寰澄及《文汇报》记者唐海、《新闻日报》记者陆诒、熊知行,《大公报》高汾等来访。午后,去北京图书馆,晤赵万里,阅视海源阁杨氏原藏宋元本数十种,并由王重民陪同参观善本书库,见原伦明(哲如)所藏禁书及文津阁《四库全书》。21日晚,赴中南海怀仁堂出席中国人民政治协商会议第一届全国会议开幕式。张元济被推为主席团成员之一。23日上午,赴中南海勤政殿参加讨论国旗、国徽、国都和纪年问题。召集人沈雁冰。张元济曾表示不主张采用公元纪年,认为此为耶稣教年历,"于我国回族、藏族不免有影响宗教之戟刺"。未被采纳。同日下午,向大会请假,为北大学生宓汝成、陈昌抗、吴家麟讲述戊戌变革。24日上午,访李书城、李步青、邵式平、黄琪翔等。《光明日报》记者谢公望来访,谈个人身世及对新政府之感想。午后赴怀仁堂参加政协全体会议。休息时即携树年回六国饭店。26日,韦捧丹来,告以张元济对《共同纲领》提出撤删"禁止肉刑"及"推广海运"两条,已采列。午间,应周恩来、林伯渠之邀于六国饭店客厅座谈。27日,因病不克赴会。改定《戊戌政变的回忆》。28日,大会休会。到北京饭店访陈其尤、沈雁冰、陈叔通。30日下午,赴中南海怀仁堂参加政协第八次全体会议,当选为政协第一届全国委员会委员。在大会工作人员检票期间,张元济与全体代表随毛泽东等赴天安门广场为人民英雄纪念碑行奠基礼。

张元济10月1日下午登上天安门城楼,参加中华人民共和国成立庆典及阅兵式。晚,"闻外间游行欢呼声至夜半方止",起身书写到毛泽东主席祝贺信,并赠与《林文忠公政书》一部。书谓:"昨日会推元首,我公荣膺大选,为吾国得人庆也。英伦三岛,昔以鸦片强迫售于我,林文忠焚毁,乃愿辄于半途,酿成江宁条约之惨。桎梏百年,贫弱日甚,后虽设禁,终多粉饰。我公发愤为雄,力图自强,必能继□前贤,铲绝根柢,一雪此奇耻。谨呈上《文忠政书》全部,聊附壤流之见,藉伸祝颂之忱。"3日,得刘承幹、刘培余9月27日联名信。告以南中粮赋重重,嘉业堂书楼被解放军部队占用,请托张元济向政府转述,恳请部队撤出。4日,约陈叔通、秉志、宦乡叙谈。宦乡认为,商务"将来可注重于文化的工业,如地图、地球仪、玩具等等。又言人情喜新厌故,有商务与新书店同译一书而人多就新店购读,此必须费一番转移工夫,方可恢复旧日地位。""宦君又言旧时出版之书须大加整理,举其不合用者尽废之。"约谈两小时始别。5日上午,至北京饭店访陈嘉庚等未遇。晤戴子良、蚁美厚、周铮。后由树年及祥保夫妇等陪同参观北京大学。同日,毛泽东复张元济书,谓:"大示并惠书两函均已收到,谨谢厚意。敬祝兴居佳胜,并候树年世兄健进。"6日下午,由马衡、郑振铎陪同至故宫御花园看善本书20多种。见壬辰殿试黄榜全幅。同日,《新建设》第1卷第3期出版,刊出张元济9月23日所谈、宓汝成等记录的《戊戌政变的回忆》。7日,致中宣部陆定一、徐特立书。又致李立三、朱学范书,约期晤谈。陈嘉庚、庄明理、陈其尤来访。午,到欧美同学会,与陈叔通、马寅初宴请政协华侨代表。与会者对商务印书馆所编华侨用书,提出改良意见。午后赴北京大学图书馆阅善本古籍,晤向达、赵万里、徐森玉等。8日晨,郭沫若、于立群夫妇来访,谈见《戊戌政变的追忆》,并以手册嘱题数字。午间,约宦乡、郑振铎、沈雁冰、秉志、陈叔通在萃华楼小酌。下午,李立三、朱学范来访。9日,郑振铎、胡愈之来,谈以后出版趋向。午后,赴勤政殿参加政协全国委员会会议,选举全国政协主席、副主席。与江庸、陈明仁游太庙。10日,朱德来访,谈战争及钢铁生产事。宦乡来,谈出版事。宦建议请政府分印新华书店所出新书。11日上午,胡愈之偕陆定一、徐特立来,谈出版事。

张元济10月11日晚应邀偕树年赴中南海毛泽东住所座谈,并共进晚餐。同座有陈毅、粟裕、周善培等。席间张元济"乘势言现在有人主张用罗马字母改革汉文,余觉此事甚为不妥。我国疆域如此寥阔,种族如此复杂,所以能至今团结成一大国者,全恃文字统一。若改用罗马字母改切汉文,则各省以字母、以自有之方言切成自有之文字,东西南北必不相同。语言既不相同,文字又复殊别,将来必致渐渐分离,甚为可虑。欧洲至今分为若干国,不能融合者,即由语言文字之区别。我国幸有统一之文字,万万不宜自毁。"12日,访郭沫若、张庚楼、叶叔衡、赛福鼎等。晚,黄炎培、许德珩、傅忠谟先后来访。13日,致周建人、韦捧丹、周谷城、艾思奇、柳湜等书。午后,访陈垣。由祥保夫妇陪同访燕京大学,晤严景耀、雷洁琼、陆志韦、张东荪、翦伯赞、赵紫宸、翁独健、聂崇岐等。晚留宿严宅。14日,聂崇岐来,偕往燕京大学图书馆观善本书。晤馆长陈鸿舜。赵紫宸来,并出示1927年在东吴大学同受博士学位所摄照片。15日晨,孙楷第来访。偕树年外出散步,绕未名湖一周而归。梁思成来访。午后,由梁陪同乘车往清华大学,至梁寓小憩。乘车绕校园一周。入城访何香凝,晤廖承志。访傅增湘。晚阎宝航来,黄警顽来。16日午,于玉华台宴请黄谷音、徐伯昕、章锡琛、叶圣陶、陈叔通、伊见思、宣信予。谈出版事。晚,陶孟和来。17日,致周恩来书。

谓:"新都盛会,旷世难逢,获领教言,迭陪盛宴,不胜感荷。会事已毕,弟即日南返,本当趋辞,侧闻政躬殷绦,贤劳倍著,何敢再为渎扰,至乞鉴原。政协最后集会,弟于宣言谬陈管见,意在禁人侵略,自求保全,非我领土,断无侵略,仰荷明察,许为采纳。今广州已下,香港近在肘腋,正宜善为利用,国力民生,两有裨益,必早在戎筹之中,正无俟饶舌也。我公万端待理,务祈节劳珍重,言不尽意。"同日,致沈钧儒、周建人、许小篆书。潘光旦来访。18日,邵力子、梁思成、林徽因、林遵、邓兆祥、张难先等来话别。午后,偕陈叔通访沈雁冰。

张元济10月19日离京南返。21日晚,抵上海。23日,刘培余、徐眉轩来访。张元济告以与周善培向毛泽东面陈南中"民"等情。刘培余转告刘承幹:"菊生之意,陈叔通、马寅初两人不久来沪,拟与商一办法,最好各处联合具呈,人数愈多愈妙,庶可动听。"11月10日上午,至合众图书馆主持合众董事会第九次常会。出席者陈叔通、李拔可、徐森玉、陈选珍、书记顾廷龙。干事朱子毅报告1948年度下届财务账略及捐助事项。顾廷龙报告1948年度工作概况。讨论募集经费办法,增选谢仁冰、胡惠春、顾廷龙为董事。26日,在商务印书馆作《出席政协会议之回忆》报告。27日,在上海《大公报》发表《北京与上海》。30日,签署商务印书馆董事会《上陈市长节略》。节略详列商务本年6月至11月收支数额及12月份预算。下旬,应邀参加上海市政府召集在沪全国政协委员座谈会。陈毅、饶漱石、周善培、徐铸成等在座。陈毅请大家谈谈上海解放数月来有何观感和意见。张元济发言希望党和政府不要操之过急,因为上海的事情很复杂。同日,晤陈毅,"复将公司危急实情面为陈述,并微露希望贷款维持之意"。陈允约期晤谈。同月,整理《涵芬楼烬余书录》书稿。12月2日,毛泽东签署中央人民政府任命书,任命张元济为华东军政委员会委员。5日,当选上海市第二届各界人民代表会议(后称上海市第一届第二次各界人民代表会议)文化界代表。任期自是日至1950年4月14日。同日,赴逸园(后称文化广场)出席上海市第二届各界人民代表会议开幕式,并当选主席团成员。陈毅致开幕词。潘汉年作市府工作报告。6日,出席上海市第二届各界人民代表会议。曾山作财政经济工作报告。10日,参加各界人民代表会议讨论。11日午后,赴逸园出席上海市第二届各界人民代表会议闭幕式。张元济代表主席团致闭幕词。会议通过上海市各界人民代表会议协商委员会组成名单,共53人,张元济亦列名其间。会议又通过组织市一届二次各界人民代表会议协商委员会等决议,并通过协商委员会组成人员王志莘等52人名单。张元济为委员之一。14日下午,政务院董必武副总理举行茶话会,招待中央各部会留沪委员。张元济应邀出席,并在会上发言。15日下午,在寓所主持商务印书馆董事会第489次会议。17日,参加第一届第二次各界人民代表会议协商委员会第一次全体委员会议。19日下午,饶漱石邀集在沪华东军政委员会委员座谈,张元济应邀出席。同时与会者有方毅、王芸生、冷遹、吴有训、吴克坚、胡厥文、陈巳生、陈毅、盛丕华、刘鸿生、潘汉年、谢仁冰等36人。24日下午,至合众图书馆主持合众董事会第十次临时会议。出席者陈叔通、李拔可、徐森玉、陈选珍、谢仁冰、裴延九、顾廷龙(兼书记)。25日下午,赴宁波同乡会应邀参加商务印书馆工会成立大会。在演说时突然跌倒,被急送致中美医院(今长征医院)住院治疗。27日,因午间病房内一时断人,张元济自床跌下,头部受伤。同日,陈毅、饶漱石来医院探视。29日,热度退尽。30日,神志渐清醒。(参见张人凤、柳和城编著《张元济年谱长编》,上海交通大学出版社2011年版)

张澜1月5日在上海接受美国合众社中国分社主任高尔雅访问,认为和平希望渺茫。6日,张澜在被特务监视的情况下,不顾自身的安危,于本日发表《评蒋介石元旦文告》的谈话,公开抨击蒋介石的和谈条件。谈话指出,蒋介石提出的"保持法统与保障国民军队"这两个条件,"不仅中共,就是全国人民也不能接受"。他斥责了蒋介石的假"和平"阴谋:"在文告的末段,蒋强调如有必要,他将继续作战。这表示他并不真正要和平。"20日,中共中央致电香港分局潘汉年、刘晓,请他们立即邀请在上海的中国民主同盟主席张澜及民主建国会负责人黄炎培,经香港北上到解放区参加新的政治协商会议。23日上午,张澜与女儿及秘书叶笃义到虹桥疗养院访问罗隆基。非常敬重张澜的该院院长丁惠康知其眼下处境危险,且身患多种疾病,竭力相邀免费住院治疗,以避开特务耳目,张澜被丁的正义所感动,同意入院。张澜住205号病房,与罗隆基206号病房隔壁。当时罗隆基患肺结核和糖尿病,住在虹桥疗养院。自1947年11月民盟总部被迫解散后,罗隆基打算赴美治疗但受到政府阻挠,只被允许在杭州或上海休养,后被安排住进了虹桥疗养院,费用由国民参政会秘书处支付。这实际上是软禁。24—25日,李宗仁代总统为了拉拢张澜与黄炎培、罗隆基等站在南京方面,于24日派出甘介侯赴上海虹桥疗养院拜访张澜与黄炎培、罗隆基,征求对和平的意见,请求重新出面斡旋国共关系,遭到张澜等人的拒绝。25日,邵力子访张澜与黄炎培、罗隆基,就与中共和谈问题交换了意见。27日,张澜与黄炎培等民主同盟主要领导人就李宗仁需要民盟"调解"发表严正谈话:"从前国共两党之争,我们是第三者,但现在局势已经完全改变,现在是革命与反革命之争,而我们站在革命的一边,所以不能参加调解人。至少,也得先与我们已在解放区及在香港的代表洽商后,方可发表意见。"同日,当张澜与黄炎培表示不愿为"和谈"出力后,顿使国民党特务萌生杀害之心。28日,周恩来针对李宗仁进行的假和谈活动,致电吴克坚:向尚在上海的张澜、黄炎培、罗隆基等说明,应坚持李济深等55人1月22日声明的立场,"以便实现真和平真民主"。

张澜与罗隆基、黄炎培2月3日致函国民政府代总统李宗仁,明确拒绝充当调解人。3月7日,中国民主同盟总部临时工作委员会秘书处函告上海张澜主席及罗隆基、史良等民盟常委,民盟总部已于本月5日在北平成立临时工作委员会,暂时代替总部领导全盟盟务及对外代表本盟,并盼张澜来北平参加领导。24日,毛泽东、朱德、刘少奇、周恩来等率中共机关及人民解放军总部人员于3月23日乘汽车前往北平,24日到涿县。周恩来报告到北平后的有关事项说,其中谈到关于党外人士的安排问题,我们到北平后还要召开各种会议征求意见,进行协商。毛泽东说:赞成恩来的意见,对作过贡献的各民主党派领导人,应该在政府里安排适当职务。3月下旬至4月初3月下旬,虹桥疗养院院长丁惠康获悉,张澜及留沪民盟领导人将接受中共中央邀请北上,出席准备召开的新政治协商会议筹备会,他为住在该院的张澜及罗隆基设宴饯行。后因国民党特务阻挠,无法动身。4月初,张澜与罗隆基再次入住虹桥疗养院。5月3日,国民政府国防部保密局长毛人凤在他的官邸对上海市警察局长毛森说:"总裁有指令,对张澜、罗隆基先监视起来,然后秘密解决。"于是,他们制定了一套行动方案,试图把张、罗二人刺死在虹桥疗养院。鉴于上海的罢工、罢课群众运动开展得如火如荼,国民党当局慑于群众运动的巨大压力,重新制订了一份暗杀计划:将张、罗绑架后,用船运到吴淞口,身绑大石头,抛进大海,沉尸灭迹。上旬至24日,中共中央很快获得了国民党要暗杀民主人士的绝密情报。周恩来指示上海地下党:必须保护好宋庆龄、张澜、罗隆基、黄炎培、史良等人的安全。李克农汇报说,上海地下党将尽全力,不惜一切代价,确保他们安全。最后,周恩来指示李克农:"上海一解放,马上护送他们来北平,参加全国政治协商会议。"中共上海地下党负责人吴克坚根据周恩来、李克农的指示精神,展开了营救工作。他说服现住上海的国民政府监察委员杨虎协助营救张、罗,并明确告诉他,这是周恩来的指示。吴克坚与杨虎商定了转移张、罗的营救方案。5月24日晚9时许,营救计划开始实施,张澜、罗隆基被安全送到杨虎公馆,使他们脱离了虎口。27日,上海解放。傍晚,新任上海市市长陈毅代表中共中央慰问张澜与罗隆基,张澜感谢党对他的营救。

张澜与罗隆基、史良、郭春涛、陈铭枢、闵刚侯、连瑞琦、杨卫玉等5月28日在上海发表联合声明。指出,上海的解放,"开始了一页新的历史",并表示,"站在各民主党派的立场""向领导这个人民革命的中国共产党及中国共产党的领袖毛泽东先生表示热烈的庆贺。"声明认为,新民主主义革命的目标,对内是推翻封建独裁,对外反对帝国主义侵略,这次革命将迅速建立中国人民的民主政权。29日,张澜在上海致电毛泽东、朱德、周恩来、董必武,为南京、上海等城市获得解放,表示祝贺。30日,民盟北平总部临时工作委员会致电慰问张澜、罗隆基等上海脱险。31日,张澜与史良、罗隆基、郭春涛、陈铭枢、闵刚侯、连瑞琦、杨卫玉等为祝贺上海解放致毛泽东、朱德电。贺电说:"今我人民解放军又以迅速敏捷行动,解放东亚工商业最大都市上海,使600万市民大早得见云霓,黑暗重睹光明,诚堪庆贺。"同日,沈钧儒、章伯钧、黄炎培、张东荪、周新民暨民盟北平总部临时工作委员会全体同志致电张澜、罗隆基、史良、郭则沉等。6月1日,张澜得毛泽东、朱德、周恩来、董必武复电。同日,张澜与罗隆基、史良、郭则沉电复沈钧儒、黄炎培、章伯钧转民盟总部临时工作委员会。10日,中国民主同盟临时工作委员会举行会议,选定民盟出席新政治协商会议筹备会代表7人:张澜、沈钧儒、罗隆基、章伯钧、周新民、张东荪、楚图南。6月15—19日,新政治协商会议筹备会第一次全体会议在北平召开。参加会议的共23个单位134人。张澜与沈钧儒、章伯钧、张东荪、周新民、罗隆基、楚图南7人代表中国民主同盟参加。由于张澜与罗隆基尚未到达北平,分别由刘王立明、辛志超代表参加。张澜被分在第六小组,组长是马叙伦。该组任务是研究草拟国旗、国徽、国歌、纪年、国都等方案。(参见谢增寿编著《张澜年谱》,群言出版社2013年版;中央文献研究室《周恩来年谱1898—1976》,中央文献出版社1998年版)

黄炎培年初仍在上海。1月4日,徐玉书、杜月笙先后致意,劝出面向国共双方劝和,黄炎培婉却之。6日,因杜月笙、潘公展将招午餐谈劝和事,先至虹桥和史良、罗隆基、叶笃义商量谈话原则。至杜月笙家,同席者有钱新之、程沧波等。见问如何与中共通消息,呼吁和平,答以本人无法和中共通消息,应先探明政府与中共间有无接触。17日,钟天心衔行政院长孙科之命,来沪征询和平意见,黄炎培答之曰:"首先应该认定战争不能再继续下去,依此精神须认定两个原则:(一)和,快有利,拖不利;(二)蒋在位,和难,亦不利;蒋去,和有利,且亦易。因此,现在最有利的办法即是:蒋去职,同时宣布停战言和。"24日,甘介侯衔李宗仁命来,偕至虹桥张澜、罗隆基处共谈。甘征求对和平意见,乃请先释放政治犯陈维稷等。同日,张治中、邵力子被李宗仁派为赴平和谈代表,今日自京来寓,且餐且谈。26日,到职教社与杨卫玉会商工商专校及《国讯》《展望》之出版问题。2月1日,在鸿英图书馆,对解任社会部部长谷正纲言:国民政府之腐败,是自上边来的。过去在参政会中弹劾不少重大贪污案件,但未办过一件。无能也是来自上边。历来行政院长只讲关系,不讲才能。揆诸中外历史,只有廉洁者才能纠正贪污;惟有才能者才能用有才能者,决无贪污者能治贪污,庸劣者能用有才能者的。3日,连日与诸友好商个人的动定问题。今日偕叶笃义访周孝怀,据告,曾见国民党之黑名单,黄炎培之名被列于首。同日,代拟公函答李宗仁:"德邻先生赐鉴:甘介侯兄来,奉读大函,并缕述吾公为国为民之襟抱,感佩至于无地。所有澜等管见,已尽告介侯兄,请为代陈,当邀聪听。澜等此次不拟来京,当荷公谅及。'生而不有,为而不争',柱下名言,窃愿为吾公诵之。张澜、罗隆基、黄炎培。"(参见许汉三编《黄炎培年谱》,文史资料出版社1985年年版)

张君劢仍在上海。1月6日,发表对时局的看法,刊于7日《申报》,谓和谈恢复匪易,目前有两项步骤,应先采取,以开和谈之门。一为开放言禁,盖自"戡乱"以来,凡有主和言论,即犯禁律,使有心人虽欲尽力,亦无从着手。今日政府既已诚意觅取和平,此种禁律应即日取消,使各界有心努力和平之人士得以重振阵营,构成中间势力,折衡于两党之间,和平方有希望。二为须恢复与中共保持接触之若干"路线",使对方之真正意向得以明了,例如张东荪最近表示愿南下斡旋,政府应予以鼓励。至于四国调停之说,张君劢说,去秋在美时,已有人从中策动,但未得要领。至于有联合国调解之议,是否能见诸实行,胥视我国之内部事件是否构成国际争端而定,固然印回战事由联合国调处,但印度与巴基斯确为两个国家,与我国目前之情形迥异,故由联合国出面解决之希望至微。同日,张君劢派密使在南京访司徒雷登。下午,接待来访的青年党中常委夏涛声,就和平问题交换意见。晚7时,在张公权处,接待来访的雷震和王世杰,便饭,并谈时局。张君劢与弟公权,均赞成总统下野,一切方可改革,不然战也不能,和也不能。雷震与王世杰力言:总统下野后,局面会垮掉,因今日和不可能,惟有战以图存耳。10日,在《再生周刊》第246期上发表《宪法人权章之意义——中华民国新宪法本义十讲之二》。15日,应蒋介石之请,由上海赴南京,与蒋谈和平问题。

张君劢1月16日晨抵南京,张群、蒋匀田赴车站迎接,彼等径至张群寓所会谈,甚久。午后,张君劢分访各方友好。张君劢与另一位姓张的朋友一起访司徒雷登,想得到司徒雷登的见解,然后试图运用巧妙的心思写出见解。晚7时半,蒋介石为慎重听取各方意见,以决定对毛泽东所提8项条件之处理,邀请邵力子、孙科、张治中、张群、吴铁城,和民主社会党负责人张君劢、青年党负责人左舜生等人到黄埔路官邸进晚餐。蒋介石首先表示,请各与会人士,尤以民青两党领袖对共产党8条件发表其观感。张君劢发言称:"中共能有如此条件之提出,吾人应加慎重研究,并予善意之答复,以促进和平之实现。"张君劢向蒋介石提出三条建议:第一,蒋介石本人对自己的出处应做一决定;第二,修改宪法,保障人民之生存自由;第三,目前应设法实现停战,国民党方面应该派适当人选如邵力子、张治中等前往和中共方面取得直接联系。此次会晤虽无具体结果,但颇可反映各方意见。蒋介石于各代表发言完毕后,特向张君劢称:当再找机会研究。会晤在晚10时结束。17日,竟日与各方面人士接触。晚,雷震约周鲠生、张君劢、蒋匀田、张友仪、王世杰晚餐。晚8点,应蒋介石邀请,由张群陪同前往黄埔路官邸会餐,后会谈,张君劢就民社党对当前时局之意见向总统申述,并与总统共同研究当前应行之途径与步骤。席间谈到中共苛刻之和平谈判条件时,蒋介石沉默,面有不愉之色,张君劢、左舜生坚持必须加以答复,以示政府谋和平之诚意。蒋介石等默认,并先行试探各党及人民意见。同日,在《再生周刊》第247期上发表《从自由主义到社会主义》。18日,进见蒋介石,并代表由全国一些大学教授和知名人士组成的中国和平策进会向蒋介石呈递了该会提出的和平谈判纲领。午,李宗仁副总统邀宴张君劢、蒋匀田、张治中、邵力子等,交换意见。晚,张群复邀张君劢诸氏晚宴,并有所讨论。张君劢、蒋匀田乘夜车返沪。

张君劢1月19日晨从南京回到上海,发表谈话,说"关于中共所提八项条件,政府不久即可能发布另一文告,提出答复"。21 日,蒋介石发表"引退"声明。午后,张君劢在范园主持召开民社党中常会,报告在南京奔走和谈经过,并征求党内对时局之意见。23 日,李宗仁私人特使甘介侯到达上海,分访张君劢、宋庆龄、张澜、罗隆基、黄炎培等,就政府目前进行和平谈判完成和平之艰巨任务,征求意见,并邀请他们进京,协助进行和谈。同日,张君劢对记者表示:渠欢迎李代总统之文告,对该文告所宣示,撤销与停止一切有碍人民自由及不合民主之原则之法令与行动一点尤表赞同。张君劢又谓:希望各地政府,立刻切实执行,使在野党恢复活动,停刊之报刊恢复出版,拘禁之政治犯恢复自由。如此当能使实现和平,大有裨益。当日系张君劢 63 寿辰,张君劢友好门生,赴范园寓邸致贺者甚众。24 日,在上海《再生周刊》杂志第 248 期发表《哲学家之任务》一文。25 日,邵力子、张治中访晤张君劢、张澜、罗隆基、莫德惠、钱新之等。31 日,出席李宗仁在中国银行所设的午宴。其他出席者有孙科、居正、吴铁城、陈光甫、颜惠庆等。同月,为程文熙撰著的《君劢先生之言行》作序。2月 1 日晚间,民社党要员戢翼翘、万仞千、蒋匀田、孙亚夫、刘中一、程文熙、罗静轩、金侯城约雷震和王世杰在愚园路 31 号其总部晚餐,张君劢因病未参加,饭后王世杰、雷震访张君劢。7 日,张君劢受李宗仁之命,到沪邀请民、青两党入京交换和谈意见的程思远回到南京,据程氏讲,张君劢患黄疸病,约一周后方可来京。13 日,何应钦自杭州到上海,晚 10 点,赴范园访晤张君劢,邀其参加新内阁,张君劢婉谢,谓民社党愿以在野政党之身份协助新内阁。18 日,民社党召开中常会,张君劢未出席。会议议及是否参加新内阁问题,经汇集意见提供给张君劢参考。19 日,会晤李宗仁代总统,洽商民社党入阁问题。20 日,蒋匀田访司徒雷登,并代表张君劢向司致意。22 日晨 9 时,主持召开民社党第四十七次中常会,就参加新内阁问题作出最后决定,决议不参加行政院。29 日夜,应李宗仁代总统之邀,搭夜车晋京,共商国是。蒋匀田、杨毓滋、崔心一同行。30 日晨,抵达南京,上、下午分别晋谒代总统李宗仁、行政院长何应钦和白崇禧等。李就当时国共和谈之准备事宜向张君劢等作了说明,并征求其意见。31 日,访司徒雷登。4 月 1 日 10 时,张君劢、李璜、蒋匀田等民青两党领袖往首都饭店访阎锡山,交换时局意见,谈约 1 小时许。同日,张君劢《再生周刊》(上海)第 251 期发表《总统之地位》。2 日晨,偕徐傅霖、蒋匀田、崔心一等返沪。6 日下午,雷震、王世杰访张君劢,说联合政府一案最毒辣,千万不可接受,希望蒋匀田、左舜生、张君劢诸人分别去函李宗仁代总统表示意见。13 日晚,在家会见前来辞行的杨永乾。

　　按:杨永乾受张君劢之命,即将前往汉口会见白崇禧。由于当时局势已经很危险了,张君劢和杨永乾谈了两个小时,张君劢从国际形势到国内局势可能发展的方向都向杨作了交代,并指示杨在白崇禧处应有的态度。(参见李贵忠《张君劢年谱长编》,中国社会科学出版社 2016 年版;翁贺凯编《中国近代思想家文库·张君劢卷》及附录《张君劢年谱简编》,中国人民大学出版社 2014 年版)

　　任鸿隽 2 月 13 日出席科学社理事会、监事会联席会议,作社务工作报告。4 月 3 日,出席在中国科学社和中国科学工作者协会上海分会联合举办的"科学与社会"座谈会上发言,涉及"计划科学"等问题。5 月 2 日,偕财务干事叶良才赴香港处理移交中基会事务,在港滞留四个多月。6 月 10 日,由中国科学社、中华自然科学社、中国科学工作者协会和东北自然科学研究会联署,在北平发布《召开"中华全国第一次科学会议"发起书》。15 日,上海解放后,市长陈毅向竺可桢询问任鸿隽情况,希望其能参加将在北平举行的全国科学会议。9 月4 日,从香港乘船北上。抵天津后赴北平,13 日上午,拜会吴玉章。21 日,作为特邀代表出席在北京举行的第一届中国人民政治协商会议,但因陈衡哲催促,于 9 月 26 日提前离会回上海。10月23日,在上海召开中华人民共和国成立暨中国科学社成立35周年庆祝会上,号召全体社员在人民政府领导下,努力为发展新中国科学事业而奋斗。（参见樊洪业、潘涛、王勇忠编《中国近代思想家文库·任鸿隽卷》及附录《任鸿隽年谱简编》,中国人民大学出版社2013年版）

冯雪峰《百喻经故事》2月经修改后由上海作家书屋出版单行本。本书后记、作于上年10月7日。5月27日,上海解放。冯雪峰以欢欣、激动的感情迎接自己的党和军队解放这座城市。6月中旬,何爱玉携孩子来上海。以后,他们的家安置在横浜路兴立村2号。6月下旬,赴北平参加第一次全国文代大会,大会于7月2日开幕,7月19日结束,冯雪峰为华东代表团团长。在这次会议上当选为中华全国文学艺术界联合会第一届常务委员。同月,编选1947至1948年所作寓言100篇,题作《雪峰寓言三百篇（上卷）》,由上海作家书屋出版。《雪峰寓言·后记》自述:全国解放前两年,已写有寓言一百七八十篇,"加之我已经有了材料（大都是报纸上剪下来的）并有了题意的将近两百篇,如果都继续写出来,则加以挑选,也总共可以有三百篇上下,因此当时就编了一百篇,称为《寓言三百篇上卷》在上海解放后一月,即六月间出版了"。20日,冯雪峰与张志祥、白杨、梅兰芳、周信芳、巴金、骆宾基、古元在《人民日报》发表《全国文代大会代表对大会感想》。24日,中华全国文学工作者协会正式组成,被选为常务委员。

冯雪峰9月11日出席中华全国文学工作者协会上海分会成立会,被选为执行委员,后又任该会主席。中旬,赴北平参加中国人民政治协商会议第一次会议,为政协第一届委员。10月1日,冯雪峰在《小说》月刊第3卷第1期发表《关于鲁迅和俄罗斯文学关系的研究》。此文撰于4月21日,系为苏联罗果夫编的《鲁迅论俄罗斯文学》一书所写的序言,原题《鲁迅和俄罗斯文学的关系》。后于10月13日作了一次修改,10月25日以《鲁迅创作的独立特色和他受俄罗斯文学的影响》为题刊于《人民文学》创刊号,后改题《鲁迅和俄罗斯文学的关系及鲁迅创作的独立特色》收入《论文集（第一卷）》。19日,在北京参加鲁迅逝世13周年纪念大会,被推选为主席团成员。同日,《鲁迅的爱国主义》刊于《人民文化报》。11月2日,中央人民政府委员会第四次会议通过,任命冯雪峰为华东军政委员会委员。12月20日,《真正的人,真正的巨人》刊于《新民晚报》。是年,被选为上海市人民政府委员会委员。（参见包子衍《雪峰年谱》,上海文艺出版社1986年版）

胡风1月6日从香港搭货船北上赴东北解放区。12日,抵辽宁省王家岛上岸。15日,到瓦房店。17日,到沈阳。在此参观访问,参加座谈会,与在此的文化界人士交谈,开始接触解放区的新生活。2月11日,到安东,参加安东市工业劳模大会。参观工厂并采访。28日,回到沈阳。3月,随中共中央统战部进北平,途经河北李家庄。17日,到统战部所在地河北省李家庄,见到久违的周恩来,有过亲切的交谈。周恩来嘱其到北平后和周扬、丁玲同志研究一下组织新文协的问题。之后,胡风在给周恩来的信中兴奋而自信地说:"我走的是满天星满地花的路。"26日,胡风随统战部进北平,住北京饭店。在与新老朋友们见面言欢的同时,参加了第一届全国文代会的筹办工作。同日,中央确定了24人的文协筹委会的名单,胡风仅仅名列委员,而非负责人。由于过去论争的积累以及种种主客观原因,胡风不免产生了心理落差。此前的3月22日,在平的全国文协总会理监事郭沫若、田汉、茅盾、郑振铎、曹禺、叶圣陶等19人开会议决,"原在上海之文协总会,即日起移至北平办公,并会同华北文协筹备全国文学艺术工作者代表大会,以便产生新的全国性的文艺界组织"。对此转换过程以及在文代会筹备中受到冷遇甚至被排挤,胡风深感不公和不满,他说,"在李家庄,周总理嘱我到北平后和周扬、丁玲同志研究一下组织新文协的问题；但旧文协由上海移北平的决定恰恰是我到北平的前一天公布的，到北平后没有任何同志和我谈过处理旧文协和组织新文协的问题。我是十年来在旧文协里面以左翼作家身份负责实际工作责任的人，又是刚刚从上海来，但却不但不告诉我这个决定的意义，而且也不向我了解一下情况，甚至连运用我是旧文协负责人之一的名义去结束旧文协的便利都不要。"胡风认为是周扬、丁玲等没有按周恩来的旨意行事，是这些文艺政策执行者篡改了旨意，中央还是信任他的。所以胡风对其处境表现得相当消极和谨慎。这主要体现在不满于对其的工作安排，及对各种会议的怠工。4月14日，胡风赴师大讲演，并解答所提问题。17日，赴中小教联筹委会讲演，题为《从文化问题看政治与教育》。同日，茅盾请胡风担任《文艺报》主编，而胡风却"坚辞"。同日胡风日记载："厂民、茅盾来谈《文艺报》事，我坚辞主编责任。"18日上午，"访沙可夫谈辞去《文艺报》编辑事"，之后茅盾连续四次请胡风不要辞去《文艺报》一事，并且送来《文艺报》第1期稿件，让他审阅。但是胡风坚辞不就。身边的朋友，如艾青就直接对胡风说，"你情绪消极"。

按：胡风对工作如此消极，一方面与香港批判有关，另一方面也可以看出胡风对主管文艺的领导干部的不满。尤其是后一方面，直接导致他对《文艺报》工作的抵触。胡风认为文艺领导在任命工作前应该和他谈一谈，"在政策上给我帮助，在关系上给我支持，研究一下任务和做法。"他是希望周扬和他谈一谈。但周扬等并未和他谈，甚至他主动约谈也未能成行，胡风觉得"在具体领导关系上没有保证，在这样的文艺思想情况和人事情况下，以我的性格和看法，主持一个领导性的理论刊物是无法做的""考虑的结果是，我的社会能力和政治条件是担负不起这个工作的。"胡风拒绝了《文艺报》主编工作一职。这恰恰成为后来对手们攻击的重点之一，"不服从组织安排""狂傲任性"。实际上，胡风是想获得一个合法的地位。他坚持要和中央谈一谈，取得信任和地位，否则不能完成党交给他的任务。因此，胡风此时的消极思想是一种被动的消极，是不得不为之的策略性消极。但这种消极带来了严重后果，"使我失去了在工作过程中争取斗争条件的可能，客观上反而便利了造成所谓胡风'小集团'是'反动派'的严重问题。""同志们都说我'不合作'。"这样的后果出乎胡风预料，一定程度上导致了之后的行动，即处于冷遇与反抗、进取与退缩的激烈矛盾之中。胡风一方面心情沮丧，另一方面又激励起更大的斗志。

胡风4月21日向《解放日报》记者发表了拥护毛泽东、朱德下令南下的讲话。22日，为《人民日报》撰写了拥护前进命令的讲话。5月4日，赴天津南开大学五四庆祝会讲演，题为《五四精神》。29日，赴北大讲演，解答所提问题。6月15日，赴抗敌剧社讲国统区文艺情况，并解答问题。7月1日晚，胡风出席在先农坛举行了3万干部庆祝中国共产党建党28周年的大会，当毛泽东来到了会场，大会便如沸腾的大海一样，欢声雷动。胡风此时体验到了生平最大、最强烈的欢乐，在心中唱起了幸福的颂歌。由此激发他创作《时间开始了》的激情。2日，胡风出席全国文学艺术工作者第一次代表大会，为大会主席团成员之一。致祝辞《团结起来，更前进！》。3日，郭沫若的总报告《为建设新中国的人民文艺而奋斗》中讲道，"只准自己批评任何人，不准任何人批评自己的歪风是一种专制主义的表现，应该为我们有思想的文学艺术工作者所不取"。4日，茅盾的《在反动派压迫下斗争和发展的革命文艺》报告，其中有"关于文艺中的'主观'问题，实际上就是关于作家的立场、观点与态度的问题"这一部分。以上都是对胡风不点名的批评。茅盾在报告后的《附言》中注明"胡风先生坚辞"，而不是通常使用的"因故"或"因事"之类的托词，其不合作的态度显得很触目。17日，选举文联全国委员会委员，胡风为87名当选为委员之一。23下午3时，中华全国文学艺术界联合会全国委员会在北京饭店召开第一次会议，胡风未入21位常委员会名单。8月4日，胡风回到上海,参加上海文代会的筹备工作。9月8日,胡风与巴金等从上海乘火车赴北平,出席全国文联代表大会和全国第一届政协会议。9日,抵平后,住在华文学校。在此期间,参与了《共同纲领》的讨论以及政协各法令草案的讨论。同日胡风日记载:"到勤政殿参加讨论共同纲领的小组会,由上午十时到下午五时四十分。"21—30日,参加第一届全国政协会议,为全国政协委员。21日日记载:"夜七时,人民政协第一次会议,毛主席致开会辞。"29日,胡风日记载:"下午三时,开第七次全体会议,通过共同纲领,等。"30日,胡风日记载:"下午三时,开最后一次会议,选举。闭会前到天安门举行烈士纪念碑奠基礼。闭会式。"

胡风10月1日参加国庆大典,深受感动。18日,赴清华大学参加纪念鲁迅的晚会,并讲话。19日上午,参加鲁迅纪念会。晚,赴北京大学参加纪念晚会并讲话。11月6日,客居北京华文学校的胡风写下了长诗《时间开始了!》第一乐篇《欢乐颂》的第一行:"时间开始了——"12日,校改完成。14日,胡风给妻子写信说:"大前天晚上,我写了一首四百多行的诗。写着它,我的心像海涛一样汹涌。多么幸福的时间!要尽可能早点给你看到。两个月来,我差不多每时每刻都活在一股雄大的欢乐的音乐里面。"16日,又给妻子写信说:"第四章也恐怕不容易,写十月一日的大会,要写出别人感不到的神圣而美丽的东西。我亲爱的M,我希望有力气写完它,向这时代献出我的一瓣心香。亲爱的,给我力量,给我力量!每天,我的心总有些时候像怒海一样沸腾。烧得好幸福又好难受呵。"20日,《欢乐颂》在《人民日报》上发表;第二乐篇《光荣赞》是献给他曾接触过的几位平凡而又伟大的劳动妇女,包括劳苦了一生的他的母亲。原定的第三乐篇当时未能完成,直到他晚年,才将上世纪50年代所写的几首短诗补入,题名为《青春曲》;在第四乐篇《安魂曲》(后改名为《英雄谱》)中,他由人民英雄纪念碑的奠基礼,怀念起曾和自己一起战斗过并给自己以力量的师友们,正是他们为新中国的诞生竖立了一座座纪念碑;第五乐篇《第二个欢乐颂》(后改名为《胜利颂》),则充分反映了开国大典时的欢乐气氛。从11月6日至次年1月13日止,胡风在短短两个多月完成了除《青春曲》外的四个乐篇,将近四千行诗,堪称是其诗创作上的一个里程碑。在中华人民共和国成立初期,由于该诗真正喊出了人民的心声,一经发表,就得到极大反响。此后,在很多的会议场合中,都有人朗诵《欢乐颂》,也曾译成俄文在苏联杂志《十月》和《星》上刊出,介绍给广大的苏联人民。但在胡风的内心世界,除了真挚的歌颂之外,还有就是以自己的"忠诚"与"才情"进行"自证"和"反抗"。(参见晓风《胡风年表简编》,《新文学史料》1986年第4期;王秀涛《第一次文代会与文联的成立》,《文艺争鸣》2019年第3期;晓风《胡风:"我用整个生命烧着写它"》,《文艺报》2021年7月2日;袁昊《1949—1955年胡风精神境况述析》,《扬子江评论》2013年第4期)

夏衍改编葛琴同名小说《结亲》为电影剧本(又名《风雨江南》,未发表),影片《结亲》由香港南群影业公司摄制,章泯导演。4月,与欧阳予倩、蔡楚生、史东山等16名电影界知名人士联名向中共中央提出20条《电影政策献议》,随后将其带至北平。同月26日,周恩来电示潘汉年、夏衍、许涤新速从香港来北平,然后转往上海工作。同日,夏衍以新华社香港分社名义举行庆祝酒会,并在第二天组织文艺界演出《白毛女》。28日,夏衍与潘汉年、许涤新奉命赴北平,准备接管上海。5月,杂文随笔集《蜗楼随笔》由香港人间书屋出版。同月6日,到达天津,翌日抵北平,受到毛泽东、周恩来、朱德、刘少奇的接见。11日,周恩来在中共中央华北局会见刚从香港赶到北平的潘汉年、许涤新、夏衍,对他们参与接管上海的工作作出具体安排,指出中央已决定潘担任上海市常务副市长,分管政法、统战工作,许涤新协助曾山接管财经部门,夏衍担任市委常委兼文化局局长。14日晚上,毛泽东接见自香港来北平并即将参加接管上海的潘汉年、夏衍、许涤新,听取潘汉年等关于香港工作情况的汇报,询问港英当局对中共的态度,要求尽可能完好地保存上海这个工业城市,不要让国民党实行焦土政策。16日,夏衍乘火车经津浦线南下接管上海。途中,在济南见到时任山东省省长的康生。23日,到丹阳,在第三野战军总部与陈毅初晤。25日,随军开赴上海,27日,正式入城。28日,上海解放,夏衍任华东军事管制委员会文教委员会副主任,兼文艺处处长,负责文化新闻单位的接管工作。中共上海市委宣传部与华东局宣传部合一办公,夏衍任华东局暨上海市委宣传部副部长、华东军政委员会文化部长、华东军政委员会委员、上海市委五位常委之一(陈毅、刘晓、刘长胜、潘汉年、夏衍),同时负责外事工作。

　　夏衍6月当选为全国第一次文艺工作者代表大会代表,但因工作脱不开身,留在上海未到会,在文代会上当选为全国文联委员。同月5日,上海市人民政府邀请文化界人士举行座谈会,夏衍主持会议并致开会词,然后介绍陈毅市长、潘汉年副市长、沙千里副秘书长与大家见面。新闻界赵超构、出版界周予同等先后发言,对上海解放和解放后人民政府的各种设施一致表示感谢和满意,并表示愿在中国共产党和人民政府的领导之下,群策群力,为建设新上海和建立新民主主义文化而共同努力。7月26日,夏衍当选为中华全国电影艺术工作者协会第一次代表大会全国委员。8月5日,《解放日报》成立社论委员会,夏衍被选为委员。9月5日下午7时,夏衍偕陈毅("501")、刘晓、张登、陆璀、汤桂芬等20人自上海北站启行。8日下午2时半,抵达北平,寓六国饭店306号。9日上午,到中南海出席第一届全国政协会议,讨论共同纲领,遇郭沫若等。10日,与廖承志谈广播工作,与周扬谈文联工作。文联党组开会,夏衍报告上海文联活动。11日,访陆定一,谈上海及华东宣教工作。16日上午,夏衍到中南海迎春堂参加中央统战部的座谈会,并在发言检讨了我们过去统战政策的关门主义及小算盘作风。19日下午,到华文学校与周扬、牧之、于伶等谈电影问题,未作结论。24日上午,到华文学校讨论上海电影工作,参加者周扬、牧之、于伶、贺敬之、阳翰笙。26日上午,到华文学校与周扬、牧之等谈电影工作。同月,中苏友好协会上海分会成立,夏衍任副会长。10月11日,夏衍陪同以法捷耶夫为首的苏联友好代表团访问上海。14日,抵上海。12月2日,由毛泽东任命为华东军政委员会委员。16日,由周恩来任命为中华人民共和国外交部亚洲司司长,未到任。从9月26日至1950年6月21日,夏衍在《新民晚报》上开设"灯下闲话"专栏,署名黄洁、一芹等。(参见沈宁、沈旦华、沈芸编《夏衍全集·书信日记》,浙江文艺出版社2005年版;吴永贵《民国图书出版史编年:1912—1949》,社会科学文献出版社2018年版;中央文献研究室《周恩来年谱1898—1976》,中央文献出版社1998年版;中共中央文献研究室编撰、逄先知主编《毛泽东年谱(1893—1949)》,人民出版社、中央文献出版社1993年版)

　　郑振铎年初仍在上海。1月1日,新华社播发毛泽东写的新年献词《将革命进行到底》,郑振铎备受振奋。2日,上海《京沪周刊》第2卷第52期载照片《骑乐女》,说明为"郑振铎藏""隋代陶器""洛阳出土"。12日,叶圣陶在香港作《致沪上诸友》,提及"此行甚安适,无风无浪,长乐(郑振铎)有兴,亦可出此途。乞容翁(王伯祥)转告之"。当时中共地下组织为保护著名爱国民主人士,准备迎接解放,秘密动员和安排一些民主人士撤退到香港转东北解放区。叶圣陶希望郑振铎一起去。同月,《青年界》新6卷第5期刊登《〈达夫全集〉出版预告》,拟分6卷,约200万字,编辑委员会为郭沫若、郑振铎、刘大杰、赵景深、李小峰、郁飞组成。后该书因故未出版。2月12日,王伯祥日记:"西谛来馆,知去港未果,托开明为购船票,拟于日内动身云。约余及予同今晚饮其家。余以家下人少、惮夜出辞之,约明日午间往晤长谈,予同亦从同焉。"14 日下午 2 时,得到通知去领船票,即致刘哲民信,告以即将"乘舟破浪南行矣",并意味深长地写道:"大约相见期不会太远。"信中对上海出版公司的工作给予了很高的评价和鼓励,并对自己所编《中国历史参考图谱》《文艺复兴》及其"中国文学研究"专号(下)的出版事宜作了安排和指示。王伯祥日记:"西谛船票已购到,准明日上午十一时启碇。"夜,约唐弢到家里,"屋子里并没有第三个人,西谛却郑重其事地把我拉在一旁,带着充满感情的声音告诉我:'明天我就出发了!'"临行前还与孙家晋谈话,吟咏了杜甫的咏马诗"竹披双耳峻,风入四蹄轻。所向无空阔,真堪托死生",以寄托自己激动的心情与坚定的信念。并说:"最近重读了何其芳的《画梦录》,丁令威化鹤归来,城郭已非;将来我倒想重写这个故事,化鹤归来,城郭焕然一新……"暗示了他即将远走以及革命即将胜利。(参见陈福康《郑振铎年谱》,三晋出版社 2008 年版)

　　巴金约 1 月上旬会见好友黄裳,从叶圣陶给黄裳信中获悉,外界误传自己到台湾去了,叶为此事颇着急。约下旬,接待自台北到上海度寒假的黎烈文,并劝其留在上海。其间曾偕黎烈文、马国亮等人欢宴于赵家璧家。约 2 月上旬,因政局不稳、社会秩序混乱、物价暴涨,终留不住黎烈文,遂送他返台北。下旬,在霞飞路寓所会见朱洗和毕修勺。获悉毕修勺因在抗战时担任国民党《扫荡报》主编、国家总动员会委员会简派参事和中央训练团指导员,现因解放军横渡长江已成定局,国民党政府大势已去,想与吴稚晖一起飞往台北。遂与朱洗一起,劝毕修勺留下,认为"共产党不会算旧账","即使算",毕"也无大罪恶",并表示,如有事,也愿与朱洗一起为毕说话。最后,毕修勺取消了第二天与吴稚晖乘"美龄号"飞台的计划,留在上海。同月,开始翻译屠格涅夫的小说《蒲宁与巴布林》和高尔基的回忆录《回忆契诃夫》等文。约同月,得挚友马宗融信,获悉他因爱国教授、传记文学家、鲁迅挚友许寿裳于 18 日被暗杀而陷于"苦闷"与"悲愤"之中,且"酒越喝越多,身体越来越差",终于"病倒";遂"去信劝马留在台湾治病"。约 3 月上旬,前往北京路回民联络站看望刚从台北返沪又贫病交迫的挚友马宗融。约 4 月初,因政局混乱、物价暴涨、法币贬值,靠稿费维持的家庭生活也陷于不安定状态。上旬,获悉挚友、原复旦大学教授、法国文学翻译家马宗融病逝,立即赶到回民联络站,向遗体告别,并安抚马氏遗孤。说服他们将马遗体安葬在徐家汇回民公墓。参加筹备并出席公葬仪式后,将马氏从台北带回的书捐赠图书馆。5 月 27 日,巴金听了一夜枪炮声,天刚亮,报馆工作的朋友来电告诉上海解放的消息。急忙转告友人,感觉到一个新的光辉的时代开始了。下午,与黄裳同到文化生活出版社察看,然后到南京路同日看人民解放军入城。约下旬,接何其芳从北平的来信,问及近况,并表示关心。阅信后,感到亲切和温暖。6 月初,上海军管会文艺处负责人黄源来访,相互祝贺胜利会面。

　　巴金约 6 月上旬接周恩来同志自北平发来的电报,拟应邀赴北平参加全国第一次文学艺术工作者大会。10 日晚,为译作《六人》定稿。下旬,与吴朗西等人为文化生活出版社社务争执。去北平前几天吴朗西夫妇约了几个朋友来跟巴金吵,要巴金交出文生社。巴金答应回沪后办交代。27 日,作为参加第一次全国文代会的上海代表团成员,随团乘火车到达北平,出席中华全国文学艺术工作者代表大会。周扬、阿英等到北平火车站迎接。30 日上午,在怀仁堂参加文代会预备会。下午,参加文代会主席团常委会。7 月日晚,应邀往先农坛体育场参加北平"七一"28 周年纪念大会。2 日 9 时,出席中华全国文学艺术工作者代表大会开幕式。下午 1 时结束。午饭后,继续参加主席团常委会。与会期间,遇叶圣陶等老友,十分激动和高兴。3日,出席文代会。丁玲任主席,郭沫若作总报告;会间柯仲平朗诵新诗作。午后,继续参加主席团常委会。4日上午,到中南海怀仁堂出席文代会,听取茅盾报告国统区十年间的文艺情况。午后继续参加主席团常委会。5日8时,出席文代会,听取周扬报告。下午7时半到怀仁堂,听周恩来报告。毛泽东主席也出席了此次会议。6日下午2时,出席文代会,继续听取周恩来报告。晚7时许,毛泽东主席到会场,全场长时间热烈鼓掌。7日,文代会休会。参加北平20余万人冒雨举行的大集会,纪念"七七"抗日战争12周年。毛泽东、朱德、周恩来到会。8日上午9时,出席文代会。9日,出席文代会,听取丁玲报告"碰壁"经过及阳翰笙、柯仲平发言。10日,出席文代会,听取自由发言。11日,出席文代会继续听取自由发言。16日,出席文代大会,参与讨论提案。17日,作《我是来学习的——参加文代会的一点感想》,刊于20日北京《人民日报》"全国文代大会代表对大会的感想"栏,系在第一次文代会上的发言稿。19日,第一次文代会闭幕,被选为中华全国文学艺术联合会全国委员会委员、常务委员。20日,《对大会的感想》刊于《人民日报》"全国文代大会代表对大会感想"栏。同时刊登感想的还有冯雪峰、白杨、梅兰芳、周信芳、骆宾基、古元等。同日,出席中共中央、中国人民革命军事委员会联合为参加文代会演出的各文艺工作团举行的招待会。21日下午5时,出席中共中央为文代会代表举行的盛大宴会。23日,出席全国文学工作者协会成立大会,被选为文协全国委员会委员。

巴金8月2日上午10时10分偕同冯雪峰、潘子展、赵家璧等乘火车返上海。约中旬,参加文化生活出版社改组,康嗣群任总经理,朱洗任董事长。巴金除担任总编辑外,又与靳以、吴朗西、朱洗、毕修勺等同任常务董事长。9月1日,把文化生活出版社社务交康嗣群,并作赴平前准备。8日,与胡风等知名人士同乘火车赴北平,出席全国文联代表大会和全国第一届政协会议。9日,抵平后,下榻华文学校会议招待所,与胡风住室毗邻。13日下午,与夏衍、冯雪峰、陈荒煤、刘白羽、任白戈、梅兰芳、周信芳、袁雪芬等60余人,出席全国文联正副主席郭沫若、茅盾、周扬在中山公园来今雨轩为各地抵京文艺工作者举行的招待会,听取夏衍、邵荃麟、陈荒煤、刘白羽分别作的关于上海、香港、武汉及部队文艺工作情况的报告。18日晚6时,出席华北人民政府、北京市人民政府等20个单位为政协代表举行的宴会,董必武、聂荣臻致欢迎辞,郭沫若代表政协致答辞。21日晚7时,出席中国人民政治协商会议第一届全体会议开幕式。听取政协筹备会主任毛泽东致的开幕词,刘少奇、宋庆龄等12人相继在会上发表演讲。22日,所译德鲁多夫·洛克尔著短篇小说集《六人》由上海文化生活出版社出版。含《后记》及作品8篇。26日,在北京华文学校与胡风、马思聪、史东山、艾青等摄影留念。30日,参加第一届全国政协会议闭幕式。会后与胡风、曹靖华、徐悲鸿、郑振铎、田汉、茅盾、艾青、史东山、马思聪等合影留念。约同月,会见震旦大学王继文,获悉他将翻译法国明兴礼博士的《巴金的生活和著作》一书,遂陆续借给王不少书,供翻译时参考。

巴金10月1日参加中华人民共和国开国大典,在天安门城楼观礼。10日下午3时,出席全国文协主办的邀请苏联作协主席法捷耶夫谈文艺的座谈会。11日,应文协机关刊物《人民文学》编辑部的约请。拟撰写纪念鲁迅先生的文章,遂前往北京图书馆参观"鲁迅先生作品及生活展览会"。又一次目睹鲁迅的手稿、信札和遗照,引起强烈的缅怀和悼念。同日晚,作《忆鲁迅先生》,载25日《人民文学》创刊号,说"这些年来"在"困苦""绝望""疲乏的时候",常常想起"这个有着伟大心灵的""巨人""他一生教导同胞反抗黑暗势力、追求光明,他预言着一个自由、独立的新中国的到来,他为着这个前途用尽了他的心血"。19日上午9时,与刘长胜、李伯钊、萧三、夏衍、叶以群同至万国公墓向鲁迅陵墓献花。旋即参加上海各界纪念鲁迅先生逝世13周年大会,并被推为主席团成员。11月3日晚8时,到文艺处参加上海文协常委会,会上决定各部门负责人选。主席冯雪峰,巴金任副主席、创作部长和文学顾问委员会委员,会上还决定出版会刊,又与冯雪峰等9人为编辑委员。22日晚7时,出席上海文协在文艺处举行的第二次常务委员会,同时出席的还有夏衍、周而复、冯雪峰等10余人,商讨和决定发动会员到工厂、农村、部队体验生活等问题。30日,译完俄国屠格涅夫著中篇小说《蒲宁与巴布林》,12月由上海平明出版社初版。12月16日,译完苏联高尔基著回忆录《回忆契诃夫》,次年1月上海平明出版社初版。(参见唐金海、张晓云《巴金年谱》,四川文艺出版社1989年版)

之言1月在上海《剧讯丛刊》第2卷第2期"剧人风貌"栏发表《曹禺》。文中说:"曹禺先生,是我国许多剧作家中最受普遍欢迎的一个,十余年来,他为我们写了七个剧本,这些剧本一直为读者,观众所喜爱着,不断地再版,不断地上演,造成戏剧史上光辉的记录。他没有给我们写出更多的剧本,除了他的译作《柔密欧与幽丽叶》以外;他的每个戏的创作过程是很长的,他从来不轻易动笔,这一点是可见出他的严肃与认真,所以他所写出的每一个戏,论质论量都是那末丰厚,那末沉重,一字一句都是他呕心沥血的成果。""他不但是位剧作家,还是成功的演员和导演";"他没有写过戏剧理论的书籍,即是关于戏剧方面的短文也很少见到,但他却是位修养很深的理论家,学者"。"他很少谈起自己的剧作,偶尔谈到也总是说它们不像东西。""他的自尊心是很强的,因此养成他对人对事的慎重与谨严,近年来他没有作品问世,这在他是最痛苦的,人们对他的期望很高,他不能轻易的写,时代急剧的向前进展,作家们的思想生活也在跟着'蜕变',他的《艳阳天》问世之后,由于各方面的反应,使他更深地了解了这个时代,了解今后的他应该写出些什么? 然而这不是简单的事,所以他沉默了。""在不久的未来,我们会看到曹禺先生兴奋地站起来,踏进人民的行列,歌唱出新中国的春天!"(参见田本相、阿鹰编著《曹禺年谱长编》,上海交通大学出版社2017年版)

傅雷6月从昆明乘飞机去香港。7月,应邀为第一次全国文代大会代表,因故未出席。12月,从香港乘船至天津,转赴北京访钱锺书、杨绛及楼适夷。时任清华大学校务委员会副主任的吴晗有意请他去教授法语,请钱锺书夫妇从中说情,但傅雷没有接受邀请。然后复经天津南下,于12月20日抵沪,寓江苏路284弄5号。当时傅雷却是一个没有"单位"的人,凭借他在留学、翻译、文学评论、美学批评以及在上海教书的经验阅历,完全可以体体面面的在一个单位里过得舒舒服服的,但是依然坚持己见。即使当时傅雷的身体饱受病痛折磨,医药费无处报销,他还是不愿挂职在单位。用傅雷自己的话来说就是"我茕茕独立,既无伯叔,终鲜兄弟,复寡朋友"。冬,傅雷得到了谭小麟的原作手稿及抄谱,并且妥善保管。傅雷还曾上书陈毅、周扬等人,为谭小麟作品寻求演出机会。(参见傅敏、罗新璋《傅雷年谱》,《新文学史料》1984年第1期;叶永烈《文化巨匠傅雷》,人民出版社2018年版)

章益继续任复旦大学校长。从上年秋季开始,国民党军事惨败,国统区经济崩溃。复旦师生密切注视全国形势的发展,在中共地下党组织领导下,做好迎接解放的准备:首先是反对迁校,其次是组织应变委员会。1月5日,章益与上海各国立大学院校长王之卓、夏坚白、李寿雍等因各校员生生活艰苦,经费支绌,联名电国民政府教育部辞职。10日,教育部次长田培林到上海招待8位国立大专院校校长,加以挽留。19日,章益校长邀请教授、副教授 80 余人开谈话会,经讨论决定:(1)本学期寒假缩短,下学期提早到 1 月 24 日开学;(2)迁校问题不讨论;(3)组织全校性应变机构,以协助学校行政人员处理非常问题。为建立应变会,分别选举成立了教授会、讲师助教会、职员会、工友会等组织。2 月 22 日,"复旦大学师生员工应变委员会"成立,除校长章益外,各单位参加人数总计为 18 人。由章益担任应变会主席,教授代表陈望道、学生代表程极明为副主席,下设联络、防护、财会等组。27 日,章益校长与交大、浙大、上医、上商等 14 个国立大专学校校长赴南京向李宗仁代总统要求发给应变费,师生员工及眷属每人每月 3 斗米,共 2 个月,以及提高师生员工的待遇等。此要求获得批准,取得一笔款项,统一购买了大批粮食、食油等物资加以储存。为做好护校工作,还以学生为主建立了防护大队。同时,团结一切可以团结的人,分化瓦解敌人。在此关键时期,章益校长终于留在了复旦,和师生员工一起保护学校。为了迎接解放,复旦地下党组织还秘密调查了江湾、吴淞、虹口一带的情况,把这些地区内的银行、仓库、工厂、学校、军营、军火库、警察局、碉堡等的位置绘制成图,交给有关方面。4 月 26 日深夜,国民党当局出动大批军警包围复旦大学,捕去学生 77 人、工友 2 人,同时逮捕了周谷城教授。校长章益遂去上海警备司令部,把周谷城教授保释回校。27 日,上海警备司令部限令复旦大学在 2 天内迁入市区育才中学,国民党军队随即进入学校。进入市区的复旦师生,随时准备迎接上海的解放。5 月 26 日,上海苏州河以北地区的国民党军队溃散逃跑。27 日,上海解放。复旦师生重返校园,在上海市军管会和中共复旦总支部的领导下,收集文书档案、图书资料和仪器设备,展开复校工作。为配合解放战争的进行,复旦师生参加人民保安队和宣传队,给人民解放军作向导,向群众宣传解放军的《约法八章》。复旦师生参加了反对银元投机、庆祝解放大游行、抗台风救灾、劳军义卖等一系列活动,为稳定上海的金融秩序、政治秩序、社会秩序作出了努力。6 月 20 日,上海市人民政府副市长韦悫及军管会代表李正文来校接管,并指派袁识先为常驻联络员。李正文指出:"复旦具有光荣的历史,是民主先进马相伯先生手创的。在民主运动中,复旦是大江以南民主教授最多的一个大学,一向起着积极的推动作用。我代表军管会向民主教授致敬,向参加反美反蒋、反饥饿、反迫害、护校复校的同学致敬。"

按:在接管时,复旦大学有教授、副教授 161 人,讲师 29 人,助教 58 人,职员 170 人,工友 200 人(包括警卫、农场工人),注册学生 2127 人(含补习班),共计 2745 人。共有土地 15.23 公顷、房屋 4 万余平方米,图书 8 万余册及有关实验用的仪器设备。设有文、理、法、商、农 5 个学院,27 个系、科、所、班。

张志让 7 月 29 日为复旦大学校务委员会主任委员。是日,上海市军管会任命张志让、陈望道等 17 人为复旦大学校务委员会委员。张志让为主任委员,陈望道为副主任委员,周谷城兼教务长,胡曲园兼秘书长,陈望道兼文学院院长,卢于道兼理学院院长,潘震亚兼法学院院长,李炳焕兼商学院院长,钱崇澍兼农学院院长。由于张志让在北京任职,未能来校工作,学校工作由陈望道主持。原校长章益在解放前夕拒绝接受国民党当局将学校撤退到台湾的命令,将复旦大学完整地交给人民,是有功的,同时被任命为校委会委员。学校领导班子中绝大多数成员是热爱祖国、坚持真理、思想进步、在学术上有相当造诣的教授;少数是青年助教和学生,他们是共产党员。校委会根据上海市军管会高教处的指示,统一领导校内一切教育和行政工作;校教育工会(前身为员工会)和学生会负责校内社会活动,进行思想教育工作;党组织受中共北虹区委领导,领导各项政治运动,并督促党员、团员起模范带头作用校委会建立后,根据华东高教处的统一安排,进行部分院系调整。9 月,浙江大学法律、哲学、史地等系,暨南大学文、法、商学院,英士大学法学院,同济大学文、法学院并入复旦;复旦生物系海洋组则并入山东大学水产系。1951年9月,大夏大学财经、法学两学院,光华大学法学院并入复旦,复旦教育系并入华东师范大学;复旦土木系并入交通大学,不久又从交大并入同济大学。同在9月,华东军政委员会财经委员会副主任许涤新来校兼任经济研究所所长,招收研究生96人,这些人后来大多成为我国财经工作中的骨干。10月16日,复旦正式开学上课,但是各种政治活动不断,影响了正常教学工作的进行。11月10日,上海市第一届学代会召开,提出当前上海学生的具体任务:团结起来,为建设新中国而努力学习。从此,学校开始逐步以正课学习为中心,把教学工作放在学校的重要位置上。秋,学校根据"暂维现状,逐步改进"的原则,提出课程改革的指导思想是:(1)原有课程非万不得已,不予变更。(2)增课程须有绝对必要性。当时主要是改革政治课程和取消常识性课程,决定取消三民主义、伦理学、理则学(逻辑学的旧译名)、自然科学、社会科学等5门全校共同必修课,新增社会发展史、辩证唯物论和历史唯物论、政治经济学、新民主主义等课程。当时,文、理、商、农学院的业务课程没有多少变动,而法学院有些系的课程必须变动,其中法律系的课程则应从根本上加以改革,然而限于师资条件,只能逐步进行。12月1日,校委会召开全校师生学习问题座谈会,在"师生团结、教学相长"的原则下,展开了总结学习运动,对于课程内容、教学方法、学习态度、师生关系等方面进行检讨和总结。成立了全校性的学习委员会和各院系的院、系务委员会,以领导全校政治学习和业务学习;提出了加强政治学习的口号。(参见《复旦大学百年志》编纂委员会编《复旦大学百年志:1905—2005》,复旦大学出版社2005年版;中央教育科学研究所编《中国现代教育大事记1919—1949》,教育科学出版社1988年版)

　　陈望道仍在复旦大学。2月22日,复旦大学师生员工为迎接解放成立"应变委员会",陈望道作为教授代表,任应变委员会副主任。4月5日,为庆贺陈望道先生执教30周年暨59岁寿辰,以及由他创建的"新闻馆"成立4周年,复旦大学新闻系师生举办了隆重的庆祝会。于右任从南京寄赠"记者之师"立轴一副。出席盛会的还有其他系的代表及社会各界名流、学者代表。5月26日,上海解放前一天,上海市大学教授联谊会(简称大教联)改选理事会,推举陈望道任理事会主席。6月初,大教联在金门饭店(今华侨饭店)召开最后一次全体会议,决定与"大学讲师助教联合会"合并,改组为"上海大学教育工作者联合会",陈望道当选为会长。7月2日,出席"第一届中华全国文学艺术工作者代表大会"。29日,由中国人民解放军上海市军事管制委员会任命为复旦大学校务委员会副主任、兼文学院长。因主任委员张志让在北京任职,未能来校工作,主持校委会工作,复旦大学校务委员会由陈望道主持。9月4日,"上海新文字工作者协会"成立。陈望道为主席团成员,在成立大会上致开幕辞。11日,"上海新文字工作者协会"召开第一次理事会,陈望道当选为协会主席。同月,出席政协全国委员会第一次全体会议。以后历任第二届全国政协委员,第三、四届全国政协常委,并当选为上海市政协副主席。10月10日,"中国文字改革协会"在北京成立,陈望道当选为理事。同月,在陈望道倡议下,复旦大学新闻系开设新文字课程,由倪海曙主讲。12月,陈望道被任命为华东军政委员会委员。(参见上海鲁迅纪念馆编《陈望道先生纪念集》,复旦大学出版社2006年版;《复旦大学百年志》编纂委员会编《复旦大学百年志:1905—2005》,复旦大学出版社2005年版)

　　周谷城继续任教于复旦大学。4月,周谷城因复旦进步学生遭殴打起草抗议宣言。周谷城《怀念周予同教授》说:"解放前夕,复旦大学发生进步学生遭打事件,好几个人受重伤。

我为揭露这事的真相,曾草拟了一篇短短的宣言。签名赞成宣言的,有陈望道、洪深、曹亨闻、朱伯康等人,其中周予同是一名,是我没有征求他的意见代签的。后来我告诉予同,予同说:'代我签名很好,正表示了我的意志!'"6月27日,毛泽东致书周谷城教授,信中说:"革命高涨,大家都是高兴的。前途尚多困难,惟有团结最大多数民众,方能战胜帝国主义的反抗。相期共同努力。"这封信给复旦师生以很大鼓舞。9月,周谷城《世界通史》3册由商务印书馆出版。此书上起初民时代,下迄"重商主义"(即资本主义),力求用历史唯物主义的观点阐明历史现象,囊括政治、经济、文化、民族、社会各方面。本书采用了大量国内外材料,其中许多是原始材料,对前人的学说、观点,也择要加以评介。作者为了挑战"欧洲中心论",广泛运用比较法,凸显了不同国家、不同地区、不同文明的特征以及相互之间的关系,改变了过去以欧洲为中心的世界通史体系,形成了与以往截然不同的著述格局。作者指出"世界通史并非国别史之总和"。在《世界通史》第一篇中,周谷城列举了六个远古文化区,即尼罗河文化区、西亚文化区、爱琴文化区、中国文化区、印度河流域文化区、中美文化区,在考察西方各文化区各文明特点的同时,对古代东方各个文化区的政治、经济、阶级关系、文化特点等也进行了全面分析,认为这些东方文明均有自己独立发展的文化系统,在世界历史发展过程中起着不可磨灭的重要作用。周谷城此书扭转了当时世界史只是"西洋史"、区域史的格局,在内容、体例上别具一格,是中国人撰写的第一部世界通史著作,也是民国时期我国唯一的一部世界通史。它在体系及论断上都达到了较高水准。有学者评价它"是中国历史学家贡献于二十世纪世界史学界的一部珍贵的科学著作。它在中国近代史学发展史上占有极为重要的地位"。12月,中国新史学研究会上海分会召开筹备会。周谷城、李亚农、金兆梓、周予同、李平心、顾颉刚等人参与。次年3月,设置了机构和职员。按照总会规定,南京、杭州也归入上海分会活动。(参见《复旦大学百年志》编纂委员会编《复旦大学百年志:1905—2005》,复旦大学出版社2005年版;王学典《20世纪史学编年(1900—1949)》,商务印书馆2014年版;成棣《周予同先生年谱》,《传统中国研究集刊》第20辑,上海社会科学院出版社2019年版)

周予同1月4日与友人设宴欢迎吕叔湘加入开明书店。2月,致书章益,推荐陈守实进入复旦大学。同月23日,主持召开明社理事会,所议为同人福利事。4月,《把握时代,检讨自己》刊于《海涛》第2卷第1期。同月,复旦进步学生遭殴打,列名周谷城所起草之抗议宣言。5月27日,上海大部易帜。大教联改选,周予同与陈望道、周谷城、许杰、刘佛年等一同出任干事。同日,《中学生》与北京《进步青年》杂志合并,刊名改为《进步青年》,期号沿用《中学生》。6月5日,上海市政府组织文化界座谈会,应邀出席会议。20日,复旦大学由中国人民解放军上海军事管制委员会接管。7月1日,新史学会筹备委会在北平成立,周予同为50名发起人之一。同日,暨南大学文学院、同济大学文学院等并入复旦,改史地系为史学系。7月,周予同出任历史系主任。因开明书店编辑部部分成员提议在北京设立编辑分所,周予同对此心存疑虑,其中也包含着他对时局的看法。

按:8月3日《宋云彬日记》载:"从彬然方面得来消息,上海开明书店同人组织店务委员会,联名函请常务董事章锡琛退休。二十年前雪村策动同人,联名请经理杜海生辞职,'后之视今,亦犹今之视昔',悲夫!"8月4日:"(卢)芷芬谈开明内部情形甚详。芷芬赴沪时,余与(叶)圣陶、(傅)彬然、振铎等曾提意见,请开明编辑部一部分人员来北平,在平设编辑分所。余等原意,无非以将来首都在北平,北平为人才集中之地,在此设一编辑机构,编书征稿,均较方便耳。而周予同竟误会余等别有用意,谓将以此作退步,备将来脱离编审会时重返开明,殊令人齿冷也。"雪村即章锡琛,"编审会"指华北人民政府教育部教科书编审委员会,宋云彬于1949年春赴京参加新政协后任该会委员。8月8日又记:"(王)汉华详述周予同、丁晓先等对时局及余等之工作态度，均不了了，予同且常以恶意揣测，谓余等甘受人利用云云。此公头脑恐已无法改造，日后必为新社会所屏弃，余敢作此预言。"

周予同8月9日在《解放日报》发表《追念杨贤江》。10月，《从统一招生口试看青年教育问题》刊于《进步青年》第216期。12月7日，叶圣陶托金灿然往上海"访伯祥、予同，并物色可用之人"。金氏于本月参加华东工作团往南京接收各机关，乘便赴沪。11日，新史学研究会上海分会筹备会议召开，周予同应邀出席。同日，复旦与暨南大学军代表、暨南大学校务委员会主任李正文代表军管会邀出任该校校务委员会副主任，周予同以开明书店事忙为由坚拒之。是年前后，因经济原因仍兼开明书店事。（参见成棣《周予同先生年谱》，《传统中国研究集刊》第20辑，上海社会科学院出版社2019年版）

刘大杰继续任教于暨南大学。1月，《中国文学发展史》（下卷）由中华书局出版。刘大杰《中国文学发展史》分两卷，上卷完成于1939年，1941年1月由中华书局印行；下卷完成于1943年，是年1月出版。此书上卷共十五章，始于殷商巫术文学，迄至唐代唯美诗的复活与唐诗的结束，分为六十余节；下卷从第十六章晚唐五代的词起，至第三十章清代的小说止，共七十余节，均以文体、作家按代叙述。是年后又出现过多种合订本。5月27日上海解放后，刘大杰任暨南大学校务委员。9月，暨南大学文、理、商相关院系并入上海复旦大学，刘大杰任复旦大学中文系教授、中文系文学教研组组长、中文系代理主任等职。（参见付祥喜《20世纪前期中国文学史写作编年研究》，北京师范大学出版社2013年版）

黎照寰继续任上海交通大学校长。4月8日，交通大学举行53周年校庆，《交大周刊》发行"校庆特刊"，刊登黎照寰"庆时深念母校创造之辛苦与建设之困难，平时勿忘母校成立之宗旨与施教之使命"的题词以及唐文治、张元济、茅以升、赵曾珏、唐振绪、王之卓、周同庆、曹鹤荪等人文章。26日凌晨2时，国民党军警2000余人包围交通大学，以装甲车撞开交通大学校门，冲进校区，开枪击伤学生多人。其他学校亦同时发生类似事变。（参见陆阳《唐文治年谱》，上海三联书店2013年版）

郭绍虞继续任教同济大学。9月，同济大学文法学院奉命并入复旦大学后，出任复旦大学中文系教授兼系主任。后兼任复旦大学图书馆馆长，复旦大学文学研究室主任，复旦大学文学研究所名誉所长。是年，《语文通论续编》由上海开明书店再版；《中国文字型和语言型文学之演变》刊于《学林》第9辑。（参见何旺生《郭绍虞学术年表》，《中国韵文学刊》2008年第1期）

欧元怀继续任大夏大学校长。1月31日，欧元怀来访，与商行止，黄炎培答以二点：（一）冷静以处一切；（二）选学生最信仰之教授为准备后继人。春，胡适、梅贻琦去台湾途经上海，与欧元怀叙餐。胡适问："在此多事之秋，你有何打算？"欧元怀答："希望我们还有机会再相遇。"当时汤恩伯将上海交通大学校长王之卓、大夏校长欧元怀、复旦校长章友三等五所大学的校长请到警备司令部，说蒋总裁下令各位去台湾，并当场给每人发了机票和特别通行证，在一周内可乘任何一架飞机赴台。但欧元怀没有南下。5月6日，浙江大学校长竺可桢在日记中写道："知杭立武于昨飞穗前曾与王之卓、章友三、朱恒璧、欧元怀、夏坚白谈及于必要时可向中航公司要飞机赴广州，五人均唯唯否否，而实际欧愧安因系私立大学校长，决心不离沪，其余四人亦均踌躇不决，大抵以去穗无立身之地、前途茫茫也。"（参见严峻嵘《大夏校魂欧元怀》，《文汇读书周报》2019年5月6日；许汉三编《黄炎培年谱》，文史资料出版社1985年年版）

吴泽5月上海解放后参与了接管大夏大学的工作，并任大夏大学校务委员会委员、教务长和文学院院长。9月，吴泽《中国历史大系·古代史》（《殷代奴隶制社会史》）由棠棣出版社出版。此书完稿于1944年初，系作者抗日战争时期在重庆复旦大学史地系开设的殷商史讲稿基础上修订而成的，是作者构想中的多卷本中国通史的第二部著作（第一部是《中国原始社会史》）。全书凡四编十五章，近40万言。上起成汤建国，下迄武王灭商，网罗商代600多年间史事。作者认为殷代是奴隶制社会，符合亚细亚的特点。作者对世界当时的三大文化区域（殷商、埃及、巴比仑）进行了比较研究。书中大量引用了考古资料和甲骨文资料。后胡厚宣曾撰文对本书中引用甲骨文资料的一些错误进行批评。同年11月再版；至1953年出版修订本；前后共印6版。（参见王学典《20世纪史学编年（1900—1949）》，商务印书馆2014年版）

吴有训坚决拒绝国民党政府要他去台湾的"邀请"。2月，在上海交通大学开设"近代物理"课程。4月8日，应邀出席上海交大53周年校庆纪念大会，并发表演讲。5月，上海解放后，走访避居上海的浙江大学校长竺可桢，研究上海各学术团体迎接解放的意见。出席中国人民解放军上海市军事管制委员会主任陈毅在八仙桥青年会召开的各界人士座谈会，在会上作了关于科学和教育问题的发言。6月，"上海科技团体联合会"正式成立，被推荐为主席。与竺可桢、陶孟和等谈解放后科学研究机构的建立和工作重点，并提出电邀李四光回国。接涂长望发自北平的电报："华北科学界欣悉公等平安渡过战争，祈早日命驾北上，主持中华全国第一次科学会议。"随后，赴北平出席科代会筹备委员会第一次会议，被选为大会主席团成员。7月13—18日，出席中华全国第一次自然科学工作者代表大会筹备会议，当选为全国自然科学工作者联合会常委。同时，被推举为出席中国人民政治协商会议第一届全体会议的代表。19日，参加周恩来、李维汉、吴玉章在中南海春藕斋举行的新政协筹备会。周恩来就国家建设远景提出一些设想，征询到会科学家的意见。22日，出席全国教育工作者代表大会预备会。29日，受命担任上海交通大学校务委员会主任。

吴有训8月主持上海交大校务委员会会议，对校内当时最迫切的问题与校务委员们广泛交换意见，相继通过了《国立交通大学校务委员会组织章程》《交通大学行政系统组织条例》。接着，又制定了该校各项规章制度，使学校工作迅速走上正轨，有章可循。在上海各界人士座谈会上，和茅以升联合书面发言，痛斥美国"白皮书"。9月，中华全国第一次自然科学工作者代表大会筹备委员会上海分会成立，被推选为主任委员。9月21—30日，作为无党派民主人士的正式代表，出席在北平召开的中国人民政治协商会议第一届全体会议。被选为政府组织法草案整理委员会委员，直接参与了讨论和草拟中华人民共和国中央人民政府组织法草案的工作。10月1日，应邀登上天安门城楼，出席中华人民共和国开国大典。此后，每年"十一"及"五一"均出席天安门观礼。7日，南京市军管会高教处通知成立中央研究院院务委员会（南京地区），被任命为该委员会委员。12月2日，中央人民政府委员会第四次会议通过，任命为华东军政委员会委员。是年，在美国《物理评论》上发表与Mandeville等合作的《Ge与Ge的辐射》；在《美国物理学会通报》上发表与Mandeville等合作的《慢中子引起的锗的放射性》。（参见徐文耀《吴有训年谱》，《中国科技史料》1997年第4期）

吕思勉是年日记曰《独立记》。所留存的遗稿，有"哲学"一包，多是零星的札录，其中有"独立"一页，云："大过；象：泽灭火，大过。君子以独立不惧，遁世无闷。"元旦至6月间，吕思勉曾有致朱琨君的三封信，从中可见其生活与心境。2月27日，《女国》刊于《东南日报》。3月6日，《西山八国》刊于《东南日报》。20日，《唐代市舶》刊于《东南日报》。4月3日，香港《星岛日报》，刊有张为纲所记陈寅恪的《五胡问题及其他》，文中就"羯之族称"问题与吕思勉商榷。8 日，《官南方者之贪》刊于《东南日报》。是年，开始撰写《隋唐五代史》。又作《张寿镛先生传略》，最后谓："先生素好藏书，收罗近十万册，民国二十一年手编《约园善本藏书志》一六卷，以其宁波乡贤著述为多。除据以辑成《四明经籍志》外，自二十年起，复就所藏刊刻《四明丛书》以广流传。至二十九年刊成七集，凡一六〇种，一〇八一卷。第八集未成而卒。其子继志续刻，于三十九年发行，计十八种，九十六卷。先生于抗战中与郑振铎、何炳松等接受政府委托，藉文献保存同志会名义，在沪秘密搜购古籍，先后收得善本四八六〇部，普通本一万一千余部。除前述各书外，先生于光绪二十八年辑刻《皇朝掌故汇编》一百卷。二十五年及三十一年，分别刊行《约国杂著》及续编。三十一年撰刊《诗史初稿》十七卷等。"（参见李永圻、张耕华编撰《吕思勉先生年谱长编》，上海古籍出版社 2012 年版）

陈鹤琴 2 月出席中华儿童教育社在上海召开的会员大会。会议成立新的理事会，陈鹤琴任理事长，在会上作题为"欧美教育的新趋势"的讲话。5 月 4 日下午 5 时许，在女师校长办公室被国民党警察局特务抓走。经友人潘垂统联络上海大夏大学校长欧元怀、复旦大学校长章益、同济大学校长夏坚白、第一医学院院长朱恒璧、交通大学校长黎照寰和光华大学校长廖世承集体作保，于次日获释。10 日，在愚园路 851 号寓所再次遭国民党警备司令部稽查大队特务逮捕。在关押审讯期间立下遗愿：牺牲后请求中共追认我为共产党员。由潘垂统、程柏庐奔走营救，几经周折，保释出狱。27 日，上海全部解放后，市人民政府副市长韦悫和沙千里、戴白韬、杭苇分别代表市政府和教育局来寓所慰问。陈鹤琴被任命为国立幼专校务委员会主任委员。6 月 5 日，受上海市人民政府邀请，出席文化教育界著名人士座谈会，听取陈毅市长关于党对知识分子和文教政策的讲话。24 日，主持女师、幼专欢迎接管和庆祝上海解放大会。动员学生参加南下服务团。7 月，出席上海新文字工作者座谈会，被推选为上海新文字工作者协会筹备会委员。9 月，协会正式成立，与陈望道、叶籁士、王益、倪海曙等被推选为理事。8 月 26 日，出席上海市特殊教育工作者座谈会，并在会上讲话。会上成立特殊儿童教育工作者协会筹备会，被推选为顾问。协会于 11 月成立。（参见蔡怡曾、陈一鸣、陈一飞编《陈鹤琴生平年表》，《陈鹤琴全集》第 6 卷，江苏教育出版社 2008 年版）

汪日章时任国立艺专校长。3 月 25 日，上海市美术馆筹备处、中国画会、青年会等为庆祝美术节，在八仙桥青年会联合举行庆祝会，推马公愚、张中原、孙雪泥、郑午昌、许士骐、丁念先、施翀鹏为主席团成员，国立艺专校长汪日章、苏州美专校长颜文、美术家刘开渠、俞剑华、张聿光、朱其石等 200 余人出席。4 月，蒋经国专程派人去请汪日章动身，但到了广州后，汪日章接到了家里的电报："母病危，速回归。"汪日章最终决定放弃赴台，匆匆回到宁波老家。（参见王震《20 世纪上海美术年表》，上海书画出版社 2005 年版）

刘开渠继任国立艺术专科学校校长。5 月 29 日，刘开渠与杨可扬、张乐平、（郑）野夫、庞薰琹、朱宣咸、温肇桐、陈烟桥、邵克萍、赵延年等国统区美术先驱代表上海美术界在《大公报》发表迎接解放的"美术工作者宣言"。6 月 5 日，刘开渠、张乐平、陈烟桥等出席上海文化界假基督教青年会礼堂举行的解放后第一次盛大座谈会。座谈会由夏衍主持，陈毅在会上发表讲话，表示欢迎文化界人士团结合作共同建设新中国。6 日，上海美术作家协会、中华木协、中华漫协、上海漫协为了加强联系，讨论今后工作。刘开渠、庞薰琹、陈烟桥、野夫、张乐平、章西医、许幸之、杨可扬、叶苗及上海市文管会文艺处吕蒙、茹茄、黎冰鸿、沈柔坚等出席。由刘开渠主持会议。会上推庞薰琹、陈烟桥、郑野夫、张乐平、吕蒙、茹茄、杨可扬等备组织上海美术工作者协会。8月14日下午7时,上海美协筹备会在亚尔培路(今陕西南路)举行筹备会议,决定于8月28日举行上海美协成立大会;推陈烟桥、潘思同、庞薰琹、陈秋草、刘开渠、沈之瑜、丘堤、卢世澄、蔡振华、沈同衡、叶苗负责会员资格审查;推沈之瑜、郑野夫、陈叔亮3人起草会章。

刘开渠8月28日在绍兴路7号中华学艺社三楼出席中华全国美术工作者协会上海分会(简称上海美协)成立大会。时有会员470余人,参加大会的会员333人。由刘开渠、茹茄、郑野夫、庞薰琹、张乐平、陈烟桥、米谷、沈同衡、陈叔亮、赵延年、杨可扬、汪声远、贺天健、丰子恺、赵宏本、丘堤、陈秋草等17人组成大会主席团。由刘开渠任执行主席,下午由茹茄任执行主席。江丰代表全国美协致贺词。杨可扬报告大会筹备经过。出席全国文代会代表张文元、张漾兮、陆志庠和部队代表黎冰鸿等在大会上发言。大会选出刘开渠、庞薰琹、张乐平、米谷、陈烟桥、郑野夫、杨可扬、陈秋草、沈同衡、潘思同、陈叔亮、吕蒙、茹茄、贺天健、钱君匋等41人为委员。推丁浩、蔡振华等9人为候补委员。该会下设组织部、创作部、编辑出版部、展览部、福利部、辅导部。由茹苑、张乐平、杨可扬、陈秋草、张文元、沈柔坚等负责。

按:其章程谓:"本会为上海文联的组成分子之一,工作进行受文联的领导,同时接受全国美协的指导。本会以团结全上海一切爱国的民主的美术工作者,和全上海人民一起,为彻底打倒帝国主义、封建主义和官僚资本主义,建设新民主主义的人民共和国和新民主主义的人民美术而奋斗为宗旨。"其任务是"积极参加人民解放斗争,和新民主主义国家的建设,通过美术的各种形式,反映新中国的成长,表现和赞扬人民大众在革命斗争和生产建设中的伟大业绩,创造富有思想性的艺术,发挥教育人民的伟大效能。肃清为帝国主义者、封建阶级、官僚资产阶级服务的反动美术,改革在人民中间流行的美术,使之为新民主主义国家服务,批判的接受中国和世界的美术遗产。"

刘开渠、谢海燕、陈伯吹等9月14日出席全国美展上海展出委员会在大新公司四楼举行美术教育座谈会。到有,讨论美术教育要怎样与人民结合。15日,上海美协于大新公司四楼举行第一次执行委员会会议,选出陈叔亮、陈烟桥、沈同衡、刘开渠、郑野夫、庞薰琹、杨可扬、赵宏本、米谷、张乐平、张文元11人为常务委员。并推举刘开渠为主任委员,米谷、陈烟桥为副主任委员。(参见王震《20世纪上海美术年表》,上海书画出版社2005年版)

刘海粟继续任上海美专校长。4月15日,上海美术馆筹备处春季美展,在南昌路法文协会举行。除有本市美术家作品,宁杭美术界亦有人参展,刘海粟、吴湖帆、冯超然、吴待秋、颜文、马勋超、唐蕴玉和雕塑家张充仁、滑田友、刘开渠等均有精品参展。展览会还展出青年画家作品,聘请前辈美术家进行评奖,由市教育局发给奖状。至23日止。5月28日,上海美专部分教师发起组织上海人民艺术教育协会,其缘起谓:"大上海今天已经解放了,我们美术工作与艺术教育即将走上光明灿烂的大道。……我们必须扬弃了旧日的各自为政个人主义作风,而亲切地与工农劳动者大众靠拢……为新民主主义的文化,努力于反帝反封建的革命工作,为了解放全中国,向着为人民的大道迈进。"31日,上海人民艺术教育协会第一次筹备会议在上海美专会议室举行,徐京、程懋筠、陈正平、邓尔敬、汪培元、王挺琦、徐心芹、陈影梅、于东原、马承镳、姜炳纶、李炎、周锡保、徐风、方幹民、沈汝麟、陆丹林、傅伯良、汪声远等出席。临时主席王挺琦报告云:我们组织这个协会的动机,……是为适合这一时代的需要,我们的任务应该是站在学校的立场,如何来进行研究人民艺术的内容、形式及教育与实施的方法,以发展中国人民的艺术,促进社会农工商业,建设现代化的新中国。6月4日,上海人民艺术教育协会成立大会在上海美专画廊举行,出席者有程懋筠、徐风、闵希文、汪培元、徐心芹、范议厂、朱一石、徐京、姜炳纶、方斡民、汪声远、高尚之、沈汝麟、励俊年、高定、周育洛、周锡保、于东原、傅伯良、王挺琦、陈大羽、欧阳诚。首由临时主席方斡民作报告、徐心芹报告草拟"缘起"经过并讨论修正"缘起"草稿。汪声远被选为主任委员、方斡民为副主任委员、徐风、徐心芹、傅伯良、汪培元、冉熙为事务委员。王挺琦、徐京、于东原、闵希文、姜炳纶为工作推进委员，程懋筠、高尚之、温肇桐、洪青、葵心亚、于东原、沈汝麟为研究委员。(参见王震《20世纪上海美术年表》，上海书画出版社2005年版)

张孟闻继续主持中国科学工作者协会上海分会。7月，赴北京出席全国科学代表会筹备会议。是年在《科学》杂志第1期发表《科学家的社会责任》，明确提出了科学家的伦理道德问题，认为科学家的基本道义是：第一，科学工作者必须为人类服务，科学工作者的任务在于运用科学的力量造福人类；第二，科学工作者必须反对使用科学成果缩减人类幸福，尤其是运用科学残害人类的黑暗势力；第三，科协不能只做普通的职业团体，应该与人民的关系更为亲切，责任也更重大。

汪东以上年10月礼乐馆裁撤被免去馆长之职，随后里居苏州。1月6日，开始在上海《新闻报》副刊《新园林》连载《寄庵随笔》。首篇为《此地何人悲往事》，至5月21日《涉江词》止，排日而撰。据郑逸梅《〈寄庵随笔〉序言》载：时《新闻报》附刊，连载刘成禺的《世载堂杂忆》，累年毕，报社编辑严独鹤，以旭丈博雅多闻，词情英迈，且和成禺同隶南社，天球琬琰，相得益彰。便商诸旭丈，为附刊执笔。适旭丈闲居多暇，应之操觚，标题为《寄庵随笔》，连载了一百多篇，意倦始辍。有人评骘两者所作，谓《杂忆》以质胜，《随笔》以文胜。春，曾至上海，以《梦秋词》第六卷及近作录呈夏敬观，又与吕贞白时往请益。4月，为沈祖棻《涉江词稿》作序，称十余年来，沈祖棻词有三变。先是，程千帆来书述沈祖棻近况，又遣人送《涉江词稿》五卷，属加审定。里居苏州时，尝为拟建之虎丘孙子纪念亭书《孙子兵法》13篇。上海解放前夕，汪东与郑逸梅相识于上海莫干山路孙伯群宅。秋，迫于生计，移居上海。因生活困难，颇多牢骚。有《梦扬州》词示在沪友人沈尹默、姚鸿雏、叶元龙等。10月1日，中华人民共和国成立，赋《金缕曲》颂之。31日，重阳后一日，与姚鹓雏有《虞美人》词唱和。12月6日(农历十月十七日)，参加王大隆(欣夫)召集之非社雅集，为陆游补作生日。(参见薛玉坤《汪东年谱》，河南文艺出版社2016年版)

苏雪林1月1日即元旦上午出席于工学院举行的武大教授贺年茶话，纵论时事。叶峤教授从英国BBC广播得知：蒋介石已主张与共产党谋取和平，自己愿意下野。闻此消息，与会者皆大踊跃。午后，监察委员郭昌鹤来访。郭昌鹤去后，吴宓伴权少文造访，袁昌英适在，谈话颇久，无非讨论去留及逃难事。2月14日，时局动荡，武汉将易手，苏雪林决意东归上海。连日整理书籍，将廿五史、十通、廿五史补编及线装书装入木箱，存武大图书馆地下室。又去托熊国藻联系船票。18日，与武大同人缪工程师夫妇及周煦良先生同乘招商局"江顺号"，与大姐夫妇东下上海，于24日到达十六铺码头。3月10日上午，前往霞飞路1946号上海银行，访胡适，谈话甚久，将己欲离开大陆之想，坦诚相告，并赠送抗战期间出版的《屠龙集》《蝉蜕集》《鸠那罗的眼睛》《南明忠烈传》给胡适。17日，往武康路280弄9号拜访顾颉刚，与顾颉刚已十年未见，观其头发苍白，但脸色红润，比之在四川时见到，身体康健多了，颇感欣慰。18日，赴暨南大学访施蛰存，赠《1500种近代中国小说与戏剧》，以作纪念，并告施蛰存自己将要离开大陆。19日，赴蒲石路访教友杨寿康(杨绛先生长姊)，知其译作《死亡的意义》在教会颇受推崇，特致祝贺。23日，与大姊一家前往杭州作短期旅游。除游览西湖名胜长堤、灵隐、岳坟外,特地抽时间参观西湖古物陈列所及浙江省图书馆。24日晚,应杭州艺专校长林风眠之邀,出席其招待宴会。26日,因已决定明日返沪,上午决计访浙江大学,拜访竺可桢夫人陈汲。4月1日上午,欲再往上海银行访胡适,先电话联系上海银行方面,云胡适未出门。苏雪林日记:"余草草换衣,即行前往,蒙胡先生殷勤款待,为余筹画将来出路:若有办法,则赴国外,法国将来恐不安全,不如赴美云云。……乃劝速行赴港,写一介绍片与马先生,又赠余《胡适文选》《四十自述》《陈独秀论文书信》,签字其上,并与余拥抱吻颊而别,盖视余犹女,行此外国礼也。余感甚,泪盈于眶。"8日,撰《教授国文经验谈》。(参见沈晖编著《苏雪林年谱长编》,安徽文艺出版社2017年版)

邱汉生自1947年被国民党从复旦大学、大夏大学解聘后,转到沈体兰负责的麦纶中学教书,完成第二卷汉末清议章。至是年4月,国民党大批逮捕进步人士,邱汉生又隐蔽在环龙路一个学生家中继续坚持写作,完成第三卷的葛洪章,并按照杜国庠事先的安排,把第二、三卷全部书稿安全转移到亚尔培路的新中国新闻专科学校。(参见杜运辉《侯外庐先生学谱》,中国社会科学出版社2013年版)

曾昭燏与徐森玉、王家楫等4月14日在上海联名发表公开信,呼吁李济将已运往台湾之文物运回大陆。李济闻此,也与人联署发表了一个公开宣言,声明中说:"你们说这批东西应该运回大陆,意思是运到台湾去就不是国内了? 我们又没运到国外去。""我运文物回来可以,你们陶孟和陶孟老不也是搬到上海? 我搬到台北,不都是在中国的领土上? 你们要到台北来把这些东西运回去我也不反对。你们说我把国宝运到台湾就是卖国,我没有卖国,台湾是中国的领土啊!"(参见岱峻《李济传》,江苏文艺出版社2009年版)

杨宽1月与蒋大沂一起到黄浦江边轮船上送别陈寅恪,时陈寅恪两眼病情已严重,只剩下微弱的光感。3月20日,《申报》刊载常州发现古墓。23日,杨宽与蒋大沂一起赴常州古墓探查。25日,杨宽与蒋大沂从常州返回上海。4月9日,常州县政府邀请杨宽、蒋大沂和南京中央博物研究院曾昭燏参加发掘常州古墓会议。14日,常州古墓工作团开始发掘。同日,杨宽致函上海市教育局:"查常州南郊恽家墩地方,最近发现古墓,轰传一时。本馆以事关学术文化,业于上月二十三日由馆长及艺术部主任蒋大沂前往实地调查。经考察结果,认为有清理及发掘之价值。"

按:据杨宽《历史激流:杨宽自传》回忆:"四九年四月中旬,正当解放军准备横渡长江之际,驻防在常州的国民党军队在车站附近修筑防御工事,发现了一个有铜器的汉墓,没有任何考古工作队前往发掘清理。我们认为义不容辞,应该前往完成发掘工作,抢救出这批汉代文物。我为了避开那些古董商趁上海附近战事爆发对我做什么小动作,就和蒋大沂一起带领一个考古队前往常州发掘汉墓,临行前,我托《大公报》记者发出消息,说我带领考古队前往常州一带从事考古发掘。当我们把这个汉墓发掘清理完毕,解放军已在二十一日横渡长江,很快就攻占常州。我们商量决定,由蒋大沂带领这个考古队留在常州,把这批出土汉代文物造册,在适当时候送交常州新成立的机构保管,我自己则先回上海,以便处理博物馆在战乱中遇到的问题。我准备先到苏州暂住一下,再设法回到上海。当时常州往苏州的火车已经不通,只有内河轮船还航行。我搭船沿江南运河到无锡附近,突然被太湖里出来抢劫的一帮土匪拦住,对每个旅客搜索财物,并查问旅客身份企图留作人质。我幸而挤在后面,看到情况不妙,先把一方刻有'上海市博物馆'六字的小图章以及笔记本丢入河中,混在逃难的人群里,未被发现真实身份,但所带的十个银元全被搜去。土匪们对每一个旅客搜刮一空后,就把我们赶着上岸,这只船就被土匪夺去使用了。我被土匪抢去银元以后,身边没有钱可另外雇船,只能沿着运河步行,经望亭走向苏州,一路上正遇到大队解放军也沿着运河前进。上空时常有国民党的飞机来往侦查,有时飞得很低,用机关枪向下扫射,解放军有时用步枪和高射机关枪还击,一路上枪声不断。解放军因为急着推进,一路上对于我并不查问,好容易入夜后步行到苏州,就到博物馆的老同事曹鋈家里借宿。虽然曹鋈在上海工作,他的家人仍然热忱地招待我。我在苏州住了三天,研究如何越过两军交战的火线回到上海。当时沪宁铁路上的战事相持于昆山附近,有两条路可以通往上海,一条是水路,经太湖绕道到上海,不需要经过火线;但是太湖里土匪很多,随时可能遇抢;另一条是陆路,沿铁路走,经过两军交战的火线附近,可以绕道附近的农村,而且一路上有经常来往的商人可以领路。我选定这条陆路,绕道农村而越过火线,到天福庵搭上了火车,回到上海。这时上海市博物馆已经停止开放,所有陈列品已归藏库房。这是我出发前委托童书业主持的,如果遇到紧急情况,陈列品必须归藏库房。我先到馆中向大家报告在常州发掘汉墓的情况,接着又到教育局去报告博物馆的现状。从此我们就在博物馆等待接管。"

杨宽4月28日委托童书业代其致函上海市教育局,报告本馆馆长及艺术部主任蒋大沂,并干事张子祺、方诗铭等,赴常州合作发掘南郊恽家墩古墓而由童书业暂代馆务情况。5月22日,上海市军事管制委员会通知:进入市区解放军部队、各机关团体在接收工作中发现古迹图书,必须移交、报告军管会高教处。6月22日,上海市军事管制委员会举行接管上海市立博物馆仪式,《文汇报》刊有报道一则:"文管会在廿二日派市政教育处社教室主任胡就明为代表,正式接管市博物馆。接管仪式在全体员工热烈欢迎下于下午2时举行。先由杨宽馆长致欢迎词,接着由胡主任宣读接管命令,宣布接管方针,全体员工照常供职,并强调今后工作上应有新作风。继由职员代表报告该馆过去工作情况,以及今后工作的计划。最后共同检讨今后工作上许多实践问题。如发动和引导劳动大众前来参观,编辑中国人民文化史小丛书等。在愉快的情绪下,到六时半散会。"9月,上海市立博物馆改名上海市历史博物馆,杨宽继续担任该馆馆长,任期至1951年10月。(参见贾鹏涛《杨宽先生编年事辑》,中华书局2019年版)

童书业在上海博物馆的职务由历史部主任改为总务部主任。职务的改变使童书业成为将上海博物馆馆藏文物完好保存交给新中国的主持人。4月中旬,驻防常州的国民党军队在车站附近修防御工事时,发现了一个有铜器的汉墓,没有任何一个考古工作队前往发掘清理。杨宽与蒋大沂就率一个考古工作队前往常州发掘汉墓。行前交代童书业,如遇紧急情况,将陈列品归藏库房。21日,解放军已经渡江,很快攻占了常州。杨宽等人发掘、清理完汉墓,蒋大沂带考古工作队留常州,准备将这批文物造册交常州新机构保管,杨宽一人辗转回到上海时,留馆人员已在童书业主持下,将全部陈列品井井有序地归入了库房。28日,童书业代杨宽致函上海市教育局:"查本馆馆长及艺术部主任蒋大沂,并干事张子祺、方诗铭等,前均应武进县政府之聘,赴常州合作发掘南郊恽家墩古墓。因时局剧变,交通中绝,不克返沪,所有馆务由职暂代,谨督率全馆人员照常工作不息。惟近数日来,战火渐迫近上海,本馆为保管文物之机关,职责重大,际此应变之时,对于文物之保管,颇感困难,一再踌躇,曾请钧局与社教处主管科长接洽,经接洽拟应变计划。职回馆后,斟酌情势,仅拟应变计划如左:(一)全部文物,数目浩繁,整数迁移,在经济上,在人力上,均难办理。拟先将重要文物,置备稳固木箱,装运中心区域,委托文化机关代为保管。惟代管机关,尚乞钧局指示,以便移交。置备木箱及装运费用,拟请钧局转请市政府拨发费用。其费用应需若干,因目前币值变化甚剧,估价呈请,恐与事实不能适应。只能请求市府市库力量所及,拨发相当之数目。其届时支付之书当即列账呈报。(二)次要文物,均拟即日起归库,由保管职员负责保管。(三)开放展览,拟即日停止,俟时局转好,再行开放。(四)其他各部事宜,均由主管职员负责处理。上列四点应变计划,是否可行,尚乞鉴核,示遵!"落款:"签呈者上海市立博物馆馆长杨宽　总务部主任童书业代。"上海解放后,这批珍贵文物全数交给上海文物保管委员会。杨宽、童书业和上海博物馆全体员工为新中国保存了一大批珍贵文物。暑期,童书业在上海文教局所举办的学习会学习,此时杨向奎在青岛山东大学任教,由他推荐,山东大学聘请童书业赴青岛任专职教授。8月1日,被聘为山东大学历史学系教授、山东大学历史语文研究所历史组研究员。9月10日,童书业到达青岛。(参见童教英《童书业传》,中国大百科全书出版社2017年版;贾鹏涛《杨宽先生编年事辑》,中华书局2019年版)

马泽溥受上海市古代文物管理委员会主任委员李亚农、副主任委员徐森玉的委托去苏北淮安,接收吴仲超等前存文物共计49箱,由大运河运回上海。

叶景葵为上海合众图书馆创办者之一,至是年合众图书馆藏书已达30万卷。4月28上午10时半,叶景葵因心脏病突发去世,享年76岁。午后,张元济与李拔可至合众图书馆,对顾廷龙说:"一切事情由我们负责,请放心。"此后数日,张元济与李拔可勇于承担,图书馆方得维持。但由于经费日益支绌,不得不向有关方面作将伯之呼,而求援之书,皆为拔可亲笔所写寄。同日,张元济撰五律《挽叶揆初》。5月7日,张元济续撰五律三首《挽叶揆初》,其一曰:"万卷输将尽,豪情亦罕闻。君能成众志,天未丧斯文。"同日下午,张元济赴合众图书馆主持合众董事会第七次临时会议。出席董事仅李拔可、徐森玉。列席叶景荀。书记顾廷龙发言。张元济报告叶景葵逝世,同深哀悼。顾廷龙报告叶景葵创办本馆经过及财务收支详情,又报告瞿兑之捐赠先世手稿、函札、书画遗物,个人著述稿件,以及各种纪念品,统称为"长沙瞿氏文献",现在陆续点收中。张元济提议叶常务董事出缺,陈董事未能出席,拟先维持现状,暂缓选补案。决议通过。(参见张人凤、柳和城编著《张元济年谱长编》,上海交通大学出版社2011年版)

顾廷龙继续任上海合众图书馆总干事。2月26日,郑振铎致顾廷龙信:"临行匆匆,未及造府告别,歉甚歉甚!……玄览堂三集事盼兄鼎力主持,如不能续印下去,则仅此四十册亦可成书,乞商之慰堂兄为荷。"3月,胡适来沪,至合众图书馆阅书,并将修改之有关《水经注》文章及诸跋见示顾廷龙。顾廷龙即随手请杜幹卿录副,每抄就一篇,顾廷龙即校读一遍,储之箧衍。同月,胡适至合众图书馆阅书,适张元济与叶景葵皆在,胡力劝二老撰著年谱。先生与叶皆含糊应之。顾廷龙自告奋勇,谓胡曰:"我能成之。"5月7日下午,赴合众图书馆出席合众董事会第七次临时会议。张元济主持,书记顾廷龙发言。顾廷龙报告叶景葵创办本馆经过及财务收支详情,又报告瞿兑之捐赠先世手稿、函札、书画遗物,个人著述稿件,以及各种纪念品,统称为"长沙瞿氏文献",现在陆续点收中。17日上午,一支国民党军窜至合众图书馆,强令将楼顶腾空。徐寄顾、徐森玉赶到并托人与军事首脑商请勿用文化机关,但无效。下午,张元济致顾廷龙书,谓:"今日午前电示之事,有无挽救办法? 撰兄寓如何? 均甚悬念,乞示一二。"晚8时,又开来一分队士兵,将大门打开,顾廷龙等同事留馆通宵守护。18日,张元济获知国民党军队强占合众图书馆馆屋,特趋馆坐镇,并与其分队长谈话,嘱其妥慎照料。谈话后,先生对顾廷龙说:"分队长神色仓皇,语无伦次,可能即去。"夜11时,果然开拔而去。20日,张元济至商务总管理处处理馆务。顾廷龙来访,未值,留示覆浙江兴业银行信稿。21日,张元济致顾廷龙书。告知已将覆浙江兴业银行信稿"僭易数字缴上,仍呈核定缮成,即乞代钤贱章径送。昨日金圆大跌,五亿未知共易得多少,甚念"。同月,顾廷龙仍任上海中央博物院筹备处编纂委员。又任上海中央图书馆办事处编纂。6月9日下午,顾廷龙至合众图书馆参加合众董事会第八次临时会议,张元济主持,书记顾廷龙。顾廷龙报告五、六两月收支状况,报告浙江兴业银行5月19日致送金圆券五亿元作为叶景葵纪念金。同月,撰《玄览堂丛书》提要,又续集、三集提要。7月,撰《叶公揆初行状》。同是月,任上海光华大学中文系教授。8月6日,赴合众图书馆出席合众董事会第九次临时会议。张元济主持,顾廷龙总干事报告7月份收支状况。11月10日上午,至合众图书馆出席合众董事会第九次常会。张元济主持,书记顾廷龙。顾廷龙报告1948年度工作概况。会议增选谢仁冰、胡惠春、顾廷龙为董事。12月,任上海市文物管理委员会顾问。是年,顾廷龙将所收罗的近代史料及其他书籍拓片等捐赠合众图书馆。(参见沈津编著《顾廷龙年谱》,上海古籍出版社于2004年版;张人凤、柳和城编著《张元济年谱长编》,上海交通大学出版社2011年版)

李叔明继续任中华书局总经理。1月,中华书局业务部对各分局发出密字第一、二号通启:(一)今春因新课程标准及时局等问题,要求出清全部中小学书;(二)春销全部收现,回佣三十元外,另给现款津贴以十元为原则。2月25日,中华书局举行董事会议,决议在总经理李叔明离沪期间,由舒新城代为全权处理并代为主持局务会议,至李总经理返沪时为止。3月11日,中华书局工会举行茶话会欢迎舒新城代总经理,勉以为解放上海、保护工厂和文化遗产多做些工作。舒态度明朗,表示一定要保护好编辑所、图书馆珍藏的50万册图书资料,并经常主动向中共党组织汇报局内情况。(参见吴永贵《民国图书出版史编年:1912—1949》,社会科学文献出版社2018年版)

章锡珊继续任开明书店总经理。9月,开明书店店务委员会的18位同人联名函请创始人章锡琛退休,信中历数他抗战之初的决策失误,认为"在此时期,欲洞察新时代的新形势,为开明求得合理的出路;欲周旋于新旧同业之间,使众论翕服,乐与开明合作;欲领导群僚,诱发其不畏艰难不怕吃苦之精神以从事奋斗,恐非先生之所长也",章锡琛退出开明书店管理层。(参见吴永贵《民国图书出版史编年:1912—1949》,社会科学文献出版社2018年版)

蒋志澄时任上海正中书局总经理。4月26日,《申报》载,上海正中书局总经理蒋志澄仰毒殒命:(本报讯)前重庆市长现任上海正中书局总经理蒋志澄,突于昨晨8时许,在北四川路永安里55号寓所服毒自杀,虽经女仆发觉,终以为时已久,不救殒命。蒋氏遭遇,堪谓惨绝人寰,盖当去年岁暮,其一家妻儿婿女,因迁居台湾,竟以坠机罹难,无一幸免。自后蒋氏孑然一身,每一念及,心头如割。而今大局若是,益增忧念,终至仰毒而死。蒋氏遗嘱,谓"念家忧国""受不了"云云。其遗言又请当局免予检验,并嘱火葬。前者已蒙允准,其后事刻正由其妻舅蔡淑厚料理中,将于日内在上海殡仪馆遵遗嘱举行火葬。(参见吴永贵《民国图书出版史编年:1912—1949》,社会科学文献出版社2018年版)

费青等筹办的《新建设》9月8日创刊。其前身是1946年6月出版的《中建》半月刊。《中建》是一本综合性刊物,总社在上海,编辑出版在北平。其宗旨是揭露国民党的反动本质,团结和教育各民主党派及全国广大民众。由于《中建》由民主党派和无党派民主人士创办,一些共产党人也参与其中,1949年9月被查封。《中建》停刊后,《新建设》杂志创刊。编委会负责人是费青;编委为向达、吴晗、李广田、袁翰青、张志让、费于、费孝通、闻家驷、雷洁琼、樊弘、潘静远、钱伟长、钱端升、严景耀。董事长王艮仲、费振东、潘祖丞。《发刊词》声明:"过去《中建》的任务,主要是在破坏",《新建设》此后的任务,"主要的将是为了新民主主义中国的建设而提供我们的意见和方案"。

按:1956年曾合并到《光明日报》社,编委会和主编几度更易。到1958年,编委会负责人为吴晗,主编孙承佩。1958年秋,中宣部决定将《新建设》划归中国科学院哲学社会科学学部领导,成为我国第一个哲学社会科学综合性杂志,1966年停刊。(参见王学典《20世纪史学编年(1900—1949)》,商务印书馆

2014年版）

储安平因上年底当局查封《观察》事件，离开上海来到北平，虽躲过了当局查封《观察》杂志社，但在北平也被缉查，后在许多著名教授如许德珩、钱端升、袁翰青等人关照下，才平安脱险。9月，在北平参加中共领导的"新政协"，并参加民盟和九三学社。11月，《观察》复刊，仍任主编。

龙榆生是年初至10月任上海商务印书馆编审部馆外编审。11月，受陈毅接见。16日，即任上海市文物管理委员会编纂。中华人民共和国成立后，曾任上海音乐学院教授、上海博物馆图书资料室任主任。

胡政之为《大公报》创办人之一，任总经理兼副总编辑。4月14日，在上海病逝。15日《大公报》上海版发表他1943年写的纪念张季鸾的文章《回首十七年》，不料也成了对他自己的纪念。4月16日下午4时，《大公报》总管理处在上海华山路中国殡仪馆为胡政之举行追悼仪式，代经理曹谷冰率沪馆全体同人参加。自晨迄暮，华山路上，素车白马，络绎不绝。悼念大厅悬挂着胡政之遗像，周围摆放着各界敬送的花篮、挽联、挽词，气氛肃穆。追悼大厅还摆放着许多知名人士送来的挽联、挽幛。（参见李贵忠《张君劢年谱长编》，中国社会科学出版社2016年版）

米谷时任《解放日报》编委兼美术组组长，8月28日在中华学艺社主持召开中华全国美术工作者协会上海分会成立大会。

王元化在上海负责编辑《展望》杂志。是年初《展望》被反动派查封，后又负责编辑《地下文萃》。

曹聚仁继续任职于《前线日报》社。解放前夕，迁往台湾，曹拒绝同往。5月，上海解放。新旧交替，百废待兴之际，曹暂时失业在家。一家9口包括老母、岳父母、妻以及三个不到10岁的孩子无以为生。（参见曹雷编订《曹聚仁年谱》，载《曹聚仁先生纪念集》，2000年）

谭正璧仍避居黄渡乡。5月，解放前夕，黄渡乡师学生（有地下党员）来家中暂避。8月，奉命参加接手由黄渡乡师和震川中学合并成的黄渡师范学校，任校务委员、师范部主任、图书馆主任。作为校方代表参加苏南区第一届教育工作者代表大会，并被推选为起草委员会委员。10月，任嘉定县第一届各界人民代表。（参见付祥喜《20世纪前期中国文学史写作编年研究》，北京师范大学出版社2013年版）

傅全香与范瑞娟三度合作，重组东山越艺社，在明星、丽都等戏院演出《万户更新》《控诉张春帆》《孔雀东南飞》等剧目。

袁雪芬1月再次改组雪声剧团，由中共地下党员刘厚生任导演并主持编导部。

雷振邦6月来到中国电影乐团从事专业作曲，从此踏入影坛。

张乐平4月在宋庆龄的支持下，举办三毛原作画展，并义卖三毛原作及各种水彩、素描、写生画，来筹款创办"三毛乐园"，收容流浪儿童。

陈撄宁4月1日在《觉有情》发表《为黄汝玉女居士题金刚经长卷》诗4首。孟夏，为佛教居士高鹤年著《名山游访记》撰《读者须知》。8月，在《觉讯月刊》发表《与陈海量居士书》，比较佛学与仙学。秋，撰成《〈楞严经〉耳根圆通法门浅释》手稿，但标注"此是未定之稿，不能发表"字样。冬，由上海铜仁路史剑光家搬迁至华山路1461弄6号张竹铭医师家中居住。其间，常常代人作世俗应酬文字，或为讲解历史、国文、哲学，以及仙学上的修养法、医学上的健康法之类的书籍，实际上等于家庭教师，但不拿薪金，只由他们照顾生活。（参见郭

武编《中国近代思想家文库·陈撄宁卷》及附录《陈撄宁年谱简编》,中国人民大学出版社2014年版）

　　吴耀宗1月25日从香港飞至上海,参加基督教青年会全国协会干事会议。2月16日,接受中国共产党邀请,从香港到韩国北部镇南浦,经平壤和新义州,渡过鸭绿江进入我国。22日,会见中共统战部部长李维汉,李维汉解释中共的宗教信仰自由政策,他表示完全同意。3月29日,赴巴黎出席保卫世界和平大会,为宗教界唯一代表。5月25日,返抵北平。7月16日,在《大公报》上发表《基督教的改造》,倡导基督教会改革。9月21—30日,全国政协第一届第一次全体会议在北平召开。与燕京大学宗教学院院长赵紫宸、中华基督教女青年会全国协会总干事邓裕志、《田家》半月刊主编张雪岩、中华基督教青年会全国协会事工组主任刘良模代表基督教界出席中国人民政治协商会议,被选为全国委员会委员。会上参与制定和通过了《中国人民政治协商会议共同纲领》,其中明确规定公民有信仰宗教的自由,给宗教界以极大的鼓励。10月1日,吴耀宗与长子吴宗素一起登上天安门,参加新中国开国大典。12月,《黑暗与光明》由青年协会书局出版,1950年2月再版。发表《"我要向青年说的"》《人民民主专政下的基督教》等文章。（参见赵晓阳编《中国近代思想家文库·吴耀宗卷》及附录《吴耀宗年谱简编》,中国人民大学出版社2014年版）

　　胡适1月10日重新检看四年前在美国所写的《戴震未见赵一清水经注校本的十组证据》,作《补记》,谓"当时我没有看见东原在乾隆三十年和乾隆三十七年写定的'自定水经',一九四六年我回国之后,看见了东原'自定水经'两本（北大本与周暹本）,看他到乾隆三十七年夏（四库开馆的前半年）还没有校补渭水中篇的脱叶,还没有改好颍水篇的错叶,还没有觉得渠水篇有错。这三件大证据可以抵得千百条琐碎证据了! 赵东潜在乾隆初一早已从孙潜过录柳金本改正这三大缺陷了。故这三件最可以证明东原决没有得见赵氏的校本。"11日,在南京参加蔡元培先生82岁诞辰纪念,讲演《四百年来〈水经注〉整理小史》。主要强调说,在近400年的《水经注》整理的历史上,戴东原、全祖望等贡献最大。他们是殊途同归,并无互相剽窃。段玉裁、王国维、孟森等为此打笔墨官司是意气用事,未能以冷静客观的态度对待之。自谓整理《水经注》已经5年,可告一段落了。14日,赴上海。15日,被聘为"总统府资政"。1月22日,回南京。24日写信给"总统府秘书长"吴忠信,请辞"资政"。25日,又赴上海。3月,受蒋介石委托,准备去美活动美援。22日,到台湾安置家属,然后回上海。同月,与黎锦熙、邓广铭合编的《齐白石年谱》出版。（参见耿云志编《胡适年谱》,福建教育出版社2012年版）

　　朱家骅继续任行政院政务委员、代理中央研究院院长。1月6日,史语所与数学所第二批图书、仪器、设备等文物起航运往台湾。21日下午3时,蒋介石在中央常委会上正式提出退隐,由副总统李宗仁代行总统职务。散会之后,朱家骅走进蒋介石总统房间,说:"总统已经决定了,我无话可说;不过我是不赞成的。这个做法不好。"蒋介石说:"你将来到溪口谈谈。"他匆忙的上了飞机,所有出席会议的人员都到机场送行。此时,朱家骅在南京发表几次谈话,说明我们与中共是不能和平共存的,并对中共方面提出的"八项二十四款"和平条款逐项加以驳斥。同月,聘周鸿经为数学研究所代理所长。将近春节之际,朱家骅从南京到上海。第三天,忽然从报上看到一批立法委员致函孙科,劝他接受这个和平谈判的条件,这批签名立法委员多为与朱家骅有关系的朋友,有的明明知道他们不在南京,也都签名在内,所以特别生气,想在春节后回南京后问个究竟。朱家骅作为中央研究院代理院长,其所重点关注的中央研究院文物与人员几乎都已汇集于上海,复员时由教育部特派蒋复璁从日本人手里接收过来的祈斋路日本自然科学馆,早已交由中央研究院,此时改为在君馆。又将兆丰公园对面的理工实验室改为杏佛馆。朱家骅在此几天内,常到在君馆办公,并且召开了几次院务会议,讨论搬迁的问题。

朱家骅代院长 2 月 14 日率领总办事同仁由上海南迁至广州,暂代总干事钱临照留南京未随行。同月,数学所姜立夫所长抵台湾;史语所文物、图书迁移桃园杨梅仓库,开始工作。4 月,朱家骅与居正同飞成都,参加戴季陶的国葬典礼,居正主祭,朱家骅陪祭。朱家骅先回南京,然后与居正一同到溪口参见蒋介石。17 日晚,从宁波坐轮船到上海。18 日,抵达上海,然后乘飞机赴南京。同日清晨,抵达南京,出席李宗仁代总统召集的商议和谈的会议。会议决定拒绝中共的条件,"国共和谈"破裂。23 日,朱家骅离开南京往上海,24 日,朱家骅代院长召集院务会议,在会议上,中研院的成员同意了迁台的决议。但会后不久,情况生变。就在朱家骅南下广州期间,原来愿意撤退迁台而集中在上海的中研院人员约 40 余户全改变了主意,决定留在大陆。除了史语所和数学所外,所有的研究所都拒绝迁台。社会所长陶孟和出席会议,事后朱家骅才获知陶孟和于 3 月 6 日在《大公报》上发表署名文章《搬回古物图书》,说,对于这种搬迁,"我们积极地反对,我们严厉地予以斥责。我们主张应该由政府尽速将它运回","这些古物与图书决不是属于任何个人,任何党派","它们是属于国家的,属于整个民族的,属于一切人民的"。(参见胡颂平《朱家骅先生年谱》,台北传记文学社 1969 年版;李扬编著《国立中央研究院史》,中国社会科学院图书情报工作杂志社 1998 年内部资料;《追求卓越——中央研究院八十年》卷三《大事记》,中研院出版社 2008 年版)

翁文灏 1 月 15 日晚与任鸿隽及胡适会商中基会事。28 日,中共发言人发表谈话,要求南京政府"必须动手继续逮捕一批内战罪犯,首先逮捕去年 12 月 25 日中共声明中所提的 43 名战犯"。29 日,翁文灏被代总统李宗仁任命为总统府秘书长。蒋介石 21 日宣布"引退",离开南京,李宗仁任代"总统"。时住台湾嘉义的翁文灏,晨偶翻宋诗,读到谢枋"寻得桃源好避秦,桃红又是一年春。花飞莫遣随流水,怕有渔郎来问津"时,触动对当前局势的感想,认为不应再随波逐流,台湾亦非可以久留的"桃源",美国这位"渔郎"定会染指。2 月 8 日,随程思远自台北飞返上海。李宗仁派程思远 2 月 4 日赴台湾,其中任务之一即请翁文灏到南京,出任总统府秘书长。翁对程表示,只要有利于国内和平,什么事都愿意干。据孙越崎回忆,李宗仁还曾让孙越崎征询翁文灏的意见,是否同意出任总统府秘书长。孙越崎曾劝翁文灏同意,以示赞同主和。20 日应蒋介石电邀,由南京经上海,前往奉化。时任资委会中国石油公司工程室主任的长子翁心源同行。行前,孙越崎请其在蒋面前代为解释,说明南京五厂无迁台必要。21 日近晚,抵达溪口。当晚,蒋设宴招待,同席者有何应钦、张道藩、谷正纲等。22 日晨,游雪窦山,路遇蒋介石,即向蒋辞行。上午,由蒋经国陪同游奉化县城。午后离开奉化,经宁波乘船返上海。回上海的次日即到南京。李宗仁又亲来访问,敦请出任总统府秘书长。翁文灏即同意担任李宗仁的秘书长。自 7 日起到总统府办公。3 月 3 日,与来访的竺可桢谈论时局时认为,"目前中央意见不统一,是令人最伤心之事"。

翁文灏 3 月 11 日在南京资委会主持召开中国石油公司第 8 次董事监事联席会议。会议听取了 1948 年度工作报告,修订了 1949 年工作计划,并决定张兹闿接替出国的孙拯任公司董事。19 日,因何应钦内阁迟迟未能组成,建议并陪同李宗仁往上海,为新内阁罗致人才。翁文灏先赴张嘉璈宅,邀其出任财政部长,遭婉拒,遂与张共赴陈光甫处,继续前谈,并请陈代劝，但张仍坚持。至1时半，未得要领而散。4月1日，赴明故宫机场，为赴北平参加国共和谈的南京政府代表张治中等送行。20日，出席李宗仁在国防部召开的讨论国共和谈协定的五院院长会议。会上，翁文灏表示应接受国共和谈协议。但会议最后拒绝了国内和平协定，国共和谈破裂。23日，乘机离开南京赴上海，两天后飞往台湾。离沪前对孙越崎表示：我先去台湾，在那里不打算久留，很快将转去香港，在那儿再等等，看事态如何发展，再定行止。离开南京前，对登门拜访的地质调查所所长李春昱表示，支持地质调查所留在大陆不去台湾。据李春昱《回忆翁文灏先生》（未刊稿）回忆："在解放即将来到，地质调查所的去留总是件大事，不能不专程向翁先生作一个汇报。在南京解放的前几天，我骑一辆自行车到五台山翁先生家里。我详细汇报了绕过了经济部迫使地质调查所迁离南京的指示，全所准备留在南京，迎接解放。为解决南京解放前夕全所员工及其家属的生活问题，我们准备些米面和副食，可供两个月的需用。并告以我们自己动手，封砌了图书馆书库的各个门窗，以免流弹深入，烧毁图书。翁先生完全赞成我们的安排，并且说：你们不走是对的，共产党来了，不会加害于你们，共产党要建设还是需要你们的，你们要为中国的建设贡献力量。我是没有办法了，现已列名战犯，只好暂时躲一躲。"翁文灏在离开南京前曾到地质调查所，向老友章鸿钊辞行。两人议及当前时局，翁文灏表示，国民党确实没有希望了，看来共产党有办法领导中国。（参见李学通《翁文灏年谱》，山东教育出版社2005年版）

许杰、赵金科、斯行健、孙殿卿、张文佑、刘之远、吴磊伯、马振图、谷德振、陈庆宣、徐煜坚等11人为中央研究院地质研究所研究员。1月13日，许杰、赵金科等11人在张文佑住处密商地质研究所同仁反对搬迁誓约，誓约说："同仁等为尊重学术工作之独立与自由，兼顾及今后生活之困难，现已意见一致，决定留住南京或上海，以此相约，立誓遵守。如有违约背誓者，应与众共弃之，永远不许在地质界立足。"并将此事写信给正在英国的所长李四光。李四光回函表示鼓励和赞赏。直至4月23日南京解放，地质研究所在李四光和地质研究所留守同仁的努力下，完整地保存下来。（参见马胜云、马兰编著《李四光年谱》，地质出版社1999年版）

陈雪屏继续任教育部代部长。1月15日，国民政府教育部在南京举行基本教育座谈会，讨论《国民学校设备及幼稚教育制度》。与会者主张将幼稚教育改名幼儿教育，推陈鹤琴、雷震清等起草幼儿教育的课程、设备等方案。2月，因物价飞涨，上海、广州、云南、重庆等地国立专科以上院校教授因难以生活纷纷向当局请愿，提出抗议，要求改善待遇。3月1日，在中央饭店宴请校维持会全体委员。席间，竭力为校长周鸿经开脱，并说：教育部尚未批准周鸿经之辞职，校维持会对校务能否"维持"等等。4月1日，南京中央大学、政治大学、金陵大学、金陵女子大学等11所专科以上学校学生6000余人游行示威，要求国民党当局接受中国共产党8项和平条件，遭到国民党当局的血腥镇压，死学生2人，重伤93人，轻伤一百余人，酿成"四·一"南京血案。血案发生后，南京、北平、上海、苏州、杭州、武汉、长沙、南昌、重庆、昆明等地大中学生纷纷罢课，游行示威，发表宣言，抗议国民党反动派屠杀爱国学生的罪行。同月，杭立武接任教育部长。（参见中央教育科学研究所编《中国现代教育大事记1919—1949》，教育科学出版社1988年版；南京大学高教研究所编《南京大学大事记1902—1988》，南京大学出版社1989年版）

杭立武继续负责将存放南京的两院文物精品迁运台湾，从1948年底开始，到1949年2月结束。其中第一批于上年12月22日由国民党海军登陆舰"中鼎号"载运故宫博物院文物 320 箱,"中央博物院"筹备处 212 箱,中研院史语所 120 箱、中央图书馆 60 箱,以及国府外交部档案 60 箱,共计 772 箱。押运总负责人是李济。故宫庄尚严、刘奉璋、申若侠与中博院筹备处谭旦冏、麦志诚,以及中研院史语所以及中央图书馆的人员一起登船。至是年 1 月 6 日,第二批由招商局调派"海沪轮"起运,由那志良、吴玉璋、梁廷炜、李霖灿、高仁俊等 13 人押运。所运 3502 箱中有故宫文物 1680 箱。同月 9 日,到达基隆。是迁台文物中最多的一批。不仅有宋元瓷器精品和存在南京的全部青铜器,还包括全套文渊阁《四库全书》和摛藻堂《四库全书荟要》。这批运走的青铜器和瓷器后来成了台北故宫的镇馆之宝。29 日,第三批由海军部指派"昆仑号"运输舰载运,原定搬运 2000 箱文物,但"昆仑号"一到,海军眷属就抢先上船,海军总司令桂永清于是下令开放官兵卧舱、甲板、餐厅和医务室等空间容纳箱件,终究只能装载 1248 箱文物。由于舱位紧张,以致有 728 箱无法装舰。因此航还执行其他任务,不时停靠,直到 2 月 22 日才抵基隆。这批文物运到台湾后,先放在台中糖厂仓库,后由杭立武多方筹款,先后在北沟营建新馆,在台中雾峰建小型陈列室。不久成立了"中央博物图书院馆联合管理处",杭立武任主任委员。又经他建议,后来成立了"故宫、中央博物院共同理事会"。(参见刘思祥《杭立武传略》,《江淮文史》2001 年第 1 期;唐华《故宫文物迁台记》,《两岸关系》2001 年 2 期)

　　徐平羽任南京军管会文教委员会主任、首任南京市教育局局长。5 月 11 日,《人民日报》载,南京市军管会接管反动文化机关:(新华社南京九日电)南京市军管会对原国民党反动文化机关的接管工作正继续进行。继接管中央社、中央日报、和平日报、救国日报等反动报纸、通讯社之后,军管会所属文教委员会已派员于 5 日接管一贯宣扬法西斯文化的国民党反动派的正中书局、中国文化服务社、独立出版社、拔提书店等出版机关。6 月 27 日,《人民日报》载,南京的学术、文化、教育机关全部被接收完毕:(新华社南京二十六日电)南京市各学术机关、公立大、中、小学校及国民党文化出版机关已接收完毕。正中书局、中国文化服务社、拔提书店、鸿业图书馆、建国书店、新中国出版社、独立出版社等 7 个反动书店留店职员已参加新华书店门市部工作,对少数不适宜作人民出版事业的人员已发给足够费用,遣散回籍生产或介绍转业。南京印刷厂、中央印务局、伪社会部东南印刷厂、中国文化服务社印刷厂、首都印书馆、国民印书馆、国民印刷厂、伪国防部第二印刷厂、伪联勤总部印刷厂等 9 个单位,因国民党逃窜时已将物资大部迁移,故已集中数处开工。(参见吴永贵《民国图书出版史编年:1912—1949》,社会科学文献出版社 2018 年版)

　　周鸿经继续任国立中央大学校长。1 月 7 日,警备司令部对青年学生进行第三次大逮捕,本校又有李方进、戴东晓等 5 人被捕。根据行政院关于"国立院校应变计划"的要求,校长周鸿经委派地理系教授胡焕庸赴闽、教务长罗清生赴粤寻觅校址准备南迁。中旬,胡焕庸函告:在厦门鼓浪屿觅得校舍一栋。21 日,校务会决议,以不迁校为原则,立即筹备全校应变委员会,推选江良规、戈定邦、蔡翘、刘庆云等组成本校应变筹备委员会。23 日,周鸿经在行政会议上,再次提出迁校厦门的方案遭到教授会主席郑集和多数与会者的反对,南迁方案被否决。24 日,应变筹备委员会召集第一次会议,决定成立应变委员会。校长、教务长、训导长、总务长、各院院长和会计室主任为当然委员,另外,各院推出教师代表 2 人、全校推出学生代表 2 人、职员代表 2 人,组成应变委员会。校长为主任委员。25 日,行政会修正通过应变委员会组织简则。解放大军进迫江边,行政院下令紧急疏散。(参见南京大学高教研究所编《南京大学大事记 1902—1988》,南京大学出版社 1989 年版)

　　胡小石、梁希、郑集1月27日为中央大学教授会推为校维持会委员常务委员。同日，周鸿经和沙学俊、戈定邦于1月27日清晨，携款弃职离校。原由周鸿经控制的应变委员会因此而解体。于是教授会决议，在周鸿经返校前，成立校务维持委员会。选出欧阳翥、郑集、张更、蔡翘、刘庆云、梁希、吴蕴瑞、胡小石、楼光来、吴传颐、刘敦桢11位委员，并推定胡小石、梁希、郑集为常务委员。2月1日，"中大应变会"正式成立。2日，校维持会呈文李宗仁代总统，要求释放朱成学、华彬清和李飞同学。4日，系科代表会决定，同学应变会并入"中大应变会"，职员应变会和工友应变会也派代表加入"中大应变会"。26日，《中大人报》创刊。7日，全体学生、职员和工友向校维会敬献锦旗一面，上书"万世师表"4字。24日，师生代表到首都监狱探视朱成学、华彬清、李飞3位同学，欧阳翥、吴传颐教授还在监狱拜会检察官，要求早日释放被捕学生。4月1日，中央大学和金陵大学等11所大专院校万余名学生和少数职工举行"争生存、求和平"的大游行。校维持会的委员胡小石教授为保护同学的安全，坐着吉普车跟着游行队伍。当游行结束，队伍各自返回学校时，戏剧专科学校的学生在大中桥遭到事先埋伏的"军官收容总队"的袭击。本校和中央政治大学、建校等千余学生闻讯，前往总统府请愿，要求立即制止暴行，解救剧专同学。正当千余学生群坐总统府等候回答时，几辆汽车载着手持凶器的"军官收容总队"的暴徒来到总统府，疯狂地冲向学生进行围殴，政大司机陈祝三当场被活活打死，本校有47人受伤，物理系程履绎、电机系成贻宾不治身死。这次有计划的镇压学生运动的暴行，称为"四·一"惨案。5日，校维持会全体委员为无力保护自己的学生，提出辞职。8日，教授会召集全校教授会议。会上，一再恳切挽留全体维持会委员；对"四·一"惨案的安抚作了三项决议：慰问受伤同学；与学生代表共同办理治丧事宜；公开揭露"四·一"惨案的真相。(参见南京大学高教研究所编《南京大学大事记1902—1988》，南京大学出版社1989年版)

　　熊子容、刘世超和孙本文4月12日被中央大学教授会推为新校维持会委员常务委员。同日，教授会决定接受校维持会的集体辞职。同时选举产生新校维持会委员刘庆云、胡焕庸、孙本文、熊子容、刘世超、范存忠、商章孙、高济宇、蔡翘、干铎和陈章11位委员，并推出熊子容、刘世超和孙本文为常务委员。13日，朱成学、华彬清和李飞3人获释。14日，学生自治会举办了"重逢晚会"，朱成学报告了从被捕到出狱的经过，他连声说："我们的自由是大家争来的！"15日，校维持会将改选结果呈文李宗仁代总统和杭立武教育部长。20日，潘菽、梁希、涂长望3位教授在地下党组织的帮助下，分头到上海，然后一起转道香港赴北京参加全国政治协商会议。本校农经系学生黄鹤桢等7人代表全国学联出席了全国政治协商会议。21日，应变会召开全校大会，发动师生员工加强护校、迎接解放。4月23日，南京解放。26日，本校梁希、潘菽两教授自北平来电：庆贺南京解放，并祝学校平安。27日，本校教授会、维持会致电梁希、潘菽：来电至感。学校员工师生均安。亟聆就近催促，派员接收，并恳速驾返校共策前途。5月7日，南京市军事管制委员会通知：中央大学由中国人民解放军接管。赵卓任军代表。并组成中央大学接管工作组，由刘庆云(校维持会委员)、周慧明(教授代表)、杨秉义(职员代表)、李昌禄、于庆鸿、郭加强、陈万芳(学生代表)、吴衍庆(助教代表)及工人代表1人组成。7月，本校师生踊跃报名参加西南服务团，计有349人，其中助教6人，职员5人，学生338人。8月8日，根据南京市军管会文化教育委员会通知(大业发字第32号文)，国立中央大学改名为国立南京大学。(参见南京大学高教研究所编《南京大学大事记1902—1988》，南京大学出版社1989年版)

梁希8月12日任新成立的国立南京大学校务委员会主席。是日,由南京市军管会文化教育委员会任命(大业发字第47号文):梁希、潘菽、张江树、涂长望、钱钟韩、谢安祐、胡乾善、金善宝、干铎、蔡翘、高学勤、胡小石、楼光来、胡传颐、韩儒林、陈鹤琴、熊子容、陈谦驮(讲师代表)、管致中(助教代表)及学生代表傅春台、陈又新共21人为校务委员会委员;梁希、潘菽、张江树、涂长望、干铎、管致中及学生代表傅春台为校务委员会常务委员;梁希为校务委员会主席,潘菽为教务长,干铎为校务委员会秘书长,涂长望为二部主任(注:当时南京大学校址分两部分,第一部分即校本部设南京市内四牌楼;第二部分设南京市内丁家桥,简称"二部"),张江树为理学院院长,钱钟韩为工学院院长,金善宝为农学院院长,蔡翘为医学院院长,高学勤为大学医院院长、胡小石为文学院院长,吴传颐为法学院院长,陈鹤琴为师范学院院长。15日,原校维持会常委熊子容、孙本文、孙世超在军代表赵卓的监交下,向校务委员会主席梁希移交所有清册文件。校务委员会举行第一次会议,推举各学院移交监交人。定于8月17日上午9时办理各学院交接手续。并决定刻制木质方形"国立南京大学校务委员会"章。22日,校务委员会举行第二次会议,决定取消研究所的名义,其原有工作由各院系负责继续进行。29日,法学院院长吴传颐调赴北平参加法制委员会工作。(参见南京大学高教研究所编《南京大学大事记1902—1988》,南京大学出版社1989年版)

张江树9月6日代校务委员会主席。是日,举行校务委员会与招生委员会联席会议,因梁希、潘菽、涂长望、陈鹤琴4人将赴京参加开国大典,决定张江树代校务委员会主席、金善宝代教务长,并决定1949年招收的学生免收学费。16日,南京市军管会通知,赵卓另有任用,改派孙叔平兼任国立南京大学军事代表。后因孙叔平到南京市军管会高教处任职,又改派栾长明继任。25日,南京学联发出"关于建立或重建学生会的通知",提议各高校尽快成立学生会筹备会,以组织和领导同学进行以正课为主的学习互助与学习竞赛,开展围绕以学习为中心的文娱康乐生产等活动。10月,上海国立师专、上海市立体专、上海市立幼专三校学生共300人并入南京大学师范学院,暨南大学地理系并入南京大学理学院地理系;南通农学院农业经济系四年级学生11人转入南京大学农学院农业经济系。22日,举行庆祝国立南京大学成立大会。陈毅、钟期光、聂凤智、余立金、张崇义等领导同志赠送锦旗一面。华东人民革命大学南京分校全体南大校友来信祝贺:"南京大学的改名,正如我们的祖国一样,象征着新生,象征着校史上一个新的纪元。"11月,本校增设林业专修科。同月4日,中央人民政府教育部来电:南京大学校务委员会主席梁希调任林垦部部长,原职务由潘菽继任。12月,校务委员会常委会决定,将原学生会创办的刊物《南大生活》扩大为学校刊物,由潘菽任总编辑,吴衍庆任副总编辑。是年,本校在课程、系科、机构设置等方面进行了初步调整改革,取消"三民主义"和一切与新民主主义相违背的课程,添设政治课,规定每个学生必须听讲;取消法学院边政系,社会学系合并于政治系;各研究所与有关系合建成统一机构;废除训导处,校部机关调整为二个处:秘书处与教务处。秘书处下设总务科与秘书室,教务处下设图书馆、注册组与讲义室。至年底全校教学单位有7院33系、19科、5专修科。(参见南京大学高教研究所编《南京大学大事记1902—1988》,南京大学出版社1989年版)

胡小石仍任中央大学教授,兼任金陵大学教授。1月31日,中央大学教授会投票选举产生"中大校务维持会",选举欧阳翥、梁希、胡小石等11名委员。3月29日晚,胡小石在中央大学大礼堂前的广场上发表演讲,号召来宁参加"反饥饿、反内战、反迫害、要和平"游行示威的各校师生,肩负起历史的重任,呼吁国民政府能顺应历史潮流接受中国共产党提出的和平谈判条件。他说:日寇投降以后,内战又起,国不安宁,民不聊生,只有国共再次和谈成功,国家才能富强,人民才能安居乐业。4月1日,南京专科以上10所学校共6000余人走上街头,向市民呼吁,到总统府请愿。作为校维会常委,胡小石为保护同学们的安全,坐吉普车紧跟在游行队伍后面。后游行队伍遭镇压,险遭不测,学生死者2人。11日,南京各大专院校分别在中大、金大、政校为游行牺牲的同志举行追悼会。胡小石撰写了两副挽联,悬挂在礼堂南面墙上,其一是:"挽程履绎同学你死,死得好惨,惨无人道;我哭,哭不出来,来悼英灵。"追悼会8点开始,由胡小石致悼词。6月,南京市军管会正式接管中央大学。8月8日,国立中央大学改名为国立南京大学。成立了由梁希、张江树、胡小石等21人组成的国立南京大学校务委员会。胡小石任文学院院长。9月,由方光焘、陈瘦竹介绍,参加南京市文联。任南京市文物保管委员会委员、南京博物馆顾问。是年冬至次年上半年,胡小石带领南京博物院、南京市文保会一些同志调查南京市附近的古陵墓。(参见谢建华《胡小石先生年表(1888—1962年)》,载《胡小石文史论丛》,南京大学出版社2008年版)

宗白华手稿《张彦远及其〈历代名画记〉》约著于1946年至1949年。作者从张彦远之前的画论、张彦远的生平和著述、《历代名画记》的结构、理论和方法、张彦远的影响及其理论的价值等诸方面,论述中国绘画的美学思想。宗白华指出,"中国在第九世纪曾产生了一个绝代的批评家,可以比肩于Pater,可以比肩于Ruskin,可以比肩于Winckelmann,这人是张彦远,他那画古不朽的著作便是《历代名画记》",又说"像Winckelmann之由雕刻而确定了希腊文化的轮廓一样,张彦远由绘画而树立了中国传统文化之最优美的范畴!"5月16日,在上海《新中华》第12卷第10期发表《中国诗画中所表现的空间意识》,文章末尾附言云:"本文写于南京大疏散声中,1949年3月15日写毕。"指出:"中国人不是向无边空间作无限制地追求,而是'留得无边在',低徊之,玩味之,点化成了音乐、……对于现代的中国人,我们的山川大地不仍是一片音乐的和谐吗? 我们不能以大地为素纸,以学艺为鸿钧,以良知为主宰,创造我们的新生活新世界吗?"

按:宗白华又有手稿《西洋哲学史》,仅存第一卷和第三卷,第二卷手稿至今尚未找到。手稿大约著于1946年至1952年。第一篇为导论,关于作为科学的哲学史诸问题。第二编为古代哲学、中世纪哲学、近代哲学。中世纪哲学手稿已遗失。在"导论"中指出:"要系统地建立唯物辩证法的逻辑学,重要的是阐明哲学史,不阐明哲学史,不要约哲学史,不把具体的个别诸科学概括起来,便不能系统地建立唯物辩证法的逻辑学。因为哲学史和逻辑学,不是结合着的,所以阐明哲学史,建立作为科学的哲学史,这任务和建立唯物辩证法逻辑学的任务,紧密地结合着。但是,哲学史和逻辑学的这一结合、却和它们在黑格尔手中的结合不同。"另有手稿《中国哲学史提纲》大约著于1946年至1952年。现仅存第二册与第三册。导论及第一章至第五章前二节、均缺。手稿分别论述老子、庄子、名家与墨经、名家与辩者、公孙龙子、荀子、法家以及魏晋南北朝的哲学思想及其社会背景、中国佛学等的特点和价值。(参见林同华《宗白华生平及著述年表》,载《宗白华全集》第四卷附录,安徽教育出版社1994年版)

罗根泽年初曾携家人短暂赴台湾。6月末,与顾颉刚通信。8月8日,在南京大学。9月2日,跋马廉《短篇小说》讲义。潘建国《古代小说文献丛考》(中华书局2006年版)云:"今藏南京大学图书馆,乃已故著名学者罗根泽的旧藏,铅印三册,首有罗根泽亲笔跋语:'此十余年前购于故都头发胡同小市,盖马隅卿先生师大所讲授也。去年运书南来,此居然不失。卅八年九月二日记于南京。'"(参见马强才《罗根泽先生年谱简编》,载王京州编《河北近现代学者年谱辑要》,国家图书馆出版社2017年版)

陈鹤琴8月26日接受南京市军管会文教委员会徐平羽之请,任中央大学师范学院院长。之后,国立幼专并入中大师院。制订新中大师院规划,邀请雷震清、钟昭华、喻品娟参加中大附小、幼儿园等附属机构的重建工作。9月,作为华东教育界代表团副团长(团长韦悫)赴京参加中华全国教育工作者代表会议筹备委员会。与代表同受周恩来同志接见。又受中央教育部领导人之托,筹备召开中国教育学术七团体联合年会,以产生全国教育工作者的组织。七团体为中国教育学会、中华儿童教育社、生活教育社、中华职业教育社、中国幼稚教育社、中国社会教育社和中国心理卫生协会。陈鹤琴任筹委会主任,林砺儒、杨卫玉、陈选善等为副主任,委员54人。同月,作为教育界代表,应邀出席中国人民政治协商会议第一届全体会议,任全国政协委员。9日,题词自勉:"愿竭志尽忠为人民服务,为儿童尽瘁,以底于成。"

　　陈鹤琴10月1日出席开国大典后在日记上写道:"听到毛主席在天安门向全世界宣告:'中华人民共和国成立了''占人类总数四分之一的中国人从此站起来了!'我站在毛主席的背后,看着他那高大的形象,听着他那洪亮的声音,不禁热泪盈眶,心潮澎湃。"同月,在北京师范大学第二附小作《儿童教育的新方向》演讲,提倡理论与实践相结合的教育原则,主张学校、社会和家庭教育要打成一片;出席吴玉章等同志发起成立的中国文字改革协会,当选为协会常务理事。接受吴玉章赠予的著作《新文字与新文化运动》;在南京主持召开《活教育》杂志社编委会,提出为新中国教育服务的办刊方针。恢复出版《活教育》;被任命为中央人民政府政务院文化教育委会员委员。11月,被推选为南京市第二届各界人民代表会议代表。12月,出席南京大学中国文字改革研究会成立大会,并在会上发言。被推选为研究会总干事。是年,在《活教育》发表《音乐在儿童生活中的重要性》一文。(参见蔡怡曾、陈一鸣、陈一飞编《陈鹤琴生平年表》,载《陈鹤琴全集》第6卷,江苏教育出版社2008年版)

　　陈中凡仍在南京金陵女子文理学院任教。年末,致函在香港的苏雪林,云他已与吴贻芳校长商量,拟聘苏为该校文学院教授,薪水从最优等教职计算,随函寄来聘书,可谓特殊礼遇。苏雪林想到离开任教18年的武汉大学,想到不久前武大旧人来港劝回,断然否决,斟酌再三,复函恩师:"明年是一九五〇年,许多公教教友都要到罗马朝圣,我也想去,回大陆事,等我朝圣回来再议如何?"陈钟凡知道这是推诿婉拒之辞,回信大加责备,信末竟有"长与足下生死辞矣"之言。(参见沈晖编著《苏雪林年谱长编》,安徽文艺出版社2017年版)

　　高一涵仍居南京。3月,高晓初为在芜湖谋一公开职务,以掩护其地下工作者身份再次赴南京求助,高一涵亲笔为其致信安徽省政府秘书长朱子帆予以介绍。并叮嘱其:"要谨言慎行机动灵活;再有什么困难还来找我。"4月,国民党政府拟任命高一涵为国民政府考试院委员,力促其与国民政府一道南迁。高一涵坚辞未就,并隐居南京,与中共秘密联系,和朱子帆、沈子修等民主人士,为迎接南京解放做了不少工作。同月24日,南京解放。高一涵作《解放军入城纪事》《闻歌》二诗记录解放军进城的情景以及民众愉悦欢腾的场面。6月,经中国民主同盟中央委员周新民和陈敏之介绍,高一涵加入中国民主同盟。南京解放后,高一涵被聘为南京大学教授兼法学院院长。7月,高一涵表示愿意让贤,恳请南大教授杨兆龙留在南京大学出任法学院院长。此事,最后以杨兆龙担任东吴法学院院长,同时在南大兼课结束。8月,高一涵到职南京大学教授兼法学院政治系主任。(参见高大同《高一涵先生年谱》,上海文化出版社2011年版)

　　戴季陶继续任国史馆馆长。2月初,由迎宾馆移住东园招待所。2月8日,出席国民党中央党部迁穗后第二次常会。11日晚,到同住东园的于右任室中小坐。12日,因神经疼痛再度发作,剧痛难忍,过量服食安眠药以致身亡。（参见桑兵、朱凤林编《中国近代思想家文库·戴季陶卷》及附录《戴季陶年谱简编》,中国人民大学出版社 2015 年版）

柳诒徵年初继续任江苏省立国学图书馆馆长。1 月 27 日,国学图书馆善本图书全部装箱运送至朝天宫地库。29 日,将退休呈文送江苏教育厅,而后移居女定生处暂住。2 月,曾经赴上海,后又返镇江,出席江苏省参议会。3 月,获准退休,仍然担任名誉馆长。4 月初,国府检察院提名担任考试院考选委员。中旬,至国学图书馆正式办理移交手续。22 日,赴上海。暂住海防村儿孙处。5 月 2 日,移居愚园路中央研究院宿舍,不久上海解放。6 月 9 日,出席上海岳阳路中央研究院礼堂召开研究院成立 21 周年纪念大会,会后,应参加大会的陈毅市长等邀请座谈。8 月,上海市长陈毅组织上海市文物保管委员会,被聘为委员,担任图书组主任。根据接收上海及附近各县古籍时所见,写成《检书小识》,鉴别版本,著录内容提要。下半年,曾在震旦大学文学院兼课,讲授文字学及史学概论。是年,在《国史馆馆刊》发表论文《述实录例》。（参见参见孙文阁、张笑川编《中国近代思想家文库·张尔田、柳诒徵卷》及附录《柳诒徵年谱简编》,中国人民大学出版社 2014 年版）

朱蕴山 3 月奉毛泽东、周恩来委派与刘仲容等 4 人秘密飞抵南京,向李宗仁、白崇禧传达中共中央关于和谈的意见,同时做其他国民党元老的工作。9 月参加中国人民政治协商会议第一届全体会议,被选为全国委员会委员。

傅斯年主持台湾大学校务与史语所所务。1 月 1 日元旦之夜,南京城中一派死寂。胡适与傅斯年共度岁末,置酒对饮,瞻念前途,潸然垂泪。5 日,陈诚就任台湾省主席,即致电傅斯年,要他迅速赴任,接手台大,"共负钜艰"。离开南京的那个寒夜,胡适、傅斯年夫妇在前,那廉君随后,相继走出史语所的红门,众人心事重重默然无语,工友老裴红着眼圈,对他们说:"等着你们快些回来!"20 日,傅斯年在台北就任台湾大学校长,同时继续兼任历史语言研究所所长职务。22 日,李宗仁就任"代总统",为了在当时不利的局面下保持"划江而治"的半壁江山,李宗仁同意以中共提出的八项条件为基础进行谈判,并组成了有张治中、黄绍竑、邵力子、章士钊、李蒸和刘斐参加的谈判代表团。但又表示,不能同意建立以共产党为统治党的联合政府,只能在"两个政府"共存条件下讨论 8 项条件等等。2 月 4 日,傅斯年致书代总统李宗仁,信中分析了当时国共两党所处的形势,力陈与共产党议和之非,断言国民党政权在行将溃败的时候,媾和只能加速死亡。傅斯年虽然对国民党政权腐败深恶痛绝,蒋介石落到这步田地也早在他意料之中,但他却始终没有上升到对国民党政权本质上的认识,反而死抱"合法之政权"的正统意识不放,这正是其反共价值观使然。傅斯年就任台湾大学校长后,广延师资、增建校舍、充实图书、奖励研究,究其办学宗旨,除倡导学术独立、引进北大自由校风外,即是极力加强帝大时期曾被刻意压抑的人文教育,由此奠定了台湾的学术根基。其中一个重要的先行举措就是多方延聘优秀的人文学科师资充实台大,尤其力促台大与"中研院"合作,开展学术研究,提出由台大与史语所合聘李济、董作宾、劳榦、凌纯声、芮逸夫、高去寻、石璋如、王叔岷等 10 余位研究人员,分别在台大文学院考古系、历史系、中文系教书。同时又从社会各界广延人才,后聘得历史系刘崇宏、方豪,中文系毛子水、屈万里,哲学系方东美,外文系英千里、赵丽莲,商学系杨树人,社会学系龙冠海,农学系顾元亮,化学系钱思亮、张仪等。这些人皆学有专攻,再加上原有教授,遂使台大教授阵营空前整齐。

按：许倬云在《历史分光镜》一文中谈道："当时台大的师资，集大陆来台学者的精英，盛极一时。老师各有专长，不在一科一系……我在考古人类系的老师李济之先生、凌纯声先生与芮逸夫先生诸师并不从文化演化论入手。济之师是考古的实证论者，纯声师是十分注重环太平洋区的文化圈、文化传接论的学者，逸夫师注意文化比较研究，非常注意中国古籍及民族志中透露古代文化的遗存痕迹，大致可列入功能学派的观点。……诸师教诲之恩，终身不敢或忘。"

傅斯年4月16日在1949年度第一次校务会议上作"校长报告"，相当于就任校长的"施政报告"，刊于4月20日《台湾大学校刊》第28期，题《国立台湾大学三十七年度第一次校务会议校长报告》。傅斯年在"校长报告"中明确指出："本校将来的进步，可以分作三项去看，也可以三个层次：一、教育范围的；二、学术范围的；三、协助社会上，尤其是台湾省内，建设范围的。这三项原不能截然划分，然为推行有效起见，也不能不大致划分，作为三个阶段。"傅斯年从总体上明确了台湾大学应在人才培养、学术发展以及对社会服务等三大方面的任务。为此，他立志将台湾大学办成台湾学术中心。傅斯年强调，要把台湾大学办好，使其承担起对于台湾岛内一般文化水准的提高，台湾的建设以及台湾省内高等教育的责任，就必须强化台湾大学的学术品位。强调大学教育是学术教育，大学水平高低的评价标准是学术上的贡献，这样他就把学术建设摆到了与教育建设同等重要的位置上。他说："一个专是教书的大学，不会把书教得很好，因为学术水准低，自然不会把书教得深入浅出。所以在进行本校的教育建设上，也应该时时刻刻不忘学术的标准。"傅斯年认为以前中国有些大学没办好，其中一个重要原因是以办中小学的办法办大学，偏离了大学"以学术为本位"的宗旨。那么这个责任在很大部分应由所谓的教育专家来负责。外国的教育学家主要是指中小学教育界而言。他认为中国当时所谓的教育专家都是中小学教育专家，而不是大学教育专家，这些人在外国学些教育学或教授法，回来照样办大学，这是"大学之小学化"。美国的教育学院，都是些中小学教员在那里进修，这些决然与大学教育是不相干的。傅斯年强调大学的教育必须建立在学术研究的基础上，所以大学的教育与中学的教育不同，与职业教育和专科教育也有所不同。"第一流的大学，不能徒然是一个教育机关，必须有它的重要学术贡献。"

傅斯年继之在4月16日举行的1949年度第一次校务会议上制定了《国立台湾大学教员聘任及升级标准》六条。此为傅斯年为全面整顿台湾大学的教学秩序，实现将台大办成学术中心所采取的重要措施。针对当时台大的现状，傅斯年采取了如下几点措施：第一，建立教师聘任制度。第二，建立名教授上基础课制度。第三，在大学高年级实行选课制度。第四，完善考试制度。其中《国立台湾大学教员聘任及升级标准》六条主要内容有：一、教员聘任升级根据教育部规定并参考中央研究院组织规程及国内外良好大学的成规。二、教员新任及升级根据学术成绩、贡献（见于著作或发明者）及年资、教学成绩为准。三、学术研究经历酌量计入年资，与专业不相干的职务不能计入。四、薪俸增加依年资，名义升任依学术贡献。五、自外校聘请的教员，薪俸依本校标准酌量调整。六、外国语言教员资格酌量变通。这套教员的聘任及升级标准，把台湾大学在教师管理方面的工作规范化制度化了。从内容上看"六条"中着重强调了学术成绩和科学贡献以及教师阅历、教学成绩在评价体系中的绝对地位，突出了学术研究与教学实践的同等重要性，排斥了政治化和权力介入，使教师聘任有法可依。同时根据这六项标准制定出实施细则，成立了"聘任资格审查委员会"，进一步在操作层面上使聘任教师制度化、规范化。过去在台湾大学，只要院长和校长同意就行了，而现在则又增加了专家制约机制。即先由院长与系主任商议，向校长提出聘任之事；

或由校长委托院长考虑,经院长同意,然后提交行政会议,通过后送"聘任资格审查委员会",再通过后由行政会议决定薪俸。这一程序使聘请教员的办理手续进一步规范化。此外,傅斯年还花大力气解决教师的兼职问题,强化对教职工的管理。7月14日,傅斯年在台北《民族报》发表《傅斯年校长的声明》。20日,傅斯年再在台北《民族报》发表《傅斯年校长再一声明》。同日,《两件有关台湾大学的事》刊于《台湾大学校刊》第34期。傅斯年在文中着重声明,自己决不会徇私舞弊,并且请求大家监督,他声明道:"假如我以任何理由,答应一个考试不及格或未经考试的进来,即是我对于一切经考试不及格而进不来者或不考试而进不来者加以极不公道之待遇,这对于大学校长一职,实在有亏职守了。奉告至亲好友千万不要向我谈录取学生事,只要把简章买来细细的看,照样的办,一切全凭本领了。我毫无通融例外之办法,如果有人查出我有例外通融之办法,应由政府或社会予以最严厉之制裁。"8月15日,所作《台湾大学选课制度之商榷》刊于9月5日《台湾大学校刊》第37期。傅斯年非常推崇欧洲大学中的"讲座制度",认为这种制度可以充分发挥教授在学术研究以及教学中的自由性和创造性,能典型地体现出大学是"学术教育"的特色和本质。但他又认为,在当时中国的大学制度上,不适合采用讲座制度,因为它与中国大学里的系设置、学分制等相冲突。但是,讲座制度的精神却是可以学习,可以让它体现在大学中的选课制度中。同时根据学科的性质,教育部完善了大学选课制度。24日,《台湾大学一年级新生录取标准之解释》刊于台湾《新生报》。

　　傅斯年《台湾大学与学术研究》刊于10月24日《台湾大学校刊》第41期(附送),文中这样写道:"现在的台湾不特不是殖民地,而且是'斟灌一旅一成'的根据地,将来'祀夏配天,不失旧物',正靠这一个宝岛,赤县既沉,瀛州遂为正朔所在。我们这个大学对于将来关系实在太大了。"可见傅斯年显然是把台湾当成反攻大陆的基地,把台湾大学作为培养将来反攻大陆人才的基础来看待的。他所说的"正朔",指的是国民党价值观及其文化的代表,而"我们这个大学对于将来关系实在太大了"一句,则是希望台大能够承担起培养反攻大陆的国民党理论文化人才的"重任"。傅斯年从维护国民党政权的角度去反共,之后随着国民党政权在大陆的溃败而使其"正统观"破灭,最后则固守在他既成的文化价值观立场上,从事文物保护、高校发展和学术建树。而在办学宗旨与理念上,傅斯年《台湾大学与学术研究》可以视为其《国立台湾大学三十七年度第一次校务会议校长报告》的学理阐释与深化。文中提出要"振作研究的风气",正是从这个意义上,他主张把台湾大学办成一个"研究的大学""学术性的大学"。如何才能振作起研究的风气来?傅斯年认为要有两个起码的条件,一是集中人才,一是创造良好的环境。首先,傅斯年强调必须有人才,人才是学校发展的前提条件。一个大学有一个好校长固然重要,但是如果没有一批高水平的师资队伍,仍然一事无成。他说:"在学术事业,则一分人才一分成绩,半分人才,半分成绩,毫不含糊,校长坏了,固然可以把学校弄得很糟,校长不坏,也没有法子把学校弄得格外的好,学校的好不好,糟不糟,只是一句话,人才集中不集中。"其次,他强调要有良好的学术环境。他提出要搞学术研究,必须先办到三件事,一、当代的文献相当齐全,二、论的环境相当良好,三、朋友通信。他还发动大家提建议,号召各位专家学者提出具体的研究题目,并遍观各研究室,在此基础上制定出切实可行的研究方案来。积极鼓励学术自由风气。再次,要积极提供从事研究的实验条件和实验设备。第四,制定有利于学术发展的政策。傅斯年认为,最好采用德国式的讲座制度,但目前在中国很难实行,制度要根据"国情人情"而建立,不可过分拘泥。

尽管目前中国不能实行讲座制度,但讲座制度的精神还是要发扬的,那就是要保持"教与学的自由",因为"教与学的自由"是学术进步的必要条件。31 日,《大学宿舍问题》一文刊于《台湾大学校刊》第 42 期。11 月 2 日,傅斯年致台大各学院院长,公布三十八学年度校务会议之人选与院务会议之人选,同刊于 11 月 7 日《台大校刊》第 43 期。由此可见当时台大在极短时期内的人才汇聚之盛。

按:其中第一函曰:院长先生惠鉴:三十八学年度校务会议之人选,现因选举部分业已办竣,合将名单公布如左:

当然主席:傅校长斯年

当然代表　教务长钱思亮教授　训导长郑通和教授　总务长余又荪教授

文学院:当然代表　院长兼史学系主任沈刚伯教授　国文系主任台静农教授　外文系主任王国华教授　哲学系主任方东美教授　考古人类学系主任李济教授

互选代表　董作宾教授　戴君仁教授　洪樛教授　姚从吾教授　毛子水教授　夏德仪教授　李宗侗教授

理学院:当然代表　院长潘贯教授　数学系主任沈璘教授　物理学系主任戴运轨教授　化学系主任林耀堂教授　动物学系主任徐锡藩教授　植物学系主任李惠林教授　地质学系主任马廷英教授　心理学系主任苏芗雨教授

互选代表　陈兼善教授　钟盛标教授　周长宁教授　林朝染教授　朱应选教授(递补周鸿经教授之缺因周教授于选举后改任兼任教授)

法学院:当然代表　院长萨孟武教授　政治学系主任李祥麟教授　经济学系主任王师复教授　法律学系主任洪应灶教授　商学系主任刘溥仁教授

互选代表　盛成教授　蔡章麟教授　戴炎辉教授　刘鸿渐教授　林彬教授　梅仲协教授　陈戚鹏教授　张汉裕教授

医学院:当然代表　院长杜聪明教授

互选代表　叶曙教授　严智钟教授　高天成教授　魏火曜教授　林天赐教授　林茂教授　卢万德教授　陶炽教授　杨燕飞教授　邱贤添教授　赖尚和教授　郭宗焕教授

工学院:当然代表　院长彭九生教授　土木工程学系主任王师义教授　机械工程学系主任秦大钧教授　电机工程学系主任李学贤教授　化学工程学系主任陈华洲教授

互选代表　陆志鸿教授　庐恩绪教授　魏民寿教授　徐世大教授　黄春木教授　杨进顺教授　赵国华教授　张霁秋教授

农学院:当然代表　院长兼农业化学系主任陈振铎教授　农艺学系主任赵连芳教授　园艺学系主任谌克终教授　植物病虫害学系主任易希陶教授　森林学系主任朱惠方教授　农业经济学系主任王益滔教授　农业工学系主任金城教授　畜牧兽医学系主任刘荣标教授

互选代表　徐水泉教授　汪厥明教授　刘伯文教授　陈炯崧教授

列席　黄秘书仲图　吕主任之渭　文学院副教授代表屈万里副教授　黄得时副教授　理学院副教授代表　苏林官副教授　刘盛烈副教授　法学院副教授代表　黄锡和副教授　黄玉齐副教授　医学院副教授代表　李镇源副教授　翁廷俊副教授　工学院副教授代表　虞兆中副教授　盛庆珠副教授　农学院副教授代表　黄永传副教授　张鼎芬副教授

傅斯年 11 月 20 日在台北《自由中国》第 1 卷第 1 期发表《自由与平等》。同月,历史语言研究所发掘台湾埔里大马璘遗址。12 月 20 日,《苏联究竟是一个什么国家?》一文刊于台北《自由中国》第 1 卷第 3 期。由于傅斯年接任台湾大学校长一职后操劳过度,次年 12 月 20 日就因脑溢血猝逝于"台湾省参议会"会场,前后主持台大校务尚不足两年。但在这短短的时间里,他却为台湾大学树立了优良的校风,奠定了坚实根基。当年力劝傅斯年出任台大校长的教育部长朱家骅在《悼亡友傅孟真先生》(台北《中央日报》1950年12月31日)一文中说道："卅七年(1948年)冬,史语所完整移台,不久台大校长出缺,大家正感到台湾的重要性,或将因此而更为增加,想把它变成为文化的中心,所以对台大校长的人选,也不能不特别慎重。我考虑再三,觉得只有再和孟真先生商量。当时他回国不久,夙疾方瘥,当然不愿再任繁剧,重损健康,可是我复相劝,他以公而忘私,慨允担任。这两年多来,他不但处理校务辛勤备至,而且对教育文化界撤退来台之人士,亦竭诚接待。在他去世的前几天,闲谈之中,他忽然对我说:'你把我害了,台大的事真是多,我吃不消,恐我的命欲断送在台大了。'当时我只以为他因感觉办事的辛苦,而出此苦语。不意数日以后,便成谶言,更使我悲痛万分,有负良友。至于他的逝世,对于国家社会的损失,尤其无可补偿了。"(参见焦润明《傅斯年传》,人民出版社2002年版;韩复智《傅斯年先生年谱》,《台大历史学报》1996年第20期;欧阳哲生编《中国近代思想家文库·傅斯年卷》及附录《傅斯年年谱简编》,中国人民大学出版社2015年版;欧阳哲生主编《傅斯年全集》第7卷,湖南教育出版社2022年版;岱峻《李济传》,江苏文艺出版社2009年版;郭胜强著《董作宾传》,江苏文艺出版社2010年版;李扬编著《国立中央研究院史》,中国社会科学院图书情报工作杂志社1998年内部资料;《追求卓越——中央研究院八十年》卷三《大事记》,中研院出版社2008年版)

朱家骅夫妇与居正夫妇以及周鸿经等人4月25日乘坐建国号飞机搭机自南京飞到台北。26日,前往杨梅探视迁台同仁,但见仓库破旧,办公、住家条件积差。28日,朱家骅代院长飞广州。6月3日,朱家骅代院长兼任行政院副院长,阎锡山为行政院长。14日,聘周鸿经为中央研究院总干事。7月,已抵台湾的数学所所长姜立夫以述职为由,赴广州。8月,姜立夫辞所长职务,至岭南大学创办数学系。9月15日,朱家骅代院长来台一周,巡视史语、数学两所安置情形。10月,中央研究院总办事处迁重庆。同月19日,本院台湾办事处召开第一次处务会议,周鸿经总干事主持会议,办事处共7人出席,讨论经费等问题。29日,在和平东路台湾办事处召开"本院在台同人谈话会",总干事周鸿经主持会议,出席者有傅斯年、李济、凌纯声、董作宾、芮逸夫、董同龢、廖山涛、薛世平、吕仲明、王懋勤。决议暂以院务谈话会代替院务会议,出席人员为院务出席人员或其代表,每月一次。11月11日,在台湾召开第一次"院务谈话会"。30日,总办事处人员迁成都,经香港来台。12月,最后撤离之办事处人员11名(含眷属共16人),由重庆经香港抵达台湾。12月18日,朱家骅代院长从成都飞抵台湾。统计撤迁台湾之各所人员,除史语、数学两所人员较完整(数学所人员后多与台湾大学合作任教职,或出国进修)外,余仅地质所研究员陈恺1人(后辞职);植物所研究员李先闻,系于1947年应台湾糖业公司之聘来台。(参见胡颂平《朱家骅先生年谱》,台北传记文学社1969年版;李扬编著《国立中央研究院史》,中国社会科学院图书情报工作杂志社1998年内部资料;《追求卓越——中央研究院八十年》卷三《大事记》,中研院出版社2008年版)

李济为押运文物总负责人于上年12月22日随国民党海军登陆舰"中鼎号"载运故宫博物院、"中央博物院"筹备处、中研院史语所、中央图书馆以及国府外交部档案赴台湾。李济初到台湾时,国民党政权朝不保夕,无暇他顾。大陆迁台的教育界学术界人士食不果腹,居无定所。据石璋如回忆(陈存恭、陈仲玉、任育德《石璋如先生访问记录》,"中央研究院"近代史研究所2001年版):"来台湾之后住在台湾大学医学院的教室。当时因为没有地方住,就住到教室里头。人多的可以住一间教室,人少的就两家住一间教室,我就跟萧纶徽家共住一间教室,教室有前后二门,萧走前门,我走后门,两家中间用帐子拉起来隔开。公家只给一家做了一张方形大床,上头可以搁两张榻榻米,全家人就挤在一起、睡在上头。这就是我们的住处。李济先生比我们早来一段时间,家眷多,也住在台大医学院。"2月,农历年刚过,史语所搬到杨梅火车站。"中博院"先租下铁路局通运公司的一座仓库,迁往台中之后,将仓库让给史语所,库房窗户小,闷热不通风。从李庄运回南京,从南京运来台湾的文物不能开箱,图书资料派不上用场,研究工作暂告停滞。所里租下杨梅米仓附近低矮的民房,作为办公用房兼单身职工宿舍。还在镇上租了一批民房,作为公务人员宿舍。那些民房低矮简陋,楼下做生意,楼上出租,办事员王志维就曾租住在一处堆杂物的号房中。曾有慈善救济团体来杨梅,准备披露史语所研究人员及其眷属的生活窘况,呼吁相关方面重视。当他们准备拍照时,被拒绝了,有人说:"已沦落到这步田地,还有什么好照的呢?"如此艰难困苦的局面,直到傅斯年兼了台湾大学校长,才稍有改善。傅斯年力推台大与中研院合作,李济与董作宾等史语所、中博院同仁被傅斯年聘为台大中文系或历史系教授。(参见岱峻《李济传》,江苏文艺出版社 2009 年版)

　　董作宾 1 月随中央研究院迁台湾省台北市。最初被安置在台湾大学医学院,没有现成的宿舍就住教室。人多的一家一间,人少的两家合住一间教室。董作宾家里人多,但见房子还很紧张,就与韩儒林两家同居一教室,中间用布幔相隔,一家走前门,一家走后门。所里只给每家做了一张方形大床,全家人就都挤在一起。后来,董作宾迁居于台北青田街台湾大学宿舍,房子虽然不大但还幽静,董找来一块半尺见方的木牌,手书"平庐",可谓"台北平庐"。以后,就一直住在这里。2 月,刚过完农历新年,史语所搬到杨梅。原来中央博物院租用了铁路局在杨梅的仓库,他们搬往台中后,就把铁路局仓库让给史语所。初来台湾时,考古活动尚未开展,研究工作也无法正常进行,董作宾和李济、芮逸夫、凌纯声、石璋如等史语所的同事就都被傅斯年聘为台湾大学文学院兼职教授。春节过后,台大开学,董作宾在台湾大学中文系教古文字学,在历史系授殷代史,同时受聘兼任台湾"省立"师范大学教授。暑期后,台湾大学文学院成立考古人类学系,董作宾即转为该系教授。董作宾和同事们教书特别认真,这就培养造就了一代卓有成就的历史学家、考古学家,如许倬云、黄然伟、田倩君、张光直、宋文薰、刘斌雄、李亦园等。多少年后他们回忆求学生涯,难忘傅斯年、董作宾、王世杰诸先生教导指点,对往事记忆犹新。

　　董作宾 8 月偕李济、陈绍馨、石璋如、芮逸夫、陈奇禄等和台湾大学学生组成调查团,前往台中瑞岩调查泰雅族民俗文化。泰雅族是台湾原住居民的一个族群,笼统上分属于"高山族"。分布于北部中央山脉两侧,东至花莲太鲁阁,西至台中东势,北到乌来,南迄南投县仁爱乡,是台湾原住居民中分布面积最广的一族。与此同时,原班人马又加上考古组的高去寻、潘慧等人,在南投的大马璘、洞角,台中的铁砧山、营埔,台南的六甲顶,高雄的半屏山,士林的琪里岸,淡水的江头,台北的圆山等古文化遗址进行调查和发掘。圆山遗址的发掘,也是与台北文献会合作进行。调查发掘发现了古居住和墓葬遗址,获得了石斧、石镰和陶片等大量遗物,这就确认了文化堆积的层次,给以后整个台湾地区史前文化年代学的建立,奠定了良好的基础。通过发掘和研究,董作宾和同事们充分认识到,从中国历史早期的发展和文物考古学的角度来看,台湾与大陆有着不可分割的历史渊源,正如石璋如所说:"台湾这个宝岛,至少在它的西海岸部分,当先史时代已与大陆有关系了。"是年,董作宾著有《殷墟文字乙编中辑》《飞渡太平洋》《芝城屠场》《中国文字在商代》。(参见郭胜强《董作宾传》,江苏文艺出版社 2010 年版)

　　全汉昇 1 月随史语所迁台,累迁为终身职研究员。12 月,在《历史语言研究所集刊》第21 本第 1 分发表《清末汉阳铁厂》。文中指出,汉阳铁厂是中国近代第一个新式制炼钢铁的工厂,研究其历史"意义非常重大",故梳理了清末汉阳铁厂从创办到1908年汉冶萍煤铁长矿有限公司成立之间的历史。作者将这段历史分为官办和官督商办两个时期,并对这两个时期的燃料问题、机器设备问题、厂址问题等进行了初步考辨,并认为汉阳铁厂之所以失败,其中一个主要原因就是"中国关税不能自主"。作者在文末还指出,"中国近代工业化运动所以得不到多大的成绩",可从汉阳铁厂的研究中"知道一些消息"。此文是为数不多的中国近代经济史的早期基础性研究之一,具有不能忽略的学术价值。同期还载有陈槃《古社会田狩与祭祀之关系》《谶纬命名及其相关之诸问题》《"禁不得祠明星出西方"之诸问题》,王叔岷《庄子校释后记》等文。(参见王学典《20世纪史学编年(1900—1949)》,商务印书馆2014年版)

于锦绣随史语所到台湾。2月1日,于锦绣接到史语所的解聘书:"顷奉傅所长面告,台端已在遣散之列,自本年二月份起即停止支薪,兹列台端应得之一月份薪及遣散费,款到请查收。"因为当时僧多粥少,于锦绣成为第一位被解聘的史语所人员。(参见岱峻《李济传》,江苏文艺出版社2009年版)

姚从吾年初在上海。1月28日,故宫第三批文物载于"昆仑"舰被运往台湾,一共1700箱,但因为国民党高官家属太多导致只运送了972箱,这一次的文物里有一个稀世珍宝——碧玉屏风。姚从吾由上海登上"昆仑"舰押运文物去台湾,又基隆登岸,再运到台中运放。初时姚从吾仅赖夫人变卖饰物为生。2月,姚从吾夫人被聘为省立彰化中学英语教员,于是全家迁居彰化。3月,姚从吾为台大校长傅斯年聘为台湾大学历史系教授,后创办辽金元研究室。(参见王德毅编《姚从吾先生年谱》,《台大历史学报》1974年第1期)

杭立武是年春于教育部改组前在上海主持行政院善后事业管理委员会。时与由北平抵沪的胡适同住该会招待所,两人对前途甚为悲观,并计议如何反共,着手筹备创办《自由中国》半月刊。后胡适去了美国,杭立武到台后即决定发行《自由中国》,指定雷震(安徽舒城县人宋英的丈夫)担任总编辑,他和胡适经常在该刊撰文。4月,杭立武接任教育部长。当时国民党行政机构已迁广州。9月3日,国民政府教育部在广州召开教育行政检讨会议。国立专科以上学校校院长、省市教育厅局长、教育部人员共30余人出席。教育部长杭立武主持。决议案22件,主要为增加教育经费、整肃学风等。11月间,杭立武接受部分河南省籍"立法委员"的请求,将战时河南省存放在重庆中央大学柏溪分校的68箱出土文物抢运到了台湾,这件事虽不属教育部部管辖(时已担任),但他还是亲自找到蒋介石,获得两架军用飞机,于29日将这批文物运到台湾。12月18日,杭立武与朱家骅等同机从成都飞抵台湾。(参见刘思祥《杭立武传略》,《江淮文史》2001年第1期;中央教育科学研究所编《中国现代教育大事记1919—1949》,教育科学出版社1988年版)

吴稚晖因国民党在解放战争三大战役中先后失败,政权摇摇欲坠,心灰意冷,意将所写文稿函牍付之一炬。李石曾听闻此消息,表示愿出资代为收藏,遭拒绝。后受蒋介石之邀赴台湾养病。抵台北后,将旧时文稿函牍整理成册,名曰"望乡台",时常翻阅,聊以自慰。历年出版书籍的收入,都以法币储存,但随着国民党政权的垮台,法币币值大跌,积蓄所剩无几,仅合新台币142元。年底,钮永建发起强恕中学在台湾复校,被推为董事长。(参见金以林、马思宇编《中国近代思想家文库·吴稚晖卷》及附录《吴稚晖年谱简编》,中国人民大学出版社2014年版)

王世杰1月应蒋介石召集,与左舜生、张群、吴铁城、张治中、邵力子、陈立夫等人交换对中共所提8项和谈条件的意见。年初,王世杰夫妇携长子纪五、次子德劢及内侄萧勤迁居台湾。最初落脚台中市,后迁至台北。长女雪华及次女秋华当时在美国留学,未能同行。4月,应蒋介石电召,到浙江参加政府改组会议。6月下旬,蒋介石在台北草山(后改为阳明山)设立国民党总裁办公室。7月10日,陪同蒋介石前往菲律宾碧瑶,与菲律宾总统季里诺举行会谈。会谈的议题是组织"太平洋反共联盟"和在菲律宾成立国民党流亡政府等问题。7月14日,陪同蒋介石由台南乘飞机到广州。8月1日,蒋介石任命王世杰为总裁办公室顾问和设计委员。6日,陪同蒋介石出访韩国,与韩国总统李承晚商谈远东防共联盟问题。9月7日,抵达纽约。年底,离开大陆到台湾。(参见薛毅《王世杰传》及附录《王世杰大事年表》,武汉大学出版社2010年版;耿云志编《胡适年谱》,福建教育出版社2012年版)

蒋梦麟2月与穆懿尔、沈宗翰在台北商谈农复会在台工作,并拜访台湾省政府主席陈诚、财政厅长严家淦,洽商筹设农复会台北办事处。同月24日晚,他们乘车离开台北往台南。25日,由台南飞往厦门,住鼓浪屿海滨旅馆。26日,蒋梦麟主持会议决定龙岩土地改革实施办法。28日,以龙岩之行受阻,蒋梦麟由厦门飞广州。7月15日下午,蒋梦麟偕晏阳初、穆懿尔、沈宗翰等13人离开广州飞往重庆,协商农村建设工作。17日,蒋梦麟飞成都,与四川省政府主席王陵基协商减租工作之进行。22日,蒋梦麟与沈宗翰、穆懿尔从成都飞兰州。24日,飞西宁,下午飞兰州,视察当地情况,并与马步芳面谈农村工作。25日,由兰州飞成都。26日,飞至广州。8月,农复会随国民党政府自广州迁往台北办公。同月28日,蒋梦麟与沈宗翰、穆懿尔、洛夫由台北飞桂林,与马保之洽商农复会的工作。10月2日,蒋梦麟离开桂林飞成都,与王陵基洽商农田减租、水利及稻麦增产工作。3日,四川局势危机,蒋梦麟乘包机离开成都飞香港。9日,飞抵台北。同日,农复会在台湾开始工作。

蒋梦麟12月作《农复会工作基本思想之演进——农复会工作之基本原则以及基于此等原则而演进之方针》,主要谈三个问题:一、什么是不应该做的,二、应该做的是什么,三、根据基本原则解决问题之方法。关于第三个问题,作者的意见是:甲、由视察各省实际情形所获经验以改进政策,经常与地方领袖、实地耕作之农民等交换意见,由此了解彼等之需要与痛苦。乙、比较各地需要,以发现各地之共同问题以及各该地区之特殊问题。农复会循此途径了解粮食为一全国性问题,并由此演进而得一全国性计划。然此全国性计划并非由吾人脑中原有观念演绎而来,乃实地考察各省情形后所得之结论。是年,农复会迁往台湾之初,尽管开始了在台湾地区的试验,但其工作并没有真正开展起来。他们先是受制于美国对华政策的影响,编制预算不能以一年为期,而以六个月为一期。冬,农复会美国委员穆懿尔兼任美国合作分署代表。美国经合总署授权穆懿尔随军事与政局之变化,可以随时关闭经合会分署及农复会,因此农复会的成员遂人心惶恐不安。(参见马勇《蒋梦麟传》,河南文艺出版社1999年版;马勇、黄令坦编《中国近代思想家文库·蒋梦麟卷》及附录《蒋梦麟年谱简编》,中国人民大学出版社2018年版)

陶希圣继续任国民党中央宣传部副部长,兼任中央日报总主笔。2月,中央日报社由南京迁移台北。董显光力劝顶下一幢房屋,即新生南路住宅。陶希圣赴台大晤傅斯年。傅斯年说:"希圣!你以为我是来做校长,我死在这里。"4月底,随蒋介石乘太康兵舰(舰长黎玉玺)从宁波航行至上海视察,在舰上草拟"为南京撤守告国民书"。十天后乘江静轮游舟山群岛,在马公住了几天,即乘飞机降落台南。6月15日,妻率五子乘海轮抵达台湾基隆港。7月14日,蒋介石首次莅广州,随行。8月,国民党总裁办公室在台北草山成立,陶希圣任第五组组长，负责宣传研究工作。11月，又随蒋介石自台北飞重庆视察，兵荒马乱之中到成都，会见中央日报西南各分社负责人交代善后事宜。12月10日，自成都飞回台北。（参见贺渊《陶希圣的前半生》附录一《陶希圣年谱简编（1899—1949）》，新星出版社2017年版；陈峰编《中国近代思想家文库·陶希圣卷》及附录《陶希圣年谱简编》，中国人民大学出版社2014年版）

余家菊5月初由武汉携家眷到广州。6月5日，由广州携家眷飞往重庆，住国民饭店。11月底重庆解放。只好"逃往成都"。12月5日，经众人劝请，飞往海口。年底，飞往台湾，居住台北，直到逝世。（参见余子侠、郑刚编《中国近代思想家文库·余家菊卷》及附录《余家菊年谱简编》，中国人民大学出版社2013年版）

徐复观随蒋介石至溪口。5月，迁台，定居台中，从政治圈转向学术界，并着力筹办《民主评论》。徐复观《无惭尺布裹头归·交往集》（九州出版社2014年版）说："在南京时候，常和牟宗三、唐君毅诸位先生谈到：中国的问题，最根本的还是文化的问题。因文化的虚脱混乱，以致中国的知识分子，完全迷失了自己的本性，日趋于腐化下流，使一切建国工作，都无从说起。所以建国的最基本工作之一，还是要从文化方面作一番努力；由文化大方向的奠定，使腐化下流的人们，能够拉住此一大方向的纲维，而慢慢地站起。我们这种看法，最低限度，应当向社会提出，作一番共同的探索、讨论。这也不能缺少一个刊物。"6月16日，由蒋介石支援，《民生评论》半月刊在香港创刊，由民主评论编辑部编辑，民主评论社负责发行，地址位于香港告士打道六五号三楼。该刊聚焦于国际事件与文化两大内容，前者涉及政治、经济、国际关系以及国际前沿消息，后者就自由与民主、科学与传统、考据与义理等议题展开了一场轰轰烈烈的文化大论战，在学界内外产生了广泛影响。该刊尤其致力于宣扬新儒家的学说，后来成为20世纪50至60年代台港地区现代新儒家的主要舆论阵地。徐复观与牟宗三、唐君毅成为第二代"新儒家"领军人物。因此，《民生评论》的创刊，不仅对台港地区现代新儒学思潮的发展有着重要的意义，而且对徐复观个人来说则成为其人生的重要转折点。

按：徐复观《无惭尺布裹头归·交往集》（九州出版社2014年版）说："我决心与现实政治保持距离，以便能在文化思想上用点力量，这是我办《民主评论》的基本用心"。徐复观《徐复观杂文续集》（时报文化出版企业有限公司1981年版）又说："我自此正式拿起笔来写文章，由政论而学术，开辟了进入大学教书，并专心从事研究、著作的新的三十年人生途径。"（参见干春松编《中国近代思想家文库·徐复观卷》及附录《徐复观年谱简编》，中国人民大学出版社2014年版；马林刚《从"政治救国"到"文化救世"——徐复观创办〈民主评论〉前后的心路历程》，《齐鲁学刊》2015年第4期）

牟宗三年初在杭州，任教于浙江大学。春，《认识心之批判》全书完稿。4月，偕谢幼伟自杭州到上海，再乘船至广州。夏，谒熊十力于广州市郊黄氏观海楼。夏秋之间，只身乘船赴台湾。9月，在《民主评论》第1卷第6期发表《儒家学术之发展及其使命》。作者曾于上年为程兆熊在鹅湖书院故址之江西信江农专特撰《重振鹅湖书院缘起》一文，重新将儒学划分为三个时期，即自先秦孔孟荀至汉代董仲舒为儒学第一期，宋明儒学为第二期，而民国以来的以继承先秦宋明儒学为职志的儒者为第三期儒学，认为第三期儒学应有新的使命。在《儒家学术之发展及其使命》中，作者进而详论第三期儒学的使命，强调以发展民主政治和科学这所谓"新外王"，构成儒学第三期开展的核心课题。是年，牟宗三还在《民主评论》第1卷第10—11期发表《理性的理想主义》《道德的理想主义与人性论》。在《民主评论》第1卷第12—13期连载《理想主义的实践之函义》。

按：1953年，牟宗三在东海大学出版之《中国文化月刊》发表《关于文化与中国文化》，明确提出道统、政统与学统的新"三统",认为要回应当前的时代课题,要建立新的三统以为中国文化与哲学往前发展的重要方向。(参见王兴国编《中国近代思想家文库·牟宗三卷》及附录《牟宗三年谱简编》,中国人民大学出版社2015年版;李瑞全《当代新儒学之新三统论》,《云南大学学报》2018年第3期)

梁实秋元旦到达广州中山大学,住平山堂,此时,有身世飘零之感,受林子铮影响,信佛教,撰《了生死》。6月,移居台湾,在编译馆工作。11月,《雅舍小品》结集出版。为世界书局《四用字典》做补编工作。(参见万直纯《梁实秋年谱》,《阜阳教育学院学报》1994年第3—4期)

张大千1月在香港结识旅港画家兼美术教育家鲍少游等人,并常请朋友赴宴。2月,出于对毛泽东主席的景仰,应何香凝之请,精心绘制了一幅《荷花图》,由何香凝带往北平转呈毛泽东主席。3月8日,何香凝偕女儿廖梦醒来香港寓所拜访张大千,并赠先生精心巨制《梅菊图》一幅。4月,谢稚柳著《敦煌石室记》一书出版。该书列莫高窟、榆林窟、西千佛洞、水峡口四大部,皆按张大千之编号依序记录了各洞壁画的时代、内容、艺术价值、重要题记等。其中记莫高、榆林二窟为最详,并多考证、评价、比较等。在此前后,印度美术学会邀请张大千赴印度展出临摹之敦煌壁画及先生近作,张大千愉快地接受了这项邀请。约4月,张大千偕夫人乘飞机离香港回川。约9月,张大千准备赴印度展画,并顺道考察印阿旃陀壁画与敦煌艺术的异同。这是张大千在敦煌时就立下的心愿。为便于与印度壁画核对、比较,以及在印展出中国历代艺术,张大千除携带大量己作与收藏外,还带走临摹之敦煌壁画56幅(家中还留有临摹敦煌壁画二百多件)。是时,张大千从蓉乘飞机先抵香港,旋赴澳门住其弟子家。在澳门居住数日,即应友人邀赴台湾举行画展。约10月,张大千在台湾台北市中山南路北端天主教会新成楼房二楼举行在台的第一次个展。11月上旬,在台北拜望从大陆撤退到台湾的老友于右任。约12月6日,张大千偕夫人徐雯波及一小女儿在其学生的陪同下乘张群副官的汽车前往新津机场,途中曾去沙河堡住宅与夫人杨宛君等洒泪相别。当天午后,张大千一行飞抵台湾新竹,随即上火车赴台北。(参见李永翘《张大千年谱》,四川省社会科学院出版社1987年版)

台静农、沈刚伯、钱思亮、毛子水、郑通和、余又荪、姚从吾、王国华、东方美、夏德义、李宗侗、英千里、杨树人、潘贯、萨孟武、杜聪明、彭九生、陈振铎等教授去台湾任教。受聘为台湾大学历史系教授,并创办辽金元研究室。

卫聚贤离开大陆,历任香港珠海、联合、联大、光夏、远东、华夏等书院教授,香港大学东方文化研究院研究员,台湾辅仁大学教授。

卜士奇10月去台湾,任国际关系研究会理事长、"革命实践研究院"讲座及教育委员、"国防研究院敌情组"首席讲座、国际关系研究所所长等职。

沙学浚任台湾师范大学地理学系教授兼系主任。

南怀瑾是春前往台湾,任文化大学、辅仁大学、政治大学等校教授。

郭廷以举家迁居台湾,任教于台湾师范大学。

梁实秋到台湾,任台湾师范学院英语系教授,后兼系主任,再后又兼文学院长。

张其昀去台湾,曾任国民党总裁办公室秘书组主任、国民党中央宣传部长、教育部部长、国民党中央评议员兼主席团主席、总统府资政等职。

丁惟汾赴台湾后,任国民党监察院和中央评议委员会委员。

刘英士去台湾,任"国防部军事教育研究委员会委员"。

张知本去台湾,卸司法部部长职务,受聘为"总统府"国策顾问。

曾虚白任台北中国广播公司副总经理。6月,在台湾参与创办英文《中国日报》。

朱虚白去台湾，历任《经济时报》发行人兼总编辑。

杜衡去台湾，担任《联合报》主笔。

翁文灏5月21日先赴台湾，驻嘉义资源委员会嘉义熔剂厂内。同日，由台湾到香港，住铜罗湾新宁道8号中国石油公司宿舍。5月22日，由香港往广州，向李宗仁辞去总统府秘书长职务，此后即避居香港。国民政府6月24日正式免去其总统府秘书长职务。5月29日，陈毅到上海资源委员会大楼视察，看望资委会留沪人员，谈话中表示："翁文灏是书生，不懂政治，即使他在国内，我们也不会为难他。"并让资委会人员即嘱翁心源速请翁文灏回国。翁心源听到消息后即致函翁文灏，报告上述情况及上海解放后所见所闻，请其安心暂留香港，不要去台湾或美国。6月3日，翁文灏由香港返台湾嘉义，看视父亲及妻子、女儿等。在嘉义期间，回顾一生，写下《年谱初稿》。7月14日，携父亲、妻子由台湾飞返香港，仍住中国石油公司。29日，因被列名为战犯，在南京的中国地质学会理事会决定，停止其会员权利和义务，会员录上不予列名。翁文灏从此即未能再参与中国地质学会活动。8月10日，致函翁心源，告知5月20日以来的行踪，计划托人陪父、妻先返上海，自己"亦深盼能平安返国，做一安定守法的人民""万一不能，只能暂居海外，以俟时机"。中下旬，见到翁心源5月末的来信，当即复信，表示如果人民政府同意回国，愿意回去当一个老百姓，而不愿到国外流亡当"白华"。其中有"年愈六十，不愿逃亡在国外，但求生为中国人，死为中华鬼"之句。翁心源即将上述情况向驻上海中国石油公司的军代表徐今强汇报，并将信经时任华东工业部副部长的吴兆洪转交华东工业部中共党组织。

翁文灏9月上旬得翁心源电告："我将来港，盼接祖父、母亲来港。"此前翁心源得华东工业部部长汪道涵、副部长孙冶方通知：翁文灏来信已转呈中央，中央指示："同意翁文灏回国，回国应发表声明，这个指示可由在沪家属去香港面告。"10月29日，对25日抵香港的翁心源所捎来中共方面允其回国的口信，一方面感到安慰，同时还有许多顾虑，尤其对发表声明与蒋介石决裂一事感觉为难，踌躇不定。本日，以翁心源名义致函吴兆洪，将约2千字的自白书撮要报告，请求具体指示，并说明原件已交即将北上的孙越崎带京，转呈中央。与此同时，吴兆洪也派资源委员会的戴世英由上海到香港，向他报告解放军接收沪宁资源委员会情况和陈毅希望他回国的消息。11月4日，请本日离港赴北京的孙越崎将悔过书带交邵力子，以转呈中共高层领导。但此书由孙越崎交邵力子后，因邵认为不够深刻，未曾上交中共领导。同月初，接陈诚自台湾来电，邀其赴台北"襄理政务"。因不愿赴台，但又怕继续留港会遭到与杨杰一样的命运，遂决定由心源携自白书陪同父、妻先行回国，自己去法国暂避。12月2日，由香港飞抵巴黎。行前，致函中国石油公司，请辞董事长一职。21日，因闻离港后邵力子曾莅港探望（此系误传，邵并未到港），遂致函邵力子，请其相助，以使早日返国，"归为平民，亲见新治"。该函于次年2月初转至邵力子处。（参见李学通《翁文灏年谱》，山东教育出版社2005年版）

王云五1月上旬到香港探视亲人，并密切观察国内局势发展，考虑今后的去向。月底，王云五返回广州收拾行李，迁居香港。此间，伦敦大学西门教授（Prof. Walter Simon）和剑桥大学夏伦教授先后邀请他赴英讲学。不久，夏伦转交给他剑桥副校长C. R. Raven签发的聘函，聘他为汉学特别讲座，暂定一个学期。王云五原拟秋天赴英，后因英国承认中华人民共和国，未能成行。2月上旬，"参政会"副秘书长自台湾发函，劝王云五赴台。王云五举棋不定,留港、赴台或暂时赴英讲学,都是可能的选择。由于他没有正规学历,在英、美等国作讲座尚可应付,正式任教便缺乏必要条件了。因此,真正可以选择的仅港、台两地。3月13日,张元济致函王云五,说:"威海卫路我兄旧居,近瀛眷及世兄辈均已离去,编审部适需迁移,即拟移入。"从此两人天各一方,不再往来。4月,王云五以探望大儿子学理为名,飞抵台北,想考察一下台湾是否可作为他的久留之地。经由国民党"总裁办公室"秘书长王世杰从中联系,王云五到台北的第三天,便奉下野总统蒋介石之召,上阳明山拜晤,会谈约5小时。蒋介石希望他赴英讲学后勿久留海外,若愿意迁居台湾,可就近备咨询,或办个小书局,从事出版业。王云五答应赴英讲学后即迁往台湾,至于办小型出版社,若有必需的启动资金,马上可着手进行。蒋介石对他的表态感到满意,允以给予适当资助。5月,王云五开始筹设"华国出版社两合公司",先后投入筹办资金新台币20万元,他和亲友出资5万元,蒋介石拨款15万元。经王宠惠介绍,王云五将其所收藏的明、清名人手札千余通及赵松雪手书长卷等售于李石曾,将所得钱款用作筹办出版社的经费。华国出版社在台北进行登记,在香港印刷,出版物在港、台两地发行。12月25日,华国出版社在港、台两地同时开业,王云五任社长,另聘若干人做助理。该社第一本出版物,即王云五翻译的《在铁幕之后》,用笔名龙倦飞。由于金圆券案的余波未息,"王云五"三字在那时不便公开使用;龙倦飞,取"云从龙"以及"云无心以出岫,鸟倦飞而知还"之义。(参见郭太风《王云五评传》,北京师范大学出版社2015年版)

王宠惠在香港治病。停留香港时,因以金圆券变卖的上海房产已不值一文,大陆基本丢失,公私均处窘境。有人提醒他,如果他还有在香港的出生证,即可申请英国国籍,王宠惠正色表示,他追随孙中山,主要在于推翻满清,打倒帝国主义,最痛恨的就是依附外国势力,他的出生证在早年离开香港时,即自行销毁,足显其民族气节。以司法院院务在身,谢绝日本众议院院长币原喜重郎赴日讲学之邀。(参见王宠惠著、张仁善编《王宠惠法学文集》及附录《王宠惠先生年谱》,法律出版社2008年版)

钱穆春假与江南大学同事唐君毅,应广州私立华侨大学聘由上海同赴广州。一日,在街头,忽遇老友张其昀,言拟去香港办一学校,已约谢幼伟、崔书琴,邀钱穆参加。其间,特去岭南大学访陈寅恪,与唐君毅同去乡间访熊十力。晤杨树达于中山大学。6月,《人生三路向》刊于《民主评论》第1卷第1期,谓:"人生只是一个向往,向往必有对象……对精神界向往的最高发展有宗教,对物质界向往的最高发展有科学。前者偏于情感,后者偏于理智。"中国儒家的人生,不偏向外,也不偏向内。不偏向心,也不偏向物。他也不屹然中立,他也有向往,但他只依着一条中间路线而前进。他的前进也将无限。但随时随地,便是他的终极宁止点。因此儒家思想不会走上宗教的路,他不想在外面建立一个上帝。他们只肯说"尽己之性,然后可以尽物之性,而赞天地之化育"。他们只肯说"天人合一"。7月,《适与神》刊于《民主评论》第1卷第3期。9月,《新三不朽论》刊于《民主评论》第1卷第6期。文中指出:今年适逢孔子2500年的诞辰。孔子的自然生命,虽在2500年之前,但孔子的精神生命、文化生命则至今尚在。你若轻易地说孔子早已死去,你便是不懂得"精神生命"与"文化生命"的意义。在孔子以前,中国人已有"立德、立功、立言"的三不朽说,这实在是人类祈求不朽的最合理的观念。本文取名"新三不朽论",拟从西方欧洲人对于不朽的观念,以及佛教里面的不朽论,用来与中国人历古相传的三不朽论,经孔子乃及此下儒家所发挥完成的一番人生理论相互比较,以见世界哲人对此人生如何可以不朽的尽可能已有的几种想法与说法,来贡献于当前这样的乱世。

钱穆是夏随侨大迁香港。初宿于同事赵冰家。后乃借一中学教室,暑期无人,钱穆夜间拼课桌铺被卧其上,晨起即撤被搬回课桌,如是为常。不久,由张其昀、谢幼伟、崔书琴创办之亚洲文商学院(夜校)成立,派钱穆任院长。10 月正式开学,因在夜间上课,故定名为亚洲文商夜校。同月,《亚洲文商学开学典礼讲词摘要》刊于《新亚校刊》创刊号。次年以亚洲文商夜学院更名为新亚书院。11 月,《人生目的和自由》刊于《民主评论》第 1 卷第 10 期。文中认为,有目的有意义的人生,我们将称之为"人文"的人生,或"文化"的人生,以示别于自然的人生,即只以求生为唯一目的之人生。人类的生活,许人于求生目的之外,尚可有其他之目的,并可有选择此等目的之自由,此为人类生活之两大特征,亦可说是人类生活之两大本质。人类中间的宗教家、哲学家、艺术家、文学家、科学家,这些都是为文化人生创造出更好的新目的,提供出更好的新自由,提供了善的,便替换出了恶的。若你有了善的不懂挑,则只有耐心善意的教你挑,那是教育,不是杀伐与裁制。在宗教、哲学、文学、艺术、科学的园地里,也只有"教育",没有杀伐与裁制。依照目前人类文化所已达到的境界,只有宗教、哲学、文学、艺术、科学,都在正面诱导人、感化人,都在为人类生活提供新目的、让人有更广更深的挑选之自由,都还是站在教育的地位上,那才能算是更好的。(参见韩复智编著《钱穆先生学术年谱》,中央编译出版社 2012 年版)

唐君毅 4 月应广州华侨大学校长王淑陶之邀,与钱穆同赴穗讲学。5 月,作《理想的人文世界》,刊于 7 月 1 日《民主评论》第 1 卷第 2 期。文中依次讨论了以下九个论题:一、人的哲学心的哲学之重要;二、宗教生活之必须;三、心与心交光互映之社会与个人关系;四、礼乐精神之重要;五、科学家之胸襟与德性;六、艺术科学可超政治经济之范畴之规定与其社会性;七、人文合奏之谐乐的向往,及政治上之上下位分之关系之提示;八、经济问题之重心不在生产分配交换而在消费;九、理想之社会关系与太和世界。8 月,赴香港,与钱穆、张丕介等人创办亚洲文商专科学校。由于深切感受到的中西文化的冲突、民族文化的危机、人文精神的下坠等问题,唐君毅急于在他的哲学世界里消融这些问题。尽管到港之初,居住环境恶劣,手头又无资料,不得从容思考,但情志上的不安不忍难以自抑,迫使他以高度自觉的哲学心灵沉潜于这些问题之中,开始著述《中国文化之精神价值》,同时连续在《民主评论》与《人生》两杂志上发表一系列反省与疏论整个人类文化问题的文章。

按:《中国文化之精神价值》始著于 1949 年,两年内完稿,至 1953 年由正中书局出版。1955 年,唐君毅将在《民主评论》与《人生》两杂志上发表的一系列反省与疏论整个人类文化问题的文章结集出版,题为《人文精神之重建》。(参见单波编《中国近代思想家文库·唐君毅卷》及附录《唐君毅年谱简编》,中国人民大学出版社 2014 年版)

黄炎培 2 月 15 日秘密离沪,搭船走香港。19 日抵港,徐伯昕、唐海等来迎,寓雪厂街如云旅馆。中共党员潘汉年、夏衍及民建盛丕华、俞寰澄等先后来谈。潘汉年为中共驻港负责人。同日,民建港九分会成立。黄炎培到会报告沪会情况。黄珍然报告筹备经过。中共代表许涤新、民盟代表周新民先后致词。20 日,与马寅初、陈叔通同寓。相见甚欢,即同早餐,各道离惊。同日,致函职教社负责人钱新之、杨卫玉等,略云:"今以不得已之故,为良知所驱使而离沪矣。此行纯属个人动作,于本社绝无联带关系。……炎既离沪,应即作离社,所有炎在本社职务,即请另行推补。……同在天高地厚之中,愿为民主和平而努力。"22 日,史量才之子史咏赓来迎至其母处。谈及未来之《申报》和《新闻报》两报问题,为之提供意见如下:"关于财产部份给国民党夺去者,或充公,或归原主,听将来新政权处理,至文化事业部份,则在未来当局未规定政策之前,组织一社务性委员会,为各民间报纸之公共指导机关,与国策配合,以事宣扬。"23日,出席民盟扩大会议,报告留沪同仁近况、大局近况及个人此次脱走来港经过。到会者周新民、曾昭抡、柳亚子、王立明等19人。同日,民建会餐,到者盛丕华、俞寰澄、王纪华等10余人。谈及民建立场问题,俞寰澄认为:民建的特性是代表民族工商业的企业者,是政治性的团体。其行动的方式,则为合作与团结。25日,农民党董时进来谈,劝其改名为农业学会,以符合其团体之实际。28日,王纪华来长谈。劝其留港专与实业家联系,亦将此意告于潘汉年。同日,民建谈话会在雪厂街455号四楼章乃器家举行。谈民建会之性质及会员以工商业家为范围等问题。

黄炎培3月2日出席香港工商界黄长水等邀宴。餐后演说,略述政协会议之前前后后,并谓中共之所以取得胜利者,由于能得人心。最后结论4点:(一)凡事符合大众利益者成功,反之则失败;(二)与为大众谋利益目的相合者合作,与相反者作斗争;(三)对外斗争,对内则应加强合作;(四)今后公私利益应配合兼顾,限制私人的利益,增进公共利益,以复兴残破之新中国。同日,盛丕华来访,再谈民建之性质和对象问题。告以最初发起经过,希望民建今后即以工商界为中心,仍盼勿遗弃文教界。5日,出席经济座谈会,提出如下两点意见:(一)从政治立场,须使工商业者有利可图;从教育立场,须劝人先公后私,公而忘私;二者非相反,乃相成;(二)对外贸易政策,须使民众不缺乏日用必需品,例如纺织业须使内地人人有裤子穿。8日,假李某家设宴,介绍申新九厂经理江上达、吴昆生与中共潘汉年、许涤新会谈。俞寰澄、王纪华作陪。谈定以下数事:(1)棉种急需补充,江上达允许购美棉种捐献;(2)暹罗愿与华侨合资设厂纺织,主张慎重考虑;(3)国内各厂再经一个半月,原料即将用完,希望早得解决。13日,李一平代表龙云再来长谈。关于北上后代表龙云之问题,龙云允以曾昭抡为助,并希望中共派华岗为赴云南与卢汉联系之代表。即转告潘汉年,并有所陈说。14日,辛德培来访,交阅民建会章程修正草案。以其主张会员专限于工商界,未能同意。(参见许汉三编《黄炎培年谱》,文史资料出版社1985年年版)

张君劢4月24日晚7时偕眷乘机自沪飞抵广州。25日,由广州转澳门,暂住澳门。居澳门期间,居正受李宗仁代总统之托,曾秘密访张君劢,敦请张君劢出任行政院长,张君劢闻言大惊,力辞不就。正谈话间,适李璜来访,也说君劢干不了。5月25日下午3时,中国反侵略大同盟(反共救国大同盟)在中山纪念堂举行成立大会。由民社党主席张君劢任主席团执行主席,主持开会,并致开幕词,说明筹盟缘起和经过,会议通过成立宣言和章程,最后以举手表决方式选举阎锡山为主席,张君劢、陈立夫、谷正纲、朱家骅等为副主席和一批委员。28日,雷震在家接待来访的万冽千,从其嘴里得知,张君劢不愿意去台北,因张君劢曾劝蒋介石下野,今蒋下野后,局势变得如此坏,该党自应负责。7月7日,张君劢、蒋介石、李宗仁、阎锡山、胡适、于斌、曾琦等政府及社会领袖发表《反共救国宣言》。12日,中共中央向各解放区发出取缔民社党、青年党的指示,宣布民社党、青年党为非法组织。9月20日,张君劢撰《新会白沙先生纪念集序文》。10月,在香港主持召开民社党中常会,决定支持国民党政府的反共政策。民社党党部随国民党政府迁往台北。同月14日,张君劢飞赴台北。谒晤蒋介石,考察台湾省主席陈诚所实施的三七五减租政策。民主社会党台湾党务,得颜钦贤、杨金虎等推展,颇著成绩亟待慰问。而民主社会党总部也由广州移台北,亦须视导,故15日至为忙碌。15日,《再生》在香港九龙复刊(香港版第1—2期合集,总第253期),此次为第四次复刊。由王厚生主持。在此期上发表《新会白沙先生纪念集序文》。16日,召集民主社会党中央常务委员会,检讨一切,决议继续反共并拥护政府反共及反攻大陆,此后主席不在台时,一切党务由中常委会议决议办理。同日,由台飞赴香港。11月1日,在《再生》(香港)第3期总第254期上发表《张君劢先生之时局谈话(赴印讲学前)》。(参见李贵忠《张君劢年谱长编》,中国社会科学出版社2016年版)

　　杨杰继续在西南从事策反与统战工作。1月22日,蒋介石被迫"引退",副总统李宗仁代理总统职务,电邀杨杰到南京共商国是,杨杰派了秘书陈复光当代表。陈复光回来报告杨杰,李宗仁非常迫切希望杨杰的合作。然而此时的杨杰已经认识到只有走真正民主革命的道路、社会主义的道路,中国才能真正独立富强、毅然拒绝与李宗仁的合作。6月,受中共中央电邀出席中国人民政协第一届全体会议,因故暂缓离滇北上。8月1日,杨杰应昆明新闻界编辑人联谊会的邀请,作了题为"国内外时事分析"的报告。9月9日,飞香港,准备北上参加新政协。19日,被蒋介石特务刺杀于香港。21日,中国人民政治协商会议开幕式上,通过了中国共产党代表团提出的临时动议,由主席团以大会名义向中国国民党革命委员会和杨杰将军家属致唁。(参见皮明勇、侯昂妤编《中国近代思想家文库·蒋百里、杨杰卷》及附录《杨杰年谱简编》,中国人民大学出版社2014年版)

　　董时进为首的农民党1月发表宣言,表示拥护中国共产党提出的8项和平条件。董时进4月自香港派代表来北平,谋求农民党作为参加新政协的单位。6月5日,中共中央统战部部长李维汉约见董时进,指出"农民党并不代表农民,而是地主富农利益,不能作为党派单位参加新政协,至于该组织中的农业技术人员可以为新中国贡献力量",董时进表示接受批评,于6月25日在北平发表《中国农民党停止党务活动致力于生产建设宣言》,宣称:"本党中常会议决,自即日起停止本党一切党务活动。号召全体党员一致在中共和即将成立的民主联合政府的领导下,将大家的学识技能和一切力量贡献出来,帮助新民主主义新中国的建设成功。"

　　邵荃麟仍居香港。3月在香港《大众文艺丛刊》第6辑发表《新形势下文艺运动上的几个问题》,文中指出当前是旧中国结束和新中国诞生的历史大转变时期,文艺面临三个问题,同时对未来的文学组织提出了自己的设想。在邵荃麟看来,未来的文学组织不能像"文协"那样松散,而应该是有着有力的组织能力的领导机构:"至于作家自己的组织,基本上当然应该是作家统一战线性质的组织。但它的内容,是要比过去充实了,在反动统治压迫下,像过去的'文协',一度曾经只成为同业工会性质的组织。在今后,这情形就不同了,作家的组织应该成为文艺运动和文艺思想上一个研究和领导的有力组织;它不单是作家联谊性质的团体,而是一个负起实际工作责任的团体。它不仅应该负起团结作家、领导文艺思想的责任,而且应该负责协助工农文艺运动和培养大批文艺干部的责任。第二,它的成员应该是真正从事于文艺写作或文艺组织工作者,不应再像抗日战争时期包括了一些名不副实的官僚绅士在内。第三,他应该保持高度的民主精神,而又建立起坚强的思想领导。"(参见王秀涛《第一次文代会与文联的成立》,《文艺争鸣》2019年第3期)

　　叶圣陶拟由上海往香港。1月5日,开明友人设宴,为叶圣陶饯行。7日,叶圣陶和胡墨林、傅彬然等秘密离沪,登永生轮赴香港。9日,舟泊基隆,游台北。11日,抵香港,住九龙德邻公寓,宋云彬夫妇、陈劭先夫妇来访。12日,夏衍来访,"所谈与士敏、云彬相同而加详。谓昨日又接北方来电,询余到否,一切尚待商谈,缓数日再决"。访金仲华,"仲华亦小心过分,谓余出来为佳,留沪不妥。余于此终未能深信。若不为有事可做,仅为避扰,决不欲有此一行也"。13日，邀高祖文到四川馆宴，遇夏康农等，"皆最近到港者也。抗战期间，一批人初集于桂林，继集于重庆，胜利而后，皆返上海，今又聚于香港，以为转口。余固不在此潮流之中。而事势推移，亦不免来此一行"。14日，陈原、李正文、宋云彬来访。15日，读毛泽东之文告，柳亚子夫妇来访。16日，云彬来，导余与墨及彬然渡海访荃麟夫妇。然后至乃超寓所聚餐，晤潘君、方君、周而复、夏衍诸位。17日，迁九龙饭店。18日，"应新中国书局之约，谈编辑小字典事。主其事者为陈原，荃麟亦与闻其事。"19日，朱智贤、陈此生来访。21日，访务实中学。22日，夏衍来谈北上事。23日，夜应徐伯昕、邵荃麟、陈原等之招，宴于红星酒家，谈出版编辑方面事。24日，观苏联影片《西伯利亚史诗》。25日，楼适夷、刘湖深等来访。26日，应张骏祥、白杨夫妇之招宴。28日，到郭沫若之寓所，出席除夕晚会。31日，应《华商报》主持人邓文钊之招宴，同座有陈叔通、马寅初、张翔伯、盛丕华、吴羹梅、俞寰澄、廖夫人、方方、潘汉年等。

　　叶圣陶2月1日应邀访僧人巨赞、觉光候。2日，种牛痘，"此系北上之准备，如在北朝鲜登陆，即需用此证明书"。访阳翰笙。3日，应邀出席香港文协欢迎新来港诸友之同乐会，致辞。4日，初识王亚南。5日，杨慧修、张志让、巨赞和尚来访，"巨赞和尚示余其所拟改革佛教组织之计划"。7日，应方志勇之招宴，谈其书局所编南洋教科书之事。8日，文化供应社开社务会，出席旁听。9日，出席学术工作者协会香港分会之宴会，谈叙甚欢。10日，与杨东莼谈青年教育问题。11日，"与彬然冒雨出门，至荃麟所，观北方来之各种出版物。有友人三十许会集，共谈对此等出版物之观感"。12日，"仲华来谈，论及中共之优点在知过而改，能深察客观情势，且不惮批评。余深然其言"。13日，应港九教师福利会之招宴，致辞；应周而复及吉少甫之招饮，商文艺小丛书之编辑计划。14日，朱智贤、林焕平、张君来访。15日，作《谈谈写口语》，与陈原谈编辑和香港学校教育。16日，访章元善，共游浅水湾。17日，看苏联片《以血还血》，仅映开头一部分即被官方禁止，叶圣陶极为愤慨。18日，章元善偕马季明来访。19日，至太古码头迎郑振铎，彼此相见甚愉悦。于是同返九龙酒店，振铎赁得一房间，在我室之右。访夏衍。20日，至汉华中学，参加教育座谈会，致词。21日，徐铸成、陈钦源来访。22日，至达德学院开座谈会，作演说。23日，与《文汇报》社编辑部同人谈报纸应注意之点。24日，"柯灵作东，为我人饯行。……与家宝谈话，不记所言为何，总之衷有所感，至于流泪。"25日，迁大中华旅馆。26日，迁至大同旅馆。（参见商金林编《叶圣陶年谱》，江苏教育出版社1986年版；陈福康《郑振铎年谱》，三晋出版社2008年版）

　　郑振铎2月15日一早携女儿郑小箴乘盛京轮南下。行前，又匆匆致刘哲民一函，对上海出版公司诸事补充作指示，鼓励他说："公司前途希望极大，决不趋时，而基础一定可以很稳固。"王伯祥日记："西谛偕其女小箴今日乘太古盛京轮赴港，纯嘉送行。"叶圣陶日记："今日报载上海白色恐怖复炽，又有开名单准备捕人之消息，相识者且有被捕者。铎兄迟迟其行，迄未见到，深为悬念。"16日，叶圣陶日记："今日接洗公电，言铎兄已动身，十九日可到。"19日，叶圣陶日记："与彬然过海，至太古码头，振铎所乘之盛京轮已到埠。士敏上轮寻访，未几即见振铎偕其女出。彼此相见甚愉悦。于是同返九龙酒店，振铎即赁得一房间，在我室之右。徐伯昕邀午餐，以振铎为福建人，特觅一闽菜馆。饭后，陪铎访家宝、以群、翰笙，皆未遇。"约中旬，张叔平假托郑振铎缺旅费而出售郑在抗战时期卖给他的一批书。22日，叶圣陶日记："上午周钢鸣来，导我人至达德学院。一行有墨与铎兄父女及萧乾。车行一点钟，车颇不舒，弥觉吃力。十二时到达德。先我人而至者有曹禺、以群、适夷、马思聪、东山、张瑞芳等人。一时午餐。一时半开座谈会,全院学生二百余人俱入座,外有院中教师多人。其会场曰民主会堂,木屋五大间。余先演说,凡两点:一、文艺勿为社会科学之例证与文艺理论之演绎。二、文艺创作必注重语言文字。以次外来诸人均演说,以曹禺之言为可听。马思聪拉小提琴一曲,大受欢迎。四时半散会,枯坐三小时,疲矣。乘汽车而归,又大疲劳。"同日,郑振铎致刘哲民一信,告以"途中走了四天,在基隆停了一天",并对出版公司的工作表示关心。24日晚,中共驻港代表潘汉年、方方、许涤新、夏衍举行晚宴,招待黄炎培、陈叔通、马寅初、张志让、沈体兰、俞寰澄、包达三、郑振铎、张絅伯、盛丕华等,征询对国民党战争罪犯名单的意见。25日,中共香港地下组织为保证郑振铎等人的安全,又安排他们搬迁。

郑振铎2月26日在香港致巴金、章靳以、康嗣群、陈西禾信:"临行匆匆,未能告别,歉甚!到此后,心境殊为轻松!……之琳兄已见到,吴性裁也已谈过。关于研究宋代服饰事,他也颇能了解,请西禾兄和王天木兄积极进行。……老巴出书的劲儿,大家佩服之至。……《文艺复兴》事,请靳兄多多帮忙。……嗣群兄想已开始办公。在此和柯灵、伯郊谈及,他们都很起劲,愿意设法在此多招股本,惟稿子须设法多拉些耳。"同日,致顾廷龙信:"临行匆匆,未及造府告别,歉甚歉甚!……玄览堂三集事盼兄鼎力主持,如不能续印下去,则仅此四十册亦可成书,乞商之慰堂兄为荷。"又致刘哲民信,谈为上海出版公司招股等事,并附致唐弢、李健吾信。致王伯祥信。同日,叶圣陶日记:"除晨出购物外,竟日未出。以此行略带秘密性,防为人注意。行李以晚六时上轮船,而我等之旅舍又得更换。八时,迁至大同旅馆。其陈设益简陋,然较静。曹禺与其邓小姐亦来居此,于是我们一群凡八人。"宋云彬日记:"昨李实(罗雁子)来告,今日可登轮,嘱先赴大中华旅社,与圣陶、彬然等会集。晨十时渡海赴大中华旅社,圣陶等已先在。因避人耳目,到旅社后即未出门。下午9时许李实来告,今日搬行李上轮时因件数过多,颇受人注意,此间目标已显露,须迁移他处,明日方可登轮也。即由吴逊舟导往大同旅社,辟三室,余与彬然同一室,圣陶夫妇同一室,余一室较宽大,则振铎父女与万家宝(曹禺)夫妇居之。"(参见陈福康《郑振铎年谱》,三晋出版社2008年版)

曹禺编导之《艳阳天》1月11日在香港"利舞台"试映,招待文化艺术界,到场者颇众,评者认为"技巧堪赞美,主题有商榷"。14—17日,曹禺编导之《艳阳天》在香港"利舞台"隆重献映。22日,香港《华商报》"文化艺术"栏刊消息《万家宝闭门读书》:"曹禺(万家宝)自编导《艳阳天》后,因此片引起各方批评甚多,现在沪发奋闭门读书,以冀希搞通思想。"2月1日,《世界》月刊第3卷第8期版权页显示:曹禺与巴金、田汉、李健吾等61人为该刊执笔者。9日,经由中共地下党安排,曹禺与张瑞芳同机离开上海抵香港。据张瑞芳《我的影剧生活回顾》(《影星独白》)回忆:"一九四九年二月八日,我和曹禺同乘飞机飞到香港。叶以群同志笑吟吟地到机场来接。……到香港之后,曹禺第三天就去了北平,我则于一九四九年三月和阳翰笙、于伶、柏李、特伟、廖瑞群、丁聪、秦葳、陆志庠等同志同船去北平。"又据《苦闷的灵魂——曹禺访谈录》回忆:"我到解放区的前前后后,有两个人知道,一是曹末风,一是金山,可以问问他们,金山还是了解的。我和张瑞芳一道走的。我和叶圣陶曾经听过他们介绍解放区的一些情况,现在记不清在什么地方了。""到解放区前,我们在郑振铎那里大吃饱餐,还有靳以。不是一块走的,都是地下党安排的,否则,一是票买不到,二是过不了那一关。金山有个哥哥,是社会局的局长,也在帮忙。"15日中午12时半至4时,留港剧人包括电影、话剧、粤剧、平剧等400余人在香港石塘咀金陵酒家四楼举行盛大的茶会,庆祝戏剧节。欧阳予倩、蔡楚生、阳翰笙、史东山、夏衍、曹禺、章泯、苏怡、洪遒、张骏祥、马师曾等10余人在掌声中被选为主席团登台。会上曹禺发表热情洋溢的讲话,他说:"摸索一条道路,而尤其是摸索一条正确的道路是不容易的。""进步不是一天二天要求得到的,学习二字也不是说说那样简单,老百姓希望我们作他们的好学生,戏剧工作者要真正接近人民与他们的生活,把自己当作人民的一个才行。没有真实的热情,不能推动工作,没有真正的理性,也不能指导工作,所以,当前的戏剧工作者,必须真正接近人民,才能感受他们的一切,才能使自己的作品成为人民大众的东西。"

曹禺《为着人民的号召》2月15日刊于香港《文汇报》第8版《戏剧节特辑》,同时刊出吴祖光、于伶、阳翰笙等人文章。曹禺题为《人民在号召着我们》刊于是日香港《华商报》"茶亭"副刊;题为《人民在召唤着我们》刊于12月31日重庆《大公报》。同日,香港《时代学生》第1卷第2号发表署名善秉仁《关于曹禺的戏剧》。文章分"小传""作品的评价""曹禺剧作技术方面的疵病"和"曹禺剧作的道德价值如何"四个部分。文后附"编者按:曹禺先生最近已由沪抵港,继续从事电影编剧云"。16日,《星岛日报》刊《庆祝戏剧节——三百多个戏剧工作人员昨天举行盛大的联欢会》报导了昨日的"戏剧节联欢大会"。文中特加小标题"曹禺演讲很动人,像他的剧本对话",讲述了曹禺出席这次联欢会的情况:"曹禺先生也出场,他来到香港不久,昨天是在第一次公开发言,使许多受了他制作《雷雨》《日出》那种反抗精神影响的青年戏剧工作者,特别兴奋,曹禺的演讲,无论在声调和言辞方面,所表现的热情漂亮,正如他所写的那些剧本对白一样动人,他把他最近所想的问题告诉大家,说中国的戏剧工作者,今天要由一个已经腐化崩溃的社会环境中,迈进到一个光明灿烂以人民为主人的新时代中,去为人民服务。"22日,曹禺在香港达德学院"民主会堂"参加与师生的座谈会并发表演说。26日,登船北上前夕,为保持行动隐秘,曹禺等转移住处到大同旅馆。(参见田本相、阿鹰编著《曹禺年谱长编》,上海交通大学出版社2017年版)

梓甫、潇然、逸君、蔚夫、达之、违君、慕云(即夏衍等)1月19日在香港《华商报》"茶亭"副刊刊《惑与不惑——评〈艳阳天〉》。文中说:曹禺在"惑"。或者说,曹禺至今还未到达"不惑"的境地。这表现在他的主观愿望与客观事物发展规律的矛盾上。从梁专员到北京人,到阴魂不散和法庭,我们眼看着作者一次再次地移植这些奇葩异卉,又一次再次地看着这些花卉不崇朝便被摧折和腐蚀。尽管像勤奋的园丁那样,他诅咒过荆棘,斥责过毒虫,但并未损荆棘毒虫于毫末,因为他们明白这园丁还没有发现如何把它们从根铲除和捕杀的方法。而从这一次再次的徒劳中间,我们又看出作者在一步步退却。从现实中稀有而当可有的好官,退到了拜物观念的北京人,再退到理想的法庭。客观事物在飞跃发展,作者的主观观念却在背道而驰,这是深可惋惜的。……作者是向以布局严谨见长的,但在《艳阳天》里,我们却觉得故事组织的松弛。比如阴董修出门三个月,这对于故事的发展,似乎没有显著的必要。作为斗争对象的大汉奸金焕吾,也只著了浮光掠影的几笔。就导演艺术上讲,对于一个初试其锋的工作者,我们已看出了他的匠心和才能。例如阴兆时痛论是非一场,以及无米为炊一场,导演为了强调,为了避免单调,处理上是颇费匠心的。但另一面,也有由于技巧的不够熟练,没能把戏的情绪价值发挥到极致的。例如阴草修诉说孤儿苦况,直至翘颠跌倒地上的一场,以及阴兆时被殴回家,独坐敲渔鼓的一场戏。过去和现在,作者曾获得了众多观众的爱好。但未来那即将到来的时日,那全新的时代,在前面招手,我们深深地

希望作者跃进,到达不惑的境界。(参见田本相、阿鹰编著《曹禺年谱长编》,上海交通大学出版社2017年版)

司马文森1月5—6日在《华商报》连载长篇小说《海外寻夫记》,作品描写了在海外生活的三个中国女性的不同遭遇。当时正面临全国解放的前夜,时局变动很大,致“使这作品在写作时,情绪上受到不少波动”,“原先的计划,也不能不因之而有了更改”。后曾改编为电影剧本,名为《海国相思》,后未拍成片。1月7日至4月1日,陆续发表新少年写作讲话,后收入《新少年写作讲话》,由香港智源书局列为新中国儿童文库第一辑于同年8月出版。28日,在《文汇报》发表《不能忘却的印象》,回忆童年在家乡的一段经历。29日春节,参加文协香港分会借九龙塘小学举行的会员联欢大会。2月5日,在《文汇报》发表《致菲律宾一读者》,回答菲律宾华侨读者对《南洋淘金记》的提问。3月中旬,参加在金陵大酒家由香港戏剧工作者,电影工作者,文化工作者举行的戏剧节庆祝大会。与会者还有欧阳予倩、蔡楚生、曹禺、阳翰笙、史东山、苏怡等,会中有中艺的演出《阿细跳月》等助兴。30日,在港文化界人士发表声明《抗议古物外运》,司马文森、林焕平、柯灵、黄谷柳、杜埃等67人签名。4月2日,在新加坡《南侨日报》发表的《香港文化界与新闻界为文萃事件控告蒋帮特务凶徒》,上有司马文森等百余人签名。中旬,在香港《华商报》《文汇报》《大公报》读友“保卫世界和平签名”中有司马文森及其全家的签名。6月4日和5日,发表《论粤语片清洁运动》,兼论古装民间故事片能不能拍等问题。5日,参加在尖沙嘴举行的香港文化工作者暨华南电影工作者的盛大叙餐会,到会的还有邵荃麟、洪遒、欧永祥、苏怡、吴楚帆、罗品超、卢敦、莫康时等。

司马文森6月20日至10月在《文艺生活》发表《论文艺通讯员运动》及《论文艺通讯员的修养》,后收入《论文艺通讯员运动》,由香港智源书局出版。认为只有文化和工农结合,才能保障新中国和平建设的胜利完成。提倡开展文艺通讯员运动。“翻了身的工农兵要有自己的文化,要有自己的文艺,要有自己的知识分子,诗人和小说家。”6月30日,因工作及交通关系等原因未能出席第一届全国文代会,出席留港的中华全国文学艺术工作者代表大会(简称第一届全国文代会)代表举行的庆祝茶会。出席茶会的还有叶以群、葛琴、王琦、黄宁婴等。会上通过了贺电,祝贺大会的召开,拥护大会团结进步的精神并表示愿为建设新民主主义的文学艺术而努力。会上还讨论了文协的性质、方针、工作等。上半年,在香港《大公报》《星岛日报》《小说》月刊上陆续发表短篇小说《结合》《运输队》《扒手》《刘筱秋》《血苗》等及活报剧《告地状》,并在《文艺生活》上发表大量评论文章,包括《文艺工作者怎样迎接华南解放》《成功了的尝试》《该不该有职业作家》《请大家来参加批评工作》《“留学”》《谈“全国性作家”》等,提倡“方言文学”“纪录文学”。7月—12月,司马文森主编的《文艺生活选集》一套6册陆续由香港智源书局出版。7月15日,在《文艺生活》发表《记夏衍》,收入《人民作家印象记》。9月5日,司马文森和柳亚子、茅盾等离港赴京参加9月21日举行的第一届中国人民政治协商会议,为《共同纲领草案整理委员会》委员。该委员会委员还有周恩来、李任仁、章伯钧、许广平、沈志远、严希纯、许德珩、区梦觉、杨成武、罗瑞卿、钱信忠、赖少其、罗荣桓、陈漫远、朱学范、邓颖超、钱俊瑞、邓初民、程潜等51人。召集人:周恩来。秘书:宦乡。

司马文森10月1日参加开国大典。在政协会议期间和参加国庆活动期间利用休息时间,写下大量散文、报告文学寄回香港。10月18日起至11月20日,在香港《文汇报》上连载"北行书简",后收入《新中国的十月》,由香港(广州)前进书局出版。25日,由北京回到香港。11—12月,在香港《大公报》连载报告文学《我自北京归》,较有系统地向海外报导了他在政协会议期间的所见所闻。11月6日,参加香港各界组织的回国观光团到广州观光并参加庆祝解放大会,为文化艺术队领队。参加该队的有电影工作者、作家、音乐、绘画、戏剧工作者共40人。这是司马文森阔别广州三年后头一次故地重游,感触殊深,曾在《会师记》中缅怀往事。11月10日,在《文艺报》发表工作经验总结《华南的文艺通讯员运动》。中旬,从广州回到香港后,和洪遒、马国亮、卢钰、陶金、冯喆、齐闻韶等在韩北屏家聚会,集体创作大型活报剧《人民万岁》。全剧共分三幕,第一幕由司马文森执笔。下旬,由香港影剧界联合演出,马师曾、李丽华、陈娟娟、周璇、王为一、黄宛苏、吴楚帆、顾而已、刘琼、舒适、韩非、严俊等参加了演出。12月11日至次年1月底,在广州参加华南文学艺术联合会筹委会会议,被推选为常务委员。并与欧阳山、周钢鸣、林林等轮流为华南文联筹备会和广州市军管会文教接管部文艺处联合举办的《青年文艺讲座》主讲。同月,长篇小说《南洋淘金记》由香港大众图书公司出版,为司马文森的代表作之一。在东南亚华侨界引起较大反响,很快又出第二版。是年,开始从事香港电影工作,在《大公报》《文汇报》上发表大量关于粤语电影工作的评论文章,大力推动香港进步电影事业,并负责中共香港电影工作;主编《新中国儿童文库》第一辑共10册,由香港智源书局出版。内容包括童话,寓言,故事,历史,地理,社会,人物传记,科学常识,生活知识等,"为胜利后第一套最富现实性,最新颖,最丰富的儿童丛书"(智源书局介绍),郭沫若为该丛书作序。(参见杨益群《司马文森年谱》,《抗战文艺研究》1985年第2期)

苏雪林4月28日经天主教上海教区高乐康神父推介,香港天主教真理学会师人杰神父同意,该学会决定聘其来香港担任编辑,负责公教报纸、杂志、书籍的出版。同日,整理自武汉大学带至上海的书籍、手稿、历年的日记等,装入一大木箱中,存上海夫家巨泼新村12号B座。30日,与在沪文友赵清阁女士探望徐志摩遗孀陆小曼。5月2日凌晨,乘招商局"海菲号"赴港。联想到自二月来沪,淹留三月,年过半百,终要告别亲人出走异地。凝视滔滔江水,前程渺茫,不禁黯然神伤!5日午后,船抵香港。真理学会师人杰神父派学会沈庆平与公教女作家诸正瑛女士登船迎接。香港真理学会在港岛干诺道,交通甚方便。学会主持者师人杰神父为意大利人,华语、华文皆娴熟。该学会日常编务是以编辑、印刷宗教书籍为主,并办有周期性刊物,一为《公教报》,中文版由中国人编辑,英文版由奥国某小姐编辑;一为《时代学生》,专供中学生阅读,主编者为广东籍程野声神父。分派给苏雪林的工作是为真理学会撰写稿件,为《时代学生》每月撰文一篇,为公教出版的重要书籍写序文及评介文字,同时将序文、评介联系刊于外界报刊,还要审阅、修改各处教友寄到学会的稿件,联络出版机构,予以承印、出版。每日仅上午赴学会上班,并提供早餐,编辑费港币每月350元。31日,受师人杰神父之托,开始用白话文翻译法国里修的《圣女德兰自传》。而《圣女德兰自传》又名《灵心小史》,1928年马相伯曾以文言翻译出版。由于马译的《灵心小史》未能照原作法文本子,且多有删削,故教会中人希望能重译。

苏雪林7月8日赴香港思豪饭店参观高奇峰弟子赵少昂、韩默深扇面展,果然奇妙。特在日记中记述:"中国绘画到了高奇峰出来,向前大跨一步,其弟子关山月、黎雄才、赵少昂等,较师之成绩尤为奇伟。昔人谓古文有'天下之美,萃于桐城',今余于画亦可谓'天下之美,萃于岭南'。盖诸氏之作,笔力苍劲,设色秀丽,光线浓淡尤佳,且能融中西笔法于一炉,齐白石、徐悲鸿不能及也。吴昌硕以隶篆入画,则书法而已,非画法也。画之正宗,不能不推高派矣。"8月20日,武汉大学中文系教授李儒勉、蒋师道赴英国学术交流,回国前,受学校当局指派,专程至香港真理学会探访苏雪林,力劝她回武大任教,苏思之再三,权衡利弊,婉言拒绝。购买一块进口衣料,托李、蒋带给好友袁昌英。23日上午完成《陆徵祥传》五校,此传连校五次,费去不少时间与劳力。下午,撰《方君璧女士的画》。9月3日,与《星岛日报》记者章秋水赴九龙,访亚洲文商学院钱穆,直接赴广州尚未回九龙,遂改访姚克夫妇。8日,《圣女德兰自传》已译完,全书由法文原著译出,计12章约10万言。自5月31日开始至今,费时三月有余,暂定名为《一朵小白花》,此仅是初稿,尚须斟酌字句,修饰完善,方可定稿。10月13日,开始撰写罗光著的《陆徵祥传》的书评。23日,撰文评论吴经熊翻译的《圣经》。书评指出:"吴先生独立所译的《新经全集》,又公开于世界人士之前了。他翻译本书时,参照英、法、德、意、希腊、拉丁各种最正确的译本,中国基督教及天主教各种译本也无不搜罗,并博览梵蒂冈教廷图书馆所宝藏的古代手抄本多种,又采纳无数注释家的意见,与当代圣经学者反复商讨,费去了几年的精神气力,而后将全部新经翻译完全。这是吴先生继《圣咏集》以后的伟大的贡献,也是近代翻译史上最周详谨慎,最魄力磅礴的工程。"此稿誉清后,寄《星岛日报》副刊主编叶灵凤,他是上海美专学生,后参加创造社,也办过刊物,是从前在上海认识的作家。12月2日,开始撰写《中国传统文化与天主古教》长文。(参见沈晖编著《苏雪林年谱长编》,安徽文艺出版社2017年版)

卢作孚4由香港飞抵上海,与中共上海地下党接触后,由上海飞抵重庆。5月7日,与晏阳初、蒋梦麟等人,由重庆飞抵广州,拒绝阎锡山内阁交通部长一职,离开广州赴香港。5月至次年2月,为营救滞留台、港轮船,在港工作9个月。在此期间,与中共驻港机构联系,接触中共代表张铁生。下半年,往返于重庆香港之间。周恩来通过黄炎培传达欢迎卢作孚早日从香港回到内地的指示。卢作孚多次接触张铁生,表示愿意回国。(参见王果编《中国近代思想家文库·卢作孚卷》及附录《卢作孚年谱简编》,中国人民大学出版社2014年版)

易君左先去台湾,后赴香港,历任珠海学院教授、"美国救济中国知识分子协会编辑所"文艺组主任、《星岛日报》副刊主编、浸信会学院教授兼中文系主任等。

简又文去香港定居。曾受聘为香港大学东方文化研究院研究员。

罗香林迁居香港,历任香港大学、中文大学教授、香港中国笔会会长。

陶大镛在香港任达德学院教授、《文汇报》经济周刊主编,后赴东北解放区。

李今英赴澳门岭南大学任教。

胡秋原去香港,任《香港时报》主笔。

唐纳任香港《文汇报》总编辑。

潘公展去香港,创办国际编译社。

周异斌在香港创办辅仁学院。

费穆赴香港创办龙马影片公司。

陈寅恪1月16日携眷自上海乘招局秋瑾号客轮赴广州。19日,抵广州渔珠码头,陈序经校长派罗秘书乘岭南大交通船往迎。船到学校,受到陈序经、王力、容庚、冼玉清、李沧萍诸教授及文学院众多师生欢迎。随即搬进校内西南区52号宿舍。20日,《岭南大学校报》第91期立即登出陈寅恪到校消息,介绍陈寅恪简历,并指出本校王力院长亦出其门下。24

日,杨树达来访。约在 2 月间,华北大内部,曾为准备接管北平文教部门组织讨论。讨论中,还以如何对待陈寅恪问题为例,有过分歧。3 月,罗香林来访。6 月,南京政府行政院迁广州,教育部长杭立武多次派人劝说陈序经动员陈寅恪离开大陆,均遭拒绝。又劝"先到香港看看情形再说",亦遭谢绝。夏,由于南方济崩溃,物价飞涨,金圆券狂跌,民生涂炭,教授们终日为生计发愁,为一日三餐担忧,根本无法安心工作。陈寅恪乃作《哀金圆》(载《清华文丛之二·陈寅恪诗集附唐寅诗存》,清华大学出版社 1993 年版)诗,以抒愤。诗曰:"赵庄金圆如山堆,路人指目为湿柴。湿柴待干尚可爨,金圆弃掷头不回。盲翁击鼓聚村众,为说近事金圆哀。是非不倒乃信史,匪与平话同体裁。睦亲坊中大腹贾,字画四角能安排。备列社会贤达选,达诚达矣贤乎哉? 进位枢府司国计,币制改革宁旁推。金圆条例自手订,新令颁布若震雷。金银外币悉收兑,期限迫促难徘徊。违者没官徒七岁,法网峻密无疏恢。更置重赏奖揭发,十取其四分羹杯。子告父母妻告婿,骨肉亲爱相仇猜。指挥缇骑贵公子,闯户掘地搜私埋。中人之产能值几,席卷而去飙风回。又以物价法制限,狡计遂出黄牛魁。嗾使徒党强争购,车马阻塞人填街。米肆门前万蚁动,颠仆叟媪啼童孩。屠门不杀菜担匮,即煮粥啜仍无煤。人心惶惶大祸至,谁恤商贩论赢亏。百年互市殷盛地,怪状似此殊堪骇。有鳌作苦逾半世,储蓄银饼才百枚。岂期死后买棺葬,但欲易米支残骸。悉数献纳换束纸,犹恐被窃藏襟怀。黄金倏与土同价,齐高弘愿果不乖。王玙婿鬼尚守信,冥楮流用周夜台。金圆数月便废罢,可恨可叹还可咍。党家专政二十载,大厦一旦梁栋摧。乱源虽多主因一,民怨所致非兵灾。譬诸久病命未绝,双王符到火急催。金圆之符谁所画,临安书棚王佐才。盲翁说竟鼓声歇,听众叹息颜不开。中有一人录翁语,付与好事传将来。"

陈寅恪是年夏接待俞大绂、程靖宇先后来访。7 月,姜立夫教授随中研院数学研究所迁往台湾已有半年之久,经陈序经精心安排,以"家有急事"到香港。陈序经立即请姜立夫到岭南大学任教,并为之增设数学系,俾出任系主任。姜立夫曾在天津南开大学独立支撑数学系多年,英才辈出。8 月,《散原精舍文集》17 卷由上海中华局印行,全二册。目录后有陈寅恪跋语。秋,清华大学来电嘱即返校任教,陈寅恪当即复电,其文云:"因岭大关系难即返,函详。"10 月 25 日,陈寅恪致叶企孙、吴晗函云:"即弟在岭大其薪水系向华侨募捐而来,岭大当事人曾向捐款人言,在此聘约期内弟不他往。故弟今夏受其一年聘约时,已同意此点,以免岭大失信于人,此弟所以不能即返之最大原因也。又北地苦寒,煤炭火炉设备等,耗费极巨,值此时艰,北地此项御寒工具,恐亦更难与昔比,弟性畏寒,兄等所夙知者也。又第二小女小彭,今夏已考入岭大农学院,岭南规章,每一学生之学杂等费,其数甚巨,约合数百美元,惟教员子弟,可以优待。若弟一旦他去,小女又不能中途转学,则亦颇困难,此等又其小原因也。遭此兵戈之际,累承诸友关念,感激之忱,何可言喻! 实有苦衷,未能遵命即返,想亦能蒙鉴原者也。"12 月,陈寅恪在《岭南学报》第 10 卷第 1 期发表《白乐天之思想行为与佛道之关系》。文中认为白居易虽然晚年皈依佛教,实际上他与道教关系更为紧密,是一个"老学者","其趋向消极,爱好自然,享受闲适,亦与老薛有关者也",之所以如此,"不能不于其家世之出身,政党之分野求之",盖"当日士大夫之政治社会,乃老学之政治社会也,苟不能奉老学以周旋者,必致身败名裂"。同期还载有陈寅恪《论元白诗之分类》《元和体诗》《白乐天与刘梦得之诗》,陈槃《谶纬命名及其相关之诸问题》《汉晋遗简偶述续稿》,容庚《飞白考》等文。(参见卞僧慧纂《陈寅恪先生年谱》,中华书局 2010 年版;王学典《20 世纪史学编年(1900—1949)》,商务印书馆 2014 年版;吴定宇主编《中山大学校史(1924—2004)》,中山大学出版社

2006 年版)

陈序经 6 月 20 日在《岭南大学校报》康乐再版号第 100 期发表丘维清笔录《第卅届授予学位典礼陈校长训词》。陈氏对毕业生曰：到社会做事，不要像在校那样抱过高理想，应只求尽责做事，继续学问上的修养。8 月，陈序经正式接任原校长李应林职位。9 月 10 日，《岭南大学校报》康乐再版号第 101 期刊登《卅八学年度开学典礼陈校长训词》，曰："教育本来是百年大计。一年以来，因为学校行政的调整与校舍的修建，用了不少时间。虽则这种工作是一个大学必具的条件，然而大学的目的既在于寻求知识与发展高深学问，我们希望我们不要当这些条件为目的，而忘记了我们的主要任务。加强我们在学术上的工作，使岭南不只成为国内一个学术中心，且能成为国际上一个学术的中心。"是年，陈序经重组医学院，建立商学院。在国民党实施"抢运学人"计划时，劝服大批国内外知名教授留校，并动员西南联大毕业生由美国到岭大任教，拒绝岭大迁港。出版《越南问题》(岭南大学西南社会经济研究所)、《社会学的起源》(岭南大学西南社会经济研究所)、《大学教育论文集》(岭南大学)。（参见田彤编《中国近代思想家文库·陈序经卷》及附录《陈序经年谱简编》，中国人民大学出版社 2014 年版)

梁方仲因母亲病回穗侍亲，应聘任岭南大学经济商学系教授兼主任，并开办岭大经济研究所，招收研究生。发表论文《明代黄册考》《易知由单的研究》《明代一条鞭法的论战》《明代一条鞭法年表》。其《明代黄册考》依次讨论了 12 个问题：一、黄册的早期历史及其作用，二、黄册的由来，三、内容与格式，四、黄册与鱼鳞图的关系，五、编制与申解的手续，六、大造及其费用，七、造册人员及监造官员，八、后湖查册职官人员，九、后湖管册职官及晒册人役，十、黄册库架与黄册的数目，十一、清查及保管的费用，十二、造册不实的科署。后刊于次年 6 月《岭南学报》第 10 卷第 2 期。《明代一条鞭法的论战》主要讨论了以下问题：一、一条鞭法以前的赋役制度，二、一条鞭法述要，三、一条鞭法论战的经过，四、赞成派的理由，五、反对派的理由，六、结语。文中最后云："总结以上所言，一条鞭法在田赋史上的重要意义有二：一、摊丁入地的办法，初时使得无田的人对于徭役的负担愈来愈轻；以后变成没有田地的人，便不须负担徭役。这一种发展，至迟到了清代中年，已经全国完成，并且演至丁税完全取销，人民对于国家更不须负担徭役的义务或人头税的缴纳，此种情形直到今日仍然。这是最关重要的一点。二、自摊丁入地的办法盛行以后，一切苛捐杂税，凡可以由田赋负担的莫不尽量摊入田赋以内，大开田赋附加的方便大门，给明清以迄民国的财政史上写下最黑暗的纪录和一笔烂胡涂账。"后刊于 1951 年《社会经济研究》第 1 期。

　　按：梁方仲又有《明代一条鞭法年表·后记》。其主体部分原为《明代一条鞭法年表》，作者将其从明清文献中辑出的有关条鞭法在各地施行的记录共 287 条，依年代先后排列制成年表，对了解一条鞭法施行之经过有极大的参考价值。《后记》对一条鞭法的社会意义作了极为精辟的讨论。后刊于 1952 年 12 月《岭南学报》第 12 卷第 1 期。（参见刘志伟编《梁方仲文集》及《梁方仲先生学术编年》，中山大学出版社 2004 年版)

容庚 1 月 19 日与王力往黄埔接陈寅恪先生夫妇来岭南大学任中文、历史两系教授。6 月 13 日，举行毕业典礼。中文系有梅冬华、黄迪和、郑宝琪、陈玉珍、黄绮霞 5 人，皆为女生。10 月 14 日，国民党军撤出广州，炸毁海珠桥。学校动员师生 400 余人防守学校。9 时解放军入广州。12 月，修正《飞白考》登《岭南学报》第 10 卷第 1 期。（参见东莞市政协编《容庚容肇祖学记》，广东人民出版社 2004 年版；王学典《20 世纪史学编年(1900—1949)》，商务印书馆 2014 年版)

王力继续任教于岭南大学。春，广州《中山日报》刊载国民党在广州召开反共宣传会议纪要,其中有一条决议是由王力担任翻译法国反共文章的负责人。王力事前毫无所知,见报后亲临《中山日报》社,对这种强奸民意的做法提出质问和抗议。10月,广州解放,王力被选为广东省第一届人民代表大会代表、广州市人民代表大会代表。是年,小品文集《龙虫并雕斋琐语》由上海观察出版社出版。《语法问答》刊于《国文月刊》第76期;与钱淞生合作《东莞方音》刊于《岭南学报》10卷1期。(参见张谷、王缉国《王力传》附录《王力先生年谱》,广西教育出版社出版)

张纯明6月在《岭南学报》第9卷第2期发表《清代的幕制》。文中对"幕"的起源,清代"幕"的性质、种类、流品、特点,"幕与案例"等问题进行了探讨。同期还刊载有陈寅恪《从史实论切韵》《白乐天之先祖及后嗣》,李镜池《周易校释》,冼玉清《陈白沙碧玉考》,邵君朴《井田制度考》等文。(参见王学典《20世纪史学编年(1900—1949)》,商务印书馆2014年版)

陈可忠继续任中山大学代理校长。年初,广州物价狂涨,位居全国之冠。中山大学校内也是一片萧条,教授、员工及学生生活陷入窘境。中山大学教授在薪金难以维持全家生活的情况下,多次向当局提出调整待遇的要求。2月2日,该校教授会召开紧急会议,提出一次性透支3至7月份薪金,配给员生实物,政府南迁不得征用校舍等要求。会后,中山大学中文系主任孔德教授、著名农学家丁颖教授等6人,向教育部代部长陈雪屏陈述了教授们窘迫的生活现状,要求调整待遇。5日,国民政府行政院迁来广州。中山大学师生一致拒绝政府当局占用校舍,国民党当局最终放弃了迫迁中山大学的计划。3月17日,鉴于金圆券仍继续贬值,中山大学教授因生活陷入绝境,不得已于向教育部请愿,要求救济,否则全体请假。20日,中山大学教授在平山堂同德会召开大会,决定再次派代表向教育部请愿要求改善待遇,否则将于22日总罢教"待命"。21日,由校方答允略带调整,暂缓罢教。24日,因校长陈可忠未实践调整待遇诺言,教授们联合签名,决定由25日起至31日止,总请假"待命",并提出照原薪乘当地实际生活指数发给、日用物品全面配给等三项要求。中山大学教授的罢教行动得到了广泛的社会同情和支持。中山大学学生热情支持教授们的罢教行动。3月25日清晨,石牌第三宿舍门前,贴着一张特大的"号外",报道教授们的罢教消息。石牌几处要道,贴着支持罢教的标语:"老师们,我们支持你,你们要团结得更加紧!""争取,争取,努力和争取! 直到你们和全国受难的人民获得合理的生活待遇与你们不懈努力的工作再度被重视而后止!"27日,学生们节食1天,得米2000斤,支援及慰问教授。中山大学这股罢教风潮由广州波及至广西、北平、上海、四川等地,各大学纷纷高举起罢教的旗帜。4月18日,中山大学教授结束延续24天之总请假行动,并积极筹设师生员工生活互助会,决定自谋自救,以校养校。为展开"自救"及"自卫"运动,学校举行教授会、讲师助教会、职员会、工友会、学生系联代表会联席会议,筹组各单位联合会,并请当局发光洋及米粮应用。同月,国民党当局企图在撤离大陆之前将一些颇具名望的教授、重要的图书和仪器迁往台湾,中山大学理所当然成为其目标。在此情况之下,中山大学进步师生组成应变委员会,保护学校的物资和器材,确保教授们的安全。组织师生不放暑假,留守校内,以保卫校舍和贵重物资及维护师生的人身安全。尽管如此,中山大学师生仍不免受到迫害。

陈可忠代理校长6月离任,张云接任校长。7月,广州警备司令叶肇策动了迫害中山大学进步师生的"七·二三"大逮捕事件。7月23日零时,叶肇秘密派出便衣和军警1000多人包围了中山大学。这些人中,计有绥署特务60余人,广州市武警队约200人,另有警备司令部的武装士兵。2 时许,武装士兵将校园重重包围。4 时许,逮捕行动开始,士兵们拿着所谓的"黑名单"见人就抓,还没收了校应变委员会用以保护学校的 20 余支枪械。在教授住宅区,许多教授多年的积蓄和收藏品被强行掠走。张作人、萧伟信、张清鉴、贾国永、严卫明 5 位教授,以及容以焜、龙家富、张鸿发、周修启、郑启孝 5 位讲师、助教和职员陈瑞珊被捕。此次大逮捕捕去教授、讲师、助教和职员共 14 名,同学约 180 名,被捕者被禁闭在广州西村的秘密监狱,罪名是"私藏枪械,阴谋暴动,颠覆政府"。特务们将洗劫的财物一卡车一卡车地运走,还逼勒学校当局当众签署"并无损失及毁坏物品"的字据。此即著名的"七·二三"事件。事情发生后,处于地下活动的广州共产党组织,一面通过媒体,采用各种方式向社会揭露真相,一面积极设法营救被捕师生。在强大的社会舆论压力下,国民党当局不得不将被捕的师生分批释放。惟有最后两位——洪斯溢和赖春泉始终不允予保释,直到解放前两日,由家属和同学所组成的"七·二三"事件后援会凑钱,买通了有关人员,二人才得以释放。

张云任校长后,多次召开院系负责人会议,策划迁校于海南岛。他们指令学校各单位将东西装载成箱运往平山堂,进而再运往海南岛。但师生们坚决反对张云的搬校主张。面对广大师生的一片反对声,国民党当局仍然一再催促中山大学尽快迁往海南岛。反迁校的斗争随战争局势的发展而日益紧张。双方在迁校与反迁校的运动中呈相持状态。由于搬迁工程浩大,学校当局的预算达 90 万银元之巨,相比之下,教育部所拨的 4 万银元只能是杯水车薪。这样,在经费严重匮乏、全体师生坚决反对的情形下,迁校计划宣告流产。10 月2 日,时任中国人民解放军广州市军事管制委员会主任叶剑英、副主任赖传珠发布命令:任命李凡夫为接管国立中山大学军管代表。11 月 2 日,广州市军管会文教接管委员会在正式接管中山大学全体师生大会上宣布接管有关事宜。国立中山大学军管代表李凡夫到会讲话,阐明接管的方针是:"不光是恢复学校,而且要进一步地有计划有步骤地进行改革,使之成为真正人民的大学。"与之相适应,军事接管委员会文教接管委员会派驻中山大学联络小组负责具体的接管工作事宜,任命中山大学教授刘渠为联络小组组长,王越为副组长。接管学校的基本方针是维持原状,加以逐步改革。同时,中山大学也相应成立了"协助接管委员会",各学院设立分会,吸收熟悉情况、有政治积极性的师生员工参加。接管工作的首要任务就是在战争之后,迅速安定师生员工的心理和生活,为学校的复课在物质上、精神上做好充分准备,以重新恢复学校正常的秩序。联络小组作为学校临时的管理机构,分阶段循序渐进地做了大量工作,以最大限度挽回战争带来的损失,以让学校尽快步入正常的发展轨道。在石牌校本部,中山大学加强了治安保卫工作,恢复了交通和水电的供应,修整了校园和房舍,重新分配宿舍,一度转移出的图书仪器设备也陆续运回。及时发放了教师的生活费。学校还组织了学习运动,邀请了部分知名人士作时事和政策方面的报告。此外,中山大学还清理、盘点了校产。(参见吴定宇主编《中山大学校史(1924—2004)》,中山大学出版社 2006年版)

朱谦之 1 月 29 日将旧作辑成《比较文化论集》。6 月 15 日至 7 月 6 日,完成《庄子哲学》,附录《老子新探》。7 月 9 日至 10 月 2 日,完成《黑格尔哲学》,分四章:黑格尔及其时代、青年黑格尔的宗教研究、黑格尔的精神现象学、黑格尔的论理学,约 30 万字。11 月下旬,组织哲学系师生学习《论人民民主专政》。12 月下旬,学习"政协纲领"。24 日,参加座谈"斯大林与中国革命"。(参见黄夏年编《中国近代思想家文库·朱谦之卷》及附录《朱谦之年谱简

编》,中国人民大学出版社 2015 年版)

黄文山是年春到台湾,居台北数月。5 月,由台湾飞广州。7 月,抵达美国旧金山,在华侨中开展文化宣传。是年,所著《文化学及其在科学体系中的位置》经岭南大学校长陈序经推荐,由岭南大学西南社会经济研究所出版。此书是黄文山《文化学体系》中的重要一章,黄文山根据科学的分类,指出"文化学"在科学的体系中占有最高的位置,"科学的生长是依照如下的层次:解剖学、生理学、生理学的心理学、心理学、个人心理学、社会心理学与社会学,最后则为文化学"。又在《广州大学学报》发表《文化学的方法》。(参见赵立彬编《中国近代思想家文库•黄文山卷》及附录《黄文山年谱简编》,中国人民大学出版社 2013 年版)

陈安仁继续探索文化与历史问题。6 月 22 日,《国立中山大学日报》报道陈安仁所著《人类历史发展之中心问题》由新文化出版社出版。是年,又有《中国历史之转变与动向》由广州新运出版社。同年,陈安仁离开中山大学,任中央军校国文历史教授,在中山大学任教达 17 年多的时间。至此,陈安仁共出版 73 本著作,诸如《中西历史新研》《秦汉时代学者之人生哲学》《中国历史之转变与动向》《王阳明学术思想之研究》《中国近代史》《中国文化史》《中国农业经济史》《人类历史发展之中心问题》等,堪称著作等身。(参见吴定宇主编《中山大学校史(1924—2004)》,中山大学出版社 2006 年版)

杨成志继续任中山大学人类学系主任。1 月 3 日,中山大学人类学会成立。人类学系员生全部到会。杨成志主任主讲《本校对于人类学研究史略》,指出中山大学关于西南民族及民俗的研究在全国最早作出了贡献。卫惠林教授主讲《人类学史略及其方法》,对各国人类学发展情况介绍甚详。会上通过了章程并选出刘孝瑜等 5 人为常务干事。会后展览了以往的研究成果:民间读物 1500 余种,民俗期刊 100 余种,民族调查摄影数百帧。(参见吴定宇主编《中山大学校史(1924—2004)》,中山大学出版社 2006 年版)

岑家梧《中国艺术论集》1 月由清华印书馆出版,岑家梧对"艺术"进行了重新定位和释义,不仅将民国时期对艺术的关注范围拓展到建筑、绘画、雕刻等几乎所有视觉艺术上,并且将舞蹈、音乐等时间艺术也纳入艺术的研究范围。是年,岑家梧《西南民族文化论丛》由上海商务印书馆出版。岭南大学校长陈序经为此书作序,谓:"西南是原始文化的展览会,又是固有文化的保留所,它在人类学及文化史的研究是极其重要的。"(参见吴定宇主编《中山大学校史(1924—2004)》,中山大学出版社 2006 年版)

陈一百、郭一岑、余文伟、王书林、王越等 1 月 2 日出席在广州举行的华南心理学会成立大会,大会通过会章并选出 5 位教授组成理事会,中山大学陈一百、郭一岑、王越等 3 人当选,王书林当选为候补理事。7 月,陈一百调往广西南宁师院任院长。(参见吴定宇主编《中山大学校史(1924—2004)》,中山大学出版社 2006 年版)

林超时任中国地理研究所所长,曾任中山大学地理系主任并代理院长。1 月,为便利研究华南各省地理,中国地理研究所在中山大学内设广州工作站,学术上与本校(中山大学)合作,并借理学院地理学系办公。(参见吴定宇主编《中山大学校史(1924—2004)》,中山大学出版社 2006 年版)

丁颖继续任中山大学农学院教授。3 月,所著《中国古来粳籼播种栽培及分布之探讨与现在栽培播种分类法预报》由国立中山大学农学院农林研究委员会出版。7 月,所著《中国稻作之起源》由国立中山大学农学院稻作试验场印行。(参见吴定宇主编《中山大学校史(1924—2004)》,中山大学出版社 2006 年版)

张学尧继续任教于中山大学。1 月 18 日,《国立中山大学日报》报道张学尧《中国民事诉讼法》获国民政府考试院超等奖和奖金。（参见吴定宇主编《中山大学校史（1924—2004）》，中山大学出版社 2006 年版）

熊十力仍居广州。2 月，在徐复观、吴俊升等帮助下，《读经示要》由上海正中书局印成三卷三册线装大字本。在广州编定《十力语要初续》，汇集 1947 年秋至 1949 年春的论文书札及熊仲光的学佛札记《困学记》。又修订胡哲敷的《非韩》长文。胡哲敷三十年代曾在杭州听熊十力讲授《韩非子》，后撰成此文。熊十力再作改定，成《韩非子评论》。在徐复观等帮助下，《十力语要初续》和《韩非子评论》于是年底在香港出版。是年，与在港台的徐复观、唐君毅、张丕介、钱穆、牟宗三、胡秋原、柯树平等，及在四川的叶石荪等反复通函，亦与北大汤用彤、清华冯友兰、中央大学宗白华等通函，谋安身之处。其间，与徐复观产生矛盾、隔阂。10 月 25 日，郭沫若、董必武联名致电熊十力邀其北上。11 月 18 日，熊十力才收到郭、董电报，复信提出到北京后不做官、能讲学等。次年 3 月到北京，再任北京大学哲学系教授。（参见郭齐勇编《中国近代思想家文库·熊十力卷》及附录《熊十力年谱简编》，中国人民大学出版社 2014 年版）

杜国庠担任中南军政委员会委员、中共广东省委委员、广东省人民政府委员兼文教厅厅长。7 月，杜国庠《先秦诸子思想概要》由三联书店出版。此书《绪言》云：在中国学术的园地里，先秦诸子的思想，无疑地是第一批开出来的鲜艳美丽的花朵，其社会根源就在那个时代正是中国奴隶社会到封建社会的变革时代，"学术史上的'百家争鸣'，正好反映着社会史上的氏族贵族和新兴地主阶级的斗争"；"整个的先秦诸子思想，在客观上表现出了一种好象有机的组织的样子，——互相制约，互相依存，家和家之间，派与派之际，有着某些斩不断的葛藤。研究诸子的思路必须'知人论世'地从这些葛藤中间去找出它们的来龙去脉才能正确地把握一家、一派、一人的思想真面目"。作者既努力还原诸子思想的本来面目，又寻找诸子思想演变的规律。

> 按：金应熙《金应熙史学论文集·古代史卷》评价此书说："这本著作特色之一是非常重视在探讨先秦各家思想社会根源的基础上揭示它们之间的内在联系，如墨家和儒家，稷下黄老学派和儒家孟、荀，墨辩和名家等无不互相制约，互相依存，一家学说往往在批判另一家学说的过程中也受到了被批判者和影响。这样，'整个的先秦诸子思想，在客观上表现出了一种好像有机的组织的样子'。这本著作就试图从阐述先秦各家思想的兴起、衍变、继承、递嬗，即在弄清其来龙去脉中，去正确地把握一家、一派、一人思想的真面目，并在这个方面取得了可喜的成绩。"（参见王学典《20 世纪史学编年（1900—1949）》，商务印书馆 2014 年版）

李伯球 9 月被推选为华南解放区代表，赴北京参加全国政协第一次全体会议。会后，应叶剑英省长电召，由北京返回广州，任广东省人民政协委员、省农林厅副厅长，并担任民盟南方总支部港九联席会议执行小组副组长。

黄谷柳任中国人民解放军粤桂边纵队司令部秘书、《南路人民报》编辑。

陈剑翛继续任广西大学校长。3 月 25 日，学校召开全体教授大会，就金圆券贬值、物价飞涨商讨生活维持办法。会议一致决议向国民党政府和学校提出 3 项要求："（1）紧急救济办法于一周内发给白米十市担或光洋 30 元，以资紧急救济；（2）根本办法从三月份起，薪金照二月份准数实发光洋；（3）研究费亦照标准数实发光洋并自廿八日起实行罢教，借表全体一致决心。要求一日未达，便一日不复教！"陈剑翛校长"以教职员困于艰窘境遇，均在饥饿线上挣扎，无法劝解，深表同情"，"分别电呈李代总统及行政院何院长，教育部杭部长代为呼吁，并偕同教授代表骆介子、张映南等向广西省政府洽借粮食"，黄旭初被迫"饬省田粮处就中央存粮项下酌拨粮来一千担以济急需"。但关于三点要求仍未得教育部复电,因此罢教斗争一直坚持。广大学生首先响应教授们的斗争。在罢教的当天,全校学生即举行抗议当局,声援教授,同时,学自会专门成立"福利组织委员会",发起组织"劳动生产团",一方面向广西省政府交涉借钱借粮,并负责借来的粮食的运输和分配工作;一方面开垦荒地种菜,养猪养鱼。28日上午,西大教授会在桂林市桂东路省文献会(今桂林市工人文化宫)内举行记者招待会,由张映南教授和"国大"代表陈应行教授"痛述全校教职员遭受生活压迫之艰难情形"。29日,《广西日报·桂林版》以"待遇菲薄生活困难,西大教授今起罢教"的醒目标题专门报道了这则消息。同日,《广西日报·桂林版》刊出奇闻:"金圆券面额不够印刷费……估计印刷1000张一百圆券面之金券需款20万圆,即需蚀去10万元金圆券。"由于教育部仍未满足教授会提出的三点要求,至4月6日,罢教斗争一直坚持,报纸惊呼"情形日益严重,一切已陷于停顿状态"。

陈剑翛校长4月调任教育部考试院考试委员。4月20日,行政院议决由盘珠祁接任校长之职,但当时盘珠祁正在老家容县,且正式任命未达,于是校务执掌顿成空缺。4月28日,学校召开了临时第一次校务会议,通过并成立了"临时校务维持委员会",同时选举产生了委员会委员。临时校务维持委员会由何杰教授任主任委员,委员则有谢康、黄现璠、张映南、张先辰、郑建宣、郑显通、孙仲逸、李凤荪。同月,由于学校曾扣发学生公费,引起学生包围校长宿舍和在办公楼前示威,并开始罢课。5月2日,临时校务维持委员会致电容县政府转盘珠祁先生,"请早日到校视事"。19日,行政院以"卅八穗字第3664号训令""任命盘珠祁为国立广西大学校长"。20日,盘珠祁在前校长、广西省主席黄旭初的陪同下"到校巡视"。6月2日,盘珠祁到校就职。当时校行政主管人员为:教务长何杰,训导长(空),总务长郑显通(代),文学院院长骆介子,法商学院院长张映南,理工学院院长郑建宣,农学院院长孙仲逸,校长办公室秘书肖达文,校分部主任孙仲逸,会计室主任陈访予,注册室主任杨溪如,出版组主任宾业绳,图书馆主任洪坤廉,先修班主任李肇伟。9月初,停居香港的前校长陈剑翛联合大陆在港的教育界等人士13人,继黄绍竑、刘斐、贺贵严等44人的"反蒋起义"后,发表"反蒋起义宣言",参加"反蒋起义宣言"签名的还有前文学院长外文系主任骆介子教授。以后,陈剑翛、骆介子先后回到北京。10月20日,白崇禧致函,以"军事告急"为由,"请西大暂缓开学,员工集中指定区域住宿,其余房舍拨借长官部应用"。同日,在三十八年度(1949年)第一次校务会议上,张映南、孙仲逸等人提议成立"临时校务辅助委员会",获得一致通过。会议同时决定,临时校务辅助委员会的职权为"辅助校长处理本校一切重要事务",委员人数为11人。经选举,张映南、孙仲逸、张先辰、冯介、黄现璠、赵佩莹、张人价、郑建宣、陈泰楷、袁煜、苏康甲等当选为委员。会上,张映南、孙仲逸联名签呈的"现值时局紧张关于本校之应付方案",其中第二条为"重要文件及图书仪器,除不能搬移者外,应即装箱,并尽可能运至校分部,妥为保存"。23日,学校再开会决定,"将校本部职工眷属迁至分部"。同时推举郑显通、汤会盛、王觐、黄现璠、郑建宣、陈泰楷、唐肇华"共同办理校本部防护事宜"。当时校本部的图书仪器已装箱,白崇禧的长官部住进将军桥校本部,约300多名国民党尉级以上官员开进西大。

盘珠祁校长10月24日后"因时局变化"离校他去。学校的行政领导归由临时校务辅助委员会主持。主持人则为张映南(法商学院院长)、孙仲逸(农学院院长)和郑建宣(理工学院院长)轮流担任。就在这曙光将至的时刻,广西大学的进步师生,在地下党的领导下,积极行动起来。在学生中成立"桂林学生迎接解放联合会"（简称"学解联"），由中共地下党员蓝建超担任负责人。教职员工自己管理自己的机构"广西大学员生工警福利委员会"也随形势发展，改为"广西大学护校安全委员会"，由进步教授、教授会代表陈泰楷担任主任委员，教授代表黄现璠担任宣传联络组长，中共地下党员、学生代表蓝建超、李建焜担任委员。11月21日晚11时许，人民解放军367团的一个先遣排由榕江奉命日夜兼程赶到良丰，接管广西大学。26日，学校召开了在临解放时为护校而组织的临时校务辅助委员会第八次会议，一致议决：各院系二、三、四年级学生自12月1日起注册，8日上课，一年级新生自12月8日起注册，15日上课。同时，发布开学通告，通知散居各地的广西大学师生员工依期回校工作和上课。为了临时主持学校开学上课事宜，12月5日，通过民主协商并选举，将广西大学临时校务辅助委员会改组为广西大学临时校务委员会。由法商学院院长张映南任主任委员，会计银行系主任张先辰任副主任委员。16日，中国人民解放军桂林市军事管制委员会派军代表梁唐晋、袁似瑶等同志进校接管。28日，为了加强学校的领导工作，中国人民解放军桂林市军事管制委员会发布命令，任命了23人组成广西大学校务委员会，主任委员张映南，副主任委员张先辰，常务委员：张映南、张先辰、何杰、郑建宣、白玉衡、陈泰楷、孙仲逸、唐肇华、宋光诩等。与此同时，还任命了张先辰为广西大学秘书长，何杰为教务长，郑建宣为理工学院代理院长，曾作忠为文学院代理院长。

按：次年2月下旬，中央人民政府任命知名人士杨东莼为广西大学校长。3月2日，杨东莼校长在广西省人民政府主席张云逸、桂林市军事管制委员会文教部部长刘宏陪同下到校正式就职。（参见《广西大学校史》编写组《广西大学校史》，广西大学学报编辑部1988年版）

熊庆来继续任云南大学校长。2月22日，李吟秋、杨堃、方国瑜等云大教授向云大教职员揭露国民党中央银行昆明分行扣压追加云大款项，造成云大教职员工资欠发，面临断炊的真相，激起云大教职员对中央银行的愤慨。3月31日，云大职员生活无着，濒临饥饿。为此，宣布请假3天，向国民党反动派表示抗议。4月20日，经过"七·一五"爱国运动的洗礼，在政治动荡之际，云大迎来了校庆27周年纪念。云大特出版纪念特刊以示纪念。在纪念特刊上，发表了校长熊庆来的《本校之学术生命与精神》重要文章。面对国民党教育部对他关于学潮"因循疏忽"的严厉指责，他一本尽瘁学术与教育，服务桑梓的初衷，对全校师生一片深情。文中写道："姑以一年来之情形言之，因时局之剧变，财力艰难，物价狂涨，待遇调整远不能适应需要，同人物质生活每濒绝境，然弦歌从未中辍，而课外之研究工作继续推动者仍复不少；一般同学在本学期中，读书情绪至佳，清晨傍晚，于田间林下，均时闻其吟诵之声，且因省外大学学生来此寄读者，联翩而至。全校学生人数激增至千五百人，更加厚学校之弦诵空气。惟校舍缺乏，茅屋陋室，亦皆充分利用。然同人以此西南学府之生命力得以加强，精神得以提高，反觉不改其乐。余忝居主持校政地位，得同人精神上的合作，并睹同学对学行之努力，固深感庆幸。然于学校工作上与同人生活上最低之需要，未能设法使之满足，实觉不安。且念及本校欲负起时代使命缺乏应有之设施，同人工作无应有之设备，尤深惭悚。"他在对国民党当局于学术与教育不抱若何希望之余，仍以坚韧不拔的精神，把希望寄托于社会热心人士，大声疾呼："教育学术为百年大计，政府自应扶植，社会亦应翊助，甚望热心人士有以教之，俾补政府力之不足，而使学校蔚成一健全之学府，庶其存在不致动摇，其学术生命与精神之意义得发扬光大，以适应时代之要求也。"5月21日，云大教授会、讲师助教会、职员联谊会、工警联谊会、学生系级代表会（简称"云大五联会"）与昆明师范学院讲师助教会、职员联谊会、工警联谊会、学生系级代表会等共计 21 个单位,推派代表 11 人,赴省参议会及省政府请愿,要求国民党中央银行昆明分行发行金元券时向云南人民收兑的黄金、白银,提拨出来解决师生员工的生活困难,拯救教育危机。22 日,发表《告社会人士书》。

按:《告社会人士书》说,不久前,为了要求政府重视拯救云南教育危机,合理调整薪津公费,曾忍痛停教停工。现在面临死亡,不得不再停工、停教、停职、停课。在生活问题未解决之前,誓将争取到底。在全体教职员工的强烈要求和社会各界的声援下,云南省政府同意给每个教职员工借垫银元半开 40 至 50元。6 月 1 日,云南省参议会驻委会决议,推派 5 名参议员前往省政府洽商,要求省政府动用中央银行昆明分行收兑的金、银、半开,动用 50 万元,以抢救云大、昆明师院等校教职员工的生活危机。12 日,因云大、昆明师范学院等校教职员工一再请愿解决生活困难,国民政府代总统李宗仁致函云南省政府主席卢汉,希予协助解决。而省财政厅却说,在教育部未解决前,曾由省财政厅予以 4 次救济。此次教育部参事刘求南来昆,仅带港币 13000 元,根本无法解决困难。28 日,云大和昆明师范学院教职员工发表声明,决定一面工作,一面继续斗争,直到问题完全解决。

熊庆来校长 8 月离开云大,赴法国参加联合国教科文组织会议。当他在广州机场等候飞机,飞往法国时,忽然收到国民党教育部免去他云大校长职务的命令,不禁潸然泪下。9月 9 日,国民党云南绥靖公署主任兼云南省政府主席卢汉发表《告云南人民书》《告保安官兵及青年学生书》,宣布昆明戒严。国民党特务大肆逮捕中共地下党员、民青成员、民主人士、编辑、记者、工人、学生等 400 余人,实行所谓"整肃"与"整理"。13 日,卢汉布告云大师生,于当晚 7 时前迁出学校,学校解散,由军警进驻,成立"云南大学整理委员会",卢汉任主任委员、刘英士为副主任委员。20 日,教育部又派次长吴俊升来督察。22 日,卢汉召开耆老会,宣布"整理纲要"的"整理"对象是"赤色鲜明者",以此为出发点,对教职工和学生进行甄审。对甄审允许复职复学的师生员工,要五人互联互保。当时云大被整理委员会解聘、革职、撤职、裁退的教职工近 100 人,被开除的学生达 20 多人。由于教务长王士魁事先获悉情况贴出通知:军警要进驻学校。故学校中的中共党员、民青成员和进步师生早已离开学校,师生免遭逮捕之难。离校的师生,有的下乡参加武装斗争,有的仍留在昆明坚持活动。至 10 月 11 日布告开始登记旧生,云大原有 1000 多人,截至 14 日,登记者 800 余人。10 月 15 日,重新开始上课。11 月 4 日,云南省整理委员会发表公告,将云南省立英语专科学校分别并入云南大学和昆明师范学院。12 月 9 日,国民党云南绥靖公署主任兼云南省政府主席卢汉在昆明宣布起义,消息传出,云大一片欢腾。22 日,在学联组织下,昆明市大中学生参加了昆明市 3 万人举行的"肃清残匪,保卫昆明"的示威游行。同日,由学联发起,成立了包括学联、工联、营联、商联、教联、银联、公联、职联、妇联,交通运输业和科学文艺等单位成立的昆明人民团体联合会,标志着昆明各族各界群众在中国共产党领导下,进一步组织起来了,成为保卫昆明,建立革命秩序,迎接解放军,帮助接管云南的重要力量。12 月 31日云南大学发出通知,定今日恢复上课。(参见《云南大学志》编审委员会《云南大学志》第 2 卷《大事记(1915 年—1993 年)》,云南大学出版社 1993 年版)

姜亮夫继续任昆明师范学校教授。3 月,卢汉突然派令姜亮夫为云南省立志舟图书馆代理馆长。4 月,应当时云南省主席卢汉邀请,任云南省教育厅厅长。据姜亮夫《回忆录》之《给卢汉主席的辞职报告》所示,任职期间,姜亮夫以才识不足,心力交瘁,无补教育,加之人事纠纷、政治社会险象环生、自身对教育改进无方、安民恤政维护无方等原因向卢汉提出辞职申请,未得应允。后任云南军政委员会文教处处长。12 月 25 日,云大"五联会"即教授会、讲师助教会、职员联谊会、工警联谊会、学生系级代表会联合会恢复活动。云南临时军政委员会文教处长姜亮夫到云大接见"五联会"代表,授意在过渡时期由"五联会"负责推动校务工作,提出具体意见,俾能早日恢复学校秩序。经"五联会"研究认为,以组织临时校务执行委员会执行过渡期间的学校行政较为妥切。(参见林家骊《姜亮夫先生年谱简编》,《职大学报》2012年第4期;《云南大学志》编审委员会《云南大学志》第2卷《大事记(1915年—1993年)》,云南大学出版社1993年版)

刘文典继续任教于云南大学。1月29日,为著名白族诗人、学者马曜《茈湖精舍诗初集》作序。两人结识于西南联合大学中学教师进修班,以诗为媒,遂成忘年之交。《茈湖精舍诗初集》汇集了马曜1927年至1948年间所写的诗歌,作为"国立云南大学文艺丛书"之一正式出版。此书由云大校长熊庆来题签,著名学者罗庸、钱基博、徐嘉瑞、刘文典等作序。2月28日,五华学院公布学期课程及教师调整布告,研究班、中文系"历代文选"课程改请刘文典教授。3月2日,中华民国驻日代表团赔偿及归还物资接收委员会致函教育部,告知先生等人在港被劫图书计646册已接收,将尽快从日本运回。但因国内形势变化,此批归还书籍并未运回上海,后来下落不明。

按:中华人民共和国成立后,刘文典及其后人一直在寻找此批被劫图书。近半个世纪,均未有明显进展。2004年7月,日本学者金丸裕一在日本历史学研究会《历史学研究》发表《江南图书"掠夺说"产生的历史背景》文章,推测此批归还书籍已被运往台湾:"从日本向中华民国返还的工作中,就我所知发生了变化是在1949年上半年,即当年2月24日接收的前面提到过的岭南大学藏书和刘文典教授的旧藏书籍计1300余册,最初预定在神户装载到'海辽轮'上运往上海,但是因被暂时'延期',结果在当年8月,岭南大学的藏书才用'增利轮'返还运到台湾去了,已经觉察到内战失利的国民政府,相继地把故宫的宝物和贵重书籍运到台湾去避难,从帝国图书馆向中央图书馆返还的图书情况,同样地从1948年12月到1949年2月期间,分三批包含入去台湾避难的近14万册图书之中。"2009年,章玉政因研究需要,四处搜罗刘文典资料,无意中发现此批图书全部或部分归藏于台湾台北科技大学。该校近年已拟与台湾"中央研究院傅斯年图书馆"合作,启动修复计划。

刘文典3月30日致函五华学院院长于乃仁、教务长于乃义,提出本学期拟讲"庄子"课程。5月16日,在五华学院中文系讲授《月赋》。6月12日,在五华学院中文系讲授《月赋》《登楼赋》。7月11日晚,应云大文史系师生邀请,在学校泽清堂讲演"关于鲁迅",认为鲁迅是"斗士"而不是"思想家"。他佩服鲁迅写的小说,但认为有不少的疵点;鲁迅是具有"迫害狂"心理的人;鲁迅"以牙还牙,以眼还眼"的人生态度,是太过于小气和偏狭;中国人的思想,自古以来都是"左"的,从来没有"右"的思想,鲁迅的思想也是继承中国的传统,所以,是"左"的。……这些主要观点被认为"骂鲁",遭到当地报纸轮番批判。12日,昆明《大观晚报》刊登未署名文章《刘文典谈鲁迅》,副题为《说鲁是一个具有"迫害狂"心理的人……》,为刘文典"关于鲁迅"讲演摘录。13日,昆明《朝报晚刊》刊发《与刘叔雅先生论鲁迅》一文,作者署名"滔天浪里人",此为这次风波中仅有的支持刘文典观点的两篇文章之一。14日,《朝报晚刊》刊发《论废话一堆》《矛与盾》等文章,批评刘文典的观点。同日,昆明当地颇有影响的两家报纸之一《正义报》刊发《听刘文典讲〈关于鲁迅〉》,作者署名"白听",在一一罗列刘文典的讲演要点后予以激烈抨击。16日,昆明《平民日报》发表署名为"筱柏"的评论文章《鲁迅·"国宝"·坤伶》,大肆抨击刘文典的演讲。17日,昆明四家报纸不约而同刊发批判刘文典的文章,分别如下:《平民日报》刊发《献给刘文典先生》,《昆明夜报》刊发《鲁迅底〈药〉及〈中国小说史略〉》,昆明《正义报》刊发《与无论什么人》,《观察报》刊发《斥刘文典的

〈关于鲁迅〉》。后一篇署名"白通",与刘文典的观点针锋相对。18日,《观察报》同时刊发《呜呼,"国宝"!》(作者署名"太华")和《关于刘文典教授的〈关于鲁迅〉》(作者署名"羊夺")两文,"劝刘垃圾还是多烧两口大烟,讲讲宝哥哥如何勾引丫头的故事为佳"。其中,后者结合刘文典的演讲,从五个方面作了逐一批驳。19日,《观察报》刊发署名为"黄弟"的文章《铜像显圣》,采用讽喻的方式批评刘文典对于鲁迅的"毁谤"。20日,《昆明夜报》刊发《刘文典为什么要讲〈关于鲁迅〉》,连续两天,长篇大论。《正义报》刊发《杂想一篇》,认为刘文典"异想天开地以骂鲁迅为'爬将上去'的'攀折云桂梯',想借此而表现自己的'独特见解',而达到红起来的目的"。而此次批判中表现最为积极的《观察报》则刊发长文《警惕刘文典嘴里的毒液》,作者署名"刘武典",再度从六个方面反驳刘文典观点。22日,《正义报》连续三天刊发《谈鲁迅的思想生活与创作》,作者署名"晓风",继续批评刘文典的观点。当天,昆明《观察报》则刊发板话体现代诗《话说刘教授》,极尽讽刺之言。同日,《正义报》刊发短文《也谈〈关于鲁迅〉》,副题为"敬质白听君",作者署名"羊五"。文章为刘文典演讲辩护,是本次风波中支持刘文典观点的另一篇文章。24日,《正义报》刊发《如此"学者"》《给国宝,给苍蝇们!》,《观察报》刊发《论吃死人的人》《庄子教授升天坠地记》,掀起批驳先生演讲的高潮。其中,《庄子教授升天坠地记》一文采用寓言小说的形式,讽刺刘文典的演讲。25日,《正义报》刊发《关于也谈〈关于鲁迅〉》一文,质疑7月22日"羊五"的若干观点,并刊发《鲁迅与刘叔雅》一文,再度为鲁迅"声辩"。7月26—28日,《正义报》连续三天刊发《世象杂收》《谈空前与绝后》《人咬狗》《杂谈百家争鸣》等文,主要针对"羊五"的观点进行批驳,但后未见"羊五"回应。"关于鲁迅"的演讲风波渐入尾声。

　　按:非非《杂谈百家争鸣》云:"为着鲁迅问题'发生一场恶战'的例证倒有,但那是由于歪曲、造谣、中伤、别有居心之辈所挑起,如目前的刘文典、滔天浪里人等辈所挑起者就是。鲁迅不是完人,自有其短处和缺点的,真令有人能够将他的无论属于哪一方面的短处和缺点'提'了出来,只要真实,稍有理智者,我想是万不会瞎说一句的。我看,这都是由于羊五先生无端咬定别人企图'硬把鲁迅塑成一个新的圣人',同时认为像最近刘文典、滔天浪里人等辈的胡言乱语,也是'百家争鸣'中的'一家之言',所以才把辩论是非、探求真理的笔战如此抹杀。羊五先生讽刺一下别人倒不要紧,但却因此有意无意地包庇了罪恶。包庇罪恶是不好的,我希望羊五先生敢于自我批评,将这一段话收回去。"

　　刘文典8月应邀担任云南省政府顾问。10月初,京剧大师马连良应昆明市市长曾恕怀邀请,由香港乘飞机到昆明作短期公演,与滇剧大师栗成之会面。刘文典赠曰"北马南栗",并制作锦旗赠与马连良。31日,《平民日报》刊发刘文典对滇戏的看法:"对滇戏我知道的并不多,我认为滇戏的朴实是极可贵的,希望能保持这种好的特性,今天我要对滇戏所说的,就仅此而已。"12月9日,云南省政府主席、云南绥靖公署主任卢汉宣布起义,昆明及全省部分地区实现和平解放。此前,胡适等人受国民党政府方面委托,积极实施"抢救大陆学人计划",曾谋划送刘文典至美国,被其婉言谢绝。

　　按:据章玉政《狂人刘文典:远去的国学大师及其时代》载:"1948年年底,国民党败走台湾。临行前,受蒋介石的委托,胡适帮助国民党'抢救'了一大批学者、教授、名人。刘文典就在他的考虑名单之列。根据胡适对刘文典个性的了解,知道他不会乐于跟随蒋介石去台湾,但昆明即将解放,刘文典虽然'偏安'于云南大学,但以他狂放不羁的言行,很难保证今后依然可以如此。经过慎重考虑,胡适开始谋划送刘文典及其家人去美国。他主动为刘文典联系好了在美国的具体去所,甚至为他们一家三口人办好了入境签证,但刘文典在接到胡适的通知后,却迟迟不肯出发:'我是中国人,为什么要离开祖国?'刘文典将这一想法告知了云南大学校长熊庆来。熊当时正在外地开会,得到消息后,当即给刘文典捎来了意见:'暂时别动,等我回来再做决定。'就这样,刘文典与'朋友'胡适从此天涯相隔,鱼书魂断。"(参见章玉政编著《刘文典年谱》,安徽大学出版社 2011 年版)

徐嘉瑞《大理古代文化史》7 月由云南大学西南文化研究室出版。此书共计四章,依次将大理古代文化分为、史前期、邃古期、南诏期、段氏期四个时期。作者将大理文化放置在整个中国古代发展的大源流下进行考量,探索注重多重证据法的运用,借助考古文化分期划分大理古代文化的发展阶段,多方位讨论了大理文化的多重来源。由于此书突破了军事征服、王朝经营的叙述框架,凸显出民族作为文化活动主体的地位,故而有学者认为《大理古代文化史》实际是"以民族关系史的方式书写的文明史"。作者强调云南地域文化的产生、发展与中原文化之间不可分割的关联。这一方面是对《滇南文化论》《云南文化史》等地方文化史叙事的继承,另一方面也是抗战期间知识分子致力于民族国家的建构的表现。

按:周积明《二十世纪的中国文化史研究》一文认为"该书分述史前期、邃古期、南诏期、段氏期大理地区的宗教、居住、葬法、服饰、语言、姓氏、习俗,颇具文化史与人类文化学的价值"。1978 年,徐家瑞对此书进行校读,并由中华书局改名《大理古代文化史稿》再版,后被收入"民国丛书"第 5 编。(参见王学典《20 世纪史学编年(1900—1949)》,商务印书馆 2014 年版;陈曦《近代云南地方文化史撰述中的中华民族文化认同》,2021 年 9 月 29 日云南省社会科院中国(昆明)南亚东南亚研究院网)

黄国瀛时任云南大学训导长。4 月,在校庆纪念特刊上还发表的《一年来训导工作简述》一文。文中对国民党当局对学校批评指责和对学生采取的镇压措施,更是直言不讳地予以批驳。他说:"许多人常常焦虑学生思想的复杂,在学校做着政治性的活动,责备学校如何不防范制止,这种责备我觉得是不正确的。如果如此,那就形成了师生的鸿沟,师生间的隔离。这种的损失,不论在学生学业上,师生感情上,毕竟是重大的。"他响亮地说:"为了避免这种错误而引起的缺陷,更加强了我个人的信心,就是大学是神圣的、学术思想是自由的,绝不能矫揉造作,勉强去压制。今天的问题不是防范,不是压制,更不是什么思想,我们的最大任务是如何补救青年的苦闷。"(参见《云南大学志》编审委员会《云南大学志》第 2 卷《大事记(1915 年—1993 年)》,云南大学出版社 1993 年版)

查良钊继续任昆明师范学院院长。11 月末,查良钊往津南村晋谒张伯苓。交谈中表示,抗日之后,期藉全民力量,整理旧山河,建立三民主义新中国,乃不幸又遇挫折。深望南开校友在行宪政府领导下,齐心努力再造光明前途。(参见龚克主编《张伯苓全集》第十卷附编《张伯苓年谱》,南开大学出版社 2015 年版)

张伯苓夫人及家属 1 月初由南京抵重庆。全家仍住沙坪坝重庆南开中学津南村 3 号。15 日,人民解放军攻入天津,天津市长杜建时、警备司令陈长捷被俘。南开大学、中学、女中师生迎接解放。3 月 21 日,张伯苓在重庆南开中学第五次校务会议宣布喻传鉴任副校长。23 日,蒋介石电令重庆行辕主任张群代慰问张伯苓:"如其经济困难,请代为核发,当由中央归还。"27 日,《颜惠庆日记》记:"张伯苓辞职。"28 日,张群奉命前往沙坪坝慰问,并代蒋致送现金 200 万元。4 月 9 日,为即将赴印度尼西亚泗水华侨中学任校长的原南开中学数学教员李清濂出具从事教育之证明书,以速其南洋之行而便从事华侨教育。15 日,与王正廷致函天津市市长杜建时,请其从国库中资助全国体育协会 1000 万元。6 月 3 日,重庆《大公报》讯,张伯苓等重庆大中学校长致函张群,请求速释被捕之该报编辑主任顾建平。14 日,写信给张群,严词抗议来校逮捕进步师生,要求当局释放被捕人员,保证师生安全。30 日,蒋介石再电张群转致张伯苓,对其病体挂念之情。7 月初,张伯苓致电已在台南的蒋介石,除报告曾患脑充血症,现已痊愈外,仍表示"惟老病之身,难供驱策,考试院事已一再请辞,望能摆脱，藉免尸位素餐之讥"。蒋介石批示张群代送 1000 银元。同月初，重庆南开中学初三毕业生崔化传因家庭困难不能继续升学，离校前向张伯苓辞行，为崔题写临别赠言："成功在努力。"

张伯苓 8 月 31 日致函蒋介石，对蒋"屈尊枉顾，慰勉有加，感激之情，莫可言喻"，表示早在年初蒋介石引退时，就"亟思追随钧座之后退让贤路，藉示拥护钧座公忠体国之意，爰即具呈请辞。乃蒙当轴一再慰留，卒未获准，其后政府屡行疏迁，致延误迄今，殊深遗憾"，并谓"钧座民族救星，国家复兴大业，匪异人任。他日健康幸得恢复，仍当以在野之身，勉效绵薄，赞襄盛治也"。蒋介石复函慰问，并致送 2000 元，"藉资疗养之助"。9 月 7 日，国民党政府由广州迁往重庆。同月，南开校友王恩东以"无名氏"署名自香港致函，内称"老同学飞飞不让老校长动"。"飞飞"是周恩来负笈南开中学时所用笔名，张伯苓读信豁然开朗。11 月初，国民政府考试院考选部部长田炯锦赴津南村拜望张伯苓。21 日，蒋介石赴津南村看望张伯苓，促其离开大陆。张伯苓不置可否，且再次请辞考试院长之职。23 日，蒋经国拜访张伯苓，敦请离开重庆。25 日，《蒋介石日记》："上午巡礼市区，先访张伯苓院长。"26 日，蒋介石发布总统令：考试院院长张伯苓呈请辞职，情词恳挚，准予免职。27 日，蒋介石偕蒋经国再访张伯苓，请去台湾或去美国。张伯苓婉拒。30 日，人民解放军解放重庆。此前国民党军撤退后，市面一度混乱恐慌。张伯苓不离学校，协同喻传鉴副校长组织自卫，平安度过。12 月上旬，与喻传鉴副校长几次召开校务会议，决定把重庆南开中学、小学及幼儿园献给国家，指令教务主任刘兆吉编造详细清册，赴重庆军事管制委员会献校。同月上旬，在寓所召见重庆南开中学 1950 级学生欧绪凡、李越等谈话，谓与蒋介石的私人关系很好，但政见并不一致。周恩来是南开的学生，（我）对南开交给新中国很高兴。26 日，重庆南开中学部分学生因考试缘故，不满校务主任，并散发各印刷品，涉及师长。事后，署名"全体南开学生"上书张伯苓，陈述校务主任种种措施失当处。张立即"细加察阅与调查"。28 日，重庆南开中学学生要求校务主任"引退"，酿成罢课风波。张伯苓出面与学生自治会负责人谈话，表示已准该主任辞职。不久，筹组校务委员会，改变学校行政组织。并着手改变教材和教学方法。（参见龚克主编《张伯苓全集》第十卷附编《张伯苓年谱》，南开大学出版社 2015 年版）

黄季陆继续任四川大学校长。任职 7 年间，是黄季陆教育主张的展示时期。根据其"建校时期，重点在立规模；治校时期，重点在立制度；弘扬学术时期，重点在充实内容"的办学主张，力主把川大办成"全国最完善、世界上有名"的"万人大学"。7 月，国立四川大学有专任教授 167 人，副教授 53 人，讲师 79 人，助教 126 人，职工 614 人，教职工总数 1038 人。学校办学规模得以迅速扩大。成都解放前夕，国民党军政警宪人员溃逃，传来了王陵基要"血洗川大"的消息。中共党组织和民协决定，动员组织各系大部分同学转移进城或疏散在学校附近，同时留下必要的人员留守学校。负责留守工作的杜德培，有秩序地组织安排保卫川大。他对当时还驻扎在校内的国民党部队，进行了策反工作，动员他们也来看守学校，保护学校。12 月 26 日，即成都解放的前一天，原中共川康特委、成都市委负责人马识途、彭塞等同志返回成都，布置迎接解放的工作。中共川大党组织和民协干事会举行紧急会议，连夜通知各系同志立即返校，组织了盛大的迎接解放军进城和迎接军代表接管学校的活动。次日，全校师生集中举着四川大学校旗到盐市口热烈欢迎解放军入城。

按：次年 1 月 7 日，军代表曹振之（二月后为戴伯行）、鲁光、杨明甫来校和平接管川大，并公布成都军管会接受川大的公告与川大的共产党员、民协成员、火星社社员、民青成员 150 多人举行见面会。军代表鲁光兴奋地说："经过这么残酷的斗争，还保存了这么多的革命力量，这是多么来之不易啊！"至此，四川大学宣告回到人民怀抱，揭开了历史的崭新篇章！（参见《四川大学史稿》编审委员会编《四川大学史稿》，四川大学出版社 2006 年版）

彭迪先 2 月针对四川省主席王陵基为筹集保安队军费，策划发行"地方流通券"，应约为进步报纸写了《地方流通券最好缓发——兼评粮食流通券》一文，指出其引起通货膨胀比"金圆券""银圆券"危害更烈，实为搜刮人民的征税手段。（参见《四川大学史稿》编审委员会编《四川大学史稿》，四川大学出版社 2006 年版）

蒙文通仍任尊经国学专科学校校长，并拟与刘咸忻所办尚友书塾合并。四川省通志馆成立，聘蒙文通为纂修，分工负责"大事记"。4 月 6 日，四川大学教授全体请假，要求改善待遇，并发表请假停教宣言。同月，蒙文通辞四川省图书馆馆长职，专任华西大学、四川大学教授。30 日，乔诚继任馆长。6 月，尊经国学专科学校举行学生毕业典礼，蒙文通亦参加之。约在仲秋前后，蒙文通撰《汉潺亭考》，并附《〈盐亭县志〉书后》《跋陈御简诗稿》《〈长短经〉校后记》，由盐亭县参议会排印发行。11 月，成都和平解放。12 月，白隆平派人访，蒙文通于华西大学南台村，并将玄奘灵骨一份及《唐三藏法师玄奘灵骨隐显转移之迹》手稿转交蒙文通，数日后，蒙文通将玄奘灵骨转交成都近慈寺供奉。是年，蒙文通作《四川历代盛衰与户口登耗考》《前后蜀州县及十节度考》等文。（参见王承军《蒙文通先生年谱长编》，中华书局 2012 年版）

方叔轩时任华西大学校长。夏蒙思明在哈佛大学获哲学博士，并决定年底回国。华西大学任命其为哲史系主任，在其未到任之前暂由兄蒙文通接任。6 月 30 日，蒙思明致信方叔轩，云："来示召令返校服务，当此母校需人之际，自应即时返国。惟光阴易逝，所愿学者多而所已学者少。既外出之不易，得此机会，自应充分利用，学所愿学，速了速归，非其志也。已得叶理绥先生同意，待明夏始返校，不愿中途改变，深以为歉。服务母校，来日方长，不急于一二年也。周少梧兄曾在波市顿晤谈，对思明情形当知其大略。新任哈佛燕京学社助理干事陈观胜君，系思明好友，最近即启程回国，将来到华西时，对思明近况当能道其详，兹不赘述。先生继长华西，深庆母校得人，务盼多寻机会，派遣新进有为之青年毕业生同学，即早出洋进修，为母校奠立学术基础，为今后培植领导人才。不便以优良机会，悉给与半百之人，以进修之途为酬劳之具也。此话非实有所指，风闻托事部近有奖学金多名，特于选择标准上冒进一言。"7 月 6 日，方叔轩致函先生弟蒙思明，云："晓舫归，谈及近况佳善，并闻研究论文已告完成，近获最高学位，不胜忭贺。何日首途归来，盼望尤殷。下学年哲史系课程已商姜蕴刚主任就。前函开示课目中选排西洋通史、俄国史、史学通论、中国近代史四种，如吾弟尚有其他意见，俟归来后另商排定。启行时间务希提前决定。"9 月 5 日，蒙思明再次致函方叔轩，告以不能返校事，云："思明本期不能返校，实环境迫之使然，非存心流连异邦，别有他图也。思明于四月中即函询旅费、待遇、住所等问题，因素知学校办事困难，非事先提及，往往临时发生问题。不料久不接覆示，因商之叶理绥先生，而哈佛燕京社慨然愿给与旅费。复因国内政局大变，交通可能随时将发生阻碍，于不能返蓉时，并愿给与奖学金继续在此研究，惟可随时离去。思明复以此意告知，仍不得具体覆示。因思中航在港已有问题，倘冒险抵港后，中航停航，广州易手，则困处香港，将无法生活。加以思明于最近结婚，治统病体初愈，更难冒险启程，故决意留此半年，年终再作归计。倘有此必要，当时仍当为母校效力。数日前与罗忠恕先生函中，已曾说明，并托其转达，此中底细，想已洞悉。思明滞留此间，远非所乐，尤盼此暂时羁留，不致影响学校用人之计划。"（参见王承军《蒙文通先

生年谱长编》,中华书局 2012 年版)

缪钺继续在华西协和大学中国文化研究所和中文系任教,并兼四川大学历史系专任教授。是年,《南北朝之物价》刊于《中国文化研究汇刊》第 9 卷;《北魏立三长年月考》刊于《中国文化研究汇刊》第 9 卷;《东魏北齐政治上汉人与鲜卑之冲突》刊于四川大学《史学论丛》第 1 期。

按:1997 年,黄永年在香港中文大学《中国文化研究所学报》新第 6 期发表《论北齐的政治斗争》(后收入《文史探微》(黄永年自选集),中华书局 2000 年版),对蒙文通的文章进行商榷。黄永年并在《我和唐史以及齐周隋史》一文中指出:"对北齐的政治我也作了研究,发现缪彦威(钺)当年撰写的《东魏北齐政治上汉人与鲜卑之冲突》而为王仲荦先生《魏晋南北朝史》所承袭之说殊难成立。于是写了《论北齐的政治斗争》长篇文章,历数东魏北齐的几次政治斗争只是文人与勋贵之争、文人参与帝位之争和文武之争。"(《学术春秋》二编上册,朝华出版社 1999 年版)2004 年 7 月,黄永年的《六至九世纪中国政治史》由上海书店出版社出版,作者在《导言》中再次指出:"至于寅恪先生指出的其制度为隋唐所承袭的北齐,只有缪彦威(钺)先生撰写的发表在 1949 年四川大学《史学论丛》第一期上的《东魏北齐政治上汉人与鲜卑之冲突》一文较有影响,但所论证实尚未能精当。因此,我在这里就得从东魏、北齐的胡汉问题和西魏、北周的关陇集团入手,对缪彦威先生和寅恪先生分别作商榷,然后进而论述唐代的事情。"随后在该书的第一章中针对缪钺的文章进行了更为深入详细的阐论。(参见缪元朗《缪钺先生生平编年(1904 年—1978 年)》,《魏晋南北朝史论文集——中国魏晋南北朝史学会第八届年会暨缪钺先生百年诞辰国际学术研讨会论文集》,2004 年)

梁漱溟继续居北碚。1 月初,赶忙写两封信:"一致民盟主席张澜先生转诸同人;一致中共中央毛、周诸公。适有盟友何洒仁先生八日飞沪即托带去。两封信有一共同点,就是勉励诸先生为国家大局努力负责,而声明自己决定三年内对国是只发言不行动;只是个人,不在组织。其不同者,对民盟则请许我离盟;对中共则恳我不来响应新政协的号召。"前信署 1 月 5 日,梁漱溟致张澜信称:"时局发展至此,政府方面或有借重民盟之意,漱以为吾人对此应有两点作前提:(一)政府前曾取缔民盟,并有民盟同人至今拘押未释,若此点未解决,吾人对政府无话可谈。(二)政府言和平,吾人未尝不可与之言和平,但一切违背政协决议者必须取消,果能取消则自然和平。"后信署 1 月 6 日,信中有"近两年来闭户著书,已成《中国文化要义》一种,不久出版,继将写《现代中国政治问题研究》,更有具体方案之提出,将来统当奉请教正"云云。18 日,在重庆《大公报》上发表《中国哪一天能太平?》。此文原是元旦在罗斯福图书馆讲演稿。21 日,蒋介石让位于李宗仁。当日《大公报》刊出梁漱溟的《中国内战责任在谁?》,说:"我写此文,意在说明两点:第一,过去内战的责任不在中国共产党。第二,今天好战者既已不存在,全国各方应该共谋和平统一,不要再打。"24 日,在重庆《大公报》发表《给各方朋友一封公开信》。2 月 13 日,毛主席提出谈判的 8 个条件,其中第一条即战犯问题最使南京感觉为难,行政院长孙科公然表示这一条不能接受。梁漱溟针对这一情况写出《论和谈中一个难题——并告国民党之在高位者》,在重庆《大公报》发表。主要说明:"反对不痛不痒,不清不白,而要讲明事非以正视听。""我要求一切国民党之在高位者表示负责精神,先行引咎下野,听候国人裁判。"13 日,梁漱溟还在重庆《大公报》同时发表《敬告中国共产党》,切劝不要以武力求统一,说:"以武力求统一只有再延迟中国的统一。"3 月 10 日,在重庆《大公报》发表《答香港骂我底朋友》。

梁漱溟是春对学生运动态度有所转变。当时重庆市掀起"争生存,争温饱"的反蒋介石的学生运动,勉仁文学院和勉仁中学的大多数学生要求罢课去重庆参加全市大游行(即四一二事件），少数学生反对，于是在学生中争论激烈。梁漱溟开始是怕学生参加游行出事，不同意学生去重庆参加游行，但大多数学生要求去，就表示支持，并由勉仁文学院和勉仁中学布告通知停课5天，对勉仁中学同意高中生全去，初中生中年龄小的不去，并同意唐宦存带领勉仁文学院的学生，杨新德带领勉仁中学学生。学生游行后返校，梁漱溟还接见了学生代表，表示支持。5月，梁漱溟在勉仁文学院院刊发表《勉仁文学院创办缘起及旨趣》，代发刊词。同月，在勉仁文学院院刊发表《理性——人类的特征》，作《过去和谈中我负疚一事》长文。6月，《中国文化要义》一书撰写完稿。11月由四川成都路明书店出版。此书自序中写道："先是一九四一年春间在广西大学作过两个月的专题讲演。次年春乃在桂林开始着笔。至一九四四年陆续写成六章，约八万字。以日寇侵桂辍笔。胜利后，奔走国内和平，又未暇执笔。至一九四六年十一月，我从南京返北碚，重理旧业，且作且讲。然于桂林旧稿仅用作材料，在组织上都是重新来过。至今——一九四九年六月——乃告完成，计首尾历时九年。""这本书主要在叙述我对中国历史和文化的见解，内容涉及各门学问。""全书分十四章：绪论；从中国人的家庭说起；集团生活的西方人；中国人缺乏集团生活；中国是伦理本位底社会；以道德代宗教；理性——人类的特征；阶级对立与职业分途；中国是否一国家；治道和治世；循环于一治一乱而无革命；人类文化之早熟；文化早熟后之中国；结论。约229000字。"梁漱溟在《中国文化要义》自序中讲："这是我继《东西文化及其哲学》（作于一九二○年至一九二一年）、《中国民族自救运动之最后觉悟》（作于一九二九年至一九三一年）、《乡村建设理论》（作于一九三二年至一九三六年）而后之第四本书。""前后四本书，在内容上不少重见或复述之处。此盖以其问题本相关联，或且直是一个问题；而在我思想历程上，又是一脉衍来，尽前后深浅精粗有殊，根本见地大致未变。""特别第四本书是衔接第三本书而作，其间更多相关。所以追上去看第三本书，是明白第四本书的钥匙。""现在这本《中国文化要义》正是前书讲老中国社会特征之放大或加详。"

按：梁漱溟在此书中，除详述在前几本书中所提出的中国文化特征（一至六）外，并综合中外学者如卢作孚、雷海宗、谢幼伟、朱谦之、蒋星煜等先生以及罗素（英）、杜威（美）、奥本海米尔（德）、内山完造（日）、长谷川如是闲（日）等二十多位学者有关中国文化特征的论述，总共提出中国文化十四特征，并一一予以阐明。这十四个特征是：第一特征：广土众民；第二特征：偌大民族之同化融化；第三特征：历史长久，并世中莫与之比；第四特征：中国文化力量之伟大，不在知识，不在政治，不在经济，不在军事；第五特征：历久不变底社会，停滞不进底文化；第六特征：几乎没有宗教底人生，以道德代宗教，以礼俗代法律；第七特征：家庭生活是中国人第一重底社会生活，亲友等关系是中国人第二重底社会生活；第八特征：缺乏科学，中国学术不向着科学前进；第九特征：民主、自由、平等等一类要求不见提出及其法制之不见形成；第十特征：道德气氛特重；第十一特征：中国不像一般国家类型中之一国，不像国家；第十二特征：无兵底文化；第十三特征：孝底文化；第十四特征：中国隐士与中国社会。梁漱溟用十二个章节详加阐述上列十四个特征后，最后在第十四章讨论特征之总结一段讲："归根结蒂，一切一切，总不外理性早启文化早熟一个问题而已。""第十二特征'无兵底文化'，是源于第十一特征'不像国家'而来。""而中国之所以不像国家，则为其融国家于社会了。""第一层是因为家族生活、集团生活同为最早人群所固有；而中国人浸浸家族生活偏胜，与西洋人之集团生活偏胜者，恰各走一路。从集团生活一路走去，即成国家，从家族生活一路走去，却只是社会。""第二层是因为理性早启，周孔教化发生，使古代一般之宗法制度转化为吾人特有之伦理组织，以伦理本位代替家族本位。伦理始于家族，而不止于家族，规模宏远，意识超旷，精神大为提高。家族本位社会是不能存在到今天底；伦理本位社会却前途远大得很。""周孔教化发生于封建之世；那时还像国家。战国七雄一面更像国家，却一面正是国家要被消融之始。必到周孔教化收功结果之时，封建即已解消，阶级化为职业，国家永被涵容于社会。""盖正唯其是从家人父子兄弟之情放大以成之伦理社会，所以不成阶级统治之地缘国家。又正唯其缺乏集团组织以为其生活之所依靠,乃不得不依靠于伦理作始之家族亲戚。""末后总结:中国的伟大非他,原只是人类理性的伟大。中国的缺欠,却非理性的缺欠(理性无缺欠),而是理性早启,文化早熟的缺欠。必明乎理性在人类生命中之位置,及其将如何渐次以得开发,而后乃于人类文化发展之全部历程,庶得有所见。"在结论一章第二大段——民族性之所由成,讲:"二十七年前我亦还不认识理性、道德出于本能之说,而不同意罗素本能、理智、灵性三分法。及至有悟于理性、理智之必须分开,而后恍然罗素之三分法为不易之论。——罗素所云灵性相当于我所谓理性。""理性,本能其好恶取舍尽有不同,而同属人情。""人类生命因理智而得从生物本能中解放出来,一面其好恶之情乃不必随附于本能。——这就是理性;一面其本能乃不足当工具之任,而从后天求补充。——这就是种种习惯在人类生活中一切莫非本能之混合;纯本能殆不可见。严格说,只有理性是主人,理智、习惯、本能皆工具。"最后就各方之所见和公认底特点,所综合的十点民族性——(一)自私自利;(二)勤俭;(三)爱讲礼貌;(四)和平文弱;(五)知足自得;(六)守旧;(七)马虎;(八)坚忍及残忍;(九)韧性及弹性;(十)圆熟老到——说明:"这既是中国文化所结之果,予以解释、予以分析,但对第一点'自私自利'——潘光旦先生曾以为这是遗传底说法——我们实在不敢深信。""中国人所不能离者是其若近若远种种伦理关系。""中国说近就是身家,说远就是天下,而其归趣则在'四海皆兄弟''天下为一家'。此其精神宁不伟大?岂有什么自私?……说自私自利是中国民族性者,殊觉无据。""近代西洋人的'个人本位,自我中心',显然是自私的对照,从来中国人讲'伦理本位,尊重对方'。"作者最后指出:"真公,还要于中国人见之。中国人怀抱着天下观念,自古迄今一直未改,真是廓然大公,发乎理性之无对。说民族性,这才是中国的民族性。今日世界不讲公理,不得和平,正不外西洋人集团生活的积习难改。依我看:中国人被自私之讥的时代快过去了;西洋人被自私之讥的时代却快要来。究竟谁自私,不必争论,时代自有一番勘验。""唯生于今日底中国人不然,一则礼俗制度破坏凌乱,大多数人失所依傍,自易堕落,而少数人之理性自觉此时却以转强。"

梁漱溟著《梁漱溟先生近年言论集》11月由龙山书局出版,内有1941年至1949年发表的政见性论述文章23篇,全书约114000字。梁漱溟自从先后拒绝张君劢劝他参加南京政府工作和李宗仁三电请他出面奔走推动国共和谈后,处境危险。"中美合作所"的特务和北碚的国民党特务,都对他进行监视,对他的来往信件进行非法检查。唐宦存介绍一个青年到学校当校工,并发展为新民主主义青年团团员,在梁漱溟和吴宓身边服务,以保护两人。中共地下党支部又组织学生保护学校。勉仁文学院在北温泉附近,北温泉警察派出所所长是地下党员,他领导一支武装队伍,与学院联防,打击特务分子,保卫学院梁、吴等的安全。11月底,四川重庆解放。毛泽东、周恩来通过四川统战系统,邀梁漱溟到北平。其时长江航运正不通(上游尚未通航,下游正在为解放战争忙于运兵),无法成行。12月2日,梁漱溟亲自参加迎接解放军到北碚,并主持了北碚和平解放群众欢迎大会。之后,长江航运通航,梁漱溟即携眷(陈树棻夫人和一侄子)并带学生宋乐颜离开北碚到重庆。中旬,梁漱溟在重庆鲜特生家,与一青年裴治镕住一屋。裴是做策反国民党中上层将领工作的,早闻梁漱溟大名,对其非常尊敬。一天裴拿着毛泽东为解放军占领南京而作的新诗读给梁漱溟听,当读到"宜将剩勇追穷寇,不可沽名学霸王"时,梁漱溟连连摇头,说:"错了!错了!"并说:"中国文化是以意欲自为调和持中为根本精神的。偏激与惰后都不行。唯有调和持中的中国文化必将统治世界。而真正统一中国的方法也只能是适应中国文化之根本精神的中和。"并引述了《孙子兵法》中"穷寇勿追"论点,说明"追穷寇"的不同看法。(参见李渊庭、阎秉华编著《梁漱溟年谱》,商务印书馆2018年版;谢增寿编著《张澜年谱》,群言出版社2013年版)

晏阳初1月15日收到卢作孚发来的电稿,云"盼草拟实验区计划时顾到事实,与北碚有关问题商诸北碚"。2月2日,晏阳初致信G.斯沃普先生。信中首先很抱歉告知没能像所希望的那样经常地写信。其原因一部分是由于经常在旅行，一部分是由于中国时局的动荡。其次，告知乡村改造委员会虽受到重重阻碍，已经不能取得任何大的进展了。但仍有使人满怀希望的事，然后一一予以条列。4 月，作题为"Chinese National Association of the Mass Education Movement in Cooperation with the United Seruice to China, Inc."的报告（《截至 1949 年 4 月的工作进展报告——中华平民教育促进会与对华联合服务会合作》）秋，四川省土地改革、乡村卫生、综合计划（第三行政区）等都经"农复会"协助款项积极进行，为求工作圆满完成，居留重庆，随时与各方联络解决偶发问题。（参见杜学元、郭明蓉、彭雪明《晏阳初年谱长编》，上海交通大学出版社 2017 年版）

沙汀任全国和四川省文学界的领导工作，同时继续文学创作，写有《卢家秀》《你追我赶》《老邬》等作品。

吴宓年初继续任武汉大学外文系主任。4 月 29 日，吴宓毅然辞去国立武汉大学外文系系主任职务，拟前往四川北碚。此时武汉即将解放，由于时局紧张，飞机票一票难求。万般无奈，吴宓找到一年前在一次演讲中结识的国民党空军副司令邓志坚求助。邓志坚下了"手谕"，吴宓才购得了 4 月 29 日的机票。48 块银元的高价机票款由勉仁、相辉两校分摊，其中勉仁出了 7 元，相辉出了 41 元。5 月 3 日，吴宓抵达北碚，自此至其逝世前一年，吴宓便一直留守在北碚，度过了悲欣交加、惊心动魄的余生。相辉和勉仁对吴宓的到来寄予厚望，并立即安排上课："每星期四至星期日住勉仁学院，上课四小时，月薪米九石（新市担），应合银圆十五圆；每星期日至星期四住相辉学院，上课八小时，月薪米六石四斗，应合银圆十一圆。"这是当时中国社会物价飞涨、货币急剧贬值而出现的畸形现象。9 日，吴宓开始上课，但"不到五月底，勉仁、相辉两校学生纷纷回家，留校者仅二三十人"。吴宓才上了半个月的课，就因学生的散离，而"无课可上"了。更让吴宓忧虑的是："两校经费困难，非宓所能想象。相辉发薪至五月底止，均给米票，未能一时兑现。六、七月薪，更无着落。勉仁则尤困，于是提前放假（宓仍为留校学生讲课），大裁员工，教师仅留七位。"为了向教职工发放工资，勉仁院长熊东明毅然捐出了自家谷米一百石，才"勉发薪至五月底止，以后一文不能给，劝令各归而自谋"。鉴此，吴宓非常体谅学校的困难，甚至提出"愿不领薪"，因其他从武汉大学带来了历年共积蓄的 56 块银元，"即不得薪，亦尚可自给"，于是勉仁便让吴宓"领半薪，捐半薪，实得 15 银圆"。6 月 3 日，吴宓收到由勉仁董事长梁漱溟、院长熊东明盖章的一张捐助 15 银元收据。8 日，吴宓在给其弟吴协曼的信中写道："原宓之来，目的本在成都，自五月二十日西安失陷（此指西安被解放），成都告警，又各党竞噪，成都人心之乱，乃过于重庆。成都文教学院（佛教、儒教）之危困不减勉仁，川大亦扰乱不堪……成渝交通不便，而成都情形危乱，故宓暂居此（北碚），一面探看成都情形，徐定行止。""然此来为避乱？为讲学？为生活（经济）？均已失望，甚悔不应轻离武大，此时欲归不得，前途又无善计……前二年宓所想望四川尤其成都之好处，今情形全异，此所以宓甚悔不应离开武大也。"9 月，由于时局混乱，物价上涨，勉仁、相辉的教学秩序也受到严重影响。同月 11 日，吴宓给其弟吴协曼的信中写道："相辉已开学，但以学生观望，不欲即行注册交费，又待补考上学期，故开学之期尚早，恐在十月中下旬。"吴宓后来回忆，他"在私立相辉学院及勉仁文学院两校任教授，一校各三天，来往劳苦，住处及饮食皆不好、不便；是他一生生活最苦的一段时间"。

按：当时吴宓因"嫌国立大学只教授学术、知识而不讲道德、精神、理想（此必求之于私立学院）"，乃于"1949 年入川，仍为'保存、发扬中国的儒佛文化'而到私立学院去讲学。原定是要到成都东方文教学院去的(兼在四川大学任教,以维持生活)。4月到重庆后,因交通困难,不能前赴成都,而停止在梁漱溟主办的勉仁文学院(以儒为主,以佛为辅)讲学,又不得不兼在夏坝私立相辉学院任教"。可见,吴宓之所以要离开国立大学而到私立大学任教,是他认为私立大学是一个可以弘扬中国传统文化的平台。这就是吴宓所谓"必求之于私立学院"而来勉仁、相辉的原因。何况梁漱溟主持的勉仁,恰恰是以倡导中国传统文化为宗旨的私立学院,与他的旨趣相合,所以他首先选择了勉仁。吴宓在1952年知识分子思想改造运动中,并非自愿地在重庆《新华日报》(1952年7月8日)发表了一篇题为《改造思想,站稳立场,勉为人民教师》的文章,道出了他决心离开武汉大学的真实原因:"一九四八年秋,我即决意辞卸国立武汉大学外文系主任职务,到成都任教,目的是要在王恩洋先生主办的东方文教学院研修佛学,慢慢地出家为僧,并撰作一部描写旧时代生活的长篇小说《新旧因缘》,以偿我多年的宿愿。直至一九四九年春夏之交,方能得来到重庆,暂止于北碚勉仁学院、相辉学院。"这"暂止"二字耐人寻味。原来吴宓到勉仁、相辉任教只不过是个过渡,真正的目的是到成都王恩洋主持的东方文教学院"研修佛学",然后再"慢慢地出家为僧"。吴宓为什么决意要"研修佛学",甚至想"出家为僧"呢? 1966年9月8日,他在"文革"中写的交待材料中说:"宓多年中抱着'保存、发扬中国文化'之目的,到处寻求同道""认为中国文化是最好的,而且可以补充西洋文化之缺点。至于中国文化之内容,宓认为是'以儒学孔子为主佛学为辅'。故欲明晓中国的精神、道德、思想,必须'兼通儒佛'。"在吴宓心中,中国文化必须"兼通儒佛",而他自认对儒学已有一定研究,如今要进而研修佛学了。(参见刘重来《1949:国学大师吴宓到北碚任教之谜》,《红岩春秋》2014年第7期;刘明华《吴宓教育年谱》,《重庆教育学院学报》1999年第4期)

孙伏园在北碚的乡村建设学院任教授。院长是瞿菊农。学院有一个壁山实验区,由孙廉泉任主任,孙伏园辅助他管理实验区。老友重逢,人地两熟,工作舒心。7月2—19日,孙伏园出席第一次全国文代会,被选为全国文联委员。11月,重庆解放,孙伏园应邀参加重庆市军管会召开的文教界代表座谈会,又当选为重庆市第一届人民代表,参加了人代会。(参见吕晓英著《孙伏园评传》及附录《孙伏园年谱简编》,中国社会科学出版社2011年版)

谢无量2月由上海返重庆,接受熊克武、但懋辛等所组建的中国公学的邀请,任在重庆重建的中国公学文学院长,主讲"五四"以来的新文学成就。原中国公学1906年4月建于上海,经费由各界人士捐助,负责人是王敬芳、张邦杰,教员有于右任、马君武、李登辉,1907年由郑孝胥负责。辛亥革命后,孙中山大力支持。1919年复校,1932年被日寇纵火焚烧而停办。抗战胜利后熊克武再重建。8月,谢无量与梁漱溟避暑重庆北碚晋云山,并修习藏密功法。中秋后回到成都,住成都慈惠堂街37号,直至解放。(参见彭华《谢无量年谱》,载舒大刚主编《儒藏论坛》第3辑,四川大学出版社2009年版;刘长荣、何兴明《谢无量年谱》,《文教资料》2001年第3期)

李璜结束两个半月的台湾生活,于是年1月回到曾苦心经营的四川,想方设法维持青年党在西南的局面。夏,李璜曾计划组建青年党军队以阻挠中国人民解放军进军四川,但未获蒋介石的批准。眼见大势已去,他只得败逃香港。年底四川解放,中国青年党在大陆的历史彻底终结。(参见王继民、留尘《李璜与中国青年党》,《文史精华》2000年第17期)

周鲠生继续任武汉大学校长。春,国民党政府在逃离大陆之前,阴谋策划搬迁工厂、学校和大规模屠杀。在此紧急关头,武大地下党作出了联防应变的决定,指示武大党总支组织联防应变、护校保产、保卫文化区和全校师生员工的安全,深入广泛地开展宣传教育工作,迎接武汉的解放。为了加强武大党组织的集中统一的领导,中共武汉市委在武大成立临时工作委员会。在临时工作委员会的领导下,武大教授会、讲师助教会、职员会、工友联谊会、学生自治会等组织联合起来,于2月3日成立了武汉大学安全互助团。该团下设警卫组、联络组、救护组、报告组,组织全校师生开展反对破坏、反对迁校的艰苦斗争。校长周鲠生是著名的学者,又是开明人士,在稳定学校秩序和护校保产方面,有着举足轻重的作用。4月20日,周鲠生校长60寿辰时,武大党组织发动全校师生为他祝寿,表彰他热心办教育的功绩,希望他对革命事业予以支持,为武大作出新的贡献。周鲠生在进步师生的感召之下,抵制国民党政府迁校桂林,成立各种组织,保护学校安全。他指示校务部门储备粮食等生活日用品,以应急需。在他的带动下,许多教授稳定下来,积极投入了迎接解放的活动。5月16日,汉口解放。17日,武昌解放。同日,全校学生从珞珈山赶赴武昌阅马场和汉阳门,欢迎渡江而来的中国人民解放军。随后一个星期,又接连在武昌城内举行游行,庆祝武汉解放。22日,中国人民革命军事委员会武汉市军事管制委员会宣告成立,主任为谭政,副主任为陶铸。24日,武汉大学教职员发表了对时局的宣言,表示愿意竭尽知识和能力为建设新中国而努力。这篇宣言公开发表在5月27日《长江日报》上,此时全国尚未完全解放、人民共和国政权尚未建立,宣言在知识界引起极大反响,特别是对武汉教育界起到了稳定和导向作用。26日,武汉大学校务会议代表吴于、韩德培、朱萃灏,教授会代表刘秉麟、桂质廷、刘颖6人到汉口武汉军事管制委员会文教部,主动商谈学校有关事宜。27日,军管会公布了四个接管部部长名单,其中文教接管部部长为潘梓年。6月1日,是武汉大学"六・一"惨案两周年纪念日,学生自治会在体育馆召开纪念大会,邀请了武汉军管会委员张执一、文教接管部部长潘梓年、副部长王兰西以及清华大学教授盛澄华等人到会讲演。10日,人民解放军武汉军管会文化部潘梓年与派驻武汉大学的军代表朱凡等6人正式接管武汉大学。上午,在体育馆召开的全校教职员工和学生大会上,潘梓年和朱凡讲述了接管工作的意义和有关事项,具体接管工作由联络员与学校各部门商洽进行。其后,军代表朱凡召集学校5个团体的代表及各部门负责人开会,研究接管中应该办理的事情,决定5个团体各推选出2名代表协助办理接收工作,并由上述人员组成接管办公室,贺泳为办公室主任。此后,武汉大学的接管工作平稳有序地进行。

　　邬保良8月24日任武汉大学校务委员会主任委员。是日,文教接管部批准成立武汉大学校务委员会。新组成的校务委员会,取代学校原有的校长制,成为全校最高领导机构。校务委员会组成人员如下:校务委员会主任委员邬保良,校务委员会副主任委员查谦,委员兼文学院院长缪朗山,委员兼法学院院长邓初民,委员兼理学院院长桂质廷,委员兼工学院院长余炽昌,委员兼农学院院长杨显东,委员兼医学院院长范乐成,委员兼教务长何定杰,委员兼副教务长张瑞瑾,委员兼总务长张培刚,委员兼秘书长徐懋庸,委员还有张珽、刘绪贻、陈登恪。另外,还有讲师助教会代表2人,学生会代表2人,全校师生员工福利委员会及生产管理委员会负责人各1人。25日,在学校大礼堂召开武汉大学校务委员会成立庆祝大会。周鲠生校长、邬保良主任委员、查谦副主任委员先后在大会上讲话。文教接管部部长潘梓年在讲话中说:武大新的领导机构从今天成立以后,建设新武大的事情将由新机构来处理。同时宣布,军事接管委员会即告结束,军事代表及联络员即行调回。武汉大学校务委员会的建立,标志着学校的教育性质已经发生根本性的变化,国立武汉大学已经变成为人民的武汉大学,旧教育正逐步被清除,新的教育秩序正逐步建立起来。校务委员会的任务就是在中国共产党和人民政府的领导下,依靠全校师生员工,积极投入到新的社会变革中去。7月29日至9月18日的暑假期间,武大教职员工集中时间学习。周鲠生、潘梓年等在集体学习期间作了国内形势、国际形势、新民主主义政治、文化与教育、毛泽东思想以及中国革命之基本问题等内容的报告。10月以后,徐懋庸等又先后向师生作了辩证唯物论的思想方法、人生观问题、巴甫洛夫与马克思主义等内容的报告近10场。集中学习以及听取各种报告,开阔了师生员工的眼界,使思想发生了巨大的变化。12月6日,中央人民政府委员会第四次会议任命前校长周鲠生为中南军政委员会委员。(参见吴贻谷主编《武汉大学校史(1893—1993)》,武汉大学出版社1993年版)

陶元珍时任湖南大学历史系主任。夏,台湾大学校长傅斯年电邀陶元珍前往任教。陶元珍于是辞去湖南大学历史系主任及教职,经广州、香港赴台北,后先生知之,蒙文通为之惋惜不已。

按:陶世龙《云孙诗钞跋》云:"1949年初傅孟真先生出长台湾大学,电邀先父前往任教。先父即辞去湖南大学教职,从长沙经穗、港赴台北。不意次年孟真先生遽归道山,先父亦罹怔忡之疾,缠绵病床且数十年,本篇即可见一斑。斯时家母在乡,鱼雁难通,及后两岸恢复交往,而先父已与世长辞矣!幸家母能参透人生,淡泊于心,今已九十高龄,先世无有其长寿者,盖其时正值清末民初,国家多难,亦饱经忧患,长怀遗憾,先高祖曾祖均未展所能即终于他乡。"(参见王承军《蒙文通先生年谱长编》,中华书局2012年版)

汪德耀继续任厦门大学校长。元旦一过,厦大已到款粮俱空的地步,学生开始濒临断炊。学校当局赶紧与有关方面磋商,结果由校长汪德耀、市参议长陈烈甫、市长陈荣芳3人共同负责,于1月6日先向厦门粮局拨借500担暂时维持。1月7日,汪德耀校长急电南京行政院及教育部、财政部,"恳请赐予最紧急措置,迅饬拨汇,并请照物价指数四十倍,从速提高教职员及工役待遇,俾能维持最低生活。临电不胜待命之至。"急电发出后,却如同石沉大海,丝毫未见回音,汪德耀校长无奈,只好匆匆赶赴福州,向省府有关方面求救,最后得到福建省政府主席朱绍良的允诺,准备将一、二月份学生食米欠额由粮储处先行垫借,以济燃眉之急。至于教职员工的薪水,不单厦大一校无法维持,全省所有中央机关,除国营银行外,全都"囊空如洗",谁都解决不了。2月15日,厦门《江声报》1949年发表了记者收到的一篇实情报道,标题是《厦大教授在饥饿中》。17日,为统一领导救饥工作,同学们成立了救饥委员会,推举陈寿松为主任委员,并发出《告厦门市社会人士书》。随后,厦大全体教职员工勇敢地站到斗争第一线,和全体同学紧密结合在一起,举行了空前的"三罢"斗争。4月5日,厦大教授会、职员会、助教会召开联席会议。7日,正式成立厦门大学教职员联合会,议决自11日起全体教职员总请假3天。在10日下午举行的记者招待会上,教授会主席王守礼首先报告议决总请假的经过,吴兆莘教授对国库及教育部积欠厦大经费六亿多元表示极大愤慨,最后由安明波教授介绍了教职员生活悲惨的情形,言下不胜唏嘘。

汪德耀校长面对厦门大学空前的"三罢"斗争,因学校经费无着,实在无法撑持,遂萌退意,并电教育部提出辞职。地下党组织和师生们闻讯后,咸感汪校长上任几年来,实行"兼容并包"的开明政策,在全面内战、经费紧缺的困难环境中,使学校有所发展,实属难能可贵,因此齐加挽留。教授会、职员会、助教会除派代表拜慰汪校长外,还联衔致电教育部,"恳请赐予挽留,否则同人等迫得随之总辞"。4月11日,汪德耀校长飞沪转京向教育部交涉经费问题时,正式提出辞呈。地下党组织获悉汪校长此行辞意坚决,而且教育部将予照准,再次发动全校同学掀起签名挽留运动,并刷出标语,反对任何学棍、党棍接任校长,混入厦大,在全校师生恳挚挽留下,汪校长终于打消辞意,及时返厦,教授会、职员会、助教会、学生自治会特派出代表,与教务长、总务长、大学秘书、各部主任一起到机场迎接,进一步显示了全校空前大团结。4月,国民党福建省政府决定撤到厦门,选中了厦大作为省府逃厦的驻所,电令厦大提前结束。学校当局无法顶抗,只好在5月9日紧急校务会议上议决学期提前于5月15日结束,16日开始期考。为了保护学校,防止外力侵入,地下党组织通过学生自治会理事会,于 9 日晚召开临时会员大会,商讨对策,最后决定以"学业成绩提前结束,学期不提前结束"为原则,向校方交涉。5 月 10 日,学生自治会以全体同学名义,发出《告师长书》,分致各教授,并拜访代校长陈朝璧,陈述学生的意见。建议:(一)学期成绩尽量在三天内办理结束,使家乡受战事影响的同学,可以随时回家;各课程成绩以期中考试成绩代替,未举行期中考试者,则以交笔记、讲义、习题或其他最简便的方式评定。(二)学期不提前结束,使无法回家或希望留校的同学可以照常上课,继续其学业;学校对外办理交涉也有名义,师生员工的安全更有保障。该两项建议虽未获学校采纳,却得到大部分教授的支持。结果,学期考试没有举行,籍贯在闽南各县的党员和积极分子,得以及时回乡开展工作以迎接解放;而学期也没有明确结束,留校的同学又能够继续开展护校斗争;学生自治会向校方提出的建议实际上得到实施。5 月,厦大创办人陈嘉庚,应中共中央主席毛泽东的邀请,从新加坡回国参政,途经香港时于 5 月 17 日,以南洋闽侨总会主席名义向全闽父老发出一份快邮代电,呼吁厦门大学师生"值此黎明前夜",更加"奋发有为"。

汪德耀校长 6 月间与留在学校的党团员和革命师生员工一起成立了厦大应变委员会,并任常委兼主席;教授会代表卢嘉锡任常委兼副主席;教授会代表安明波、肖贞昌,讲师代表张松踪,学生自治会代表陈人庄及总务长陈获帆任常委;教授会代表寿俊良、戴锡樟,职员会代表刘春征,助教会代表杨思文,校友总会代表贺秩,学生代表章禄钦、陆麒、史习仁、工友代表张逢明,及教务长陈朝璧、训导长汪西林、新生院长周辨明任委员。厦大应变委员会"以在目前时局艰危时期保存学校文物,策划员工及学生的生活与安全为宗旨"。下设生活、安全、保管三组,各组设正副主任各 1 人。8 月 25 日,原国民党京沪杭警备司令部情报处长兼上海市警察局长毛森接任厦门警备司令部司令。31 日,他下令在全市进行大搜捕,并于当晚亲自率领大批宪警特务,包围厦大,逮捕师生员工 11 人。9 月 1 日,汪德耀以厦门大学校长名义,接连发出三封保释信,要求保释被捕的员生,均遭毛森拒绝。10 月 17 日,厦门解放。20 日,厦门市军管会委派军代表吴强、肖枫接管厦门大学,组建新的厦大党支部。
(参见洪永宏编著《厦门大学校史》第一卷,厦门大学出版社 1990 年版)

竺可桢继续任浙江大学校长。1 月 10 日,中国科学工作者协会举行第三届理事会,议决总会拟请竺可桢、侯德榜代表总会出席上海分会举行的年会。11 日,在杭州主持浙大校务会议。报告经费严重,借债度日。16 日,出席科学工作者协会杭州分会应变座谈会,同时欢迎新会员及王淦昌监事返国。盛赞王淦昌在国外科学界之荣誉,并指出科学工作者在目前此种局势下,不但要在物质上应变,而且要在精神上应变,科学工作者应抱坚定之立场,追求真理。不论在何种社会环境之下,一切以真理为依归,决不指鹿为马,抹杀真理。20 日,在杭州出席浙江省和平促进委员会成立会议,被推为常务委员。26 日,吴大信、李雅卿、郦伯瑾、陈建新、黄新民等 5 人获释出狱。浙大学生整队前往迎接回校,并作游行。2 月 2 日,主持浙大行政会议。报告闻浙大尚不在疏散之列;省府负责人表示,在省府能力所及,决不来校驻兵。9 日,鉴于时局严重,遂召集安全委员会、教授会、讲师助教会、职员会及学生自治会应变委员会 5 单位代表举行联席会议,当经决议组织一联合机构,由上列各单位及劳工福利委员会各推派代表一至三人组织之。11 日,出席杭州市都市计划委员会,被推定为主席。15 日,参加上海各大学校长会,决定致电教育部代理部长陈雪屏,谓如不给三个月应变费,将全体飞广州请款。21 日,在《国立浙江大学日刊》上刊登避寿启事,表明如有送礼或开会者,概不接受,概不参加。25 日,竺可桢 60 岁生日。学生代表左大康曾来告要开会庆祝。竺可桢表示礼物一起不收,开会不到。

竺可桢2月27日联合上海14校校长乘夜车赴京向李代总统请愿。次日晨到京,至中央饭店,即拟呈文提出改善待遇的具体要求。3月1日,在南京与上海医专校长朱恒璧、上海船专校长周均时、复旦大学校长章友三、同济大学校长夏坚白等16人至副总统府见李宗仁,递交改善待遇之呈文。2日,与教育部代部长陈雪屏及各校校长晤行政院长孙哲生,提出为各校每人贮粮3个月,补发薪金及办公费。此行获满意结果。3日,在南京至翁文灏处一谈,告以目前经费困难,各校长至须汇同集体包围教育部长、行政院长要钱,实太不堪,故有不得不去职之势。4日,浙大学生自治会代表来告之,8日将举行祝贺60寿辰晚会。竺可桢表示绝不到会。6日,浙大学生自治会为庆祝竺可桢60华诞,于晚7时举行祝寿晚会。竺可桢坚辞不往。8日,浙大讲师助教会特向竺可桢献寿幛一轴祝颂。4月1日,出席浙大22周年庆祝大会并致辞,以"恕"勖勉同人,述:"去年今日,我释'爱'之真义。今日我则提'恕'字以勉同人及国人。盖吾人须'躬自厚,而薄责于人',能有容忍对方的雅量,为他人作想的打算,而后方克共济。否则逞情自利,不顾他人,必致摩擦横生,怨仇永结。大而言之,'恕'之一字能行之于国内,则兄弟不致阋墙;行之于国际,则世界和平亦可实现矣。"15日,由友人告知,已被国民党特务列入"和平分子"黑名单中。24日,主持浙大应变执行会成立会,公推谭天锡、苏步青、严仁赓、竺可桢、陆子桐及学生包洪枢、工友周世俊7人组成浙大应变执行会主席团,严仁赓为主席,苏步青为副主席。并确定分组及推定各组负责人选。同日,张其昀来商去留问题,竺可桢劝其不必如此惊动。认为为校着想,其去系一巨大损失;为其个人着想,则或以离去为是。26日,浙大全部停课。出席应变执行会会议,报告经济来源暂时断绝;校内秩序已乱,应设立总机构统一办理。27日,"杭州市应变委员会"成立,被推定为该会常委。28日,至保佑坊商会参加杭州救护会会议,被推为常务委员。(参见李玉海编《竺可桢年谱简编》,气象出版社2010年版)

马寅初8月26日就任浙江大学校长,为新中国第一任浙江大学校长。由浙江省府主席谭震林、著名数学家苏步青、力学家钱令希等人陪同莅临欢迎会场。首由浙大校委会副主任委员刘潇然致词,代表全体浙大员生工友欢迎马先生主持校务,建设新浙大。继由谭震林主席讲话:"马先生是坚强的民主斗士,赤手空拳跟反动派进行生死搏斗,因为跟着人民一道所以终于和人民一同胜利。马先生又是著名经济学者,能够出任,一定可以继续发挥其民主斗争的精神,办好人民的浙大。浙江大学是浙江唯一的大学,在浙江即将进入大规模建设的时期,培养大量的专门人才,是首要的任务。"马寅初发表就职演说:"在国民党统治之下,我是连进浙大教书的机会也被剥夺的。三十六年、三十七年校长亲自到舍间聘请两次,均被反动派的特务打消了,做个教授尚且如此之难,何况做校长?现在由于中共领导人民大众取得了胜利,我才能够被任为校长。""今后的浙大,要在人民民主的总方针下,大家学习新的思想,确定为人民服务的立场,要与建设相结合,培养切合实际要求的专门技术人才,在人民政府领导之下,响应谭主席的号召,协力加速建设新浙江。"最后,要求全体师生职工"人人提方案,个个想办法",以主人翁态度,同心协力,建设人民的浙大。28日,出席杭州各界代表会议,当选大会主席团成员,并发表讲话。9月9日,领衔浙江大学97名教授联名发表《斥美国白皮书》。(参见徐斌、马大成编著《马寅初年谱长编》,商务印书馆2012年版)

章鸿钊10月中华人民共和国成立后,不顾72岁高龄欣然出山,应邀任浙江省财政经济处地质研究所顾问,决意为新中国的地质工作贡献自己的光与热。11月,章鸿钊前往北京参加中国地质工作计划指导委员会第一届扩大会议,在开幕致辞中他表示:"从事地质工作 43 年里,我从来没有像今天这样愉快……今天我们在好的环境下齐聚一堂,是开地质界的新纪元",并号召广大科研工作者一起努力团结,"为新中国的大事业而努力"。（参见冯晔、马翠凤《章鸿钊年表》,中国地质图书馆编《第三届地学文献学术研讨会暨纪念章鸿钊学术思想研讨会论文集》,地质出版社 2016 年版;《章鸿钊:开中华地质之鸿蒙》,《北京科技报》2022 年 11 月 20 日）

马一浮《蠲戏斋诗编年集》丁亥戊子卷 2 月木刻出版,寿景伟等 18 人在同门及学友中发布《发愿流通蠲戏斋诗集启》。3 月 24 日（农历二月廿五日）,马一浮寿辰,与学生、亲友于玄亭前合影,作《玄亭褉集》《褉集再和座中诸贤》诗。4 月,代屈映光、陈其采拟《复性书院董事会、基金管理委员会联合启示》,将复性书院改为儒林图书馆。聘周钟岳为名誉馆长,周孝怀为名誉副馆长,邵力子为馆长,寿毅成为副馆长。5 月,草《儒林图书馆典守委员会略则》,于书院与图书馆过渡过程中设立典守委员会。12 月,跋《钟元常〈上尊号〉〈受禅表〉二刻》。同月,复王敬身书,得见其族祖幻如先生《禅宗集》。（参见马一浮著、吴光主编《马一浮全集》附录丁敬涵编著《马一浮先生年谱简编》,浙江古籍出版社 2012 年版;张雨晴《马一浮学术年谱整理（1911—1949）及其儒学践履活动研究》,贵州大学硕士学位论文,2019 年）

孟宪承受军管会委派为浙江大学校务委员会常务委员,参与主持浙江大学校务。

魏猛克 5 月因杭州解放,任杭州艺术专科学校的军代表,参加城市接管工作。后任中央美术学院华东分院艺术理论教授、研究部副主任,杭州美协秘书长。

唐文治继续任无锡国专校长。1 月,国专沪校毕业 1948 年冬届学生 16 人。无锡国专本部毕业三十七年度第一学期学生冯其庸等 33 人,其中三年制国学科 17 人,五年制国学科 4 人,二年制文书科 9 人。冯其庸在就学期间,撰成"第一篇学术文章"《澄江八日记》,然后又撰成了《蒋鹿潭年谱初稿》。同月,无锡国专放寒假,冯振辞去教职回广西北流。唐文治任命蒋庭曜任教务主任,冯励青任总务主任。3 月,中共华中工委调研室编印《无锡概况》,为解放军接管无锡城作准备,其中记载了无锡国专当时的基本情况,摘录如下:校长:唐文治。教职员 20 人,名单如下:冯振、王震、蒋庭曜、朱世溱（东润）、俞瑞徵、丁儒侯、冯励青、蒋庭荣、欧阳革辛、沈武、梁言辅、李雁晴、陈雪尘、吴白匋、杨泽中、左季明、徐万里、陈奇馥、蒋子敬。共设三科十级:三年制国学专修科、五年制国学专修科、两年制文书专修科。学生男 176 人,女 16 人,共计 192 人。4 月 8 日,唐文治致函民国政府教育部长杭立武,要求增拨本年度补助费。18 日,唐文治再次致电教育部,要求拨发本年度文书专修科特别补助费三亿元,国学专修科特别补助费二亿元。23 日,无锡解放。4 月,王季烈所作《人兽鉴》传奇和唐文治《茹经劝善小说》,由上海正俗曲社合刊印行。书前有颜惠庆的合刊序和唐文治《人兽鉴弁言》。其《茹经劝善小说》收入《孝德本原》《天日共鉴》《保全孝节》等 8 篇,《人兽鉴》收《原人》《著书》《说法》《劝善》《大同》等 8 个曲谱（附工尺谱）。

唐文治任 7 月 8 日无锡中国文学院院长。是日,经苏南行政公署准予备案,无锡国学专修学校正式改名为无锡中国文学院。无锡中国文学院计划中将分设文学、史地、哲学三系,由唐文治任院长,王蘧常为副院长,严济宽为秘书长,钱海岳为教务长。7 月 10 日下午,上海市长陈毅邀宴张元济、颜惠庆、吴有训、竺可桢、陶孟和,陈望道、茅以升、俞澄寰及蔡元培夫人等,并就发展生产、改革教育诸端举行座谈。唐文治也被邀,因病未能亲自参加,请王蘧常出席。17 日,有鉴于国专无锡本部经苏南行政公署准予备案正式改名为私立中国文学院,沪校向上海市文化教育委员会高等教育处提出同样的更名申请。8 月 10 日,针对国专沪校的更名申请,高等教育处经调查后,作出"该校不愿返锡,故令该校不得更名为中国文学院"的回复。26日,国专沪校召开第三次校务会议,参加者有唐文治、王蘧常、朱大可、顾佛影、陆景周、金德建、吴增劼(庶务)、朱显德(教务)和陈龙海(学生代表)、林群婵(学生代表)。唐文治坚持原有的观点:沪校暂不迁并无锡,仍留上海上课。鉴于学生可能甚少,经费不足,教师待遇必甚菲薄,望同人能精诚合作,始终不懈。王蘧常提出不支薪金,纯尽业务。28日,国专沪校向高等教育处呈文,称"本校沿用原名,俟相当时期再集中迁并合办",并附送1949年第一学期各项情况表册、章程等。据所报表册,其时国专沪校校长唐文治,教务长王蘧常,总务长唐景升,国学科文哲组主任朱大可、史地组主任葛绥成,教授顾佛影、陆景周、金德建,讲师吴丕绩,教务朱显德。教师和分授课程为:王绍唐讲授"社会科学概论",王佩净讲授"中国哲学史",金德建讲授"古今文选",顾佛影讲授"文艺心理学",方诗铭讲授"戏剧研究",陆景周讲授"中国文学选读",吴丕绩讲授"传记研究",赵泉澄讲授"地学通论",葛绥成讲授"世界地理",陈憬初讲授"中国近世史",朱大可讲授"世界近世史"。

唐文治、王蘧常、朱大可、顾佛影、陆景周、金德建、唐景升、朱显德(教务)和陈龙海(学生代表)、林群婵(学生代表)9月11日出席国专沪校召开第四次校务会议,会议决定:为照顾学生筹划起见,学费分期缴纳,因经费来源困难裁减工友1名,并函告无锡中国文学院由其负担秘书处职员1人的薪金。唐文治决定不支薪金。10月15日上午,无锡中国文学院补行开学典礼,并庆祝改院成功及附中成立。唐文治嘱托王蘧常赴锡,代为主持典礼,并代诵所作演讲辞一篇。当时,中国人民解放军无锡市军事管制委员会主任管文蔚等人,都亲临道贺并作发言。20日,无锡中国文学院第一届院务委员会召开第四次会议。11月3日,国专沪校向高等教育处呈报校务委员会委员名单。委员12人:唐文治、王蘧常、唐景升、朱大可、葛绥成、顾佛影、陆景周、金德建、吴丕绩、朱显德(教务)、郭本侨(会计兼庶务)、陈龙海(学生代表)、袁振鹏(学生代表)。13日,国专沪校召开第五次校务会议,参加者有唐文治、王蘧常、朱大可、陆景周、金德建、唐景升、葛绥成。会议对工友因裁减向高等教育处控告之事提出处理意见,并拟与高等教育处联络拟请苏渊雷到校讲授政治课。因"难以维持,无能担负",唐文治提出"到本学期止,并入无锡为正路"。下旬根据原有的文书专修科全体同学的联名呈请,经无锡中国文学院院务委员会第七次会议讨论,拟将文书专修科改为国文专修科,学制仍为二年。会后,即将此讨论结果备文呈请苏南行署核示批准。是年,唐文治致函钱孙卿,拟聘钱氏为中国文学院董事长。(参见陆阳《唐文治年谱》,上海三联书店2013年版)

赵太侔继续任山东大学校长。6月2日青岛解放,青岛市军管会立即对学校实行军管,由王哲(不久即调走)、罗竹风、高剑秋组成军管小组,进校接管。军管小组下设党的总支和青年团团委,由罗竹风、张惠分任书记。8月下旬,军管小组经过全面的调查研究,结合学校的实际,在组织、思想、教学三个方面展开了初步的整顿工作。在组织整顿方面,原校长赵太侔去职,组建成由各方面代表参加的校务委员会:丁西林任主任,杨肇燫、赵纪彬任副主任,罗竹风任秘书长;其他成员有魏一齐、童第周、刘椽、王统照、陆侃如、曾呈奎、郭宣霖、潘作新、杨向奎、郭贻诚、许继曾、李善勤、陈瑞泰、侯家泽、王应素、王方、魏金陵等。校委会代行校长职务。行政机构取消原训导处,其下属体育卫生组分为两个组,分别划归教务处和总务处领导。增设人事组和秘书组,由高剑秋和郭宣霖分任组长,宜属校委会领导。各系的系主任是:中文系王统照,历史系杨向奎,外文系梁希彦,数学系李先正,物理系郭贻诚,化学系刘穆,动物系童第周,植物系曾呈奎,地矿系何作霖,水产系沈汉祥,土木系许继曾,机械系陈基建,电机系樊翕,农艺系李文庞,园艺系李良庆,医学院院长魏一斋。在教学中,既注意结合实际,面向社会,也开展科普性质的研究工作。中文、历史两系协助青岛市博物馆鉴定古代文物和古迹发掘工作。植物系和青岛市有关中学组成生物教学研究会,解决教材教法问题,使大学与中学的教学都得到提高。动物系和青岛水产实验所合作,对青岛近海生物进行调查、采集和研究。土木工程系承担了淄博煤矿厂址和隧道的设计工作,并参加青岛港务局的船坞和海军造船所的坞门测绘工作。地矿系参加山东省工矿部的矿产勘测,在莱芜县北麻峪发现大铁矿和吐丝口大煤田,在莱阳县金钢口村发现白垩纪时期的完整恐龙化石和恐龙蛋(完整恐龙蛋是世界上第二次发现),对研究地球史和古生物史具有重大意义,受到学术界的重视和华东军政委员会教育部的通报表扬。(参见山东大学校史编写组《山东大学校史》,山东大学出版社出版1986年版)

　　华岗年初仍在香港。针对新的形势,华岗先后发表《论历史教训和历史创造》《论战争与和平》《从封建地主官僚资产阶级专政到人民民主专政》。春,在港的民主党派领导人和知名人士先后离港进入东北解放区转往北平,与中共共同进行新政协的筹备工作,华岗本应同往,但他的肠出血病复发,不得已滞留下来,直到8月才能成行。是月,华岗奉调去北平,乘一艘洪都拉斯的"科隆号"轮船驶离香港北上。原定的目的地上海,因遭受国民党军队飞机的轰炸,已无法停靠,不得已继续北上,开往青岛。9月2日,船抵大港码头。军管会的深红色小轿车接走华岗夫妇,迎接华岗的是中国人民解放军青岛市军事管制委员会主任向明。老友胜利重逢,自然无比喜悦。谈话中向明问华岗工作安排问题,请求华岗留下,华岗回答:"这要请示中央决定。"又说自己老毛病又犯了,现在也无法全力工作。当向明请示中央后,中央同意华岗留青岛养病,华岗首先把存放在上海的三大箱书,设法运来青岛,治病中致力于整理在香港时没有完成的著作。向明指示驻在山东大学的军管会文教部的罗竹风等前往探望华岗,保持经常联系,征求他对山大工作的意见。接着,中共青岛市委和军管会明确表示,请华岗协助指导青岛市的文教工作。

　　华岗所著《太平天国革命战争史》一书10月由海燕书店出版了。全书共有十五章,其中前四章太平天国时期的国际形势、太平天国前夜的国内环境、太平天国革命发生的社会根源、太平天国革命运动的前奏与先驱是对太平天国革命发生背景和原因的分析。第五到第十二章则是对太平天国革命全过程的叙述,其中包括金田起义、创立太平天国、向长沙武汉进军、建都南京、北伐和西征、杨韦事变、安庆争夺战、天京陷落、石达开出走等,立体展现了太平天国从势如破竹到功败垂成的历史画卷。第十三章对太平天国时期的三合会和捻军起义进行分析,意在反映满清统治危机四伏、民变蜂起的局面。第十四章分析太平天国的理想和政策,说明太平天国革命不同于过去的历次农民战争,而是具有近代资产阶级民主革命性质的农民战争。第十五章则总结革命失败的原因和历史意义。11月,山东大学开始实行上政治大课的制度,华岗受聘讲授《社会发展史》和《共同纲领》。华岗上政治大课,显示了马克思主义理论家的水平,"心平气和、有条有理地讲下去,手里只拿着一张小纸条,上面写几条都要讲些什么,从社会发展史的角度,或经济学的理论,中国革命历史发展的情况,旁征博引,详细讲解,非常引人入胜"。12月9日,云南、西康和平解放,中央征询华岗对担任中共西南局宣传部长和中央统战部副部长的意见,他都没有接受。经军管会同意,山大采取民主选举的形式,产生了校务委员会,华岗也参加了选举,当选为校委委员,再被推选为主任委员,实质上行使着校长职权,强烈的责任感使华岗决心当好一个大学校长。(参见向阳编著《华岗传》,浙江人民出版社 1993 年版;孙宜山《华岗学术思想研究——革命语境下的求真探索》,山东大学博士学位论文,2014 年)

　　韦悫继续任华东大学校长。年初,淮海、平津两大战役胜利后,急需大批干部随军南下,以开辟新区工作。华东局和山东分局研究决定,由华东大学抽调干部和动员全体学员组成南下工作队,随军渡江到新区开展工作。学校接到指示后,立即进行周密细致的思想动员工作,首先请中共济南市委宣传部长夏征农作形势报告。接着韦悫校长、张勃川副校长结合学员的思想实际,再作动员报告。在深入思想发动、又实事求是解决问题的基础上,经过学校审慎研究,第一批共批准了 1500 人,由教师赵平生、朱维基、袁似瑶,中层干部张一夫、方建平、魏史定和一般干部 30 多人分任南下工作队的各级领导。5 月,韦悫校长调任上海副市长,由中共山东分局宣传部彭康部长兼任校长。为了加强华东大学的领导力量,山东分局任命李宇超为副校长,余修为教务长,刘宿贤为秘书长。中华人民共和国成立后,华东大学进一步考虑向新型正规化大学过渡的问题。为此,于 10 月间将教育学院划归山东省教育厅领导(后成立山东师范学院);附属中学交由济南市教育局领导(后改为实验中学);文学院、研究部、讲习班、师训班的学员即行结业,由省、市安排任中学教师或其他方面工作。又从社会科学院四个部中选调学生 400 余人,除留校 30 多人任干部外,一部分分配去军事院校工作,一部分分配在本省文教、卫生、宣传、出版等单位工作。其间,李庚、蒋梯云、丁山等 20 多人奉调去京、沪等地工作,范玲、韩少群等 10 多人奉调去山东省和济南市有关部门工作。胡考教授也在此期调去北京美术协会工作。至 1951 年 3 月 15 日,华东大学与山东大学正式合校。(参见山东大学校史编写组《山东大学校史》,山东大学出版社出版 1986 年版)

　　张维华时任齐鲁大学文学院院长兼历史系主任。9 月 20 日,齐鲁大学文学院制定改革国学教研的计划。改进计划书中说,齐鲁国学研究所已经有 20 多年的历史了,对中国古代文化、古代哲学和一些专题研究在学术上"实已有相当的贡献"。报告总结说:"但以今日之观点论之,仍不免有其自身的缺点,即在研究工作上,仍不能超出东西汉学家及中国乾嘉学派范围之外,其重心趋重于个别文献之整理,而不能有系统地说明整个社会演进之过程。流弊所及则与现实脱节,与群众无联系,不能有助于社会之进步。今后当重订研究计划,在总的原则下,是以马列主义观点批判中国文化遗产及研究中国文化发展的过程。"这份报告还设计了个人研究与集体分工的研究方案,改变以前学者之间毫无联系的弊端,将齐鲁文学院的研究范围划定在自殷商起至秦汉阶段,依照社会发展史的过程,或研究基层的生产关系,或研究上层各方面的文化,最终形成一个整体的研究。张维华向哈佛燕京社报告说,齐鲁制定了邀请"杰出人才"来讨论研究工作的计划,并要"特别看重新观点"。而实际上这一时期,并没有产出多少具体成果。(参见王学典《20 世纪史学编年(1900—1949)》,商务印书馆 2014 年版)

　　王献唐继续在济南居家养病。春,移居济南经十路小院,自号"三家邨人"。初春,赵俪生来济南,在济南市首次各界代表会和工人代表大会秘书处工作。因三十年代在其族伯赵录绩家见过王献唐,遂常登门拜访,成忘年交。秋,时任济南市政府秘书赵俪生、山东古代文物管理委员会副主任张静斋等人,向中共中央山东分局书记、山东军区政委、山东省人民政府主席康生等人反映王献唐在抗战期间抢救山东重点文物的贡献,希望能藉此改善其状况。9 月 27 日,山东古代文物管理委员会副主任张静斋致函山东省人民政府杨希文秘书长,建议王献唐生活补助由每月小米百斤增加到每月小米二百斤。30 日,山东省人民政府同意提高救济标准。秋,山东省人民政府主席康生、副省长郭子化亲自登门看望,赠送高级滩羊皮袍,以资御寒,处境有所好转。11月1日,张静斋上书山东省人民政府主席康生、副主席郭子化,请省府函请南京市人民政府查明索取原存中央博物院山东书籍文物。9日,山东古代文物管理委员会委员郑亦桥根据王献唐回忆南迁南京古物内容,上报省政府杨希文秘书长。15日,山东省人民政府致中国人民解放军南京市军事管制委员会函,要求将存放南京中央博物院之山东省立图书馆图书文物运回。16日,中国人民解放军南京市军事管制委员会致函山东省人民政府,同意运回存放南京中央博物院之山东省立图书馆图书文物28箱。12月8日,山东省人民政府致函南京市军事管制委员会,拟派山东古代文物管理委员会委员路大荒、科长邵子修前往南京领取文物。11日,存放在南京中央博物院的山东省立图书馆(山东金石保存所)图书文物28箱运回济南,由山东古代文物管理委员会收藏。(参见张书学、李勇慧《王献唐年谱长编》,华东师范大学出版社2017年版)

姚从吾自上年12月辞去河南大学校长之后,未有新校长任职,当时由郝象吾、马非百、张静吾组成3人小组负责校务,由郝象吾全面负责。3月,学生自治会改选完毕,因生活与经济核算问题与3人小组发生分歧。次日3人小组集体辞职。经自治会与教授会、职员会、工友会的主席共同协商,成立了7人校务维持委员会,其主要任务,一是维持河大现有局面,不至于被拆散,二是要保证师生生活。同月,沿袭了多年的学校行政机构"三处"之一的训导处于3月开学后撤销,广大学生认为这是学校"新生的第一课,是河南教育界民主之先声"。训导处取消之后,其工作由学生自治辅导委员会负责。新改选的学生自治会以订工作计划,邀请各院代表和教授组成"校政策进小组",协助行政公开政务,提高效率,共同治理学校。一些思想进步的教师在课堂上公开宣讲马克思主义的观点,列昂捷夫的《政治经济学》,艾思奇的《大众哲学》,毛泽东的《新民主主义论》《论联合政府》等书籍在学生中广为传阅。工学院院长郭暄教授让学生到他家收听新华社广播。理学院胡正渭教在课堂上对学生讲"政府叫你向东走,你就向西走,肯定不会错"。3月16日,学生自治会举行了纪念高尔基诞辰81周年文艺晚会。27日,学生自治会河大新闻社主编的《方向》创刊,它向知识分子和青年学生发出"太阳和北极星并没有落,能为我们指示方向"的呐喊,号召人们起来向黑暗抗争,坚信太阳必将出现在东方。4月10日以后,进步师生积极组织护校,指定专人保护图书、仪器及钱粮财物,日夜巡逻,严防特务破坏。27日,苏州解放。苏州市军管委员会主任韦国清对河南大学非常关心,立即给河大发放维持费,安定师生情绪,帮助学校恢复秩序,并动员同学们参军参干。5月,经中共中央中原局和中原临时人民政府同意,新成立的中共河南省委与河南省人民政府正式决定重新扩建河南大学。(参见河南大学校史修订组《河南大学校史》,河南大学出版社2012年版)

按:当时称为"河南人民革命大学",次年3月恢复"河南大学"校名。

吴芝圃5月以河南省人民政府主席兼任河南大学校长,原中原大学教务长、省教育厅厅长张柏园任副校长,并主持学校党组织的领导工作(同年10月任校党委书记),原河南大学文学院院长、中原大学教授嵇文甫任副校长,原河南大学、中原大学教授王毅斋任秘书长,原中原大学党委副书记刘介愚任教务长。6月,河南省人民政府以中原大学医学院、教育系师训班共500余人和河南行政学院400余人为基础,正式重建了河南大学。7月,河南省人民政府主席吴芝圃派开封市教育局副局长郭海长赴苏州,迎接河大师生返回开封。在刘伯承、陈毅、韦国清等关怀下,苏州、南京、徐州等地人民政府积极组织人力,调配车辆、渡船,让苏州的河大1200余名师生顺利返回开封,并运回了全部图书、仪器。同月16日,吴芝圃校长在全校师生大会上所讲话指出:"我们河南大学有光荣的、长期的历史,从河南留学欧美预备学校开始,经省立河南大学到国立河南大学,由于历届同仁的艰苦努力,在河南培养了不少人才,尤其是培养了专门科学的建设人才;各位老师在学术上也有不少贡献,如革命学术思想的灌输,这是值得留恋、值得纪念的。"他说:"在国民党政府统治下,学校受到不少限制,但成绩终究是伟大的。形势发展到现在,河南大学走上了新的阶段、新的道路,开始了新的事业。我们不但要继承过去光荣的历史、好的传统,而且今后要重新发展到一个新的阶段,在新的中国、新的河南,建立新型的大学。"他还强调:"短期训练是人民的需要,但人民还需要长期的正规的大学,建设长期的正规大学是人民教育事业的长期打算、百年大计。"

按:重新扩建后的河南大学是一所革命的新型综合大学,它一方面具有老解放区重视革命政治教育的传统,另一方面又具有普通正规大学注重学术教育的传统。这种比较成功的实践,为中南五省(河南、湖北、湖南、广东、广西)人民顺利接管武汉、长沙、广州、南宁、桂林等大、中城市的普通高等学校,整顿和改造中南五省普通高等教育提供了切实可行的经验。(参见河南大学校史修订组《河南大学校史》,河南大学出版社2012年版)

潘梓年继续任中原大学校长。2月7日,成立校刊委员会,由原华北大学校刊编辑部负责人俞林同志任编辑委员会主任委员,出版校刊《改造》,每半月1期,共出版12期,登载中原解放区军政首长讲话和校内师生文稿,起到了引导师生研讨新民主主义教育理论、活跃学术空气的重要作用。14日,潘梓年在河南大学大礼堂向中原大学全体师生作了"响应渡江号召"的动员报告,他说:河南大学是一所历史悠久的名校,中原大学既是中原解放区人民革命大学,也是河南大学发展史上的一个重要阶段;中原大学学生在中国共产党的领导下,应在教学、科研、实践中经受解放战争的严峻考验,为支持全国的完全、彻底解放作出应有的贡献。学员们纷纷发表演说热烈响应,400名应届毕业生被学校批准随军南下,开赴前线,军南下,开赴前线,占结业学员总数的59%。5月,潘梓年校长兼任中南军政委员会文委副主任、教育部部长、高教局局长。8月12日,中原大学行政、财经、文艺、新闻4个系的800余名干部学员奉命离开河南大学南迁武汉办学,河南大学2000余名师生员工隆重欢送,依依惜别。南迁武汉后的中原大学在中华人民共和国成立后改称华中师范学院(今华中师范大学),河南大学教务长刘介愚于1953年调任华中师院党委书记。此举不仅对支援新解放区起到重大作用,而且为中南地区高等师范教育的发展作出了开创性的贡献。以河南大学为校址的中原大学办学时间共计9个月,共结业学员4932名,这样一批行政、财经、医疗、教育、文艺、新闻等方面的高级专业人才,为中原解放区的革命和建设,为解放战争的全面胜利作出了重要贡献。(参见河南大学校史修订组《河南大学校史》,河南大学出版社2012年版)

钱杏邨1月2日去大和旅馆拜访自香港来东北解放区的老友郭沫若、茅盾夫妇、洪深、李初梨等,兴奋无比。8日,金县文工团继在金县电影院演出《李闯王》12场后,又在大连上友好电影院演出11场。23日,又去大和旅馆看望郭沫若,请郭沫若为钱毅题写墓碑。当晚回大连。参加金县文工团的《李闯王》座谈会。春节过后又返沈阳。同日,总结一年多来工厂文艺工作,撰写《工厂文娱工作的理论与实践》。4月12日,离开沈阳。13日上午,到山海关转车,参观天下第一关。14日,抵天津,晤军管会主任黄克诚。旋往镇南道市府招待所暂住。19日,应军管会文艺处邀,为文工团作《工厂文娱工作的理论与实践》报告。5月4

日,在河北工学院及美琪电影院作"五四"报告。10日,赴北平中组部报到。要他临时留津帮助工作,待文代会后再定。三天中,除会见中组部安子文部长外,又拜访、会见了多年不见的李克农、周扬、夏衍、袁牧之及堂弟钱筱璋等。13日,会见了潘汉年、许涤新等。当晚,去中南海。和潘汉年、许涤新、夏衍、周扬、沙可夫、胡愈之、萨空了、何其芳等与周恩来副主席商谈有关全国文代会事宜,至凌晨3时半结束。14日,回天津。向市委汇报中组部工作安排。

钱杏邨5月19日返北平,下榻于北京饭店304室。20日,应周恩来副主席邀,赴中南海颐年堂午餐。在座有邓颖超、阳翰笙、张骏祥、白杨、舒绣文、张瑞芳、金山、李琳等。饭后合影。这次来北平,主要筹备第一次全国文学艺术工作者代表大会。又会到上海老朋友顾仲彝夫妇、柯灵、汪洋、田方、郑振铎、曹禺、田汉、欧阳予倩夫妇等。28日回津。访宣传部长黄松龄,文艺处周巍峙、孟波。29日,赴北平。应柳亚子约,赴中山公园"上林春"午饭,晤沈钧儒、黄炎培、宋云彬、钟敬文等。晚饭后,听周恩来副主席作有关形势的报告。6月5日,至福寿堂赴柳亚子宴,晤齐燕铭、齐白石、徐悲鸿。7日,去中南海,与周副主席谈有关文物管理问题。9日,与李一氓、曾达斋、袁牧之、罗静予、黎莉莉在李克农家吃饭,留影。11日,回津。12日,约周巍峙、孟波谈文艺处问题。同日,市长黄敬午宴程砚秋、王吟秋,约陪。13日,返平。16日,回津。到文艺处听汇报。18日,返平。20日,去建国礼堂报告《工厂戏剧工作》。26日晚9时,和周扬等去中南海,向周恩来副主席汇报全国文代会筹备情况,凌晨4时多结束。30日,参加文代会预备会、主席团会、主席团常委会、党员大会。

钱杏邨7月1日参加新史学研究会筹备会,晤范文澜。2日,第一次全国文学艺术工作者代表大会在中南海怀仁堂隆重开幕。被推举为主席团常委。6日,任大会主席,主持会议,周恩来副主席作重要政治报告。晚7时,毛泽东主席亲临大会,与广大文艺界代表见面。19日上午,大会闭幕。21日,中央宴请大会代表。8月5日,去华北大学作报告。大会闭幕后直到8月12日,忙于整理提案,参加文代会党组会,参与组织全国剧协、全国戏曲改革协会,参加指导部会,与文艺界人士谈工作。参加中央宴请,新政协代表选举及欢送各代表团。13日,离平。返津后,任军管会文艺处处长,并以全国文联常委身份,召集天津市全国文代会代表开会,研究筹备成立天津文联及各协会。23日,选出阿英、马达等11人为文联筹委,阿英为主任委员。9月,和梅兰芳、马少波、许姬传、许源来游览颐和园,并合影。11月,军管会撤销,天津市人民政府成立,任天津市文化局局长。(参见钱厚祥整理《阿英年谱(下)》,《新文学史料》2006年第1期)

谢国桢2月由昆明返上海,继由镇江潜渡长江回北平,而后入华北大学政治研究所学习。9月,至南开大学历史系任教。据谢国桢《自述》说:"1949年2月北平解放,我就由昆明回到上海,从镇江潜渡长江回到北京。见到范老(文澜),范老叫我到华北大学政治研究所去学习。这年9月,没有结业,因为工作需要,我就被推荐到天津南开大学历史系任教。"(参见牛建强《谢国桢先生年谱》,《明史研究》第11辑,2010年)

高岗、李富春3月由中共中央任命为中共中央东北局书记、副书记,成员有林枫、张秀山、李卓然、凯丰、周桓、汪金祥、刘锡五等9人。8月1日,中共中央东北局、东北行政委员会公布《关于整顿高等教育的决定》,载8月7日《人民日报》。该《决定》指出:为适应大规模建设的需要,高等教育必须"担负起培养具有革命思想与掌握现代专门科学技术知识的高级专门人才的任务"。决定设立培养高级工业人才的沈阳工学院、哈尔滨工业大学和大连大学工学院;培养高级农业人才的沈阳农学院、哈尔滨农学院;培养医务人才的次阳医科大学、哈尔滨医科大学及大连大学医学院;培养中学师资的东北大学;培养与训练行政干部的东北行政学院;培养与训练文艺人才的东北鲁迅文艺学院;培养与训练俄文翻译人才与师资的哈尔滨外国语专门学校及大连大学俄文专修科;培养朝鲜族干部的延边大学。《决定》规定:工、农、医等学院四年毕业,社会科学及文艺学院三至四年毕业,专修科二年毕业。大学本科及专科一年级新生必须具有高中毕业程度,经入学考试合格者。取消现有高等学校学生一律享受公费的制度,实行奖学金制。《决定》对专科以上学校教授、讲师、助教的选用标准,确定俄文为高等学校第一外国语,高等学校精简整编办法等都作了规定。10日,东北行政委员会公布《高等学校教师标准试行条例》6条。同日,《东北日报》发表社论《把高等教育提高一步》。

高岗8月14日在东北中苏友好协会代表大会上作政治报告,论述向苏联学习的问题。他说:"苏联的科学文化是人类文化的总汇,因为它是经过批判地吸收世界古今文化精华的结晶,学习苏联便是学习了世界进步的文化科学技术。""对苏联经验必须仔仔细细地学,老老实实地学。"该报告载《东北教育》第1卷第5期。同期《东北教育》刊登"苏联教育介绍特辑",刊登了12篇文章。这12篇文章的题目是:《苏联的中小学教育》《苏联的教科书出版工作》《苏联的初等和中等职业学校》《苏联初级学校的教学大纲与教学计划》《苏联的高等教育》《苏联的师资训练》《苏联建国初期的教育方针和师资问题》《苏联的学校与家庭的合作》《苏联的体育和运动》《苏联的五级分制记下法》《我怎样做校长》《我的班里怎样学习》。在《特辑》的"前言"指出:"和其他工作一样,我们的教育工作也应该学习苏联三十年来教育工作的经验。"(参见中央教育科学研究所编《中国现代教育大事记1919—1949》,教育科学出版社1988年版)

林枫时任东北人民政府副主席。1月14日,周恩来为中共中央起草致陈云、林枫电:同意聘请328名苏联专家来中国工作,但须先"商定一套待遇制度和合作办法",以便"共同遵守"。9月26日,东北人民政府教育部召开东北第四次教育会议。在会上讲话。他指出我们的当务之急是培养干部,因此,当前教育工作的重点就是加强中等与高等教育。教育部副部长董纯才在会上作了《论东北教育的改革》的总结报告。他在报告中总结了东北解放区教育事业发展的历程,指出今后东北教育的主要任务是"巩固与提高",并提出巩固与提高的8项办法,即加强文化学习,注意思想教育,改编教科书,培养与提高师资,改进教学方法,统一学校制度,改进学校领导工作,解决教育经费困难。(参见中央文献研究室《周恩来年谱1898—1976》,中央文献出版社1998年版;中央教育科学研究所编《中国现代教育大事记1919—1949》,教育科学出版社1988年版)

吕振羽1月3日以后在安东省委农村工作队会议上就确定地权、公开建党、建政作了三次发言。27日,《关于五龙背试点工作的经验和总结—给安东省委的报告》刊于《安东日报》增刊。此为作者1948年12月20日在省委试点农村工作初步总结会上发言。五龙背试点工作也得到当时在安疗养的张启龙、马辉之、李延禄等的好评。2月15日,出席安东省市劳动模范大会,代表省委致开幕词。3月8日,撰写《对安东市委工作的一些意见》,经省委会讨论批准。19日,在安东省委党校作《关于区村领导问题》报告。因宣传部长刘子载工作调动,受派兼管省委宣传部。批注四库本《朱文公校昌黎先生集》《增广注释唐柳先生集》。6月,中央决定安东与辽南两省合并为辽宁省。东北局决定吕振羽与黄凯、伍晋南率安东干部大队 5000 人南下。经沈阳入山海关至南京，过九江至南昌。8 月，接中南局电召至武汉住珞珈山十余日，受派给武汉大学等高校师生作关于立场、观点、方法问题等报告，并与武汉大学教授等进行座谈。在武汉脑痛病发作加剧，彻夜难眠，医生诊断须易地治疗。东北局命回东北，负责大连大学工作，边工作，边治疗。同月，当选为新史学研究会筹委会常务委员。

吕振羽 9 月离武汉经北京赴大连。10 月 19 日，中央人民政府主席毛泽东签署任命，吕振羽任中央人民政府民族事务委员会委员。20 日，东北人民政府主席高岗、副主席李富春、林枫、高崇民签署任命，吕振羽任大连大学校长。31 日，中共旅大区党委通知，吕振羽任旅大区党委委员、区党委大学党委书记，并担任大连大学党委书记。11 月 1 日，吕振羽主持大连大学党委扩大会。2 日上午，与秘书长段子俊、教务处长罗若遐等视察大连大学俄专、工学院、医学院，与各单位负责人见面。下午，出席大连大学副教授、科长以上人员茶话会。3 日下午，在大连大学全体师生欢迎会上作《如何办好人民的大学》报告。8 日，在大连大学干部会上作《学习共同纲领座谈会讲话》报告。10、24 日，主持大连大学党委会。18 日，收到作家萧三（延安时相识）17 日来信，这次只在集会时见面，未能去大连大学参观，实觉遗憾，留言告别。19 日，在全校党员大会上作《关于召开党代表大会问题》的报告。26 日，向旅大区党委书记欧阳钦反映大连大学设备、宿舍等问题。29 日，参加大连区党委会议。在东北行政学院研究班作《关于治史方法方面的零片意见》讲演。收到华东军区海军司令员张爱萍 22 日自北京来信，自莫斯科返京，脑病已好，现在搞海军，明天陪苏海军将领返宁 12 月 3 日，撰写《大连大学的性质、任务和目前主要工作及明年计划》。17、16、25 日，主持大连大学党委会。8、10 日，在大连大学全体师生员工大会上分别作《学习政治经济学的任务和目的》、"纪念一二·九运动"报告。前一报告刊于《民主青年》第 82 期。13 日，参加旅大区党委会议。（以上参见《吕振羽全集》第 10 卷附录《吕振羽生平年谱》，人民出版社 2014 年版）

丁玲年 1 月 9 日离苏联回国，抵哈尔滨。中旬抵沈阳，住鲁艺，撰写访欧散文。同月，《记"东方语言学校"》刊于《文学战线》第 2 卷第 1 期。文中记录了中国妇女代表团在苏联参观列宁发起成立的东方语言学校时的热烈情景。2 月 1 日，《桑干河上》的一章《翻身大爷》刊于《小说》第 2 卷第 2 期。14 日，《法捷耶夫同志告诉了我些什么》刊于《东北日报》。3 月 11 日，《应该从生活出发，而不能从形式出发》刊于《东北日报》，收入《跨到新的时代来》时改题为《不能从形式出发》。这是丁玲在东北参加讨论陈具通的剧本《两兄弟》座谈会上的发言。发言指出，该剧本虽有明确的思想、主题，但不是从生活实际出发，而是从形式出发。14 日，读丹钦柯的《戏剧，文学生活》。与周立波谈及陈学昭。丁玲因近日与陈学昭谈得较多，觉得她是一个懂些人情，不浅薄，又是一个较大真的人。丁玲认为，有些人责备陈狭隘、小气，那是因为他们不懂得一个女人在满是封建，满是市侩的社会中如何奋斗的原因。周立波说："为什么是一个人奋斗呀，现在革命的队伍这样大？"丁玲说："队伍大，但各人必须走各人的路，一个旧社会的理想主义者走到如今，如果不经过痛苦能行吗？"16 日，《批判萧军错误思想——东北文艺座谈会发言摘要》刊于《东北日报》。22 日，华北解放区和国统区的作家、艺术家在北平举行第一次集会，商讨召开全国文艺工作者代表大会的筹备工作。会议选举郭沫若、茅盾、周扬、丁玲等 42 人为筹备委员会委员。24 日，《世界民主妇联第二次代表大会的开幕》刊于《东北日报》。同月，参加东北文艺座谈会；《丁玲文集》由上海春明书店出版，内收短篇小说 7 篇。（参见王周生《丁玲年谱》，上海社会科学院出版社 1997 年版）

董纯才4月15日在沈阳《东北教育》创刊号发表《关于办正规学校的问题》。文章指出："学校正规化的实质是加重文化课的比重,建立统一的正规教育制度。我们的正规化是新型正规化,必须符合资民主主义教育方针,必须符合新中国的实际情况与建设需要,决不能无原则地抄袭旧的一套。目前,办正规学校的主要任务是改变教学内容,去掉封建主义、官僚资本主义和帝国主义的内容;换上民族的、科学的、人民大众的新民主主义的内容。"再就是废除国民党那套专制主义的训育制度,实行学生自治,建立民主团结的正确的师生关系。8月28日,东北人民政府任命车向忱为文化教育部部长,董纯才、邹鲁风为副部长。(参见中央教育科学研究所编《中国现代教育大事记1919—1949》,教育科学出版社1988年版)

李曙森时任东北解放区松江省教育厅长。4月,在沈阳《东北教育》第1卷第1期发表《哈市在新型正规化教育工作中的经验与体会》。文中说:新型正规化教育,首先是在有长期打算,有计划、有步骤地培养人才的思想指导下,明确各级学校的目的性。第二是学习以文化课为主,政治与文化结合,教育与实际结合,与生产技术结合。文章说,教育工作者要发扬创造性,要领导好教员和学生,实行级任制。课内外活动密切结合,个人学习与集体学习结合。成立校务委员会统一领导各群众组织。对劳动人民子女打开大门。建立统一制度。增加教育经费。(参见中央教育科学研究所编《中国现代教育大事记1919—1949》,教育科学出版社1988年版)

白朗参加在北京召开的中华全国文学艺术界工作者代表大会(即第一次文代会)。12月,又参加东北文联和东北文艺工作者协会的成立大会。

李安宅回国后,参加人民解放军,随人民解放军进至昌都后,与于式玉一道创办昌都小学。

王洛宾9月参加中国人民解放军,同年随军进入新疆。

胡适4月6日自上海登轮赴美。14日,在海轮中写成《〈自由中国〉的宗旨》。这是为他与雷震、杭立武商定要创办的杂志写的发刊词。这是一篇"反共"宣言。胡适给这杂志规定的中心任务即是"反共"。同日,胡适又作《陈独秀最后对于民主政治的见解——〈论文与书信〉序言》,利用陈独秀晚年所写的书信和论文的材料,说明陈独秀在被共产党开除以后,尤其在脱离托派以后,也就是在陈独秀宣布自己"已不隶属任何党派,不受任何人的命令指使"以后,对国际政治,特别是对资产阶级民主制度的见解,来指责无产阶级专政必变为个人独裁,认为陈独秀"从苦痛经验中悟得近代民主政治的基本内容,特别重要的是反对党派之自由"。21日,到旧金山。22日,发表谈话,拥护蒋介石集团拒绝中国人民解放军的和谈条件。23日,人民解放军占领南京,美国社会强烈震动。胡适仍宣称:"不管局势如何艰难,我始终是坚定的用道义支持蒋总统的。"27日,到纽约,寓于东81街104号,这是他大使卸任后曾住过的地方。5月初,两次去华盛顿,会见美国政界人士。6月10日,往绮色佳出席康奈尔大学同班毕业35周年纪念会。12日,迁于广州的国民政府新任行政院长阎锡山,任命胡适为外交部长。21日,胡适电辞。但阎锡山要求胡适不要公开发表辞不就职的消息。7月16日,胡适通知国民政府的驻美大使馆,取消一切约会,表示对国民党政权的忠忱。

胡适8月16日致函赵元任夫妇,提到阎锡山不许他向外说明不干外长的事,对此颇觉为难。仍不愿谋教书的事,不拟接家眷来,因为不打算在美久居。"读了《白皮书》,更不愿留在国外做教书生活"。对以后的打算,"想回去做点我能做的事。第一,决不作官。第二,也不弄考据了。""也许写文章，也许是讲演，也许是两项都来"。请赵氏帮助下一判断。10月2日，作《全谢山改定〈水经注〉卷五的经文有先后各本的异同》。11月20日，《自由中国》杂志在台北出刊，胡适为发行人。创刊号上除登有他写的发刊词外，还发表了《民主与极权的冲突》。其中说："第一，这是急进革命的方法与渐进改善的方法之冲突；第二，这是企图强迫划一与重视自由发展的冲突。"12月9日，胡适在东西协会华盛顿分会的会议上，讲演《中国历史上争取自由的奋斗》，说："西方国家不应贸然承认中共，共产主义同政治自由绝不能相容。"23日，致信赵元任夫妇，告以冬秀到曼谷看儿子和媳妇，似不能久住那里。拟来美团聚。故须谋职养家，请代画策。

　　按：任访秋《胡适》（《任访秋文集·近代文学研究》，河南大学出版社 2013 年版）说："在文学革命运动上，他（胡适）的功绩是不应一笔抹煞的。他提倡新文学，反对旧文学，提倡新道德，反对旧道德，同当时《新青年》杂志社中其他革命者并肩战斗，给中国文学史开辟了一个新的历史时代。不论其当时如何右倾，但总是有他的一份功劳。特别是后来写的《白话文学史》，其目的在证明国语文学为二千年来中国文学史发展中主要部分，借以批判一般顽固派的错误观点，教育广大的青年一代，从而巩固文学革命的成果，这也是值得肯定的。……胡适提出整理国故这个口号，其目的是在中国文化上，开创一个资产阶级文化的新时代。他宣传与介绍西方资产阶级的哲学观点，与治学方法，并在哲学史与文学史的研究方面，作出了一些成绩。这些在当时，影响是巨大的。当然这种研究观点和方法对历史仅仅能说明其然，而未能说明其所以然。但在资料的搜辑，与史事的考订，以及系统的编次等方面，成绩还是卓著的。所以这对进一步探索历史的发展规律，还是具有较大的参考价值的。"（参见耿云志编《胡适年谱》，福建教育出版社2012 年版）

　　梅贻琦未就教育部长职。年初，梅贻琦抵香港，因经济困难，一些校友曾凑了一些钱给他解困。3月由沪抵穗。当时在广州的教育部邀约历任教育部长商讨"教育前途大计"，梅贻琦于会议余暇赴港与夫人会面。其间曾向人透露说，他已经答应杭立武的邀约，联系有名的教授学人在台湾筹组编译馆，他本人先赴巴黎出席联教组织的科学会议。7月，梅贻琦作为首席代表出席 9 月 19 日至 10 月 15 日举行的联合国教科文组织第四次大会，同行者为李书华、熊庆来、陈源、袁同礼。会后，梅贻琦与李书华同移居巴黎南郊之"儒维集"。随后，梅贻琦便办理手续，准备赴美暂住。途中曾在伦敦停留几日。据方钜成《梅校长在伦敦二三事》（《清华校友通讯》复 13 期，1986 年 4 月）回忆：1949 年夏天，方钜成等在伦敦，但已决定返回祖国参加工作。有一天，忽然接到梅校长从巴黎写来的一信，说他将到伦敦来住一段时间，要方钜成等为他定个旅馆或公寓房间，并叮嘱要找个租金比较低廉的地方。方钜成写道："当时梅校长是在巴黎参加联合国教科文组织（UNESCO）的一个什么会议。他拿到的经费不多，而梅先生为人素来是书生本色，两袖清风。他要住一个租金低廉些的旅馆，我们是能理解的……我们给梅校长定下了一间每天要付大约十几个先令的房间。当时在伦敦有好几位资格较老、又在官场有些地位的清华校友，梅校长本来满可以给他们写信托办此事，他们甚至可能会欢迎校长在他们家中下榻的。但那时国内的形势是：人民解放军已渡过长江，解放了南京和上海。在我们一些同辈同学之间，聚在一起时总谈论国内蓬蓬勃勃的政治形势。梅校长不给当时那些同官场有关的校友写信，不知是否有所考虑。"谈到"回归"问题时，"梅校长表态了。他对我们说：'你们回去，我赞成。但我自己还想在外边看看再说。'这是很典型的梅先生。既不全肯定，也不全否定。他赞成我们回北京工作，这是对要解放的中国的肯定。同时又说他要再看看，表明他对于过去还不能一刀两断，对于中国的未来还有所保留。"12月，梅贻琦飞抵纽约。一开始，他同老友缪云台一起租用了贝松生(贝聿铭之父)的一所闲置的公寓暂住。据缪先生说,那时他二人都是刚刚离开祖国,有惆怅感,也不知究竟何所适从。他们二人甚至想一起入纽约大学历史系读书,同做年逾花甲之年的大学生。此后,梅贻琦寓美达6年之久。(参见黄延复、钟秀斌《一个时代的斯文:清华校长梅贻琦》,九州出版社2011年版;吴洪成《生斯长斯　吾爱吾庐——清华大学校长梅贻琦》,山东教育出版社2003年版)

　　赵元任继续在加州大学柏克莱继续任教,学术活动频繁。1月3日,放假后第一天上课。继续担任Extension School的国语课、大学中文课和音韵学课(用中文讲),给研究生Samuel Martin讲解Ancient Chinese等。19—21日,乘火车赴西雅图访问华盛顿大学(华大)。20日,观摩华大几个班的中文课,参观远东研究院,作有关中国方言研究的讲演。21日,在华大与Wilhelm、Taylor、Michael和Reifler等专家座谈中文教学问题。在往返途中阅读王力著《中国语法理论》和高名凯的《汉语语法论》稿。24日,顾培慕一家来美。顾谈他们离开北京的情况。26日,学期结束。31日,挚友萨本栋患癌症医治无效在旧金山一肿瘤医院病逝。自上年12月30日萨本栋抵达加州后,赵元任多方张罗治疗事,并多次去探望。萨本栋夫人住赵元任家,萨本铁(萨本栋的哥哥)也赶到旧金山来。1月6日,赵元任婉转地将病情的严重性告萨本栋家人。萨本栋由于病情已到晚期,医治无效,于1月31日下午4时零8分在医院去世。2月1日,赵元任办理萨本栋的后事,打电报通知教育部朱家骅部长,准备葬礼仪式,写祭文送报社等。3日,葬礼在旧金山举行,张紫常领事主持,赵元任介绍萨本栋的生平,萨本铁代表家属讲话。参加葬礼约50人,最后在Woodlawn公墓将骨灰安葬。5日,接中学同学瞿季刚及夫人到家小叙。2月22日晚,宴请袁守和家。7日,第二学期开学,赵元任继续上国语课,增加方言课,并"开始给Martin讲福州音韵"。

　　赵元任3—6月研究福州方言。多次请萨本铁(福建人)作福州方言的发音人,录制他的福州话,请萨本铁用福州话读《左传·郑伯克段于鄢》,和古文《陈情表》等。与研究生Martin作福州方言研究。3月26日至4月4日,赵元任以外孙女昭波为例研究小孩语言。记她的说话,做了290张卡片记录她的词汇,撰写"The Cantian Idiolect, an Analysis of the Chinese Spoken by a 28-month old Child",于1951年在*Semitic and Oriental Studies*上发表。4—12月,抽时间与Grosjean研究藏语,录音及核对藏音,给Grosjean讲解藏语音韵学等。4月19日,接朱经农来家小住,下午,陪朱参观加州大学。21日,胡适从上海来。胡应中华会馆邀请来讲演,因当地华侨多说广东话,请赵元任做翻译(把国语翻成广东话)。赵元任说:这次翻译是件不容易的事,但也给我一次说广东话的好机会。23日,接胡适到家住;参加接待胡适的各种应酬活动。24日晚,在家举行自助餐招待客人与胡适会见。来宾有加州大学东方语言系的同仁、张紫常夫妇、张书旂、Condliffe夫妇和陈谦受夫妇等。26日晚,送胡适到机场。5月,加州大学东方语言系举行一系列学术演讲集会。同月16日,在第一次演讲会上赵元任用中文作有关清浊音的学术演讲,同天Schafer教授用日文演讲,Mary Haas教授用英文演讲。连续参加20日、23日、25日几次演讲会。5月22日开始,协助夫人修订《中国食谱》。23—25日,麻省理工学院著名教授诺伯特·维纳来加州作关于控制论(Cybernetics)的讲演。1947年元任曾阅读过维纳教授写的控制论的235页手稿,认为很重要。维纳教授在加州的几次讲演他都去听了。据5月24日日记,听Wiener的Feedback and Behavior(《反馈与行为》)讲演时,换了两次讲堂,由容纳300人的换到容600人的,最后换到容纳千人以上的Wheeler大礼堂。6月23日,到陈谦受家送行,陈家决定走欧洲回国。

　　赵元任家依然是来美中国学者的聚集中心。秋季开学前,牛满江夫妇、吴经熊一家、梅贻宝夫妇、萨本铁等来赵元任家拜访。加州大学 R. G. Sproul 校长委派赵元任出任东方语言系系主任。7 月 13 日,赵元任收到校长委派信,遂与院长商量可否不当系主任,而院长认为在 Boodberg 教授休假的这一年,赵元任是替代该职务最适合的人选。赵元任力辞不准。院长建议赵元任在回信接受这一职务时,可以说明希望 Boodberg 教授休假回来后,校长能免去他的系主任职务。9 月 14 日,东方语言系举行午餐聚会,欢迎来自荷兰阿姆斯特丹的专家、Lingua 的编辑 A. D. de Grost,赵元任读过 de Grost 所著关于结构的文章。15 日晚,宴请客人,Mary Haas 和 Denzel Carr 两教授作陪。19 日,新学年上课,开设课程和前一学期一样。指导研究生 Nelson,与他讨论 Interdialect Romanization。继续指导 Gros-jean 研究藏语。同月,根据出版社意见对夫人修订《中国食谱》又作了修改,有很多补充。10 月 1 日,中华人民共和国成立。在中国的亲属新那、培云和夫人的四表妹都有信来,说一切都好。老朋友们和中央研究院的同事们也来信或来电,企盼元任等回国。7 日,参加东方学学生名誉会聚会。8 日,到旧金山 Washington Hotel,接中国著名作家老舍到家里吃饭,(老舍与元任曾在波士顿、纽约多次会晤,谈语言与戏剧等问题),陈世骧、戴振铎等作陪。15 日,到斯丹福大学开西部大学会一天。21 日,收到陶孟和等 9 人 9 月 16 日写给他的信。23 日,写信给在美国的中央研究院的同事们,转告陶等的来信。26 日,到 College Inn 听 Olschki 讲演。

　　赵元任 11 月 6 日参加中国同学会,介绍往年中国同学会情况,到会者约六七十人。9 日,到语言学组听关于俄文中的所有格演讲。28 日,到系讲演会听陈世骧和 Schafer 的报告。12 月 5 日,到系讲演会听 Mary Haas 讲"Loan words from Cambodian to Siames"(由柬埔寨语借字到暹罗语)和 Carr 讲"Loans in Indonesia"(印度尼西亚语的借字)的报告。9 日,到系讲演会主讲"Dialectal Borrowings and Alternate Reading"(方言间的借词及读音的变化)。12 日,到系讲演会听 Olschki 和 Richard Mather 的报告。12 月 8 日,又接陶孟和与竺可桢从北京来电,力劝赵元任和李方桂、陈省身等教授回国。赵元任回电说有困难,同时将陶竺电报转给李方桂和陈省身两教授。29 日,赵元任协助夫人修订的《中国食谱》出版社寄来修订本样本。据赵元任 5 月 10 日日记,赵元任跟夫人分析了各方面问题后,决定申请加入美国籍。随后,赵元任夫妇,小中和来思先后填表交(akland)移民局。9 月 20 日,赵元任夫妇和小中三人取得 First paper,这仅仅是申请美籍的开始。后经漫长的时间和很多手续,赵元任和来思于 1954 年加入美国籍,夫人于次年得到批准,后小中亦相继加入美籍。

(参见赵新那、黄培云编《赵元任年谱》,商务印书馆 1998 年版)

　　林语堂所撰《苏东坡传(四)》2 月刊于《好文章》第 4 集。目录署名"何文基",正文署名"林语堂著 何文基译"。文末标注"完"。3 月,所撰英文文章"A Note on Laotse"(《老子小记》)刊于《东方世界》第 3 卷第 3 期。5 月 15 日,林语堂辞职离开了联合国教育科学文化组织。7 月 27 日,《南洋商报》第 3 版刊登了林语堂原著、约翰译的《林语堂论甘地:他是印度的精华》。是年,印度《向甘地致敬》刊载林语堂的悼念文章《现代惟一的圣人和先知》,署名"Lin Yu-tang";印度马德拉斯(Madras)好牧师出版社(The Good Pastor Press)出版了 S. 迪瓦斯(S. Devas)编选的《甘地及其部分思想》,内含林语堂对甘地的部分评价文字:"甘地先生是其祖国仅见的现代圣人和先知。只有在印度这样的国家,也只有在亚洲这样的大陆,一个人才有可能因为其精神地位而获得巨大的政治权力。甘地现象在西方世界是不可能

出现的。这理应可以说服西方人不要来干涉东方政治。"(参见郑锦怀《林语堂学术年谱》,厦门大学出版社2018年版)

老舍2月9日在纽约致在香港的友人楼适夷信,后以《作家书简》刊于2月26日香港《华商报》副刊。信中说:"《四世同堂》已草完,正在译。这就是为什么还未回国的原因。……并不是因为美国舒服,才不回去——此地对我,并不舒服!"并告知《离婚》《骆驼祥子》《四世同堂》《牛天赐传》在国外印行情况。6月,老舍在纽约128街区(贫困户集中地区)公寓请日本友人石垣绫子夫妇吃自己亲手做的中国菜,席间欢欣鼓舞地谈到上海的解放和自己要尽快回中国的打算。据日本石垣绫子《老舍——在美国生活的时期》载:"当我们走进门口时,便听到厨房里传来一阵阵剁菜的声音。老舍正系着围裙式的东西下厨作菜。""更令我们惊奇的是这一天老舍实在精神特别的好。初次见面时的那种郁郁闷闷的精神烟消云散。他只穿了一件衬衫,两腮红红的,声音也带着点劲儿。一谈起来,我们才知道他为什么这样有精神。"他用激动的声音说:"中国不久将获新生。上海这个城市过去是一个集犯罪、间谍、通货膨胀等毒瘤于一身的地方。如今上海解放了,病巢正被一扫而空。就由此所知,共产党完全可以掌握好、治理好全中国。"针对美国政府压制和迫害进步力量的反动政策,老舍批评说:"杜鲁门总统偷学了蒋介石政策可恶的做法。"他还向客人介绍了寓所内挂着的郭沫若手书的殷墟文宁匾额和中国知识分子所受的苦难。"然而不管遭遇什么苦难,我们是中国的作家,光在美国是写不出什么东西的,不和中国民众共同生活,耳畔消失了华语乡音,我写不出真正的文学作品。""中国已经有希望了,我要尽快回中国。"7月2—19日,中国文学艺术界联合会第一次代表大会在怀仁堂隆重举行。周总理说:"打倒了国民党反动派铲除了障碍,南北两路文艺队伍大会师了,就是缺少我们的老朋友老舍,已经邀请他回来了。"

老舍10月10日于养病中先后接到周总理嘱托冯乃超、夏衍写的邀请他回国的来信后,即决定启程。是日前,到达三藩市(旧金山),旧金山华侨青年和工人们曾集聚一堂,挂起五星红旗庆祝新中国的诞生,并与破坏庆祝活动的反动分子进行了搏斗。10日晚7时,市内的"中国城"又有华侨游行。事后听说游行者派代表献剑给蒋介石与李宗仁,由总领事代收。由此看到"全世界已分为两大阵营,美国的华侨也非例外:一方面悬起红旗,另一方面献剑给祸国殃民的匪首"。13日,由三藩市乘"威尔逊总统号"轮船启程回国。途中看到"船上有二十二位回国的留学生。他们每天举行讨论会,讨论回到祖国应如何服务,并报告自己专修过的课程,以便交换知识"。"同时,船上另有不少位回国的人,却终日赌钱,打麻将。"老舍还细心观察了同船的几个菲律宾财主:"他们的服饰,比美国阔少的更华丽,他们看不起中国人。""他们的浅薄无知,好玩好笑,比美国商人更俗鄙"。18日,到达檀香山。27日,到达日本滨,参观了东京。31日,到达菲律宾首府马尼拉。11月4日,到达香港。因等船,在香港住了24天,在香港大学病理学教授侯宝璋家里下榻,就便医治腿疾。28日,很困难地买到英国轮船公司的一个小客轮的船票,离开香港。12月6日,到达朝鲜的仁川。9日晨,船到大沽口。12日,在天津住两天后,乘车回到久别的故乡北京。因家属尚在重庆,暂住北京饭店,为时4个月。13日,周恩来会见了老舍。据阳翰笙《我所认识的老舍》载:"他到达北京的第二天,就由我陪着会见了周恩来同志,老朋友相见,畅谈了很久。这件事,对老舍后来的生活是很重要的。"是年,在美国完成长篇小说《鼓书艺人》的创作。当时由老舍口授,郭镜秋(He lera kuo)译为英文,1952年书名为 The Drum Singers,在纽约出版。后由马小弥由英文版转译为中文，发表在《收获》1980年第2期；人民文学出版社1980年10月单行本第1版。同年，《四世同堂》英译本在美国出版，英译本书名为《黄色风暴》，译者艾达·浦鲁伊特，中国名字浦爱德。（参见甘海岚编《老舍年谱》，书目文献出版社1989年版）

晏阳初11月19日与中国乡村建设学院学生、中共地下党员、爱子晏新民在家就政治观点辩论至深夜，不欢而散，分道扬镳。20日，自重庆飞往台北参加中国农村复兴联合委员会会议。下旬，在台北小住一周，取道香港，拟由香港转赴美国，准备就拟议中的国际平民教育运动事宜与有关方面协商。过港时与好友卢作孚晤谈。12月7日，由香港启德机场乘"菲律宾线"号的飞机前往美国，在纽约挂着"中美平民教育促进会"的牌子，继续干他的平民教育。12月，在美国就美援及农复会前途问题与美政界及民间人士交换意见。是年，中国乡村建设学院报考人数2400余人，录取110余人，招录比例21.8:1。（参见杜学元、郭明蓉、彭雪明《晏阳初年谱长编》，上海交通大学出版社2017年版）

曾琦2月赴美国后，鉴于美国政府和杜鲁门总统对蒋介石政权逐渐丧失信心，在华盛顿发表了《对美国朝野十大质问》，要求美国以所谓"世界领袖的地位"对"苏联扩张铁幕""采取有力之政策"，并继续援助蒋介石国民党集团。曾先后5次去纽约，向国民党驻联合国代表提出所谓"苏联侵华案"，并试图发动所谓"超党派的救亡运动"，要各方面的"反共民主自由分子"，集群策群力以挽救即将灭亡的国民党政权。又到美国各大城市讲演，煽动华侨反共。10月1日，当中华人民共和国宣布成立后，曾琦在美国发表《国人速起抢救中华民国》和《超党派的救亡运动》，鼓动人们挽救国民党的失败。曾琦还在美国还与胡适、于斌等发起组织"中国民主自由联盟"，煽动华侨反共。（参见康之国《曾琦国家主义思想研究》，知识产权出版社2007年版）

何兹全继续在纽约哥伦比亚大学。12月，在《历史语言研究所集刊》第14本发表《东晋南朝的钱币使用与钱币问题》。此文是对全汉昇《中古自然经济》一文提出的商榷性文章，作者认为南北朝时期北方由于战乱等原因，退回到自然经济状态，但是南朝由于北方人口、财富、生产技术等大量南移，加速南方开发，交换经济发达。此文就是通过对东晋南朝钱币使用情况的梳理，来证明这一现象，并探讨由于钱币大量使用带来的经济上及财政上的相关问题。文章最后得出结论："南朝的钱币使用已经非常活泼，在公私经济生活中，钱币均占重要地位。钱的使用虽然尚未能完全把谷帛的使用排除于交换手段之外，但这只是由于南朝广大的地域中，各地经济未能平衡发展所致"，所以"把南朝看成是一个自然经济的时代，大概是不妥的"。作者在自述中指出，"文章自然可补全汉昇先生文章的不足，自然也纠正了全文的不确之处"。该文是较早研究南北朝贸易、货币及社会经济问题的论著，对相关研究有一定影响。（参见王学典《20世纪史学编年（1900—1949）》，商务印书馆2014年版）

袁同礼1月17日致函教育部，报告舆图等运台情况："敬陈者，奉钧部三十七年十二月十四日社字第六七四九号代电，开该馆存京地图由中央博物院代运安全地点等因。奉祠查职馆所藏内阁大库舆图十八箱，遵于卅七年十二月二十一日交由中央博物院代运安全地点，理合具文呈请鉴核备案。谨呈部长、次长。国立北平图书馆馆长：袁○○。三十八年一月十七。"28日除夕，全家在上海候船赴美，是晚与妹丈长谈。费正清夫人费慰梅所著He Was Never Defeated（袁慧熙、袁澄编《思忆录：袁守和先生纪念册》，台北商务印书馆1968年版，英文篇）云：自抗战内迁以后，袁同礼实际上是以难民身份度过余生的，但他并未被战乱击倒，反而蒙难正志，坚守事业。袁同礼抵美后，几乎立即开始着手编纂《西文汉学书目》,并云"编目录的工作,有一本书自己没有查到都不放心"。9 月 19 日至 10 月 15 日,由美赴巴黎参加联合国教科文组织(UNESCO)第四次大会,会后仍回美。是年,袁同礼获法学博士名誉学位,瑟此堡大学赠他法学博士。（参见张光润《袁同礼研究(1895—1949)》,华东师范大学博士学位论文,2018 年）

黄文山 7 月应邀到美国密执根大学社会学系讲授文化学,与该校教授、文化学家怀德氏商讨组织国际文化学会等问题,并应邀到纽约各大学讲授《世界文化改造》等专题。（参见吴定宇主编《中山大学校史(1924—2004)》,中山大学出版社 2006 年版）

李景汉开始在联合国粮农组织统计专家室工作,曾以专员身份赴东南亚各国进行考察,并兼任东南亚许多国家的农业普查顾问。还以联合国专家身份到南京普查训练班讲授普查方法。

李方桂继续在美国从事学术研究,历任西雅图华盛顿大学东亚语言系教授,夏威夷大学语言系教授,致力研究印第安语言。

李四光在英国收到南京中央研究院地质研究所许杰、赵金科等 11 人来信,表示反对搬迁。1 月 19 日,南京解放前夕,给在南京中央研究院地质研究所留守的许杰、赵金科和俞建章等回信,对"愿留守本所,看护书籍、仪器,深为钦佩",并提出"将我个人名下所存的少许积资公开,作本所研究工作、个人救济之用,以箪食瓢饮,或尚可维持于一时,俟局面稍定,再从长计议可也"。2—3 月,李四光在新西兰举行的第七次太平洋科学会议的会议录上,以英文发表《中国的造山历史和构造轮廓》。2 月 9 日,给许杰、赵金科等再回信并发一电报,对中央研究院南京办事处要地质研究所迁广州与中山大学合作,认为"只好任有志者前往;若为地质研究所及同人避乱,似无多大意义,我个人绝不赞成"。当时地质研究所内虽有一至二个主管感到无法可施,但经绝大多数员工鼓励,终于同大家站在同一立场。当时全所有 33 人,研究员 6 人、副研究员 4 人、助理研究员 4 人、助理员 5 人、技术员 10 人、行政 2 人、技工 2 人。4 月 23 日,南京解放,地质研究所在李四光和地质研究所留守同仁的努力下,完整地保存下来。5 月,李四光接参加在巴黎和布拉格同时举行的世界维护和平大会中国代表团团长郭沫若根据周恩来的指示领头签署的函件,"请早日返国"。12 月 25 日,李四光自意大利热那亚乘船回国。（参见马胜云、马兰编著《李四光年谱》,地质出版社 1999 年版）

王稼祥 1 月 8 日出席中共中央东北局例会。会议决定成立东北局宣传委员会,由王稼祥任书记,成员有蒋南翔、廖井丹、李荒、陈楚、董纯才、刘芝明、昌骥、舒群、李大章、郭述申、韩进、金铁群、王思华等。2 月初,毛泽东在河北省平山县西柏坡同斯大林派来的代表、苏共中央政治局委员米高扬会谈时说:中华人民共和国成立后准备派王稼祥同志为第一任驻苏大使。3 月 5—13 日,出席中共七届二中全会,递补为正式中央委员。14 日,应毛泽东之约,到毛泽东处谈话。毛泽东说:会议开完了,你不必回东北局了,有重任给你。中央想让你出任驻苏联大使,看你愿意不愿意。回答说:请你给我时间考虑一下。15 日,向毛泽东汇报愿意担任驻苏联大使。4 月,开始为筹建驻苏大使馆收集和阅读各种材料,物色人选。5 月上旬,中共中央决定,组成由刘少奇为团长,高岗、王稼祥为成员的中共中央代表团,秘密访问苏联,向斯大林、苏共中央通报中国革命进程,商谈有关建立新中国的问题。6 月 20 日晚 21 时,刘少奇、王稼祥一行从清华园车站乘专车离开北平。同行的有:代表团翻译师哲,代表团秘书邓力群、戈宝权、黄韦文,代表团机要组吴振英等。陪同代表团前往莫斯科的有苏联铁道部副部长、苏共中央驻中共中央代表柯瓦廖夫,苏联驻华使馆参赞费德林。王稼祥 6 月 26 日下午陪同刘少奇等到达莫斯科。代表团被安排住在市内奥斯特洛夫斯卡娅街 8 号公寓内。27 日晚，斯大林和莫洛托夫、马林科夫、米高扬会见刘少奇、高岗、王稼祥，师哲、柯瓦廖夫在场。7 月 15—26 日，在刘少奇率领下，中共中央代表团先后同苏联国家计划委员会、财政部、国内贸易部、国家银行、化工部等机构的负责人交谈；并参观了斯大林汽车工厂、莫斯科大学、列宁博物馆、列宁图书馆、历史博物馆、莫斯科市苏维埃等。8 月 14 日，刘少奇乘车离开莫斯科回国。刘少奇致电斯大林：根据中共中央的指示，王稼祥留莫斯科，代表中共中央与苏共中央联系，待至 8 月下旬回国参加政协会议。9 月上旬，回到北平。

王稼祥 10 月 5 日由中央人民政府任命为中华人民共和国驻苏联大使，苏联政府任命罗申为苏联驻中华人民共和国大使。9 日，《人民日报》头版头条报道："中苏任命首任大使，苏联为罗申，我国为王稼祥。"同日，在中苏友好协会总会成立大会上，当选为中苏友好协会理事。10 日下午，前往车站参加欢迎苏联驻我国首任大使罗申抵京。16 日下午 4 时，罗申大使向毛泽东主席呈递国书。19 日，在中央人民政府委员会第三次会议上，王稼祥、李克农、章汉夫被任命为政务院外交部副部长。20 日晚 7 时，毛泽东主席设宴欢迎罗申大使，王稼祥出席作陪。同日，周恩来前往机场欢送外交部副部长、中国首任驻苏联大使王稼祥赴任，并对他说：建立国家的外交关系，派大使，搞外交，我们经验太少，你赴任后要多总结经验，推动我们外交工作的发展。21 日，《人民日报》头版头条报道"我国首任大使王稼祥离京赴苏"，并发表社论《把中国人民的友情带到苏联去——欢送王稼祥离京赴苏》。社论说："中华人民共和国第一任驻苏大使王稼祥已于二十日离开北京，到苏联首都莫斯科去就任了。北京人民欢送王大使出国赴苏，正如十天前欢迎苏联驻我国大使罗申抵京一样，怀着同样兴奋的心情。""这是中国人民第一个能代表自己的意志的外交使节的出国，又是到新中国的第一个友邦苏联去。""中国人民第一次为自己的大使送行。我们完全信任王大使，相信他能很好地完成中央人民政府和人民给他的巩固发展中苏友好关系的光荣使命。王大使曾留学苏联，对苏联是熟悉的；回国后，在土地革命时期的江西，直到抗日根据地陕北，长时期和人民在一起艰苦斗争，现在并已荣任中华人民共和国中央人民政府政务院外交部副部长，因之我们相信他能最充分地代表中国人民的意志。王大使出国了，中国政府和人民交给他带到苏联的，就是对苏联政府和人民的至诚的友谊，和对世界和平阵营的领导者斯大林大元帅的崇高的敬意！"31 日，王稼祥一行经过十天的长途旅程，于本日清晨抵达莫斯科。在雅罗斯拉夫车站受到苏联外交部副部长葛罗米柯、莫斯科市苏维埃主席波波夫、莫斯科军区司令阿尔杰米也夫上将、莫斯科卫戍司令西尼洛夫中将等苏联党政军官员以及朝鲜、蒙古、匈牙利、罗马尼亚、捷克、保加利亚等国的驻苏使节，中华人民共和国驻苏联大使馆临时代办戈宝权等的欢迎。王稼祥发表演讲。他说："我被任命为中华人民共和国驻苏维埃社会主义共和国联盟第一任特命全权大使，作为中华人民共和国第一个驻外国代表并于现在到达贵国首都，感到非常荣幸。"他代表中国政府对苏联立即与新中国建立外交关系表示感谢，他将尽最大努力来巩固中苏之间的友好关系。欢迎仪式结束后，在戈宝权及苏联外交部礼宾司官员的陪同下，乘车前往克鲁泡特金巷 13 号中国大使馆。

王稼祥 11 月 3 日下午 1 时举行正式呈递国书典礼。6 日晚，出席在莫斯科大剧院举行的十月社会主义革命 32 周年庆祝大会。15 日，周恩来致新华社驻布拉格分社社长吴文焘并告王稼祥电："李四光先生受反动政府压迫，已秘密离英赴东欧，准备返国，请你们设法与之接触。并先向捷克当局交涉，给李以入境便利，并予保护。"以后因情况变化，地质学家李四光没能取道东欧,而是经瑞典、意大利辗转回国。12月16日中午12时,王稼祥陪同毛泽东抵达莫斯科雅罗斯拉夫车站。站台上悬挂中苏两国国旗,苏联部长会议副主席莫洛托夫、布尔加宁等领导人和各人民民主国家驻苏大使、公使等外交官员到车站欢迎。中国驻苏大使馆全体工作人员也到车站欢迎。车站上举行隆重的欢迎仪式,毛泽东发表书面讲话。欢迎仪式结束后,王稼祥陪同毛泽东一行到莫斯科西南的斯大林别墅(姊妹河别墅)下榻。要戈宝权以新华社名义起草一份报道毛泽东抵达莫斯科的新闻电报,经毛泽东审阅,连同他在车站发表的讲话一同发回北京。下午6时,斯大林在克里姆林宫小会客厅会见毛泽东,并进行会谈。21日,出席在莫斯科大剧院举行的斯大林70寿辰庆典。毛泽东作为贵宾在主席台就座在斯大林身旁,庆典上有13个国家的代表致辞,毛泽东代表中国第一个致辞。23日下午6时,到毛泽东住处报告,苏共中央政治局和斯大林按事先商定的时间从明天开始同毛泽东会谈。毛泽东决定由他、王稼祥和陈伯达参加,师哲为中方翻译。24日,参加毛泽东和斯大林的会谈。26日晚上7时,继续参加毛泽东和斯大林的会谈。(参见徐则浩编著《王稼祥年谱》,中央文献出版社2001年版;中央文献研究室《周恩来年谱1898—1976》,中央文献出版社1998年版)

郭沫若3月29日下午率参加世界拥护和平大会中国代表团起程。行前他发表谈话,说:"我们将团结全世界民主和平的力量,以坚强的斗志,消灭帝国主义集团的侵略战争。"前往车站送行的有李维汉、周扬、邓颖超、李济深、沈钧儒、柳亚子及各界代表百余人。同日,代表团专车过天津,在车站受到各界代表千余人欢迎,发表简短讲话。30日下午,率代表团抵达沈阳。出席中共中央东北局、东北行政委员会在铁路宾馆举行的晚宴,并致辞。晚宴后,代表团专车离沈。31日上午,抵达哈尔滨。4月1日上午,率代表团往兆麟公园参加哈尔滨群众的欢送会,并讲话。下午,登车续行。2日下午,到达满洲里。3日下午,换乘国际列车续行。过海关,进入苏联境内。4日,到达赤塔。5日中午,离开赤塔继续行程。之后途经贝加尔湖、伊尔库茨克、新西伯利亚、乌拉尔,往莫斯科。8日,与文化界知名人士300余人联名发表宣言,响应召开世界拥护和平大会。9日,与北平市文化界人士329人,联名发表宣言。声讨国民党政府盗运文物。郑重呼吁:"敬希全国同胞,一致声讨,以拯救此文物浩劫,国家幸甚,文化幸甚。"全文载11日《人民日报》。11日下午,率代表团抵达莫斯科,受到苏联文化界和职工会及妇女界代表西蒙诺夫、维什涅夫斯基、叶列美耶娃等知名人士的欢迎。晚,与代表团往全苏对外文化协会与苏联科学文化界人士聚会,并出席由莫斯科最卓越艺术家举行的音乐演奏会。17日,率代表团抵达布拉格。在车站受到市长瓦塞克、捷克出席巴黎拥护和平大会筹委会主席弗兰克、捷克中国协会主席勃鲁索夫、查理士大学校长以及作家、新闻记者的热烈欢迎。在欢迎仪式上致答辞,对捷克政府和人民的热情接待表示感谢,并表示:"深信中国代表团在捷克及其他国家的代表团合作之下,必将完成它的和平使命。"

郭沫若4月20日率我国代表团出席在布拉格举行的世界拥护和平大会,并被选为主席团成员。由于法国政府作梗,大会被迫于巴黎、布拉格两地同时举行,和大中国代表团出席布拉格会场。约里奥·居里任大会主席,致开幕词。主席团成员还有法国议员阿拉贡、丹麦的马丁·安得生、世界青年联盟主席鲍埃逊、英国的丁·勃尔、世界妇联主席戈登夫人、苏联的法捷耶夫、意大利的南尼、美国的约翰·罗治、世界工联主席宙扬等。同日,出席世界拥护和平大会中国代表团发表严正声明:抗议法政府无理拒绝入境。21日下午,继续参加世界拥护和平大会,听取各国代表发言。当天大会主席达尔鲍塞尔宣读中国代表团致电大会,宣布法国政府再度拒发中国代表团入境签证。23 日下午,在世界拥护和平大会上发表演讲,全文载 28 日《人民日报》。郭沫若说:"中国人民击败美蒋的经验,证明必能克服战争危险。中国人民对于挑拨侵略战争的祸首,视为全人类的公敌。和平民主阵营有充分力量,把战争危机和战争挑拨者送进坟墓。我们一定要站在以苏联为首的民主和平阵营,作为一个有力的战斗单位。全世界爱好和平的力量团结起来! 以坚强的团结和斗志消灭战争! 人民民主与持久和平胜利万岁!"演讲从布拉格会场向巴黎和平大会会场播送。演讲词已在布拉格和巴黎同时发表。大会进行期间,忽由大会主席向大会报告中国人民解放军渡江、解放南京的消息,称"中国人民的胜利是整个和平阵营的胜利",代表们都一致起立,全场爆发了长时间的欢呼,与会代表高唱"自由中国万岁"歌,同时与我国出席代表握手拥抱、欢呼,经久不息,显示了世界人民对中国解放事业的伟大关怀,同时中国人民革命事业的胜利发展也必给世界和平以有力保证。24 日,第一次世界和平大会上,郭沫若、刘宁一、马寅初相继发言。25 日晚,出席世界拥护和平大会闭幕大会(巴黎、布拉格同时进行)。郭沫若当选大会常设委员会委员。大会通过世界拥护和平大会宣言,成立常设委员会,并决定设立国际和平奖金。大会宣布闭幕,代表高唱马赛曲。和平大会闭幕后,郭沫若与中国代表团全体代表出席布拉格工人在工业厅举行的群众大会。26 日,在世界拥护和平大会常设委员会第一次会议上当选为主席团副主席。主席团主席为约里奥·居里夫人。27 日,在布拉格,接受查理士大学授予名誉博士学位。

郭沫若 4 月 29 日率参加世界拥护和平大会中国代表团乘飞机返国途中抵达莫斯科。在机场受到苏联科学家、作家和民众代表欢迎。5 月 1 日,率参加世界拥护和平大会中国代表团前往红场参加莫斯科庆祝"五一"劳动节大会。4 日,所作《人民科学丛书·序》刊于《人民日报》,写道:"我们今天需要真正的科学,要使科学回复到为人民服务的本位上来,使它成为不折不扣的人民科学。今天苏联的科学和科学家所走的正是这个方向。我们愿意向他们看齐。在这儿选择了这套《人民科学丛书》,不仅要使科学知识大众化,而且要使科学精神大众化。不仅普通的读者应该在这儿找寻粮食,就是专门的科学家也应该在这儿受一番再教育。"6 日,率中国代表团赴列宁格勒参观。日间在市内观光,参观列宁格勒苏联国防博物馆,晚间赴基洛夫歌剧院观剧。9 日,与中国代表团成员出席苏联对外文化协会中央委员会主席捷克尼索夫举行的招待会。10 日,率参加世界拥护和平大会的中国代表团离莫斯科回国。与代表团在莫斯科期间,曾瞻仰列宁墓;参观列宁博物馆、苏联国立列宁图书馆、特列捷科夫艺术博物馆、东方博物馆、"纪念伊里奇"集体农场、苏联建设展览会、莫斯科大学、农业科学院等;会晤了苏联科学院长瓦罗洛夫;参加了苏联作家协会举行的招待会。13 日,在火车上,与代表团文艺组成员一同讨论在苏联参观的感想,并与大家商定编纂两个报告集:一为和平大会经过,一为参观经过。晚,与代表团抵达齐齐哈尔。出席黑龙江省负责人于毅夫等举行的欢迎会。畅述此次出席和平大会的经过以及目前世界和平民主阵容强大的情形。14 日晨,与代表团抵达哈尔滨。在车站受到各人民团体代表万余人的热烈欢迎,发表简短讲话。晚间,出席欢迎宴会和晚会。同日,得悉法国当局迫害居里,立即致电表示慰问,并电世界和平大会秘书处表示声援。同日,与代表团先期回国的许德珩、李德全等 29 人致电毛泽东,请示是先行返京,还是在哈尔滨或沈阳等地等候 8 天后始能返回的马寅初等,一同返京。15 日上午,率代表团往兆麟公园,参加哈尔滨市各界群众代表 5 万余人举行的欢迎会,并发表演讲。全文载 22 日《人民日报》。17 日下午,与代表团抵达长春,在车站向前来欢迎的市民发表讲话,报告了此次和平大会的成就。晚,同代表团成员一起参加欢迎宴会和晚会。18 日上午,与代表团 30 余人抵达沈阳,受到中共中央东北局负责人与各界代表的热烈欢迎,随即在车站广场举行欢迎大会。同日,毛泽东回电郭沫若:"先生等致力国际和平民主事业载誉归来,极为欣慰。请在沈阳稍候,俟马寅老等到后同车返平,俾北平人民得作盛大欢迎,以壮世界和平阵容,并慰贤劳。"19 日,召开代表团全体会议,谈到数日来各地人民群众对代表团的欢迎。24 日,与代表团抵锦州,做短时间停留。在群众欢迎大会上讲话。25 日上午,与代表团抵达天津。旋即出席欢迎大会,发表讲话。下午,与代表团一行 37 人,返抵北平。(参见林甘泉、蔡震主编《郭沫若年谱长编》,中国社会科学出版社 2017 年版;徐斌、马大成编著《马寅初年谱长编》,商务印书馆 2012 年版;陈福康《郑振铎年谱》,三晋出版社 2008 年版)

张君劢 11 月 5 日由香港起飞赴印度讲学,6 日,抵达印度加尔各答。此次赴印是应印度教育部之邀请前来讲学的。8 日,搭乘印度国家航空公司飞机抵达印度首都新德里。下午 5 时整,张君劢座机在德里威林机场降落,张君劢身穿咪啡色西服,戴白色眼镜,手拿前印度国民大会主席《阿沙德之略传》,精神抖擞,笑容可掬,不断地说着:"太对不起了,谢谢! 谢! 太对不起了!"寒暄过后,乘驻印大使罗家伦汽车赴使馆休息。印度教育部代表伽布尔在宪政大楼为张君劢准备住处,7 时,张君劢到宪政大楼。8 时后,印度教育部国际文化教育科长阿须伽小姐来访,交谈片刻。继而周祥光教授来访,两人相谈至深夜。临行握别。9 日,印度民主急进党德里支部主任杜斯先生访问张君劢。该党领袖为罗明。罗明曾经和鲍罗廷一同来华,中国共产党罗明路线所说的罗明,即指此人。10 时,张君劢由周祥光教授陪同赴国防部参观外国语文学院。该院设有中文、俄文、法文、德文、波斯文、阿拉伯文、日本文、西班牙文、荷兰文等语。分日夜两班,日班学生均为陆海空军军官,夜班则为印度内阁各部官员。张君劢与中文系学生谈学习中文方法。并与该院院长彭奈济晤谈。彭奈济知晓 18 种语言,为印度有名的语言专家。彭氏称誉张君劢不但是中国的伟大学人,而且是东方圣人。中午,罗大使设宴招待。午后 3 时,印度中央古物保管局派布里博士前来,邀同张君劢游览古笃高塔。据说该塔在公元前即建成。返宪政大楼后,德里政治家日报派员前来摄影。德里大学罗摩迦斯学院英文教授赵本罗与德里大学杜德教授先后来访。杜德教授为梵文学者,治印度佛学有年,张君劢已允助彼来华习大乘佛教。10 日,印度教育部伽布尔君陪同张君劢参观德里工艺学院。上午,张君劢分别访晤印度外交部次长梅农与现任驻华大使潘尼伽两氏,谈甚久。当与潘尼伽大使谈目前中国局势时,同表感慨。晚 9 时,出席罗大使晚宴,由巴西驻印大使、比利时驻印大使、美国总领事等作陪。

张君劢 11 月 11 日上午往印度教育部拜访阿沙德部长,阿沙德曾任国民大会党主席。11 月 12 日午后 3 时,教育部代表伽布尔君、周祥光教授陪同张君劢往德里大学演讲。13 日晨,印度阿里沙省社会党领袖,时任印度宪法会议议员杜斯访张君劢,谈良久。上午,参观回教民族大学。午后,印京华侨联合会举行欢迎张君劢先生大会于文迦酒家。驻印大使罗家伦等和印京华侨数百人到会,堪称空前。首由华侨联欢会会长周祥光致欢迎词,略谓:"张君劢先生学问道德,为人称道,尤为祖国民主政治奋斗,垂四十年而未少殆。当张先生于 1944 年去美出席太平洋学会会议,1945 年由美返国参加政治协商会议,道经加城时,均因事忙,未来印京。1947年,尼赫鲁总理请张先生出席亚洲会议,亦因政府改组,不能来印。故吾人意见失望数次。今日张先生来印讲学,得与我们千百侨胞见面,殊深荣幸……今请张先生为吾人讲话,以为留印侨胞之指针。"张君劢起立致辞谓:"各位侨胞,离乡背井,能在海外独立谋生,殊非容易,希望大家团结,努力前进。"继由罗家伦大使讲话:"张先生来印讲学,宣扬祖国文化,对于中印邦交之促进,贡献非浅,昔日玄奘到印,到处说法,戒日王等,咸往听之。且玄奘曾为那澜陀大学副校长,在印度子弟逾万人。今日张先生到印,则戒日盛事,必重现于今日,奘师之后,继承有人矣。"晚9时,侨胞赴车站欢送张君劢往阿拉哈巴讲学。15日午后,张君劢在阿大中文系讲述"中国现代文学革命",自康南海起至陈独秀止。6时,与阿大各教授谈话。17日上午8时,在印度教大学演讲"老子哲学"。参观鹿野苑,此处为佛陀初转法轮之地。18日上午,讲"中国政党之发展",由该校政治系主任赖尔任主席。20日,出席印度教大学毕业典礼。21日晨,搭车赴中央省,往娜加坡大学讲学。抵达娜加坡后,曾向当地印人广播,由中央省省长巴克沙伐任主席。(参见李贵忠《张君劢年谱长编》,中国社会科学出版社2016年版)

罗家伦继续任国民政府驻印度大使。1月20—23日,代表中国政府出席印度召集的"印尼问题会议"。9月6日,飞抵广州述职。12日,飞台湾参观各地军事设施,27日,飞广州与国民党中央各部门商议西藏及印度问题。12月31日,在12月30日印度政府宣布承认中华人民共和国之后,亲自降旗撤馆并发表简短声明。(参见张晓京编《中国近代思想家文库·罗家伦卷》及附录《罗家伦年谱简编》,中国人民大学出版社2014年版)

张嘉璈4月去澳大利亚,担任悉尼一所大学的教授。

李煜瀛赴瑞士,旋徙乌拉圭,从事国际文化活动。

苏联法捷耶夫为苏联文化艺术科学工作者代表团团长,西蒙诺夫为副团长。应邀来华参加中国保卫世界和平大会和中苏友好协会总会成立大会。10月1日上午,抵达北京车站宋庆龄、刘少奇、周恩来、郭沫若等前往迎接,郭沫若在车站举行的简短欢迎会上致欢迎词。10月9日,苏联文化艺术科学工作者代表团团长法捷耶夫、副团长西蒙诺夫到北大讲演。在民主广场听讲的有北大、清华、交大、华大、贝满女中等大中学校及高教会等20余机关单位共12000余人。10日晚,外交部部长周恩来和北京市市长聂荣臻为苏联文化艺术科学工作者代表团举行送行鸡尾酒会。18日,郭沫若与茅盾、周扬、丁玲等往车站为访问中国的苏联文化艺术科学工作者代表团团长法捷耶夫送行。10月26日下午,郭沫若出席政务院文化教育委员会邀请苏联代表团交流文教科学问题座谈会,主持会议。就以下问题向苏联代表团成员请教:(一)苏联政府如何统一领导全国文化教育工作?(二)苏联政府在文教方面分多少部?除作家协会外,政府有无专门领导文艺工作的机构?它如何工作的?(三)是否有文教计划局之类的组织?它的性能和职权如何?(四)苏联科学院研究与组织的情况。(五)今后中苏两国文教资料和经验交换的具体办法。五个问题由苏联代表团副团长西蒙诺夫等依次做了解答。28日下午,苏联大使罗申举行欢送苏联文化艺术科学工作者代表团的鸡尾酒会。周恩来、董必武、郭沫若等应邀出席。(参见林甘泉、蔡震主编《郭沫若年谱长编》,中国社会科学出版社2017年版;王学珍等编《北京大学纪事(1898—1997)》,北京大学出版社1998年版)

美国芝加哥大学社会科学院院长、人类学家罗伯特·瑞斐德访问岭南大学,该校社会学系主任杨庆堃亲自陪同瑞斐德到鹭江村视察,并在瑞氏的帮助下,从美国获得经济资助,开始对鹭江村的调查工作。

按：鹭江村调查结束后，学生在杨庆堃的指导下撰写以鹭江村为题的毕业论文，有刘耀荃的《鹭江村的权力结构》，张淑芳、黄定国的《鹭江村四代阶级及职业的流变》，钱楚文的《鹭江村娱乐活动的研究》，谭文焕、简慕贞的《鹭江儿童家庭教养调查》，正宝杰的《鹭江家族与祭礼调查》等。

美国堪萨斯大学萨拉·简妮特·韦策尔撰写了《晏阳初的中国平民教育运动：一项为了和平的事业》硕士学位论文。（参见杜学元、郭明蓉、彭雪明《晏阳初年谱长编》，上海交通大学出版社 2017 年版）

法国学者马古礼（Georges Margoulies）《中国文学史》（Histoire de la Litterature Chinoise）（散文卷）初版。

按：马古礼，原籍俄国，移居巴黎。作为汉学家，马古礼著述颇丰，其中影响较大的有《〈文选〉辞赋译注》（Le "Fou" dans le Wen-siuan. Etude et textes），1926 年由巴黎保尔·古特纳（Paul Geuthner）出版社初版；1948 年在巴黎印行的《中国文学选萃》诗文合集法译本，所选由屈原到林纾，凡二百余家，遴选富有代表性，书中的"序言"叙述中国文学发展史，轮廓清晰，叙述准确。（参见付祥喜《20 世纪前期中国文学史写作编年研究》，北京师范大学出版社 2013 年版）

日本学者青木正儿《清代文学评论史》3 月成书，为青木正儿最后一本文学史著作。据书中"原序"介绍，青木正儿在东北大学讲授《宋元文艺评论史》（1929 年）、《中国文学评论著作解说》（1934 年—1935 年）时，涉及六朝以至清初。1935 年，在岩波"东洋思潮"讲座讲授"中国文学思想"时，便主要根据在东北大学的讲义，从上古一直讲到清末。1941 年，在京都大学讲授"清代文学思想"时，修订、补充了原先关于清代文学思想的内容。同时，借着出版《中国文学思想史》（1943 年，岩波书店）一书的机会，作者对清代的内容作了进一步修订，并于 1949 年 3 月完稿，交给岩波书店印行。作者认为，中国文学的整体思潮动向，大都以评论形式出现，所以该书侧重于评论。作者希望读者"通过本书看清思潮动向，而不是单纯叙述评论的发展过程"。（参见付祥喜《20 世纪前期中国文学史写作编年研究》，北京师范大学出版社 2013 年版）

三、学术论文

萧三《伟大的导师——马克思》刊于《中国青年》第 2—3 期、第 6—8 期。

江云《苏联列宁共产主义青年团》刊于《中国青年》第 6 期。

萧三编译《青年马克思的思想发展道路——纪念马克思诞生一百三十一周年》刊于《中国青年》第 7 期。

张仲实《马恩列斯的主要著作和研究它们的方法》刊于《中国青年》第 9—10 期。

编者《马克思为什么能成为一个唯物论者》刊于《中国青年》第 10 期。

叶遂《马克思受唯心论哲学家黑格尔的影响很大，为什么后来成为一个唯物论者》刊于《中国青年》第 10 期。

陈舜瑶《建设共产主义的动员大会》刊于《中国青年》第 12 期。

艾思奇《关于辩证法唯物论在生活上的应用》刊于《中国青年》第 20 期。

山春昌《伟大的苏联》刊于《中国青年》第 25 期。

萧三《马克思——列宁——斯大林》刊于《中国青年》第 28 期。

［苏］Y·菲洛诺维奇《苏联列宁共产主义青年团的支部怎样工作》刊于《中国青年》第

28 期。

　　陈伯达《十月社会主义革命与中国革命》刊于《中苏友好》第 1 卷第 1 期。

　　[苏]列宁《列宁论劳动纪律》刊于《中苏友好》第 1 卷第 1 期。

　　[苏]里雅品著,张仲实译《由社会主义到共产主义》刊于《中苏友好》第 1 卷第 1—3 期。

　　[苏]斯大林《十月革命底国际性质》刊于《中苏友好》第 1 卷第 1 期。

　　[苏]斯大林《论中国革命底前途》刊于《中苏友好》第 1 卷第 2 期。

　　陈伯达《斯大林和中国革命——为庆祝斯大林七十寿辰而作》刊于《中苏友好》第 1 卷第 2 期。

　　何香凝《庆祝斯大林大元帅七十寿辰》刊于《中苏友好》第 1 卷第 2 期。

　　李德全《恭贺斯大林大元帅七十寿诞》刊于《中苏友好》第 1 卷第 2 期。

　　郭沫若《我向你高呼万岁》刊于《中苏友好》第 1 卷第 2 期。

　　宋庆龄《庆贺斯大林大元帅七十寿辰》刊于《中苏友好》第 1 卷第 2 期。

　　[苏]A·维辛斯基《斯大林的关于社会主义国家的学说》刊于《中苏友好》第 1 卷第 2 期。

　　[苏]亚柯甫烈夫《论一个伟大而平凡的人》刊于《中苏友好》第 1 卷第 2 期。

　　编者《斯大林关于中国革命问题的著作》刊于《中苏友好》第 1 卷第 2 期。

　　儒可夫《伟大的十月社会主义革命与中国》刊于《中苏友好》第 1 卷第 2 期。

　　沈钧儒《人类的解放者斯大林万岁》刊于《中苏友好》第 1 卷第 2 期。

　　茅盾《斯大林就是民主,就是和平》刊于《中苏友好》第 1 卷第 2 期。

　　[苏]米丁《斯大林对于历史唯物论发展》刊于《中苏友好》第 1 卷第 2 期。

　　吴玉章《庆祝斯大林同志七十寿辰》刊于《中苏友好》第 1 卷第 2 期。

　　萧三《歌颂斯大林》刊于《中苏友好》第 1 卷第 2 期。

　　许德珩《敬祝斯大林大元帅七十生辰》刊于《中苏友好》第 1 卷第 2 期。

　　[苏]亚罗斯拉夫斯基《斯大林的童年和少年时代》刊于《中苏友好》第 1 卷第 2 期。

　　张仲实《斯大林传略》刊于《中苏友好》第 1 卷第 2 期。

　　编者《列宁关于中国的著作》刊于《中苏友好》第 1 卷第 3 期。

　　[苏]N·密式略考夫著,谱萱译《列宁论车尔耐雪夫斯基》刊于《中苏文化》第 20 卷第 1 期。

　　[苏]E·伏洛希娃洛著,开路译《列宁和斯大林论妇女解放》刊于《中苏文化》第 20 卷第 3 期。

　　[苏]N·阿拉洛维茨著,吴友译《社会主义国家的妇女》刊于《中苏文化》第 20 卷第 3 期。

　　[苏]苏菲亚·科琳波著,杨申甫译《苏联妇女是社会主义社会里平等的一员》刊于《中苏文化》第 20 卷第 3 期。

　　[苏]包诺马列夫著,萱草译《列宁学说与实践的一致性》刊于《中苏文化》第 20 卷第 4 期。

　　[苏]伏林著,孟微译《列宁的青年时代》刊于《中苏文化》第 20 卷第 4 期。

　　[苏]瓦维洛夫著,万江译《列宁与近代物理学》刊于《中苏文化》第 20 卷第 4 期。

　　[苏]G·阔兹洛夫著,因之译《争取社会主义经济的胜利》刊于《中苏文化》第 20 卷第

4 期。

［苏］列昂捷夫著,方生译《社会主义的国民经济制度及其经济规律之性质》刊于《中苏文化》第 20 卷第 4 期。

［苏］卡甫塔诺夫著,锷嵩俊译《社会主义文化的昌明》刊于《中苏文化》第 20 卷第 6 期。

［苏］塔拉森科夫著,庄寿慈译《苏联文学中的社会主义现实主义》刊于《中苏文化》第 20 卷第 6 期。

［苏］柯尔班诺夫斯基著,吴仁译《社会主义社会中的恋爱、婚姻与家庭》刊于《中苏文化》第 20 卷第 7 期。

［苏］沙伴诺夫《社会主义文化的繁荣》刊于《友谊》第 4 卷第 1 期。

［苏］奥赫伐列布诺娃《苏联妇女是共产主义的积极建设者》刊于《友谊》第 4 卷第 5 期。

辽逸编译《斯大林宪法给了苏联妇女什么》刊于《友谊》第 4 卷第 5 期。

［苏］斯大林《苏联工人阶级是世界无产阶级的一部分》刊于《友谊》第 4 卷第 9 期。

徐均《未来是属于社会主义与民主主义的》刊于《友谊》第 4 卷第 9 期。

楚歌译《新民主国家建立社会主义经济》刊于《友谊》第 5 卷第 6 期。

资料室《十月社会主义革命帮助了中国》刊于《友谊》第 5 卷第 9 期。

杨柯夫《苏联是工农社会主义国家》刊于《友谊》第 5 卷第 9 期。

彭刚辑《十月社会主义革命在俄国获得胜利的原因》刊于《友谊》第 5 卷第 9 期。

［苏］日翁诺夫《从资本主义到社会主义过渡时期的阶级斗争》刊于《友谊》第 5 卷第 9 期。

［苏］列西乌柴夫斯基著,么辰译《社会主义劳动的力量》刊于《友谊》第 5 卷第 10 期。

何正《斯大林宪法中的国际主义伟大精神》刊于《友谊》第 5 卷第 11 期。

［苏］杜野雅涉夫《沿着到社会主义之路迈进》刊于《友谊》第 5 卷第 11 期。

梁山《最民主的人民宪法——斯大林宪法》(写在斯大林宪法节 13 周年)刊于《友谊》第 5 卷第 11 期。

王育呼《民主的社会主义的力量是不可被战胜的》刊于《友谊》第 5 卷第 11 期。

耶文科《社会主义建设第一个斯大林五年计划》刊于《友谊》第 5 卷第 11 期。

［苏］别列莫夫著,毕克、张慕良译《斯大林是列宁事业的伟大继承者》刊于《友谊》第 5 卷第 12 期。

学青《在斯大林教育鼓舞下前进》刊于《友谊》第 5 卷第 12 期(庆祝斯大林七十寿辰特辑)。

［苏］苏姆扬著,章溪译《在斯大林领导下沿着列宁的道路前进》刊于《友谊》第 5 卷第 12 期(庆祝斯大林七十寿辰特辑)。

林耘《万岁——斯大林》刊于《友谊》第 5 卷第 12 期(庆祝斯大林七十寿辰特辑)。

［苏］康士坦丁诺夫著,青山等译《列宁斯大林发展了历史唯物主义》刊于《友谊》第 5 卷第 12 期(庆祝斯大林七十寿辰特辑)。

陈陇《赞美太阳,赞美你——斯大林》刊于《友谊》第 5 卷第 12 期(庆祝斯大林七十寿辰特辑)。

［苏］尤琴《科学共产主义的经典创作》刊于《群众》(香港版)第 3 卷第 3—4 期。

舒翰《波、保两国迈向社会主义》刊于《群众》(香港版)第 3 卷第 8 期。

华岗《中国新民主主义文化的产生和发展》刊于《群众》第 3 卷第 19 期。

按：文章说："五四以来 30 年的中国新文化运动的发展过程，同时即是马列主义的普遍真理和中国革命具体实践日益互相结合的过程。五四运动是在当时世界革命号召之下，是在俄国革命号召之下，是在列宁号召之下发生的。五四运动以及五四以后的中国革命，所以能成为世界革命的重要组成部分之一，正是中国人民接受马列主义指导的明证。"

读者与编者《关于毛泽东思想》刊于《群众》(香港版)第 3 卷第 21 期。

按：文章说："毛泽东思想亦可称为毛泽东主义，因为毛泽东思想不仅是中国化的马列主义，而是形成了关于整个中国历史与中国革命的全部有系统的科学理论；不仅发展了马列主义，而且有许多新的创造，即在马列主义宝库里添加了新的东西进去，特别是关于新民主主义，革命战争，革命根据地，革命统一战线等等方面，在毛泽东思想里面，都有新的创造，使马列主义更加丰富和充实。"

华岗《从封建地主官僚资产阶级专政到人民民主专政》刊于《群众》第 3 卷第 29 期。

按：文章说："从封建地主官僚资产阶级专政到人民民主专政，这是中国历史的一大跃进，表示旧中国将从此结束，新中国将从此正式产生。有了人民民主专政，就可彻底战胜敌人，保证新中国建设事业稳步前进，并为社会主义社会创造前提，因此，为了创立与巩固人民民主专政，人民大众必须付出重大的努力，正如我们过去付出了重大努力才争得革命胜利一样。"

杜守素《毛主席〈论人民民主专政〉》刊于《群众》(香港版)第 3 卷第 31 期。

多文译《共产党和工人的政党的思想教育工作》刊于《群众》(香港版)第 3 卷第 38 期。

[苏]艾里居拉殊维里著，吴多文译《列宁斯大林工作作风的特征》刊于《群众》(香港版)第 3 卷第 42—43 期。

[苏]格拉诺夫斯基著，阿真译《社会主义的工业化与资本主义的工业化》刊于《新中华》第 12 卷第 6—7 期。

思永译《英国工党的社会主义观》刊于《新中华》第 12 卷第 7 期。

[苏]A. 泰拉森科夫著，朱文澜译《苏联文学中之社会主义现实主义》刊于《新中华》第 12 卷第 7 期。

陶大镛《费边社会主义的理论与实践》刊于《新中华》第 12 卷第 9—10 期。

谱萱译《列宁的反映论与艺术》刊于《新中华》第 12 卷第 14 期。

杨永译《论从社会主义逐渐过渡到共产主义》刊于《新中华》第 12 卷第 14 期。

史家祺《辩证法唯物论及唯物史观诠释》刊于《新中华》第 12 卷第 14 期。

庆德苇译《社会主义计划与价值法则》刊于《新中华》第 12 卷第 15 期。

李正廉《马恩论国际主义与民族主义》刊于《新中华》第 12 卷第 16 期。

赵克昂译《共产主义的理论柱石——辩证唯物论与历史唯物论》刊于《新中华》第 12 卷第 17—18 期。

王易今译《社会主义下劳动的新刺激与工资》刊于《新中华》第 12 卷第 18 期。

沈承炽译《反对民族主义，争取无产阶级的国际主义》刊于《新中华》第 12 卷第 19 期。

李少甫译《论列宁的〈帝国主义是资本主义的最高阶段〉》刊于《新中华》第 12 卷第 19—20 期。

[苏]伊凡诺夫著，伯符译《列宁与苏维埃文学的诞生》刊于《新中华》第 12 卷第 22 期。

胡今《和平、民主与社会主义胜利前进》刊于《新中华》第 12 卷第 23 期。

甘士杰《社会主义经济发展的基本法则及其特性》刊于《新中华》第 12 卷第 24 期。

[苏]巴希科夫著，李少甫译《论列宁的〈俄国资本主义的发展〉及其在经济学中的作用》

刊于《新中华》第 12 卷第 24 期。

编者《无产阶级专政有两种形式》刊于《新华月报》第 1 卷第 1 期。

[苏]普洛特尼柯夫著,王运成译《社会主义经济中的信用制度》刊于《新华月报》第 1 卷第 1—6 期。

尤津《走向社会主义的人民民主国家——中欧和东南欧革命的特点》刊于《新华月报》第 1 卷第 1 期。

[苏]约德斯基《伟大的十月社会主义革命和苏联艺术的繁荣》刊于《新华月报》第 1 卷第 2 期。

[苏]马林柯夫《庆祝十月社会主义革命三十二周年——在莫斯科庆祝大会上的报告》刊于《新华月报》第 1 卷第 2 期。

[苏]米丁著,郭力军译,曹葆华校《共产主义底纲领性的文件》刊于《新华月报》第 1 卷第 2 期。

编者《中国共产党奋斗简史》刊于《新华月报》第 2 卷第 1 期。

[苏]弗奇耶娃著,何马译《向列宁看齐》刊于《新华月报》第 2 卷第 6 期。

范文澜、王南《中国早期的唯物历史科学家——李大钊同志》刊于《新华月报》第 2 卷第 6 期。

吴玉章《共产党改造了我的思想》刊于《新华月报》第 2 卷第 6 期。

张遐《知识分子与无产阶级》刊于《新华月报》第 2 卷第 7 期。

若草《列宁关于艺术和教育的言论片断》刊于《新华月报》第 2 卷第 7 期。

张遐《论无产阶级的集体主义》刊于《新华月报》第 2 卷第 9 期。

袁泰《列宁给青年的教训》刊于《新华月报》第 2 卷第 9 期。

编者《什么是"人民民主专政""无产阶级专政"与"资产阶级民主专政"》刊于《新华月报》第 2 卷第 10 期。

白布佳《反对民族主义为无产阶级的国际主义而斗争》刊于《新华月报》第 2 卷第 11 期。

井天《毛主席指示我们思想修养的方向》刊于《新华月报》第 3 卷第 10 期。

实话报《无产阶级国际主义的伟大力量》刊于《新华月报》第 3 卷第 10 期。

冯恺乐《马克思是怎样工作的》刊于《新华月报》第 3 卷第 12 期。

曹靖华编译《斯大林的故事》刊于《新华月报》第 4 卷第 3 期。

塔斯社《斯大林——共产主义伟大的舵手》刊于《新华月报》第 4 卷第 3 期。

[苏]康斯坦丁诺夫《在社会主义道路上前进的人民民主国家》刊于《新华月报》第 4 卷第 4 期。

乌兰汉《列宁的儿童与学生时代》刊于《新华月报》第 4 卷第 4 期。

李沾吾《对于小资产阶级特点的几点体会——读〈拿破仑第三政变记〉的笔记》刊于《学习》第 1 卷第 1 期。

郭大力《谈"从猿到人"》刊于《学习》第 1 卷第 1 期。

王亚南《家族、私有财产及国家的起源》刊于《学习》第 1 卷第 2 期。

艾思奇《学习马列主义的国家学说》刊于《学习》第 1 卷第 3 期。

柯柏年《苏联在十月革命后初期怎样与帝国主义作斗争》刊于《学习》第 1 卷第 3 期。

编者《马克思这样研究问题》刊于《学习》第1卷第3期。

按：文章说："马克思特别重视做提要的工作，视为是精通任何一门学问的不可缺少的过程。但他并不满足于单纯的为阅读而做的提要，他批判地摄取了书本的内容，加以最严格的分析，有时为了证实某些事实而研究了堆积如山的统计资料，他从不利用没有经过检查的资料。正如恩格斯所说的，'他是不采用间接得来的资料的，他永远搜求直接的材料，根据直接的材料来检查次等的材料，并不惜为这件事多跑一趟大英图书馆。'在研究每一个对象和现象时，他都要研究它的历史来源和它的前提；因此每一个对象都引起他许多新的问题。如当他在写《资本论》第二卷中的地租一分部时，他特别研究了原始社会史、农学、俄国和美国的土地关系、地质学以及其他问题。为了能更好地研究俄国的土地关系，他还花了很多的时间专门认真地学习俄文。"

编者《马克思怎样学习俄文》刊于《学习》第1卷第3期。

陶大镛《马克思的两本通俗经济学著作》刊于《学习》第1卷第3期。

舒天巩《形式主义者的镜子——读毛主席〈反对党八股〉的笔记》刊于《学习》第1卷第3期。

［苏］克鲁兹可夫《斯大林同志的经典著作》刊于《学习》第1卷第4期。

王燕士《斯大林同志底经典著作》刊于《学习》第1卷第4期。

于光远《学习马列主义政治经济学》刊于《学习》第1卷第4期。

孙定国《我们怎样对工人进行历史唯物主义教育》刊于《学习》第1卷第4期。

艾牧《毛主席万岁——学习历史唯物论的一点心得》刊于《学习》第1卷第4期。

按：文章说："'毛泽东'这一个照亮了全世界，响遍了全世界的光辉的名字是与全中国人民紧紧地结合在一起的，他的意志体现了全中国人民的意志，他的声音喊出了四万万七千五百万人民共同的呼声，他的喜乐与爱憎正是我们的喜乐与爱憎。"

舒天巩《学习毛主席的科学思想方法——读〈论持久战〉的笔记》刊于《学习》第1卷第5期。

［日］菲洛诺夫著，允一译《列宁论军队教育》刊于《学习》第1卷第17期。

嵇文甫《辩证法难学么》刊于《学习与生活》第1卷第1期。

张照普《共产党永远不会腐化》刊于《学习与生活》第1卷第4期。

柯柏年《马克思的科学态度》刊于《知识（哈尔滨）》第10卷第1期。

许默夫《马克思在数学领域的伟大贡献》刊于《知识（哈尔滨）》第10卷第1期。

艾思奇《关于研究哲学应注意的问题》刊于《知识（哈尔滨）》第10卷第2期。

刘亭《〈将革命进行到底〉学习提纲》刊于《知识（哈尔滨）》第10卷第4期。

黄茅《略论崇祯皇帝》刊于《人物杂志》第1期。

林异子《萧乾再观察》刊于《人物杂志》第1期。

鸣芜《关于鲁迅传记剧问题》刊于《人物杂志》第1期。

木风《美国人民的歌唱皇后伊黛斯》刊于《人物杂志》第1期。

应人《女教师莱奥诺娃》刊于《人物杂志》第1期。

袁苍生《牺牲自己的袁淑蕙》刊于《人物杂志》第1期。

尚土《哲学家沈有鼎赞》刊于《人物杂志》第1期。

潘作《王云五"四百万"起家的秘密》刊于《人物杂志》第1期。

宪鹤《自由主义者的朱哲夫教授》刊于《人物杂志》第1期。

央廉《托尔斯泰和他的夫人》刊于《人物杂志》第1期。

施贻《为民主与科学奋斗一生的赵符湘》刊于《人物杂志》第 1 期。

易琼《故事先生——李有行》刊于《人物杂志》第 1 期。

李黎《摩登和尚——巨赞法师》刊于《人物杂志》第 1 期。

朱微《陈永寿这个青年》刊于《人物杂志》第 1 期。

廖峻孚《电信班长姜先齐》刊于《人物杂志》第 1 期。

夷民《我的父亲李有才》刊于《人物杂志》第 1 期。

杨亚窗《不朽的平民段赤城》刊于《人物杂志》第 2 期。

关子诚译《思想家·政论家查阿达耶夫》刊于《人物杂志》第 2 期。

林异子《朱光潜的"策士"面目》刊于《人物杂志》第 2 期。

潘作《"哈罗"英雄陈纳德》刊于《人物杂志》第 2 期。

张友松《自我介绍与自我批判:我的回顾与前瞻》刊于《人物杂志》第 2 期。

公盾《历史人物:苏格拉底临刑前的演讲》刊于《人物杂志》第 3—4 期。

杨亚宁《叛逆的领袖杜文秀》刊于《人物杂志》第 3—4 期。

黄茅《汉奸洪承畴的"轶事"》刊于《人物杂志》第 3—4 期。

公盾译《拿破仑的死》刊于《人物杂志》第 3—4 期。

韧公《少帅·诗人·史家张学良》刊于《人物杂志》第 3—4 期。

蔚青《"倒孔""尊孔"与胡适》刊于《人物杂志》第 3—4 期。

央廉《士兵诗人西蒙诺夫》刊于《人物杂志》第 3—4 期。

施贻《作家刘盛亚》刊于《人物杂志》第 3—4 期。

栖霞《教育·学术,人民教育家黄齐生先生》刊于《人物杂志》第 3—4 期。

叶容《创导心理卫生运动的比尔士》刊于《人物杂志》第 3—4 期。

绍宁《政治家的父亲》刊于《人物杂志》第 3—4 期。

林异子《时人述评:论梁漱溟》刊于《人物杂志》第 3—4 期。

公盾《致力于甲骨文研究的学人们》刊于《人物杂志》第 3—4 期。

陈学昭《关于巴尔扎克和他的〈伏德昂〉》刊于《文学战线》第 2 卷第 1 期。

［苏］列兹内夫著,周立波译《梭罗诃夫论》刊于《文学战线》第 2 卷第 2 期。

胥树人《论普式庚的创作》刊于《文学战线》第 2 卷第 4 期。

茅盾《学习鲁迅与自我改造》刊于《新华月报》第 1 卷第 2 期。

冯雪峰《鲁迅创作的独立特色和他受俄罗斯文学的影响》刊于《人民文学》第 1 期。

顾伟议《陆放翁的家学渊源》刊于《文艺复兴》(中国文学研究号下)。

汪浚《吴承恩与〈西游记〉》刊于《文艺复兴》(中国文学研究号下)。

［美］西伦著,石华父译《美国的学术自由在那里?》刊于《翻译》第 3 期。

按:美国一直是标榜"学术自由"的国家,但从现实的情形看,这种所谓的"学术自由"也是受到一些因素的制约的,是文指出:"去年一年美国教授被逐出校门的足够成立一个流放大学。因政治理由而遭排挤的学者遍及全国各地,在科别上包括自考古学到公民学各科权威。下表所列,可见一斑:乔治·派格博士,印第安那州美以美会意文司维尔大学圣经与哲学教授,在当了由华莱士主讲一个集会的主席二天后,就因'政治活动'而撤职。克拉任司·R·阿西恩博士,来克明大学的哲学与社会伦理教授,因与本雪尔凡尼亚州的进步党有关系而撤职。利查·G·毛根博士,倭海倭州立博物院院长,在本地方一直是一个为合理的种族关系而奋斗的领袖,已经做了十二年的院长,因反法西斯活动而被撤职。杰姆司·包福脱教授,因他接受了进步党提名为乔治亚州州长候选人,而被乔治亚大学开革。里门·R·勃来突来教授纽约大学华盛顿方场学院德文系主任，校方撤了他的职，因为他援助了被法朗哥所害的人，又因为纽约大学存心做非美国活动委员会的助手，而非美国活动委员会加了勃来突来藐视委员会的罪名。米亚米大学教授来翁奈特·可恩，查利·G·台维司，且尼尔·D·阿须根纳司诸人，乔治亚州倭格尔沙泼的唐·惠司脱，弗尔孟州林登州立师范学院教务长路德·麦克纳，哥伦比亚大学教育学院的克拉特·米勒都因为参加华莱士活动而遭撤职。"这种因为政治性因素而影响大学学术研究的情况，在哈佛大学的克脱来·马赛博士看来，就是一种可怕的攻击："这种攻击形式，使人可怕地回想到希脱勒在纳粹统治初年所采用的技巧。虽然这种向学术自由的打击假借了'美国性'做幌子，树起了'民主的旗帜'，其结果与我们的民族生活完全相远背。"

周一良《牟子理惑论时代考》刊于《燕京学报》第 36 期。

［日］鸟居龙藏《辽上京城内遗存之石人考》刊于《燕京学报》第 36 期。

俞敏《古汉语里的俚俗语源》刊于《燕京学报》第 36 期。

俞敏《释甥》刊于《燕京学报》第 36 期。

陈梦家《六国纪年表考证》刊于《燕京学报》第 36 期。

容媛《汉郎中郑固碑集释》刊于《燕京学报》第 36 期。

孙楷第《元曲家考略》刊于《燕京学报》第 36 期。

王钟翰《清世宗夺嫡考实》刊于《燕京学报》第 36 期。

齐思和《毛诗谷名考》刊于《燕京学报》第 36 期。

于省吾《重文例》刊于《燕京学报》第 37 期。

陆懋德《中国发现之上古铜犁考》刊于《燕京学报》第 37 期。

张东荪《公孙龙的辩学》刊于《燕京学报》第 37 期。

周一良《乞活考》刊于《燕京学报》第 37 期。

俞敏《汉语的"其"跟藏语的 gji》刊于《燕京学报》第 37 期。

程金造《史记体例溯源》刊于《燕京学报》第 37 期。

周汝昌《真本石头记之脂砚斋评》刊于《燕京学报》第 37 期。

陈梦家《六国纪年表考证下篇》刊于《燕京学报》第 37 期。

罗福颐《契丹国书管窥》刊于《燕京学报》第 37 期。

陈寅格《从史实论切韵》刊于《岭南学报》第 9 卷第 2 期。

陈寅格《白乐天之先祖及后嗣》刊于《岭南学报》第 9 卷第 2 期。

张纯明《清代的幕制》刊于《岭南学报》第 9 卷第 2 期。

李镜池《周易校释》刊于《岭南学报》第 9 卷第 2 期。

杨树达《论语四章疏义》刊于《岭南学报》第 9 卷第 2 期。

冼玉清《陈白沙碧玉考》刊于《岭南学报》第 9 卷第 2 期。

邹豹君《山东省地文的演进》刊于《岭南学报》第 9 卷第 2 期。

邵君朴《井地制度考》刊于《岭南学报》第 9 卷第 2 期。

陈寅恪《白乐天之思想行为与佛道之关系》刊于《岭南学报》第 10 卷第 1 期。

陈寅恪《论天白诗之分类》刊于《岭南学报》第 10 卷第 1 期。

陈寅恪《元和体诗》刊于《岭南学报》第 10 卷第 1 期。

陈寅恪《白乐天与刘梦得之诗》刊于《岭南学报》第 10 卷第 1 期。

陈盘《谶纬命名及其相关之诸问题》刊于《岭南学报》第 10 卷第 1 期。

陈盘《禁不得祠明星出西方之诸问题》刊于《岭南学报》第 10 卷第 1 期。

陈盘《汉晋遗简偶述续稿》刊于《岭南学报》第 10 卷第 1 期。

刘节《古代成语分析举例》刊于《岭南学报》第 10 卷第 1 期。

容庚《飞白考》刊于《岭南学报》第 10 卷第 1 期。

王力、钱淞生《东莞方音》刊于《岭南学报》第 10 卷第 1 期。

杨庆堃《中国近代空间距离之缩短》刊于《岭南学报》第 10 卷第 1 期。

冼玉清《唐张萱石桥图考》刊于《岭南学报》第 10 卷第 1 期。

徐绪典《乾隆禁毁书籍考》刊于《协大学报》第 1 期。

郑德坤《太平场文化》刊于《协大学报》第 1 期。

檀仁梅《王安石论人性》刊于《协大学报》第 1 期。

方豪《台湾方志中之利玛窦》刊于《协大学报》第 1 期。

甘景镐《闽瓷考略》刊于《协大学报》第 1 期。

傅衣凌《明代奴变史料拾补》刊于《协大学报》第 1 期。

雷秉章《我国合作农场运动》刊于《世界农村月刊》第 3 卷第 1 期。

尹君羊《论农地改革与宪法》刊于《世界农村月刊》第 3 卷第 1 期。

翟克《苏联农业生产之特质》刊于《世界农村月刊》第 3 卷第 1 期。

雷秉章《我国合作农场运动》(续)刊于《世界农村月刊》第 3 卷第 2 期。

边吉《农业生产应加调查》刊于《世界农村月刊》第 3 卷第 2 期。

林景亮《复兴农村的先决问题》刊于《世界农村月刊》第 3 卷第 2 期。

尹君羊《新中国土地改革措施方案》刊于《世界农村月刊》第 3 卷第 2 期。

林景亮《复兴福建农村与区域农业建设》刊于《世界农村月刊》第 3 卷第 3 期。

童玉民《略论英国农业的特质》刊于《世界农村月刊》第 3 卷第 3—4 期。

李仁卿《略论中国复兴农村的前提——谈林作〈复兴农村的先决问题〉》刊于《世界农村月刊》第 3 卷第 4 期。

李仁柳《略论中国复兴农村的前提》刊于《世界农村月刊》第 3 卷第 4 期。

正明译《农村工业化的几个问题》刊于《世界农村月刊》第 3 卷第 4 期。

树民《匈牙利的农业改造》刊于《经济周报》第 8 卷第 1 期。

民憙译《匈牙利的土地改革》刊于《经济周报》第 8 卷第 2 期。

焕倩《浙东农村的手工业》刊于《经济周报》第 8 卷第 7 期。

李化方《西北农村的农业经营》刊于《经济周报》第 8 卷第 16 期。

中共中央华东局《华东区农民协会组织章程》刊于《经济周报》第 9 卷第 12 期。

安士《读吴文晖先生论中国土地分配问题有感》刊于《经济评论》第 4 卷第 12 期。

一之《"改革土地制度"》刊于《经济评论》第 4 卷第 18 期。

王非《论甚么是土地改革的创造标准——自耕农之研究》刊于《经济评论》第 4 卷第 23 期。

赵松乔《杭州市土地利用之现状及其改进之途径》刊于《浙江经济》第 6 卷第 1 期。

钟古熙《谈四川农村经济》刊于《四川经济汇报》第 1 卷第 5—6 期。

刘秋篁《论复兴中国农村》刊于《四川经济汇报》第 1 卷第 5—6 期。

荃麟《新形势下文艺运动上的几个问题》刊于《新形势与文艺》第 1 期。

史篙《文艺运动的现状及趋势》刊于《新形势与文艺》第 1 期。

于伶《新中国电影运动的前途与方针》刊于《新形势与文艺》第1期。

周立波《萧军思想的分析》刊于《新形势与文艺》第1期。

柳晨《哈尔滨文化界批评萧军的思想》刊于《新形势与文艺》第1期。

绀弩《一九四九年在中国》刊于《新形势与文艺》第1期。

朱东润《元杂剧及其时代》刊于《国文月刊》第77—78期。

纪庸《元曲作家之升沉》刊于《国文月刊》第81—82期。

卢前《评盐谷温元曲概说》刊于《说文月刊》第2期。

李水清《〈西厢记〉的题材渊源与王实甫的世界观》刊于《文学研究与批判集刊》第1册。

孙莫杰《关于〈西厢记〉的结局与语言运用问题》刊于《文学研究与批判集刊》第1册。

马玉铭《〈西厢记〉之社会意义》刊于《国闻周报》第11卷第25期。

傅永孝《〈西厢记〉底演变》刊于《学风》第2卷第10期。

言燕堂《论"笑"与"笑声达于户外"》刊于《论语半月刊》第168号。

铭心《鼠牛的话》刊于《论语半月刊》第168号。

赵景深《文艺收藏家与展览会》刊于《论语半月刊》第168号。

余公铎《头发与换朝代》刊于《论语半月刊》第168号。

达《拥护阴历年》刊于《论语半月刊》第170号。

伍明《官僚政治登龙术》刊于《论语半月刊》第171号。

余公铎《新思维论说讲话》刊于《论语半月刊》第171号。

达《新经济方案》刊于《论语半月刊》第172号。

海戈《谈"义"典》刊于《论语半月刊》第172号。

辛沃《关于战犯》刊于《论语半月刊》第172号。

双红《一年之计》刊于《论语半月刊》第172号。

达《可以逃则逃》刊于《论语半月刊》第173号。

达《逃难然后见君子》刊于《论语半月刊》第173号。

达《逃难之乐》刊于《论语半月刊》第173号。

邵洵美《逃亦有道》刊于《论语半月刊》第173号。

何芳洲《再论逃难》刊于《论语半月刊》第173号。

辛沃《古逃难篇》刊于《论语半月刊》第173号。

彭学海《逃难然后见要人》刊于《论语半月刊》第173号。

达《称谓问题》刊于《论语半月刊》第174号。

彭学海《从"B. O. S."说到"国骂"》刊于《论语半月刊》第174号。

王平陵《微妙的契机》刊于《论语半月刊》第174号。

庄一鸣《值得赞美的新方案》刊于《论语半月刊》第174号。

徐蔚南《论逃难专号及其他》刊于《论语半月刊》第174号。

庄一鸣《何所闻而来何所见而去的逃难与复员》刊于《论语半月刊》第175号。

辛沃《读鲁迅书简》刊于《论语半月刊》第175号。

余天勒《论"用错了字"》刊于《论语半月刊》第175号。

屈希原《自讨苦吃与舍易就难》刊于《论语半月刊》第177号。

王泰鹍《时与钟》刊于《论语半月刊》第177号。

铭心《谈复古》刊于《论语半月刊》第 177 号。

耀五译《讲故事的戒忌》刊于《论语半月刊》第 177 号。

辛沃《古代的性生活资料》刊于《论语半月刊》第 177 号。

妙悟《应付通货膨胀有方法》刊于《论语半月刊》第 177 号。

钱瑞升《统一战线·人民政权·共同纲领》刊于《观察》第 6 卷第 1 期。

樊弘《共同纲领中的经济政策》刊于《观察》第 6 卷第 1 期。

龚祥瑞《中央各部会内部组织的原则与方式》刊于《观察》第 6 卷第 1 期。

储安平《中央人民政府开始工作》刊于《观察》第 6 卷第 2 期。

费孝通《知识分子与政治学习》刊于《观察》第 6 卷第 2 期。

艾思奇《学习苏联,学习马列主义理论》刊于《观察》第 6 卷第 2 期。

季羡林《把学术还给人民大众》刊于《观察》第 6 卷第 3 期。

按:是文曰:"关于是不是应该把学术还给人民大众这个问题。现在几乎没有详细讨论的必要了。我想,恐怕只有极少数的人还反对这样做,还想把学术关在天上,只放出点余光来,让留在地上的人民大众仰头赞叹,顶礼膜拜。但我为什么现在又把这个问题提出来呢?我的主要用意是想把一个在旧社会里生长起来的知识分子关于这方面思想改造的过程写出来,让大家看一看,对有些人也许还有点参考的价值。我自己是一个在旧社会里生长起来的知识分子。自从自己有了点知识那一天起,我就有一个偏见:我反对一切通俗化的举措,看不起一切通俗化的书籍。我当然崇拜专家,但我所最崇拜的却是专门研究一个问题的专家。问题的范围愈小愈好,牛角愈钻得深愈好。最好是一头钻进去。钻上三年五载,然后写出一篇论文来,这篇论文也许世界上只有几个人肯读。只有几个人能够读得懂,这样一个专家在我眼中才真正是一个专家,才真正值得佩服。"

基于这样的认识,所以"后来自己弄印度和古代中亚语言学。倘若有人也研究印度语言学或古代中亚语言学,我当然并不反对。倘若有人在这方面有什么著作,我当然很高兴看到。但我自己所最向往的却是能够对印度语言学或古代中亚语言学上一个小到不能再小的问题写上一部大书,对一个简单的单字写上一篇长长的论文,最好还是能够写到深奥复杂到一个程度,让一般人,连专家在内,都看不懂,这样我觉得才够味,这样才是真正的学术,学术的妙处就在这一点神秘味。倘若有人写一部通俗的书,无论这个人是怎样有地位的专家,我过去也许对他曾经一度崇拜过,我立刻就会看不起他。他的书无论写得多么好,我总拒绝去看。有时我甚而还搜寻世界上最刻毒的话来批评,武断地抹杀它的一切好处,即便勉强看了有时候也觉得的确写得还不坏;但我的偏见却不让我去赞美它。我总觉得一本让大家都能看懂的书一定没有价值,大家都能看懂了,学术还有什么神秘味呢?学术而没有神秘味,那还值得我们崇拜吗?"

为何作者会有这样的想法和做法,"是不是有奇货可居的意思呢?"是文说:"在意识里,我自问确实是没有;但在潜意识里,那就不敢说了。几千年以来,无论是在世界上哪一个国土里,在所谓文明国家里也好,在所谓野蛮国家里也好,学问都操在一小部分的特权阶级手里,学问成了一部分人统治和压迫另一部分人的重要武器。中国古代有'民可使由之,不可使知之'的话,这完全暴露了统治阶级的心理。'民'怎样才可以'知'呢?有了学问就会知了。正像古代的天神把火的秘密紧紧地握在手里一样,统治者把学问紧紧地握在手里。他们还散布什么'劳心者治人,劳力者治于人'的谣言,劳心者就是有学问的人,劳力者就是没有学问的人,人而没有学问,当然只好被治了。……于是统治者就利用这些有学问的人,这些有学问的读书人也就帮助他们的'天子'把'民'一下统治了几千年。……在古代的印度情形也差不多。当时研究学问的种种方便都操在第一阶级的婆罗门手里,只有他们有权利可以同神们办交涉,他们可以诵读吠陀圣典,可以唱赞美神的诗,他们是有学问的人。他们也就利用他们的学问,把原始人创造的神话加以改变或者自己创造神话,来麻醉人民,好巩固自己的统治地位。……在欧洲中世纪我们找到同印度几乎完全相同的例子。当时教士阶级也是第一阶级,学问也几乎完全操在他们手里。他们自命是具有神圣性格的人,他们有独占管理圣餐的权利,与一般凡人迥乎不同。他们先用种种方法脱开了普通法律的羁绊,终于完全不受政府的支配。……类似上面的例子还可以举出很多来;但只是上面举的几个例子也就可以告诉我们,特权阶级怎样有意识地或无意识地利用学问来巩固他们的特权,维持他们在社会上高高在上的地位。我自己以前之所以反对把学术通俗化,是不是也有这个动机,我自己确实还没有意识到;但在潜意识里恐怕就很难免有这样的动机。"

但现在社会情形发生了变化,中国人民终于迎来了解放。是文指出:"对我自己说,解放真像暗夜里一线光明,照澈了许多糊里糊涂的思想。我过去当然不会是唯物。但也谈不上唯心,我根本没有唯什么,只是模糊一团。我自己研究的是印度语言学和中亚古代语文。这一切就是我的天地,我天天同各种奇形怪状的字母相对,脑筋里想到的只是文法变化,根本没有时间,也根本没有兴趣来谈哲学上思想上的问题,谈唯什么的问题,虽然思想里存在着许多唯心的不科学的成分。解放以后,大家都搞学习,我也参加进去。到现在已经半年多了,我绝不敢说,我的思想已经打通了,但对许多问题的看法却已经在潜移默化中大大地改变了。以前根本没有想到像自己这样一个人还有这样多的问题。当然我从来没有认为自己已经是尽善尽美;但也没有觉到自己还有检讨一下自己的必要。让我改变看法的主要原因,除了书本子上的理论以外,就是实际的例子。我几乎天天在报纸上读到作为新中国的主人的工人的创造天才,读到关于工人工作情绪高扬的记载。我钦佩这些以前被压迫的从来没有多少机会求得学问的人们的精神。另外,我还看到了真正的民间艺术。对这些艺术我以前也没有什么了解,也可以说是,没有了解的机会。但我现在却亲耳听到了民歌和根据民歌改造的歌,我亲眼看到了在匈牙利获得特奖的民间舞蹈艺术腰鼓舞。这些歌声才真正是盛世之音,里面洋溢着一片生机、一团力量。确实能够表达出新中国伟大的精神,象征出中国将来远大灿烂的前途。……像这样的例子真是不胜枚举。我现在才真正认识了人民大众的伟大,我仿佛是一个井底之蛙,今天从井里跳出来.看到了天地之大。过去有一个时期我也是相信'英雄造时势'的。我觉得历史就是几个所谓伟人造成的,没有他们,社会就没有变化,他们就是社会进化的原动力。说到学术,我更坚定不移地相信,一部学术史就是几个大学者的历史。没有哥白尼,我们就一直到现在还会相信,太阳绕着地球转。没有爱因斯坦,我们就不会有相对论。在学术史上大学者的地位就同在历史上的'英雄'完全一样。但是现在人民大众创造力的伟大清清楚楚摆在我们眼前,不容我们不承认。历史上一切进化的根源都是从人民大众那里来的,他们才真正推动了历史的巨轮。历史上所谓'英雄',同学术史上的大学者一样,当然有他们一定的作用,无论谁也不会一笔抹煞;但他们只不过适应了人民大众共同的要求,或者把人民大众所获得的经验总结起来使社会进化加速一步或学术水平提高一步。脱离了人民大众就什么事情也做不成。"

既然人民大众的创造力这样伟大,那为何在过去得到应得的发展没有呢?是文认为:根本的原因,是"因为学问操在极少数的特权阶级手里,学问是他们最重要的武器和护身符,他们把学问谨慎地锁起来,像一个囤积商人囤积奇货,不让它与人民大众发生关系,恐怕秘密泄露了,失掉自己的地位。人民大众失掉求得学问的机会,自己的创造力只好在极不正常极艰苦的条件下慢慢发展。现在解放了,我们应该把学术交还给人民大众。《中国人民政治协商会议共同纲领》第五章第四十九条明确地规定了:'发展人民出版事业,并注重出版有益于人民的通俗书报。'这就是要指明,我们应该走的方向。无论哪一行的专家都应该严格执行这一条的规定,把他们专门研究的学问用通俗的形式写出来。让人民大众能够了解,能够接受。倘若大家都这样做,我敢相信,人民大众的创造力,得了专门学问的辅助,将会更高地发扬起来,空前地发扬起来。然后我们再在普及的基础上把学术水平逐渐提高,普及的程度愈大,水平也就愈提得高。过去是几个学者把自己关在图书馆或研究室里孤独地研究和发明,现在是全体人民大众都参加到这发明和研究工作里来,这样一来,一方面普及,一方面提高,愈普及就愈提高,愈提高就愈普及,交互影响,学术将会飞跃地前进。只有这样,被封锁了几千年的人类创造的智慧,才真正地得到解放。"

龚祥瑞《论中央各级领导机关的职权及其相互关系》刊于《观察》第6卷第3期。

千家驹《从共同纲领看私营企业政策》刊于《观察》第6卷第3期。

笪移今《人民币的战斗任务》刊于《观察》第 6 卷第 4 期。

楼邦彦《论城市的政权组织形式》刊于《观察》第 6 卷第 4 期。

虞于道《政治热忱与科学热忱》刊于《观察》第 6 卷第 4 期。

王亚南《论革命与科学的统一》刊于《观察》第 6 卷第 5 期。

按：是文写于 1949 年 11 月 29 日的清华园，其写作背景是，1949 年，"华北高等教育委员会，对各大学的课程，作了局部的变革，即规定辩证唯物论与历史唯物论、新民主主义论，为全校共同必修科；政治经济学为文法学院共同必修科，又规定这些课程的教学，必须采取深入讨论的方式，俾使达成改造思想的基本任务。"各学校当然是依照高教会的规定在进行，但在现实中，认为"学校是研究科学，研究真理的园地；以为科学是超阶级的，真理是无关于政治的；以为政治课与业务课是必然要抵触的"，这样的想法"都像有些怀疑那些政治科的科学性"，是文正是针对这样一种倾向写的。

高名凯《论文字改革与语言计划》刊于《观察》第 6 卷第 5 期。

田乃钊《苏联职业教育近况》刊于《教育与职业》第 205—206 期。

贾观仁《当前办理职业学校之困难与解决之途径》刊于《教育与职业》第 205—206 期。

钟道赞《十月革命以来之苏联教育》刊于《教育与职业》第 207 期。

程时煁《苏联的教育行政》刊于《教育与职业》第 207 期。

黄炎培《中华职业教育社奋斗三十二年发现的新生命》刊于《教育与职业》第 208 期。

傅永泰《中等教育在学制上改革之建议》刊于《教育与科学》第 2 卷第 6 期。

闵灿西《再谈了解儿童》刊于《教育与科学》第 2 卷第 6 期。

王立本《汤池盆地小区域地理之研究》刊于《教育与科学》第 2 卷第 6 期。

陈一得《云南降水量与水利问题》刊于《教育与科学》第 2 卷第 6 期。

查良钊《孔子生日与教师节》刊于《教育与科学》第 2 卷第 7 期。

赵悦霖《中学留级退学问题》刊于《教育与科学》第 2 卷第 7 期。

熊廷柱《现阶段中之云南木棉问题》刊于《教育与科学》第 2 卷第 7 期。

倪中方《预测教师成功的工具》刊于《教育与科学》第 2 卷第 7 期。

陈一得《云南气候区域分划之商榷》刊于《教育与科学》第 2 卷第 7 期。

李广深《孔子求学的态度》刊于《教育与科学》第 2 卷第 7 期。

胡毅《高中毕业学生英文字汇之调查》刊于《教育与科学》第 2 卷第 8 期。

闵灿西《发展心理与儿童教育》刊于《教育与科学》第 2 卷第 8 期。

傅永泰《从青年方面论中等学校的课程》刊于《教育与科学》第 2 卷第 8 期。

赵悦霖《中小学错别字问题初步研究》刊于《教育与科学》第 2 卷第 8 期。

王钟山《中学地理教学》刊于《教育与科学》第 2 卷第 8 期。

李埏《论高小和初中的历史教材》刊于《教育与科学》第 2 卷第 8 期。

周捷高《学记中的教学原理》刊于《教育与科学》第 2 卷第 8 期。

李广深《论人性善恶与教育》刊于《教育与科学》第 2 卷第 8 期。

李钦瑞《学习与疲劳》刊于《教育与科学》第 2 卷第 8 期。

李再阳《介绍一个计算平均成绩的方法》刊于《教育与科学》第 2 卷第 8 期。

蒋公泽《小学实施生产教育的研讨》刊于《教育与科学》第 2 卷第 8 期。

陈一得《盐津县乡土史地教材》刊于《教育与科学》第 2 卷第 8 期。

倪中方《暗示在教育上的应用》刊于《教育与科学》第 2 卷第 8 期。

朱德祥《两个无理定律》刊于《教育与科学》第 2 卷第 9 期。

陈一得《三十七年昆明气候的变迁》刊于《教育与科学》第2卷第9期。

蒋公泽《石龙坝纪游》刊于《教育与科学》第2卷第9期。

洪絮才《欢送李局长熙谋出国》刊于《上海教育》第1卷第1期复刊号。

陈青士《论教学单元》刊于《上海教育》第1卷第1期复刊号。

赵曾珏《工程教育的新趋势》刊于《上海教育》第1卷第1期复刊号。

钱健夫《国文教学的几段回忆》刊于《上海教育》第1卷第1期复刊号。

俞剑华《美术展览会与普及教育》刊于《上海教育》第1卷第1期复刊号。

温肇桐《怎样做一个优秀的美术教师》刊于《上海教育》第1卷第1期复刊号。

姜丹书《我对天才艺术儿童的看法》刊于《上海教育》第1卷第1期复刊号。

施翀鹏《对于本届美术节的感言》刊于《上海教育》第1卷第1期复刊号。

陈倚石《第一届春季美展的意义和展望》刊于《上海教育》第1卷第1期复刊号。

栗园《展开教育改革的研究运动：反对学校驻兵》刊于《现代教学丛刊》第6辑。

广明《教师生活的绝境》刊于《现代教学丛刊》第6辑。

包孝宽执笔《明天的中学》刊于《现代教学丛刊》第6辑。

剑青等《中等教育问题座谈记录》刊于《现代教学丛刊》第6辑。

陈鹤琴《欧美教育的新趋势》刊于《现代教学丛刊》第6辑。

叶国增《小学教学经验谈》刊于《现代教学丛刊》第6辑。

蜀道《生物教学片谈》刊于《现代教学丛刊》第6辑。

杨迈之《南明时代的地理形势（史地补充教材）》刊于《现代教学丛刊》第6辑。

孟博《生活修养：迎接新时代（学生生活态度之五）》刊于《现代教学丛刊》第6辑。

黎世萌《办一个儿童识字班》刊于《现代教学丛刊》第6辑。

刘大昌《乡村小学的教学生活》刊于《现代教学丛刊》第6辑。

卢树中《进修、生活、希望》刊于《现代教学丛刊》第6辑。

曹吉人《常州贫儿院幼苗教育提纲》刊于《新教育杂志》第1卷第9期。

方与严《为老百姓配上万里眼》刊于《新教育杂志》第1卷第9期。

朱耀奎《平民的世纪》刊于《新教育杂志》第1卷第9期。

又中译《儿童们的世界》刊于《新教育杂志》第1卷第9期。

瞿葆奎《儿童的情绪》刊于《新教育杂志》第1卷第9期。

丁十《乡建农业学校创办旨趣》刊于《新教育杂志》第1卷第9期。

老罗《向陶端予学习》刊于《新教育杂志》第1卷第9期。

费雷《爱满天下》刊于《新教育杂志》第1卷第9期。

张晓初《新人性观与民主教育（续）》刊于《新教育杂志》第1卷第9期。

陆星南《三民主义教育的再检讨（续）》刊于《新教育杂志》第1卷第9期。

温光熹《新佛法与新政治》刊于《觉有情》第214—215期。

陈子琦《社会学术团体佛化新运动缘起》刊于《觉有情》第214期。

温光熹《关于"做什么"提的佛法与辩证法唯物论问题》刊于《觉有情》第215期。

李圆净《民国增修大藏经概述》刊于《觉有情》第216期。

温光熹《新佛法提要》刊于《觉有情》第216期。

温光熹《一个俄国社会科学者佛法的意识批判》刊于《觉有情》第217期。

理素《鲁迅先生的印经功德》刊于《觉有情》第 217 期。

赵朴初《新时代的佛教》刊于《觉有情》第 218 期。

萧菊生《中国监狱弘法社之创立经过及工作报告》刊于《觉讯》第 3 卷第 2 期。

赵朴初《伟大的佛教》刊于《觉讯》第 3 卷第 3 期。

尢智表《佛教科学观》刊于《觉讯》第 3 卷第 3 期。

法舫《人类之再教育与世界和平》刊于《佛教人间》第 2 卷第 1 期。

显玉《南洋中印佛化的交流》刊于《佛教人间》第 2 卷第 1—4 期。

月松《漫谈道德》刊于《佛教人间》第 2 卷第 2—4 期合刊。

毛邦汉《科学救国与道德救国述评(上)》刊于《佛教人间》第 2 卷第 5 期。

光宗译《楞伽初期佛教史略》刊于《佛教人间》第 2 卷第 5 期。

西岸《中华佛寺的前因后果》刊于《佛教人间》第 2 卷第 5 期。

显玉《南洋中印佛化交流》刊于《佛教人间》第 2 卷第 6 期。

毛邦汉《科学救国与道德救国述评(下)》刊于《佛教人间》第 2 卷第 6 期。

唐湘清《人生佛教》刊于《佛教人间》第 2 卷第 6 期。

释惟悟《佛学丛谈(五则)》刊于《佛教人间》第 2 卷第 6 期。

显玉《南洋中印佛化交流(全文完)》刊于《佛教人间》第 2 卷第 7 期。

摩诃衍山《五明学概说》刊于《佛教人间》第 2 卷第 7 期。

梁圣圆记《佛教与人间》刊于《佛教人间》第 2 卷第 7 期。

〔苏〕赛列勃洛夫著,劳荣译《人——回忆高尔基之一》刊于 8 月 16 日《人民日报》。

李德全《冯玉祥先生遇难经过》刊于 9 月 1 日《人民日报》。

光未然《冼星海同志回忆录》刊于 10 月 30 日《人民日报》。

江山《回忆柯席乌洛夫先生》刊于 12 月 9 日《人民日报》。

黄文山《文化学在创建中的理论之归趋及其发展》刊于广州《中央日报》。

黄文山《中国文化的改进》刊于广州《中央日报》。

柯迈摘《艺术·文化·自由》刊于 4 月 10 日《中央日报》。

记者《胡适在台演讲中国文化里的自由传统》分别于 3 月 28 日上海《申报》。

唐然译《科学和艺术的文化统一性(上)》刊于 2 月 28 日上海《大公报》。

唐然译《科学和艺术的文化统一性(下)》刊于 3 月 2 日上海《大公报》。

元钊《日本文化动向》刊于 4 月 26 日上海《大公报》。

何家槐《国民党是怎样虐杀文化的》刊于 5 月 26 日上海《大公报》。

许杰《纪念高尔基逝世十三周年——人民文化的创造者》刊于 6 月 18 日上海《大公报》。

傅冬《文化战士丁玲的道路》刊于 7 月 12 日上海《大公报》。

左步青《为了下一代,文艺工作者儿童教育者应努力肃清黄色文化》刊于 7 月 16 日上海《大公报》。

陈波《肃清反动文化遗毒,苏南区改用新课本》刊于 8 月 18 日上海《大公报》。

萧三《苏联的文化教育——1949 年 9 月 12 日在中苏友协总会讲演会讲》刊于 10 月 8 日上海《大公报》。

觉子今《建议创立苏联文化艺术科学馆》刊于 10 月 20 日上海《大公报》。

谢霞《帝国主义的文化》刊于 11 月 5 日上海《大公报》。

以群《文化教育政策的基本精神》刊于 11 月 10 日上海《大公报》。

［英］罗素著，赵尔谦译《中西文化之比较》刊于 1 月 10 日上海《益世报》。

［英］罗素著，赵尔谦译《中西文化之比较（续二）》刊于 1 月 17 日上海《益世报》。

甄侠《维吾尔文化运动现状》刊于 3 月 7—16 日上海《益世报》。

谭家昆《解放前后上海文化妇女斗争史实》刊于 12 月 11 日上海《大公报》。

逸客《杨刚谈美国文化》刊于 1 月 19 日香港《大公报》。

以群《保卫和平·保卫文化》刊于 3 月 21 日香港《大公报》。

［日］藏原惟人著，林焕平译《文化革命与知识分子的任务》刊于 4 月 11—13 日香港《大公报》。

且人《日本文化界点滴》刊于 4 月 25 日香港《大公报》。

吴清友《创造人民的文化》刊于 5 月 4 日香港《大公报》。

荃麟《文化与劳动结合起来》刊于 5 月 4 日香港《大公报》。

陶大镛《展开新文化启蒙运动》刊于 5 月 9 日香港《大公报》。

秦牧《谈文化与劳动结合》刊于 5 月 16 日香港《大公报》。

浪潮《评"南洋论"——清除反动文化》刊于 5 月 28 日香港《大公报》。

代石译《美帝国主义与菲律宾文化》刊于 6 月 7—8 日香港《大公报》。

K. Iaz《怎样将文化革命进行到底》刊于 6 月 20 日香港《大公报》。

陈旭麓《我们应负起文化建设的责任》刊于 7 月 4 日香港《大公报》。

堀江邑作，林焕平译《战后世界文化的动向》刊于 7 月 4 日香港《大公报》。

古弓《从文化遗产谈到美国黑人的革命传统》刊于 9 月 13—14 日香港《大公报》。

陶孟和《整理与吸收文化》刊于 9 月 25 日香港《大公报》。

社评《中苏文化合作的崇高意义》刊于 10 月 11 日香港《大公报》。

行泰《彻底消灭残匪，保障文化教育》刊于 11 月 30 日香港《大公报》。

社论《纪念五四，建设新民主主义文化》刊于 5 月 4 日《进步日报》。

丁扬摘录《列宁语录——关于文化艺术问题》刊于 6 月 7 日《进步日报》。

［苏］高尔基著，瞿秋白译《说文化》刊于 6 月 18 日《进步日报》。

胡道静《转形期的文化工作》刊于 4 月 28 日《金融日报》。

曹聚仁《哀哉！蒋志澄先生之死——文化工作者的悲运》刊于 4 月 29 日《金融日报》。

丁易《加强中苏文化交流》刊于 8 月 30 日《亦报》。

柳絮《台湾的文化人》刊于 11 月 9 日《亦报》。

钱九如《文化危机》刊于 2 月 28 日《新闻报》。

可可《关于台湾文化》刊于 1 月 21 日《立报》。

匡成《文化人的彷徨》刊于 2 月 24 日《真报》。

木客《天津文化界近貌》刊于 2 月 22 日《铁报》。

戴灏《滚吧！帝国文化侵略者》刊于 7 月 1 日《飞报》。

尖兵《文化瞭望》刊于 7 月 4 日《飞报》。

巨流《苏联文化开展走向穷乡僻壤》刊于 7 月 7 日《飞报》。

柳絮《小资产阶级的文化》刊于 6 月 10 日《铁报》。

四、学术著作

（唐）佛陀波利译《佛顶尊胜陀罗尼经及仪轨别行法合刻》由己丑度亡利生息灾法会刊行。

（宋）施护等译，大法轮书局编《佛说五大施经》由上海大法轮书局刊行。

（清）张玉书等编《康熙字典》（节本）由上海商务印书馆刊行。

按：此书选节一般常用字，据殿版《康熙字典》裁剪影印，并加校正。偏僻字不录。

（清）王先谦集解，刘武补正《庄子集解内篇补正》由上海商务印书馆刊行。

朱星著《周易解放》（一名《周易经文考释》）由北京大学中国文学院刊行。

梁启超等著《老子哲学》由上海大法轮书局刊行。

谭正璧编《荀子读本》由上海中华书局刊行。

张东荪著《公孙龙的辩学》由北平燕京哈佛学社刊行。

戴濬编著《管子学案》由上海正中书局刊行。

按：书前有胡朴安、程善之序辑作者自序；书末附有《管子书目考》。

梁午峰著《大学中庸新解》由陕西西安西北教育用品社刊行。

程野声主编《哲学的概念》由香港真理学会刊行。

冯特著《哲学的学习与运用》由上海生活·读书·新知三联书店刊行。

傅庆隆著《革命的人生哲学》由天津进步出版社刊行。

李仲融著《新哲学简明教程》由上海开明书店刊行。

马特著《哲学初级研习提纲》由上海生活·读书·新知三联书店刊行。

沈志远著《社会科学底哲学基础》由上海生活·读书·新知联合发行所刊行。

按：是书包括概说、社会与自然、社会结构和社会形态、社会变革、人民大众在历史中的作用等7部分。

胡明主编《新哲学社会科学解释辞典》由上海光华出版社刊行。

解放社编《论马恩列斯》由新华书店刊行。

按：是书内收《马克思小传》（恩格斯）、《马克思墓前演说》（恩格斯）、《马克思回忆录》（恩格斯）、《马克思回忆录》（李卜克内西）、《马克思回忆录》（拉发格）、《一个工人对于卡尔·马克思的回忆》（莱斯奈尔）、《马克思是怎样学习的》（M.格略塞尔）、《马克思年表》《马克思和恩格斯纪念碑揭幕典礼演说辞》（列宁）、《纪念恩格斯》（列宁）、《为革命的马克思主义而斗争的恩格斯》（曼努意斯基）、《列宁关于自己的叙述》《列宁是俄国共产党（布）底组织者和领袖》（斯大林）、《论列宁》（斯大林）、《关于列宁的逝世》（斯大林）、《列宁为创立共产国际而奋斗》（雅鲁斯拉夫斯基）、《列宁与工人阶级的统一》（邓格尔）、《宣传家的列宁》（潘克拉多娃）、《摘自斯大林与德国作家鲁特维格的谈话》《斯大林与国际无产阶级》（季米特洛夫）、《斯大林——列宁事业的继承者》（莫洛托夫）、《斯大林与世界共产主义运动》（曼努意斯基）、《共产主义的伟大理论家——斯大林》（曼努意斯基）等22篇文章。

胡绳著《马克思主义与近代中国社会思想发展概观》由知识书店刊行。

《马列主义政党底宇宙观》刊行。

《辩证法唯物论与历史唯物论》由湖北武昌改造社刊行。

史家祺著《唯物论与法律学》由上海中华书局刊行。

按：是书分绪论、近代法律概论、唯物论之法律观、将来法律之展望等 4 章。概述法律的定义，近代立法原则，唯物辩证法及唯物史观与法律的关系，介绍刑法、民法等发展趋势。

李达著《唯物辩证法》（社会科学大纲第 1 篇）由新华书店刊行。

李达著《历史唯物论序说》（社会学大纲第 2 篇）由新华书店刊行。

李达著《社会的意识形态》（社会学大纲第 5 篇）由新华书店刊行。

陈晓时编译《自然辩证法》由上海书报杂志联合发行所刊行。

按：是书系我国首本用自然辩证法命名的学习参考书，分为前后 2 篇，分别阐述了自然辩证法历史与自然辩证法概论。

莫迺群著《历史唯物论浅说》由上海生活·读书·新知联合发行所刊行。

莫英著《历史唯物论浅说》由上海士林书店刊行。

林维仁编《世界思想史纲》由编者刊行。

张如心著《毛泽东思想方法论》由上海原野出版社刊行。

毛泽东等著《论思想》由北平中华印书局刊行。

胡绳著《思想方法》由上海三联书店刊行。

胡绳著《怎样搞通思想方法》由上海三联书店刊行。

柴熙著《认识论》三部由上海商务印书馆刊行。

罗明著《共产主义人生观》由北平中外出版社刊行。

华东人民革命大学教务处编《共产主义的人生观》由编者刊行。

潘朗著《新民主主义的道德》由香港智源书局刊行。

艾思奇著《论主观主义》由天津只是书店刊行。

黄赞钧著《大同要素》由台北孔教丛书刊行。

罗明编《革命人生观》由天津知识书店刊行。

彭文俊著《宇宙与人生》由世界文化出版社刊行。

石兆棠编《科学的方法论》（论辩证逻辑的发展途径）由上海中华书局刊行。

按：是书对方法论思想发展的途径，以及方法论怎样配合科学思想的发展而发展的情形做了简单的阐释。

麦宁著《生活与理想》由上海青年知识社刊行。

陈伯达著《新妇女的人生观》由天津知识书店刊行。

程今吾编著《青年修养》由新华书店刊行。

杨奎章著《青年与劳动》由九龙南国书店刊行。

于毅夫著《革命形势发展与青年思想改造问题》由天津读者书店刊行。

张闻天（原题洛甫）著《论青年的修养》由华中新华书店刊行。

冯定著《平凡的真理》由大连新中国书局刊行。

黄雨编著《进入新社会之前》由香港南国书店刊行。

翁为著《赠大学生》由上海商务印书馆刊行。

叶群编著《创业与致富》由上海大方书店刊行。

赵宗预著《人与事的体验》由上海世界书局刊行。

知识书店编辑《什么是英雄行为》由天津知识书店刊行。

熊十力著《十力语要初续》由香港东升印务局刊行。

陈国符著《道藏源流考》由中华书局刊行,有罗常培序。

按:陈国符是《道藏》研究领域的开创者,并且是这一研究领域中的不可替代的世界领先学者。他用科学的方法对《道藏》中的自然科学价值进行了创造性的发掘、整理,为后人的研究铺平了道路。《道藏源流考》分三洞四辅经之渊源及传授,历代道书目及道藏之纂修与镂板两部分,被有关的国内外学者称为"经典"和研究《道藏》的必读书,而陈国符确是迄今为止中国或许是世界上唯一全部翻阅《道藏》的人,并且是深入研究《道藏》中各方面史料的学者。

程野声主编《人生与宗教》由香港真理学会刊行。

陈金镛著《中国的宗教观》由上海中华浸会书局刊行。

欧阳竟无讲,王恩洋记《佛法非宗教非哲学》由上海大法轮书局刊行。

按:《佛法非宗教非哲学》的主要观点是:宗教、哲学二字,原系西洋名词,译过中国来,勉强比附在佛法上面。但彼二者,意义既各殊,范围又极隘,如何能包含得此最广大的佛法?他具体罗列了宗教的四大条件和哲学的三项内容,认为佛教都与之不相符合,并超越于二者之上。天地在吾掌握中,吾岂肯受宗教之束缚?万法具吾一心,吾岂甘随哲学而昏迷?一切有情,但有觉、迷二途,世间哪有宗教、哲学二物。所以他要弘扬佛法,用佛教代替世界上其他宗教和哲学。(见《佛法非宗教非哲学》《遗集》第四册)。

朱谦之著《印度佛教对于原始基督教之影响》由珠海大学出版社刊行。

李荣祥著《佛法导论》由江苏苏州弘化社刊行。

尤智表著《佛教科学观》由上海大雄书局刊行。

陈海量编《在家学佛要典》由上海大雄奋进团刊行。

江文汉著《什么是基督教信仰》由上海青年协会书局刊行,有著者序。

白增、胡德风著《野火》由澳门白德美纪念出版社刊行。

百练编《勿食众生肉》由上海大法轮书局刊行。

鲍斯高著《青年袖珍》由上海慈幼印书馆刊行。

陈道隐著《近代名人命鉴》由上海独立出版社刊行。

陈海量编著《自我介绍》由上海大雄书局刊行。

陈际云编《福音的准备》由上海广学会刊行。

程野声主编,庄昌锦著《左太太》由香港真理学会刊行。

慈幼印书馆编《要理问答》由澳门慈幼印书馆刊行。

丁廉先著《回教教旨简明问答》刊行。

董海伦、许翟、葆灵著《罗马书信释义》由上海诚信书报社刊行。

法相学社编《法相学课本》(第2期上下两册)由上海法相学社刊行。

光启社编《中华全国教务统计》由上海徐家汇土山湾印书馆刊行。

郭尔根著《灵医会会祖》由澳门白德美纪念出版社刊行。

贺近民著《模范父母》由香港真理学会刊行。

侯树信编著《千虑一得》由上海天主教教务协进委员会刊行。

葭水著《圣芳济》由上海青年协会书局刊行。

乐泉译《古祖若瑟》由澳门白德美纪念出版社刊行。

黎培理著《论推进圣召的义务》刊行。

李继圣著《生命的路线》(李继圣讲道集第1集)由基督徒文字工作运动刊行。

李园净著《博爱》由上海南行学社刊行。

理素编《白衣大士灵感录》由上海天法论书局刊行。

理真编《虚云禅师事略》由上海大雄书局刊行。

梁启超著《无我与群治》由上海大法轮书局刊行。

刘估众著《冲庸》由上海老庄道舍刊行。

刘韵轩著《天主教》由上海天主教教务协进委员会刊行。

刘洙源讲，王靖寰等记《佛法要领》由上海大法轮书局刊行。

罗顿著《风水新谈》由上海生活·读书·新知联合发行所刊行。

罗运炎、游昭文著《静修日程》由上海静修日程社刊行。

南行学社编《故事图说》（第2集）由上海编者刊行。

南星耀著《并蒂红葩》由澳门白德美纪念出版社刊行。

南星耀编著《耶稣苦难》由澳门白德美纪念出版社刊行。

南星耀著《圣母净配》由澳门白德美纪念出版社刊行。

圣母军总部订《圣母军手册》由上海圣母军天主教教务协进委员会刊行。

天主教教务协进委员会编《敝帚一扫》由上海编者刊行。

天主教教务协进委员会编《经验杂录》由编者刊行。

天主教教务协进委员会编《经验杂录》（2）由编者刊行。

天主教教务协进委员会编《谈道资料》由编者刊行。

天主教教务协进委员会编《谈道资料》（2）由编者刊行。

王昌社编著《红色的百合花》（第3卷）由香港真理学会刊行。

王昌社编著《红色的百合花》（第6卷）由香港真理学会刊行。

王瑞明著《兽性的约束》由香港真理学会刊行。

吴雷川等著《宗教经验谈》由上海青年协会书局刊行。

吴燕著，程野声主编《我的生活》由香港真理学会刊行。

相术研究社编《麻衣相法》由上海正气书局刊行。

徐宗泽编著《明清间耶稣会士译著提要——耶稣会创立四百年纪念（1540—1940年）》由上海中华书局刊行。

圆瑛著，明阳编《一吼堂文集》由上海圆明法施会刊行。

张仕章著《耶稣主义讲话》由上海青年协会书局刊行。

赵尔谦译《论基督身体》由香港真理学会刊行。

赵朴初等著《新时代的佛教》刊行。

中华浸会少年团联合会编辑部译《马丁路德的事迹》由上海中华浸会书局刊行。

中华浸会神学院编《实物教学》由上海中华浸会少年团联会刊行。

中华圣公会中央办事处编《中华圣公会年鉴（一九四九）》由上海中华圣公会中央办事处刊行。

钟协著《来不及了》由澳门白德美纪念出版社刊行。

朱先著《由迷信中抽科学》由上海世界书局刊行。

转逢疏《西藏心经》由上海大法轮书局刊行。

程野声主编《黑暗里的明星》（民众读物小丛刊）由真理学会刊行。

程野声主编《黑女子的呼声》（民众读物小丛刊）由香港真理学会刊行。

解放社编《马恩通信选集》由山东新华书店刊行。

按:是书包括《为无产阶级政党而斗争的书信》《马克思恩格斯关于唯物史观的书信》《论爱尔兰问题》3部分。附录:恩格斯致考茨基论殖民地的信、马恩论俄国。

沈志远主编《马克思主义百年纪念》由香港新中出版社刊行。

陈伯达等编《马恩列斯思想方法论》由解放社刊行。

按:是书摘录马克思、恩格斯、列宁、斯大林的有关著作。分为4章:绪论——马克思主义的历史特点,理论与实际,历史科学的创造,国际经验,民族特点,革命传统。书前有编者《例言》,毛泽东著《改造我们的学习》(代序);书末附录:《论写历史》《德波林的自我批评》《中共中央关于调查研究的决定》等7篇文章。《例言》说:"本书是在党中央和毛泽东同志反主观主义、反宗派主义、反党八股的号召之下编纂起来的,目的是要帮助同志们掌握马克思、恩格斯、列宁、斯大林的科学共产主义的思想方法,来整顿我党的学风、党风和文风,为中国革命的胜利而斗争。为了说明本书编纂的动机及其精神,我们把毛泽东同志《改造我们的学习》的报告,作为代序。"

联共(布)中央附设马恩列学院编《列宁生平事业简史》由东北书店刊行。

瞿秋白著《社会科学概论》由上海群益出版社刊行。

瞿秋白著《社会科学概论》由天津联合出版社刊行。

萧玉著《社会科学概论》由上海平凡书局刊行。

杨松等著,社会科学研究会辑《社会科学概论》(增订本)由冀东新华书店刊行。

杨松等著,社会科学研究会辑《社会科学概论》(增订本)由苏北新华书店刊行。

杨松等著,社会科学研究会辑《社会科学概论》(增订本)由新华书店刊行。

杨松等著,社会科学研究会辑《社会科学概论》(增订本)由东北书店刊行。

李达著《社会经济构造》(社会学大纲第3篇)由新华书店刊行。

李达著《社会的政治建筑》(社会学大纲第4篇)由新华书店刊行。

沈志远著《社会科学基础讲座》由香港智源书局刊行。

邓初民著《社会科学常识讲话》由文化供应社刊行。

祝伯英著《社会科学讲话》由上海开明书店刊行。

曹伯韩著《通俗社会科学二十讲》由东北书店安东分店刊行。

曹伯韩著《通俗社会科学二十讲》由苏北新华书店刊行。

曹伯韩著《通俗社会科学讲话》由皖北新华书店刊行。

曹伯韩著《通俗社会科学讲话》由韬奋书店刊行。

曹伯韩著《通俗社会科学讲话》由新华书店刊行。

杨同芳著《大众社会问题讲话》由上海世界书局刊行。

公直著《大众社会科学讲话》由上海世界书局刊行。

沈志远著《社会问题》由上海生活·读书·新知联合发行所刊行。

柳湜编《社会学常识》由上海中华书局刊行。

吕振羽著《中国社会史纲》由上海耕耘出版社刊行。

邓初民著《社会科学学识讲话》由文化供应社刊行。

陶大镛著《社会主义思想史》由上海士林书店刊行。

田干著《自然科学与社会科学的阶级性》由天津知识书店刊行。

沈志远著《新社会学底基本问题》由上海生活·读书·新知书店刊行。

陈序经著《社会学的起源》由广东广州岭南大学西南社会经济研究所刊行。

王守礼编《西洋社会思想》由上海中华书局刊行。

按：是书包括绪论、社会契约说、德国古典哲学的社会思想、法国空想的社会主义和孔德的实证主义、社会有机体说与种族论、新康德主义与心理社会学、法西斯主义、社会主义的社会思想等8章。

孙本文著《社会行政概论》由中国文化服务社刊行。

吴晗、费孝通等著《皇权与绅权》由上海观察社刊行。

毛泽东等著《整风文献》由大连新中国书局刊行。

毛泽东著《改造我们的学习》由解放社刊行。

毛泽东著《毛泽东先生言论选集》（第2辑）由北平光华书局刊行。

群众书店辑《论思想》由北平群众书店刊行。

黄炎培著《民主化的机关管理》（增订本）由上海商务印书馆刊行。

白韬著《调查研究入门》由新中国书店刊行。

白韬著《怎样做调查研究工作》由上海生活·读书·新知三联书店刊行。

薛仲三著《高等统计学》由上海商务印书馆刊行。

费孝通著《乡土中国》由上海观察社刊行。

按：作者在本书《后记》中说："这集子里所收的十四篇论文是从我过去一年所讲'乡村社会学'的课程中所整理出来的一部分。我这门课程已讲过好几遍，最初我采用美国的教本作参考，觉得不很惬意，又曾用我自己的调查材料讲，而那时我正注意中国乡村经济一方面的问题，学生们虽觉得有兴趣，但是在乡村社会学中讲经济问题未免太偏，而且同时学校有土地经济学和比较经济制度等课程，未免重复太多。过去一年我决定另起炉灶，甚至暂时撇开经济问题，专从社会结构本身来发挥。初次试验离开成熟之境还远，但这也算是我个人的一种企图。以我个人在社会学门内的工作说，这是我所努力的第二期。第一期是实地的社区研究，我离开清华大学研究院之后就选择了这方面。"又说："三十三年回国，我一方面依旧继续做魁阁的研究工作，同时在云大和联大兼课，开始我的第二期工作。第二期工作就是社会结构的分析，偏于通论性质，在理论上总结并引导实地研究。《生育制度》是这方面的第一本著作，这本《乡土中国》可以说是第二本，我在这两期的研究工作中虽则各有偏重，但在性质上是连贯的。""《生育制度》可以代表以社会学方法研究某一制度的尝试，而这《乡土中国》却是属于社区分析第二步的比较研究的范围。"

胡仲持著《三十二国风土记》由上海开明书店刊行。

斗木编《性风俗猎奇》由上海北斗出版社刊行。

俞言编著《民间异俗》由上海国光书店刊行。

王惠编《礼仪概说》由上海商务印书馆刊行。

孙起孟、孙蕴著《恋爱观与恋爱艺术》由上海杂志公司刊行。

景云著《恋爱新论》由香港青年知识社刊行。

潘朗著《新社会的恋爱与婚姻》由香港智源书局刊行。

守清、仲达著《恋爱与结婚》由上海生活·读书·新知三联书店刊行。

赵尔谦译《婚姻问题》由香港真理学会刊行。

《家》编辑部选编《贤明的父母》由上海家杂志社刊行。

苏北新华书店编《中国新民主主义青年团文献》由苏北新华书店刊行。

苏北职工总会筹备委员会编《职工文献》由苏北新华书店刊行。

汤达著《世界工人运动》由上海生活、读书、新知联合发行所刊行。

按：是书内分世界职工联盟、资本主义国家的职工会、社会主义国家的职工会、新民主国家的职工会、中国的工人运动、殖民地半殖民地的工人运动等6节。

唐山职工筹备会编《全国第六次劳动大会文献》由冀东新华书店刊行。

中共中央委员会编《中共中央关于建立新民主主义青年团的决议》由吉林书店刊行。

中共中央中原局宣传部编《国际主义与民族主义》刊行。

《关于城市政策的几个文献》由华北新华书店刊行。

《解放区城市政策》由新建出版社刊行。

林明编《城市政策》由智慧出版社刊行。

李健民编著《中共怎样治理城市》由上海国强出版社刊行。

唐季平著《转换中的北平》由上海商报出版社刊行。

陈文华编《解放区概况》由上海联合编译社刊行。

河北省救灾委员会《河北省灾情及生产自救运动》由编者刊行。

解放社编《论新解放区土地政策》由北平新华书店刊行。

苏北新华书店编《进一步提高党的工作水准》由苏北新华书店刊行。

胡洵编《中共政策》由上海今文摘社刊行。

北平院校教职员联合会筹委会编辑《学习参考资料汇编》由北平编者刊行。

知识书店编辑部编辑《认真学习〈论人民民主专政〉》由天津知识书店刊行。

大众书店编《怎样学习论人民民主专政》由天津大众书店刊行。

按：是书内收毛泽东《论人民民主专政》及学习提要、讨论大纲、学习心得等。

丁玲等著《论思想改造》由天津读者书店刊行，有前言。

高山编写《新民主和旧民主》由上海通俗文化出版社刊行。

华北人民政府学习委员会编《干部学习文件》由编者刊行。

章炼峰编《五四运动与知识分子》由东北书店刊行。

华中新华日报资料室编辑《论知识分子》由华中新华书店刊行。

华中新华书店编辑部编《知识分子的道路》由华中新华书店刊行。

解放社编《知识分子与教育问题》由新华书店刊行。

按：是书内收《五四运动》(毛泽东)，《中共中央西北局关于新区学校教育的指示》，《中共中央中原局关于争取、团结、改造、培养知识分子的指示》(新华社)等11篇(种)。

毛泽东著《毛泽东论知识分子》由教育出版社刊行。

李纯青等著《知识分子的新方向》由上海中国建设出版社刊行。

李聪聋编著《中国革命问题讲话》由上海光华出版社刊行，有编著者前言。

毛泽东、刘少奇等著《论学习与修养》由大地社刊行。

天津民主青年联合会筹备会编选《思想方法和时事学习》由天津读者书店刊行。

天津民主青年联合会筹备会编《谁领导谁》由天津读者书店刊行。

王士华编《思想改造范例》由天津知识书店刊行，有编者前记。

吴玉章著《共产党改造了我的思想》由知识书店刊行。

读者书店编辑委员会辑《论群众路线问题》由读者书店刊行。

读者书店辑《论批评与自我批评》由天津读者书店刊行。

方且编《中国共产党史纲》由上海编译社刊行。

晋北学委会编《干部学习文件》由晋绥大众报社刊行。

中共华中九地委宣传部编《形势政策支前生产动员讲话》由编者刊行。

张遐著《论无产阶级的集体主义》由天津读者书店刊行。

中共中央统一战线工作部编《关于城市接管工作的重要文献及经验介绍》由编者刊行。

中共中央政策研究室编《一九四八年以来的政策汇编》由中共中央东北局刊行。

中国民主同盟上海市支部秘书处编《中国民主同盟三中全会以来文告汇辑》由上海编者刊行。

中原新华书店编《中国人民解放军入城政策》由中原新华书店刊行。

韩城著《人事考核》由上海世界书局刊行。

张明养著《帝国主义》由上海中华书局刊行。

郑道传著《殖民地问题》由上海中华书局刊行。

黄楫清著《中国法西斯特务真相》由中原新华书店刊行。

解放社编《国际主义与民族主义》由新华书店刊行。

蒋学模编《法西斯主义》由上海中华书局刊行。

解放社编《国际主义与民族主义》由新华书店刊行。

按：史书内收《全世界革命力量团结起来反对帝国主义的侵略》（毛泽东）、《爱国主义与民族主义》（刘少奇）、《爱国主义与国际主义》（苏·斯卡特谢科夫）等 9 篇。附录：《在内蒙古干部会议上的讲话》（高岗）。

刘少奇等著，林平编《论国际主义与民族主义》由大连大众书店刊行。

上海市警察局驻卫警察总队部编《驻卫警察必读》由编者刊行。

高延庆著《警狗的研究》由上海中央警狗研究社刊行。

中共中央中原局宣传部编《国际主义与民族主义》（中国共产党政策选辑之一）刊行。

陈亲民著《大同之道》由个人刊行。

储智武编著《新世纪方略》由编著者刊行，有著者序。

东北书店辑《思想指南》由东北书店安东分店刊行。

华中新华书店编辑《思想领导与工作方法》由华中新华书店刊行。

上海市人民政府编《上海市第一次各界代表会议纪要》由上海编者刊行。

上海总工会筹备委员会编《工人政治课本》由上海新华书店刊行。

经济周报社编辑《劳动政策与职工运动》由经济周报社刊行。

中原新华书店编《苏联经济建设中的党与职工会》由编者刊行。

陈兵编《苏联职工会工作介绍》由大连新华书店刊行。

俄国共产党（布）中央委员会决议《新经济政策下职工会底作用与任务》由华北大学图书馆刊行。

冀中区总工会辑《工商政策与职工运动文献》由河北日报社刊行。

《职工运动文献》由晋绥新华书店刊行。

华中新华书店编《职工运动与工厂管理》由编者刊行。

晋绥新华书店编《目前形势与西北职工运动的当前任务》由编者刊行。

河北省总工会筹备委员会编《全国工会工作会议文献》由编者刊行。

武汉市军事管制委员会秘书处编《工会工作问题》由武汉编者刊行。

中华全国总工会编《工会章程汇集》由北平编者刊行。

中华全国总工会文教部编《世界工人是一家》由工人出版社刊行。

时代社编《为加强世界工联而斗争》由上海时代出版社刊行。

解树民著《中国的农民运动》由上海中华书局刊行。

职工运动委员会编《职工运动参考材料》由编者刊行。

华北总工会筹备委员会编《苏俄共产党第十次代表大会关于职工会底作用与任务之决议》由天津新华书店刊行。

华北总工会筹备委员会编《在第六次全国劳动大会上》由天津新华书店刊行。

济南特别市职工总会筹备委员会编《第六次全国劳动大会》由华中新华书店刊行。

吕振羽著《中国政治思想史》(1分册)由东北书店辽东总分店刊行。

读者书店编《阶级·政治·国家》由天津读者书店刊行。

按：是书收有列宁在斯维尔德沃夫大学的讲演《论国际》。

刘毅编《社会主义和共产主义》由上海通俗文化出版社刊行。

沈志远著《新政治学底基本问题》由上海生活·读书·新知三联书店刊行。

徐懋庸著《政治常识》由北平励志书店刊行。

邓初民著《中国政治问题》由香港智源书局刊行。

按：是书对新民主主义的政治理论作了全面系统的阐述，表达了对召开新政治协商会议、建立民主统一战线的热切期望。

邓初民著《新中国政治问题讲话》由学生出版社刊行，有自序。

刘少奇等著，群众书店辑《共产党员修养》由群众书店刊行。

刘少奇等著，林平编《论国际主义与民族主义》由大连大众书店刊行。

叶青著《共产党问题》由江苏南京新中国出版社刊行。

吴玉章著《辛亥革命的教训》由华北大学教务处刊行。

时代文化出版社编辑《中国往何处去》由上海时代文化出版社刊行。

李伯球编《革命与和平》由香港中华论坛社刊行。

石啸冲著《新民主国家建设的斗争》由上海大众文化出版社刊行。

范文澜著《论正统》由知识书店刊行。

程鲁丁著《新疆问题》由上海文献书局刊行，有张君劢和欧元怀序。

东北书店辑《中国学生的当前任务》由东北书店刊行。

梅州书店编《中国学生大团结》由梅城梅州书店刊行。

中华全国学生第14届代表大会编《中国学生的当前任务》由编者刊行。

舒宗侨编著《学生解放运动史画》由上海联合画报社刊行。

鲁妇编《妇女问题新讲》由香港新民主出版社刊行。

全国民主妇女联合会筹备委员会编《新社会的新女工》由东北新华书店刊行。

全国民主妇女联合会筹备委员会编《中国解放区妇女参战运动》由新华书店刊行。

全国民主妇女联合会筹备委员会编辑《国民党统治区民主妇女运动》由新华书店刊行。

全国民主妇女联合会筹备委员会编辑《中国解放区妇女运动文献》由上海新华书店刊行。

陕甘宁民主妇女联合会编《妇女运动文献》由陕西西安西北新华书店刊行。

新民主出版社编《妇女运动文献》由香港新民主出版社刊行。

新民主出版社编《中国妇女大翻身》由香港新民主出版社刊行。

全国民主妇女联合会筹备委员会编辑《中国解放区农村妇女翻身运动素描》由冀东新

华书店刊行。

严敏著《苏联的妇女》由北京生活读书新知三联书店刊行。

中华全国民主妇女联合会宣传教育部编《中国妇女第一次全国代表大会重要文献》由中华全国民主妇女联合会刊行。

中国共产党中央委员会编《关于建立中国新民主主义青年团的决议》由太岳新华书店刊行。

新青出版社合作社编《在茁壮中的中国新民主主义青年团》由上海新青出版合作社刊行。

冯文彬等著《青年团的任务与工作》由大连东北书店刊行。

中共南京市青委会编《青年团的任务与工作》由南京编者刊行。

苏北新华书店编《中国新民主主义青年团文献》由编者刊行。

新民主主义青年团上海市工作委员会调查研究组编《青年工作资料汇编》由编者刊行。

任弼时著《目前形势与任务》刊行。

吉林人民出版社编《全国团代大会文献》由编者刊行。

中国新民主主义青年团西北工作委员会编《中国新民主主义青年团的任务与工作》由西北新华书店刊行。

辽东省新民主主义青年团筹委会编《中国新民主主义青年团第一次全国代表大会文献》由东北新华书店辽东分店刊行。

皖北新华书店编《建团文选》由编者刊行。

中国新民主主义青年团苏南区工作委员会编《活跃在各地的新民主主义青年团》由无锡苏南新华书店刊行。

郅挽沉著《我们的呐喊》由上海四海出版社刊行。

中国保卫世界和平大会委员会编《保卫世界和平》由北平编者刊行。

群众日报社编《反对北大西洋公约》由群众日报社刊行。

国际劳工局中国分局编译《国际劳工组织章则汇编》由编者刊行。

梁纯夫著《联合国》由上海生活·读书·新知上海联合发行所刊行。

杨逸棠等著《新形势下的世界与中国》由香港人民丛刊社刊行。

解放社编《论战后国际形势》由华北新华书店刊行。

按:是书内收《斯大林同志在莫斯科斯大林选区选举前选民大会上的演说》(1946年2月9日)、《论国际形势》(日丹诺夫)、《伟大十月社会主义革命三十周年纪念》(莫洛托夫)、《全世界革命力量团结起来反对帝国主义的侵略》(毛泽东)等8篇。

石啸冲著《怎样研究国际问题》由上海中华书局刊行。

王梾容编《天下大势》由上海通俗文化出版社刊行。

烟波等著《自由印尼》由香港个人刊行。

严懋德编《近东透视》由上海世界书局刊行。

肖文哲著,伍天崎编《苏联政府与政治》由江苏南京新光出版社刊行。

吕琪编《苏联共产主义青年团》由天津知识书店刊行。

贾波奇卡著,青山译《社会主义时代个人利益与公共利益的结合》由哈尔滨光华书店刊行。

张铁生著《近代国际关系史》由上海生活·读书·新知三联书店刊行。

按：作者在书前《小引》中说："近代国际关系史又可以分为两个阶段：第一个阶段和第二个阶段。第一个阶段是始于一七八九年而终于一八七一年。这就是说，从法国资产阶级革命始，到普法战争止。第二个阶段是始于一八七一年而终于一九一八年，这就是说，从巴黎公社始，到世界帝国主义大战止。近代国际关系史的第一个阶段，乃是资本主义胜利的时期。在这个时期里，民主运动和民族运动抬头，资本主义国家的建立及其国内和国外矛盾的发展，都是特别值得注意的。"

俞燊著《论美国主义》由上海士林书店刊行。

按：著者通过大量事实，论证"美国主义"就是法西斯主义的美国版。美国制造商协会，就是法西斯主义的大本营，美国人民的任务就是打败战争贩子、法西斯分子和垄断资本统治的制度。

刘尊棋著《美国》由上海生活·读书·新知上海联合发行所刊行。

逸生编著《帝国主义的美国》由上海通俗文化出版社刊行。

陆达节编著《中国兵学现存书目》由广州珠海大学刊行。

扬弃著《人民解放军奋斗史》由上海新民书局刊行。

萧萧编绘《解放军史画》由上海联合画报社刊行。

华北军区政治部编《连队政治教材》由绥远省人民政府公安厅刊行。

郭化若编著《教学法》由华东高级工业学校教学业务研究会刊行。

新华社编《人民解放战争两周年总结和第三年的任务》由上海新华书店刊行。

中国人民解放军第二野战军政治部编《解放洛阳》由人民战士出版社刊行。

中国人民解放军第二野战军政治部编《襄樊战役》由人民战士出版社刊行。

常工著《进军沈阳》由辽宁沈阳东北书店刊行。

中国人民解放军中原野战军政治部编《淮海战役通讯集》刊行。

中原新华书店编辑部编《中国人民解放军淮海大捷纪实》由中原新华书店刊行。

阎庆甲、邹启元著《南京怎样解放的》由江苏南京老百姓出版社刊行。

云蔚编《解放军怎样渡过长江》由前进出版社刊行。

中国人民解放军野战军政治部编《向江南进军》由人民战士出版社刊行。

王继贤编著《中国战场上的朝鲜义勇队》由朝鲜义勇队刊行。

王思华著《资本论解说》由哈尔滨新中国书店刊行。

王亚南著《政治经济学史大纲》由上海中华书局刊行。

按：是书分6编。首编"绪论"，阐述政治经济学史的研究对象、作用、研究方法以及各种经济学说、思想在历史发展中的演进规律；第2编"政治经济学前史"，论述自古代希腊柏拉图、亚里士多德、色诺芬以迄18世纪末叶及近代社会初期的重商主义思想；第3编"说明的经济理论体系"，系统论述由重商主义过渡到重农学说的演变历程（魁奈等）及亚当·斯密派的经济学说；第4编"辩护的经济理论体系"，除介绍历史学派及奥地利学派的经济学说，还介绍了当时的所谓"调和学派"；第5编"批判的经济理论体系"，主要论述马克思、恩格斯的政治经济学及其前驱者——圣西门、傅立叶的空想社会主义和二十世纪的社会主义思想；末编"当代三大经济思潮"系指"个人主义经济思想""国家主义经济思潮""社会主义经济思潮"。

王亚南著《中国社会经济改造问题研究》由上海中华书局刊行。

金国宝著《凯恩斯之经济学说》由上海中和印刷厂刊行。

王思华著《政治经济学教程》由哈尔滨新中国书店刊行。

按：是书内分绪论—什么是政治经济学以及资本主义以前社会的经济、资本主义经济、帝国主义与资本主义总危机、中国经济、社会主义经济等5编内容。

郭大力著《西洋经济思想》由上海中华书局刊行。

彭迪先著《世界经济史纲》由上海生活·读书·新知三联书店刊行。

按：是书分3编。第1编"概论"，叙述人类社会自原始共产主义社会至资本主义社会各个历史阶段的生产关系和经济制度；第2编"各论"，分述英、法、德、美、俄、日诸国的资本主义发展史；末编"绪论"，专论世界资本主义至帝国主义阶段矛盾的尖锐化及危机。

启扬著《新经济学纲要》由上海中华书局刊行。

按：是书分商品、货币、劳动过程、剩余价值、工资、资本的蓄积及循环、利润、利息、地租等16章。

贾植芳著《近代中国经济社会》由上海棠棣出版社刊行。

胡明编著《中国经济地理讲话》由太行新华书店刊行。

鲍文熙著《经济地理学》由上海世界书局刊行。

盛叙功编《世界经济地理》由上海中华书局刊行。

按：是书概述美国、拉丁美洲、英国及其集团、法国、西欧诸国、中东、东南亚、日本、苏联以及新民主国家的地理、经济。

胡今编《计划经济通论》由上海中华书局刊行。

按：是书论述计划经济原理、苏联社会主义的计划经济、资本主义的统制经济与东欧新民主主义的计划经济等。

毛泽东著《工作经济手册》由长春东北书店刊行。

徐毓枬著《当代经济理论》由上海商务印书馆刊行。

李六如等编著《实用经济六讲》由长春新中国书局刊行。

陈伯达等著《中国经济的改造》由香港新民主出版社刊行。

沈志远著《资本主义经济之剖视》由上海生活·读书·新知联合发行所刊行。

陶大镛著《战后的资本主义——帝国主义的新阶段》由上海生活·读书·新知联合发行所刊行。

千家驹著《新财政学大纲》由上海三联书店刊行。

赵冬垠著《价值与剩余价值》由上海生活·读书·新知联合发行所刊行。

读者书店编辑部编《论城乡关系》由天津读者书店刊行。

中共太行区党委宣传部编《重要的问题在善于学习》(经济工作文件选辑)由太行新华书店刊行。

新华日报资料室编《城市政策与工商业政策》由苏北新华书店刊行。

解放社编《论工商业政策》(中国共产党政策选辑)由北京新华书店刊行。

中共中央中原局宣传部编《论工商业政策》(中国共产党政策选辑)由豫新华书店刊行。

李立三著《关于发展生产劳资两利政策的几点说明》由知识书店刊行。

中原新华书店编《苏联经济建设的工作方法》由编者刊行。

陈史坚著《苏联的经济建设》由上海士林书店刊行。

吴清友著《苏联国民经济》由上海杂志公司刊行。

林平编《战后苏联经济建设》由大连东北书店刊行。

太岳新华书店编《经济建设论文选》由编者刊行。

张心雄编著《实用簿记学》由上海商务印书馆刊行。

孙乐先著《新中式簿记论》由北平力学会计师事务所刊行。

中外出版社编《社会主义竞赛在苏联》由北京编者刊行。

潘惟勤著《工商人事管理》由上海世界书局刊行。

新华书店编《企业管理的民主化与科学化》由苏南新华书店刊行。

徐旭著《合作与社会》由上海中华书局刊行。

按：是书包括我们人类的社会、合作是资本主义社会的产物、各种不同经济结构社会的合作、中国社会的性质及其合作运动等4章。

薛暮桥等著《怎样办合作社》由东北新中国书局刊行。

林干编《公营企业的管理问题》由大连东北书局刊行。

解放社编《农业建设问题》由北京新华书店刊行。

按：是书收新华社社论《把解放区的农业生产提高一步》，新华社短评《保护耕畜》，华北日报专论《加强农业生产领导的计划性与组织工作》等文章7篇。

冀鲁豫新华书店编辑部编《农村建设问题》由编者刊行。

宋之英著《农建之路》由福州农讯出版社刊行。

林伦彦著《农业经济学》由中原出版社刊行。

胡尹默著《土地改革论》由中华大学经济学会刊行。

黄振钺著《土地政策与土地法》由武昌中国土地经济学社刊行。

何冠群著《新土地政策与平均使用地权》由著者刊行。

中外出版社编《中国豪门》第1辑由北京编者刊行。

读者书店辑《论节约》由编者刊行。

按：是书收《节约是共产主义的特性》（苏联少共真理报社论）、徐芝延译《精简节约的意义》（上海大公报社评）、《节约是重要的经济任务》（布·贺洛托夫著，舒林译）、《中共中央华东局关于机关部队的整编节约方案》、《贯彻整编节约方案到行动中去》（上海解放日报社论）等5篇文章（文献）。

中国解放区妇女联合会编《中国解放区农村妇女生产运动》由中国解放区妇女联合筹备委员会刊行。

东北行政委员会教育部编《生产课本》由沈阳东北书店刊行。

朱一鸣著《上海粮食问题》由现代经济通讯社刊行。

中国工业经济研究所编《上海的食米问题》由上海商务经济出版社刊行。

李国桢编《陕西棉产》由中国棉业出版社刊行。

华东区国外贸易管理局纱布外销管理处总公司纱布外销公司资料科译《今日之印度棉花》由编者刊行。

吴清友编《苏联的农业组织》由上海中华书局刊行。

香港各侨团反对扶植日本工业复兴运动委员会编《日本经济复兴实况》由香港编者刊行。

华北人民政府财政部编《一九四七年华北区农村经济调查》由编者刊行。

华北人民政府农业部编《华北农业生产统计资料(1)》由编者刊行。

华北人民政府农业部编《华北农业生产统计资料(2)》由编者刊行

天津市人民政府秘书处编《津郊解决土地问题参考资料》由编者刊行。

吾纪元著《工厂管理初步》由大连新中国书局刊行。

吴钟第编著《工厂经营论》由上海商务印书馆刊行。

郁国城等编《各国水泥工业志》由资源委员会水泥资源调查团刊行。

中国上海国际贸易协会编《中国出口工业一览》由编者刊行。

中国工业经济研究所编《关于新工业政策的检讨》由上海工商经济出版社刊行。

中国工业经济研究所编《中国工业建设的程序》由上海工商经济出版社刊行。

顾毓琭著《中国工业化之前途》由著者刊行。

乡村工业示范处编《乡村工业示范处业务概况》由编者刊行。

中国工业经济研究所编《上海的燃料与动力问题》由工商经济出版社刊行。

江南问题研究会编《首都电厂》由编者刊行。

中国纺织建设公司工务处编《工务辑要》由编者刊行。

中国纺织建设公司青岛分公司编《青纺三年》由编者刊行。

美援花纱布联营处编《全国棉纺织厂调查统计》由编者刊行。

陈树三著《上海区面粉工业概况》由上海现代经济通讯社刊行。

中国工业经济研究所编《上海工业现状》由上海工商经济出版社刊行。

吴清友著《苏联的工业管理》由上海中华书局刊行。

中国人民革命局势委员会铁道部人民铁道报社编《作好人民铁道的工务工作》由编者刊行。

哈尔滨铁路管理局编《论负责制》由编者刊行。

《企业管理中一个极其重要的改革》由辽宁沈阳东北书店刊行。

中国人民革命军事委员会铁道部人民铁道报社编《运输·调度·运价》由人每年铁道报社刊行。

东方日报编辑室编辑《江亚轮惨案专集》由上海明州出版社刊行。

赵曾珏编著《上海港之将来》由上海商务印书馆刊行。

郁秉坚编述《电信大意》由中国科学图书仪器公司刊行。

丁坚编《工商政策与职工运动》由大连大众书店刊行。

许涤新著《工商业家的出路》由香港新民主出版社刊行。

上海市商会编《中共工商政策》由上海工商法规发行所刊行。

经济周报社编《新工商政策及其指示》由上海编者刊行。

解放社编《论工商政策》由北京新华书店刊行。

时事资料社编译部编《共产党怎样对付工商界》由时事资料出版社刊行。

金陵大学经济系会资料室编《中共怎样处理工商业》由编者刊行。

季坚著《工商职工学习手册》由上海生活学习社刊行。

金学成等编《解放后的上海工商业》由中国建设印务股份有限公司刊行。

黄铭、陈霞洲著《我看台湾经济》由金融日报社刊行。

香港工商出版社编《香港工商业概况》由编者刊行。

朱执诚著《实用商业簿记》由吉林新中国书局刊行。

张竹云著《简易商业簿记》由上海三联书店刊行。

华北供销合作委员会编《合作参考资料》（第2集）由编者刊行。

华中贸易总公司编《业务参考资料》（第2辑）由编者刊行。

钱健夫著《中国物价发展史》由上海名山书局刊行。

郑世赓编著《南北货海味概述》由上海新业书局刊行。

刘不同著《中国财政史》(第 3 编　宋辽金元)由上海大东书局刊行。

李达著《货币学概论》由上海三联书店刊行。

施嘉幹编《中国近代铸币汇考》由上海新华顾问工程师事务所刊行。

刘善初著《经济与金融》由江西南昌真理出版社刊行。

周有光著《新中国金融问题》由香港经济导报社刊行。

张方仁著《金融漫纪》由上海春明书店刊行。

梁漱溟著《中国文化要义》由上海开明书店刊行。

按:作者在书中说:"从文化比较上来看,中国文化盖具有极强度之个性,此可于下列各层见之:(一)中国文化独自创发,慢慢形成,非从他受。反之,如日本文化、美国文化等,即多从他受也。(二)中国文化自具特征(如文化构造之特殊,如法学上所谓法系之特殊,如是种种甚多),自成体系,与其他文化差异较大。本来此文化与彼文化之间,无不有差异,亦无不有类同。自来公认中国、印度、西洋并列为世界三大文化系统者,实以其差异特大而自成体系之故。(三)历史上与中国文化若先若后之古代文化,如埃及、巴比伦、印度、波斯、希腊等,或已夭折,或已转易,或失其独立自主之民族生命。唯中国能以其自创之文化绵永其独立之民族生命,至于今日岿然独存。(四)从中国已往历史征之,其文化上同化他人之力最为伟大。对于外来文化,亦能包容吸收,而初不为其动摇变更。(五)由其伟大的同化力,故能吸收若干邻邦外族,而融成后来之广大中华民族。此谓中国文化非唯时间绵延最久,抑空间上之拓大亦不可及(由中国文化形成之一大单位社会,占世界人口之极大数字)。(六)中国文化在其绵长之寿命中,后一大段(后二千余年)殆不复有何改变与进步,似显示其自身内部具有高度之妥当性调和性,已臻于文化成熟之境者。(七)中国文化放射于四周之影响,既远且大。北至西伯利亚,南迄南洋群岛,东及朝鲜日本,西达葱岭以西,皆在其文化影响圈内。其邻近如越南如朝鲜固无论;稍远如日本如暹罗缅甸等,亦泰半依中国文化过活。更远如欧洲,溯其近代文明之由来,亦受有中国之甚大影响。近代文明肇始于十四五六世纪之文艺复兴;文艺复兴,实得力于中国若干物质发明(特如造纸及印刷等术)之传习,以为其物质基础。再则十七八世纪之所谓启蒙时代理性时代者,亦实得力于中国思想(特如儒家)之启发,以为其精神来源。"

新民主出版社编《新文化新教育》刊行。

按:该书分两部分:第一部分为新文化教育政策,包括《新民主主义的文化》(毛泽东),《知识分子问题》(任弼时),《关于发展群众艺术的决议》等;第二部分为新文化教育在成长,包括《人民文化的时代》《华北的中共党报》《东北解放区教育简况》等。

张培刚著《农业与工业化》由美国哈佛大学刊行。

白桃等著《从一个村看解放区的文化建设》由香港新民主出版社刊行。

白桃等著《怎样建设农村新文化》由香港红棉出版社刊行。

张望作《八路军到新解放区》由中原新华书店刊行。

金戈编著《解放区文化教育巡礼》由上海大象出版社刊行。

卢正义选辑《苏联的文化宫和俱乐部》由大连新华书店刊行。

郭沫若著《中苏文化之交流》由上海三联书店刊行。

按:是书收辑有关中苏文化交流方面的文章,包括《中苏文化之交流》《追慕高尔基》《悼念 A. 托尔司泰》《向普希金看齐》《读了〈俄罗斯问题〉》《驳胡适〈国际形势里的两个问题〉》等 19 篇。书末附收周鲠生的《历史要重演吗?》,胡适的《国际形势里的两个问题》。

刘汝醴译述《苏联艺术的发展》由大连旅大中苏友好协会刊行。

宓伽著《新闻采访学》由上海大东书局刊行。

王研石著《实践新闻采访学》由贵州贵阳文通书局刊行。

华中新华日报社、新华社华中分社编委会编《新闻工作文献》由华中新华书店刊行。

晋绥日报社编《新闻业务文选》由编者刊行。

朱理惺著《困乐纪闻—克拉西克乐艺速写短文集》由上海潮锋出版社刊行。

华中新华书店编辑部绘《指导员与老妈妈》由华中新华书店刊行。

华北军政大学政治部编《读报常识》由编者刊行。

新华社山东总分社、大众日报社编《青年记者》(1)由解放区刊行。

张粟原著《教育哲学》由上海生活·读书·新知三联书店刊行，有林励儒序。

延安新教育学会选编《行知教育论文选集》(陶行知先生遗著)由冀东新华书店刊行。

按：是书为纪念陶行知先生逝世而重新出版的选集。

方与严编《陶行知教育论文选辑》由上海生活·读书·新知联合发行所刊行，卷首有陶行知先生传略及编者的代序、再版序、三版序等。

解俊民等著，现代教育社编《新教育的方向》(现代教学丛刊)由华华书店刊行。

丁十著《新教育的实践》(新教育丛书)由江苏镇江新教育杂志社刊行。

按：是书分传统教育与进步教育、社会本位教育的简论、社会本位教育的主张、社会本位教育的三种方法、从社会本位教育到教育本位的社会等10章。

唐振宗著《生活教育》(新中国百科小丛书)由上海生活·读书·新知联合发行所刊行。

艾伟、郭祖超修订《宾特勒儿童智慧测验》(第1、2类)由中华书局刊行。

常导之、李季开编著《(师范适用)教育行政》(上册)由上海开明书店刊行。

陈鹤琴等著《明天的中学》(现代教育丛刊)由上海华华书店刊行。

晋南行署民教处编《新教育文选》由山西编者刊行。

毛泽东等著《教师之友》(小学教育参考材料)由苏北新华书店盐城分店刊行。

朱智贤撰《论新民主主义教育》由北平文光书店刊行。

河南省教育厅编《新民主主义教育参考文件》(暑期讲习会参考资料)由编者刊行。

中共中央统一战线工作部编《文教政策》由北平编者刊行。

董纯才等著《关于办正规学校的问题》由东北新华书店辽东分店刊行。

董渭川著《中国教育民主化之路》由上海中华书局刊行，有庄泽宣序。

按：是书分教育民主化的问题发凡、从背景看教育的民主化、教育民主化的基本要求、今后教育政策的民主化等11章。

董渭川著《旧教育批判》(大众文化丛书)由上海中华书局刊行。

行政院新闻局编《国民教育》由江苏南京编者刊行。

东北教育社编《东北四年来教育文件汇编》(东北教育丛书)由东北新华书店刊行。

辽西省人民政府教育厅编《辽西教育通讯》(第1号)由编者刊行。

辽西省人民政府教育厅编《辽西教育通讯》(第2号)由编者刊行。

程今吾著《延安一学校》(一九四四年九月到一九四六年三月的八路军抗属子弟学校)由中原新华书店刊行。

程今吾著《我们的学校——延安八路军抗属子弟学校介绍》由苏北新华书店刊行。

吴清友著《战后苏联教育新动向》由上海耕耘出版社刊行。

冀中教育社编《儿童游戏》由河北保定新华书店保定总分店刊行。

梅倪逢吉著《托儿所手册》由上海中华全国基督教协进会家庭委员会刊行。

东北军区政治部编《托儿所工作》由编者刊行。

沈元晖著《洛杉矶托儿所》由广东新华书店刊行。

薛天汉、黄竞白编《小学训育》(中华文库)由上海中华书局刊行。

吕伯攸等编《怎样编写教材》(上下册)(中华文库)由上海中华书局刊行。

顾志贤编《小学各科成绩订正法》(小学教师学习丛书)由上海商务印书馆刊行。

王志成、韩裴编《小学地理教师手册》(中华文库)由上海中华书局刊行。

徐允昭编《小学算术教师手册》(中华文库)由上海中华书局刊行。

按：是书分小学算术教学的现状和历史的检讨、算术课程标准的研究、算术教材的选择和组织、算术教学的原理和实施、算术教具的功用和创制、小学算术科教学参考资料等6章。

华汝成等编《小学自然教师手册》(中华文库)由上海中华书局刊行。

杨复耀编《小学常识教师手册》(中华文库)由上海中华书局刊行。

朱稣典编《小学音乐教师手册》(中华文库)由上海中华书局刊行。

潘奇编《小学音乐手册》由华中新华书店总店刊行。

余礼海编《小学劳作教师手册》(中华文库)由上海中华书局刊行。

温肇桐编著《小学劳美合一教学的研究》(世界集刊)由上海世界书局刊行。

张觉非、俞子箴编《小学体育教师手册》(中华文库)由上海中华书局刊行。

潘伯英编《小学唱游教师手册》(中华文库)由上海中华书局刊行。

艾伟等主编《小学算术应用题测验第1—2类》(甲)由上海中华书局刊行。

韬奋书店编《小学生唱游集》由河南太行群众书店刊行。

艾重主编《新编小学各科升学复习要览》由上海春明书店刊行。

《小学教师读物》(第1集)由邯郸专署刊行。

周汉、杨坚编著《中心国民学校辅导研究、社交工作的实际》(中华文库)由上海中华书局刊行。

胡颜立、徐允昭编著《(新编)国民学校教师手册》由上海铁风出版社刊行。

徐特立、孙起孟等著《小学教育的理论与老区实践示范》(大众学习文选)由北平大众书店刊行。

中华书局编《初等教育法规汇编》(中华文库)由上海中华书局刊行。

袁伯樵著《中等教育》(大学丛书)由上海商务印书馆刊行。

吴研因、叶岛著《基本教育》由上海中华书局刊行。

按：是书分基本教育的理论、实况、行政、经费、师资、课程教材、教学研究实验等9章。

刘开达编《中学数学教学法》由上海商务印书馆刊行。

北平市人民政府教育局编《办好工人文教工作》(社会教育参考材料)由北平编者刊行。

项柏仁等著《社会教育的组织领导和方法》(新教育丛书)由香港新民主出版社刊行。

艾思奇、胡绳著《论读书与读书方法》(学习丛书)由天津读者书店刊行。

按：是书收《怎样读书才会有兴趣》《怎样养成判断力》《怎样活用书本知识》《怎样结合书本知识和实际经验》《改造我们的知识》《怎样做读书笔记》6篇文章。

艾思奇著《论读书》由香港新民主出版社刊行。

天津青年报社编《怎样读书》(青年小丛书)由天津知识书店刊行。

马瑜著《体育设备》由上海商务印书馆刊行，有著者序。

周鹤鸣编著《初中器械运动》由上海正中书局刊行。

赵宇光编《怎样游泳》(儿童体育丛书)由上海商务印书馆刊行。

赵竹光编《我们的球戏》(儿童体育丛书)由上海商务印书馆刊行。

姜长英编《科学消遣》由上海中国科学图书仪器公司刊行。

张洵如编《北平音系小辙编》由上海开明书店刊行。

缪文渭编著《韵略字典》(上下册)由安徽滁县云记印刷所刊行。

吕景先编著《说文段注指例》由上海正中书局刊行。

罗常培著《中国音韵学导论》由北京大学出版部刊行。

按:是书分绪论、声类、韵类、调类等5讲,进行分析,并讲述汉字标音方法之演进。

任化远著《文字学概论》由北平中国大学刊行。

唐兰著《中国文字学》由上海开明书店刊行。

按:作者在书中说:"象形、象意、形声,叫做三书,足以范围一切中国文字,不归于形,必归于意,不归于意,必归于声。形意声是文字的三方面,我们用三书来分类,就不容许再有混淆不清的地方。"唐氏的"三书说",对汉字造字法的研究,起到了积极的促进作用。

新文字研究会编《新文字入门》由上海群众图书公司刊行。

新鄜客人著《改良形声字》由著者刊行。

张雁编《汉字、新文字两用检字》由辽宁沈阳东北书店刊行。

艾伟著《汉字问题》由上海中华书局刊行。

按:是书分字形研究、字量问题、识字测量、词汇研究、音义分析、书法研究、简化、排列等9章。

张雁编《北方话新文字初级讲义》由辽宁沈阳东北新华书店刊行。

中国大辞典编纂处编《(新部首索引)国音字典》由上海商务印书馆刊行。

按:此书收一万三千多字。在《校改国音字典》基础上增收异体字、简体字、俗字、新字、方言用字等编辑而成。用注音符号及同音汉字注音。按部首编排。书前有黎锦熙序,书末附国字四系七起笔新部首表。注音符号发音表、国音四呼四声拼注例字全表等。

何仁楷纂辑《文字会通》(上)由广东广州国学研究社刊行。

任生著《谈"文学语言"》由九龙绿榕书屋刊行。

鲁迅著,倪海曙编《鲁迅论语文改革》由上海时代出版社刊行。

按:此书摘录《鲁迅全集》中有关语文改革的文章,分文字符号、语言的改革、语文改革的反对派及其他3辑编排。

倪海曙著《苏州话诗经》由上海方言出版社刊行。

倪海曙编辑《中国语文的新生》(拉丁化中国字运动二十年论文集)由上海时代书报出版社刊行。

李光家等编《国语文选》(1—4册)由华中新华书店刊行。

黎锦熙著《国语新文字论》由北平师范大学刊行。

黎锦熙主编《(增订注解)同音常用字汇》由上海商务印书馆刊行。

陆保璇、朱孝怡编《(绘图)国音学生新字典》(上下册)由上海广益书局刊行。

按:此书收字千余个。有注音符号和同音汉字注音。无同音汉字可注者,则注切音。供高小学生用。

魏建功著《国音基本学习表》由上海开明书店刊行。

筱铮等编《新辞典》由洛阳新华书店刊行。

锡金著《标点符号怎样使用》由光华书店刊行。

吴毅编著《作文描写辞林》由上海大方书局刊行。

吴瑞书编《作文成语辞典》由上海春明书店刊行。

朱自清等编《开明新编高级国文读本》(第2册)由上海开明书店刊行。

余白金编《简易国语文法十四讲》由晋西北新华书店刊行。

叶克编著《怎样学习国语》由冀南新华书店刊行。

魏冰心编《小学国语教师手册》由上海中华书局刊行。

按：是书概述国语教学的重要性、演变、时间分配以及说话、读书、作文、写字等。

杨少章等编《初级干部国语课本》(1—4册)由河南涉县太行新华书店刊行。

傅东华编著《国文法程》(第2程)由上海龙门联合书局刊行。

大智编《怎样使用标点符号?》由正定县委机关学委会刊行。

大智编《怎样使用标点符号?》由石家庄日报社刊行。

朱自清著《谈雅俗共赏》由观察社刊行。

杨青涛编《新民主主义的少年文选》(1—2册)由上海北新书局刊行。

谭正璧著《现代处世尺牍》由上海光明书局刊行。

周忠治编《小学模范作文》由广东广州南光书店刊行。

黄华生编《作文描写辞典》由上海正气书局刊行。

钱一鸣编著《说明文描写辞典》由上海群学书店刊行。

嫩江农民社编《农村应用文》由东北新华书店刊行。

陈建棠编《大众应用文》由华中新华书店刊行。

平生著《写话教学法》由中原新华书店刊行。

林汉达编著《(写话求解)两用字典》由上海新中国书局刊行。

辽西人民政府教育厅编《新文字九日通》由编者刊行。

辽东军区政治部编《实用文化课本》由编者刊行。

董坚志著《(言文对照一问一答)日用便条大全》由上海国光书局刊行。

储菊人编著《(言文对照、分类详注)自荐新尺牍》由江苏苏州力行出版社刊行。

华中新华书店九分店编《干部识字课本》由华中新华书店九分店刊行。

华中新华书店九分店编《妇女识字课本》由华中新华书店九分店刊行。

东北行政委员会教育部编审处编《识字课本》(第2册)由吉林长春东北书店刊行。

韩启晨编《高中活页文选》(第2辑)由陕西西安西北新华书店刊行。

《艺员课本》(第1—3册)由中共许昌地委宣传部刊行。

《工人文化课本》(1—6册)由上海联合出版社刊行。

《(绘图)日用杂字》由晋绥新华书店刊行。

孙犁著《少年鲁迅读本》由天津新儿童社刊行。

丁毂音等选辑《新编大一国文》(上册)由上海商务印书馆刊行。

李瘦芝编《速成国语教本》由广东广州中国语言研究社刊行。

唐亚伟著《亚伟流线速记学》由上海亚伟图书出版社刊行。

平生著《简易速记法》由大连光华书店刊行。

刘捷声著《速记实务》由上海亚伟图书出版社刊行。

世界语者协会选辑《注释世界语文选》(第1辑)由上海世界语者协会刊行。

王世馥编《俄文单字简捷记忆法》由北京五十年代出版社刊行。

舒重野编《初等俄语文法》由上海中华书局刊行。

梁秀彦编《俄文会话进阶》由上海时代书报出版社刊行。

龚人放编著《俄文文法》（上下册）由北平国立清华大学外文系刊行。

柳思编《（修正本）初级俄语文法》（俄文学习丛书）由大连旅大中苏友好协会刊行。

哈尔滨市人民政府教育局编著《俄文课本》（第1册）由黑龙江哈尔滨教育用品供应社刊行。

羊城彦编著《（各界适用　华英对照）实用英语会话》由上海春明书店刊行。

徐同邺注释《（中英双解　英文注音）自修俄文通》由上海徐氏英语研究所刊行。

《（广播用）俄文读本》（第1册）由吉林长春东北新华书店刊行。

外国语文学会编《（求解、作文、成语、翻译）英汉四用辞典》由上海启明书局刊行。

方乐天编著《现代英语会话》由上海商务印书馆刊行。

陈东林编《（英汉·汉英）翻译详解》由上海中华书局刊行。

赵溪乐等编《（修订本）中学英文选》由北平文化学社刊行。

张其春著《翻译艺术》（开明青年丛书）由上海开明书店刊行。

张沛霖、钟子岩编著《英语教学》由上海开明书店刊行。

钱歌川编著《英文成语探源》（英文研究小丛书）由上海中华书局刊行。

王重民主《敦煌曲子词集》由上海商务印书馆刊行。

杜天縻注《广注文心雕龙》由上海世界书局刊行。

王西彦著《文学·科学·哲学》由上海中华书局刊行。

周立波著《思想·文学短论》由黑龙江哈尔滨光华书店刊行。

中华全国文艺协会香港分会方言文学研究会编《方言文学（第1辑）》由香港新民主出版社刊行

艾青著《释新民主主义的文学》由香港海洋书店刊行。

王西彦著《文学与社会生活》由上海中华书局刊行。

按：是书分艺术的起源、文学的发展、文学对于社会生活的作用等。

毛泽东著《论文艺问题》（在延安文艺座谈会上的讲话）由上海新华书店刊行。

夏征农著《新形势下的文艺工作与文艺工作者》由黑龙江哈尔滨光华书店刊行。

孺牛出版社编《现阶段的文艺问题》由上海孺牛出版社刊行。

夜澄著《文艺探索与人生探索》由上海海燕书店刊行。

安东省文协编《文艺工作论集》由东北书店安东分社刊行。

史笃等著《新形势与文艺》由大众文艺丛刊社刊行。

华中新华书店编《大众文艺工作经验选辑》由华中新华书店刊行。

杨晦著《文艺与社会》由上海中兴出版社刊行。

中华全国文艺协会香港分会编《文艺三十年》由编者刊行。

李广田著《文艺书简》由上海开明书店刊行。

林林著《诗歌杂论》由香港人间书屋刊行。

劳和编《论文章作法》由北平新华书店刊行。

方达文著《创作的技术》由上海仁山书社刊行。

林海著《小说新论》由上海中华书局刊行。

杨荫浏著《音乐对过去中国诗歌所起的决定作用》由江苏南京中奥文化协会刊行。

董每戡著《中国戏剧简史》由上海商务印书馆刊行。

贾霁著《编剧知识》由黑龙江哈尔滨东北书店刊行。

陈荒煤（原题荒煤）编《农村新文艺运动的开展》由上海杂志公司刊行。

范泉著《创作论》由上海永祥印书馆刊行。

邵洵美选编《论幽默》由上海时代书局刊行。

刘芝明、张如心等著《萧军思想批判》由大连东北书店刊行。

按：是书收《中共中央东北局关于萧军问题的决定》和《东北文艺协会关于萧军及其〈文化报〉所犯错误的结论》，以及刘芝明、张如心、丁玲、徐懋庸等的批判文章。

刘芝明、张如心著《反对萧军思想保卫马列主义》由太岳新华书店刊行。

刘芝明著《关于萧军及其文化报所犯错误的批评》由北平华北大学刊行。

阿垅著《人和诗》由上海书报杂志联合发行所刊行。

邵荃麟（原题荃麟）等著《〈大众文艺丛刊〉批评论文选集》由北平新中国书局刊行。

陈荒煤（原题荒煤）等著《天津解放以来文艺工作经验介绍》由天津天津人民艺术出版社刊行。

陈荒煤（原题荒煤）编《论工人文艺》由上海杂志公司刊行。

萧向荣等著《论部队文艺工作》由中国人民解放军中南军区第四野战军政治部刊行。

华北大学第三部编《文艺面向工农兵》由华北大学第三部刊行。

孟超著，张光宇图《水泊梁山英雄谱》由上海学习出版社刊行。

郭沫若等著《论赵树理的创作》由辽东新华书店刊行。

王春等著《论赵树理的创作》由哈尔滨东北书店刊行。

荒草编《演唱运动》由中国人民解放军中南军区第四野战军政治部刊行。

胡仲持著《世界文学小史》由上海生活·读书·新知上海联合发行所刊行。

张其春著《翻译之艺术》由开明书店刊行。

方重著《英国诗文研究集》由上海商务印书馆刊行。

华北大学第三部编辑《苏联文艺问题》由华北大学刊行。

新华书店编辑《苏联文艺问题》由编者刊行。

戈宝权著《苏联文学讲话》由辽宁沈阳新中国书局刊行。

戈宝权著《苏联文学讲话》由天津读者书局刊行。

蒋牧良著《高尔基》由上海生活·读书·新知上海联合发行所刊行。

麦青著《普式庚》由上海生活读书新知上海联合发行所刊行。

《苏联文艺选丛》编辑委员辑《苏联名作家专集　第1辑：高尔基》由上海大东书局刊行。

《苏联文艺选丛》编辑委员辑《苏联名作家专集　第2辑：肖洛霍夫》由上海大东书局刊行。

《苏联文艺选丛》编辑委员辑《苏联名作家专集　第3辑：葛洛斯曼》由上海大东书局刊行。

《苏联文艺选丛》编辑委员辑《苏联名作家专集　第4辑：卡达耶夫》由上海大东书局刊行。

《苏联文艺选丛》编辑委员辑《苏联名作家专集 第5辑：绥甫林娜》由上海大东书局刊行。

苏联文艺选丛编辑委员会辑《苏联名著概说》（第1辑）由上海大东书局刊行。

苏联文艺选丛编辑委员会编《苏联报告文学选》（第1辑）由上海大东书局刊行。

苏联文艺选丛编辑委员会编《苏联报告文学选》（第2辑）由上海大东书局刊行。

苏联文艺选丛编辑委员会辑《苏联少年文艺选》（第1辑）由上海大东书局刊行。

苏联文艺选丛编辑委员会辑《苏联少年文艺选》（第2辑）由上海大东书局刊行。

岑家梧著《中国艺术论集》由考古学社刊行，有自序及陈钟凡等人的序。

王益论著《丹青引》由广东广州原艺社刊行。

史岩编著《艺术版画作法》由上海中华书局刊行，有编著者序。

按：是书分总论、中国木版、西洋木版、石版、其他版式等6章。

天津人民艺术出版社编《职工画选》由编者刊行，有马达的序。

华君武作《时事漫画》由吉林长春东北书店刊行。

全国美术协会编选《新中国版画集》由上海晨光出版公司刊行，有编者序。

黄茅著《读画随笔》由香港人间书屋刊行。

鲁迅选辑《苏联版画集》由上海晨光出版公司刊行，有鲁迅的序。

江有生画《曹文选》由华东军区政治部华东画报社刊行。

苏北扬州军分区前哨报社编《战士画册》由江苏扬州苏北扬州军分区前哨报社刊行。

陈青白编著《上海漫画》由上海中国图书杂志公司刊行。

英耘画，许铭鸿编《一个孩子的命运》由北方出版社刊行。

古元作《古元木刻选集》由东北画报社刊行。

刃锋著《木刻教程》由上海文化工作社刊行，有作者自序。

余白墅编《木刻》第1辑由上海波涛出版社刊行。

钱小晦作《战争与生产》（木刻与漫画）由大连新中国书局刊行。

彦涵作《彦涵木刻选集》由东北画报社刊行。

艾炎、关夫生、炜克作，中国人民解放军第二野战军政治部编《木刻画集》由人民战士出版社刊行。

延安鲁迅艺术学院艺术系搜集，艾青、江丰编选《西北剪纸集》由上海晨光出版公司刊行，有艾青的代序。

丰子恺著《西洋音乐知识》由上海开明书店刊行。

吕骥编《新音乐运动论文集》由哈尔滨新中国书局刊行。

李凌等编《新音乐论集》（第1集）由上海作家书屋刊行。

吴毅著《歌剧音乐研究》由中国人民解放军第二野战军政治部刊行。

段忠甫著，冀中教育社编《识谱法》由新华书店保定总分店刊行。

俞平编著《简谱音乐讲话》由冀南新华书店刊行。

萧秦、路由编著《识谱、指挥和教歌》由晋绥军区指挥部刊行。

聂耳作，音乐书店编《聂耳全集》由上海音乐书店刊行。

大众呼声出版社编《大众呼声》（第1、2、4集）由上海大众呼声出版社刊行。

上海新音乐总社编《解放新歌》（第1集）由上海文光书店刊行。

马可著《胜利联唱》由哈尔滨东北书店刊行。

中国新民主主义青年团华北大学校团委员会编《解放歌声》（第 1 辑）由编者刊行。

中国新民主主义青年团华北大学校团委员会编《歌唱红五月》（解放歌声特辑）由编者刊行。

中原大学文艺研究室编《人民歌声》（2 月号）由中原新华书店刊行。

中原大学文艺研究室编《人民歌声》（渡江专号）由河南开封山河书店刊行。

中原大学文艺研究室编《人民歌声》（五月专号）由河南开封山河书店刊行。

中原大学文艺研究室编《中原歌声》（第 1 集）由河南开封山河书店刊行。

生活教育社编《行知歌曲集》由上海生活·读书·新知联合发行所刊行。

东北军区政治部编《部队歌选》由编者刊行。

马思聪作曲，金帆作词《祖国大合唱》由北平中国新音乐出版公司刊行。

《人民歌声》（儿童歌选）（第 1 集）由天津读者书店刊行。

《江南进行曲》（解放歌选之一）由香港九龙中国音乐出版公司刊行。

《诗章颂词灵歌集》（简谱本）由上海基督福音书局刊行。

《胜利歌声》（第 1 辑）由华中新华书店盐阜分店刊行。

天津人民音乐社编选《解放歌选》（第 1 集）由天津新华书店刊行。

天津人民音乐社编选《解放歌选》（第 3 集）（红五月专号）由天津新华书店刊行。

天津青联筹备会编选《劳动创造了文化》由读者书店刊行。

中国人民解放军第三野战军政治部文艺工作团编《淮海战役歌集》由中国人民解放军第三野战军政治部文艺工作团刊行。

合江鲁艺创作组编《工人歌声》由吉林长春东北新华书店刊行。

安东省文工团编《群众歌声》由辽宁安东东北书店辽东总分店刊行。

孙慎编著《少年之歌》由上海开明书店刊行。

《华南艺术青年工作概况》（华南戏剧青年工作概况）刊行。

苏北新华书店编《解放歌声》（第 3 集）由苏北新华书店刊行。

杜利编辑，人民文艺工作团主编《湖北民歌》由北平立生图书社刊行。

李士钊编《广播新歌》由音乐教育社刊行。

牟英编校《青年歌声》（第 2 集）由济南青年文化社刊行。

严辰等作词，元庆等作曲《新青年大合唱》由解放歌声社刊行。

张肖虎作曲《苏武牧羊交响诗》由北平清华园蕙风堂刊行，有吉普克、范天祥等人的序。

陈曼鹤编《民歌集》（中国之部）由上海美乐图书出版公司刊行。

呼喊歌唱团编选《民歌》由江苏宜兴兄弟书社刊行。

周翔编《青年歌声》由大连新华书店刊行。

贺绿汀等作曲《新民主歌集》由天津知识书店刊行。

贺敬之、丁毅作词，马可等作曲，华北大学第一文艺工作团编《白毛女歌集》校正本由编者刊行。

侯唯动、胥树人、晓星、井岩盾作词，刘炽作曲《工人大合唱》由北平新中国书局刊行。

骆文、莎蕻作词，程云、纱莱作曲《胜利大合唱》由天津知识书店刊行。

哈尔滨中苏友好协会编辑《苏联歌选》由哈尔滨兆麟书店刊行。

华中大学文艺研究会编选《东方红》由华中新华书店五分店刊行。

南开大学南星合唱团编《东方红》由天津读者书店刊行。

武汉人民艺术出版社编《东方红》（歌曲集）由上海杂志公司刊行。

钱君匋编《进行曲集》由上海万叶书店刊行。

胶东文化协会编《工人之歌》由山东新华书店胶东分店刊行。

胶东文化协会编《青年之歌》由山东新华书店胶东分店刊行。

唐山市文艺工作团编《解放歌声》（第1集）由编者刊行。

旅大文艺工作团编《工人的歌声》由大连新华书店刊行。

旅大文艺工作团编《歌颂毛主席》由大连新华书店刊行。

海曙编《解放歌声》（第1—2集）由华中新华书店刊行。

曾昭正、李行夫编选《大家唱》（第1—2集）由上海教育书店刊行。

解放歌声社编《解放歌声》（第6期）由新华书店刊行。

雪深编《中国民歌集》（1—3辑）由江苏苏州青年书店刊行，有吴伧的序。

章枚编《大众歌曲选》由苏北新华书店刊行。

蒂克等著《华南进行曲》由香港中国音乐出版公司刊行。

鲁艺文工团编《儿童歌集》由辽宁沈阳东北新华书店刊行。

福音书房编《诗歌》（暂编本）（简谱版）由上海福音书房刊行。

歌曲创作社编《千万人站起来》由编者刊行。

解放歌声社编《解放歌声》（1—5期）由新华书店刊行。

新中国音乐研究会编《人民呼声》（第1集）由上海长江出版社刊行。

冀中文协编《平原歌声》（第6集）由河北保定新华书店保定总分店刊行。

冀南文工团编《胜利歌集》（第2集）由冀南新华书店刊行。

冀鲁豫文艺工作团编《全国胜利在面前》由山东菏泽冀鲁豫新华书店刊行。

翔平、凌燕编《苏联歌集》由大连新华书店刊行。

朱子奇、李焕之编《苏联歌曲选》（第1集）由解放歌声社刊行。

吴获舟著《戏剧常识》由上海生活·读书·新知上海联合发行所刊行。

张际春等著《论新歌剧》由中国人民解放军第二野战军政治部刊行。

张庚著《戏剧艺术引论》由东北光华书店刊行。

按：是书包括演员的艺术、各种艺术在戏剧中的综合、戏剧的集体性和导演、剧作与整个戏剧艺术的关系、舞台美术的机能、戏剧与观众等6章。

张庚著《戏剧艺术引论》由江苏苏北新华书店刊行。

平剧出版社编著，苏少卿主编《平剧手册》由上海平剧出版社刊行。

辽西文工团编《秧歌舞》（附"农民生活"表演脚本）由中共辽西省委宣传部刊行。

力鸣著《秧歌剧导演常识》由辽宁沈阳东北书店刊行。

陈锦清著《秧歌舞初步》由大连大众书店刊行。

沙梅作《沙梅曲集》（独唱曲）（第1集）由上海新群众音乐出版社刊行。

沈醉了编著《面包》（教育的小歌剧）由上海开明书店刊行。

董每戡著《西洋戏剧简史》由上海商务印书馆刊行。

董每戡著《西洋诗歌简史》由上海文光书店刊行。

按：是书叙述古希腊罗马时期、中世纪文艺复兴时期及近代欧美主要国家的诗歌发展史。

刘念渠、吴青编著《在人民的舞台上》由上海诗剧文出版社刊行。

黎冰鸿画《洋铁桶的故事》由华中新华书店刊行。

《遵纪爱民》由华中新华书店总店刊行。

于伶等著《论电影》由上海艺术社刊行。

安明阳刻《女英雄刘胡兰》由太岳新华书店刊行。

高歌编《导演经验》由西北新华书店刊行。

阮潜编著《电影编导简论》由吉林长春东北书店刊行。

罗毅夫著《怎样鉴赏电影》由大连光华书店刊行。

章泯著《导演与演员》由上海生活·读书·新知上海联合发行所刊行。

吴泽著《中国历史大系——古代史》由棠棣出版社刊行。

蒲韧（胡绳）著《二千年间》由中原新华书店刊行。

范文澜（原题中国历史研究会）编《中国通史简编》（上中下册）由新华书店刊行。

陈梦家著《六国纪年表考证》由北平燕京大学刊行。

哈佛燕京学社引得编纂处编《后汉书及注释综合引得》由编者刊行。

巴黎大学北平汉学研究所编《契丹国志通检》由北平编者刊行。

巴黎大学北平汉学研究所编《大金国志通检》由北平编者刊行。

吴玉章著《中国历史教程绪论》由新华书店、华北大学教务处刊行。

按：是书写于 1936 年前后，出版时作了修改。作者试图以马克思主义历史观研究历史。全书分研究中国历史的意义、研究中国历史的方法、研究中国历史应选择的材料、中国历史的范围、中国历史的编年纪事和时代的划分等 5 节。

莫东寅著《汉学发达史》由北平文化出版社刊行。

按：是书记述西方汉学发展过程及近况，考其原始，探其背景。

侯外庐著《中国古代社会史》由上海三联书店刊行。

按：是书分 14 章，包括亚细亚古代社会法则之研究、中国古代社会与亚细亚生产方法、古文献中最初所表现的文明人类、中国古代氏族专政与统治阶级之起源、中国古代政治之变迁、中国古代的变法运动等。

管听石著《中国史读法》由上海中华书局刊行。

按：是书分序论、读中国史者应有的认识、论中国史籍及史料的阅读方法等 3 章。

沈志远著《社会形态发展史》由上海生活·读书·新知联合发行所刊行。

按：是书分 7 章。即前阶级社会、奴隶制社会、封建制社会、资本主义社会、半殖民地半封建社会、新民主主义社会和社会主义社会。

艾思奇著《社会发展史讲授提纲（订正本）》由华北大学刊行。

按：是书以社会发展史为纲，说明历史唯物主义的几个主要观点，包括五种生产方式、阶级斗争、国家与政治、社会的思想意识等 5 节。

姚江滨著《民族文化史论》由上海中国艺文出版社刊行。

按：是书分论中华民族、中华民族历史上的文化斗争、民族战争与民族文化、民族性能与民族战争、论侵略与革命的哲学、世界各国民族革命史训、权力与知识分子等 7 章。

陶官云著《中国新民主主义革命史话》由哈尔滨光华书店刊行。

按：是书记述"五四"运动到解放前夕的中国革命史。内分 7 讲：转变期的中国、无产阶级走上政治舞台、中国大革命、土地革命战争、从"九一八"到"七七"、抗日民族解放战争、从爱国自卫出发的人民革命战争等。

沈长洪编《世界史话》由华东新华书店总店刊行。

按:是书包括资产阶级革命前的世界、十七十八世纪的资产阶级民主革命、十九世纪资产阶级的发展与无产阶级、第一次帝国主义大战与无产阶级革命、法西斯主义与第二次世界大战等5章。

周谷城著《世界通史》由上海商务印书馆刊行。

按:是书每册为一篇。第1篇:远古文化之发展。论述人类的起源,特别是埃及、西亚、中国和印度等世界古代文化的形成和发展。第2篇:亚欧势力之往还。以波斯帝国、亚历山大东征、阿拉伯帝国的扩张、十字军的东征、蒙古帝国的兴起和扩张等为题着重论述了古代东西方之间的文化交流。第3篇:世界范围之扩大。叙述了西欧封建社会的瓦解,同时分析了亚洲、非洲和美洲的社会文化。

程浩著《近代世界革命史》由上海新中国书局刊行。

徐弦著《第二次世界大战小史》由上海新中国书局刊行。

徐弦著《第二次世界大战》由上海生活·读书·新知上海联合发行所刊行。

林举岱著《西洋近代史纲》由上海杂志公司刊行。

陈汉年译《世界历史故事》由上海大东书局刊行。

沈舟著《社会的故事》由上海实践出版社刊行。

汪秀之编《社会发展简史》由晋西北新华书店刊行。

青年求知学会选辑《社会发展简史》由大众书店刊行。

军大政治部编《现中国的两种社会》由佳木斯东北书店、哈尔滨东北书店刊行。

按:是书共4章。从政治、经济、军事、文化四方面分别介绍国民党统治区与中国共产党领导的解放区两种不同的社会。

华北大学历史系研究室编《中国近代史》(上编)由新华书店、无锡苏南新华书店、山东新华书店刊行。

萧棠著《近代中国社会史简论》由天津读者书店刊行。

华岗著《中国近代史》(上册)由新华书店、苏南新华书店、华北新华书店、沈阳东北书店刊行。

士虹编《中国近代史》由编者刊行。

中国现代史研究会编《中国现代史大纲及参考书目》刊行。

中原大学政治研究室编《中国现代史资料选辑》(第2—5册)由编者刊行。

张西曼著《历史回忆》由上海济东印书社刊行。

华岗著《太平天国革命战争史》由上海海燕书店刊行。

华岗著《五四运动史》由上海海燕书店刊行。

萧棠著《资本主义社会史论》由天津知识书店刊行。

按:是书包括资本主义的原始蓄积过程、资本主义的历史使命、金融资本与帝国主义、土地改革与资本主义的发展、近代世界革命运动发展的规律性等11章。

刘大年著《美国侵华史》由华北大学刊行,范文澜作序。

按:是书记述1840年鸦片战争至1948年一百多年的美国侵华史。文前有"毛主席为美国对华军事援助声明"一文及作者的说明,范文澜等4人的前记。附新华社有关美国国务院对华政策的白皮书的评论2篇。

社会问题研究会编《美帝援蒋侵华政策的执行情况》由编者刊行。

卿汝楫著《美蒋阴谋秘闻》由香港新民主出版社刊行。

金怨著《蒋美勾结透视》由上海联合画报社刊行。

上海人民出版社编《美英帝国侵华内幕》由上海人民出版社刊行。

东北书店辽宁分店编《时事文选》由编者刊行。

新华社编《敌我力量根本变化与将革命进行到底》由编者刊行。

新潮出版社编《内幕新闻丛刊第十辑》由上海新潮出版社刊行。

新潮出版社编《内幕新闻丛刊第十一辑》由上海新潮出版社刊行。

新潮出版社编《内幕新闻丛刊第十二辑》由上海新潮出版社刊行。

新潮出版社编《内幕新闻丛刊第十三辑》由上海新潮出版社刊行。

新潮出版社编《内幕新闻丛刊第十四辑》由上海新潮出版社刊行。

关青编《二万五千里长征》由冀东新华书店、天津知识书店刊行。

野草著《三年游击战争》(1935—1937)由大连新中国书局刊行。

萧萧编绘《二万五千里长征史画》由上海联合画报社刊行。

立法院议事组编《政治解决中共问题之经过》由编者刊行。

华北军大政治部编《关于时局与任务的重要文件汇集》由编者刊行。

南京区大专学校"四一血案"善后处理会编《凶手你逃不了》由江苏南京编者刊行。

新民主出版社编《将革命进行到底》由北平新民主出版社刊行。

新华社编《将革命进行到底——一九四九年新年献词》由吉林书店刊行。

哈尔滨日报编《将革命进行到底》由哈尔滨编者刊行。

群力出版社编《争取真正的民主的和平》由编者刊行。

解放社编《将革命进行到底》由新华书店刊行。

全国和平促进会秘书处编《和平运动重要文件选辑》(第1辑)由编者刊行。

天地出版社编《和谈内幕》上海天地出版社刊行。

西北民族文化研究编辑部编《西北民族文化研究丛刊》(第1辑)由上海编者刊行。

陕西革命先烈褒恤委员会编《西北革命史征稿》(上下册)由编者刊行。

庄嘉农著《愤怒的台湾》由香港智源书局刊行。

陈植编著《海南岛新志》由上海商务印书馆刊行。

徐嘉瑞著《大理古代文化史》由云南昆明国立云南大学西南文化研究室刊行。

金学成、曹成修著《日本史纲》由上海中国建设印务股份有限公司刊行。

苏华著《社会主义的苏联》由上海生活·读书·新知上海联合发行所刊行。

吴晗著《朱元璋传》由上海新中国书局刊行。

按：作者撰写是书前后经过了20年，出版过4种本子。1943年，他在昆明西南联大任教，应友人的邀约，用两个月的时间，编写出一本《由僧钵到皇权》(又名《明太祖》)的历史通俗小册子，只有8万字，两家出版社1944年同时出版，重庆在创出版社以《由僧钵到皇权》书名出版，重庆胜利出版社以《明太祖》书名出版。4年后，他修改完成16万字的第二个本子，书名改为《朱元璋传》。1954年修改为第三版，是油印本，1964年又重新改写，出版第四版。

宛敏诵著《张于湖(孝祥)评传》由贵州贵阳交通书局刊行。

吴泽著《儒教叛徒李卓吾》由上海华夏书店刊行。

朱贞木著《闯王外传》由上海元昌印书馆刊行。

范文澜著《汉奸刽子手曾国藩的一生》由西北新华书店刊行。

秦牧著《洪秀全》由上海新中国书局刊行。

朱羲胄述编《春觉斋著述记》由上海世界书局刊行。

朱羲胄述编《贞文先生学行记》由上海世界书局刊行。

朱羲胄述编《林氏弟子表》由上海世界书局刊行。

周哲著《孙中山》由上海生活·读书·新知联合发行所刊行。

罗光著《陆徵祥传》由香港真理学会刊行。

冯玉祥著《我所认识的蒋介石》由上海文化供应社刊行。

陈布雷著《陈布雷回忆录》由上海廿世纪出版社刊行。

燕青编《中共人物小史》由上海新潮出版社刊行。

毛泽东著,张尚志编辑《毛泽东自传》由上海三风书局刊行。

文献出版社编委会编《访问毛泽东记》由上海文献出版社刊行。

第二野战军政治部编《毛主席到了北平》由人民战士出版社刊行。

米谷著《少年毛泽东》(1893—1905)由香港新民主出版社刊行。

大舵出版社编《人民领袖毛泽东》由编者刊行。

萧三编述《毛泽东同志的青少年时代》由北平新华书店刊行。

萧三著《毛泽东同志儿童时代、青年时代与初期革命活动》由无锡苏南新华书店刊行。

朱德著《朱德总司令自传》由新生出版社刊行。

萧三著《朱总司令的故事》由江苏无锡苏南新华书店刊行。

张尚志编辑《朱德与红军》由上海三风书局刊行。

何其芳著《吴玉章同志革命故事》由苏南新华书店刊行。

刘芝明、张如心等著《萧军思想批判》由大连东北书店刊行。

　　按:是书收《中共中央东北局关于萧军问题的决定》和《东北文艺协会关于萧军及其〈文化报〉所犯错误的结论》,以及刘芝明、张如心、丁玲、徐懋庸等的批判文章。

刘芝明、张如心著《反对萧军思想保卫马列主义》由太岳新华书店刊行。

刘芝明著《关于萧军及其文化报所犯错误的批评》由北平华北大学刊行。

姜建邦著《张亦镜生平》由上海中华浸会书局刊行。

理真编《虚云禅师事略》由上海大雄书局刊行。

白韬著《陶行知的生平及其学说》由上海生活·读书·新知上海联合发行所刊行。

柳无忌编《曼殊大师纪念集》由上海正风出版社刊行。

黄鸣岐编著《苏曼殊评传》由上海百新书店刊行。

陈从周编《徐志摩年谱》刊行。

胡适、黎锦熙、邓广铭编《齐白石年谱》由上海商务印书馆刊行。

丘远编《人民歌手冼星海》由上海三联书店刊行。

方与严著《大众教育家与大众诗人》(陶行知)由上海教育书店刊行。

叶显祺著《人民教育家陈鹤琴》由上海生活导报社刊行。

新宝鸡报社《工人的旗帜——赵占魁》由编者刊行。

钱塘著《革命的女性》由上海广文社刊行。

陕甘宁民主妇女联合会编《三个妇女领袖》由西北新华书店刊行。

李卉编《中国革命作家小传》由上海大地出版社刊行。

按：是书收录郭沫若、茅盾、夏衍、何其芳、赵树理、丁玲、胡风、田间、艾青、骆宾基、马烽、萧军、周扬、萧三等作家小传 16 篇。

华南新闻总社编《广东近代名人辞典》由编者刊行。

周末报编委会编《新政协人物志》由香港编者刊行。

读书出版社编《新政协重要人物志》由上海五洲书报社刊行。

新生代出版社编《新政协人物特写》由编者刊行。

司徒健编《民主人士群像》由上海联合编译社刊行。

按：是书为宋庆龄、李济深、沈钧儒、郭沫若、陈嘉庚、许广平等 16 位人士的小传。

全国民主妇女联合会筹备委员会编《中国解放区的南丁格尔们》由新华书店刊行。

钱塘编著《中共六将星》由上海广文社刊行。

华北独立第四旅政治部编《太原战役烈士事迹》由编者刊行。

华北独立第四旅政治部编《西山守备战功臣事迹录》由编者刊行。

黄天铎等编，梁中铭绘画《民族英雄》由广州中国文化出版社刊行。

艾明之著《马克思》（新中国百科小丛书）由北京三联书店刊行。

按：是书分"学生时代""新黑格尔学派""《莱茵新闻》""开始了流亡生活""共产主义者同盟""德国革命""在伦敦的生活""孩子们""马克思父亲又回到我们当中来了""第一国际""《资本论》的著作""马克思夫人之死""马克思睡在这里"等章介绍马克思的生平事迹。

艾明之著《马克思》由上海士林书店刊行。

李季著《马克思传》（上）由上海神州国光社刊行。

李季著《马克思传》（中）由上海神州国光社刊行。

李季著《马克思传》（下）由上海神州国光社刊行。

柏桦著《恩格斯的故事》由国强出版社刊行。

柏桦著《恩格斯的故事》由中原新华书店刊行。

乳毕坚金著，王沂暖译《米拉日巴的一生》由上海商务印书馆刊行。

戈绍龙编著《巴夫洛夫百年诞辰》由上海时代出版社刊行。

按：巴夫洛夫为俄国生理学家，今译为巴甫洛夫。

麦青著《普式庚》由上海生活·读书·新知上海联合发行所出版。

中苏文化协会编，李葳、邹绿芷译述《普式庚论集》由重庆商务印书馆刊行。

蒋牧良著《高尔基》由上海生活·读书·新知上海联合发行所刊行。

一文编著《无产阶级作家高尔基》由上海杂志公司刊行。

秦似著《巴士特》由上海三联书店刊行。

按：巴士特是法国微生物学家、化学家，近代微生物学奠基人。

新华书店编辑部编《学习白求恩》由北京新华书店刊行。

黎正甫著《庇护十二世的生活》由香港真理学会刊行。

钟岳年、曹思彬著《世界文学家像传》（像传丛书）刊行。

按：是书收录各国作家，如鲁迅、胡适、田汉、萧伯纳、卢梭、大仲马、荷马等 120 余人的画像和小传。

卓宏谋著《绥远的富藏》由北京养和书屋刊行。

旅大概述编辑委员会编《旅大概述》由编者刊行。

严愁德编《中南半岛鸟瞰》由上海世界书局刊行。

邮劳著《马来亚》由上海生活·读书·新知联合发行所刊行。

王任叔(原题巴人)著《群岛之国——印尼》由大连新中国书局刊行。

麦浪著《印度》由上海生活·读书·新知联合发行所刊行。

严愁德编《巴尔干现势》由上海世界书局刊行。

李汉魂著《欧游散记》由广东广州力行出版社刊行。

汤达著《东南欧巡礼》由北平新中国书局刊行。

时代书报出版社编辑《莫斯科——现状·历史·工业·文化》刊行。

舒翰著《法国》由北京新中国书局刊行。

刘尊棋著《美国侧面象》由上海士林书店刊行。

书报简讯社编《上海概况》由编者刊行。

陆嘉亮编《上海手册》由上海中华书局刊行。

水青著《京口漫笔》由江苏镇江京江出版社刊行。

中国旅行社编《常熟导游》由上海中国旅行社刊行。

中原临时人民政府政策研究室编《广东省资料汇集》由编者刊行。

黄谬能著《香港导游》由九龙宇宙文化服务社。

陈宗棠著《四川乡土常识》由四川成都著者刊行。

童书业著《中国疆域沿革略》由上海开明书店刊行。

金希三、李松兰著《新编中国地理》由山西太岳新华书店刊行。

按:是书分概述、华北、西北、华中、华南、西南及解放区概述等8章。各地区又按省分节,介绍各省的自然概况、人文概况、都市等。各节后附问题若干。

钱今昔著《新哲学的地理观》由上海金屋书店刊行。

按:是书分四篇:地理学派论、地理认识论、经济地理论、地理运动论。

卢村禾、陈尔寿编著《新世界地理》(上下册)由上海新中国联合出版社刊行。

蔡文星编著《泰国》由重庆正中书局刊行。

阮蔚村著《纪元二千六百年日本游记》由北京著者刊行。

柯柏年主编《美国手册》由北平中外出版社刊行。

马宗尧编制《南京市街道详图》由上海亚光舆地学社刊行。

王重民编纂《图书与图书馆论丛》由上海世界出版协社刊行,有作者序。

殷钟麒著《中国档案管理新论》由重庆私立崇实档案学校出版部刊行,有高显鉴、朱君毅、傅振伦的序及自序。

冼玉清编著《广东丛帖叙录》由广东省文献委员会文献馆刊行。

中国科学期刊协会编《中国科学期刊协会第二届年会特刊》由编者刊行。

[俄]普列汉诺夫著,列夫译《马克思主义的基本问题》由上海社会科学研究社刊行。

[苏]斯莫拉克著,彭聪译《马列主义世界观》由天津联合出版社刊行。

[苏]波齐涅尔著,周韶华译《辩证唯物论讲话》由上海光华出版社刊行。

[苏]康士坦丁诺夫著,静观译《唯物论和唯心论的历史观》由上海书报杂志联合发行。

[苏]米丁著,曹葆华译《辩证唯物论与历史唯物论》由北平解放社刊行。

[苏]尤金著,高烈(秦邦宪)译《伊利奇底唯物论与经验批判论》由读书出版社刊行。

〔苏〕哥尔芮库尔萨诺夫著,静观译《逻辑的发生发展及其法则》由上海书报杂志联合发行所刊行。

〔苏〕米丁著,曹葆华、谢宁译《逻辑学教程大纲》由解放社刊行。

〔俄〕普列汉诺夫等著,唯真等译《人民群众在历史上的作用》由华东大学刊行。

〔俄〕普列汉诺夫著,唯真译《论个人在历史上的作用》由山东新华书店刊行。

〔苏〕加里宁、雅罗斯拉夫斯基著,叶文雄译《论新道德》由太岳新华书店刊行。

〔苏〕康斯坦丁诺夫著,刘水译《个人与人民群众在历史上的作用》由大连新中国书局刊行。

〔苏〕康斯坦丁诺夫著,杨慕之译《进步思想论》由北平中外出版社刊行。

〔苏〕费多谢耶夫著,君达译《马克思主义关于阶级与阶级斗争的理论》由吉林书店刊行。

〔苏〕德波林等著《马列主义——世界劳动人民解放的旗帜》由天津读者书店刊行。

〔苏〕列宁著,解放社编辑部辑《列宁论马克思恩格斯与马克思主义》由中原新华书店刊行。

〔苏〕列宁著,解放社编辑部辑《列宁论马克思恩格斯与马克思主义》由苏南新华书店刊行。

〔苏〕列宁著,辽北书店编《卡尔·马克思、马克思主义底三个来源与三个组成部分》由大连新中国书店刊行。

〔苏〕列宁著《马克思主义》由野畊书店刊行。

〔苏〕列宁著,解放社编辑部辑《列宁论马克思恩格斯与马克思主义》由北平新华书店刊行。

〔苏〕列宁著,唯真译《论马克思恩格斯及马克思主义》由解放社刊行。

〔苏〕斯大林著《列宁主义概论》由冀鲁豫新华书店刊行。

〔苏〕斯大林著《列宁主义概论》由华北军区政治部刊行。

〔苏〕斯大林著《列宁主义概论》由新华书店刊行。

〔苏〕斯大林著《列宁主义概论》由苏北新华书店刊行。

〔苏〕斯大林著,唯真译《论列宁主义基础》由吉林长春东北书店刊行。

〔苏〕斯大林著,唯真译《论列宁主义基础》由上海平凡书店刊行。

〔苏〕斯大林著,唯真译《论列宁主义基础》由解放社刊行。

〔苏〕斯大林著,唯真译《论列宁主义基础》由北平天下图书公司刊行。

〔苏〕斯大林著《列宁主义问题》由北平科学社刊行。

〔苏〕奥斯特洛维强诺夫著,李少甫译《共产主义理论家的列宁》由上海中华书局刊行。

〔苏〕斯大林著《斯大林选集》(1—5卷)由吉林长春东北新华书店刊行。

〔苏〕斯大林著,王唯真译《马克思主义与民族问题》由华东新华书店刊行。

〔苏〕康士坦丁诺夫著,王易今译《进步观念在社会发展中的作用》由上海书报杂志联合发行所刊行。

按:是书包括社会存在与社会意识,论意识形态的相对独立性,社会意识的阶级性,进步观念产生的条件及其在社会发展中的作用等6节。

〔苏〕法尔别洛夫著,冯犁译《新民主国家社会政治制度》由北平中外出版社刊行。

[苏]列宁著,苍木校译《国家与革命》由华东新华书店刊行。

按:列宁在书中全面而系统地阐述了马克思主义的国家学说,解答了国际无产阶级革命和俄国革命所提的系列重大问题,驳斥了修正主义者和无政府主义者于国家问题上的各种观点。

[苏]列宁著,马思果译《关于国家和阶级专政》由上海世文书店刊行。

[苏]米丁著《论资产阶级民主的危机》由北平中外出版社刊行。

[苏]M. 涧夫利金娜著,钮心淑译《苏联对母性及儿童的保护》由上海时代书报出版社刊行。

[苏]M. 涧夫利金娜著,钮心淑译《苏联对母性及儿童的保护》由苏北新华书店刊行。

[苏]斯维得洛夫著,张亦名译《苏联家庭婚姻与母性》由中原新华书店刊行。

[苏]斯维得洛夫著,张亦名译《苏联家庭婚姻与母性》由华中新华书店刊行。

[苏]柯尔巴诺夫斯基著,章婴译《苏联的恋爱婚姻与家庭》由上海时代出版社刊行。

[苏]斯维得洛夫著,常乐生译《新家庭论》由华北新华书店刊行。

[苏]拉里柯夫著,晓琉译《论苏联共产主义青年团》由大连中苏友好协会刊行。

[苏]安奇斯基、巴尔基古尔著《世界人民的道路》由北平中外出版社刊行。

[苏]列宁著《十月革命的准备与实行》由上海时代出版社刊行。

[苏]列宁著《列宁文选 第4册 准备与实行十月社会主义革命时期》由解放社刊行。

[苏]列宁著《列宁文选 第6册 过渡到恢复国民经济的和平工作时期》由解放社刊行。

[苏]列宁著《列宁文选 第5册 外国武装干涉和国内战争时期》由解放社刊行。

[苏]儒可夫著,任谷译《美国纵横谈》由上海时代出版社刊行。

[苏]斯大林著,王唯真译《马克思主义与民族问题》由华东新华书店刊行。

[苏]斯大林著《斯大林论战后国际关系》由天津联合出版社刊行。

[苏]法捷耶夫著,辽逸译《科学与文化为和平进步民主而奋斗》由辽宁沈阳东北书店刊行。

[苏]维辛斯基著,吴泽炎译《苏联社会组织》由上海商务印书馆刊行。

[苏]库西宁著,周砚、姚周杰译《你是拥护苏联还是反对苏联》由辽宁沈阳东北书店刊行。

[苏]维辛斯基著,沈大锂译《苏联公民的基本权利和义务》由上海商务印书馆刊行。

[苏]维辛斯基著,张子美译《苏联选举制度》由上海商务印书馆刊行。

[苏]加里宁著,舒林译《论政治鼓动》由大连新华书店刊行。

[苏]朵尔马托夫、牟拉切夫著,舒林译《企业中的鼓动工作》由大连新华书店刊行。

[苏]克列木涅瓦著,舒林译《企业政治鼓动经验》由新华书店刊行。

[苏]柯伐列夫著,樊英译《知识分子在苏联》由北平中外出版社刊行。

[苏]A·叶尔少夫等著,亚楼等译《苏联的军事科学》由江苏南通华中新华书店刊行。

[苏]布尔加宁等著,于静纯等译《苏联红军三十年》由长春东北书店刊行。

[苏]查玛金等编,付克、允携译《十个歼灭性的突击》由吉林长春东北书店刊行。

[苏]朱布可夫著,赵明译《法西斯德国军事思想与军事学派的破产》由吉林长春东北书店刊行。

[苏]蒲·考尔科吉诺夫等著,王子野等译校《运动战的战术原则》由北京新华书店刊行。

［苏］古列索夫、A. 厄斯杰廉科著《火箭炮的历史及前途》由辽宁沈阳东北书店刊行。

［苏］列昂节夫著,徐坚译《论马克思〈资本论〉》由上海实践出版社刊行。

［苏］列昂节夫著,王强译《马克思的〈资本论〉》由上海正风出版社刊行。

［苏］列宁著,中外出版社编《列宁论新经济政策》由中外出版社刊行。

［苏］列昂节夫著,张仲实译《政治经济学初学读本》由新华书店刊行。

［苏］列昂节夫著,施滨译《论列斯创造的社会主义政治经济学》由沈阳东北书店刊行。

［苏］列昂节夫著《社会发展简史·政治经济学》由北京解放社刊行。

［苏］罗宾斯坦著,阿真译《资本主义与社会主义条件下技术的发展》由上海中华书局刊行。

［苏］马斯连尼柯夫著,林秀译《论资本主义总危机》由知识书店刊行。

［苏］柯锡列夫著,潘会昭译《苏联城乡关系》由中外出版社刊行。

［苏］斯大林著,华北总工会筹备会编《论经济工作人员的任务》由新华书店刊行。

［苏］斯大林著,华北总工会筹委会编《斯大林在第一次全苏联斯达汉诺夫工作者会议上的演说》由天津新华书店刊行。

［苏］斯大林著,华北总工会筹委会编《新的环境和新的经济建设任务》由天津新华书店刊行。

［苏］斯大林著,华北总工会筹委会编《论经济工作人员的任务》由天津新华书店刊行。

［苏］德米特里·蒲榛著《节约是社会主义经济的方法》由知识书店刊行。

［苏］古萨洛夫等著《掌握布尔什维克领导经济的方法》由长春东北书店刊行。

［苏］沃兹涅辛斯基著,达克译《苏联战时经济》由沈阳光华书店刊行。

［苏］沃兹涅辛斯基著,唯真译《卫国战争期内的苏联战时经济》由山东新华书店刊行。

［苏］史迁宾著,林秀译《苏联经济小史》由上海士林书店刊行。

［苏］加山辙夫著,李少甫译《苏联集体农场法的基本原则》由上海中华书局刊行。

［苏］列昂节夫著《苏联工业化方法》由北京新华书店刊行。

［苏］兹伏雷金著,马宾译《苏联战后工业技术发展的道路》由大连新中国书店刊行。

［苏］博高列波夫著,姚周杰译《苏联公民怎样纳税》由辽宁沈阳东北新华书店刊行。

［苏］米苏斯基等著,李绍鹏译《苏联对外贸易》由中国人民银行总行刊行。

［苏］哈卡图洛夫著,朱葆光译《捷克社会经济的改造》由北平中外出版社刊行。

［苏］华维洛夫著,梁志安译《苏联的科学》由上海时代书报出版社刊行。

［苏］梅丁斯基著,叶文雄译《世界教育史》由北平五十年代出版社刊行。

［苏］卡拉什尼可夫著,刘辽逸译《苏联卅年来的教育》(苏联介绍)由大连新中国书局刊行。

［苏］索柯洛夫著,小英译《苏联学校教育讲座》(苏联介绍)由上海新中国书局刊行。

［苏］G. L. 阿尔纳乌托夫编,金诗伯等译《苏联学生的思想政治教育》由山东新华书店刊行。

［苏］G. L. 阿尔纳乌托夫编,金诗伯等译《苏联学生的思想政治教育》(苏联教育丛书)由东北新华书店刊行。

［苏］葛洛尼茨卡雅著,高亚天译《我的儿童教育工作》由辽宁沈阳东北新华书店刊行。

［苏］吴索福著《俄文津梁(增订版)》(第 1 册)由黑龙江哈尔滨东北书店刊行。

[苏]尼柯尔斯基、雅柯夫列夫著,水夫译《人怎样开始讲话》由上海天下图书公司刊行。

[苏]A. K. 范西里夫著,荒芜译《社会主义的现实主义》由北平天下图书公司刊行。

[苏]顾尔希坦著,戈宝权译《文学的人民性》由北平天下图书公司刊行。

[苏]日丹诺夫著,保荃等译《论文学、艺术与哲学诸问题》由上海时代书报出版社刊行。

[苏]P·安托可尔斯基著,芳信译《国家与文学及其他》由哈尔滨光华书店刊行。

[苏]高尔基著,曹葆华译《苏联的文学》由辽宁沈阳东北书店刊行。

[苏]普洛特金等著,郁文哉、魏辛、蒋路译《苏联文艺科学》由北平天下图书公司刊行。

[苏]阿玛卓夫等著,荒芜译《苏联文艺论集》由北平五十年代出版社刊行。

[苏]叶戈林著,梅林译《提高苏维埃文学底思想性》由大连新中国书局刊行。

[苏]葛鲁兹杰夫著,苏笄译《高尔基传》由上海时代出版社刊行。

[苏]斯特拉热夫著,刘执之译《屠格涅夫的生活和著作》由上海文化生活出版社刊行。

[苏]季莫菲叶夫著,水夫译《苏联文学史》由上海海燕书店刊行。

[苏]叶高林著,雪原译《苏联文学小史》由天津知识书店刊行。

[苏]高尔基著,芳信译《同志及其他》由大连旅大中苏友好协会刊行。

朱海观译《苏联文艺论集》由上海棠棣出版社刊行。

[俄]玛雅可夫斯基著,庄寿慈译《我自己》由上海时代出版社刊行。

[苏]高尔基等著,秦似译《少女与死神》由上海杂志公司刊行。

[俄]A. 亚洛夫等著,付克译《苏联人》由黑龙江哈尔滨东北书店刊行。

[俄]普式庚著,余振译《普式庚诗选》由上海光华出版社刊行。

[俄]马尔夏克著,任溶溶译《密斯脱特维斯脱》由上海时代出版社刊行。

孙用译《美丽之歌》(爱沙尼亚诗选)由上海文化工作社刊行。

[俄]屠格涅夫著,芳信译《村居一月》由上海世界书局刊行。

[俄]奥斯特洛夫斯基著,林陵译《智者千虑必有一失》由上海时代书报出版社刊行。

[苏]高尔基著,胡明译《夜店》由上海光华出版社刊行。

[苏]高尔基著,芳信译《伊哥尔·布莱却夫》由大连旅大中苏友好协会刊行。

[苏]高尔基著,芳信译《仇敌》(三幕剧)由大连旅大中苏友好协会刊行。

[俄]爱伦堡,芳信译《广场上的狮子》由大连关东中苏友好协会刊行。

[俄]爱伦堡著,文戍译《广场之狮》由辽宁沈阳东北新华书店刊行。

[俄]爱伦堡著,张扬、帅鹏译《广场上的狮子》由北平天下图书公司刊行。

[俄]特来却可夫著,潘子农译《怒吼的中国》由上海惠民书店刊行。

[俄]魏尔塔著,安娥译《在某一国家内》由北平天下图书公司刊行。

[苏]西蒙诺夫著,荒芜译《栗子树下》由北平天下图书公司刊行。

[苏]西蒙诺夫著,朱慧译《在布拉格栗树下》由上海时代出版社刊行。

[俄]阿丽格尔著,刘宾雁译《真理的故事》由吉林长春东北新华书店刊行。

[俄]帕达尔卡等著,刘崇庆辑译《等待着天明》由东北书店安东分店刊行。

[俄]潘捷列夫等著,秋江等译《诺夫城的神枪手》由辽宁沈阳东北书店刊行。

[俄]芦卡西维支等著,刘崇庆辑译《去年夏天》由大连旅大中苏友好协会刊行。

[俄]瓦希列夫斯卡亚等著,邵天任译《重逢》由辽宁沈阳东北新华书店刊行。

[俄]谢德林著,陈原译《地主之家》由大连新中国书局刊行。

［俄］托尔斯泰著，蒋路译《少年时代》由文化供应社刊行。

［俄］托尔斯泰著，吴岩译《哥萨克》由上海开明书店刊行。

［俄］托尔斯泰著，董秋斯译《战争与和平》（上册）由上海书报杂志联合发行所刊行。

［俄］绥拉菲摩维支著，周文改编《铁流》由苏南新华书店刊行。

［俄］绥拉菲摩维支著，金人译《荒漠中的城》由上海海燕书店刊行。

［苏］高尔基著，范泉改写《我的童年》由上海永祥印书馆刊行。

［苏］高尔基著，胡明译《我的大学》由上海光华书局刊行。

［苏］高尔基著，孙光瑞译《母》由上海开明书店刊行。

［俄］库普林著，李林译《阿列霞》由上海文化生活出版社刊行。

［俄］A.托尔斯泰著，朱雯译《往十字架之路》（第2部）由上海文风出版社刊行。

［俄］A.托尔斯泰著，适夷译《彼得大帝》（第1部）由北京新中国书局刊行。

［俄］里别进斯基著，黄叶译《斗争还没有完结》由大连东北书店刊行。

［俄］别克著，铁弦译《康庄大道》由上海中兴出版社刊行。

［俄］奥弗契金著，刘征译《战争的最后阶段》由辽东新华书店刊行。

［俄］潘诺娃著，朱惠译《旅伴》由上海开明书店刊行。

［俄］克雷莫夫原著，颜浩改写《运油船》由黑龙江哈尔滨光华书店刊行。

［俄］戈尔巴托夫著，水夫译《不屈的人们——达拉斯一家》由上海时代出版社刊行。

［俄］波列伏依著，磊然译《真正的人》由上海时代出版社刊行。

［俄］格林著，叶至美译《南边的风》由香港新文化丛刊社刊行。

［俄］卡扎凯维奇著，蒋路译《星》由上海时代书报出版社刊行。

［俄］西蒙诺夫著，华东军区政治部编写《日日夜夜》由中原新华书店刊行。

［俄］西蒙诺夫著，高亚天译《祖国炊烟》由辽宁沈阳东北书店刊行。

［俄］哈里东诺维契著，苏英译《一个侦察员的故事》由哈尔滨新中国书局刊行。

［俄］罗曼·金著，柏园译《金国文化山梦游记》由香港新中国书局刊行。

［俄］冈察尔著，袁水拍译《旗手》由香港新文化丛刊社刊行。

［苏］高尔基著，侍桁译《俄罗斯人剪影》由上海国际文化服务社刊行。

［俄］安东诺夫等著，新人辑译《关东军的末日》由江苏镇江苏南新华书店刊行。

［俄］彼特洛夫等著，钱亮之译《反击》由上海光华出版社刊行。

［苏］高尔基著，蒋路译《忆列宁》由上海时代出版社刊行。

［俄］邬斯宾斯基著，水夫译《遗失街风习》由上海海燕书店刊行。

［俄］波里亚珂夫著，钱亮之译《敌后》由上海光华出版社刊行。

［俄］阜得罗夫著，钱亮之译《生路》由上海光华出版社刊行。

［俄］库尔干诺夫著《美国人在日本》由黑龙江哈尔滨光华书店刊行。

［俄］阿·基托维奇、柏·布尔索夫著，伊真译《北鲜游记》由辽宁沈阳东北新华书刊行。

［俄］屠格涅夫著，蒋路译《文学回忆录》由上海文化生活出版社刊行。

［俄］安奇林娜著，海观译《我的集体农场生活》由上海时代出版社刊行。

［俄］薇娜·妃格念尔著，巴金译《狱中二十年》由上海文化生活出版社刊行。

［俄］哈恰特良茨著，任溶溶译《亚美尼亚民间故事》由上海时代出版社刊行。

［俄］马尔夏克著，戈宝权译《十二个月》由上海时代书报出版社刊行。

[俄]米哈尔果夫著,丁力红译《红领巾》由辽宁沈阳东北书店刊行。

[俄]亚历山大·古林斯基、[俄]伊凡诺夫著,任溶溶译《神奇的颜料》由上海立化出版社刊行。

[俄]托尔斯泰著,任溶溶译《小哥儿俩》由上海时代出版社刊行。

[俄]左琴科著,魏荒弩译《柳莲和敏卡的故事》由北京群力出版社刊行。

[俄]阿卡第·盖达著,郭定一译《难兄难弟》由龙门联合书局刊行。

[俄]班台莱耶夫著,范泉编写《金表》由上海永祥印书馆刊行。

[俄]托尔斯泰著,穆木天译《弓手安德烈》由上海现代出版社刊行。

[俄]伊林、谢加尔著,什之译《巨人的少年时代》由菏泽冀鲁豫新华书店刊行。

[俄]盖尔生松著,符其珣译《伤脑筋博士》由上海永年书局刊行。

[苏]雅高林著,李士钊译《苏联音乐教育》由上海时代出版社刊行者初版序。

[苏]高尔斯基编,梁香译《俄罗斯演员论舞台艺术》由上海时代出版社刊行。

[苏]拉伯泊、查哈瓦著,曹葆华、天蓝译《演员与导演》由大连生活书店刊行。

[苏]奥布拉兹佐夫(原题奥布拉兹特索夫)等著,芳信译《剧场艺术和电影艺术的界线》由大连旅大中苏友好协会刊行。

[苏]J.库尼兹沃林著,秋江、刘水译《苏联的建立发展与国家社会机构》由黑龙江哈尔滨光华书店刊行。

[苏]葛鲁兹杰夫著,朱笄译《高尔基传》由上海时代出版社刊行。

[苏]杜雷抹著,汤弗之译《叶尔莫洛娃》由上海时代书报出版社刊行。

[苏]莫洛托夫等著,胡明译《向斯大林学习》由上海光华出版社刊行。

[苏]高尔基著,汝龙译《回忆安德列叶夫》由上海平明出版社刊行。

[苏]斯特拉热夫著,刘执之译《屠格涅夫的生活和著作》由上海文化生活出版社刊行。

[苏]玛雅可夫斯基著,庄寿慈译《我自己》由上海时代出版社刊行。

[苏]安德朗尼科夫著,朱笄译《莱蒙托夫传》由时代出版社刊行。

[美]怀爱伦著,梅忠达译《文字布道士训言》由上海时兆报馆刊行。

[美]代尔·卡耐基著,李木译《演讲术》由上海正新出本社刊行。

[美]卡耐基著,陶知安译《怎样除烦恼》(过美满生活)由上海求知书店刊行。

[美]罗特著,杨岐译《怎样训练你自己》由上海激流书店刊行。

[美]夏南著,杜佐周、钱亦石译《性教育指南》由上海中华书局刊行。

[美]D. Ensminger著,崔毓俊、张济时译《乡村社区组织的诊断》刊行。

[美]高勒著,吴泽炎译《美国民族性》由上海商务印书馆刊行。

[美]比尔特著,何希齐译《美国宪法的经济观》由上海商务印书馆刊行。

[美]爱伦著,李国鼎译《英国工业》由上海商务印书馆刊行。

[美]戴尔著,杜维涛译《视听教学法之理论》由上海中华书局刊行。

[美]安田弘嗣著,阮蔚村译《体育馆之建筑与设备》(体育丛书)由上海勤奋书局刊行。

[美]卡静著,冯亦代译《现代美国文艺思潮》由上海晨光出版公司刊行。

[美]朗费罗著,简企之译《朗费罗诗选》由上海晨光出版公司刊行。

[美]惠特曼著,高寒译《草叶集》由上海晨光出版公司刊行。

[美]奥尼尔著,荒芜译《悲悼》由上海晨光出版公司刊行。

〔美〕夏尔乌特著,袁俊译《林肯在伊利诺伊州》由上海晨光出版公司刊行。

〔美〕萨洛扬著,洪森译《人生一世》由上海晨光出版公司刊行。

〔美〕勃尔曼著,石华父译《传记》由上海晨光出版公司刊行。

〔美〕理查·李维英著,菲利普·邓编剧,罗静予译《翡翠谷》由上海作者书屋刊行。

〔美〕派克等著,罗稷南译《漂亮女人》(现代美国短篇小说集)由上海晨光出版公司刊行。

〔美〕爱伦坡著,焦菊隐译《爱伦坡故事集》由上海晨光出版公司刊行。

〔美〕爱伦坡著,焦菊隐译《海上历险记》由上海晨光出版公司刊行。

〔美〕德莱赛著,朱葆光译《珍妮小传》由上海晨光出版公司刊行。

〔美〕休伍·安德森著,吴岩译《温士堡·俄亥俄》由上海晨光出版公司刊行。

〔美〕韦基·鲍姆著,于绍芳译《柏林大饭店》由北平五十年代出版社刊行。

〔美〕赛珍珠著,荒芜译《生命的旅途》由上海现代出版社刊行。

〔美〕海明威著,马彦祥译《在我们的时代里》由上海晨光出版公司刊行。

〔美〕海明威著,马彦祥译《没有女人的男人》由上海晨光出版公司刊行。

〔美〕海明威著,马彦祥译《康波勒托》由上海晨光出版公司刊行。

〔美〕霍华特·法斯脱著,傅又信译《公民潘恩》由上海世界知识社刊行。

〔美〕嘉理色著,傅东华译《慈母泪》由上海龙门联合书局刊行。

〔美〕梭罗著,徐迟译《华尔腾》由上海晨光出版公司刊行。

美国记者著《中国红区印象记》由上海群众图书公司刊行。

〔美〕史诺著,天明译《二万五千里长征》由上海文学出版社刊行。

〔美〕爱特珈·斯诺著,史家康等译《长征 25000 里》由上海启明书局刊行。

〔美〕该丘斯著,缪天瑞编译《曲调作法》由上海万叶书店刊行,有译者序。

〔美〕乔治·韦治著,汪培元译《应用和声学》由上海万叶书店刊行。

〔美〕诺利斯·霍顿著,贺孟斧译《苏联演剧方法论》由上海杂志公司刊行。

按:是书属于戏剧理论与方法丛刊之一,内容包括包括演剧人才之养成、演员中心论、导演中心论、导演与演员之合作、舞台装饰家、剧作家 6 章。

〔美〕库尼兹著,贾开基、蒋学模译《俄罗斯:最后到来的巨人》由上海文摘出版社刊行。

〔美〕台维斯著,何家选译述《苏联的领袖与人民》由上海学风出版社刊行。

〔美〕爱兰·纳文斯、亨利·斯提尔·康麦格著,王育伊译《美国史略》由商务印书馆刊行。

〔美〕斯诺(原题史诺)笔录,毛泽东口述,天明译《毛泽东自传》由上海文孚出版社刊行。

〔美〕斯诺(原题施诺)笔录,范萍译《毛泽东主席自述小传》由上海新时代书社刊行。

〔美〕勃尔曼著,石华父译《传记》由上海晨光出版公司刊行。

〔美〕代尔·卡耐基著,李木、宋昆泽《世界名人逸事选集》由上海正新出版社刊行。

〔美〕代尔·卡耐基著,胡尹民、谢颂羔译《欧美名人秘史》由上海英文知识社刊行。

〔德〕马克思著,何思敬译《哲学底贫困》由延安解放社刊行。

〔德〕恩格斯著,张仲实译《费尔巴哈与德国古典哲学的终结》由北平解放社刊行。

按:是书系恩格斯的一篇著名哲学经典。恩格斯阐述了哲学的基本问题,解读了唯物主义和唯心主义、辩证法和形而上学、唯物史观和唯心史观等等哲学基本问题的原则分野。

[德]塔尔海玛著,黄岩编《辩证唯物论入门》由上海文源出版社刊行。

[德]恩格斯著,林若译《共产主义原理》由上海民间出版社刊行。

[德]恩格斯著,林超真译《宗教、哲学、社会主义》由上海亚东图书馆刊行。

[德]恩格斯等著,何封等译《卡尔·马克思》由吉林长春新中国书局刊行。

按:是书乃译文集。内收《卡尔·马克思》(恩格斯著、何封译)、《关于马克思之死致索尔格的信》(恩格斯著、何封译)、《马克思安葬演说词》(恩格斯著、何封译)、《卡尔·马克思》(伊里诺·马克思著、何封译)、《六月事变》(马克思著、何封译)、《一八四八年的革命与无产阶级》(马克思著、何封译)、《卡尔·马克思》(普列哈诺夫著、何封译)、《卡尔·马克思》(列宁著、董秋斯译)、《忆马克思》(拉伐格著、董秋斯译)、《星期日在荒原上的遨游》(李卜克内西著、董秋斯译)、《马克思与小孩子》(李卜克内西著、董秋斯译)、《马克思主义之停滞与进展》(卢森堡著、蒋天佐译)、《一个工人对于卡尔·马克思的回忆》(莱斯奈尔著、林淡秋译)、《马克思与达尔文主义》(K.替米里亚崔夫著、克士译)、《马克思与隐喻法》(梅林著、罗稷南译)等15篇文章。

[德]马克思、恩格斯合著《共产党宣言》由解放社刊行。

[德]马克思、恩格斯合著《共产党宣言》由新华书店刊行。

[德]马克思、恩格斯撰,博古译《共产党宣言·社会主义从空想到科学的发展》由解放社刊行。

[德]恩格斯著,何锡麟译《〈资本论〉提纲》由长春东北书店刊行。

[德]恩格斯著,郭大力译《剩余价值学说史》由长春新中国书局刊行。

按:是书即马克思作为《资本论》第4卷而撰写的《剩余价值理论》一书,1905至1910年由卡尔·考茨基编辑出版。每卷前有考茨基写的编者序,第1卷前有马克思像一幅,第2卷分2册,第3卷后附译者跋和勘误表。根据1923年柏林第5版翻译。郭大力自1940年春开始动笔翻译,到1943年11月才终于译完。此后,他不断努力校订,经过5年的艰苦劳动,于1948年8月定稿,1949年6月在上海由三联书店正式出版发行,同时在长春由上海新中国书局刊行。至此,马克思的伟大经典《资本论》中文全译本四大卷在我国全部翻译出齐。

[德]海涅著,林林译《织工歌》由香港人间书屋刊行。

[德]歌德著,郭沫若译《少年维特之烦恼》由上海激流书店刊行。

[德]歌德著,郭沫若译《少年维特之烦恼》由上海群益出版社刊行。

[德]歌德著,胡仲持译《女性和童话》由香港智源书店刊行。

[德]鲁多夫·洛克尔著,巴金译《六人》由上海文化生活出版社刊行。

[德]恩格斯等著,何封等译《卡尔·马克思》由苏南新华书店刊行。

[德]恩格斯等著,何封等译《卡尔·马克思——人、思想家、革命者》由北京三联书店刊行。

[德]恩格斯等著,何封等译《卡尔·马克思》由吉林长春新中国书局刊行。

[德]魏特著,杨丙辰译《汤若望传》由上海商务印书馆刊行。

[法]鲁伦著,姜建邦译《有神同在》由中华浸会书局刊行。

[法]泰纳(原题泰勒)著,沈起予译《艺术哲学》由香港群益出版社刊行,有作者序。

[法]雷克洛著,杨寿康译《儿童论》(社会问题丛书)由香港新生出版社刊行,有李益博序。

[法]玛丽霍崴著,严君默译《爱底寻求》由上海正风出版社刊行。

[法]莫里哀著,李健吾译《吝啬鬼》由上海开明书店刊行。

〔法〕莫里哀著,李健吾译《没病找病》由上海开明书店刊行。

〔法〕莫里哀著,李健吾译《可笑的女才子》由上海开明书店刊行。

〔法〕莫里哀著,李健吾译《党·璜》由上海开明书店刊行。

〔法〕莫里哀著,李健吾译《屈打成医》由上海开明书店刊行。

〔法〕莫里哀著,李健吾译《乔治·党丹》由上海开明书店刊行。

〔法〕莫里哀著,李健吾译《德·浦曳雅克先生》由上海开明书店刊行。

〔法〕莫里哀著,李健吾译《向贵人看齐》由上海开明书店刊行。

〔法〕保罗聂芳著,丁小曾译《婆媳之间》由上海联谊出版社刊行。

〔法〕斯丹达尔著,赵瑞霖译《嘉思德乐的女主持》由上海正风出版社刊行。

〔法〕巴尔扎克著,穆木天译《绝对之探求》由上海文通书局刊行。

〔法〕巴尔扎克著,高名凯译《米露埃·雨儿胥》由上海海燕书店刊行。

〔法〕雨果著,陈敬容译《巴黎圣母院》由上海骆驼书店刊行。

〔法〕雨果著,黄峰译《铁窗末日记》由上海长风书店刊行。

〔法〕福楼拜著,李健吾译《三故事》由上海文化生活出版社刊行。

〔法〕法朗士著,徐蔚南译《泰绮思》由上海正风出版社刊行。

〔法〕拉发格等著,董秋斯等译《回忆马克思》由山东新华书店刊行。

〔法〕拉发格等著,董秋斯等译《回忆马克思》由长春东北书店刊行。

〔法〕莫泊桑著,徐蔚南译《巴朗先生》由上海现代出版社刊行。

〔法〕部耳热著,狄守仁译《正义之友》由天津崇德堂刊行。

〔法〕柏乐尔著,罗玉君译《青鸟》由上海济东出版社刊行。

〔法〕都尔莱著,金近译《巴士特传》由大连永年书店刊行。

〔英〕麦考温累维著,蒋复璁译述《英国图书馆》由上海商务印书馆刊行。

〔英〕崩斯著,周韬奋译《社会科学与实际生活》由上海生活·读书·新知书店刊行。

〔英〕勃兰凯特著,明今等《原子能论》由上海世界知识社刊行。

〔英〕邓特著,王承绪译《英国教育》(英国文化丛书)由上海商务印书馆刊行。

〔英〕亨利·瑞德著,全增嘏译《一九三九年以来英国小说》由上海商务印书馆刊行。

〔英〕却利·贾波林著,金人译《杀人的喜剧》由吉林长春新中国书局刊行。

〔英〕奥斯婷著,刘重德译《爱玛》由上海正风出版社刊行。

〔英〕史蒂文生著,罗塞译《诱》由上海正风出版社刊行。

〔英〕休·罗芙汀著,陈伯吹译《兽医历险记》由上海中华书局刊行。

〔英〕米勒等著,左海译《犹太作家小说集》由上海时代出版社刊行。

〔英〕狄妮斯·鲍慧尔著,张骏祥译《一九三九年以来英国电影》由上海商务印书馆刊行。

〔日〕山田坂人著,阮有秋译《资产阶级的唯物论与辩证法唯物论》由上海中华书局刊行。

〔日〕石川准十郎著,洪涛译《资本论入门》由上海社会科学研究社刊行。

〔日〕阪本胜编剧,费明君译《戏剧资本论》由上海社会科学研究社刊行。

〔日〕升曙梦著,西因译《高尔基的一生和艺术》由上海杂志公司刊行。

〔日〕森正藏著,赵南柔等译《日本社会运动斗争史》由上海中国建设印务股份有限公司刊行。

[日]森正藏著，赵南柔、金学成合译（全译本）《旋风二十年》（上册）由中国建设印务公司刊行。

[日]升曙梦著，西因译《高尔基的一生和艺术》由上海杂志公司刊行。

[意]梅安尼著，陈基慈、梁华旺译《洛矶山》由澳门慈幼印书馆刊行。

[意]梅安尼著，鲁微达译《红海之畔》由上海慈幼印书馆刊行。

[西班牙]幸门绘，巴金编《西班牙的曙光》由上海开明书店刊行。

[丹]勃兰克斯诸，韩侍桁译《海涅评传》由国际文化服务社刊行。

[比]雷克洛著，杨寿康译《儿童论》由香港新生出版社刊行。

[捷克]哥尔德曼著，蒋学模译《捷克的工业国有化》由上海世界书局刊行。

Mother Philippa 著，刘绪庆译《弥撒正祭所纪念的诸圣》由澳门白德美纪念出版社刊行。

Mrs. J. L. Nevius 著《耶稣教问答》由上海广协书局刊行。

T. S. Helps and C. H. Chen 著，赫永襄译，陈启新笔述《人生指南》由湖北汉口中国基督圣教书会刊行。

程野声主编，郑心、李绍昆译《补鞋匠马丁·威德》由香港真理学会刊行。

芬梨著，叶荫云等译《耶稣是天主吗？》由香港真理学会刊行。

马宁著，范介萍译《永远的司祭》由慈幼印书馆刊行。

马相伯译述，赵尔谦校阅《福音经》（2 册）由上海商务印书馆刊行。

安斯尼著，傅玉棠译《进教之佑降福》由澳门进教文化服务社刊行。

巴尔达、冯西加著，刘鸿逊、吴炳中译《天国和平之后》由香港真理学会刊行。

白德美著，王湧译《天国的锁钥》由澳门白德美纪念出版社刊行。

葛赖德著，金炎青校译《宝贵的应许》由中华浸会书局刊行。

杰姆斯·凯洛著，雨文译《你也来做一个基督使者》由新生出版社刊行。

梅狄光著，萧杰一译《耶稣基督──往古来今世界第一伟人》由安徽芜湖天主堂印书馆刊行。

密勒编著，许鎏译《荆棘之花》由上海广学会刊行。

诺尔伯著，赵尔谦译《真福马丁传》由香港公教真理学会刊行。

琼斯著，孔福民译《圣经之真纯》由中国基督教书会刊行。

施达著，廖玉华译《人生历程》由澳门白德美纪念出版社刊行。

威诺·若翰生原著，钟全璋、潘良清译《圣女小德兰的祈祷》由澳门慈幼印书馆刊行。

吴慧烈著，女铎社译《圣经译史》由上海广学会刊行。

杨干荪著，何芳理译《圣五伤方济各行实》由香港公教真理学会刊行。

翟勒门著，李盎博译《信者要理》由香港真理学会刊行。

詹辅民著，李荣芳译《旧约人物志》由上海青年协会书局刊行。

毛宁著，达克译《德国问题》由黑龙江哈尔滨光华书店刊行。

雷克洛著，顾古香译《工作》由香港新生出版社刊行。

斯达罗杜勃洛夫斯卡亚著，冯犁译《保加利亚底经济发展》由北平中外出版社刊行。

约费著，马斌译《工业生产的计划工作》由大连经济研究会刊行。

卢澜著，孙君毅译《中国快信邮票志》由江苏无锡集邮研究会刊行。

鲁迅著,[苏]罗杲夫译,刘辽逸注释《阿Q正传》(中俄文对照)由大连新中国书局刊行。

嘉禄米著,虹影译《血染金山》由澳门慈幼印书馆刊行。

嘉禄米著,罗嘉译《计劫虎头门》由澳门慈幼印书馆刊行。

贾素堂著,于顿译《第六号音乐室》由澳门慈幼印书馆刊行。

宁静编译《社会主义与道德》由上海中华书局刊行。

按:是书分3章:道德观念的演进,苏联社会的伦理学,论人类品性的改造。

乐泉出版社编译《我的问题》由澳门白德美纪念出版社刊行。

梁保禄、钟全章译述《主之人杰》(一)由澳门白德美纪念出版社刊行。

梁保禄、钟全章译述《主之人杰》(二)由澳门白德美纪念出版社刊行。

潘稼西译《卫道战士》由澳门白德美纪念出版社刊行。

钱公溥等编译《诵芬论丛》由上海土山湾印书馆刊行。

叶露嘉编译《圣体奥迹》由澳门白德美纪念出版社刊行。

白德美纪念出版社编译《埃及方济各女修会会祖》由澳门编者刊行。

林超真译《马克思恩格斯书信选》由上海亚东图书馆刊行。

彭聪编译《马列主义文献介绍》由大连东北书店刊行。

林纳译《马恩列斯论妇女解放》由上海新华书店刊行。

按:是书内收《论家族形态之发展》(节录《家族私有财产及国家之起源》第二章)(恩格斯)、《论资产
阶级的家庭》(摘自《共产党宣言》)(马克思、恩格斯)、《苏维埃共和国女工运动的任务》、《国际劳动妇女
节》(列宁)、《集体农庄对妇女解放之作用与意义》(摘录《在全苏联集体农庄突击队员第一次代表大会上
的演说》)(斯大林)等8篇。附录:高尔诺夫斯基《共产主义道德问题》。

周韶华辑译《社会科学简明教程》由冀鲁豫新华书店刊行。

周韶华辑译《社会科学简明教程》由山东新华书店刊行。

周韶华辑译《社会科学简明教程》由苏南新华书店刊行。

胡明辑译《社会科学简明教程》由上海光华出版社刊行。

潘光旦编译《优生原理》由上海观察社刊行。

宁静编译《旧民主与新民主》由上海中华书局刊行。

胡济邦译《苏联总工会关于工会组织工作的各种决定》由北京中华全国总工会刊行。

徐敏著《巴勒斯坦问题真相》由辽宁沈阳东北新华书店刊行。

民主华侨社编译《南朝鲜傀儡政府内幕》由编者刊行。

英文研究会编译《人民的北朝鲜》由辽宁沈阳东北新华书店刊行。

徐均译《新社会的新生活》由关东中苏友好协会刊行。

文西译著《第三次世界大战》由上海影艺出版公司刊行,有著者序言。

陈原编译《战后美国经济剖视》由上海生活·读书·新知三联书店刊行。

吴清友译《战时及战后苏联经济》由上海中华书局刊行。

光华书局刊行部编《今日的苏联——战后新五年计划的形形色色》由北平编者刊行。

潘序伦译《会计师查核决算表之原则与程序》由上海立信会计图书用品社刊行。

宋修阜译编《东北渔业图志》由山东青岛市渔场刊行。

焦敏之编译《苏联财政》由上海棠棣出版社刊行。

王检译《苏联的国外贸易》由上海商务印书馆刊行。

刘崇庆译《卅年来的苏维埃文化》由东北书店辽东总分店刊行。

江山编译《论苏联教育》(友谊丛书)由大连关东中苏友好协会刊行。

按:是书分苏联教育的今昔、各级教育概述、国民义务教育、学校与家庭的关系、学生组织、职工与农民教育等8节。

江山编译《论苏联的教育》由苏南新华书店刊行。

王玉麟编译《(无师自通)中俄常用会话》由北京京城印书局刊行。

柳思编译《俄文文法》由东北新中国书局刊行。

周曙山译《有岛武郎与蒂尔黛的情书》由贵州贵阳文通书局刊行。

魏荒弩辑译《捷克艺文选》由上海光华出版社刊行。

庄寿慈译《谈苏联文学》由天下图书公司刊行。

胡明辑译《三人集》由上海光华出版社刊行。

曹靖华译《列宁与斯大林的故事》由辽宁沈阳东北书店刊行。

曹靖华译《关于列宁的传说》由中原新华书店刊行。

曹靖华译《关于斯大林的传说》由中原新华书店刊行。

袁水柏辑译《现代美国诗选》由上海晨光出版公司刊行。

陶人编译《美国大流氓》(翻译长篇小说)由上海万象书局刊行。

程鲁丁著《琉球问题》由上海文献书局刊行。

石啸冲编著《东南欧新民主国家史纲》由上海棠棣出版社刊行。

何封等译《卡尔·马克思》由无锡苏南新华书店刊行。

曹靖华译《列宁与斯大林的故事》由辽宁沈阳东北书店刊行。

曹靖华译《关于列宁的传说》由中原新华书店刊行。

唯真译述《斯大林的奋斗》由上海新潮书店刊行。

曹靖华译《关于斯大林的传说》由中原新华书店刊行。

中华浸会少年团联会编辑部译《马丁·路德的事迹》由上海中华浸会书局刊行。

周曙山译《有岛武郎与蒂尔黛的情书》由贵州贵阳文通书局刊行。

吴澄渊编译《法国当代名人录》由国际书屋刊行。

胡尹民译《世界名人逸事》由上海国尤书店刊行。

钱仁康编译《当代大演奏家逸话》由上海音乐教育协进会刊行。

按:是书讲述世界各国的指挥家、钢琴家、提琴家、声乐家等30人的生活、思想、经历、逸事和言论。大多取材于考夫曼和罕斯尔所著《当代音乐家》一书。

袁俊等著译《寻找一张地图》(影剧导演经验谈)由上海中国影剧丛刊社刊行。

宾符译《战后苏联印象记》由上海世界知识社刊行。

《要理譬解(第10册上,圣教礼仪)(365—370题)》由安徽芜湖天主堂印书馆刊行。

《要理譬解(第10册下,圣教礼仪)(370—377题)》由安徽芜湖天主堂印书馆刊行。

《要理譬解(第9册,祈祷,经文)(330—365题)》由安徽芜湖天主堂印书馆刊行。

《墨子的兼爱与耶稣的博爱》由真理学会刊行。

《登帝位的奴隶》(1—5)由澳门慈幼印书馆刊行。

附录：民国期间出版但时间不详的著作，统一罗列如下：

（东晋）王羲之书《（柯丹丘藏）定武兰亭瘦本》由上海有正书局刊行。

（东晋）王羲之书《中国内府藏右军千文·日本内府藏右军尺牍墨迹合册》由上海有正书局刊行。

（东晋）王羲之书《武进孙氏元晏斋十三行九字未损本》（洛神赋）由上海有正书局刊行。

（萧齐）昙摩伽佗耶舍等译《法华三经》由上海医学书局刊行。

（后秦）鸠摩罗什译《阿弥陀经》由上海宝记照相馆摄影刊行。

（唐）李淳风著（未来预知）《推背图说》由上海新大陆书局刊行。

（唐）实叉难陀译《大方广佛华严经（7 册）》刊行。

（唐）玄奘译，（唐）靖迈等注《心经六家注》由上海佛学书局刊行。

（唐）吴道玄绘《（清宫藏）吴道子释迦降生图》由上海有正书局刊行。

（唐）欧阳询书《唐拓化度寺邕禅师合利塔铭》由上海有正书局刊行。

（唐）颜真卿书《宋拓颜真卿书祭侄稿》由上海有正书局刊行。

（五代）杨景度书《杨少师书韭花帖墨迹》由上海有正书局刊行。

（宋）米芾书《米南宫多景楼真迹》由上海有正书局刊行。

（宋）李公麟绘，（元）赵仲穆书《宋李龙眠白描九歌·元赵仲穆行楷题辞》由上海文明书局刊行。

（宋）徐熙绘，文明书局审定《徐熙百花图长卷》由上海文明书局刊行。

（宋）黄庭坚（原题黄山谷）《山谷松风阁墨迹》刊行。

（元）赵孟頫（原题赵子昂）书《（初拓）赵子昂道教碑》由上海启明书局刊行。

（元）赵孟頫书《赵松雪净土词墨宝》由上海有正书局刊行，有跋。

（元）黄公望绘，美术研究会审定《黄子久秋山无尽图卷》由上海有正书局刊行。

（明）王绂绘，有正书局审定《御赐竹炉山房王孟端画卷》由上海有正书局刊行。

（明）文征明等绘《艺景》刊行。

（明）周夷玉著，沙梅改编、制谱《红梅记》由重庆中外出版社刊行。

（明）高澹游绘《高澹游山水册六帧》由上海文明书局刊行。

（明）董其昌绘，有正书局审定《董思翁山水两种合册》由上海有正书局刊行，有跋。

（明）董其昌绘《董香光山水画册》由上海有正书局刊行，有罗振玉等人的跋。

（明）程冲斗著《（秘本）少林刀法阐宗》由上海武侠社刊行。

（明）程冲斗著《（秘本）少林枪法阐宗》由上海武侠社刊行。

（明）程冲著《（秘本）少林棍法阐宗》由上海武侠社刊行，有陈世埈等人序。

（明）程冲斗著《（秘本）少林弩法阐宗》由上海武侠社刊行。

（明）朱晋桢辑《橘中秘》（1—4 卷）刊行。

（清）王仲初绘《王仲初仿宋元山水真迹》刊行。

（清）王翚绘，有正书局审定《王石谷山水册》由上海有正书局刊行。

（清）王翚绘，有正书局审定《石谷洞庭秋色图长卷》由上海有正书局刊行。

（清）王翚绘，美术研究会审定《石谷太白观泉图长卷》由上海有正书局刊行。

（清）王翚绘，美术研究会审定《石谷竹林渔村图长卷》由上海有正书局刊行。

（清）王翚绘《王石谷溪山霁雾图卷》由上海有正书局刊行。

（清）王翚绘《石谷老年拟古册》由上海有正书局刊行。

（清）王翚绘《石谷洞庭秋色》刊行。

（清）石涛绘《大涤子山水册》由上海有正书局刊行。

（清）华岩绘，美术研究会审定《华新罗八段锦画册》由上海有正书局刊行。

（清）伊秉授作《默盒集锦》刊行。

（清）孙景绘《孙景墨兰》由上海游艺图书社刊行。

（清）吴历（原题墨井道人）绘，有正书局审定《吴墨井画王石谷小影留耕图卷》由上海有正书局刊行，有翁同龢、邵松平等人的跋。

（清）改琦绘，美术研究会审定《改七芗红楼梦临本》由上海有正书局刊行。

（清）陈书绘《南楼老人花鸟山水册》由上海有正书局刊行。

（清）罗聘绘，美术研究会审定《罗两峰画册》由上海有正书局刊行。

（清）项圣谟绘《项孔彰山水人物册》由上海有正书局刊行。

（清）恽寿平绘，中国金石书画会审定《南田花卉山水合册》由上海有正书局刊行。

（清）恽寿平绘，美术研究会审定《御题南田山水花卉册》由上海有正书局刊行。

（清）恽寿平绘《恽南田山水画册》由上海有正书局刊行。

（清）费晓楼绘，美术研究会审定《费晓楼临耕烟十万图》由上海有正书局刊行。

（清）费晓楼绘《费晓楼仕女册》由上海文明书局刊行。

（清）顾洛绘《顾西眉仕女人物大册》由上海有正书局刊行。

（清）徐大椿著《乐府传声》由上海群学会刊行，有著者序。

（清）徐渭绘，美术研究会审定《徐青藤墨笔花卉》由上海有正书局刊行。

（清）翁方纲、何绍基著《翁何宝真斋法书赞评校》由北平中华图书馆协会刊行。

（清）童皑绘，文明书局审定《童西爽花鸟草虫册》由上海文明书局刊行。

（清）蓝瑛绘，有正书局审定《蓝天叔山水册》由上海有正书局刊行。

（清）陈澧著《切韵考外篇》由国立暨南大学刊行。

（清）程允升原著，［清］邹圣脉增补，谢梅林、邹可庭参订，石韫玉重校《（言文对照）幼学故事琼林》（上册）由上海广益书局刊行。

（清）吴楚材、吴调侯编选，熊觉先注《（标点评注言文对照）古文观止》（1—4册）由江西励进图书社刊行。

（清）过商侯选编《（精校详注）古文评注》（第1—4册）由上海鸿文书局刊行。

王伯生著《魏晋玄学考》刊行。

按：是书内容有：玄学源流，魏晋以前儒术之盛，玄学之蝉蜕时期与萌芽时期，魏晋时代政治之促成，魏时玄学之初盛，晋代玄学之大盛，玄学之影响及结论。

李翊灼著《佛家哲学》由国立中央大学刊行。

李翊灼著《佛学伪书辨略》刊行。

北美国外布道协会等编《传福音的保罗》由中华全国基督教协进会刊行。

卜相贤、刘学濮合著《人类的方向》刊行。

蔡慎鸣著《醒心曲大同忏合编》刊行。

曾金编《耶稣传记》由上海经纬书局刊行。

常福元编《八字辨惑》由江苏南京教育部通俗教育研究会刊行。

常惺讲《人生的意义何在》由北平华北居士林刊行。

超一传授《四臂观世音菩萨简略专修仪规》由山东青岛密宗护国息灾法会刊行。

陈镜伊编《考试佳话》由上海道德书局刊行。

陈镜伊编《巧谈》由上海道德书局刊行。

陈希夷著《神相铁关刀》由上海锦章书局刊行。

陈垣著《雍乾间奉天主教之宗室》刊行。

丑先难著《快乐无双》由上海佛学书局刊行。

慈忍室主人编《尺牍》由上海佛学书局刊行。

慈忍室主人编辑，太虚审定《伦释》由上海佛学书局刊行。

慈忍室主任编，太虚审定《笔记》由上海佛学书局刊行。

慈忍室主任编，太虚审定《讲演集》由上海佛学书局刊行。

慈忍室主任编，太虚审定《论文集》（上册）由上海佛学书局刊行。

慈忍室主任编，太虚审定《文选》由上海佛学书局刊行。

戴教师述《辅助传教》刊行。

戴教师述《望教须知》刊行。

戴遂良著《戴士劝语》（1—2 册）由天主堂刊行。

戴遂良著《敬慕圣体》刊行。

卜相贤编译《仁慈之父——方济》由天津刊行。

丁实存著《历代哲布尊丹巴呼图克图传略》刊行。

丁志麟著《杨淇园先生事迹》由上海土山湾印书馆刊行。

督导旬报编《雷主任公毕返团主保瞻礼联合庆祝大会纪念册》由军委会华北战地督导民众服务团刊行。

段祺瑞著《时轮金刚法会缘起》刊行。

范古农讲，郁延年、张元成笔述《净土之理》由天津佛典流通处刊行。

公交道理教科书编辑会编《公教道理教科书》（1—8）由山东兖州保禄印书馆刊行

公教真理学会编《不可不知》由香港公教真理学会刊行。

公余修养会编《公余修养会》由江苏南京编者刊行。

广弘明著《弘明集》刊行。

广州基督教青年会编《广州基督教青年会民国十一年至二十年财政报告》由广东广州基督教青年会出版刊行。

何赓诗著《补满基督患难的缺欠》由山东藤县华北神学院刊行。

胡准编《避静便览》由海门天主教刊行。

华北神学院编著《以赛亚书讲义》由编者刊行。

华北中华基督教团本部编《华北中华基督教团各级会章程》由北平编者刊行。

华严疏钞编印会编《华严疏钞会本略说》由上海编者刊行。

黄忏华著《药师七佛法会发愿文略释》刊行。

黄庆澜著《普贤行愿品白话解释》由上海佛学书局刊行。

黄渔深编《真道纲要》由上海业余圣经夜校刊行。

黄渔深编著《全备救恩》由中国基督徒业余圣经夜学促进会刊行。

基督复临安息日会远东总会家庭布道部编《家庭布道宝鉴》由编者刊行。

江苏教区办公处编《公祷文暨普天颂费简本》由上海编者刊行。

金昌编《因果录初集》刊行。

金侗盦编《房中八段功》由上海武侠社刊行。

柯固道、戴俊三编《中华基督教会》刊行。

李圆净(荣祥)著《地藏菩萨圣德问答》由上海佛学书局刊行。

刘冕执著《一教说》刊行。

刘乃义著《郎世宁修士年谱》由天津刊行。

刘汝霖编著《佛教地理》刊行。

刘智著《五功释义》刊行。

骆岫青著《唯识三十颂增释》刊行。

曼殊等著《儆告十方佛弟子启告宰官白衣启合刊》刊行。

牟作梁、李道昌著《拯救人灵秘诀》由华洋印书局刊行。

牟作梁、李道昌著《大造实证》由山东济南华洋印书局刊行。

牟作梁、李道昌著《论理科学证主实有》由山东济南华洋印书局刊行。

牟作梁、李道昌著《祈祷望弥撒》由山东济南华洋印书局刊行。

牟作梁、李道昌著《为什么恭敬天主呢?》由山东济南华洋印书局刊行。

牟作梁、李道昌著《真教的记号》由山东济南华洋印书局刊行。

牟作梁著《论弥撒圣祭》(上)由山东济南华洋印书局刊行。

牟作梁著《论弥撒圣祭》(中)由山东济南华洋印书局刊行。

牟作梁著《为什么恭敬天主呢?》由山东济南华洋印书局刊行。

穆德著《教会今日应有的三大觉悟》由中华全国基督教协进会刊行。

南京金陵神学院乡村教会科编《乡村教会调查》由江苏南京编者刊行。

能海著《律海十门》刊行。

倪析声著《灵魂体的总论》由上海福音书局刊行。

潘来仪编著《参观圣堂》由山东兖州保禄印书馆刊行。

裴道安著《国光团》由四川成都中华基督教教会四川协会文字部刊行。

普善社编《普善真言》由上海刊行。

亓光斗著《乡村教会》刊行。

钱团运著《双十年》(原名《十年中的神迹》)刊行。

任矜苹著《中国治乱形数研究录》刊行。

山东佛教会编《现代弘法方针案》由山东编者刊行。

上海慈善汇报总发行部编《果报述闻》由上海明善书局刊行。

上海基督教中国青年会编《上海基督教中国青年会章程(汉英合刊)》由编者刊行。

上海青年会编《力的创造(上海中华基督教青年会三十五周年纪念册)》由上海编者刊行。

上海世界素食同志联合会编《世界素食同志联合会缘起及组织大纲》由编者刊行。

上师月宫大士造，汤芗铭译《菩萨戒二十颂》刊行。

邵康节著《神机妙算铁板数》（上下册）由上海锦章书局刊行。

圣母无染原罪始胎会编《上海董家渡圣母无染原罪始胎会成立八十周纪念（1862—1942年）》由上海编者刊行。

十相贤等编著《奥斯定》刊行。

石天民译《为主立志》由上海基督福音书局刊行。

时兆报馆编《安息日正论》由上海编者刊行。

时兆报馆编《书报员补助》由编者刊行。

释念死著《念死法师年谱》刊行。

书玉著《礼佛发愿文略释》刊行。

宋仁化著《神人谈话记》刊行。

孙奏庭编《慈护编》由上海世界佛教居士林刊行。

太虚讲，心月、演培记《佛教调正》刊行。

太虚讲，虞德元记《法相唯识学概论》由厦门慈宗学会刊行。

释倓虚著《读经随笔》刊行。

檀仁梅著《邵武云坪山空道教的初步研究》由福建协和大学中国文化研究会刊行。

天勇著《圣学问答》第1册由中国圣学讨论会刊行。

万代牧著《领洗前后圣典》由山东兖州府天主堂印书馆刊行。

万德森等著，陆琪臣、李抱忱译《耶稣为生命之光——个人灵修及家庭崇拜手册》由中华全国基督教协进会刊行。

王昌社编《良心与道德》由香港新生出版社刊行。

王昌社编《思想与脑》由香港新生出版社刊行。

王昌社编《我们需要整个的真理》由香港新生出版社刊行。

王昌社编《我是什么？》由香港新生出版社刊行。

王恩洋编《唯识通论》刊行。

王弘愿著《真言教之根本问题》由震旦密教重兴会刊行。

王廉著《国家与世界大同》由上海土山湾印书馆刊行。

王廉著《人格的教育》由上海土山湾印书馆刊行。

王廉著《人生的意义》由上海土山湾印书馆刊行。

王廉著《社会事业与慈善事业》由上海土山湾印书馆刊行。

王廉著《世界上的财富是为谁的？》由上海土山湾印书馆刊行。

王廉著《天主与科学》由上海土山湾印书馆刊行。

王廉著《为什么天主许有教难》由上海土山湾印书馆刊行。

王廉著《幸福家庭》由上海土山湾印书馆刊行。

王廉著《耶稣基督的在世代权》由上海土山湾印书馆刊行。

王廉著《耶稣基督所讲的天堂地狱》由上海土山湾印书馆刊行。

王廉著《原子能证明有神》由上海土山湾印书馆刊行。

王廉著《战争与和平》由上海土山湾印书馆刊行。

王廉著《政府与人民》由上海土山湾印书馆刊行。

王守礼著,张帆行译《传道员手册》刊行。

王肃达编《王肃达氏绘制公教要理圣像说明》刊行。

畏因同学会编述《心经释义》刊行。

魏善忱编《真谛留华年谱》刊行。

翁金生等编《信者得救》由天津编者刊行。

吴止禅著《读经自录》刊行。

武幼安编著《小学生问答》(1—5册)由香港慈幼印书馆刊行。

鸾降著《无极内径》由云南同善社锓版刊行。

萧昌明讲,上海宗教哲学研究社编《人间火宅》由上海编者刊行。

谢颂羔著《约三老人》(寓言)由上海广学会刊行。

许嘉禄编《讲道适用》全2册刊行。

杨老穷著《人鬼通灵录》(上卷)刊行。

姚瞻旂编《阴阳二宅全书》(上下册)由上海进章书局刊行。

印光法师永久纪念会编《印光大师永久纪念会会章》由编者刊行。

印光著《初机先导》由上海道德书局刊行。

印光著《三归五戒十善义》由北平中央刻经院刊行。

印光著《挽回劫运护国救民正本清源论》由广东隐名氏刊行。

印光著《印光法师息灾卫生豫说》刊行。

右髻道人删定《图说水镜神相》由上海锦章书局刊行。

余嘉锡著《北周毁佛主谋者卫元嵩》由北平辅仁大学刊行。

余日章著《公民教育运动说明书》由上海中华基督教青年会全国协会书局刊行。

圆瑛等著《佛教第一公墓辈程》。

云南基督教青年会编《请问——云南今日的青年需要什么》由编者刊行。

张颐甫等著《八德记事》由上海明善书局刊行。

张郁岚编著《到底有没有神》(附神爱世人)由厦门基督徒聚会处刊行。

中华公教信友进行会总部编《中华公教信友进行会章程》由北平编者刊行。

中华函授学校编《旧约史记讲义》由编者刊行。

中华函授学校编《新约史》刊行。

中华函授学校编《新约史记》刊行。

中华函授学校编著《使徒行传》由编者刊行。

中华基督教会全国总会编《教会如何改变社会》由四川成都英华书局刊行。

中华基督教会全国总会编《圣经何以是上帝的道》由上海编者刊行。

中华基督教会四川协会文字部编《孩童崇拜故事集(7)》由四川成都华英书局刊行。

中华基督教会四川协会文字部编《孩童崇拜故事集(9)》由四川成都华英书局刊行。

中华基督教教育会著《学生个人问题教授法》由上海编者刊行。

中华基督教女青年会编《会务鸟瞰》由上海编者刊行。

中华全国基督教协进会编《困难祷文》由四川成都华英书局刊行。

中华总会安息日学部编《生利捐大会节目·奋兴大会节目》由上海编者刊行。

中央刻经院佛经善书局编《观世音经》由北京编者刊行。

周连墀著《传信与圣伯铎二善会史略》由北京公教教育联合会刊行。

周叔迦著《虫叶集》刊行。

周叔迦著《天台宗思想》刊行。

周蜀云等著《陆德音女士荣哀录》由贵州贵阳基督教女青年会刊行。

朱友渔编《吴虹钰先生传》刊行。

爱德华·登纳著，许景文译《神秘的圣洁》由上海基督福音书局刊行。

白德美纪念出版社编《公教小读物丛刊(目录)》由慈幼印书馆刊行。

比格肋威连著《儿童神粮》(上中下)由山东济南华洋印书局刊行。

碧湖鸥客著《冰鉴集》由怡庐刊行。

宾路易著《一篇关于圣灵的谈话》由上海福音书房刊行。

陈文荃编《政治学大意》刊行。

陈宗蕃编《政治学》由政治学社刊行。

程伯超编著《政治学概论》刊行。

邓燮鼎编《政治常识》由四川成都中央陆军军官学校成都分校政训科刊行。

邓尧佐编《政治学概论》由中国国民党广东省执行委员会党务工作人员训练所编译部刊行。

国民革命军广东守备军干部教导队编《政治学浅说》由编者刊行。

军需学校编《政治学教程》由编者刊行。

李一尘编述《政治学概论》由广西初中军训总队政训组刊行。

梁启超著《政治学新论》由上海广智书局刊行。

刘彦著《政治学》刊行。

吴浴文编著《政治学原理》刊行。

殷汝熊编《政治学》刊行。

中央陆军军官学校政治训练处编《政治学概要》由编者刊行。

邹炽昌编《政治学概论》由广东地方武装团体训练员养成所政治训练部刊行。

陈振鹭著《政治制度》由上海法政学院刊行。

郭步陶编著《人民本位的世界观》由上海东南日报刊行，有编著者序和编后记。

陈顾远编《团体自治论》刊行。

陈化奇著《实用行政学要义》由两间书屋刊行，有自序。

郭寿华著《人事管理学》刊行。

沈国新编《警察学纲要》由上海市警察局警士教练所刊行。

毛文佐编著《刑事警察纲要》由中央警官学校刊行。

内政部警政司编《警察教范》(2册)由编著刊行。

程德受编著《外事警察》由中央警官学校刊行。

广西省政府编《警察防空勤务须知》由编者刊行。

广西省政府编《战时警察业务摘要》由编著刊行。

黄深编《警鸽学》刊行。

青岛市公安局编《警察操典草案》由编著刊行。

上海市警察局警察训练所编《行政警察》由编著刊行。

上海市警察局警察训练所编《警察实务》由编著刊行。

上海市警察局警察训练所编《刑事警察》由编著刊行。

上海市警察局警察训练所编《侦探学概要》由编者刊行。

谭传恺编《警察实务》由政法学社刊行。

王家襄编述《警察学》刊行。

王家襄编述《司法警察》刊行。

张闻乐编《警察人事管理》由中央警官学校刊行。

王雄编述《交通警察讲义》由上海市警察局警察训练所刊行。

徐励编《交通警察》由浙江省警官学校刊行。

徐维新编《交通警察大要》由中央警官学校刊行，有序言。

周代殷著《警察的新生活》由江苏南京正中书局刊行。

《警察统计》由上海世界书局刊行。

李士珍讲，中央训练团党政训练班编《我国警政问题之检讨与改进》由编者刊行。

李士珍著《中国警察行政之检讨与改进》由中央警官学校刊行。

吕诚之著《中国政体制度小史》由上海中山书局刊行。

按：是书介绍中国政体制度的沿革、共和传说、蒙古选君制度，并探讨我国民主思想的根源等。

贺昌群著《两汉政治制度论》刊行。

马奉琛编《清代行政制度研究参考书目》由北京大学刊行。

李飞鹏编述《历代人事行政制度》刊行。

许寿裳编《历代人事制度述要》由党政军人事管理人员第二训练班刊行。

按：是书为历代人事制度述要的考选之部。分考选在人事制度之地位、考选二字之意义、周官王制庚称之选举、汉代科举之原始、汉代学校之渊源、唐宋两代科举概况、唐宋两代学校与科举之互为盛衰、明清两代科举之混合制、清代学校科举末流之弊 9 章。

罗敦伟著《平民政治》刊行。

上海法政学院编《政党论》由编著刊行。

伍澄宇著《市政学大纲》由阳明学会刊行。

吕有芬编《市政》刊行。

严恩柞编《市政》由江苏江苏省区长训练所刊行。

杨吉孚著《市政学讲义》刊行，有著者序。

张金鉴著《行政管理学》刊行。

郑荣声等编《市政概要》刊行，有唐继虞序。

张锐编著《市行政学讲授纲要》刊行。

徐汉豪编《行政学纲要》刊行。

麦利安著，张澍霖译《专家在公共行政机构内所占的地位》刊行。

姬步周编著《地方行政管理》由陕西西安政教学会刊行，有刘季洪序及自序。

徐永原、李民本述《民政概要讲义》由省县人民训练所刊行。

吴昆吾著《内阁制平议》刊行。

叶传骧编《捕绳术》由中央警官学校刊行。

［瑞士］赖斯著，吕敦亮译述《警政改造论》刊行。

赵如巧编《自治制度概要》由内政部县政人员刊行。

胡继纯、谢德风编著《民族自决问题》由长沙商务印书馆刊行。

按：是书分名词的确定，民族形式的因素及其本质，民族自决的意义和历史，民族自决运动之背景和理由，民族自决的方式，民族自决的限制6章。

刘少奇著《论国际主义与民族主义》由新潍坊报刊行。

中央航空学校编《如何联合弱小民族》由编者刊行。

周安国著《现阶段民族问题十讲》刊行。

《国民精神总动员纲领及办法》由镇海县抗卫会战时教育文化事业委员会刊行。

《群运工作经验介绍》由辽东书店刊行。

察哈尔省政府秘书处编《察哈尔省政府三十六年度政绩比较表》由编者刊行。

柴组武编《国民精神总动员问答》由绍兴抗战建国社刊行。

陈季博、赵石龙等编述《中国国民党史》由上海党务训练所刊行。

陈毅夫等著《如何克服四川县政之困难》由四川成都实际出版社刊行。

陈因著《南洋华侨概述》由江苏南京华侨互济社刊行。

邓嗣禹著《中国考试制度史》由考选委员会刊行。

董中生著《大战中的县政》由民族日报社刊行。

胡仲强著《广东地方警卫队编练经过》由广东地方警卫队编练委员会刊行。

蒋介石著《国民精神总动员》由浙江于潜县抗日自卫委员会刊行。

蒋介石著《新生活纲要》由中央航空学校政治训练处刊行。

交通大学山西同学会等编《阎锡山治晋暴行实录》由编者刊行。

金铁群著《拉林平分土地突点经验》由群众编委会刊行。

军政大学吉林分校政教科编《土地政策》由编者刊行。

李二曲辑著《李二曲先生司牧宝鉴匡时要务合刊》刊行。

刘潜贫著《粹庙三策》由北平著者刊行。

刘少奇等著《论思想意识》由中国人民公论刊行。

马震崑著《观我集》由贵州思南县公署刊行。

马扬生著《暹罗华侨》由教育部民众读物编审委员会刊行。

穆文富著《中国国民问题论丛》由北平回民特刊社刊行。

南京特别市政府秘书处编译股编《南京特别市政府工作总报告》由江苏南京特别市政府秘书处刊行，有刘纪文像和弁言。

内蒙古日报社编《群工手册》由内蒙古书店刊行。

宁夏省政府秘书处编《宁夏省政府三十五年度政绩比较表》由编者刊行。

彭真等著《把农民队伍组织好》由晋察冀党委刊行。

漆淇生等著《民众与抗战》由战时出版社刊行。

三民主义同志联合会编《三民主义同志联合会第四次政治会议政治报告》由编者刊行。

四川省训练团研究部编《县政建设计划纲要》由四川省训练团研究部刊行。

孙中山讲演，中国国民党福建省党务指导委员会宣传部编《总理对青年说的话》由编者刊行。

王道编《吏治史略》由北平内务部编译处刊行。

暹罗华侨报界公会编《祖国代表团演讲集》编者刊行。

萧一山著《清代督抚表》由北平文史政治学院刊行。

新长城社编《敌后抗日民主根据地介绍》由扶余解放社刊行。

杨开道著《中国乡约制度》由山东省乡村服务人员训练处刊行。

杨尚昆著《巩固抗日民主根据地及其各种政策》刊行。

亦伯编《新民主主义问答》由美华编印社刊行。

俞省羞著《东北实地调查记》由上海著者刊行。

陈冠六、冯国桢编《现行地方自治制度讲义》由江苏省区长训练所刊行。

陈果夫编《总裁对于人事制度之训教》由党政军人事管理人员第二训练班刊行。

川灾善后研究会编《川灾问题》由编者刊行。

张悠悠编《国民精神总动员浅说》由教育部民众读物编审委员会刊行。

镇海县抗日自卫委员会战时教育文化事业委员会编《五中全会总裁开会词大会宣言》由编者刊行。

中共沈阳特别市工委宣传部编《知识分子政策》由编者刊行。

中国国民党江苏省党务整理委员会编《中国国民党重要宣言汇刊》由编者刊行。

中国国民党上海特别市党部宣传部编《宣传要件》由上海编者刊行。

中国国民党云南省党务指导委员会训练部编《党史概要》由编者刊行。

中央陆军军官学校政治训练处编《中国国民党史略》由编者刊行。

中国国民党浙江省党务指导委员会宣传部编《整理党务的理论》由编者刊行。

中国国民党中央执行委员会宣传部编《民众如何抗战》由编者刊行。

中国人民公论社编《学习与工作》由中国人民公论社刊行。

中国文化学会南京分会编《新生活运动之要义与实施》由编者刊行。

中央秘书处文化驿站总管理处编《哲学与教育对于青年的关系》由重庆编者刊行。

中央组织部编《地方党务工作讨论会纪要》由编者刊行。

中原大学政治学院编《知识分子改造问题》由编者刊行。

周世辅著《中国青年与中国之命运》由福建永安胜利出版社福建分社刊行。

《党旗与国旗》由杭州正中书局刊行。

《高等考试普通行政人员考试全书》由上海三民公司刊行。

《惊心动魄之日本满蒙积极政策》由江苏苏州中学党义研究会刊行。

曹保章编著《中日问题》由四川省社会军训于部训练班刊行。

邓云特著《中国救荒史》由上海商务印书馆刊行。

按:是书分三编:历代灾荒的史实分析,历代救荒思想的发展,救荒政策的实施。附录中国历代救荒大事年表。

丁斐之编《中国政府与政党》由湖南长沙建国文化社刊行。

东北问题研究会编《中国发展东北之努力》由北平编者刊行。

杜久著,顾敦揉校阅《最近各国对华外交政策之检讨》由之江文理学院政治学会刊行。

广东省政府秘书处编译室编《地方自治浅说》由广东曲江编者刊行。

广东省政府秘书处编译室编《国家总动员浅说》由编者刊行。

国防部第二厅编《防谍保密》由编者刊行。

国际协报社译《日本政府侵略满蒙之秘密会议录》由上海大华印刷公司刊行。

国民外交协会编《国民外交协会上各国政府巴黎和会和请愿本国国会及政府书》由编者刊行。

行政院县政计划委员会编《总裁地方自治言论》由中央训练团刊行。

河南省赈务会编《二十年河南水灾施赈计划》由编者刊行。

黄浩然著《太平洋问题与中国》由江西南昌文化书店刊行。

金平欧著《对日决斗之认识与策动》由江苏南京拔提书店刊行。

军事委员会政治部编《宣传要点集》由编者刊行。

考试院考选委员会编《省县公职候选人考试制度概要》由编者刊行。

克来诺夫著，青山译《对日和约问题》由大连光华书店刊行。

匡文炳著《抗战时期的民众运动》由奋进社刊行。

王龙聿编《中国历代灾况与赈济政策》由重庆独立出版社刊行。

辽宁水灾急赈会编《灾赈专刊》由编者刊行。

凌道扬、徐维廉编《视察西北救济工作报告及建议》由美国救华救济联合会刊行。

旅平河南赈灾会编《旅平河南赈灾会征信录》由编者刊行。

青海省社会处编《青海灾情实况》由编者刊行。

刘敦安编《中日问题》由中华民国国民革命抗日救国军第四集团军干部政治训练班刊行。

龙璆编《乡村工作概要》由编者刊行。

上海机制国货工厂联合会辑《日本田中内阁侵略满蒙之积极政策》由辑者刊行。

沈宝善译《华盛顿会议关于中国问题》刊行。

师连舫编《保卫制度》由中国国民党中央执行委员会组织部刊行。

田中义一等著《日本田中内阁侵略满蒙积极政策奏章》由上海法学院抗日救国会刊行。

杨权甫编述《国家总动员》由军事委员会西北干部训练团刊行。

叶景莘著《撤废势力范围论》由北平国际研究社刊行。

殷体扬编著《中国市政问题》由重庆中央警官学校刊行。

战区难民移植协会筹备处编《战区难民移植计划草案》由上海编者刊行。

赵瑞熊著《原子炸弹之控制与消灭》刊行。

浙江省地方自治专修学校编《地方自治资料》由编者刊行。

正路出版社编《中国国民党党员与地方自治》由正路出版社刊行。

中国国民党广东省执行委员会编《战时宣传技术》由编者刊行。

中国国民党江苏省党务指导委员会民众训练委员会编《中国国民党民众运动理论汇刊》由编者刊行。

中国红十字会编《浙灾写真》由上海编者刊行。

中华警察学术研究社编《社员修养丛书》刊行。

中央航空学校编《中国边疆问题》由编者刊行。

中央警官学校训育室编《政治讨论会汇刊》由编者刊行。

中央军事政治学校编《中央军事政治学校政治教育大纲》由编者刊行。

中央陆军军官学校高等教育班编《动员计划》由编者刊行。

朱庭祜著《川滇黔康边区建省刍议》由著者刊行。

胡继纯、谢德风编著《民族自决问题》由商务印书馆刊行。

刘仁航拟《上五中全会创造大同国际请愿书》刊行。

刘少奇著《论国际主义与民族主义》由新潍坊报刊行。

马舍符著《藏胰劫余》由北京进化书局刊行。

上海法政学院编《政党论》由编著刊行。

斯大林著《论民族问题》由西北新华书店刊行。

孙远讲《世界文化导源》由上海大成书社刊行。

吴剑丰拟《唯一救国策》刊行。

赵兰坪著《各派社会主义之研究及其批评》由中央党务学校刊行。

中华全国总工会省港罢工委员会教育宣传委员会编《世界职工运动》由编者刊行。

中央航空学校编《如何联合弱小民族》由编者刊行。

周安国著《现阶段民族问题十讲》刊行。

邹志奋著《共产国际解散后在各国的反响》由重庆独立出版社刊行。

林伯修著《特克诺克拉西》由上海五友图书印刷公刊行。

胡蘧然著《殖民政策》由上海启智书局刊行，有邓梦仙序。

曹国中主编《正视》由大夏大学政评刊物第1期刊行。

曾克著《日本军阀非坍台不可》由军事委员会政治部刊行。

陈伯达著《评〈中国之命运〉与介绍〈中国之命运〉》由牡丹江书局刊行。

陈伯达著《人民公敌蒋介石卖国新二十一条》由陕甘宁新华书店刊行。

陈中孚、何世桢著《我们的立场和战问题的基本认识》由中国新同盟会宣传部刊行。

成惕轩著《民族气节论》由重庆国民图书出版社刊行。

程鹏编《抗战以来蒋委员长言论集》由芷江出版社刊行。

邓锡侯讲《战争救国与救国战争、南京政府降日的必然性与惯性》刊行。

国民革命军第四集团军总司令部政训处编《李总司令宗仁抗日救国言论》刊行。

郝玲星著《两年来日本吃了多少亏》由军事委员会政治部刊行。

郝玲星著《小小日本》由军事委员会政治部刊行。

何树萍著《中国的朋友》由军事委员会政治部刊行。

胡汉民著《胡汉民先生遗教辑录》由中国国民党中央执行委员会西南执行刊行。

胡汉民著《胡汉民先生名著集》由军事新闻出版社刊行。

胡汉民著《胡先生遗教选集》由广西民团干部学校刊行。

蒋介石讲《蒋总裁抗日必胜十讲》由上海新运促进会刊行。

蒋介石著，第四战区政治部编《国策准绳》由编者刊行。

教育部民众读物编审委员会编《认识我们的敌国》由编者刊行。

雷殷著《帝国主义与中国》由民国大学出版部刊行。

李铁夫主编《建国微言》由民锋报社刊行。

林洛著《团结》由军事委员会政治部刊行。

林翼中著《林翼中最近演讲录》由广东广州特别市党部民众训练委员会刊行。

刘湛恩等著《废止内战运动》刊行。

卢瀛洲著《国际联盟研究》由上海商务印书馆刊行。

吕振羽著，湖南文化界抗敌后援会训练部编《抗战的前途》刊行，有著者序。

马超俊著《马超俊先生演讲集》由江苏南京市政府秘书室刊行。

民族解放青年社编《斯大林与中国的苏维埃》由民族解放青年社刊行。

铁血抗日团编《抵抗日寇的切要工作》由编者刊行。

杨东莼著《抗战的形势》由广西桂林文化供应社刊行。

叶青著《抗战的根本问题》由民族出版社刊行。

恽代英编《政治讲演大纲》刊行。

张厉生著《军人与政治、政治与政客》由北平人民评论社刊行。

张雪岩等著《沧南行》由香港自由文丛社刊行。

中国国民党中央委员会宣传部编《蒋委员长关于革命之理论》由编者刊行。

中央航空学校编《独裁政治与民主政治何者适宜于中国》由编者刊行。

中央训练团编《团长最近训词补编》由编者刊行。

周恩来等著《论时局》由苏中出版社刊行。

朱谦之著《国民革命与世界大同》由上海泰东书局刊行。

梁寒操编《总理遗教研究六讲》由军事委员会政治部刊行。

新中国出版社编《总理遗教表解》由台北新中国出版社刊行。

阎锡山著《阎司令长官朝会讲话》由抗战复兴出版社刊行。

汪精卫著《汪党代表讲演集》由广东广州中国国民党陆军军官学校政治部刊行。

北平特别市妇女协会编《北平特别市妇女协会工作计划大纲》由编者刊行。

曹任远等著《三民主义概说》由上海三民书店刊行。

萨孟武著《三民主义之科学的研究》由中央陆军军官学校政治部刊行。

中国国民党国民革命军东路军总指挥部政治部编《三民主义浅说》由编者刊行。

华北政务委员会情报局编《英美罪恶史》由编者刊行。

江西妇女指导处编《我们的主义》由编者刊行。

女青年会编《新妇女与新中国》由编者刊行。

中共天津市委会妇女工作委员会编《妇女运动文选》由编者刊行。

柳缇等著《青年与抗战》由战时出版社刊行。

罗虔英、李乡朴著《在红旗下集合》由上海中国合作青年出版社刊行。

内务部编译处编《世界大势》(第1号)刊行。

内务部编译处编《世界大势》(第2号)刊行。

内务部编译处编《世界大势》(第3号)刊行。

内务部编译处编《世界大势》(第4号)刊行。

内务部编译处编《世界大势》(第5号)刊行。

羊蹇等著《日苏必战论》由战时出版社刊行。

周酉村著《战后世界形势》由江苏南京时代书报杂志社刊行。

郭洛文等著《日本在华的间谍网》由战时出版社刊行。

张锐著《日本市政府》刊行。

张维翰著《北日本视察记》由著者刊行。

张友渔著《日本的将来》由星期快报社刊行。

八路军总政治部敌工部日本问题研究会编《日本便览》由编者刊行。

陈伯康编《游击干部训练班日本研究教程》刊行。

　　按:是书分6章。讲述日本帝国主义的本质,日本社会的经济基础,战时经济政策,日本法西斯精神总动员的失败,以及日本对外关系等。有编者的话。

张仲实等著《走上绝路的日本》由上海战时出版社刊行。

陈有丰著《日本考试制度调查报告书》刊行。

国民政府军事委员会战时工作干部训练团第三团政治部编《日本研究讲授大纲》由编者刊行。

国民政府军事委员会政治部第三厅第三科编《敌情研究》由编者刊行。

吴嘉棠著《日本的谜底》由上海英文大美晚报刊行。

华北政务委员会总务厅情报局编《日本内阁》由编者刊行。

奇丕彭著,徐昔编《一个反间谍对于倭寇的分析》刊行。

天白编《敌国近情》由上海明明书局刊行。

铁血抗日团编《日本的危机》由编者刊行。

王纪元等著《日本国内的革命怒潮》由战时出版社刊行。

谢南光著《日本主义的没落》由重庆国民图书出版社刊行。

姚宝猷著《日本帝国主义的特性》由重庆商务印书馆刊行,有著者前言、郑英中序及自序。

张友渔等著《现阶段的日本动向》由上海晦明出版社刊行。

张友渔著《东京的统治者》由重庆读书出版社刊行。

　　按:是书评述日本法西斯政权的萌芽、树立、现状及其前途,包括东条内阁的产生、本质及内外政策,法西斯政权崩溃的必然性等。有著者的话。

康玺琛编述《外蒙内幕》刊行。

庄仪著《朝鲜独立问题》由建国出版社刊行。

承纪云编著《朝鲜南北极》由空军总司令部政工处刊行。

　　按:是书包括朝鲜的革命运动、独立与分裂、南韩政情内幕、美国统治南韩的建树、联合国决议、北禅会议的插曲、南北韩选举、美苏矛盾的缕柄、朝鲜未来的命运等。

胡树藩著《现代印度论》由四川成都新西出版社刊行。

张伯谨著《东南亚洲之现在与将来》由重庆青年书店刊行。

柳乃夫著《欧洲问题的关键在哪里》由上海引擎出版社刊行。

张锐编著《德国市政府》由天津特别市政府市政传习所刊行。

刘元钊著《意大利法西斯运动》由上海经纬图局刊行。

驻华英美烟公司编《英美烟公司有限公司在华事迹纪略》由编者刊行。

中华全国总工会辑《工业与工运》由辑者刊行。

中国出版社编《香港经济年鉴》由编者刊行。

程守中著《工务管理》由上海机联会刊行。

王吉仁编译《钢铁的威力》由上海国民图书编译社刊行。

南京建设委员会编《电气建设》由编者刊行。

中国全国工业协会编《中国全国工业协会工作概要》由编者刊行。

中国全国工业协会编《中国全国工业协会报告书》由编者刊行。

方显廷著《中国工业之统计的分析》刊行。

陈伯达著《发展工业的劳动政策与税收政策》由中共沈阳特别市工委宣传部刊行。

中国纺织建设公司天津分公司编《工业关系法规汇编》由编者刊行。

国民政府公布《工业会法》由上海市工业协会刊行。

吴承洛编《今世中国实业通志》（上下册）由上海商务印书馆刊行。

吴半农著《日煤倾销中之中国煤问题》由社会调查所刊行。

国煤救济委员会编《国煤经济委员会专刊》刊行。

王少泉讲《王少泉先生演说词》刊行。

《开滦矿务总局及其员工》由编者刊行。

华东矿务公司编《华东煤矿矿务会议记录》刊行。

高旭征著,经济委员会就研究调查处编《东北采金矿之过去及将来》由编者刊行。

周茂柏著《后方机器工业机器调整问题》刊行。

中央机器厂编《创办中央机器制造厂之计划书》由编者刊行。

大中华兴业公司编《兴业汇编》由编者刊行。

浦东电气公司编《浦东电气公司营业报告》刊行。

顾葆常著《十年来之化学工业》由中华书局刊行。

方以矩著《制碱工业在台湾》由编者刊行。

伍德声著《四川省各县瓷器土调查报告》由四川省政府建设厅刊行。

中国纺织协会编《中国纺织协会第十三届年会刊》由编者刊行。

中国纺织建设公司上海第五纺织厂编《中国纺织建设公司上海第五纺织厂概况》由编者刊行。

穆藕初著《解决棉纺问题》由重庆农产促进委员会刊行。

李升伯著《十年来之棉纺织工业》由中华书局刊行。

顾毓珍著《我国急应自制人造丝》刊行。

刘瑚著《十年来自己植物油榨炼工业》由上海中华书局刊行。

中国植物油料厂编《中国植物油料厂十年经过》由编者刊行。

中国联合炼糖公司编《糖业在后方之贡献》由编者刊行。

曹铭先著《糖业》由中国工程师学会四川考察团刊行。

浙江省油茶棉丝管理处茶叶部编《浙江省之茶厂管理》由编者刊行。

中国盐业股份有相似编《中国盐业股份有限公司章程》由编者刊行。

天津久大精盐股份有限公司编《久大精盐股份有限公司招股简章》由编者刊行。

久大盐业公司编《久大的往绩和新使命》由编者刊行。

同仁泰盐业公司编《同仁泰盐业公司十七年历史》（上下册）由编者刊行。

山东省国货陈列馆编《济南卷烟工业》由编者刊行。

周鹤年编著《运输业概况》刊行。

交通部统计科编《民国十年交通部同国际图表汇编》由编者刊行。

交通部法规委员会编《交通法规汇编》刊行。

谢澄编著《成都市运输业概况调查》由四川省政府建设厅询问处刊行。

鞠清远编《唐代之交通》由国立北京大学出版组刊行。

许传荣、朱鸿昶编《铁路业务解说(货物篇)》由华北交通株式会社总裁室人事局人事课刊行。

王滋春、邱永禧、张述礼编《铁路业务解说(旅客篇)》华北交通株式会社总裁室人事局人事课刊行。

刘心铨著《华北铁路工人工资统计》由社会调查所刊行。

吕瑞庭著《铁路救亡篇》刊行。

锷铮著《亡国之统一铁路政策》刊行。

铁道部编《国民政府下之铁道事业》刊行。

刘传书著《非常时期之中国铁路运价问题》由编者刊行。

沈奏廷著《中国铁路货运业务问题》刊行。

铁道部联运处编《第十五次国内联运会议记录》由编者刊行。

铁道部联运处编《第十六次国内联运会议记录》由编者刊行。

南满洲铁道株式会社编《吾社之事业》由编者刊行。

李根源等著《滇缅铁道路线商榷文汇》由云南崇文印书馆刊行。

卢寿联著《锡沪长途汽车公路之我见》由编者刊行。

江苏建设厅编《江苏省建设进行概况》由编者刊行。

张锡安、郭涟清编《福建公路概况》由厦门风行印刷所刊行。

航海联义会编《航海联义会纪念特刊》由编者刊行。

孙德全编《列年海事提纲》由招商局刊行。

孙慎亲编《招商局史稿》刊行。

李国杰著《解决今日招商局问题之意见》由编者刊行。

李国杰编著《起死回生之招商局》刊行。

建设委员会编《东方大港之曙光》由编者刊行。

国民航空协会编《航空救国》由编者刊行。

李云良著《统制经济与中国航空》由中国经济学社刊行。

王仲武著《中国邮政统计》刊行。

天津电报局编《交通部天津电报》由编者刊行。

北平电信局编《电信指南》刊行。

朱其清著《电讯》由中国工程师学会刊行。

王晖著《商业应用尺牍》由上海大众书局刊行。

郭耀根编《现代商业经营法》由上海商务印书馆刊行。

李森堡著《同业公会研究》由青年书店刊行社刊行。

李紫池编《物价问题》由西北出版社刊行。

杨汝梅著《中国城中村制度与财政实况》刊行。

戴日镳著《战时田赋征实与战后粮食问题》由重庆独立出版社刊行。

鞠清远著《唐代的两税法》由北京大学刊行。

朱炳南、严仁庚著《中国之营业税》由国立中央研究院社会科学研究所刊行。

盐务讨论会编《盐务讨论会会议汇编》由编者刊行。

蒋士立编《国债辑要》由上海商务印书馆刊行。

贵州省财政厅编《贵州财政工作报告书》由同志印刷局刊行。

王学文编《货币论》由上海法政学院刊行。

铁道部法规编订委员会编《铁道法规类编》（上下编）由编者刊行。

中国国民党中央执行委员会编《文化运动纲领》由编者刊行。

中国科学促进会著《中国科学促进会缘起》刊行。

安若定述《大侠魂文化运动之使命》由江苏南京铸魂书局刊行。

张闻天著《抗战以来中华民族的新文化运动与今后的任务》刊行。

曹云祥著《西方文化与中国前途之关系》刊行。

曹挺光著《战时文化人的使命》由奋进社刊行。

毛泽东等著《新民主主义文化教育》由教育阵地社刊行。

杨杏佛讲《社会科学与自然科学》由山东青岛市观象台学术讲演会刊行。

余维炯著《文化界适应战斗单位论》由奋进社刊行。

上海市私立申报新闻函授学校编《新闻储藏研究》由编者刊行。

中央日报资料室编译《新闻自由宪章》由江苏南京中央日报资料室刊行。

王芸生、曹谷冰著《吴胡张时代的旧大公报》刊行。

王芸生、曹谷冰著《英敛之时代的旧大公报》刊行。

孙怀仁编《新闻学概论》由上海申报馆新闻函授学校。

中美日报读讯会编《新闻写法》由美商罗斯福出版公司刊行。

徐渊若编《新闻发行学》刊行。

张煦本讲《新闻采访》由国防部新闻局工作人员训练班第三班刊行。

谢六逸编《实用新闻学》由上海市私立申报新闻函授学校。

管翼贤著《新闻学总论》刊行。

按：是书分7节，论述新闻的定义、沿革与语源、种类，新闻价值的六元素，以及新闻与各方面的关系等。

新华社晋察冀分社编《新闻工作选集》（第2册）由冀鲁豫书店刊行。

燕京大学新闻学系编《新闻事业与国难》由编者刊行。

燕京大学新闻学系编《今日中国报界的使命》（第六届新闻学讨论会）由编者刊行。

冀东日报编《冀东日报周年纪念特刊》由冀东日报刊行。

谢六逸编著《国外新闻事业》由上海市私立申报新闻函授学校刊行。

张悠悠著《报纸常识》由教育部民众读物编审委员会刊行。

管翼贤著《报业管理》刊行。

章佩萱著《中国报业史》刊行。

按：是书分报纸及中国报业史、中国官报概要、中国民报、报纸与思想等4章。

邵介编述《中国报史述略》由福建中央日报社刊行。

罗又玄编《时事问题研究》由上海市私立申报新闻函授学校刊行。

陈语天辑《通信写作》刊行。

郭步陶编著《评论作法》（申报新闻函授学校讲义之五）由上海申报新闻函授学校刊行。

晨光出版公司编《苏联的出版事业》由编者刊行。

中联中华联合宣传处编《博爱》由编者刊行。

教育部社会教育司编《淞沪前线》由编者刊行。

豫鄂皖苏边区党政分会战地宣传委员会编《国民公约图解》由编者刊行。

王国维著《教育学》(江苏师范学堂讲授)由教育世界社刊行。

江苏各县筹备义务教育联合办事处编《农业做学教》由编者刊行。

江苏各县筹备义务教育联合处办事处编《教育哲学大意》刊行。

赵宪卿编述《蒙台梭利之教育》(察哈尔省立民众教育馆刊行之四)由察哈尔省立民众教育馆刊行。

朱景开编录《新教育的教条》由山西直隶第二师范学校校友会刊行。

梁玉润编《教育思潮概观》(怀集县立小学教师函授训练所讲义)由广东怀集中心书局。

江苏各县筹备义务教育联合办事处编《教育思潮概观》由编者刊行。

刘仁航编述《苏克雷地教育》由上海乐天修养馆刊行。

王克仁著《课程编制的原则和方法》(广西教育厅教育丛刊)由广西南宁教育厅编译处刊行。

江苏各县筹备义务教育联合办事处编《成绩考查法》(师资训练函授部讲义)由编者刊行。

陶行知著《新教学法》(新教育丛书)由大连大众书店刊行。

陶行知等著《新教学法》(新教育丛书)由中原新华书店刊行。

国立中央大学编《教育心理学》由美丰祥印书馆刊行。

江苏各县筹备义务教育联合办事处编《教育心理学大意》(师资训练函授部讲义)由编者刊行。

张德琇编造,艾伟指导修订《语数形测验》(第1—2类)由中华书局刊行。

唐守谦编《教育测验与统计纲要》由福建省小学教育训练所刊行。

江苏各县筹备义务教育联合办事处编《教育行政》由编者刊行。

吴家镇著《教育行政》(山东夏期讲习会丛书)由济南启明印刷社刊行。

浙江省教育厅编《县督学应取的途径》(地方教育行政丛书)由编者刊行。

丁重宣著《教育视导纲要》由福建省小学教员训练所刊行。

《公共学校园》由上海市教育局刊行。

福建省政府教育厅编《小学校舍建筑法》(地方教育辅导丛书)由永安编者刊行。

丁治修编著《国民学校教室布置法》(国民教育辅导丛书)由上海正中书局刊行。

李鑫编《师范讲义》(第2册)由湖北教育部刊行。

秦凤翔述《各国义务教育概要》(义务教育丛刊)由中央大学义务教育组委员会刊行。

《学校备忘录》由上海正中书局刊行。

邱椿讲述《三民主义教育学》由中央训练团党政高级训练班刊行。

江卓群编《党义教育》(师资训练函授部讲义)由江苏各县筹备义务教育联合办事处刊行。

文教工作新方向(陕甘宁边区文教大会特辑)由冀鲁豫书店刊行。

《关于建立新型正规教育制的决议摘要》(政策介绍之二)由中共沈阳特别市工委宣传

部刊行。

罗振玉著《各省十年间教育之计划》刊行。

邰爽秋等著，中国民生建设实验院研究处编《民生本位教育论文集》（第1集）由重庆民生文化社刊行。

钟鲁斋著《四年来中国教育之改进及其趋势》刊行。

新教育学会编《论教育工作的改造》（1）（新教育丛书）由大连大众书店刊行。

新教育学会编《论教育工作的改造》（2）（新教育丛书）由大连大众书店刊行。

全国教育会联合会编《全国教育会联合会关于改革学制系统各案汇刊》由广东广州翰文堂刊行。

教育部国民教育司国民教育辅导研究委员会编《国民教育实际问题小丛书》（第1辑）由湖北省政府教育厅刊行。

社会部组织训练司编《自由职业团体、普通团体及教育会法规汇编》由编者刊行。

中国教育学术团体联合年会编《中国教育学术团体联合年会提案汇编》由编者刊行。

中华教育改进社编《中华教育改进社附设施行教育心理测验讲习会简章》由北京编者刊行。

上海清寒学生服务社编《怎样发动推销书刊助学运动》由上海编者刊行。

北京大学学生会编《北京大学护校的意义及最近的经过》由编者刊行。

教育部编《各省市国民教育会议参考法规》由编者刊行。

冯国华著《宝山县督学视察指导报告书》（民国十六年第二学期）由江苏宝山宝山县教育局刊行。

浙江省教育厅编《章则示例》（地方教育行政丛书）由编者刊行。

湖北省教育厅编《湖北全省县区教育行政会议报告书》（湖北教育丛刊）由编者刊行。

雷沛鸿著《什么是国民基础教育》（国民基础教育演讲之一）由广西普及国民基础教育研究院刊行。

云南省教育厅编《云南全省教育会议改进全省教育方案》由编者刊行。

洛阳市文教局编《模范学校与模范教师》（新教育丛书）由中原新华书店刊行。

新教育学会编《模范学校与模范教师》（新教育丛书）由大连大众书店刊行。

陶行知、张宗麟编《晓庄学校每天生活考核表》由江苏南京晓庄学校刊行。

蒋维乔著《清末民初教育史料》（续）刊行。

蔡维乔著《从南京教育部说到北京教育部》刊行。

陈宝泉著《近代教育制度变迁小史》由北京国立北京师范大学校刊行。

浙江省教育厅编《儿童自治指导》（小学教育丛书）由编者刊行。

北平女红十字会香山慈幼院编《北平女红十字会香山慈幼院合办上海婴儿园章程》由上海编者刊行。

浙江省教育厅编《小学实际问题解答》（上下）（小学教育丛书）由浙江编者刊行。

胡葆良著《战时小学训育的实际》（初教组讲义第五种）由浙江省教育厅师资进修通讯研究部刊行。

国立浙江大学编《小学行政及教法》（第10册）（国立浙江大学初等教育辅导丛书）由杭州编者刊行。

浙江省教育厅编《小学训育标准草案》（小学教育丛书）由浙江编者刊行。

浙江省教育厅编《小学训育实施法》（小学教育丛书）由浙江编者刊行。

黄玉居编《怎样训练小学生》（经纬百科丛书）由上海经纬书局刊行。

邓焕然编《小学教学法》（怀集县立小学教师函授训练所讲义）由广东怀集中心书局刊行。

吴增芥编《新低级教学法》（师范新刊本）由上海儿童书局刊行。

河南开封教育局编《最经济的合科实验教学法》由开封编者刊行。

江苏各县筹备义务教育联合办事处编《单级研究》（师资训练函授部讲义第八种）由编者刊行。

上海特别市立日华小学校编《各种竞赛办法》由上海编者刊行。

上海中学实验小学编《科学的成绩考查法》由上海编者刊行。

浙江省教育厅编《自造测试的几个注意点》（小学教育丛书）由浙江编者刊行。

浙江省教育厅编《小学各科开始教学法》（小学教育丛书）由浙江编者刊行。

江苏各县筹备义务教育联合办事处编《社会做学教》（师资训练函授部讲义第13种）由江苏编者刊行。

上海中学实验小学编《低级日本研究教材》由上海编者刊行。

上海中学实验小学编《华盛顿整个教学纲要》（地方教育第五分区研究会丛刊）由上海编者刊行。

上海中学实验小学编《满洲研究教学大纲》（地方教育第五分区研究会丛刊）由上海编者刊行。

上海中学实验小学编《上中实小总理实地计划研究教学纲要》（地方教育第五分区研究会丛刊）由上海编者刊行。

上海中学实验小学编《首都研究教学大纲》（地方教育第五分区研究会丛刊）由上海编者刊行。

上海中学实验小学编《孙中山幼年时代整个教学纲要》（低级部）（地方教育第五分区研究会丛书）由上海编者刊行。

上海中学实验小学编《孙中山整个教学报告》（地方教育第五分区研究会丛刊）由上海编者刊行。

浙江大学编《三民主义教学法》（第7册）（国立浙江大学初等教育辅导丛书）由浙江编者刊行。

江苏各县筹备义务教育联合办事处编《国语做学教》（师资训练函授部讲义第10种）由江苏编者刊行。

俞子夷等编《小学缀法置表》由上海商务印书馆刊行。

卢树梅编《算术教学法》（怀集县立小学教师函授训练所讲义）由广西怀集县立小学教师函授训练所刊行。

江苏各县筹备义务教育联合办事处编《算术做学教》（师资训练函授部讲义）由江苏编者刊行。

江苏各县筹备义务教育联合办事处编《自然做学教》（师资训练函授部讲义第12种）由江苏编者刊行。

浙江省教育厅编《常识科开始教学法》(小学教育丛书)由浙江编者刊行。

浙江省教育厅编《音乐科开始教学法》(小学教育丛书)由浙江编者刊行。

浙江省教育厅编《美术科开始教学法》(小学教育丛书)由浙江编者刊行。

俞子夷编造《正书小字量表》由上海商务印书馆刊行。

浙江省教育厅编《体育科开始教学法》(小学教育丛书)由浙江编者刊行。

江苏各县筹备义务教育联合办事处编《体育做学教》(师资训练函授部讲义)由江苏编者刊行。

陈鹤琴编《小学默字测验》(第4类)由上海商务印书馆刊行。

黄裳、杨敏祺、李智著《识字测验》由广东广州刊行。

艾伟主编《小学国语默读测验》由国立中央大学教育学院刊行。

锦藻编《小学升学指导全书》(国语之部)由上海三民图书公司刊行。

张德征、邵鹤鸣、余汉编《安徽小学算术应用题练习测验》由安徽刊行。

艾伟、郭祖超编《小学算术测验》由国立中央大学教育学院刊行。

陈鹤琴编《小学常识测验》(第2类)由上海商务印书馆刊行。

陈鹤琴编《小学常识测验说明书》由上海商务印书馆刊行。

施咏湘编《玩具图说》(手工丛书)由上海商务印书馆刊行。

顾建新编《小学升学指导》由江苏苏州文怡书局刊行。

须养本著《与小学教师漫谈教育问题》由上海中国印书馆刊行。

董纯才等著《小学生活指导—参考材料》由冀东新华书店刊行。

顾旭侯编《小学校与家庭》由上海商务印书馆刊行。

国立浙江大学编《小学行政》(第1册)(国立浙江大学初等教育辅导丛书)由浙江编者刊行。

浙江省教育厅编《一个小学最低限度之表册》(小学教育丛书)由编者刊行。

四川省政府教育厅编《中心学校、国民学校各科教学要则》(国民教育丛刊)由四川成都编者刊行。

福建省政府教育厅编《国民学校行政》(国民师范学校讲义)由福建编者刊行。

温功义等著《我们的学校》(灿缦之园特刊)由北京京师公立师范附属小学校刊行。

陶端予著《杨家湾小学在摸索试验中的成长》由大连日报社刊行。

江苏省立上海中学实验小学编《自治辅导概况》(地方教育第五分区研究会丛刊)由上海编者刊行。

丰利公立两等小学校编《丰利公立两等小学校沿革志》由上海编者刊行。

徐阶平编《实验研究新实施》(苏扬中小实验研究丛书)由江苏省立扬州中学实验小学刊行。

沈乃昌、王冥鸿编《投考大学全书》(公民之部)由浙江龙泉青年读书生活社刊行。

陈泽民编《投考大学全书》(地理之部)由上海青年读书生活社刊行。

上海音乐公司编《中学唱歌集》由上海编者刊行。

北平汇文学校编《北平汇文学校招考简章》由北平编者刊行。

北平大中公学编《北平大中公学高初中各年级各科课大纲》由北平编者刊行。

私立耕莘中学编《私立耕莘中学董事会章程、组织大纲及学则》由北平编者刊行。

德华普通中学校编《德华普通中学校》由天津编者刊行。

河北博野县四存中学编《四存中学抗战史实》由河北博野编者刊行。

哈尔滨东华学校编《哈尔滨东华学校章程》由哈尔滨编者刊行。

上海中西女塾编《中西女塾章程摘要》由上海编者刊行。

上海中西女子中学编《中西女子中学校简单》由上海编者刊行。

圣玛利亚女校编《圣玛利亚女校简章》由上海编者刊行。

上海华华中学编《上海私立华华中学章程》由上海编者刊行。

大夏中学编《大夏一九三三年级师范科毕业纪念刊》由编者刊行。

上海私立师承中学编《私立师承中学校章程》由上海编者刊行。

上海师承中学校编《师承中学职教员服务规程》由上海编者刊行。

上海培明女子中学校编《培明女子中学校章程》由上海编者刊行。

梁朝威等著《欢迎教育改进社特号》由北京清华大学刊行。

石显儒著《职业心理》(教育部职业教育行政工作人员讲习会讲演稿)由教育部职业教育行政工作人员讲习会刊行。

钟道赞著《现代中国职业教育之产生与其发展》由四川国立四川造纸印刷职业学校刊行。

胶东新华书店编《新教学法》由编者刊行。

新教育学会编《新教学法之三》(新教育丛书)由大连大众书店刊行。

福建省军区国民军训处汇编《战时民众教育问题讨论集》(战时民众教育丛书)由福建编者刊行。

晏阳初著《平民教育的真义》(平民教育丛书)由北京中华平民教育促进会总会刊行。

中华平民教育促进会编《推行乡村平民教育须知》(平民教育小丛刊)由北京编者刊行。

李守珍编《拜干妈》(民众文库)由教育部民众读物编审委员会刊行。

秦柳方著《新谷登场》(民众文艺剧)由无锡江苏省立教育学院民众教育实验区刊行。

江苏各县筹备义务教育联合办事处编《农村教育原理》由江苏编者刊行。

陶行知编《全国乡村教育运动计划草案》由北京中华教育改进社刊行。

陈振鹭著《劳工教育》(社会教育小丛书)由上海商务印书馆刊行。

梁启超著《读书法讲义》由上海商务印书馆函授学社国文科刊行。

新教育学会编《社教工作选辑》(新教育丛书)由大连大众书店刊行。

熊芷著《母亲学》由香山慈幼院刊行。

徐百益著《读书乐》(人生丛书)由上海人生出版社刊行。

吴蕴瑞著《运动学讲义》由著者刊行。

陈益南等著《太极拳之优点》由香港精武社刊行。

吴其昌著《殷墟书契解诂》刊行。

《甲文麌饰初论》由国立中山大学文史研究所刊行。

葛信益著《祁刻说文系传初印本与后印本校异》由北平辅仁大学刊行。

冯子青著《文字形义总元》由著者刊行。

林迭肯著《中国拼音文字的出路》由上海世界书局刊行。

符定一编著《联绵字典样本》由编者刊行。

《(注音符号)最新适用字典全璧》由安东宏业号印书局刊行。

范多珏、温仪凤编《字类标韵分韵撮要合缟》(上下册)由上海广益书局刊行。

方宾观编《国音常用字一览表》由上海商务印书馆刊行。

按：此书用"三十六字母"及等呼说明《广韵》的分韵和各韵的字音。

《比较实验国音正音法》由上海中华书局刊行。

丁山著《中国文字学通论》由广东广州国立中山大学刊行。

胡韫玉著《字原学讲义》由上海商务印书馆函授学社国文科刊行。

汪东著《文字学》由江苏南京国立中央大学刊行。

中华书局函授学校编《文字源流》(第 2 册)由上海中华书局刊行。

《中国文字学大要》由上海神州国光社刊行。

艾伟编著《汉字之心理研究》由编著者刊行。

艾伟著《汉字音义之分析研究》由国立中央大学刊行。

林峰著《中国字语文字竟然解决》由上海林峰书屋刊行。

沈凡著《古今方言语音字母说明书》由著者刊行。

周铭三演讲,何元兴笔记《标准国语的定义》刊行。

按：此书通过列举英、法、德、日等国关于国语的定义,论述我国标准国语的定义。

吴稚晖著《注音符号作用之辨正》由教育部国语推行委员会刊行。

教育部国语推行委员会编《注音符号十八课》由编者刊行。

山东兖州府天主堂编《注音字课本》(1、3、5 册)由山东兖州府天主堂刊行。

萧迪忱编校《注音符号课本》由教育部第一社会教育工作团刊行。

《普通课本》由北京注音字母书报社刊行。

北京注音字母书报社编《注音百家姓》由北京注音字母书报社刊行。

林迭肯编著《国语拼音课本》由上海世界书局刊行。

上海新文字研究会编《江南话新文字五分钟》由上海新文字书店刊行。

丁西林编著《笔画音标》(草案)刊行。

李澄祥编《全球五音字母》由编者刊行。

潮汕编辑社编《潮汕字典》由编者刊行。

岑麒祥著《广州音系概述》(广东建设研究专刊)由广东广州广东建设研究委员会刊行。

禅山著《广州话指南》由广东广州复兴书局刊行。

谭季强编《(分类通行)广州话》由编者刊行。

中华书局函授学校编《成语使用法》(第 2 册)由上海中华书局刊行。

中华书局函授学校编《成语类选》(第 2 册)由上海中华书局刊行。

王易著《修辞学》(附国学概论)由江苏南京国立中央大学刊行。

陈梦炎编著《国文之修辞学》由编者刊行。

蒋祖怡编著《文体综合的研究》(作文自学辅导丛书,陆高谊主编)由上海世界书局刊行。

贵州省政府教育厅编《贵州省民众学校课本教学法》由编者刊行。

蒋祖怡编著《文章技巧的研究》(作文自学辅导丛书,陆高谊主编)由上海世界书局刊行。

韩伯勋编《(言文对照)古文笔法百篇》由江西赣县合众书局刊行。

李吉圃、桑春明编《作文要诀》由关东出版社刊行。

商务印书馆函授学社国文科编《高级作文法》(第1册)由上海商务印书馆刊行。

商务印书馆函授学社国文科编《中级作文法》(第2册)由上海商务印书馆刊行。

中华书局函授学校编《文法作文合编》(第8册)由上海中华书局刊行。

《小学作文百法》由上海广益书局刊行。

黄之根编辑《文字精华》由湖北汉口因果书局刊行。

辛安亭、陈永康编《农村应用文》刊行。

中华书局函授学校编《应用文范》(第4册)由上海中华书局刊行。

《农村应用文》由吕梁文华教育出版社刊行。

杨文超编著《书信文海》由吉林长春仁义书店刊行。

中华书局函授学校编《尺牍入门》(第6册)由上海中华书局刊行。

《(详注分类)尺牍问答》由上海东方书局刊行。

《现代生活书牍》(上卷)由上海东方文学社刊行。

大中文化社编《(言文对照)写信不求人》由大中文化社刊行。

顾兆文著《(言文对照)高级尺牍范本》(第1册)由上海春江书局刊行。

张祥和编著《现代学生书信》由上海新光书局刊行。

《(分类广注)军警尺牍指南》由上海南方书店刊行。

冯玉奇著《(言文对照、双问双答)女子模范书信》由上海春明书店刊行。

黄萍编著《新妇女书信》由广西桂林文友书店刊行。

宋毅编《现代女学生尺牍》(上册)由吉林长春益智书店刊行。

《(言文对照)女子新尺牍》由上海世界书局刊行。

曹辛汉编述《公文程式要纲》由上海法学院刊行。

陈宝亮编述《公文程式讲义》由军事委员会第三厅经理研究班刊行。

陈纬编《公牍讲义》由中央警官学校刊行。

上海市警察局警察训练所编《警察公牍》由编者刊行。

吴贵长编《公牍讲义》由中央警官学校刊行。

胡树声编著《公文程式》(江苏省区长训练所政治丛书)由江苏省区长训练所刊行。

石沅谷编《(标准活用)最近军政公文程式大全》(第1册)由上海大方书局刊行。

《书记宝鉴》(上下册)由上海普益书局刊行。

《文牍大全》(卷上)由上海政法学会刊行。

《大众契约程式》由上海大众书局刊行。

方新民编《最新交际大全》由江西吉安群力书局刊行。

《交际文件程式大全》由中南书局刊行。

《(各界适用)新制酬世大全》由上海广益书局刊行。

中国图书公司编辑《中学国文示范》由上海中国图书公司刊行。

中国国民党河北省党务指导委员会宣传部编《革命联语》由编者刊行。

《新主义对联》由国民书店刊行。

中国国民党芜湖市党务指导委员会宣传部编《革命联语》由中南书局刊行。

蒋祖怡编著《记叙文一题数作法》(作文自学辅导丛书,陆高谊主编)由上海世界书局刊行。

蒋祖怡编著《描写文一题数作法》(作文自学辅导丛书,陆高谊主编)由上海世界书局刊行。

蒋祖怡编著《论说文一题数作法》(作文自学辅导丛书,陆高谊主编)由上海世界书局刊行。

蒋祖怡编著《抒情文一题数作法》(作文自学辅导丛书,陆高谊主编)由上海世界书局刊行。

黄澄甫编《非常时期模范作文》由上海图书出版社刊行。

刘霭如编《(分类指导)小学作文读本》由上海新新书局刊行。

《(言文对照)新时代学生文范》(第 2 册)由辽阳大兴书局刊行。

瞿世镇编《模范作文读本》由上海文化书店刊行。

天虹编《中学生模范作文》由四川成都华西文化供应公司刊行。

效厂编《标点符号》由重庆教育部民众读物编审委员会刊行。

中华书局函授学校编《新式标点使用法》(第 2 册)由上海中华书局刊行。

高馨山注《幼学琼林白话注解》由上海中原书局刊行。

《弟子规》由北平致文堂书庄刊行。

辛安亭编《(绘图)老百姓日用杂字》由华北新华书店刊行。

开明书店编译所编《开明活叶文选》(定装册)由上海开明书店刊行。

开明书店编译所编《开明活叶文选》(定装册)由上海开明书店刊行。

开明书店编译所编《开明活叶文选》(定装册)由上海开明书店刊行。

开明书店编译所编《开明活叶文选》(合装册第 1)由上海开明书店刊行。

开明书店编译所编《开明活叶文选》(丙种合装册第 1)由上海开明书店刊行。

开明书店编译所编《开明活叶文选》(丁种合装册第 1)由上海开明书店刊行。

卢冠六编《(言文对照详细注解)高级国文精读文选》(第 1 册)由上海春江书局刊行。

唐文治著《国文大义》刊行。

中华书局函授学校编《国文副读本》(第 10 册)由编者刊行。

中华书局函授学校编《古文读本》(第 10 册)由编者刊行。

中华书局函授学校编《古文副读本》(第 2 册)由编者刊行。

中华书局函授学校编《诸子文选》(第 6 册)由编者刊行。

中华书局函授学校编《经传文选》(第 4 册)由编者刊行。

龙沐勋选注《唐五代宋词选》(上册)由上海商务印书馆刊行。

中华书局函授学校编《诗词易读》(第 4 册)由上海中华书局刊行。

中华书局函授学校编《诗选》(第 1 册)由上海中华书局刊行。

中华书局函授学校编《时论文范》(第 1、4 册)由编者刊行。

中华书局函授学校编《现代文范》(第 2 册)由上海中华书局刊行。

《中学活叶国文选》由黑龙江巴彦五一书店刊行。

熊佛西等著,谢燕子选辑《戏剧甲选》由戏剧改进社刊行。

闻一多等选录《西南联合大学国文选》由西南联合大学刊行。

孙俍工编《(论说组)特种国文选》刊行。

复旦大学编《大学国文自修读本》由编者刊行。

国立暨南大学编《基本国文讲义》由编者刊行。

天津佛教功德林藏文组编《自修藏文读本》由编者刊行。

闻宥著《(兼论僚文起源)读彝文丛刻》由北平世界文化合作中国协会、国立北平图书馆刊行。

黄仲琴著《汰溪古文》由广东广州岭南学报刊行。

林晓编选《(英文研究)前辈经验谈》由上海金兰书局刊行。

张少岩编《英文练习》刊行。

熊葆廉编著《标准汉英辞典》由上海国光书店刊行。

卜允新编《分类英文字汇》由四川刊行。

徐同郗著《英文法精义》由上海美华出版社刊行。

陈嘉编著《英文基础三千句》由上海群益书社刊行。

艾伟著《大学一年级之英文能力》刊行。

甲申出版社编《(汉文注释)实用标准英语》由重庆甲申出版社刊行。

何浩若编《军用英文读本》(IV)由江苏南京中央陆军军官学校刊行。

蒋凤征编著《最著闻的人最未著闻的事》由上海进步英华周刊社刊行。

《(注释校正)华英四书》由上海商务印书馆刊行。

沈梁编《法语速成讲义》刊行。

《中苏实用会话》由上海沪西书店刊行。

黄玺清增编《(增编)中苏实用会话》由湖北汉口中西图书印刷社刊行。

《(东北大学边政系俄文组讲义)俄文读本》刊行。

国民政府军事委员会政治部编《日语口号捷径》由编者刊行。

日语研究社编《(汉文详注)日文尺牍大全》由大连泰东日报社刊行。

《马拉语粤音释义》刊行。

沈仲章、穆天民编《(初稿)中回辞典》由西北科学考察团刊行。

《拉丁字母》由山东兖州天主教堂印书局刊行。

《(初级小学)尺牍》(第1—2册)由上海土山湾印书馆刊行。

商务印书馆函授学校国文科编《初级尺牍教本》(1—4册)由上海商务印书馆刊行。

商务印书馆函授学校国文科编《中级尺牍教本》(第1—4册)由上海商务印书馆刊行。

孙席珍、李洁华编《白话书信》(第1—4册)由上海亚细亚书局刊行。

《(国民政府)最新公文程式全书》(第1—4册)由上海民立书局刊行。

史本直编《国文研究读本》(1—4册)由上海大众书局刊行。

商务印书馆函授学校国文科编《中级文法》(1—6册)由上海商务印书馆函授学校刊行。

商务印书馆函授学校国文科编《中级国文读本》(1—12册)由上海商务印书馆刊行。

国立中央研究院历史语言研究所集刊编辑委员会编《国立中央研究院历史语言研究所集刊》(第1—20本)由编者刊行。

中华书局函授学校编《曲选》(第1—2册)由上海中华书局刊行。

北京大学预科编《北京大学预科文范》(1—3卷)由编者刊行。

王愚作《荡寇图》由教育部民众读物编审委员会刊行。

中联中华影片公司联合宣传处编《一代红伶》由上海中联、中华联合宣传处刊行。

良友图书印刷公司编《中国之天然美及艺术美》由上海良友图书印刷公司刊行。

林风眠著《林风眠致全国艺术界书》刊行。

载人编《什么是艺术》由上海经纬书局刊行。

林风眠等著《战时艺术论文集》刊行。

按：是书为国立艺术专科学校丛书的第 1 辑。

国立美术陈列馆编《教育部第二次全国魔术展览会补充目录》由编者刊行。

蔡元培讲《美术的起源》刊行。

腾白也著《中国美术革命的主张》由著者刊行。

腾白也著《我的美术生产化、生活美术化主张》刊行。

戴蕃豫著《中国佛教美术史讲义》由华北居士林刊行。

戴蕃豫著《佛教美术史中国篇》由中国佛教学院刊行。

新华画报社编《雁门关》（新华画报号外）由上海新华画报社刊行。

董天野编绘《最新铅笔画》（第 4 册）由上海华光书局刊行。

蒋锡曾编《中国画之解剖》刊行。

中国国民党安徽省党部宣传科编《皖光画刊》由编者刊行。

中华电影联合股份有限公司编《红楼梦人物素描》由编者刊行。

《突然习画帖》（第 1 册天然花卉）由上海有正书局刊行。

《晋唐小楷十种》由上海有正书局刊行。

《扇面》第 4 册由上海有正书局刊行。

北平故宫博物院编《宋元画萃》（1—2 册）由北平故宫博物院刊行。

朱凤竹编，洪方竹绘《（实用图案）中西美术字谱》（上下册）由上海形象艺术社刊行。

军委会政治部编《小四捉汉奸》由编者刊行。

军委会政治部编《王老五当兵去打日本》由编者刊行。

军委会政治部编《今之秦桧—汪精卫》由编者刊行。

军委会政治部编《兄弟投军》由编者刊行。

军委会政治部编《台儿庄某老太殉国记》由编者刊行。

军委会政治部编《全国总动员》由编者刊行。

军委会政治部编《军民合作》由编者刊行。

军委会政治部编《李四打游击》由编者刊行。

军委会政治部编《汪逆精卫之丑态》由军委会政治部刊行。

军委会政治部编《范筑先一门忠烈》由编者刊行。

军委会政治部编《保家乡》由编者刊行。

军委会政治部编《徐靖远将军反正的故事》由编者刊行。

军委会政治部编《献金救国》由编者刊行。

刘海粟编《中国现代名画》刊行。

江苏各县筹备义务教育联合办事处编《美术做学教》由编者刊行。

许翔皆绘《许翔皆先生画集》（第 2 集山水人物花鸟）由个人刊行。

陈华编绘《(自修适用)现代图案字画大全》由湖南长沙文友出版社刊行。

何维朴绘《林文直公登岱图》刊行。

李濂编《论山水画》刊行。

宝华庵收藏,有正书局审定《画中九友山水合璧》由上海有正书局刊行。

战斗报社编《新四军抗日故事画集》由战斗报社刊行。

美术研究会审定《汤雨生全家妇夫子女画·山水花鸟仕女草虫合册》由上海有正书局刊行。

姜存松编《抗战画集》由浙江省教育厅刊行。

国立北京工业大学编《国立北京工业大学校三四年级机科机织科实用工艺图案画法讲义》由编者刊行。

晨光出版公司编辑《多依则选集》由上海晨光出版公司刊行。

晨光出版公司编辑《库克雷尼克斯选集》由上海晨光出版公司刊行。

第九战区司令长官司令部政治部编《王老五当兵杀敌》由编者刊行。

梁得所编《徐悲鸿画选》由上海大众出版社刊行。

怀氏兄弟美术社编《美哉中华》由上海怀氏兄弟美术社刊行。

张沅恒编《塔影集》(全国猎影集)由上海良友图书公司刊行。

温涛、白丁、李桦著《木刻实际制作法》刊行。

张望著《渔翁杀敌》由教育部民众读物编审委员会刊行。

Marcel Keys 摄《西洋女性曲线美》由上海良友图书印刷公司刊行。

张建文摄《女性人体美》由上海良友图书印刷公司刊行。

王宝璋著《机绣花样》第 1 集由上海景华函授学院刊行。

张宝棠著《汉魏笔法研究社讲义》由汉魏笔法研究社刊行。

商务印书馆函授学社国文科编《碑帖举要》(书法门补充教材)由编者刊行。

商务印书馆函授学校国文科编《中级书法教本》(1—2 册)由编者刊行。

槎客编辑《国朝书苑》(第 1 集)由上海世界社刊行。

杜进商著《印学三十五举·汉印义法合刊》由上海惜阴书斋刊行。

陈作元编著,陈伟仑、马云助编《京剧锣鼓入门》由上海戏学书局刊行。

国风音乐社编《(现代流行)世界音乐谱》(第 1 集)由编者刊行。

国立北京师范大学编《钢琴演奏法》由新新印刷局刊行。

国防部新闻局编《民间乐器练习法》由国防部新闻局刊行。

河北省立第一师范学校编《乐典讲义》由编者刊行。

学古堂编《维新琴谱》(第 2—3 册)由编者刊行。

泰山唐书庄编《(中山)琴谱大观》(风琴箫笛通用合谱)由编者刊行。

李焕之著《作曲教程》由中南军区兼第四野战军政治部文化部刊行。

马德馨讲《乐理讲义》由国立东北中山中学刊行。

王图南编《心弦口琴社面授部讲义》由广东广州心弦口琴乐谱出版社刊行。

汪翔等编《乐典教科书》刊行。

罗家伦词,唐学咏曲《军歌三首》由国立礼乐馆刊行。

孟昭升编《自习昆曲津梁》初集由编者刊行。

联合圣歌委员会编《普天颂赞》(五线谱)由基督教联合出版社刊行。

鲍明珊编《中国口琴界》由江苏南京中国音乐出版公司刊行。

蔡德丰编著《新编军乐鼓谱》(第1集)由上海二二五书店刊行。

鲁迅文艺工作团编《工人歌声》(第1辑)由吉林书店刊行。

新生活运动促进总会编《新生活歌曲》由编者刊行。

影艺出版公司编《电影新歌曲》由上海电影新闻社刊行。

黎锦晖等作,黎莉莉编《甜歌一打》由上海大众书局刊行。

冀鲁豫文联戏委会编《歌曲集》(1)由冀鲁豫书店刊行。

黎锦晖等作《桃花江》(中国有声电影名歌集)由上海良友学社刊行。

潘伯鹰作词《中国山河》由上海音乐出版社刊行。

姜存松编《抗战歌曲》由浙江省教育厅刊行。

冼星海著《星海歌曲集》由广西桂林新光书店刊行。

《(教育部颁行)中华民国国歌》(附音释)由上海中华书局刊行。

《(赞颂主荣)大弥撒》由河北献县天主堂印书馆刊行。

《大地春回》由上海实验电影工场、益华影片公司刊行。

《大家唱》(1—2集)由时代出版社刊行。

《讱盦填词图》由个人刊行,有王履康的序。

《中小学唱歌比赛会用歌曲》由北平中华乐社刊行。

《中美歌选》(第1—2期合订本)由上海中美图书出版公司刊行。

《西北风光照片展览目录》刊行。

《西洋歌剧选曲》由上海音乐出版社刊行。

《军歌十曲》由浙江省学生集中训练总队训育委员会训育组刊行。

《青年之歌》由上海自力社刊行。

《现代流行曲》(第1辑)由大众出版社刊行。

《夜店》(新片特刊)由上海文化影片公司刊行。

《南湖四美》(马湘兰天寒翠袖诗意,黄皆令流虹桥遗事图、董小宛孤山感逝图,方白莲秦楼惜别图)由上海文明书局刊行。

《皇后袖珍歌选》由上海皇后图书公司刊行。

《寂寞的心》由中华音乐研究会刊行。

《窑洞保卫战》由河北涉县新华书店刊行。

《简谱常识》由运城师范学校刊行。

《解放之歌》由上海浩气社刊行。

《解放歌声》(第1集)由通化新华书店刊行。

《解放歌声》(第3集)由辽东建国书社刊行。

《新上海之歌》由夜人出版社刊行。

《歌曲集》由晋绥边区吕梁文化教育出版社刊行。

《影国新歌集》由吼声书局刊行。

《豫北人民的再生》由新华书店刊行。

《薇薇歌选》由上海广艺书局刊行。

中华浸会女传道联合会选辑《圣诞歌集》由上海中华浸会书局刊行。

中国人民解放军十三兵团政治部宣传队编《解放之歌》由编者刊行。

中国人民解放军第二野战军政治部编《怎样识简谱》由编者刊行。

中国人民解放军渤海军区政治部宣传部编《战士歌曲》(第3集)由编者刊行。

太行职工总会编《工人歌选》由太行职工总会翻印。

王洛宾编《西北歌声》由甘肃民众抗敌后援会刊行。

中央训练团编《复兴军歌集》(第1集)由编者刊行。

中央广播事业管理处编《民众歌集》由编者刊行。

中西音乐大会编《中西音乐大会》由上海联华银行、新闻报、申报刊行。

上海安定别墅广播电台编《歌谱》由编者刊行。

上海星月歌舞社编《逃亡曲》由编者刊行。

上海星光歌舞社编《大路歌》由编者刊行。

上海星光歌舞社编《安琪儿》由编者刊行。

上海星光歌舞社编《桃李劫》由编者刊行。

上海星光歌舞社编《黄莺儿》由编者刊行。

伊兰编《大家唱》(战时歌曲)(第1—2集)由重庆上海书店刊行。

刘雪厂作曲《巾帼英雄》由重庆中国音乐印书馆刊行。

刘雪厂作曲《中国的战士》由重庆中国音乐印书馆刊行。

安娥、马陋芬等作《凤阳歌》(时代新歌)由上海星光歌舞社刊行。

军事委员会政治部编《民众抗敌歌谣活叶集》(第4、7种)由编者刊行。

军事委员会桂林行营政治部编《士兵歌曲选》(第1集)由编者刊行。

尹光编《中国名歌选集》由重庆研究社刊行。

华中一分区文化协会编《歌本子》(第1册)由华中新华书店一分店刊行。

华华书报社编《雷电华歌选集》(3)由上海华华书报社刊行。

石均作《老母猪半天还乡梦》由华中新华书店五分店刊行。

汉口民乐园编《汉口民乐园征信录》由编者刊行。

朱驹编《大中国青年军歌曲选》由第三战区知识青年志愿从军集训总队总队部刊行。

卢冠六作词,徐希一、潘伯英作曲《晨钟之歌》由上海教育局国民教育处刊行。

大同电影企业公司编《柳浪闻莺歌谱全集》由上海影艺出版公司刊行。

汤琳编《行进法详解》由上海普及书局刊行。

吴则虞著《清真词版本考辨》刊行。

牡丹江日报社编《工人歌声》由牡丹江日报社刊行。

宋文焕、苏世克主编《儿童音乐》由广东广州儿童音乐社刊行。

杨大戈编《新年儿童歌舞曲选》刊行。

沉钟社编《旗正飘飘》由编者刊行。

土山湾慈母堂编《圣歌》由编者刊行。

《爵士歌选》(第32、37期)由上海爵士乐谱公司刊行。

许飞玉编选《卡通流行歌选》由上海海光出版社刊行。

许仪编选《银星袖珍歌选》(1、2集)由上海现象乐曲社刊行。

南京市青年音乐研究会编《青年歌集》由江苏南京新国民书局刊行。

聂耳等作《新女性》（时代新歌）刊行。

夏之秋作曲《歌八百壮士》由上海商务印书馆刊行。

夏文焕选辑《守紧前线》由战时出版社刊行。

航空委员会政治部编《空军歌曲》由编者刊行。

奚峥编选《影星新歌选》（第2期）由上海丹凤音乐社刊行。

郭沫若、刘雪厂编著《〈屈原〉插曲》由重庆中国书店刊行。

浙江省会中等学校第二届音乐演奏会编《浙江省会中等学校第二届音乐演奏会歌曲集》由编者刊行。

益华影片公司宣传科编《马路英雄》由上海影艺出版公司刊行。

教育厅编《特选歌集》由上海青浦县教育局翻印。

黄文昭编《抒情歌选》由厦门正音乐社刊行。

第三战区政治部编《新歌选集》由编者刊行。

第五路军政治部编《抗战歌选集》由编者刊行。

萧而化、丰子恺合编《抗战歌选》（第1集）由四川成都大路书店刊行。

黄宝山、金玉谷等作《体育皇后》（摩登名歌选）刊行。

杨铭编《秧歌舞曲讲话》由上海新歌社刊行。

爱米而顿著，赵如琳译《近代戏剧教程》由言行社刊行。

徐筱汀改编《陆文龙》（有新生活精神的旧戏剧）由陕西西安夏声戏剧学校刊行。

陈治策编《演员的创造》由国立戏剧专科学校刊行。

余上沅编《导演提要》刊行。

按：是书为国立戏剧辅导学校戏剧辅导小丛书之一。

余上沅编《表演提要》刊行。

按：是书为国立戏剧专科学校辅导小丛书之一。

余上沅编《舞台设计提要》刊行。

按：是书为国立戏剧专科学校辅导小丛书之一。

荣记大舞台编《荣记大舞台纪念特刊》刊行。

孙百璋译述《俄国演剧法择要》由通俗教育研究会刊行。

大上海大戏院编《海上争雄记》由上海大上海大戏院刊行。

齐如山著《中国戏剧图案》刊行。

沪光大戏院编《沪光大戏院开幕特刊》由沪光大戏院刊行。

东北鲁迅文艺学院编《戏剧参考资料之一》由编者刊行。

东北鲁迅文艺学院编《戏剧参考资料之二》由编者刊行。

洪深编《声音技术》由国立戏剧专科学校刊行。

按：是书为国立戏剧专科学校辅导小丛书之一。

谢恩祈、梁林光编译《好莱坞巡礼》由上海良友图书印刷公司刊行。

熊佛西等著《后防》（四川省立戏剧教育实验学校第一届公演特刊）由四川省立戏剧学校教育实验学校刊行。

客赓著《竹谱十四种》刊行。

公余联欢社编《公余联欢社三周年特刊》由编者刊行。

叶浅予等作《奎宁君奇遇记》由广西桂林耕耘出版社刊行。

电影年鉴编纂委员会编《电影年鉴》由电影年鉴编纂委员会刊行。

陈果夫编《教育电影移风易俗内容述要》由教育部中华教育电影制片厂指导委员会刊行。

徐卓呆编译《影戏学》刊行。

国泰电影公司编《忆江南》刊行。

按:是书为国泰新片特刊之一。

郑峻生编述《如何抓住电影这武器》刊行。

按:是书为军事委员会委员长南昌行营政治训练处电影股丛书之一。

星光歌舞社编《黄浦江》(最新编选电影名歌)由编者刊行。

力克著《温象拴》由晋绥边区吕梁文化教育出版社刊行。

马健翎著《血泪仇曲集》由新华书店刊行。

大中华电影企业股份有限公司宣传部编《三女性》由编者刊行。

大中华影片公司编辑部编《战功特刊》由上海霞记公司刊行。

大中国影片公司编辑部编《地狱天堂》由上海大中国影片公司刊行。

教育部民众读物编审委员会编《刘玉田弃商入伍》由编者刊行。

剑云著《梨云影》(再续)由爱国白话报馆刊行。

杜鳌摄影,紫红编辑《女性群像》(第 1 集)由上海影迷服务社刊行。

大连影艺社编《戏谭》由编者刊行。

无名氏编《燕京丽影》刊行。

黄心邨编《我们的音乐朋友》刊行。

绿漪著《银星珍史》由上海新剧研究社刊行。

陈嘉震编《中国电影明星大观》由上海艺声出版社刊行。

柳诒徵著《史学概论讲义》由商务印书馆函校学社国文科刊行。

翦伯赞著《三民主义的历史观》由北平中国国民党北平特别市党务指导委员会宣传部刊行。

商鸿逵著《历史研究法》刊行。

北京大学编《北京大学历史研究法》刊行。

刘纪泽编《文化史研究》刊行。

陈垣著《元西域人华化考》(上册)由北平北京大学国学季刊编辑会刊行。

按:张相文对《元西域人华化考》一书尤其喜爱.他说:"陈援庵精于考据,然与清代汉学家支离破碎者不同,所著如《摩尼教入中国考》《元也里可温考》《元西域人华化考》,搜罗宏富,抉择精详,于朝章国故,关系极巨。而余尤爱其《西域华化》一书。论有元一代西域人沾被华化者凡百有十六人。……今之醉心新文化者,鄙弃国学几乎一文不值。余屡怂恿援庵亟将此编刊布,俾以间执其心。援庵曰:'未也,行见西洋人之华化矣。'余思之仅得数人。若援庵详加搜讨,又当裒然成帙矣。"(张相文《沌谷笔谈》卷一,北平地学会 1935 年版)

周昌寿著《译刊科学书籍考略》由商务印书馆刊行。

廖世功著《中国为世界文化之原》刊行。

文圣律编《各国革命史教程》刊行。

中央政治学校编《各国革命建国史》由编者刊行。

上海世界书局编《共和国开创史》由编者刊行。

黎际涛编《世界史讲义》由编者刊行。

张廷霖编《近世西洋政治史》由私立浙江法政专门学校刊行。

施存统编《社会运动史》刊行。

王抚洲讲《民族复兴史》由长安军官训练团刊行。

上海法政学院编《近百年世界史》由编者刊行。

陆军军官学校编《世界近世史》由编者刊行。

黄大伟著《第一年欧洲大战纪事》由编者刊行。

湖南省学生集中训练总队编《世界大战之原因与结果》由编者刊行。

杨志中著《第二次世界大战何时爆发》由全民出版社刊行。

叶文杰编《二次世界大战史略》由至诚书局刊行。

李郁讲演《华府会议之目击》刊行。

刘自勤编《开罗会议全貌》由重庆万象周刊社刊行。

柴绍武编著《当代中国名人恋爱史》由上海吼声书局刊行。

味耕老农编辑《流芳史》由九疑澍声刊行。

新文化编译社编《红旗下的女英雄》由上海编者刊行。

中西图书社编《延安的女性》由香港编者刊行。

中央陆军军官学校成都分校编《民族英雄史略》由编者刊行。

郭沫若等著《抗战将领访问记》由战时出版社刊行。

无名氏编《头颅影——汉族流血英雄遗像》由上海有正书局刊行。

孟德禄编《抗战名将特写》由上海明明书局刊行。

江泽春著《迪威上将军江府君事略》由北京编者刊行。

无名氏编《中国当代模范军人》刊行。

烟水散人著《女才子》由上海进德图书局刊行。

于按澜编辑《历代文学家传选》刊行。

葛荫春编辑《古今名医言行录全集》由编者刊行。

陈德芸编著《古今人物别名索引》由广东广州岭南大学刊行。

袁树珊编《中国历代卜人传》刊行。

徐桐辑《廿二史孝感录》由上海道德书局刊行。

谢九如编《孔子》由重庆教育部民众读物编审委员会刊行。

中华平民教育促进会编《七十执政的百里奚》由编者刊行。

中华平民教育促进会编《晏婴死国不死君》由编者刊行。

希征庸著《冯骥》由教育部民众读物编审委员会刊行。

中华平民教育促进会编《变法强国的赵武灵王》由编者刊行。

中华平民教育促进会编《有勇知耻的项羽》由编者刊行。

中华平民教育促进会编《周处除三害》由编者刊行。

何格恩著《张九龄年谱张九龄之政治生活》由广东广州蔚兴印刷厂刊行。

管效先著《南唐二主年谱》刊行。

方今儒著《祖逖》由教育部民众读物编审委员会刊行。

卓民编《王安石新法》由上海大众书局刊行。

陆基编述《陆象山之精神》由江苏吴县编者刊行。

国立编译馆编辑《武训》由教育部民众读物编审委员会刊行。

黄警顽编《武训故事》由上海经纬书局刊行。

陈代卿等著《乞武训兴学始末记》刊行。

马叙伦著《王阳明先生年谱校录》刊行。

李季和著《余姚黄氏家学渊源考》刊行。

王永祥著《焦理堂年谱初稿》由编者刊行。

赵晋源编《曹锟罪恶史》由淞沪通信社刊行。

楚伧编《孙中山先生年谱》刊行。

中国国民党河北省党部编《总理年谱》由编者刊行。

章氏国学讲习会校勘《太炎先生自定年谱》由校勘者刊行。

赵丰田编著《康长素先生年谱稿》刊行。

浙江省立图书馆编《追悼章太炎先生特刊》由编者刊行。

毕志社编《中国革命党大首领徐锡麟》由新小说社刊行。

毕志社编纂《徐锡麟》由新小说社刊行。

中央军事政治学校入伍生政治部编《廖党代表仲恺先生殉难一周年纪念册》由编者刊行。

上海市第一区全体党员追悼大会编《廖公不死》由编者刊行。

胡汉民书《胡主席遗墨》刊行。

胡汉民著《胡汉民先生手书履历》由汉民学院筹备处刊行。

无名氏编《追悼胡主席展堂先生纪念册》刊行。

中华图书公司编《蒋介石先生传》由上海编者刊行。

阙名辑《蒋委员长传略》由江海出版社刊行。

王书丹编《伟人蒋主席史略》由江苏南京改造出版社刊行。

军事委员会政治部编《领袖言行讲授大纲》(第1类)由编者刊行。

军事委员会政治部编《总裁言行的体系讲授大纲初稿》(第2类)由编者刊行。

中国国民党河北省党部编《蒋主席如何领导抗战》由编者刊行。

中国国民党中央执行委员会宣传部编《蒋委员长对于民国之贡献》由编者刊行。

无名氏编《蒋介石的花言巧语》刊行。

抗战史料编刊社编《蒋主席言行录》由编者刊行。

无名氏编《罪恶滔天的杀人犯——廿年来的蒋介石》刊行。

启华等著《蒋介石卖国罪行录》由华北新华书店刊行。

倪之琨编《蒋经国画传》由上海第一编辑公司刊行。

于右任著《我的青年时期》(《牧羊儿的自述》)刊行。

云南国是报社辑《蔡黄追悼录》由编者刊行。

桂林行营政治部编《范筑先父子殉国难》由编者刊行。

龙云等著《云南省政府总裁唐公行状》刊行。

庾枫渔著《云南首义主义英杰会泽唐公史略》由云南开智公司刊行。

无名氏编《辛亥粤乱汇编》刊行。

天恨生辑《新编温生才行刺始末记》刊行。

胡适著《许贻荪传》由北京新闻印刷局刊行。

无名氏编《鸿阒拔萃》(《张康历史》)刊行。

史志廉著《革命之大首领孙文》由国民日盛社刊行。

无名氏编《孙文小史》刊行。

严翔编著《中山先生小传》由上海民立书店刊行。

无名氏编《总理传记》刊行。

中国国民党中央军校特别党部编《总理诞辰纪念特刊》由编者刊行。

广东地方武装团体训练员养成所编《总理诞生纪念特刊》由编者刊行。

汕头各界纪念总理逝世三周年筹备会宣传部编《总理逝世三周年纪念》由编者刊行。

无名氏编《孙中山先生哀思录》刊行。

无名氏编《总理奉安纪念特刊》刊行。

南京追悼孙中山先生大会编《追悼中山先生特刊》由编者刊行。

宋庆龄等著《妇女领袖宋氏三姊妹》由战时出版社刊行。

文艺编译社编《张勋传》由上海编者刊行。

疾固子著《汉奸张勋小传初编》刊行。

禅那著《唐绍仪传略》刊行。

无名氏编《新民主主义革命对象之一——TV 宋》刊行。

无名氏编《新民主主义革命对象之二——解剖 CC 豪门资本》刊行。

萧三著《毛泽东同志在大革命时代》刊行。

萧三著《毛泽东同志略传》由大众书店刊行。

刘纪泽编《史籍考》由国立暨南大学刊行。

陈乃乾校录《共读楼所藏年谱目》刊行。

柳诒徵著《族谱研究举例》由江苏省立国学图书馆刊行。

于霁川编《鉴略离句读本下册》由上海沈鸿记书局刊行。

傅筑夫著《由经济上考察中国封建制度生成与毁灭的时代问题》刊行。

胡若时编《中西史通正集》(论汉唐)由上海编者刊行。

贝德士编《西文东方学报论文举要》由江苏南京金陵大学中国文化研究所刊行。

廖世勋著《中国为世界文化之源》刊行。

傅岳棻著《味道腴斋文稿》刊行。

贺昌群著《瀛书脞语》由世界文化合作中国协会、国立北平图书馆刊行。

李则纲著《始祖的诞生与图腾》由上海商务印书馆刊行。

金德建著《两汉尚书》由新朴学社刊行。

徐益藩著《越绝考》由国立中央大学浙江同学会刊行。

陈述著《陈范异同》由国李北平师范大学刊行。

王伊同著《五季兵祸辑录》刊行。

柴德赓著《宋宦官参预军事考》刊行。

陈乐素著《三朝北盟会编考》(上下册)由国立中央研究院历史语言研究所刊行。

陈述著《阿保机与李克用盟结兄弟之年以其背盟相攻之推测》由国立中央研究院历史语言研究所刊行。

陈述著《金史氏族表初稿》由国立中央研究院历史语言研究所刊行。

唐长孺著《蔑儿乞破灭年次考证》刊行。

满日文化协会编《大清历朝实录总目》由编者刊行。

罗福颐著《清内阁大库明清旧档之历史及其整理》刊行。

黄克谦著《帝国主义侵略中国史》刊行。

邓衍林著《关于太平天国史料史籍集目》刊行。

邱文彬著《辛亥阳夏起义史略》刊行。

吴贯因著《民国史》由东北大学出版部刊行。

朱芸著《朱芸解决时局血泪书》由上海科学书局刊行。

孟宪章纂辑《冯玉祥军事要电汇编》由上海军学社刊行。

正谊书社编《各省士民维持优待清室条件函稿》由编者刊行。

国民革命军司令部总政治部编《国民会议的意义》由国民革命军司令部总政治部刊行。

钱义璋编《沙基痛史》刊行。

良友图书印刷公司编《五三济南惨案画刊》由上海编者刊行。

吴稚晖、李煜瀛著《护党救国运动中之要件》由上海国民革命军上海特别市宣传委员会刊行。

时事新闻社编《东北战影》由上海时事新闻社刊行。

于友等著《东北抗日义勇军》由战时出版社刊行。

马占山编《东北义勇军的活跃》由上海明明书局刊行。

阎宝航编《东北民众抗日救国会政治部民国二十二年份工作报告书》由东北民众抗日救国会刊行。

劳达夫著《二万五千里长征》由香港新生书店刊行。

邵洵美著《蒋委员长西安半月记·蒋夫人西安回忆录读后感》由上海时代图书公司刊行。

蒋介石等著《国共合作的前途》由广东广州战时出版社刊行。

上海复兴出版社编《八百孤军抗日记》由上海复兴出版社刊行。

蒋介石著《总裁为日汪密约告全国军民书》由福建省动员委员会刊行。

方土人著《揭穿日寇的阴谋毒计》由军事委员会政治部刊行。

茅盾编《间谍·汉奸·俘虏》由上海明明书局刊行。

陈执中著《东北回忆录》由湖北汉口战争图画丛书社刊行。

幸良模编《倭寇兽行实录》由民生利印务公司刊行。

何刚编著《抗日战争最后胜利》由上海出版社刊行。

前进书店编《侵略者的末路》由上海编者刊行。

祝荪如等编著《名人与名城》刊行。

抗战日报社编《反对干涉中国内政》由抗战日报社刊行。

自由文丛社编《论南北朝》由香港编者刊行。

群众杂志社编《我们的主张》由编者刊行。

周宝中等著《研究东北问题参考资料》由辽东建国书社刊行。

晋察冀日报社编《国民党统治区各阶层人民的生活》由编者刊行。

中共沈阳特别市宣传部编《解放区人民解放军政绩战绩片断介绍》由编者刊行。

陈英明编《副总统竞选风波》由上海新潮出版社刊行。

缪凤林著《中国民族史》由江苏南京国立中央大学刊行。

普益书局编《新文选》（卷三　民族选）由上海普益书局刊行。

冯承钧、向觉明著《关于龟兹白姓之讨论》由北平女子师范大学刊行。

谭其骧著《近代湖南人中之蛮族血统》由史学年报社刊行。

谭其骧编《湖南人由来考》刊行。

刘咸著《苗图考略》刊行。

朱彤著《大众考古学》（第1集）刊行。

方壮猷著《室韦考》由北平辅仁大学刊行。

王泽民著《傜民的生活》由重庆教育部民众读物编审委员会刊行。

吴宗慈著《论今日之方志学》由江西南昌著者刊行。

李廉堂编《方志艺文志汇目》刊行。

王伊同著《燕秦西汉与东北》刊行。

北平近代科学图书馆编《北平研究书志》由北平编者刊行。

《老上海五十年见闻》（下册）由上海出版社刊行。

朱文鑫等编《江苏通志编纂委员会筹备概况报告书》由江苏镇江江苏通志编纂委员会刊行。

金松岑著《安徽通志凡例草案》刊行。

福建人著《闽警》由上海复初书社刊行。

高雄市军民合作站编《国军驻台须知》由编者刊行。

顾颉刚、黎光明著《明末清初之四川》由上海商务印书馆刊行。

夏仰圣著《世界大事年表》刊行。

庚年著《近代国人撰述之西藏史籍》刊行。

吴丰培编《清季达赖喇嘛出亡事迹考》由编者刊行。

《东亚史教程》（上下册）由中央陆军军官学校刊行。

马鹤天著《韩亡鉴》由察蒙特署刊行。

高尔真编著《八十年来的日本》由上海世界书局刊行。

《日俄战记》由上海新民丛报社刊行。

袁学易著《印度独立运动史略》由上海神州国光社刊行。

石啸冲著《印度民族解放运动史》由重庆政治部文化工作委员会刊行。

苏中社编《溃灭中的希特勒》由编者刊行。

黄风编《五分钟世界名人传》由博文印书馆刊行。

程鸥编著《当代国际人物志》由中流书店刊行。

无名氏编《全世界共产党领袖奋斗史》由万象出版社刊行。

刘建庵刻《十二个文豪木刻像》由广西远方书店刊行。

进步学社编《新编中外史地解答》由编者刊行。

唐文治著《茹经堂新著》由江苏太仓编者刊行。

唐文治著《唐茹经先生孝经论孟讲义》由江苏太仓编者刊行。

傅芸子著《东京观书记》刊行。

谷柳等著《在摸索中》由学生文丛社刊行。

侣伦等著《辉辉的新年》由学生文丛社刊行。

仓年编《新名词手册》由棠棣出版社刊行。

仓年编《新名词手册》由长风书店刊行。

广西省政府招待各学会来桂开会委员会编《广西科学建设概要》由编者刊行。

华商报资料室编《国民年鉴》由华商报社刊行。

华商报资料室编辑《一九四九年手册》由编者刊行。

香港学生周刊社编《香港学生手册》由编者刊行。

天池等著《日知余录》(小品文汇刊建国丛书)刊行。

中国学报编《中国学报汇编》(第1—5册)由编者刊行。

国民政府文官处文书局图书室编《国民政府文官处文书局图书室目录》由编者刊行。

奉天省公署图书室编《奉天省公署图书目录》由编者刊行。

大连新华书店分店《大连新华书店分店图书目录》由编者刊行。

商务印书馆编《涵芬楼藏书目录》由上海编者刊行。

群书浏览社编《群书浏览社书目》由上海编者刊行。

云南旅京学会图书馆编《云南旅京学会图书馆图书目录》由编者刊行。

国立广东法科学院编《国立广东法科学院图书目录》由编者刊行。

北平近代科学图书馆编《中文图书目录》由编者刊行。

浙江省立图书馆编《浙江省立图书馆善本书目续编》由编者刊行。

商务印书馆编《图书汇报》由上海编者刊行。

商务印书馆编《商务印书馆刊行物分类目录》由上海编者刊行。

世界书局编《世界书局图书汇报》由上海编者刊行。

开明书店编《集成书目提要》由上海编者刊行。

华通书局编《华通书局图书目录》由上海编者刊行。

龙门联合书局编《龙门联合书局图书目录》由上海编者刊行。

益新书社编《益新书社图书目录》由上海编者刊行。

光华书局编《光华书局图书目录》由上海编者刊行。

正中书局编《正中书局图书目录》由江苏南京编者刊行。

无线电学习社、合作电化研究室编《联合活页图书目录》由编者刊行。

江苏省立国学图书馆编《江苏省立国学图书馆印行书籍提要》由编者刊行。

四川省教育厅编《四川省教育厅出版刊物目录》由编者刊行。

昆华图书馆编《云南图书馆发行书目》由编者刊行。

新华书店北京分店编《图书目录》由编者刊行。

佩文斋人文书店编《北平佩文斋人文书店图书目录》由北平编者刊行。

待求书庄编《待求书庄简明书目》由北平编者刊行。

朴社编《朴社刊行书籍目录》由北平编者刊行。

会文堂新记书局编《会文堂新记书局目录》由北平编者刊行。

萃文斋书店编《萃文斋书店检目》由奉天编者刊行。

中国新闻资料供应社编《新闻资料分类目录》由江苏南京编者刊行。

中国剪报社编《剪报分类目录》由上海编者刊行。

何多源著《抗战时期我国出版之文学史期刊》刊行。

慎始基斋编《湖北先正遗书分售价目》由湖北沔阳编者刊行。

民报社编《民报全编样本》由上海编者刊行。

中华书局编《民众教育第一集目录样本》由编者刊行。

晁哲夫编著《（增订）新辞典》由裕民印刷厂刊行。

敬胜阁编《敬胜阁出售中国善本书籍表》由编者刊行。

马察荣讲述《图书馆通论》由大夏大学部刊行。

中华图书馆协会第二次年会图书馆教育组编《中华图书馆协会第二次年会图书馆教育组报告暨意见书》由编者刊行。

中国流通图书馆编《中国流通图书馆开幕特刊》由编者刊行。

江苏省立国学图书馆编《江苏省立国学图书馆编目分类纲要》由编者刊行。

胡卓著《实用图书馆学讲义》刊行。

华棣编著《文化书院藏书室》由编者刊行。

洪有丰著《廿年来之清华图书馆》由清华图书馆刊行。

李钟履著《山西铭贤学校图书馆概况》由北平中华图书馆协会刊行。

黄威廉著《圣约翰大学罗氏图书馆概况》由上海圣约翰大学罗氏图书馆刊行。

蒋复璁著《中国图书分类问题之商榷》刊行。

钱亚新著《分类目录》由河北省立女子师范学院图书馆刊行课刊行。

商务印书馆函授学校图书馆学科编《目录学》（上下册）由编者刊行。

商务印书馆函授学校图书馆学科编《图书分类法》（上中下册）由编者刊行。

商务印书馆函授学校图书馆学科编《图书运用法》（上下册）由编者刊行。

商务印书馆函授学校图书馆学科编《图书馆行政》（1—4 册）由编者刊行。

商务印书馆函授学校图书馆学科编《图书编目法》（1—4 册）由编者刊行。

梁格、钱亚新、陈普炎编《中大图书馆指南》由广东广州国立中山大学图书馆刊行。

平近代科学图书馆编《日本图书馆的沿革概略》由编者刊行。

上海商务印书馆函授学校图书馆学科编《图书选择法》（上中下册）由编者刊行。

（伪）华北政务委员会情报局编《梦游租界记》（连环图画故事）由编者刊行。

（伪）广东省宣传处编《和平建国歌曲选集》由编者刊行。

（伪）维新政府中小学教员访日教育视察团编《维新政府教育部教育视察团报告书》由编者刊行。

［日］长谷川滔浦著，殷鉴译《命运指纹学》由上海大通图书社刊行。

［日］宫国忠吉著《警察学》刊行。

［日］田中义一著《日本田中内阁侵略满蒙积极政策》由重庆肇明印刷公司刊行。

［日］田中义一著《日本田中内阁侵略满蒙之积极政策》由江苏南京生生印刷公司刊行。

［日］高桥清吾著，文圣举译《现代政治思想史》由新生命出版社刊行。

［日］日本内务省地方局编纂，中华山西教育促进会译《地方自治要鉴》刊行。

按：是书共16章，从当局者的努力，公众的动员以及教育、卫生、产业组合及慈善救济等各方面，阐述日本地方自治工作的重要性以及如何实施等。

［日］天羽英二著，外交部情报司译《外交战中通讯之威力》由译者刊行。

［日］竹内胜太郎著《给卷物之艺术民俗学的意义》（关于绘画上的时间性之发生）刊行。

［日］大村文夫编《中国名画集》（1—8册）由编者刊行，有大村文夫序。

［日］小见山寿海著，李尚友译《书志学》由中华图书馆协会刊行。

［日］长尾槙太郎著，蒋维乔译《教育学讲义》刊行。

［日］山田邦彦著《日本普通教育行政论》（教育丛书）刊行。

［日］泽田谦著，安中译《蒋总司令传》刊行。

［日］可儿德著《课外简易体操》由上海中华书局刊行。

［日］谷川彻三编著《日本语和日本精神》（北京近代科学图书馆丛刊第15号）由北京近代科学图书馆刊行。

［日］白浪庵滔天著，黄中黄译《大革命家孙逸仙》刊行。

［日］今中次麿著，孙筱默译《日本政治史大纲》由长沙商务印书馆刊行。

［日］栗日元次著，胡锡年译《日本近代史》由上海正中书局刊行。

［美］卢述福著《仇敌》由上海万国圣经研究会刊行。

［美］卢述福著《迪皓克拉西》（避难所）由上海守望台圣经书社刊行。

［美］马雅各著，陈崇桂译述《得胜之路》由上海中国基督圣教书会刊行。

［美］倪林、［英］罗素合著《苏维埃政治形式与西方文明关系之辩论》刊行。

［美］普菲诺著，王藏修译《官民联系》由福建省研究社会科学研究室刊行。

［美］斯诺著《西北角上的神秘区域第八路军的根据地》由上海明明书局刊行。

［美］约翰生等著《惊心动魄的国际间谍战》由战时出版社刊行。

［美］卡尔·安徒生著，徐炳鲁译《漫画快捷方式》由上海商务印书馆刊行。

［美］杜威讲演，刘伯明口译，沈振声笔记《教育哲学》由大新书局刊行。

［美］杜威讲，涵庐、天风笔记《现代教育的趋势》（杜威讲演录）由京师学务局刊行。

［美］推士著《组织科学教员会之意见》由北京中华教育改进社刊行。

［美］巴格莱著，万兆芝译《战后美国教育》刊行。

［美］麦克乐著，江良规、吴琅笙译《从体育中培养品格》由重庆教育部国民体育委员会刊行

［美］麦克乐著《学校体窗之目的体育实施之计划》刊行。

［美］J. Baldwin著《泰西五十轶事》由上海中华书局刊行。

［美］斯诺著《毛泽东自传》由杭州国民出版社刊行。

［美］斯诺著《毛泽东革命史》由上海国强出版社刊行。

［美］派特饶伯子著，吕碧城译《美利坚建国史纲》刊行。

［苏］安利科·马贾特斯太著，李少穆译《两个工人谈话》刊行。

［苏］季米特洛夫著《论法西斯主义》由现实书社刊行。

〔苏〕莫洛托夫、日丹诺夫著,五地委宣传部编《向共产主义胜利前进》由编者刊行。

〔苏〕莫洛托夫著《莫洛托夫报告》由上海时代书报出版社刊行。

〔苏〕季诺维埃夫著,墨耕译《国际劳动运动中之重要时事问题》由广东广州人民出版社刊行。

〔苏〕斯坦尼斯拉夫基(原题史达尼斯拉夫斯基)著,杜山译《演员的信念与真实感》刊行。

〔苏〕列宁著,李立译《劳农会之建设》由广东广州人民出版社刊行。

按:是书有劳农政府底问题、资产阶级革命与社会主义革命底差异、多数主义的进化、管理问题、专门家底需要、劳动者要学习管理问题、过渡期、革命的三个时期等。

〔苏〕斯大林著《论民族问题》由西北新华书店刊行。

〔苏〕聂斯克著,张玛丽英译、向达汉译《西夏语研究小史》由北平国立北平图书馆刊行。

〔苏〕伊林著,庆光编译《活的书》由大连旅大中苏友好协会刊行。

〔俄〕爱罗先珂著,胡愈之译《为跌下而造的塔》(世界语汉译小丛书第2种)由上海绿的书店刊行。

〔英〕包尔登讲《佛教为世界之希望》刊行。

〔英〕班扬(原题本仁约翰)著《灵界大战》由上海中西基督福音书局刊行。

〔英〕拉尔金著,李凤亭译《马克斯派社会主义》由上海商务印书馆刊行。

〔英〕罗士培著,陈国华译《各民族在世界新秩序中的地位》刊行。

〔英〕诺爱尔·拜勃著,邬侣梅译《日本还能支持多久》刊行。

〔英〕彭考夫著《视察棉纺织厂报告书》由著者刊行。

〔英〕悌德托玛著,王国维译《世界图书馆小史》由北平中华图书馆协会刊行。

〔英〕卡利安著,潘履杰译《新体油画解说》刊行,有朱南一的序及译者自序。

〔英〕特开脱著,白水译《田径赛训练法》由上海大众书局刊行。

〔英〕奥格登首创,钱歌川译制《基本英语一览表》由上海中华书局刊行。

〔德〕马克思、恩格斯合著,陈瘦石译《共产党宣言》刊行。

〔德〕戈贝尔著《共产主义的理论和实际》刊行。

按:是书为著者在第八届国社党大会上发表的攻击共产主义的讲演词。

〔德〕马克思著,思美译《法兰西内战》刊行。

〔德〕A. Schildknecht 编著《(教员用本)拉丁初学》由山东兖州保禄印书馆刊行。

〔法〕桑赛著,萧先义译《给儿童讲述的创世纪》刊行。

〔法〕班乐卫等著《(巴黎大学中国学院院长)班乐卫先生办理沟通东西文化及庚子赔款之经过》刊行。

按:是书为20世纪20年代初期班乐卫等人关于中法文化交流及庚子赔款情况的演讲报告集。

〔奥〕阿德勒著,包玉河译《儿童教育》(汉译世界名著)由上海商务印书馆刊行。

〔奥〕阿德勒著,张官廉译《儿童之教育》由上海中华书局刊行。

按:是书分绪论、人格之统一、争胜心及其在教育上的意义、怎样指导儿童的争胜心、儿童的发展防止自觉卑弱的情绪、学校与儿童、青春期与性教育等14章。

〔朝〕金在天演讲(原题金石君)《高丽亡国后之惨状》刊行。

〔朝〕金在天(原题金石君)《亡国后的惨状》由四川测地学会刊行。

Chad Inglis 著,计维生译《圣经索隐》刊行。

E. D 著《圣经一贯之真理》刊行。

Johann EV. Pichler 著,顾若愚译《公教道理教科书》(第一编—第三编)由滋阳保禄印书局刊行。

John Caird 著,[英]马林译,蔚青述《论教中之心理学》刊行。

John. A. O'Brien 著,王瑞明译《为什么你不做一位圣人》刊行。

Sidney Collett 著《真理的圣经》卷上由基督福音书局刊行。

Ludwig Lore 著,谢承平译《第二第三国际与法西斯运动》由四川成都国魂书店刊行。

James Legge 译《(中英对照)诗经》由上海商务印书馆刊行。

W. N. P. Barbellion 著,梁遇春译《最后一本的日记》由上海北新书局刊行。

汤卜生(George B. Thompson)著《奉他的名(基督祈祷)》由上海时兆报馆刊行。

叨雷著,王峙译《如何领人归向基督》刊行。

何顿讲,缪秋笙译述《崇拜者与睡眠者》由上海中华全国基督教协进会刊行。

黎附光著,鲍会园译《加拉太书》由上海基督福音书局刊行。

黎附光著,石天民译《耶和华的七节期》由上海基督福音书局刊行。

龙树著,不空译《发菩提心论》刊行。

骆娄特著,景明译《基督在人间》由上海新生出版社刊行。

马狄生著,窦乐安译《预言基督》由上海伦敦圣教书会刊行。

孟省思、孟君贤著,窦乐安译《天路指南》由伦敦圣教书会、上海中西基督福音书局刊行。

温慈著,缪秋笙译《新约的教会观》由四川成都中华全国基督教协进会刊行。

于炳南编,张铄夫、张哲夫译《辩护学》由天主堂刊行。

余卞著,周士良译《玛窦福音概论》由上海土山湾印书馆刊行。

余卞著,周士良译《玛尔谷福音概论》由上海土山湾印书馆刊行。

雷甦尔著,冯奎璋译《毕嘉尔贞女小史》由北京公教教育联合会刊行。

萨莱著,周士良译《加尔瓦略山与祭台》由上海土山湾印书馆刊行。

萨莱著,周士良译《降生奥迹的蕴藏》由上海土山湾印书馆刊行。

萨莱著,周士良译《十字架与救赎》由上海土山湾印书馆刊行。

萨莱著,周士良译《天主圣三与爱》由上海土山湾印书馆刊行。

萨莱著,周士良译《天主之母》由上海土山湾印书馆刊行。

萨莱著,周士良译《为什么要祈祷》由上海土山湾印书馆刊行。

萨莱著,周士良译《耶稣一瞥》由上海土山湾印书馆刊行。

卜乐思著,苏佐扬译《青年信徒查经手册》由内地会刊行。

卜乐思著,苏佐扬译《约翰福音的中心(查经手册青年信徒必备)》由上海内地会刊行。

加伯林著,魏光熹、倪怀祖译《基督教与宗教》由上海福音书局刊行。

宣信著,王峙译《马太福音讲义》由上海宣道书局刊行。

德修士译《圣鲍斯高传略》由上海斯高学校印书馆刊行。

蒯德潜、周士良译《四福音的历史价值》由上海土山湾印书馆刊行。

喜渥恩编译《祷告手册》由湖北汉口中华信义会书报部刊行。

许维生译《约拿书的教训》由上海基督福音书局刊行。

义净译《佛说无常经》由上海世界佛教居士林刊行。

赵君影译《圣经一贯之研究》由上海基督福音书局刊行。

中华全国基督教协进会译《基督教国际宣教协会所召集之耶路撒冷大会》由译者刊行。

武幼安译《圣鲍斯高的童年生活》刊行。

雷敦等著译《社会经济论丛》刊行。

赵璧编译《日耳曼妇女》由国民图书编译社刊行。

秦政治郎著，中西译书会译《日本政治沿革史》由上海富强斋译新书局刊行。

海澜编译《斯大林答丘吉尔》由展望出版社刊行。

余戾林编译《印度内幕》由四川成都个人刊行。

牛山译《革命亚细亚的展望》由北平新亚洲书局刊行。

天哲编译《德国内幕》由陕西西安文史编刊社刊行。

何维道译述《警察学》由政法学社刊行。方明译，军事委员会抚恤委员会编《法国抚恤部抚恤法令条文类集》由编者刊行。

唐碧节译，曹振勋校订《俳优教育》由通俗教育研究会刊行。

江山编译《论苏联教育》（友谊丛书）由苏北新华书店刊行。

章清编译《德国的教育》由上海国民图书编译社刊行。

秀耀春、汪振声译《养蒙正轨》由上海刊行。

E. Morgan 编《新名词成语汇编》由上海 Kelly and Walsh 刊行。

《（英汉对照）天方夜谭》由上海启明书局刊行。

苏曼殊编著《汉英文学因缘》由上海群益书社刊行。

郎醒石、张国人编译《美国革命史》由上海民智书局刊行。

《（慈幼会学校）日用经文》刊行。

《（注释）牙牌神数》由上海锦章书局刊行。

《案证真言》刊行。

《巴勒斯坦景象》由上海基督福音书房刊行。

《宝王三昧念佛直指十大碍行》由北京佛经流通处刊行。

《保障》由上海万国圣经研究会出版刊行。

《北京史学胡同基督徒会堂建堂报告》刊行。

《北京天使修院现行规则》刊行。

《笔谈：路遇》刊行。

《笔谈：孝敬》刊行。

《大赫经文》刊行。

《冬明历》（影印本）刊行。

《多伦诺尔喇嘛庙参观之案内》刊行。

《复活的回忆》由四川成都华英书局刊行。

《公教进行会员生活方式》由梅县晨光印务局刊行。

《公教母亲总善会公规》由上海土山湾印书馆刊行。

《公教图书目录》刊行。

《公教问答》(老人及婴儿用)由北平公教教育联合会刊印。

《古兰译解》30 卷刊行。

《管理修道院及大学院圣部制定细则》刊行。

《孩童的祷告》刊行。

胡准编《避静便览》由海门天主堂刊行。

《基利斯督罗马公教会》刊行。

《基利斯督之母》刊行。

《记名要务》由山东兖州崇一堂印书局刊行。

《祭品样本》刊行。

《建造韩宁镐主教铜像捐册》由建造韩宁镐老主教铜像筹备处刊行。

《教理问答教授法》(卷 1—2)由上海土山湾印书馆刊行。

《教理问答教授法》由上海土山湾印书馆刊行。

《教廷锡爵纪念册》由北平辅仁大学刊行。

《劫海慈航》由北京巫怀清刊行。

《科学与宗教》由天津崇德堂刊行。

《历代的愿望》刊行。

《论道录》由云南官印局刊行。

《论领圣体》刊行。

《弥勒菩萨上下生经》由重庆班禅大师追荐会刊行。

《弥撒降福歌经》刊行。

《密宗要典五种》刊行。

《平日弥撒经文》刊行。

《祈祷和平诵》刊行。

《全要理问答》由北平刊行。

《日用粮》(第 2 册)刊行。

《若翰小兄弟会入会及发愿礼节》刊行。

《三世因果经古德嘉言集》刊行。

《善因福果录》由上海世界佛教居士林刊行。

《上海教区颁给公教理科毕业证书规程》由上海土山湾印书馆刊行。

《神修学内容简介》刊行。

《省察簿》由山东兖州天主堂刊行。

《省寨薄》由山东兖州天主堂刊行。

《圣伯多禄的小史》刊行。

《圣伯多禄致命》刊行。

《圣教日课》刊行。

《圣母底五月》刊行。

《圣母无染原罪小日课》刊行。

《圣体降福经文》刊行。

《圣主日礼仪》由香港公教真理学会刊行。

《十国地图说略》由山东烟台足前明灯报社刊行。

《始终维新的天主教》刊行。

《四史集一注解》刊行。

《太上感应篇》(上下册)刊行。

《逃难者》由上海守望台圣经书社刊行。

《天主宠爱之母》刊行。

《天主教术语名词汉译问题》刊行。

《天主教信徒的立场》刊行。

《天主圣母》刊行。

《万王之王》由香港公教真理学会刊行。

《卍缘观音会缘起及简章》刊行。

《我们的呼声》刊行。

《吾主苦难的追忆(周日默想)》刊行。

《西方达摩祖师谕救劫最简要最妥之法》刊行。

《习坐须知》刊行。

《醒世经·因果经》由上海道德书局刊行。

《醒世钟》由上海明善书局刊行。

《要理问答(附圣教要经)》由江苏南京圣保禄会印书馆刊行。

《要理问答》刊行。

《耶稣会士威廉兑尔传》由香港真理学会刊行。

《耶稣苦难弥撒经文》刊行。

《耶稣历史地图》由湖北汉口基督圣教书会刊行。

《耶稣圣心矜怜我等》刊行。

《一个致命者的女儿》由香港真理学会刊行。

《精修学》刊行。

《精修学》刊行。

《净土法要》刊行。

《旧约史要纲目》刊行。

《君问愚答》刊行。

《释悲》刊行。

《四规》刊行。

《四末》刊行。

《修坐须知》刊行。

《严斋日课》刊行。

《言论》刊行。

《以心体心》刊行。

《瑜伽述要》刊行。

《语体经文》刊行。

《约翰福音问答》刊行。

《增补坚掇问答》由山东青岛天主堂印书局刊行。

《增补要理问答》刊行。

《瞻礼》刊行。

《照管天主圣堂》刊行。

《真理的要点》由香港真理学会刊行。

《中华公教进行会演进史》刊行。

《周公详梦全书》由上海锦章书局刊行。

《注解新约圣经》刊行。

《宗教丛谈》刊行

《宗教评论粹集》刊行。

《宗教问题小丛书》(第3—19种)由上海青年协会书局刊行。

五、学者生卒

章梫(1861—1949)。梫名正耀,字立光,号一山,浙江宁海人。1904年进士,历任京师大学堂译学馆提调、监督,国史馆协修、纂修、功臣馆总纂,邮传部、交通部传习所监督、北京女子师范学校校长等职,辛亥革命后迁寓上海。著有《康熙政要》《旅纶金鉴》《一山文存》《一山息吟诗集》等。译作有《教育学管理法纲要》。

沈恩孚(1864—1949)。恩孚字信卿,江苏吴县人。早年就读于上海龙门书院,后执教于宝山县学堂。1894年与袁希涛等倡议改上海龙门书院为师范学校。同年,东渡日本考察教育。回国后任龙门师范学堂监督,主张变法维新。次年,龙门初级师范学校成立,为首任监督。参加创办江苏学务总会,当选会长,倡议施行小学单级教授法。1913年主持江苏教育,主张体育、童子军、新教育等理论和方法。1917年与黄炎培等发起成立中华职业教育社,筹创南京河海工程专门学校。武昌起义后,入江苏都督府,任副民政长,旋任江苏省公署秘书长。1913年"二次革命"后弃政从教。创办鸿英图书馆。又任上海市议会议长。抗战期间寓居上海闭门读书。1949年4月病逝于上海。今有《沈信卿先生文集》传世。

萧屋泉(1865－1949)。屋泉初作稚泉,名俊贤,以字行,号铁夫、天和逸人,斋名净念楼,湖南衡阳人。初从岳麓苍厓僧及沈咏荪学画,后集宋、元诸家之长而自成一家。应李瑞清聘,曾任两江优级师范及北京女子高等师范学校、美术专科学校教授。民国初年居北京,曾任教于国立北平艺术专科学校。晚年寓沪卖画。长于山水,兼作花卉。与萧逊并称为北京二萧。作品有《碧海青天图》《溪山无尽图》《山居图》等。著有《萧屋泉画稿》两集。

张伯英(1871—1949)。伯英原名启让,字勺圃,号云龙山人、东涯老人,江苏徐州人。早年就读于萧县李辅中家之私塾,受业于徐葵南先生。1902年与张云生赴金陵应试,叔侄同科中举。是年叔侄为维持家计,开馆授徒。1914年被陆军部次长徐树铮聘为秘书。1924年为北洋政府副秘书长。1926年"三·一八"惨案发生后离开政坛,开始鬻字治印的书画金石生涯。定居北京神武门烟袋斜街北官坊口,书斋号为"小来禽馆"。书法脱胎于魏碑,自成一体。与傅增湘、郑孝胥、华世奎被称为当时的四大家。著有《法帖提要》7卷。编辑《徐州续诗征》。

傅增湘(1872—1949 或作 1950)。增湘字润沅、沉叔，别署双鉴楼主人、藏园居士等，四川泸州江安人。早年入莲池书院从吴汝纶学习。1898 年考中进士，入翰林院为庶吉士。1903 年任顺天府乡试同考官。后出任直隶提学使，先后创办天津北洋女子师范学堂和北京女子师范学堂。1912 年参与南北议和谈判。出任唐绍仪内阁顾问。1917 年任北京政府王士珍内阁的教育总长。1919 年五四运动中，因抵制北京政府罢免蔡元培的北京大学校长的命令而被免职。1927 年任故宫博物院图书馆馆长。曾遍交沈曾植、杨守敬、莫棠、徐乃昌、张元济等人，相互研讨学术。又与邓邦述、章钰、吴昌绶、吴慈培、张允亮、徐森玉、袁克文等人互相切磋研讨，以校勘为每日功课，积累数十年，成为校勘名家。主持影印自藏《方言》《周易正义》《困学纪闻》《永乐大典·台字韵》《太平广记》等书，还编刊《双鉴楼蜀贤遗书》12 种，又以百衲宋刊本《资治通鉴》及珍本古籍数十种支持张元济主持商务印书馆编印《四部丛刊》。著有《藏园群书题记》《藏园群书经眼录》《双鉴楼善本书目》《双鉴楼藏书续记》《清代典试考略》《末代蜀文辑要》《藏园居士六十自述》等。未刊稿本有《藏园续收善本书目》《双鉴楼珍藏宋金元秘本目录》《双鉴楼主任补记莫氏知见传本书目》《藏园校书录》《藏园序跋集录》等。

按：孙荣耒说："傅增湘是杰出的文化名人，与中国近代教育、图书馆、文博、书法、美术诸事业的发展均有较大关系，但他更是民国间第一流的大藏书家。在辛亥革命前后数十年间，中国典籍频遭掠夺，大有史在他邦，文归海外之虞。国内公共图书馆、学校图书馆纷纷设立，四处购置图籍。乱世之际，又有大批军阀、巨富涉足藏书界，财力雄厚，网罗不已。在这样的时代背景下，作为私人藏书家，傅增湘的双鉴楼从无到有，渐渐成为北方的图书渊薮，与李盛铎木犀轩、周叔弢自庄严堪，鼎立而三，称雄北地，其艰难可以想见。其他藏书家所不能与之相比的是，傅增湘对藏书的研究与利用。他丰富的典藏，是他研究版本学、目录学、校勘学的基础，也是他流通古籍、传播传统文化的基础，同时，他在上述诸方面深湛的功力，又为他的藏书、流布古籍提供学术支持。藏书、研究、流布相互结合相互为用，傅增湘取得了无与伦比的成绩。"(《近代藏书大家傅增湘研究》，山东大学博士学位论文，2007 年)

吴虞(1872—1949)。虞原名姬传、永宽，字又陵，亦署幼陵，号黎明老人，四川新繁人。早岁肄业于成都尊经学院，戊戌维新时始求新学，在成都以教学馆为生，曾参与创设溥利公书局。1905 年赴日求学，入法政大学。1907 年回国，任成都府立中学等校教员。一度主编《蜀报》。辛亥革命后，任《西成报》总编、《公论日报》主笔、《四川政治公报》主编，曾加入共和党，著文反对袁世凯称帝。之后在《新青年》发表《家族制度为专制主义之根据论》《说孝》等文，对封建礼教予以严厉抨击，因而被称为"只手打孔家店的老英雄"。1917 年应柳亚子之邀加入南社。历任北京大学、北京师范大学、四川大学等校教授。1933 年被迫去职。此后隐退，卒于成都。著有《吴虞文录·别录·日记》《秋水集》，编选有《国文选录》《骈文选读》等。

朱献文(1872—1949)。献文原名昌煌，字郁堂，浙江义乌人。1897 年中丁酉科拔贡，获得第一名。随后由求是书院入京师大学堂，毕业后通过考试，获得清政府官费留学日本资格，于 1902 年到日本京都帝国大学学习法政，毕业获法学士学位。归国后被选到修订法律馆，参与修订《大清律例》。1908 年获法政科进士。1909 年获授翰林院检讨加四级，封通议大夫。1911 年出任资政院议员。1912 年任大理院推事。1914 年任江西省高等审判厅厅长。1919 年 6 月转任京师高等审判厅厅长。1922 年 6 月调任江苏省高等审判厅厅长。1927 年辞职归乡。1930 年 11 月任司法院高级参事。1939 年参加浙江省临参会的工作。

1943年任省临参会议长。1948年9月支持楼望云等人成立《义乌民报》理事会，并亲自出任名誉会长。

陈汉第（1874—1949）。汉第字仲恕、仲书，号伏庐，浙江杭州人。清末翰林，早年留学日本，与孙中山等关系密切。辛亥革命后历任总统府秘书、国务院秘书长、参政院参政，清史馆编纂、提调、故宫博物院委员等职。曾与林启、汪康年创办求是书院。参与发起成立中国画学研究会。晚年寓居上海，潜心书画艺术创作和金石收藏。

叶景葵（1874—1949）。景葵小名阿麟，字揆初，号卷盦，别称存晦居士，浙江杭州人。1903年进士，受维新思想影响，赴赵尔巽幕下，掌理财政、商矿、教育，因代为起草《条陈十策》，而闻名当时。八国联军入侵中国后，弃官经商，任浙江兴业银行董事长。后被推举为汉冶萍铁厂经理、中兴煤矿公司董事长等。1939年与张元济、叶恭绰、陈陶遗、陈叔通、李拔可等于上海创办合众图书馆。晚年致力于古珍稀版本的搜集，所写的札记、书跋，多有独到之处。著有《卷盦文存》《卷盦诗存》《卷盦题跋》《卷盦剩稿》《卷盦札记》等。顾廷龙编有《叶景葵杂著》。

吴闿生（1877—1949）。闿生原名启孙，字辟疆，号北江，学者尊称北江先生，安徽桐城人。吴汝纶子。曾留学日本。清末任度支部财政处总办。北洋政府时期任教育部次长、国务院参议。濡染家学，又师事贺涛、范当世、姚永概，受古文法，为文雄古简奥，序次有节奏神采。著有《尚书大义》2卷、《诗义会通》4卷、《诗经大义》《左传微》12卷、《左传文法读本》《古文范》《古今诗范》16卷、《万国通史》2卷、《国文范》《桐城吴氏文法教科书上下编》2卷、《理财学讲义》1卷、《支那国际论》1卷、《学校管理术》1卷、《和文释例》《容庵弟子记》4卷（与沈祖宪同撰）、《世界地理学》《东瀛战士策》《哥萨克东方征略史》《西史通释》《克莱武赫斯丁列传》《近世外交史》《西史教科书》《法律学教科书》《经济学》《汉碑文范》4卷附1卷、《嘤求录》《故友录》《吴门弟子集》14卷、《先大夫弟子籍》《吉金文录》4卷附编1卷、《经传评点》《北江文集》《诗集》等。

按：刘声木《桐城文学渊源考》卷一〇曰："吴闿生原名启孙，字辟疆，号北江，桐城人。汝纶子。诸生，官候选知府。生有异禀，濡染家学，本极渊深。复师事贺涛、范当世、姚永概，受古文法。其思力过绝于人，能冥契古人之精微，抉白秘隐，以发明其滞奥，厘定其高下，开导后学。其为文雄古简奥，序次有节奏神采。撰《北江文集》七卷、《诗集》五卷、《国文教范上下编》二卷、《古今体诗约选》四卷、《孟子文法读本》七卷、《卷首》一卷、《晚清四十家诗钞》三卷，积二十载始成书。"

吴徵（1878—1949）。名徵，字待秋，以字行，别号抱鋗居士、疏林仲子、春晖外史、鹭丝湾人、栝苍亭长、晚署老鋗，浙江桐乡人。1903年到杭州求是书院学习。1904年与丁辅之、吴隐等人在孤山创办西泠印社。1906年赴北京预备就任京兆伊，因陈叔通的劝说，而未上任，仍以鬻画为生。1946年任上海美术会监事。1947年与颜文梁、张大千、吴湖帆等参与指导上海市美术馆的筹建工作。曾任职于上海商务印书馆，编审《古今名人书画集》。著有《吴待秋山水画集》《吴待秋花卉画集》《吴待秋画集》《古今名人书画集》等。

杨谱笙（1879—949）。谱笙名兆釜，浙江湖州人。1906年与杨信之创办湖州旅沪公学，并兼校长。加入中国同盟会上海分会。1911年7月与陈英士、宋教仁、谭人风等人在上海湖州旅沪公学发起成立同盟会中部总会。上海光复后，被任命为沪军都督府参谋兼军需科长。1931年至1932年8月任南京国民政府监察院秘书长，帮于右任院长创建监察制度。1933年2月任监察院监察委员，后任中国国民党史史料编纂委员会委员等职。

余绍宋（1883—1949）。绍宋字越园，浙江龙游人。日本东京法政林学毕业。宣统二年

(1910)回国,以法律科举人授外务部主事。1912年任浙江公立法政专门学校教务主任兼教习。翌年赴北京,先后任众议院秘书、司法部参事,次长、代理总长、高等文官惩戒委员会委员、修订法律馆顾部、北京美术学校校长、北京师范大学、北京法政大学教授、司法储材馆教务长等职。1928年南归,定居杭州,以书画自娱。1934年应聘主编《东南日报》副刊《金石书画》。1936年为东方文事业委员会撰写《续四库全书提要》子部艺术类提要。1942年被选为省第二届临时参议会副议长。1943年任浙江通志馆馆长。著有《画法要录》《画法要录二遍》《书画书录解题》《中国画学源流之概观》《梁节庵先生遗诗》等。

清净(1884—1949)。清净名克忠,字德清,又名镜清,河北河间人。近代著名居士。幼习儒业,18岁乡试中举,后转习佛教,特别是对《唯识》《瑜伽》发生浓厚兴趣。1921年在北京与朱芾煌、徐森玉、饶凤璜、韩哲武等人共同发起佛学研究组织法相研究会,主讲"成唯识论"。

刘善泽(1885—1949)。善泽字腴深,晚号天隐,湖南浏阳人。刘善涵堂弟。诗有盛名,与嘉应黄遵宪、义宁陈三立等并称"同光十子"。辛亥革命后,当选为湖南省议会议员。曾主编《湖南公报》,任湖南官书局编纂。其后任文学教授于湖南国史馆和湖南大学,传授旧学,享有盛名。与同为湖南大学文学教授的杨树达、李肖聃等人倡立麓山诗社,并任社长。信仰佛教,创立湖南佛教居士林,任林长二十年。著有《毛诗郑笺释例》16卷、《穀梁稗钞》4卷、《论语郑注疏》10卷、《心经讲义》2卷、《佛遗教经讲义》2卷,未及刊行,于乱离中散失。现存《三礼注汉制疏证》16卷、《天隐庐诗集》20卷。

王星拱(1887—1949)。星拱字抚五,安徽怀宁人。毕业于英国伦敦大学帝国科学技术学院。在英国留学期间,曾参加孙中山领导的反清进步运动,1910年加入中国同盟会欧洲支部。1916年回国任国立北京大学教授,在《新青年》等刊物上发表文章,宣传科学知识,反对宗教迷信。1925年在"科学与玄学"论战中,主张"科学万能"。1928年任安徽大学校长。后又与李四光等一起负责筹建国立武汉大学,任国立武汉大学化学系主任。1933年5月出任国立武汉大学校长,后任国立中山大学校长。著有《科学概论》《科学与人生观》《什么是科学方法》《哲学方法与科学方法》等。

查人伟(1887—1949)。人伟字仲坚,亦作诵坚,浙江海宁人。中秀才后,入杭州求是书院。后入武备学堂,因反对日籍学监专横跋扈,被开除。旋考入法政学堂,参加同盟会。辛亥革命后,任平湖县承审员,又任桐庐县专审员。1917年后在杭州执行律师业务。当选为浙江省议会议员。1924年,参加中国国民党,拥护孙中山"三大政策"。1926年3月任国民党浙江省党部监察委员,并与宋云彬以左派身份创办《新浙江报》,抨击时弊。1927年3月任浙江省临时政府政务委员兼建设科(厅)长。蒋介石四一二反革命政变时,与沈钧儒、褚辅成等同时被捕。后经营救获释。从此脱离国民党,先后在杭州、上海当律师。1936年沈钧儒等"七君子"被捕入狱时,曾奔走呼号,多方营救。抗战后期,参加中国民主同盟。日本投降后,在上海重操律师旧业,并负责民盟浙江方面的盟务。

胡政之(1889—1949)。政之名霖,字政之,以字行,四川成都人。1907年自费到日本勤工俭学,进东京帝国大学读法律。1912年进《大共和报》任日文翻译。1913年受聘任《大共和报》总编辑,并在中国公学兼法律教员。1915年到北洋政府做幕僚。1916年9月受聘出任《大公报》经理兼总编辑,从此一生以办报为业。1919年曾代表《大公报》采访巴黎和会,为当时唯一的中国记者。1920年回国后,离开《大公报》,到林白水主持的北京《新社会报》

任总编辑。1921年在上海参加国闻通讯社主持的编辑和采访工作。1924年8月又成功创办著名的国闻通讯社和《国闻周报》。1926年与吴鼎昌、张季鸾共同以新记公司接掌《大公报》。1948年初在美国创办英文版的《大公报纽约双周》,3月15日又恢复《大公报》香港版。1949年病逝于上海。

杨杰(1889—1949)。杰又名漱石,字耿光,云南大理人。曾先后就读于云南陆军速成学堂、日本陆军士官学校。1911年毕业学成回国,参加辛亥革命,历任沪军威武军营长、团长,滇军团长、旅长、护国军第四军参谋长、北京大总统府军事咨议陆军部顾问。1921年再渡日本,进入日本陆军大学深造。1924年毕业。1925年初回国后历任冯玉祥部第三军参谋长。后任国民革命军第十七师师长、第十八军军长、国民党中央执行委员、陆军大学教育长和校长、国民政府军事委员会参谋部第一次长、代理参谋部长、国民政府驻苏联特命全权大使、军事委员会顾问等职。1937年授陆军上将衔。1943年在中共中央南方局的支持下,与谭平山、王昆仑、陈铭枢等在重庆筹建"三民主义同志联合会"(称民联)。1945年秋民联正式成立,被选为中央临时干事会干事、中央常务干事。1949年应中共中央邀请到北京参加新政协会议,途经香港时被国民党特务暗杀。1982年6月5日,中华人民共和国民政部追认杨杰为革命烈士。著有《国防新论》《军事与国防》《国民军事必读》《战争抉要》《欧洲各国军事考察报告》《现代国防的基本条件是什么》《国防讲话》《大军统帅学》《孙武子》《如何改造中国》等军事论著。

按:靳明全说:"杨杰的国防观集中地体现在其代表作《国防新论》和《军事与国防》之中。首先,他认为国防是国家赖以生存的基础。'国防就是满足国家要求,达到生存发展目的的唯一工具。生存和发展并不是两件事情,它们是一件事情的两个阶段。'对于一个国家及民族而言,生存和发展是其生死攸关之事。按杨杰之意,无生存则无发展,无发展,也不能生存,必将被强国、强者所吞噬。为保其生存发展,唯有强大的国防。他认为,日本侵略中国,半壁河山丧失敌手,这正是'有国无防'的结果。为此,他反复强调,国防是国家政策的集中表现,要把国防建设作为反侵略战争的正义事业,要将国防作为推行国策,发挥国家机能的有力杠杆。杨杰阐述这种国防观时,正值日本军国主义大势侵略中国之际,其思想具有很大的现实意义。其次,他针对中国人口众多却非强国的特点,提出了国防建设首在人的要素,人的要素就是要产生国防力量的'国防人'。何谓'国防人'呢? 杨杰指出,国防人须备三个条件,一是身体健全,二是有生产技能,三是思想正确,具国防精神。对于第三个条件,杨杰特别地强调,要让广大中国人具有爱国思想,懂得国防观念。……第三,他指出了国防与政治、经济、文化的关系,认为:'国防是时代和历史的产物,由时代和历史的客观条件决定,并不是凭着少数天才的政治家和将军们的幻想创造出来的……我们再不要认为军事建设就是国防建设,军队就等于国防的思想已经落伍了。今天的军事建设是国防建设的一环……理想的国防组织是平均发展的,是各部门协调的,是经济、政治、军事、文化保持适当比例的有机体。'在这里,杨杰指出了加强国防建设不单纯是加强军队建设,而是要发挥全国的经济、政治、军事、文化的综合作用。如果把全国的经济、政治、军事、文化的四个方面适当地配合,灵活机动地运用,就有由弱变强的可能,就能增强国防力量。第四,杨杰强调,经济、政治、军事、文化作为国防的综合体,其中,经济是一种最基本的力量,也就是说,国防的基础就是经济实力。……第五,杨杰国防观的又一精华部分就是把人民作为战争的主体,视为国防力量的源泉。……总之,杨杰的国防观,联系了中国社会的实际,特别联系了中国抗日战争的现实,比较全面地阐述了国防建设中的人与物、经济基础与上层建筑等方面的辩证关系,提出了加强全民国防意识的重要性,强调了以经济为国防的基础,努力发展独立的民族工业,动员全国的潜在能力,实行人民的国防,人民的战争。他的国防观,为加强中国国防实力,动员人民群众积极投入抗战起到了积极的作用,也为丰富中国国防理论,为中国近代军事理论的发展,作出了重要贡献。"(靳明全《攻玉论:关于20世纪初期中国军界留日生的研究》,重庆出版社2001年版)

马宗融(1890—1949)。宗融，四川成都市人。回族。早年留学日本，1919年留学法国里昂大学，毕业后留校任教。1931年回国，先后在上海复旦大学、广西大学任教。抗战时任四川大学、北碚复旦大学教授，并任中华全国文艺界抗敌协会理事、文化工作委员会委员以及重庆回教救国协会副会长。1947年到台北，受聘于台湾大学文学院任教。1949年初返回上海，于4月10日逝世。曾发表《法国的文艺杂志》《法国小说家雨果》《现代法国人心中的雨果》《巴比塞对雨果的评语》等论文；翻译雨果的《巴尔扎克之死》、布拉伊的《乔治·桑、巴尔扎克与左拉》、波母的《左拉的新评》、屠格涅夫的《春潮》等。

戴季陶(1891—1949)。季陶原名良弼，字选堂，号天仇，后改名传贤、字季陶，籍贯浙江吴兴，生于四川广汉。1902年进成都留日预备学校学习日文。1903年考入客籍学堂。1904年因抨击学堂监督品评课艺不公，被开除学籍。1905年秋赴日本留学，初入师范学校。1907年转入东京日本大学法科。曾当选为日本大学中国留学生同学会会长。1909年回国，先任江苏地方自治研究所主任教官，后到上海办报，任《中外日报》新闻记者与《天铎报》新闻编辑员、总编。1911年被清朝地方官吏以"诽谤朝政"罪通缉，逃亡日本。后转赴南洋槟榔屿，参加同盟会，编辑《光华报》，鼓吹革命。辛亥革命后追随孙中山，参加二次革命和护法战争，曾任广州军政府法制委员会委员长，兼任大元帅府秘书长、外交部次长。1919年与沈玄庐等人在上海创办《星期评论》杂志，并协助孙中山办《建设》杂志。将考茨基的《资本论解说》日译本转译成中文。1920年在上海参与陈独秀筹建共产党组织的活动。1924年在国民党第一次代表大会上当选为中央执行委员、常委和宣传部长。兼任黄埔军校政治部主任和大本营法制委员会委员长。1925年3月12日孙中山在北京病逝，生前留下遗嘱，戴氏是署名证明人之一。1925年5月在国民党一届三中全会上提出反对国共合作的所谓"建立纯正三民主义"的"最高原则"，开始潜心研究三民主义。1926年10月任中山大学委员长，主持校务。1928年2月任国民党中央常委、宣传部长，旋任国民政府委员和考试院院长。1931年任南京国民政府"特种外交委员会"委员长，专议对日事宜。1948年辞去考试院院长职务，受命为国史馆馆长。1949年2月11日在广州住所服用大量安眠药后去世。译著有《资本论解说》，著有《孙文主义之哲学的基础》《三民主义之哲学的基础》《国民革命与中国国民党》《青年之路》《日本论》《学礼录》《戴天仇文集》《戴季陶先生文存》《戴季陶集》等。

按：滕峰丽说："(戴季陶)在中国近现代史上，他是一个比较复杂的人物。作为辛亥革命时期的革命斗士、五四时期社会主义思想的宣传者、孙中山逝世后国民党著名的反共理论家，他在中国近现代史上留下了深深的足迹。戴季陶早年曾留学日本，辛亥革命后即担任孙中山的机要秘书，追随孙中山长达14年之久，历经同盟会、中华革命党、中国国民党成立及改组，见证了中国国民党的发展史。他又是一个优秀的舆论宣传家，辛亥时期先后在《中外日报》《天铎报》《光华报》《民权报》《民国》等报刊上发表革命言论，抨击封建制度，反对袁世凯复辟，传播西方民主政治制度，文笔犀利有力，影响极大。五四时期创办《星期评论》《建设》杂志，着重研究和介绍社会主义，关心劳工运动，提倡温和的社会改良思想。他又极力反对国共合作，参加西山会议派，孙中山逝世后即发表宣言，完全站在'反共'的立场上。南京国民党政权建立后，他一直身居政府要职，担任考试院长长达二十年之久。他一生著述颇多，对政治、哲学、外交、教育、宗教、'边政'等方面均有广泛的论述和见解，思想极其丰富。戴季陶在中国近现代思想史上，占据着重要地位。他以其思想理论体系即'戴季陶主义'影响着国民党蒋介石政权，构成了蒋介石政权的思想基础，对中国近代史发展起着不可忽视的作用。"(滕峰丽《民国时期的三民主义：戴季陶思想研究·绪论》，河南大学出版社2012年版)

汪懋祖（1891—1949）。懋祖字典存，江苏吴县人。13 岁中秀才，15 岁入苏州府中学堂，后毕业于江苏高等学堂，1912 年至天津入北洋高等学校工矿科。1916 年赴美国，就读哥伦比亚大学学士教育院，受教于杜威，获硕士学位，后被哈佛大学聘为研究员。1927 年 7 月，其返家乡创办苏州中学，力求将苏州中学办成学术化的学校。他主张教育应源于生活而改造生活，并对教材、德育、学生身心发展规律等方面加以研究，作出显著成绩，学校声望日隆。1930 年被全国教育学会聘为专家会员。著有《美国教育彻览》《教育学》等。

周均时（1892—1949）。均时原名周烈忠，字君适，四川遂宁人。1904 年随父经商到重庆，进入正蒙公塾读书。两年后随父去上海，在中国公学就读，继考入南洋大学船政科学习毕业。辛亥革命后，返回成都考入德国留学。1920 年学成回国。1922 年夏再次赴德国考察，在柏林工业大学跟从娄耶教授钻研相对论，并直接听过爱因斯坦讲学。1924 年归国后，先后执教暨南大学、南京中央大学、重庆大学；曾任昆明同济大学、上海吴淞商船专科学校校长。1949 年夏参加建立民革川东分会地下组织和策反工作，不幸被捕牺牲。著有《高等物理学》《弹道学》等。

叶良辅（1894—1949）。良辅字左之，浙江杭州人。曾任中央地质研究所研究员、浙江大学教授等职。著有《南京、镇江间火山岩发展史》《北京西山地质志》《中国接触铁矿带闪长岩的研究》等。

张西曼（1895—1949）。西曼又名百禄，湖南长沙人。1908 年经宋教仁、谭仁凤介绍加入同盟会。1909 年入学京师大学堂。1911 年 1 月到海参崴，考入俄国东方语文专科学校攻读政治经济学。1914 年经外蒙回国至东北从事革命工作，秘密开始马克思主义思想的传播。1917 年在哈尔滨滨江道尹公署工作期间与友人共同创办东华学校。1918 年再赴海参崴，开始翻译列宁起草的《俄国共产党党纲》。同时致函孙中山、蔡元培等建议成立社会主义研究会。1919 年 7 月应蔡元培、万福华电邀从俄罗斯回到北京进入北京大学图书馆编目组任事务员，并与李大钊、陈独秀等组织社会主义研究会，宣传俄国十月革命。1920 年任北京大学俄文专修科教员。1923 年与熊希龄、李大钊等创"俄国灾荒赈济会"。1923 年兼任冯玉祥学兵团中吉合、何基沣、边章武所在连的俄文教员，并创办中国大学、民国大学等一系列学校的俄文班。1924 年创办北方交通大学俄文班。1927 年参加筹备成立武昌中山大学，任校务委员会委员兼法学院院长、俄文法政学系主任教授。1928 年与高鲁、许寿裳等 4 人同时任大学院秘书，辅佐蔡元培掌管全国的大学教育。1929 年任孙中山奉安专刊编辑主任，6 月参加奉安大典，后任北平大学法商学院教授。1932 年任参谋本部边务组专门委员。同时在中央大学教授"俄国近代史"。1933 年任行政院新疆建设委员会委员。1935 年 10 月 25 日在南京发起创建中苏文化协会，任唯一的常务理事。1936 年 4 月出任蒙藏委员会委员、12 月任国民政府立法委员。1937 年参加发起中华全国文艺界抗敌协会。1938 年 1 月在武汉发起国际反侵略协会中国分会。1939 年任中国边疆学术研究会理事长。1945 年 1 月在重庆创办《民主与科学》杂志，任中央大学教授。1946 年 2 月任中国民主宪政促进会理事长，5 月 4 日当选九三学社第一届理事会理事。1949 年 2 月抵达北平，4 月参加南社新南社雅集，参加关于新中国教育问题谈话会，后随民主东北参观团赴东北解放区，6 月参加社会科学工作者代表大会筹委会，7 月并出席第一次全国文代会。曾翻译《俄国共产党党纲》，著有《中国边疆图书总目》等。

按：姜椿芳《忆张西曼教授》说："我是一个翻译工作者，我这里要特别推介的，是张西曼先生在翻译方面有很高的成就,他是翻译界的、特别是俄文翻译的一位老前辈。我是在1928年才学俄文的,他早在1911年就到俄国去留学了。他在1919年就在北京办俄文专修学校,在1921年就编出《中等俄文辞典》《俄文文法》,以后还在北京、武汉办了一系列的俄文系、俄文学校等。我们知道,瞿秋白同志1919年就是在他的俄文学校里面学的俄文,也就是说张西曼先生是瞿秋白同志的俄文老师。瞿秋白同志在1920年底作为《晨报》记者到苏联去,这点俄文底子就是从张西曼先生那儿学来的。张西曼先生在翻译方面,是根据客观的形势,需要什么就做什么,而不是限于一格。比如说,需要介绍苏联的一般情况,他就编出关于苏俄的书;需要介绍马克思、恩格斯、列宁的情况,他就在这方面翻译了不少文章;需要文学方面的知识,他就翻译、编出了苏俄作家的传略这样的书;需要法律方面的常识,尤其在1927年,他首先翻译、介绍了苏俄的宪法,同时还翻译出版了苏联的民法和刑法。那时考虑大革命胜利之后要建国,需要有这许多参考资料。当然后来的形势发展是不同了,可是他还是在这方面充分地介绍了苏联在法学方面的一些著作和具体的法律条文。1937年的苏联宪法也是张西曼先生最早介绍的。"(中国人民政治协商会议全国委员会文史和学习委员会编《文史资料选辑》合订本第37卷,总第107—109辑,中国文史出版社2011年版)

黎又霖(1895—1949)。又霖,贵州黔西人。1919年在北平法学院就读时,参与"五四"运动,主办《民声报》。1922年投笔从戎,在黔军袁祖铭部任秘书,又在国民革命军二师师长杨其昌部任参谋。蒋介石叛变革命后,到上海同济大学任教授。1933年11月赴福建参加革命政府工作。曾任黔军驻汉口办事处处长和国民党军政部江西战时干部训练团上校政治教官。1941年3月参加沈钧儒、邹韬奋、黄炎培领导的中国民主政团同盟。后又加入"民联"和"民盟",积极宣传团结抗日主张。1949年8月不幸被捕,11月27日被杀害。

萨本栋(1897—1949)。本栋字亚栋,福建闽侯人。1921年以优异成绩毕业于清华学校。1922年赴美入斯坦福大学学习机械工程,1924年获工学士学位。1924年入麻省伍斯特工学院,翌年获电机工程学士。旋即转习物理,于1927年获理学博士学位,应聘为伍斯特工学院研究助理及西屋电机制造公司工程师。1928年应清华大学物理系主任叶企孙之聘回国任物理学教授。1937年7月6日被任命为国立厦门大学第一任校长。1948年当选为中央研究院院士。著有《物理学名词汇》《普通物理学》等。

俞庆棠(1897—1949)。庆棠,女,字凤岐,祖籍江苏太仓,生于上海。1911年在上海务本女学读书,参加妇女协赞会。在上海圣玛利亚女校求学时,为学生会主席。在五四运动中,带领同学游行演讲,演剧募捐,并创办平民夜校。后被选为上海学联代表,出席全国学生联席会议。1919年秋留学美国,进台来佛亚女子大学、哈佛大学、芝加哥大学、哥伦比亚大学研读。1922年于哥伦比亚大学毕业回国,在私立无锡中学等校任教。后任上海大夏大学教授。1927年任第四中山大学(后改为中央大学)教授兼扩充教育处处长,提出大力推行民众教育的主张。1928年3月在苏州创办中央大学区民众教育学校,兼任校长。主编《教育与民众》月刊以及《申报》"农村生活丛谈"专栏。1932年12月发起成立中国社会教育社,被选为常务理事兼总干事。1935年起主编《民众抗日救国读本》,从事抗日救亡活动。1939年由重庆回到上海,先后在东吴大学、沪江大学和震旦女大等校任教。抗战胜利后,任上海市教育局社会教育处处长,先后兴办108所市立民众学校,并亲自任上海实验民众学校校长。1947年任联合国教科文组织中国委员会委员。翌年又任联合国远东基本教育会议中国代表团顾问。同年10月赴美国考察教育。1949年5月应邀回国,作为教育界的代表出席中国人民政治协商会议第一届会议,并参加开国大典,被中央人民政府政务院任命为教育部社会教育司司长。著有《民众教育》《俞庆棠教育论著选》等,主编《民众教育丛书》,与孟宪承合译杜威的《思维与教育》及克伯屈的《教育方法原论》等。

按：俞庆棠去世后，中央人民政府政务院文教委员会给她送的挽联是："吃野草下去，流鲜奶出来，点滴都付于人民，人民群众之保姆；把任务完成，置性命不顾，死生全为了教育，教育工作的典型。"这副挽联的内容，恰是她一生最好的写照。（王立人主编《无锡名人》，凤凰出版社 2009 年版）

喻守真（1897—1949）。守真名璞，浙江萧山人。1917 年毕业于浙江省立第一中学，旋返母校临浦小学任教，后赴杭州当家庭教师。1925 年考取上海中华书局，任编辑。以编写中小学教科书为主，亦参与《辞海》编辑。抗战爆发后，曾任上海沪江大学教授，后患病回故乡休养。毕生习文，擅长注释。其所注释的著作很多，主要有《瞻山楼诗文集》116 卷、《怀玉馆杂笔》4 卷、《文章体例》《诗经童话》《孟子童话》《晏子春秋童话》《注释学生尺牍》《外国地理表解》等。尤以注释《唐诗三百首详析》闻名，以考证审慎，表达扼要，文字流畅，受读者好评。

冯适（1903—1949）。适原名昭适，一名慰曾，字衷博，别号飞凫山人，浙江慈溪人。冯贞群子。自幼饱览群书，工书，先后习临"圣教序""抚汉碑"，1929 年受章太炎之聘，为其课子女。并与章氏同研《说文》。又喜佛学，与杭州灵隐寺云楼法师、宁波观宗寺谛闲法师友善。著有《飞凫山馆笔记》。

徐小隐（1905—1949）。小隐名华，浙江嘉兴人。仲光勋弟子。善画，尤工花鸟，宗法南田，兼善人物、山水、功力深邃。抗战时去上海，遍摹名家真迹，画艺大进。亦善昆曲，参加上海曲艺社。后移居嘉兴城内，以鬻书画为生，与郭兰祥等在嘉兴组织"携李金石书画社"。

吴承德（1919—1949）。承德笔名二南，江苏苏州人。1938 年在湖南长沙参加基督教青年抗日军人服务部工作，被派赴新四军军部教导队短期学习，将实地见闻写成通讯寄发《全民抗战》。1940 年加入桂林国际新闻社，曾为《救亡日报》、国际新闻社撰稿。皖南事变后，随国际社去香港工作。1946 年 1 月任《文萃》社经理，负责发行工作。1947 年 5 月加入中国共产党。7 月 21 日在去印刷厂取《文萃丛刊》时被捕。1949 年 5 月 9 日在宁波被害。

洪敬云（—1984）、田涛（—2013）、邵钧林（—2016）生。

六、学术评述

本年度进入解放战争的第三阶段——战略决战（1948 年 9 月至 1949 年 12 月）的最后节点。是年，最具划时代意义的重大历史事件是中华人民共和国宣告成立，最具标志性意义的关键时间节点则有：1 月 1 日，新华社发表毛泽东撰写的新年献词《将革命进行到底》，号召全党、全军、全国人民坚决彻底干净全部地消灭一切反动势力，推翻国民党的反动统治，建立人民民主专政的共和国，绝不能使革命半途而废。31 日，历时 64 天的平津战役胜利结束。人民解放军开入北平城内，世界驰名的文化古都和平解放。2 月 3 日，中国人民解放军举行隆重的北平入城式。北平各校师生和全市人民一道走上街头热情欢迎中国人民解放军入城。5 日，南京国民党政府行政院迁移至广州正式办公。3 月 5—13 日，中共中央在河北省平山县西柏坡召开中共第七届中央委员会第二次全体会议。毛泽东主席代表中央政治局作《在中国共产党第七届中央委员会第二次全体会议上的报告》，会议集中讨论了党的工作重心由农村向城市战略转移的问题，确定了中共在全国取得胜利之后，在政治、经济、文化方面的基本政策。23 日，毛泽东率领中央机关离开西柏坡，向北平进发。毛泽东对周恩来说,今天是进京的日子,进京"赶考"去。我们决不当李自成,我们都希望考个好成绩。4月20日夜至21日,中国人民解放军百万雄师强渡长江。21日,毛泽东、朱德发布《向全国进军的命令》。23日,中国人民解放军占领南京,延续22年的国民党统治宣告覆灭。9月21—30日,中国人民政治协商会议第一届全体会议在北平举行。大会制定《中国人民政治协商会议共同纲领》,以新民主主义为基础制定了建国后的根本任务以及军事、政治、经济、文教、民族、外交等方面的基本方针政策,起着临时宪法的作用。会议选举以毛泽东为主席的中央人民政府委员会。会议决定以北平为中华人民共和国首都,改名为北京。10月1日,中华人民共和国宣告成立。下午3时,首都30万群众在天安门广场隆重举行开国大典,毛泽东主席亲自升起了第一面五星红旗,宣读了中央人民政府公告,向全世界庄严宣布:"中华人民共和国中央人民政府已于本日成立了!"从此,中国人民站起来了,由此开启了中国历史新纪元。12月7日,蒋介石宣布,国民政府迁都台北。10日,蒋介石等从成都凤凰山机场起飞逃亡台湾。以上快速遽变的历史进程与结局,从根本上改变和重塑了中国学术的形态、结构与内涵,标示着中国现代史以及现代学术史的终结,中国当代史以及当代学术史的开启,具有划时代意义。

与国共新旧政权更迭密切相关的关键词就是"接管"。1月1日,中国人民解放军北平市军事管制委员会宣告成立,叶剑英任主任,谭政任副主任。军管会全面接管全市的军事、政治、经济、文化等管制事宜。10日,北平市军管会正式接管清华大学。2月28日,北平市军事管制委员会正式接管北京大学。4月28日,中国人民解放军南京市军事管制委员会成立,刘伯承任主任,宋任穷任副主任。5月7日,南京市军管会接管国立中央大学。5月27日,上海解放,中国人民解放军上海军事管制委员会宣告成立。陈毅为主任,粟裕为副主任。至6月20日,上海市军事管制委员会接管复旦大学。此后,随着各大城市的陆续解放,高校接管工作依次有序展开。然而军事管制委员会作为城市最高权力机关,只是在新解放的城市设立的过渡性政权组织,在完成所规定的各项任务之后,经上级批准,将行政权力移交给地方各界人民代表会议选举产生的人民政府。对于教育管理体制而言,具有标志性意义的是6月1日华北人民政府命令设立华北高等教育委员会,以统一实施高等教育的方针和计划,指导学术的改进和图书文物的管理工作。主任委员:董必武(兼),副主任委员:张奚若、周扬。董必武、张奚若、周扬、马叙伦、李达、许德珩、钱俊瑞、曾昭抡、吴晗等9人为华北高等教育委员会常务委员;郭沫若、吴玉章、徐特立、马寅初、黄炎培、范文澜、成仿吾、邓初民、张志让、汤用彤、梁希、郑振铎、钱端升、蓝公武、杨秀峰、叶企荪、陈岱荪、陆志韦、张东荪、雷洁琼、黎锦熙、徐悲鸿、李宗恩、严济慈、裴文中、晁哲甫、于力、刘鼎、乐天宇、恽子强、胡锡奎、周泽昭、沈体兰、黄松龄、张宗麟、张子丹、张国藩、邓拓、俞大绂、冯乃超为华北高等教育委员会委员;张宗麟为该会秘书长。其中汇集了高教界的知名教授。8日,华北高等教育委员会首次常委会决定:一、成立华北国立大学招生委员会;二、成立平津各大学毕业生暑假学习团;三、设立私立大学研究委员会;四、组织历史、哲学、文学、法律、政治、经济、教育7组分别进行工作;五、筹组文物保管委员会。7月23—27日,中华全国第一次教育工作者代表大会筹备会议在北平举行。到会200多人。董必武致开幕词,周恩来、朱德、叶剑英等同志到会讲话。会议通过了筹委会章程,选出丁西林等35人为筹委会常委。28日,中华全国第一次教育工作者代表大会召开第一次常委会,董必武、马叙伦、丁西林等25人出席,会议推选董必武为常委会主任委员,黄炎培、马叙伦、陈鹤琴、钱俊瑞为副主任委员,钱俊瑞任秘书长,孙起孟、张宗麟任副秘书长。下设3个工作委员会,分别负责代表大会筹备工作。8月1日,中共中央东北局、东北行政委员会公布《关于整顿高等教育的决定》。10日,华北高等教育委员会召开第三次常委会。董必武、张奚若等出席。会议决定:辩证唯物论、历史唯物论和新民主主义论为各大学院校共同必修课。文法学院另加政治经济学一科为必修课。12月23—31日,全国第一次教育工作会议在北京召开。会议确定了逐步改革旧教育事业的方针,提出"教育应着重为工农服务""普及与提高正确结合,在相当长的时期内以普及为主"的发展新教育的方针。以上重要决策都对新旧之交的教育以及整个学术产生了巨大影响。

与上年相比,本年度的学术版图结构发生了巨大变化。尽管依然以北京、上海、南京为三大轴心,但因为新中国定都北京,所以北京迅速取代南京居于三大轴心之首,然后依次为上海、南京。更为重要的是,参与筹建新中国的民主党派以及各界知名人士陆续从全国汇聚北京,北京进而上升为轴心之轴心。其中的学术群体大致有民主人士、文艺界、中科院、高等院校以及学会组织等不同系统。其中作为无党派人士代表、依然是学界领袖的郭沫若最具链接以上不同系统的广泛性与代表性,所以具有典型分析的特殊意义。

一是就与民主人士系统关系而言,郭沫若本身即是以无党派人士代表参与民主人士群体的一系列重要活动。1月22日,郭沫若与到达解放区的各民主党派、各人民团体的代表人物及无党派民主人士李济深、沈钧儒、马叙伦、章伯钧、谭平山等55人发表题为《我们对时局的意见》的声明。3月18日上午,郭沫若与叶剑英、沈钧儒等前往车站,欢迎由华东解放区返平的民主人士柳亚子、陈叔通、马寅初、叶圣陶、郑振铎、王芸生、曹禺等16人。6月24日下午,郭沫若与林伯渠、李维汉等赴车站,欢迎抵达北平的上海民主人士张澜、史良、罗隆基等一行。至此,民主人士的各路大军皆已汇聚北京。9月21—30日,中国人民政治协商会议第一届全体会议在北京举行,出席会议的代表635人,来宾300人。其中民主党派代表比例如下:一、中国国民党革命委员会(正式代表16人、候补代表2人):李济深、何香凝(女)、柳亚子、李德全(女)、张文、李锡九、陈劭先、朱蕴山、梅龚彬、余心清、王葆真(杨杰)、李任仁、刘积学、陈汝棠、赖亚力,候补代表:吕集义、郑坤廉(女);二、中国民主同盟(正式代表16人、候补代表2人):张澜、沈钧儒、章伯钧、张东荪、罗隆基、史良(女)、周新民、楚图南、丘哲、周鲸文、费孝通、李相符、李文宜(女)、胡愈之、辛志超、刘王立明(女),候补代表:叶笃义、罗子为;三、民主建国会(正式代表12人、候补代表2人):黄炎培、章乃器、胡厥文、施复亮、胡子婴(女)、孙起孟、陈巳生、章元善、盛康年、冷遹、杨卫玉、沈子槎,候补代表:陈维稷、莫艺昌;四、无党派民主人士(正式代表10人、候补代表2人):郭沫若、马寅初、张奚若、李达、董鲁安(于力)、符定一、欧阳予倩、洪深、吴有训、王之相,候补代表:丁燮林、周谷城;五、中国民主促进会(正式代表8人、候补代表1人):马叙伦、许广平(女)、周建人、王绍鏊、梅达君、徐伯昕、林汉达、雷洁琼(女),候补代表:严景耀;六、中国农工民主党(正式代表10人、候补代表2人):彭泽民、郭冠杰、李士豪、何世琨(何文朴)、杨逸棠(杨伯恺)、张云川、郭则沉、王深林、严信民、杨子恒,候补代表:王一帆、李健生(女);七、中国人民救国会(正式代表10人、候补代表2人):李章达、沙千里、沈志远、千家驹、萨空了、曹孟君(女)、闵刚侯、方与严、宋云彬、孙晓村,候补代表:秦柳方、张曼筠(女);八、三民主义同志联合会(正式代表10人、候补代表2人,空缺正式代表1名):谭平山、陈铭枢、郭春涛、王昆仑、许宝驹、吴茂荪、萧隽英、李世璋、谭惕吾(女),候补代表:于振瀛、田竺僧;九、中国国民党民主促进会(正式代表8人、候补代表1人):蔡廷锴、蒋光鼐、陈此生、李民欣、秦元邦、林一元、谭冬青、司马文森,候补代表:李子诵;十、中国致公党(正式代表6人、候补代表1人,空缺正式代表1名,候补代表1名):陈其尤、黄鼎臣、官文森、雷荣河(田凡)、严希纯;十一、九三学社(正式代表5人、候补代表1人):许德珩、黎锦熙、袁翰青、吴藻溪、薛愚,候补代表:叶丁易;十二、台湾民主自治同盟(正式代表5人、候补代表1人):谢雪红(女)、杨克煌、李伟光、王天强、田富达,候补代表:林铿生。从一定意义上说,中国人民政治协商会议第一届全体会议的盛会,亦是一次空前的民主党派与民主人士的大会师。其中多数学政两兼,也不乏知名学者。10月19日下午,中央人民政府委员会第三次会议任命董必武、陈云、郭沫若、黄炎培为政务院副总理。郭沫若与黄炎培分别作为无党派与民主党派的代表,成为新中国民主人士从政的最高领导,具有一定的指向性与代表性。

二是就与文艺界系统关系而言,郭沫若3月22日出席中华文协与华北文协在北京饭店举行的理监事联席会议,会议决定召开中华全国文学艺术工作者代表大会。郭沫若与茅盾、田汉、洪深、郑振铎、叶圣陶、周扬、徐悲鸿、柳亚子、俞平伯、胡风、贺绿汀、程砚秋等37人当选为筹委会委员,郭沫若为筹委会主任,茅盾、周扬为副主任。由此初步确立了中华文协中郭沫若、茅盾、周扬的"三驾马车"格局。同日,郭沫若出席全国文协总会在平理监事会,议决原在上海的文协总会即日起移至北平办公。7月2日,中华全国文学艺术工作者代表大会在北平开幕,主席团总主席郭沫若致开幕词。3日,郭沫若在全国文代大会上作题为《为建设新中国的人民文艺而奋斗》的总报告,论述自五四以来新文艺运动的性质和文艺界的统一战线问题,提出今后全国文艺工作者的任务:一、加强团结。二、深入现实,使文学艺术发挥教育民众的效能。三、扫除旧文学旧艺术的残余势力,批判地接受一切文学艺术遗产,发展一切优良进步的传统,并充分地吸收社会主义国家苏联的宝贵经验,务使爱国主义和国际主义发生有机的联系。14日,出席文学艺术工作者代表大会全体会议。会议讨论并通过了《中华全国文学艺术界联合会章程(草案)》及选举文联全国委员会条例。19日上午,郭沫若出席中华全国文学艺术工作者代表大会全体会议,以总主席身份作结束报告并致闭幕词。宣布中华全国文学艺术界联合会正式成立,宣布文联全国委员会当选委员名单。23日下午,文联全国委员会首次会议在北京饭店举行,郭沫若当选为主席,茅盾、周杨为副主席。由于茅盾后出任文化部长,实际由周扬主持。

三是就与中科院系统关系而言,早在6月中旬,中共中央宣传部长陆定一经中共中央授命负责筹备建立科学院,华北大学工学院副院长恽子强和重庆中央卫生实验院心理卫生室主任丁瓒协助陆定一工作。北平研究院原子学研究所所长钱三强和中央研究院植物研究所助理研究员黄宗甄参与其事。17日,中研院被军管会正式接收。9月中旬,陆定一指示钱三强和丁瓒共同起草《建立人民科学院草案》(简称"草案")完成。丁瓒撰写院部任务与组织机构部分,钱三强撰写研究所部分。该《草案》勾画了科学院的基本框架,为科学院的筹建工作打下了良好的基础。27日,中国人民政治协商会议第一届全体会议一致通过《中华人民共和国中央人民政府组织法》,在部级建制中设有"科学院",被赋予了管理全国科学研究事业的政府行政职能。10月19日,中央人民政府正式决定在原国民党政府"中央研究院"和北平研究院基础上成立中国科学院,任命郭沫若为中国科学院院长,陈伯达、李四光、陶孟和、竺可桢为中国科学院副院长。31日,毛泽东主席签署政府令,向郭沫若院长颁发中国科学院印信。11月1日,郭沫若就任中国科学院院长。同日,政务院各部级机关正式开始办公,后以此日为中国科学院成立日。2日,郭沫若与副院长陈伯达、李四光、竺可桢、陶孟和共同发出通函,从11月1日起中国科学院暂在东四马大人胡同10号开始办公。14日,郭沫若在中国科学院干部会上发表讲话,报告科学院成立经过及今后工作方向。中国科学院建院之初,院部设一厅三局。1.办公厅:承院长、副院长之命,处理全院日常事务。主任严济慈,副主任丁瓒、恽子强。办公厅下设秘书处、总务处和人事处。2.研究计划局:负责提出研究机构调整方案,调查全国专家、人才和科学研究机构的情况,协助院外学术机构开展研究工作。局长竺可桢(兼),副局长钱三强。3.国际联络局(翌年改称联络局),与国内外学术团体联系,举办学术讲座,负责国际学术合作交流有关事宜。局长陶孟和(兼),副局长丁瓒(兼)。4.出版编译局(翌年改称编译局),负责编审出版本院各种图书刊物,扶助各专门学会出版学报。局长杨钟健。新组建的中科院不仅重组了先前的中央研究院与北平研究院,而且被赋予了新中国科技发展战略与部署的新使命。

四是就与高等院校系统关系而言,先是6月1日,华北人民政府命令设立华北高等教育委员会,董必武兼主任委员,郭沫若等26人为委员。6日,郭沫若出席在六国饭店举行的华北高等教育委员会第一次会议。与会者有董必武、张奚若、周扬、马叙伦、李达、吴玉章、许德珩、马寅初、成仿吾等24位委员。此后又连续参加了华北高等教育委员会会议。10月19日下午,中央人民政府委员会第三次会议同时任命郭沫若为政务院副总理、政务院文化教育委员会主任、中国科学院院长三个重要职务。文化教育委员会副主任:马叙伦、陈伯达、陆定一、沈雁冰。同日,马叙伦、茅盾分别被任命为教育部长、文化部长。21日上午10时,郭沫若在华文学校主持政务院文化教育委员会首次会议,宣布该委员会的成立并致辞,强调其"将担负新中国文化教育建设的重任",号召全体委员一致努力,迎接文化建设的高潮。下午,出席政务院扩大会议。会议宣告政务院正式成立。郭沫若在会上报告文化教育委员会成立会的经过。11月4日,郭沫若出席政务院第四次政务会议,向大会报告文化教育委员会所属各机构成立情况。12月23—31日,中华人民共和国成立后第一次全国教育工作会议召开,教育部长马叙伦主持会议,并报告说明此次为新中国诞生后第一次全国教育工作会议。政务院副总理郭沫若、黄炎培、文教委员会副主任陆定一、中央人民政府委员徐特立等出席这次会议。会议明确提出,新中国的教育是新民主主义的教育,主要任务是提高人民文化水平,并提出教育必须为国家建设服务,学校必须为工农开门的总方针。

五是就与学会组织系统关系而言,此前郭沫若已任中国学术工作者协会理事长。该协会是抗日战争胜利后由社会科学界知名人士发起组织,在四川重庆成立的协会,后总会迁设香港,并于各地设立分会。1948年在重庆创办《中国学术》季刊。协会以研究学术、促进中国学术事业的发展为主要任务,郭沫若任理事长,马叙伦、沈志远、翦伯赞、邓初民、千家驹、曾昭抡等人为理事。至是年3月26日,中国学术工作者协会理事会在北京饭店举行,郭沫若、马叙伦、翦伯赞、郑振铎、叶圣陶、千家驹、邓初民、侯外庐等17人出席。会议经讨论决定在平、津各大学及研究机构中征求新会员,扩大组织。今年新筹备的学会主要有中国新史学研究会与中国社会科学工作者代表会。中国新史学研究会由王冶秋、王重民、王伯祥、尹达、白寿彝、向达、吕振羽、吴玉章、吴晗、吴泽、宋云彬、杜守素、余嘉锡、余兆祥、李则刚、周谷城、周予同、尚钺、金灿然、邵循正、范文澜、侯外庐、马衡、翁独健、梁思成、容肇祖、唐兰、陈垣、陈家康、陈述、郭沫若、嵇文甫、张云波、华岗、叶丁易、叶蠖生、杨绍萱、杨东莼、楚图南、裴文中、翦伯赞、邓初民、邓以蛰、黎锦熙、郑振铎、郑天挺、齐燕铭、罗常培等发起。7月1日下午,中国新史学研究会筹备会成立大会在北京饭店举行,郭沫若、范文澜、邓初民等先后在会上发言,会议通过了筹备会的组织规程和中国新史学研究会暂行简章,决定迅速筹备召开全国历史工作者代表会议,并选举了筹备会的常务委员会,郭沫若、吴玉章、范文澜、邓初民、陈垣、侯外庐、翦伯赞、向达、吴晗、杨绍萱、吕振羽等11人为常务委员会委员,郭沫若任主席,吴玉章、范文澜任副主席,侯外庐、杨绍萱任秘书,承办全国历史工作者代表会议的筹备事宜。同月14日下午,中国社会科学工作者代表会发起人会议在中南海勤政殿举行,郭沫若、陈伯达、陈绍禹、范文澜、谢觉哉、邓初民、王学文、艾思奇、何思敬、翦伯赞、侯外庐、张志让、阎宝航、钱端升、樊弘、吴觉农、李木庵、胡绳等出席,郭沫若主持会议并致开幕词。周恩来代表党中央在中国社会科学工作者代表会发起人会议上的讲话中指出,"我们要把社会科学在中国发展起来""必须扩大组织,动员更多的力量来参加,从事社会科学研究与合作。所以,在我们社会科学工作者面前,摆着一个统一战线的任务、团结的任务"。15日,社会科学工作者代表会发起人会议决定成立常委会,林伯渠任主席,郭沫若为副主席。7月17日,董必武代表党中央在全国社会科学工作者代表会议筹备会上致闭幕词《团结起来,发展马克思主义的科学》,指出:"在这次会议中,表现着团结的精神。毋庸讳言,这个会议的参加者,在以前并不是都能在学术思想上同声相应的。但现在我们都能团结在一起了,而且我们将通过全国社会科学工作者代表会议的召开而形成更广泛的团结。这是极好的事情。"

最后,要补充一下北大、清华"双子星座"以及新办中国人民大学的情况。2月28日,经北平市军事管制委员会研究决定,北京大学行政事务暂由汤用彤负责。下午2时,北大欢迎接管大会在民主广场举行。2000余名师生员工到会。汤用彤教授致词,表示欢迎接管。军管会文管会主任钱俊瑞宣布正式接管,并讲述新民主主义文化教育方针,同时宣布:国民党、三青团之反动组织立即解散,活动立即停止;训导制取消,党义之类反动课程取消;学校行政事宜暂由汤用彤教授负责。至此,北平市军事管制委员会正式接管北京大学。4月23日,学校为满足广大师生员工的要求制定系统讲演计划,共8讲。主讲者和讲题分别是:周扬《论知识分子》;赵毅敏《中国共产党与中国革命》;艾思奇《辩证唯物主义问题》;范文澜《历史的主人》;沙可夫《学习问题》;何思敬《无产阶级辩证的性格》;胡绳《帝国主义与中国革命》;谢觉哉《介绍老解放区情况》;谢滔《中苏关系与东北问题》。即日举行第一讲,以后每周讲一次,全校一起听,会后在孑民纪念堂座谈。5月4日,汤用彤任新成立的北京大学校务委员会主席。同日,北平市军事管制委员会正式成立北京大学校务委员会,任命汤用彤、许德珩、钱端升、曾昭抡、袁翰青、向达、闻家驷、费青、樊弘、饶毓泰、马大猷、俞大绂、胡传揆、严镜清、金涛、杨振声、郑天挺、俞平伯、郑昕等19位教授和两位讲助代表(讲助会推举俞铭传、谭元堃)、两位学生代表(学生会推举许世华、王学珍)为校务委员会委员;汤用彤为常务委员会委员兼主席,许德珩、钱端升、曾昭抡、袁翰青、向达、闻家驷及讲助代表俞铭传、学生代表许世华为常务委员。由此,学校行政工作由校务委员会领导。北平市军管会还任命曾昭抡为教务长,郑天挺为秘书长,汤用彤为文学院院长,饶毓泰为理学院院长,钱端升为法学院院长,马大猷为工学院院长,俞大绂为农学院院长,胡传揆为医学院院长,向达为图书馆馆长。13日,北平市军事管制委员会主任兼北平市长叶剑英正式任命汤用彤为北京大学校务委员会主席兼文学院院长。10月15—16日,北京大学教职员联合会在孑民纪念堂举行第一届第一次代表会,宣告"北京大学教职员联合会"正式成立。12月上午,北大51周年校庆纪念大会在三院礼堂举行,汤用彤在开幕词中回顾了北京大学的历史,特别是分析了蔡元培校长提出的"兼容并包"在当时历史条件下所起的进步作用。他说,今天,按此精神,凡古今中外有利于人民利益的文化均可包容,而一切帝国主义、封建主义的流毒不能兼容,必须铲除。愿全体北大人在怀念过去、瞻望将来之际,同心协力担负起建设新民主主义文化教育的任务。北大校友、教育部部长马叙伦作重要讲话。他勉励北大师生在毛主席领导下,执行共同纲领的文教政策,为建设新中国而努力。清华大学本来由冯友兰继续主持校务。1月10日下午2时,北平区军管会文化接管委员会主任钱俊瑞、教育委员张宗麟来校接收,在大礼堂召集全体教职员学生工警讲话,冯友兰主持大会,宣布"清华从今天起正式成为人民政府的大学,并且是人民解放军第一个解放的大学"。但军管会对待清华以及冯友兰的评价与处理方式迥然不同于北京大学。26日,北平军管会相关部门对清华大学情形作了分析,完成了一份《关于清华大学情况分析和改造途径的报告》。该《报告》指出清华大学"一切权力掌握在围绕于梅贻琦周围的几个封建集团手里",分别是元老派、党团分子、华社帮派集团、新路派等,冯友兰与雷海宗、吴泽霖、刘崇鋐、邵循正、孙毓棠等被列入"国民党及三青团党团分子"一派,且被认为是几派人中最反动的。5月4日,冯友兰接文管会通知,任命周培源为清华教务长,陈新民为秘书长,冯友兰为文学院院长,叶企孙为理学院院长,陈岱孙为法学院院长,施嘉炀为工学院院长,汤佩松为农学院院长,潘光旦为图书馆馆长。5日,接文管会通知:奉军管会决定,成立清华大学校务委员会,叶企孙为主席兼常委,冯友兰为委员。8月下旬,冯友兰向叶企孙表示辞职之意。"有一天,叶企孙找我,说:'钱俊瑞说,你的思想跟党不合。'我说:'那我就辞职吧。'"31日,冯友兰致函校委会,要求辞去哲学系主任、文学院院长、校委会委员之职。9月2日,清华校委会批准冯友兰辞去哲学系主任、文学院院长、校委会委员三项职务。8日,清华校委会将冯友兰辞职书转呈华北高教委。23日,华北高教委批准冯友兰辞去三项职务。校委会向冯友兰转达高教委有关批示:"冯友兰、雷海宗准仍以教授名义任职,应好好反省自己的反动言行。"10月5日,冯友兰致信毛泽东,表达改造自新的意愿。冯友兰表示,将在五年之内,以科学的历史的观点,重新改写二十年前所作《中国哲学史》,愿以此项工作迎接即将来临的文化高潮。13日,毛泽东接信后,复函冯友兰,说:"我们是欢迎人们进步的。像你这样的人,过去犯过错误,现在准备改正错误。如果能实践,那是好的。也不必急于求效,可以慢慢地改,总以采取老实的态度为宜。"秋冬之间,中国哲学会组织一些马克思主义哲学工作者和北京大学、清华大学哲学系教师,每两周举行一次讨论会,学习马克思主义哲学,讨论各种哲学专业问题。经常参加学习的有艾思奇、胡绳、侯外庐、何思敬、金岳霖、冯友兰、汤用彤、张岱年、贺麟、郑昕、朱光潜、洪谦、胡思华、齐良骥、任华、邓以蛰、王宪钧、任继愈等人。关于中国人民大学的筹建,先是7月6日刘少奇致信斯大林,提出提请苏联政府为培养新中国的建设管理人材作出帮助,在苏联办一所专门学校,派出各方面的教授到中国工作等。8月7日,毛泽东复电刘少奇、王稼祥,同意"中国大学不设在阿尔马达而设在北平,由苏联派教授"。这里所说的"中国大学",即后来在华北大学的基础上创办的中国人民大学。10月,陆定一、钱俊瑞、吴玉章、成仿吾、范文澜、薛暮桥、陈先达、王明、谢觉哉等经党中央决定成立中国人民大学筹备委员会,会聚了中宣部、教育部、内务部和政务院文教委、政法委、财经委等相关部委负责人及党内最著名的教育家、理论家。经过一个多月的调查研究,陆定一等9人筹委会拟定了创办中国人民大学的计划,提请中央政治局讨论。最初的创办计划主要有三项内容:一、中国人民大学"以原华北大学、革命大学及政法大学三校合并为基础","附设一部政治训练班,即保留原革命大学一部分机构,照过去一样继续招收学生进行四个月的政治教育"。二、中国人民大学"由中央人民政府设立,任命中国人作校长,聘苏联同志为顾问。苏联顾问及教授的薪资,照苏联专家一样办理"。三、拟定明年二月开学。最初的计划规划了中国人民大学的办学基础、组织结构和开学日期。这个计划还设置了中国人民大学的组织机构,即教务部、研究部、行政事务部、6 个研究室,对课程与教材、招生规模与生源条件提出了具体设想。11 月 12 日,刘少奇致信毛泽东和中共中央政治局各同志,报告筹备创办中国人民大学的情况和建校计划。刘少奇提出:"以原华北大学、革命大学及正明、谢老之政法大学三校合并为基础,来成立人民大学。"建议中央政治局通过中国人民大学的建校计划。12 月 16 日,根据中央政治局的建议,中央人民政府政务院通过《关于成立中国人民大学的决定》,任命吴玉章为中国人民大学校长,胡锡奎、成仿吾为副校长。政务院《决定》开宗明义指出创办人民大学的历史环境:"中华人民共和国业已诞生,人民解放战争即将在全国范围内获得全面的彻底的胜利,新国家的伟大建设工作已经开端。"在此背景下,"为适应国家建设需要",中央政府决定设立中国人民大学。《决定》强调,人民大学的培养目标在于"有计划、有步骤地培养新国家的各种建设干部",中国人民大学的教育方针是"教学与实际联系,苏联经验与中国情况相结合"。31 日,中国人民大学筹备工作会议召开。成仿吾报告人民大学筹备情况。出席会议的有范文澜、成仿吾、胡锡奎、聂真、阎子元、李新、尹达、鲍建章、何干之、何戊双等人。至此,中国人民大学宣告成立。

由于北京轴心超强的虹吸效应,上海轴心的固有能量大幅萎缩。当时居于上海的院士有顾颉刚、竺可桢、张元济等。顾颉刚继续任大中国图书局总经理。7 月 1 日,中国史学研究会筹备委员会在北平成立,顾颉刚被排除在外,未接邀请,心中颇有失落和不满。11 日,顾颉刚在日记中写道:"报载北平成立新史学研究会,在南方之伯祥、寿彝皆在,而无予名。予甚为新贵所排摈矣。予为自己想,从此脱离社会活动,埋头读书,庶几有晚成之望。"9 月,《禹贡》半月刊欲复刊,后未果。顾颉刚将一份学会简况和学会成员名单交与新史学会。在拜访出版总署署长胡愈之时,胡愈之谈及《禹贡》杂志可由新华书店续出。顾颉刚以为"此事如能成",学会便"能欣欣向荣,使学术工作逐渐推进矣"。但一个月后胡愈之改口,谓由新华书店代售固可,若要由其出版则须待开会商议。复刊事遂作罢。顾颉刚筹划复刊《禹贡》落空。10 月,顾颉刚参加中国新史学研究会上海分会筹备会,参与发起者有周谷城、李亚农、金兆梓、周予同、李平心等。顾颉刚即是一位在新旧交替中无奈出局的学者典型。竺可桢继续潜居上海,主要是读书、会友,静候解放,但时刻高度关注浙江大学动态。5 月 2 日,上海《申报》载:浙江大学校长竺可桢,30 日由政府派机接赴台湾。同日,竺可桢途遇张其昀,张其昀告杭立武仍劝其去台湾;致函严仁赓、苏步青,告之未去台湾。6 日,上海医学院院长朱恒璧偕往其寓所,途遇蒋经国,虚应之。17 日,傅斯年自台北来电,嘱赴台大,函复辞谢。19 日,竺可桢在上海接杭立武自广州来电,嘱乘机飞穗,告已办妥护照,未予理会。26 日,上海全部解放。竺可桢至科学社,晤秉志谈及科学社前途及政局。彼此见解相合,以为"国民党之失,乃国民党之所自取"。6 月下旬,中共中央电令华东局推荐科学院副院长,华东局报送李四光、竺可桢、陶孟和。10 月 19 日,竺可桢任中国科学院副院长。

上海轴心中的民盟张澜、黄炎培、罗章隆等民主人士,也同样处于北上的等待之中。其间的险情是在 5 月 3 日,蒋介石指示国民政府国防部保密局制定暗杀张澜、罗隆基计划,周恩来获悉这一绝密情报后,指示上海地下党:必须保护好宋庆龄、张澜、罗隆基、黄炎培、史良等人的安全,要求"上海一解放,马上护送他们来北平,参加全国政治协商会议"。24 日晚9 时许,营救计划取得成功。6 月 28 日,张澜、罗隆基、黄炎培等上海民主党派领袖抵达北京。张君劢频繁往返于上海、南京之间,代表民社党继续开展促和工作,并连续发表相关文章阐述自己的观点。1 月 6 日,张君劢发表对时局的看法,刊于 7 日《申报》,谓和谈恢复匪易,目前有两项步骤,应先采取,以开和谈之门。一为开放言禁。二为须恢复与中共保持接触之若干"路线"。16 日,张君劢在南京向蒋介石提出三条建议:第一,蒋介石本人对自己的出处应做一决定;第二,修改宪法,保障人民之生存自由;第三,目前应设法实现停战,国民党方面应该派适当人选如邵力子、张治中等前往和中共方面取得直接联系。18 日,张君劢进见蒋介石,并代表由全国一些大学教授和知名人士组成的中国和平策进会向蒋介石呈递了该会提出的和平谈判纲领。22 日晨 9 时,张君劢主持召开民社党第四十七次中常会,就参加新内阁问题作出最后决定,决议不参加行政院。可见张君劢主持的民社决意与政府合作,与民盟等民主党派的立场迥然不同。

上海的高校,同样处在黎明前的艰难坚守与胜利后的新旧交替之间。兹以复旦大学为例:1 月 5 日,章益与上海各国立大学学院校长王之卓、夏坚白、李寿雍等因各校员生生活艰苦,经费支绌,联名电国民政府教育部辞职。10 日,教育部次长田培林到上海招待 8 位国立大专院校校长,加以挽留。19 日,章益校长邀请教授、副教授 80 余人开谈话会,经讨论决定:(1)本学期寒假缩短,下学期提早到 1 月 24 日开学;(2)迁校问题不讨论;(3)组织全校性应变机构,以协助学校行政人员处理非常问题。为建立应变会,分别选举成立了教授会、讲师助教会、职员会、工友会等组织。2 月 22 日,"复旦大学师生员工应变委员会"成立,除校长章益外,各单位参加人数总计为 18 人。由章益担任应变会主席,教授代表陈望道、学生代表程极明为副主席,下设联络、防护、财会等组。4 月 26 日深夜,国民党当局出动大批军警包围复旦大学,捕去学生 77 人、工友 2 人,同时逮捕了周谷城教授。章益校长遂去上海警备司令部,把周谷城教授保释回校。27 日,上海警备司令部限令复旦大学在 2 天内迁入市区育才中学,国民党军队随即进入学校。进入市区的复旦师生,随时准备迎接上海的解放。5 月 26 日,上海苏州河以北地区的国民党军队溃散逃跑。5 月 27 日,上海解放。复旦师生重返校园,在上海市军管会和中共复旦总支部的领导下,收集文书档案、图书资料和仪器设备,展开复校工作。7 月 29 日,上海市军管会任命张志让、陈望道等 17 人为复旦大学校务委员会委员。张志让为主任委员,陈望道为副主任委员,周谷城兼教务长,胡曲园兼秘书长,陈望道兼文学院院长,卢于道兼理学院院长,潘震亚兼法学院院长,李炳焕兼商学院院长,钱崇澍兼农学院院长。由于张志让在北京任职,未能来校工作,学校工作由陈望道主持。原校长章益在解放前夕拒绝接受国民党当局将学校撤退到台湾的命令,将复旦大学完整地交给人民,是有功的,同时被任命为校委会委员。9 月,根据华东高教处的统一安排,进行部分院系调整。浙江大学法律、哲学、史地等系,暨南大学文、法、商学院,英士大学法学院,同济大学文、法学院并入复旦;复旦生物系海洋组则并入山东大学水产系。再至 1951年 9 月,大夏大学财经、法学两学院,光华大学法学院并入复旦,复旦教育系并入华东师范大学;复旦土木系并入交通大学,不久又从交大并入同济大学。可见本年度 9 月开始的高校之间的院系调整,实已开 50 年代全国高校学科大调整之先河。

关于上海出版界方面,德高望重的张元济依然十分活跃。5 月 25 日,苏州河以南上海市区全部解放,张元济等 14 人被聘为上海市人民政府顾问。6 月初,陈毅偕周而复来访。9 日上午,赴枫林桥中央研究院出席该院 21 周年纪念会。到会学术界、科学界著名人士顾颉刚、竺可桢、陶孟和、茅以升、蔡元培夫人周峻、罗宗洛、冯德培、周仁等及该院员工 300 余人。陈毅、冯定、李亚农、舒同等应邀参加。陈毅、马定先后讲话。最后由张元济发表《中央研究院二十一周纪念演词》。15 日下午 4 时,陈毅、饶漱石邀集上海耆老座谈。张元济与颜惠庆、唐文治、蔡元培夫人、俞寰澄、吴有训、竺可桢、陶孟和、陈望道、茅以升等应邀参加。颜、唐因病未到,唐文治派无锡国专教务长王蘧常代表。会上,张元济等就发展工业生产、农村开荒、疏浚河道、发展水利、恢复交通、救济失业、社会治安及教育改造等问题,畅所欲言。座谈历两小时。陈毅起立致谢,称此为耆老策杖观太平之集会,许多宝贵意见可供上海做实际工作的同志参考。9 月 8 日,张元济抵达北平,出席中国人民政治协商会议,为《共同纲领》起草委员会委员。23 日上午,赴中南海勤政殿参加讨论国旗、国徽、国都和纪年问题。召集人沈雁冰。张元济曾表示不主张采用公元纪年,认为此为耶稣教年历,“于我国回族、藏族不免有影响宗教之戟刺”,未被采纳。30 日,当选为政协第一届全国委员会委员。10 月 1 日下午,张元济登上天安门城楼,参加中华人民共和国成立庆典及阅兵式。10 月 11 日晚,张元济应邀偕树年赴中南海毛泽东住所座谈,并共进晚餐。同座有陈毅、粟裕、周善培等。席间张元济“乘势言现在有人主张用罗马字母改革汉文,余觉此事甚为不妥。我国疆域如此寥阔,种族如此复杂,所以能至今团结成一大国者,全恃文字统一。若改用罗马字母改切汉文,则各省以字母、以自有之方言切成自有之文字,东西南北必不相同。语言既不相同,文字又复殊别,将来必致渐渐分离,甚为可虑。欧洲至今分为若干国,不能融合者,即由语言文字之区别。我国幸有统一之文字,万万不宜自毁”。刊物方面,值得一提的是费青等筹办的《新建设》9 月 8 日创刊。该刊前身是 1946 年 6 月出版的《中建》半月刊,总社在上海,编辑出版在北平。其宗旨是揭露国民党的反动本质,团结和教育各民主党派及全国广大民众。1948 年 12 月被查封。《中建》停刊后,《新建设》杂志创刊。董事长王艮仲、费振东、潘祖丞,编委会负责人是费青。《新建设》与中国社会科学院的新哲学、新历史、新经济学、新政治学、新法学会五家研究会,取得联系,密切合作,改组编委会,谢觉哉、胡绳、吴晗、陶大镛、傅彬然等出任编委会常务编辑委员;金岳霖、袁翰青、李广田、储安平、钱伟长、闻家驷、费孝通、雷洁琼、范文澜、向达等任编辑委员,可谓风云际会,名家云集。《新建设》之《发刊词》声明:“过去《中建》的任务,主要是在破坏”,《新建设》此后的任务,“主要的将是为了新民主主义中国的建设而提供我们的意见和方案”。《新建设》由此实现华丽转身。

与上海轴心一样,南京轴心以 4 月 23 日南京解放为界分为前后两个阶段。此前,胡适、朱家骅、翁文灏等还都在南京。胡适依然潜心于《水经注》研究。1 月 11 日,胡适在南京参加蔡元培先生 82 岁诞辰纪念,讲演《四百年来〈水经注〉整理小史》,主要强调说,在近 400 年的《水经注》整理的历史上,戴震、全祖望等贡献最大。他们是殊途同归,并无互相剽窃。段玉裁、王国维、孟森等为此打笔墨官司是意气用事,未能以冷静客观的态度对待之。自谓整理《水经注》已经 5 年,可告一段落了。朱家骅继续任行政院政务委员、代理中央研究院院长。1 月 6 日,史语所与数学所第二批图书、仪器、设备等文物起航运往台湾。4 月 24 日,朱家骅代院长在上海召集院务会议,会上中研院的成员同意了迁台的决议。但会后不久,情况生变。就在朱家骅南下广州期间,原来愿意撤退迁台而集中在上海的中研院人员约 40 余户全改变了主意,决定留在大陆。除了史语所和数学所外,所有的研究所都拒绝迁台。社会所长陶孟和出席会议,事后朱家骅才获知陶孟和于3月6日在《大公报》上发表署名文章《搬回古物图书》,说对于这种搬迁,"我们积极地反对,我们严厉地予以斥责。我们主张应该由政府尽速将它运回""这些古物与图书决不是属于任何个人,任何党派""它们是属于国家的,属于整个民族的,属于一切人民的"。这无疑是对朱家骅的重大打击。翁文灏1月29日被代总统李宗仁任命为总统府秘书长。21日,时住台湾嘉义的翁文灏,晨偶翻宋诗,读到谢枋"寻得桃源好避秦,桃红又是一年春。花飞莫遣随流水,怕有渔郎来问津"时,触动对当前局势的感想,认为不应再随波逐流,台湾亦非可以久留的"桃源",美国这位"渔郎"定会染指。3月,在南京就任李宗仁的秘书长。4月,翁文灏在离开南京前曾到地质调查所,向老友章鸿钊辞行。两人议及当前时局,翁文灏表示,国民党确实没有希望了,看来共产党有办法领导中国。杭立武继续负责将存放南京的两院文物精品迁运台湾。1月6日,第二批由招商局调派"海沪轮"起运,由那志良、吴玉璋、梁廷炜、李霖灿、高仁俊等13人押运。所运3502箱中有故宫文物1680箱,同月9日,到达基隆,是迁台文物中最多的一批。不仅有宋元瓷器精品和存在南京的全部青铜器,还包括全套文渊阁《四库全书》和摛藻堂《四库全书荟要》。这批运走的青铜器和瓷器后来成了台北故宫的镇馆之宝。29日,第三批由海军部指派"昆仑号"运输舰载运,原定搬运2000箱文物,但"昆仑号"一到,海军眷属就抢先上船,海军总司令桂永清于是下令开放官兵卧舱、甲板、餐厅和医务室等空间容纳箱件,终究只能装载1248箱文物。由于舱位紧张,以致有728箱无法装舰。因此航还执行其他任务,不时停靠,直到2月22日才抵基隆。这批文物运到台湾后,先放在台中糖厂仓库,后由杭立武多方筹款,先后在北沟营建新馆,在台中雾峰建小型陈列室。不久"中央博物图书院馆联合管理处"成立,杭立武任主任委员。又经他建议,后来成立了"故宫、中央博物院共同理事会"。在此,要特别提到的是中央研究院地质研究所的许杰、赵金科、斯行健、孙殿卿、张文佑、刘之远、吴磊伯、马振图、谷德振、陈庆宣、徐煜坚等11位研究员的密约坚守。1月13日,许杰、赵金科等11人在张文佑住处密商地质研究所同仁反对搬迁誓约,誓约说:"同仁等为尊重学术工作之独立与自由,兼顾及今后生活之困难,现已意见一致,决定留住南京或上海,以此相约,立誓遵守。如有违约背誓者,应与众共弃之,永远不许在地质界立足。"并将此事写信给正在英国的所长李四光。李四光回函表示鼓励和赞赏。直至4月23日南京解放,地质研究所在李四光和地质研究所留守同仁的努力下,完整地保存下来。

由于中央研究院的迁台,南京轴心几乎全部落在高等院校。其中国立中央大学具有等同于北大、清华的典范意义,但其过程却更为曲折,更为惨烈。1月7日,警备司令部对青年学生进行第三次大逮捕,又有李方进、戴东晓等5人被捕。根据行政院关于"国立院校应变计划"的要求,周鸿经校长委派地理系教授胡焕庸赴闽、教务长罗清生赴粤寻觅校址准备南迁。21日,校务会决议,以不迁校为原则,立即筹备全校应变委员会,推选江良规、戈定邦、蔡翘、刘庆云等组成本校应变筹备委员会。23日,周鸿经在行政会议上再次提出迁校厦门的方案,遭到教授会主席郑集和多数与会者的反对,南迁方案被否决。24日,应变筹备委员会召集第一次会议,决定成立应变委员会。校长、教务长、训导长、总务长、各院院长和会计室主任为当然委员,另外,各院推出教师代表2人、全校推出学生代表2人、职员代表2人、组成应变委员会。校长为主任委员。25日,行政会修正通过应变委员会组织简则。27日清晨,周鸿经和沙学俊、戈定邦携款弃职离校。原由周鸿经控制的应变委员会因此而解体。于是教授会决议,在周鸿经返校前,成立校务维持委员会,选出欧阳翥、郑集、张更、蔡翘、刘庆云、梁希、吴蕴瑞、胡小石、楼光来、吴传颐、刘敦桢 11 位委员,并推定胡小石、梁希、郑集为常务委员。2月1日,"中大应变会"正式成立。4月1日,中央大学和金陵大学等 11 所大专院校万余名学生和少数职工举行"争生存、求和平"的大游行。校维持会的委员胡小石教授为保护同学的安全,坐着吉普车跟着游行队伍。当游行结束、队伍各自返回学校时,戏剧专科学校的学生在大中桥遭到事先埋伏的"军官收容总队"的袭击。中央大学和中央政治大学、建校等千余学生闻讯,前往总统府请愿,要求立即制止暴行,解救剧专同学。正当千余学生群坐总统府等候回答时,几辆汽车载着手持凶器的"军官收容总队"的暴徒来到总统府,疯狂地冲向学生进行围殴,政大司机陈祝三当场被活活打死,中央大学有 47 人受伤,物理系程履绎、电机系成贻宾不治身死。这次有计划的镇压学生运动的暴行,被称为"四·一"惨案。4月12日,熊子容、刘世超和孙本文被中央大学教授会推为新校维持会委员常务委员。同日,教授会决定接受校维持会的集体辞职。同时选举产生新校维持会委员,刘庆云、胡焕庸、孙本文、熊子容、刘世超、范存忠、商章孙、高济宇、蔡翘、干铎和陈章为 11 位为委员,熊子容、刘世超和孙本文为常务委员。21 日,应变会召开全校大会,发动师生员工加强护校、迎接解放。5月7日,南京市军管会接管了国立中央大学。8月12日,由南京市军管会文化教育委员会任命(大业发字第 47 号文):梁希、潘菽、张江树、涂长望、钱钟韩、谢安祐、胡乾善、金善宝、干铎、蔡翘、高学勤、胡小石、楼光来、胡传颐、韩儒林、陈鹤琴、熊子容、陈谦驮(讲师代表)、管致中(助教代表)及学生代表傅春台、陈又新共 21 人为校务委员会委员;梁希、潘菽、张江树、涂长望、干铎、管致中及学生代表傅春台为校务委员会常务委员;梁希为校务委员会主席,潘菽为教务长,干铎为校务委员会秘书长,涂长望为二部主任(注:当时南京大学校址分两部分,第一部分即校本部设南京市内四牌楼;第二部分设南京市内丁家桥,简称"二部"),张江树为理学院院长,钱钟韩为工学院院长,金善宝为农学院院长,蔡翘为医学院院长,高学勤为大学医院院长,胡小石为文学院院长,吴传颐为法学院院长,陈鹤琴为师范学院院长。10 月 22 日,庆祝国立南京大学成立大会举行。11 月 4 日,中央人民政府教育部来电:南京大学校务委员会主席梁希调任林垦部部长,原职务由潘菽继任。是年,南大在课程、系科、机构设置等方面进行了初步调整改革,取消"三民主义"和一切与新民主主义相违背的课程,添设政治课,规定每个学生必须听讲;取消法学院边政系,社会学系合并于政治系;各研究所与有关系合建成统一机构;废除训导处,校部机关调整为二个处:秘书处与教务处。秘书处下设总务科与秘书室,教务处下设图书馆、注册组与讲义室。至年底全校教学单位有 7 院 33 系、19 科、5 专修科。至此,南京大学从命名到学科都实现了历史性转变。

北京、上海、南京三大轴心之外,还有香港、台湾两个区域中心。后者直接得益于中央研究院(主要是史语所)迁往台湾以及傅斯年任台湾大学校长后对台湾大学的快速提升。朱家骅继续任中央研究院代理院长,当时频繁来往于台湾与内地之间。4月25日,朱家骅夫妇与居正夫妇以及周鸿经等人乘坐建国号飞机搭机自南京飞到台北。26 日,前往杨梅探视迁台同仁,但见仓库破旧,办公、住家条件极差。6月3日,朱家骅代院长兼任行政院副院长,阎锡山为行政院长。14 日,周鸿经被聘为中央研究院总干事。9 月 15 日,朱家骅代院长来台一周,巡视史语、数学两所安置情形。10 月,中央研究院总办事处迁重庆。同月 19 日,中央研究院台湾办事处召开第一次处务会议,周鸿经总干事主持会议,办事处共 7 人出席,讨论经费等问题。29 日,在和平东路台湾办事处召开"本院在台同人谈话会",总干事周鸿经主持会议,出席者有傅斯年、李济、凌纯声、董作宾、芮逸夫、董同龢、廖山涛、薛世平、吕仲明、王懋勤。决议暂以院务谈话会代替院务会议,出席人员为院务出席人员或其代表,每月一次。11月11日,朱家骅在台湾召开第一次"院务谈话会"。30日,总办事处人员迁成都,经香港来台。12月,最后撤离之办事处人员11名(含眷属共16人),由重庆经香港抵达台湾。12月18日,朱家骅代院长从成都飞抵台湾。此后曾任台湾国民党"总统府"资政。就台湾学术而言,当以傅斯年贡献最著。1月20日,傅斯年在台北就任台湾大学校长,同时继续兼任历史语言研究所所长职务。4月16日,傅斯年在1949年度第一次校务会议上作"校长报告",相当于就任校长的"施政报告",刊于4月20日《台湾大学校刊》第28期,题为《国立台湾大学三十七年度第一次校务会议校长报告》。傅斯年在"校长报告"中明确指出:"本校将来的进步,可以分作三项去看,也可以三个层次:一、教育范围的;二、学术范围的;三、协助社会上,尤其是台湾省内,建设范围的。这三项原不能截然划分,然为推行有效起见,也不能不大致划分,作为三个阶段。"傅斯年从总体上明确了台湾大学应在人才培养、学术发展以及对社会服务等三大方面的任务。为此,他立志将台湾大学办成台湾学术中心。傅斯年强调要把台湾大学办好,使其承担起对于台湾岛内一般文化水准的提高,台湾的建设以及台湾省内高等教育的责任,就必须强化台湾大学的学术品位;同时强调大学教育是学术教育,大学水平高低的评价标准是学术上的贡献,这样他就把学术建设摆到了与教育建设同等重要的位置上。在傅斯年看来,以前中国有些大学没办好,其中一个重要原因是以办中小学的办法办大学,偏离了大学"以学术为本位"的宗旨,"第一流的大学,不能徒然是一个教育机关,必须有它的重要学术贡献"。之后,傅斯年广延师资、增建校舍、充实图书、奖励研究,究其办学宗旨,除倡导学术独立、引进北大自由校风外,即是极力加强帝大时期曾被刻意压抑的人文教育,由此奠定了台湾的学术根基。其中一个重要的先行举措就是多方延聘优秀的人文学科师资充实台大,尤其力促台大与"中研院"合作,开展学术研究,提出由台大与史语所合聘李济、董作宾、劳幹、凌纯声、芮逸夫、高去寻、石璋如、王叔岷等10余位研究人员,分别在台大文学院考古系、历史系、中文系教书。同时又从社会各界广延人才,后聘得历史系刘崇鋐、方豪,中文系毛子水、屈万里,哲学系方东美,外文系英千里、赵丽莲,商学系杨树人,社会学系龙冠海,农学系顾元亮,化学系钱思亮、张仪等。这些人皆学有专攻,再加上原有教授,遂使台大教授阵营空前整齐,盛极一时。台大与史语所的融合,的确是傅斯年的一个高招,既解决了史语所初来台湾生计极端困难的问题,又弥补了台大高水平师资极为紧缺的短板,合则两利,融则双赢。在台湾中心中,还要提到原北京大学校长蒋梦麟主持的农复会在台湾开始工作,蒋梦麟本人后来也在乡村建设方面结出比较丰硕的学术成果;徐复观迁台后定居台中,从政治圈转向学术界。由蒋介石支援,在香港出版《民生评论》半月刊。该刊致力于宣扬新儒家的学说,后来成为20世纪50至60年代台港地区现代新儒家的主要舆论阵地。徐复观与牟宗三、唐君毅成为第二代"新儒家"领军人物。

　　与台湾几乎完全由外"输血"不同,香港则是自我"换血"。年初居留香港的民主人士、左翼作家学者包括黄炎培、张君劢、董时进、邵荃麟、叶圣陶、郑振铎、曹禺、司马文森等,纷纷北上或出国,因而香港趋于"空心化"状态。然后由新的大陆赴港群体填补,主要有:翁文灏、王云五、王宠惠、钱穆、苏雪林等。翁文灏5月22日由香港往广州,向李宗仁辞去总统府秘书长职务,此后即避居香港。11月初,接陈诚自台湾来电,邀其赴台北"襄理政务"。因不愿赴台,但又怕继续留港会遭到与杨杰一样的命运,遂决定由心源携自白书陪同父、妻先行回国,自己去法国暂避。12 月 2 日,翁文灏由香港飞抵巴黎。行前,致函中国石油公司,请辞董事长一职。21 日,因闻离港后邵力子曾莅港探望(此系误传,邵并未到港),遂致函邵力子,请其相助,以使早日返国,"归为平民,亲见新治"。王云五 5 月开始筹设"华国出版社两合公司",先后投入筹办资金新台币 20 万元,他和亲友出资 5 万元,蒋介石拨款 15 万元。经王宠惠介绍,王云五将其所收藏的明、清名人手札千余通及赵松雪手书长卷等售于李石曾,将所得钱款用作筹办出版社的经费。华国出版社在台北进行登记,在香港印刷,出版物在港、台两地发行。12 月 25 日,华国出版社在港、台两地同时开业,王云五任社长,另聘若干人做助理。该社第一本出版物,即王云五翻译的《在铁幕之后》,用笔名龙倦飞。由于金圆券案的余波未息,"王云五"三字在那时不便公开使用;龙倦飞,取意"云从龙",以及"云无心以出岫,鸟倦飞而知还"之义。钱穆是夏随侨大迁香港。初宿于同事赵冰家。后乃借一中学校教室,暑期无人,钱穆夜间拼课桌铺被卧其上,晨起即撤被搬回课桌,如是为常。不久,由张其昀、谢幼伟、崔书琴创办之亚洲文商学院(夜校)成立,钱穆任院长。10 月正式开学,因在夜间上课,故定名为亚洲文商夜校。同月,《亚洲文商学开学典礼讲词摘要》刊于《新亚校刊》创刊号。次年亚洲文商夜学院更名为新亚书院,成为研究、传播与弘扬中华传统文化的重要基地。

再就各省区板块观之,依然以中山大学与岭南大学所在的广州为冠。陈寅恪 1 月 16 日携眷自上海乘招局秋瑾号客轮赴广州。19 日,抵广州渔珠码头,陈序经校长派罗秘书乘岭南大交通船往迎。船到学校,受到陈序经、王力、容庚、冼玉清、李沧萍诸教授及文学院众多师生欢迎。随即搬进校内西南区 52 号宿舍。24 日,杨树达来访。3 月,罗香林来访。6 月,南京政府行政院迁广州,教育部长杭立武多次派人劝说陈序经动员陈寅恪离开大陆,均遭拒绝。又劝"先到香港看看情形再说",亦遭谢绝。夏,由于南方经济崩溃,物价飞涨,金圆券狂跌,民生涂炭,教授们终日为生计发愁,为一日三餐担忧,根本无法安心工作。陈寅恪乃作《哀金圆》诗以抒愤。8 月,陈序经正式就任岭南大学校长。9 月 10 日,《岭南大学校报》康乐再版号第 101 期刊登《卅八学年度开学典礼陈校长训词》,曰:教育本来是百年大计。一年以来,因为学校行政的调整与校舍的修建,用了不少时间。虽则这种工作是一个大学必具的条件,然而大学的目的既在于寻求知识与发展高深学问,我们希望我们不要当这些条件为目的,而忘记了我们的主要任务。加强我们在学术上的工作,使岭南不只成为国内一个学术中心,且能成为国际上一个学术的中心。当时任教于岭南大学的名师还有容庚、王力、梁方仲、冼玉清、李沧萍等。同样,中山大学也是人才济济,拥有杨树达、朱谦之、黄文山、陈安仁、杨成志、岑家梧、陈一百、郭一岑、王越等名家。但中山大学历经的磨难远较其他高校为甚。年初,广州物价狂涨,位居全国之冠。中山大学校内也是一片萧条,教授、员工及学生生活陷入窘境。中山大学教授在薪金难以维持全家生活的情况下,多次向当局提出调整待遇的要求。2 月 5 日,国民政府行政院迁来广州。中山大学师生一致拒绝政府当局占用校舍,国民党当局最终放弃了迫迁中山大学的计划。3 月 17 日,鉴于金圆券仍继续贬值,中山大学教授因生活陷入绝境,不得已向教育部请愿,要求救济,否则全体请假。20 日,中山大学教授在平山堂同德会召开大会,决定再次派代表向教育部请愿要求改善待遇,否则将于 22 日总罢教"待命"。24 日,因校长陈可忠未实践调整待遇诺言,教授们联合签名,决定由 25 日起至 31 日止,总请假"待命",并提出照原薪乘当地实际生活指数发给、日用物品全面配给等三项要求。中山大学教授的罢教行动得到了广泛的社会同情和支持。27日,学生们节食1天,得米2000斤,支援及慰问教授。中山大学这股罢教风潮由广州波及至广西、北平、上海、四川等地,各大学纷纷高举起罢教的旗帜。同月,国民党当局企图在撤离大陆之前将一些颇具名望的教授、重要的图书和仪器迁往台湾,中山大学理所当然成为其目标。在此情况之下,中山大学进步师生组成应变委员会,保护学校的物资和器材,确保教授们的安全。尽管如此,中山大学师生仍不免受到迫害。7月,广州警备司令叶肇策动了迫害中山大学进步师生的"七·二三"大逮捕事件。此次大逮捕捕去教授、讲师、助教和职员共14名,同学约180名,被捕者被禁闭在广州西村的秘密监狱,罪名是"私藏枪械,阴谋暴动,颠覆政府"。事情发生后,处于地下活动的广州共产党组织,一面通过媒体,采用各种方式向社会揭露真相,一面积极设法营救被捕师生。在强大的社会舆论压力下,国民党当局不得不将被捕的师生分批释放。而后,国民党当局指令接任陈可忠的张云校长迁校。张云校长多次召开院系负责人会议,策划迁校于海南岛。但师生们坚决反对张云的搬校主张。面对广大师生的一片反对声,国民党当局仍然一再催促中山大学尽快迁往海南岛。反迁校的斗争随战争局势的发展而日益紧张。双方在迁校与反迁校的运动中呈相持状态。由于搬迁工程浩大,学校当局的预算达90万银元之巨,相比之下,教育部所拨的4万银元只能是杯水车薪。这样,在经费严重匮乏、全体师生坚决反对的情形下,迁校计划宣告流产。直至11月2日由广州市军管会文教接管委员会正式接管中山大学,军管代表李凡夫在接管会议上阐明接管的方针是:"不光是恢复学校,而且要进一步地有计划有步骤地进行改革,使之成为真正人民的大学。"中山大学黎明前的黑暗与抗争的确同时兼具代表性与独特性。其他如桂林的广西大学、昆明的云南大学、成都的四川大学、成都的华西大学、武汉的武汉大学、厦门的厦门大学、杭州的浙江大学、无锡的无锡国专、青岛的山东大学、济南的齐鲁大学、开封的河南大学、天津的南开大学、西安的西北大学等,都为当地的区域学术提供了强有力的支撑。这里特别说一下云南大学与云南大学校长熊庆来。4月20日,经过"七·一五"爱国运动的洗礼,在政治动荡之际,云大迎来了校庆27周年纪念。云大特出版纪念特刊以示纪念,熊庆来校长在纪念特刊上发表了《本校之学术生命与精神》的重要文章。面对国民党教育部对他关于学潮"因循疏忽"的严厉指责,熊庆来校长一本尽瘁学术与教育,服务桑梓的初衷,对全校师生一片深情。在对国民党当局于学术与教育不抱若何希望之余,仍以坚韧不拔的精神,把希望寄托于社会热心人士,大声疾呼:"教育学术为百年大计,政府自应扶植,社会亦应翊助,甚望热心人士有以教之,俾补政府力之不足,而使学校蔚成一健全之学府,庶其存在不致动摇,其学术生命与精神之意义得发扬光大,以适应时代之要求也。"5月21日,云大教授会、讲师助教会、职员联谊会、工警联谊会、学生系级代表会(简称云大五联会)与昆明师范学院讲师助教会、职员联谊会、工警联谊会、学生系级代表会等共计21个单位,推派代表11人,赴省参议会及省政府请愿,要求国民党中央银行昆明分行将发行金元券时向云南人民收兑的黄金、白银,提拨出来解决师生员工的生活困难,拯救教育危机。22日,熊庆来校长发表《告社会人士书》。8月,熊庆来校长离开云大,赴法国参加联合国教科文组织会议。当他在广州机场等候飞机、飞往法国时,忽然收到国民党教育部免去他云大校长职务的命令,不禁潸然泪下。云南大学应该永远铭记和缅怀熊庆来校长。

海外板块中,先看"出"的方面:饶有意味的是,北大、清华原校长胡适与梅贻琦相继来到美国。梅贻琦年初抵香港,因经济困难,一些校友曾凑了一些钱给他解困。7月,梅贻琦作为首席代表出席9月19日至10月15日举行的联合国教科文组织第四次大会,同行者为李书华、熊庆来、陈源、袁同礼。会后,梅贻琦与李书华同移居巴黎南郊之"儒维集"。随后,梅贻琦便办理手续,准备赴美暂住。途中曾在伦敦停留几日。据方钜成《梅校长在伦敦二三事》(《清华校友通讯》复13期,1986年4月)回忆:梅贻琦校长在谈到"回归"问题时作了表态,"他对我们说:'你们回去,我赞成。但我自己还想在外边看看再说。'这是很典型的梅先生。既不全肯定,也不全否定。他赞成我们回北京工作,这是对要解放的中国的肯定。同时又说他要再看看,表明他对于过去还不能一刀两断,对于中国的未来还有所保留。"12月,梅贻琦飞抵纽约。一开始,他同老友缪云台一起租用了贝松生(贝聿铭之父)的一所闲置的公寓暂住。据缪先生说,那时他二人都是刚刚离开祖国,有惆怅感,也不知究竟何所适从。他们二人甚至想一起入纽约大学历史系读书,同做年逾花甲之年的大学生。此后,梅贻琦寓美达6年之久。与梅贻琦不同,胡适更加明确地走向反共立场。4月6日,胡适自上海登轮赴美。14日,在海轮中写成《〈自由中国〉的宗旨》。这是为他与雷震、杭立武商定要创办的杂志写的发刊词。这是一篇"反共"宣言。胡适给这杂志规定的中心任务即是"反共"。6月12日,迁于广州的国民政府新任行政院长阎锡山,任命胡适为外交部长。21日,胡适电辞外交部长。但阎锡山要求胡适不要公开发表辞不就职的消息。8月16日,胡适致函赵元任夫妇,提到阎锡山不许他向外说明不干外长的事,对此颇觉为难。胡适仍不愿谋教书的事,不拟接家眷来,因为不打算在美久居。"读了《白皮书》,更不愿留在国外做教书生活。"对以后的打算,"想回去做点我能做的事。第一,决不作官;第二,也不弄考据了。""也许写文章,也许是讲演,也许是两项都来。"请赵元任帮助下一判断。11月20日,《自由中国》杂志在台北出刊,胡适为发行人。创刊号上除登有他写的发刊词外,还发表了《民主与极权的冲突》。其中说:"第一,这是急进革命的方法与渐进改善的方法之冲突;第二,这是企图强迫划一与重视自由发展的冲突。"由上可见胡适的政治立场与学术考量。此外,值得关注的是,身在美国、英国的老舍与李四光接到祖国的召唤,迅速设法从海外回归。12月12日,老舍回到久别的故乡北京。13日,受到周恩来接见。25日,李四光自意大利热那亚乘船回国,后出任中国科学院副院长。再看"进"的方面:苏联法捷耶夫为苏联文化艺术科学工作者代表团团长,西蒙诺夫为副团长,应邀来华参加中国保卫世界和平大会和中苏友好协会总会成立大会,受到空前热情的接待,其间也频繁举行了相关的学术交流;美国芝加哥大学社会科学院院长、人类学家罗伯特·瑞斐德访问岭南大学,该校社会学系主任杨庆堃亲自陪同瑞斐德到鹭江村视察,并在瑞氏的帮助下,从美国获得经济资助,开始对鹭江村的调查工作;美国堪萨斯大学萨拉·简妮特·韦策尔撰写了《晏阳初的中国平民教育运动:一项为了和平的事业》硕士学位论文。

值此革故鼎新、百废待兴的非常时期,有关学术的讨论和论争不仅热度明显减弱,而且学理性、思辨性明显弱化,政治性、现实性明显强化。概而言之,主要涉及以下11个方面。

1. 关于新中国国名的讨论。这首先是一个政治问题,同时也是一个学理问题。6月15日,新政协筹备会开幕。筹备会分为六个小组,其中第四组为"拟定中华人民民主共和国政府方案",组长:董必武,副组长:黄炎培(离平时由张奚若代),组员:张文、沈钧儒、张东荪、胡厥文(阎宝航代)、林砺儒、林汉达、韩兆鹗、李章达(千家驹代)、王崑、李民欣、陈其尤、刘伯承(滕代远代)、丘金、石振明、俞寰澄(邓云鹤代)、张志让、谢雪红、张琴秋、聂维庆、汤桂芬(雷洁琼代)、朱德海。先是毛泽东在新政协筹备会第一次全体会议开幕典礼上的讲话中提出"建设起一个崭新的强盛的名副其实的人民民主共和国"。最后,毛泽东高呼"中华人民民主共和国万岁"！16日,新政协筹备会第一次全体会议通过《新政治协商会议筹备会组织条例》第三条第五款"提出建立中华人民民主共和国政府之方案"。鉴于国家称号关乎国体,兹事体大,出席新政协筹备会的一些代表对"中华人民民主共和国"这个名称提出了不同意见,而在第四组有关新中国国名的讨论中更出现了激烈的分歧与争论,主要有以下四种意见:一是主张用"中华人民民主共和国";二是主张简化"中华人民民主共和国"而用"中华人民共和国"作为国名;三是主张用"中华民国";四是主张用"中华人民民主国"。19日,黄炎培、张志让专门给新政协筹备会写了一个《提议国名定为"中华人民民主国"简称"中华民国"或"中华民主国"》的条陈,提出:我国国名似可将原拟"中华人民民主共和国"改为"中华人民民主国",简称"中华民国"或"中华民主国"。将来进入社会主义阶段时,即可改称"中华社会主义民主国"。然后归结为以下四个理由:其一,"民主""共和"两字并无兼列必要:按我国现代所用"共和国"一名词,似纯系翻译西文Republic(列坡勃立克)一词,与"共和"两字在我国经典上之原意并无关系。西文"列坡勃立克"一词当初并非不可译为"民主国"。盖西文"德谟克拉西"(Democracy)与"列坡勃立克"(Republic)两词含义原无根本区别,不过前者系指民主的政治体制,而后者系指民主的国家,而在西文中向未有以"德谟克拉西"为字根而用以指国家之词,而"列坡勃立克"即所谓"共和国",则系一现存名词。其二,罗马尼亚、捷克斯洛伐克、苏联等国家的国名,其中的"共和"皆可译为"民主",可见"民主""共和"并无兼列必要。其三,"中华人民民主共和国"名称过长,"共和"既无必要,如上所述,自以节省为便。其四,至于简称"中华民国",虽名称较旧,"中华民主国"名称较新,然"中华民国"四字最为简短方便,恐终不能废弃。黄炎培、张志让的意见引起筹备会常务委员会的重视。同日,秘书长李维汉批示"抄送主任、副主任委员与各组长",由此引起广泛的讨论与激烈的争论。在"拟定中华人民民主共和国政府方案"的第四组中,明确副组长黄炎培不在北平时,由清华大学教授张奚若代替,因而张奚若也特别关注新中国国名问题,极力主张用"中华人民共和国"。同在19日,新政协筹备会第四小组讨论时,张奚若对"中华人民民主共和国"国号提出质疑,说:"有几位老先生嫌'中华人民民主共和国'名字太长,说用'中华人民共和国'之名。我看叫'中华人民共和国'比'中华人民民主国'好,有'人民'二字,就可不要'民主'二字,焉有人民而不民主哉？且'民主'一词democracy来自希腊字,与人民同义。"张治中也主张突出"共和"二字,说:"'共和'这个词的本身就包含了'民主'的意思,何必重复？不如就干脆叫'中华人民共和国'。"21日,张奚若再次提议用"中华人民共和国"作为新中国的国号。他说:"中华代表中华民族;人民代表现在的工人、农民、小资产阶级和民族资产阶级;共和国代表我们的国体。"23日,第四小组在讨论董必武拟定的关于"政府组织纲要中的基本问题"时,一致同意国家名称定为"中华人民共和国"。8月17日,第四小组通过的《关于中华人民民主共和国政府组织法草案》中,确定把"中华人民民主共和国"改为"中华人民共和国,简称中华民国"。张奚若等提出的新中国国名——"中华人民共和国"最终被采纳。9月7日,周恩来在中国人民政治协商会议第一届全体会议召开前向政协代表及各方面人士作了《关于人民政协几个问题》的报告。关于国名问题,周恩来解释说:"在中央政府组织法的草案上,去掉了中华人民民主共和国的'民主'二字,去掉的原因是感觉到'民主'与'共和'有共同的意义,无需重复。而且这两个字都包含了民主的意义在内,在国体上是用'共和',在性质上则用'民主',作为国家来用还是'共和'二字比较好,所以用中华人民共和国就可以说是'民主'了。""辛亥革命以后,中国的国名是'中华民国',有共和的意思,但并不完全,可以双关的解释,而且令人费解。现在我们应该把旧民主主义和新民主主义区别开来。因为在辛亥革命时期,俄国十月革命尚未成功,那时只能是旧民主主义的。在那以后由不完备的旧民主主义进步到完备的新民主主义。今天,为了使国家的名称合乎国家的本质,所以我们的国名应该是中华人民共和国。"22日,董必武在政协第一届全体会议上报告中央人民政府组织法起草经过时说:"国家名称的问题,本来过去写文章或演讲,许多人都用中华人民民主共和国;黄炎培、张志让两先生曾写过一个节略,主张用中华人民民主共和国。在第四小组第二次全体会议讨论中,张奚若先生以为用中华人民民主共和国,不如用中华人民共和国。我们采用了最后这个名称,因为共和国说明了我们的国体,'人民'二字在我们今天新民主主义的中国是指工、农、小资产阶级和民族资产阶级四个阶级的人,它有确定的解释,这已经把人民民主专政的意思表达出来,不必再把'民主'二字重复一次了。"至此,新中国国号之争终于尘埃落定。27日,中国人民政治协商会议第一届全体会议采纳了张奚若提出的"中华人民共和国"的新中国国名,并将这一名称写进了《中国人民政治协商会议共同纲领》。需要补充一下的是:8月17日,第四小组通过的《关于中华人民民主共和国政府组织法草案》中,确定把"中华人民民主共和国"改为"中华人民共和国",简称"中华民国"。其中简称问题又引发了激烈的争论,经广泛征求意见,"中华民国"的简称被取消。

2. 关于文代会与文艺问题的讨论。由于中共中央对于文艺队伍与文艺问题的空前重视,有意部署在开国大典之前召开首届文代会。根据《中华全国文学艺术工作者代表大会纪念文集》所载,文代会期间的重要文献主要有领导致辞、主报告以及大会发言。其中郭沫若、茅盾、周扬三个主报告从不同层面阐述了大会主旨。7月3日,郭沫若作题为《为建设新中国的人民文艺而奋斗》的总报告,论述了自五四以来新文艺运动的性质和文艺界的统一战线问题,提出今后全国文艺工作者的任务:一、加强团结。二、深入现实,使文学艺术发挥教育民众的效能。三、扫除旧文学旧艺术的残余势力,批判地接受一切文学艺术遗产,发展一切优良进步的传统,并充分地吸收社会主义国家苏联的宝贵经验,务使爱国主义和国际主义发生有机的联系。4日,茅盾代表国统区在文代会作《在反动派压迫下斗争和发展的革命文艺——十年来国统区革命文艺运动报告提纲》的报告,重点总结了十年来国统区革命文艺运动的成就、不足以及经验教训,并要求"曾经在国民党反动派统治下坚持进步的革命的文艺工作的朋友们,现在应抱定最坚强的决心和勇气,在毛主席领导下和老解放区文艺工作者共同担负起新时代所给予的新任务,努力参与人民民主的新中国的文化建设事业!"5日,周扬代表解放区作《新的人民的文艺——在全国文学艺术工作者代表大会上关于解放区文艺运动的报告》,指出:"毛泽东《在延安文艺座谈会上的讲话》规定了新中国文艺的方向,解放区文艺工作者自觉地坚决地实践了这个方向,并以自己的全部经验证明了这个方向的完全正确。"周扬强调:"解放区的文艺是真正新的人民的文艺",在今后的文艺工作中必须坚持文艺为人民服务,首先是为工农兵服务的精神以及新文艺的方向,就是《讲话》所规定的"人民的"方向。文学领域首先要树立与建构新的人民文学,延安时期的经验已经证明民间文艺在新话语体系中有其特殊性与优越性。什么是新的人民的文艺,民间文学与人民文艺的关系等成为讨论的重要话题。最后,周扬表示,相信"这次大会以后,新中国的人民的文艺必将有更大的开展,在中国文学史上将放出万丈光芒来"。另外,在文代会前后,也常常开展有关文艺问题的讨论。比如3月20日,茅盾作《关于目前文艺写作的几个问题》,刊于5月4日《进步青年》创刊号,亦载6月23日香港《文汇报》。文中就文艺"为工农兵"的问题和文艺的"形式问题"谈了自己的看法。同月,邵荃麟在香港《大众文艺丛刊》第6辑发表《新形势下文艺运动上的几个问题》,文中指出当前是旧中国结束和新中国诞生的历史大转变时期,文艺面临三个问题,同时对未来的文学组织提出了自己的设想。10月,丁玲为北京文学青年讲演,题为《在前进的道路上——关于读文学书的问题》,连载于10月22、29日《中国青年》第23—24期。文中阐述了从前的文艺给我们的影响以及在生活中如何接受新文学和新文艺等问题。12月1日晚,北大学生会委托新文艺社、中文系、西语系在北楼礼堂联合举办"一二·一"文艺座谈会。到会800余人,除北大师生外,还有华北大学研究所、清华、辅仁、中法等大学同学。著名作家李何林、艾青、田间、臧克家、王亚平、李亚群、高兰、沙鸥、徐正等参加了座谈会。座谈会围绕以下四个问题进行:(一)在阶级社会里文艺能否超阶级;(二)政治领导文艺还是文艺领导政治;(三)作品的政治性与艺术性;(四)创作自由与文艺的党性。上述文代会前后的相关讨论与文代会主旨形成相互呼应关系。

3. 关于马克思主义的研习与讨论。毛泽东3月13日在中共七届二中全会结束时作总结讲话时指出:"现在,应该在全国、全世界善于宣传马克思、恩格斯、列宁、斯大林的辩证唯物主义,关于党和国家的学说,政治经济学等等。"武器的批判首先需要批判的武器,在新中国建立过程中,马克思主义的研究与讨论之风逐渐兴起于学界,进而成为许多学者的自觉行为。兹举两个典型案例。一是时任辅仁大学校长陈垣院士。8月6日,辅仁大学教职员为了提高对于政治的认识,不愿意把暑假空空地度过,特地成立了一个暑期学习会,从事马列主义和毛泽东思想的学习。陈垣每天用很多的时间去了解各小组的学习情况,鼓舞大家的学习情绪。11月14日,陈垣致子陈乐素函:"个人自修,不如集体学习,单是读书,不如实地训练,就是作一回下乡调查工作,也是实地学习之一。""来信问社会发展史研究提纲,只见有艾思奇著的《社会发展史提纲》,未算定本,拟明日寄汝一部。又有恩格斯的《从猿到人》,薛暮桥的《政治经济学》即社会发展史,又有《人怎样变成巨人》及北京出版的杂志名《学习》,已出了两期。以上各书,未识你已有否? 如未有,而需要,可照寄。"二是清华大学冯友兰院士。10月5日,冯友兰致信毛泽东,表达改造自新的意愿。信中云:"在参加这几日的庆祝的时候,我于欢喜之中,感觉到十分愧悔。因为在过去我不但对于革命没有出过一份力量,并且在对日抗战时期,与国民党发生过关系,我以前所讲的哲学,有唯心及复古的倾向。这些在客观的社会影响上说,都于革命有阻碍。各方面对于我的批评我都完全接受。但是我也要表示,我愿意随着新中国的诞生,努力改造我自己,作一个新的开始,使我能随着你及中国共产党,对于中国的建设中,尽一份的力量。"冯友兰表示,将在五年之内,以科学的历史的观点,重新改写20年前所作《中国哲学史》,愿以此项工作迎接即将来临的文化高潮。13日,毛泽东接信后,复函冯友兰,说:"我们是欢迎人们进步的。像你这样的人,过去犯过错误,现在准备改正错误。如果能实践,那是好的。也不必急于求效,可以慢慢地改,总以采取老实的态度为宜。"秋冬之间,冯友兰主持的中国哲学会组织一些马克思主义哲学工作者和北京大学、清华大学哲学系教师,每两周举行一次讨论会,学习马克思主义哲学,讨论各种哲学专业问题。经常参加学习的有艾思奇、胡绳、侯外庐、何思敬、金岳霖、冯友兰、汤用彤、张岱年、贺麟、郑昕、朱光潜、洪谦、胡思华、齐良骥、任华、邓以蛰、王宪钧、任继愈等。至于本身从事马克思主义研究的学者们则付出了更多的努力。其中继续任职于马列学院的艾思奇颇具示范意义。7月，北平召开了中国新哲学研究会发起人会议，李达任会长，艾思奇和郑昕任副会长。因会长李达住武汉，经常由艾思奇主持工作并召开会议。按照党中央的部署，在全国开展学习社会发展史，进行普及马克思主义的教育运动。艾思奇遵循党的指示，为帮助广大干部、群众、知识分子树立马克思主义的世界观和人生观，曾应邀到许多单位讲授社会发展史和马克思主义哲学。7—8月间，中组部、全国妇联、人民大学联合在清华大学举办首届平津大学毕业生暑期学习团，也邀请艾思奇讲课。他在讲课中，用马克思主义的基本理论，有针对性地作了具体分析，促进了学生思想问题的解决。9月15日，为推动马克思主义理论学习，艾思奇进而创办《学习》杂志。该杂志成为当时学习马列主义的主要理论阵地，艾思奇在代发刊词《从头学起——学习马列主义的初步方法》中指出："过去我们一般的干部和群众的马列主义知识水平是很低的。一方面，广大地区和主要城市是处在国民党黑暗统治下，学习马列主义理论就是死罪。解放后，马列主义思想对于人民群众还是陌生的，许多人甚至对此毫无所知。而旧社会的非马克思主义思想以及反动派的宣传都还保留着很大的影响。另一方面，解放区是长期处在艰苦的斗争环境中，马列主义的学习受着相当大的客观上的限制，许多干部虽然在斗争中积累了不少宝贵的经验，但因为没有认真学习过马列主义的理论，就不能把自己的经验加以总结、提高。"而新中国的成立，为人们"从头学起"，普遍开展马列主义理论的学习运动、广泛传播马克思主义，创造了良好的社会环境和政治条件。艾思奇本人还先后发表《学习马列主义的国家学说》《评关于社会发展问题的若干非历史观点》《学习苏联，学习马列主义理论》，出版《社会发展史讲授提纲》单行本。其中，《学习苏联，学习马列主义理论》一文更是将学习苏联与学习马列主义理论两个层面贯通起来，融为一体。尤其"在建国初期，面对广大干部急需社会科学、哲学知识的情况，该刊在宣传马克思主义的哲学，宣传历史唯物主义和辩证唯物主义等方面起了很大作用"。受此影响，有关马克思主义的译著快速增长，然后又促进了诸多研究论著问世，其中论文为数尤多。

4. 关于苏联文化的讨论与引入。对于新中国的建立与建设而言，马克思主义是理论指南，而苏联文化则是学习榜样。这不仅缘于当时"一边倒"的外交政策，也是左翼学界的一种普遍宗尚。其间发生的几件大事起到了有力的推动作用。一是苏联法捷耶夫为苏联文化艺术科学工作者代表团团长，西蒙诺夫为副团长，应邀来华参加中国保卫世界和平大会和中苏友好协会总会成立大会。10月1日上午，宋庆龄、刘少奇、周恩来、郭沫若等前往北京车站迎接，郭沫若在车站举行的简短欢迎会上致欢迎词。9日，苏联文化艺术科学工作者代表团团长法捷耶夫、副团长西蒙诺夫到北大讲演。在民主广场听讲的有北大、清华、交大、华大、贝满女中等大中学校及高教会等20余机关单位共12000余人。10月26日下午，郭沫若出席政务院文化教育委员会邀请苏联代表团交流文教科学问题座谈会，主持会议，并就以下问题向苏联代表团成员请教：（一）苏联政府如何统一领导全国文化教育工作？（二）苏联政府在文教方面分多少部？除作家协会外，政府有无专门领导文艺工作的机构？它如何工作的？（三）是否有文教计划局之类的组织？它的性能和职权如何？（四）苏联科学院研究与组织的情况。（五）今后中苏两国文教资料和经验交换的具体办法。五个问题由苏联代表团副团长西蒙诺夫等依次做了解答。二是10月5日中苏友好协会总会在北京成立。朱德、刘少奇、宋庆龄、董必武等领导人和包括各民主党派、人民团体、国外华侨和少数民族代表在内的各界人士1000多人出席大会。刘少奇在会上作了报告，指出成立中苏友好协会的目的"就是要增进与巩固中苏两国人民的兄弟般的友谊和合作,促进中苏两大民族的一切智慧和经验的交流"。大会通过了《中苏友好协会章程》,规定了协会宗旨、会员权利和义务等。选举刘少奇为会长,宋庆龄、郭沫若和黄炎培等担任副会长。随后,各省、市和自治区先后成立了中苏友好协会分会。三是12月初毛主席乘坐专列直达苏联首都莫斯科进行访问。此前先有6月21日刘少奇率中共中央代表团离北平赴苏联访问。7月6日,刘少奇致信斯大林,提出中共中央代表团拟在莫斯科学习苏联以下问题:(一)苏联的国家机构;(二)苏联经济的计划与管理;(三)苏联的文化教育;(四)苏共的组织与群众团体的组织。学习的方式是请苏联各方面工作的负责人谈话,包括部长会议、内务部、教育部及文化高级机关、外交部、国家计划局、银行、合作社、商业部、对外贸易部、财政部、党的组织部、工会、青年团以及莫斯科州委、市委、市政府的负责人,以至工厂的厂长、支部书记、工会主任等,并参观一些工厂、农庄和学校。信中还提请苏联政府为培养新中国的建设管理人材作出帮助,在苏联办一所专门学校,派出各方面的教授到中国工作等。毛泽东访问苏联的最重要成果,即是两国签订了有历史意义的《中苏友好同盟互助条约》,从而将中苏友好关系推向高潮。在这样的特定氛围中,苏联文化也得到了空前的重视,甚至到了崇拜的程度,文艺界尤其如此,兹举数例如下:曹禺4月28日随和平代表团离开捷克赴莫斯科。5月9日,郑振铎、田汉、洪深、曹禺、曹靖华、萧三、丁玲等在出席世界和平大会返国途经莫斯科时,专访了苏联作家协会,协会重要人物向委员们解答了有关苏联作家协会活动之各项问题。26日,《人民日报》刊出《代表团员畅谈观感》。曹禺说:"在这次大会上中、苏两国代表团是最受注意和欢迎的,中国代表团沿路受到象家里人一样亲切的欢迎。这次我们行程两月,最大的感想就是觉得要加强学习,尤其是向苏联学习。"郭沫若8月9日在北平各界代表会议开幕式上讲话,说:"我们建设北平市,要把苏联建设莫斯科的精神作榜样,在北平的物质建设和精神建设(即文化教育建设)方面,都要向立体方面发展,把北平建设成为一个处处是工厂、学校、博物馆、文化宫和图书馆的进步城市。"茅盾10月10日下午出席全国文学工作者协会召开的邀请苏联作家法捷耶夫谈文艺问题的座谈会。到会的还有周扬、丁玲、郑振铎、胡风等。同日,《欢迎我们的老大哥,向我们的老大哥看齐》刊于《文艺报》第1卷第2期,文中对法捷耶夫为首的苏联作家代表团的来访表示热烈欢迎,同时指出"自五四以来,我们中国的革命文艺运动在文艺理论和创作方法上都从苏维埃文学以及俄罗斯伟大的古典文学得到宝贵的启示和深刻的影响,……苏联文学启发了、并教育了我们革命的和进步的文艺作家;也启发了教育了千千万万的青年知识分子"。作者还说明,中国文艺工作者真正学习苏联文学的伟大品质和卓越的现实主义创作方法,是在1942年毛主席在延安文艺座谈会讲话之后。21日,作《美国电影与苏联电影的比较》,刊于30日《人民日报》,谓"美国电影是用了美国式的低级趣味的技巧来掩饰它那反动的有毒的内容,并以此来吸引辨别力不高的观众",而"苏联影片是教人进步而不是引人堕落的,是为人民服务而不是为少数的金融巨头服务的"。同月,茅盾为基督教青年会主办的"新民主主义讲座"作《苏联人民的生活》的专题演讲,会场爆满,盛况空前。12月21日,茅盾《斯大林与文学》刊于《人民日报》,文中指出:"'民族的形式,社会主义的内容',这是斯大林在文艺上最正确的指示。苏联文艺在这指导原则下,获得了多年的具有各种各样风格的辉煌的成就。"同样,教育界也不甘落后。8月24日,《人民日报》发表张健《东北教育界如何向苏联学习》一文。文章介绍东北教育界向苏联学习分三个方面:一、介绍苏联教育建设的经验和翻译理论著述。数十种苏联教育书籍正由东北教育部翻译中。关于中苏友好协会已出版《论苏联教育》《苏联学校教育讲座》《苏联三十年来的教育》等书。二、实际观摩，典型试验。旅大教育界参观为苏侨子女办的苏联完全中学。旅大教育行政部门决定，以市立旅顺中学为向苏联学习的典型，旅顺中学上学期已开始采用"五分制"记分法，并注意养成学生集体观念。三、大量培养俄文翻译人才。俄文专科学校已有学生1500余人。去秋，决定在大中城市中学里增设俄文。今年7月，规定俄文为高等学校必修的第一外文。同月，《东北教育》第1卷第5期刊登了《苏联教育介绍特辑》，刊登了12篇文章。这12篇文章的题目是：《苏联的中小学教育》《苏联的教科书出版工作》《苏联的初等和中等职业学校》《苏联初级学校的教学大纲与教学计划》《苏联的高等教育》《苏联的师资训练》《苏联建国初期的教育方针和师资问题》《苏联的学校与家庭的合作》《苏联的体育和运动》《苏联的五级分制记法》《我怎样做校长》《我的班里怎样学习》。《特辑》的"前言"指出："和其他工作一样，我们的教育工作也应该学习苏联三十年来教育工作的经验。"这种对苏联文化尤其是文艺、教育——从学习、研讨到崇拜，深刻影响了建国初期的文化建设以及理论导向。

5. 关于五四30周年的纪念与阐释。五四运动30周年是一个十分重要的时间节点，而且就在新中国即将诞生的前夕，所以本年度的"五四"庆典空前隆重。其中最为关键的是首次由中共方面掌控了"五四"纪念与阐释的主导权，《中央日报》等国民党报刊已经退出相关活动。4月15日，中国解放区青年联合会、中华全国学生联合会发出《关于纪念五四30周年的联合通知》。5月3日晚7点，纪念"五四"文艺晚会在北大民主广场热烈举行，到会的工人、学生、教员达6000多人。这是北平解放后文艺界空前的一次盛会。闻家驷、冯至、赵树理、卞之琳、李广田、艾青等人应邀分别作了演讲：闻家驷演讲《文艺与政治的关系》，冯至演讲《什么是宽容》，赵树理演讲《如何夺取反动文化的阵地》，卞之琳演讲《文艺的修养》，李广田演讲《关于北平文艺工作的回顾》，艾青演讲《谈诗》，何其芳演讲《知识分子与工农兵的结合》。同日，北大纪念五四筹备会编辑出版了《五四纪念特刊》，载有短评《展开一个热烈的学习运动——纪念五四三十周年》、钱端升《五四的体验》、袁翰青《新民主与新科学》、范文澜《急起直追——参加革命建设工作》、吴玉章《"五四"三十周年纪念（贺词）》、曾昭抡《加紧学习——发扬"五四"的科学精神》、闻家驷《五四感言》、川岛《关于李大钊先生》、冯至《第一首歌（为北平解放后的第一个"五四"作）》、费青《五四在北大》。这一《五四纪念特刊》出自"五四运动"策源地北京大学，而且是在北平解放后第一次纪念"五四"，也是新中国成立前最后一次纪念"五四"，显然具有特殊的意义。如果说"北大纪念五四筹备会"所撰《展开一个热烈的学习运动——纪念五四三十周年》重在强调学习马列主义和毛泽东思想、改造人生观和世界观的紧迫性和重要性，而纪念"五四"的最好的方式，就是"展开一个热烈的学习运动"，学习马列主义和毛泽东思想，代表了北大校方纪念"五四"的基调，那么，吴玉章《"五四"三十周年纪念（贺词）》提出"发扬'五四'精神站稳革命阶级立场，为新民主主义的人民共和国而奋斗"，则大致概括了纪念文章的主题思想，而袁翰青《新民主与新科学》以"我们已迈进了无产阶级所领导的新民主主义阶段"的历史定位，强调"中国有了新民主"，今天需要的是"新科学"，从而赋予"五四"运动民主与科学精神以新的时代内涵。4日，北平华北大学、师范大学、北京大学、清华大学、辅仁大学等80余所大、中学校及青年团体等单位，分地区分别举行盛大的"五四"30周年纪念活动，大中学生及青年工人共约31000余人参加了"五四"纪念会。当日晚，代表北平50万各界青年的1000余青年代表在国民大戏院举行盛大的"五四"纪念会,大会主席团主席许立群致词后,叶剑英市长以及沈钧儒、吴玉章分别讲话。叶剑英市长阐述了纪念"五四"的重大意义,并对青年一代提出希望和要求,沈钧儒在讲话中提出三点政治任务:一、必须严惩卖国贼蒋介石及其死党;二、把美帝国主义从中国的领土上赶出去;三、把太平洋从美帝国主义手里整个地解放出来。同日,胡风赴天津南开大学"五四"庆祝会讲演《五四精神》。与此同时,《人民日报》经过提前谋划,在5月4日专门出版了一期纪念特刊,载有《毛泽东同志论"五四运动"》《五四运动介绍》《几个五四时代的人物访问记》《中国科学工作者协会纪念五四的公开信》《五四以来中国主要的革命青年团体介绍》以及14篇个人的纪念文章。《中国科学工作者协会纪念五四的公开信》代表该会1200名会员对"五四"运动反帝反封建的伟大意义作了历史性的阐述,指出这一运动替后来中国的民主政治和科学培植启示了一条发展的道路。尤其是中国共产党在这一场运动的两年后创立,更为这个民主与科学的要求在万分艰难与困苦的条件下加添了充实的内容与确切的保证。14篇个人的纪念文章分别是:陈伯达《五四运动与知识分子的道路》、吴玉章《纪念五四30周年应有的认识》、茅盾《还须准备长期而坚决的斗争——为五四30周年纪念作》、黄炎培《人民革命的信炮——五四运动》、周建人《"科学与民主"》、何干之《五四的两个基本口号》、杨振声《五四与新文学》、胡风《从源头到洪流——纪念五四30年》、宋云彬《从五四看知识分子》、叶圣陶《不断的进步》、何家槐《唯一的真理》、王亚平的《五四哺育了我》、臧克家《会师》、俞平伯《回顾与前瞻》。其中陈伯达《五四运动与知识分子的道路》长文刊于《人民日报》第一、二版。茅盾《还须准备长期而坚决的斗争——为五四30周年纪念作》文中谈到:"小资产阶级青年以颓废为遁逃薮,在亭子间和女朋友一面拼酒,一面举拳击桌,歇斯底里地喊着:'到民间去!到民间去!'为个人无政府主义所陶醉的破落户子弟,穿着褪色的彩衣,挥霍完了他太太的最后一文陪嫁和私蓄,'热情'而愤激地大呼:'一切都毁灭了罢!一切都毁灭了以后,乌托邦就出现了!'玄学鬼,夜游病患者,躲在十字街头的象牙塔内的'艺术至上主义者',未来派,世纪末的忧悒病,复古派,全盘欧化论,等等,一齐同时登场。"所以大声疾呼:"还需准备长期而艰巨的斗争。"俞平伯《回顾与前瞻》感叹道:过去每逢"五四",自己总是推托写纪念文章,"今年却不然了。大大的不同了,非但三十年为一世值得纪念,大时代的确已到了"。5日,为了团结和组织科学界、学术界的民主人士,北平市军事管制委员会文化接管委员会召集科学界、学术界和大学教授纪念"五四"运动30周年座谈会,学术界人士共有200余人出席会议,周恩来亲临座谈会并发表重要讲话,详细地讲述了中国新民主主义革命的历史过程和经验教训,分析了新民主与旧民主的区别,从经济、政治、军事、文化各方面说明新民主主义革命必须由无产阶级领导。这次大会还专门讨论了成立科学工作者团体的事情,可以说是中国学术界的一次盛会。6月,"五四"卅周年纪念专辑委员会将报纸刊物上发表的一系列文章汇编成《五四卅周年纪念专辑》,由新华书店出版。《专辑》卷首开篇为"毛泽东同志论五四运动",结尾则对五四运动作了一个客观直接的介绍。其中除全部收集《人民日报》上14篇纪念文章外,还有其他23篇文章,分别是:范文澜《急起直追参加革命建设工作》、沈志远《五四与马列主义的胜利》、夏康农《由"文化古都"转变到文化新都》、陈学昭《五四精神和知识分子的思想改造》、蒲犟《五四运动的历史意义》、田家英《五四与今天》、张东苏《五四与科学》、袁翰青《新民主与新科学》、千家驹《纪念五四要学会生产工作》、杜任之《从掌握革命斗争知识到提高生产斗争知识》、胡愈之《五四与文字改革》、陆志韦《五四纪念再谈谈新文学》、劳荣《五四运动的领导者李大钊》、扬公

《五四——中国青年节》、费青《今年五四话法律》、邓颖超《五四运动的回忆》、魏建功《五四30年》、罗常培《纪念五四的第30年》、刘清扬《五四回忆》、欧阳予倩《回忆与感想》、闻家驷《五四感言》、潘菽《五四30周年述感》、沈体兰《五四以来青年运动的教训》。魏建功《五四30年》感慨时代的骤变带来的个人觉悟："对于'五四'给我们的认识,深深地感到所谓河东变成河西的意义。这意义使我发生极高度的警悟""检讨过去,可怜摸索的人,改造了三十年,纵未灭亡,已属落伍,偏重个性,离群闭塞,只知道消极不满意,而忽略了积极建设工作。"罗常培《纪念五四的第30年》更是豪迈地说:"'五四'是中华民族要求解放的启蒙运动,如今不单'五四'的策源地——北平——早已解放,眼看着中国就要全部解放了。先烈牺牲了若许头颅鲜血,人民受了千辛万苦,所换得所企盼的日子,居然一旦到来,这的确是自有'五四'以来第一件痛快事!""'五四'既然到三十岁了,咱们大家得要拿出成人的气魄来,不要憧憬过去的光荣,必须企图未来的创造!"7月3日,郭沫若在全国文代大会上所作的《为建设新中国的人民文艺而奋斗》的总报告也涉及"五四"的历史评价,其中论及自"五四"以来新文艺运动的性质和文艺界的统一战线问题,谈到"五四运动以后的新文化已经不是过时的旧民主主义的文化,而是无产阶级领导的人民大众反帝反封建的新民主主义的文化;五四运动以后的新文艺已经不是过时的旧民主主义的文艺,而是无产阶级领导的人民大众反帝反封建的新民主主义的文艺。这就是五四以来的新文艺的新的地方。这就是五四以来的新文艺和以前的文艺在性质上的区别"。另有章炼峰编《五四运动与知识分子》由东北书店刊行。以上从不同层面反映了当时对"五四"30周年的回应与定位。12月23日,中华人民共和国政务院颁布的《全国年节及纪念日放假的办法》规定,5月4日为中国青年节,从此"五四"青年节成为国家法定节日。储著武《70年的回望:五四30周年纪念述论》(《红色文化网》2019年4月27日)认为,五四30周年纪念到底要纪念什么?这是五四纪念本身不可能绕开的问题。"五四"30周年纪念的形式虽然可以多种多样,但贯穿其间的核心旨趣却只有两个:一是"五四"是什么?二是"五四"对现在意味着什么?归纳起来即是三大主旨:(一)揭示"五四"在中国革命史上的重大意义;(二)强调"科学"与"民主"思想的重要价值;(三)明确知识分子的前进方向。

6. 关于鲁迅逝世13周年的纪念与讨论。10月13日,郭沫若、茅盾、周扬、丁玲等代表全国文联,邀请全国总工会、全国民主妇联、全国青联及北京市委等单位共商筹备鲁迅先生逝世13周年纪念的有关事宜,到会的还有田汉、郑振铎、赵树理、沙可夫、曹禺、徐悲鸿、冯雪峰、许广平、阳翰笙、艾青、黄药眠、胡风等。13日,郑振铎作《中国小说史家的鲁迅》,后刊于10月25日《人民文学》创刊号,文中指出:"近三十年来研究中国古小说的人很多,但像鲁迅先生那样气吞全牛,一举而奠定了研究的总方向,有了那末伟大而正确的指示的,还不曾有过第二人。"文中还详细论述了鲁迅的《古小说钩沉》《唐宋传奇集》《小说旧闻钞》三本书和《中国小说史略》的关系。18日,茅盾等出席全国文联等单位纪念鲁迅先生逝世13周年筹备会。19日上午9时,郭沫若主持由全国文联、总工会、青联、学联、妇联等12个团体发起组织的纪念鲁迅逝世13周年大会,并作为执行主席致辞,号召大家"学习鲁迅的精神,把革命战争进行到底,把中华人民共和国迅速建设好"。同日,郭沫若作《继续发扬韧性的战斗精神》,刊于10月25日《文艺报》第1卷第3期。文中指出:"'横眉冷对千夫指,俯首甘为孺子牛',在今天依然是我们的战斗指标""今天,建国的大业已经开始,这又是更宏阔而长远的一场斗争——要和一切落后的现实斗,和自然的威力斗,和技术的顽强性斗。要把战争的创伤医好,要把落后的农民中国建设成为先进的工业中国,正须得全中国的人都成为'孺子'的'牛'""为了纪念鲁迅先生,大家赶快把头埋下去,替新生中国做'牛'吧,而且要做得十分地心甘情愿"。茅盾《学习鲁迅和自我改造》刊于《人民日报》,文中指出:"要明白鲁迅思想的发展,不能不研究他的杂文;而要善于学习鲁迅,则对于他的思想发展过程有一个彻底的了解,……对于鲁迅思想的发展作了透彻精深的研究的,不能不推瞿秋白氏为第一人。"作者最后强调:"鲁迅的思想和作品中,可供我们学习者甚多,但在今天,知识分子特别需要改造之时,鲁迅所经历的从进化论到阶级论,从个性主义到集体主义的过程,尤其值得我们注意学习。"当晚,郑振铎出席北京大学师生纪念鲁迅的集会并演讲,指出鲁迅先生生前受迫害的地方自北京、上海、绍兴、广州到厦门都陆续解放了,这是中国人民的、也是鲁迅先生的胜利。总的来看,本年纪念活动比较隆重,但精神阐述深度不足。关于纪念鲁迅还有一个插曲:7月11日晚,刘文典应云大文史系师生邀请,在学校泽清堂讲演"关于鲁迅",认为鲁迅是"斗士"而不是"思想家"。他佩服鲁迅写的小说,但认为有不少疵点;鲁迅是具有"迫害狂"心理的人;鲁迅"以牙还牙,以眼还眼"的人生态度,是太过于小气和褊狭;中国人的思想,自古以来都是"左"的,从来没有"右"的思想,鲁迅的思想也是继承中国的传统,所以,是"左"的。……这些主要观点被认为"骂鲁",遭到当地报纸轮番批判。22日,《正义报》刊发短文《也谈〈关于鲁迅〉》,副题为"敬质白听君",作者署名"羊五"。文章为刘文典演讲辩护,是本次风波中支持刘文典观点的另一篇文章。24日,《正义报》刊发《如此"学者"》《给国宝,给苍蝇们!》,《观察报》刊发《论吃死人的人》《庄子教授升天坠地记》,掀起批驳刘文典演讲的高潮。其中,《庄子教授升天坠地记》一文采用寓言小说的形式,讽刺刘文典的演讲。25日,《正义报》刊发《关于也谈〈关于鲁迅〉》一文,质疑7月22日"羊五"的若干观点,并刊发《鲁迅与刘叔雅》一文,再度为鲁迅"声辩"。7月26—28日,《正义报》连续三天刊发《世象杂收》《谈空前与绝后》《人咬狗》《杂谈百家争鸣》等文,主要针对"羊五"的观点进行批驳,但后未见"羊五"回应。"关于鲁迅"的演讲风波渐入尾声。

　　7. 关于儒家思想的重释与讨论。主要以徐复观在香港创办的《民主评论》为阵地。是年5月,徐复观迁台,定居台中,从政治圈转向学术界,并着力筹办《民主评论》。6月16日,《民生评论》半月刊在香港创刊。该刊聚焦于国际事件与文化两大内容,前者涉及政治、经济、国际关系以及国际前沿消息,后者就自由与民主、科学与传统、考据与义理等议题展开了轰轰烈烈的文化大论战,在学界内外产生了广泛影响。该刊尤其致力于宣扬新儒家的学说,成为20世纪50至60年代台港地区现代新儒家的主要舆论阵地。徐复观与牟宗三、唐君毅成为第二代"新儒家"领军人物。另一位属于"广义"的新儒家的钱穆也经常在此刊物上发表论文。其中《民生评论》半月刊创刊号刊有钱穆《人生三路向》,谓"人生只是一个向往,向往必有对象……对精神界向往的最高发展有宗教,对物质界向往的最高发展有科学。前者偏于情感,后者偏于理智"。中国儒家的人生,不偏向外,也不偏向内。不偏向心,也不偏向物。他也不屹然中立,他也有向往,但他只依着一条中间路线而前进。他的前进也将无限。但随时随地,便是他的终极宁止点。因此儒家思想不会走上宗教的路,他不想在外面建立一个上帝。他们只肯说"尽己之性,然后可以尽物之性,而赞天地之化育"。他们只肯说"天人合一"。9月,《民主评论》第1卷第6期孔子诞辰2500年纪念号刊有钱穆《新三不朽论》与牟宗三《儒家学术之发展及其使命》。前文指出:今年适逢孔子2500年的诞辰。孔子的自然生命,虽在2500年之前,但孔子的精神生命、文化生命则至今尚在。你若轻易地说孔子早已死去，你便是不懂得"精神生命"与"文化生命"的意义。在孔子以前，中国人已有"立德、立功、立言"的三不朽说，这实在是人类祈求不朽的最合理的观念。此文取名"新三不朽论"，拟从西方欧洲人对于不朽的观念，以及佛教里面的不朽论，用来与中国人历古相传的三不朽论，经孔子乃及此下儒家所发挥完成的一番人生理论相互比较，以见世界哲人对此人生如何可以不朽的尽可能已有的几种想法与说法，来贡献于当前这样的乱世。后文主要论述第三期儒学的新使命。作者曾于上年为程兆熊在鹅湖书院故址之江西信江农专特撰《重振鹅湖书院缘起》一文，重新将儒学划分为三个时期，即自先秦孔孟荀至汉代董仲舒为儒学第一期，宋明儒学为第二期，而民国以来的以继承先秦宋明儒学为职志的儒者为第三期儒学，认为第三期儒学应有新的使命。至《儒家学术之发展及其使命》，作者进而详论第三期儒学的使命，强调以发展民主政治和科学这所谓"新外王"，构成儒学第三期开展的核心课题。这意味着牟宗三已从此前对于儒家思想的重释与讨论进而走向第三期新儒学的重建。是年，牟宗三还在《民主评论》第1卷第10—11期发表《理性的理想主义》《道德的理想主义与人性论》。在《民主评论》第1卷第12—13期连载《理想主义的实践之函义》。此外，还要提到8月与钱穆一同来到香港的唐君毅。唐氏因深切感受到的中西文化的冲突、民族文化的危机、人文精神的下坠等问题，所以急于在他的哲学世界里消融这些问题。尽管到港之初，居住环境恶劣，手头又无资料，不得从容思考，但情志上的不安不忍难以自抑，迫使他以高度自觉的哲学心灵沉潜于这些问题之中，开始著述《中国文化之精神价值》，同时连续在《民主评论》与《人生》两杂志上发表的一系列反省与疏论整个人类文化问题的文章。7月1日，唐君毅在《民主评论》第1卷第2期发表撰于5月的《理想的人文世界》，文中依次讨论了以下九个论题：一、人的哲学心的哲学之重要；二、宗教生活之必须；三、心与心交光互映之社会与个人关系；四、礼乐精神之重要；五、科学家之胸襟与德性；六、艺术科学可超政治经济之范畴之规定与其社会性；七、人文合奏之谐乐的向往，及政治上之上下位分之关系之提示；八、经济问题之重心不在生产分配交换而在消费；九、理想之社会关系与太和世界。《中国文化之精神价值》在两年内完稿，至1953年由正中书局出版。1955年，唐君毅将在《民主评论》与《人生》两杂志上发表的一系列反省与疏论整个人类文化问题的文章结集出版，题为《人文精神之重建》。至此，以徐复观、牟宗三、唐君毅为代表的"新儒家"的理论思想体系已初具风貌。这里补充一下张元济4月8日所撰《论孔子在今日的地位》。文曰："世界不断地进步，事物无限地翻新。我们跟着潮流也有了大大地变动。""我国有几千年的文化，所有为人处世之道，显然有他的理论和方式。自汉朝以来，大致奉孔子为标准。孔子是二千五百年前的人，他没有看见飞机、原子弹，他的思想和言论怎么能和我们相配合？要我们奉他为标准，自然感觉不很适用。近来有人称他做'孔家店'，意思也是说所卖的不是应时货。""但是这一家老店开设了二千多年，规模庞大，批发的货遍地皆是，大家都用惯了。现在虽然有几家新开的洋货店，人也很喜欢用他的货，但是用起来，于习惯上总不甚合式。况且这家老店有许多人生日用的必需品，都是本地土产，如柴米油盐一般，也无法拿洋货来替代。""我觉得就现在为人处世说，也还是可以作为标准的。"以《论语》为例，文章列举孔子提倡独立、廉洁、勤劳、友爱、平等、互助、"厌弃豪门""痛恨内战"等事例，以及"还有很自由的思想"的两件事。最后总结云："这样看来，孔子确是还有可以师法的。尺有所短，寸有所长。我们寻常评论他人尚且不当一笔抹杀，况且是古来最大的人物。我不敢说他是万世师表，但在今朝想要找一个替人，恐怕还是不可能。"这一观点似与

"五四"的孔子观迥然不同,倒是与台港新儒家有某种契合之处。还有不能不提到梁漱溟所著《中国文化要义》(四川成都路明书店),作者自序中讲:"这是我继《东西文化及其哲学》《中国民族自救运动之最后觉悟》《乡村建设理论》而后之第四本书。""前后四本书,在内容上不少重见或复述之处。此盖以其问题本相关联,或且直是一个问题;而在我思想历程上,又是一脉衍来,尽前后深浅精粗有殊,根本见地大致未变。""特别第四本书是衔接第三本书而作,其间更多相关。所以追上去看第三本书,是明白第四本书的钥匙。""现在这本《中国文化要义》正是前书讲老中国社会特征之放大或加详。"若以其中对于中国文化的独特反思与新儒家作一比较,当有新的借鉴和启示意义。

　　8. 关于教育改革与改造的讨论。1月10日,中国共产党北平军事管制委员会正式接管清华大学。军管会文化接管委员会主任钱俊瑞对全校师生员工警宣布接管方针:一、今后清华大学应实行新民主主义的文化教育,取消过去教育中反对人民的东西,改革过去教育中脱离人民的东西。二、教育通盘改革是一个复杂的工作,必须逐步前进。对于现有的机构与制度,除立即取消训导制度和立即停止国民党员及三青团员的活动外,其他一律暂时照旧。三、学校经费由军管会负责供给,教职员一般采取原职原薪的办法,以后当实行量才录用与考绩升降。3月14日,北平市军管会文管会召开大学教育座谈会。马叙伦、范文澜等40人出席,会议在文管会主任钱俊瑞主持下,讨论了北平各国立大学的课程改革和院系调整、私立大学的存废与改进等问题。陈其瑗、周建人主张,学生应当学习马列主义和毛泽东思想。6月6日,徐特立在《人民日报》发表《在教师节谈新民主主义教育》一文。文中谈到教育任务时,他主张"应有计划地从广大人民中培养多种知识分子干部""从百分之八十的人口中扫除文盲"。对于旧知识分子,"采取适当办法教育他们,使他们获得新观点、新方法,为中国人民服务"。关于教育宗旨,他主张"中国应当建立自己的民族的、科学的、人民大众的新文化与新教育"。对于外国文化,"应当尽量吸收进步的文化,以为中国文化运动的借镜"。对于中国古代文化,要"批判地接受它,以利推进中国新民主主义文化"。9月16日,黄炎培作《教育对建国的贡献》,谓现在中央人民政府成立在即,建议三点:(1)制定连续若干年的经济建设总计划——包括农业、重轻工业、矿山、森林、渔收、水利、垦殖、铁道、公路、航运、海运诸方面;(2)在制定前项计划时,提出制定前项计划所需要人才之种类、数量和开始需要期限,制定连续若干年之全国教育总计划;(3)根据前项教育总计划,一面调查现有人材,一面分别进行短期长期的训练。12月23—31日,教育部长马叙伦在第一届全国教育工作会议上所作报告中指出:创办中国人民大学是1950年上半年的重大工作,是中华人民共和国成立初期新民主主义教育建设的重大举措,要求全国教育工作者"必须认真地同心合力地"共同建设。值得指出的是,中国人民大学创办于新民主主义时期,特定的历史阶段决定了它的办学方式。毛泽东在《新民主主义论》中指出,在新民主主义历史阶段,"我们既应把对于共产主义的思想体系和社会制度的宣传,同对于新民主主义的行动纲领的实践区别开来;又应把作为观察问题、研究学问、处理工作、训练干部的共产主义的理论和方法,同作为整个国民文化的新民主主义的方针区别开来"。因此,创办中国人民大学的目标在于为日后的社会主义建设培养干部和业务人才,新中国初期的这一教育探索既要服从当前历史阶段的特点,"以原有的新教育的良好经验为基础,吸收旧教育的某些有用的经验,特别要借助苏联教育建设的先进经验",又要有计划、有步骤地推进改革,由新民主主义教育转变为全新的社会主义教育事业。此为新中国的第一次全国教育工作会议,会上指明了创办中国人民大学在当前高等教育建设事业中的定位。

9. 关于自由主义论争的延续。主要有张君劢《从自由主义到社会主义》(《再生周刊》第247期),记者《胡适在台演讲中国文化里的自由传统》(3月28日上海《申报》),柯迈摘《艺术·文化·自由》(4月10日《中央日报》),钱穆《人生目的和自由》(《民主评论》第1卷第10期),傅斯年《自由与平等》(《自由中国》第1卷第1期),美国西伦作、石华父译《美国的学术自由在那里?》(《翻译》第3期)。11月20日,胡适筹办的《自由中国》杂志在台北出刊,创刊号上除登有他撰写的发刊词外,还发表了《民主与极权的冲突》。其中说:"第一,这是急进革命的方法与渐进改善的方法之冲突;第二,这是企图强迫划一与重视自由发展的冲突。"12月9日,胡适在东西协会华盛顿分会的会议上演讲《中国历史上争取自由的奋斗》,说:"西方国家不应贸然承认中共,共产主义同政治自由绝不能相容。"由此可见,胡适创办《自由中国》以及继续提倡"自由主义",业已从学术主张偏向政治上的反共立场。在此,美国西偷作、石华父译《美国的学术自由在哪里》恰恰可以为极力倡导美国式自由主义的胡适的立场与观点提供矫正与警示。此文指出:"去年一年美国教授被逐出校门的足够成立一个流放大学。因政治理由而遭排挤的学者遍及全国各地,在科别上包括自考古学到公民学各科权威。"并一一列举了被逐出校门的美国教授。这种因为政治性因素而影响大学学术研究的情况,在哈佛大学的克脱来·马赛博士看来,就是一种可怕的攻击:"这种攻击形式,使人可怕地回想到希脱勒在纳粹统治初年所采用的技巧。虽然这种向学术自由的打击假借了'美国性'做幌子,树起了'民主的旗帜',其结果与我们的民主生活完全相远背。"

10. 关于陈垣与胡适的通信"对话"。4月29日,陈垣作致胡适公开信,刊于5月11日《人民日报》。该信由刘乃和起草,再经陈垣亲笔改定,然后又请范文澜修改。范文澜字斟句酌后,并无大的更动。信中说:"我活了七十岁的年纪,现在才看到了真正人民的社会,在历史上从不曾有过的新的社会。经过了现实的教育,让我也接受了新的思想。""你曾对我说,'共产党来了,绝无自由',并且举克兰钦克的《我选择自由》一书为证。我不懂哲学,不懂英文,凡是关于这两方面的东西,我都请教你。我以为你比我看得远,比我看得多,你这样说,必定有事实的根据,所以这个错误的思想,曾在我脑里起了很大的作用。……以往我一直是受着蒙蔽,适之先生,是不是你也在蒙蔽着我呢?""说到治学方法。我们的治学方法,本来很相近,研究的材料也很多有关系,所以我们时常一起讨论。你并且肯定了我们的旧治学方向和方法,但因为不与外面新社会接触,就很容易脱不开那反人民的立场。如今我不能再让这样一个违反时代的思想所限制,这些旧的'科学的'治学方法,在立场上是有他基本错误的。所以我们的方法,只是'实证主义的'。研究历史和其他一切社会科学相同,应该有'认识社会,改造社会'两重任务。我们的研究,只是完成了任务的一部分,既有觉悟后,应即扭转方向,努力为人民大众服务,不为反人民的统治阶级帮闲。""我现在很诚挚地告诉你,你应该正视现实,你应该转向人民,幡然悔悟,真心真意地向青年们学习,重新用真正的科学的方法来分析,批判你过去所有的学识,拿来为广大的人民服务。再见吧!希望将来我们能在一条路上相见。"此信发表后,国内外报刊争相转载。5月17日,《进步日报》转载《公开信》,同时发表社论,指出:这反映了中共对胡适及其他在海外知识分子的统战意向。18日,北平《新民报》转载《公开信》。29日,《香港华商报》转载《公开信》。6月间,便有英文译本传到各地。结果在海内外知识界引起很大震动。胡适见到这封信后,曾撰写《跋陈垣给胡适一封公开信》,认为这封信不是出自陈垣手笔。6月18日,胡适得到英译本。

19日,胡适日记说:"此绝非伪作的。"再后一天,他读到中文本,愈发确定此信出自陈垣之手。不过,后来胡适发了"考据癖",根据陈垣"从来不写白话文",信中有关书信日期又有错误,故断言此信是别人假造的。次年1月9日,胡适作《共产党统治下决没有自由——跋所谓〈陈垣给胡适的一封公开信〉》说,"可怜我的老朋友陈垣先生,现在已没有不说话的自由了"。其实,是胡适忽视了时代变革的重要作用,也低估了陈垣进入新社会后的思想觉悟。

　　11. 对朱光潜与沈从文的批评与反应。上年2月10日郭沫若作《斥反动文艺》,刊于3月1日香港《大众文艺丛刊》第1辑《文艺的新方向》,又载今年《群众文艺》第7期。文中批判了沈从文、朱光潜、萧乾等人代表的各色"反动文艺",结果对朱光潜与沈从文产生不同的影响。至是年1月上旬,北京大学校园出现用大字报转抄的郭沫若文章《斥反动文艺》,并在教学楼挂出了"打倒新月派、现代评论派、第三条路线的沈从文"的大幅标语,这使沈从文感到极大的震恐,以为这预示着对自己进行政治清算的开始,从而陷入极度的精神紊乱之中。27日,梁思成致信沈从文,邀他到清华园休息,以缓解精神上的紧张。28日,应老友梁思成等人的邀请,沈从文随罗念生一起来到清华园梁思成家,在梁家休息调养了一个多星期。在此期间,沈从文在金岳霖书房中写作了《一点记录给几个熟人》和《一个人的自白》。文中指出自己这类人的思想问题,有"根深蒂固连续性,顽固排他性","问题正逼迫着他,不能不寻求明白简单正确的答解,死或生";同时剖析自己"内向的形成",回顾了青少年时期的生活教育,认为与大多数读书人、城里人相距遥远。2月,沈从文接受北平《新民报》记者采访,在谈到郭沫若《斥反动文艺》一文时,他说:"我觉得郭先生的话不无感情用事的地方","郭先生说我只写恋爱小说,其实不对,在抗战时期我写的东西很多,不过有的是受检查没有被通过不能出版,自焚的作品就有好几部"。3月2日,沈从文校改完毕1928年新月书店出版的《阿丽思中国游记》,并在书后题识:"一切得重新学习,慢慢才会进步,这是我另外一种学习的起始。"28日上午,沈从文认为社会变了,想象自己作品在重新估价中将会完全被否定,这对沈从文的精神是致命的打击,因而他在巨大的恐惧中自戕,后被长子沈龙朱及时发现并送医院急救,脱险后转到一家精神病院疗养。9月8日,沈从文给丁玲写了一封长信。信中谈了自己病情以及对生活和工作的希望,表示自己"因为心已碎毁,即努力粘合自己,早已失去本来",但"近数月在'退思补过'意义下,检讨结果,以及受的现实教育结果,我已变了许多"。12月25日,沈从文写完现总题为《政治无所不在》一文中的系列小文章,记述十个月来"沉默向现实学习"的感受。相比之下,朱光潜更为豁达平静。2月28日,朱光潜在北平市军事管制委员会正式接管北大后被免去系主任,但仍为教授。4月,学校为满足广大师生员工的要求制定系统讲演计划,邀请周扬、赵毅敏、艾思奇、范文澜、沙可夫、何思敬、胡绳等作讲座,朱光潜经常前去听讲,同时还阅读了《共产党宣言》《联共(布)党史》《毛泽东选集》及唯物论辩证法等有关哲学著作,对苏联及马克思主义有了一个深入的了解。5月9日,教授联谊会在子民纪念堂举行座谈会,请到周恩来副主席到会主谈。周副主席阐述新民主主义教育的方针,讲明我们对欧美文化的态度是:"否定其反动的东西,吸收其好的东西,为我们所用。"出席座谈会的朱光潜受此鼓舞,随后辗转从留美学生那里弄到路易·哈拉普所著的《艺术的社会根源》译本,这是有关西方马克思主义理论比较新的成果,朱光潜开始翻译此书。10月,丁进与蔡仪在新创刊的《文艺报》第1卷第1号发表论文,其中有对朱光潜《文艺心理学》和《谈美》中观点的批评。《文艺报》为了扩大影响,树立靶子,有意把《文艺报》寄给朱光潜并请他发表意见,此即后来朱光潜写作《关于美感问题》一文的缘由。11 月 27 日,《人民日报》第三版刊登了朱光潜的《自我检讨》,作者以一个思想改造初步完成者的姿态作了自我反省和检讨,谈到自己已经学习了《共产党宣言》《联共党史》《毛泽东选集》以及关于唯物论辩证法的著作,并深有体会地说:"在这方面我还是一个初级小学生,不敢说有完全正确的了解,但在大纲要旨上我已经抓住了共产主义所根据的哲学,苏联革命奋斗的经过,以及毛主席的新民主主义的理论和政策。"又说:"从对于共产党的新了解来检讨我自己,我的基本的毛病倒不在我过去是一个国民党员,而在我的过去教育把我养成一个个人自由主义者,一个脱离现实的见解偏狭而意志不坚定的知识分子。"最后表示,自己愿意继续努力学习,努力纠正毛病,努力赶上时代与群众。朱光潜《自我检讨》是建国之后第一份公开发表的思想检讨书,在当时学界产生重要影响。

本年度出现了一批聚焦于重要论题与学术史的论著。前者主要有:王亚南《论革命与科学的统一》(《观察》第 6 卷第 5 期),张君劢《哲学家之任务》(《再生周刊》杂志第 248 期),黄文山《文化学及其在科学体系中的位置》(岭南大学西南社会经济研究所),华岗《中国新民主主义文化的产生和发展》(《群众》第 3 卷第 19 期),季羡林《把学术还给人民大众》(《观察》第 6 卷第 3 期),陶大镛《展开新文化启蒙运动》(5 月 9 日香港《大公报》),陈安仁《人类历史发展之中心问题》(新文化出版社)、《中国历史之转变与动向》(广州新运出版社),张东荪《公孙龙的辩学》(《燕京学报》第 37 期),宗白华《中国诗画中所表现的空间意识》(上海《新中华》第 12 卷第 10 期),吴耀宗《基督教的改造》(7 月 16 日《大公报》),唐然译《科学和艺术的文化统一性(上、下)》(2 月 28 日、3 月 2 日上海《大公报》),英国罗素作、赵尔谦译《中西文化之比较》(1 月 10 日、17 日上海《益世报》),美国西伦作、石华父译《美国的学术自由在那里?》(《翻译》第 3 期)。黄文山《文化学及其在科学体系中的位置》是其《文化学体系》中的重要一章,作者根据科学的分类,指出"文化学"在科学的体系中占有最高的位置,"科学的生长是依照如下的层次:解剖学、生理学、生理学的心理学、心理学、个人心理学、社会心理学与社会学,最后则为文化学"。华岗《中国新民主主义文化的产生和发展》说:"五四以来 30 年的中国新文化运动的发展过程,同时即是马列主义的普遍真理和中国革命具体实践日益互相结合的过程。五四运动是在当时世界革命号召之下,是在俄国革命号召之下,是在列宁号召之下发生的。五四运动以及五四以后的中国革命,所以能成为世界革命的重要组成部分之一,正是中国人民接受马列主义指导的明证。"季羡林《把学术还给人民大众》提出:"过去是几个学者把自己关在图书馆或研究室里孤独地研究和发明,现在是全体人民大众都参加到这发明和研究工作里来,这样一来,一方面普及,一方面提高,愈普及就愈提高,愈提高就愈普及,交互影响,学术将会飞跃地前进。只有这样,被封锁了几千年的人类创造的智慧,才真正地得到解放。"后者的代表作是 1 月由北平文化出版社出版的莫东寅《汉学发达史》。此书为断代学术史著作,按时代顺序论述了西方汉学研究的演进史,展示各国汉学间的相互关系。全书 10 万余字,共七章。第一至六章主要介绍欧洲对中国的认识和研究过程,追溯了古希腊和罗马关于中国的知识,以至后来与中国的接触、晚明以来传教士的活动等等,直到清代中叶。第七章改为分国叙述,详尽描述法、荷、德、英、俄、美、瑞典、匈、奥、日等国的汉学研究情况,几乎占到全书篇幅的一半。其中此书不少地方直接引用自日本石田干之助的《欧人之汉学研究》。此书是最早的汉学史专书,在向中国读者介绍西方汉学史方面有筚路蓝缕之功。相关论文则有:徐毓枬《马恩著作中历史唯物论之史的发展》(清华大学《社会科学》第 5 卷第 2 期),杜国庠《先秦诸子思想概要》(三联书店),

梁方仲《明代一条鞭法的论战》（后刊于《社会经济研究》1951年第1期），胡适《四百年来〈水经注〉整理小史》（1月11日在南京参加蔡元培先生82岁诞辰纪念演讲），齐思和《近百年来中国史学的发展》（《燕京社会科学》第2卷），史篙《文艺运动的现状及趋势》（《新形势与文艺》第1期），阳翰笙《国统区进步的戏剧电影运动》（7月9日文代会发言），钟道赞《十月革命以来之苏联教育》（《教育与职业》第207期）。徐毓枏《马恩著作中历史唯物论之史的发展》梳理了马恩著作中历史唯物论的发展历程，重点探讨了马恩著作中"无产阶级革命立场之确立""阶级压迫与阶级斗争""生产力发展与社会发展""历史哲学——经济史观"等问题。杜国庠《先秦诸子思想概要》之《绪言》云："研究诸子的思路必须'知人论世'地从这些葛藤中间去找出它们的来龙去脉才能正确地把握一家、一派、一人的思想真面目。"作者既努力还原诸子思想的本来面目，又寻找诸子思想演变的规律。梁方仲《明代一条鞭法的论战》撰写于是年，此文主要讨论了以下问题：一、一条鞭法以前的赋役制度；二、一条鞭法述要；三、一条鞭法论战的经过；四、赞成派的理由；五、反对派的理由；六、结语。文中最后云："总结以上所言，一条鞭法在田赋史上的重要意义有二：一、摊丁入地的办法，初时使得无田的人对于徭役的负担愈来愈轻；以后变成没有田地的人，便不须负担徭役。这一种发展，至迟到了清代中年，已经全国完成，并且演至丁税完全取销，人民对于国家更不须负担徭役的义务或人头税的缴纳，此种情形直到今日仍然。这是最关重要的一点。二、自摊丁入地的办法盛行以后，一切苛捐杂税，凡可以由田赋负担的莫不尽量摊入田赋以内，大开田赋附加的方便大门，给明清以迄民国的财政史上写下最黑暗的纪录和一笔烂胡涂账。"这是一篇比较典型的学术史论文。齐思和《近百年来中国史学的发展》对近百年来的史学发展进行总结，谓清季史学界发生了一场革新运动。第一位积极介绍西洋史学并呼吁改造中国史学的是梁启超。到五四前后，中国的思想界发生了一个大的变动，历史学也受到了深刻的影响，古史辨运动遂应运而生。从五四到北伐，中国的学术思想又走到第二个解放时期。北伐以后中国社会史的研究，特别是唯物史观的社会史，遂更展开。假如"古史辨"运动可以象征"五四"的史学，那么中国社会史论战便可以象征北伐后的史学。论战第一声炮是陶希圣的《中国封建社会史》和《中国社会之史的分析》。到了郭沫若，中国社会史的研究才真正地走上了学术的路上。此外，李大钊、吕振羽、范文澜、翦伯赞也被重点论及和表彰。此文是研究20世纪史学最重要的论文之一，它的最大特点是突出了马克思主义史学的发展线索。在齐思和笔下，民国以后的史学版图已由史料学派一统天下，改为唯物史观派在北伐后向中央位置进军了。（以上参见本书"学术背景""学术活动""学术论文""学术著作""学者生卒"栏所引文献与出处，以及中央教育科学研究所编《中国现代教育大事记1919—1949》，教育科学出版社1988年版；王学典《20世纪史学编年（1900—1949）》，商务印书馆2014年版；付祥喜《20世纪前期中国文学史写作编年研究》，北京师范大学出版社2013年版；中国大百科全书总编辑委员会《中国大百科全书·考古学》，中国大百科全书出版社2002年版；王学珍等编《北京大学纪事（1898—1997）》，北京大学出版社1998年版；清华大学校史研究室编《清华大学一百年》，清华大学出版社2011年版；齐家莹《清华人文学科年谱》，清华大学出版社1999年版；北京师范大学党委办公室、北京师范大学校长办公室《北京师范大学纪事》，北京师范大学出版社2012年版；南京大学高教研究所编《南京大学大事记（1902—1988）》，南京大学出版社1989年版；刘长鼎、陈秀华《中国现代文学运动史》，山东文艺出版社2013年版；胡绍轩《现代文坛风云录》，重庆出版社1991年版；沈卫威《学衡派编年文事》，南京大学出版社2015年版；吴永贵《民国图书出版史编年：1912—1949》，社会科学文献出版社2018年版；李红梅《中华人民共和国国号诞生记》，《党员文摘》2022年第19期；胡阿祥《"中华人民共和国"国号的确立过程》，《学习时报》2013年第8期；王楚光《中华人民共和国的国号与张奚若先生》,《文史杂志》2019 年第 5 期;欧阳哲生《纪念"五四"的政治文化探幽——一九四九年以前各大党派报刊纪念五四运动的历史图景》,《中共党史研究》2019 年第 4 期;商金林《几代人的"五四"(1919—1949)》,《新文学史料》2009 年第 1 期;《中国科学院建院始末》,《科学大观园》2009 年第 23 期;桑兵《二十世纪前半期的中国史学会》,《历史研究》2004 年第 5 期;赵建永《胡适南下时致汤用彤函考述》,《北京大学学报(哲学社会科学版)》2013 年第 3 期;汤一介《1945—1948 年汤用彤先生与北大复校——汤用彤与胡适、傅斯年》,《北京大学学报(哲学社会科学版)》2013 年第 3 期;刘颖《除旧布新:建国初中共对高等教育的接管与改造》,中国人民大学博士学位论文,2009 年;欧阳雪梅《刘少奇与中国人民大学的创建》,《当代中国史研究》2011 年第 3 期;李惠《新中国第一所新型正规大学的建立》,《中国教育报》2019 年 10 月 31 日;牛贯杰《"为有源头活水来":新中国第一所新型大学的创办与成立》,《高等教育研究》2021 年第 3 期;张超《张元济交游研究——以近代文化传播为视角的考察》,山西师范大学硕士学位论文,2019 年;马胜云《李四光与地质研究所——中央研究院时期地质研究所简史(1928 年—1950 年)》,中国地质学会地质学史专业委员会第 22 届学术年会,2010 年;王续添《从 1912 到 1949:现代中国两次民族国家构建中单一制选择之比较》,中国人民大学"比较视野下的国家建设与民主"学术研讨会,2012 年;李红梅《中华人民共和国国号诞生记》,《领导文萃》,2021 年第 20 期;杨苗苗《刘敦桢建筑教育实践历程及教育思想研究》,东南大学硕士学位论文,2009 年;商金林《几代人的"五四"(1919—1949)》,《新文学史料》2009 年第 3 期;马林刚《从"政治救国"到"文化救世"——徐复观创办〈民主评论〉前后的心路历程》,《齐鲁学刊》2015 年第 4 期;李瑞全《当代新儒学之新三统论》,《云南大学学报》2018 年第 3 期)

征引与参考文献

一、著作

阿英著.晚清小说史[M].北京:人民文学出版社,1980.

艾克恩编纂.延安文艺运动纪盛[M].北京:文化艺术出版社,1987.

艾思奇著.艾思奇全书[M].北京:人民出版社,2006.

艾思奇著.艾思奇文集[M].北京:人民出版社,1981.

爱默著.钱钟书传稿[M].天津:百花文艺出版社出版,1992.

安树芬、彭诗琅主编.中华教育通史[M].北京:京华出版社,2010.

白云涛编著.中共党史珍闻录[M].成都:四川人民出版社,2012.

包子衍著.雪峰年谱[M].上海:上海文艺出版社,1985.

北京师联教育科学研究所编.经亨颐师范教育理论与教育文论选读[M].北京:中国环境科学出版社,2006.

北京市档案馆编.北京档案史料[M].北京:新华出版社,2006.

北京图书馆编.民国时期总书目(1911—1949)(法律)[M].北京:书目文献出版社,1990.

北京图书馆编.民国时期总书目(1911—1949)(教育体育)[M].北京:书目文献出版社,1995.

北京图书馆编.民国时期总书目(1911—1949)(经济)[M].北京:北京图书馆出版社,1998.

北京图书馆编.民国时期总书目(1911—1949)(军事)[M].北京:书目文献出版社,1994.

北京图书馆编.民国时期总书目(1911—1949)(历史传记考古地理)[M].北京:北京图书馆出版社,1998.

北京图书馆编.民国时期总书目(1911—1949)(社会科学)[M].北京:书目文献出版社,1995.

北京图书馆编.民国时期总书目(1911—1949)(外国文学)[M].北京:书目文献出版社,1987.

北京图书馆编.民国时期总书目(1911—1949)(文化科学艺术)[M].北京:书目文献出版社,1994.

北京图书馆编.民国时期总书目(1911—1949)(文学理论世界文学中国文学)[M].北

京：书目文献出版社，1992.

北京图书馆编.民国时期总书目(1911—1949)(语言文字)[M].北京：北京图书馆出版社，1998.

北京图书馆编.民国时期总书目(1911—1949)(哲学心理学)[M].北京：北京图书馆出版社，1998.

北京图书馆编.民国时期总书目(1911—1949)(政治)[M].北京：书目文献出版社，1996.

北京图书馆编.民国时期总书目(1911—1949)(中小学教材)[M].北京：书目文献出版社，1995.

北京图书馆编.民国时期总书目(1911—1949)(自然科学医药卫生)[M].北京：书目文献出版社，1995.

北京图书馆编.民国时期总书目(1911—1949)(宗教)[M].北京：书目文献出版社，1994.

北京图书馆编.民国时期总书目(1911—1949)(综合性图书)[M].北京：书目文献出版社，1995.

北京图书馆编.民国时期总书目(1911—1949)(农业科学工业记述交通运输)[M].北京：书目文献出版社，1993.

本书筹委会编.纪念陈垣校长诞生110周年学术论文集[M].北京：北京师范大学出版社，1990.

卞僧慧纂.陈寅恪先生年谱长编[M].北京：中华书局，2010.

布尔曼编著.民国名人辞典[M].哥伦比亚大学出版社，1968.

布衣著.民国校长[M].呼和浩特：远方出版社，2016.

蔡鸿源、徐友春主编.民国会社党派大辞典[M].合肥：黄山书社，2012.

蔡仁厚撰.熊十力先生学行年表[M].台北：明文书局，1987.

蔡元培著.孑民自述[M].南京：江苏人民出版社，1999.

蔡振生、刘立德编.陈宝泉教育论著选[M].北京：人民教育出版社，1996.

蔡仲德撰.冯友兰年年谱长编[M].北京：中华书局，2014.

曹伯言整理.胡适日记全编[M].合肥：安徽教育出版社，2001.

曹聚仁著.蒋百里评传[M].北京：东方出版社，2010.

曹聚仁著.鲁迅年谱[M].上海：生活·读书·新知三联书店，2011.

曹聚仁著.文坛五十年[M].上海：东方出版中心，1997.

曹述敬著.钱玄同年谱[M].济南：齐鲁书社，1986.

曹万生主编.中国现代汉语文学史[M].北京：中国人民大学出版社，2010.

曹亚伯著.武昌革命真史前编[M].上海：中华书局，1927.

曹义孙、胡晓进编著.三十年中国法学教育大事记1919—1949[M].北京：中国政法大学出版社，2011.

曹子西主编.北京历史人物传[M].北京：北京燕山出版社，2014.

曾琦著.曾琦先生文集[M].台北：中央研究院近代研究所，1980.

查太元著.冼星海年谱[M].香港：香港中大合唱协会有限公司，2020.

常任侠著.战云纪事[M].深圳:海天出版社,1999.

常书鸿著.敦煌,敦煌——常书鸿自传[M].长沙:湖南文艺出版社,2022.

陈步编.侯官陈石遗先生(陈衍)年谱[M].福州:福建人民出版社,2001.

陈独秀、李大钊、瞿秋白主编.新青年第8卷[M].北京:中国书店刊行社,2011.

陈峰编.中国近代思想家文库·陶希圣卷[M].北京:中国人民大学出版社,2015.

陈福康著.郑振铎年谱(修订本)[M].上海:上海外语教育出版社,2009.

陈光林主编.中共党史纲要[M].济南:山东人民出版社,1991.

陈汉才著.容闳评传[M].广州:广东高等教育出版社,2008.

陈红民、方勇著.中国近代思想家文库·胡汉民卷[M].北京:中国人民大学出版社,2014.

陈鸿祥著.王国维年谱[M].济南:齐鲁书社,1991.

陈焕章著.陈焕章文录[M].长沙:岳麓书社,2015.

陈挥著.100位为中华人民共和国成立作出突出贡献的英雄模范人物·邹韬奋[M].长春:吉林文史出版社,2011.

陈纪滢著.一代振奇人——李石曾传[M].北京:近代中国出版社,1982.

陈聆群等编.萧友梅音乐文集[M].上海:上海音乐出版社,1990.

陈谧著.陈介石先生(黻宸)年谱[M].北京:北京图书馆出版社,2006.

陈鹏鸣著.梁启超学术思想评传[M].北京:北京图书馆出版社,1999.

陈平原、夏晓虹编.北大旧事[M].上海:三联书店,1998.

陈平原等编.中国现代学术经典 鲁迅·吴宓·吴梅·陈师曾传[M].石家庄:河北教育出版社,1996.

陈平原主编.朱自清 文学的标准与尺度[M].济南:山东文艺出版社,2006.

陈平原著.中国现代学术之建立——以章太炎、胡适之为中心[M].北京:北京大学出版社,1998.

陈其强编著.郁达夫年谱[M].杭州:浙江大学出版社,1989.

陈奇编.刘师培年谱长编[M].贵阳:贵州人民出版社,2007.

陈清泉等编.中国史学家评传[M].郑州:中州古籍出版社,1985.

陈上岷主编.杨守敬研究学术论文选集[M].武汉:崇文书局,2003.

陈绍棣编著.张政烺先生年谱[M].北京:中国社会科学出版社,2019.

陈铁健编.中国近代思想家文库·瞿秋白卷[M].北京:中国人民大学出版社,2015.

陈望道著.陈望道文集[M].上海:上海人民出版社,1981.

陈先初编.易白沙集[M].长沙:湖南人民出版社,2008.

陈新主编.科学的旗帜·感动中国的100位爱国科学家[M].石家庄:花山文艺出版社,2010.

陈星著.丰子恺年谱长编[M].北京:中国社会科学出版社,2017.

陈旭麓著.陈旭麓文集(第四卷)[M].上海:华东师范大学出版社,1997.

陈学恂主编.中国近代教育史教学参考资料[M].北京:人民教育出版社,1986.

陈亚杰著.当代中国意识形态的起源[M].北京:新星出版社,2009.

陈谊编.夏敬观年谱[M].合肥:黄山书社,2007.

陈玉堂编.中国近现代人物名号大辞典[M].杭州:浙江古籍出版社,2005.

陈毓贤著.洪业传[M].台北:联经出版事业公司,1992.

陈源蒸、张树华、毕世栋编.中国图书馆百年纪事:1840—2000[M].北京:北京图书馆出版社,2004.

陈争平主编.中国经济学百年经典[M].广州:广东省出版集团,2005.

陈至立主编.中国共产党建设史[M].上海:上海人民出版社,1991.

陈柱著.守玄阁文稿选[M].上海:上海中国学术讨论社,1938.

陈祖壬编.桐城马先生(其昶)年谱[M].北京:北京图书馆出版社,2006.

成棣著.周予同先生年谱[M].上海:上海社会科学院出版社,2019.

成都市政协文史学习委员会编.成都文史资料选编·辛亥前后卷[M].成都:四川人民出版社,2007.

程道德、郑月明等编.中华民国外交史资料选编(1919—1931)[M].北京:北京大学出版社,1985.

程远主编.延安作家[M].西安:陕西人民教育出版社,1992.

岱峻著.发现李庄[M].成都:四川文艺出版社,2009.

戴开柱著.吕振羽早期思想与实践研究[M].长沙:湖南师范大学出版社,1999.

单波编.中国近代思想家文库·唐君毅卷[M].北京:中国人民大学出版社,2014.

邓孔昭等主编.连横研究论文选[M].厦门:厦门大学出版社,2006.

邓之诚著.中华二千年史[M].北京:中国社会科学出版社,2011.

刁晏斌主编.黎锦熙先生诞辰120周年纪念暨学术思想研讨会论文集[M].北京:中华书局,2011.

丁道凡搜集编注.中国图书馆界先驱沈祖荣先生文集(一九一八—一九四四年)[M].杭州:杭州大学出版社,1991.

丁为祥著.熊十力学术思想评传[M].北京:北京图书馆出版社,1999.

丁文江、赵丰田编著.梁启超年谱长编[M].上海:上海人民出版社,2009.

东莞市政协编.容庚容肇祖学记[M].广州:广东人民出版社,2004.

东剑旄著.蔡元培伦理思想研究[M].北京:北京大学出版社,2009.

冬月编著.五大道名门世家[M].天津:天津人民出版社,2013.

董必武年谱编辑组编.董必武年谱[M].北京:中央文献出版社,1991.

董士伟著.康有为评传[M].南昌:百花洲文艺出版社,2010.

董郁奎著.一代师表:经亨颐传[M].杭州:浙江人民出版社,2007.

董作宾著.罗雪堂先生传略[M].南京:江苏文艺出版社,2011.

杜晓勤主编.20世纪中国文学研究[M].北京:北京出版社,2001.

杜学元、郭明蓉、彭雪明编著.晏阳初年谱长编[M].上海:上海交通大学出版社,2017.

杜学元、吴吉惠等撰著.杨贤江年谱长编[M].北京:光明日报出版社,2005.

杜运辉著.侯外庐先生学谱[M].北京:中国社会科学出版社,2013.

杜运通著.伊甸园之歌——林语堂现象透视[M].郑州:河南大学出版社,1997.

杜长胜编.京剧与现代中国社会——第三届京剧学国际学术研讨会论文集[C].北京:文化艺术出版社,2010.

杜正胜、王泛森主编.新学术之路[M].台北:中央研究院历史语言研究所,1998.

法苑精萃编辑委员会编.中国法史学精萃[M].北京:机械工业出版社,2002.

法尊大师著.法尊大师文汇[M].北京:华夏出版社,2012.

樊洪业、潘涛、王勇忠编.中国近代思想家文库·任鸿隽卷[M].北京:中国人民大学出版社,2015.

樊洪业、张久春编.科学救国之梦——任鸿隽文存[M].上海:上海科技教育出版社,2002.

范铁权著.体制与观念的现代转型:中国科学社与中国的科学文化[M].北京:人民出版社,2005.

范文澜著.中国通史简编[M].北京:商务印书馆,2010.

方光华著.刘师培评传[M].南昌:百花洲文艺出版社,2010.

方立平编.刘天华年谱[M].上海:上海教育出版社,2009.

房鑫亮著.忠信笃敬:何炳松传[M].杭州:浙江人民出版社,2006.

费锦昌编著.中国语文现代化百年记事(1892—1995)[M].北京:语文出版社,1997.

费慰梅著,曲莹璞、关超等译.林徽因与梁思成——一对探索中国建筑史的伴侣[M].北京:中国文联出版社,1997.

费孝通著.江村经济——中国农民的生活[M].北京:商务印书馆,2001.

冯契任主编.哲学大辞典(修订版)[M].上海:上海辞书出版社,2001.

冯天瑜、张笃勤著.辛亥武昌首义史[M].武汉:湖北人民出版社,2011.

冯友兰著.三松堂全集[M].郑州:河南人民出版社,2000.

冯资荣、何培香编著.邓中夏年谱[M].北京:中国文史出版社,2014.

付祥喜著.20世纪前期中国文学史写作编年研究[M].北京:北京师范大学出版社,2013.

复旦大学百年志编纂委员会编.复旦大学百年志:1905—2005[M].上海:复旦大学出版社,2005.

复旦大学新闻系研究室编.邹韬奋年谱[M].上海:复旦大学出版社出版,1982.

复旦大学语言研究室.陈望道著译编述目录[M].上海:复旦大学出版社,2006.

傅国涌编.蒋廷黻文存[M].北京:华龄出版社,2011.

傅国涌著.笔底波澜:百年中国言论史的一种读法[M].桂林:广西师范大学出版社,2006.

傅杰编.王国维论学集[M].北京:中国社会科学出版社,1997.

甘海岚编撰.老舍年谱[M].北京:书目文献出版社,1989.

甘孺辑述.永丰乡人行年录(罗振玉年谱)[M].南京:江苏人民出版社,1980.

干春松.中国近代思想家文库·徐复观卷[M].北京:中国人民大学出版社,2014.

高大同编著.高一涵先生年谱[M].上海:上海文化出版社,2011.

高金喜编.中国近代思想家文库·贺麟卷[M].北京:中国人民大学出版社,2015.

高平叔编.蔡元培教育论集[M].长沙:湖南教育出版社,1987.

高平叔编.蔡元培教育论著选[M].北京:人民教育出版社,2011.

高平叔编.蔡元培全集[M].上海:中华书局,1944.

高平叔编著.蔡元培年谱长编[M].北京:人民教育出版社,1996.

高陶著.天涯萍踪——记萧三[M].北京:中国青年出版社,1991.

高巍选辑.许地山文集[M].北京:新华出版社,1998.

高伟著.翻译家徐志摩研究[M].南京:东南大学出版社,2009.

葛剑雄整理.谭其骧日记[M].上海:文汇出版社,1998.

葛晓燕、何家炜编.夏丏尊年谱[M].北京:中国文史出版社,2012.

耿云志、欧阳哲生编.胡适书信集[M].北京:北京大学出版社,1996.

耿云志著.胡适年谱[M].成都:四川人民出版社,1989.

公安部户政管理局编.清末至中华民国户籍管理法规[M].北京:群众出版社,1996.

龚济民、方仁年编著.郭沫若年谱[M].天津:天津人民出版社,1982.

龚克主编.张伯苓全集[M].天津:南开大学出版社,2015.

谷小水编.中国近代思想家文库·朱执信卷[M].北京:中国人民大学出版社,2015.

顾潮、顾洪著.顾颉刚评传[M].南昌:百花洲文艺出版社,2010.

顾潮编.顾颉刚年谱(增订本)[M].北京:中华书局,2011.

顾潮编.顾颉刚年谱[M].北京:中国社会科学出版社,1993.

顾颉刚撰、王晴佳导读.当代中国史学[M].上海:上海古籍出版社,2002.

顾明远、边守正主编.陶行知选集[M].北京:教育科学出版社,2011.

顾翊群著.危机时代的国际货币金融论衡[M].台北:三民书局,1971.

顾友谷著.常乃德学术思想述评[M].昆明:云南大学出版社,2013.

莞城图书馆编.容肇祖全集[M].济南:齐鲁书社,2013.

管彦波著.民族地理学[M].北京:社会科学文献出版社,2011.

广东革命历史博物馆编.萧楚女文存[M].北京:中共党史出版社,1998.

郭秉文著、耿有权编.郭秉文教育文集[M].南京:东南大学出版社,2018.

郭沫若著.历史人物[M].北京:中国人民大学出版社,2005.

郭齐勇、汪学群著.钱穆评传[M].南昌:百花洲文艺出版社,2010.

郭胜强著.董作宾传[M].南京:江苏文艺出版社,2010.

郭双林编.中国近代思想家文库·章士钊卷[M].北京:中国人民大学出版社,2015.

郭武编.中国近代思想家文库·陈撄宁卷[M].北京:中国人民大学出版社,2015.

郭一曲著.现代中国新文化的探索——张申府思想研究[M].广州:广东人民出版社,2002.

国家体委武术研究院编纂.中国武术史[M].北京:人民体育出版社,1997.

国民党中央党史会编.革命文献(第76辑)[M].台北:近代中国出版社,1992.

龚海燕编.海上文学百家文库.蔡元培陈独秀胡适卷[M].上海:上海文艺出版社,2010.

韩复智编著.钱穆先生学术年谱[M].北京:中央编译出版社,2012.

韩立文、毕兴编.王光祈年谱[M].北京:人民音乐出版社,1987.

韩明谟著.20世纪百年学案(社会学卷)[M].西安:陕西人民教育出版社,2002.

韩信夫、姜克夫主编.中华民国史大事记[M].北京:中华书局,2011.

寒光著.林琴南[M].上海:中华书局,1935.

何龄修著. 孟森的生平和学术: 孟心史学记[M]. 上海: 生活·读书·新知三联书店, 2008.

何民胜著. 施复亮年谱[M]. 北京: 商务印书馆, 2019.

何兆武著. 历史理性批判散论[M]. 长沙: 湖南教育出版社, 1994.

何志平、尹恭成、张小梅主编. 中国科学技术团体[M]. 上海: 上海科学普及出版社, 1990.

河南大学校史修订组编. 河南大学校史[M]. 郑州: 河南大学出版社, 2012.

贺昌盛主编. 中国现代文学基础理论与批评著译辑要(1912—1949)[M]. 厦门: 厦门大学出版社, 2009.

贺觉非著. 辛亥武昌首义史[M]. 武汉: 湖北人民出版社, 1984.

洪金陵编. 中国现代史资料选辑(1927—1937)[M]. 北京: 中国人民大学出版社, 1992.

洪永宏编著. 厦门大学校史[M]. 厦门: 厦门大学出版社, 1990.

侯外庐著. 韧的追求[M]. 上海: 生活·读书·新知三联书店, 1985.

胡步川著. 李仪祉先生年谱[M]. 南京: 河海大学出版社, 2019.

胡绍轩著. 现代文坛风云录[M]. 重庆: 重庆出版社, 1991.

胡适著, 叶君主编. 胡适文选·文学与哲学[M]. 哈尔滨: 北方文艺出版社, 2013.

胡适著. 胡适来往书信集[M]. 北京: 中华书局, 1979.

胡适著. 胡适书评序跋集[M]. 长沙: 岳麓书社, 1987.

胡适著. 胡适思想录[M]. 北京: 中国城市出版社, 2013.

胡适著. 胡适文存[M]. 合肥: 黄山书社, 1996.

胡适著. 留学日记[M]. 上海: 上海商务印书馆, 1937.

胡颂平编. 胡适之先生年谱长编初稿[M]. 台北: 联经出版事业公司, 1984.

胡颂平著. 朱家骅先生年谱[M]. 台北: 台北传记文学社, 1969.

胡宗刚编著. 胡先骕先生年谱长编[M]. 南昌: 江西教育出版社, 2007.

湖南船山学社编. 船山学报[M]. 长沙: 湖南师范大学出版社, 2009.

湖南师范大学学报编. 杨树达诞辰百周年纪念集[M]. 长沙: 湖南教育出版社, 1985.

华德韩著. 邵飘萍传[M]. 杭州: 杭州出版社, 1998.

黄见德著. 西方哲学东渐史[M]. 武汉: 武汉出版社, 1991.

黄锦君著. 刘师培生平学术年谱简编[M]. 成都: 四川大学出版社 2009.

黄开发编. 知堂书信[M]. 北京: 华夏出版社 1994.

黄开国著. 廖平评传[M]. 南昌: 百花洲文艺出版社, 2010.

黄克武编. 中国近代思想家文库·严复卷[M]. 北京: 中国人民大学出版社, 2015.

黄丽安著. 朱家骅学术理想及其实践[M]. 北京: 社会科学文献出版社, 2018.

黄夏年编. 中国近代思想家文库·朱谦之卷[M]. 北京: 中国人民大学出版社, 2015.

黄兴国编. 杨昌济文集[M]. 长沙: 湖南教育出版社, 1983.

黄兴涛编. 中国近代思想家文库·辜鸿铭卷[M]. 北京: 中国人民大学出版社, 2015.

辜鸿铭著, 黄兴涛等译. 辜鸿铭文集[M]. 海口: 海南出版社, 1996.

黄兴著. 黄兴集[M]. 北京: 中华书局, 1981.

黄秀文主编. 中国年谱辞典[M]. 上海: 百家出版社, 1997.

黄延复、刘述礼编. 梅贻琦教育论著选[M]. 北京:人民教育出版社,1993.

黄延复、钟秀斌著. 一个时代的斯文:清华校长梅贻琦[M]. 北京:九州出版社,2011.

黄英哲、许雪姬、杨彦杰主编. 台湾省编译馆档案[M]. 福州:福建教育出版社,2010.

黄振萍、李凌己编. 傅斯年学术文化随笔[M]. 北京:中国青年出版社,2001.

记工编著. 历史年鉴[M]. 长春:吉林文史出版社,2006.

季培刚编著. 杨振声编年事辑初稿[M]. 济南:黄河出版社,2007.

贾浩著. 孟森先生学术年表[M]. 北京:商务印书馆,2011.

贾鹏涛撰. 杨宽先生编年事辑[M]. 北京:中华书局,2019.

贾兴权、唐伽编著. 科教文化卷·百年中国大事要览[M]. 北京:党建读物出版社,2002.

贾宗荣主编. 中国现代史(修订版)[M]. 上海:华东师范大学出版社,1997.

翦伯赞著. 历史哲学教程[M]. 北京:北京大学出版社,1990.

江沛、刘忠良编. 中国近代思想家文库·雷海宗、林同济卷[M]. 北京:中国人民大学出版社,2014.

江佩伟编. 中国近代思想家文库·江亢虎卷[M]. 北京:中国人民大学出版社,2015.

江苏省泗阳县政协编. 泗阳张沌谷居士(张相文)年谱[M]. 北京:中国文史出版社,2008.

江苏省陶行知研究会、南京师范大学编. 陶行知文集[M]. 南京:江苏教育出版社,2008.

江西省档案馆编. 中央革命根据地史料选编[M]. 南昌:江西人民出版社,1982.

姜建、吴为公编著. 朱自清年谱[M]. 北京:光明日报出版社,2010.

姜义华、武克全主编. 二十世纪中国社会科学(历史学卷)[M]. 上海:上海人民出版社,2005.

姜义华、武克全主编. 二十世纪中国社会科学[M]. 上海:上海人民出版社,2005.

姜义华著. 章太炎评传[M]. 南昌:百花洲文艺出版社,2010.

蒋俊著. 中国史学近代化进程[M]. 济南:齐鲁书社,1995.

蒋天枢辑. 陈寅恪先生编年史辑(增订本)[M]. 上海:上海古籍出版社,1997.

焦润明著. 傅斯年传[M]. 北京:人民出版社,2002.

金林祥主编. 20世纪陶行知研究[M]. 上海:上海教育出版社,2005.

金以林、马思宇编. 中国近代思想家文库·吴敬恒卷[M]. 北京:中国人民大学出版社,2015.

靳明全著. 攻玉论:关于20世纪初期中国军界留日生的研究[M]. 重庆:重庆出版社,2001.

景海峰、黎业明著. 梁漱溟评传[M]. 南昌:百花洲文艺出版社,2010.

景李斌著. 欧阳予倩年谱(1889—1962)[M]. 北京:中国戏剧出版社,2019.

康有为著,楼宇烈整理. 康南海自编年谱[M]. 北京:中华书局,1992.

康有为著. 康有为散文[M]. 上海:上海科学技术文献出版社,2013.

康有为著. 我史[M]. 南京:江苏人民出版社,1999.

康之国著. 曾琦国家主义思想研究[M]. 北京:知识产权出版社,2007.

孔庆茂著. 辜鸿铭评传[M]. 南昌:百花洲文艺出版社,2010.

来新夏著. 中国近代史资料丛刊·北洋军阀[M]. 上海:上海人民出版社,1988.

劳乃宣著. 清劳韧叟先生乃宣自订年谱[M]. 台北:台湾商务印书馆,1978.

雷颐编. 中国近代思想家文库·张申府卷[M]. 北京:中国人民大学出版社,2015.

黎锦熙著. 国语运动史纲[M]. 北京:商务印书馆,2011.

李超杰、边立新编著. 20世纪中国哲学著作大辞典[M]. 北京:警官教育出版社,1994.

李大钊年谱编写组. 李大钊年谱[M]. 兰州:甘肃人民出版社,1984.

李赋宁等编. 第一届吴宓学术讨论会论文选集[M]. 西安:陕西人民教育出版社,1992.

李贵连著. 沈家本年谱长编[M]. 济南:山东人民出版社,2010.

李贵连著. 沈家本与中国法律现代化[M]. 北京:光明日报出版社,1989.

李贵忠著. 张君劢年谱长编[M]. 北京:中国社会科学出版社,2016.

李济编. 安阳发掘报告(第1—4期)[M]. 台北:南天书局有限公司,1978.

李开军撰. 陈三立年谱长编[M]. 北京:中华书局,2014.

李良明著. 100位为中华人民共和国成立作出突出贡献的英雄模范人物·恽代英[M]. 北京:北京工业大学出版社,2011.

李伦新、方明伦、李友梅、丁锡满主编. 海派文化的创新发展与世界文明[M]. 上海:上海大学出版社,2012.

李宁编. 中国现代小品文概观[M]. 北京:中国广播电视出版社,1990.

李平心著. 人民文豪鲁迅[M]. 上海:上海文艺出版社,1981.

李叔同著. 华枝春满 李叔同精选集[M]. 崇文书局,2013.

李松编著. 徐悲鸿年谱[M]. 北京:人民美术出版社,1985.

李天纲编. 中国近代思想家文库·马相伯卷[M]. 北京:中国人民大学出版社,2015.

李庭渊、阎秉华编著. 梁漱溟年谱[M]. 北京:商务印书馆,2018.

李伟江编. 冯乃超研究资料[M]. 西安:陕西人民出版社,1992.

李文儒主编. 故宫博物院80年[M]. 北京:紫禁城出版社,2005.

李喜所、刘集林等著. 近代中国的留美教育[M]. 天津:天津古籍出版社,2000.

李欣荣著. 张荫麟年谱简编[M]. 北京:清华大学出版社,2009.

李岫编. 李广田研究资料[M]. 银川:宁夏人民出版社,1985.

李学通著. 翁文灏年谱[M]. 济南:山东教育出版社,2005.

李英华著. 国学复兴论[M]. 北京:中央编译出版社,2013.

李永春编著. 蔡和森年谱[M]. 湘潭:湘潭大学出版社,2008.

李永圻、张耕华编撰. 吕思勉先生年谱长编[M]. 上海:上海古籍出版社,2012.

李永翘著. 张大千年谱[M]. 成都:四川省社会科学院出版社,1987.

李玉安、陈传艺编. 中国藏书家辞典[M]. 武汉:湖北教育出版社,1989.

李玉刚著. 狂士怪杰:辜鸿铭别传[M]. 北京:人民文学出版社,2002.

李玉海编. 竺可桢年谱简编[M]. 北京:气象出版社,2010.

李渊庭、阎秉华编著. 梁漱溟先生年谱[M]. 桂林:广西师范大学出版社,2003.

李源编. 中国近代思想家文库·张慰慈卷[M]. 北京:中国人民大学出版社,2015.

李中华编. 中国近代思想家文库·冯友兰卷[M]. 北京:中国人民大学出版社,2015.

李中华著. 冯友兰评传[M]. 南昌:百花洲文艺出版社,2010.

郦千明著. 沈尹默年谱[M]. 上海:上海书画出版社,2018.

梁化奎著. 文化伟人瞿秋白[M]. 北京:中央文献出版社,2005.

梁启超著. 梁启超全集[M]. 北京:北京出版社,1999.

梁启超著. 饮冰室主人自说[M]. 南京:江苏人民出版社,1999.

梁淑安编. 中国文学家大辞典(近代卷)[M]. 北京:中华书局,1997.

梁漱溟著. 梁漱溟文存·梁漱溟生平大事记[M]. 济南:山东人民出版社,1989.

廖小平著. 朱光潜年谱长编[M]. 合肥:安徽大学出版社,2019.

廖幼平编. 廖季平年谱[M]. 重庆:巴蜀书社,1985.

林东源著. 坚守在荒寒之路:陈衍评传[M]. 福州:福建教育出版社,2006.

林甘泉、蔡震主编. 郭沫若年谱长编[M]. 北京:中国社会科学出版社,2017.

林家有著. 朱执信[M]. 北京:团结出版社,2011.

林同华著. 宗白华生平及著述年表[M]. 合肥:安徽教育出版社,1994.

林文光编. 陈独秀文选[M]. 成都:四川文艺出版社,2009.

林子青编. 弘一大师年谱与遗墨[M]. 北京:时代文艺出版社,2010.

林子青编著. 弘一法师年谱[M]. 北京:宗教文化出版社,1995.

刘东、文韬编. 审问与明辨[M]. 北京:北京大学出版社,2012.

刘福春、李广良编著. 回读百年:20世纪中国社会人文论争[M]. 郑州:大象出版社,1999.

刘桂秋著. 唐文治年谱长编[M]. 上海:上海交通大学出版社,2020.

刘恒著. 王国维评传[M]. 南昌:百花洲文艺出版社,2010.

刘辉编. 中国近代思想家文库·恽代英卷[M]. 北京:中国人民大学出版社,2015.

刘进宝编著. 藏经洞之谜——敦煌文物流散记[M]. 兰州:甘肃人民出版社,2000.

刘景泉、张健、王雪超著. 宋教仁[M]. 北京:团结出版社,2011.

刘炼著. 风雨伴君行——我与何干之的二十年[M]. 南宁:广西教育出版社,1996.

刘林元、周显信等著. 瞿秋白对毛泽东思想形成的重要贡献[M]. 北京:中央文献出版社,2005.

刘梦溪主编. 中国现代学术经典·董作宾卷[M]. 石家庄:河北教育出版社,1996.

刘梦溪著. 中国现代学术经典总序[M]. 石家庄:河北教育出版,1996.

刘乃和、周少川、王明泽著. 陈垣年谱配图长编[M]. 沈阳:辽海出版社,2000.

刘声木著. 桐城文学渊源考[M]. 合肥:黄山书社出版,2012.

刘师培著. 刘申叔先生遗书[M]. 台北:台湾大新书局,1965.

刘顺德编著. 实用读书知识小百科[M]. 吉林:东北朝鲜民族教育出版社,1992.

刘维开著. 罗家伦先生年谱[M]. 北京:中国国民党中央委员会党史委员会,1996.

刘文耀、杨世元著. 吴玉章年谱[M]. 成都:四川人民出版社,1998.

刘炎生著. 林语堂评传[M]. 南昌:百花洲文艺出版社,2010.

刘一曼著. 殷墟的发现与研究[M]. 北京:科学出版社,1994.

刘义林、罗庆丰著. 张君劢评传[M]. 南昌:百花洲文艺出版社,2010.

刘益涛著. 十年纪事:1937—1947毛泽东在延安[M]. 北京:中央党史出版社,2007.

刘寅生、房鑫亮编. 何炳松文集[M]. 北京:商务印书馆,1997.

刘运峰编. 1917—1927 中国新文学大系导言集[M]. 天津:天津人民出版社,2009.

刘增杰、赵明、王文金等编. 抗日战争时期延安及各抗日民主根据地文学运动资料[M]. 太原:山西人民出版社,1983.

刘长鼎、陈秀华著. 中国现代文学运动史[M]. 济南:山东文艺出版社,2013.

刘哲民编. 近现代出版新闻法规汇编[M]. 上海:上海学林出版社,1992.

刘志伟编. 梁方仲文集[M]. 广州:中山大学出版社,2004.

柳曾符、柳佳编. 劬堂学记[M]. 上海:上海书店出版社,2002.

柳无忌编. 柳亚子年谱[M]. 北京:中国社会科学出版社,1983.

娄献阁编. 中华民国史料丛编·民国人物传[M]. 北京:中华书局,1987.

卢礼阳著. 马叙伦[M]. 北京:群言出版社,2014.

卢礼阳著. 马叙伦年谱[M]. 杭州:浙江古籍出版社,2021.

卢连章著. 中国新儒学史[M]. 郑州:中州古籍出版社,1993.

鲁西奇著. 梁实秋传[M]. 北京:中央民族大学出版社,1996.

鲁迅博物馆、鲁迅研究室编. 鲁迅年谱[M]. 北京:人民文学出版社,1981.

鲁迅博物馆鲁迅研究室编. 鲁迅诞辰百年纪念集[M]. 长沙:湖南人民出版社,1981.

陆学艺、王处辉主编. 中国社会思想史资料选辑(民国卷上册)[M]. 南宁:广西人民出版社,2007.

陆阳著. 唐文治年谱[M]. 上海:上海三联书店,2013.

陆耀东、赵慧、陈国恩主编. 闻一多国际学术研讨会论文选[M]. 武汉:武汉大学出版社,2002.

路海江著. 张国焘传记和年谱[M]. 北京:中共党史出版社,2003.

罗常培文集编委会编. 罗常培文集[M]. 济南:山东教育出版社,2000.

罗尔纲著. 师门辱教记[M]. 北京:北京三联书店,1998.

罗岗、陈春艳编. 梅光迪文录[M]. 沈阳:辽宁教育出版社,2001.

罗继祖著. 永丰乡人行年录(罗振玉年谱)[M]. 南京:江苏人民出版社,1980.

罗家伦著. 回忆辜鸿铭先生[M]. 北京:商务印书馆,2015.

罗琨、张永山著. 罗振玉评传[M]. 南昌:百花洲文艺出版社,2010.

罗荣渠编. 从"西化"到现代化:五四以来有关中国的文化趋向和发展道路论争文选[M]. 合肥:黄山书社,2008.

罗耀九主编. 严复年谱新编[M]. 厦门:鹭江出版社,2004.

罗元铮总主编. 中华民国实录[M]. 长春:吉林人民出版社,1998.

罗振玉著. 罗振玉自述[M]. 合肥:安徽文艺出版社,2013.

罗振玉著. 清代学术源流考[M]. 南京:江苏文艺出版社,2011.

罗振玉著. 雪堂自述[M]. 南京:江苏人民出版社,1999.

骆惠敏编,刘桂梁译. 清末民初政情内幕[M]. 北京:知识出版社,1986.

雒有仓著. 丁山先生学术评传[M]. 合肥:黄山书社,2011.

吕文浩编. 中国近代思想家文库·费孝通卷[M]. 北京:中国人民大学出版社,2015.

吕文浩编. 中国近代思想家文库·潘光旦卷[M]. 北京:中国人民大学出版社,2015.

吕希晨、王育民著. 中国现代哲学史新编[M]. 长春:吉林人民出版社,1987.

吕晓英著. 孙伏园评传[M]. 北京:中国社会科学出版社,2011.

吕一燃著. 中国边疆史地论集[M]. 哈尔滨:黑龙江教育出版社,1991.

麻天祥著. 汤用彤评传[M]. 南昌:百花洲文艺出版社,2010.

麻星甫编. 楚图南年谱[M]. 北京:群言出版社,2008.

马德俊著. 蒋光慈传[M]. 合肥:安徽人民出版社,2001.

马镜泉、赵士华著. 马一浮评传[M]. 南昌:百花洲文艺出版社,2010.

马思猛著. 马衡年谱长编[M]. 北京:故宫出版社 2021.

马嘶著. 林庚评传[M]. 北京:清华大学出版社,2008.

马嘶著. 往事堪回首:百年文化旧案新解[M]. 北京:文化艺术出版社,2007.

马勇著. 蒋梦麟传[M]. 郑州:河南文艺出版社,1999.

莽萍著. 俞颂华[M]. 北京:人民日报出版社,2005.

毛泽东著. 毛泽东选集[M]. 北京:人民出版社,1991.

毛泽东著. 毛泽东选集第五卷[M]. 北京:人民出版社,1977.

毛昭晰主编. 浙藏敦煌文献[M]. 杭州:浙江教育出版社,2000.

毛仲英编. 俞庆棠教育论著选[M]. 北京:人民教育出版社,1992.

梅日新、邓演朝编. 邓演达研究新论[M]. 北京:华文出版社,2001.

梅新林、葛永海著. 文学地理学原理[M]. 北京:中国社会科学出版社,2017.

梅新林、俞樟华主编. 中国学术编年[M]. 上海:华东师范大学出版社,2013.

梅新林、俞樟华著. 辛亥日志[M]. 上海:华东师范大学出版社,2014.

蒙树宏编著. 鲁迅年谱稿[M]. 桂林:广西师范大学出版社,1988.

孟庆鹏编. 孙中山文集[M]. 北京:团结出版社,2016.

孟森著. 明清史讲义[M]. 北京:商务印书馆,2011.

缪元朗编. 缪钺先生生平编年(1904 年—1978 年)[M]. 重庆:巴蜀书社,2006.

南京大学高教研究所编. 南京大学大事记 1902—1988[M]. 南京:南京大学出版社,1989.

倪墨炎、陈九英编. 许寿裳文集[M]. 天津:百花文艺出版社,2003.

倪墨炎著. 鲁迅的社会活动[M]. 上海:上海人民出版社,2006.

聂中义著. 世纪初的苦魂[M]. 上海:上海文艺出版社,1995.

宁路霞、张文嘉著. 民国才子张乃燕[M]. 上海:上海科学技术文献出版社,2011.

宁夏回族自治区图书馆学会编. 图书馆业务资料汇编[M]. 银川:宁夏回族自治区图书馆学会,1982.

牛连海等主编. 中国革命史专题[M]. 武汉:华中师范大学出版社,1988.

牛润珍著. 陈垣学术思想评传[M]. 北京:北京图书馆出版社,1999.

欧阳竟无著. 欧阳竟无内外学[M]. 北京:商务印书馆,2017.

欧阳哲生主编. 傅斯年全集[M]. 长沙:湖南教育出版社,2003.

欧阳哲生著. 严复评传[M]. 南昌:百花洲文艺出版社,2010.

逄先知主编. 毛泽东年谱(1893—1949)[M]. 北京:人民出版社、中央文献出版社,1993.

彭华著.谢无量年谱[M].成都:四川大学出版社,2009.

彭明著.五四运动史[M].北京:人民出版社,1998.

彭月英等主编.毛泽东延安时期教育实践与教育思想概论[M].湘潭:湘潭大学出版社,2012.

蓬莱市历史文化研究会编.杨振声编年事辑初稿[M].济南:黄河出版社,2007.

皮民勇、侯昂妤编.中国近代思想家文库·蒋百里、杨杰卷[M].北京:中国人民大学出版社,2015.

浦江清著.清华园日记·西行日记[M].上海:三联书店,1987.

齐家莹编.清华人文学科年谱[M].北京:清华大学出版社,1999.

钱基博著.现代中国文学史[M].上海:上海书店,2007.

钱穆著.八十忆双亲师友杂忆[M].上海:三联书店,2005.

钱伟长总主编.20世纪中国知名科学学术成就概览·农学卷[M].北京:科学出版社,2011.

钱玄同著.钱玄同文集[M].北京:中国人民大学出版社,1999.

乔启明著.乔启明文选[M].北京:社会科学文献出版社,2012.

秦淑贞、盛继红编.中国共产党大事记[M].北京:中国人民大学出版社,1991.

秦孝仪主编.中华民国重要史料初编[M].台北中央文物供应社,1988.

清华大学校史编写组编著.清华大学校史稿[M].北京:中华书局,1981.

秋实编著.中华上下五千年大全集[M].北京:中国画报出版社,2011.

璩鑫圭、唐良炎编.中国近代教育史资料汇编·学制演变[M].上海:上海教育出版社,1991.

曲铁华编著.中国教育发展史纲[M].长春:东北师范大学出版社,2006.

任访秋著.任访秋文集[M].郑州:河南大学出版社,2013.

三门峡市地方史志编纂委员会编.三门峡市志[M].北京:方志出版社,2010.

桑兵、朱凤林编.中国近代思想家文库·戴季陶卷[M].北京:中国人民大学出版社,2014.

桑兵著.晚清民国的学人与学术[M].北京:中华书局,2008.

山东大学校史编写组.山东大学校史[M].济南:山东大学出版社,1986.

山东省档案局编.会聚在党旗下　档案中的革命先烈故事[M].济南:山东人民出版社,2011.

商鸿逵著.中国史学家评传·孟森[M].郑州:中州古籍出版社,1985.

商金林编.叶圣陶年谱[M].南京:江苏教育出版社,1986.

商志编.商承祚文集[M].广州:中山大学出版社出版,2004.

上古秦汉学会编.傅斯年董作宾先生百岁纪念专刊[M].北京:中国上古秦汉学会,1995.

上海鲁迅纪念馆编.陈望道先生纪念集[M].上海:复旦大学出版社,2006.

上海市档案馆编.上海档案史料研究(第10辑)[M].上海:上海三联书店,2011.

上海书店编.最近之五十年——申报馆五十周年纪念特刊(1872—1922)[M].上海:上海书店出版社,2015.

上海文艺出版社编.中国新文学大系1927—1937[M].上海:上海文艺出版社,1989.

邵康著.毛泽东和党外朋友们[M].北京:团结出版社,1993.

申铉武著.中国政党政团大观[M].延边:延边大学出版社,1988.

沈晖编著.苏雪林年谱长编[M].合肥:安徽文艺出版社,2017.

沈寂主编.陈独秀研究第三辑[M].合肥:安徽大学出版社,2007.

沈寂著.陈独秀与商务印书馆[M].北京:商务出版社,1998.

沈宁、沈旦华、沈芸编.夏衍全集[M].杭州:浙江文艺出版社,2005.

沈谱、沈人骅编.沈钧儒年谱[M].北京:中国文史出版社,1992.

沈卫威编著.学衡派编年文事[M].南京:南京大学出版社,2015.

沈云龙主编.近代中国史料丛刊三编 第11辑 第二次中国教育年鉴[M].台北:文海出版社,1986.

沈云龙主编.近代中国史料丛刊续编(第43辑)[M].台北:台湾文海出版社,1978.

盛广智、许华应、刘孝严主编.中国古今工具书大辞典[M].长春:吉林人民出版社,1990.

盛仁学编.张国焘年谱及言论[M].北京:解放军出版社,1985.

石源华著.陈公博这个人[M].上海:上海人民出版社,1997.

时间、崔屹平主编.记忆《东方时空》倾情奉献二十余位名人最精彩的一年[M].北京:华艺出版社,2001.

释印顺编著.太虚法师年谱[M].北京:宗教文化出版社,1995.

舒新城编.中国近代教育史资料[M].北京:人民教育出版社,1981.

舒新城编.近代中国教育史料补编[M].上海:中华书局,1928.

司马朝军、王文晖合撰.黄侃年谱[M].武汉:湖北人民出版社,2005.

斯坦因著、向达译.斯坦因西域考古记[M].乌鲁木齐:新疆人民出版社,2010.

四川大学史稿编审委员会编.四川大学史稿[M].成都:四川大学出版社,2006.

四川音乐学院、成都市温江区人民政府编.王光祈文集[M].重庆:巴蜀书社,2009.

宋恩荣、章咸编.中华民国教育法规选编(修订本)[M].南京:江苏教育出版社,2005.

宋恩荣编.中国近代思想家文库·晏阳初卷[M].北京:中国人民大学出版社,2015.

宋广波编著.丁文江年谱[M].哈尔滨:黑龙江教育出版社,2008.

宋广播编.中国近代思想家文库·丁文江卷[M].北京:中国人民大学出版社,2015.

宋俭、宋景明编.中国近代思想家文库·李达卷[M].北京:中国人民大学出版社,2015.

宋志明著.熊十力评传[M].南昌:百花洲文艺出版社,2010.

苏双碧、王宏志著.吴晗传[M].上海:上海人民出版社,1998.

苏云峰著.从清华学堂到清华大学1928—1937[M].北京:北京三联书店,2001.

孙敦恒著.清华国学院纪事[M].北京:清华大学出版社,1994.

孙国林、曹桂芳编著.毛泽东文艺思想指引下的延安文艺[M].石家庄:花山文艺出版社,1992.

孙国林编著,王佳钰、王增辉校订.延安文艺大事编年[M].西安:陕西师范大学出版总社,2016.

孙红云编.中国近代思想家文库·钱端升卷[M].北京:中国人民大学出版社,2015.

孙宏云著.中国现代政治学的展开:清华政治学系的早期发展(一九二六至一九三七)[M].上海:生活·读书·新知三联书店,2005.

孙继南编著.中国近代音乐教育史纪年 1840—2000[M].上海:上海音乐学院出版社,2012.

孙家祥、袁刚、任丙强著.中国到自由之路:罗素在华讲演集[M].北京:北京大学出版社,2004.

孙琴安、李师贞著.毛泽东与著名作家[M].北京:人民文学出版社,2003.

孙文阁、张笑川编.中国近代思想家文库·张尔田、柳诒徵卷[M].北京:中国人民大学出版社,2015.

孙宜学著.泰戈尔:中国之旅[M].北京:中央编译出版社,2013.

孙宜学著.泰戈尔与中国现代知识分子[M].上海:上海三联书店,2015.

孙应祥著.严复年谱[M].福州:福建人民出版社,2014.

孙永如著.柳诒徵评传[M].南昌:百花洲文艺出版社,2010.

孙玉蓉编.俞平伯年谱[M].天津:天津人民出版社,2006.

孙中山著.孙中山全集[M].北京:中华书局,1986.

覃仕勇著.隐忍与抗争:抗战中的北平文化界[M].北京:北京时代华文书局,2015.

谭篪著.谭正璧年谱[M].上海:中西书局,2014.

汤一介、赵建永编.中国近代思想家文库·汤用彤卷[M].北京:中国人民大学出版社,2015.

汤志钧编.陶成章集[M].北京:中华书局,2014.

汤志钧编.章太炎年谱长编(增订本)[M].北京:中华书局,2013.

唐宝林、林茂生著.陈独秀年谱[M].上海:上海人民出版社,1988.

李雪山、郭旭东、郭胜强主编.甲骨学 110 年:回顾与展望——王宇信教授师友国际学术研讨会论文集[M].北京:中国社会科学出版社,2009.

唐金海、刘长鼎主编.茅盾年谱[M].太原:山西高校联合出版社,1996.

唐金海、张晓云著.巴金年谱[M].成都:四川文艺出版社,1989.

唐弢、严家炎主编.中国现代文学史[M].北京:人民文学出版社,1980.

唐晓峰、王帅编.民国时期非基督教运动重要文献汇编[M].北京:社会科学文献出版社,2015.

唐毅、罗艳梅著.中国古遗址[M].成都:四川出版集团、巴蜀书社,2011.

滕峰丽著.民国时期的三民主义:戴季陶思想研究[M].郑州:河南大学出版社,2012.

田本相、阿鹰编著.曹禺年谱长编[M].上海:上海交通大学出版社,2017.

田本相、张靖编著.曹禺年谱[M].天津:南开大学出版社,1985.

田彤编.中国近代思想家文库·陈序经卷[M].北京:中国人民大学出版社,2014.

童教英著.童书业传[M].北京:中国大百科全书出版社,2017.

瓦当著.慈悲旅人李叔同传[M].北京:中国友谊出版公司,2012.

宛小平.朱光潜年谱长编[M].合肥:安徽大学出版社,2019.

万仁元、万庆秋主编.中华民国史史料长编[M].南京:南京大学出版社,1993.

万仕国编著.刘师培年谱[M].扬州:广陵书社,2003.

万新平、荣华、方昀、于学蕴编.天津近代历史人物传略[M].天津:天津人民出版社,2017.

汪佩伟编.中国近代思想家文库·江亢虎卷[M].北京:中国人民大学出版社,2015.

汪荣祖著.陈寅恪评传[M].南昌:百花洲文艺出版社,2010.

汪原放著.回忆亚东图书馆[M].上海:上海学林出版社,1983.

王邦维主编.泰戈尔与中国[M].北京:中央编译出版社,2011.

王波编.中国近代思想家文库·夏震武卷[M].北京:中国人民大学出版社,2014.

王朝柱著.王昆仑[M].石家庄:花山文艺出版社,1997.

王忱编.高尚者的墓志铭:首批中国科学家大西北考察实录(1927—1933)[M].北京:中国文联出版社,2005.

王承军撰.蒙文通年谱长编[M].北京:中华书局,2012.

王春林著.地域与使命:民国时期东北大学的创办与流亡[M].北京:社会科学文献出版社,2019.

王德兹、龚放、冒荣著.南京大学百年史[M].南京:南京大学出版社,2002.

王东杰、陈阳编.中国近代思想家文库·宋育仁卷[M].北京:中国人民大学出版社,2015.

王泛森著.傅斯年:中国近代历史与政治中的个体生命[M].北京:生活·读书·新知三联书店,2012.

王拱璧著,窦克武、胡位中整理.王拱璧文集[M].郑州:河南大学出版社,2013.

王国维著.观堂别集[M].上海:上海书店,1983.

王国维著.王国维文学论著三种[M].北京:商务印书馆,2017.

王国维著.王国维遗书[M].上海:上海古籍书店,1983.

王国忠著.李约瑟与中国[M].上海:上海科学普及出版社,1992.

王果编.中国近代思想家文库·卢作孚卷[M].北京:中国人民大学出版社,2015.

王继权、童炜钢编.郭沫若年谱[M].南京:江苏人民出版社,1983.

王杰、祝士明编著.学府典章 中国近代高等教育初创之研究[M].天津:天津大学出版社,2010.

王京州编.河北近现代学者年谱辑要[M].北京:国家图书馆出版社,2017.

王炯华著.毛泽东读书记[M].武汉:长江文艺出版社,2004.

王立人主编.无锡名人[M].南京:凤凰出版社,2009.

王利民著.平屋主人:夏丏尊传·德音无已[M].杭州:浙江人民出版社,2005.

王蒙、袁鹰主编.忆周扬[M].呼和浩特:内蒙古人民出版社,1998.

王蘧常编.沈寐叟先生年谱[M].上海:上海商务印书馆,1938.

王润泽著.张季鸾与大公报[M].北京:中华书局,2008.

王森然著.近代名家评传初集[M].上海:生活·读书·新知三联书店,1998.

王世儒编.蔡元培先生年谱[M].北京:北京大学出版社,1998.

王寿南著.王云五先生年谱初稿[M].北京:商务印书馆,1987.

王思隽、李肃东著.贺麟评传[M].南昌:百花洲文艺出版社,2010.

王维江、李鹭哲、黄田编. 中国近代思想家文库·王先谦、叶德辉卷[M]. 北京:中国人民大学出版社,2015.

王卫民著. 吴梅年谱[M]. 石家庄:河北教育出版社,2002.

王卫民著. 吴梅评传[M]. 石家庄:河北教育出版社,2002.

王文岭撰. 陶行知年谱长编[M]. 成都:四川教育出版社,2012.

王文政著. 潘漠华年谱[M]. 杭州:浙江工商大学出版社,2015.

王锡荣著. 左联与左翼文学运动[M]. 上海:上海人民出版社,2016.

王小红. 章太炎学术简谱[M]. 成都:四川大学出版社,2009.

王晓丽主编. 民族研究文集[M]. 北京:中央民族大学出版社,2006.

王效挺、江长仁等著. 北大英烈[M]. 北京:北京大学出版社,1992.

王兴国著. 杨昌济的生平及思想[M]. 长沙:湖南人民出版社,1981.

王学典编著. 20世纪史学编年(1900—1949)[M]. 北京:商务印书馆,2014.

王学典著. 翦伯赞学术思想评传[M]. 北京:北京图书馆出版社,2000.

王学勤著. 陈独秀与中国共产党[M]. 南京:东南大学出版社,1991.

王学珍、张万仓编. 北京高等教育文献资料选编1861—1948[M]. 北京:首都师范大学出版社,2004.

王学珍等编. 北京大学纪事(1898—1997)[M]. 北京:北京大学出版社,1998.

王玉德编. 钱基博学术年谱简编[M]. 成都:四川大学出版社,2009.

王玉堂著. 杨树达先生事略[M]. 长沙:湖南教育出版社,1985.

王玉哲著. 古史集林[M]. 北京:中华书局,2002.

王震编著. 20世纪上海美术年表[M]. 上海:上海书画出版社,2005.

王中江编. 中国近代思想家文库·金岳霖卷[M]. 北京:中国人民大学出版社,2015.

王中秀编著. 黄宾虹年谱[M]. 上海:上海书画出版社,2005.

王忠良著. 文明的驿使——李约瑟[M]. 北京:北京图书出版社,1997.

王周生著. 丁玲年谱[M]. 上海:上海社会科学院出版社,1997.

维运、黄进兴编. 中国史学史论文选集[M]. 台北:台湾华世出版社,1976.

魏宏运编. 中国现代史资料选编[M]. 哈尔滨:黑龙江人民出版社,1981.

魏宏运编. 中国现代史资料选编第2册. 第一次国内革命战争时期[M]. 哈尔滨:黑龙江人民出版社,1981.

魏继洲著. 丰富的偏激:论五四新文学运动中的钱玄同[M]. 北京:中国社会科学出版社,2013.

温儒敏、丁晓萍编. 时代之波——战国策派文化论著辑要[M]. 北京:中国广播电视出版社,1995.

文天行编. 国统区抗战文艺运动大事记[M]. 成都:四川省社会科学院出版社,1985.

闻黎明编著. 闻一多年谱[M]. 北京:群言出版社,2014.

闻一多著. 闻一多全集[M]. 武汉:湖北人民出版社,1993.

翁贺凯编. 中国近代思想家文库·张君劢卷[M]. 北京:中国人民大学出版社,2015.

吴葆朴、李志英、朱昱鹏编. 博古文选·年谱[M]. 北京:当代中国出版社,1997.

吴葆朴、李志英著. 秦邦宪(博古)传[M]. 北京:中共党史出版社,2007.

吴方编校.中国现代学术经典·黄侃卷[M].石家庄:河北教育出版社,1996.

吴福辉著.沙汀传[M].北京:北京十月文艺出版社,1990.

吴汉全、吴颖编.邓初民先生学术年表[M].北京:商务印书馆,2017.

吴汉全著.李大钊与中国现代学术[M].石家庄:河北教育出版社,2002.

吴洪成著.生斯长斯 吾爱吾庐——清华大学校长梅贻琦[M].济南:山东教育出版社,2003.

吴景超著.唐人街·共生与同化[M].天津:天津人民出版社,1991.

吴俊著.鲁迅评传[M].南昌:百花洲文艺出版社,2010.

吴闿生编.吴门弟子集[M].北京:中国书店刊行社,2009.

吴履平编.20世纪中国中小学课程标准·教学大纲汇编·课程(教学)计划卷[M].北京:人民教育出版社,2001.

吴琦幸著.王元化传[M].上海:上海教育出版社,2020.

吴锐著.钱玄同评传[M].南昌:百花洲文艺出版社,2010.

吴世勇编.沈从文年谱[M].天津:天津人民出版社,2006.

吴天任著.康有为年谱[M].广州:广东人民出版社,2018.

吴廷嘉、沈大德著.梁启超评传[M].南昌:百花洲文艺出版社,2010.

吴相湘著.晏阳初传——为全球乡村改造奋斗六十年[M].长沙:岳麓书社,2001.

吴雁南、冯祖贻、苏中立、郭汉民主编.中国近代社会思潮1840—1949[M].长沙:湖南教育出版社,1988.

吴贻谷主编.武汉大学校史(1893—1993)[M].武汉:武汉大学出版社,1993.

吴永贵著.民国图书出版史编年:1912—1949[M].北京:社会科学文献出版社,2018.

吴重龙主编.期刊运营实用参考[M].北京:中国致公出版社,2008.

吴周文、张王飞、林道立著.朱自清散文艺术论[M].南京:江苏教育出版社,1994.

武才娃著.中国传统思想文化论衡[M].北京:社会科学文献出版社,2011.

武汉大学历史系中国近代史教研室编.辛亥革命在湖北史料选辑[M].武汉:湖北人民出版社,1981.

西北大学校史编写组编.西北大学校史稿[M].西安:西北大学出版社,1987.

西南联大北京校友会编.国立西南联合大学校史——1937至1946年的北大、清华、南开[M].北京:北京大学出版社,1996.

夏明方、杨双利编.中国近代思想家文库[M].北京:中国人民大学出版社,2015.

夏鼐、苏双碧等.吴晗的学术生涯[M].杭州:浙江人民出版社,1984.

夏新华、胡旭晟整理.近代中国宪政历程:史料荟萃[M].北京:中国政法大学出版社,2004.

夏衍著.夏衍全集[M].杭州:浙江文艺出版社,2005.

向阳著.华岗传[M].杭州:浙江人民出版社,2003.

萧三著.毛泽东同志的青少年时代和初期革命活动[M].北京:中国青年出版社,1980.

萧一山.清代通史下卷讲稿辩论集[M].北京:北平中华印刷局,1934.

萧一山著.萧一山先生文集[M].台北:经世书局,1979.

萧致治著.辛亥著名人物传记丛书·黄兴[M].北京:团结出版社,2011.

谢保成、魏红潘、素龙编. 中国近代思想家文库·郭沫若卷[M]. 北京:中国人民大学出版社,2015.

谢保成著. 郭沫若评传[M]. 南昌:百花洲文艺出版社,2010.

谢国桢著. 明清笔记谈丛[M]. 大连:山海书店刊行社,2004.

谢增寿编著. 张澜年谱[M]. 北京:群言出版社,2013.

谢作拳、陈伟欢编注. 瑞安孙家往来信札集[M]. 浙江大学出版社,2017.

辛亥革命武昌起义纪念馆、政协湖北省委员会合编. 湖北军政府文献资料汇编[M]. 武汉大学出版社,1986.

徐斌、马大成编著. 马寅初年谱长编[M]. 北京:商务印书馆,2012.

徐博东、黄志平著. 丘逢甲传[M]. 北京:九州出版社,1996.

徐传德主编. 南京教育史[M]. 北京:商务印书馆,2012.

徐玲著. 留学生与中国考古学[M]. 天津:南开大学出版社,2009.

徐廼翔编. "民族形式"讨论资料文学的[M]. 北京:知识产权出版社,2010.

徐清祥编. 欧阳竟无先生学术年表[M]. 北京:商务印书馆,2017.

徐清祥著. 欧阳竟无评传[M]. 南昌:百花洲文艺出版社,2010.

徐廼翔编. 中国文学史资料全编现代卷——文学的"民族形式"讨论资料[M]. 北京:知识产权出版社,2010.

徐瑞岳编. 刘半农年谱[M]. 北京:中国矿业大学出版社,1889.

徐旭生著,罗宏才注释. 徐旭生陕西考古日记:1933年2月11日—1935年6月14日[M]. 西安:陕西师范大学出版社,2017.

徐则浩著. 王稼祥年谱[M]. 北京:中央文献出版社,2001.

徐铸成著. 报人张季鸾先生传[M]. 生活·读书·新知三联书店,2009.

许冠三著. 新史学九十年[M]. 香港中文大学,1986.

许汉三编. 黄炎培年谱[M]. 北京:文史资料出版社,1985.

许全胜著. 沈曾植年谱长编[M]. 北京:中华书局,2007.

许全兴、陈战难、宋一秀著. 中国现代哲学史[M]. 北京:北京大学出版社,1998.

许寿裳著. 章炳麟传[M]. 北京:东方出版社,2013.

许啸天编. 国故学讨论集(第1集)[M]. 上海:上海群学社,1927.

薛绥之、张俊才编. 林纾研究资料[M]. 福州:福建人民出版社,1982.

薛毅著. 王世杰传[M]. 武汉:武汉大学出版社,2010.

薛玉坤著. 汪东年谱[M]. 郑州:河南文艺出版社,2016.

学习委员主编. 考古探谜[M]. 长春:吉林电子出版社,2006.

延安文艺丛书编委会编. 延安文艺丛书·文艺理论卷[M]. 长沙:湖南人民出版社,1984.

严复著. 严复合集[M]. 台北:联经出版公司,1998.

严修自订,高凌雯补,严仁曾增编,王承礼辑注,张平宇参校. 严修年谱[M]. 济南:齐鲁书社,1990.

严云受编. 胡适学术代表作[M]. 合肥:安徽教育出版社,2006.

晏斌主编. 黎锦熙先生诞辰120周年纪念暨学术思想研讨会论文集[M]. 北京:中华书

局,2011.

晏鸿国编著.晏阳初传略[M].成都:天地出版社,2005.

杨共乐著.史学理论与史学史学刊[M].北京:社会科学文献出版社,2020.

杨琥编.中国近代思想家文库·夏曾佑卷[M].北京:中国人民大学出版社,2015.

杨剑锋著.现代性视野中的陈三立[M].北京:中国社会科学出版社,2011.

杨恺龄编.吴稚晖先生敬恒年谱[M].台北:台湾商务印书馆,1981.

杨宽著.历史激流中的动荡和曲折—杨宽自传[M].台北:时报文化出版企业有限公司,1993.

杨堃著.杨堃民族研究文集[M].北京:民族出版社,1991.

杨世灿著.杨守敬学术年谱[M].武汉:湖北人民出版社,2004.

姚奠中、董国炎著.章太炎学术年谱[M].太原:山西古籍出版社,1996.

姚仁隽著.赵世炎传[M].北京:中共党史出版社,1998.

姚以恩、刘华庭编选.新笔记大观[M].上海:上海书店出版社,1996.

叶恭绰著.遐庵汇稿[M].上海:上海人民出版社,1950.

叶君主编.胡适文选·文学与哲学[M].哈尔滨:北方文艺出版社,2013.

叶圣陶著.叶圣陶集[M].南京:江苏教育出版社,1994.

叶文玲著.敦煌守护神——常书鸿[M].上海:上海文艺出版社,2001.

叶贤恩著.熊十力传[M].武汉:湖北人民出版社,2010.

叶再生著.中国近代现代出版通史[M].北京:华文出版社,2002.

殷鼎著.冯友兰[M].台北:东大图书公司,1991.

殷啸虎主编.红楼书影:华东政法大学馆藏法律旧籍提要(民国部分)[M].北京:北京大学出版社,2007.

印顺著.太虚法师年谱[M].北京:宗教文化出版社,1995.

于波著.张相文与中国近代地学的兴起[M].昆明:云南大学出版社,2011.

于凌波著.中国近现代佛教人物志[M].北京:宗教文化出版社,1995.

余世诚、张升善编.杨明斋[M].北京:中共党史资料出版社,1988.

余子侠、郑刚编.中国近代思想家文库·余家菊卷[M].北京:中国人民大学出版社,2015.

余子侠编.中国近代思想家文库·黄炎培卷[M].北京:中国人民大学出版社,2015.

余子侠编.中国近代思想家文库·陶行知卷[M].北京:中国人民大学出版社,2015.

俞樟华、俞扬编撰.民国元年日志[M].哈尔滨:黑龙江人民出版社,2017.

俞樟华等编撰.中国现代传记文学编年史[M].杭州:浙江大学出版社,2019.

袁方主编.社会学百年[M].北京:北京出版社,1999.

袁景华编.章士钊先生年谱[M].长春:吉林人民出版社,2001.

袁世凯著.袁大总统书牍汇编[M].上海:上海广益书局,1926.

袁英光、刘寅生著.王国维年谱长编(1877—1927)[M].天津:天津人民出版社,1996.

袁毓林著.中国现代语言学的开拓和发展[M].北京:清华大学出版社,1992.

袁志煌、陈祖恩著.刘海粟年谱[M].上海:上海人民出版社,1992.

岳南著.李庄往事——抗战时期中国文化中心纪实[M].杭州:浙江人民出版社,2005.

岳南著. 南渡北归[M]. 长沙:湖南文艺出版社,2011.

岳玉玺著. 傅斯年——大气磅礴的一代学人[M]. 天津:天津人民出版社,1994.

云南大学志编审委员会编. 云南大学志[M]. 昆明:云南大学出版社,1993.

翟奎凤选编. 梁漱溟文存·梁漱溟生平大事记[M]. 南京:江苏人民出版社,2014.

张傲卉等编. 成仿吾年谱[M]. 长春:东北师范大学出版社,1994.

张传刚、吴浩著. 张尔田词学整理与研究[M]. 郑州:河南文艺出版社,2016.

张传玺著. 翦伯赞传[M]. 北京:北京大学出版社,1998.

张大为等编. 胡先骕文存[M]. 南昌:江西高校出版社,1995.

张根全编著. 中国美术家人名辞典增补本[M]. 杭州:西泠印社出版社,2009.

张谷等主编. 文学史家谭丕模评传[M]. 北京:北京师范大学出版社,2005.

张菊香、张铁荣主编. 周作人年谱[M]. 天津:南开大学出版社,1985.

张君劢等. 科学与人生观[M]. 合肥:黄山书社,2008.

张连国著. 在理想与现实之间 中国自由主义知识分子的历史命运 1917—1937[M]. 北京:红旗出版社,2005.

张连科著. 王国维与罗振玉[M]. 天津:天津人民出版社,2002.

张林川、周春健著. 中国学术史著作提要[M]. 武汉:崇文书局,2005.

张培森主编. 张闻天年谱[M]. 北京:中共党史出版社,2000.

张萍、张磊编. 中国近代思想家文库·孙中山卷[M]. 北京:中国人民大学出版社,2015.

张岂之主编. 民国学案[M]. 长沙:湖南教育出版社,2005.

张起钧等著. 梅贻琦先生纪念集[M]. 长春:吉林文史出版社,1995.

张前方著. 缘木求鱼:费新我传[M]. 杭州:浙江人民出版社,2007.

张强主编. 现当代学人年谱与著述编年[M]. 上海:上海三联书店,2007.

张人凤、柳和城编著. 张元济年谱长编[M]. 上海:上海交通大学出版社,2011.

张人凤、宋丽榕选编. 张元济论出版[M]. 北京:商务印书馆,2011.

张仁善著. 王宠惠先生年谱[M]. 北京:法律出版社,2008.

张荣华著. 张元济评传[M]. 南昌:百花洲文艺出版社,2010.

张守常著. 最完整的人格[M]. 北京:北京出版社,1988.

张舜徽著. 清人文集别录[M]. 北京:中华书局,1963.

张玮瑛、王百强、钱辛波主编. 燕京大学史稿[M]. 北京:北京人民中国出版社,2000.

张宪文、方庆秋等主编. 中华民国史大辞典[M]. 南京:江苏古籍出版社,2001.

张向华编. 田汉年谱[M]. 北京:中国戏剧出版社,1992.

张晓京编. 中国近代思想家文库·罗家伦卷[M]. 北京:中国人民大学出版社,2015.

张晓唯著. 蔡元培评传[M]. 南昌:百花洲文艺出版社,2010.

张旭、车树升、龚任界编著. 陈衍年谱[M]. 福州:福建人民出版社,2020.

张学继、张雅蕙著. 陈立夫大传[M]. 北京:团结出版社,2004.

张学继著. 陈其美与辛亥革命[M]. 哈尔滨:黑龙江人民出版社,2002.

张学书、李勇慧撰. 王献唐年谱长编[M]. 上海:华东师范大学出版社,2017.

张永芳著. 诗界革命与文学转型[M]. 北京:中国社会科学出版社,2004.

张元济著.教育救国论[M].北京:高等教育出版社,2010.

张元济著.张元济全集[M].北京:商务印书馆,2007.

张援、章咸编.中国近现代艺术教育法规汇编1840—1949新版[M].上海:上海教育出版社,2011.

张云台编.张荫麟文集[M].北京:教育科学出版社,1993.

张则孙著.民主斗士李公朴[M].北京:中央文献出版社,2002.

张治中著.张治中回忆录[M].北京:华文出版社,2007.

章恒忠、王亚夫主编.中国学术界大事记(1919—1985)[M].上海:上海社会科学出版社,1988.

章继光著.陈白沙梁启超综论[M].长沙:岳麓书社,2011.

章清著.胡适评传[M].南昌:百花洲文艺出版社,2010.

章太炎著.国学讲演录·文学略说[M].上海:华东师范大学出版社,1995.

章太炎著.章太炎生平与学术自述[M].南京:江苏人民出版社,1999.

章玉政编著.刘文典年谱[M].合肥:安徽大学出版社,2011.

赵尔巽主编.清史稿[M].北京:中华书局刊行,1977.

赵家璧著.编辑忆旧[M].上海:生活·读书·新知三联书店,1984.

赵建永撰.汤用彤先生编年事辑[M].北京:中华书局,2019.

赵立彬编.中国近代思想家文库·黄文山卷[M].北京:中国人民大学出版社,2013.

赵利栋辑校.王国维学术随笔[M].北京:社会科学文献出版社,2000.

赵沛著.廖平春秋学研究[M].重庆:巴蜀书社,2007.

赵淑静、吴琦、陈骞著.中国考古学之父——李济[M].昆明:云南人民出版社,2006.

赵晓阳编.中国近代思想家文库·吴耀宗卷[M].北京:中国人民大学出版社,2014.

赵晓阳编.中国近代思想家文库·赵紫宸卷[M].北京:中国人民大学出版社,2015.

赵新那、黄培云编.赵元任年谱[M].北京:商务印书馆,2001.

赵新顺著.太阳社研究[M].北京:中国社会科学出版社,2010.

赵彦龙等编著.中国古代经典文书档案导读[M].银川:宁夏人民出版社,2018.

赵易林编.赵景深的学术道路[M].太原:山西古籍出版社,2004.

赵元任著.赵元任语言学论文集[M].北京:商务印书馆,2002.

赵中亚选编.王庸文存·王庸先生年谱简编[M].南京:江苏人民出版社,2014.

郑大华、任青著.辛亥著名人物传记丛书·孙中山[M].北京:团结出版社,2011.

郑大华著.张君劢学术思想评传[M].北京:北京图书馆出版社,1999.

郑锦怀著.林语堂学术年谱[M].厦门:厦门大学出版社,2018.

郑良树编.顾颉刚学术年谱简编[M].北京:中国友谊出版公司,1984.

郑炜明撰辑.况周颐佚诗辑考[M].香港:香港大学饶宗颐学术馆,2009.

郑振铎著.中国文学研究[M].北京:作家出版社,1957.

郑州大学嵇文甫文集编辑组编.嵇文甫文集[M].郑州:河南人民出版社,1990.

中共北京市委党史研究室编.北京地区抗日运动史料汇编[M].北京:中国文史出版社,1996.

中共成都市委党史研究室编.八年抗战在蓉城[M].成都:成都出版社,1994.

中共江西省委党校党史教研室编.中共党史百题解答[M].南昌:江西人民出版社,1979.

中共中央党史研究室著.中国共产党历史第一卷(1921—1949)[M].北京:中央党史出版社,2002.

中央档案馆编.中共中央文件选集[M].北京:中共中央党校出版社,1982.

中共中央统战部编.民族问题文献汇编[M].北京:中共中央党校出版社,1991.

中共中央文献研究室编.刘少奇年谱(1898—1969)[M].北京:中央文献出版社,1996.

中共中央文献研究室编.毛泽东农村调查文集[M].北京:人民出版社,1982.

中共中央文献研究室编.毛泽东思想形式与发展大事记·马克思主义中国化90年[M].北京:中央文献出版社,2011.

中共中央文献研究室编撰.毛泽东年谱(1893－1949)[M].北京:中央文献出版社,2002.

中共中央文献研究室中央档案馆编.建党以来重要文献选编(一九二一—一九四九)第25册[M].北京:中央文献出版社,2011.

中共中央文献研究室中央档案馆编.建党以来重要文献选编(一九二一—一九四九)第13册[M].北京:中央文献出版社,2011.

中国蔡元培研究会编.蔡元培纪念集[M].杭州:浙江教育出版社,1998.

中国大百科全书总编辑委员会著.中国大百科全书·考古学[M].北京:中国大百科全书出版社,2002.

中国第二历史档案馆编.中华民国史档案资料汇编第三辑·教育[M].南京:江苏古籍出版社,1991.

中国第二历史档案馆编.中华民国史档案资料汇编第三辑·文化[M].南京:江苏古籍出版,1991.

中国第二历史档案馆编.中华民国史档案资料汇编第五辑·政治[M].南京:江苏古籍出版社,1994.

中国民主建国会中央委员会宣传部编.中国民主建国会历史文献选编[M].北京:书目文献出版社,1992.

中国人民大学党史系党史进修班(83级)编.中共党史专题讲稿(教学参考材料)[M].北京:中国人民大学出版社,1983.

中国人民政治协商会议全国委员会文史和学习委员会编.文史资料选辑合订本第17卷[M].北京:中国文史出版社,2011.

中国人民政治协商会议全国委员会文史和学习委员会编.文史资料选辑合订本第37卷[M].北京:中国文史出版社,2011.

中国社会科学院近代史研究所编.中华民国史研究三十年(1972—2002)[M].北京:社会科学文献出版社,2008.

中国社会科学院近代史研究所近代史资料编辑部编.近代史资料[M].北京:中国社会科学出版社,1983.

中国社会科学院科研局编选.周扬集[M].北京:中国社会科学出版社,2000.

中国社会科学院文学研究所现代文学研究室编.“两个口号”论争资料选编[M].北京:

知识产权出版社,2009.

中国社会科学院哲学研究所编.金岳霖学术思想研究[M].成都:四川人民出版社,1987.

中国社科院近代史所编.孙中山全集[M].北京:中华书局,1981.

中国史学会编.中国近代史资料丛刊·辛亥革命[M].上海:上海人民出版社,2000.

中国陶行知研究会等编.民主之魂:陶行知的最后100天[M].上海:上海教育出版社,2003.

中华书局编.中华书局图书总目(1912—1949)[M].北京:中华书局,1987.

中华书局编辑部编.中华书局百年大事记[M].北京:中华书局,2012.

中山大学图书馆编.陈序经图录[M].广州:中山大学出版社,2014.

中央档案馆编.中共中央文件选集(第12册)[M].北京:中央党校出版社,1991.

中央档案馆编.中国共产党第一次代表大会档案资料(增订本)[M].北京:人民出版社,1982.

中央档案馆编辑.中共中央文件选集[M].北京:中共中央党校出版社,1982.

中央教育科学研究所编.中国现代教育大事记(1919—1949)[M].北京:教育科学出版社,1988.

中央文献研究室著.周恩来年谱1898—1976[M].北京:中央文献出版社,1998.

钟敬之、金紫光主编.延安文艺丛书·文艺史料卷[M].长沙:湖南文艺出版社,1987.

钟贤培著.康有为思想研究[M].广州:广东高等教育出版社,1988.

钟小安著.许寿裳评传[M].北京:中国社会科学出版社,2012.

周建新主编.百年中国大事要览·军事卷[M].北京:党建读物出版社,2002.

周康燮主编.中国近代史资料汇编·辛亥革命资料汇编[M].上海:大东图书公司,1980.

周可、汪信砚著.李达年谱[M].北京:人民出版社,2017.

周天度、孙彩霞编.救国会史料集[M].北京:中央编译出版社,2006.

周晓明主编.现代中国文学史(修订版)[M].武汉:华中师范大学出版社,2011.

周扬著.周扬集[M].北京:中国社会科学出版社,2000.

周永祥著.瞿秋白年谱新编[M].北京:学林出版社,1992.

周月峰编.中国近代思想家文库·杜亚泉卷[M].北京:中国人民大学出版社,2014.

周云之编.中国逻辑史资料选(现代卷下)[M].兰州:甘肃人民出版社,1991.

朱传誉主编.蒋廷黻传记资料[M].台北:天一出版社,1985.

朱汉国主编.南京国民政府纪实[M].合肥:安徽人民出版社,1993.

朱浩熙著.蒋天枢传[M].北京:作家出版社,2002.

朱乃诚著.考古学史话[M].北京:社会科学文献出版社,2011.

朱谦之著.朱谦之文集[M].福州:福建教育出版社,2002.

朱乔森编.朱自清[M].北京:人民文学出版社,1985.

朱乔森编.朱自清全集[M].南京:江苏教育出版社,1993.

朱顺佐、金普森著.胡愈之传[M].杭州:杭州大学出版社出版,1991.

朱维铮编.马相伯集[M].上海:复旦大学出版社,1996.

朱维铮等编注. 章太炎选集[M]. 上海：上海人民出版社,1981.

朱文通主编. 李大钊年谱长编[M]. 北京：中国社会科学出版社,2009.

朱有瓛编. 中国近代学制史料[M]. 上海：华东师范大学出版社,1990.

朱有瓛主编. 中国近代学制史料·第二辑[M]. 上海：华东师范大学出版社,1987.

朱玉、孙文周著. 吴虞年谱简编[M]. 郑州：河南文艺出版社,2016.

朱元曙、朱乐川著. 朱希祖先生年谱长编[M]. 北京：中华书局,2013.

朱自清著. 大家国学朱自清卷[M]. 天津：天津人民出版社,2008.

庄安正著. 张謇年谱长编[M]. 上海：上海交通大学出版社,2018.

庄华峰编纂. 吴承仕研究资料集[M]. 合肥：黄山书社,19090.

庄严著. 前生造定故宫缘[M]. 北京：紫禁城出版社,2006.

子仪著. 陈梦家先生编年事辑[M]. 北京：中华书局,2017.

宗廷虎著. 中国现代修辞学史[M]. 杭州：浙江教育出版社,1997.

邹韬奋著,邹嘉骊主编. 韬奋新闻出版文选[M]. 北京：学林出版社,2000.

邹小站著. 章士钊传[M]. 郑州：河南文艺出版社,1999.

左舜生著. 春风燕子楼——左舜生文史杂记[M]. 北京：学林出版社,1997.

左玉河编. 张东荪年谱[M]. 北京：群言出版社,2014.

左玉河编. 中国近代思想家文库·杨度卷[M]. 北京：中国人民大学出版社,2014.

二、论文

艾以. 王西彦年谱[J]. 青海师范大学学报,1988(3).

安静. 陆费逵编辑出版思想研究[D]. 开封：河南大学硕士学位论文,2007.

安远. 马君武教育思想研究[D]. 重庆：西南大学硕士学位论文,2012.

白化文. 简评《敦煌劫余录》和《敦煌遗书总目索引》[J]. 社会科学战线,1989(1).

白秀英. 相对论在中国的传播(1917—1949)[D]. 西安：西北大学博士学位论文,2013.

暴玉瑾. 陶孟和的早期活动及思想研究(1887—1926)[D]. 石家庄：河北大学硕士学位论文,2011.

蔡震. 在"两个口号"论争中被茅盾遗忘了的一些史事[J]. 新文学史料,2007(2).

曹波、万兵. 刘半农小说著译学术年谱(1913—1920)[J]. 广西社会科学,2020(1).

曹达. 魏建功年谱[J]. 文教资料,1996(4).

曹金祥. 20世纪30年代独立评论派的大学教育观[J]. 现代大学教育,2011(6).

曹力铁. 论李大钊对马克思主义中国化的贡献[J]. 浙江工商大学学报,2005(5).

曹述敬. 钱玄同先生年谱(上、中、下)[J]. 北京师范大学学报,1982(5—6).

曹天忠. 档案中所见的部聘教授[J]. 学术研究,2007(1).

曾景忠. 新南社在南社历史上的地位[J]. 民国档案,2014(1).

曾濑嘉. 20世纪上半叶中国"人文地理学"与"人生地理学"内涵演变研究[J]. 历史地理研究,2019(1).

查紫阳. 民国词人集团考略[J]. 文艺评论,2012(10).

常海成. 绘制南海疆域图的地理学家郑资约[N]. 团结报,2022.07.29.

常健. 张彭春人权思想的当代启示[J]. 南开大学报,2022(1432期).

常子磊.两次文化论战的政治背景与陈序经的思想转变[J].理论观察,2022(4).

潮龙起、邓玉柱.民国时期南洋华侨社团的日常活动[J].汕头大学学报,2010(5).

车守同.国立敦煌艺术研究所的时代背景与史事日记[D].上海:华东师范大学博士学位论文,2013.

陈壁生.从《訄书》到《检论》——章太炎先生《检论手稿》的价值[J].人文杂志,2019(11).

陈波."期成宪草"探微——抗战时期民主宪政运动的重要成果[J].湖北大学学报,2000(3).

陈春声.地域认同与族群分类——1640—1940年韩江流域民众"客家观念"的演变[J].客家研究(台湾),2006(1).

陈春声.走向历史现场[J].读书,2006(9).

陈峰.1920年井田制辩论:唯物史观派与史料派的初次交锋[J].文史哲,2003(3).

陈峰.胡汉民与中国马克思主义史学的发轫[J].齐鲁学刊,2007(4).

陈福康.文献学"国宝"徐森玉:带伤赴上海抢救古籍文献[N].文汇报,2011.08.15.

陈昊.王葆心的学术成就与学思想研究术[D].武汉:华中师范大学硕士学位论文,2012.

陈虹、陈晶.陈白尘年谱[J].新文学史料,1989(1—3).

陈洪波.20世纪中国考古学史研究述评[J].中原文物,2010(6).

陈洪进.陈翰笙传略[J].晋阳学刊,1987(5)

陈华.中国公民教育的诞生——课程史的研究[D].上海:华东师范大学博士学位论文,2012.

陈洁.注音字母的统一与章门弟子进京[N].北京青年报,2015.08.11.

陈军伟.孟森史学研究[D].上海:华东师范大学硕士学位论文,2010.

陈雷刚.建国前章汉夫在香港的工作经历[J].文史天地,2015(10).

陈启明.陈望道在抗战时期的七篇佚文[N].中华读书报,2017.11.24.

陈尚君.朱东润先生1939年的学术转型[N].文汇报,2014.12.05.

陈绍旭、寇振宏.游走在学宦之间——曾在原张家口师范专科学校任教的史学名家李泰棻述评[J].河北北方学院学报,2009(6).

陈世阳.杜重远与《新生》周刊[D].上海:上海社会科学院硕士学位论文,2008.

陈文彬.五四时期杜威来华讲学与中国知识界的反应[D].上海:复旦大学博士学位论文,2006.

陈希红.评陶希圣的中国社会史研究[J].安徽史学,2003(6).

陈贤忠、童志强.尹宽略论——考察一个中国托派分子所走过的道路[J].合肥工业大学学报,1990(1).

陈孝全.朱自清年谱[J].枣庄师专学报,1995(1).

陈镱文、亢小玉、姚远.杜亚泉先生年谱(1912—1933)[J].西北大学学报(自然科学版),2008(6).

陈镱文、姚远.杜亚泉先生年谱(1887—1912)[J].西北大学学报(自然科学版),2008(5).

陈涌.雪峰同志[J].北京文艺,1980(4).

陈自新."民国产婆"赵凤昌[J].文史精华,2011(12).

晨朵.邵力子生平大事纪要[J].浙江师范学院学报,1983(1).

慈波.《文学研究法》:桐城派文章理论的总结[J].江淮论坛,2007(5).

崔海亮.廖平"今古学"研究[D].武汉:武汉大学博士学位论文,2010.

崔建利、王云.徐世昌年谱及其编者考论[J].民国档案,2009(1).

代雅静.经营报纸—史量才报刊思想研究[D].兰州:兰州大学硕士学位论文,2007.

戴绪恭.向警予年谱简编[J].华中师范大学学报,1981(1).

单侠.民国时期佛教革新研究(1919—1949)[D].西安:陕西师范大学博士学位论文,2012.

党德信.民国初年中国女子参政运动记事[J].中华儿女,2012(3).

邓小林.民国时期国立大学教师聘任之研究[D].成都:四川大学博士学位论文,2005.

邓一帆.上海文化界抗日统一战线先行者[N].联合时报,2020.03.24.

刁娅君.北平研究院史学研究所的二十年[J].文史杂志,2007(3).

丁亚平.山野与天地之气——王尘无:早期电影史上的天才评论家[J].传记文学,2017(7—8).

董恩强.顾颉刚学术思想评析:以《一九二六年始刊词》为中心[J].福建论坛,2015(6).

杜琇.王瑶年谱[J].新文学史料,1990(8).

杜艳华.李大钊文化思想对毛泽东早期文化观形成和发展的影响[J].中共党史研究,2003(1).

杜玉珠.《古今》杂志及其价值浅析[J].内蒙古师范大学学报,2004(6).

段勃.民国时期新闻学术团体探析[J].编辑之友,2011(9).

段怀清.梅光迪年谱简编[J].新文学史料·梅光迪专辑,2007(1).

樊洪业.中央研究院机构沿革大事记[J].中国科技史料,1985(2).

范柏樟、黄启文.三十年代的一次科学盛会[J].中国科技史料,1990(4).

范伯群、周全.周瘦鹃年谱[J].新文学史料,2011(1).

范佛山.中间势力的争夺:香港《群众》周刊的发行[J].广东党史与文献研究,2019(5).

范铁权、陈星.民国时期的艾酉学会[J].中国科技史杂志,2013(1).

范铁权、韩建娇.中华自然科学社与民国科学体制化的演进[J].自然辩证法研究,2012(8).

范志鹏.易顺鼎年谱长编[D].上海:华东师范大学博士学位论文,2013.

方敬.缅怀茅盾同志[J].抗战文艺研究,1982(1).

方遥.马衡:中国近代考古学奠基人[N].中国社会科学报,2021.03.10.

房正.中国工程师学会研究(1912—1950)[D].上海:复旦大学博士学位论文,2011.

冯静、万华.再评辛亥革命中的赵尔丰[J].四川师范大学学报,1988(5).

冯舒.戈公振新闻思想研究[D].长春:吉林大学硕士学位论文,2013.

冯新华.许地山与印度文学、印度文化[D].北京:北京师范大学硕士学位论文,2005.

冯颜利.潘梓年:马克思主义哲学的忠诚捍卫者与无私奉献者[N].光明日报,2021.03.15.

冯友兰."新理学"的自我检讨[N].光明日报,1950.10.08.

付延功.论邓中夏对工人运动的理论贡献[D].上海:华东师范大学硕士学位论文,2010.

傅国涌.抗战前夜的政制与宪法讨论[J].凤凰周刊,2015(21).

傅谨.谭鑫培的文化意义与美学品格[J].戏剧艺术,2012(3).

傅敏、罗新璋.傅雷年谱[J].新文学史料,1984(1—2).

盖志芳.民国礼学的历史考察[D].济南:山东师范大学硕士学位论文,2007.

甘少杰.清末民国早期军事教育现代化研究(1840—1927)[D].石家庄:河北大学博士学位论文,2013.

高翠莲.清末民国时期中华民族自觉进程研究[D].北京:中央民族大学博士学位论文,2005.

高荣伟."中国奥运之父"——王正廷[J].云南档案,2020(4).

高贤栋.九一八事变后傅斯年的经世致用史观[J].民国研究,2019(2).

高璇.民国《经济评论》(1947—1949)研究[D].武汉:武汉大学博士学位论文,2011.

高益荣.易俗社的大编剧孙仁玉初论[J].渭南师范学院学报,2012(1).

高毓秋.丁福保年表[J].中华医史杂志,2003(3).

高远.书生本色——陈石珍[J].丝绸之路,2014(20).

戈宝权.忆耿济之先生[J].新文学史料,1982(3).

葛剑雄、华林甫.二十世纪的中国历史地理研究[J].历史研究,2002(3).

葛仁钧.论同盟会在辛亥革命中的得失[J].辽宁大学学报,1995(5).

个厂、郑天挺:为民族保存文化火种[N].光明日报,2019.01.19.

耿密.抗战时期大后方社会变革中的西南实业会——以《西南实业通讯》为主要史料的考察[D].重庆:西南大学硕士学位论文,2006.

耿云志.《新青年》同人分裂过程中的一个重要细节[J].广东社会科学,2018(5).

耿云志.辛亥革命前夕的各省咨议局联合会[J].福建论坛,2002(2).

宫立.不应被遗忘的现代戏剧收藏家、目录学家舒蔚青[J].现代中文学刊,2013(5).

谷杉杉.袁希涛与近代中国教育点滴[J].科教文汇,2008(11期上旬刊).

郭道平.戴东原二百年生日纪念活动钩沉[J].云梦学刊,2007(1).

郭恩强.报人之死:张季鸾逝世的遗体政治与集体记忆[J].国际新闻界,2015(12).

郭建宁.三十年代全盘西化与中国本位的文化论争探析[J].中州学刊,1996(5).

郭婕.劳乃宣法律思想略论[J].史学月刊,2000(2).

郭丽萍.想象国家:1933年《东方杂志》"新年的梦想"剖析[J].福建师范大学学报,2018(6).

郭瑞佳.正中书局的历史变迁[J].出版参考,2013(15).

郭佐唐.邵飘萍年谱[J].浙江师范大学学报,1986(4).

韩兵等.论严修与直隶教育近代化[J].北京化工大学学报(社会科学版),2012(1).

韩复智.傅斯年先生年谱[J].台大历史学报,1996(20).

韩军.唐兰的金文研究[D].济南:山东大学博士学位论文,2009.

韩文宁.没有硝烟的战斗——抗战时"文献保存同志会"抢救国宝追记[J].炎黄春秋,

2017(10).

何方昱."科学时代的人文主义":《思想与时代》月刊(1941,1948)研究[D].上海:复旦大学博士学位论文,2006.

何方昱."学""术"统一———一九四〇年代洪谦思想世界中的另一面相[J].科学文化评论,2007(5).

何立波.1946年收复南海诸岛与"九段线"的由来[N].人民政协报,2011.12.15.

何旺生.郭绍虞学术年表[J].中国韵文学刊,2008(1).

贺伟.1937年"庐山谈话会"纪事文[J].统一论坛,1995(4).

洪晓楠."科玄论战"对中国文化哲学思潮发展的影响[J].南昌大学学报,2002(3).

侯风云、刘孟信.1933年《申报月刊》关于中国现代化问题讨论述评[J].史学月刊,1993(1).

侯桂新.鲁迅与左联[J].传记文学,2020(3).

侯敏.舒群在延安始末考[N].文艺报,2017.09.18.

侯外庐.我对中国社会史的研究[J].历史研究,1984(3).

胡春光.教育学是否为一门独立学科? ———傅斯年与教育学者的一场论战[J].西华师范大学学报,2009(5).

胡风.再返重庆———抗战回忆录之十五[J].新文学史料,1988(4).

胡逢祥.现代中国史学专业学会的兴起与运作[J].史林,2005(3).

胡林.近代藏书家李盛铎研究[D].南昌:江西师范大学硕士学位论文,2011.

胡平原.抗战时期《七月》杂志在重庆的命运起伏[N].中华读书报,2017.11.06.

胡文辉.地阔星火眼狻猊邓飞·王叔岷[N].南方都市报,2008.05.11.

胡晓.蔡元培与北京大学研究所的创办[N].中国社会科学报,2015.02.04.

胡兴军."七君子事件"真相[N].读书文摘,2008.01.15.

胡雪莉.胡朴安与文字训诂学史研究[D].杭州:浙江大学硕士学位论文,2008.

胡玉冰.浅谈清代学者王仁俊对敦煌学西夏学的贡献[J].西北第二民族学院学报(哲社版),2001(2).

黄广友.刘大年史学研究[D].济南:山东大学博士学位论文,2010.

黄建荣.新时代理念与旧传统方法孕育的混血儿———论支伟成《楚辞之研究》的评注特色[J].甘肃社会科学,2007(5).

黄锦君.刘师培生平学术年谱简编[J].儒藏论坛,2010(3).

黄敏.世界、国家和我:《东方杂志》"新年的梦想"相关文本分析[J].浙江传媒学院学报,2014(4).

黄敏兰.一个严谨的史学理论体系———常乃德史学理论述评[J].史学理论研究,1994(1).

黄铭.顾孟余的从政生涯[J].百年潮,2013(7).

黄天华.青年党与国民党的明合暗斗(1946—1949)[J].社会科学研究,2020(2).

黄伟.抗战胜利后国民政府对收复区大学生教育甄审研究[J].历史教学,2019(12).

黄志繁.什么是客家———以罗香林《客家研究导论》为中心[J].清华大学学报(哲学社会科学版),2007(4).

霍贺.1930 年代初"第三种人"对中国出路的探索——以胡秋原与神州国光社为中心的考察[J].江汉论坛,2014(2).

季正矩.国内外学者关于"亚细亚生产方式"理论研究观点综述(二)[J].当代世界与社会主义,2008(2).

佳明.奋斩荆棘 勇涉泥泞的战士——记左翼电影评论家王尘无[J].电影艺术,1984(1).

贾万刚.民国读经思潮的文化反思[J].教育评论,2007(5).

江山.陈鸿飞对民国图书馆学术史的贡献[J].高校图书馆工作,2013(4).

江秀平.三十年代"全盘西化"论和"中国本位文化"论之争[J].理论学习月刊,1992(4).

姜舜源.易培基传[J].紫禁城,1987(5).

姜文.1933 年关于影印《四库全书》之论争平议[J].历史教学,2011(20).

姜义华.郑观应与近代中国启蒙运动发端[J].岭南文史,2002(3).

蒋国保."科玄论战"九十年祭——为学术思想界"开一新纪元"[J].社会科学报,2014.02.13.

蒋华林.论辛亥革命前后的徐世昌[D].长沙:湖南师范大学硕士学位论文,2007.

蒋凯.1932—1933 年故宫文物南迁研究[D].广州:中山大学硕士学位论文,2010.

蒋云柯.近代上海西画社团之改革先锋——晨光美术会的成立与兴起概述[J].文艺生活·下旬刊,2017(9).

焦金波.延安时期马克思主义大众化研究[D].西安:陕西师范大学博士学位论文,2012.

金景芝.民国时期的戏曲理论研究[D].北京:中央民族大学博士学位论文,2012.

康桂英.何干之史学研究的回顾与展望[J].五邑大学学报,2014(1).

雷颐.近代中国民主与专制大论战反思[J].人民论坛,2014(24).

冷柯、毛粹.曹靖华年谱简编[J].河南大学学报,1984(5).

黎德亮.姚名达研究[D].南昌:江西师范大学硕士学位论文,2007.

黎洁华.杜威在华活动年表(中)[J].华东师范大学学报:教育科学版,1985(2).

黎小龙."巴蜀文化""巴渝文化"概念及其基本内涵的形成与嬗变[J].西南大学学报,2017(5).

黎泽渝.黎锦熙先生年谱[J].汉字文化,1995(2).

李成男.民国初期中国教会大学和国立大学的比较研究[D].济南:山东财经大学硕士学位论文,2013.

李丹.第一版《毛泽东选集》的诞生[N].学习时报,2020.07.29.

李东华.方杰人(豪)先生年谱稿[J].台湾大学文史哲学报,1985(34).

李帆.学术史:清末民初的显学[N].光明日报,2002.08.06.

李帆.章太炎、刘师培、梁启超与近代的戴学复兴[J].安徽史学,2003(4).

李方祥.二十世纪三四十年代"学术中国化"与"马克思主义中国化"的思潮互动[J].中共党史研究,2008(2).

李光摩.《桃花源记旁证》发覆[J].学术研究,2012(6).

李国瑞.陈果夫主政江苏研究(1933 年 10 月—1937 年 11 月)[D].南京:南京师范大学硕士学位论文,2012.

李海鸥.廖沫沙和他的"同村"之友[J].北京党史,1988(6).

李华飞.关于郭老在东京的回忆[J].抗战文艺研究,1984(1).

李佳.《大公报》"星期论文"(1934—1937)中的意见领袖研究[D].哈尔滨:黑龙江大学硕士学位论文,2012.

李佳贺.戈公振新闻思想研究[D].湘潭:湘潭大学硕士学位论文,2012.

李静.民国时期广东国语运动研究[D].广州:暨南大学硕士学位论文,2012.

李娟.中国社会史大论战的来龙去脉[N].中国社会科学报,2017.02.21.

李俊领.威权与"治法":1943 年国民政府的礼制建设及其挫折[J].北方论丛,2020(5).

李可亭.崔适对钱玄同经学思想的影响[J].贵州社会科学,2009(10).

李来容.院士制度与民国学术——1948 年院士制度的确立与运作[D].天津:南开大学博士学位论文,2010.

李亮.继承五四和扬弃五四——新启蒙运动研究[D].上海:上海师范大学博士学位论文,2012.

李凌.忆周总理和新音乐运动二、三事[J].人民音乐,1978(1).

李旻.信而有征:中国考古学思想史上的徐旭生[J].考古,2019(6).

李宁选辑.有关北平故宫博物院参加苏联艺术展览会经过情形史料一组[J].民国档案,2014(3).

李倩.翟理斯的《中国文学史》[J].古典文学知识,2006(3).

李青.辛亥情缘——艾思奇与《二十二年来之中国哲学思潮》[J].南方论丛,2012(1).

李庆华.马相伯思想述论[D].济南:山东师范大学硕士学位论文,2002.

李锐.民国孟学研究[D].济南:山东师范大学硕士学位论文,2009.

李锐.王实味冤案始末序言[J].书屋,2008(8).

李善峰.中西文化差异与梁漱溟的文化路向说[N].文摘报,1990.07.08.

李时岳.《实业计划》和孙中山的社会主义[J].汕头大学学报,1987(1).

李书.李长之年表[J].新文学史料,1979(3).

李淑辉.时空交界下的文化抉择——吴昌硕绘画思想研究[D].南京:南京艺术学院博士学位论文,2007.

李天华.关于恽代英《中国可以不工业化乎》一文的考证及解读[J].中国经济史研究,2012(3).

李雯.汪笑侬戏曲研究[D].上海:华东师范大学硕士学位论文,2009.

李贤臣.罗忠恕:中西方文化交流的使者[N].广安日报,2018.04.08.

李向群.罗家伦——阐述五四运动目的及精神第一人[J].北京档案,2009(4).

李小曼.背朝烽火 向阳怒放——抗战时期阜宁文化村纪事[J].世纪风采,2021(1).

李晓靖.陶希圣中国社会史论纲[D].武汉:华中师范大学硕士学位论文,2008.

李妍."科玄"论战及其当代启示[J].社会科学辑刊,2008(4).

李扬.地方路径视野下的延安文学——重探鲁艺诗歌生产的文学史意义[J].探索与争鸣,2022(1).

李永翘. 国立敦煌艺术研究所成立始末[J]. 丝绸之路, 2000(4).

李勇. "中国社会史论战"对于唯物史观的传播[J]. 史学月刊, 2004(12).

李长银. 古史辨运动的兴起——个学术史的分析[D]. 济南: 山东大学硕士学位论文, 2013.

李铮编. 季羡林教授年谱[J]. 北京大学学报(哲学社会科学版), 1991(5).

李之禹. 李嘉言与闻一多先生[N]. 中华读书报, 2015. 07. 08.

梁冬丽. 黄小配近事小说研究[D]. 广州: 广州大学硕士学位论文, 2006.

梁捷. 伍启元: 学术视野开阔的经济学家[N]. 上海证券报, 2008. 05. 12.

廖太燕. 一场由《春光》杂志引发的文学论争[N]. 中华读书报, 2017. 07. 26.

廖永祥、林平兰. 中共延安整风运动与郭沫若[J]. 郭沫若学刊, 1992(3).

林家骊. 姜亮夫先生年谱[J]. 中文学术前沿, 2015(1).

林家骊. 姜亮夫先生年谱简编[J]. 职大学报, 2012(4).

林家有. 辛亥革命与中国教育的近代化[J]. 中山大学学报, 2001(6).

林夏. 戴望舒与《现代诗风》[J]. 河南教育(高教), 2014(3).

林璋华. 针砭时弊 笔耕不辍——记近代报界先驱林白水[J]. 福建图书馆理论与实践, 2012(2).

林志浩. 评鲁迅与陈源的论争[J]. 齐齐哈尔大学学报, 1988(4).

林志友. 论清末新政与辛亥革命的爆发[J]. 信阳师范学院学报, 2004(2).

林洙、楼庆西、王军. 梁思成年谱[J]. 建筑史学刊"梁思成及营造学社前辈纪念专刊", 2021(2).

凌彤. 潘汉年领导上海左翼文化运动[J]. 世纪风采, 2020(9).

刘斌. 民国四书文献研究[D]. 济南: 山东师范大学硕士学位论文, 2005.

刘定祥. 梁漱溟著述年谱[J]. 社会科学家, 1989(1).

刘公永. 民国大学之学院制研究(1928—1949)[D]. 济南: 山东大学硕士学位论文, 2012.

刘固盛、王闯. 论陈柱的老学成就[J]. 人文杂志, 2012(3).

刘虹. 清末民国时期新疆汉文化传播研究(1884—1949)[D]. 西安: 陕西师范大学博士学位论文, 2012.

刘洪权. 民国时期古籍出版与现代文化建设[J]. 出版科学, 2010(2).

刘会军、杨宇辰. 1943年中国思想文化领域的一场论战[J]. 长白学刊, 2006(2).

刘集林. 20世纪30年代知识精英的社会群体观——以《独立评论》为中心[J]. 天津师范大学学报, 2012(5).

刘集林. 抗战时期一次关于西化问题的讨论[J]. 社会科学研究, 2000(1).

刘杰. 沈心工对近代音乐教育的贡献探究[J]. 兰台世界, 2013(22).

刘金爱. 民国初年"船山学社"研究[D]. 长沙: 湖南师范大学硕士学位论文, 2012.

刘克敌. 学人学术与学术史[J]. 北方论丛, 1999(3).

刘炼. 何干之传略[J]. 晋阳学刊, 1981(4).

刘敏.《申报月刊》关于中国现代化模式的讨论——以1933年为中心的个案分析[D]. 长春: 东北师范大学硕士学位论文, 2007.

刘敏.民国时期《科学》杂志研究[D].呼和浩特:内蒙古师范大学博士学位论文,2013.

刘明华.吴宓教育年谱[J].重庆教育学院学报,1999(4).

刘明坤.李涵秋小说论稿[D].扬州:扬州大学博士学位论文,2008.

刘荣争.《独立评论》视野下的知识分子与乡村建设论争(1932—1937)[D].重庆:西南大学硕士学位论文,2008.

刘思祥.杭立武传略[J].江淮文史,2001(1).

刘思源整理.钱玄同自撰年谱[J].鲁迅研究月刊,1999(5).

刘巍.二三十年代清学史整理中钱穆与梁启超胡适的学术思想交涉——以戴震研究为例[J].清华大学学报,1999(4).

刘维生、刘旺.试论1943年国共两党在思想文化领域的论战——以《中央日报》和《解放日报》为中心[J].衡水学院学报,2009(5).

刘卫东.李时灿——开创河南近代教育的先驱者[J].河南大学学报,2003(5).

刘小玲.陈去病政治思想研究[D].武汉:湖北大学硕士学位论文,2012.

刘艳华.甘鹏云学术成就与学术思想考述[D].武汉:华中师范大学硕士学位论文,2011.

刘云雁.朱生豪莎剧翻译—影响与比较研究[D].杭州:浙江大学博士学位论文,2011.

刘长荣、何兴明编.谢无量年谱[J].文教资料,2001(3).

刘峥.陶晶孙与《大众文艺》[J].牡丹,2018(3).

刘重来.1938年复旦大学迁校北碚夏坝[J].炎黄春秋,2018(1).

卢开宇.中国地学会在辛亥革命前后的活动[J].史林,2003(1).

卢毅.“整理国故运动”研究述评[J].贵州社会科学,2005(1)

卢毅.“整理国故运动”与中国现代学术转型[D].北京:北京师范大学博士论文,2003.

卢毅.试论民国时期“整理国故运动”的缺失[J].史学理论研究,2004(4).

陆建珍.黄自艺术歌曲特征及其演唱风格研究[D].上海:上海音乐学院硕士学位论文,2009.

陆小宁.迷途中的文化探索:论《新青年》与《东方杂志》的东西文化论争[J].中州学刊,2000(3).

罗宏才.戴季陶挑起的一场考古学大论战[J].文博,1998(5).

罗惠缙.从亚洲学术杂志看民初遗民的文化倾向[J].武汉大学学报(人文科学版),2008(2).

罗庆云、戴红贤.民国教育家汪懋祖文言文教育思想研究——以1934年有关文言文教育争论为中心[J].武汉大学学报,2013(1).

罗天全.论王光祈在中国音乐史上的主要成就[J].音乐探索,2003(1).

罗媛媛.1903—1949年四川体育专门学校研究[D].成都:成都体育学院硕士学位论文,2010.

麻天祥.创变中的民国学术[J].浙江学刊,2001(2).

马超.非基督教运动中的中国基督教青年会——以1922年世界基督教学生同盟大会为个案[D].上海:上海大学硕士学位论文,2003.

马莉.民国政府的宗教政策研究[D].北京:中央民族大学博士学位论文,2007.

马强. 民国广州回族的天方学理月刊述略[J]. 西北民族研究,2012(4).

马树华. 中华民国政府的文物保护[D]. 济南:山东师范大学硕士学位论文,2000.

马以君. 苏曼殊年谱[J]. 佛山大学佛山师专学报,1988(3、5).

马正锋. 从重庆到延安:艾青作为党的文艺工作者的生成[J]. 南方文坛,2021(5).

毛大风、王存诚. 聂绀弩先生年谱(1903—1986)[J]. 新文学史料,2003(3).

毛瑞方. 向达的中西交通史研究之路[J]. 淮阴师范学院学报,2019(1).

毛峥嵘. 周立波的风雨人生[J]. 中华魂,2018(1).

茆贵鸣. 文艺论争中的乔冠华与胡风[J]. 文史精华,2006(3).

茅以升. 詹天佑先生为中国铁路建设奋斗的一生[J]. 土木工程学报,1959(5).

美国马筱璐. 俄苏—日本—中国:"革命文学"的跨文化之旅[J]. 华文文学,2017(5).

孟国祥. 战后接收日本在华图书文物述要[J]. 日本侵华南京大屠杀研究,2021(2).

孟令战. 民国时期教学自由权研究[D]. 武汉:武汉大学博士学位论文,2011.

苗体君. 试析中共"一大"代表王尽美的历史贡献[J]. 德州学院学报,2010(1).

牟哥. 金毓黻先生著述考[D]. 长春:东北师范大学硕士学位论文,2017.

牛建强. 谢国桢先生年谱[J]. 明史研究,2010(1).

牛巧红. 陶晶孙与《大众文艺》的定位与转型[J]. 编辑学刊,2018(3).

欧阳军喜. 抗战前后中国知识分子对日外交立场之演变——以中国太平洋国际学会为例[J]. 史学月刊,2005(10).

潘盛. "泪"世界的形成——徐枕亚小说创作研究[D]. 上海:复旦大学博士学位论文,2009.

潘先林. 家国情怀 书生本色:方国瑜先生的中国边疆学研究[J]. 西南古籍研究,2015(1).

潘云唐. 翁文灏年谱[J]. 中国科技史料,1989(4).

庞元正、董振华. 艾思奇哲学研究中国化时代化大众化的开拓者[N]. 光明日报,2019.10.14.

彭飞. 林风眠与霍普斯会及文艺通讯社[J]. 美育学刊,2013(1).

彭华. 贺麟年谱新编[J]. 淮阴师范学院学报,2006(1).

彭华. 马寅初年谱简编[J]. 淮阴师范学院学报,2005(1).

彭林祥. 《创造十年》问世后的臧否之声[J]. 平顶山学院学报,2013(4).

彭玉平. 关于《殷虚书契考释》的一桩公案[J]. 中州学刊,2008(6).

彭哲. 《国学论丛》与清华国学研究院[D]. 北京:北京师范大学硕士学位论文,2012.

皮学军. 民国学人的学术史研究[J]. 南京社会科学,2013(8).

齐卫平、周颖秋. 延安时期《中国文化》若干问题的研究[J]. 中国延安干部学院学报,2013(3).

齐砚奎. 近代经史嬗变过程中的陈黻宸[D]. 上海:华东师范大学硕士学位论文,2007.

齐玉东. 独领风骚的少年中国学会[J]. 钟山风雨,2012(1).

钱厚祥编. 阿英年谱[J]. 新文学史料,2005(11).

钱厚祥编. 阿英年谱[J]. 新文学史料,2006(2).

乔丽华. 革命文学论争中的"语丝"阵营[J]. 上海鲁迅研究,2018(1).

乔志强. 中国近代绘画社团研究[D]. 杭州:浙江大学博士学位论文,2005.

秦弓. 鲁迅对 20 世纪 30 年代民族主义文学的评价问题[J]. 南都学刊,2008(3).

秦启明. 刘天华年谱[J]. 艺苑,1987(3).

秦启明. 冼星海年谱简编(1905—1945)[J]. 星海音乐学院学报,1989(1—3).

邱光华. 吴文祺先生研究[D]. 上海:复旦大学硕士学位论文,2004.

邱汉生. 杜国庠传略[J]. 史学史研究,1984(3).

邱少明. 民国马克思主义经典著作翻译史(1912 至 1949 年)[D]. 南京:南京航空航天大学博士学位论文,2011.

全燕黎. 再论李大钊在中国马克思主义发展进程中的历史地位[J]. 中共党史研究,2009(11).

饶正慧. 民国时期著名大学校长领导力研究[D]. 重庆:西南大学博士学位论文,2013.

任彦馨. 陈训慈与文澜阁《四库全书》大迁徙[J]. 钟山风雨,2017(6).

任志胜. 范寿康与"科学与人生观论战"刍议[J]. 剑南文学(经典教苑),2013(1).

荣太之. 中国著作者协会成立的报道和宣言[J]. 新文学史料,1980(1).

荣太之. 中国著作者协会成立的报道和宣言[J]. 新文学史料,1980(3).

萨空了. 创办香港《光明报》的回忆[J]. 新闻研究资料,1986(2).

桑兵. 从眼光向下回到历史现场——社会学人类学对近代中国史学的影响[J]. 中国社会科学,2005(1).

桑兵. 近代中国的新史学及其流变[J]. 史学月刊,2007(11).

桑兵. 民国学界的老辈(之二)[J]. 历史研究,2005(6).

尚达翔. 冯沅君先生年谱[J]. 河南师大学报,1986(4).

邵家毅. 何干之史学思想研究[D]. 北京:中共中央党校硕士学位论文,2016.

申树欣. 民国时期国立大学与中央政府的关系[D]. 济南:山东大学硕士学位论文,2012 年

沈卫威. 胡适弃校南下与平津学人去留[J]. 新文学史料,2017(1).

沈卫威. 话说缪凤林[J]. 读书,2014(1).

沈卫威. 民国"部聘教授"评选和待遇问题[J]. 中山大学学报,2019(4).

沈文冲. 卞之琳年谱简编[J]. 南通师范学院学报,2002(1).

沈玉. 1912—1949 年民国绘画史学史视野下的滕固史学[D]. 杭州:浙江大学博士学位论文,2005.

沈占云. "新图书馆运动"与民国时期图书馆学学术转型[J]. 图书馆,2013(6).

施晓宇. 胡也频与丁玲的往事[N]. 中国文化报,2012.03.05.

石小寒、石兴泽. 现实主义,还是浪漫主义?——胡风理论和创作的浪漫主义解读[J]. 中国文化研究,2020(春之卷).

史春风 20 世纪 30 年代国民政府文化运动研究[J]. 山东社会科学,2012(2).

史学明. 论沈兼士文字训诂学成就[D]. 杭州:浙江大学硕士学位论文,2010.

舒芜. "桐城谬种"问题之回顾[J]. 读书,1989(10—12).

双永青. 试论徐宝璜的新闻思想[J]. 山西大学学报(哲学社会科学版),2000(2).

宋秋蓉. 民国时期私立大学发展的政策环境[J]. 清华大学教育研究,2004(2).

孙大权. 中国经济学社研究(1923—1953)[D]. 成都:四川大学博士学位论文,2005.

孙国林. 毛泽东《讲话》的整理、修改和公开发表秘闻[J]. 湘潮,2013(12).

孙继南. 黎锦晖年谱[J]. 齐鲁艺苑,1988(1—3).

孙家红. 师之大者:史学家孟森的生平和著述[J]. 书品,2007(2).

孙立军. 李石岑人生哲学思想研究[D]. 南昌:南昌大学硕士学位论文,2007.

孙念超、于志亭. 萧楚女与早期马克思主义大众化[J]. 党史文苑,2011(1).

孙谦. 孤倔的坚守与超越[N]. 文艺报. 2016.07.20.

孙荣耒. 近代藏书大家傅增湘研究[D]. 济南:山东大学博士学位论文,2007.

孙胜娜. 章士钊以农立国思想研究[D]. 石家庄:河北大学硕士学位论文,2008.

孙帅. 抗战时期"学术中国化"思潮述评[J]. 理论探索,2013(6).

孙太雨. 民国时期社会教育法规研究(1912—1945)[D]. 沈阳:沈阳师范大学硕士学位论文,2013.

孙祥伟. 东南精英群体的代表人物——汤寿潜研究(1890—1917)[D]. 上海:上海大学博士学位论文,2010.

孙小礼. 陈翰笙与中国农村研究[J]. 民主与科学,2012(3)

孙严. 华严大学之研究[D]. 石家庄:河北师范大学硕士学位论文,2020.

孙宜山. 华岗学术思想研究革命语境下的求真探索[D]. 济南:山东大学博士学位论文,2014.

孙英爱. 傅增湘年谱[D]. 石家庄:河北大学硕士学位论文,2012.

孙越霄. 转战陕北的神秘"四大队"[J]. 党员生活,2020(23).

孙宅巍. 中央研究院的来龙去脉[J]. 民国档案,1997(1).

孙宅巍. 抗战中的中央研究院[J]. 抗日战争研究,1993(1).

谭力. 论立宪派和革命派在辛亥革命时期的关系[J]. 探索,1986(2).

汤志辉. "国士"与伪吏:华北沦陷时期的钱稻孙——从包丰保致胡适的一封未刊信谈起[J]. 现代中国文化与文学,2021(37).

唐红丽. "中国社会史大论战"再回眸——访北京师范大学历史学院教授张越[N]. 中国社会科学报,2015.02.04.

陶柏康. 潘汉年同志在"左联"成立前后的革命活动[J]. 上海大学学报(社会科学版),1986(2).

田本相. 李何林亲历闻一多遇害始末[N]. 中华读书报,2003.07.02.

田彩凤. 陈达先生年谱[J]. 清华大学学报,1995(2).

田伏隆. 我国近代哲学家李石岑[J]. 求索,1985(2).

童志强. 皖南事变的幸存者之一钱俊瑞[J]. 党史纵览,2011(5).

涂文记. 民国时期部聘教授制度及其历史意义[J]. 教育与考试,2010(1).

土豆宝宝. 徐悲鸿年谱[J]. 大观(收藏),2019(3).

宛小平. 对朱光潜《诗论》序跋的研究[J]. 中国社会科学评价,2021(4).

宛小平. 直觉与表现——基于朱光潜与梁宗岱的争辩[J]. 学习与探索,2016(1).

万直纯. 梁实秋年谱[J]. 阜阳教育学院学报,1994(3—4).

汪翠华. 战时国民党文艺政策的晴雨表——《文艺先锋》研究[D]. 重庆:西南大学硕士

学位论文,2007.

　　汪小蕾.五四新文化运动在湖南的传播[J].长沙大学学报,2001(3).

　　汪毅.从张大千临摹敦煌壁画展论成都系中国文艺复兴发祥地[J].文史杂志,2009
(5).

　　王爱卫.朱希祖的史学史研究及其《中国史学通论》[J].德州学院学报,2016(5).

　　王爱卫.朱希祖史学研究[D].天津:南开大学博士学位论文,2009.

　　王博.清末民初教育期刊对教学变革的影响之研究(1901—1922)[D].长沙:湖南师范
大学博士学位论文,2013.

　　王超.晏阳初与中国乡村建设学院(1940——1952)[D].成都:四川师范大学硕士论
文,2013.

　　王川.刘文典与陈寅恪学术交往述论[J].四川师范大学学报,2003(1).

　　王传.华南学派探渊[D].上海:华东师范大学博士学位论文,2012.

　　王大明.吴有训年表[J].中国科技史料,1986(6).

　　王代莉.五四前后文化调和论研究——以杜亚泉和《东方杂志》为中心的考察[D].北
京:中国社会科学院研究生院博士学位论文,2009.

　　王代莉.谢六逸新闻教育思想探究[J].教育文化论坛,2010(5).

　　王东杰.《国粹学报》与"古学复兴"[J].四川大学学报,2000(5).

　　王菲.恨别传统,向死而生 ——论石评梅的精神追求与文学创作[D].杭州:浙江大学
硕士学位论文,2011.

　　王关兴.瞿秋白对毛泽东思想形成的十大贡献[J].上海师范大学学报,2000(8).

　　王广荣.《新疆图志》综述[J].新疆地方志,1988(2).

　　王海燕、喜饶尼玛."留藏学法团"与民国时期汉藏文化交流[J].中国边疆史地研究,
2010(2).

　　王红军.清末民初思想界的黄远生——新闻撰述生涯及生平史实之考辨与补正[D].上
海:复旦大学博士学位论文,2010.

　　王建华.陕甘宁边区的新文字运动——以延安县冬学为中心[J].南京大学学报,2011
(3).

　　王静.斯诺与一二九运动[J].社会科学战线,1993(3).

　　王炯华.煮尘与民国初年马克思主义的介绍——附煮尘其人[J].浙江学刊,1987(6).

　　王娟.民国学术传播中的《燕京学报》研究[D].北京:北京印刷学院硕士学位论
文,2010.

　　王娟.清末民国早期(1897—1927)师范教育研究[D].石家庄:河北大学硕士学位论
文,2007.

　　王丽丽.胡风的理论问题解析[J].中国现代文学研究丛刊,2003(2).

　　王丽娜.民国时期国学经典的教育观念变迁研究——兼论当下中小学之国学教育问
题,成都:四川师范大学硕士学位论文,2012.

　　王亮.民国时期的两部总账式金石学著作——《国史金石志稿》暨《续修四库全书总目
提要金石类分纂稿》[J].山东图书馆学刊,2009(6).

　　王亮.张季鸾新闻思想研究[D].湘潭:湘潭大学硕士学位论文,2011.

王梅. 刘揆黎生平与学术思想研究[D]. 成都: 四川师范大学硕士学位论文, 2017.

王美. 民国时期高等教育政策嬗变研究[D]. 长春: 东北师范大学硕士学位论文, 2013.

王梦悦. 抗战歌曲筑起另一道长城[N]. 解放日报, 2015.08.04.

王晴飞. 1925 年的北京大学脱离教育部事件[J]. 粤海风, 2012(1).

王如意. 冼星海独唱歌曲研究[D]. 南京: 南京艺术学院硕士学位论文, 2008.

王珊. 王力与马宗融、巴金的一场论争[N]. 中国社会科学报, 2014.07.25

王思慧. 刘海粟与民国时期美术社团关系之研究[D]. 南京: 南京艺术学院硕士学位论文, 2013.

王思睿、何家栋. 自由民主主义在中国[J]. 博览群书, 2004(6).

王天根. 抗日战争前夕的学人论政——以《独立评论》的"民主与独裁论争"为中心[J]. 厦门大学学报, 2006(3).

王文光、段红云. 民国时期的中国民族史研究及民族史学科的发展[J]. 广西民族大学学报(哲学社会科学版), 2008(6).

王向民. 民国政治与民国政治学——以 1930 年代为中心[D]. 上海: 复旦大学博士学位论文, 2005.

王心文. 1924 年: 泰戈尔的中国之行[J]. 湖北档案, 2011(10).

王新春. 中国西北科学考查团考古学史研究[D]. 兰州: 兰州大学博士论文, 2012.

王星光. 商代的生态环境与农业发展[J]. 中原文物, 2008(5).

王亚楠. 民国早期文化政策研究(1912—1927)—美术教育、美术社团与文物保护[D]. 北京: 中央美术学院硕士学位论文, 2009.

王亚生. 缪荃孙文献学研究[D]. 武汉: 华中师范大学硕士学位论文, 2004.

王燕. 抗战时期国立中央大学在渝办学研究[D]. 重庆: 西南大学硕士学位论文, 2012.

王仰之. 杨钟健年谱[J]. 西北大学学报(自然科学版), 1983(2).

王一心. 王云五简明年表[J]. 文教资料, 1991(6).

王艺霏、王佩军. 潘汉年与"左联"、左翼文化运动关系辨析(上、下)[N]. 虹口报, 2020.09.17.

王咏梅. 周太玄与胡政之采访巴黎和会期间的交往[J]. 兰州学刊, 2019(3).

王勇. 八十年前的"中国梦"——论 1933 年《东方杂志》"新年的梦想"征文[J]. 文艺争鸣, 2015(6).

王语欢. 余嘉锡学术年谱[D]. 哈尔滨: 黑龙江大学硕士学位论文, 2013.

王占仁. 毛泽东高度评价并向党内同志推荐《资本论》[N]. 光明日报, 2011.11.30.

王中忱. 茅盾参与过的三个文学社团[J]. 东北师大学报, 1982(4).

王自立、陈子善. 萧三关于解散左联的信是哪一天写的?[J]. 破与立, 1978(3).

魏会玲. 民国时期档案学著作研究[D]. 济南: 山东大学硕士学位论文, 2013.

魏泉. 洪业与二三十年代中国现代学术的转型——以燕京大学、哈佛燕京学社为中心的考察[J]. 浙江社会科学, 2010(9).

魏万磊. 1930 年代清华政治学的国际视野——以《清华学报》为中心[J]. 清华大学学报, 2011(3).

温儒敏. 论郁达夫的小说创作[J]. 中国现代文学研究丛刊, 1980(2).

文贵良. 对抗与对话:胡风作为话语主体的诞生[J]. 中国现代文学论丛,2010(1).

文韬. "国故学"与"中国学术"的纠结——民国时期两种"国学"概念的争执及其语境[J]. 中山大学学报,2013(5).

文天行. 试述"文协"的成立[J]. 抗战文艺研究. 1982(4).

文雨. 中华全国文艺界抗敌协会大事记[J]. 抗战文艺研究,1982(1).

翁莹香. 共产国际背景下的张太雷革命实践与思想研究[D]. 天津:天津大学硕士学位论文,2009.

乌云格日勒、宝玉柱. 民国时期民族语文翻译研究[J]. 赤峰学院学报,2010(11).

吴晗. 关于朱自清不领美国"救济粮"[N]. 人民日报,1960.11.20.

吴敏超. "中国经济派"考[J]. 近代史研究,2010(6).

吴滔. 岭南大学与中山大学社会调查的传统[N]. 中国社会科学报,2014.11.26.

吴雯. 百年大计,根在树人——光华大学校长张寿镛的办学之道[J]. 华东师范大学学报(教育科学版),2013(4).

吴奚如. 郭沫若同志和党的关系[J]. 新文学史料,1980(2).

吴晓东. 从苏汶的视角观照:"文艺自由论辩"重释[J]. 文艺争鸣,2016(8).

吴永平. 胡风如何"呼应"舒芜的《论主观》[J]. 盐城师范学院学报,2007(4).

吴宇. 鹃因口瘁啼衔赤,烛为心多泪坠红 ——革命报人雷铁崖生平及思想述论[D]. 长沙:湖南师范大学硕士学位论文,2006.

吴忠良、王效良. 陈训慈与民国时期的中国史学会[J]. 浙江社会科学,2007(3).

武在平. 潘汉年与中国左翼作家联盟[J]. 新文学史料,1991(4).

喜饶尼玛、央珍. 民国时期的汉藏文化交流述评[J]. 中国藏学,2009(1).

夏兰. 民国时期现代大学制度演变研究[D]. 上海:复旦大学博士学位论文,2012.

夏文华. 中国现代科学文化共同体研究—以中央研究院为考察中心[D]. 太原:山西大学博士学位论文,2013.

夏艳疆. 五华学院办学记[J]. 云南文史,2009(2).

鲜乔蓥. 民国初期的文物保护政策与措施[J]. 西华大学学报,2008(2).

肖海艳. 陈启天新国家主义与九一八事变后陈启天的抗日救国主张[J]. 井冈山大学学报,2013(5).

肖海燕. 陈启天国家主义思想研究(1923—1945)[D]. 杭州:浙江大学博士学位论文,2010.

肖进. 朱光潜的英诗课[N]. 文汇读书周报,2018.06.25.

肖伊绯. 李季自传"我的生平":三分之一内容是"反胡适" [N]. 人民政协报,2013.12.19.

谢保成. 20世纪前期两次关于"国学"与"国粹""国故"的论辩[J]. 探索与争鸣,2008(11).

谢泳. 西南联大的学术传统[J]. 东方艺术,1997(4).

熊秋良. 论伍廷芳的法律思想[J]. 四川师范大学学报,1994(4).

徐春夏. "左联"时期的瞿秋白与文学论辩[J]. 党史文苑,2006(2).

徐光寿. 包惠僧与陈独秀的终身友谊[J]. 党史纵览,2013(4).

徐国琦. 空谷灵雨许地山[N]. 中华读书报,2013.06.05。

徐华博.李问渔与近代西学传播[D].杭州:杭州师范大学硕士学位论文,2011.

徐坤.述学社研究[D].曲阜:曲阜师范大学硕士学位论文,2014.

徐世强.梁实秋访问延安被拒绝的背后[J].档案记忆,2017(2).

徐斯雄.民国大学学术评价制度研究[D].重庆:西南大学博士学位论文,2011.

徐卫.近代历史上一位知识女性时代悲剧——杨荫榆一生述略[D].扬州:扬州大学硕士学位论文,2007.

徐文镐.吴有训年谱[J].中国科技史料,1997(4).

徐锡龄.中国民众教育发展之经过[J].教育与民众,1932(6).

徐雁平.旧世家,新女性——以湘乡曾昭燏为例[J].东方文化,2001(2).

许宝骈.周作人出任华北教育督办伪职的经过[J].新文学史料,1987(2).

许全胜.沈曾植年谱长编[D].上海:华东师范大学博士学位论文,2004.

许为民.杨杏佛年谱[J].中国科技史料,1991(2).

薛建斌.萧友梅的音乐教育思想及对高师音乐教育的启示[D].长沙:湖南师范大学硕士学位论文,2008.

薛克翘.许地山、郑振铎和季羡林与印度民间文学[J].黑龙江社会科学,2010(1).

薛其林.民国时期的学术研究方法及其研究现状[J].云梦学刊,2003(1).

薛其林.民国时期学术研究方法论[D].长沙:湖南师范大学博士学位论文,2001.

薛其林.学术兴盛与方法创新—论民国时期学术研究方法问题[J].中州学刊,2003(1).

鄢嫣.陆侃如的翻译活动[N].中国社会科学报,2019.09.09.

严鹏.在历史与经济之间——朱伯康民国时期的思想理路及其现代价值[J].河北经贸大学学报,2016(5).

阎化川、李丹莹.杨明斋及其文化观的再研究[J].广州社会主义学院学报,2013(2).

阎乃生.杜亚泉与中国近代科学教育[D].上海:华东师范大学博士学位论文,2011.

阳翰笙.中国左翼作家联盟成立的经过[J].文学评论,1980(2).

杨剑锋.陈三立年谱简编[J].中国韵文学刊,2007(1).

杨婕.文艺民族形式问题论争[N].中国社会科学报,2018.05.15.

杨金环.杨东莼学术思想研究[D].上海:华东师范大学硕士学位论文,2010.

杨丽娟."扬州书信"所见刘师培《遗书》编纂考[J].史学月刊,2010(4).

杨丽娟.一见倾心——抗战时期英国科学家李约瑟的中国之行[N].北京日报,2022.01.29.

杨慎之.杨东莼传略(上、下)[J].广西师范大学学报,1991(3—4).

杨胜刚.1928年中国文学理论的新变——马克思主义化[J].柳州师专学报,2008(2).

杨实生.1921年"六三事件"始末[J].兰台世界,2013(19).

杨思机.民国时期顾颉刚的边疆教育思想和实践[J].学术研究,2017(7).

杨添翼.近代中国制宪中的民权与人权之争——以章渊若与罗隆基的一场论战为例[J].现代法学,2010(2).

杨同生.陈衡哲年谱[J].中国文学研究,1991(3).

杨旭.民国时期广播周报研究[D].长沙:湖南师范大学硕士学位论文,2012.

杨益群. 司马文森年谱[J]. 抗战文艺研究,1985(2).

杨雨瑶. 叶恭绰先生艺文年谱[J]. 艺术工作,2019(1).

杨志明. 近代名家易孺[J]. 岭南文史,1999(1).

姚润泽. 中央研究院在上海[D]. 上海:上海社会科学院硕士学位论文,2018.

姚松蛟. 中共"一大"代表李汉俊的功与过[J]. 炎黄春秋,1996(2).

姚远、杜文涛. 清华学报的创刊及其历史意义[J]. 编辑学报,2006(4).

易劲鸿. 张继与辛亥革命[D]. 长沙:湖南师范大学硕士学位论文,2002.

易仲芳. 南开经济研究所"学术中国化"研究(1927—1949年)[D]. 武汉:华中师范大学博士学位论文,2013.

殷飞飞、陈峰. "现代史学"派与中国社会经济史研究的转向[J]. 山东大学学报,2020(3).

殷飞飞. 陈啸江与中山大学"现代史学运动"[D]. 济南:山东大学硕士学位论文,2016.

殷海涛. 聂耳的成就与启示[J]. 民族音乐,2009(6).

尹涛. 叶青思想批判[D]. 南京:南京大学博士学位论文,2014.

雍琦. 讲学以刻经——欧阳竟无佛教教育研究[D]. 上海:复旦大学博士学位论文,2010.

尤小立. 20世纪30年代文化论战的现代思考[J]. 江汉学刊,2000(5).

游宝谅. 游国恩先生年谱[J]. 淮阴师范学院学报,2002(1).

于海根. 青辉千古风霜铸情——扬帆在盐阜区文化活动纪事[J]. 盐城工学院学报,2007(3).

于景洋、程舒伟. 张西曼在《民主与科学》时期的思想倾向[J]. 历史教学,2010(6).

于延亮. 南洋研究所及其南洋研究(1942—1945)[J]. 历史教学问题,2020(1).

余凌云. 中国宪法史上的国歌[J]. 中国法律评论,2015(3).

余子侠、王海凤. 国立西北联合大学合分成败论[J]. 西北工业大学学报,2018(3).

俞芳. 谈谈周作人[J]. 鲁迅研究动态,1988(6).

喻永庆. 中华教育界与民国时期教育改革[D]. 武汉:华中师范大学博士学位论文,2011.

袁方. 故宫博物院六十年[J]. 故宫博物院院刊,1985(3).

袁一丹. 史家的权柄与道义之诤——以"陈门四翰林"为中心[J]. 中国文化,2021(53).

原蓓蓓. 陶孟和思想述评[D]. 长春:东北师范大学硕士学位论文,2007.

翟同泰. 茅盾在大革命前的社会和革命活动述略[J]. 茅盾研究,1988(3).

翟永明. 鲁艺精神闪耀东北[N]. 光明日报,2021.06.28.

湛晓白. 二十世纪三十年代汉字拉丁化运动勃兴考述[J]. 中共党史研究,2018(2).

湛中乐、康骁. 通过"校内法"保障学术自由——以1912—1937年的北京大学为研究对象[J]. 首都师范大学学报,2018(3).

张傲卉、宋彬玉. 成仿吾年谱[J]. 东北师大学报,1985(5).

张枫. 张竞生博士年表及其性学术思想[J]. 韩山师专学报(社会科学版),1992(1).

张光华. "孤独"的学术"彗星"——民国学术史视野中的萧一山[J]. 邯郸学院学报,2012(1).

张光润.袁同礼研究(1895—1949)[D].上海:华东师范大学博士学位论文,2018.

张光直.二十世纪后半的中国考古学[J].古今论衡,1998(1).

张国义.朱谦之先生学术年谱[J].世界宗教研究,2004(3).

张国义.朱谦之学术研究[D].上海:华东师范大学博士学位论文,2004.

张皓.武昌军政府内部矛盾演变与湖北辛亥革命的失败[J].历史档案,2004(1).

张泓林.五四时期东西文化问题论战[N].中国社会科学报,2016.08.23.

张剑.传统与现代之间—中国科学社领导群体分析[J].史林,2002(1).

张剑.中国学术评议空间的开创——以中央研究会评议会为中心[J].史林,2005(6).

张金发.清末民国四种国语语音教材及拼音方案比较研究[D].福州:福建师范大学博士学位论文,2013.

张瑾.抗战时期教育部学术审议委员会述论[J].近代史研究,1998(4).

张京华、王玉清.陈柱学术年谱[J].广西社会科学,2007(2).

张凯."以国故整理科学":《儒学五论》与国史体系重建[J].浙江学刊,2013(1).

张立生.谢家荣:成就辉煌的访学之旅[N].中国科学报,2019.09.20.

张玲.被"遮蔽"的启蒙——解读"五四"时期的高一涵[J].天府新论,2016(2).

张培富、夏文华.北平研究院第一届会员分析——兼与中央研究院首届院士比较[J].华中师范大学学报,2013(4).

张清俐."科玄论战"之当代反思[N].中国社会科学报,2015.03.04.

张荣华."函夏考文苑"考略[J].复旦学报,1995(2).

张少鹏.民初的国家主义派研究[D].武汉:华中师范大学博士学位论文,2005.

张世泰.杜定友先生传略[J].广东图书馆学刊,1981(1).

张菽晖.民国时期广州回族社团的社会活动及其影响[J].回族研究,2012(2).

张颂之.孔教会始末汇考[J].文史哲,2008(1).

张太原.20世纪30年代的文实之争[J].近代史研究,2005(6).

张涛.唐兰早期甲金学研究表微——以唐兰致刘体智书札二通为中心[J].文献,2018(6).

张天明.何炳松历史教育思想研究[D].金华:浙江师范大学硕士学位论文,2005.

张婷."展缓判断"求真相:冯友兰与胡适对孔老先后之争的学术意义——兼对冯友兰复胡适信函时间考证[J].保定学院学报,2014(2).

张同.所谓李汉俊"屡遭"陈独秀"打击"并非历史真实——与姚松蛟先生商榷[J].天津党校学刊,1996(3).

张唯.陈训正研究[D].宁波:宁波大学硕士学位论文,2012.

张文涛."新天下三分策":国民革命时期国民党人的"民族国际"论[J].宁夏社会科学,2008(1).

张宪文.辛亥革命若干问题的再认识[J].复旦学报,2002(2).

张笑川.近代中国史学转型期的传统派史家——张尔田史学思想简论[J].史学理论研究,2011(4).

张雪梅.试论孙毓修对中国近代图书馆学的贡献[J].图书馆,2009(2).

张艳芳.丁文江在中国地质学中的贡献和评价[D].武汉:中国地质大学博士学位论

文,2013.

张耀武.黄节思想研究[D].西安:陕西师范大学硕士学位论文,2012.

张釜.《古史甄微》质疑[J].史学杂志,1930(3—4).

张颖夫、田冬梅.论晏阳初在重庆北碚对大学教育的改革及其当代价值[J].西南大学学报,2012(1).

张瑜.1916:新文学发生的年代学研究[D].济南:山东师范大学博士学位论文,2013.

张雨晴.马一浮学术年谱整理(1911—1949)及其儒学践履活动研究[D].贵阳:贵州大学硕士学位论文,2019.

张云.黄乃裳与近代福州报刊的文化研究[D].福州:福建师范大学硕士学位论文,2010.

张正.论曾朴文学活动的价值取向[D].扬州:扬州大学硕士学位论文,2008.

张至善.记张星烺先生[J].史学史研究,1992(3).

张志强、章祖蓉.民主革命时期中国共产党报刊中的文物、博物馆史料(二)[J].中国博物馆,1990(2).

张志云.《文艺先锋》(1942—1948)与国统区文艺运动[D].成都:四川大学博士学位论文,2007.

章小亮.夏曾佑思想研究[D].福州:福建师范大学硕士学位论文,2009.

赵标.章太炎刘师培清代学术史研究之比较[J].西北大学学报,2012(2).

赵春晨、孙颖.论辛亥革命时期的三次广州起义[J].学术研究,2004(8)

赵大旺.西北史地考察团历史考古组的任务与分工[J].敦煌研究,2021(1).

赵换.卫聚贤学术研究[D].上海:华东师范大学硕士学位论文,2010.

赵慧芝.任鸿隽年谱[J].中国科技史杂志,1989(3).

赵建永.胡适南下时致汤用彤函考述[J].北京大学学报,2013(3).

赵军峰.30年代翻译标准论战分析[J].外国语,1994(5).

赵立彬.抗战时期的文化论战[J].学术研究,2002(9).

赵丽娜.民初中国学术管窥——以《民铎》杂志为中心[D].长春:东北师范大学硕士学位论文,2007.

赵文.1933年《申报月刊》关于中国现代化问题的讨论[J].黑龙江史志,2012(19).

赵阳.朱湘诗歌论[D].济南:山东大学硕士学位论文,2010.

赵羽.胡适"大胆的假设,小心的求证"提出过程考索[J].黑龙江史志,2014(13).

郑滨.1860—2009中国文物保护历程研究[D].济南:山东大学硕士学位论文,2010.

郑大华.20世纪30年代思想界关于中国经济发展道路的争论[J].求索,2007(3).

郑大华.报刊与民国思想史研究[J].史学月刊,2011(2).

郑大华.论"抗战建国"话语下"学术建国"的讨论[J].浙江学刊,2020(3).

郑大华.论抗战时期"文艺的民族形式"的提出及其讨论[J].中国文化研究,2018(2).

郑大华.论民国时期西学东渐的特点[J].中州学刊,2002(5).

郑恩兵.红色文艺之城——张家口[N].光明日报,202105.28.

郑康邮.洪业与引得编纂处研究[D].福州:福建师范大学硕士学位论文,2013.

郑利权.民国绘画期刊研究[D].杭州:浙江大学硕士学位论文,2007.

郑素燕.继承中国传统士大夫精神——记张其昀的生平及其言论[D].上海:华东师范大学硕士学位论文,2008.

郑素一.胡汉民的立法思想与立法实践[J].史学集刊,2004(4).

郑欣淼.故宫博物院学术史的一条线索——以民国时期专门委员会为中心的考察[J].故宫博物院院刊,2015(4).

之远、章增安.刘盼遂先生学术年谱简编[J].华北水利水电学院学报,2011(6).

智效民.陶孟和:中国社会学的奠基者[J].学术界,2000(5).

智效民.中国社会学的奠基者——陶孟和[J].文史月刊,2015(10).

钟晨音.《新教育》成功传播近代西方教育原因之考察[J].浙江师范大学学报(社会科学版),2010(6).

钟慧林.易白沙生平及思想研究[D].长沙:湖南师范大学硕士学位论文,2010.

周春英.王鲁彦研究资料中的一些错误[J].中国现代文学研究丛刊,2011(11).

周芳.1932—1935年《申报月刊》研究[D].沈阳:辽宁大学硕士学位论文,2011.

周刚.梅光迪思想研究[D].福州:福建师范大学硕士学位论文,2007.

周洪宇、陈竞蓉.孟禄在华活动年表(1913年5月——1937年6月)[J].华东师范大学学报,2003(3).

周积明.二十世纪的中国文化史研究[J].历史研究,1997(6).

周家磊.阳翰笙生平创作活动大事年表[J].当代电影,2012(12).

周建人.鲁迅和周作人[J].新文学史料,1983(4).

周棉.冯至年谱[J].徐州师范学院学报,1992(3—4).

周敏之.王照研究[D].北京:中国社会科学院研究生院博士学位论文,2002.

周山仁、王言虎.民主与独裁的论战:以《独立评论》为中心[J].中北大学学报,2016(3).

周神松.杭辛斋易学思想浅论[D].济南:山东大学硕士学位论文,2010.

周韬.南京国民政府文化建设研究(1927—1949)[D].长沙:湖南师范大学博士论文,2008.

周霞.妙舟《蒙藏佛教史》评介[J].西藏大学学报,2008(2).

周霞.中国近代佛教史学探研(1900—1949)[D].上海:华东师范大学博士学位论文,2005.

周晓凡.民国时期南音的传播[J].重庆科技学院学报,2010(19).

周英才.坚持团结进步的罗隆基[J].文史春秋,2004(7).

周云鹏."民族主义文学"(1930—1937年)论[D].上海:复旦大学博士学位论文,2005.

朱汉国.创建新范式:五四时期学术转型的特征及意义[J].北京师范大学学报,1999(2).

朱洪涛.顾颉刚致丁山的一封佚信简释[J].新文学史料,2021(3).

朱能毅.易君左与毛泽东的"唱和"硝烟[J].文史博览,2005(17).

朱士嘉.朱士嘉自传[J].文献,1980(3).

朱鲜峰.风流云散:"学衡派"的谢幕[J].书屋,2021(3).

朱晓凤.梁园东史学成就述论[D].兰州:兰州大学硕士学位论文,2018.

朱晓进. 政治化思维与三十年代中国文学论争[J]. 中国社会科学,2002(6).

朱煜. 江苏民众教育馆研究(1928—1937)[D]. 苏州:苏州大学博士学位论文,2012.

庄华峰. 吴承仕学术成就述论[J]. 学术界,1989(4).

邹爱莲.《清史稿》纂修始末研究[J]. 清史研究,2007(1).

邹嘉骊. 韬奋年谱[J]. 出版史料,2005(1).

左红卫. 民国时期新疆汉族文化促进会的组织结构及经费来源[J]. 理论界,2013(4).

左玉河. 图书馆学的兴起及其对民国学术研究之促进[J]. 北京科技大学学报,2008(1).

左玉河. 章士钊农国论的民粹主义[J]. 北京科技大学学报,2010(1).

左玉河. 中国哲学会成立缘由及其首次年会[J]. 北京科技大学学报,2002(3).

图书在版编目(CIP)数据

中国现代学术编年 / 梅新林等撰.
—上海:华东师范大学出版社,2022
ISBN 978-7-5760-2448-7

I. 中… II. ①梅… III. ①学术思想—编年史—中
国—现代 IV. ①B26

中国版本图书馆 CIP 数据核字(2022)第 035638 号

华东师范大学出版社六点分社

企划人 倪为国

中国现代学术编年

撰　　者　　梅新林　俞樟华　钟晨音　王　锐　潘德宝
责任编辑　　倪为国　高建红　彭文曼　朱妙津
责任校对　　六点编辑部
封面设计　　刘怡霖　吴元瑛
出版发行　　华东师范大学出版社
社　　址　　上海市中山北路 3663 号　　邮编　200062
网　　址　　www.ecnupress.com.cn
电　　话　　021—60821666　　行政传真　021—62572105
客服电话　　021—62865537　　门市(邮购)电话　021—62869887
地　　址　　上海市中山北路 3663 号华东师范大学校内先锋路口
网　　店　　http://hdsdcbs.tmall.com

印 刷 者　　上海盛隆印务有限公司
开　　本　　890×1240　1/16
印　　张　　667
字　　数　　18000 千字
版　　次　　2023 年 8 月第 1 版
印　　次　　2023 年 8 月第 1 次
书　　号　　ISBN 978-7-5760-2448-7
定　　价　　3280.00 元

出 版 人　　王　焰